GROSSES WÖRTERBUCH
POLNISCH

POLNISCH–DEUTSCH
DEUTSCH–POLNISCH

Compact Verlag

© 2005 Compact Verlag München

Lizenzausgabe auf der Basis von "Kieszonkowy
slownik niemiecko-polski, polsko-niemiecki" von J. Czochralski.
St. Schimitzek, Ewa T. Patynska mit Genehmigung vom Verlag
Wiedza Powszechna, Warschau, Polen

Alle Rechte vorbehalten. Nachdruck, auch auszugsweise,
nur mit ausdrücklicher Genehmigung des Verlages gestattet.
Chefredaktion: Evelyn Boos
Redaktion: Grit Eilhardt
Fachredaktion: Hanna Wypijewska-Kochems
Produktion: Wolfram Friedrich
Umschlaggestaltung: Inga Koch

ISBN 3-8174-7566-7
7275662

Besuchen Sie uns im Internet: www.compactverlag.de

Inhaltsverzeichnis
Spis treści

Hinweise für die Benutzung des Wörterbuchs	IV
Wskazówki dla korzystających ze słownika	V
Im Wörterverzeichnis verwendete Abkürzungen Skróty zastosowane w słowniku	VI
Hinweise zur Aussprache der polnischen Wörter Wskazówki dotyczące wymowy wyrazów polskiej	IX
Hinweise zur Aussprache der deutschen Wörter Wskazówki dotyczące wymowy wyrazów niemieckich	VIII
Polnisch – Deutsch	3
Deutsch – Polnisch	201
Verzeichnis der unregelmäßigen Verben Spis czasowników nieregularnych	422
Geographische Namen Nazwy geograficzne	426
Die gebräuchlichsten polnischen Abkürzungen Najczęściej używane skróty polskie	432
Die gebräuchlichsten deutschen Abkürzungen Najczęściej używane skróty niemieckie	436

Hinweise für die Benutzung des Wörterbuchs

Das Wörterbuch enthält ca. 45000 aktuelle Stichwörter. Es umfasst den Wortschatz der polnischen und deutschen Gegenwartssprache.
Alle Stichwörter sind alphabetisch angeordnet und mit grammatischen Angaben sowie mit Bezeichnungen des Sachgebietes und der Sprachebene versehen. Verschiedene Bedeutungen eines Stichworts sind durch arabische Zahlen gekennzeichnet; römische Zahlen kennzeichnen die verschiedenen Wortarten, denen ein Stichwort angehört, und die Gliederung der Verben. Auf Homonyme weisen hochgestellte arabische Zahlen nach dem Stichwort.
In den Anwendungsbeispielen und Redewendungen wird das Stichwort oder ein Teil des Stichworts vor dem senkrechten Strich durch die Tilde (~) ersetzt. Austauschbare Teile einer Wendung stehen in Winkelklammern. Grammatische und andere nützliche Hinweise, Synonyme und Definitionen, die dem Benutzer bei der Wahl der richtigen Übersetzung helfen, werden in runden Klammern angegeben.
Die Aussprache – in eckigen Klammern – ist nur für Wörter oder Wörterteile angegeben, die den normalen Ausspracheregeln nicht folgen. In diesen Fällen ist die Betonung durch einen hochgestellten senkrechten Strich vor der betonten Silbe gekennzeichnet.
Bei Substantiven sind im Stichworteintrag die Bezeichnung des grammatischen Geschlechts (*m*, *f*, *n*) oder die Abkürzung *pl*, wenn das Wort keinen Singular hat, angegeben. Im deutsch-polnischen Teil folgen auf die Angabe des Genus die Genitiv- und die Pluralform des Substantivs. Diese Regel gilt auch für die Zusammensetzungen, z. B.:
Blume *f* -, -n
Fluss *m* -es, Flüsse
Geschäftsmann *m* -(e)s, ...leute

Bei Substantiven, die gewöhnlich keinen Plural bilden, erscheint nur die Endung Genitiv Singular, z. B.:
Eifer *m* -s
Im polnisch-deutschen Teil sind alle deutschen Substantive mit der Genus- (*m*, *f*, *n*) oder Numerusbezeichnung (*pl*) versehen.
Unregelmäßige Verben werden im deutsch-polnischen Teil mit einem Sternchen versehen und auf das Verzeichnis Seite 377 verwiesen. Zusammengesetzte Verben sind darin nicht aufgeführt, sie werden wie das einfache Verb konjugiert. Verben, die die zusammengesetzten Zeiten mit dem Hilfsverb *sein* bilden, sind mit der Abkürzung *s* versehen. Wenn keine Angabe gemacht ist, so erfolgt die Bildung der Zeiten mit *haben*.
Die Formen der 3. Person Singular Präsens und Präteritum der unregelmäßigen Verben sind als separate Stichworteinträge mit einem Verweis auf den Infinitiv aufgeführt.
Den deutschen Verben entsprechen in der Regel polnische perfektive, wie auch imperfektive Formen des Verbs, z. B. **schreiben** bedeutet „pisać" und „napisać". Im Wörterbuch sind meistens die imperfektiven Formen als Übersetzungen des deutschen Stichworts angegeben. Wenn der Unterschied zwischen beiden Formen nur auf der Vorsilbe oder einer Erweiterung des Wortstammes beruht, wird er wie folgt angedeutet:
mitteilen oznajmi(a)ć, zalkomunikować.
Im polnisch-deutschen Teil werden in der Regel die imperfektiven Verbformen angegeben, die perfektiven werden mit einem Pfeil auf die imperfektiven verwiesen.
Polnischen Adjektiven kann sowohl ein deutsches Adjektiv, wie auch der nominale Teil einer Zusammensetzung entsprechen, z. B.:
małżeńskli *adj* ehelich, Ehe-; **kłótnia** ~**a** Ehestreit *m*

Wskazówki dla korzystających ze słownika

Słownik zawiera około 45 000 haseł.
Hasła są ułożone w porządku alfabetycznym i opatrzone kwalifikatorami gramatycznymi, rzeczowymi i stylistycznymi. Odrębne znaczenia ponumerowano cyframi arabskimi, w wypadku zmiany funkcji gramatycznej – cyframi rzymskimi. Homonimy oznaczono małymi cyframi arabskimi u góry wyrazu hasłowego.
W przykładach i zwrotach wyraz hasłowy lub jego część do kreski dzielącej zastąpiono znakiem tyldy (~). Człony wymienne przykładów i zwrotów podano w nawiasach ostrych. Objaśnienia gramatyczne i semantyczne, synonimy, dopowiedzenia, które pomogą użytkownikowi w wyborze właściwego słowa, podano w nawiasach okrągłych.
Niemieckie wyrazy hasłowe, z wyjątkiem jednosylabowych, mają zaznaczony akcent. Wymowę całych wyrazów lub ich części podano w nawiasach kwadratowych tylko wtedy, gdy odbiega ona od normy. W tych wypadkach akcent jest oznaczony kreską u góry przed sylabą akcentowaną.
Po rzeczownikach będących wyrazami hasłowymi podano skrót rodzaju (*m*, *f*, *n*) lub liczby mnogiej (*pl*) – jeżeli wyraz nie jest używany w liczbie pojedynczej. W części niemieckopolskiej po rzeczownikach będących wyrazami hasłowymi, także złożonych, podano końcówki dopełniacza liczby pojedynczej i mianownika liczby mnogiej, np.
Blume *f* -, -n
Fluss *m* -es, **Flüsse**
Lehrer *m* -s, -
Geschäftsmann *m* -(e)s, …leute
Rzeczowniki, które występują zazwyczaj w liczbie pojedynczej, mają podaną tylko końcówkę dopełniacza, np. **Eifer** *m* -s

W części polsko-niemieckiej po wszystkich odpowiednikach rzeczownikowych podano kwalifikator rodzaju i/lub liczby.
W części niemiecko-polskiej czasowniki nieregularne oznaczono gwiazdką odsyłającą do spisu na s. 377. Spis ten obejmuje czasowniki proste, niezłożone, których odmiana stanowi wzór dla odmiany czasowników złożonych. Czasowniki, które tworzą czasy złożone z czasownikiem posiłkowym *sein*, opatrzono skrótem *s*. Pozostałe czasowniki tworzą czasy złożone z czasownikiem posiłkowym *haben*.
Formy 3. osoby liczby pojedynczej czasu teraźniejszego i formy czasu przeszłego Präteritum czasowników nieregularnych podano jako odrębne hasła z odesłaniem do bezokolicznika.
Czasownikom niemieckim odpowiadają na ogół zarówno polskie czasowniki dokonane, jak i niedokonane (np. **schreiben** to pisać i napisać). W słowniku podano odpowiedniki polskie często tylko w aspekcie niedokonanym. Gdy różnica pisowni między obu aspektami czasownika polskiego polega na dodaniu przedrostka lub na rozszerzeniu tematu, zaznacza się ją następująco: **mitteilen** – oznajmi(a)ć, zalkomunikować. Czasowniki polskie jako wyrazy hasłowe podane są, z nielicznymi wyjątkami, w aspekcie niedokonanym. Czasowniki dokonane są odsyłane do niedokonanych.
Niemieckim odpowiednikiem polskiego przymiotnika może być zarówno przymiotnik, jak i rzeczownikowy człon złożenia, na co wskazuje podanie danego wyrazu z łącznikiem, np.
małżeński *adj* ehelich, Ehe-; **kłótnia** ~a Ehestreit *m*

Im Wörterverzeichnis verwendete Abkürzungen
Skróty zastosowane w słowniku

A	Akkusativ	biernik
a.	auch	także
abw.	abwertend	pejoratywny
adj	Adjektiv	przymiotnik
adv	Adverb	przysłówek
austr.	österreichisch	austriacki
berg.	Bergbau	górnictwo
biol.	Biologie	biologia
bot.	Botanik	botanika
chem.	Chemie	chemia
D	Dativ	celownik
diminu.	Verkleinerungsform	zdrobniały
ebw.	Eisenbahnwesen	kolejnictwo
econ.	Wirtschaft	ekonomia
el.	Elektrotechnik; Elektronik	elektrotechnika; elektronika
etw	etwas	trochę, cós
f	Femininum	rodzaj żeński
figur.	bildlich	przenośny
flug.	Flugwesen	lotnictwo
G	Genitiv	dopełniacz
geho.	gehoben	podniosły
geogr.	Geographie	geografia
geol.	Geologie	geologia
gram.	Grammatik	gramatyka
handl.	Handel	handel
hist.	Geschichte	historia
I	Instrumental(is)	narzędnik
imp	imperfektiv	niedokonany
imperat	Imperativ	tryb rozkazujący
impers	unpersönlich	nieosobowo
inf	Infinitiv	bezokolicznik
inform.	EDV	informatyka
int	Interjektion	wykrzyknik
j-d	jemand	
j-m	jemandem	
j-n	jemanden	
j-s	jemandes	
jag.	Jagdwesen	łowiectwo
juris.	Rechtswesen	prawniczy
kart.	Kartenspiel	karty, karciany
kj	Konjunktion	spójnik
kompar	Komparativ	stopień wyższy

kulin.	Kochkunst	kulinarny
kzf.	Kurzform	skrót
lit.	Literaturwissenschaft	literatura
m	Maskulinum	rodzaj męski
mat.	Mathematik	matematyka
mech.	Mechanik	mechanika
med.	Medizin	medycyna
mil.	Militär	wojskowość
miner.	Mineralogie	mineralogia
mot.	Kraftfahrzeuge	motoryzacja
mus.	Musik	muzyka
N	Nominativ	mianownik
n	Neutrum	rodzaj nijaki
naut.	Seewesen	sprawy morskie
num	Numerale	liczebnik
o.	oder	albo
orn.	Ornithologie	ornitologia
p	Partizip I	imiesłów czynny
part	Partikel	partykuła
pf	perfektiv	dokonany
philo.	Philosophie	filozofia
phys.	Physik	fizyka
physio.	Physiologie	fizjologia
pl	Plural	liczba mnoga
polit.	Politik	polityka
posp.	salopp	pospolity
pp	Partizip II	imiesłów bierny
praep	Präposition	przyimek
pron pers	Personalpronomen	zaimek osobowy
pron poss	Possessivpronomen	zaimek dzierżawczy
pron refl	Reflexivpronomen	zaimek zwrotny
pron	Pronomen	zaimek
s	sein	
scherz.	scherzhaft	żartobliwy
schul.	Schulwesen	szkolnictwo
schweiz.	schweizerisch	szwajcarski
sing	Singular	liczba pojedyncza
spw.	Sprachwissenschaft	językoznawstwo
supcrl	Superlativ	stopień najwyższy
teatr.	Theaterwesen	teatralny
tel.	Fernsprechwesen	telekomunikacja;
u.ä.	und Ähnliche(s)	i tym podobne
ugs.	umgangssprachlich	potoczny
unv.	unveränderlich	nieodmienny
usw.	und so weiter	i tak dalej
v	Verb	czasownik
vaux	Hilfsverb	czasownik posiłkowy
vgl.	vergleiche	porównaj
vi	intransitives Verb	czasownik nieprzechodni
vimp	unpersönliches Verb	czasownik nieosobowy
vr	reflexives Verb	czasownik zwrotny
vt	transitives Verb	czasownik przechodni
vulg.	vulgär	wulgarny

Hinweise zur Aussprache der polnischen Wörter
Wskazówki dotyczące wymowy wyrazów polskiej

Die polnischen Vokale sind in allen Stellungen voll, und zwar kurz und offen, auszusprechen. Sie werden weder im Auslaut noch in unbetonter Silbe abgeschwächt.
Der Nasalvokal [ɛ̃] neigt dazu, die Nasalierung zu verlieren. Er wird oft, meist im Auslaut, als reines [ɛ] gesprochen.
Die meisten stimmhaften Konsonanten verlieren im Auslaut den Stimmton, z. B.: chleby [xlɛbi], chleb [xlɛp].
Der Laut ł kann auch konsonantisch als l gesprochen werden, das mit Lippenrundung artikuliert wird.
[ts, dz, tɕ, dʑ, tʃ, dʒ] als Lautfolgen müssen getrennt ausgesprochen werden.
[ts, dz, tɕ, dʑ, tʃ, dʒ] als Affrikate müssen als einheitliche Laute gesprochen werden.

Vokale

Ball	a	bat
Blässe	ɛ	lekarz
Cousin	ɛ̃	mężny
offen	ɔ	oko
Fond	ɔ̃	wąs
Musik	u	ucho
		ósmy
Ligatur	i	ulica
Ricke	ɨ	mysz

Konsonanten

Spiel	p	pole
stecken	t	tak
Skala	k	kot
Fall	f	fala
Maß	s	sam
scharf	ʃ	szafa, krzyk
ich	ɕ	śnieg, siła
machen	x	chory, hańba
Ball	b	bal
Dom	d	dom
Gummi	g	góra
wollen	v	woda
besohlen	z	zapach
Gendarm	ʒ	żaba, rzeka
	ʑ	źrebak, zima
Lippe	l	lak
Passcaglia	λ	lina
drei	r	rana, wiatr
Mann	m	mydło
Nacht	n	noga
Kognak	ɲ	koń, nigdy

Affrikaten

Z̲ahl	ts	cały
	dz	d̲zwon
Mädchen	tɕ	lać
		cicho
	dʑ	dźwig,
		dziwny
Tschako	tʃ	czekać
Jobber,	dʒ	dżokej
Pyjama		

Halbvokale

Un̲ion	j	jeden,
		ma̲j
Tw̲eed	ŭ	wołać
W̲eekend		Eu̲ropa

Hinweise zur Aussprache der deutschen Wörter
Wskazówki dotyczące wymowy wyrazów niemieckich

Wymowa większości głosek niemieckich jest podobna do wymowy głosek w języku polskim, z tym że:
ä brzmi podobnie jak polskie *e*
e po samogłosce **i** nie wymawia się
ö wymawia się jak *e*, złożywszy usta jak do *o*
ü wymawia się jak *i*, złożywszy usta jak do *u*
ei, ai zbliżone jest do polskiego *aj*
au zbliżone jest do polskiego *ał*
eu, äu zbliżone jest do polskiego *oj*
ch po samogłoskach **a, o, u, au** brzmi jak *ch* w *kochać*; po samogłoskach
ä, e, i, ö, ü, äu, ai, ei, eu, po spółgłoskach **l, m, n, r** lub w przedrostku zdrabniającym -**chen** brzmi podobnie jak *h* lub *ch* w *historia, Chiny*, zbliżając się do wymowy *ś*; przed spółgłoską **s**, np. **sechs** (z wyjątkiem form gramatycznych, gdzie **s** występuje jako końcówka, np. **du lachst**) brzmi jak *k*; na początku wyrazów pochodzenia francuskiego (np. **Chauffeur**) jak *sz*; na początku wyrazów pochodzenia greckiego (np. **Charakter**) jak *k*
ck wymawia się jak *k*
dt wymawia się jak *t*
h nie wymawia się po samogłoskach i spółgłoskach **t, r**; **h** po samogłoskach oznacza, że jest ona długa
ph brzmi jak *f*
qu brzmi jak *kw*
s na początku wyrazu, między dwiema samogłoskami i w przyrostkach -**sal, -sam** brzmi jak polskie *z*, **s** w pozostałych pozycjach oraz **ß** brzmią jak polskie *s*
sch brzmi jak polskie *sz*
sp i **st** na początku wyrazu brzmią jak polskie *szp* i *szt*
tsch brzmi jak polskie *cz*
tz brzmi jak polskie *c*
v w niemieckich wyrazach rodzimych brzmi jak *f*, w wyrazach obcych – jak *w*
z brzmi jak polskie *c*.
Dwie identyczne spółgłoski oznaczają, że poprzedzająca je samogłoska jest krótka; wymawia się je jak jedną spółgłoskę, np. **kommen, Egge**.
Na to, że samogłoska jest długa, wskazują:
a) podwójne samogłoski: **Boot, See**
b) nieme **h** po samogłosce: **Stuhl**
c) nieme **e** po samogłosce **i: hier, liegen**
d) występowanie na końcu wyrazu (nie dotyczy to samogłoski **e**): **da, wo**

e) występowanie przed pojedynczą spółgłoską: **Bad**, **baden**.
Jeżeli wymowa odbiega od normy, podaje się ją bezpośrednio po haśle w międzynarodowej transkrypcji fonetycznej.

Symbol	wymowa	przykład
ɛ	otwarte e	Lärm
ə	nieakcentowane,	
ə	krótkie e	Kante
i	krótkie i	Chip
ɔ	otwarte o	Mond
ø	ścieśnione ö	Öl
œ	otwarte ö	öffnenl
y	otwarte ü	kühl
x	jak ch w kochać	acht
ç	jak ch w Chiny	ich
ŋ	nosowe, tylne n	Camping
ʃ	jak polskie sz	Schuld
i̯	jak polskie ts	Aktie
v	jak polskie w	Vase
ʒ	jak polskie ż	Genie

Znak : oznacza długą samogłoskę.
Znak ~ oznacza nosową wymowę samogłosek.
Kreseczka u góry (') oznacza, że akcent pada na zgłoskę następującą.

Polnisch – Deutsch

A

a¹, A n A n; **od a do z** von A bis Z
a² **I.** kj und, aber **II.** part und; **a tak!** aber ja!
a jednak und doch, allerdings; **nic a nic** gar nichts
abażur m Lampenschirm m
abdykować vi abdanken
abonament m Abonnement n, Dauerkarte, Zeitkarte f
abonować vt abonnieren (**coś** etw, **auf** etw), im Abonnement beziehen
aborcja f Abtreibung f
absolutnie adv durchaus, absolut
absolutny adj absolut; (monarcha o.) unumschränkt
absolwent m Absolvent m
absorbować vt **1.** (stark) in Anspruch nehmen, beanspruchen **2.** chem. absorbieren, einsaugen
abstrah|ować vt abstrahieren; absehen (**od czegoś** von etw); **~ując od tego, że ...** abgesehen davon, dass ...
abstrakcyjny adj abstrakt
absurd m Unsinn m, Widersinn m; **sprowadzać do ~u** ad absurdum führen
aby kj dass, damit, um ... zu
aceton m Aceton m
ach! int ach!, ah!; ugs. **~ gdzie tam!** aber wo!, posp. I wo!
aczkolwiek kj obschon, obgleich
adaptacja f: **~ teatralna** <**sceniczna**> Bühnenbearbeitung f
adidasy pl Freizeitschuhe mpl
adiutant m Adjutant m
administracja f Verwaltung f
administracyjny adj administrativ, Verwaltungs-; **aparat ~** Verwaltungsapparat m
administrować vt verwalten (**czymś** etw)
admirał m Admiral m
adnotacja f Vermerk m
adoptowa|ć vt an Kindes statt annehmen, adoptieren; **dziecko ~ne** Adoptivkind n
adorator m Verehrer m
adres m Anschrift f, Adresse f; **~ zwrotny** Absender m; **to (jest) pod moim ~em** das ist an meine Adresse gerichtet
adresat m Empfänger m, Adressat m
adresować vt adressieren, (list) mit Anschrift versehen
adriatycki adj adriatisch
adwent m Advent m, Adventzeit f
adwokat m Rechtsanwalt m
aerobik m Aerobic n
aerozol [aɛˈrɔzɔl] m Spray m, n; **w ~u** in Spray(dose)
afera f Affäre f
afisz m Anschlagzettel m, Aushang m; teatr. **schodzić** <**zejść**> **z ~a** vom Spielplan abgesetzt werden
Afroamerykanin m Afroamerikaner m
Afrykanin m Afrikaner m
afrykański adj afrikanisch
agencja f Agentur f, Vertretung f; **~ prasowa** Presseagentur f, Nachrichtenagentur f; eufem. **~ towarzyska** Freudenhaus n
agent m Agent m, Vertreter m; **~ wywiadu** Geheimagent m
agentura f Agentur f
agitacja f Agitation f; **~ polityczna** politische Agitation; **~ wyborcza** Wahlpropaganda f
agitować vt agitieren (**za kimś** für jn)
aglomeracja f (miejska) Ballungsgebiet n, Ballungszentrum n
agrafka f Sicherheitsnadel f
agregat m Aggregat m
agresja f Aggression f, mil. Angriff m
agrest m Stachelbeere f; (krzew) Stachelbeerstrauch m
agresywny adj aggressiv
agronomia f Agronomie f, Landwirtschaftswissenschaft f
aids m: **chory na ~** aidskrank
akacja f Akazie f, Akazienbaum m
akademia f **1.** Akademie f, Hochschule f; **akademia sztuk pięknych** Kunstakademie f; **akademia wojskowa** Militärakademie f; **akademia wychowania fizycznego** Hochschule für Körperkultur; **Akademia Nauk** Akademie der Wissenschaften **2.** (uroczystość) Festveranstaltung f; **uroczysta ~** Festakt m; feierliche Veranstaltung
akademicki adj akademisch; Studenten-, Studien-; **dom ~** Studentenheim n; **rok ~** Studienjahr n
akademik m **1.** Akademiker m; Student m; Hochschüler m **2.** ugs. (dom) Studentenheim n
akcent m Akzent m, Betonung f, Ton m; figur. (nacisk) Nachdruck m; **mówić z**

~em cudzoziemskim mit Akzent sprechen
akcentować vt **1.** (*wyraz*) akzentuieren, betonen **2.** *figur.* Nachdruck verleihen (**coś** einer Sache)
akceptować vt akzeptieren, annehmen
akcj|a f **1.** (*polityczna*) Aktion f, Kampagne f; **~a wyborcza** Wahlkampf m **2.** *teatr.* Handlung f; **~a toczy się <rozgrywa się>** ... die Handlung spielt ... **3.** ~e pl Aktien pl
akcjonariusz m Aktionär m, Aktieninhaber m
akompaniament m *mus.* Begleitung f
akord m **1.** *mus.* Akkord m **2.** (*system płacy*) Stücklohn m, Akkord m; **pracować na ~** im Akkord arbeiten
akordeon m Akkordeon n; *ugs.* Schifferklavier n
akrobata m Akrobat m, Turnkünstler m
aksamit m Samt m
akt m **1.** (*czyn*) Handlung f, Tat f **2.** *teatr.* Akt m **3.** *juris.* Akte f; Urkunde f; **~a** pl Akten(stücke) pl; **~ oskarżenia** Anklageschrift f; **~ urodzenia** Geburtsurkunde f; **~ zgonu** Sterbeurkunde f, Totenschein m
aktor m Schauspieler m; **~ filmowy** Filmschauspieler m
aktorka f Schauspielerin f
aktualn|y adj aktuell, zeitgemäß; **~a sytuacja** die gegenwärtige Lage
aktywacja f Aktivieren n
aktywny adj aktiv; tätig
akumulator m Akkumulator m, *ugs.* Akku m; *mot.* Batterie f; **~ się wyczerpał** die Batterie ist leer
akupresura f Akupressur f
akupunktura f Akupunktur f
akurat adv genau; **~ teraz** gerade jetzt; **~ on** ausgerechnet er; *iron.* **~!** ja gerade!, kein Gedanke!
akustyka f Akustik f, Schalllehre f; **dobra <zła> ~** gute <schlechte> Akustik
akuszerka f Hebamme f, Geburtshelferin f
akwarium n Aquarium n
alarm m **1.** Alarm m; **fałszywy ~** blinder Alarm; **~ lotniczy** Fliegeralarm m; **ogłosić ~** Alarm melden <ansagen>; **bić <uderzyć> na ~** Alarm schlagen; **odwołać ~** entwarnen **2.** *mot.* Alarmanlage f
Albańczyk m Albaner m
albański adj albanisch
albo kj oder; **to ~ tamto** dies oder jenes; **~ ..., ~ ...** entweder ... oder ...

albowiem kj denn
album m Album n, Fotoalbum n; Bildband m; (*pamiętnik*) Stammbuch n
ale I. kj aber, sondern; **nie tylko ..., ~ ...** nicht nur ... sondern auch; **powoli, ~ dobrze** langsam, aber sicher **II.** int **~ gdzie tam!** ach wo! **III.** n Aber n; **nie ma żadnego ~!** da gibt es kein Aber!
aleja f Allee f
alergia f *med.* Allergie f
algierski adj algerisch (sic) **ależ** part aber; doch; **~ tak!** aber doch!, aber ja!; **~ nie!** nicht doch!
alfabet m Alphabet n, Abc n
alfabetyczn|y adj alphabetisch; **w kolejności ~ej** in alphabetischer Ordnung <Reihenfolge>
algebra f Algebra f
Algierczyk m Algerier m
algierski adj algerisch
alianci mpl die Alliierten
alkohol m Alkohol m
alpejski adj alpin, Alpen-; **krajobraz ~** Alpenlandschaft f
altana f Laube f
alternator m *mech.*, *mot.* Lichtmaschine f
aluminium n Aluminium n
aluzj|a f Anspielung f, Andeutung f; **robić ~e do czegoś** auf etw anspielen, Anspielungen auf etw machen
alzacki adj elsässisch
ałun m *chem.* Alaun m
amator m **1.** Liebhaber m **2.** (*niefachowiec*) Laie m, Nichtfachmann m
amatorski adj Liebhaber-; Amateur-; Laien-; **film ~** Amateurfilm m; **zespół ~** Laienensemble n
ambasad|a f Botschaft f; **sekretarz ~y** Botschaftssekretär m
ambasador m Botschafter m
ambicja f Ehrgeiz m, Ehrgefühl n
ambitny adj ehrgeizig; *ugs.* **~ facet** strebsamer Kerl
ambona f Kanzel f
ambulans m Krankenwagen m, Rettungswagen m
ambulatorium n Ambulanz f, Ambulatorium n
ambulatoryjny adj ambulant
Amerykanin m Amerikaner m
amerykański adj amerikanisch
amfiteatr m Amphitheater n
amnestia f Amnestie f
amortyzator m Stoßdämpfer m

amputować *vt* amputieren
amunicja *f* Munition *f*
anaboliki *mpl med.* Anabolika *pl*
analfabeta *m* Analphabet *m*
analiza *f* Analyse *f*
analizować *vt* analysieren
analogi|a *f* Analogie *f*
analogiczny *adj* analogisch
analogowy *adj* analog
ananas *m* Ananas *f*
anarchia *f* Anarchie *f*
anatomia *f* Anatomie *f*
anegdota *f* Anekdote *f*
aneks *m* Anhang *m*
anemia *f med.* Anämie *f*, Blutarmut *f*
angażować I. *vt* engagieren; (*do pracy*) anstellen, einstellen, verpflichten **II.** *vr* ~ **się** sich engagieren
Angielka *f* Engländerin *f*
angielski *adj* englisch; **język** ~ das Englische, die englische Sprache, Englisch *n*
Anglik *m* Engländer *m*
anglistyka *f* Anglistik *f*
ani I. *kj* nicht, nicht einmal; ~ ..., ~ ... weder ... noch ... **II.** *part* ~ **trochę** nicht im Mindesten <mindesten>; *ugs.* ~ **mi się śni** nicht im Traum! ~ **razu** kein einziges Mal
animacja *f* Animation *f*
anioł *m* Engel *m*; ~ **stróż** Schutzengel *m*
ankieta *f* Umfrage *f*, Rundfrage *f*
anonim *m* **1.** (*list*) anonymer Brief **2.** (*autor*) Anonymus *m*
anonimowy *adj* anonym, ungenannt
anormalny *adj* anormal; nicht normal
antena *f* Antenne *f*; ~ **kierunkowa** Richtantenne *f*; ~ **dachowa** Dachantenne *f*; ~ **satelitarna** Satellitenantenne *f*, *ugs.* Satellitenschüssel *f*
antybiotyk *m med.* Antibiotikum *n*
antyczny *adj* antik, altertümlich
antydopingow|y *adj:* **kontrola** ~**a** Dopingkontrolle *f*
antyfaszystowski *adj* antifaschistisch
antyk *m* **1.** (*stary przedmiot*) Antiquität *f*, altes Kunstwerk **2.** (*starożytność*) Antike *f*
antykoncepcyjn|y *adj* Schutz-, schwangerschaftsverhütend, antikonzeptionell; **piguł ka** ~**a** Antibabypille *f*, *ugs.* die Pille
antykwariat *m* Antiquariat *n*; Antiquitätengeschäft *f*
antylopa *f* Antilope *f*
antypaństwowy *adj* staatsfeindlich
antypatia *f* Abneigung *f*; Antipathie *f*

antyrządowy *adj* regierungsfeindlich
antysemita *m* Antisemit *m*
antysemicki *adj* antisemitisch, judenfeindlich
anulować *vt* annullieren; (*przepis*) für ungültig erklären; (*zamówienie, rezerwację*) rückgängig machen, stornieren
aparat *m* **1.** Apparat *m*, Gerät *n*; ~ **telefoniczny** Fernsprechapparat *m*; ~ **fotograficzny** Fotoapparat *m* **2.** Apparat *m*
apartament *m* Appartement *n*
apaszka *f* Halstuch *n*
apel *m* Appell *m*, Aufruf *m* (**o coś** zu etw)
apelacj|a *f* Berufung *f*, Appellation *f*; **wnieść** ~**ę** Berufung einlegen
apetyczny *adj* appetitlich
apetyt *m* Appetit *m*
aplauz *m* Beifall *m*
apolityczny *adj* apolitisch
apostoł *m* Apostel *m*
aprobować *vt* gutheißen; (*urzędowo*) bewilligen, genehmigen
aprowizacja *f mil.* Nachschub *m*, Verpflegung *f*
apteczka *f* (*domowa*) Hausapotheke *f*; ~ **samochodowa** Erste-Hilfe-Kasten *m*, Verband(s)kasten *m*
apteka *f* Apotheke *f*
aptekarz *m* Apotheker *m*
Arab *m* Araber *m*
arabski *adj* arabisch
arbuz *m* Wassermelone *f*
archeologia *f* Archäologie *f*
architekt *m* Baukünstler *m*, Architekt *m*
architektura *f* Baukunst *f*, Architektur *f*
archiwum *n* Archiv *n*, Urkundensammlung *f*; ~ **państwowe** Staatsarchiv *n*
arcybiskup *m* Erzbischof *m*
areał *m* Areal *n*, Bodenfläche *f*
arena *f* Arena *f*; (*w cyrku*) Manege *f*; *figur.* Schauplatz *m*
areszt *m* Arrest *m* (*gł. w wojsku*); Haft *f*; ~ **śledczy** Untersuchungshaft *f*
aresztować *vt* verhaften, festnehmen
argument *m* Beweisgrund *m*, Argument *n*; **przytaczać** ~**y** Argumente vorbringen
aria *f* Arie *f*
arkusz *m* Bogen *m*
armata *f* Kanone *f*
armia *f* Armee *f*, Heer *n*
arogancki *adj* arrogant, anmaßend
aromat *m* Aroma *n*
arsenał *m* Zeughaus *n*, Arsenal *n*

arteria f Ader f, Arterie f; ~ **komunikacyjna** Verkehrsader f
artykuł m **1.** handl. Artikel m; ~ **eksportowy** Ausfuhrartikel m, Exportware f; **~y przemysłowe** Industrieerzeugnisse pl; **~y powszechnego użytku** Massenbedarfsartikel pl **2.** Artikel m; ~ **w gazecie** Zeitungsartikel m; ~ **wstępny** Leitartikel m; ~ **naukowy** Artikel m, Aufsatz m
artyleria f Artillerie f
artysta m Künstler m; ~ **sceniczny** Schauspieler m; ~ **filmowy** Filmschauspieler m; ~ **malarz** Kunstmaler m, Maler m
artystka f Künstlerin f; ~ **dramatyczna** Schauspielerin f
artystyczn|y adj Kunst-, küstlerisch; **dzieło ~e** Kunstwerk n
asfalt m Asphalt m
aspiryna f Aspirin n
astma f Atemnot f, Asthma n
astronauta m Astronaut m, Raumfahrer m
astronomia f Sternkunde f, Astronomie f
asystent m Assistent m; Mitarbeiter m
asystować vi assistieren (**przy czymś** bei etw); (pomagać) beistehen
atak m Angriff m; (szturm) Sturm m; med. Anfall m; ~ **serca** Herzanfall m
atakować vt angreifen (a. figur.)
ateista m Atheist m
atest m Bescheinigung f
atestować vt attestieren
atlantycki adj atlantisch; Atlantik-
atlas m Atlas m
atletyka f sport. Athletik f
atłas m Atlas m
atmosfera f Atmosphäre f
atom m Atom n; **jądro ~u** Atomkern m
atomow|y adj atomar, Atom-; **ciężar ~y** Atomgewicht n; **bomba ~a** Atombombe f; **energia ~a** Atomenergie f
atrakcyjny adj attraktiv
atrament m Tinte f
attaché m Attaché m
audycj|a f Sendung f; **~a muzyczna** Musiksendung f; **cykl ~i** Sendereihe f
Australijczyk m Australier m
australijski adj australisch
austriacki adj österreichisch
Austriaczka f Österreicherin f
Austriak m Österreicher m
autentyczny adj authentisch, echt
auto n Auto n, Wagen m
autobus m Omnibus m, Bus m; ~ **pospieszny** Schnellbus m
autocasco [aŭtɔ'kaskɔ] n Kaskoversicherung f
autograf m (podpis) Autogramm n; (rękopis) Autograph n
autokar m Reisebus m
automat m Automat m; ~ **telefoniczny** Fernsprechautomat m
automatyczn|y adj automatisch
automatyzacja f Automatisierung f, Automation f
automobilista m Autofahrer m
autonomia f Autonomie f
autor m Verfasser m, Autor m
autorski adj Verfasser-, Autor-; **prawo ~e** Verfasserrecht n, Urheberrecht n
autorytarny adj autoritär
autorytet m **1.** Autorität f, Ansehen n; **cieszyć się ~em, mieć ~** Ansehen genießen **2.** (osoba) Autorität f, Fachgröße f
autoryzować vt autorisieren
autoryzowany adj autorisiert; **przekład ~** autorisierte Übersetzung
autostop m: **podróżować** <**jeździć**> **~em** per Anhalter reisen <fahren>
autostopowicz m Anhalter m
autostrada f Autobahn f
awangarda f Avantgarde f; mil. a. Vortrupp m
awans m Beförderung f
awansować I. vt befördern **II.** vi befördert werden
awantur|a f Krach m, Szene f; **zrobić ~ę** eine Szene machen
awanturnik m Rowdy m, Randalierer m
awaria f Störung f; mot. Panne f
Azjata m Asiat m
azjatycki adj asiatisch
azot m Stickstoff m
azyl m Asyl n; ~ **polityczny** politisches Asyl; **udzielić ~u** Asyl gewähren <erteilen>
azylant m Asylbewerber m
aż I. adv bis; **aż do** bis, bis zu, bis an, bis nach; **aż dotąd** (do tego miejsca) bis hierher; **aż do wczoraj** bis gestern; **aż do morza** bis an die See; **aż dotychczas** <**dotąd**> bis jetzt; **aż do końca** bis ans Ende, figur. bis zum Äußersten; **aż nadto** übergenug **II.** kj bis; **poczekaj, aż przyjdę!** warte, bis ich komme!
ażeby kj (z inf) um … zu; (z formą osobową) damit

B

babcia ['baptɕa] *f* Großmutter *f*, *ugs.* Oma *f*
babina *f* Mütterchen *n*, Weiblein *n*
babka ['bapka] *f* **1.** Großmutter *f* **2.** (*ciasto*) Napfkuchen *m*
baczność *f* Achtung *f*; *mil.* ~! Achtung!
bać się *vr* (sich) fürchten, Angst haben; **boję się go** ich habe Angst vor ihm, ich fürchte mich vor ihm
badać *vt* untersuchen; (*naukowo o.*) nach|forschen; *med.* untersuchen, behandeln; (*świadka*) verhören
badanie *n* Untersuchung *f*, Forschung *f*; **~ lekarskie** ärztliche Untersuchung
badawczy *adj* **1.** forschend; **~m wzrokiem** mit forschenden Blicken **2.** (*naukowy*) Untersuchungs-, Forschungs-; **instytut ~** Forschungsinstitut *n*
bagatelizować *vt* bagatellisieren; verharmlosen
bagaż *m* Gepäck *n*; **podręczny** Handgepäck *n*; **~ podróżny** Reisegepäck *n*; **przechowalnia ~u** Gepäckaufbewahrung *f*; **nadać ~** das Gepäck aufgeben
bagażnik *m* (*roweru*) Gepäckträger *m*; (*w samochodzie*) Kofferraum, *ugs.* Koffer *m*; (*na dachu*) Gepäckbrücke *f*, Dachgepäckträger *m*
bagażowy I. *adj* Gepäck-; **kwit ~** Gepäckschein *m*; **wagon ~** Gepäckwagen *m* **II.** *m* (*tragarz*) Gepäckträger *m*
bagietka *f* Baguette *f, n*
bagn|o *n* **1.** Sumpf *m* (*a. figur.*), Moor *n*, Morast *m*; **~a** *pl* Sumpfland *n*, Moorland *n* **2.** *bot.* Mottenkraut *n*
bajeczny *adj* *figur.* fabelhaft, märchenhaft
bajk|a *f* Fabel *f*; Märchen *n*; *figur.* **opowiadać ~i** fabeln, Märchen erzählen
bajt *m* Byte *n*
bak *m* Kraftstofftank *m*, Tank *m*
bakteri|a *f* Bakterie *f*, Spaltpilz *m*; **~e chorobotwórcze** Krankheitserreger *pl*
bal *m* (*taneczny*) Ball *m*; Tanzabend *m*; **~ maskowy** Maskenball *m*; **~ kostiumowy** Kostümball *m*
balast *m* Ballast *m*
baleron *m* Rollschinken *m*
balet *m* Ballett *n*
baletnica *f* Balletttänzerin *f*, Ballerina *f*
balkon *m* Balkon *m* (*o. w teatrze*)
balon *m* **1.** Ballon *m*, Luftballon *m*; **~ na uwięzi** Fesselballon *m* **2.** (*butla*) Korbflasche *f*, Ballon *m*
balonik *m* (kleiner) Luftballon *m*
balustrada *f* Geländer *n*
bałagan *m* *ugs.* Kuddelmuddel *m*, wirres Durcheinander
bałkański *adj* balkanisch, Balkan-
bałtycki *adj* baltisch, Balten-; **kraje ~e** Baltenländer *pl*; (*dotyczący morza*) Ostsee-; **port ~** Ostseehafen *m*
bałwan *m* **1.** (*morski*) Woge *f*, Welle *f* **2.** (*o człowieku*) Tölpel *m*; Schwachkopf *m* **3.** **~ ze śniegu** Schneemann *m*
bambus *m* Bambus *m*, Bambusrohr *n*
banalny *adj* banal
banał *m* Banalität *f*, Gemeinplatz *m*
banan *m* Banane *f*
banda *f* Bande *f*
bandaż *m* Verband *m*, Bandage *f*
bandażować *vt* verbinden, bandagieren
bander|a *f* Schiffsflagge *f*; **podnieść <opuścić> ~ę** die Schiffsflagge hissen
bandyta *m* Bandit *m*, Räuber *m*
bank *m* **1.** Bank *f*; **~ handlowy** Handelsbank *f*; **~ narodowy** Nationalbank *f* **2.** *kart.* Bank *f*; **rozbić ~** die Bank sprengen; *ugs.* **to pewne jak w ~u** das ist bombensicher, darauf kannst du Gift nehmen
banknot *m* Geldschein *m*, Banknote *f*; **~ stuzłotowy** Hundertzlotyschein *m*
bankomat *m* Geldautomat *m*
bankow|y *adj* Bank-; **przekaz ~y** Bankanweisung *f*; **konto ~e** Bankkonto *n*
bankrutować *vi* Pleite, Bankrott machen, bankrottieren
bar *m* Bar *f*, Imbissstube *f*, Snackbar *f*, **~ kawowy** Kaffeebar *f*
barak *m* Baracke *f*
baran *m* **1.** Schafbock *m*, Widder *m* **2. Baran** *astr.* Widder *m*
baranina *f* Hammelfleisch *n*
barbarzyństwo *n* Barbarei *f*
barczysty *adj* breitschult(e)rig
bardziej *adv* *kompar* → **bardzo** mehr; **coraz ~** immer mehr; **tym ~** desto mehr, um so mehr; **tym ~ nie** um so weniger
bardzo *adv* sehr; **~ niedawno** neulich, erst vor kurzem; **~ dużo** sehr viel; **~ łatwy** kinderleicht; **~ dziękuję!** danke schön!, vielen Dank!; **~ chętnie** herzlich gern

bark *m anat.* Schulter *f*
barka *f* Barke *f*
barman *m* Barkeeper *m*
barmanka *f* Bardame *f*
barok *m* Barock *n*, *m*; **wczesny ~** Frühbarock *n*; **późny ~** Spätbarock *n*; **epoka ~u** Barockzeitalter *n*
barokowy *adj* barock
barometr *m* Barometer *n*; **~ idzie w górę** das Barometer steigt; **~ spada** das Barometer fällt
barszcz ['barʃtʃ] *m*: **~ czerwony** Rote-Rüben-Suppe *f*
barw|a *f* Farbe *f*; **~y narodowe** Nationalfarben *pl*; **~a ochronna** Schutzfarbe *f*; Tarnfarbe *f*
barwnik *m* Farbstoff *m*
barwny *adj* farbenreich; farbenfroh
baryton *m* Bariton *m*, Baritonstimme *f*; (*śpiewak*) Baritonsänger *m*, Baritonist *m*
bas *m* Bass *m*, Bassstimme *f*; **śpiewać ~em** Bass singen; (*śpiewak*) Basssänger *m*, Bassist *m*
basen *m* **1.** Bassin *n*, Wasserbehälter *m*; **~ pływacki** Schwimmbecken *n*, Schwimmbad *n*, Swimmingpool *m*; **~ kryty** Schwimmhalle *f*, Hallenbad *n* **2.** *geogr.* Becken *n*, Raum *m*; **~ Morza Śródziemnego** Mittelmeerraum *m*
baśniowy *adj* märchenhaft, Märchen-
baśń *f* Fabel
baszta *f* Wehrturm *m*, Eckturm *m*
bat *m* **1.** Peitsche *f*; **strzelać z ~a** mit der Peitsche knallen **2.** **~y** *pl* Keile *pl*, Prügel *pl*
batalion *m mil.* Bataillon *n*
bateria *f mil.*, *el.* Batterie *f*
bawarski *adj* bayerisch
bawełn|a *f* Baumwolle *f*; *figur., ugs.* **nie owijać w ~ę** frei geradeheraus sagen, kein Blatt vor den Mund nehmen
bawełnian|y *adj* baumwollen, Baumwoll-; **tkanina ~a** Baumwollgewebe *n*
baw|ić I. *vt* Spaß machen, unterhalten, amüsieren; **to mnie ~i** das macht mir Spaß **II.** *vi* (*przebywać*) sich aufhalten, verbleiben **III.** *vr* **~ić się** sich unterhalten; (*o dzieciach*) spielen; **~ić się z kotem** mit der Katze spielen; **~cie się dobrze!** amüsiert euch gut!
baza *f* **1.** Basis *f*; (*podstawa*) Grundlage *f*; **~ surowcowa** Rohstoffbasis *f*; **~ danych** Datei *f* **2.** *mil.* Stützpunkt *m*; **~ lotnicza** Flugstützpunkt *m*; **~ morska** Marinestützpunkt *m*, Flottenstützpunkt *m*

bazalt *m* Basalt *m*
bazar *m* Markt *m*
bazylika *f* Basilika *f*
bażant *m* Fasan *m*
bądź [bɔ̃tɕ] **I.** *imperat* sei; → **być**; **~ tak dobry!** sei so gut <freundlich>! **II.** *kj*: **~ ..., ~ ...** sei es ..., sei es ...; **~ co** immerhin
bąk *m* **1.** (*owad*) Rinderbremse *f* **2.** (*zabawka*) Kreisel *m*
beczeć *vi* (*owca*) blöken; (*koza*) meckern; *ugs.* (*dziecko*) heulen, schreien
beczka *f* Fass *n*; (*duża*) Tonne *f*; *figur.* **~ bez dna** ein Fass ohne Boden
befsztyk *m* Beefsteak *n*; **~ tatarski** Tatar(beefsteak) *n*
bekon *m* Bacon *m*, Räucherspeck *m*, durchwachsener Speck
Belg *m* Belgier *m*
belgijski *adj* belgisch
belka *f* Balken *m*
belweder *m* Belvedere *n*
benzyna *f* Benzin *n*; **~ bezołowiowa** bleifreies Benzin
benzynow|y *adj* Benzin-; **stacja ~a** Tankstelle *f*
beret *m* Baskenmütze *f*
berliński *adj* Berliner
beton *m* Beton *m*
betoniarka *f* Betonmischer *m*
bez¹ *m bot.* Flieder *m*; **dziki ~** Holunder *m*
bez² *praep* ohne (**czegoś** etw); **~ ciebie** ohne dich; **~ wątpienia** ohne Zweifel, zweifellos; **~ tego** ohnehin; **~ względu na coś** ohne Rücksicht auf etw; **~ ustanku** ununterbrochen, in einem fort
bez- *w złożeniach* -los, -ohne, -frei, ohne ...
beza *f* Baiser, Schaumgebäck *n*
bezalkoholowy *adj* alkoholfrei
bezbarwny *adj* farblos (*a. figur.*)
bezbronny *adj* wehrlos
bezcelowy *adj* zwecklos
bezcen: **kupić za ~** spottbillig <für ein Spottgeld> kaufen
bezcenny *adj* unschätzbar, von unschätzbarem Wert
bezczelny *adj* frech, unverschämt
bezczynny *adj* untätig, tatenlos
bezdomny I. *adj* obdachlos **II.** *m* Obdachlose *m*
bezdroże *n* unwegsames Gelände
beze *praep* ohne; **~ mnie** ohne mich; → **bez²**
bezgotówkowy *adj* bargeldlos

bezgraniczny *adj* grenzenlos
bezinteresowny *adj* uneigennützig
bezkarny *adj* straflos, unbestraft
bezkofeinowy *adj* koffeinfrei, entkoffeiniert
bezkompromisowy *adj* kompromisslos
bezkonkurencyjny *adj* unübertrefflich, unerreichbar
bezmyślny *adj* gedankenlos, (*czyn*) unüberlegt
beznadziejny *adj* hoffnungslos
bezpartyjny **I.** *adj* parteilos **II.** *m* Parteilose *m*
bezpieczeństwo *n* Sicherheit *f*; ~ **na drogach** <**jazdy**> Verkehrssicherheit *f*; ~ **zbiorowe** kollektive Sicherheit; **Rada Bezpieczeństwa** Sicherheitsrat *m*
bezpiecznik *m* Sicherung *f*; ~ **topikowy** Schmelzsicherung *f*
bezpieczny *adj* sicher, gefahrlos
bezpłatny *adj* unentgeltlich, kostenlos; (*darmowy*) frei; **wstęp** ~ freier Eintritt
bezpłodność *f* Unfruchtbarkeit *f*, Zeugungsunfähigkeit *f*
bezpodstawny *adj* grundlos, haltlos
bezpośredni *adj* unmittelbar, direkt
bezpowrotny *adj* unwiederbringlich
bezprawny *adj* rechtlos; (*niezgodny z prawem*) rechtswidrig, widerrechtlich
bezprzewodowy *adj* drahtlos; **telefon** ~ ein schnurloses Telefon
bezradny *adj* hilflos, ratlos
bezrękawnik *m* Pullunder *m*
bezrobocie *n* Arbeitslosigkeit *f*, Erwerbslosigkeit *f*
bezrobotny **I.** *adj* arbeitslos, erwerbslos **II.** *m* Arbeitslose, Erwerbslose *m*; **zasiłek dla ~ch** Arbeitslosengeld *n*
bezsenność *f* Schlaflosigkeit *f*; **cierpieć na** ~ unter Schlaflosigkeit leiden
bezsenny *adj* schlaflos
bezsensowny *adj* unsinnig, sinnlos, absurd
bezsilny *adj* machtlos
bezskutecznie *adv* erfolglos, ergebnislos; vergebens, umsonst
bezstronny [bɛsˈstrɔnni] *adj* unparteiisch, objektiv
bezterminowy *adj* fristlos
beztroska *f* Sorglosigkeit *f*, Unbekümmertheit *f*
bezustannie *adv* unaufhörlich, unablässig, in einem fort

bezwartościowy *adj* wertlos, ohne Wert
bezwarunkowo *adv* unbedingt, unter keinen Umständen
bezwarunkowy *adj* bedingungslos
bezwład *m med.* Lähmung *f*
bezwzględn|y [bɛzˈvzglɛ̃dni] *adj* rücksichtslos, schonungslos; *phys.* absolut; **~a większość** absolute Mehrheit
bezzałogowy *adj* unbemannt
beżowy *adj* beige
bęben *m* Trommel *f* (*o. techn.*); ~ **hamulcowy** Bremstrommel *f*; **bić w** ~ die Trommel schlagen
bębnić *vi* trommeln
białaczka *f med.* Leukämie *f*
białawy *adj* weißlich
białko *n* Eiweiß *n* (*a. chem.*)
biało *adv* weiß
Białorusin *m* Belorusse *m*, Weißrusse *m*
białoruski *adj* belorussisch, weißrussisch
biały *adj* weiß; **czarno na ~m** schwarz auf weiß; ~ **jak śnieg** schneeweiß; *figur.* ~ **kruk** weißer Rabe; **w** ~ **dzień** am helllichten Tag
Biblia *f* Bibel *f*
biblioteka *f* Bibliothek *f*, Bücherei *f*
bicie *n* Schlagen *n*; Prügeln *n*; ~ **serca** Herzschlag *m*, (*przyspieszone*) Herzklopfen *n*
bić **I.** *vt* schlagen, hauen, prügeln; ~ **po twarzy** ohrfeigen; ~ **brawo** Beifall klatschen **II.** *vi* (*o sercu*) schlagen **III.** *vr* ~ **się** sich hauen, einander schlagen
biec *vi* laufen, rennen; ~ **za kimś** jm nachlaufen <nachrennen>
bied|a *f* Armut *f*, Not *f*; **popaść w** ~**ę** in Not geraten; **od** ~**y** leidlich, mit Not
biedak *m* armer Mann, Arme *m*; *ugs.* ~! der arme Kerl!
biedny *adj* arm; *figur.* armselig
biedronka *f* Marienkäfer *m*
bieg *m* **1.** Lauf *m*; **z ~iem czasu** mit der Zeit, im Laufe der Zeit **2.** *sport.* Lauf *m*, Wettrennen *n*; ~ **z przeszkodami** Hürdenlauf *m*; ~ **na przełaj** Geländelauf *m* **3.** *techn.* Gang *m*; ~ **jałowy** Leerlauf *m*; ~ **wsteczny** Rückwärtsgang *m*; **na drugim** <**czwartym**> ~**u** im zweiten <vierten> Gang; **włączyć drugi** ~ den zweiten Gang einschalten <einlegen>; **włączyć** <*ugs.* **wrzucić**> **niższy** ~ einen niedrigeren Gang einlegen; **redukować** ~**i** herunterschalten; **podwyższać** ~**i** heraufschalten

biegacz *m* Läufer *m*
biegaczka *f* Läuferin *f*
biegać *vi* laufen, joggen; herumlaufen
biegun *m geogr.*, *el.* Pol *m*; ~ **północny** Nordpol *m*; ~ **południowy** Südpol *m*; *el.* ~ **dodatni** Pluspol *m*; ~ **ujemny** Minuspol *m*
biegunka *f med.* Durchfall *m*
biel *f* Weiß *n*
bielić *vt* (*bieliznę*) bleichen; (*ścianę*) weißen, tünchen; (*cyną*) verzinnen
bielizna *f* Wäsche *f*; ~ **osobista** Leibwäsche, Unterwäsche *f*; ~ **pościelowa** Bettwäsche *f*; ~ **kolorowa** Buntwäsche *f*
bierny *adj* passiv, untätig; *gram.* **strona bierna** Passiv *n*
bierzmowanie *n rel.* Firmung *f*
bieżąc|y *adj* laufend; **~y rok** laufendes Jahr; **sprawy ~e** laufende Geschäfte
bieżnia *f sport.* Rennbahn *f*
bieżnik *m mot.* (Reifen)profil *n*
bigos *m* Jägerkraut *n*
bilans *m* Bilanz *f*; ~ **handlowy** Handelsbilanz *f*; ~ **płatniczy** Zahlungsbilanz *f*
bilard *m* Billard *n*; **grać w** ~ Billard spielen
bilet *m* **1.** Karte *f*; *schweiz.* Billett *n*; (*na środki lokomocji*) Fahrschein *m*, Fahrausweis *m*, Fahrkarte *f*; ~ **okresowy** Zeitkarte *f*; ~ **wstępu** Eintrittskarte *f*; ~ **lotniczy** Flugticket *n*; ~ **powrotny** Rückfahrkarte *f*; ~ **z dopłatą** Fahrkarte mit Zuschlag; **kupić** ~ eine Fahrkarte kaufen <lösen> **2.** Karte *f*; ~ **wizytowy** Visitenkarte *f*
billbord *m* Plakatwand *f*
billing *m* Einzelverbindungsnachweis *m*
bilon *m* Hartgeld *n*, Münzen *pl*
bioaktywny *adj* bioaktiv
biodr|o *n* Hüfte *f*; **szerokie** <**wąskie**> **~a** ausladende <schmale> Hüften
biografia *f* Biografie *f*, Biographie *f*
biologia *f* Biologie *f*
biskup *m* Bischof *m*
bisować *vi* (*grać na bis*) als Zugabe singen <spielen>
biszkopt *m* Biskuit *n*, *m*
bitwa *f* Schlacht *f*; ~ **morska** Seeschlacht *f*; ~ **powietrzna** Luftschlacht *f*
biurko *n* Schreibtisch *m*
biuro *n* Büro *n*; ~ **informacyjne** Auskunftsbüro *n*; ~ **podróży** Reisebüro *n*; ~ **zakwaterowania** Zimmervermittlung *f*
biurokracja *f* Bürokratie *f*
biust *m* Busen *m*, Brüste *fpl*
biustonosz *m* Büstenhalter *m*, BH *m*

bizantyjski *adj* byzantinisch
biznes *m* Business *n*
biznesmen *m* Geschäftsmann *m*
biżuteria *f* Schmuck *m*, Schmucksachen *fpl*; ~ **sztuczna** ~ Modeschmuck *m*
blacha *f* Blech *n*; ~ **cynkowa** Zinkblech *n*; ~ **stalowa** Stahlblech *n*
blacharstwo *n* Klempnerei *f*, *reg.* Spenglerei *f*; ~ **samochodowe** (*o. warsztat*) Autospenglerei *f*, Klempnerwerkstatt *f*
blady *adj* blass, bleich; ~ **jak ściana** <**jak trup**> leichenbleich
blankiet *m* Formular *n*, Vordruck *m*
blask *m* Glanz *m*, Schimmer *m*
blaszany *adj* aus Blech, Blech-
blednąć *vi* blass werden, erbleichen
blis|ki I. *adj* nah(e), nahe liegend **II.** *m* (*o człowieku*) Angehörige *m*; **moi ~cy** die Meinen
blisko *adv* nahe; ~ **spokrewniony** eng verwandt
bliskowschodni *adj* Nahost-, nahöstlich
blizna *f* Narbe *f*
bliźniak *m* **1.** Zwilling *m* **2.** (*strój damski*) Twinset *m*
Bliźnięta *pl astr.* Zwillinge *pl*
blok *m* (*dom*) Haus *n*; (*bryła, bloczek, polit., mech.*) Block *m*; (*notatnik*) Notizblock *m*; ~ **rysunkowy** Zeichenblock *m*
blokada *f* Blockade *f*, Sperre *f*; ~ **gospodarcza** Wirtschaftsblockade *f*
blokować *vt*, *vi* blockieren; (*drogę*) sperren; (*rozmowy*) stören
blond *adj* blond; **włosy** ~ blondes Haar
blondyn *m* Blonde *m*
blondynka *f* Blondine *f*, blonde Frau, blondes Mädchen
bluza *f* Blouson *n*, *m*
bluzka *f* Bluse *f*, Damenbluse *f*
błagać *vt* flehen, anflehen (**o coś** um etw)
błahy *adj* geringfügig, belanglos
bławatek *m* Kornblume *f*
błąd *m* **1.** Fehler *m*; ~ **drukarski** Druckfehler *m*; **popełnić** ~ einen Fehler machen **2.** (*pomyłka*) Irrtum *m*; **wprowadzić kogoś w** ~ jn irreführen
błądzić *vi* irregehen; *figur.* sich irren; **błądzisz** du irrst
błękit *m* Blau *n*
błękitny *adj* blau, himmelblau
błogosławić *vt* segnen
błona *f* Membran(e) *f*, Haut *f*; ~ **śluzowa** Schleimhaut *f*

błotnik *m* Schutzblech *n*; (*samochodu*) Kotflügel *m*
błoto *n* Kot *m*, Dreck *m*
błyska|ć się *vr* blitzen; **~ się** es blitzt
błyskawica *f* Blitz *m*; **szybko jak ~** blitzschnell
błyszczeć ['bŭiʃʧɛtɕ] *vi* glänzen, leuchten, schimmern
bo *kj* weil, denn
bobslej *m sport.* Bobsleigh *m*
bochenek *m* Laib *m*; **~ chleba** ein Laib Brot
bocian *m* Storch *m*
boczek *m* Speck *m*; **~ wędzony** Räucherspeck *m*
boczn|y *adj* seitlich, Seiten-; **~a ulica** Seitenstraße *f*; **~y ołtarz** Nebenaltar *m*; **~a ściana** Seitenwand *f*
bodziec *m* Ansporn *m*, Anreiz *m*; **ekonomiczny** materieller Anreiz; **dodać komuś bodźca** jn anspornen
bogacić się *vr* reich werden, sich bereichern
bogactwo *n* Reichtum *m*
bogatka *f orn.* Kohlmeise *f*
bogat|y *adj* reich; (*obfity*) reichlich; **~e zbiory** reichliche Ernte
bogini *f* Göttin *f*; **~ miłości** Liebesgöttin *f*; **~ zwycięstwa** Siegesgöttin *f*
bohater *m* Held *m*; **~ dnia** der Held des Tages
bohaterka *f* Heldin *f*
boisko *n* (*sportowe*) Turnplatz *m*, Sportplatz *m*
bojaźliwy *adj* furchtsam
bojaźń *f* Furcht *f*
bojer *m sport.* Eisjacht *f*
bojkotować *vi* boykottieren
bojownik *m* Kämpfer *m*; Verfechter *m*; **~ o wolność** Freiheitskämpfer *m*
bok *m* Seite *f*; **z ~u** von der Seite; **na ~!** Platz machen!, zur Seite!; **odłożyć na ~** beiseite legen; *figur.* **żarty na ~** Spaß beiseite
boks¹ *m sport.* Boxen *n*
boks² *m* (*zagroda*) Box *f*, Pferdestand *m*
bokser *m* Boxer *m*, Boxkämpfer *m*
bol|eć *vi* wehtun, schmerzen; **~i mnie palec** der Finger tut mir weh; **głowa mnie ~i** ich habe Kopfschmerzen; **~i!** es tut weh!
bolesny *adj* (*rana*) schmerzhaft; (*przykry*) schmerzlich, schwer
bomba *f* **1.** Bombe *f*; **~ wodorowa** Wasserstoffbombe *f*; **~ neutronowa** Neutronenbombe *f*; **~ zapalająca** Brandbombe *f*; **~ zegarowa** Zeitbombe *f* **2.** (*ładunek wybuchowy*) Sprengladung *f*
bombardować *vt* bombardieren
bombardowanie *n* Bombardement *n*; (*lotnicze*) Bombenangriff *m*
bombka *f* (*na choinkę*) Glaskugel *f*
bombowiec *m* Bomber *m*, Bombenflugzeug *n*
bombowy *adj* Bomben-; **nalot ~** Bombenangriff *m*; *figur. ugs.* **~ interes** Bombengeschäft *n*
bon *m* Gutschein *m*, Bon *m*
bordo *adj unv.* bordeaux
bordowy *adj* bordeaux
borowik *m* Steinpilz *m*
borówka *f* Preiselbeere *f*
borsuk *m* Dachs *m*
boski *adj* göttlich, Gottes; **Matka Boska** die Mutter Gottes; *ugs.* **rany ~e!** Herr Gott!, um Gottes <Himmels> willen!
bosman *m* Bootsmann *m*
boso *adv* barfuß
botanika *f* Botanik *f*, Pflanzenkunde *f*
bowiem *kj* denn, nämlich
boży *adj* göttlich, Gottes-; **Boże Ciało** Fronleichnam *m*; **Boże Narodzenie** Weihnachten *pl*
bób *m* Saubohne *f*
bóbr *m* Biber *m*
bóg *m* **1.** **Bóg** Gott *m*; **dzięki** <**chwała**> **Bogu!** Gott sei Dank!; **broń Boże!** Gott bewahre <behüte>!; *ugs.* **jak Boga kocham!** so wahr Gott lebt! **2.** (*w mitologii*) Gott *m*; **~ wojny** Kriegsgott *m*; **~ Słońca** Sonnengott *m*
ból *m* Schmerz *m*, Weh *n*; **~ głowy** Kopfschmerz *m*, Kopfweh *n*; **~e porodowe** Geburtswehen *pl*; **odczuwać ~** Schmerz empfinden
bóstwo *n* Gottheit *f*; *figur.* Abgott *m*, Idol *m*; **wyglądać jak ~** wunderschön <gottähnlich> aussehen
bóźnica *f* Synagoge *f*
brać *vt* **1.** nehmen; **~ udział w wycieczce** an einem Ausflug teilnehmen; **coś pod uwagę** etw in Betracht ziehen; **~ za złe** übel nehmen, verübeln; **ściśle biorąc** streng genommen **2.** (*o rybie*) anbeißen; *ugs.* **biorą (ryby)?** beißt was an?
brajl *m* Blindenschrift *f*
brak¹ *m* **1.** Mangel *m*; **~ wody** Wasserman-

gel *m*; ~ **pieniędzy** Geldknappheit *f*; ~ **wyobraźni** Fantasielosigkeit *f* **2.** (*błąd*) Defekt *m*, Fehler *m*; (*towar*) Ausschussware *f*
brak² *impers* es fehlt (**czegoś** an etw); **będzie mi ciebie** ~ ich werde dich missen
braknąć *vi pf* → **brakować**
brakowa|ć *vi* fehlen, mangeln (**czegoś** etw *D*); **tego nam tylko ~ło!** das hat uns gerade noch gefehlt!
brama *f* Tor *n*; (*drzwi frontowe*) Haustür *f*
bramk|a *f sport.* Tor *n*; **~a samobójcza** Eigentor *n*, Selbsttor *n*; **strzelić <wbić> ~ę** ein Tor schießen
bramkarz *m sport.* Torwart *m*, Torhüter *m*
bransoletka *f* Armband *n*
brat *m* Bruder *m*; ~ **przyrodni** Stiefbruder *m*; ~ **zakonny** Ordensbruder *m*; **Bracia ...** (*w firmie*) Gebrüder ... *pl*
bratanek *m* Neffe *m*
bratanica *f* Nichte *f*
bratek *m bot.* Stiefmütterchen *n*
braterski *adj* brüderlich
bratowa *f* Schwägerin *f*
brawo *n* Beifall *m*; **bić** ~ Beifall klatschen; **~!** Bravo!
Brazylijczyk *m* Brasilianer *m*
brazylijski *adj* brasilianisch
brąz *m* Bronze *f*
brązowy *adj* **1.** (*kolor*) braun, bronzefarben **2.** (*z brązu*) bronzen, aus Bronze
brew *f* Braue *f*, Augenbraue *f*; **z|marszczyć brwi** die Stirn runzeln
brezent *m* Zeltleinwand *f*
brod|a *f* **1.** (*część twarzy*) Kinn *n* **2.** (*zarost*) Bart *m*; **zapuścić ~ę** sich *D* einen Bart wachsen lassen
brodawka *f* Warze *f*
brona *f* Egge *f*
bronić I. *vt* verteidigen (*o. juris.*); (*zabraniać*) wehren; (*chronić*) schützen **II.** *vr* ~ **się** sich verteidigen
broń *f* Waffe *f*, Waffen *fpl*; ~ **atomowa** Atomwaffe *f*; ~ **jądrowa** <**nuklearna**> Kernwaffe *f*; ~ **palna** Schusswaffe *f*; ~ **masowej zagłady** Massenvernichtungswaffe *f*; **zawieszenie broni** Waffenstillstand *m*
broszka *f* Brosche *f*
broszura *f* Broschüre *f*
browar *m* Brauerei *f*
brud *m* Schmutz *m*; **~y** *pl* (*bielizna*) Schmutzwäsche *f*
brudno *adv* schmutzig, unrein; **pisać na ~** ins Unreine schreiben

brudny *adj* schmutzig; *ugs.* dreckig
brudzić *vt* schmutzig <dreckig> machen, beschmutzen, besudeln
bruk *m* Pflaster *n*, Straßenpflaster *n*
brukselka *f* (*kapusta*) Rosenkohl *m*
brulion *m* (*brudnopis*) Entwurf *m*; (*zeszyt*) Kladde *f*
brunatny *adj* dunkelbraun; **niedźwiedź ~** Braunbär *m*; **węgiel ~** Braunkohle *f*
brutto *unv.* brutto; **dochód ~** Bruttoeinkommen *n*
bruzda *f* Furche *f*
bryczesy *pl* Reithose *f*
brydż *m* Bridge *n*; **grać w ~a** Bridge spielen
brygada *f* Brigade *f*
brykiet *m* Brikett *n*
brylant *m* Brillant *m*
bryła *f* **1.** (*ziemi*) Klumpen *m* **2.** *mat.* Körper *m*
brytyjski *adj* britisch
bryza *f* Brise *f*
brzeg *m* (*skraj*) Rand *m*; (*rzeki*) Ufer *n*; (*morza*) Strand *m*; Küste *f*
brzemienna *adj* schwanger
brzemienny *adj* -reich, -schwer; ~ **w skutki** <**następstwa**> folgenschwer
brzęcz|eć *vi* (*owady, silniki*) summen, surren; (*szkło*) klirren; *figur.* **~ąca moneta** klingende Münze
brzmi|eć *vi* klingen, tönen; (*mieć brzmienie*) lauten; **tekst ~ następująco** der Text lautet wie folgt
brzmienie *n* Klang *m*; (*dokumentu*) Wortlaut *m*
brzoskwinia *f* Pfirsich *m*
brzoza *f* Birke *f*
brzuch *m* Bauch *m*; **na ~u** bäuchlings, auf dem Bauch
brzydki *adj* hässlich; scheußlich
brzydzić się *vr* sich ekeln (**czegoś** vor etw)
brzytwa ['bʒitfa] *f* Rasiermesser *n*
budka *f* (*dróżnika*) Bahnwärterhaus *n*; ~ **strażnika** Schilderhaus *n*; ~ **telefoniczna** Telefonzelle *f*
budow|a *f* Bau *m*; (*miejsce budowy*) Bauplatz *m*; Baustelle *f*; **teren ~y** Baugelände *n*
budowla *f* Bau *m*, Gebäude *n*
budować *vt* (auf)bauen; (*wznosić*) errichten; (*wykonywać*) herstellen
budowlany *adj* Bau-; **materiał ~** Baumaterial *n*; **robotnik ~** Bauarbeiter *m*

budownictwo *n* Bauwesen *n*; (*architektura*) Baukunst *f*
budynek *m* Gebäude *n*; ~ **mieszkalny** Wohnhaus *n*
budyń *m* Pudding *m*
budzić I. *vt* auf|wecken; (*uczucie*) erwecken; ~ **zazdrość** Eifersucht erregen **II.** *vr* ~ **się** aufwachen; erwachen (*a. figur.*)
budzik *m* Wecker *m*; **nastawić** ~ den Wecker stellen
budżet ['budʒet] *m* Budget *n*, Haushalt *m*, Haushaltsplan *m*, Etat *m*; ~ **państwa** Staatshaushalt *m*
bufet *m* Büfett *n*; (*lada*) Schanktisch *m*, Theke *f*
bujn|y *adj* üppig; **~a fantazja** lebhafte <üppige> Einbildungskraft; **~e włosy** üppiger Haarwuchs
buk *m* Buche *f*
bukiet *m* Strauß *m*; ~ **kwiatów** Blumenstrauß *m*
buksować *vi mot.*, *ugs.* durchdrehen
bulimia *f med.* Bulimie *f*
bulion *m* Kraftbrühe *f*
Bułgar *m* Bulgare *m*
bułgarski *adj* bulgarisch
bułka *f* Brötchen *n*, (*w Berlinie o.*) Schrippe *f*; ~ **tarta** Paniermehl *n*
bunt *m* Aufruhr *m*; (*marynarzy*) Meuterei *f*; (*sprzeciw*) Empörung *f*
buntować I. *vt* aufwiegeln, aufhetzen **II.** *vr* ~ **się** sich empören, sich auflehnen
burak *m* Rübe *f*; ~ **czerwony** rote Rübe; ~ **cukrowy** Zuckerrübe *f*; ~ **pastewny** Futterrübe *f*
burmistrz *m* Bürgermeister *m*
bursztyn *m* Bernstein *m*
burt|a *f* Bord *m*; **lewa ~a** Backbord *m*; **prawa ~a** Steuerbord *m*; **wyrzucić za ~ę** über Bord werfen; **człowiek za ~ą!** Mann über Bord!
burza *f* Gewitter *n*, Unwetter *n*; ~ **śnieżna** Schneesturm *m*

busola *f* Bussole *f*, Kompass *m*
but *m* Schuh *m*; (*z cholewką*) Stiefel *m*; **~y narciarskie** Skischuhe *mpl*
butelka *f* Flasche *f*; ~ **wina** eine Flasche Wein
butik *m* Boutique *f*
butla *f* (*szklana*) Glasballon *m*; ~ **tlenowa** Sauerstoffflasche *f*
buzia *f* Mündchen *n*; (*twarz*) Gesichtchen *n*; **dać buzi** einen Kuss geben
by¹ *kj* damit, dass; (*z inf*) um ... zu ...
by² *wykładnik trybu*: **można by** man könnte; **trzeba by** man müsste <sollte>
być *vi* sein, da sein; ~ **może** vielleicht, kann sein; ~ **przeciwnym** gegen etw sein, etw dagegen haben; **w czymś jest komuś do twarzy** es steht jm gut zu Gesicht; **to jest** (*to znaczy*) das heißt; **co ci jest?** was hast du?, was fehlt dir?
bydł|o *n* Rind *n*; **~o rogate** Hornvieh *n*; **hodowla ~a** Viehzucht *f*
byk *m* **1.** Stier *m*; Bulle *m* **2.** *ugs.* (*błąd*) Schnitzer *m*, Fehler *m*; **strzelić ~a** einen Bock schießen **3. Byk** *astr.* Stier *m*
byle I. *part* ~ **kto** der erste Beste; ~ **co** irgend(et)was; ~ **gdzie** irgendwo **II.** *kj* wenn nur; ~ **on tylko przyszedł!** wenn er nur käme!, dass er aber kommt!
były *adj* ehemalig, Alt-; ~ **minister** ehemaliger Minister *m*, Exminister *m*; ~ **kanclerz** Altkanzler *m*
bynajmniej *adv* durchaus nicht, gar nicht, keinesfalls
bystry *adj* (*potok*) reißend; (*umysł*) scharf; (*człowiek*) scharfsinnig; ~ **chłopak** intelligenter Junge
byt *m* Sein *n*, Dasein *n*; **warunki ~u** Lebensbedingungen *fpl*
bywa|ć *vi* **1. tak** ~ so ist es manchmal, das gibt es; **~, że** ... es kommt vor, dass ... **2.** (*uczęszczać*) oft besuchen; **~c u kogoś** bei jm verkehren, jn zu besuchen pflegen
bzdura *f* Quatsch *m*, dummes Gerede

C

cal *m* Zoll *m*
calówka *f* Zollstock *m*
całkiem, całkowicie *adv* gänzlich, ganz, restlos
całkowit|y *adj* gesamt; völlig; **~a suma** Gesamtsumme *f*
cało *adv* unversehrt; **ujść ~** mit heiler Haut davonkommen
całoś|ć *f* Ganze *n*; **w ~ci** (*w kawałku*) im Ganzen; (*łącznie*) insgesamt; (*ogólnie*) im Großen und Ganzen
całować I. *vt* küssen **II.** *vr* **~ się** sich küssen
cał|y *adj* **1.** ganz; **~ymi dniami** tagelang; *figur.* **iść na ~ego** aufs Ganze gehen **2.** (*nienaruszony*) unversehrt
CD-ROM *m* (*Compactdisc Read Only Memory*) CD-ROM *f*
cebula *f* Zwiebel *f*
cech *m* Zunft *f*, Innung *f*
cecha *f* Merkmal *n*; (*właściwość*) Eigenschaft *f*; **~ charakteru** Charakterzug *m*
cechować *vt* eichen, zeichnen; (*charakteryzować*) kennzeichnen
cedzak *m* Durchschlag *m*
cedzić *vt* seihen, filtern
cegielnia *f* Ziegelei *f*
ceglany *adj* aus Backsteinen <Ziegeln>, Backstein-; Ziegel-
cegła *f* Backstein *m*; Ziegel *m*; **czerwona ~** roter Backstein
cel *m* **1.** Ziel *n*; **postawić sobie coś za ~** sich etw zum Ziel setzen; **trafić do ~u** das Ziel treffen **2.** Zweck *m*; **~em, w ~u** zwecks; **mieć na ~u** bezwecken
cela *f* Zelle *f*
cellulit *m*, **cellulitis** *f* Zellulitis *f*
celnik *m* Zollbeamte *m*
celn|y¹ *adj* **1.** treffsicher; **~y strzał** Volltreffer *m* **2.** *figur.* (*trafny*) **~a uwaga** eine treffende Bemerkung
celn|y² *adj* Zoll-; **urząd ~y** Zollamt *n*; **odprawa ~a** Zollabfertigung *f*
celować *vi* zielen (**do czegoś** auf etw); *figur.* (*wyróżniać się*) **~ w czymś** sich in etw auszeichnen
celowy *adj* zweckmäßig
celuloza *f* Zellulose *f*
cement *m* Zement *m*
cen|a *f* Preis *m*; **~a stała** fester Preis; **~a rynkowa** Marktpreis *m*; **zniżka <obniżka> ~ Preissenkung** *f*; **podwyżka ~** Preiserhöhung *f*; **podnieść <podwyższyć> ~y** die Preise heraufsetzen; **po <w> ~ie ...** zum Preis von ...; *figur.* **za wszelką ~ę** um jeden Preis
cennik *m* Preisliste *f*
cenny *adj* wertvoll, kostbar
centrala *f* Zentrale *f*; **~ telefoniczna** Telefonzentrale *f*; **~ międzynarodowa** Auslandsvermittlung *f*
centralny *adj* zentral, Zentral-
centrum *n* Zentrum *n*; Mittelpunkt *m*; **~ miasta** Stadtzentrum *n*; **~ obliczeniowe** Rechenzentrum *n*
centymetr *m* **1.** (*jednostka miary*) Zentimeter *m* **2.** (*krawiecki*) Metermaß *n*
cenzura *f* Zensur *f*
cera *f* Teint *m*, Gesichtsfarbe *f*
ceramika *f* Keramik *f*
cerata *f* Wachstuch *n*
ceremoni|a *f* Zeremonie *f*; *ugs.* **nie rób ~i!** mach keine Umstände!
cerkiew *f* orthodoxe Kirche
cerować *vt* stopfen
cesarz *m* Kaiser *m*
cewka *f* **1.** *el.* Spule *f*; *mot.* **~ zapłonowa** Zündspule *f* **2.** *anat.* Harnröhre *f*
chaber *m* Kornblume *f*
chadecja *f polit.* die Christdemokraten
chałka *f* Butterzopf *m*
chałupnik *m* Heimarbeiter *m*
cham *m* Rüpel *m*, Grobian *m*
chaos *m* Chaos *n*
charakte|r *m* **1.** Charakter *m*; **cecha <rys> ~ru** Charakterzug *m*, Charaktereigenschaft *f* **2.** (*cecha*) Eigenschaft *f*; **w ~rze świadka** (in der <seiner> Eigenschaft) als Zeuge; **~r pisma** Hand(schrift) *f*
charakterystyczny *adj* charakteristisch, kennzeichnend
chat *m* → **czat**
chata *f* Hütte *f*
chcieć *vt* **1.** wollen; **chce mi się spać** ich bin schläfrig; **chce mi się jeść** ich bin hungrig; **nie chce mi się** ich habe keine Lust **2.** mögen; **chciałbym to zobaczyć** ich möchte es sehen
chciwy *adj* habgierig, habsüchtig
chemia *f* Chemie *f*
chemiczny *adj* chemisch

chęć *f* Lust *f*; **z ~cią** gern(e); **dobre ~ci** guter Wille, gute Vorsätze
chętnie *adv* gern(e); **bardzo ~** herzlich <sehr> gern
Chinka *f* Chinesin *f*
Chińczyk *m* Chinese *m*
chiński *adj* chinesisch
chińszczyzna *f* **1.** *ugs.* **to dla mnie ~** das ist für mich Chinesisch **2.** *kulin.* chinesisches Essen
chip [tʃip] *m inform.* Chip *m*
chipsy [tʃipi] *mpl* Chips *mpl*
chirurg *m* Chirurg *m*
chleb *m* Brot *n*; **~ pszenny** Weizenbrot *n*; **~ razowy** Schwarzbrot *n*; *figur.* **~ powszedni** das tägliche Brot; **zarabiać na ~** sein Brot verdienen
chlew *m* Schweinestall *m*
chlor *m chem.* Chlor *n*
chlubić się *vr* stolz sein (**czymś** auf etw)
chłodnia *f* Kühlraum *m*
chłodnica *f techn.* Kühler *m*
chłodnik *m* (*zupa*) Kaltschale *f*
chłodno *adv* kühl; **jest ~** es ist kühl; **robi się ~** es wird kühl
chłodny *adj* kühl
chłodzenie *n techn.* Kühlung *f*
chłodzony *adj mot.* gekühlt; **silnik ~ wodą** <**powietrzem**> wassergekühlter <luftgekühlter> Motor
chłop *m* Bauer *m*
chłopiec *m* Junge *m*
chłopski *adj* Bauern-, bäurisch; *figur.* **~ rozum** gesunder Menschenverstand
chłód *m* Kühle *f*, Kälte *f*, Frische *f*
chmiel *m* Hopfen *m*
chmur|a *f* Wolke *f*; **~a deszczowa** Regenwolke *f*; **~a gradowa** Hagelwolke *f*; **oberwanie ~y** Wolkenbruch *m*
chmurzyć *vr* sich bewölken; **~ się** der Himmel überzieht <bewölkt> sich
chociaż, choć I. *kj* obgleich, obwohl, obschon, wenngleich **II.** *adv* (*przynajmniej*) wenigstens
choćby *kj* **1.** (*nawet*) sei es nur ...; **~ na chwilę** sei es nur für einen Augenblick **2.** (*nawet gdyby*) **~ nie wiem jak się wysilał** und wenn er sich noch so anstrengen würde
chodnik *m* (*uliczny*) Gehsteig *m*, Trottoir *n*; (*dywanik*) Läufer *m*
chodzić *vi* gehen, zu gehen pflegen; **~ tam i z powrotem** auf und ab gehen; **~ pieszo** zu Fuß gehen, laufen; **~ na spacer** spazieren gehen; **~ do szkoły** die Schule besuchen; **chodzi o to, że ...** es handelt sich darum, dass ...; **jeżeli chodzi o mnie** was mich betrifft <anbelangt>; *ugs.* **chodź no tu!** komm mal her!
choinka *f* Weihnachtsbaum *m*
choler|a *f med.* Cholera *f*; *ugs.* **do ~y!** zum Henker!; **~a!** verdammt!
cholernie *adv ugs.* schrecklich, saumäßig; **jestem ~ zmęczony** ich bin schrecklich müde
chorągiew *f* Fahne *f*; **wywiesić ~** die Fahne hissen
chorągiewka *f* Fähnchen *n*; (*trójkątna*) Wimpel *m*; **~ na dachu** Wetterfahne *f*
chorąży *m* Fahnenträger *m*
choroba *f* Krankheit *f*; **~ umysłowa** Geisteskrankheit *f*; **~ serca** Herzleiden *n*
chorobliwy *adj* krankhaft
chorobowy *adj*: **zasiłek ~** Krankengeld *n*
chorować *vi* krank sein; **~ na coś** an einer Krankheit leiden
Chorwat *m* Kroate *m*
chorwacki *adj* kroatisch
chory I. *adj* krank; (*długotrwale*) siech; **~ na wątrobę** leberkrank; **umysłowo ~** geisteskrank; **~ na serce** herzkrank **II.** *m* Kranke *m*
chować I. *vt* **1.** (*ukrywać*) verstecken; verbergen **2.** (*zmarłego*) bestatten **3.** (*hodować*) züchten, aufziehen **II.** *vr* **~ się** (*kryć się*) sich verbergen
chór *m* **1.** Chor *m*; **~ chłopięcy** Knabenchor *m*; **~em** im Chor **2.** *archit.* Chor *m*
chrabąszcz [ˈxrabɔ̃ʃtʃ] *m* Maikäfer *m*
chrapać *vi* schnarchen
chrom *m chem.* Chrom *n*
chronić I. *vt* schützen; (*mieć pod ochroną*) schonen **II.** *vr* **~ się** sich schützen
chrupki *adj*: **chleb ~** Knäckebrot *n*
chrypk|a *f* Heiserkeit *f*; **mam ~ę** ich bin heiser
chrzan *m* Meerrettich *m*
chrząkać *vi* sich räuspern
chrząknąć *vi pf* → **chrząkać**
chrząszcz [xʃɔ̃ʃtʃ] *m* Käfer *m*
chrzest *m* Taufe *f*
chrzestna *f* Patin *f*
chrzestny *m* Taufpate *m*, Pate *m*
chrześcijanin *m* Christ *m*
chrześcijański *adj* christlich
chrześniaczka *f*, **chrześniak** *m* Patentochter *f*, Patenkind *n*

chudy *adj* mager, dünn
chuligan *m* Rowdy *m*, Randalierer *m*
chusteczka, chustka *f* Tuch *n*; ~ **do nosa** Taschentuch *n*; ~ **na głowę** Kopftuch *n*; ~ **na szyję** Halstuch *n*
chwalić I. *vt* loben **II.** *vr* ~ **się** prahlen (**czymś** mit etw), angeben
chwast *m* Unkraut *n*
chwiać się *vr* wackeln, taumeln
chwil|a *f* Moment *n*, Augenblick *m*; **od tej ~i** von diesem Augenblick an; **w każdej ~i, lada ~a** jeden Augenblick; **w jednej ~i** im Handumdrehen; *ugs.* **w ~i obecnej** gegenwärtig, im Moment; **w tej ~i** sofort, in diesem Augenblick; **w pewnej ~i** auf einmal, und da …; **~ami** zuweilen, manchmal
chwilowo *adv* vorläufig, momentan, vorübergehend; **nieczynne <zamknięte>** vorübergehend geschlossen
chwycić *vt pf* → **chwytać**; ~ **za broń** zur Waffe greifen
chwytać *vt* **1.** greifen; ergreifen **2.** (*pojmować*) begreifen
chyba I. *kj*: ~ **że …** es sei denn, dass …; (*z wyjątkiem*) außer wenn … **II.** *adv* (*przypuszczalnie*) wohl; **on ~ przyjdzie** er wird wohl kommen; ~ **nie** wohl kaum, schwerlich; **no ~!** selbstverständlich!, sicher!
chytry *adj* schlau; verschmitzt
ci *pron pers* (*nieakcentowane*) *D* dir; → **ty**
ciał|o *n* **1.** Körper *m*; *phys.* **~o stałe <płynne, lotne>** fester <flüssiger, gasförmiger> Körper **2.** (*zwłoki*) Leiche *f* **3.** (*żywe*) Leib, Körper *m*; *figur.* **~em i duszą** mit Leib und Seele
ciasny *adj* eng; *ugs.* ~, **ale własny** klein aber mein
ciastko *n* Kuchen *m*, Kleingebäck *n*
ciast|o *n* **1.** (*surowe*) Teig *m* **2.** Kuchen *m*; **~a** *npl* verschiedene Kuchensorten
ciąć *vt* schneiden
ciąg *m* Verlauf *m*; im Verlauf von, innerhalb; **w ~u dwóch tygodni** im Verlauf von zwei Wochen; **w ~u miesiąca** innerhalb eines Monats; **w ~u tego czasu** in diesem Zeitraum; ~ **dalszy** Fortsetzung *f*; ~ **dalszy nastąpi** Fortsetzung folgt
ciągle *adj* immer(fort), fortwährend; (*stale*) dauernd
ciągły *adj* fortwährend, fortlaufend; (*nieprzerwany*) ununterbrochen
ciągnąć I. *vt* ziehen; (*wlec*) schleppen; ~ **dalej** (*mówiąc*) fortfahren **II.** *vr* ~ **się** sich ziehen; (*przedłużać się*) sich in die Länge ziehen
ciągnik *m* Schlepper *m*, Traktor *m*; ~ **rolniczy** Ackerschlepper *m*; ~ **siodłowy** Sattelschlepper *m*
ciąż|a ['tɕɔ̃ʒa] *f* Schwangerschaft *f*; **być w ~y** schwanger sein
ciążyć *vi* (**na czymś**) lasten
cicho *adv* still; **~!** still!; **mówić ~** leise sprechen
cichobieżny *adj* schallgedämpft (*o. mot.*)
cichy *adj* still; leise; ruhig
ciebie *pron pers A* dich; → **ty**
ciec *vi* fließen, rinnen, lecken; **beczka cieknie** das Fass leckt
ciecz *f* Flüssigkeit *f*
ciekaw *adj* → **ciekawy 1.**; **jestem ~, czy …** ich bin neugierig, ob …
ciekawość *f* Neugier(de) *f*; **przez ~** aus Neugierde
ciekawy *adj* **1.** neugierig; **jestem ~** ich bin neugierig **2.** (*interesujący*) interessant; merkwürdig
cieknąć *vi* → **ciec**
cielę *n* Kalb *n*
cielęcina *f* Kalbfleisch *n*
ciemnia *f fot.* Dunkelkammer *f*
ciemno *adv* dunkel, finster; **robi się ~** es wird dunkel
ciemnoś|ć *f* Dunkelheit *f*; Finsternis *f*; Dunkel *n*; **w ~ci** im Dunkeln, in der Dunkelheit
ciemny *adj* dunkel, finster; (*zacofany*) dumm; ~ **jak tabaka w rogu** dumm wie Bohnenstroh
cienki *adj* dünn
cień *m* Schatten *m*
cieplarnia *f* Treibhaus *n*, Gewächshaus *n*
ciep|ło I. *adv* warm; **jest ~ło** es ist warm; **robi się ~ło** es wird warm **II.** *n* Wärme *f*; **trzymać w ~le** warm halten
ciepłownia *f* Fernheizwerk *n*, Heizwerk *n*
ciepły *adj* warm; (*pogoda*) mild; *figur.* warm
cierpi|eć *vt, vi* leiden; (*znosić*) dulden, ertragen; **nie ~eć kogoś** jn nicht ausstehen können; **sprawa nie ~ zwłoki** die Sache duldet keinen Aufschub
cierpienie *n* Leid *n*, Leiden *n*; (*ból*) Schmerzen *mpl*
cierpliwość *f* Geduld *f*; **stracić ~** die Geduld verlieren; **zachować <uzbroić się w>** ~ sich in Geduld fassen

cierpliwy *adj* geduldig
cieszyć I. *vt* freuen **II.** *vr* **~ się** sich freuen (**z czegoś**) über etw); **~ się zaufaniem** das Vertrauen genießen
cieśla *m* Zimmermann *m*
cieśnina *f* Enge *f*, Meerenge *f*
cię *pron pers* (*nieakcentowane*) A dich; → **ty**
cięciwa *f* Sehne *f*; **~ koła** Kreissehne *f*; **~ łuku** Bogensehne *f*
cięgło *n*: **~ ssania** Choke *m*
ciężar *m* **1.** Last *f*; **dźwigać ~y** Lasten tragen **2.** (*waga*) Gewicht *n*; **~ właściwy** spezifisches Gewicht; *sport.* **podnoszenie ~ów** Gewichtheben *n*
ciężarek *m* Gewicht *n*, Gewichtstein *m*
ciężarna *adj* schwanger
ciężarówka *f* Lastauto *n*, Lastkraftwagen *m*, LKW *m*, *ugs.* Laster *m*
ciężki *adj* **1.** schwer **2.** (*trudny*) *o.* schwerig **3.** (*nieporadny*) schwerfällig; **~ styl** schwerfälliger Stil **4.** (*uciążliwy*) mühsam; **bardzo ciężka droga** ein mühsamer Weg
ciężko *adv* schwer; **~ chory** schwer krank; **oddychać ~** schwer <mühsam> atmen
ciocia *f* Tante *f*
cios *m* Schlag *m*, Hieb *m*; **zadać ~** einen Schlag versetzen; *figur.* **~ poniżej pasa** ein Schlag unter die Gürtellinie
ciotka *f* Tante *f*
cisza *f* **1.** Stille *f*; **~ morska** Meeresstille *f* **2.** (*brak wiatru*) Windstille *f* **3.** (*milczenie*) Schweigen *n*; **~ przed burzą** Ruhe vor dem Sturm
ciśnienie *n* Druck *m*; **~ atmosferyczne** Luftdruck *m*; **wysokie ~** Hochdruck *m*; **niskie ~** Tiefdruck *m*; **~ krwi** Blutdruck *m*; **~ w oponach** Reifendruck *m*; **zmierzyć ~ w oponach** (den) Reifendruck messen
ciśnieniomierz *m* Manometer *n*; *mot.* Reifendruckmesser *m*, Reifendruckprüfer *m*
cło *n* Zoll *m*; **~ wywozowe** Ausfuhrzoll *m*; **~ przywozowe** Einfuhrzoll *m*; **~ ochronne** Schutzzoll *m*; **wolny od cła** zollfrei
cmentarz *m* Friedhof *m*
cnota *f* Tugend *f*
co *pron* was; **co to (jest)?** was ist das? **co tobie?** was fehlt dir?, was hast du?; **co ty na to?** was sagst du dazu?; **co słychać?** was gibt's Neues?, wie geht's?; **co (drugi) dzień** jeden (zweiten) Tag; **co tydzień** jede Woche, alle acht Tage; **co za jeden?** was für ein <einer>; **dopiero co** soeben; **co najmniej** mindestens; **co najwyżej** höchstens; **co prawda** zwar, immerhin
codziennie *adv* jeden Tag, alle Tage
codzienn|y *adj* täglich, alltäglich; **gazeta ~a** Tageszeitung *f*
cofać I. *vt* (*wycofać*) zurückziehen; **~ zamówienie** eine Bestellung stornieren; **~ zegar** die Uhr nachstellen **II.** *vr* **~ się** sich zurückziehen; (*odstąpić*) zurücktreten
cofnąć *vt pf* → **cofać**
cokolwiek I. *pron.* was auch immer **II.** *adv* (*trochę*) ein wenig, etwas
cola *f* Cola *n, f*
coraz *adv*: **~ bardziej <więcej>** immer mehr; **~ gorzej** immer ärger <schlimmer>
coś *adv* was, irgendetwas; **~ niecoś** ein kleines Bisschen; **~ nowego** etwas Neues; *ugs.* **~ podobnego!** so (et)was!
córka *f* Tochter *f*
cóż *pron* was?, was denn?; **~ to?** was ist denn das?
cud *m* Wunder *n*; **czynić ~a** Wunder tun; **~em** (wie) durch ein Wunder; **wierzyć w ~a** an Wunder glauben
cudny *adj* wundervoll, bildschön
cudowny *adj* wunderbar; (*piękny*) wunderschön
cudzoziemiec *m* Ausländer *m*
cudzoziemka *f* Ausländerin *f*
cudzy *adj* fremd
cukier *m* Zucker *m*; **~ w kostkach** Würfelzucker *m*; **~ gronowy** Traubenzucker *m*; **~ puder** Puderzucker *m*
cukierek *m* Bonbon *m, n*
cukiernia *f* Konditorei *f*
cukiernica, cukierniczka *f* Zuckerdose *f*
cukinia *f* Zucchini *pl*
cukrownia *f* Zuckerfabrik *f*
cukrzyca *f* Zuckerkrankheit *f*
cybernetyka *f* Kybernetik *f*
cyfra *f* Ziffer *f*
cyfrowy *adj* digital
Cygan *m* Zigeuner *m*
Cyganka *f* Zigeunerin *f*
cygarniczka *f* Zigarettenspitze *f*
cygaro *n* Zigarre *f*
cylinder *m* *mech.* Zylinder *m*
cyna *f* Zinn *n*
cynamon *m* Zimt *m*
cynk *m* Zink *n*
cyrk *m* Zirkus *m*; **iść <pójść> do ~u** in den Zirkus gehen
cyrkiel *m* Zirkel *m*

cysterna f Zisterne f; **samochód** ~ Tankauto n; **statek** ~ Tanker m, Tankschiff n
cytadela f Zitadelle f
cytat m Zitat n
cytować vt zitieren; (*przytaczać*) anführen
cytrusy mpl Zitrusfrüchte pl
cytryna f Zitrone f
cytrynowy adj Zitronen-; **sok** ~ Zitronensaft m
cywil m Zivilist m
cywilizacja f Zivilisation f
cywilizowany adj zivilisiert
cywiln|y adj zivil; **prawo** ~e Zivilrecht n, bürgerliches Recht; **urząd stanu** ~ego Standesamt n; **ślub** ~y Ziviltrauung f; **stan** ~y Familienstand m; **odwaga** ~a Zivilcourage f; **ludność** ~a Zivilbevölkerung f
czajka f orn. Kiebitz m
czajnik m Wasserkessel m; ~ **elektryczny** Wasserkocher m; ~ **z gwizdkiem** Pfeifkessel m
czapk|a f Mütze f; **mieć** ~**ę na głowie, być w czapce** die Mütze aufhaben
czapla f Reiher m
czar m Zauber m; ~y mpl Zauberei f
czarno adv schwarz; ~ **na białym** schwarz auf weiß; **ubrany na** ~ schwarz gekleidet; ugs. **pracować na** ~ schwarzarbeiten
czarn|y adj schwarz; ~**y jak kruk** rabenschwarz; ~**a jagoda** Blaubeere f; figur. ~**a magia** schwarze Magie; ~**a niewdzięczność** schnöder Undank; ~**y rynek** Schwarzmarkt m
czarować vt, vi **1.** zaubern, hexen **2.** figur. bezaubern, verzaubern
czarownica f Hexe f
czarujący adj bezaubernd, reizend; (*wprawiający w zachwyt*) entzückend, verführerisch
czas m Zeit f; (*okres*) Zeitraum m; ~ **wolny** freie Zeit, Freizeit f; **w** ~**ie** in der Zeit, während; **już** ~ es ist (schon) Zeit, die Zeit ist gekommen; **od** ~**u, jak ...** seit ...; **od** ~**u do** ~**u** von Zeit zu Zeit, ab und zu; **z biegiem** ~**u** mit <im Laufe> der Zeit; **najwyższy** ~ es ist (die) höchste Zeit
czasopismo n Zeitschrift f; ~ **ilustrowane** Illustrierte f
czasownik m Verb n
czaszka f Schädel m, Hirnschale f
czat m Chat m
czcić vt (*szanować*) ehren, verehren; (*wielbić*) anbeten

czcionka ['tʃtɕɔnka] f Letter f, Type f
czczo: na ~ adv auf nüchternen Magen, nüchtern
Czech m Tscheche m
czego pron → **co**
czek m Scheck m; ~ **podróżny** Reisescheck m; **zrealizować** ~ einen Scheck einlösen
czeka|ć vi warten (**na kogoś** auf jn); (*oczekiwać*) erwarten; **nie** ~**m na nic** ich erwarte nichts
czekolada f Schokolade f
czemu pron warum?, weshalb?
czepek m Haube f; ~ **kąpielowy** Badekappe f
czereśnia f Süßkirsche f (o. drzewo)
czerń f Schwarz n
czerpać vt schöpfen
czerstwy adj (*chleb*) hart, altbacken; (*człowiek*) rüstig
czerwiec m Juni m
czerwienić się vr rot werden
czerwień f Rot n, rote Farbe
czerwonka f med. Ruhr f
czerwony adj rot; ~ **jak burak** puterrot;
Czerwony Kapturek Rotkäppchen n
czesać I. vt kämmen **II.** vr ~ **się** sich kämmen, sich frisieren
czeski adj tschechisch
cześć [tʃɛɕtɕ] f Ehre f; **bez czci** ehrlos; **na (jego)** ~ (ihm) zu Ehren; **oddawać** ~ verehren; ~! (*na pożegnanie*) tschüss!, tschüs! (*na powitanie*) ugs. hallo!
często adv oft, häufig
częstować vt anbieten (**kogoś czymś** jm etw)
częsty adj häufig
częściowo adv teilweise, zum Teil
częściowy adj partiell, Teil-
część [tʃɛɕtɕ] f **1.** Teil m; ~ **świata** Erdteil m; gram. ~ **mowy** Wortart f; techn. ~ **zamienna** Ersatzteil m, n; **po części** zum Teil; **większa** ~ Großteil m, das Meiste; **trzecia** ~ ein Drittel; ~ **trzecia (utworu)** dritter Teil **2.** (*udział*) Anteil m; **lwia** ~ Löwenanteil m
członek m Glied n; (*organizacji*) Mitglied n
członkini f (weibliches) Mitglied n
członkowski adj Mitglieds-; **państwa** ~**e Unii Europejskiej** die Mitgliedsländer der Europäischen Union
człowiek m **1.** Mensch m **2.** (*w formach nieosobowych*) man; ~ **chciałby ...** man möchte ...; ~**a denerwuje ...** es ärgert ei-

nen ...; **to może ~a wyprowadzić z równowagi** das kann einen aus der Fassung bringen
czołg m mil. Panzer m
czołgać się vr kriechen
czoło n **1.** anat. Stirn f; **z|marszczyć ~** die Stirn runzeln <in Falten ziehen> **2.** Spitze f; **na czele** an der Spitze; **wysunąć na ~** in den Vordergrund rücken
czołow|y adj **1.** Stirn- **2.** (główny) führend; **3.** mot. **zderzenie ~e** Frontalzusammenstoß m
czołówka f (w prasie) Schlagzeile f
czosnek m Knoblauch m
czterdzieści num vierzig
czternastka f Vierzehn f
czternasty num der vierzehnte
czternaście num vierzehn
czterocylindrowy adj Vierzylinder-; **silnik ~** Vierzylindermotor m
czterosuwowy, czterotaktowy adj Viertakt-; **silnik ~** Viertaktmotor, Viertakter m
cztery num vier; **w ~ oczy** unter vier Augen
czterysta num vierhundert
czubek m **1.** Spitze f; **~ palca** Fingerspitze f, (u nogi) Zehenspitze f; **~ nosa** Nasenspitze f **2.** (drzewa) Wipfel m
czuć I. vi, vt **1.** fühlen, empfinden; **jak się teraz czujesz?** wie fühlst du dich jetzt? **2.** (zapach) riechen; **tu ~ benzynę** es riecht hier nach Benzin **II.** vr **~ się** sich fühlen, sich befinden
czujnik m Messfühler, Anzeiger m
czujny adj wachsam
czuł|y adj **1.** empfindlich **2.** (kochający) zärtlich, gefühlvoll
czuwać vi wachen, wach sein
czwart|ek m Donnerstag m; **w ~ki** donnerstags; **w przyszły ~ek** nächsten Donnerstag

czwarty num der vierte
czworaczki pl Vierlinge pl
czworak|i: chodzić na ~ach auf allen vieren kriechen
czwórka f Vier f
czy kj ob, oder; **powiedz mi, ~ przyjdziesz** sage mir, ob du kommst; **ty ~ on** du oder er; **tak ~ inaczej** so oder anders, sowieso; **~ jesteś zdrów?** bist du gesund?
czyj pron wessen; **~ to rower <samochód>?** wem gehört dieses Fahrrad <Auto>?
czyli kj das heißt; mit anderen Worten; **~ że** also, folglich
czym pron → **co** womit; **~ prędzej** möglichst bald, schleunigst
czyn m **1.** Tat f; **bohaterski ~** Heldentat f; **wprowadzić w ~** in die Tat umsetzen, ugs. umsetzen **2.** (działanie) Handlung f
czynić vt tun, machen
czynieni|e n Tun n; **mieć do ~a** es zu tun haben
czynność f Tätigkeit f, Handlung f
czynn|y adj tätig; (aktywny) aktiv; **~a służba** aktiver Dienst; **być ~ym jako ...** wirken als ...; **~e prawo wyborcze** aktives Wahlrecht; gram. **strona ~a** Aktiv n
czynsz m (najmu) Miete f
czyrak m Furunkel m, n, Geschwür n
czyst|y adj sauber, rein; **~e ręce** saubere Hände; **~y metal** Reinmetall n; **~y zysk** Reingewinn m, Nettoertrag m
czyścić vt reinigen; (buty) putzen
czytać vt lesen
czytanie n (w parlamencie) Lesung f
czytelnia f Lesesaal m
czytelnik m Leser m
czytelny adj leserlich, (dający się czytać) lesbar
czytnik m Lesegerät n
czyżyk m orn. Zeisig m

Ć

ćma f Nachtfalter m
ćpać vi ugs. (brać narkotyki) dröhnen
ćpun m ugs. Junkie m; Drogensüchtige m
ćwiartka f Viertel n; mus. Viertelnote f
ćwiczeni|e n Übung f, Üben n, Schulaufgabe f, Übungsaufgabe f; **~a gimnastyczne** Körperübungen fpl; **~a wojskowe** Truppenübungen fpl
ćwiczyć I. vi, vt üben **II.** vr **~ się** sich üben
ćwiek m Stift m, Zwecke f
ćwierćfinał m sport. Viertelfinale n
ćwierkać vi zirpen, tschirpen

D

dach *m* Dach *n; figur.* ~ **nad głową** Obdach *n;* **być bez** <**nie mieć**> ~**u nad głową** obdachlos sein
dachówka *f* Dachziegel *m*
dać *vt pf* → **dawać;** ~ **komuś poznać, że ...** jn merken lassen, dass ...; **daj mi spokój** lass mich in Ruhe <in Frieden>; **co się da** was irgendwie möglich ist; **dajmy na to ...** nehmen wir an ...; **tego się nie da zrobić** das lässt sich nicht machen
daktyl *m* Dattel *f*
dal *f* Ferne *f;* **w ~i** in der Ferne; **z ~a** aus der Ferne; **z ~a od...** fern von...; **skok w ~** Weitsprung *m;* **okulary do ~i** Fernbrille *f*
dalej *adv* ferner, weiter; **~! los!**
daleki *adj* fern, weit; ~ **lot** Fernflug *m*
daleko *adv* weit, fern, weit entfernt; **jak ~ jest z Warszawy do Wiednia?** wie weit ist es von Warschau nach Wien?
dalekobieżny *adj:* **pociąg ~** Fernzug *m;* **ruch ~** Fernverkehr *m*
dalekowzroczny *adj* weit schauend
dalia *f bot.* Dahlie *f*
dalszy *adj kompar* → **daleki** weiter, ferner
daltonizm *m* (partielle) Farbenblindheit *f*
dama *f* Dame *f (o. w grach)*
damski *adj* Damen-; **kapelusz ~** Damenhut *m*
dane *pl* Daten *pl;* ~ **personalne** Personalien *pl;* ~ **techniczne** technische Daten; **bank danych** Datenbank *f*
danie *n (potrawa)* Gericht *n*, Gang *m;* **na drugie ~** zum zweiten Gang
dansing *m* Tanzvergnügen *n*, Tanzen *n;* **pójść na ~** tanzen gehen
dar *m* **1.** *(podarunek)* Geschenk *n* **2.** *(talent)* Gabe *f*, Begabung *f;* ~ **wymowy** Rednergabe *f*
daremny *adj* vergeblich
darmo *adv* umsonst; **(na) pół ~** halb <fast> umsonst; *(bezpłatnie)* gratis, unentgeltlich, kostenlos; *(daremnie)* vergeblich; **wszystko było na ~** alles war umsonst <vergeblich>
darować *vt* **1.** schenken **2.** *figur. (wybaczyć)* verzeihen, vergeben
daszek *m* **1.** kleines Dach **2.** *(czapki)* Mützenschirm *m*
dat|a *f* Datum *n;* **opatrzyć ~ą** datieren, mit Datum versehen
dawać *vt* geben; *(prezent)* schenken; ~ **do zrozumienia** <**do myślenia**> zu verstehen <zu denken> geben; ~ **korepetycje** Nachhilfe geben
dawca *m* Geber *m*, Spender *m;* ~ **krwi** Blutspender *m*
dawniej *adv* früher, vormals
dawno *adv* lange, längst; ~ **temu** vor langer Zeit; **od dawna** seit langem; ~ **pan tu mieszka?** wohnen Sie lange hier?; **to ~ minęło** es ist längst vorbei
dawny *adj* ehemalig, früher; **~m zwyczajem** nach altem Brauch
dąb *m* Eiche *f; figur.* **stanąć dęba** *(o koniu)* sich (auf-)bäumen, *(o włosach)* sich sträuben
dążeni|e *n* Streben *n*, Bestreben *n;* **~a** *pl* Bestrebungen *fpl*
dążność *f* Streben *n*, Trachten *n*
dążyć *vi (zmierzać)* anstreben **(do czegoś** etw); ~ **do celu** das Ziel verfolgen
dba|ć *vi* sorgen **(o kogoś** für jn); sich kümmern **(o kogoś** um jn)
dbały *adj* sorgfältig, bemüht
dealer *m* Händler *m*
debata *f* Debatte *f;* ~ **budżetowa** Haushaltsdebatte *f*
debil *m abw.* Schwachkopf *m*
debiut *m* Debüt *n*, Erstauftreten *n*
debiutant *m* Debütant *m*
dech *m* Atem *m;* **bez tchu** atemlos, außer Atem
decydować I. *vi* entscheiden **(o czymś** über etw) **II.** *vr* ~ **się** sich entscheiden **(na coś** für etw), sich entschließen **(na coś** zu etw)
decydując|y *adj* entscheidend, ausschlaggebend; **to ma ~e znaczenie** das ist von ausschlaggebender Bedeutung
decyzj|a *f* **1.** *(rozstrzygnięcie)* Entscheidung *f,* **~a zapadła** die Entscheidung ist erfolgt **2.** *(postanowienie)* Entschluss *m;* **powziąć ~ę** den Entschluss fassen
dedykować *vt* widmen
defekt *m (brak)* Mangel *m;* *(uszkodzenie)* Schaden *m*, Defekt *m*, Panne *f*
defilad|a *f (wojskowa)* Parade *f;* **odbierać ~ę** die Parade abnehmen
definicja *f* Begriffsbestimmung *f*, Definition *f*
definitywny *adj* endgültig, definitiv

dekagram *m*, *kzf.* **deka** *n* Dekagramm *n*; **20 deka** 200 Gramm
dekarz *m* Dachdecker *m*
deklamować *vt* deklamieren, vortragen
deklaracja *f* Erklärung *f*; ~ **celna** Zollerklärung *f*
dekolt *m* Halsausschnitt *m*
dekorować *vt* ausschmücken; (*odznaczeniem*) auszeichnen
dekret *m* Dekret *n*, Erlass *m*
delegacja *f* **1.** Abordnung *f*, Delegation *f* **2.** (*wyjazd służbowy*) Dienstreise *f*
delegat *m* Delegierte *m*
delikatesy *mpl* (*sklep*) Delikatessenhandlung *f*, Feinkost *f*
delikatny *adj* fein; (*człowiek*) feinfühlig; (*sprawa*) diffizil, heikel
demaskować *vt* entlarven
demokracja *f* Demokratie *f*; ~ **parlamentarna** parlamentarische Demokratie
demokrata *m* Demokrat *m*
demokratyczny *adj* demokratisch
demonstracja *f* Demonstration *f*, Kundgebung *f*; ~ **masowa** Massenkundgebung, Großkundgebung *f*
demoralizować *vt* demoralisieren
denaturat *m* Brennspiritus *m*
denerwować I. *vt* aufregen, ärgern **II.** *vr* ~ **się** sich aufregen, sich ärgern
dentysta *m* Zahnarzt *m*
deprawować *vt* verderben (*np.* **młodzież** die Jugend)
depresja *f* *geogr.*, *econ.* Depression *f*; *figur.* (*duchowa o.*) Niedergeschlagenheit *f*, Tief *n*
deptać *vt* treten
deseń *m* Muster *n*, Dessin *n*
deser *m* Nachtisch *m*; **na** ~ zum Nachtisch
desk|a *f* Brett *n*; ~**a do prasowania** Bügelbrett *n*; ~**a do rysowania** Reißbrett *n*, Zeichenbrett *n*; *figur.* **od ~i do ~i** von A bis Z; **ostatnia ~a ratunku** die einzige <letzte> Hoffnung
deskorolka *f* Skateboard *n*, Rollerbrett *n*
deszcz *m* (Sprüh-, Platz-)Regen *m*; **ulewny** ~ Regenguss *m*; ~ **pada** es regnet; ~ **ustaje** der Regen lässt nach
detaliczn|y *adj*: **sprzedaż ~a** Einzelverkauf *m*; **handel ~y** Einzelhandel *m*
dewiz|a *f* **1.** Devise *f* **2.** ~**y** *pl* Devisen *pl*
dezerter *m* Fahnenflüchtige *m*
dezodorant *m* Deodorant *n*
dezorganizować *vt* desorganisieren

dezynfekcja *f* Entseuchung *f*
dębowy *adj* eichen, Eichen-; aus Eichenholz
dętka *f* Schlauch *m*; ~ **rowerowa** Fahrradschlauch *m*
diabelnie *adv ugs.* verdammt; ~ **ładny** verdammt schön
diabeł *m* Teufel *m*; **do diabła!** zum Teufel!, verdammt!
dialekt *m* Mundart *f*, Dialekt *m*
dialektyka *f* Dialektik *f*
dialog *m* Dialog *m*
diament *m* Diamant *m*
die|ta ['djeta] *f* **1.** Diät *f*; **przestrzegać ~ty, być na ~cie** Diät halten **2.** (*np. pobytowa*) Tagegeld *n*
dla *praep* **1.** für; ~ **ciebie** für dich **2.** (*z powodu*) wegen, halber; (*w celu*) um zu; ~ **świętego spokoju** um des lieben Friedens willen
dlaczego *adv* weshalb, warum
dlatego *adv* deshalb, darum; ~**, że ...** weil, deshalb weil ...
dłoń *f* Hand *f*; **grzbiet ~ni** Handrücken *m*; ~**nią** mit flacher Hand; **uścisk ~ni** Händedruck *m*; *ugs.* **to jasne jak na ~ni** es liegt auf der Hand, es ist sonnenklar
dług *m* Schuld *f*; **robić ~i** Schulden machen; **popaść w ~i** in Schulden geraten; **spłacić** <**umorzyć**> ~**i** die Schulden bezahlen <tilgen>
długi *adj* lang
długo *adv* lange; **jak ~ tu zostaniesz?** wie lange bleibst du hier?
długopis *m* Kugelschreiber *m*, *ugs.* Kuli *m*
długość *f* Länge *f* (*o. geogr.*); *rad.* ~ **fal** Wellenlänge *f*
dłuto, dłutko *n* Beitel *m*, Hobleisen *n*
dłużnik *m* Schuldner *m*
dłużny *adj* schuldig
dmuchać *vi* **1.** blasen, pusten **2.** (*wiać*) wehen (*na kogoś*) j-n verhätscheln
dmuchawa *f techn.* Gebläse *n*
dmuchawiec *m bot.* Löwenzahn *m*
dmuchnąć *vi pf* → **dmuchać**
dno *n* **1.** (*naczynia*) Boden *m*; **bez dna** bodenlos **2.** (*rzeki*) Grund *m*; ~ **morza** Meeresgrund *m*
do *praep* in; nach, zu, an, bis; **włożyć do kieszeni** in die Tasche stecken; **do szkoły** in die Schule; **do Francji** nach Frankreich; **do Szwajcarii** in die Schweiz; **do domu** nach Hause; **chodź do mnie!** komm zu

doba ... **do wczoraj** <**jutra**> bis gestern <morgen>; **od czasu do czasu** von Zeit zu Zeit; **list do ciebie** ein Brief an dich; **do końca roku** bis zum Ende des Jahres; **do widzenia!** auf Wiedersehen!
dob|a f voller Tag; 24 Stunden; **w ciągu ostatniej ~y** in den letzten 24 Stunden; **(przez) całą ~ę** rund um die Uhr
dobierać vt hinzunehmen; (*wybierać*) aussuchen
dobitk|a f: **na ~ę** obendrein
dobitnie adv nachdrücklich
dobór m Wahl f; **~ naturalny** natürliche Selektion
dobrać vt pf → **dobierać**
dobranoc! unv. gute Nacht!, schlafen Sie wohl!
dobr|o n **1.** (*duchowe*) Gut n; (*pomyślność*) (Gemein-)Wohl n; **dla ~a ludzkości** für das Wohl der Menschheit **2.** handl. Gut n, Guthaben n; **zapisać na ~o** gutschreiben **3. ~a** pl Güter pl
dobrobyt m Wohlstand m
dobroczyńca m Wohltäter m
dobroć f Güte f
dobrowolny adj freiwillig
dobr|y adj gut; **dzień ~y!** guten Tag!, guten Morgen!; **~y wieczór!** guten Abend!; **wszystkiego ~ego!** alles Gute!; ugs. **na ~ą sprawę** eigentlich
dobrze adv gut, wohl; **~ zbudowany** wohlgebaut; **~ ubrany** gut gekleidet; **~ wychowany** wohlerzogen; **czuję się ~** ich fühle mich wohl; ugs. **~ ci mówić!** du hast gut reden!
dochodowy adj **1.** Einkommensteuer **2.** (*zyskowny*) rentabel
dochodzenie n juris. Ermittlung f
dochodzić vi erreichen, gelangen; **~ do przekonania** zu der Überzeugung kommen; **~ do skutku** zu Stande <zustande> kommen; **~ do celu** das Ziel <den Zweck> erreichen; **dochodzi jedenasta** es wird <es ist bald> elf Uhr
dochód m Einkommen n
docierа|ć vt mot. einfahren; **~ć samochód** <**silnik**> ein Auto <einen Motor> einfahren; **samochód** <**silnik**> **jest ~ny** der Wagen <der Motor> ist am Einfahren
do cna adv völlig, gänzlich, durch und durch; **zniszczyć ~** völlig zerstören
doczekać I. vt (*dożyć*) erleben **II.** vr **~ się** erleben

dodać vt pf → **dodawać**; **mówca dodał ...** der Redner fügte hinzu ...
dodat|ek m **1.** (*pismo*) Beiblatt n; Beilage f; **~ek nadzwyczajny** Sonderausgabe f **2.** (*do książki*) Anhang m **3.** (*pieniężny*) Zulage f; **~ek rodzinny** Familienzulage f **4. na ~ek, w ~ku** obendrein, darüber hinaus, dazu noch
dodatkowo adv zusätzlich; (*w uzupełnieniu*) nachträglich
dodatkowy adj zusätzlich, Zusatz-
dodatni adj positiv
dodawać vt mat. addieren; (*dokładać*) hinzugeben; figur. (*dorzucić myśl*) hinzufügen; **~ odwagi** <**sił**> Mut <Kraft> einflößen
dodawanie n mat. Addition f
dodzwonić się vr telefonisch erreichen (**do kogoś** jn)
doganiać vt einholen
doglądać vt beaufsichtigen (**czegoś** etw), achtgeben; **~ chorego** einen <den> Kranken pflegen
dogmatyczny adj dogmatisch
dogodn|y adj bequem, günstig gelegen; **~e miejsce** günstig gelegener Ort; **~e warunki** günstige Bedingungen; **w ~ym czasie** zu gelegener Stunde <Zeit>
dogonić vt pf einholen, eingeholt haben
doić vt melken
dojechać vi pf ankommen, hingelangen; **~ do jakiegoś miejsca** einen Ort erreichen
dojrzałość f Reife f
dojrzały adj reif
dojrzeć[1] vt (*spostrzec*) erblicken
dojrzeć[2] vi pf reif geworden sein
dojrzewać vi reifen, reif werden
dojść vi pf → **dochodzić**; **~ do porozumienia** sich verständigen; **~ do wniosku** zum <zu dem> Schluss kommen; **doszło do zderzenia dwóch samochodów osobowych** es kam zum Zusammenstoß zweier Pkw
dok m Dock n; **suchy ~** Trockendock n
dokąd adv wohin
dokądkolwiek adv wohin auch (immer)
dokądś ['dɔkɔtɕ] adv irgendwohin
dokładnie adv genau; (*szczegółowo*) ausführlich, eingehend
dokładny adj **1.** (*ścisły*) genau; **~ czas** genaue Zeit **2.** (*staranny*) sorgfältig; **~ opis** ausführliche Beschreibung <Schilderung> **3.** (*wnikliwy*) eingehend
dokoła adv ringsherum, ringsum

dokona|ć *vt pf* → **dokonywać**; **~ła się przemiana** die <eine> Umwandlung ist eingetreten
dokonywać I. *vt* vollbringen, vollführen; (*osiągać*) fertig bringen, zustande <zu Stande> bringen **II.** *vr* ~ **się** (öfters) eintreten
dokończyć *vt pf* enden, vollenden; zu Ende bringen
dokształcać [dɔˈkʃtaŭtsatɕ] **I.** *vt* fortbilden, weiterbilden **II.** *vr* ~ **się** sich weiterbilden
dokształcić *vt pf* → **dokształcać**
doktor *m* Doktor *m*; (*lekarz*) a. Arzt *m*
doktorat *m* Doktorwürde *f*; **zrobić ~** die Doktorwürde erlangen, *ugs.* seinen Doktor machen
dokuczać *vi* (*docinać*) necken (**komuś** jn); (*doskwierać*) plagen, quälen (**komuś** jn), zusetzen (**komuś** jm)
dokuczyć *vi pf* → **dokuczać**
dokument *m* Urkunde *f*, Dokument *n*; **wystawić ~** eine Urkunde ausstellen <ausfertigen>
dolać *vt pf* → **dolewać**
dolar *m* Dollar *m*
dolega|ć *vi* fehlen; **co ci ~?** was fehlt dir?
dolewać *vt* hinzugießen; *figur.* **~ oliwy do ognia** Öl ins Feuer gießen
dolina *f* Tal *n*; **~ rzeki** Flusstal *n*
doln|y *adj* nieder, Unter-; **~y bieg rzeki** Unterlauf des Flusses
dom *m* Haus *n*; Heim *n*; **~ studencki** Studentenheim *n*; **~ mieszkalny** Wohnhaus *n*; **~ dziecka** Kinderheim *n*; **~ wypoczynkowy** <**wczasowy**> Erholungsheim *n*, Ferienheim *n*; **~ towarowy** Warenhaus *n*, Kaufhaus *n*; **~ wariatów** Irrenhaus *n*; **w ~u** zu Hause; **do ~u** nach Hause; **poza ~em** außer Hause; **wracać do ~u** heimkehren, nach Hause kommen; **z ~u ...** (*nazwisko panieńskie*) geborene ...
domagać się *vr* fordern, verlangen (**czegoś** etw)
domek *m* kleines Haus *n*, Häuschen *n*; **~ jednorodzinny** Einfamilienhaus *n*
dominować *vi* vorherrschen, dominieren
domofon *m* Sprechanlage *f*
domow|y *adj* häuslich, Haus-; **prace ~e** häusliche Arbeiten; **zwierzęta ~e** Haustiere *npl*; **gospodarstwo ~e** Haushalt *m*; **wojna ~a** Bürgerkrieg *m*
domyślać się *vr* (*przypuszczać*) vermuten; (*odgadywać*) erraten (**czegoś** etw)

domyślić się *vr pf* → **domyślać się**
doniczka *f* Blumentopf *m*
donieść *vt pf* → **donosić**
doniosły *adj* bedeutsam, gewichtig, weittragend, weit tragend
donosić *vt* (*komunikować*) mitteilen; (*raportować*) berichten (**o czymś** etw); **~ na kogoś** jn anzeigen, jn denunzieren
dookoła *adv* → **dokoła**
dopędzać *vt* am Einholen sein
dopędzić *vt pf* einholen
dopiero *adv* erst; **~ wtedy** erst dann; **~ co** eben, soeben; (*tym bardziej*) erst recht
doping *m* **1.** (*zachęcanie*) Ansporn *m* **2.** (*zażywanie*) Doping *n*
dopisywać *vi* günstig sein; **komuś dopisuje zdrowie** jd erfreut sich guter Gesundheit
dopłata *f* Zuzahlung *f*, Nachzahlung *f*; (*do biletu*) Zuschlag *m*
dopływ *m* Zufluss *m* Andrang *m*; (*rzeka*) Nebenfluss *m*; (*doprowadzanie*) Zufuhr *f*; **~ powietrza** Luftzufuhr *f*; *mot.* **~ paliwa** Kraftstoffzufuhr *f*
dopóki *kj* solange
dopóty *adv* (*tak długo*) so lange
doprawdy *adv* wirklich
doprowadzać *vt* führen, zuleiten; **~ do końca** zu Ende führen; **~ do porządku** in Ordnung bringen; **~ wodę** Wasser zuleiten
doprowadzić *vt pf* → **doprowadzać**
dopuszcz|ać I. *vt* zulassen; (*pozwalać*) gestatten; **do tego nie ~ę** das lasse ich nicht zu **II.** *vr* **~ać się** verüben
dopuszczaln|y *adj* zulässig; *mot.* **najwyższa ~a prędkość** höchstzulässige Geschwindigkeit, zugelassene Höchstgeschwindigkeit
dopuścić się *vr pf* → **dopuszczać**; **~ gwałtu** eine Gewalttat verüben
doradca *m* Ratgeber *m*; (*zawodowy*) Berater *m*; **~ podatkowy** Steuerberater *m*
doradzać *vt* raten, anraten
doradzić *vt pf* → **doradzać**
dorastać *vi* heranwachsen
doraźn|y *adj* **1.** *juris.* **sąd ~y** Standgericht *n*, Schnellgericht *n* **2.** **~a pomoc** Soforthilfe *f*
doręczać *vt* einhändigen, zustellen
doręczyć *vt pf* → **doręczać**
dorosły I. *adj* erwachsen, volljährig **II.** *m* Erwachsene *m*
dorównać *vi pf* → **dorównywać**

dorównywać *vi* gleichkommen; ebenbürtig sein, heranreichen
dorycki *adj* dorisch
dorywcz|y *adj* Gelegenheits-; **praca ~a** Gelegenheitsarbeit *f*
doskonalić I. *vt* vervollkommnen **II.** *vr* **~ się** sich vervollkommnen
doskonały *adj* vollkommen; (*bardzo dobry*) vorzüglich, ausgezeichnet
dosłownie *adv* wörtlich, buchstäblich, Wort für Wort; **~ wszystko** buchstäblich alles
dosłowny *adj* wörtlich, wortgetreu
dosłyszeć *vt, vi* gerade noch hören können
dosta|ć *pf* **I.** *vt* **1. → dostawać 2.** *ugs.* (*oberwać*) kriegen, abbekommen **II.** *vr* **~ć się** (**dokąd**) gelangen, kommen; **jak się tam ~nę?** wie komme ich dorthin?; **~ć się do niewoli** in die Gefangenschaft geraten
dostarczać *vt* liefern; (*przesłać*) zukommen lassen
dostarczyć *vt pf* **→ dostarczać**
dostateczny *adj* genügend, ausreichend
dostaw|a *f* Lieferung *f*; Zustellung *f*; **termin ~y** Lieferfrist *f*
dostawać *vt* bekommen, erhalten
dostawczy *adj* Liefer-; **samochód ~** Lieferwagen *m*
dostęp *m* Zutritt *m*; Zugang *m*
dostępn|y *adj* zugänglich; *figur.* (*zrozumiały*) leicht verständlich; **~a cena** erschwinglicher Preis
dostosować *vt pf* **→ dostosowywać**
dostosowywać I. *vt* anpassen (**do czegoś** einer Sache) **II.** *vr* **~ się** sich anpassen, sich einfügen
dostrzec *vt pf* **→ dostrzegać**
dostrzegać [dɔ'stʃɛgatɕ] *vt* wahrnehmen; (*dojrzeć*) erblicken; (*zauważyć*) bemerken
dosyć *adv* **1.** (*wystarczająco*) genug, hinlänglich; **~ duży** ziemlich groß genug **2.** (*w pokaźnej ilości*) ziemlich; **~ dużo** ziemlich viel; **mieć czegoś ~** etw satt haben; **mam już tego ~!** es hängt mir zum Halse heraus!
do syta: **najeść się ~** sich satt essen
dość *adv* **→ dosyć**; **~ tego!** jetzt aber reicht's!
doświadcze|nie *n* **1.** (*życiowe*) Erfahrung *f*; **wymiana ~ń** Erfahrungsaustausch *m* **2.** Experiment *n*; **robić <przeprowadzać> ~nia** Experimente durchführen <anstellen>; **~nia atomowe** Atomversuche *mpl*, Atomtests *mpl*

doświadczony *adj* erfahren; (*wypróbowany*) erprobt
dotacja *f* Zuschuss *m*
dotąd *adv* bis hierher; (*dotychczas*) bisher, bislang
dotkliwy *adj* empfindlich; **~ ból** empfindlicher <schlimmer, schneidender> Schmerz
dotknąć *vt pf* **→ dotykać**
dotrzeć *vt pf*: **~ do celu** ans Ziel gelangen
dotrzymać *vt pf* **→ dotrzymywać**
dotrzymywać *vt* halten, einhalten; **~ terminu** die Frist einhalten; **tajemnicy** das Geheimnis wahren; **~ towarzystwa** Gesellschaft leisten
dotychczas *adv* bisher, bislang
dotycz|yć *vi* betreffen, anlangen; **co mnie ~y** was mich anlangt <betrifft>; **~ący** betreffend
dotykać *vt* berühren, anrühren
dowcip *m* (*scherz.*) Witz *m*; **marny <nieprzyzwoity> ~** schlechter <unanständiger> Witz
dowcipny *adj* humorvoll; geistreich
dowiadywać się *vr* **1.** (*dopytywać się*) nachfragen **2.** (*informować się*) sich erkundigen
do widzenia! auf Wiedersehen!
dowiedzieć się *vr pf* erfahren haben
dowolny *adj* beliebig
dowód *m* **1.** Beweis *m*; **niezbity ~** stichhaltiger <unwiderlegbarer> Beweis; **służyć za <jako> ~** zum <als> Beweis dienen; **przytoczyć <dać> ~** den Beweis liefern **2.** (*legitymacja*) Ausweis *m*; **~ osobisty** Personalausweis *m*
dowódca *m* Befehlshaber *m*, Führer *m*
dowództwo [dɔ'vutstfɔ] *n* Befehlsgewalt *f*, Führung *f*, Kommando *n*; **naczelne ~** Oberkommando *n*; **objąć ~** das Kommando übernehmen
doznać *vt pf* **→ doznawać**; **~ zawodu** eine Enttäuschung erleben; **~ porażki** eine Niederlage <Schlappe> erleiden
doznawać *vt* erleiden; (*bólu*) empfinden
dozorca *m* (*doglądający*) Aufseher *m*; **~ domu** Hausmeister *m*
dozorczyni *f* (*doglądająca*) Aufseherin *f*; **~ domu** Hausmeisterin *f*
dozwolony *adj* erlaubt, gestattet; **~ dla młodzieży** Jugendliche zugelassen
dożyć *vi* erleben, leben bis ...; **~ (do) późnej starości** ein hohes Alter erreichen
dożynki *fpl* Ernte(dank)fest *n*

dół *m* **1.** Grube *f*; Loch *n*; **wilczy ~** Wolfsgrube *f* **2.** *(dolna część)* Unterteil *n*, das Untere; **na <w> ~** hinunter, herunter, hinab, herab; abwärts; **w ~ rzeki** flussabwärts; **z dołu** von unten; **w <na> dole** unten
drabina *f* Leiter *f*
dramat *m* Drama *n*
dramatyczny *adj* dramatisch
drapacz *m*: **~ chmur** Wolkenkratzer *m*
drapać I. *vt* kratzen **II.** *vr* **~ się** sich kratzen; *(ugs. wspinać się)* emporklettern
drapieżn|y *adj* reißend; Raub-, Greif-; **zwierzę ~e** Raubtier *n*; **ptak ~y** Raub-, Greifvogel *m*
drażliw|y *adj (pobudliwy)* reizbar; *figur.* **~a kwestia** eine heikle <diffizile> Frage
drażnić I. *vt* reizen **II.** *vr* **~ się** necken (**z kimś** jn)
dreptać *vi* trippeln; *figur.* **~ w miejscu** auf der Stelle treten
dreszcz *m* Schauder *m*, Schauer *m*; **mam ~e** mich fröstelt, ich habe Schüttelfrost
dreszczowiec *m* Thriller *m*, *lit. o.* Schauerroman *m*, *film. o.* Schauerfilm *m*, *teatr. o.* Schauerdrama *n*
drewniany *adj* hölzern, aus Holz; Holz-; **~ dom** Holzhaus *n*
drewno *n* Holz *n*; **lite ~** massives Holz
drętwieć *vi* steif <starr> werden; *(o nodze, ręce)* einschlafen
drga|ć *vi (drżeć)* zittern; *(wibrować)* schwingen, vibrieren; **struny ~ją** die Saiten schwingen
drganie *n (drżenie)* Zittern *n*; *phys.* Schwingung *f*; **ilość drgań** Frequenz *f*
drgnąć *vi pf* zucken; → **drgać**
drobiazg *m* Kleinigkeit *f*, Bagatelle *f*
drobne *pl (pieniądze)* Kleingeld *n*
drobnostka *f* Kleinigkeit *f*, Bagatelle *f*
drobn|y *adj* klein; fein; **~e pieniądze** Kleingeld *n*, **~y deszcz** feiner Regen; **~i ciułacze** kleine Sparer
dro|ga *f* Weg *m*; *(bita)* Straße *f*; **~ga polna** Feldweg *m*; **~ga powietrzna** Luftweg *m*; **~ga morska** Seeweg *m*; **~gi oddechowe** Luftwege *mpl*; *mot.* **~ga hamowania** Bremsweg *m*; **przy ~dze** am Weg(e); **po <w> ~dze** unterwegs; **(wy)ruszyć w ~gę** sich auf den Weg machen; **torować ~gę** den Weg bahnen, *(komuś)* den Weg ebnen; **zboczyć z ~gi** vom Weg abkommen; **szczęśliwej ~gi!** glückliche Reise <Fahrt>! **~gą służbową** auf dem Dienstweg

drogeria *f* Drogerie *f*
drogi *adj* **1.** teuer; *(cenny)* kostbar **2.** *(kochany)* lieb; **~ przyjacielu!** lieber Freund!
drogo *adv* teuer; **to mnie ~ kosztuje** das kostet mich viel, das kommt mich teuer zu stehen
drogocenny *adj* kostbar, sehr wertvoll
drogowskaz *m* Wegweiser *m*
drogow|y *adj* Wege-, Straßen-; **znaki <tablice> ~e** Verkehrsschilder *npl*
drogówka *f ugs.* Verkehrspolizei *f*
drozd *m orn.* Drossel *f*
drożdże *pl* Hefe *f*; **~ winne** Weinhefe *f*
drożeć *vi* teuer <teurer> werden, sich verteuern
drób *m* Geflügel *n*
drugi *num* der zweite; **co ~ miesiąc** alle zwei Monate; **po ~e** zweitens; **po raz ~** zum zweiten Mal; **na ~ raz** (für) das nächste Mal; **z ~ej strony** ander(er)seits
druk *m* Druck *m*; **tłusty ~** Fettdruck *m*; **~ rozstrzelony** *(spacja)* Sperrdruck *m*; **być w ~u** im Druck sein; **oddać do ~u** in Druck geben
drukarka *f inform.* Drucker *m*
drukarnia *f* Druckerei *f*
drukować I. *vt* drucken **II.** *vr* **~ się** gedruckt werden; im Druck sein
drut *m* Draht *m*; **~ izolacyjny** Isolierdraht *m*; **~ kolczasty** Stacheldraht *m*; **robić na ~ach** stricken
drużyna *f* Mannschaft *f*, Team *n*; **~ piłkarska** Fußballmannschaft *f*; **~ narodowa** Nationalmannschaft *f*
drwal *m* Holzhauer *m*
drwić *vi* spotten (**z kogoś** über jn)
drzazga *f* Span *m*; *(drewniana)* Holzsplitter *m*; **weszła mi ~** ich habe mir einen Splitter eingerissen
drzeć I. *vt* zerreißen; **~ na kawałki** in Stücke reißen **II.** *vr* **~ się** *ugs. (wrzeszczeć)* schreien, brüllen
drzemać *vi* schlummern, duseln
drzemk|a *f* Schläfchen *n*; **uciąć sobie ~ę** ein Schläfchen machen
drzewo *n* **1.** Baum *m*; **~ iglaste** Nadelbaum *m*; **~ liściaste** Laubbaum *m*; **~ owocowe** Obstbaum *m* **2.** *(drewno)* Holz *n*; **~ na opał** Brennholz *n*
drzeworyt *m* Holzschnitt *m*
drzwi *pl* Tür *f*; **~ frontowe** Haustür *f*; **~ obrotowe** Drehtür *f*; **tylne ~ (samochodu)** Hecktür *f*; **~ przesuwne**

Schiebetür *f*; **wyrzucić za** ~ zur Tür hinauswerfen; **zamykać** <**otwierać**> ~ die Tür zumachen <aufmachen>; *figur.* (*wyprosić*) **pokazać** ~ die Tür weisen

drżeć *vi* zittern; beben; ~ **z zimna** vor Kälte zittern

dubbing ['dabiŋk] *m film.* Synchronisierung *f*

duch *m* **1.** Geist *m*; **Duch Święty** der Heilige Geist; **złe ~y** böse Geister **2.** (*zjawa*) Gespenst *n*; **wierzyć w ~y** an Gespenster glauben **3.** *figur.* Mut *m*, Stimmung *f*; **upaść na ~u** den Mut verlieren; **podnieść na ~u, dodać ~a** Mut einflößen; *ugs.* **być Bogu ~a winnym** ganz unschuldig sein; **cieszyć się w ~u** sich in der Seele freuen

duchowny *m* Geistliche *m*

duchowy *adj* geistig, Geistes-

duma *f* Stolz *m*; (*wyniosłość*) Hochmut *m*

dumny *adj* stolz (**z kogoś** auf jn)

Duńczyk *m* Däne *m*

duński *adj* dänisch

dur *m med.* Typhus *m*

durszlak *m* Sieb *n*, Durchschlag *m*

dusić I. *vt* würgen, drosseln; (*o gazie*) ersticken; (*mięso*) dämpfen, schmoren **II.** *vr* ~ **się** fast ersticken, am Ersticken sein

dusz|a *f* Seele *f*; **z całej ~y** von ganzer Seele; **ciałem i ~ą** mit Leib und Seele; **ile ~a zapragnie** nach Herzenslust; **ciężko** <**lekko**> **mi na ~y** es ist mir schwer <leicht> ums Herz; **w głębi ~y** in tiefster Seele

duszkiem *adv*: **wypić** ~ in einem Zug austrinken

duszno *adv* schwül; **jest** ~ es ist schwül

dużo *adv* viel; ~ **osób** viele Personen; ~ **pieniędzy** viel Geld; **za** ~ zu viel; **o wiele za** ~ viel zu viel

duży *adj* groß

dwa *num* zwei; ~ **razy** zweimal

dwadzieścia *num* zwanzig

dwanaście *num* zwölf

dwieście *num* zweihundert

dwoj|e *num* zwei; **~e dzieci** zwei <beide> Kinder; **jedno z ~ga** eins von beiden

dworek *m* Landhaus *n*, Gutshaus *n*

dworzec *m* Bahnhof *m*; ~ **główny** Hauptbahnhof *m*; ~ **towarowy** Güterbahnhof *m*; ~ **autobusowy** Busbahnhof *m*; ~ **centralny** Zentralbahnhof *m*; ~ **lotniczy** Flughafen *m*

dwójk|a *f* Zwei *f*, Zweier *m*; **we ~ę** zu zweit; **~ami** paarweise

dwór *m* Hof *m*, Herrenhof *m*; **na dworze** (*księcia*) am Hof; **na dworze** (*na zewnątrz*) draußen, im Freien; **na** ~ hinaus, ins Freie

dwu- *w złożeniach* zwei-, Zwei-

dwudniowy *adj* zweitägig

dwudziesty *num* der zwanzigste

dwukierunkowy *adj: mot.* **ruch** ~ Gegenverkehr *m*

dwukropek *m* Doppelpunkt *m*

dwukrotnie *adv* zweimal, doppelt

dwukrotny *adj* zweimalig

dwuletni *adj* zweijährig

dwunastka *f* Zwölf *f*

dwunasty *num* der zwölfte

dwupiętrowy *adj* zweistöckig

dwuramienny *adj* zweiarmig

dwuśladowy *adj* zweispurig; **pojazd** ~ zweispuriges Fahrzeug

dwutlenek *m* Dioxid *n*; ~ **węgla** Kohlendioxid *n*

dwutygodnik *m* Halbmonatsschrift *f*

dwuznaczny *adj* doppelsinnig, zweideutig

dydaktyczny *adj* didaktisch

dyfteryt *m* Diphterie *f*

dygnąć *vi* einen Knicks machen, knicksen

dygnitarz *m* Würdenträger *m*

dygotać *vi* beben, schlottern

dykta *f* Sperrholz *n*

dyktafon *m* Diktiergerät *n*

dyktando *n* Diktat *n*

dyktator *m* Diktator *m*

dyktatura *f* Diktatur *f*

dyktować *vt* diktieren

dym *m* Rauch *m*; ~ **z papierosa** Zigarettenrauch *m*; **pójść z ~em** in Dunst (und Flammen) aufgehen; **puścić z ~em** in Schutt und Asche legen

dymić się *vr impers* rauchen, dampfen

dymisj|a *f* Amtsenthebung *f*; **udzielić komuś ~i** jn seines Amtes entheben; (*odejście*) Abdankung *f*, Rücktritt *m*; **podać się do ~i** zurücktreten, seinen Rücktritt einreichen

dynamit *m* Dynamit *n*

dynia *f* Kürbis *m*

dyplom *m* Diplom *n*; **uzyskać** ~ ein Diplom erwerben

dyplomata *m* Diplomat *m*

dyplomatyczny *adj* diplomatisch; **korpus** ~ das diplomatische Korps

dyrekcj|a *f* Direktion *f*, Leitung *f*; *mus.* **pod ~ą ...** unter der Leitung von ...

dyrektor *m* Direktor *m*, Leiter *m*

dyrygent *m* Dirigent *m*; **pałeczka ~a** Taktstock *m*
dyrygować *vt* dirigieren; *mus. o.* leiten; **~ orkiestrą** das Orchester leiten
dyscyplina *f* **1.** (*rygor, karność*) Disziplin *f*; **~ pracy** Arbeitsdisziplin *f* **2.** (*gałąź nauki*) Disziplin *f*, Fach *n* **3.** *sport.* Sportart *f*
dysk *m* **1.** *sport.* Diskus *m*; **rzut ~iem** Diskuswerfen *n* **2.** *med.* Bandscheibe *f* **3.** *inform.* **twardy ~** Festplatte *f*
dyskietka *f* Diskette *f*
dyskoteka *f* Diskothek *f*, *ugs.* Disko *f*
dyskrecja *f* Verschwiegenheit *f*, Diskretion *f*
dyskretny *adj* verschwiegen, diskret; (*taktowny*) taktvoll
dyskryminacja *f* Diskriminierung *f*, Zurücksetzung *f*
dyskusj|a *f* Diskussion *f*; Erörterung *f*; **być tematem ~i** zur Diskussion <Debatte> stehen; **poddać coś pod ~ę** etwas zur Diskussion <Debatte> stellen
dyskusyjn|y *adj* unsicher, offen; **kwestia ~a** eine offene Frage
dyskutować *vt* diskutieren; **~ o czymś** über etwas diskutieren, sich auseinander setzen
dysponować *vt* verfügen (**czymś** über etw), etw zur Verfügung haben; (*zarządzać*) anordnen
dyspozycj|a *f* Verfügung *f*; **być do ~i** zur Verfügung stehen; **będący <stojący> do ~i** verfügbar
dystans *m* Distanz *f*, Entfernung *f*
dystrybucja *f* Vertrieb *m*
dystrybutor *m* (*np. benzyny*) Zapfsäule *f*
dysydent *m* Dissident *m*
dysza *f* Düse *f*
dyszeć *vi* keuchen, schnaufen
dyszel *m* Deichsel *f*
dywan *m* Teppich *m*
dywizja *f* Division *f*; **~ pancerna** Panzerdivision *f*
dyżur *m* Dienst *m*; **mieć ~** Dienst haben
dyżurny *adj* vom Dienst; **lekarz <oficer> ~** Arzt <Offizier> vom Dienst
dzbanek *m* Kanne *f*, Krug *m*; **~ do wody** Wasserkrug *m*; **~ do herbaty** Teekanne *f*
dziać się *vr* geschehen, vor sich gehen, (*rozgrywać się*) sich abspielen, *ugs.* **co tu się dzieje?** was gibt's?, was ist hier los?
dziad *m* (*starzec*) Greis *m*; (*przodek*) Altvater *m*, Ahn *m*; (*żebrak*) Bettler *m*

dziadek *m* Großvater *m*, *ugs.* Opa *m*; *figur.* **~ do orzechów** Nussknacker *m*
dziadkowie *pl* Großeltern *pl*
dział *m* **1.** Abteilung *f* **2.** (*część*) Teil *m*; **~ ogłoszeń** Inseratenteil *m*
działacz *m* Aktivist *m*
działa|ć *vi* **1.** wirken; **lekarstwo ~** die Arznei wirkt; **~ć jako ...** als ... wirken **2.** (*być czynnym*) aktiv <tätig> sein **3.** (*wpływać*) **~ć na coś** etw beeinflussen, auf etw einwirken; *ugs.* **to ~ mi na nerwy** das geht <fällt> mir auf die Nerven
działalnoś|ć *f* Tätigkeit *f*; Aktivität *f*; **zakres ~ci** Wirkungskreis *n*, Wirkungsbereich *m*
działanie *n* **1.** Handeln *n*, Wirken *n*; (*lekarstwa*) Wirkung *f* **2.** *mat.* **~ arytmetyczne** Rechnungsart *f*
działka *f* (*ziemi*) Grundstück *n*; (*ogródek działkowy*) Kleingarten *m*, Schrebergarten *m*
działo *n* Geschütz *n*, Kanone *f*; **~ przeciwlotnicze** Flugabwehrkanone *f*, *ugs.* Flak *f*; **~ przeciwpancerne** Panzerabwehrkanone *f*, *ugs.* Pak *f*
dziąsło ['dʒɔ̃swɔ] *n* Zahnfleisch *n*
dziczyzna *f* Wild *n*
dzieciak *m ugs.* Kind *n*; *abw.* Bengel *m*; (*o dorosłym*) Kindskopf *m*; **~i** Kids *pl*
dziecięc|y *adj* kindlich, Kinder-, Kindes-; **wózek ~y** Kinderwagen *m*; **choroby ~e** Kinderkrankheiten *fpl*
dziecinny *adj* (*o usposobieniu*) kindisch; **on jest jeszcze bardzo ~** er ist noch sehr kindisch
dzieciństw|o *n* Kindheit *f*; **od ~a** von klein auf, von Kindesbeinen an
dzieck|o *n* Kind *n*; **przybrane ~o** Adoptivkind *n*; **~o pozamałżeńskie** uneheliches <außereheliches> Kind; **od ~a** von Kind auf <an>, von Kindesbeinen an; **dom ~a** Kinderheim *n*
dziedzictwo *n* Erbe *n*; *figur.* (*spuścizna*) Nachlass *m*
dziedziczyć *vt* erben, beerben; **~ po kimś** von jm erben, jn beerben
dziedzin|a *f* Gebiet *n*, Fach *n*; **w ~ie naukowej** auf wissenschaftlichem Gebiet
dziedziniec *m* Hof *m*; **~ zamkowy** Schlosshof *m*
dzieje *pl* Geschichte *f*
dziekan *m* Dekan *m*; **~ korpusu dyplomatycznego** Doyen *m*

dzielenie *n* Teilen *n*; *mat.* Division *f*
dzielić I. *vt* teilen; *mat.* dividieren; (*odłączać*) trennen **II.** *vr* ~ **się** teilen (**z kimś** mit jm); *mat.* teilbar sein, dividieren (**przez** durch)
dzielnica *f*: ~ **miasta** Stadtteil *m*; ~ **państwa** Provinz *f*; Gebiet *n*
dzielny *adj* tapfer; *figur.* (*dobry*) tüchtig
dzieł|o *n* Werk *n*; (*czyn*) Tat *f*; ~**o sztuki** Kunstwerk *n*; ~**a wybrane** ausgewählte Schriften <Werke>
dziennie *adv* täglich; (*na dzień*) pro Tag
dziennik *m* **1.** (*z zapiskami*) Tagebuch *n*; ~ **okrętowy** Logbuch *n* **2.** (*gazeta*) Tageszeitung *f*; ~ **radiowy** Nachrichtensendung *f*, Nachrichten *fpl*
dziennikarz *m* Journalist *m*
dzienn|y *adj* Tages-; **światło ~e** Tageslicht *n*
dzień *m* Tag *m*; ~ **powszedni** Wochentag *m*; ~ **roboczy** Werktag *m*; ~ **świąteczny** Feiertag *m*; **Dzień Matki** Muttertag *m*; **co ~** <**dnia**> jeden Tag; **za dnia** am Tag(e); **w ~ i w nocy** bei Tag und bei Nacht, **przez cały ~** tagsüber; **pewnego dnia** eines Tages; **na drugi ~** am nächsten <folgenden> Tag; **całymi dniami** tagelang; **w ciągu dnia** tagsüber
dziesiątka *f* Zehn *f*
dziesiąty *num* der zehnte
dziesięciobój *m sport.* Zehnkampf *m*
dziesięciolecie *n* Jahrzehnt *n*
dziesięć *num* zehn
dziesiętny *adj* Dezimal-; **system ~** Dezimalsystem *n*
dziewczęta *npl* Mädchen *pl*
dziewczęcy *adj* Mädchen-; mädchenhaft
dziewczyna *f* **1.** Mädchen *n* **2.** Freundin *f*
dziewiątka *f* Neun *f*
dziewiąty *num* der neunte
dziewica *f* Jungfrau *f*
dziewięć *num* neun
dziewięćdziesiąt [dʑɛvʲẽ'dʑɛçɔ̃t] *num* neunzig
dziewięćdziesiąty *num* der neunzigste
dziewięćset *num* neunhundert
dziewiętnastka *f* Neunzehn *f*
dziewiętnasty *num* der neunzehnte
dziewiętnaście *num* neunzehn
dzięki I. *pl* Dank *m*; ~ **Bogu!** Gott sei Dank! **II.** *praep* dank; infolge; durch; ~ **jego uprzejmości** dank seiner Güte; ~ **temu** dadurch
dzięk|ować *vi* danken (**za coś** für etw);

sich bedanken (**komuś za coś** bei jm für etw); ~**uję!** danke!, *schweiz.* merci!; ~**uję bardzo!** danke schön!, vielen Dank!
dzik *m* Wildschwein *n*
dzik|i *adj* wild; ~**ie zwierzę** wildes Tier, Bestie *f*; ~**a kaczka** Wildente *f*, Flugente *f*
dziób *m* Schnabel *m*; ~ **okrętu** <**statku**> Bug *m*
dzisiaj, dziś *adv* heute; ~ **wieczorem** heute Abend; **od ~** von heute an; **do dziś dnia** bis heute; **od dziś za tydzień** heute in acht Tagen <in einer Woche>
dzisiejsz|y *adj* heutig; (*współczesny*) modern; **od dnia ~ego** von heute an, ab heute
dziś *adv* → **dzisiaj**
dziur|a *f* Loch *n*; *flug.* Luftloch *n*
dziurawy *adj* löcherig, durchlöchert; (*podarty*) zerrissen
dziurka *f* Loch *n*, kleines Loch; ~ **od guzika** Knopfloch *n*; ~ **od klucza** Schlüsselloch *n*; ~ **w nosie** Nasenloch *n*
dziwi|ć I. *vt* wundern, verwundern; ~ **mnie to** es wundert mich **II.** *vr* ~**ć się** sich wundern
dziwka *f ugs.*, *abw.* Dirne *f*, Hure *f*
dziwn|y *adj* sonderbar, seltsam; **wydawać się ~ym** sonderbar erscheinen <vorkommen>; ~**e, że ...** (es ist) merkwürdig, dass ...; **nic ~ego** kein Wunder
dzwon *m* Glocke *f*; ~ **alarmowy** Alarmglocke *f*; **uderzenie ~u** Glockenschlag *m*; **grające ~y** Glockenspiel *n*; ~**y dzwonią** <**biją**> die Glocken läuten
dzwonek *m* Klingel *f*; (*przy saniach*) Schelle *f*; ~ **elektryczny** elektrische Klingel
dzwoni|ć *vi* **1.** klingeln; läuten; **dzwonek** ~ es klingelt; *figur.* ~**ć zębami** mit den Zähnen klappern **2.** (*telefonować*) anrufen (**do kogoś** jn), telefonieren (**do kogoś** mit jm)
dzwonienie *n* Klingeln *n*, Läuten *n*
dźwięk [dʑvʲẽk] *m* Klang *m*, Schall *m*
dźwiękow|y [dʑvʲẽ'kɔvɨ] *adj* Klang-, Schall-, Ton-; **fala ~a** Schallwelle *f*; **film ~y** Tonfilm *m*; **sygnał ~y** Signalton *m*
dźwig [dʑvʲik] *m* (*żuraw*) Hebekran *m*, Kran *m*; (*winda*) Fahrstuhl *m*; (*wyciąg*) Aufzug *m*
dźwigowy *m* (*operator dźwigu*) Kranführer *m*
dżem *m* Marmelade *f*
dżentelmen *m* Gentleman *m*
dżokej *m* Jockey *m*, Jockei *m*

E

echo *n* Echo *n*, Widerhall *m*; *figur.* **odbić się echem** Widerhall finden
efekt *m* Effekt *m*, Erfolg *m*; (*działanie, skutek*) Wirkung *f*; **~ cieplarniany** Treibhauseffekt *m*; (*wrażenie*) Eindruck *m*; **tani ~** billiger Effekt
efektowny *adj* effektvoll
efektywny *adj* effektiv, wirksam, wirkungsvoll
Egipcjanin *m* Ägypter *m*
egipski *adj* ägyptisch; *figur.* **~e ciemności** eine ägyptische Finsternis
egoista *m* Egoist *m*
egoizm *m* Egoismus *m*, Selbstsucht *f*
egzamin *m* Prüfung *f*; **~ ustny** mündliche Prüfung; **~ dojrzałości** Reifeprüfung *f*; **~ z niemieckiego** die Prüfung in Deutsch; **~ końcowy** Examen *n*, Abschlussprüfung *f*; **zdawać ~** eine Prüfung ablegen; **zdać ~** eine Prüfung (erfolgreich) bestehen; **nie zdać ~u** durch eine Prüfung fallen; *ugs.* **oblać ~** bei einer Prüfung durchrasseln
egzaminator *m* Prüfer *m*
egzaminować *vt* prüfen (**z czegoś** in etw *D*), untersuchen
egzekucja *f* Hinrichtung *f*
egzemplarz *m* Exemplar *n*; **ile mamy ~y tej książki?** wie viel Mal haben wir das Buch?
egzotyczny *adj* exotisch
egzystować *vi* bestehen, existieren
ekierka *f* Winkelmaß *n*
ekipa *f* Gruppe *f*; Mannschaft *f*; **~ sportowa** Sportmannschaft *f*; **~ reprezentacyjna** <**doborowa**> Auswahlmannschaft *f*
ekolog *m* Ökologe *m*, Umweltschützer *m*
ekologia *f* Ökologie *f*, Umweltschutz *m*
ekonomia *f* Wirtschaftswissenschaft *f*
ekonomiczny *adj* **1.** wirtschaftswissenschaftlich **2.** (*oszczędny*) sparsam
ekonomika *f* Wirtschaftswissenschaften *fpl*
ekosystem *m* Ökosystem *n*
ekran *m* (*kinowy*) Leinwand *f*; (*telewizyjny*) Bildschirm *m*; **na ~ie** auf dem Bildschirm, (*w kinie*) auf der Leinwand
eks- *w złożeniach* Ex-, ehemalig
ekspedient *m* Verkäufer *m*
ekspedientka *f* Verkäuferin *f*
ekspedycja *f* **1.** Expedition *f*; **~ naukowa** wissenschaftliche Expedition; **~ karna** Strafexpedition *f* **2.** *handl.* Abfertigungsstelle *f*; **~ bagażu** Gepäckabfertigung *f*
ekspert *m* (*biegły*) Experte *m*, Sachverständige *m*; (*fachowiec*) Fachmann *m*
eksperyment *m* Experiment *n*, wissenschaftlicher Versuch *m*
eksploatacja *f* (*użytkowanie*) Benutzung *f*; (*wyzysk*) Ausbeutung *f*
eksplodować I. *vi* explodieren **II.** *vt* (*wysadzić*) sprengen
eksponat *m* Ausstellungsgegenstand *m*, Ausstellungsstück *n*
eksport *m* Export *m*, Ausfuhr *f*
eksportować *vt* exportieren
ekspres *m* **1.** (*pociąg*) Expresszug *m* **2.** (*list*) Eilbrief *m* **3.** **~ do kawy** Kaffeemaschine *f*, (*ciśnieniowy*) Espressomaschine *f*
ekspresow|y *adj*: **droga ~a** Schnellstraße *f*
ekspresjonizm *m* Expressionismus *m*
eksterminacja *f* Ausrottung *f*, Vernichtung *f*
ekstra *adj*, *adv* extra
ekstrakt *m* Extrakt *m*
ekwiwalent *m* Äquivalent *n*, Gegenwert *m*
elastyczny *adj* elastisch, flexibel
elegancki *adj* elegant, fein
elektro- *w złożeniach* elektro-, Elektro-
elektroda *f* Elektrode *f*
elektrociepłownia *f* Heizkraftwerk *n*
elektrokardiogram *m* Elektrokardiogramm *n*
elektromagnetyczny *adj* elektromagnetisch
elektron *m* Elektron *n*
elektroniczny *adj* elektronisch
elektronowy *adj* Elektronen-; **mikroskop ~** Elektronenmikroskop *n*
elektrotechnik *m* Elektrotechniker *m*
elektrownia *f* Kraftwerk *n*; **~ atomowa** Atomkraftwerk *n*; **~ jądrowa** Kernkraftwerk *n*
elektrowóz *m* Elektrolok(omotive) *f*
elektrowstrząs *m med.* Elektroschock *m*
elektryczność *f* Elektrizität *f*
elektryczn|y *adj* elektrisch, Elektrizitäts-; Elektro-; **światło ~e** elektrisches Licht; **żarówka ~a** Glühbirne *f*; **silnik ~y** Elektromotor *m*
elektryk *m* Elektriker *m*; **~ samochodowy** Autoelektriker *m*

element *m* Element *n*
elementarny *adj* elementar, Elementar-
elementarz *m* Fibel *f*, ABC-Buch *n*
elewacja *f* Außenputz *m*
eliminacyjn|y *adj* Ausscheidungs-; *sport.* **rozgrywki ~e** Ausscheidungskämpfe *mpl*
eliminować *vt* (*usuwać*) beseitigen
elipsa *f* Ellipse *f*
email *m* E-Mail *f*
embrion *m biol.* Embryo *m* (*n*)
emeryt *m* Rentner *m*, Ruheständler *m*
emerytur|a *f* (*pensja*) Pension *f*; (*stan*) Ruhestand *m*; **pójść <przejść> na ~ę** sich pensionieren lassen, in den Ruhestand gehen <treten>
emigracja *f* Auswanderung *f*; (*emigranci*) Auswanderer *mpl*
emigrować *vi* auswandern, emigrieren
emocj|a *f* Emotion *f*, Aufregung *f*; **drżeć z ~i** vor Aufregung zittern
emocjonalny *adj* emotionell; (*uczuciowy*) gefühlsmäßig
encyklopedia *f* Enzyklopädie *f*
energia *f* Energie *f*; Kraft *f*; **~ życiowa** Lebenskraft *f*; **~ atomowa** Atomenergie *f*; **~ elektryczna** Elektroenergie *f*
energiczny *adj* energisch, tatkräftig
entuzjazm *m* Enthusiasmus *m*, Begeisterung *f*; **z ~em** mit Begeisterung
entuzjazmować się *vr* sich begeistern (**czymś** für etw)
epidemia *f* Epidemie *f*; **~ grypy** Grippeepidemie *f*
epilepsja *f* Epilepsie *f*, Fallsucht *f*
epizod *m* Episode *f*
epoka *f* Epoche *f*, Zeitalter *n*; **~ baroku** Barockzeit *f*; **~ kamienna** Steinzeit *f*
epokowy *adj* Epoche machend
epopeja *f* Epos *n*
era *f* Ära *f*, Zeitrechnung *f*; **przed naszą erą** vor unserer Zeitrechnung

erotyczny *adj* erotisch
esej *m* Essay *m, n*
esencja *f* Essenz *f*
eskadra *f naut.* Geschwader *n*; *flug. a.* Staffel *f*; **~ myśliwców** Jagdstaffel *f*
eskalacja *f* Eskalation *f*
Eskimos *m* Eskimo *m*
eskimoski *adj* eskimoisch
eskorta *f* Eskorte *f*, Geleit *n*
esperanto *n* Esperanto *n*
estetyczny *adj* ästhetisch
Estończyk *m* Este *m*
estoński *adj* estnisch, estländisch
etap *m* Etappe *f*, Stufe *f*; (*odcinek*) Abschnitt *m*; **~ rozwoju** Entwicklungsstufe *f*
etat *m* Planstelle *f*; **być na etacie** hauptamtlich angestellt sein; **pracować na pół ~u** halbtags arbeiten
etatowy *adj* hauptamtlich (angestellt)
eter *m* Äther *m*
etiopski *adj* äthiopisch
etiuda *f* Etüde *f*
etruski *adj* etruskisch
etyczny *adj* ethisch, sittlich
etykieta *f* **1.** (*dworska*) Hofsitte *f*, Etikette *f* **2.** (*nalepka*) Etikett *n*
euro *m* Euro *m*
Europejczyk *m* Europäer *m*
europejski *adj* europäisch
ewakuacja *f* Evakuierung *f*
ewakuować *vt* evakuieren
ewangelia *f* Evangelium *n*
ewangelicki *adj* evangelisch, protestantisch
ewangelik *m* Protestant *m*
ewentualnie *adv* eventuell, möglicherweise
ewentualny *adj* eventuell, etwaig
ewidencja *f* (*spisanie*) Erfassung *f*; **~ ludności** Einwohnererfassung *f*
ewolucj|a *f* Evolution *f*; **teoria ~i** Evolutionstheorie *f*

F

fabrycznie *adv*: ~ **nowy** fabrikneu
fabryczny *adj* Fabrik(s)-; fabrikmäßig; **znak** ~ Fabrikmarke *f*; (*ochronny*) Schutzmarke *f*; **teren** ~ Fabrikanlagen *fpl*
fabryka *f* Fabrik *f*, Werk *n*; ~ **papieru** Papierfabrik *f*; ~ **samochodów** Kraftwagenwerk *n*, Automobilwerk(e) *n(pl)*
fabrykować *vt* **1.** herstellen, erzeugen **2.** *figur.* fabrizieren
fach *m ugs.* Beruf *m*
fachowiec *m* Fachmann *m*; **fachowcy** *pl* Fachleute *pl*
fachow|y *adj* fachmännisch, sachkundig; **wyrażenie** ~**e** Fachausdruck *m*
fagot *m* Fagott *n*
fajans *m* Fayence *f*, Halbporzellan *n*
fajka *f* Tabakspfeife *f*, Pfeife *f*; **palić fajkę** Pfeife rauchen; *figur.* ~ **pokoju** Friedenspfeife *f*
fakt *m* Tatsache *f*, Fakt *m*, *n*; **bezsporny** ~ eine unbestrittene Tatsache; ~ **dokonany** vollendete Tatsache; **postawić kogoś przed** ~**em dokonanym** jn vor vollendete Tatsachen stellen; ~**em jest, że ...** Tatsache <Fakt> ist, dass ...; (**to**) ~**!** Tatsache!
faktycznie *adv* tatsächlich, in der Tat
faktyczny *adj* tatsächlich, wirklich; **stan** ~ Tatbestand *m*, Sachverhalt *m*
fal|a *f* Welle *f* (*a. figur.*); ~**a dźwiękowa** Schallwelle *f*; *rad.* ~**e długie** Langwelle *f*; ~**e krótkie** Kurzwelle *f*; ~**e średnie** Mittelwelle *f*; ~**e ultrakrótkie** Ultrakurzwelle, UKW *f*; **długość** ~ Wellenlänge *f*
falochron *m* Wellenbrecher *m*
falstart *m sport.* Fehlstart *m*
fałda *f* Falte *f*
fałsz *m* (*fałszywość*) Falschheit *f*; (*nieprawda*) Lüge *f*, Unwahrheit *f*
fałszerstwo *n* Fälschung *f*; ~ **dokumentów** Urkundenfälschung *f*
fałszować I. *vt* fälschen; verfälschen; ~ **banknoty** Banknoten (ver)fälschen **II.** *vi*, *vt* (*w śpiewie*) falsch singen
fałszyw|y *adj* **1.** falsch; ~**e zeznanie** <**świadectwo**> falsches Zeugnis **2.** (*błędny*) Fehl-; ~**e posunięcie** Fehlgriff *m*; ~**y alarm** blinder Alarm
fan *m* Fan *m*
fanatyk *m* Fanatiker *m*
fanatyzm *m* Fanatismus *m*

fant *m* Pfand *n*
fantastyczny *adj* (*nierealny*) fantastisch; *ugs.* (*wspaniały*) großartig, toll
fantazja *f* Fantasie *f*, Phantasie *f*, Einbildungskraft *f*; *mus.* Fantasie *f*
fara *f* Pfarrkirche *f*
farba *f* Farbe *f*; ~ **olejna** Ölfarbe *f*; ~ **wodna** Aquarellfarbe *f*; ~ **drukarska** Druck(er)farbe *f*
farbować I. *vt* färben **II.** *vi* (ab)färben; **ten materiał farbuje** dieser Stoff färbt
farma *f* Farm *f*
farmaceutyczny [farmatseu'titʃni] *adj* pharmazeutisch
farmaceutyk *m* Pharmazeutikum *n*
fartuch *m* Schürze *f*
fasada *f* Fassade *f*
fasolka *f* Bohne *f*; ~ **szparagowa** Spargelbohne *f*
fason *m* Form *f*; (*krój*) Schnitt *m*
fastryga *f* Heftnaht *f*
faszysta *m* Faschist *m*
faszystowski *adj* faschistisch; **reżim** ~ faschistisches Regime, (*hist. w Niemczech*) Naziregime *n*
faszyzm *m* Faschismus *m*, (*hist. w Niemczech*) Nationalsozialismus *m*, Naziherrschaft *f*
fatalny *adj* fatal, verhängnisvoll
fatyg|ować (się) *vt* (*vr*) (sich) bemühen <anstrengen>; sich Mühe geben; **nie ~uj się** mach dir keine Mühe
faza *f* Phase *f*; ~ **Księżyca** Mondphase *f*
febra *f* Fieber *n*, Schüttelfrost *m*; **żółta** ~ Gelbfieber *n*
federaln|y *adj* Bundes-; **rząd** ~**y** Bundesregierung *f*; **kanclerz** ~**y** Bundeskanzler *m*; **republika** ~**a** Bundesrepublik *f*
feministka *f* Feministin *f*
fenomenalny *adj* phänomenal; erstaunlich
ferie *pl* Ferien *pl*; **spędzić** ~ **nad morzem** die Ferien an der See verbringen
ferma *f* Farm *f*; **kurza** ~ Hühnerfarm *f*
fermentować *vi* gären
festiwal *m* Festival *n*; **międzynarodowy** ~ Weltfestspiele *npl*; ~ **filmowy** Filmfestival *n*
feudalny *adj* feudal, Feudal-; **ustrój** ~ Feudalsystem *n*
fiask|o *n* Fiasko *n*, Reinfall *m*; **skończyć się** ~**iem** ein Fiasko erleben

figa *f* Feige *f*
figiel *m* Streich *m*; **spłatać komuś figla** jm einen Streich spielen
figowiec *m* Feigenbaum (*drzewo*) *m*
figur|a *f* **1.** Figur *f*; **~a geometryczna** geometrische Figur **2.** (*kształty ludzkie*) Figur *f*, Gestalt *f*; **mieć ładną <zgrabną> ~ę** eine gute Figur haben **3.** (*statua*) Standbild *n*, Figur *f*
fikcja *f* Fiktion *f*; (*wymysł*) Erfindung *f*
fikus *m bot.* Gummibaum *m*
filar *m* Pfeiler *m*; *figur.* (*podpora*) Stütze *f*
filatelista *m* Briefmarkensammler *m*
filc *m* Filz *m*
filet *m* Filet *n*
filharmonia *f* Philharmonie *f*; **~ narodowa** Nationalphilharmonie *f*
filiżanka *f* Tasse *f*; **~ kawy <herbaty>** eine Tasse Kaffee <Tee>
film *m* Film *m*; **~ niemy** Stummfilm *m*; **~ dokumentalny** Dokumentarfilm *m*; **~ naukowy** Lehrfilm *m*; **~ kolorowy** Farbfilm *m*; **kręcić ~** einen Film drehen; **wyświetlać ~** einen Film vorführen
filmow|y *adj* Film-; **kronika ~a** Wochenschau *f*
filologia *f* Philologie *f*; **~ klasyczna** klassische Philologie
filozof *m* Philosoph *m*
filozofia *f* Philosophie *f*
filozoficzny *adj* philosophisch
filtr *m* Filter *m*, *n*; **~ do kawy** Kaffeefilter *m*; *mot.* **~ oleju** Ölfilter *m*; **~ powietrza** Luftfilter *m*
filtrować *vt* filtrieren
Fin *m* Finne *m*, Finnländer *m*
finansow|y *adj* Finanz-, finanziell; **sytuacja ~a** finanzielle Lage, Finanzlage *f*; **kapitał ~y** Finanzkapital *m*
finał *m* (*zakończenie*) Finale *n*; *sport. a.* Endspiel *n*; *mus. a.* Schlusssatz *m*
finanse *pl* Finanzen *fpl*
finisz *m sport.* Finish *n*; (*w biegach*) Endspurt *m*
fiński *adj* finnisch
fioletowy *adj* violett
fiołek *m* Veilchen *n*
firanka *f* Gardine *f*
firma *f* Firma *f*
fizyczn|y *adj* **1.** (*cielesny*) physisch, körperlich; **praca ~a** körperliche Arbeit **2.** (*od fizyki*) physikalisch, Physik-; **chemia ~a** physikalische Chemie

fizyk *m* Physiker *m*
fizyka *f* Physik *f*; **~ jądrowa** Kernphysik *f*
flag|a *f* Fahne *f*, (*bandera*) Flagge *f*; **podnieść ~ę** die Flagge hissen; **opuścić ~ę** die Fahne streichen
flak *m* Darm *m*; **~i** *pl* Gedärm *n*; (*potrawa*) Kutteln, Kaldaunen *pl*
Flamand *m* Flame *m*
flanela *f* Flanell *m*
flądra *f* Flunder *f*, Scholle *f*; *figur. pog.* Schlampe *f*
flesz *m* Blitzlicht *n*
flet *m* Flöte *f*
flirtować *vi* flirten
fliza *f* Fliese *f*, Platte *f*
floret *m* Florett *n*
flota *f* Flotte *f*; **~ morska** Marine *f*; **~ wojenna** Kriegsmarine *f*; Seestreitkräfte *fpl*; **~ handlowa** Handelsflotte *f*
foka *f* Robbe *f*
folklor *m* Folklore *f*
fontanna *f* Springbrunnen *m*
form|a *f* Form *f*; **~a i treść** Form und Inhalt; *techn.* **~a odlewnicza** Gussform *f*; *figur.* **~y towarzyskie** Umgangsformen *fpl*; *sport.* **(nie) być w ~ie** (nicht) in Form sein
formalnie *adv* formell, förmlich
formalność *f* Formalität *f*
formalny *adj* formal; (*oficjalny*) formell
format *m* Format *n*
formularz *m* Formular *n*, Vordruck *m*; (*kwestionariusz*) Fragebogen *m*
formuła *f* Formel *f*
forsować I. *vt mil.* stürmen; (*przeprowadzać*) durchsetzen (wollen) **II.** *vr* **~ się** (*wysyłać się*) sich überanstrengen
fort *m* Fort *n*
fortel *m* Kunstgriff *m*, Trick *m*
fortepian *m* Klavier *n*, Flügel *m*; **grać na ~ie** Klavier spielen
fortuna *f* Glück *n*, Vermögen *n*
fortuny *adj* glücklich
fortyfikacja *f* Befestigung(sanlage) *f*
fosfor *m* Phosphor *m*
fotel *m* Lehnsessel *m*; **~ na biegunach** Schaukelstuhl *m*
foto- *w złożeniach* foto-, Foto-
fotograf *m* Fotograf *m*
fotografia *f* Fotografie *f*, Foto *n*
fotograficzny *adj* fotografisch, Foto-
fotografować *vt* fotografieren
fotokomórka *f* Fotozelle *f*

frachtowiec *m* Frachtschiff *n*, Frachter *m*
frak *m* Frack *m*
frakcja *f* Fraktion *f*; **~ Bundestagu** Bundestagsfraktion *f*
framuga *f*: **~ okienna** Fensternische *f*
francuski [fran'tsuski] *adj* französisch
Francuz ['frantsus] *m* Franzose *m*
Francuzka *f* Französin *f*
frank *m*: **~ szwajcarski** Franken *m*; (*moneta*) Frankenstück *n*
frazes *m* (abgedroschene, leere) Phrase *f*
frekwencja *f* Frequenz *f*; (*liczba przybywających*) Besucherzahl *f*, Zulauf *m*
fresk *m* Fresko *n*; **~i** *pl* Freskomalerei *f*, Fresken *pl*
fron|t *m* **1.** *mil.* Front *f*; **być na ~cie** an der Front stehen; **iść <pójść> na ~t** an die Front gehen **2.** (*gmachu*) Front *f*, Vorderseite *f*
frontow|y *adj* **1.** Front-; **żołnierz ~y** Frontsoldat *m* **2. wejście ~e** Haupteingang *m*, Haustür *f*
froterować *vt* bohnern
fryzjer *m* Friseur *m*, Frisör *m*; **~ damski** Damenfrisör *m*
fryzjerka *f* Friseuse *f*, Frisöse *f*

fryzjerski *adj* Frisör-; **salon <zakład> ~** Friseursalon *m*
fryzura *f* Frisur *f*, Haarschnitt *m*
fuga *f mus.* Fuge *f*
fuksja *f* Fuchsie *f*
fundacja *f* Stiftung *f*
fundament *m* Fundament *n*
fundować *vt* (*zakładać*) stiften, gründen; (*częstować*) spendieren
fundusz *m* Fonds *m*
funkcja *f* Funktion *f* (*o. med.*)
funkcjonalny *adj* funktionell
funkcjonować *vi* funktionieren
funt *m* Pfund *n*; **~ szterling** Pfund Sterling
furtka *f* Pforte *f*
fuszerować *vt, vi* pfuschen, stümpern
futbol *m* Fußball *m*, Fußballspiel *n*
futerał *m* Futteral *n*, (*na okulary*) Etui *n*
futro *n* (*skóra zwierzęcia*) Fell *n*; (*wyprawione*) Pelz *m*
futrzan|y *adj* Pelz-; **czapka ~a** Pelzmütze *f*; **kołnierz ~y** Pelzkragen *m*
futurologia *f* Futurologie *f*
futurystyczny *adj* futuristisch
fuzja *f* **1.** (*strzelba*) Flinte *f* **2.** (*połączenie przedsiębiorstw*) Fusion *f*

G

gabinet *m* Kabinett *n* (*o. ministrów*); **~ numizmatyczny** Münzkabinett *n*
gadać *vt ugs.* schwatzen; **~ od rzeczy** Unsinn reden, faseln
gadatliwy *adj* geschwätzig, redselig
gaduła *m, f* Plapperhans *m*, Plapperliese *f*
galaretka *f kulin.* Gelee *n, m*
galeria *f* Galerie *f*; **~ obrazów** Gemäldegalerie *f*; **~ narodowa** Nationalgalerie *f*
galicyjski *adj* galizisch; Galizien-
galop *m* Galopp *m*; (*o. szybko*) **~em** im Galopp
galopować *vi* galoppieren
galow|y *adj* festlich, feierlich; Gala-, Parade-; *teatr.* **przedstawienie ~e** Galavorstellung *f*
gałąź *f* Zweig *m*; (*konar*) Ast *m*; *figur.* **~ przemysłu** Industriezweig *m*; **~ wiedzy** Wissensgebiet *n*
gałka *f* **1.** (*kiszne*) Kugel *f* **2.** (*uchwyt*) Knauf *m*, Knopf *m* **3. ~ oczna** Augapfel *m*
gama *f* Skala *f*; *mus.* Tonleiter *f*
ganić *vt* tadeln (**za coś** wegen eines Dinges)
gap|a *m* Tolpatsch *m*; **pasażer na ~ę** Schwarzfahrer *m*; blinder Passagier; **jechać na ~ę** schwarzfahren
garaż *m* Garage *f*; **~ podziemny** Tiefgarage *f*
garbaty I. *adj* bucklig **II.** *m* Bucklige *m*
garbić się *vr* (*krzywić się*) sich krümmen; (*trzymać się krzywo*) sich krumm halten
garbować *vt* gerben (*a. figur.*)
garderoba *f* **1.** (*ubiór*) Garderobe *f*, Oberbekleidung *f* **2.** (*szatnia*) Garderobe *f*, Kleiderablage *f*
gardło *n* Kehle *f*; Hals *m*; **krzyczeć na całe ~** aus vollem Hals(e) schreien; **boli mnie ~** ich habe Halsschmerzen
gardzić *vt* verachten (**kimś** jn)
garnek *m* Topf *m*, Kochtopf *m*
garnitur *m* **1.** (*komplet*) Satz *m*; (*serwis*) Service *n* **2.** (*ubranie*) Anzug *m*
garnizon *m* Garnison *f*
garnuszek *m* kleiner Topf, Töpfchen *n*; (*kubek*) Becher *m*
garstka *f* eine Hand voll; **~ ludzi** eine Hand voll Leute
garś|ć *f* eine Hand voll; **trzymać w ~ci** (fest) in der Hand halten

gasić *vt* löschen; **~ ogień** <**pragnienie, wapno**> Feuer <Durst, Kalk> löschen
gasnąć *vi* erlöschen; ausgehen; *figur.* (*zamierać*) dahinschwinden, ersterben; **ogień gaśnie** das Feuer geht aus; *mot.* **silnik gaśnie na wolnych obrotach** der Motor geht im Leerlauf aus
gaśnica *f* Feuerlöscher *m*
gatunek *m* **1.** *biol.* Spezies *f* **2.** (*jakość*) Qualität *f*, Sorte *f*
gawędzić [ga'vɛdzitɕ] *vi* plaudern
gawron *m* Saatkrähe *f*
gaz *m* Gas *n*; **~ świetlny** Leuchtgas *n*; **~ górniczy** Grubengas *n*; **~ trujący** Giftgas *n*; **~ łzawiący** Tränengas *n*; *mot.* **pełny ~** Vollgas *n*; **dodać ~u** Gas geben; **~y spalinowe** Abgase *pl*
gaza *f* Gaze *f*
gazeciarz *m* Zeitungsausträger *m*, Zeitungsverkäufer *m*
gazet|a *f* Zeitung *f*; **~ codzienna** Tageszeitung *f*, **~ka ścienna** Wandzeitung *f*
gazomierz *m* Gaszähler *m*
gazownia *f* Gaswerk *n*
gazowy *adj* Gas-; **licznik ~y** Gasuhr *f*
gaźnik *m* Vergaser *m*
gąbka *f* Schwamm *m*; (*piankowa*) Schaumgummi *m*
gąsienica *f zool., mech.* Raupe *f*
gąsior *m zool.* Gänserich *m*
gdy *kj* **1.** wenn, als; **~ byłem jeszcze młody** als ich noch jung war; **~ przyjdziesz** wenn du kommst **2.** (*skoro tylko*) sobald
gdyby *kj* wenn, falls
gdyż *kj* weil, denn
gdzie *adv* wo; (*dokąd*) wohin; **~ idziesz?** wohin gehst du?; **~ indziej** anderswo(hin); **~ tam!** ach wo!
gdziekolwiek *adv* irgendwo, wo auch immer; (*dokądkolwiek*) irgendwohin, wohin auch immer
gdzieniegdzie [gdzɛˈɲɛgdzɛ] *adv* stellenweise, strichweise
gdzieś *adv* irgendwo; (*dokądś*) irgendwohin
gej *m ugs.* Schwule *m*
gen *m biol.* Gen *n*
generacja *f* Generation *f*
generaln|y *adj* General-, Haupt-; **próba ~a** Generalprobe *f*; **sztab ~y** Generalstab *m*

generał *m* General *m*
genetyczn|y *adj* genetisch, Gen-; **badania ~e** Genforschung *f*
genialny *adj* genial
geniusz *m* Genius *m*; (*człowiek*) Genie *n*
genotyp *m* Genotyp *m*
geografia *f* Geografie *f*, Geographie *f*, Erdkunde *f*
geograficzny *adj* geografisch, geographisch
geologia *f* Geologie *f*, Erdgeschichte *f*
geometria *f* Geometrie *f*
Germanie *pl* Germanen *pl*
germanistyka *f* Germanistik *f*
germański *adj* germanisch
germanizacja *f* Germanisierung *f*
gest *m* Geste *f*, Gebärde *f*
gestykulować *vi* gestikulieren
gęsty *adj* (*o płynie*) dick(flüssig), zähflüssig; (*o roślinach*) dicht; (*o siatce*) engmaschig
gęś *f* Gans *f*; **dzika ~** Wildgans *f*
giąć (się) *vt* (*vr*) (sich) biegen
giełda *f* **1.** Börse *f*; **grać <spekulować> na giełdzie** an der Börse spekulieren **2.** (*obroty*) Parkett *n*
giętki *adj* biegsam
gimnastyczn|y *adj* Turn-; **sala ~a** Turnhalle *f*; **strój ~y** Turnanzug *m*
gimnastyk *m* Turner *m*, Gymnastiker *m*
gimnastyk|a *f* Turnen *n*, Gymnastik *f*; **~a lecznicza** Heilgymnastik *f*; **uprawiać ~ę** turnen, Gymnastik treiben
ginąć *vi* (*zapodziać się*) verloren gehen, abhanden kommen; (*tracić życie*) umkommen; (*marnieć*) (langsam) zu Grunde gehen, eingehen
ginekolog *m* Frauenarzt *m*, Gynäkologe *m*
gips *m* Gips *m*
girlanda *f* Girlande *f*
girlsy *fpl* Revuegirls *npl*
gitara *f* Gitarre *f*; **~ elektryczna** Elektrogitarre *f*
gleba *f* Boden *m*
gliceryna *f* Glyzerin *n*
glina *f* **1.** Lehm *m*, Ton *m* **2.** *ugs.* (*policjant*) Bulle *m*
glista *f* Regenwurm *m*
globus *m* Globus *m*
gładki *adj* glatt
gładko *adv* glatt, reibungslos
gładzić *vt* (*wygładzać*) glätten, glatt machen; (*głaskać*) streicheln

głaskać *vt* streicheln
głębi|a *f* Tiefe *f*; *figur. a.* Inneres; (*dalszy plan*) Hintergrund *m*; **w ~** (*na dalszym planie*) im Hintergrund; **wstrząśnięty do ~** zutiefst <aufs Tiefste> erschüttert
głęboki *adj* tief; *figur.* (*dogłębny*) tief greifend
głęboko *adv* tief; *figur. a.* zutiefst
głębokość *f* Tiefe *f*; **na ~ pięciu metrów** fünf Meter tief
głodny *adj* hungrig; **być ~m** Hunger haben
głodować *vi* hungern, Hunger leiden; (*cierpieć niedostatek*) darben
głos *m* Stimme *f*; **decydujący ~** entscheidende Stimme; **~ doradczy** beratende Stimme; **prawo ~u** Stimmrecht *n*; **na ~** laut; **prosić o ~** ums Wort bitten; **zabrać ~** das Wort nehmen <ergreifen>; **udzielam panu ~u** Sie haben das Wort
głoska *f* Sprachlaut *m*
głosować *vi* stimmen, abstimmen
głosowanie *n* Abstimmung *f*; **~ tajne** geheime Abstimmung
głośnik *m* Lautsprecher *m*
głośno *adv* laut, lautstark
głośny *adj* laut; *figur.* (*słynny*) bekannt, berühmt
głow|a *f* Kopf *m*; Haupt *n*; **~a państwa** Staatsoberhaupt *n*; **~a rodziny** Familienhaupt *n*; **potrząsać ~ą** den Kopf schütteln; **spuścić <zwiesić> ~ę** den Kopf hängen lassen; **~a do góry!** Kopf hoch!
głód *m* Hunger *m*; **cierpieć ~** Hunger leiden; **umrzeć z głodu** verhungern
główka *f* Köpfchen *n*; Kopf *m*; *sport.* Kopfball *m*
głównie *adv* hauptsächlich, besonders
głównj|y *adj* Haupt-; **~a rzecz** Hauptsache *f*
głuchoniemy *adj* taubstumm
głuch|y *adj* **1.** taub; **~y jak pień** stocktaub; **udawać ~ego** sich taub stellen **2.** (*odgłos*) dumpf
głupi *adj* dumm, töricht; **~ jak but** dumm wie Bohnenstroh
głupota *f* Dummheit *f*, Torheit *f*
głupstw|o *n* **1.** Dummheit *f*; **robić ~a** Dummheiten machen **2.** (*drobnostka*) Kleinigkeit *f*
głuptasek *m* Dümmerchen *n*
gmach *m* (stattliches) Gebäude *n*; **~ sądu** Gerichtsgebäude *n*; **~ teatru** Theatergebäude *n*

gmina *f* Gemeinde *f*
gnać I. *vt* treiben **II.** *vi* (*biec*) rennen
gniazdko *n* **1.** Nestchen *n* **2.** *el.* **~ wtyczkowe** Steckdose *f*
gniazdo *n* **1.** Nest *n*; Horst *m*; **bociane ~** Storchnest *n*; **uwić ~** ein Nest bauen **2.** (*na statku*) Mastkorb *m*
gnić *vi* faulen
gnieść I. *vt* drücken; (*miesić*) kneten **II.** *vr* **~ się 1.** (*miąć się*) knittern **2.** (*tłoczyć się*) sich drängen
gniew *m* Zorn *m*, Unwille *m*; **wpaść w ~** in Zorn geraten
gniewać I. *vt* ärgern **II.** *vr* **~ się** (*złościć się*) sich ärgern; **~ się na kogoś** jm zürnen, auf jn böse sein (**o coś** wegen eines Dinges)
gnieździć się *vr* (*o ptakach*) nisten, brüten
go *pron pers* (*nieakcentowane*) *A* ihn; → **on**
godność *f* Würde *f* (*o. urząd*); **z ~cią** würdig, würdevoll
godny *adj* (*zacny*) würdig; (*wart*) wert; **~ podziwu** bewunderungswert, bewunderungswürdig; **pożałowania ~** bedauernswert; **~ zaufania** vertrauenswürdig
godzić I. *vt* (*uzgadniać*) in Einklang bringen; (*zagrażać*) bedrohen; **~ w interesy** den Interessen schädigen **II.** *vr* **~ się** (*pogodzić się*) sich aussöhnen; (*zgadzać się*) übereinkommen
godzien → **godny**
godzin|a *f* Stunde *f*; **~y przyjęć** Sprechstunden *fpl*; **~y nadliczbowe** Überstunden *fpl*; **~y szczytu** Stoßzeit *f*; **w ~ach szczytu** in der Stoßzeit; **~y nasilenia ruchu** (**drogowego**) Hauptverkehrszeit(en) *f(pl)*; **za ~ę, w ~ę, w ciągu ~y** in einer Stunde; **co ~ę** jede Stunde, stündlich; **z ~y na ~ę** von Stunde zu Stunde; **pół ~y** eine halbe Stunde; **~ami** stundenlang; **która ~a?** wie viel Uhr ist es?, wie spät ist es?; **o której ~ie?** um wie viel Uhr?; **o ~ie szóstej** um sechs Uhr; **~ny** stündlich
goić się *vr* heilen, vernarben
gol *m sport.* Tor *n*; **wbić** <**strzelić**> **~a** ein Tor schießen
golarka *f* Rasierer *m*
golf[1] *m sport.* Golf *n*
golf[2] *m* (*sweter*) Rollkragenpullover *m*, *ugs.* Rolli *m*; (*kołnierz*) Rollkragen *m*
golić (się) *vt* (*vr*) (sich) rasieren
golonka *f kulin.* Eisbein *n*
gołąb *m* (*gatunek*) Taube *f*; (*samiec*) Täuberich *m*; **~ pocztowy** Brieftaube *f*

gołoledź *f* Glatteis *n*
goły *adj* nackt, bloß; **~ą ręką** mit bloßer Hand; **z ~ą głową** ohne Kopfbedeckung, barhäuptig; **~ym okiem** mit bloßem Auge; **pod ~ym niebem** unter freiem Himmel
gonić *vt* jagen; **~ kogoś** jm nachjagen, jn verfolgen; *figur.* **~ za czymś** nach etwas streben, einer Sache nachjagen
goniec *m* Bote *m*, Eilbote *m*
gorąco I. *adv* heiß, sehr warm; *figur.* (*usilnie*) inständig; **~ prosić** inständig bitten **II.** *n* Hitze *f*
gorący *adj* heiß, sehr warm; (*serdeczny*) warm, herzlich
gorączka *f* Fieber *n*
gorączkowo *adv figur.* fieberhaft, hektisch
gorączkowy *adj* fieberhaft
gorliwy *adj* eifrig, beflissen
gors *m* Busen *m*, Dekolleté *n*
gorszy *adj kompar* → **zły** schlechter, schlimmer
goryl *m zool.* Gorilla *m*; *figur. ugs.* Leibwächter *m*, *ugs.* Gorilla *m*
gorzej *adv kompar* → **źle** schlimmer
gorzki *adj* bitter; **~e rozczarowanie** eine peinliche Enttäuschung
gorzko *adv* **1.** bitter; **smakować ~** bitter schmecken **2.** *figur.* bitterlich; **~ płakać** bitterlich weinen
gospoda *f* Wirtshaus *n*
gospodarcz|y *adj* wirtschaftlich, Wirtschafts-; **sytuacja ~a** wirtschaftliche Lage, Wirtschaftslage *f*
gospodarka *f* Wirtschaft *f*; **~ narodowa** Volkswirtschaft *f*; **~ rabunkowa** Raubwirtschaft *f*
gospodarstw|o *n* Wirtschaft *f*; **~o domowe** Haushalt *m*; **artykuły ~a domowego** Haushaltsartikel *pl*
gospodarz *m* Wirt *m*; (*na wsi*) Landwirt *m*; **~ domu** Hausherr *m*
gospodyni *f* Wirtin *f*; (*zarządzająca*) Haushälterin *f*; **~ domu** Hausfrau *f*
gosposia *f* Hausangestellte *f*, Haushaltshilfe *f*
gościec *m med.* Gicht *f*
gościnny *adj* gastfreundlich
gość *m* Gast *m*; (*obcy*) Fremde *m*; **stały gość** Stammgast *m*; **mieć gości(a)** Besuch haben; **przyjść w gości** zu Besuch kommen
gotować I. *vt* kochen **II.** *vr* **~ się 1.** kochen;

gotowy 37 **grób**

(*wrzeć*) sieden **2.** (*przygotowywać się*) sich vorbereiten
gotow|y *adj* bereit, fertig; **~e ubrania** Kleider von der Stange; **~y do odjazdu** reisefertig; **~y do startu** startbereit
gotów *adj* → **gotowy**; **jestem ~ to zrobić** ich bin bereit es zu tun
gotówk|a *f* Bargeld *n*, bares Geld; **płacić ~ą** (in) bar bezahlen; **za ~ę** gegen bar
gotycki *adj* gotisch; **pismo ~e** Fraktur *f*; **styl ~** gotischer Stil
gotyk *m* Gotik *f*; **wczesny ~** Frühgotik *f*; **późny ~** Spätgotik *f*; **ceglany ~** Backsteingotik *f*
goździk *m* **1.** (*kwiat*) Nelke *f* **2.** (*przyprawa*) Gewürznelke *f*
gór|a *f* **1.** Berg *m*; **~y** *fpl* Berge *mpl*, (*łańcuch*) Gebirge *n*; **jechać w ~y** ins Gebirge fahren; **~a lodowa** Eisberg *m*; **jazda pod ~ę** Bergfahrt *f*; **z ~y** bergab; **jazda z ~y** (*w dół*) Talfahrt *f*; **od ~y do dołu** von oben bis unten **2. w ~ę** <**do ~y**> hoch, in die Höhe; **ręce do ~y!** Hände hoch!; **w** <**na**> **górze** oben; *figur.* **płacić z ~y** im Voraus bezahlen; **pod ~ę** bergauf
górnictwo *n* Bergbau *m*
górnik *m* Bergmann *m*
górn|y *adj* Ober-, ober-; **~a granica** Obergrenze *f*
górsk|i *adj* Gebirgs-, Berg-; **łańcuch ~i** Gebirgskette *f*; **kolejka ~a** Bergbahn *f*
gra *f* Spiel *n*; **~ towarzyska** Gesellschaftsspiel *n*; **~ słów** Wortspiel *n*; **~ na fortepianie** Klavierspiel *n*; **~ w karty** Kartenspiel *n*; *figur.* **to nie wchodzi w grę** das kommt nicht infrage <*a.* in Frage>
grab *m* Hainbuche *f*, Weißbuche *f*
grabarz *m* Totengräber *m*
grabie, grabki *pl* Rechen *m*, Harke *f*
gracz *m* Spieler *m*
grać *vt*, *vi* **1.** spielen (*o. na instrumencie*); **~ w karty** Karten spielen; **~ w szachy** Schach spielen; **~ na skrzypcach** Geige spielen **2.** (*w teatrze*) spielen, darstellen; **dziś grają ~** heute wird … gespielt; *ugs.* **wszystko gra!** alles klar!
grad *m* Hagel *m*; **pada ~** es hagelt; *figur.* **~ kul** Kugelhagel *m*
gradobicie *n* Hagelschlag *m*
grafik *m* Grafiker *m*
grafit *m* Grafit *m*, Graphit *m*
gram *m* Gramm *n*; **pięć ~ów** fünf Gramm; **trzy ~y** drei Gramm

gramatyczny *adj* grammatisch
gramatyka *f* Grammatik *f*
granat[1] *m* **1.** (*granatowiec*) Granatbaum *m* **2.** (*owoc*) Granatapfel *m* **3.** (*kolor*) Dunkelblau *n*
granat[2] *m* **1.** *mil.* Granate *f*; **~ ręczny** Handgranate *f* **2.** (*minerał*) Granat *m*
granatowy *adj* (*kolor*) dunkelblau
granic|a *f* Grenze *f*; **~a państwa** Staatsgrenze *f*; **za ~ą** im Ausland; **za ~ę** ins Ausland; **przekroczyć ~ę** die Grenze überschreiten
graniczyć *vi* grenzen; **~ z Polską** an Polen grenzen
granit *m* Granit *m*
gratulacj|a *f* Glückwunsch *m*; **złożyć komuś ~e** jn beglückwünschen
gratulować *vi* gratulieren, beglückwünschen; **gratuluję!** gratuliere!
grecki *adj* griechisch
greckokatolicki *adj* griechischkatholisch
Greczynka *f* Griechin *f*
grejpfrut *m* Grapefruit *f*
Grek *m* Grieche *m*; *figur.* **udawać ~a** sich dumm stellen
greka *f* das Griechische, die griechische Sprache, Griechisch *n*
grobla *f* Damm *m*, Deich *m*
grobowiec *m* Gruft *f*; **~ rodzinny** Familiengruft *f*
groch *m* Erbsen *fpl*; *ugs.* **jak ~ z kapustą** wie Kraut und Rüben
grochówka *f* Erbsensuppe *f*
grom *m* Blitz *m*, Donnerschlag *m*; **jak ~ z jasnego nieba** wie ein Blitz aus heiterem Himmel
gromad|a *f* Schar *f*, Haufen *m*; **~ą** haufenweise
gromadzić I. *vt* zusammentragen; sammeln **II.** *vr* **~ się** sich versammeln, sich scharen
grono *n* **1.** Traube *f* **2.** (*zespół ludzi*) Kreis *m*; **~ przyjaciół** Freundeskreis *m*
grosz *m* Groschen *m*; **kupić za ~e** spottbillig kaufen; **nie mieć ~a (przy duszy)** keinen Cent mehr haben
groszek *m*: **zielony ~** grüne Erbsen
grota *f* Grotte *f*
grozić *vi* drohen
grotołaz *m* Höhlensportler *m*
groźba *f* Drohung *f*
groźny *adj* bedrohlich, gefährlich; **~ pożar** vernichtendes Feuer, Brand *m*
grób *m* Grab *n*; **~ masowy** Massengrab *n*;

figur. **stać nad grobem** mit einem Fuß im Grabe stehen
grubieć *vi* dick(er) werden; zunehmen
grubość *f* Dicke *f*
grub|y *adj* dick; (*otyły*) beleibt; *figur.* grob; **~y błąd** grober Fehler; **~a ryba** großes <hohes> Tier
grudzień *m* Dezember *m*
grunt *m* **1.** Grund *m*, Erde *f*, Boden *m*; **~orny** Ackerboden *m* **2.** *figur.* (*podstawa*) Boden *m*, Grundlage *f*; **do ~u** gründlich; **z ~u** von Grund aus; **w gruncie rzeczy** im Grunde (genommen)
gruntowny *adj* gründlich; (*dogłębny*) tief schürfend
grupa *f* Gruppe *f*; **~mi** gruppenweise, haufenweise; *parl.* **~ nacisku** Lobby *f*
grupować (się) *vt* (*vr*) (sich) gruppieren
grusza *f* Birnbaum *m*
gruszka *f* Birne *f*
gruz *m* Schutt *m*; **~y** *pl* Trümmer *pl*; **leżeć w ~ach** in Trümmern liegen
Gruzin *m* Georgier *m*
gruźlica *f* Tuberkulose *f*;
gryka *f* Buchweizen *m*
grymas *m* Grimasse *f*
gryp|a *f* Grippe *f*; **chory na ~ę** grippekrank
gryzący *adj* beißend
gryzoń *m* Nagetier *n*
gryźć *vt, vi* **1.** beißen; (*o owadach o.*) stechen **2.** (*żuć*) kauen
grzać I. *vt* wärmen, warm machen **II.** *vr* **~ się** sich wärmen; *ugs.* (*pocić się*) schwitzen; *techn.* heißlaufen
grzbiet *m* Rücken *m*
grzebać I. *vt* (*zmarłego*) beerdigen, begraben **II.** *vi ugs. abw.* (*w czymś*) wühlen
grzebień *m* Kamm *m*
grzech *m* Sünde *f*; **popełnić ~** eine Sünde begehen
grzeczność|ć *f* (*dzieci*) Artigsein *n*, Bravsein *n*; (*uprzejmość*) Höflichkeit *f*; **z wyszukaną ~cią** zuvorkommend
grzeczny *adj* artig, brav; (*uprzejmy*) höflich
grzejnik *m* (*kaloryfer*) Heizkörper *m*
grzmieć *vi* donnern; **grzmi** es donnert
grzmot *m* Donner *m*, Donnern *n*
grzyb *m* Pilz *m*; **~ jadalny** essbarer Pilz; **~ trujący** Giftpilz *m*
grzybow|y *adj* Pilz-; **zupa ~a** Pilzsuppe *f*
grzywa *f* Mähne *f*
gubić I. *vt* (immer wieder) verlieren; (*ko-*

goś) zu Grunde richten **II.** *vr* **~ się** sich verirren; (*siebie*) mit offenen Augen ins Unglück rennen
gulasz *m* Gulasch *n*, *m*
guma *f* Gummi *m*, *n*
gumka *f* (*do wycierania*) Radiergummi *m*
gumow|y *adj* Gummi-; **piłka ~a** Gummiball *m*; **rękawiczki ~e** Gummihandschuhe *mpl*; **pałka ~a** Gumminüppel *m*
gust *m* Geschmack *m*; **dobry** <**zły**> **~** guter <schlechter> Geschmack; **z ~em** geschmackvoll; **bez ~u** mit schlechtem Geschmack, geschmacklos; **nie mieć ~u** keinen guten Geschmack haben
gustowny *adj* geschmackvoll
guzik *m* **1.** Knopf *m*; **~ od koszuli** Hemdknopf *m*; **zapiąć na ~i** zuknöpfen **2.** *ugs. scherz.* (*nic*) nichts; **~ z tego będzie** daraus wird nichts **3.** *el.* Knopf *m*, Kontaktknopf *m*; **nacisnąć ~** (auf) den Knopf drücken
gwałcić *vt* (*zadawać gwałt*) Gewalt antun (**kogoś** jm); vergewaltigen, (sexuell) missbrauchen; **~ prawo** das Recht verletzen
gwałt *m* (*czyn*) Gewalttätigkeit *f*; **zadać ~** Gewalt antun
gwałtownie *adv* gewaltsam; (*szybko*) dringend, eiligst; (*silnie*) heftig
gwałtown|y *adj* **1.** gewaltsam; **~a śmierć** gewaltsamer Tod **2.** (*nagły*) dringend
gwarancj|a *f* (*rękojmia*) Garantie *f*, Gewähr *f*; **dwa lata ~i** zwei Jahre Garantie; **bez ~i** ohne Gewähr
gwarantować *vt* garantieren, (*ręczyć*) gewährleisten
gwarzyć *vi* plaudern
gwiazda *f* **1.** Stern *m*; **~ spadająca** Sternschnuppe *f*; **~ pięcioramienna** fünfzackiger Stern **2.** *figur.* (*artysta*) Star *m*; **~ filmowa** Filmstar *m*
gwiazdka *f* **1.** Sternchen *n* **2.** *a.* **Gwiazdka** (*Boże Narodzenie*) Weihnachtsabend *m*; **na gwiazdkę** zu Weihnachten
gwiazdkowy *adj* Weihnachts-; **prezent ~** Weihnachtsgeschenk *n*
gwizdać *vi* pfeifen; *ugs.* **gwiżdżę na to** ich pfeife darauf
gwizdek *m* Trillerpfeife *f*
gwizdnąć *vi pf* → **gwizdać**
gwoździk ['gvɔʒdʑik] *m* Nägelchen *n*
gwóźdź [gvuʨʨ] *m* Nagel *m*; **przybijać gwoździami** <**gwoździem**> annageln; **wbić ~** einen Nagel einschlagen; *figur.* **~ programu** Glanznummer *f*, Clou *m*

H

haczyk *m* Häkchen *n*, kleiner Haken; **~ u wędki** Angelhaken *m*
haft *m* Stickerei *f*
haftować *vt* sticken
hak *m* Haken *m*
hala *f* **1.** Halle *f*; **~ montażowa** Montagehalle *f*; **~ sportowa** Sporthalle *f*; **~ targowa** Markthalle *f* **2.** Alm *f* **3.** Matte *f*
halka *f* Unterrock *m*
hałas *m* Lärm *m*; (*krzyki*) Geschrei *n*; **robić ~** Lärm machen
hałasować *vi* lärmen, Lärm <Radau> machen
hamak *m* Hängematte *f*
hamować I. *vi, vt* **1.** hemmen; *mot.* bremsen; **łagodnie ~** sanft bremsen; **~ silnikiem** mit dem Motor bremsen **2.** *figur.* (*powstrzymywać*) zurückhalten; **~ gniew** seine Wut unterdrücken **II.** *vr* **~ się** sich mäßigen
hamulec *m* Bremse *f*; **~ bezpieczeństwa** Notbremse *f*; **~ ręczny** Handbremse *f*; **~ nożny** Fußbremse *f*; **hamulce tarczowe** Scheibenbremsen *pl*; **zaciągnąć ~ (ręczny)** die Handbremse ziehen; **ustawić <wyregulować> hamulce** (die) Bremsen nachstellen
handel *m* Handel *m*; **~ wewnętrzny** Binnenhandel *m*; **~ zagraniczny** Außenhandel *m*; **~ detaliczny** Kleinhandel *m*; **~ hurtowy** Großhandel *m*; **uprawiać ~** Handel treiben
handlowiec *m* Händler *m*, Handeltreibende *m*
handlow|y *adj* geschäftlich; Handels-, Geschäfts-; **bank ~y** Handelsbank *f*; **prawo ~e** Handelsrecht *n*; **szkoła ~a** Handelsschule *f*
hangar *m* Flugzeughalle *f*, Hangar *m*
hańba *f* Schande *f*
harcerstwo *n* Pfadfinderbewegung *f*
harcerz *m* Pfadfinder *m*
harf|a *f* Harfe *f*; **grać na ~ie** auf der Harfe spielen, die Harfe zupfen
harmoni|a *f* **1.** Harmonie *f*; *mus a.* Wohlklang *m* **2.** (*zgoda*) *figur.* **żyć w ~i** in Eintracht leben, sich gut vertragen **3.** (*instrument*) Harmonika *f*; **~a rozciągana** Ziehharmonika *f*
harmonijka *f* (*ustna*) Mundharmonika *f*
hartować I. *vt* härten; *figur.* (*ciało*) abhärten **II.** *vr* **~ się** sich abhärten

hasło *n* Losung *f*; *mil.* Kennwort *n*, Parole *f*; (*słownikowe*) Stichwort *n*
haust *m* Schluck *m*; Zug *m*; **jednym ~em** auf einen Zug
hazardow|y *adj* Hasard-; **gra ~a** Hasardspiel *n*, Glücksspiel *n*
heban *m* (*drewno*) Ebenholz *n*; (*drzewo*) Ebenbaum *m*
heblować *vt* hobeln
hebrajski *adj* hebräisch
hektar *m* Hektar *n, m*
hektolitr *m* Hektoliter *m, n*
helikopter *m* Hubschrauber *m*, Helikopter *m*
hellenistyczny *adj* hellenistisch
hełm *m* Helm *m*, Schutzhelm *m*; *archit.* **~ wieży** Turmhelm *m*
hemoroidy [xɛmɔˈrɔjdi] *mpl* Hämorrhoiden *fpl*, Hämorriden *fpl*
herb *m* Wappen *n*; **~ państwowy** Staatswappen *n*
herbaciarnia *f* Teestube *f*, Tea-Room *m*
herbat|a *f* Tee *m*; **mocna ~a** starker Tee; **zaparzyć ~ę** den Tee aufgießen <aufbrühen>
herbatniki *mpl* Teegebäck *n*, Kekse *mpl*
hermetyczny *adj* luftdicht, hermetisch
hiena *f* Hyäne *f*
hierarchia *f* Hierarchie *f*, Rangordnung *f*
higiena *f* Hygiene *f*; **~ osobista** Körperpflege *f*
higieniczn|y *adj* hygienisch; **chusteczka ~a** Papiertaschentuch *n*
Hindus *m* Inder *m*
hipie *m* Hippie *m*
hipnotyzować *vt* hypnotisieren, in Hypnose versetzen
hipokryzja *f* Heuchelei *f*
hipoteka *f* Hypothek *f*
histeria *f* Hysterie *f*
histeryczny *adj* hysterisch
historia *f* Geschichte *f*; **~ powszechna** Weltgeschichte *f*; **~ współczesna** Zeitgeschichte *f*; **~ starożytna <nowożytna>** Geschichte des Altertums <der Neuzeit>; **~ literatury** Literaturgeschichte *f*; *ugs.* **ładna <stara> ~** eine schöne <alte> Geschichte
historyczny *adj* historisch
historyk *m* Historiker *m*; (*badacz*) Geschichtswissenschaftler *m*

Hiszpan *m* Spanier *m*
Hiszpanka *f* Spanierin *f*
hiszpański *adj* spanisch
hitlerowiec *m* Nazi *m*
hitlerowski *adj* nationalsozialistisch, Nazi-; *hist.* **reżim ~** Naziregime *n*; **Niemcy ~e** Nazideutschland *n*
hodować *vt* (*zwierzęta*) züchten, großziehen; (*rośliny*) anbauen, pflegen, ziehen
hodowla *f* Zucht *f*; **~ zwierząt** Tierzucht *f*; **~ bydła** Viehzucht *f*; **~ kwiatów** Blumenzucht *f*
hojny *adj* freigebig
hokej *m* Hockey *n*; **~ na lodzie** Eishockey *n*; **~ na trawie** Rasenhockey *n*
hol[1] *m ugs. mot.* Abschleppseil *n*; **wziąć na ~** abschleppen
hol[2] *m* Vorraum *m*, Halle *f*; *teatr.* Foyer *n*; **~ hotelowy** Hotelhalle *f*
Holender *m* Niederländer *m*
holenderski *adj* niederländisch, holländisch
holować *vt* schleppen, ins Schlepptau nehmen, bugsieren; *mot.* abschleppen
holownik *m naut.* Schleppschiff *n*
hołdować *vi* huldigen
homar *m* Hummer *m*
honor *m* Ehre *f*; **~y** *pl* Ehrungen *fpl* **człowiek ~u** Ehrenmann *m*; **słowo ~a** Ehrenwort *n*; **na ~!** bei meiner Ehre!
honorarium *n* Honorar *n*
honorowy *adj* **1.** Ehren-; **członek ~** Ehrenmitglied *n*; **dług ~** Ehrenschuld *f* **2.** (*nieodpłatny*) ehrenamtlich
hormon *m* Hormon *n*
horyzont *m* Horizont, *figur. o.* Gesichtskreis *m*

hossa *f fin.* Hausse *f*
hotel *m* Hotel *n*
hrabia *m* Graf *m*
hrabina *f* Gräfin *f*
huba *f bot.* Zunderschwamm *m*, Feuerschwamm *m*
hubka *f* Zunder *m*
huk *m* Knall *m*; *figur.* **z ~iem** Knall und <auf> Fall
hulać *vi* **1.** lustig leben, schwelgen, prassen; *ugs.* (*tańczyć*) tanzen **2.** (*o wietrze*) pfeifen, fegen
hulajnoga *f* Roller *m*, Tretroller *m*
humanistyczn|y *adj* humanistisch; **nauki ~e** Geisteswissenschaften *fpl*
humanitarny *adj* human, menschenfreundlich, humanitär
humanizm *m* Humanismus *m*
humo|r *m* Laune *f*, Humor *m*; **być w złym ~rze** schlechter Laune sein; **popsuć komuś ~r** jm die Laune verderben; **mieć ~r** gut gelaunt sein; guter Laune sein; **mieć poczucie ~ru** Sinn für Humor haben
humorystyczny *adj* humoristisch; (*czasopismo*) satirisch
huragan *m* Sturmwind *m*, Orkan *m*
hurtownia *f* Großhandlung *f*
huśtać I. *vt* schaukeln **II.** *vr* **~ się** sich schaukeln, (*na desce*) wippen
huśtawka *f* Schaukel *f*; (*deska*) Wippe *f*
huta *f* Hütte *f*; **~ żelaza** Eisenhütte *f*; **~ szkła** Glashütte *f*
hutnik *m* Hüttenarbeiter *m*
hymn *m* Hymne *f*; **~ narodowy** Nationalhymne *f*; **~ państwowy** Staatshymne *f*

I

i *kj* und; auch; **i tak dalej** und so weiter, und so fort
idea *f* Idee *f*
idealista *m* Idealist *m*
idealny *adj* ideal, vollkommen
ideał *m* Ideal *n*
identyczny *adj* identisch
ideologia *f* Ideologie *f*
ideologiczny *adj* ideologisch
idiota *m* Idiot *m*
idiotyczny *adj* idiotisch, schwachsinnig
iglasty *adj* Nadel-; **las ~** Nadelwald *m*
igł|a *f* Nadel *f*; **~a do szycia** Nähnadel *f*; *figur.* **robić z ~y widły** aus einer Mücke einen Elefanten machen
ignorować *vt* ignorieren
igrać *vi* spielen; *figur.* **~ z ogniem** mit dem Feuer spielen
igrzyska *npl* Spiele *npl*; **~ olimpijskie** die Olympischen Spiele
ile I. *pron* wie viel; **~ pieniędzy?** wie viel Geld?; **~ masz lat?** wie alt bist du?; **~ razy?** wie oft?; **~ to kosztuje?** was kostet das? **II.** *kj* soviel; **o ~ wiem** soviel ich weiß; **tyle ..., ile ...** so viel ... wie ...; **~ tylko chcesz** so viel du willst
iloczyn *m mat.* Produkt *n*
iloraz *m mat.* Quotient *m*; **~ inteligencji** Intelligenzquotient *m*
ilościowy *adj* quantitativ
ilość *f* (*nieokreślona*) Anzahl *f*; (*masa*) Menge *f*; **pewna ~** eine Anzahl; *mot.* **~ obrotów** (*silnika*) Drehzahl, Tourenzahl *f*
ilustracja *f* **1.** Illustration *f*; **książka z ~mi** illustriertes Buch **2.** (*unaocznienie*) Veranschaulichung *f*
ilustrowan|y *adj* illustriert; **czasopismo ~e** Illustrierte *f*
im¹ *adv* je; **~ prędzej, tym lepiej** je schneller, desto besser
im² *pron pers pl D* ihnen; → **oni**
imbryk *m* Kessel *m*
imieniny *pl* Namenstag *m*; **prezent na ~** Namenstagsgeschenk *n*; **obchodzić ~** den Namenstag feiern
imiesłów *m spw.* Partizip *n*
imię *n* Name *m*, Vorname *m*; **~ i nazwisko** Vor- und Zuname; **~ chrzestne** Taufname *m*; **~ używane na co dzień** Rufname *m*; **jak ci <masz> na ~?** wie heißt du mit Vornamen? **w moim imieniu** in meinem Namen; **mówić sobie po imieniu** sich duzen
imitacja *f* Imitation *f*, Nachahmung *f*
imperialistyczny *adj* imperialistisch
imperializm *m* Imperialismus *m*
imponować *vi* imponieren
imponujący *adj* imposant
import *m* Einfuhr *f*, Import *m*
importować *vt* importieren, einführen
impregnować *vt* imprägnieren
impresjonizm *m* Impressionismus *m*
impreza *f* **1.** Veranstaltung *f*; **~ publiczna** öffentliche Veranstaltung; **~ sportowa** Sportveranstaltung *f*; **~ kulturalna** kulturelle Veranstaltung **2.** *ugs.* Fete *f*
improwizować *vt* improvisieren; (*wiersz a.*) aus dem Stegreif dichten
impuls *m* Impuls *m*; *figur. o.* Anregung *f*; *physio.* **~y nerwowe** Nervenimpulse *mpl*
inaczej *adv* anders; (*w innym wypadku*) sonst; **tak czy ~** wie dem auch sei, sowieso
inauguracja *f* Eröffnungsfeier *f*
indeks *m* **1.** Index *m*; **~ rzeczowy** Sachregister *n* **2.** (*studencki*) Studienbuch *n*
Indianin *m* Indianer *m*
indiański *adj* indianisch
indologia *f* Indologie *f*
indonezyjski *adj* indonesisch
indyjski *adj* indisch
indyk *m* Truthahn *m*, Puter *m*
indywidualny *adj* individuell
indziej: gdzie(ś) ~ anderswo; (*w kierunku*) anderswohin; **kiedy ~** ein andermal; **nigdzie ~** sonst nirgends
infekcja *f* Infektion *f*, Ansteckung *f*
inflacja *f econ.* Inflation *f*
informacj|a *f* **1.** Information *f*, Auskunft *f*; **udzielać ~i** Auskunft erteilen <geben>; **zasięgnąć ~i** Erkundigungen einholen **2.** (*powiadomienie*) Mitteilung *f*, Nachricht *f*
informatyka *f* Informatik *f*
informować I. *vt* informieren, unterrichten (**o czymś** über etw) **II.** *vr* **~ się** sich erkundigen (**o kogoś** nach jm)
ingerencja *f* Eingreifen *n*, Einmischung *f*
inicjatyw|a *f* Initiative *f*; **z ~y ...** auf Anregung ...; **wykazać ~ę** Initiative zeigen
inkasent *m* Kassierer *m*
inkubator *m med.* Brutkasten *m*
inn|y *adj* **1.** ander(er); **ktoś ~y** ein anderer;

coś ~ego etwas anderes; **między ~ymi** unter anderem; **nic ~ego** nichts anderes; **~ymi słowy** mit anderen Worten **2.** (*różniący się*) anders, unterschiedlich
inspekcja *f* Inspektion *f*
instalacja *f* Installation *f*; Anlage *f*; **~ alarmowa** Alarmanlage *f*
instancja *f* Instanz *f*; **pierwsza ~** erste Instanz; **najwyższa ~** höchste Instanz
instrukcj|a *f* Instruktion *f*, Anweisung *f*; **zgodnie z ~ą** laut Instruktion; **~a użytkowania** <**eksploatacji**> Betriebsanleitung, Gebrauchsanweisung *f*
instruktor *m* Instrukteur *m*; **~ samochodowy** Fahrlehrer *m*
instrument *m* Instrument *n*; **~ muzyczny** Musikinstrument *n*
instynkt *m* Instinkt *m*, Naturtrieb *m*
instynktowny *adj* instinktiv
instytucja *f* Einrichtung *f*, Institution *f*; **~ państwowa** staatliche Institution
instytut *m* Institut *n*; **~ badawczy** Forschungsinstitut *n*
integracja *f* Integration *f*
intelektualista *m* Intellektuelle *m*
inteligencja *f* **1.** Intelligenz *f* **2.** (*inteligenci*) die Intellektuellen, Intelligenz *f*
inteligent *m* Intellektuelle *m*
inteligentny *adj* intelligent, gescheit
intensywn|y *adj* **1.** intensiv; **gospodarka ~a** intensive Wirtschaft **2.** (*usilny*) angestrengt
interes *m* **1.** Interesse *n*; **w ~ie narodu** im Interesse des Volkes; **to jest** <**leży**> **w twoim ~ie** das liegt in deinem Interesse **2.** (*sprawa*) Angelegenheit *f*; Anliegen *n* **3.** (*transakcja*) Geschäft *n*
interesant *m* Interessent *m*, (potentieller) Kunde *m*
interesować I. *vt* interessieren; **interesuje mnie to** ich bin daran interessiert **II.** *vr* **~ się** sich interessieren (**czymś** für etw), Interesse haben (an etw *D*)
interesujący *adj* interessant
Internet *m* Internet *n*
interpretować *vt* interpretieren; (*wykładać*) auslegen, deuten
interpunkcja *f* Zeichensetzung *f*, Interpunktion *f*
introligator *m* Buchbinder *m*
intryg|a *f* Intrige *f*, Machenschaft *f*; **robić ~i** Intrigen machen, Ränke schmieden
intrygować I. *vi* (*robić intrygi*) intrigieren, Ränke schmieden **II.** *vt* (*zaciekawiać*) neugierig machen, aufhorchen lassen
intymny *adj* intim
inwalida *m* Körperbehinderte *m*; **~ wojenny** Kriegsbeschädigte *m*
inwazja *f* Invasion *f*, Einfall *m*
inwentaryzacja *f* Inventur *f*
inwentarz *m* Inventar *n*, Bestandsverzeichnis *n*; **~ żywy** <**martwy**> lebendes <totes> Inventar; **sporządzić ~** den Bestand aufnehmen
inwestycja *f* Investition *f*; Kapitalanlage *f*
inżynier *m* Ingenieur *m*; **~ elektryk** Elektroingenieur *m*; **~ mechanik** Maschineningenieur *m*
iracki *adj* irakisch
Irakijczyk *m* Iraker *m*, Iraki *m*
Irańczyk *m* Iraner *m*
irański *adj* iranisch
ironicznie *adv* ironisch; **uśmiechać się ~** grinsen
ironiczny *adj* ironisch
irys *m bot.* Iris *f*, Schwertlilie *f*
irytować I. *vt* irritieren, ärgern **II.** *vr* **się** sich ärgern
ischias *m* Ischias *f*
iskr|a *f* Funke(n) *m*; **krzesać ~y** Funken schlagen; **~y się sypią** Funken sprühen
Islandczyk *m* Isländer *m*
islandzki *adj* isländisch
istnieć *vi* (*bytować*) existieren; (*być*, *zachodzić*) bestehen, sein
istnienie *n* (*egzystencja*) Existenz *f*, Dasein *n*, Sein *n*
istota *f* **1.** Wesen *n*; **~ żyjąca** Lebewesen *n*; **~ ludzka** menschliches Wesen **2.** (*treść*) Quintessenz *f*; **~ rzeczy** Wesentliche *n*; **w istocie** in Wirklichkeit, im Grunde
istotnie *adv* wesentlich; **~!** wirklich!
istotny *adj* wesentlich; (*ważny*) wichtig
iść *vi* gehen, *ugs.* laufen; (*posuwać się*) vorwärts gehen; **~ do domu** nach Hause gehen; **~ pieszo** zu Fuß gehen, laufen; **gdzie** <**dokąd**> **idziesz?** wo läufst du hin?; **skąd idziesz?** wo kommst du her?; **~ za kimś** jm nachgehen <nachfolgen>; **~ o zakład** wetten; **~ za przykładem** dem Beispiel folgen; **~ tam** hingehen; **~ na przechadzkę** <**spacer**> spazieren gehen; **~ z kimś** mitgehen; **chodź ze mną!** komm mit (mir)!; **~ na górę** hochgehen; **idź precz!** geh weg!
izba *f* Stube *f*
iż *kj* dass

J

ja I. *pron pers* ich; **ja sam <osobiście>** ich selbst <persönlich> II. *n* Ich *n*
jabłecznik *m* (*wino*) Apfelwein *m*; (*ciasto*) Apfelkuchen *m*
jabłko *n* Apfel *m*, Reichsapfel *m*; **złote~** Goldgrube *f*; *figur.* **~ Adama** Adamsapfel *m*; *ugs.* **zbić kogoś na kwaśne ~** jn grün und blau schlagen
jabłoń *f* Apfelbaum *m*
jad *m* (Schlangen-)Gift *n*; Toxin *n*; **~trupi** Leichengift *n*
jadać *vt* zu essen <speisen> pflegen
jadalnia *f* (*pokój*) Speisezimmer *n*, (*sala*) Speisesaal *m*
jadalny *adj* essbar, genießbar; **grzyb ~** essbarer Pilz, Speisepilz *m*
jadło *n* Essen *n*, Speisen *fpl*
jadłospis *m* Speisekarte *f*, Menü *n*
jagnię *n* Lamm *n*
jagoda *f* Beere *f*; **czarna ~** Blaubeere *f*, Heidelbeere *f*
jajecznica *f* Rührei *npl*
jajko, jajo *n* Ei *n*; **~ kurze** Hühnerei *n*; **~ na miękko <na twardo>** weich <hart> gekochtes Ei; **~ sadzone** Spiegelei *n*
jak *adv* 1. wie; **~ długo?** wie lange?; **tak ~** so wie; **~ się masz?** wie geht's dir?, was machst du?; **~ najprędzej** schnellstens, so bald als möglich; **~ ładnie!** wie schön!; **na jego wiek ...** für sein Alter ...; **~ najwięcej** möglichst viel; **biały ~ śnieg** schneeweiß; **zimny ~ lód** eiskalt; **~ to?** wieso? 2. (*niż*) als 3. (*gdy*) als, wenn; **~ tylko** (*skoro*) sobald; **~ miałem 10 lat** als ich zehn Jahre alt war, mit 10 Jahren
jakby, jak gdyby *adv* als ob, als wenn
jak|i *pron* was für ein; welcher; **~a książka?** was für ein Buch?; **w ~i sposób?** auf welche Weise?; **~iego rodzaju?** welcher Art?; **~a szkoda!** wie schade!; **~i duży!** wie groß!
jakikolwiek *pron* irgendein, jeglich; beliebig, -welch
jaki|ś I. *pron* irgendwelcher, irgendein; (*pewien*) ein II. *adv* (*około*) ungefähr; **~eś trzy lata temu** vor etwa drei Jahren
jakkolwiek I. *adv* wie auch immer II. *kj* (*chociaż*) obwohl, obgleich
jako *adv* als; **~ żołnierz** als Soldat; **~ taki** als solcher; **~ tako** leidlich gut, schlecht und recht, soso; **~to** und zwar; **~że** weil, da

jakoby I. *adv* (*niejako*) gleichsam II. *kj* (*że*) dass
jakoś *adv* irgendwie
jakoś|ć *f* Qualität *f*; **wysokiej ~ci** Qualitäts-; **towar <produkt> wysokiej ~ci** Qualitätsware *f*
jakoż (und) in der Tat; darum, deshalb
jakże *adv* wie?; **a ~!** freilich, allerdings!
jałmużn|a *f* Almosen *n*; **dawać ~ę** ein Almosen geben
jałowiec *m bot.* Wacholder *m*
jałowy *adj* unfruchtbar; (*daremny*) eitel, fruchtlos; *med.* (*wyjałowiony*) keimfrei; *mot.* **~ bieg** Leerlauf *m*
jałówka *f* Färse *f*
jama *f* 1. (*dół*) Grube *f*; Loch *n*; (*nora np. lisa*) Bau *m* 2. *anat.* Höhle *f*; **~ ustna** Mundhöhle *f*; **~ nosowa** Nasenhöhle *f*
jamka *f* Grübchen *n*; Vertiefung *f*
jamnik *m* Dackel *m*
Japończyk *m* Japaner *m*
japoński *adj* japanisch
jar *m* Geländeeinschnitt *m*, Hohlweg *m*
jarmark *m* Jahrmarkt *m*
jarzenie *n* Glimmen *n*
jarzeniówka *f* Leuchtröhre *f*
jarzębina *f* (*drzewo*) Eberesche *f*, Vogelbeerbaum *m*
jarzyna *f* Gemüse *n*
jasiek *m* kleines Kopfkissen
jaskółka *f* 1. Schwalbe *f* 2. *teatr. ugs.* Olymp *m*
jaskra *f med.* grüner Star, Glaukom *n*
jaskraw|y *adj* grell; **~e przeciwieństwo** ein krasser Gegensatz
jasno *adv* 1. hell; **jest ~** es ist hell 2. (*zrozumiale*) klar
jasnowidz *m* Hellseher *m*
jasn|y *adj* hell; **~e piwo** helles Bier; **~e niebo** heiterer Himmel; **rzecz ~a** sicher!, klar!; *ugs.* **wszystko ~e?** alles klar?
jastrząb ['jastʃɔp] *m* Habicht *m*; *polit.*
jastrzębie *pl* die Falken
jaszczurka *f* Eidechse *f*
jaśmin *m* Jasmin *m*
jaśnieć *vi* leuchten; *figur.* glänzen
jaw *m*: **wyjść na ~** an den Tag kommen, zu Tage treten
jaw|a *f*: **na ~ie** wachend, im wachen Zustand

jazd|a f Fahrt f; **~a samochodem** Autofahrt f; **rozkład ~y** Fahrplan m, (książka) Kursbuch n; **~a na łyżwach** Eislauf m; **~a figurowa na lodzie** Eiskunstlauf m; **~a na nartach** Skilauf, Schilauf m; **prawo ~y** Führerschein m; **~a!** los!
jazz [dʒɛs] m Jazz m
jazzowy adj Jazz-; **zespół ~** Jazzband f
jądro n **1.** Kern m; **~ atomu** Atomkern m **2.** figur. (istota) Kern m, Wesentliche n; **~ sprawy** der Kern der Sache
jądrow|y adj Kern- ; **broń ~a** Kernwaffe f; **reaktor ~y** Kernreaktor m; **fizyka ~a** Kernphysik f
jąkać się vr stottern
jechać vi fahren; → **jeździć**
jed|en num eins, ein; **~en po drugim** einer nach dem anderen, nacheinander; **ani ~en** kein Einziger; **wszystko ~no** (es ist) ganz egal <einerlei>; **~en i ten sam** ein und derselbe; **~en z nas** einer von uns; **~no z dwojga** eins von beiden
jedenastka f Elf f (drużyna); **~ piłkarska** Fußballelf f; sport. (rzut karny) Elfmeter m
jedenasty num der elfte
jedenaście num elf
jednak kj doch, dennoch, allerdings
jednakowy adj gleich(artig)
jednakże kj jedoch
jedno- w złożeniach ein-, Ein-
jednoaktówka f teatr. Einakter m
jednobarwny adj einfarbig
jednoczesny adj gleichzeitig
jednocześnie adv gleichzeitig, zu gleicher Zeit
jednoczyć I. vt vereinigen **II.** vr **~ się** sich vereinigen
jednodniowy adj eintägig
jednogłośnie adv einstimmig
jednokierunkow|y adj Einbahn-; **ulica ~a** Einbahnstraße f
jednolity adj einheitlich
jednomyślność f Einmütigkeit f
jednooki adj einäugig
jednoosobow|y adj Einzel-; Einmann-; **kierownictwo ~e** Einzelleitung f; **pokój ~y** Einzelzimmer m
jednopiętrowy adj einstöckig
jednorazow|y adj einmalig; Einweg-; **butelka ~ego użytku** Einwegflasche f; med. **strzykawka ~a** Einwegspritze f
jednorodzinny adj Einfamilien-; **dom(ek) ~** Einfamilienhaus n

jednostajny adj (monotonny) eintönig; phys. gleichmäßig
jednostka f **1.** (człowiek) Individuum n, Einzelwesen n **2.** phys. Einheit f; **~ miary** Maßeinheit f **3.** mat. Einer m
jednostronny adj einseitig
jedność f Einheit f
jednoznaczny adj eindeutig
jedwab m Seide f; **sztuczny ~** Kunstseide f
jedynaczka f einzige Tochter, Einzelkind n
jedynak m einziger Sohn, Einzelkind n
jedynie adv nur; lediglich
jedynka f Eins f
jedyny adj einzig; **~ w swoim rodzaju** einzigartig
jedzenie n (czynność i potrawa) Essen n
jego pron **1.** poss sein(e); **~ książka** sein Buch **2.** pers A ihn; → **on**
jej pron **1.** poss ihr(e); **~ matka** ihre Mutter **2.** pers D ihr; **daj ~ tę książkę!** gib her das Buch!; → **ona**
jeleń m Hirsch m
jelito n Darm m
jelonek m Hirschkalb n
jemu pron pers D ihm; → **on**
jeniec m Gefangene m; **~ wojenny** Kriegsgefangene m; **brać jeńców** Gefangene machen
jeno bloß, nur, lediglich
jerzyk m orn. Mauersegler m
jesień f Herbst m
jesion m Esche f
jesionka f Übergangsmantel m
jesiotr m Stör m
jeszcze adv noch; **~ raz** noch einmal, nochmals; **~ nie** noch nicht; **~ jak!** und ob!
jeść vt essen; **~ śniadanie** frühstücken; **~ obiad <kolację>** zu Mittag <zu Abend> essen; **chce mi się ~** ich habe Hunger; **nie chce mi się ~** ich habe keinen Hunger
jeśli kj → **jeżeli**
jezdnia f Fahrbahn f; **~ dwupasmowa <trzypasmowa>** eine Fahrbahn mit zwei <drei> Fahrspuren
jezioro n See m; **sztuczne ~** Stausee m
jeździć vi zu fahren pflegen; herum|fahren; **~ konno** reiten; **~ na rowerze <rowerem>** Rad fahren, radeln; **~ tramwajem** mit der Straßenbahn fahren
jeździec m Reiter m
jeździectwo n Reitsport m
jeż m Igel m
jeżdżenie n Fahren n; Laufen n

jeżeli *kj* wenn; ~ **nie** wenn nicht, andernfalls
jeżyć I. *vt* sträuben **II.** *vr* ~ **się** (*o włosach*) sich sträuben, zu Berge stehen
jeżyna *f* Brombeere *f*
jęczeć *vi* wiederholt stöhnen, ächzen
jęczmień *m* **1.** Gerste *f* **2.** *med.* Gerstenkorn *n*
jędrn|y *adj* prall, fest; ~**e ciało** festes Fleisch; *figur.* ~**y styl** prägnanter Stil
jędza *f* Hexe *f*
jęknąć *vi pf* einmal stöhnen
język *m* **1.** *anat.* Zunge *f*; *figur.* **ostry** ~ eine scharfe Zunge; *ugs.* **dostać się na ~i** ins Gerede kommen **2.** (*mowa*) Sprache *f*; ~ **polski** die polnische Sprache, das Polnische, Polnisch *n*; ~ **obcy** Fremdsprache *f*; ~ **ojczysty** Muttersprache *f*; ~ **potoczny** Umgangssprache *f*; ~ **ogólnonarodowy** Standardsprache *f*; ~ **literacki** Schriftsprache *f*; **władać ~iem** eine Sprache beherrschen <kennen>
językowy *adj* sprachlich; Sprach-; **błąd** ~ Sprachfehler *m*
językoznawstwo *n* Sprachwissenschaft *f*
jidysz *m* Jiddisch *n*
jod *m chem.* Jod *n*
jodła *f* Tanne *f*
jodyn|a *f* Jodtinktur *f*; ~**ować** mit Jodtinktur behandeln
jogurt *m* Joghurt *m*, Jogurt *m*
jołop *m* Trottel *m*, Dummkopf *m*; ~**owaty** begriffsstutzig, kopfschwach
jubel *m* Fete *f*, Budenzauber *m*
jubiler *m* Juwelier *m*, Goldschmied *m*
jubileusz *m* Jubiläum *n*; ~**owy** Jubiläums-
Jugosłowianin *m hist.* Jugoslawe *m*
jugosłowiański *adj hist.* jugoslawisch
jurn|ość *f* Temperatur *n*; ~**y** leidenschaftlich, hitzig
jutr|o I. *adv* morgen; ~**o rano** morgen früh; **do** ~**a** bis morgen; **od** ~**a** von morgen an **II.** *n* Morgen *m*, morgiger Tag
jutrzejszy *adj* morgig; **dzień** ~ der morgige Tag
już *adv* **1.** schon, bereits; ~ **późno** es ist schon spät; **jak** ~ **komunikowaliśmy** wie bereits gemeldet; ~ **nie** nicht mehr; ~ **nie mogę** ich kann nicht mehr <weiter>; ~ **nigdy** nie wieder **2.** (*zaraz*) gleich, sofort; ~ **idę!** ich komme gleich!; *ugs.* ~ **się robi!** schon dabei!

K

kabaret *m* Kabarett *n*
kabel *m* Kabel *n*; ~ **elektryczny** elektrisches Kabel
kabina *f* Kabine *f*, Zelle *f*; ~ **kąpielowa** Badezelle *f*; ~ **telefoniczna** Telefonzelle *f*
kablow|y *adj*: **telewizja** ~**a** Kabelfernsehen *n* **przewód** ~ Kabelleitung
kac *m ugs.* Kater *m*; **mieć** ~**a** einen Kater haben
kaczka *f* Ente *f*, *figur.* ~ **dziennikarska** Zeitungsente *f*
kaczor *m* Enterich *m*
kadencja *f mus., fonet.* Kadenz *f*; *parl.* Legislaturperiode *f*
kadłub *m* Rumpf *m*; Körper *m*; ~ **okrętu** Schiffsrumpf *m*; ~ **samolotu** Flugzeugrumpf *m*
kadra *f* Kader *m*
kafel *m* Kachel *f*
kaflowy *adj* Kachel-; **piec** ~ Kachelofen *m*
kaftan *m* Kaftan *m*; ~ **bezpieczeństwa** Zwangsjacke *f*; ~ **ik** Jäckchen *n*
kaganiec *m* Maulkorb *m*
kajak *m* Kajak *m*, Paddelboot *n*
kajdanki *pl* Handschellen *fpl*
kajdany *pl* Fesseln *fpl*; **nałożyć** ~ Fesseln anlegen
kajuta *f* Kajüte *f*
kakao *n unv.* Kakao *m*
kaktus *m* Kaktus *m*
kalafior *m* Blumenkohl *m*
kalafiorow|y *adj* Blumenkohl-; **zupa** ~**a** Blumenkohlsuppe *f*
kalarepa *f* Kohlrabi *m*
kaleka *f, m* Körperbehinderte(r) *f, m*
kalendarz *m* Kalender *m*; ~ **ścienny** Wandkalender *m*; ~ **do zdzierania** Abreißkalender *m*
kalendarzowy *adj* Kalender-; **rok** ~ Kalenderjahr *n*
kalendarzyk *m* (*kieszonkowy*) Taschenkalender *m*
kalesony *pl* Unterhose *f*
kalkulator *m* Taschenrechner *m*
kaloria *f* Kalorie *f*
kaloryfer *m* Heizkörper *m*
kalosz *m* Gummistiefel *m*
kałuża *f* Pfütze *f*, Lache *f*
kamera *f* Kamera *f*; ~ **filmowa** Filmkamera *f*, ~ **fotograficzna** Fotokamera *f*

kameraln|y *adj* Kammer-; **muzyka** ~**a** Kammermusik *f*; **orkiestra** ~**a** Kammerorchester *n*
kamfora *f* Kampfer *m*
kamienica *f* Wohnhaus *n*; ~ **czynszowa** Mietshaus *n*
kamieniczka *f* kleines Bürgerhaus
kamieniołom *m* Steinbruch *m*
kamienn|y *adj* steinern, Stein-; ~**a posadzka** Stein(fuß)boden *m*
kamień *m* Stein *m*; ~ **graniczny** Grenzstein *m*; ~ **węgielny** Grundstein *m*; ~ **szlachetny** Edelstein *m*; *med.* ~ **nerkowy** Nierenstein *m*
kamizelka *f* Weste *f*, ~ **ratunkowa** Schwimmweste *f*
kampania *f* Kampagne *f*; ~ **wyborcza** Wahlkampf *m*
Kanadyjczyk *m* Kanadier *m*
kanadyjski *adj* kanadisch
kanalizacja *f* Kanalisation *f*
kanał *m* Kanal *m*; ~ **odpływowy** Abflusskanal *m*; ~ **aerodynamiczny** Windkanal *m*
kanapa *f* Sofa *n*
kanapk|a *f* belegtes Brötchen, Sandwich *n*, *m*; ~**i** Kanapees *pl*
kanarek *m* Kanarienvogel *m*
kancelaria *f* Kanzlei *f*
kanciasty *adj* eckig; sperrig
kanclerz *m* Kanzler *m*; ~ **Republiki Federalnej Niemiec** Bundeskanzler *m*; **były**~ Altkanzler *m*
kandydat *m* Kandidat *m*, Anwärter *m*; ~ **do ręki** Heiratskandidat *m*; ~ **na urząd prezydenta** Präsidentschaftskandidat *m*
kangur *m* Känguru *n*
kanibal *m* Kannibale *m*
kanister *m* (*na benzynę*) Benzinkanister *m*
kant *m* **1.** Kante *f*; Rand *m* **2.** *ugs.* (*oszustwo*) Betrug *m*; **puścić kogoś** ~**em** jn sitzen lassen
kantata *f mus.* Kantate *f*
kanton *m* Kanton *m*
kantonalny *adj* kantonal-, kantons-
kantor *m* kleines Büro; ~ **wymiany (walut)** Wechselstube *f*
kapa *f* (*na łóżko*) Bettdecke *f*; (*szata liturgiczna*) Priestermantel *m*
kapać *vi* tropfen, tröpfeln
kapelan *m mil.* Militärgeistlicher *m*

kapelusz m Hut m; ~ **damski** Damenhut m; ~ **męski** Herrenhut m; **włożyć** ~ den Hut aufsetzen; **zdjąć** ~ den Hut abnehmen; **uchylić** ~a den Hut lüften; **być w** ~**u** den Hut aufhaben
kapitalista m Kapitalist m
kapitalistyczny adj kapitalistisch
kapitalizm m Kapitalismus m
kapitał m Kapital n; **wielki** ~ Großkapital n; ~ **obrotowy** Betriebskapital n
kapitan m Hauptmann m; ~ **statku** Schiffskapitän m
kapitulacja f Kapitulation f; ~ **bezwarunkowa** bedingungslose Kapitulation
kaplica f Kapelle f; **boczna** ~ Seitenkapelle f
kapłan m Priester m
kapral m mil. Gefreite m
kaprys m Laune f; Grille f
kapryśny adj launenhaft; (wybredny) wählerisch; (zmienny) wetterwendisch
kaptur m Kapuze f
kapust|a f Kohl m, reg. Kraut n; **kiszona** ~**a** Sauerkohl m, Sauerkraut n; **czerwona** ~**a** Rotkohl m; ~**a włoska** Wirsing m; ~**a brukselka** Rosenkohl m; **główka** ~**y** Kohlkopf m
kar|a f Strafe f; ~**a pozbawienia wolności** Freiheitsstrafe f; ~**a śmierci** Todesstrafe f; **pod** ~**ą śmierci** bei Todesstrafe; juris. ~ **konwencjonalna** Konventionalstrafe f; **ponieść** ~**ę** seine Strafe bekommen
karabin m Gewehr n; ~ **maszynowy** Maschinengewehr n
karać vt strafen, bestrafen (**za coś** für etw)
karafka f Karaffe f
karambol m mot. Karambolage f
karaś m Karausche f
karawan m Leichenwagen m
karciarz m Kartenspieler m
karcić vt tadeln, zurechtweisen
karczma ['kartʃma] f Wirtshaus n
karczować vt kahl schlagen, roden
kardynał m rel. Kardinal m
karetka f, ~ **pogotowia** Krankenwagen, Ambulanzwagen m
karier|a f Laufbahn f, Karriere f; **robić** ~**ę** Karriere machen
kark m Nacken m, Genick n; **skręcić** ~ sich das Genick <den Hals> brechen
karkołomny adj halsbrecherisch, tollkühn
karmelek m Karamelbonbon m, n
karmić I. vt nähren; (zwierzęta) füttern; ~

piersią säugen, stillen **II.** vr ~ **się** sich ernähren
karnawał m Karneval m
karn|y adj (dotyczący kary) Straf-; **prawo** ~**e** Strafrecht n; sport. **pole** ~**e** Strafraum m; **rzut** ~**y** Strafstoß m, Elfmeter m
karoseria f Karosserie f, ugs. Karosse f
karp m Karpfen m
kart|a f Karte f; (papieru) Blatt n; ~**a kredytowa** Kreditkarte f; ~**a pocztowa** Postkarte f; ~**a tytułowa** Titelblatt n; ~**a telefoniczna** Telefonkarte f; ~**a meldunkowa** Meldezettel m; ~**a do gry** Spielkarte f; **grać w** ~**y** Karten spielen; **tasować** ~**y** Karten mischen; figur. **stawiać wszystko na jedną** ~**ę** alles auf eine Karte setzen
kartka f Zettel m; ~ **do głosowania** Stimmzettel m; sport. **żółta** <**czerwona**> ~ die gelbe <rote> Karte
kartofel m Kartoffel f
kartoflanka f Kartoffelsuppe f
karton m Karton m; (pudełko) Pappschachtel f, Karton m
kartoteka f Kartei f
karuzela f Karussell n
kary adj: ~ **koń** Rappe m
karygodny adj strafwürdig
karykatura f Karikatur f
karzeł m Liliputaner m
kasa f Kasse f; ~ **oszczędnościowa** Sparkasse f; ~ **zapomogowopożyczkowa** Hilfskasse f
kaseta f Kassette f
kasetowy adj Kassetten-; **odtwarzacz** ~ Kassettenrekorder m
kasjer m Kassierer m
kask m Schutzhelm m
kasować vt (znieść) kassieren, aufheben; (bilet) entwerten; (pieniądze) einkassieren
kasyno n Kasino n
kasza f Grütze f; ~ **jęczmienna** Gerstengrütze f; ~ **gryczana** Buchweizengrütze f
kaszanka f Blutwurst f
kasz|el m Husten m; **dostać** ~**lu** Husten bekommen; **mieć** ~**el** Husten haben
kaszka f Grieß m; feine Grütze; (ugotowana) Grießbrei m, ~ **na mleku** Milchbrei m
kaszleć vi husten
kasztan m **1.** Kastanie f; ~ **jadalny** Esskastanie f, Marone f; figur. **wyciągać (dla kogoś)** ~**y z ognia** (für jn) die Kastanien aus dem Feuer holen **2.** (koń) Fuchs m

kasztanowiec *m* Kastanienbaum *m*
kaszubski *adj* kaschubisch
katalog *m* Katalog *m*
katar *m* Schnupfen *m*; **mieć ~** (den) Schnupfen haben
katastrofa *f* Katastrophe *f*, Unglück *n*; **~ kolejowa** Eisenbahnunglück *n*
katechizm *m* Katechismus *m*
katedra *f* **1.** (*kościół*) Kathedrale *f*, Dom *m* **2.** (*na uczelni*) Lehrstuhl *m*
katolicki *adj* katholisch
katolik *m* Katholik *m*
kaucj|a *f* Kaution *f*; **za ~ą** gegen Kaution
kauczuk *m* Kautschuk *m*
kaw|a *f* Kaffee *m*; **~a ziarnista** Bohnenkaffee *m*; **~a zbożowa** Malzkaffee *m*; **~a biała** Milchkaffee; **ekspres (filtrowy) do ~y** Kaffeemaschine *f*; **zaparzyć ~ę** Kaffee aufbrühen <kochen>
kawaler *m* (*nieżonaty*) Junggeselle *m*; **być ~em** unverheiratet sein; **stary ~** alter Junggeselle
kawaleria *f* Kavallerie *f*
kawalerka *f* Junggesellenwohnung *f*, Apartment *n*
kawał *m* **1.** (groβes) Stück *n* **2.** *ugs.* (*dowcip*) Witz *m*; (*figiel*) Streich *m*; **zrobić komuś ~** jm einen Streich spielen
kawał|ek *m* Stück *n*, Stückchen *n*; **odprowadzić kogoś ~ek** jn ein Stückchen begleiten; **~ek chleba** ein Stück(chen) Brot; Brotschnitte *f*; **~kami <po ~ku>** stückweise
kawiarenka *f* kleines Café; **~ internetowa** Internetcafé *n*
kawiarnia *f* Café *n*
kawior *m* Kaviar *m*
kawka *f orn.* Dohle *f*
kaza|ć *vi* lassen, heiβen; **~ć komuś coś zrobić** jn etw machen lassen; **~ł mi przyjść** er lieβ <hieβ> mich kommen
kazanie *n* **1.** *rel.* Predigt *f*; **mieć <wygłosić> ~** eine Predigt halten **2.** *ugs.* (*reprymenda*) Gardinenpredigt *f*
każd|y *pron* jeder; (*rzeczownikowo*) jedermann; **~y o tym wie** jedermann weiβ es; **o ~ej porze** zu jeder Zeit; **w ~ym razie** jedenfalls, auf jeden Fall; **za ~ym razem** jedes Mal, jeweils; **na ~ym kroku** auf Schritt und Tritt
każdorazowy *adj* jeweilig
kąpać I. *vt* baden **II.** *vr* **~ się** baden, sich baden (*a. figur.*)
kąpiel *f* Bad *n*; **brać ~** ein Bad nehmen

kąpielowy *adj* Bade-; **płaszcz ~** Bademantel *m*
kąpielówki *pl* Badehose *f*
kąsać *vt* (*o zwierzętach*) beiβen
kąt *m* *mat.* Winkel *m*; **~ ostry <prosty, rozwarty>** spitzer <rechter, stumpfer> Winkel
kątomierz *m* Winkelmesser *m*
kciuk *m* Daumen *m*
kefir *m* Kefir *m*
keks *m* englischer Teekuchen
kelner *m* Kellner *m*
kelnerka *f* Kellnerin *f*
kemping *m* Campingplatz *m*
kibic *m kart.* Kiebitz *m*; *sport.* Sportfreund, -fan *m*; **~ piłkarski** Fuβballfan *m*
kichać *vi* niesen
kichnąć *vi pf* ein Mal niesen
kiedy I. *pron* wann; **od ~?** seit wann?; **do ~?** bis wann?; **~ niekiedy** dann und wann; **~ bądź** irgendwann; **~ indziej** ein andermal **II.** *kj* wenn, als; **~ miałem 10 lat, ...** als ich zehn Jahre (alt) war, ...; **~ nadejdzie wiosna, ...** wenn der Frühling kommt, ...
kiedykolwiek *adv* irgend einmal, irgendwann
kiedyś *adv* einst, einmal
kielisz|ek *m* Glas *n*; **~ek do wina** Weinglas *n*; **~ek do wódki** Schnapsglas *n*; *ugs.* **zaglądać do ~ka** zur Flasche greifen
kielnia *f* Mauerkelle *f*
kiełbasa *f* Wurst *f*; **~ sucha** Dauerwurst *f*; **~ krakowska** Krakauer *f*
kierować I. *vt* führen, lenken; (*przewodzić*) leiten; (*dokądś*) richten **II.** *vr* **~ się** sich richten, sich leiten lassen
kierowca *m* Autofahrer *m*, Kraftfahrer *m*
kierownic|a *f* Lenkrad *n*, Steuer *n*; (*roweru*) Lenkstange *f*; **siedzieć za ~ą** am Steuer sitzen
kierownictwo *n* Leitung *f*; **~ jednoosobowe** Einzelleitung *f*; **objąć ~** die Leitung übernehmen
kierowniczka *f* Leiterin *f*, Chefin *f*
kierownik *m* Leiter *m*; **~ oddziału** Abteilungsleiter *m*; **~ szkoły** Schulleiter *m*
kierun|ek *m* Richtung *f* (*o. lit.*); **przeciwny ~ek** entgegengesetzte Richtung, Gegenrichtung *f*; **(obowiązujący) ~ek jazdy** (vorgeschriebene) Fahrtrichtung *f*; **we wszystkich ~kach** nach allen Richtungen; **w ~ku (do) ...** in der <die> Richtung (nach), in Richtung ...

kierunkowskaz [kɛrunˈkɔfskas] *m mot.* Blinker *m*
kiesze|ń *f* Tasche *f*; **~ń boczna** Seitentasche *f*; **włożyć do ~ni** in die Tasche stecken; **schować do ~ni** einstecken; **wyjąć** <**wyciągnąć**> **z ~ni** aus der Tasche nehmen <ziehen>
kieszonkow|y *adj* Taschen-; **zegarek ~y** Taschenuhr *f*; **słownik ~y** Taschenwörterbuch *n*; **latarka ~a** Taschenlampe *f*
kieszonkowe *n* Taschengeld *n*
kij *m* Stock *m*; Stab *m*; **~ bilardowy** Billardstock *m*
kilka *num* einige, ein paar, mehrere
kilkadziesiąt *num* (eine Zahl) über 20 bis 90, *ugs.* einige -zig; **~ tysięcy** einige zehntausend
kilkakrotnie *adv* einige Mal, mehrere Male, mehrmals
kilkanaście *num* einige (eine Zahl zwischen 11 und 19)
kilkaset *num* einige <mehrere> hundert
kilkudniowy *adj* mehrtägig
kilkuletni *adj* mehrjährig
kilo *n ugs.* Kilo *n*
kilogram *m* Kilogramm *n*; **~ cukru** ein Kilogramm Zucker
kilometr *m* Kilometer *m*; **60 ~ów na godzinę** 60 Stundenkilometer, sechzig Km/h
kilowat *m* Kilowatt *n*
kilowatogodzina *f* Kilowattstunde *f*
kin|o *n* Kino *n*; **chodzić do ~a** Kino besuchen; **iść** <**pójść**> **do ~a** ins Kino gehen
kinkiet *m* Wandleuchte *f*
kiosk *m* Kiosk *m*; **~ z gazetami** Zeitungskiosk *m*
kiszony *adj* gesäuert; Sauer-, **~ ogórek** saure Gurke
kitować *vt* verkitten
kiwać *vi* (*potakiwać*) nicken (**głową** mit dem Kopf); **~ na kogoś** jm winken; (*przywać*) jn herbeiwinken
kiwnąć *vi pf* → **kiwać**
klacz *f* Stute *f*
klakson *m* Hupe *f*
klamka *f* Klinke *f*; *mot. a.* Türgriff *m*; **~ u drzwi** Türklinke *f*, *figur.* **~ zapadła** es ist zu spät, es gibt kein Zurück (mehr)
klamra *f* **1.** Klammer *f*; Spange *f* **2.** (*znak graficzny* { }) Mengenklammern *fpl*
klapa[1] *f* Klappe *f*; *mech.* Ventil *n*; **~ bezpieczeństwa** Sicherheitsventil *n*

klapa[2] *f ugs.* (*niepowodzenie*) Fiasko *n*, Schlappe *f*
klarnet *m* Klarinette *f*
klas|a *f* **1.** Klasse *f*; **~a społeczna** Gesellschaftsklasse *f* **2.** **~a szkolna** Schulklasse *f* **3.** *ebw.* Klasse *f* **4. pierwszej ~y** (*jakości*) erstklassig; **wysokiej ~y** hochwertig
klaskać *vi* klatschen; **~ w dłonie** in die Hände klatschen; (*bić brawo*) Beifall klatschen
klasówka *f schul.* Klassenarbeit *f*
klasycystyczny *adj* klassizistisch
klasycyzm *m* Klassizismus *m*
klasyczny *adj* klassisch; **~ przykład** klassisches Beispiel
klasyk *m* Klassiker *m*
klasztor *m* Kloster *n*; **wstąpić** <**pójść**> **do ~u** ins Kloster gehen
klatka *f* Käfig *m*; **~ dla ptaków** Vogelkäfig *m*; **~ schodowa** Treppenhaus *n*; **~ piersiowa** Brustkorb *m*
klauzula *f juris.* Klausel *f*; **~ największego uprzywilejowania** Meistbegünstigungsklausel *f*
klauzura *f* (*klasztorna*) Klausur *f*
klawiatura *f* Tastatur *f* (*a. inform.*); *mus.* Klaviatur *f*
klawisz *m* Taste *f*
kląć *vi* fluchen; **~ na kogoś** auf jn fluchen, jn beschimpfen
kleić *vi* kleben
klej *m* Leim *m*, Kleber *m*; **~ stolarski** Tischlerleim *m*; **~ w płynie** flüssiger Leim; **~ uniwersalny** Alleskleber *m*
klejnot *m* Kleinod *n*, Juwel *n*, *m*; **~y** Kleinodien, Schmucksachen *pl*
klementynka *f* (*owoc*) Klementine *f*
klepać *vt* klopfen; **~ kogoś po ramieniu** jm auf die Schulter klopfen
kler *m* Klerus *m*, Geistlichkeit *f*
kleszcz *m* Zecke *f*
kleszcze *pl* Zange *f*; **~ raka** Krebsschere *f*
klęczeć *vi* knien
klęknąć *vi* niederknien
klęsk|a *f* **1.** Niederlage *f*; **zadać** <**ponieść**> **~ę** eine Niederlage zufügen <erleiden> **2.** Katastrophe *f*; **~a głodu** Hungersnot *f*; **~a żywiołowa** Naturkatastrophe *f*; **obszar ~i żywiołowej** Katastrophengebiet *n*
klient [ˈkljent] *m* Kunde *m*, (*adwokata*) Klient *m*
klientka *f* Kundin *f*, (*adwokata*) Klientin *f*

klikać *vi inform.* klicken
kliknąć *vi pf* → **klikać**
klimat *m* Klima *n*; **gorący** ~ heißes Klima; ~ **morski** Seeklima *n*, maritimes Klima; **zmiana** ~**u** Klimawechsel *m*
klimatyzacja *f* **1.** (*czynność*) Klimatisierung *f* **2.** (*klimatyzator*) Klimaanlage *f*
klin *m* Keil *m*; (*w odzieży*) Zwickel *m*
klinika *f* Klinik *f*; ~ **położnicza** Entbindungsstation *f*; ~ **uniwersytecka** Universitätsklinik *f*
kloc|ek *m* **1.** Klötzchen *n*; ~**ki** *pl* (*do zabawy*) Bauklötzchen *npl*, (*komplet*) Baukasten *m* **2.** *mot.* ~**ek hamulcowy** Bremsbacke *f*
klon[1] *m bot.* Ahorn *m*
klon[2] *m* Klon *m*
klonować *vt* (*inżynieria genetyczna*) klonen
klops *m* Hackbraten *m*, falscher Hase
klozet *m* Klosett *n*, Toilette *f*
klub *m* Klub *m*; ~ **sportowy** Sportklub *m*; ~ **nocny** Nachtklub *m*
klucz *m* Schlüssel *m* (*a. muz.*); ~ **do bramy** Torschlüssel *m*; ~ **do drzwi wejściowych** Hausschlüssel *m*; ~ **francuski** Engländer *m*; ~ **do nakrętek** Schraubenschlüssel *m*; ~ **dorobiony** Nachschlüssel *m*; **zamykać na** ~ zuschließen, verschließen
kluczyk *m* Schlüsselchen *n*, (kleiner) Schlüssel *m*; ~**i do samochodu** Autoschlüssel *mpl*
kluska *f* Kloß *m*
kłamać *vi* lügen; ~ **jak z nut** wie gedruckt lügen, *ugs.* lügen, dass sich die Balken biegen; **zadaw)ać** ~ Lügen strafen
kłamca *m* Lügner *m*
kłamstwo *n* Lüge *f*; **ordynarne** <**bezczelne**> ~ grobe <faustdicke> Lüge
kłaniać się *vr* sich verneigen; (*pozdrawiać*) grüßen (**komuś** jn)
kłaść I. *vt* legen; (*ułożyć, złożyć*) niederlegen **II.** *vr* ~ **się** sich hinlegen
kłębek ['kŭẽbek] *m* Knäuel *m*; ~ **nici** Zwirnknäuel *m*; **zwinąć się w** ~ sich zusammenkauern; *ugs.* ~ **nerwów** Nervenbündel *n*
kłopot *m* **1.** Sorge *f*; ~**y pieniężne** Geldsorgen *fpl*; **sprawić komuś** ~ jm Sorge bereiten **2.** (*zakłopotanie*) Verlegenheit *f*; **mieć** ~, **być w kłopocie** in (der) Verlegenheit sein, verlegen sein
kłopo|tać się *vr* sich Sorgen machen, besorgt sein; **nie** ~**cz się** mach dir keine Sorgen, sei unbesorgt
kłos *m* Ähre *f*
kłócić się ['kŭutçitç ɛ̃] *vr* streiten, zanken (**z kimś** mit jm); (*żyć w niezgodzie*) hadern
kłódka *f* Vorhängeschloss *n*
kłótni|a *f* Zank *m*, Streit *m*; **wszcząć** ~**ę** einen Streit vom Zaun brechen
kłuć *vt* stechen (*o. o owadach*); *figur.* ~ **w oczy** in die Augen stechen
kłus *m* Trab *m*; ~**em** im Trab
kłusownik *m* Wilderer *m*, Wilddieb *m*
kminek *m* Kümmel *m*
knajpa *f ugs.* Kneipe *f*
knować, knuć *vt* im Schilde führen; (*intrygi*) Intrigen spinnen; **knuć spisek** ein Komplott schmieden
kobiec|y *adj* weiblich, feminin; Frauen-; **choroba** ~**a** Frauenkrankheit *f*; **lekarz chorób** ~**ych** Frauenarzt *m*; **bardzo** ~**y** sehr feminin
kobieta *f* Frau *f*
koc *m* Decke *f*; ~ **wełniany** Wolldecke *f*
kochać I. *vt* lieben **II.** *vr* ~ **się 1.** verliebt sein (**w kimś** in jn) **2.** (*wzajemnie*) sich lieben, einander lieben
kochanek *m* Geliebter *m*, Liebhaber *m*, Freund *m*
kochanka *f* Geliebte *f*, Freundin *f*
kochan|y I. *adj* lieb; ~**a mamusiu!** liebe Mutti! **II.** *part* **być** ~**ym** geliebt sein
kocić się *vr* (*o kotce*) Junge werfen; (*o owcy*) lammen; (*o kozie*) zickeln
kocioł *m* **1.** Kessel *m* (*o. mil.*); ~ **parowy** Dampfkessel *m* **2.** *mus.* Pauke *f*; **bić w kotły** Pauken schlagen
kod *m* Kode *m*; ~ **pocztowy** Postleitzahl *f*; ~ **genetyczny** der genetische Kode; ~ **kreskowy** Strichkode *m*
kodeks *m* (*rękopis*) Kodex *m*; *juris.* Gesetzbuch *n*; ~ **cywilny** Bürgerliches Gesetzbuch; ~ **karny** Strafgesetzbuch *n*; ~ **drogowy** Straßenverkehrsordnung *f*; *figur.* ~ **honorowy** Ehrenkodex *m*; ~ **moralny** Sittenkodex *m*
kodować *vt* kodieren, verschlüsseln
koegzystencja *f* Koexistenz *f*; **pokojowa** ~ friedliche Koexistenz
kofeina *f* Koffein *n*
kogut *m* Hahn *m*
kojarzyć I. *vt* verbinden, assoziieren; ~ **małżeństwa** Ehen vermitteln **II.** *vr* ~ **się** sich (gedanklich) verbinden

kokarda f Schleife f
kokietować vt kokettieren, liebäugeln
kokos m Kokosnuss f
koks m Koks m
koktajl m Cocktail m
kolacj|a f Abendessen n; **jeść ~ę** zu Abend essen
kolanko n (rury) Kniestück n
kolan|o n Knie n (o. rzeki); **paść na ~a** auf die Knie fallen, einen Kniefall tun <machen>
kolarstwo n sport. Radsport m
kolarz m sport. Radfahrer m, Radler m
kolczyk m Ohrring m
kolebka f Wiege f (a. figur.); **~ ludzkości** die Wiege der Menschheit
kolec m Stachel m, Dorn m
kolega m Kollege m; Kamerad m; (szkolny) Schulfreund m, Schulkamerad m; **~ po fachu** Fachkollege m
kolegialny adj kollegial
koleina f Wagenspur f, mot. Fahrrinne f
kolej f **1.** Bahn f; Eisenbahn f; **~ wąskotorowa** Schmalspurbahn f; **przesłać ~ą** per Bahn schicken **2.** (kolejność) Reihe f; **teraz na mnie ~** jetzt kommt die Reihe an mich, jetzt bin ich an der Reihe
kolejarz m Eisenbahner m
kolej|ka f **1.** Kleinbahn f, Bahn f; **~ka linowa** Seilbahn f; **~ka górska** Bergbahn f; (w wesołym miasteczku) Achterbahn f; **~ka wisząca** Schwebebahn f; **~ka zębata** Zahnradbahn f **2.** (ogonek) Schlange f; **stać w ~ce** Schlange stehen, anstehen **3.** (wódki) Runde f; **postawić ~kę wódki** eine Runde Wodka <Schnaps> spendieren
kolejny adj aufeinander folgend, sukzessiv
kolejowy adj Eisenbahn-; Bahn-; **bilet ~** Fahrkarte f, (oficjalnie) Fahrausweis, Fahrschein m; **węzeł ~** Eisenbahnknotenpunkt m; **wagon ~** Eisenbahnwagen m
kolekcja f Sammlung f; **~ broni** Waffensammlung f; **~ obrazów** Gemäldesammlung f; **~ znaczków pocztowych** Briefmarkensammlung f
koleżanka f (w pracy) Kollegin f; (zaprzyjaźniona) Freundin f
kolia f Kollier n
kolonia f Kolonie f; (osiedle) Siedlung f
kolor m **1.** Farbe f; **czerwony ~** rote Farbe, das Rot; **~ skóry** Hautfarbe f **2. ~y** pl (o bieliźnie) bunte Wäsche
koloratura f mus. Koloratur f

kolorowy adj farbig, bunt; **druk ~** Farbendruck m; **ołówek ~** Buntstift m
kolportaż m Vertrieb m; **~ książek** Buchvertrieb m
kolumn|a f **1.** archit. Säule f; **głowica ~y** Kapitell n; **Kolumna Zwycięstwa** (w Berlinie) Siegessäule f; **Kolumna Zygmunta** (w Warszawie) Sigismundsäule f **2.** (w gazecie) Kolumne f **3.** (zwarty szyk) **~a samochodów** Autokolonne f; **~a cyfr** Kolonne f; mil. **~a marszowa** Marschkolonne f
kołdra f Steppdecke f
kołek m (słupek) Pflock m; (gwóźdź drewniany) Holznagel m; figur. **zawiesić coś na kołku** etw an den Nagel hängen
kołnierz m Kragen m; **~ płaszcza** Mantelkragen m; **postawić <podnieść> ~** den Kragen aufschlagen
kołnierzyk m Kragen m; **~ koszuli** Hemdkragen m
koł|o¹ n **1.** (okrąg) Kreis m; **promień ~a** Radius m; **~o podbiegunowe** Polarkreis m **2.** techn. Rad n; **~o zębate** Zahnrad n; **~o zamachowe** Schwungrad n; mot. **~o zapasowe** Reserverad n; **przednie ~o** Vorderrad n; **tylne ~o** Hinterrad n **3.** (grono) Kreis m; **~a dobrze poinformowane** gut unterrichtete Kreise **4. ~o ratunkowe** Rettungsring m
koło² praep bei, neben, in der Nähe von; **~ Zurychu** bei Zürich; **~ mnie** neben mir
kołpak m mot. Radkappe f
kołtuński adj spießerhaft
kołysać I. vt wiegen, schaukeln; **~ do snu** in den Schlaf wiegen **II.** vr **~ się** sich wiegen
kołysanka f Wiegenlied n, mus. Berceuse f
kołyska f Wiege f
komar m Mücke f; **~y tną** die Mücken stechen <beißen>
kombajn m Mähdrescher m
kombinerki pl Kombizange f
kombinezon m Overall m
komedia f teatr. Komödie f (o. figur.), Lustspiel n
komendant m Kommandant m
komentarz m Kommentar m; (objaśnienia) Erläuterungen fpl
komentator m Kommentator m
kometa f Komet m
kometk|a f Badminton n, Federballspiel n, Federball m; **grać w ~ę** Federball spielen
komfort m Komfort m

komiczny *adj* komisch
komin *m* Schornstein *m*; Schlot *m*, Kamin *m*
kominek *m* Kamin *m*
kominiarz *m* Schornsteinfeger *m*
komis *m* Kommission *f*; **oddać do ~u** in Kommission geben; **brać w ~** in Kommission nehmen
komisariat *m* Kommissariat *n*; **~ policji** Polizeidienststelle *f*
komisja *f* Ausschuss *m*
komitet *m* Komitee *n*; **~ organizacyjny** Organisationskomitee *n*; **~ rodzicielski** Elternbeirat *m*
komoda *f* Kommode *f*
komora *f* Kammer *f*; Raum *m*; *anat.* **~ serca** Herzkammer *f*
komorne *n* Miete *f*; **płacić (za) ~** Miete zahlen
komórka[1] *f* **1.** kleine Kammer *f* **2.** *biol.* Zelle *f*; **~ jajowa** Eizelle *f*
komórka[2] *f* (*telefon*) *ugs.* Handy, Mobiltelefon *n*, *schweiz.* Natel *n*
kompan *m* Kumpel *m*
kompani|a *f mil.* Kompanie *f*; **dowódca ~i** Kompanieführer *m*
kompas *m* Kompass *m*
kompetentny *adj* fähig, befugt; (*właściwy*) zuständig (**do czegoś** für etw)
komplement *m* Kompliment *n*; **prawić <mówić> komuś ~y** jm Komplimente machen
komple|t *m* **1.** (*pełna ilość*) Vollzahl *f*; **jesteśmy w ~cie** wir sind in voller Zahl <vollzählig> **2.** (*np. narzędzi*) Satz *m*, Sortiment *n*, Set *n*, *m*; (*bielizny*) Garnitur *f*
kompletn|y *adj* komplett, vollständig; **~e wydanie** Gesamtausgabe *f*
komplikacja *f* Verwicklung *f*, Komplikation *f* (*a. med.*)
komponować *vt* komponieren; (*tworzyć*) schaffen; **~ utwór muzyczny** ein Musikstück schaffen <komponieren>
kompot *m* Kompott *n*
kompozytor *m* Komponist *m*
kompres *m* Umschlag *m*, Kompresse *f*; **założyć <zrobić> ~** einen Umschlag machen
kompromis *m* Kompromiss *m*, Vergleich *m*; **iść <pójść> na ~** einen Kompromiss eingehen
kompromitować I. *vt* kompromittieren, bloßstellen, blamieren **II.** *vr* **~ się** sich kompromittieren <blamieren>

komputer *m* Computer *m*; **~ osobisty** Personalcomputer *m*, PC *m*
komunaln|y *adj* Kommunal-, Gemeinde-; **władze ~e** Kommunalbehörde *f*
komunikacja *f* **1.** Kommunikation *f* **2.** Verkehr *m*; (*połączenie*) Verbindung *f*; **~ autobusowa** Busverkehr *m*; **~ kolejowa** Eisenbahnverkehr *m*; **~ lotnicza** Flugverkehr *m*, Luftverkehr *m*; **~ podmiejska** Vorort(s)verkehr *m*
komunikat *m* Kommuniqué *n*, Kommunikee *n*, Bericht *m*, Mitteilung *f*; *rad.* **~ specjalny** eine wichtige Durchsage; **~ radiowy** Rundfunkbericht *m*; **~ o sytuacji na drogach** Verkehrsübersicht *f*; **~ urzędowy** amtliche Mitteilung <Verlautbarung>; *polit.* **wydać ~** ein Kommunikee veröffentlichen
komunikować I. *vt* mitteilen **II.** *vr* **~ się** sich in Verbindung setzen (**z kimś** mit jm)
komunista *m* Kommunist *m*
komunistyczny *adj* kommunistisch
komunizm *m* Kommunismus *m*
konać *vi* sterben, im Sterben liegen; *ugs.* **~ ze śmiechu** sich tot lachen
koncentracyjny *adj*: **obóz ~** Konzentrationslager *m*
koncern *m* Konzern *m*
koncert *m* (*występ i utwór*) Konzert *n*; **~ kameralny** Kammerkonzert *n*; **~ skrzypcowy** Violinkonzert *n*; **~ życzeń** Wunschkonzert *n*; **iść <pójść> na ~** ins Konzert gehen
kondensowan|y *adj* kondensiert; **mleko ~e** Kondensmilch *f*
konduktor *m* Schaffner *m*
konduktorka *f* Schaffnerin *f*
kondycj|a *f sport.* Form *f*; **być w dobrej ~i** in Hochform sein
konewka *f* (Gieß)kanne *f*
konfekcja *f* Fertigkleidung *f*, Konfektion *f*
konferencj|a *f* Konferenz *f*; **~a na szczycie <na najwyższym szczeblu>** Gipfelkonferenz *f*; **~a prasowa** Pressekonferenz *f*; **~a naukowa** wissenschaftliche Tagung; **uczestnik ~i** Konferenz- <Tagungs>teilnehmer *m*
konfitury *pl* Konfitüre *f*
konflikt *m* Konflikt *m*; **~ zbrojny** bewaffneter Konflikt; **wejść w ~** in Konflikt geraten <kommen> (**z czymś** mit etw)
kongres *m* Kongress *m*
koniak *m* Kognak *m*, Weinbrand *m*
koniczyna *f* Klee *m*

koniec m **1.** (*czubek*) Spitze f; ~ **języka** Zungenspitze f **2.** (*zakończenie*) Ende n, Schluss m; **w końcu** endlich, schließlich; **bez końca** ohne Ende, endlos; **na** ~ zum Schluss; **pod** ~ **miesiąca** gegen Ende des Monats; **do końca maja** bis Ende Mai; **od początku do końca** von Anfang bis (zum) Ende; **dobiegać końca** zu Ende gehen; **i na tym ~!** und damit Schluss <*ugs.* basta>!

konieczność f Notwendigkeit f; **paląca ~ć** dringende Notwendigkeit; **z ~ci** notgedrungen

konieczny adj notwendig, erforderlich

konik m **1.** kleines Pferd, Pferdchen n; ~ **polny** Grashüpfer m **2.** *figur.* (*hobby*) Steckenpferd n

konkretny adj konkret; (*uchwytny*) greifbar, gegeben

konkurencja f Konkurrenz f, *auch sport.* Wettbewerb m

konkurencyjny adj wettbewerbsfähig

konkurent m Konkurrent m

konkurs m Preisausschreiben n, Wettbewerb m; **konkurs szopenowski** Chopin-Wettbewerb m

konno adv zu Pferde; **jechać** ~ reiten

konny adj Pferde-; **wyścigi ~e** Pferderennen n

konopie pl Hanf m

konsekwencja f **1.** (*skutek*) Konsequenz f, Folge f; **w ~i** in der Folge; **ponosić ~e** die Folgen tragen **2.** (*konsekwentność*) Folgerichtigkeit f, Konsequenz f

konsekwentny adj konsequent; (*logicznie poprawny o.*) folgerichtig

konserwa f Konserve f; **~a mięsna** Fleischkonserve f; **puszka (do)** ~ Konservendose f

konserwacja f *techn.* Instandhaltung f; ~ **zabytków** Denkmalpflege f

konserwant m Konservierungsstoff m

konserwator m, ~ **zabytków** Denkmalpfleger m, Konservator m

konserwatorium n Konservatorium n, Musikhochschule f

konserwatywny adj konservativ

konserwować vt konservieren; einmachen

konstrukcja f Konstruktion f, Bau m

konstytucja f **1.** Verfassung f, (*w RFN*) Grundgesetz n; **sprzeczny z ~ą** verfassungswidrig **2.** *biol.* Konstitution f

konsul m Konsul m

konsulat m Konsulat n

konsument m Verbraucher m

konsumpcja f Verbrauch m

kontakt m **1.** Kontakt m; **być w ~cie** in Kontakt <in Verbindung> stehen; **nawiązać ~t** Fühlung auf|nehmen; **wejść w ~t** Kontakte herstellen **2.** *el.* Kontakt m; **obluzowany ~** Wackelkontakt m

kontener m Container m

konto n Konto n; ~ **bankowe** Bankkonto n; **na moje** ~ auf mein Konto; **otworzyć** <**zlikwidować**> ~ ein Konto eröffnen <auflösen>

kontr- *w złożeniach* Konter-, konter-, Gegen-, gegen-

kontradmirał m Konteradmiral m

kontrast m Kontrast m, Gegensatz m

kontratak m Gegenangriff m

kontrola f Kontrolle f; **~a celna** Zollkontrolle f; **znajdować się pod czyjąś ~ą** unter js Kontrolle stehen

kontroler m Kontrolleur m

kontrpropozycja f Gegenvorschlag m

kontrwywiad m Spionageabwehr f

kontur m Umriss m, Kontur f

kontynent m Kontinent m, Erdteil m; Festland n

kontynentalny adj kontinental, Kontinental-; **klimat** ~ Kontinentalklima n

kontynuować vt (*np. pracę*) fortsetzen; (*mówić dalej*) fortfahren

konwalia f Maiglöckchen n

konwersacja f Unterhaltung f, Konversation f

konwój m *mil.* Geleit n; (*okrętów*) Geleitzug m, Konvoi m

koń m **1.** Pferd n; ~ **pełnej krwi** <**pełnokrwisty**> Vollblut n; ~ **półkrwi** Halbblut n; ~ **wierzchowy** Reitpferd n; ~ **wyścigowy** Rennpferd n; **kasztanowaty** ~ Fuchs m; **dosiadać konia** das Pferd besteigen, aufs Pferd steigen **2.** *mech.* ~ **mechaniczny** Pferdestärke f; **70 koni (mechanicznych)** siebzig PS

końcowy adj End-, Schluss-; **przystanek** ~ Endstation f

kończyć I. vt enden, beenden; (*np. pracę*) Schluss machen; (*wywody*) schließen; ~ **z czymś** mit etw Schluss machen **II.** vr ~ **się** enden, zu Ende gehen; (*ustawać*) aufhören

koński adj Pferde-; *figur.* **~ie zdrowie** eiserne Gesundheit; **~a kuracja** Pferdekur f

kooperacja f Kooperation f; ~ **gospodarcza** Wirtschaftskooperation f

kooperant *m* (*w przemyśle*) Zulieferer *m*, Zulieferbetrieb *m*
kopać *vt, vi* **1.** (*ziemię*) graben, ausheben **2.** (*nogą*) wiederholt, mit dem Fuß stoßen, Fußtritte versetzen; (*o koniu*) ausschlagen
kopalnia *f* **1.** Bergwerk *n*, Grube *f*; ~ **węgla** Kohlenbergwerk *n*; ~ **soli** Salzbergwerk *n* **2.** *figur.* (*nieprzebrany zasób*) Fundgrube *f*
koparka *f* Exkavator *m*, Bagger *m*
koper, koperek *m* Dill *m*
koperta *f* Briefumschlag *m*, Umschlag *m*; (*zegarka*) Uhrgehäuse *n*
kopia *f* (*odpis*) Kopie *f*; ~ **obrazu** eine Kopie des Gemäldes
kopiować *vt* kopieren (*a. fot., inform.*)
kopnąć *vt pf*: ~ **kogoś** jm einen Fußtritt geben <versetzen>, jn treten
kopyto *n* Huf *m*; (*szewskie*) Leisten *m*
kora *f* Rinde *f*, Baumrinde *f*; Borke *f*; *anat.* ~ **mózgowa** Hirnrinde *f*
koral *m* Koralle *f*; ~**e** *pl*, **sznur** ~**i** Korallenschnur *f*
korba *f* Kurbel *f*
Koreańczyk *m* Koreaner *m*
koreański *adj* koreanisch
korek *m* Kork *m*; (*zatyczka*) Korken *m*, Pfropfen *m*; *ugs.* (*zator*) Stau *m*; **utknąć w korku** in einen Stau geraten
korekt|a *f* Korrektur *f*; **zrobić** ~**ę** Korrekturen <Fahnen> lesen
korepetycje *pl* Nachhilfe *f*, Nachhilfestunde *f*, Nachhilfeunterricht *m*; **dawać** ~ Nachhilfestunden geben
korepetytor *m* Nachhilfelehrer *m*
korespondencja *f* Briefwechsel *m*, Korrespondenz *f*; (*listy o.*) Briefe *mpl*; Post *f*; ~ **handlowa** Handelskorrespondenz *f*
korespondent *m* Korrespondent *m*, Berichterstatter *m*; **członek** ~ korrespondierendes Mitglied
korespondować *vi* **1.** (*zgadzać się*) übereinstimmen, korrespondieren **2.** (*listownie*) im Briefwechsel <in Korrespondenz> stehen, korrespondieren (**z kimś** mit jm)
korkociąg *m* Korkenzieher *m*
kormoran *m orn.* Kormoran *m*
korniszon *m* Essiggurke *f*
korona *f* Krone *f* (*a. dent.*); ~ **drzewa** Baumkrone *f*; *ugs.* ~ **ci z głowy nie spadnie** dir fällt keine Perle <kein Stein> aus der Krone
koronka *f*, **koronki** *fpl* Spitzen *fpl*

korpus *m mil., polit.* Korps *n*; ~ **dyplomatyczny** das diplomatische Korps
kort *m*, ~ **tenisowy** Tennisplatz *m*
korytarz *m* Korridor *m*, Hausflur *m*; (*w pociągu u.ä.*) Gang *m*
koryto *n* Trog *m*; (*w stajni*) Krippe *f*; ~ **rzeki** Flussbett *n*
korze|ń *m* **1.** Wurzel *f*; **wyrwać z** ~**niami** mit der Wurzel herausreißen; *figur.* **zapuścić** ~**nie** Wurzeln schlagen; **2.** ~**nie** *pl* (*przyprawa*) Gewürz *n*
korzystać *vi*: ~ **z czegoś** sich etw zunutze machen, aus etw Nutzen ziehen; ~ **z okazji** die Gelegenheit nutzen
korzystn|y *adj* (*przynoszący korzyść*) vorteilhaft; (*dogodny*) günstig; ~**e warunki** günstige Bedingungen; **coś jest rzeczą** ~**ą** etw ist von Vorteil
korzyś|ć *f* Vorteil *m*; **z** ~**cią** mit Vorteil; **na moją** ~**ć** zu meinen Gunsten
kos *m orn.* Amsel *f*
kosa *f* Sense *f*
kosiarka *f* Mähmaschine *f*; ~ **ogrodowa** Rasenmäher *m*
kosić *vt* mähen
kosmetyczka *f* **1.** Kosmetikerin *f* **2.** (*torebka*) Kosmetiktasche *f*
kosmetyczny *adj* kosmetisch
kosmetyki *pl* Kosmetika *pl*
kosmiczny *adj* kosmisch; **statek** ~ Raumschiff *n*; **prom** ~ Raumfähre *f*
kosmodrom *m* Kosmodrom *n*
kosmonauta *m* Kosmonaut *m*
kosmos *m* Kosmos *m*, Weltraum *m*
kosmyk *m* (*włosów*) Haarbüschel *n*, Haarsträhne *f*
kostium *m* Kostüm *n* (*a. teatr*); ~ **kąpielowy** Badeanzug *m*
kost|ka *f* **1.** *anat.* Knöchel *m*; **do** ~**ek**, **po** ~**ki** bis an die Knöchel **2.** (*np. do gry*) Würfel *m*; **cukier w** ~**kach** Würfelzucker *m*
kosy *adj* schief; schräg
kosz *m* Korb *m*; ~ **do papieru** Papierkorb *m*; *figur.* **dostać** <**dać**> ~**a** einen Korb bekommen <geben>; *ugs.* **grać w** ~**a** Korbball spielen
koszary *pl* Kaserne *f*
koszt *m* Kosten *pl*; ~**y produkcji** Produktionskosten *pl*; ~**y własne** Selbstkosten *pl*; **na mój** ~ auf meine Kosten; **na** ~ **państwa** auf Kosten des Staates; **pokryć** ~**y** die Kosten übernehmen, für die Kosten aufkommen

koszt|ować *vi* kosten; **ile to ~uje?** was kostet das?
kosztowny *adj* (*cenny*) kostbar; (*drogi*) kostspielig
koszula *f* Hemd *n*; **~ męska** Herrenhemd *n*; **~ damska** Damenhemd *n*; **~ nocna** Nachthemd *n*; **~ wierzchnia** Oberhemd *n*
koszulka *f* Hemdchen *n*; **~ gimnastyczna** Sporthemd *n*, Turnhemd *n*; *sport.* **żółta ~** das gelbe Trikot
koszyk *m* Handkorb *m*
koszykówka *f sport.* Basketball *m*
kościeln|y I. *adj* kirchlich; **święto ~e** Kirchenfest *n* **II.** *m* Küster *m*, Kirchendiener *m*
kości|ół *m* Kirche *f*; **Kościół katolicki** die katholische Kirche; **~ół parafialny** Pfarrkirche *f*; **~ół akademicki** Universitätskirche *f*; **iść do ~oła** zur Kirche gehen
koś|ć *f* **1.** Knochen *m*, Bein *n*; **~ć biodrowa** Hüftbein *n*; **~ć słoniowa** Elfenbein *n* **2.** (*do gry*) Würfel *m*; **gra w ~ci** Würfelspiel *n*; **grać w ~ci** Würfel spielen **3.** *figur.* **~ć niezgody** Zankapfel *m*
kot *m* (*gatunek*) Katze *f*; (*samiec*) Kater *m*; **~ mruczy** <**myje się**> die Katze schnurrt <leckt sich>; **tyle co ~ napłakał** das trägt die Katze auf dem Schwanz fort
kotara *f* Portiere *f*
kotlet *m* Kotelett *n*
kotły *mpl mus.* Pauken *fpl*
kotwic|a *f* Anker *m*; **zarzucić ~ę** vor Anker gehen; **stać na ~y** vor Anker liegen; **podnieść ~ę** den Anker lichten
kowadł|o *n* Amboss *m*; *figur.* **między młotem a ~em** zwischen Hammer und Amboss
kowal *m* Schmied *m*; (*podkuwający*) Hufschmied *m*
koza *f* Ziege; (*samica*) Zicke *f*
kozica *f* Gämse *f*
kozioł *m* **1.** *zool.* Ziegenbock *m*, Bock *m*; **~ skalny** Steinbock *m*; **~ sarny** Rehbock *m*; *figur.* **~ ofiarny** Sündenbock *m*, Prügelknabe *m* **2.** (*drewniany*) Gestell *n*, Bock *m*
Koziorożec *m astr.* Steinbock *m*
kożuch *m* **1.** Schafpelz(mantel) *m* **2.** (*na mleku*) Haut *f*
kółko *n* **1.** (kleines) Rad *n* **2.** (kleiner) Kreis *m*
kpić *vi* spotten; **~ z kogoś** sich über jn lustig machen, jn auf die Schippe nehmen
krab *m* Krabbe *f*

kradzież *f* Diebstahl *m*; **~ z włamaniem** Einbruchdiebstahl *m*
kraj *m* Land *n*; **~ rodzinny** Heimatland *n*; **w ~u** im Inland; **w całym ~u** im ganzen Land; **~e rozwijające się** Entwicklungsländer *npl*; **kraje Trzeciego Świata** die Länder der Dritten Welt
krajobraz *m* Landschaft *f* (*o. mal.*)
krajow|y *adj* einheimisch; Landes-; inländisch; **wyroby ~e** inländische Produkte
krakać *vi* krächzen
krakowiak *m* (*taniec*) Krakowiak *m*
krakowski *adj* Krakauer
kran *m* Hahn *m*, Wasserhahn *m*
krańcowy *adj* **1.** extrem **2.** (*ostatni*) End-; **przystanek ~** Endstation *f*
kraść *vt* stehlen
krat|a *f* Gitter *n*; **~a okienna** Fenstergitter *n*; *figur.* **siedzieć za ~ami** hinter Schloss und Riegel sitzen; (*materiał*) **w ~ę** kariert
kratk|a *f* Karo *n*; *ugs.* (*robić coś*) **w ~ę** unregelmäßig, zuweilen; *ugs.* **pogoda w ~ę** wechselhaftes Wetter
kratkowany *adj* kariert; **papier ~** kariertes Papier
krawat *m* Krawatte *f*, Schlips *m*
krawcowa *f* Schneiderin *f*
krawędź *f* ['kravɛ̃tɕ] *f* Rand *m*, Kante *f*
krawężnik *m* Bordstein *m*
krawiec *m* Schneider *m*; **~ męski** Herrenschneider *m*; **~ damski** Damenschneider *m*
krawiectwo *n* (*zawód*) Schneiderhandwerk *n*; (*warsztat*) Schneiderwerkstatt *f*
krąż|yć *vi* **1.** kreisen, zirkulieren (**w powietrzu** in der Luft); **~yć dookoła czegoś** um etw (herum) kreisen <laufen> **2.** (*obiegać*) umlaufen; *figur.* **~ą pogłoski** Gerüchte gehen um
krążenie *n*, **~ krwi** Kreislauf *m*; **złe ~** Kreislaufstörungen *fpl*
krążownik *m naut.* Kreuzer *m*
kreda *f* Kreide *f*; **biały jak ~** kreideweiß
kredka *f* Kreidestift *m*, Buntstift *m*; **~ do ust** Lippenstift *m*
kredyt *m* Kredit *m*; **~ bankowy** Bankkredit *m*; **~ długoterminowy** langfristiger Kredit; **na ~** auf Kredit
krem *m* Creme *f*; **~ do rąk** Handcreme *f*; **~ do twarzy** Hautcreme *f*
krematorium *n* Krematorium *n*
kremowy *adj* (*z kremu*) Creme-; (*kolor*) creme(farben)

kreska f Strich m
kretyn m ugs. abw. Trottel m
krew f Blut n; **ciśnienie krwi** Blutdruck m; **krążenie krwi** Blutkreislauf m; **zakażenie krwi** Blutvergiftung f; **grupa krwi** Blutgruppe f; figur. **zachować zimną ~** kaltes Blut bewahren; **wejść w ~** in Fleisch und Blut übergehen
krewetka f zool. Garnele f
krewny m Verwandte m; **to mój bliski <daleki> ~** er ist ein enger <entfernter> Verwandter von mir
kręci|ć I. vt drehen; **~ć głową** den Kopf schütteln; **~ć film** einen Film drehen **II.** vr **~ć się 1.** (obracać się) sich drehen; **w głowie mi się ~** mir schwindelt **2.** (o włosach) sich kräuseln
kręg|iel m Kegel m; **grać w ~le** kegeln
kręgielnia f Kegelbahn f
kręgosłup m Wirbelsäule f; (a. figur. moralny) Rückgrat n
kręp|y adj gedrungen; **~ej budowy** von gedrungenem Körperbau
krępować I. vt (wiązać) binden, fesseln **II.** vr **~ się** sich genieren; gehemmt sein
krochmal m Stärkemehl n
kroić vt schneiden
krok m Schritt m; **~ za ~iem** Schritt für Schritt, schrittweise; **równym ~iem** im Gleichschritt; **szybkim ~iem** im Schnellschritt; **na każdym ~u** auf Schritt und Tritt; **dotrzymywać ~u komuś** mit jm Schritt halten
krokodyl m Krokodil n
kromka f: **~ chleba** Brotschnitte f
kronika f Chronik f
kropk|a f Punkt m; **postawić ~ę** den Punkt setzen; **w ~i** getüpfelt
kropl|a f Tropfen m; **~a deszczu** Regentropfen m; **wpuszczać po ~i** eintröpfeln; **~ami** tropfenweise; figur. **~a w morzu** ein Tropfen auf den heißen Stein
krosta f Pustel f, Pickel m
krowa f Kuh f; **dojna ~** Milchkuh f
król m König m; **Trzej Królowie** die Heiligen Drei Könige; **święto Trzech Króli** Dreikönigsfest n
królestwo n Königreich n
królewsk|i adj königlich; **po ~u** königlich
królik m Kaninchen n; **~ domowy** Hauskaninchen n
królowa f Königin f; **~ matka** Königinmutter f; **~ pszczół** Bienenkönigin f

krótki adj kurz; **na ~ czas** auf kurze Zeit; **~e spięcie** Kurzschluss m; **na falach ~ch** auf (der) Kurzwelle
krótko adv kurz; **~ i zwięźle** kurz und bündig; **~ mówiąc** kurzum, kurz und gut; **na ~** auf kurze Zeit; **na ~ przedtem** kurz vorher
krótko- w złożeniach Kurz-, kurz-
krótkofalówka f rad. Kurzwellensender m
krótkometrażowy adj: **film ~** Kurzfilm m
krótkonogi adj kurzbeinig
krótkoterminowy adj kurzfristig
krótkowidz m Kurzsichtige m
krótkowzroczny adj kurzsichtig
krtań f anat. Kehlkopf m
kruk m Rabe m
krupnik m Graupensuppe f
kruszyć vt zer|bröckeln; figur. **~ kopie** die Lanzen brechen (**o coś** für etw)
krużganek m Kreuzgang m
krwawić vi bluten
krwawy adj blutig
krwiodawca m Blutspender m
krwotok m Blutung f, Blutsturz m
kryć I. vt verbergen, verstecken **II.** vr **~ się** sich verbergen
kryminaln|y adj kriminell; Kriminal-; **powieść ~a** Kriminalroman m
kryształ m **1.** Kristall m **2.** (naczynie kryształowe) Kristall m
kryterium n Kriterium n
krytyczny adj kritisch
krytyk m Kritiker m; **~ teatralny** Theaterkritiker m; **~ literacki** Literaturkritiker m
kryty|ka f Kritik f; **ostra ~ka** harte Kritik; **poddać ~ce** einer Kritik unterziehen; **poniżej (wszelkiej) ~ki** unter aller Kritik; ugs. unter aller Kanone
krytykować vt kritisieren; **~ kogoś** jn kritisieren, an jm Kritik üben
kryzys m Krise f; **~ gospodarczy** Wirtschaftskrise f
krzak m Strauch m, Busch m; **~ agrestu** Stachelbeerstrauch m; **~i** mpl Gebüsch n
krzemień m Feuerstein m
krzesło n Stuhl m; **~ składane** Klappstuhl m **~ ogrodowe** Gartenstuhl m
krzew m Strauch m
krzyczeć vi schreien; **~ na kogoś** auf <gegen> jn wettern, jn anschreien <ugs. anschnauzen>
krzyk m Schrei m; **podnieść ~** ein Geschrei erheben; figur. **ostatni ~ mody** die neueste Mode, ugs. der letzte Schrei

krzyknąć *vi pf* einen Schrei ausstoßen
krzywa *f mat.* Kurve *f*
krzywd|a *f* Unrecht *n*; **wyrządzić komuś ~ę** jm ein Unrecht antun; **doznać ~y** Unrecht erleiden
krzywić I. *vt* krümmen, verbiegen **II.** *vr* **~ się 1.** sich krümmen, sich verbiegen, krumm werden **2.** (*trzymać się krzywo*) sich krumm halten **3.** (*robić grymasy*) den Mund <das Gesicht> verziehen
krzywo *adv* krumm, schief; **stół stoi ~** der Tisch steht schief
krzywoprzysięstwo [kʃivɔpʃiɕɛ̃stfɔ] *n* Meineid *m*
krzyw|y *adj* krumm, schief; **~e nogi** krumme Beine, O-Beine *pl*; **~e zwierciadło** Zerrspiegel *m*, Vexierspiegel *m*
krzyż [kʃɨʃ] *m* Kreuz *n* (*a. anat.*); **~ zasługi** Verdienstkreuz *n*; **Czerwony Krzyż** das Rote Kreuz; **na ~** kreuzweise
krzyżacki *adj*: **zakon ~** Deutscher Orden, Deutschritterorden *m*
Krzyżak *m hist.* Deutschordensritter *m*, Kreuzritter *m*
krzyżować I. *vt* (*gatunki*) kreuzen **II.** *vr* **~ się** (*przecinać się*) sich kreuzen
krzyżowiec *m hist.* Kreuzfahrer *m*
krzyżówka *f* **1.** (*łamigłówka*) Kreuzworträtsel *n* **2.** (*skrzyżowanie*) Kreuzung *f*
ksero *n* **1.** Fotokopie *f* **2.** Kopierer *m*
kserokopiarka *f* Kopiergerät *n*
kserować *vt* fotokopieren
ksiądz *m* Priester *m*, Geistliche *m*
książeczka *f* Büchlein *n*; **~ oszczędnościowa** Sparbuch *n*; **~ do nabożeństwa** Gebetbuch *n*
książę *m* Fürst *m*, (*tytularny*) Prinz *m*, *hist.* Herzog *m*; **wielki ~** Großherzog *m*, Großfürst *m*
książęcy *adj* fürstlich, herzoglich
książka *f* Buch *n*; (*z czytankami*) Lesebuch *n*; (*z obrazkami*) Bilderbuch *n*; **~ kucharska** Kochbuch *n*; **~ telefoniczna** Telefonbuch *n*; **~ dla młodzieży** Jugendbuch *n*
księga *f* (großes) Buch *n*; **~ pamiątkowa** Festschrift *f*
księgarnia *f* Buchhandlung *f*
księgarz *m* Buchhändler *m*
księgowość *f* Buchführung *f*
księgowy *m* Buchhalter *m*
księstwo *n* Fürstentum *n*, Herzogtum *n*
księżna *f* Fürstin *f*, Herzogin *f*
księżniczka *f* Prinzessin *f*

księżyc *m* Mond *m*; **zaćmienie Księżyca** Mondfinsternis *f*; **~ w pełni** Vollmond *m* **poświata ~a** Mondschein *m*
kształcić I. *vt* bilden **II.** *vr* **~ się** studieren, eine gründliche Ausbildung genießen
kształ|t *m* Form *f*; **w <o> ~cie** in der Form von, -förmig; **w ~cie kuli** kugelförmig
kto *pron* wer; **~ to (jest)?** wer ist das?; **~ tam?** wer da?; **~ taki?** wer (denn)?; **wiem, ~ to jest** ich weiß, wer es ist; **mało ~** nur wenige; **~ bądź** irgendjemand
ktokolwiek *pron* wer auch immer
którędy *adv* wodurch; wie; **~ jedzie się do Bonn?** wie fährt man nach Bonn?
któr|y *pron* **1.** welcher?, wer?; **~y z was?** wer von euch?; **~ego dziś mamy?** den Wievielten haben wir heute?; **~y dzisiaj jest?** der Wievielte ist heute?; **~a godzina?** wie spät <wie viel Uhr> ist es?; **o ~ej godzinie?** um wie viel Uhr? **2.** (*zaimek względny*) der, welcher; **mężczyzna, ~ego widzisz** der Mann, den <welchen> du siehst
któż *pron* wer, wer denn; **~ to jest?** wer ist denn das?; **~ to wie!** wer weiß das nicht
ku *praep* gegen, nach, zu; **ku wieczorowi** gegen Abend; **ku mojemu zdziwieniu** zu meiner Verwunderung; **ku pamięci czegoś** zur Erinnerung an etw
kubański *adj* kubanisch
kubek *m* Becher *m*
kubeł *m* Kübel *m*, Eimer *m*; **~ na śmieci** Mülleimer *m*
kucharka *f* Köchin *f* (von Beruf)
kucharz *m* Koch *m*
kuchenka *f* **1.** kleine Küche **2.** **~ gazowa** Gasherd *m*; **~ elektryczna** Elektroherd *m*
kuchnia *f* **1.** (*pomieszczenie*) Küche *f* **2.** (*gotowanie*) Küche *f*; **~ francuska** die französische Küche
kucyk *m zool.* Pony *n*
kuć *vt* hämmern, schmieden; (*podkuwać*) beschlagen
kufel *m* Seidel *n*
kukułka *f* Kuckuck *m*
kukurydza *f* Mais *m*; **prażona ~** Popcorn *n*
kula *f* Kugel *f*; **~ ziemska** Erdkugel *f*
kulawy *adj* lahm
kuleć *vi* hinken; *figur.* stocken, hinken
kulisa *f* Kulisse *f*; *figur.* **za ~mi** hinter den Kulissen
kultura *f* Kultur *f*; **~ fizyczna** Körperkultur *f*, **~ ludowa** Volkskultur

kulturaln|y *adj* **1.** kulturell; Kultur-; **umowa ~a** Kulturabkommen *n* **2.** (*o człowieku*) kultiviert

kup|a *f* Haufen *m*; **~a piasku** Sandhaufen *m*; **zrzucać na ~ę** auf einen Haufen werfen; *figur. ugs.* **~a roboty** ein Haufen Arbeit; **to się ~y nie trzyma** das ergibt keinen Sinn

kupić *vt pf* → **kupować**

kupiec *m* (*nabywca*) Käufer *m*; (*handlowiec*) Kaufmann *m*

kupno *n* Kauf *m*

kupować *vt* kaufen; **~ bilet** (*na przejazd*) eine Fahrkarte lösen

kur|a *f* (*gatunek*) Huhn *n*; (*samica*) Henne *f*; **hodowla ~** Hühnerzucht *f*

kuracj|a *f* Kur *f*; **być na ~i** zur Kur sein; **przeprowadzić ~ę** eine Kur durchmachen; **~a skutkuje** die Kur ist erfolgreich

kurczak *m*, **kurczę** *n* Hühnchen *n*; **~ pieczony** Brathähnchen *n*

kurczowy *adj* krampfhaft

kurczyć I. *vt* zusammenziehen **II.** *vr* **~ się** sich zusammenziehen, (zusammen) schrumpfen

kurek *m* Hahn *m*; **~ na kościele** Wetterhahn *m*, **~ do wody** Wasserhahn *m*, **~ gazowy** Gashahn

kurier *m* (*posłaniec*) Kurier *m*

kurnik *m* Hühnerstall *m*

kurs *m* **1.** (*nauki*) Kurs *m*, Lehrgang *m*; **~ dokształceniowy** Fortbildungskurs *m*; **chodzić na ~** einen Kurs besuchen **2.** (*kierunek*) Kurs *m*; **obrać ~ na coś** auf etw Kurs nehmen **3.** (*na giełdzie*) Kurs *m*; **po ~ie...** zum Kurs von ...

kursować *vi* (*jeździć*) verkehren

kurtka *f* Jacke *f*; (*męska*) Joppe *f*

kurtyna *f* Vorhang *m*; **żelazna ~** eiserner Vorhang; **~ podnosi się <zapada>** der Vorhang geht hoch <fällt>

kurz *m* Staub *m*; **tuman ~u** Staubwolke *f*

kuszetka *f ebw.* Liegewagen *m*

kuśnierz *m* Kürschner *m*

kuter *m* Kutter *m*

kut|y *adj* Schmiede-; geschmiedet; **~e żelazo** Schmiedeeisen *n*

kuzyn *m* Cousin *m*, Vetter *m*

kuzynka *f* Cousine *f*, Kusine *f*

kuźnia *f* Schmiede *f*

kwadra *f*, **~ Księżyca** Mondphase *f*

kwadrans *m* Viertelstunde *f*; **~ po ósmej** ein Viertel nach acht; **~ po tym** eine Viertelstunde später; **przed ~em** vor einer Viertelstunde

kwadrat *m* Quadrat *n*

kwadratowy *adj* quadratisch; Quadrat-; **metr ~** Quadratmeter *n*

kwarantanna *f* Quarantäne *f*

kwarc *m* Quarz *m*

kwartał *m* Vierteljahr *n*

kwartet *m mus.* Quartett *n*; **~ smyczkowy** Streichquartett *n*

kwas *m* Säure *f*; **~ solny** Salzsäure *f*

kwaśny *adj* sauer

kwatera *f* Quartier *n*; **~ główna** Hauptquartier *n*

kwesti|a *f* Frage *f*; **nierozstrzygnięta ~a** ungelöste Frage, Problem *n*

kwestionariusz *m* Fragebogen *m*

kwiaciarnia *f* Blumengeschäft *n*

kwiaciasty *adj* geblümt

kwiat *m* **1.** Blume *f*; **~y cięte** Schnittblumen *f*; **bukiet ~ów** Blumenstrauß *m* **2.** (*kwiecie*) Blüte *f*; **~ jabłoni** Apfelblüte *f*; *figur.* **~ młodzieży** Jugendblüte *f*; **w kwiecie wieku** in der Blüte seiner <ihrer> Jahre

kwiecień *m* April *m*

kwit *m* Quittung *f*, Schein *m*; **~ bagażowy** Gepäckschein *m*

kwitnąć *vi* blühen

kwota *f* Betrag *m*

L

laboratorium *n* Laboratorium *n*, Labor *n*
lać I. *vt* gießen, schütten; **leje jak z cebra** es gießt in Strömen; *figur.* ~ **łzy** Tränen vergießen **II.** *vr* ~ **się** fließen, rinnen
lada¹: ~ **chwila** jeden Augenblick
lada² *f* Theke *f*, Ladentisch *m*
laik *m* Laie *m*
lak *m* **1.** Lack *m*, Lackfarbe *f*; ~ **do pieczętowania** Siegellack *m* **2.** (*kwiat*) Goldlack *m*
lakier *m* Lack *m*; ~ **do paznokci** Nagellack *m*; ~ **samochodowy** Autolack *m*
lakierki *mpl* Lackschuhe *mpl*
lakiernia *f mot.* Lackiererei *f*
lakiernik *m* Lackierer *m*
lakierować *vt* lackieren
lal|ka *f* Puppe *f*; **teatr ~ek** Puppentheater *n*
lamp|a *f* Lampe *f*, Leuchte *f*; **~a elektryczna** elektrische Lampe, Glühlampe *f*; **~a neonowa** Leuchtstoffröhre *f*; *mot.* **~a ostrzegawcza** Warnleuchte *f*; **~a sygnalizacyjna** Ampel *f*, Verkehrsampel *f*; **zapalić <zgasić> ~ę** die Lampe anzünden <auslöschen, ausmachen>
lampka *f* Lämpchen *n*, (kleine) Lampe *f*; ~ **kontrolna** Kontrolllampe *f*
lan|y *adj* Guss-; **żelazo ~e** Gusseisen *n*
laryngolog *m* Hals-Nasen-Ohren-Arzt *m*, HNO-Arzt *m*
las *m* Wald *m*; ~ **iglasty** Nadelwald *m*; ~ **liściasty** Laubwald *m*; ~ **mieszany** Mischwald *m*
laser *m* Laser *m*
laserow|y *adj* Laser-; **technika ~a** Lasertechnik *f*
las|ka *f* (Spazier)stock *m*; **chodzić o ~ce** am Stock gehen
lata *pl* Jahre *pl*; > **rok**
latać *vi* (herum)fliegen; *ugs.* (*biegać*) laufen
latarka *f* Taschenlampe *f*
latarnia *f* Laterne *f*; ~ **uliczna** Straßenlaterne; ~ **morska** Leuchtturm *m*
lataw|iec *m* Drachen; **puszczać ~ca** einen Drachen steigen lassen
lato *n* Sommer *m*; **latem, w lecie** im Sommer, sommers; **babie** ~ Altweibersommer *m*
laureat *m* Preisträger *m*; ~ **Nagrody Nobla** Nobelpreisträger *m*
lawenda *f* Lavendel *m*
lawina *f* (Schnee)lawine *f*
lawinowo *adv* lawinenartig
ląd *m* Festland *n*; **na morzu i na lądzie** zu Wasser und zu Lande
lądować *vi* landen, aufsetzen (*Flugzeug*); ~ **przymusowo** notlanden
lądowani|e *n* Landung *f*; **podchodzić do ~a** zur Landung ansetzen; ~ **przymusowe** Notlandung *f*
lecieć *vi* fliegen; *ugs.* (*biec*) rennen
lecz *kj* **1.** aber; **chciał**, ~ **nie mógł** er wollte, aber konnte es nicht **2.** (*po zdaniach z przeczeniem*) sondern; **nie ja**, ~ **on** nicht ich, sondern er
leczenie *n* (Heil)behandlung *f*; ~ **ambulatoryjne** die ambulante Behandlung
leczyć I. *vt* kurieren, ärztlich behandeln **II.** *vr* ~ **się** eine Kur nehmen, sich kurieren (lassen)
ledwie, ledwo *adv* kaum; mit Mühe (und Not), mit knapper Not
legalny *adj* legal
legenda *f* Legende *f* (*a. do mapy*)
legitymacja *f* Ausweis *m*; ~ **służbowa** Dienstausweis *m*
lejek *m* Trichter *m*
lek *m*, **lekarstwo** *n* Medikament *n*, Heilmittel *n*; (*w płynie*) Medizin *f*; **brać <zażywać> ~i** (seine) Medikamente einnehmen
lekarz *m* Arzt *m*; **wezwać ~a** den Arzt holen lassen
lekceważyć *vt* gering schätzen
lekcja *f* Stunde *f*, Lektion *f*; ~ **języka niemieckiego** Deutschstunde *f*
lekk|i *adj* leicht; **przemysł ~i** Leichtindustrie *f*; **~a atletyka** Leichtathletik *f*; **~ie zaziębienie** eine leichte Erkaltung
lekko *adv* leicht, ~ **mi na duszy** es ist mir leicht ums Herz; **nie jest im** ~ sie haben es nicht leicht; ~ **strawny** leicht verdaulich
lekko- *w złożeniach* leicht-, Leicht-
lekkoatleta *m* Leichtathlet *m*
lekkomyślny [lekkɔˈmɨɕlnɨ] *adj* leichtsinnig, leichtfertig
lektur|a *f* **1.** Lektüre *f* **2.** (*czytanie*) Lesen *n*; **w czasie ~y** beim Lesen
lemoniada *f* Limonade *f*, *ugs.* Limo *f*
len *m* **1.** (*roślina*) Flachs *m* **2.** (*materiał*) Leinen *n*
leniwy *adj* faul

leń *m* Faulenzer *m*, Faulpelz *m*
lepić I. *vt* kleben, leimen **II.** *vr* ~ **się** kleben bleiben, haften bleiben
lepiej *adv* **1.** *kompar* → **dobrze** besser; **idzie coraz** ~ es geht immer besser; **tym** ~ umso besser; ~ **późno niż wcale** besser spät als nie **2.** *(raczej)* lieber; **pójdę** ~ **do domu** ich gehe lieber nach Hause
lepki *adj* klebrig
lepszy *adj kompar* → **dobry** besser; **pierwszy** ~ der erste Beste; **kto pierwszy, ten** ~ wer zuerst kommt, mahlt zuerst
leszcz *m* Brasse *f*
leśniczy *m* Förster *m*
leśn|y *adj* Wald-, Forst-; **zwierzęta ~e** Waldtiere *npl*; **gospodarka ~a** Forstwirtschaft *f*
letni *adj* **1.** Sommer-; sommerlich; **czas** ~ Sommerzeit *f* **2.** *(ciepły)* lau, lauwarm; **~a woda** lauwarmes Wasser
lew *m* **1.** Löwe *m*; *figur.* ~ **salonowy** Salonlöwe *m* **2. Lew** *astr.* Löwe *m*
lewica *f (ręka)* die linke Hand, Linke *f (o. polit.)*
lewkonia *f bot.* Levkoje *f*
lewo: **w** ~ links; **na** ~ nach links (hin); *ugs. (nielegalnie)* **kupować na** ~ unter der Hand kaufen; *mil.* **w ~ zwrot!** links um!
leworęczny *adj* linkshändig
lewoskrzydłowy *m sport.* Linksaußen *m*
lew|y *adj* linke(r), Links-; **~a ręka** die linke Hand, Linke *f*; **po ~ej stronie** zur Linken; **z ~ej strony** (von) links; **od ~ej strony** von links her
leżak *m* Liegestuhl *m*
leżeć *vi* liegen; ~ **w łóżku** im Bett liegen; ~ **w gruzach** in Trümmern liegen; ~ **u podstaw** zu Grunde liegen
li: ~ **tylko** einzig und allein
liberalny *adj* liberal
libretto *n* Libretto *n*; ~ **opery** Operntext *m*; ~ **operetki** Operettentext *m*
liceum *n* Oberstufe des Gymnasiums
lichwa *f* Wucher *m*
licytacja *f* Versteigerung *f*, Auktion *f*
liczba *f* **1.** *mat.* Zahl *f*; ~ **parzysta** <**nieparzysta**> gerade <ungerade> Zahl; ~ **całkowita** ganze Zahl; **feralna** ~ Unglückszahl *f* **2.** *gram.* Zahl *f*, Numerus *m*; ~ **pojedyncza** Einzahl *f*; ~ **mnoga** Mehrzahl *f* **3.** *(ilość)* Zahl *f*; **pewna** ~ eine Anzahl
liczebnik *m gram.* Numerale, Zahlwort *n*
liczne, liczni *adj pl* zahlreich

licznik *m* **1.** *mat.* Zähler *m* **2.** *(przyrząd)* (Drehzahl-)Messer *m*; ~ **gazowy** Gaszähler *m*, Gasuhr *f*; ~ **elektryczny** Stromzähler *m*; *mot.* ~ **kilometrów** Kilometerzähler *m*
liczyć I. *vt* zählen, *(rachować)* rechnen; ~ **na coś** auf etw rechnen **II.** *vr* ~ **się z czymś** mit etw rechnen; ~ **się ze słowami** sparsam mit Worten umgehen <sein>
lider *m sport.* Tabellenführer *m*
lignina *f* Zellstoff *m*
lik: **bez ~u** zahllos
likier *m* Likör *m*
likwidować *vt* liquidieren, auflösen; *(usuwać)* beilegen
lila, liliowy *adj* lila(farben)
lilia *f bot.* Lilie *f*; ~ **wodna** Seerose *f*
lin *m zool.* Schleie *f*
lin|a *f* Leine *f*, Seil *n*; **~a okrętowa** Tau *n*, Schiffstau *n*; **~a holownicza** Schlepptau *n*; **chodzić po ~ie** auf dem Seil tanzen
lini|a *f* **1.** Linie *f*; **~a prosta** gerade Linie; **~a kreskowana** gestrichelte Linie; **~a kropkowana** punktierte <gepunktete> Linie; *mot. (na jezdni)* **~a ciągła** ununterbrochene Linie; **~a przerywana** Leitlinie *f*; **~a przecięcia** Schnittlinie *f*; **~a autobusowa** Buslinie *f*; **~a kolejowa** Eisenbahnlinie *f*; **~a lotnicza** Fluglinie *f*; **~a montażowa** Fertigungsstraße *f*, Montagestraße *f*; **w pierwszej ~i** in erster Linie; **pociągnąć ~ę** eine Linie ziehen **2.** *(wiersz)* Zeile *f*
linijka *f* **1.** Lineal *n* **2.** *(druk., wiersz)* Zeile *f*
linka *f mot.* Seilzug *m*; ~ **holownicza** Abschleppseil *n*
linoleum *n* Linoleum *n*
lipa *f* Linde *f*
lipiec *m* Juli *m*
lira *f* Leier *f*
liryczny *adj* lyrisch
liryka *f* Lyrik *f*
lis *m* **1.** Fuchs *m*; ~ **srebrny** Silberfuchs *m*; ~ **polarny** Polarfuchs *m*; *figur.* **chytry** ~ schlauer Fuchs *m*, Schlaukopf *m* **2. ~y** *pl (futro)* Fuchspelz *m*
list *m* Brief *m*; ~ **polecony** eingeschriebener Brief; ~ **ekspresowy** Eilbrief *m*; ~ **wartościowy** Wertbrief *m*; ~ **miejscowy** Ortsbrief *m*; **(na)pisać** ~ einen Brief schreiben; **nadać** ~ einen Brief aufgeben
list|a *f* Liste *f*; ~ **obecności** Anwesenheitsliste *f*; ~ **a wyborcza** Wahlliste *f*; **wpisać** <**wciągnąć**> **na ~ę** in die Liste eintragen; **skreślić z ~y** von der Liste streichen

listonosz *m* Briefträger *m*
listopad *m* November *m*
listownie *adv* brieflich; **powiadomić ~** brieflich benachrichtigen <informieren>
listowy *adj* Brief-; **papier ~** Briefpapier *n*
listwa *f* Leiste *f*, Latte *f*
liść *m* Blatt *n*
liście Laub *n*
litera *f* Buchstabe *m*; **duża <mała> ~** großer <kleiner> Buchstabe
literacki *adj* (*dot. literatury*) literarisch; (*dot. literata*) schriftstellerisch
literat *m* Schriftsteller *m*
literatura *f* Literatur *f*; **~ światowa <powszechna>** Weltliteratur *f*
litewski *adj* litauisch
litość *f* Mitleid *n*; **bez ~ci** erbarmungslos; **wzbudzać ~ć** Mitleid erwecken
litować się *vr*: **~ nad kimś** jn bemitleiden
litr *m* Liter *m*, *n*
Litwin *m* Litauer *m*
lizać I. *vt* lecken **II.** *vr* **~ się** sich lecken
lodowaty *adj* eiskalt; eisig (*a. figur.*)
lodowiec *m* Gletscher *m*
lodowisko *n* Eisbahn *f*
lodówka *f* Kühlschrank *m*
lody *pl* (*potrawa*) Speiseeis *n*, Eis *n*, *schweiz.* Glace *f*
logiczny *adj* logisch
logika *f* Logik *f*
lojalny *adj* loyal
lok *m* Locke *f*; **kręcić ~i** das Haar <die Haare> locken
lokal *m* Lokal *n*; **nocny ~** Nachtlokal *n*
lokalny *adj* lokal; Lokal-; örtlich; **władze ~e** Ortsbehörden *fpl*; **wizja ~a** Lokaltermin *m*; **patriotyzm ~y** Lokalpatriotismus *m*
lokator *m* Mieter *m*
lokomotywa *f* Lokomotive *f*, *ugs.* Lok *f*
lokować *vt* unterbringen; (*kapitał*) anlegen
lornetka *f* Fernglas *n*; **~ teatralna** Opernglas *n*
los *m* **1.** Schicksal *n*, Geschick *n*; **pozostawić kogoś swojemu ~owi** jn seinem Schicksal überlassen **2.** (*na loterii*) Los *n*, Lotterielos *n*
losować *vt* losen
lot *m* Flug *m*; **~ nurkowy** Sturzflug *m*; **~ ślizgowy** Gleitflug *m*; **w ~** flugs; **~em błyskawicy** blitzschnell
loteria *f* Lotterie *f*; **grać <wygrać> na ~i** in der Lotterie spielen <gewinnen>

lotnictwo *n* Luftfahrt *f*, Flugwesen *n*; **~ komunikacyjne** die zivile Luftfahrt; **~ wojskowe** Luftstreitkräfte *fpl*, Luftwaffe *f*
lotniczy *adj* Flug-; Flieger-; Luft-; **poczta ~a** Luftpost *f*; **pocztą ~ą** per Luftpost; **port ~y** Flughafen *m*; **baza ~a** Luftstützpunkt *m*
lotnik *m* Flieger *m*
lotnisko *n* Flugplatz *m*
loża *f* Loge *f* (*a. teatr.*)
lód *m* Eis *n*; **zimny jak ~** eiskalt; **~ topnieje** das Eis schmilzt
lśnić [lɕɲitɕ] *vi* (*błyszczeć*) glänzen; (*połyskiwać*) glitzern, schimmern
lub *kj* aber; **~ też** oder aber
lubić *vt* lieb haben, gern haben, (gern) mögen; (*o jedzeniu*) gern essen; **nie ~ę tego** ich habe das nicht gern, ich mag das nicht
ludność *f* Bevölkerung *f*; **~ć cywilna** Zivilbevölkerung *f*; **(powszechny) spis ~ci** Volkszählung *f*
ludobójstwo *n* Völkermord *m*
ludowy *adj* Volks-; volkstümlich; **piosenka ~a** Volkslied *n*; **taniec ~y** Volkstanz *m*; **strój ~y** Volkstracht *f*
ludzie *pl* **~ człowiek 1.** Menschen *mpl*, Leute *pl*; **wszyscy ~** alle Menschen; **biedni <dobrzy> ~** arme <gute> Leute **2.** (*odpowiednik formy bezosobowej*) man; **~ mówią, że ...** man sagt, dass ...
ludzkość *f* **1.** (*rodzaj ludzki*) Menschheit *f* **2.** (*humanitarność*) Menschlichkeit *f*
luka *f* Lücke *f*
luksus *m* Luxus *m*
luneta *f* Fernrohr *n*
lupa *f* Lupe *f*
lusterko *n* (kleiner) Spiegel *m*, Taschenspiegel *m*; *mot.* **~ wsteczne** Rückspiegel *m*; **~ wewnętrzne** Innenspiegel *m*; **~ zewnętrzne** Außenspiegel *m*
lustro *n* Spiegel *m*; **gładki jak ~o** spiegelglatt; **przejrzeć się w ~rze** sich im Spiegel besehen
luty *m* Februar *m*
luz *m* **1.** freier Raum **2.** *mot.* **na luzie** im Leerlauf
luzem *adv handl.* lose, unverpackt
luźny *adj* (*nieścisły*) locker; (*nie związany*) lose; (*nie opakowany*) unverpackt
lwica *f* Löwin *f*
lżej *adv kompar* → **lekko** leichter
lżejszy [ˈlʒɛjʃi] *adj kompar* → **lekki** leichter

Ł

łabędź ['ŭaĕbtç] *m* Schwan *m*
łach *m* Lumpen *m*
łacin|a *f* Latein *n*; **~a ludowa** Vulgärlatein *n*; **po ~ie** Lateinisch
ładnie *adv* hübsch, nett, schön; **to bardzo ~ z pana strony** es ist sehr <furchtbar> nett von Ihnen
ładny *adj* hübsch, schön
ładować *vt* **1.** auf|laden **2.** (*broń*) laden
ładunek *m* **1.** Ladung *f*, Fracht *f* **2.** (*nabój*) Ladung *f*; **~ elektryczny** elektrische Ladung; **~ wybuchowy** Sprengkörper *m*, Sprengladung *f*
łagodny *adj* mild, sanft
łagodzić *vt* (*ostrość*) mildern; (*ból*) lindern; (*uspokajać*) besänftigen
łakomy *adj* (*żarłoczny*) naschhaft
łamać *vt* brechen; **~ prawo** das Recht verletzen <brechen>; *figur.* **~ sobie głowę** sich den Kopf zerbrechen
łaman|y *adj* gebrochen; **~ą niemczyzną** in gebrochenem Deutsch
łamistrajk *m* Streikbrecher *m*
łamliwy *adj* zerbrechlich
łania *f* Hirschkuh *f*
łańcuch *m* Kette *f*; **~ gór** <**górski**> Gebirgskette *f*; **~ roweru** Fahrradkette *mot.* **~ śniegowy** Schneekette *f*
łańcuszek *m* (kleine) Kette *f*; **~ na szyję** Halskette *f*
łapa *f* (*np. psa*) Pfote *f*, (*lwa, tygrysa*) Pranke *f*, Tatze *f*
łapać *vt* fangen
łapówk|a *f* Schmiergeld, Bestechungsgeld *n*; **dawać komuś ~ę** jn bestechen; **brać ~i** Schmiergeld nehmen
łasica *f* Wiesel *n*
łask|a *f* Gnade *f*; (*przychylność*) Gunst *f*; **zdać się na czyjąś ~ę** sich jm auf Gnade (und Ungnade) ergeben; **stracić czyjąś ~ę** js Gunst verlieren; **być w ~ach u kogoś** bei jm in (hohen) Gnaden stehen
łaskawy *adj* gnädig; (*uprzejmy*) gütig
łaskotać *vt* kitzeln
łatwo *adv* leicht
łatwo- w złożeniach leicht-, Leicht-
łatwość|ć *f* Leichtigkeit *f*; **z ~cią** spielend leicht
łatwowierność *f* Leichtgläubigkeit *f*
łatwowierny *adj* leichtgläubig
łatwy *adj* leicht, einfach; **~ do nauczenia** leicht zu erlernen
ława *f* Bank *f*; **~ oskarżonych** Anklagebank *f*
ławka *f* (kleine) Bank *f*, Sitzbank *f*
łazienka *f* Badezimmer *n*, *ugs.* Bad *n*
łącznie *adv* (*razem*) zusammen; (*ogółem*) insgesamt; (*wliczając*) **~ z opakowaniem** einschließlich Verpackung
łączność *f* *tel.* Nachrichtenwesen *n*, Fernmeldewesen *n*
łączyć I. *vt* verbinden; vereinigen **II.** *vr* **~ się** sich verbinden; sich vereinigen; *tel.* verbinden; **łączę!** ich verbinde!
łąka *f* Wiese *f*
łata *f* Fleck *m*; Flicken *m*
łeb *m* großer Kopf *m*; Schädel *m*; (*zwierzęcy*) Tierkopf *m*; **~ w ~** Kopf an Kopf; **na ~, na szyję** Hals über Kopf
łechtać *vt* kitzeln
łkać *vi* schluchzen
łodyga *f* Stängel *m*
łok|ieć *m* **1.** *anat.* Ellbogen *m*; **opierać się na ~ciach** sich auf die Ellbogen stützen **2.** (*dawn. miara*) Elle *f*
łom *m* **1.** Brechstange *f* **2.** Felsblock *m* **3.** Reisig *m*
łon|o *n* Schoß *m*, Leib *m*; (*pierś*) Brust *f*; Busen *m*; **w ~ie matki** im Mutterleib; **na ~ie** auf dem Schoß; *figur.* **na ~ie przyrody** im Grünen; **w ~ie społeczeństwa** im Schoß der Gesellschaft
łobuz *m* Lausbub *m*, Lümmel *m*
łopata *f* Spaten *m*
łopatka *f* **1.** (kleiner) Spaten *m* **2.** *anat.* Schulterblatt *n*
łosoś *m* Lachs *m*
łoś *m* Elen(tier) *n*, Elch *m*
łotewski *adj* lettisch
Łotysz *m* Lette *m*
łowić *vt*: **~ ryby** fischen; **~ na wędkę** angeln; *figur.* **~ ryby w mętnej wodzie** im Trüben fischen
łowny *adj* jagdbar, Jagd-
łożysko *n* **1.** (*koryto*) Flussbett *n* **2.** *mech.* Lager *n*; **~ kulkowe** Kugellager *n*; **~ koła** Radlager *n* **3.** *anat.* Mutterkuchen *m*, Plazenta *f*
łódź [ŭutç] *f* Boot *n*; **~ ratunkowa** Rettungsboot *n*; **~ żaglowa** Segelboot *n*

łóżk|o *n* Bett *n*; **~o polowe** Feldbett *n*; **składane ~o** Klappbett *n*; **~o piętrowe** Etagenbett *n*; **iść do ~a** zu Bett <schlafen> gehen; **zaścielić ~o** das Bett machen; *ugs.* **pójść z kimś do ~a** mit jm ins Bett gehen <steigen>
łubin *m* Lupine *f*
łudzić I. *vt* täuschen, trügen **II.** *vr* **~ się** sich täuschen
łuk *m* Bogen *m*; **cięciwa ~u** Bogensehne *f*; **strzelać z ~u** mit dem Bogen schießen; *archit.* **~ triumfalny** Triumphbogen *m*
łup *m* Beute *f*; **paść czyimś ~em** jm zur Beute fallen
łupać *vt* spalten; **~ drwa** Holz spalten; **~ orzechy** Nüsse knacken
łupież *m* (Kopf)schuppen *pl*
łupina *f* Schale *f*; **~ ziemniaka** Kartoffelschale *f*; **~ orzecha** Nussschale *f*
łuska *f* **1.** Schuppe *f*; **~ ryby** Fischschuppe *f* **2.** (*naboju, a. bot.*) Hülse *f*
łuskowaty *adj* schuppig
łut *m* Lot *n*
łydka *f* Wade *f*
łużycki *adj* sorbisch
Łużyczanin *m* Lausitzer *m*, Sorbe *m*

Łużyczanka *f* Lausitzerin *f*, Sorbin *f*
łydka *f* Wade *f*
łyk *m* Schluck *m*, Zug *m*; **pociągnąć porządny ~** einen tüchtigen <kräftigen> Schluck nehmen
łysieć *vi* kahl werden
łysina *f* (*częściowa*) Glatze *f*, (*całkowita*) Glatzkopf *m*
łyska *f orn.* Blesshuhn *n*
łysy *adj* kahl(köpfig)
łyżeczka [ŭi'ʒɛtʃka] *f* (kleiner) Löffel *m*; **~ do herbaty** Teelöffel *m*; **~ do kawy** Kaffeelöffel *m*
łyżk|a ['ŭiʃka] *f* Löffel *m*; **~a stołowa** Esslöffel, Suppenlöffel *m*; **~a wazowa** Schöpflöffel *m*; **czubata ~a** gehäufter Esslöffel; **jeść ~ą** mit dem Löffel essen
łyżwa *f* Schlittschuh *m*; **jeździć na ~ch** Schlittschuh laufen
łyżwiarstwo *n* Eislauf *m*; **~ figurowe** Eiskunstlauf *m*
łyżwiarz *m* Schlittschuhläufer *m*
łyżworolki *fpl* Rollerskates *pl*
łza *f* Träne *f*; **gorzkie łzy** bittere Tränen; **ze łzami w oczach** unter Tränen
łzawiący *adj*: **gaz ~** Tränengas *n*

M

macedoński *adj* mazedonisch
machać *vt* **1.** (*przedmiotem*) schwenken; ~ **kapeluszem** den Hut schwenken **2.** (*kiwać*) winken; ~ **ręką** mit der Hand winken; ~ **rękami** mit den Händen fuchteln
machinalny *adj* unwillkürlich, mechanisch
machnąć *vi pf* → **machać**
maciora *f* Sau *f*
macocha *f* Stiefmutter *f*
maczać *vt* eintauchen
magazyn *m* **1.** (*skład*) Magazin *n*, Lager *n*, Depot *n*; Vorratsraum *m*; ~ **książek** Büchermagazin *n* **2.** (*czasopismo*) Magazin *n* **3.** *techn.* Speicher *m*; ~ **informacji** Informationsspeicher *m*
magazynier *m* Lagerverwalter *m*
magazynować *vt* speichern; ~ **informacje** Informationen speichern
magiel *m* Wäschemangel *f*
maglować *vt*: ~ **bieliznę** Wäsche mangeln
magnes *m* Magnet *m*
magnetofon *m* Tonbandgerät *n*; ~ **kasetowy** Kassettenrekorder *m*
magnetowid *m* Videorekorder *m*
mahoń *m* Mahagoni *n*
maj *m* Mai *m*
majątek *m* Vermögen *n*; ~ **ziemski** Landgut *n*
majonez *m* Majonäse *f*, Mayonnaise *f*
major *m mil.* Major *m*
majtki *pl*: ~ **damskie** Damenunterhose *f*, Damenslip *m*, (*z nogawkami*) Schlüpfer *m*; ~ **kąpielowe** Badehose *f*
mak *m* Mohn *m*; ~ **polny** Klatschmohn *f*
makaron *m* Nudeln *fpl*
makowiec *m* Mohnkuchen *m*
makrela *f* Makrele *f*
maksymaln|y *adj* Maximal-, Höchst-; **~a prędkość** Höchstgeschwindigkeit *f*; **~a wydajność** Höchstleistung *f*; **~e obciążenie** Höchstbelastung *f*
makulatura *f* Makulatur *f*, Altpapier *n*
malarka *f* Malerin *f*
malarstwo *n* Malerei *f*
malarz *m* Maler *m*; (*artysta*) Kunstmaler *m*; (*rzemieślnik*) Anstreicher *m*
malina *f* Himbeere *f*; (*krzak*) Himbeerstrauch *m*
malinowy *adj* **1.** Himbeer-; **sok** ~ Himbeersaft *m* **2.** (*kolor*) himbeerfarben

malowa|ć *vt* **1.** (*artystycznie*) malen **2.** (*mieszkanie*) anstreichen; **świeżo ~ne** frisch gestrichen
malowniczy *adj* malerisch
malwa *f bot.* Malve *f*
mało *adv* wenig; **za** <**zbyt**> ~ zu wenig; ~ **znany** wenig bekannt; **o** ~ (**co**) fast, beinahe; ~ **kto** nur Wenige
mało- *w złożeniach* Klein-, klein-
małoletni *adj* minderjährig, unmündig
małolitrażowy *adj*: **samochód** ~ Kleinauto *n*
małomiasteczkowy *adj* kleinstädtisch
małomówny *adj* wortkarg, schweigsam
małostkowy *adj* kleinlich
małpa *f* **1.** Affe *m*; (*samica*) Äffin *f* **2.** *inform. ugs.* Klammeraffe *m*
mały *adj* klein; **o ~ włos** um Haaresbreite
małżeńsk|i *adj* ehelich; Ehe-; **para ~a** Ehepaar *n*; **wierność ~a** eheliche Treue; *juris.* **prawo ~ie** Eherecht *n*
małżeństwo *n* **1.** (*związek*) Ehe *f*; ~ **cywilne** Zivilehe *f*; ~ **z rozsądku** Vernunftehe *f*; **zawrzeć** ~ eine Ehe schließen **2.** (*para*) Ehepaar *n*, Eheleute *pl*
małżonek *m* Ehemann *m*, Ehepartner *m*; (*oficjalnie*) Gatte *m*
małżonka *f* Ehefrau *f*; (*oficjalnie*) Gattin *f*
małżonkowie *pl* Eheleute *pl*
mama, mamusia *f diminu.* Mama *f*, Mutti *f*
manager *m zob.* **menedżer**
mandarynka *f* Mandarine *f*
mandolina *f* Mandoline *f*
manekin *m* Schaufensterpuppe *f*
manewr *m* Manöver *n*; *mil.* **~y** *pl* Manöver *pl figur.* Kniff *m*
manierka *f* Feldflasche *f*
manifest *m* Manifest *n*; **wydać** ~ ein Manifest erlassen
manifestacja *f* **1.** (*uczuć*) Manifestation *f* **2.** (*uliczna*) Kundgebung *f*; ~ **masowa** Massenkundgebung *f*; ~ **protestacyjna** Protestkundgebung *f*
manikiur *m* Maniküre *f*
manikiurzystka *f* Handpflegerin *f*, Maniküre *f*
manipulować *vt* manipulieren (**czymś** etw)
mankiet *m* Manschette *f*
mańkut *m* Linkshänder *m*

mapa f Landkarte f, Karte f; **~ ścienna** Wandkarte f; **~ morska** Seekarte f; **~ samochodowa** Autokarte f, Straßenkarte f
marcepan m Marzipan n
marchew, marchewka f Möhre f, (*mała*) Karotte f
marcow|y adj März-; **pogoda ~a** Märzwetter n
margaryna f Margarine f
margines m Rand m; *figur.* **na ~ie** am Rande
marionetka f (*a. figur.*) Marionette f
marka f 1. *dawn.* (*jednostka monetarna*) Mark f 2. Marke f; **~ samochodu** Automarke f
marksizm m Marxismus m
marmolada f Marmelade f
marmur m Marmor m
marnować vt vergeuden; *ugs.* verplempern
marny adj (*nędzny*) armselig, elend, jämmerlich
marsz m *mil.*, *mus.* Marsch m; **forsowny ~** Eilmarsch m; *mus.* **~ żałobny** Trauermarsch m; **~!** marsch!
marszałek m Marschall m; **~ sejmu** Sejmvorsitzende m, (*w RFN*) Bundestagspräsident m
marszczyć ['marʃtʃɨtɕ] **I.** vt runzeln; **~ brwi** die Stirn runzeln **II.** vr **~ się** sich runzeln
martw|ić I. vt betrüben, bekümmern **II.** vr **~ić się** sich kümmern (**o coś** um etw); (*mieć zmartwienie*) Kummer haben; **nie ~ się!** mach dir keine Sorgen!
martwy adj tot; **~ język** tote Sprache
marynarka f 1. *mil.* Marine f; **~ wojenna** Kriegsmarine f 2. (*część ubrania*) Jackett n, Sakko m
marynarz m Matrose m, Seemann m
marynować vt marinieren, in Essig einlegen
marzec m März m
marzenie n Träumerei f, Träumen n; (*rzecz pożądana*) Wunschtraum m; **~ senne** Traumbild n; **~ na jawie** Tagtraum m
marznąc ['marznɔ̃tɕ] vi 1. (*o wodzie*) gefrieren 2. (*o człowieku*) frieren; **~ mi nogi** mir frieren die Füße, ich friere an den Füßen, mich friert es an den Füßen
marzyć vi träumen (**o czymś** von etwas)
mas|a f 1. (*mnogość*) Menge f, Masse f; **~ami** in Massen, massenhaft; **mieć ~ę pracy** (schrecklich) viel <alle Hände voll> zu tun haben 2. *phys.* Masse f

masaż m Massage f
maselniczka f Butterdose f
maska f Maske f; **~ przeciwgazowa** Gasmaske f; *mot.* **~ silnika** Motorhaube f
maskować I. vt 1. *mil.* tarnen 2. *figur.* (*pokrywać*) bemänteln, tarnen **II.** vr **~ się** (*udawać*) sich verstellen
masło n Butter f; *ugs.* **idzie jak po maśle** es geht wie geschmiert <geölt>
masow|y adj massenhaft; Massen-; **~a produkcja** Massenerzeugung f
masywny adj massiv
maszerować vi marschieren
maszt m Mast m, Mastbaum m
maszyna f Maschine f; **~ do pisania** Schreibmaschine f; **~ do szycia** Nähmaschine f
maszynista m *ebw.* Lokomotivführer m, Lokführer m
maszynka f (kleine) Maschine f; **~ do strzyżenia włosów** Haarschneidemaschine f; **~ do golenia** Rasierapparat m; **~ do mielenia mięsa** Fleischwolf m
maszynopis m Maschinenschrift f; Manuskript n
maszynowy adj maschinell; Maschinen-; **pistolet ~** Maschinenpistole f
maść f 1. *med.* Salbe f 2. (*konia*) Farbe f
maślanka f Buttermilch f
matematyczny adj mathematisch
matematyka f Mathematik f
materac m Matratze f
materi|a f Materie f (*o. philo.*); Stoff m; **przemiana ~i** Stoffwechsel m
materialistyczny adj materialistisch
materializm m Materialismus m
materialn|y adj materiell; **warunki ~e** materielle Lebensbedingungen
materiał m 1. Stoff m, Material n; **~ wybuchowy** Sprengstoff m; **~ opałowy** Heizstoff m; **~y budowlane** Baumaterialien npl 2. (*tkanina*) Stoff m
matk|a f Mutter f; **~a chrzestna** Patin f; **Matka Boska** Mutter Gottes; **zostać ~ą** Mutter werden
matma f *schul.* Mathe f
matowy adj matt; (*bez połysku*) glanzlos
matur|a f Abitur n; **zdać ~ę** das Abitur bestehen, sein Abitur machen
maturzysta m Abiturient m
mazurek m *mus.* Masurka f
mądrość f Weisheit f, Klugheit f
mądry adj weise, klug

mąka f Mehl n; ~ **pszenna** Weizenmehl n; ~ **żytnia** Roggenmehl n; ~ **ziemniaczana** Kartoffelmehl n
mąż m **1.** Mann m; ~ **stanu** Staatsmann m; ~ **zaufania** Vertrauensmann m **2.** (*małżonek*) Ehepartner m, Ehemann m, Mann m; **mój** ~ mein Mann; **wydać za** ~ zur Frau geben, verheiraten; **wyjść za** ~ heiraten (**za kogoś** einen Mann)
mdleć vi fast ohnmächtig werden, in Ohnmacht fallen
mdli|ć vi: ~ **mnie** mir wird übel
mdły adj fade; (*smak*) flau; (*zwietrzały*) schal; ~ **zapach** fader Geruch
mebel m Möbel n
mech m Moos n
mechaniczny adj mechanisch
mechanik m Mechaniker m
mechanizm m Mechanismus m, Getriebe, Werk n; ~ **zegarka** Uhrwerk n
mecz m *sport.* Spiel n, Match m, n; ~ **piłkarski** Fußballspiel n; **rozegrać** ~ ein Match austragen
medal m Medaille f; **odwrotna strona ~u** die Kehrseite der Medaille
medycyna f Medizin f; ~ **sportowa** Sportmedizin f; ~ **niekonwencjonalna** alternative Medizin
medyk m Mediziner m
megafon m Lautsprecher m
Meksykanin m Mexikaner m
meksykański adj mexikanisch
meldować (się) vt (vr) (sich) melden; (*w urzędzie*) sich anmelden
melodia f Melodie f
meloman m Musikfreund m
melon m Melone f
menażka f Kochgeschirr n
menedżer m Manager m
merdać vi: ~ **ogonem** mit dem Schwanz wedeln
met|a f *sport.* Ziel n; **dobiec do ~y** das Ziel erreichen; **wpaść na ~ę** durchs Ziel laufen; *figur.* **na dalszą ~ę** auf die Dauer
metal m Metall n; ~ **szlachetny** Edelmetall n; **~e kolorowe** <**nieżelazne**> Buntmetalle <Nichteisenmetalle> npl
metalowy adj Metall-; metallen; **przemysł** ~ Metallindustrie f
meteor m Meteor m
meteorologiczn|y adj meteorologisch; Wetter-; **służba ~a** Wetterdienst m; *rad.* **komunikat ~y** Wetterbericht m

metoda f Methode f, Verfahren n
metr m **1.** Meter m, n; ~ **kwadratowy** Quadratmeter m, n; ~ **sześcienny** Kubikmeter m, n; ~ **bieżący** der laufende Meter; **na ~y** meterweise **2.** (*miarka*) Metermaß n
metro n Untergrundbahn f, *ugs.* U-Bahn f
metryka f Urkunde f; ~ **urodzenia** Geburtsurkunde f, Geburtsschein m; ~ **ślubu** Trauschein m
mewa f Möve f
męczący adj anstrengend, strapaziös
męczennik m Märtyrer m
męczyć I. vt quälen, peinigen, martern; (*nużyć*) ermüden **II.** vr ~ **się** sich abmühen (**czymś** mit etw); (*nużyć się*) müde werden, ermüden
męka f Qual f, Pein f
męsk|i adj **1.** (*dla mężczyzn*) Herren-; **koszula ~a** Herrenhemd n **2.** (*złożony z mężczyzn*) Männer-; **chór ~i** Männerchor m **3.** (*dojrzały*) Mannes-; **wiek ~i** Mannesalter n **4.** (*dotyczący płci lub rodzaju*) männlich; *gram.* **rodzaj ~i** männliches Geschlecht; **~a decyzja** ein männlicher Entschluss; **po ~u** männlich
mętny adj (*zmętniały*) trüb(e); *figur.* (*niejasny*) konfus, verworren
mężatka f Ehefrau f, verheiratete Frau
mężczyzna m Mann m
mgła f Nebel m; **lekka ~** Dunst m; **~ osiada** <**opada**> der Nebel fällt
mi pron pers (nieakcentowane) D mir; → **ja**
mianować vt ernennen (**kogoś swoim następcą** jn zu seinem Nachfolger)
mianowicie adv nämlich, und zwar
mianownik m *mat.* Nenner m; *gram.* Nominativ m; *figur.* **sprowadzić do wspólnego ~a** auf einen gemeinsamen Nenner bringen
miar|a f Maß n; **~a pojemności** Hohlmaß n, **~a objętości** Raummaß n; **~a powierzchni** Flächenmaß n; **brać ~ę** das Maß nehmen; *figur.* **przebrać ~ę** das Maß überschreiten; **w ~ę możności** nach Möglichkeit; **w pewnej mierze** gewissermaßen; **bez ~y** maßlos
miarka f Maß n; *mot.* ~ **poziomu oleju** Ölmaßstab m, Peilstab m
miarodajny adj maßgebend, maßgeblich
miasteczko n Städtchen n
miast|o n Stadt f; **wielkie ~o** Großstadt f; **~o portowe** Hafenstadt f; **~o stołeczne** Hauptstadt f; **~o targów** (**międzynaro-**

miauczeć   67   **mijać**

dowych) Messestadt *f*; **~o handlowe** Handelsstadt *f*; **~o przemysłowe** Industriestadt *f*; (*dzielnica*) **Stare Miasto** Altstadt *f*; **na mieście** in der Stadt; **za ~em** außerhalb der Stadt
miauczeć *vi* miauen
miąć *vt* zer|knittern, zer|knüllen
miecz *m* Schwert *n*
mieć I. *vt* **1.** (*posiadać*) haben; **~ 20 lat** 20 Jahre alt sein; **~ rację** Recht haben; **~ coś na sobie** etw anhaben **2.** (*musieć*) haben zu, sollen; **mam napisać list** ich habe einen Brief zu schreiben; **co mam robić?** was soll ich tun? **3.** (*uważać*) **~ za …** für … halten; **za kogo mnie masz?** für wen hältst du mich?; **nie ma za co!** keine Ursache!, gern geschehen! **II.** *vr* **~ się**: **~ się na baczności** aufpassen, sich in Acht nehmen; **jak się masz?** wie geht es dir?
miednica *f* Waschschüssel *f*; *anat.* Becken *n*
miedź *f* Kupfer *n*
miejsc|e *n* (*przestrzeń*) Platz *m*, Raum *m*; (*punkt*) Ort *m*, Stelle *f*; **~e siedzące** Sitzplatz *m*; **~e zamieszkania** Wohnort *m*; **~e pobytu** Aufenthaltsort *m*; **~e pracy** Arbeitsstelle *f*; **~e przeznaczenia** Bestimmungsort *m*; **~e urodzenia** Geburtsort *m*; *mot.* **~e do zaparkowania** Parklücke *f*; **dużo ~a** viel Platz <Raum>; **na ~u** an Ort und Stelle; **z ~a na ~e** von Ort zu Ort; **~ami** stellenweise; **nie ruszyć się z ~a** sich nicht von der Stelle rühren; **w tym ~u** in dieser Stelle, *figur.* an dieser Stelle; **na pierwszym** <**drugim**> **~u** an erster <zweiter> Stelle; **zająć ~e** (*usiąść*) Platz nehmen; *sport.* **zająć pierwsze ~e** den ersten Platz einnehmen
miejscownik *m gram.* Lokativ *m*
m|ejscowoś|ć *f* Ortschaft *f*; **~ć kuracyjna** Kurort *m*; **~ć wypoczynkowa** Erholungsort *m*; **~ć wczasowa** Ferienort *m*; *mot.* **w obrębie ~ci** innerhalb geschlossener Ortschaften; **poza ~ciami** außerhalb geschlossener Ortschaften
miejscow|y *adj* örtlich; lokal-, Orts-; **władza ~a** Ortsbehörde *f*; **znieczulenie ~e** örtliche Betäubung, Lokalanästhesie *f*
miejscówka *f ebw.* Platzkarte *f*
miejsk|i *adj* städtisch; Stadt-; **po ~u** städtisch
mierzyć I. *vt*, *vi* messen; (*celować*) zielen (**do kogoś** nach jm) **II.** *vr* **~ się**: *figur.* **~ się z kimś** sich mit jm messen

miesiąc *m* **1.** Monat *m*; **bieżący ~** laufender <dieser> Monat; *figur.* **miodowy ~** Flitterwochen *fpl*; **~ami** monatelang **2.** *poet.* (*księżyc*) Mond *m*
miesięcznik *m* Monatsschrift *f*
miesięczn|y *adj* monatlich; Monats-; **pensja ~a** Monatsgeld *n*; **-miesięczny** *w złożeniach* -monatig
mieszać I. *vt* **1.** mischen, mengen; (*łyżką*) umrühren, rühren **2.** *figur.* (*mylić*) verwechseln, durcheinander werfen **II.** *vr* **~ się** (*wtrącać się*) sich einmischen, sich einmengen
mieszanka *f* Mischung *f*, Gemisch *n*
mieszczanin *m* Bürger *m*
mieszczański *adj* bürgerlich
mieszkać *vi* wohnen
mieszkanie *n* **1.** (*czynność*) Wohnen *n* **2.** (*pomieszczenie*) Wohnung *f*
mieszkaniec *m* Einwohner *m*, Bewohner *m*
mieści|ć I. *vt* fassen (**w sobie** in sich); (*zawierać*) enthalten **II.** *vr* **~ć się** (*znajdować się*) sich befinden, seinen Sitz haben; **w przedziale ~ się 10 osób** ins Abteil gehen 10 Personen hinein
między *praep* **1.** zwischen; **~ mną a tobą** zwischen mir und dir **2.** (*wśród*) unter; **~ nami mówiąc** unter uns gesagt; **~ innymi** unter anderem; *figur.* (**czytać**) **~ wierszami** zwischen den Zeilen (lesen)
między- *w złożeniach* inter-; zwischen-; Zwischen-
międzykontynentaln|y *adj* interkontinental; **rakieta ~a** Interkontinentalrakete *f*
międzymiastow|y *adj* interurban; *tel.* Fern-; **centrala ~a** Fernamt *n*
międzynarodowy *adj* international
międzypaństwowy *adj* zwischenstaatlich
międzysojuszniczy *adj* interalliiert
miękki *adj* weich
mięsień *m* Muskel *m*
mięsny *adj* Fleisch-; **sklep ~** Metzgerei *f*
mięso *n* Fleisch *n*; **~ wieprzowe** Schweinefleisch *n*; **~ wołowe** Rindfleisch *n*; **~ siekane** Gehacktes, Hackfleisch *n*
mięsożerny *adj* fleischfressend
mięta *f bot.* Minze *f*
migacz *m mot. ugs.* Blinker *m*
migdał *m* Mandel *f* (*o. anat.*)
migowy *adj*: **język ~** Zeichensprache *f*
migrena *f* Migräne *f*
mijać I. *vt* vorbeigehen, vorbeifahren **II.** *vi* (*przemijać*) verstreichen, vergehen **III.** *vr* **~**

się vorbeifahren (**z kimś** aneinander); **listy się minęły** die Briefe haben sich gekreuzt
mikro- *w złożeniach* Mikro-; mikro-; Klein-
mikrobiologia *f* Mikrobiologie *f*
mikrobus *m* Kleinbus *m*
mikrofon *m* Mikrofon *n*; **przed ~em** am Mikrofon
mikroklimat *m* Mikroklima *n*
mikroskop *m* Mikroskop *n*
mikroskopijny *adj* mikroskopisch
mila *f* Meile *f*; **~ morska** Seemeile *f*
milcząc|y *adj* stillschweigend; (*małomówny*) schweigsam; **~a zgoda** stillschweigendes Einverständnis
milczeć *vi* schweigen
milczeni|e *n* **1.** Schweigen *n*; **zmusić kogoś do ~a** jn zum Schweigen bringen **2.** Stillschweigen *n*; **pomijać ~em** mit Stillschweigen übergehen
mili- *w złożeniach* Milli-
miliard *m* Milliarde *f*
miligram *m* Milligramm *n*
milimetr *m* Millimeter *m*
milion *m* Million *f*
miło *adv* angenehm; **~ mi** freut mich, es ist mir angenehm
miłosn|y *adj* Liebes-; **list ~y** Liebesbrief *m*; **przygoda ~a** Liebesabenteuer *n*
miłoś|ć *f* Liebe *f*; **~ć własna** Eigenliebe *f*; **~ć ojczyzny** Vaterlandsliebe *f*; **z ~ci** aus Liebe; **z ~cią** liebevoll; **na ~ć boską!** um Gottes willen!
mił|y *adj* angenehm, freundlich; **~y zapach** angenehmer Geruch; **~a dziewczyna** reizendes <liebliches> Mädchen; **spotkać się z ~ym przyjęciem** freundliche Aufnahme finden
mimika *f* Mimik *f*, Gebärden *fpl*
mimo *praep* trotz, ungeachtet; **~ to** <**tego**> trotzdem, dessen ungeachtet; **~ wszystko** trotz allem; **~ oporu** trotz des Widerstandes; **~ woli** unwillkürlich
min|a¹ *f* (*ładunek*) Mine *f*; **~a morska** Seemine *f*; **zakładać ~y** Minen legen
min|a² *f* (*wyraz twarzy*) Miene *f*; *figur.* **robić dobrą ~ę do złej gry** gute Miene zum bösen Spiel machen
minąć *vt, vi pf* → **mijać**
minerał *m* Mineral *n*
minimum *n unv.* Minimum *n* (**czegoś** an etw *D*)
miniony *adj* vergangen, vorig
minister *m* Minister *m*; **~ spraw zagranicznych** Außenminister *m*; **~ finansów** Finanzminister *m*; **~ bez teki** Minister ohne Portefeuille; **Rada Ministrów** Ministerrat *m*
ministerstwo *n* Ministerium *n*; **Ministerstwo Obrony Narodowej** Ministerium für Nationale Verteidigung, Verteidigungsministerium *n*; **Ministerstwo Spraw Zagranicznych** Außenministerium *n*, (*w RFN*) Auswärtiges Amt
minuta *f* Minute *f*
miotła *f* Besen *m*
miód *m* Honig *m*; **~ pitny** Met *m*
miseczka *f* kleine Schale, Schälchen *n*
misja *f polit., rel.* Mission *f*; **~ handlowa** Handelsmission *f*
miska *f* Schüssel *f*; *mot.* **~ olejowa** Ölwanne *f*
mistrz *m* **1.** Meister *m*; *sport.* **~ świata** Weltmeister *m*; **~ olimpijski** Olympiasieger *m* **2.** (*nauczyciel*) Lehrmeister *m*
mistrzostwo *n sport.* Meisterschaft *f*; **~ Europy** Europameisterschaft *f*; **~ świata** Weltmeisterschaft *f*
miś *m* Bär *m*; (*zabawka*) Teddybär *m*
mitologia *f* Mythologie *f*
mizeria *f* Gurkensalat *m*
mleczarnia *f* Molkerei *f*
mleczny *adj* Milch-; **koktajl ~** Milchshake *n*; *astr.* **Droga Mleczna** Milchstraße *f*
mleć *vt* mahlen
mleko *n* Milch *f*; **~ pełne** Vollmilch *f*; **kwaśne** <**zsiadłe**> **~** Sauermilch *f*, Dickmilch *f*
młodość *f* Jugend(zeit) *f*, Jugendalter *n*
młod|y *adj* jung; **pan ~dy** Bräutigam *m*; **panna ~da** Braut *f*; **państwo ~dzi** Brautleute *pl*; **za ~du...** als ich <er, sie> jung war, ...
młodzież *f* Jugend *f*, die Jugendlichen
młodzieżow|y *adj* Jugend-; **organizacja ~a** Jugendorganisation *f*
młot *m* **1.** Hammer *m*; **~ kowalski** Schmiedehammer *m* **2.** (*ryba*) Hammerfisch *m*
młotek *m* Hammer *m*
młócić *vt* dreschen
młyn *m* Mühle *f*; **~ wodny** Wassermühle *f*
młynek *m* (kleine) Mühle *f*; **~ do kawy** Kaffeemühle *f*
mnie *pron pers D* mir; *A* mich; → **ja**
mniej *adv kompar* → **mało** weniger, minder; **~ więcej** etwa, ungefähr; **~ lub więcej** mehr oder weniger
mniejsza: **~ o to!** einerlei!, das ist Nebensache

mniejszość *f* Minderheit *f*; **~ narodowa** nationale Minderheit
mniejszy *adj kompar* → **mały** kleiner, geringer
mnożeni|e *n* **1.** *mat.* Multiplikation *f*; **tabliczka ~a** Einmaleins *n* **2.** (*zwielokrotnianie*) Vermehrung *f*
mnożna *f mat.* Multiplikand *m*
mnożnik *m mat.* Multiplikator *m*
mnożyć I. *vt* **1.** *mat.* multiplizieren, malnehmen **2.** (*powiększać*) vermehren **II.** *vr* **~ się** sich vermehren, sich fortpflanzen
mnóstwo *n* große Anzahl <Menge>
mobilizacja *f* Mobilmachung *f*
moc *f* **1.** Kraft *f*, Stärke *f*; Macht *f*; **na ~y** kraft, auf Grund von ...; **na ~y uchwały** auf Grund des Beschlusses; **z całej ~y** mit aller-Kraft; *mot.* **maksymalna ~ silnika** die Höchstleistung des Motors **2.** (*możność*) Macht *f*; **uczynię wszystko, co w mojej ~y** ich will alles tun, was in meiner Macht steht
mocarstwo *n* Weltmacht *f*, Großmacht *f*
mocno *adv* stark, fest
mocn|y *adj* **1.** stark, kräftig; **~a herbata** starker Tee **2.** (*niewzruszony*) fest; **~e postanowienie** fester Entschluss
mocz *m* Harn *m*
moczyć *vt* (*bieliznę*) einweichen
moda *f* Mode *f*; **być w modzie** Mode sein; **wychodzić z mody** aus der Mode kommen
model *m* Modell *n*
modelka *f* Model *n*, Mannequin *n*
modem *m inform.* Modem *m*, *n*
modlić się *vr* beten
modlitwa *f* Gebet *n*
modła *f* Muster *n*, Schablone *f*
modnie *adv* modisch; **~ ubrany** modisch gekleidet
modn|y *adj* modisch, Mode-; **~a suknia** Modelkleid *n*; **~y kolor** Modefarbe *f*
modry *adj* kornblumenblau
modrzew *m* Lärche *f*
modystka *f* Modistin *f*
moja, moje *pron poss* → **mój**
moknąć *vi* nass werden
mokry *adj* nass
momen|t *m* Moment *m*, Augenblick *m*; **w tym (samym) ~cie** im gleichen Augenblick; **w pewnym ~cie** auf einmal
momentalnie *adv* augenblicklich, sofort
monarchia *f* Monarchie *f*; Königreich *n*
monet|a *f* Münze *f*; **złota ~a** Goldmünze *f*; **drobne ~y** kleine Münzen; *figur.* **brać coś za dobrą ~ę** etw für bare Münze nehmen
mongolski *adj* mongolisch
monitor *m* Monitor *m*
monolog *m* Monolog *m*
monopol *m* Monopol *n*; **~ państwowy** Staatsmonopol *n*
monotonny *adj* eintönig, monoton
montaż *m* Montage *f*; *film.* Schnitt *m*
monter *m* Monteur *m*
montować *vt* montieren
montownia *f* Montagewerk *n*
moralność *f* Moral *f*; **podwójna ~** Doppelmoral *f*
moralny *adj* moralisch, sittlich
morderca *m* Mörder *m*
morderstw|o *n* Mord *m*, Mordtat *f*; **popełnić ~o, dokonać ~a** einen Mord begehen <verüben>
mordować *vt* morden
morela *f* Aprikose *f*; (*drzewo*) Aprikosenbaum *m*
morfina *f* Morphin *n*
morsk|i *adj* Meer-, Meeres-, See-; **choroba ~a** Seekrankheit *f*; **cierpiący na ~ę morską** seekrank; (*w samolocie*) luftkrank; **przechodzić chorobę ~ą** seekrank sein; **podróż ~a** Seefahrt *f*; **wybrzeże ~ie** Seeküste *f*; *zool.* **świnka ~a** Meerschweinchen *n*; **latarnia ~a** Leuchtturm *m*; **baza ~a** Flottenstützpunkt *m*
morwa *f* Maulbeere *f*; (*drzewo*) Maulbeerbaum *m*
morz|e *n* Meer *n*, See *f*; **na pełnym ~u** auf hoher See; **wyjechać nad ~e** an die See fahren; **wypłynąć w ~e** in See stechen
mosiądz *m* Messing *n*
most *m* Brücke *f*; **· wiszący** Hängebrücke *f*; **~ pontonowy** Pontonbrücke *f*; **~ powietrzny** Luftbrücke *f*; **przerzucić ~** eine Brücke schlagen; *figur.* **powiedzieć prosto z ~u** unverblümt <ohne Umschweife> sagen
motel *m* Motel *n*
motocykl *m* Motorrad *n*
motor *m* **1.** Motor *m*; **zapuścić ~** den Motor anlassen **2.** *ugs.* (*motocykl*) Motorrad *n*
motorower *m* Moped *n*, Mofa *n*
motorow|y *adj* Motor-; **żaglowiec ~y** Motorsegler
motorówka *f* Motorboot *n*
motyka *f* Hacke *f*
motyl *m* Schmetterling *m*, Falter *m*

motyw *m* Motiv *n*
motywacja *f* Motivation *f*
mow|a *f* **1.** Sprache *f*; **~a potoczna** Umgangssprache *f* **2.** (*przemówienie*) Rede *f*; **wygłosić ~ę** eine Rede halten; *figur.* **nie ma (o tym) ~y!** das kommt gar nicht infrage <in Frage>!
mozaika *f* Mosaik *n*
mozół *m* Mühe *f*
może *adv* vielleicht; **być ~** kann sein
możliwość *f* Möglichkeit *f*; **istnieje ~ ...** es besteht die Möglichkeit ...
możliw|y *adj* **1.** möglich; **to bardzo ~e** es ist durchaus möglich **2.** *ugs.* (*znośny*) leidlich, erträglich
można *impers* man kann; (*wolno*) man darf; **czy ~?** darf man?; **~ było** man konnte, es war möglich
możnoś|ć *f* Möglichkeit *f*; **w miarę ~ci** soweit es möglich ist; nach Möglichkeit
móc *vi* **1.** können, vermögen; **już nie mogę (dalej)** ich kann nicht mehr (weiter); **możesz być spokojny** du kannst ruhig sein **2.** (*być wolno*) dürfen; **czy mogę zapytać?** darf ich fragen? **3.** (*być możliwym*) möglich sein **4.** (*przypuszczenie*) **ile ona może mieć lat?** wie alt mag sie sein?
mój, moja, moje *pron poss* mein, meine, mein; **to jest moje** das gehört mir
mól *m* (Kleider)motte *f*; *figur.* **~ książkowy** Bücherwurm *m*
mówca *m* Redner *m*
mówić *vt*, *vi* sprechen (**o czymś** über etw); (*powiedzieć*) sagen; **~ po polsku <niemiecku>** Polnisch <Deutsch> sprechen; **co pan mówi?** was sagen Sie? **nie warto o tym ~** es ist nicht der Rede wert; *ugs.* **łatwo ci ~** du hast gut reden
mózg *m* Gehirn *n*; **wstrząs ~u** Gehirnerschütterung *f*
mrok *m* Dämmerung *f*
mrowisko *n* Ameisenhaufen *m*; *figur.* **wsadzić kij w ~** in ein Wespennest stechen
mroźny *adj* frostig, eiskalt; **~ wiatr** frostiger Wind
mrówka *f* Ameise *f*
mróz *m* Frost *m*; Rauhreif *m*; Kälte *f*; **trzaskający ~** strenger <grimmiger> Frost; **10 stopni mrozu** minus 10 Grad, 10 Grad unter null
mruczeć *vt* brummen; (*o kocie*) schnurren; *ugs.* **~ pod nosem** in den Bart brummen

mrugać *vi* blinzeln, zwinkern; **~ porozumiewawczo do kogoś** jm vertraulich zuzwinkern
mrugnąć *vi pf* → **mrugać**
mruknąć *vt pf* → **mruczeć**
msz|a *f rel.* Messe *f*; **odprawi(a)ć ~ę** die Messe lesen
mszyca *f* Blattlaus *f*
mszysty *adj* moosig
mścić się ['mçtçitçe çe] *vr* sich rächen, Rache nehmen (**na kimś za coś** an jm für etw)
mucha *f* Fliege *f*
muchołapka *f* Fliegenfänger *m*
muchomor *m* Fliegenpilz *m*
Mulat *m* Mulatte *m*
muł[1] *m zool.* Maultier *n*
muł[2] *m* (*błoto*) Schlamm *m*
mumia *f* Mumie *f*
mundur *m* Uniform *f*; **~ galowy** Galauniform *f*
mur *m* Mauer *f*; **~y miejskie** Stadtmauer *f*; **~y obronne** Wehrmauer *f*; *archit.* **~ pruski** Fachwerk *n*; *figur.* **przycisnąć <przyprzeć> kogoś do ~u** jn in die Enge treiben
murarz *m* Maurer *m*
murować *vt* mauern
murowan|y *adj* gemauert; *figur.* (*pewny*) ganz sicher; *ugs.* **to ~e** das ist bombensicher
mursz *m* Morschheit *f*
Murzyn *m* Farbiger *m*, Schwarzer *m*
Murzynka *f* Farbige *f*, Schwarze *f*
murzyński *adj* Neger-
musieć *vi* müssen; **nie musisz mi tego powtarzać** das brauchst du mir nicht zweimal zu sagen
muskuł *m* Muskel *m*
musując|y *adv*: **wino ~e** Sekt *m*
muszelka *f* Muschel *f*
muszla *f* Muschel *f*; **~ perłowa** Perlmuschel *f*
musztarda *f* Senf *m*
muza *f* Muse *f*
muzeum *n* Museum *n*, Galerie *f*; **Muzeum Narodowe** Nationalmuseum *n*, Nationalgalerie *f*; **~ przyrodnicze** Naturkundemuseum *n*
muzyczny *adj* Musik-; **utwór ~** Musikstück *n*, **instrument ~** Musikinstrument *n*
muzyk *m* Musiker *m*
muzyka *f* Musik *f*; **~ kameralna** Kammermusik *f*; **~ poważna** klassische <ernste>

Musik; **~ taneczna** Tanzmusik *f*; **~ rozrywkowa** Unterhaltungsmusik *f*; **słuchać muzyki** Musik hören; *figur.* **~ przyszłości** Zukunftsmusik *f*; **kocia ~** Katzenmusik *f*
muzykalny *adj* musikalisch, musikbegabt
my *pron pers pl* wir
myć I. *vt* **1.** waschen; **~ ręce** die Hände waschen; **~ (sobie) zęby** (sich) die Zähne putzen **2.** (*szorować*) scheuern **II.** *vr* **~ się** sich waschen
mydelniczka *f* Seifenschale *f*
mydło *n* Seife *f*
myjnia *f*, **~ samochodów** Waschanlage *f*, *ugs.* Autowäsche *f*
mylić się *vr* sich irren; **o ile się nie mylę** wenn ich mich nicht irre
mylnie *adv* irrtümlich; (*przez przeoczenie*) versehentlich; **~ tłumaczyć** missdeuten, falsch <irrig> auslegen
mysikrólik *m orn.* Goldhähnchen *n*
mysz *f* Maus *f* (*a. inform.*); **~ polna** Feldmaus *f*; *ugs.* **siedzieć jak ~ pod miotłą** wie die Maus auf der Schachtel sitzen
myszowaty *adj* mausgrau

myśl *f* **1.** Gedanke *m* (**o czymś** an etw); **ukryta ~** Hintergedanke *m*; **w ~ przepisów** den Vorschriften gemäß; **być dobrej ~i** guten <frohen> Mutes sein; **wpaść na ~** auf den Gedanken kommen; **mieć kogoś na ~i** jn meinen; **przychodzi mi na ~** es fällt mir ein **2.** (*pomysł*) Einfall *m*, Idee *f*; **to była dobra ~** das war ein guter Einfall <eine gute Idee>
myśl|eć *vi* **1.** denken (**o kimś** an jn); (*przypuszczać*) denken, glauben; **co pan o tym ~i?** was halten <meinen> Sie davon? **2.** (*zastanawiać się*) nachdenken (**nad czymś** über etw); *ugs.* **ani ~ę!** fällt mir gar nicht ein!
myśliwski *adj* Jagd-; Jäger-; **pies ~** Jagdhund *m*; **język ~**, **gwara myśliwska** Jägersprache *f*, Weidmannssprache *f*; **samolot ~ odrzutowiec ~** Düsenjäger *m*
myśliwy *m* Jäger *m*
myślnik *m* Gedankenstrich *m*
mżawka *f* Nieselregen *m*, Sprühregen *m*
mżyć *vi* nieseln; **mży** es nieselt
mżysty *adj* diesig

N

na *praep* **1.** auf; **na stole** auf dem Tisch; **na wsi** auf dem Lande; **na wieś** aufs Land; **na mój koszt** auf meine Kosten **2.** an; **na drugi dzień** am nächsten <anderen> Tag; **na ścianie** an der Wand; **na przystanku** an der Haltestelle; **chorować na wątrobę** an der Leber krank sein **3.** für; **jak na jego wiek** für sein Alter; **na zawsze** für immer **4.** in; **na południu** im Süden; *ugs.* **na mieście** in der Stadt **5. na Litwie** in Litauen; **na Słowacji** in der Slowakei; **na Węgrzech** in Ungarn; (*do*) nach; **na Węgry** nach Ungarn **6. na górze** oben; **na dole** unten; **na pozór** scheinbar; **na górę** hinauf, hoch; **na przykład** zum Beispiel; **na bok** beiseite

nabiał *m* Molkereiprodukte *npl*

nabierać *vt* (*czerpać*) schöpfen; **~ wody** Wasser schöpfen

nabijać się *vr* auf die Schippe nehmen (**z kogoś** jn)

nabożeństwo *n* Gottesdienst *m*; **~ żałobne** Trauergottesdienst *m*; **odprawiać ~** den Gottesdienst abhalten

nabój *m* Patrone *f*, Ladung *f*

nabrać *vt pf* → **nabierać**; **~ odwagi** Mut fassen

nabyć *vt pf* → **nabywać**

nabywać *vt* **1.** kaufen **2.** erwerben (**coś** etw)

nabywca *m* Käufer *m*

nachylać się *vr* sich bücken, sich neigen

nachylić się *vr pf* → **nachylać się**

nacierać I. *vt* reiben, einreiben, abreiben (**czymś** mit etw) **II.** *vi mil.* angreifen, Sturm laufen

nacisk *m* **1.** Druck *m*; **wywierać na kogoś ~** auf jn Druck ausüben **2.** *figur.* (*podkreślenie*) Nachdruck *m*; **podkreślić z ~iem** nachdrücklich <mit Nachdruck> sagen <betonen>

naciskać *vt* drücken (**guzik** auf den Knopf)

nacisnąć *vt pf* → **naciskać**

nacjonalizm *m* Nationalismus *m*

naczelnik *m* Vorsteher *m*

naczelny *adj* ober-, Ober-, Chef-; **redaktor ~** Chefredakteur *m*

naczepa *f mot.* Sattelanhänger *m*

naczyni|e *n* Gefäß *n*; **~a kuchenne** Küchengeschirr *n*; *anat.* **~a włoskowate** Haargefäße *npl*

nad *praep* **1.** über, über etw hinaus; **~ głową** <**stołem, nami**> über dem Kopf <dem Tisch, uns>; **~ miarę** über die Maßen; **czuwać ~ czymś** über etw wachen, etw überwachen **2.** an; **~ rzeką** am Fluss; **~ Menem** am Main **3. pracować ~ czymś** an etw arbeiten

nadać *vt pf* → **nadawać**; **~ komuś tytuł** jm einen Titel verleihen

nadal *adv* immer noch, nach wie vor; **~ istnieć** fortbestehen

nadawać I. *vt* **1.** aufgeben (**list** einen Brief) **2.** (*przyznawać*) verleihen; **~ tytuł** einen Titel verleihen **3.** *rad.* senden **II.** *vr* **~ się** sich eignen, geeignet sein, taugen (**do czegoś** zu etw)

nadawca *m* Absender *m*

nadążać *vi*: **~ za kimś** mit jm Schritt halten; **nie ~** zurückbleiben

nadbiec *vi pf* → **nadbiegać**

nadbiegać *vi* herbeilaufen, herbeigelaufen kommen

nadchodzić *vi* (*zbliżać się*) herankommen, (*nadejść*) ankommen, kommen; (*mieć nastąpić*) bevorstehen

nade → **nad**: **~ mną** über mir; **~ wszystko** über alles

nadejść *vi pf* → **nadchodzić**

nadepnąć *vt* **1.** auf etw treten, auftreten **2.** (*stąpnąć*) auftreten

nadjechać *vi pf* → **nadjeżdżać**

nadjeżdżać *vi* herbeifahren, angefahren kommen; **~ konno** herbeireiten, angeritten kommen

nadlatywać *vi* herbeifliegen, herangeflogen kommen

nadlecieć *vi pf* → **nadlatywać**

nadliczbow|y *adj* überzählig; **godzina ~a** Überstunde *f*

nadludzki *adj* übermenschlich

nadmiar *m* Überfluss *m*; (*nadwyżka*) Überschuss *m* (**czegoś** an etw)

nadmieniać *vt* erwähnen

nadmienić *vt pf* → **nadmieniać**

nadmierny *adj* übermäßig; (*zbywający*) überflüssig

nadrabiać *vt* nachholen; **~ zaległości** Rückstände aufholen

nadrobić *vt pf* → **nadrabiać**
nadrzędny *adj* übergeordnet
nadsłuchiwać *vi* hinhorchen, lauschen
nadspodziewany *adj* unverhofft, unvermutet
nadto *adv* darüber hinaus, überdies; (*za wiele*) zu viel
nadużycie *n* Missbrauch *m*
nadużyć *vt pf* → **nadużywać**
nadużywa|ć *vt* missbrauchen; **~ją jego dobroci** sie missbrauchen seine Güte
nadwozie *n mot.* Karosserie *f*; **~ samonośne** selbsttragende Karosserie
nadziej|a *f* Hoffnung *f*; **rokujący ~e** hoffnungsvoll; **mieć ~ę** die Hoffnung haben; hoffen; **stracić ~ę** die Hoffnung aufgeben
nadzorować [nadzɔ'rɔvatɕ] *vt* beaufsichtigen, überwachen
nadzwyczaj [nad'zvit͡ʃaj] *adv* außerordentlich
nadzwyczajn|y [nadzvɨ't͡ʃajnɨ] *adj* **1.** außerordentlich; **~e zdolności** außerordentliche Begabung **2.** (*specjalny*) Sonder-; **dodatek ~y** Sonderbeilage *f*
nafta *f* Petroleum *n*
naftalina *f* Naphthalin *n*
naftow|y *adj* Erdöl-; **ropa ~a** Erdöl *n*
nagana *f* Tadel *m*, Rüge *f*
nag|i *adj* nackt; **~a prawda** die nackte Wahrheit; **rozebrać się do ~a** sich ganz auskleiden
naglący *adj* dringend
nagle *adv* plötzlich; (*z dnia na dzień*) über Nacht
nagłówek *m* Überschrift *f*
nagły *adj* **1.** plötzlich **2.** (*pilny*) dringend
nago *adv* nackt
nagrać *vt pf* aufnehmen (**rozmowę na taśmę** ein Gespräch auf Band)
nagranie *n rad.* Aufnahme *f*; **~ na taśmę** Tonbandaufnahme *f*
nagrod|a *f* (*premia*) Preis *m*, Prämie *f*; **przyznać komuś ~ę** jm einen Preis verleihen; **laureat ~y** Preisträger *m*
nagrywać *vt* **nagrać**
nagrywarka *f*: **~ płyt kompaktowych** Brenner *m*
naiwny *adj* naiv
naj- *w superlatywie* -ste, -sten
nająć *vt pf* → **najmować**
najeść się *vr* sich satt essen
najmniej *adv superl* am wenigsten; **co ~** mindestens

najmować *vt* **1.** (*mieszkanie od kogoś*) mieten **2.** (*mieszkanie komuś*) vermieten **3.** (*robotników*) dingen
najpierw *adv* zuerst
najpiękniej *adv* am schönsten
najpiękniejszy *adj* der schönste
nakleić *vt pf* → **naklejać**
naklejać *vt* aufkleben
nakład *m* **1.** *druk.* Auflage *f* **2.** **~ sił** Kraftaufwand *m* **3. ~y** *pl* (*wydatki*) Auslagen *pl*, Kosten *pl*
nakładać *vt* **1.** auflegen, aufsetzen **2.** (*zakładać*) anlegen, anziehen **3.** *figur.* (*np. obowiązek*) auferlegen, aufbürden
nakłaniać *vt* zu bewegen versuchen
nakłonić *vt pf* bewegen (**kogoś do czegoś** jn zu etw)
nakręcać *vt* aufziehen; **~ zegarek** die Uhr aufziehen
nakręcić *vt pf* → **nakręcać**
nakrętka *f techn.* Schraubenmutter *f*, Mutter *f*
nakrycie *n* Bedeckung *f*; **~ głowy** Kopfbedeckung *f*; **~ stołowe** Gedeck *n*
nakryć *vt pf* → **nakrywać**
nakrywać *vt* bedecken, zudecken; **~ do stołu** den Tisch decken
nalać *vt pf* → **nalewać**
nalegać *vi* dringen (**na kogoś** in jn, **na coś** auf etw)
nalepiać *vt* aufkleben, ankleben
nalepić *vt pf* → **nalepiać**
nalepka *f* Etikett *n*
naleśnik *m* Eierkuchen *m*
nalewać *vt* gießen, eingießen; (*napełniać*) füllen; (*do kieliszków*) einschenken
należ|eć I. *vi* **1.** gehören (**do kogoś** jm); (*przynależeć*) angehören (**do partii** einer Partei); **do kogo to ~y?** wem gehört das? **2. ~y** (*trzeba*) man soll, man muss **II.** *vr* **~eć się** zukommen, gebühren; **jak się ~y** wie es sich gehört
nalot *m flug.* Luftangriff *m*; **~ bombowy** Bombenangriff *m*
naładować *vt pf el.* aufladen
nałożyć *vt pf* → **nakładać**
namawiać *vt* bereden, überreden (**do czegoś** zu etw)
namiastka *f* Ersatz *m*
namiętność *f* Leidenschaft *f*
namiętny *adj* leidenschaftlich
namiot *m* Zelt *n*; **rozbić <zwinąć> ~** ein Zelt aufschlagen <abbrechen>

namoczyć *vt pf* einweichen
namówić *vt pf* → **namawiać**
namydlić *vt pf* einseifen
namyślać się *vr* überlegen, erwägen (**nad czymś** etw)
namyślić się *vr pf* **1.** → **namyślać się 2.** (*zdecydować się*) sich entschließen
na nic: wszystko ~ alles umsonst
na nowo *adv* aufs Neue
na odwrót *adv* umgekehrt, (*przeciwnie*) im Gegenteil; (*fałszywie*) verkehrt
na ogół *adv* im Allgemeinen, im Großen und Ganzen
naokoło I. *adv* ringsherum **II.** *praep* rings um, um ... herum
naostrzyć *vt pf* → **ostrzyć**
napadać[1] *vt* überfallen, angreifen (**na kogoś** jn); *figur.* (*zaatakować*) anfallen, heftig anfahren
napadać[2] *vi pf* (*o deszczu*) viel geregnet haben
napalić *vi* einheizen; **~ w piecu** den Ofen heizen
naparstek *m* Fingerhut *m*
napastnik *m sport.* Stürmer *m*; **~ środkowy** Mittelstürmer *m*
napaść[1] *vt pf* → **napadać**
napaść[2] *f* Überfall *m*, Angriff *m*
napełniać I. *vt* füllen, anfüllen, voll füllen; *figur.* **~ radością** <**bólem**> mit Freude <Schmerz> erfüllen **II.** *vr* **~ się** sich füllen
napełnić *vt pf* → **napełniać**
na pewno *adv* sicher, bestimmt; **wiem ~** ich weiß das positiv
napęd *m mech.* Antrieb *m*; **~ odrzutowy** Düsenantrieb *m*; **~ rakietowy** Raketenantrieb *m*; *mot.* **~ przedni, ~ na przednie koła** Vorderantrieb *m*, Frontantrieb *m*; **~ tylny** Heckantrieb *m*, Hinterradantrieb *m*
napić się *vr* trinken
napięci|e *n* Spannung *f*; **wysokie ~e** Hochspannung *f*; *el.* **być pod ~em** unter Strom stehen; **~e międzynarodowe** internationale Spannung; **zmniejszyć ~e** die Spannung vermindern; **w ~u** spannungsvoll, gespannt; **z ~em** mit Spannung
napięt|y *adj* gespannt (*a. figur.*); **~a sytuacja** gespannte Lage
napis *m* **1.** Inschrift *f*; Aufschrift *f* **2.** (*nagłówek*) Überschrift *f*
napisać *vi pf* → **pisać**; **~ list** <**artykuł**> einen Brief <Artikel> schreiben
napiwek *m* Trinkgeld *n*

napocząć *vt pf* anbrechen (**butelkę** eine Flasche)
napoić *vt pf* → **poić**
na pozór *adv* scheinbar
napój *m* Getränk *n*; **~ chłodzący** Erfrischungsgetränk *n*; **~ miłosny** Liebestrank *m*, **~ ozarodziejski** Zaubertrank *m*
na pół *adv* halb; **~ martwy** halb tot
napraw|a *f* Ausbesserung *f*, Reparatur *f*; **~a samochodów** Autoreparatur *f*; **dać** <**oddać**> **do ~y** in Reparatur geben, ausbessern lassen
naprawdę *adv* wahrhaft, (*rzeczywiście*) wirklich, tatsächlich
naprawiać *vt* **1.** ausbessern, ausrichten, reparieren **2.** (*wynagrodzić*) wieder gutmachen
naprawić *vt pf* → **naprawiać**
na próżno *adv* vergebens, erfolglos, umsonst
naprzeciw *adv* **1.** gegenüber; **~ dworca** dem Bahnhof gegenüber **2.** (*na spotkanie*) entgegen; **wyjść komuś ~** jm entgegengehen, (*a. figur.*) entgegenkommen
na przekór *adv* zum Trotz, zuwider; **robić komuś ~** jm zuwiderhandeln
na przełaj *adv* quer, querfeldein; *sport.* **bieg ~** Geländelauf *m*
naprzód *adv* **1.** vorwärts; **iść ~** vorwärts gehen **2.** *ugs.* (*najpierw*) zuerst, erst
narad|a *f* Beratung *f*; **odbywać ~ę** Beratung abhalten
naraz *adv* (*nagle*) auf einmal; plötzlich
na razie *adv* vorläufig, fürs Erste; *ugs.* **no to ~!** bis später!, bis nachher!
narażać I. *vt* **1.** aussetzen; **~ kogoś na niebezpieczeństwo** jn in einer Gefahr aussetzen **2.** (*wystawiać na ryzyko*) aufs Spiel setzen (*np.* **czyjeś zdrowie** js Gesundheit) **II.** *vr* **~ się** sich in Gefahr bringen
narciarsk|i *adj* Ski-; Schi-; **strój ~i** Skikleidung *f*; **bieg ~i** Skilauf *m*; **skocznia ~a** Sprungschanze *f*; **kij ~i** Skistock *m*
narciarstwo *n* Skisport *m*
narciarz *m* Skiläufer *m*
narcyz *m* Narzisse *f*
narzysm *m* Narzissmus *m*
nareszcie *adv* endlich
narkoman *m* Drogensüchtige *m*
narkotyk *m* Rauschgift *n*, Droge *f*; **handel ~ami** Drogenhandel *m*
narobi|ć *vt pf* anrichten; **coś ty ~ł?** was hast du angerichtet?

narodowość f **1.** (*przynależność*) Nationalität f, Volkszugehörigkeit f **2.** (*grupa*) Nationalität f
narodow|y adj national; National-; Volks-; **gospodarka ~a** Volkswirtschaft f; **mniejszość ~a** nationale Minderheit; **hymn ~y** Nationalhymne f; **święto ~e** Nationalfeiertag m; **strój ~y** Nationaltracht f
narodzenie n: **Boże Narodzenie** Weihnachten n, pl; **na Boże Narodzenie** zu Weihnachten
narodzić się vr geboren werden, zur Welt kommen
narożnik m Ecke f, Winkel m; **~ stołu** Tischecke f
naród m **1.** Volk n; **~ francuski** das französische Volk **2.** Nation f; **Narody Zjednoczone** die Vereinten Nationen
nart|a f Ski, Schi m; **~y wodne** Wasserskier mpl; **jazda na ~ach** Skilauf m; **jeździć na ~ach** Ski laufen
nartostrada f Skipiste f
narzeczona f Verlobte f
narzeczony m Verlobte m
narzędnik m gram. Instrumental m
narzędzie n Werkzeug n, Gerät n, Instrument n; **~ rzemieślnicze** Handwerkzeug n
narzuca|ć I. vt **1.** (*np. płaszcz*) umhängen **2.** figur. aufzwingen, aufdrängen **II.** vr **~ć się** (*swoją osobą*) sich aufdrängen; **~ się przypuszczenie** es drängt sich die Vermutung auf
narzucić vt pf → **narzucać**
narzuta f (*na łóżko*) Bettdecke f
narzutka f (*na ramiona*) Überwurf m
nas pron pers pl uns; → **my**
nasenny adj: **środek ~** Schlafmittel n
nasienie n Samen m
na skutek adv infolge; **~ tego** infolge davon
nasmarować vt einschmieren (**czymś** mit etw); mot. abschmieren
nasta|ć I. vi pf kommen, aufkommen, **~ją nowe czasy** eine neue Epoche bricht an
nastać się vr pf (*stać długo*) lange stehen müssen; (*zmęczyć się staniem*) sich müde stehen
nastawać vi **1.** (*nadchodzić*) kommen **2.** (*powstawać*) aufkommen **3. ~ na coś** auf etw bestehen; **~ na czyjeś życie** jm nach dem Leben trachten
nastawiać vt **1.** (*aparat*) einstellen; **~ zegar(ek)** die Uhr stellen **2.** med. einrenken **3.** figur. einstellen (**kogoś na coś** jn auf etw)
nastawić vt pf → **nastawiać**
nastawienie n (*stosunek*) Einstellung f (**w stosunku do kogoś** jm gegenüber)
nastąpi|ć vi pf → **następować**; **mający ~ć** bevorstehend; **ciąg dalszy ~** Fortsetzung folgt
następca m Nachfolger m
następnie adv hierauf, dann
następn|y adj der folgende, der nachfolgende, der nächste; **~ego dnia** am nächsten <darauffolgenden> Tag
następ|ować vi **1.** folgen (**po czymś** auf etw); **~ować po sobie** aufeinanderfolgen **2.** (*stawać się, odbywać się*) erfolgen, stattfinden **3.** (*nadchodzić*) eintreten; **to brzmi jak ~uje** es lautet folgendermaßen
następujący adj folgend
nastolatek m Teenager m
nastr|ój m Stimmung f; **podniosły ~ój** gehobene Stimmung; **być w dobrym ~oju** in (guter) Stimmung sein; **wprawić w zły ~ój** in eine schlechte Stimmung versetzen
nasyp m Damm m; **~ kolejowy** Eisenbahndamm m
nasypać vt pf vollschütten, aufschütten; (*napełnić*) füllen; → **sypać**
nasz, nasza, nasze I. pron poss unser, unsere, unser **II.** adv **po ~emu** nach unserer Art; (*w naszym języku*) in unserer Sprache
naszyjnik m Halskette f, Collier n
naśladować vt nachahmen (**kogoś** jn); nachmachen (**kogoś** jm)
naświetlać vt **1.** fot. belichten **2.** med. bestrahlen **3.** figur. (*sprawę*) beleuchten
naświetlanie n **1.** fot. Belichtung f **2.** med. Bestrahlung f
naświetlić vt pf → **naświetlać**
natarcie n **1.** mil. Sturm m **2.** med. (*np. olejkiem*) Einreibung f
natchnienie n Eingebung f, Inspiration f
natomiast adv dagegen, demgegenüber
natrętny adj aufdringlich
natrysk m Dusche f; **zimny ~** kalte Dusche
natu|ra f Natur f; mal. **martwa ~ra** Stilleben n; **z ~ry** von Natur aus; **przeciw(ny) ~rze** naturwidrig; **świadczenia w ~rze** Naturalleistungen fpl; **zgodnie z ~rą** naturgemäß
naturalizm m Naturalismus m
naturalnie adv natürlich
naturaln|y adj **1.** natürlich; Natur- **2.** (*swo-*

bodny) ungezwungen **3.** (*nieafektowany*) ungekünstelt **4.** **~a wielkość** Lebensgröße *f*; **~ej wielkości** in voller Lebensgröße
natychmiast *adv* sofort, sogleich
natychmiastowy *adj* sofortig
nauczanie *n* Unterricht *m*
nauczyciel *m* Lehrer *m*; (*mistrz*) Lehrmeister *m*; **~ akademicki** Hochschullehrer *m*
nauczycielka *f* Lehrerin *f*
nauczyć *pf* **I.** *vt* beibringen (**kogoś czegoś** jm etw) **II.** *vr* **~ się** er|lernen
nauk|a *f* **1.** Wissenschaft *f*; **~i przyrodnicze** Naturwissenschaften *fpl*; **2.** (*uczenie*) Unterricht *m*, Lehre *f*; **~a języków** Sprachunterricht *m*; *mot.* **~a jazdy** Fahrschule *f* **3.** (*doktryna*) Lehre *f* **4.** (*uczenie się*) Lernen *n*
naukowiec *m* Wissenschaftler *m*
naukow|y *adj* wissenschaftlich; **rozprawa ~a** wissenschaftliche Abhandlung; **pomoce ~e** Lehrmittel *npl*
naumyślnie *adv* absichtlich
nauszniki *mpl* Ohrenschützer *pl*, (*czapki*) Ohrenklappen *pl*
nawa *f archit.* Schiff *n*; **~ boczna** Nebenschiff *n*; **~ główna** <**środkowa**> Mittelschiff *n*
nawet *adv* sogar; selbst; **~ nie** nicht einmal
nawias *m* Klammer *f*; **~ kwadratowy** <**okrągły**> eckige <runde> Klammer; **~ ostry** spitze Klammer; **w ~ie** in Klammern; **postawić** <**wziąć**> **coś w ~** etw in Klammern setzen; **~em mówiąc** nebenbei bemerkt
nawiązywać *vt* aufnehmen, knüpfen; **~ kontakty z kimś** Kontakte zu jm herstellen
nawijać *vt* aufwickeln; **~ na szpulkę** aufspulen
nawinąć *vt pf* → **nawijać**
nawlec *vt pf* → **nawlekać**
nawlekać *vt* einfädeln (**nitkę** einen Faden)
nawóz *m* Dünger *m*; **~ sztuczny** Kunstdünger *m*
na wpół *adv* halb, zur Hälfte; (*połowicznie*) halbwegs; **~ ugotowany** halb gar
na wprost *adv* (*prosto*) geradeaus; (*naprzeciw*) gegenüber
nawrót *m med.* Rückfall *m*
na wskroś *adv* (*całkowicie*) durch und durch; (*bardzo*) äußerst
nawzajem *adv* einander, gegenseitig; **pozdrawiać się ~** einander grüßen; **popierać się ~** sich gegenseitig unterstützen; **~!** gleichfalls!

na wznak *adv* rücklings; **upaść ~** auf den Rücken fallen
nazbyt *adv* allzu, zu viel, zu sehr
na zewnątrz [na'zɛvnɔ̃tʃ] *adv* (*gdzie?*) außerhalb; (*dokąd?*) hinaus, nach außen; (*na dworze*) draußen; **~ domu** draußen vor dem Haus
nazwa *f* Benennung *f*, Name *m*; (*określenie*) Bezeichnung *f*; **~ geograficzna** geografischer Name; **właściwa ~** die richtige Bezeichnung
nazwać *vt pf* → **nazywać**
nazwisk|o *n* Name *m*, Zuname *m*; **~o panieńskie** <**rodowe**> Mädchenname *m*; **imię i ~o** Vor- und Zuname; **nosić czyjeś ~o** js Namen tragen; **znać z ~a** dem Namen nach kennen
nazywać I. *vt* **1.** nennen, benennen **2.** (*określać*) nennen, bezeichnen; **~ siebie** sich nennen **II.** *vr* **~ się** heißen; **jak się nazywasz?** wie heißt du?
negatyw *m* Negativ *n*
negatywny *adj* negativ
neogotycki *adj* neugotisch
neogotyk *m* Neugotik *f*
neon *m chem.* Neon *n*
neonow|y *adj* Neon-; **lampa ~a** Leuchtstoffröhre *f*
neoromański *adj* neuromanisch
nerk|a *f* Niere *f*; **sztuczna ~a** künstliche Niere; **chory na ~i** nierenkrank
nerw *m* Nerv *m*; **~ ruchowy** Bewegungsnerv *m*; **o słabych ~ach** nervenschwach; **mieć mocne ~y** starke Nerven haben; **to mi działa na ~y** das geht <fällt> mir auf die Nerven
nerwica *f* Neurose *f*
nerwowy *adj* **1.** (*o człowieku*) nervös; **być ~m** nervös sein **2.** (*dotyczący nerwów*) Nerven-; **system ~** Nervensystem *n*; **szok ~** Nervenschock *m*
neseser *m* Reisenecessaire *n*
neska *f* (*kawa*) löslicher Kaffee
netto *adj* netto; **kwota ~** Nettobetrag *m*; **cena ~** Nettopreis *m*; **zysk ~** Nettoertrag *m*
neurolog *m* Nervenarzt *m*, Neurologe *m*
neutralny *adj* neutral; **~ grunt** neutraler Boden
neutron *m chem.* Neutron *n*
nędz|a *f* Elend *n*, Not *f*; **skrajna ~a** äußerste, peinliche Not; **popaść w ~ę** in Not geraten; **doprowadzić kogoś do ~y** jn ins Elend stürzen

nędzny adj **1.** elend, arm **2.** (podły) niederträchtig
ni kj: **ni ..., ni ...** weder ... noch; **ni stąd, ni zowąd** mir nichts, dir nichts; **ni to, ni owo** nicht dies noch das
niby adv **1.** (jak gdyby) als ob, wie wenn; **~ nie rozumiał** als ob er nicht verstanden hätte **2.** (na pozór) scheinbar, eigentlich; **~ tak** eigentlich ja, nun ja
nic adv nichts; **~ a ~** ganz und gar nichts; **~ złego** nichts Böses; **wszystko na ~** alles umsonst; **do niczego** zu nichts; **z niczego** aus nichts; **za ~** (**w świecie**) um nichts; **~ takiego** nichts Besonderes; **mieć za ~** gering schätzen; **~ z tego** (**nie będzie**) daraus wird nichts; **~ nie szkodzi** das tut <macht> nichts; **~ nie pomoże** da hilft nichts
niczyj adj niemandem gehörig; Niemands-; (bezpański) herrenlos; **ziemia ~a** Niemandsland n
nić f Faden m; **~ życia** Lebensfaden m; **nici** pl Zwirn m, Garn n
niderlandzki adj niederländisch
nie adv (występujące samodzielnie) nein; **~!** nein!; (przy czasowniku itd.) nicht; **~ mogę** ich kann nicht; **wcale ~** gar nicht; **~ bardzo** nicht besonders; (przy czasowniku z rzeczownikiem) kein; **~ mam pieniędzy** <**czasu**> ich habe kein Geld <keine Zeit>; **~ do pomyślenia** undenkbar; **~ do wiary** unglaublich; **~ być** nicht sein; **~ ma** ist nicht, es gibt nicht, es gibt kein; **~ ma środków** es gibt keine Mittel; **~ ma nikogo** niemand ist da; **~ ty, lecz** <**ale, tylko**> **on** nicht du, sondern er
nie- w złożeniach nicht, Nicht-, un-, Un-
niebawem adv bald
niebezpieczeństw|o n Gefahr f; **~o dla życia** Lebensgefahr f; **w razie ~a** bei Gefahr; **narażać się na ~o** sich einer Gefahr aussetzen; **być w ~ie** in Gefahr sein, gefährdet sein; **nie zagraża mu ~o** er ist außer Gefahr
niebezpieczn|y adj gefährlich; mot. **~e miejsce** Gefahr(en)stelle f
niebieski adj **1.** blau, himmelblau **2.** (dotyczący nieba) himmlisch; Himmels-; **ciało ~e** Himmelskörper m
nieb|o n Himmel m; **pod gołym ~em** unter freiem Himmel; **na ~ie** am Himmel
niebyt m Nichtsein n
niech adv es mag, es soll; **~ będzie** es sei; **~ mówi** sage er, mag er sagen; **~ przyjdzie** möge er kommen; **~ żyje!** es <er> lebe hoch!
niechcący adv unabsichtlich
niechę|ć f Abneigung f; Widerwille m; **z ~cią** mit Abneigung, ungern; **mieć ~ć do kogoś** <**czegoś**> gegen jn <etw> Widerwillen haben
niechętnie adv ungern
niechętny adj unwillig, abgeneigt
niecierpliwi|ć się vr ungeduldig sein; (stawać się niecierpliwym) ungeduldig werden; **niech się pan nie ~!** gedulden Sie sich!
niecierpliwy adj ungeduldig
nieco adv ein bisschen, etwas; **~ więcej** etwas mehr
niecodzienny adj außergewöhnlich
nieczynn|y adj; **być ~ym** stillstehen; (nie działać) außer Betrieb sein; **fabryka jest ~a** die Fabrik steht still; **winda ~a** Fahrstuhl außer Betrieb
nieczytelny adj unleserlich
niedaleki adj nicht fern, nah; **w ~ej przyszłości** in absehbarer Zeit
niedaleko adv unweit (czegoś von etw)
niedawn|o adv vor kurzem, unlängst, neulich; **od ~a** seit kurzem; **do ~a** bis vor kurzem
niedawn|y adj jüngst; **w ~ej przeszłości** in jüngster Vergangenheit
niedbały adj nachlässig; schlampig
niedługo adv nicht lange; (wkrótce) bald
niedobrze adv nicht gut, schlecht; **czuć się ~** sich nicht ganz wohl fühlen
niedokładny adj ungenau
niedokończony adj unvollendet
niedołęga m Versager m, ugs. Niete f
niedopałek m ugs. Kippe f; Stummel m; **~ papierosa** Zigarettenstummel m
niedopuszczalny adj unzulässig
niedorzeczny adj unsinnig, absurd
niedosłyszeć vi schwerhörig sein
niedostateczny adj ungenügend, unzulänglich
niedostatek m **1.** (brak) Mangel m (np. **żywności** an Lebensmitteln) **2.** (bieda) Armut f, Not f; **cierpieć ~** Not leiden
niedostępny adj unzugänglich; (cena) unerschwinglich
niedostrzegalny adj nicht wahrnehmbar; (niezauważalny) unbemerkbar
niedoświadczony adj unerfahren
niedozwolony adj nicht gestattet

niedyskretny *adj* indiskret, eindringlich
niedziel|a *f* Sonntag *m*; **w ~ę** am Sonntag; **co ~ę** jeden Sonntag, sonntags; **w ~e i święta** sonn- und feiertags
niedźwiedź ['ɲɛdʑvʲɛtɕ] *m* Bär *m*; **~ brunatny** Braunbär *m*; **~ polarny** Eisbär *m*
nieekonomiczny *adj* (*nieoszczędny*) unwirtschaftlich
niegdyś *adv* einst, einmal
niegrzeczny *adj* unhöflich (**wobec kogoś** jm gegenüber); (*o dziecku*) unartig, nicht brav
niegustowny *adj* geschmacklos
niejaki *adj* ein gewisser; **~ pan ...** ein gewisser Herr ...; **od ~ego czasu** seit einiger Zeit
niejako *adv* gleichsam, gewissermaßen
niejasny *adj* unklar; (*niewyraźny*) undeutlich
niejeden *pron* mancher, manch einer
niekiedy *adv* manchmal, bisweilen
niekompatybilny *adj inform.* inkompatibel
niekorzystn|y [nɛkɔʐˈɨstnɨ] *adj* ungünstig, nachteilig; *figur.* **~a sytuacja** eine missliche Lage
niekorzyść *f* Nachteil *m*; **na ~** zuungunsten
niektórzy *pron* manche
nieletni *adj* minderjährig, unmündig
nielicznly *adj* nicht zahlreich, wenig; **~i, ~e** wenige
nieludzki *adj* unmenschlich; (*okrutny*) grausam
nieładnie *adv* unschön, nicht schön
niemal *adv* beinahe
niemądry *adj* unklug, töricht
Niemiec *m* Deutsche *m*
niemieck|i *adj* deutsch; **język ~i** das Deutsche, die deutsche Sprache, Deutsch *n*; **po ~u** (auf) Deutsch, deutsch
niemiły *adj* unangenehm
Niemka *f* Deutsche *f*
niemniej *adv* nichtsdestoweniger
niemodny *adj* unmodern; **być ~m** außer Mode sein
niemowlę *n* Säugling *m*; Baby *n*; **osoba pilnująca ~cia** Babysitter *m*
niemożliw|y *adj* 1. unmöglich; **to ~e** das ist unmöglich 2. (*nieznośny*) unerträglich
niemy *adj* stumm
nienawidzieć I. *vt* hassen **II.** *vr* **~ się** sich (gegenseitig) hassen
nienawiść *f* Hass *m*; **żywić ~ do kogoś** gegen jn Hass hegen

nieobecność *f* Abwesenheit *f*; **pod ~** in Abwesenheit
nieobecny *adj* abwesend; **~!** fehlt!
nieobowiązująco *adv* unverbindlich
nieoczekiwanie *adv* unverhofft, unerwartet(erweise)
nieoczekiwany *adj* unerwartet; (*zaskakujący*) überraschend
nieodpowiedzialny *adj* unverantwortlich; verantwortungslos
nieodwołalny *adj* unwiderruflich; (*bezpowrotny*) unwiederbringlich
nieodzowny *adj* unentbehrlich, unerlässlich, unabdingbar
nieograniczon|y *adj* uneingeschränkt; unbegrenzt; **~e zaufanie** unbegrenztes Vertrauen
nieokreślony *adj* unbestimmt; (*niejasny*) vage
nieopisany *adj* unbeschreiblich
nieosiągalny *adj* unerschwinglich, unerreichbar
nieostrożny *adj* unvorsichtig
niepalący *m* Nichtraucher *m*; **przedział dla ~ch** Nichtraucherabteil *n*
nieparzyst|y *adj* unpaarig; **liczba ~a** ungerade Zahl
niepełnoletni *adj* minderjährig
niepewny *adj* unsicher; (*wątpliwy*) ungewiss
niepodległość *f* Unabhängigkeit *f*
niepodległy *adj* unabhängig, frei
niepogoda *f* schlechtes Wetter; Unwetter *n*, Sauwetter *n*
niepokoić I. *vt* beunruhigen **II.** *vr* **~ się** sich beunruhigen, besorgt sein (**z powodu czegoś** wegen etw, **o coś** um etw)
niepokój *m* 1. Unruhe *f* 2. (*troska*) Besorgnis *f*
nieporozumieni|e *n* 1. Missverständnis *n* 2. **~a** *npl* (*niezgoda*) Misshelligkeiten *fpl*
nieporządek *m* Unordnung *f*
nieposłuszny *adj* ungehorsam
niepotrzebnie *adv* unnötig(erweise)
niepotrzebny *adj* unnötig; (*zbędny*) überflüssig
niepowodzenie *n* 1. Misserfolg *m*, Fiasko *n*, Misslingen *n* 2. (*przeciwność losu*) Schicksalsschlag *m*, Missgeschick *n*
niepowtarzalny *adj* einmalig
niepożądany *adj* unerwünscht; (*niemile widziany*) unwillkommen
nieprawda *f* Unwahrheit *f*

nieprawdopodobny *adj* unwahrscheinlich; (*niewiarygodny*) unglaublich, unvorstellbar
nieproszony *adj* ungebeten
nieprzemakalny *adj* wasserdicht; **~ płaszcz** Regenmantel *m*
nieprzerwany *adj* ununterbrochen
nieprzewidziany *adj* unvorhergesehen; (*niespodziewany*) unerwartet
nieprzyjaciel *m* Feind *m*
nieprzyjacielski *adj* feindlich; Feindes-; **pozycje ~e** feindliche Stellungen
nieprzyjazny *adj* feindselig
nieprzyjemność *f* Unannehmlichkeit *f*
nieprzyjemny *adj* unangenehm
nieprzytomny *adj* bewusstlos, ohnmächtig
nieprzyzwoity *adj* unanständig, anstößig
niepunktualny *adj* unpünktlich
nieraz *adv* mehrmals, oft
nierdzewny *adj* rostfrei
nierozpuszczalny *adj* unlöslich
nierozsądny [nɛrɔ'sɔ̃dnɨ] *adj* unvernünftig; (*nieprzemyślany*) unüberlegt; **~ czyn** unüberlegte Handlung
nierównomierny *adj* ungleichmäßig
nierówny *adj* ungleich; (*szorstki*) uneben; (*człowiek*) unbeständig
nieruchomo *adv* unbeweglich, regungslos; **siedzieć ~** regungslos dasitzen
nieruchomoś|ć *f* **1.** (*stan*) Unbeweglichkeit *f* **2. ~ci** *pl* Immobilien *pl*
nieruchomy *adj* unbeweglich; (*nieporuszony*) unbewegt; (*wmontowany*) starr
niesamowicie *adv* unheimlich; **~ dużo** unheimlich viel
niesamowity *adj* unheimlich
nieskończony *adj* unendlich, endlos
nieskuteczny *adj* wirkungslos, erfolglos
niesłusznie *adv* zu Unrecht
niesłuszny *adj* unrecht, falsch; (*bezpodstawny*) unberechtigt
niesłychany *adj* unerhört
niespodzianie *adv* unerwarteterweise, unverhofft
niespodziank|a *f* Überraschung *f*; **sprawić <zrobić> ~ę** eine Überraschung bereiten
niespodziewany *adj* unerwartet, überraschend; **~ atak** Überraschungsangriff *m*
niespokojn|y *adj* **1.** unruhig; (*zatroskany*) besorgt (**o coś** wegen etw) **2.** (*wzburzony*) bewegt; **morze jest ~e** die See ist bewegt
niesprawiedliwość *f* **1.** Ungerechtigkeit *f* **2.** (*krzywda*) Unrecht *n*
niesprawiedliwy *adj* ungerecht

niesprawny *adj*: *mot*. **~ technicznie** nicht betriebssicher
niestał|y *adj* unbeständig, veränderlich; (*chwiejny*) wankelmütig, wetterwendisch; *mat*. **wielkość ~a** inkonstante Größe
niestety *int* leider; **~ już nie** leider nicht mehr
niestrawny *adj* unverdaulich
nieswojo *adv* unbehaglich; **czuć się ~** sich unbehaglich fühlen
niesympatyczny *adj* unsympathisch
nieszczelny *adj* undicht
nieszczery *adj* unaufrichtig
nieszczęście [nɛ'ʧɛ̃ɕʨɛ] *n* Unglück *n*; Unheil *n*; **na ~** unglücklicherweise; **spotkało mnie ~** mir ist ein Unglück zugestoßen
nieszczęśliwy [nɛʃʧɛ̃'ɕlivi] *adj* unglücklich; **~ wypadek** Unglück *n*, Unfall *m*, (*na ulicy*) Verkehrsunfall *m*
nieszkodliwy *adj* unschädlich; harmlos
nieść *vt* tragen
nieślubn|y *adj* unehelich, außerehelich; **~e dziecko** uneheliches Kind
nieśmiały *adj* schüchtern; (*skrępowany*) befangen
nieśmiertelny I. *adj* unsterblich **II.** *m* Unsterbliche *m*
nieświadomy *adj* unbewusst (**czegoś** eines Dinges)
nietakt *m* Taktlosigkeit *f*
nietaktowny *adj* taktlos
nietoperz *m* Fledermaus *f*
nietrudno *adv* unschwer
nietykalność *f* Immunität *f*; **uchylić ~ poselską** die parlamentarische Immunität aufheben
nietykalny *adj* unantastbar; unverletzlich; (*np. poseł*) immun
nieubłagany *adj* unerbittlich
nieuchronny *adj* unvermeidlich, unabwendbar
nieuczciw|y *adj* unehrlich, unredlich; (*niedopuszczalny*) unlauter; **~a konkurencja** unlauterer Wettbewerb
nieudan|y *adj* misslungen, fehlgeschlagen; Fehl-; **~e posunięcie** Fehlgriff *m*; **~y eksperyment** misslungenes Experiment
nieufnoś|ć *f* Misstrauen *n*; **wotum ~ci** Misstrauensvotum *n*; **nabrać ~ci** misstrauisch werden
nieufny *adj* misstrauisch (**wobec kogoś** gegen jn)
nieugięty *adj* unbeugsam

nieuleczalny *adj* unheilbar
nieumyślnie *adv* unabsichtlich, ohne Absicht
nieuniknion|y *adj* unvermeidlich; (*nie do odwrócenia*) unabwendbar; **~e skutki** unausbleibliche Folgen
nieuprzejmy *adj* unhöflich (**dla, wobec kogoś** zu jm)
nieurodzaj *m* Missernte *f*
nieustanny *adj* anhaltend, unaufhörlich; **~ deszcz** anhaltender Regen
nieustraszony *adj* unerschrocken
nieuwag|a *f* **1.** (*przeoczenie*) Versehen *n*; **przez ~ę** aus Versehen, versehentlich **2.** (*nieopatrzność*) Unachtsamkeit *f*
nieuzasadniony *adj* (*bezpodstawny*) unbegründet; (*niesprawiedliwony*) ungerechtfertigt
niewart *adj* nicht wert; **~ złamanego szeląga** keinen roten Heller wert; **to ~e zachodu** das ist der Mühe nicht wert
nieważkość *f phys.* Schwerelosigkeit *f*
nieważn|y *adj* ungültig; (*mało ważny*) unwichtig, unwesentlich; *juris.* nichtig; **uznać coś za ~e** etw für ungültig erklären; *juris.* **uznanie za ~e** Nichtigkeitserklärung *f*; **uznać coś za ~e** etw für (null und) nichtig erklären; **to jest ~e** das ist unwichtig, unwesentlich
niewątpliwie *adv* unzweifelhaft, zweifellos, unbestritten
niewątpliw|y *adj* unverkennbar (*a. niezaprzeczalny*); (*nie budzący zastrzeżeń*) einwandfrei; **jest rzeczą ~ą, że ...** es kann kein Zweifel darüber bestehen, dass ...
niewdzięczność [ɲɛˈvdzɛ̃tʃnɔɕtɕ] *f* Undankbarkeit *f*, Undank *m*; **czarna ~ć** schnöder Undank; **płacić <odpłacać> ~cią** mit Undank vergelten
niewdzięczny *adj* undankbar
niewiadoma *f mat.* Unbekannte *f*
niewiadom|y *adj* unbekannt; **~ego pochodzenia** unbekannter Herkunft
niewiasta *f* Frau *f*
niewidomy I. *adj* blind **II.** *m* Blinde *m*
niewidzialny *adj* unsichtbar
niewiele I. *num pl* wenige; **niewiele osób** wenige Personen; **niewielu z nas** wenige von uns **II.** *adv* (*mało*) wenig, nicht viel; **mieć ~ do stracenia** wenig zu verlieren haben
niewielk|i *adj* gering, nicht groß; **~a strata** geringer Verlust

niewielu → **niewiele**
niewierny *adj* untreu, treulos
niewierzący *adj* ungläubig; **jestem ~** ich glaube nicht an Gott
niewinnie *adv* unschuldig, unverschuldet; **~ kogoś skazać** jn unschuldig verurteilen
niewinn|y *adj* **1.** unschuldig, harmlos; **~e dziecko** unschuldiges Kind **2.** (*czysty*) keusch
niewłaściwy *adj* (*niepoprawny*) unrichtig; (*niestosowny*) ungelegen, unpassend; (*niekompetentny*) unzuständig, nicht zuständig
niewol|a *f* **1.** Gefangenschaft *f*; **dostać się do ~i** in Gefangenschaft geraten; gefangen genommen werden **2.** (*niewolnictwo*) Sklaverei *f*
niewolnictwo *n* Sklaverei *f*
niewolnik *m* Sklave *m*; **handel ~ami** Sklavenhandel *m*
niewrażliwy *adj* unempfindlich (**na coś** gegen etw)
niewybuch *m* (*pocisk*) Blindgänger *m*
niewyczerpany *adj* unerschöpflich
niewydolność *f med.* Insuffizienz *f*
niewygodnie *adv* unbequem
niewygodny *adj* unbequem
niewykształcony [ɲɛvikʃtaʊ̯ˈtsɔɲi] *adj* ungebildet
niewykwalifikowany *adj* unqualifiziert; **robotnik ~** ungelernter Arbeiter, (*na budowie*) Handlanger *m*
niewypowiedziany *adj* unsagbar
niewyraźnie *adv* undeutlich
niewyraźny *adj* undeutlich; (*nieokreślony*) unbestimmt
niewyspany *adj* nicht ausgeschlafen
niewystarczający *adj* unzureichend, unzulänglich
niewyważon|y *adj: mot.* **~e koło** ein unausgewuchteter Reifen
niewzruszony *adj* unerschütterlich; (*np. mina*) unbewegt
niezachwiany *adj* unerschütterlich
niezadowolony *adj* unzufrieden (**z czegoś** mit etw)
niezagrożony *adj* ungefährdet
niezależnie *adv* unabhängig; **~ od tego** unabhängig davon; (*ponadto*) darüber hinaus
niezależny *adj* unabhängig (**od czegoś** von etw); (*samodzielny*) selbstständig, selbständig
niezamężna *adj* (*kobieta*) unverheiratet, ledig

niezapominajka f Vergissmeinnicht n
niezapomniany adj unvergesslich
niezaprzeczalny adj (*nie do zaprzeczenia*) unleugbar; (*prawo*) unbestreitbar
niezastąpiony adj unersetzlich
niezawisłość f Unabhängigkeit f; **~ narodowa** nationale Unabhängigkeit
niezawisły adj unabhängig, souverän
niezawodny adj **1.** untrüglich; **~ środek** untrügliches Mittel **2.** (*pewny*) zuverlässig; (*techn. o.*) betriebssicher; **~ człowiek** ein zuverlässiger Mann
niezbadany adj (*nie dający się wyjaśnić*) unergründlich, unerklärlich
niezbędny adj unentbehrlich, unbedingt nötig
niezbyt adv nicht allzu, nicht sehr
niezdatny adj untauglich
niezdecydowany adj unentschlossen; unschlüssig
niezdolność f Unfähigkeit f; **~ do pracy** Arbeitsunfähigkeit f
niezdolny adj unfähig; -unfähig; **~ do pracy** arbeitsunfähig
niezdrowy adj ungesund; (*szkodliwy a.*) gesundheitsschädlich
niezgod|a f Zwietracht f; **siać ~ę** Zwietracht stiften
niezgrabny adj **1.** (*niezdarny*) ungeschickt, plump **2.** (*źle zbudowany*) unförmig
niezliczon|y adj unzählig; **~ą ilość razy** unzählige Male
niezły adj nicht schlecht
niezmienn|y adj unveränderlich, (*pozostający takim samym*) gleich bleibend; *mat.* **wielkość ~a** Konstante f
niezmierny adj unendlich, äußerst; (*niepr...*) unübersehbar
nieznacznie adv (*trochę*) geringfügig; (*niezauważalnie*) unauffällig, unmerklich
nieznaczn|y adj unerheblich, unbedeutend, gering; **ponieśliśmy ~e straty** unsere Verluste sind gering
nieznajomy I. adj unbekannt, nicht bekannt **II.** m Unbekannte m
nieznany adj unbekannt; **Grób Nieznanego Żołnierza** das Grabmal des Unbekannten Soldaten
nieznośny adj unerträglich, unausstehlich
niezręczny adj ungeschickt, (*nieporadny*) unbeholfen
niezrozumiały adj unverständlich; (*niepojęty*) unbegreiflich; (*niewyjaśniony*) unerklärlich; **z ~ch powodów** aus unerklärlichen Gründen
niezwłocznie [nɛˈzvu̯ɔt͡ʃnɛ] adv unverzüglich, ohne Verzug
niezwyciężony adj (*nie do zwyciężenia*) unbesiegbar
niezwykle adv außergewöhnlich, ungemein
niezwykły adj außergewöhnlich, ungewöhnlich; (*wybitny*) hervorragend
nieźle adv nicht schlecht
nieżonaty adj (*mężczyzna*) unverheiratet
nieżyczliwy adj übel gesinnt, unfreundlich
nigdy adv nie, niemals; **już ~** nie wieder; **jakby ~ nic** als wenn nichts vorgefallen wäre; mir nichts, dir nichts
nigdzie adv **1.** (*o miejscu*) nirgends; **~ indziej** nirgend anders, sonst nirgends **2.** (*o kierunku*) nirgendhin
nijaki adj **1.** (*nieokreślony*) unbestimmt; (*mdły*) fade **2.** *gram.* sächlich; **rodzaj ~** sächliches Geschlecht
nikiel m Nickel n
nikotyna f Nikotin n
nikt pron **1.** niemand; **~ inny** niemand anders, kein anderer; **nikogo nie ma** es ist niemand da; **~ nie przyjdzie** niemand wird kommen **2.** (*w zdaniach przeczących*) jemand, irgendjemand; **ani dla mnie, ani dla nikogo** weder für mich noch für irgendjemand
nim adv ehe, bevor
niniejsz|y adj vorliegend, dieser; **~e pismo** dieses Schreiben; **~a rozprawa** vorliegende Abhandlung; **~ym zaświadcza się** hiermit wird bescheinigt
nisk|i adj niedrig; (*głęboki*) tief; (*człowiek*) klein; **~a stopa życiowa** niedriger Lebensstandard; **~iego wzrostu** klein von Wuchs
nisko adv niedrig; tief
nisza f Nische f
niszczyciel m *naut.* Zerstörer m
niszczyć I. vt (*burzyć*) zerstören; (*przynosić zagładę*) vernichten; (*zużywać*) abnutzen, abtragen (*a. ubranie, obuwie*); **~ kogoś** jn zugrunde <zu Grunde> richten **II.** vr **~ się** (*zużywać się*) sich abnutzen, verschleißen
nit m Niet m
nitk|a f Faden m; **~a pajęczyny** Spinnfaden m; **przemoknąć do suchej ~i** bis auf den letzten Faden <bis auf die Knochen> nass werden
nizina f Niederung f, Tiefebene f

niż¹ *m* Tief *n*; ~ **barometryczny** barometrischer Tiefdruck
niż² *kj* als, denn; **dostałem więcej ~ chciałem** ich bekam mehr als ich wünschte; **jest sławniejszy jako filozof ~ jako poeta** er ist berühmter als Philosoph denn als Dichter
niżej *adv kompar* → **nisko** niedriger, tiefer; **~ położony** tiefer gelegen
niższość ['niʒʃɔctcy] *f* Minderwertigkeit *f*; **poczucie ~ci** Minderwertigkeitsgefühl *n*
niższy *adj kompar* → **niski** niedriger, tiefer
no *int* na!; **~, dalej!** frisch auf!; **~ i co dalej?** nun, was weiter?, was nun?; **~ chodź wreszcie!** komm doch endlich!
noc *f* Nacht *f*; **co ~** jede Nacht; **~ą** nachts; **w ~y** in der Nacht; **dniem i ~ą** Tag und Nacht; **z nadejściem ~y** bei Einbruch der Nacht; **dziś w ~y** heute Nacht
nocnik *m* Nachttopf *m*
nocn|y *adj* nächtlich; Nacht-; **stolik ~y** Nachttisch *m*; **koszula ~a** Nachthemd *n*
nocować *vi* übernachten; **~ pod gołym niebem** unter freiem Himmel übernachten
nog|a *f* Bein *n*, *ugs. o.* Fuß *m*; **przednia ~a** Vorderfuß *m*; **tylna ~a** Hinterfuß *m*, Hinterbein *n*; **~a stołu** Tischbein *n*; **zakładać ~ę na ~ę** die Beine kreuzen <übereinander schlagen>; *figur.* **postawić kogoś na ~i** jm auf die Beine helfen; **podstawić komuś ~ę** jm ein Bein stellen
nonsens *m* Unsinn *m*
nora *f* **1.** Höhle *f*, Loch *n*; Bau *m*; **lisia ~** Fuchsbau *m* **2.** *ugs. (mieszkanie)* Loch *n*
norm|a *f* Norm *f*; *(ustalona ilość)* Soll *n*; **~a wydajności** Leistungsnorm *f*
normalizacja *f* Normalisierung *f*
normalizować się *vr* sich normalisieren
normaln|y *adj* normal; Normal-
Norweg *m* Norweger *m*
norweski *adj* norwegisch
nos *m* Nase *f*; **spłaszczony ~** Stumpfnase *f*; **zadarty ~** Stupsnase *f*; **wycierać sobie ~** sich die Nase putzen, sich schnäuzen
nosić I. *vt* tragen **II.** *vr* **~ się** sich tragen; **ubranie nosi się dobrze** der Anzug trägt sich gut; *figur.* **~ się z zamiarem** beabsichtigen, sich mit der Absicht tragen
nostalgia *f* Nostalgie *f*; Heimweh *n*
nosze *pl* Tragbahre *f*
not|a *f* Note *f*; **~a protestacyjna** Protestnote *f*; *handl.* **~a kredytowa** Kreditnote *f*; *schul.* **otrzymać dobrą ~ę** eine gute Note bekommen

notatka *f* Notiz *f*, Vermerk *m*
notatnik *m* Notizbuch *n*
notes *m* Notizblock *m*, Notizbuch *n*
notować *vt* notieren, nachschreiben
nowela *f* *(a. juris.)* Novelle *f*
nowoczesny *adj* modern
nowomodny *adj* neumodisch
noworoczn|y *adj* Neujahrs-; **życzenia ~e** Neujahrsglückwunsch *m*
nowoś|ć *f* **1.** Neuheit *f*; **ostatnia ~ć** letzte Neuheit **2.** *(wiadomość)* Neuigkeit *f*
nowożytn|y *adj* neuzeitlich, modern; **języki ~e** neuere Sprachen; **historia ~a** die neuere Geschichte
now|y *adj* neu; Neu-; **Nowy Rok** Neujahr *n*; **~e wydanie** neue Ausgabe; **od ~a** von neuem, von vorn; **na ~o** aufs Neue, frisch, nochmals; **co ~ego?** was gibt's Neues?
nozdrza ['nɔzdʒa] *pl* Nüstern *pl*
nożn|y *adj* **1.** Fuß-; **hamulec ~y** Fußbremse *f* **2.** *sport.* **piłka ~a** Fußball *m*, *(gra)* Fußballspiel *n*; **grać w piłkę ~ą** Fußball spielen
nożyce *pl* Schere *f*; *econ.* **~ cen** Preisschere *f*
nożyczk|i *pl* (kleine) Schere *f*; **~i do paznokci** Nagelschere *f*
nożyk *m* (kleines) Messer *n*
nów *m* Neumond *m*
nóż [nuʃ] *m* Messer *n*; **~ składany** Klappmesser *n*; **~ do konserw** Büchsenöffner *m*
nucić *vt* trällern, summen
nud|a *f* Langweile *f*; *figur.* **umierać z ~ów** vor Lange(r)weile fast sterben
nudny *adj* langweilig
nudzić I. *vt* langweilen **II.** *vr* **~ się** sich langweilen; **śmiertelnie się ~** sich schrecklich <zu Tode> langweilen
numer *m* **1.** Nummer *f*; **~ kolejny** <bieżący> laufende Nummer; **~ domu** Hausnummer *f*; *mot.* **~ rejestracyjny** amtliches Kennzeichen; **~ telefonu** Telefonnummer *f*; **nakręcić** <**wybrać**> **~** die Nummer wählen; **~ kierunkowy** Vorwahl *f*; **~ wewnętrzny** Apparatnummer *f* **2.** *(wielkość, np. buta)* Größe *f*; Nummer *f*
nurek *m* Taucher *m*; Froschmann *m*
nurkowanie *n* Tauchsport *m*
nurkowy *adj flug.* Sturz-; **lot ~** Sturzflug *m*
nut|a *f mus.* Note *f*; **grać z ~** vom Blatt <nach Noten> spielen
nuż: [nuʃ] **a ~** wenn doch, vielleicht doch
nylon *m* Nylon *n*

O

o¹ *int* da, sieh mal; **o, już idzie!** schau mal, da kommt er!
o² *praep* um, über, von; **o której godzinie?** um wie viel Uhr?; **o północy** um Mitternacht; **o czym mowa?** wovon ist die Rede?; **walczyć o coś** um <für> etw kämpfen; **o co chodzi?** was ist los?, worum handelt es sich?; **o czym myślisz?** woran denkst du?; **o rok starszy** ein Jahr älter; **chodzić o lasce** am Stock gehen
obaj, oba, obie, oboje *pron* beide
obaw|a *f* Furcht *f*, Befürchtungen *fpl*; (*troska*) Besorgnis *f*; **istnieją <zachodzą> ~y** es bestehen Befürchtungen; *ugs.* **nie ma ~y!** keine Angst!
obawiać się *vr* fürchten; besorgt sein (**o kogoś** um jn)
obcas *m* Schuhabsatz *m*, Absatz *m*
obcęgi [ɔp'tsɛ̃gi] *pl* Zange *f*
obchodzi|ć I. *vt* **1.** umgehen, herumgehen (*dookoła czegoś* um etw) **2.** (*dotyczyć*) angehen; **to mnie nic nie ~** das geht mich nicht(s) an **II.** *vr* **~ć się** behandeln (**z kimś** jn); **źle się z kimś ~ć** jn schlecht behandeln
obchód *m* **1.** (*obejście*) Rundgang *m*, Begehung *f* **2.** (*u chorego*) Visite *f* **3. obchody** *pl* (*uroczystości*) Feierlichkeiten *fpl*
obciąć *vt pf* → **obcinać**
obciążać *vt* belasten; **zbytnio ~** überlasten (**czymś** mit etw); **dziedzicznie obciążony** erblich belastet
obciążenie *n* Belastung *f*, Last *f*; **pełne ~** Vollbelastung *f*; **maksymalne ~** Höchstbelastung *f*
obciążyć *vt pf* → **obciążać**
obcinać *vt* abschneiden, beschneiden; **~ włosy** Haare schneiden
obcisły *adj* eng anliegend
obcokrajowiec *m* Ausländer *m*
obcy I. *adj* fremd; Fremd-; **język ~** Fremdsprache *f*; **wyraz ~** Fremdwort *n* **II.** *m* Fremde *m*
obecnie *adv* gegenwärtig, zur Zeit
obecnoś|ć *f* Gegenwart *f*, Beisein *n*; Anwesenheit *f*; **w czyjejś ~ci** in js Beisein
obecn|y *adj* **1.** gegenwärtig, jetzig; **~a sytuacja** die gegenwärtige Lage; **być ~ym przy czymś** bei etw zugegen sein **2.** (*np. na sali*) anwesend; **~y!** hier!
obejmować *vt* **1.** (*uściskać*) umarmen, umschlingen **2.** (*zawierać*) umfassen, enthalten **3.** (*stanowisko*) übernehmen, antreten; **~ w posiadanie** in Besitz nehmen; **~ dowództwo** das Kommando übernehmen
obejrzeć *pf* **I.** *vt* ansehen, besehen **II.** *vr* **~ się** sich umsehen (**za czymś** nach etw); **~ (sobie) coś** (sich) etw ansehen; → **oglądać**
obejść *vt pf* → **obchodzić**
oberek *m mus.* Oberek *m*
oberwanie: **~ chmury** Wolkenbruch *m*
obficie *adv* reichlich
obfity *adj* üppig, reichhaltig
obiad *m* Mittagessen *n*, Mittag *m*; **na ~** zum Mittagessen; **jeść ~** zu Mittag essen
obiadow|y *adj* Mittags-; **przerwa ~a** Mittagspause *f*; **pora ~a** Mittagszeit *f*
obiecać *vt pf* → **obiecywać**
obiecywać *vt* versprechen, verheißen; (*ślubując*) geloben
obiektyw *m* Objektiv *n*
obiektywny *adj* objektiv; (*przedmiotowy*) gegenständlich; (*nieuprzedzony*) unvoreingenommen
obierać *vt* **1.** schälen; **~ ziemniaki** Kartoffeln schälen **2.** (*wybierać*) wählen, erwählen
obietnic|a *f* Versprechen *n*; **dotrzymać ~y** das Versprechen halten; **spełnić ~ę** das Versprechen erfüllen
objadać się *vr* sich voll stopfen
objaśniać *vt* erläutern, erklären
objaśnić *vt pf* → **objaśniać**
objaśnienie *n* Erklärung *f*; (*tekstu*) Erläuterung *f*
objaw *m* Erscheinung *f*; Anzeichen *n*; **~ choroby** <**chorobowy**> Krankheitserscheinung *f*
objazd *m* (*runda*) Rundfahrt *f*; (*okrążenie*) Umweg *m*; (*droga objazdowa*) Umleitung *f*; **~ autokarem po mieście** Stadtrundfahrt *f*
objazdowy *adj* Wander-; **teatr ~** Wanderbühne *f*
objąć *vt pf* → **obejmować**
objeść się *vr pf* → **objadać się**
objęci|e *n* **1.** Übernahme *f*, Antritt *m*; **~e urzędu** <**stanowiska**> Amtsantritt *m*; **~e w posiadanie** Inbesitznahme *f* **2. ~a** *pl*: **trzymać w ~ach** in den Armen halten
objętość *f* (*obwód*) Umfang *m*; (*pojemność*) Rauminhalt *m*

oblać *vt pf* → **oblewać**; *ugs.* ~ **egzamin** durch die Prüfung fallen
oblewać *vt* begießen (**czymś** mit etw); (*o morzu*) umspülen
obliczać *vt* berechnen; (*liczyć*) zählen; ~ **obwód koła** <**koszty**> den Umfang eines Kreises <die Kosten> berechnen; ~ **głosy** die Stimmen zählen
obliczyć *vt pf* → **obliczać**
obligacja *f fin.* Obligation *f*
obław|a *f* (*na kogoś*) Razzia *f*; **polowanie z ~ą** Treibjagd *f*
obłąkany I. *adj* wahnsinnig **II.** *m* Wahnsinnige *m*
obłęd ['ɔbůĕt] *m* Irrsinn *m*; (*szaleństwo*) Wahnsinn *m*; **dostać ~u** wahnsinnig werden, dem Wahnsinn verfallen
obłędny *adj* irre, irr
obłok *m* Wolke *f*
obłuda *f* Heuchelei *f*
obmawiać *vt* verleumden
obmyć *vt pf* → **obmywać**
obmywać *vt* abwaschen; (*opłukiwać*) abspülen
obniżać I. *vt* senken, herabsetzen **II.** *vr* ~ **się** sinken
obniżka *f* Herabsetzung *f*, Senkung *f*; ~ **cen** Preissenkung *f*
obniżyć *vt pf* → **obniżać**
obojczyk *m anat.* Schlüsselbein *n*
obojętnie *adv* gleichgültig, einerlei
obojętn|y *adj* gleichgültig (**na coś** gegen etw); **jest rzeczą ~ą** es ist gleichgültig
obok I. *praep* neben; **stój ~ mnie** steh neben mir; **stań ~ mnie** stell dich neben mich **II.** *adv* nebenan, daneben; (*przy wyrażaniu ruchu*) an … vorbei; **samochód przejechał ~** der Wagen ist an uns vorbeigefahren
obora *f* Kuhstall *m*
obowiązek *m* Pflicht *f*; ~ **szkolny** Schulpflicht *f*; **spełniać** <**wypełniać**> **obowiązki** seine Pflichten erfüllen <tun>; **nałożyć na kogoś ~** jm eine Pflicht auferlegen
obowiązkowy *adj* (*obowiązujący*) pflichtmäßig, obligatorisch; (*o człowieku*) pflichtbewusst
obowiązując|y *adj* **1.** (*wiążący*) verbindlich, obligatorisch **2.** (*będący w mocy*) geltend; **~e przepisy** die geltenden Vorschriften <Bestimmungen>
obowiązywać *vi* (*być w mocy*) gelten; in Kraft sein

obój *m mus.* Oboe *f*
obóz *m* Lager *n*; ~ **jeniecki** Kriegsgefangenenlager *n*; ~ **koncentracyjny** Konzentrationslager *n*; ~ **zagłady** <**śmierci**> Vernichtungslager *n*
obrabiarka *f* Werkzeugmaschine *f*
obrabowa|ć *vt pf* ausrauben; **~li go** er wurde ausgeraubt
obracać I. *vt* wenden; (*kręcić*) drehen, umdrehen **II.** *vr* ~ **się 1.** sich um|wenden, sich drehen **2.** (*przebywać*) verkehren
obrać *vt pf* → **obierać**
obrady *pl* Tagung *f*; Beratungen *fpl*; ~ **parlamentu** Parlamentsdebatten *fpl*; **poddać coś pod ~** etw zur Debatte stellen
obraz *m* Bild *n*; (*namalowany*) Gemälde *n*; **galeria ~ów** Gemäldegalerie *f*; **wystawa ~ów** Gemäldeausstellung *f*; *figur.* ~ **nędzy i rozpaczy** Jammerbild *n*, (*o człowieku*) Jammergestalt *f*
obraz|ek *m* (kleines) Bild *n*; **książka z ~kami** Bilderbuch *n*
obrazić pf I. *vt* → **obrażać II.** *vr* ~ **się** sich beleidigt fühlen, beleidigt sein
obrażać I. *vt* beleidigen; (*dotknąć*) verletzen **II.** *vr* ~ **się** übel nehmen (**na kogoś o coś** jm etw); **łatwo się ~** leicht gekränkt <beleidigt> sein
obrączka *f* Ring *m*; ~ **ślubna** Trauring *m*
obręcz *f* (*koła wozu*) Reifen *m*; *mot.* ~ **koła** Felge *f*
obrok *m* Pferdefutter *n*
obron|a *f* **1.** Verteidigung *f*; **~a narodowa** nationale Verteidigung **2.** Abwehr *f*; Schutz *m* **~a przeciwlotnicza** Flugzeugabwehr *f*; **w ~ie własnej** aus Notwehr **3.** *sport.* Verteidigung *f*, (*grupa zawodników*) Abwehr *f*
obroni|ć *vt pf* verteidigen (können); **miasto ~ono** die Stadt konnte verteidigt werden; → **bronić**
obrońca *m* Verteidiger *m*; (*bojownik*) Kämpfer *m*; (*adwokat*) Anwalt *m*
obroża *f* Halsband *n*
obrócić *vt pf* → **obracać**
obrót *m* **1.** *handl.* Umsatz *m*; ~ **bezgotówkowy** bargeldlose Verrechnung **2.** (*obrócenie się*) Umdrehung *f*; *figur.* Wendung *f*; **sprawa wzięła inny ~** die Sache nahm eine andere Wendung **3.** *mot.* **wolne obroty** Leerlauf *m*; ~ **silnika** Umdrehung *f*, Tour *f*; **wysokie obroty** Hochtouren *fpl*; **wprowadzić na wysokie obroty** (*a. figur.*) auf Hochtouren bringen

obrus *m* Tischdecke *f*
obrzydzenie [ɔbʒi'dzɛɲɛ] *n* Ekel *m*
obsa|da *f* **1.** Besetzung *f*; **w tej samej ~dzie** in derselben Besetzung **2.** (*załoga*) Besatzung *f*, Mannschaft *f*
obsadzać *vt* besetzen
obsadzić *vt pf* → **obsadzać**
obserwacja *f* Beobachtung *f*, Betrachtung *f*
obserwator *m* Beobachter *m*
obserwatorium *n* Warte *f*; **~ astronomiczne** Sternwarte *f*
obserwować *vt* beobachten; (*przyglądać się*) betrachten
obsług|a *f* Bedienung *f*; **instrukcja ~i** Gebrauchsanleitung *f*
obsługiwać *vt* bedienen
obsłużyć *vt pf* → **obsługiwać**
obszar *m* Raum *m*, Gebiet *n*; **~ powietrzny** Luftraum *m*; **~ językowy** Sprachraum *m*
obszern|y *adj* geräumig; umfangreich; **~y lokal** geräumiges Lokal; **~e dzieło** umfangreiches Werk
obudzić *pf* **I.** *vt* wecken; *figur.* erwecken **II.** *vr* **~ się** aufwachen; → **budzić**
oburzać *vt* → **oburzyć**
oburzyć *pf* **I.** *vt* empören, entrüsten **II.** *vr* **~ się** sich empören, sich entrüsten (**na coś** über etw)
obustronny *adj* beiderseitig
obuwie *n* Schuhwerk *n*, Schuhe *pl*
obwieszczenie [ɔbvʲɛ'ʃtʃɛɲɛ] *n* Bekanntmachung *f*
obwodnica *f* Umgehungsstraße *f*
obwód *m* **1.** Umfang *m*; **~ koła** Kreisumfang *m* **2.** (*obszar*) Bezirk *m*, Distrikt *m*
oby *int* möge ..., möchte ...; **~ to się spełniło!** möge es in Erfüllung gehen! **Bóg dał!** wollte Gott!
obyczaj *m* Sitte *f*, Brauch *m*; **surowość ~ów** Sittenstrenge *f*
obyć się *vr pf* → **obywać się**
obydwa, obydwaj, obydwoje *pron* (alle) beide
obywać się *vr* auskommen (**bez czegoś** ohne etw)
obywatel *m* Bürger *m*, Staatsbürger *m*; **~ państwa polskiego** polnischer Staatsbürger; **~ honorowy** Ehrenbürger *m*
obywatelstwo *n* Staatsangehörigkeit *f*; Bürgerschaft *f*; **uzyskać ~** die Staatsangehörigkeit erlangen
ocal|eć *vi pf* sich retten (können), mit dem Leben davonkommen; **załoga ~ała** die Besatzung konnte gerettet werden
ocalić *vt pf* retten, erretten
ocean *m* Ozean *m*, Weltmeer *n*
ocena *f* Beurteilung *f*; Bewertung *f*; (*opinia*) Gutachten *n*, (*drukowana*) Rezension *f*, (*książki a.*) Buchbesprechung *f*
oceniać *vt* beurteilen, schätzen; (*opiniować*) begutachten
ocenić *vt pf* → **oceniać**
ocet *m* Essig *m*; **~ winny** Weinessig *m*
ochłodzi|ć się *vr pf* kühl werden, (sich) abkühlen; **~ło się** es ist kühl geworden
ochot|a *f* Lust *f*; **~a do życia** Lebenslust *f*; **z ~ą** gern; **nie mam na to ~y** ich habe keine Lust dazu
ochotnik *m* Freiwillige *m*; *ugs.* **na ~a** freiwillig
ochraniać *vt* → **chronić**
ochrona *f* Schutz *m*; **~ środowiska** o. **~ naturalnego środowiska człowieka** Umweltschutz *m*
ochroniarz *m* Leibwächter *m*
ochronić *vt pf* → **chronić**
ochronn|y *adj* Schutz-; **znak ~y, marka ~a** Schutzmarke *f*; *jag.* **okres ~y** Schonzeit *f*
ocieplać się *vr* warm <wärmer> werden, sich erwärmen
ociężały *adj* schwerfällig
ocknąć się *vr pf* aufwachen, (*z omdlenia*) zu sich kommen
oclenie *n* Verzollung *f*; **co ma pan do ~a?** was haben Sie zu verzollen?
oczarować *vt pf* → **czarować 2.**
oczekiwać *vt* erwarten (**kogoś, czegoś** jn, etw)
oczko *n* Auge *n*, Äuglein *n*; (*w rosole*) Fettauge *n*; (*pętelka*) Masche *f*; (*w rajstopach*) Laufmasche *f*
oczy *pl* → **oko**
oczyszczać [ɔ'tʃiʃtʃatɕ] *vt* reinigen, sauber machen
oczyszczalnia *f* (*ścieków*) Kläranlage *f*
oczyszczanie *n* Reinigung *f*; **~ ulic** Straßenreinigung *f*
oczyścić *vt pf* → **oczyszczać**
oczywisty *adj* offensichtlich
oczywiście [ɔtʃiviɕtɕɛ] *adv* selbstverständlich, natürlich, sicher
od *praep* von; von ... an, seit, ab; **od ciebie** von dir; **od czasu do czasu** von Zeit zu Zeit; **od jutra** von morgen an; **od godziny piątej** ab fünf Uhr; **od tygodnia** seit einer

Woche; **ode mnie** von mir; **jesteś starszy ode mnie** du bist älter als ich
odbierać *vt* → **odebrać**
odbijać I. *vt* **1.** zurückschlagen, zurückprallen **2.** (*światło*) zurückstrahlen **3.** *druk.* abdrucken **II.** *vi naut.* (*o statku*) abstechen
odbiorca *m* Empfänger *m*
odbiornik *m rad.* Empfänger *m*; **~ radiowy** Rundfunkgerät *n*; **~ telewizyjny** Fernsehgerät *n*
odbudowa *f* Wiederaufbau *m*
odbudować *vt pf* wiederaufbauen
odbyć *vt pf* → **odbywać**
odbywa|ć I. *vt* (*posiedzenie*) abhalten; **~ć służbę** seinen Dienst ableisten **II.** *vr* **~ć się** stattfinden; **zebranie się ~** die Versammlung wird abgehalten
odchodzi|ć *vi* abgehen; (*pójść sobie*) weggehen; (*odjeżdżać*) abfahren; **pociąg ~ o ósmej** der Zug fährt um acht Uhr ab
odciąć się *vr pf* sich distanzieren (**od czegoś** von etw)
odcień *m* Schattierung *f*; Nuance *f*; (*koloru*) Farbton *m*
odcinek *m* Abschnitt *m* (*a. mat.*); (*drogi*) Strecke *f*
odcisk *m* **1.** Abdruck *m*; **~ palca** Fingerabdruck *m* **2.** (*nagniotek*) Hühnerauge *n*
odczepiać *vt* loskuppeln, losmachen
odczepić *vt pf* → **odczepiać**
odczuć *vt pf* → **odczuwać**
odczuwać *vt* empfinden, verspüren; **~ pragnienie** Durst verspüren
odczytać *vt pf* → **odczytywać**
odczytywać *vt* **1.** ablesen; **~ na głos** vorlesen **2.** (*odcyfrować*) entziffern
oddać *vr pf* → **oddawać**: **~ przysługę** einen Dienst erweisen
oddal: w ~i in der Ferne; **z ~i** von der Ferne, von weitem
oddalać I. *vt* entfernen; **~ skargi** Beschwerden zurückweisen **II.** *vr* **~ się** sich entfernen
oddalić *vt pf* → **oddalać**
oddawać I. *vt* abgeben; (*zwracać*) zurückgeben; (*reprodukować*) wiedergeben; **~ do druku** in Druck geben **II.** *vr* **~ się** sich hingeben (**komuś** jm); **~ się czemuś** sich etw *D* <an etw> hingeben
oddech *m* Atem *m*; (*oddychanie*) Atmen *n*; **wstrzymać ~** den Atem anhalten
oddychać *vt* atmen; **~ czystym powietrzem** reine Luft atmen

oddział *m* Abteilung *f*; **~ żołnierzy** eine Abteilung Soldaten
oddziałać *vt pf* → **oddziaływać**
oddziaływać *vt* einwirken (**na kogoś** auf jn); (*wywierać wpływ*) beeinflussen (**na kogoś** jn)
oddzielnie *adv* getrennt, gesondert
oddzielny *adj* getrennt, gesondert; **z ~m wejściem** mit separatem Eingang
oddźwięk [ɔd'dzvĕk] *m* Resonanz *f*, Widerhall *m*
odebrać *vt* **1.** (*np. z dworca*) abholen; **~ towar** die Ware abnehmen **2.** (*otrzymać*) erhalten **3.** *rad.* empfangen **4. ~ sobie życie** sich das Leben nehmen
odegrać *vt pf* → **odgrywać**
odejmować *vt* nehmen, abnehmen; *mat.* abziehen, subtrahieren
odejmowanie *n mat.* Subtraktion *f*
odejść *vi pf* → **odchodzić**
odepchnąć *vt pf* → **odpychać**
odeprzeć *pf* **I.** *vt* → **odpierać** **II.** *vi* (*odrzec*) erwidern; **odparł ...** er erwiderte ...
oderwać *vt pf* → **odrywać**
odesłać *vt pf* → **odsyłać**
odetchnąć *vi pf* **1.** aufatmen **2.** (*odpocząć*) ein wenig ruhen, (sich) verschnaufen
odezwać się *vr* **1.** (*przemówić*) sich hören lassen, den Mund auftun, sprechen, sagen **2.** (*odpowiedzieć*) antworten
odgraniczać *vt* abgrenzen
odgraniczyć *vt pf* → **odgraniczać**
odgrywać *vt* spielen; **~ rolę** eine Rolle spielen
odjazd *m* Abfahrt *f*; Abreise *f*; **przed pańskim ~em** vor Ihrer Abreise; **~!** abfahren!
odjąć *vt pf* → **odejmować**; **odjęło mi mowę** es verschlug mir die Sprache, ich war (völlig) sprachlos
odjechać *vi pf* → **odjeżdżać**
odjeżdżać [ɔd'jɛʒdʑatɕ] *vi* (*ruszać*) abfahren, abgehen; (*np. w podróż*) wegfahren, wegreisen
odkąd I. *adv* (*od kiedy*) seit wann **II.** *kj* seitdem; **~ o tym wiem** seitdem ich es weiß
odkładać *vt* beiseite legen; (*rezerwować*) zurücklegen; (*przesuwać*) verschieben; **~ do jutra** auf morgen verschieben
odkryci|e *n* Entdeckung *f*; **~e Ameryki** die Entdeckung von Amerika <Amerikas>; **zrobić ~e, dokonać ~a** eine Entdeckung machen
odkryć *vt pf* → **odkrywać**

odkrywać I. *vt* aufdecken, abdecken; ~ **głowę** das Haupt entblößen **II.** *vr* ~ **się** sich (immer wieder) aufdecken
odkrywca *m* Entdecker *m*
odkurzacz *m* Staubsauger *m*
odlat|ywać *vi* abfliegen, wegfliegen; fortfliegen; **samolot ~uje** das Flugzeug <die Maschine> fliegt ab
odlecieć *vi pf* → **odlatywać**
odległość *f* Entfernung *f*; Distanz *f*; (*odstęp*) Abstand *m*
odległy *adj* entlegen, entfernt
odlew *m* Guss *m*, Abguss *m*; ~ **gipsowy** Gipsabguss *m*
odlewnia *f* Gießerei *f*
odliczanie *n* (*przed startem*) Countdown *m*
odlot *m* Abflug *m*
odłamek *m* Splitter *m*
odłożyć *vt pf* → **odkładać**
odmawiać *vt* **1.** abschlagen, verweigern **2.** (*zaprzeczyć*) absprechen **3.** (*cofnąć*) absagen; (*o rzeczy*) ~ **posłuszeństwa** versagen; ~ **sobie czegoś** sich *D* etw versagen **4.** ~ **modlitwę** sein Gebet verrichten
odmienny *adj* **1.** andersartig, unterschiedlich; *figur.* **być w ~m stanie** in anderen Umständen sein **2.** *gram.* flektierbar
odmłodnieć *vi pf* sich verjüngen
odmown|y *adj* ablehnend, abschlägig; **odpowiedź ~a** abschlägige Antwort
odmówić *vt pf* → **odmawiać**
odmrażacz *m mot.* Entfroster *m*
odmrozić *vt* **1.** abfrieren, erfrieren; ~ **sobie palec** <**uszy**> sich einen Finger <die Ohren> erfrieren **2.** ~ **szyby** die Scheiben entfrosten
odnawiać I. *vt* erneuern **II.** *vr* ~ **się** sich erneuern
odnieść *vt pf* →**odnosić**; *figur.* ~ **skutek** Erfolg haben; ~ **zwycięstwo** den Sieg erringen
odnosi|ć I. *vt* hin-, zurückbringen, hin-, zurücktragen **II.** *vr* ~**ć się** sich beziehen (**do czegoś** auf etw); **to samo ~ się do ...** Gleiches gilt für ...
odnowić *vt pf* → **odnawiać**
odpadać *vi* abfallen, wegfallen, (*o tynku*) abbröckeln
odpadki *mpl* Abfälle *mpl*
odpaść *vi pf* → **odpadać**
odpiąć *vt pf* → **odpinać**
odpierać *vt* **1.** (*wroga*) zurückschlagen (*Feind*) **2.** *sport.* (*cios*) parieren **3.** *figur.* zurückweisen; ~ **zarzuty** Vorwürfe zurückweisen
odpinać *vt* (*marynarkę*) aufknöpfen; (*pasek*) abschnallen
odpis *m* Abschrift *f*; ~ **uwierzytelniony** beglaubigte Abschrift; **w ~ie** in Abschrift
odpisać *vt pf* → **odpisywać**
odpisywać *vt* **1.** (*przepisywać*) abschreiben **2.** (*odpowiadać*) schriftlich antworten; ~ **na listy** Briefe beantworten
odpłynąć *vi pf* → **odpływać**
odpływ *m* Abfluss *m*; (*urządzenie*) Abzug *m*; ~ **morza** Ebbe *f*
odpływać *vi* **1.** hinwegschwimmen **2.** (*o statku*) auslaufen, in See stechen **3.** (*o wodzie*) abfließen
odpocząć *vi pf* → **odpoczywać**
odpoczywać *vi* aus|ruhen
odporny *adj* widerstandsfähig, *med.*, *biol.* resistent
odpowiada|ć *vt*, *vi* antworten (**na coś** auf etw); (*ponosić odpowiedzialność*) haften, verantworten; (*być zgodnym*) entsprechen; (*być odpowiednim*) zusagen, recht sein; **to mi nie ~** das sagt mir nicht zu; **jeżeli ci to ~, ...** wenn es dir recht ist, ...; **to nie ~ prawdzie** das entspricht der Wahrheit nicht
odpowiedni *adj* entsprechend, angemessen, geeignet
odpowiedzialnoś|ć *f* **1.** Verantwortung *f*; **brać na siebie ~ć** die Verantwortung übernehmen; **ponosić ~ć** die Verantwortung tragen; **pociągnąć kogoś do ~ci** jn zur Rechenschaft <Verantwortung> ziehen **2.** *handl.* Haftung *f*; **ograniczona ~ć** beschränkte Haftung
odpowiedzialny *adj* verantwortlich; (*człowiek*) verantwortungsbewusst
odpowiedzieć *vi pf* → **odpowiadać**
odpowie|dź *f* Antwort *f*, Beantwortung *f*; **pisemna ~dź** Antwortschreiben *n*; **nie dać ~dzi** unbeantwortet lassen
odprężenie *n* Entspannung *f*
odprowadzać *vt* **1.** begleiten; ~ **do domu** nach Hause bringen **2.** (*np. wodę*) abführen
odprowadzić *vt pf* → **odprowadzać**
odpychać *vt* wegstoßen; (*z powrotem*) zurückstoßen; *figur.* abstoßen
odpychający *adj* abstoßend
odr|a *f med.* Masern *pl*
odrabiać *vt* (*odpracować*) abarbeiten; aufholen (**zaległości** Rückstände); ~ **lekcje** die Hausaufgaben machen

odraczać *vt* → **odroczyć**
odradzać *vt* abraten (**komuś coś** jm etw)
odradzać się *vr* wiederaufleben, wieder geboren werden
odradzić *vt pf* → **odradzać**
odraza *f* Abscheu *f*
odrdzewiacz [ɔd'rdzevjatʃ] *m* Entroster *m*
odrestaurować *vt* restaurieren
odrębny *adj* separat; Separat-; Sonder-; *polit.* ~ **pokój** Separatfrieden *m*
odroczyć *vt pf* (*przesuwać*) aufschieben, verschieben; vertagen **posiedzenie odroczono do jutra** die Sitzung wurde auf morgen vertagt
odrodzenie *n* Wiedergeburt *f*; (*okres*) Renaissance *f*
odrodzić się *vr pf* → **odradzać się**
odróżniać I. *vt* unterscheiden, auseinander halten (**dwa pojęcia** zwei Begriffe) **II.** *vr* ~ **się** sich unterscheiden; (*odznaczać się*) sich auszeichnen
odróżnić *vt pf* → **odróżniać**
odruchowo *adv* unwillkürlich; reflexartig
odrywać *vt* 1. abreißen 2. abwenden (**oczy** die Augen)
odrzucać *vt* 1. wegwerfen 2. (*odmawiać*) ablehnen, zurückweisen
odrzucić *vt pf* → **odrzucać**
odrzutowiec *m* Düsenflugzeug *n*
odrzutowy *adj* Düsen-; **samolot** ~ Düsenflugzeug *n*; **napęd** ~ Düsenantrieb *m*; **myśliwiec** ~ Düsenjäger *m*
odsetki *pl* Zinsen *pl*
odsłona *f teatr.* Aufzug *m*
odstęp *m* 1. Abstand *m*, Spanne *f*; ~ **czasu** Intervall *n*; Zeitspanne *f*; **zachować** ~ Abstand halten 2. *druk.* Absatz *m*
odstrasza|ć [ɔt'straʃatɕ] *vt* abschrecken; **~jący** abschreckend; **~jący przykład** abschreckendes Beispiel
odstraszyć *vt pf* → **odstraszać**
odsunąć *vt pf* → **odsuwać**
odsuwać I. *vt* wegrücken, abrücken **II.** *vr* ~ **się** wegrücken; (*wycofać się*) sich zurückziehen
odsyłać *vt* 1. absenden; wegschicken; (*zwracać*) zurückschicken, zurücksenden 2. verweisen (**do innej książki** auf ein anderes Buch)
odszkodowani|e *n* Entschädigung *f*; *praw.* Schadensersatz *m*; **~a wojenne** Reparationen *fpl*; **dać pełne ~e** vollen Schadensersatz leisten

odświeżać *vt* → **odświeżyć**
odświeżyć I. *vt pf* auffrischen; ~ **znajomość języka** seine Sprachkenntnisse auffrischen **II.** *vr* ~ **się** sich erfrischen
odtąd *adv* (*od tego miejsca*) von hier an; (*od tego czasu*) von jetzt ab, von nun an
odtwarzacz *m* Rekorder *m*; ~ **płyt kompaktowych** CD-Player *m*
odtworzenie *n* (*np. z płyt*) Wiedergabe *f*
odwadniać *vt* entwässern
odwag|a *f* Mut *m*, Kühnheit *f*; **~a cywilna** Zivilcourage *f*; **dodawać ~i** Mut einflößen; **nabierać ~i** Mut fassen; **odbierać komuś ~ę** jn entmutigen
odważnik *m* Gewicht *n*
odważny *adj* mutig, kühn
odważyć się *vr pf* wagen; ~ **na coś** etw wagen
odwdzięczać się [ɔd'vdzʲɛ̃tɕatɕ ɕɛ̃] *vr* sich dankbar erweisen; vergelten (**komuś za coś** jm etw)
odwdzięczyć się *vr pf* → **odwdzięczać się**
odwiedzać *vt* besuchen
odwiedzić *vt pf* → **odwiedzać**
odwiedziny *pl* Besuch *m*; **przyjść w** ~ zu Besuch kommen
odwijać *vt* 1. (*np. z kłębka*) abwickeln, abrollen 2. (*np. z papieru*) aufwickeln
odwilż *f* Tauwetter *n*; **jest** ~ es taut (auf)
odwinąć *vt pf* → **odwijać**
odwlec *vt pf* → **odwlekać**; **co się odwlecze, to nie ucieczе** aufgeschoben ist nicht aufgehoben
odwlekać I. *vt* (*na później*) aufschieben, hinausschieben, verzögern **II.** *vr* ~ **się** aufgeschoben werden
odwołać *vt pf* → **odwoływać**
odwoływać I. *vt* (*urzędnika*) abberufen; (*posiedzenie*) absagen; (*cofać*) widerrufen **II.** *vr* ~ **się** sich berufen (**do czegoś** auf etw); *juris.* appellieren
odwracać I. *vt* wenden (**kartki** die Blätter); kehren; ~ **do góry nogami** das Oberste zuunterst kehren; ~ **uwagę** die Aufmerksamkeit ablenken **II.** *vr* ~ **się** sich wenden, sich abwenden; ~ **się plecami** den Rücken zuwenden (**do kogoś** jm)
odwrotnie *adv* umgekehrt; (*przeciwnie*) im Gegenteil
odwrotn|y *adj* 1. umgekehrt; **~y kierunek** umgekehrte Richtung 2. (*drugostronny*) Rück-, Revers-; **~a strona** Rückseite, (*me-*

dalu) Kehrseite *f*; **na ~ej stronie** auf der Rückseite; **~ą pocztą** postwendend, umgehend, mit gleicher Post **3.** (*niewłaściwy*) verkehrt

odwrócić *vt pf* → **odwracać**; **~ coś o 180 stopni** etw um 180 Grad drehen

odwr|ót *m* Rückzug *m*; **na ~ót** umgekehrt, (*na opak*) verkehrt; **na ~ocie** (*kartki*) umseitig

odziedziczyć *vt pf* ererben; **~ po kimś** jn beerben

odzież *f* Kleider *npl*, Kleidung *f*

odznaczać [ɔd'znatʃatɕ] **I.** *vt* auszeichnen (**kogoś czymś** jn mit etw) **II.** *vr* **~ się** sich auszeichnen (**czymś** durch etw); (*charakteryzować się*) sich kennzeichnen, gekennzeichnet sein; (*wybijać się*) sich hervortun

odznaczenie [ɔdzna'tʃɛɲɛ] *n* Auszeichnung *f*; **nadać komuś ~** jm eine Auszeichnung verleihen

odznaczyć [ɔd'znatʃitʃ] *vt pf* → **odznaczać**

odznaka [ɔd'znaka] *f* Abzeichen *n*; **~ sportowa** Sportabzeichen *n*

odzwyczaić *vt pf* → **odzwyczajać**

odzwyczajać [ɔdzvi'tʃajatɕ] **I.** *vt* abgewöhnen (**kogoś od czegoś** jm etw) **II.** *vr* **~ się** sich *D* abgewöhnen; **~ się od palenia** sich das Rauchen abgewöhnen

odzywać się [ɔd'zivatɕ ɕɛ̃] *vr* → **odezwać się**

ofensywa *f* Offensive *f*

ofert|a *f* Angebot *n*; **złożyć ~ę** ein Angebot machen

ofiar|a *f* **1.** Opfer *n*; **~a śmiertelna** Menschenleben *n*, Todesopfer *n*; **~y nazizmu** Naziopfer *pl*, die Opfer des Nationalsozialismus; **stać się <paść> ~ą** zum Opfer fallen **2.** (*datek*) Opfergabe *f*

oflarować I. *vt pf* **1.** opfern; **~ pomoc** seine Hilfe anbieten **2.** (*dedykować*) widmen **II.** *vr* **~ się** (*wyrazić gotowość*) sich anbieten

oficer *m* Offizier *m*; **~ marynarki** Marineoffizier *m*; **~ lotnictwa** Offizier der Luftwaffe; **~ zawodowy** Berufsoffizier *m*; **~ sztabowy** Stabsoffizier *m*; **~ dyżurny** Dienst tuender Offizier

oficjalny *adj* offiziell

ogień *m* **1.** Feuer *n*; *figur.* **słomiany ~** Strohfeuer *n*; **sztuczne ognie** Feuerwerk *n*; **rozpalić ~** Feuer anzünden <*ugs.* anmachen> **2.** (*pożar*) Brand *m*

ogier *m* Hengst *m*

oglądać I. *vt* sich *D* ansehen **II.** *vr* **~ się** sich umsehen (**za czymś** nach etw)

oględnie *adv* vorsichtig, rücksichtsvoll

ogłaszać *vt* (*publikować*) veröffentlichen; (*obwieszczać*) bekannt geben; **~ wyrok** das Urteil sprechen

ogłosić *vt pf* → **ogłaszać**

ogłoszeni|e *n* **1.** Veröffentlichung *f*; **po ~u** nach der Veröffentlichung **2.** (*obwieszczenie*) Bekanntmachung *f*; (*w gazecie*) Anzeige *f*, Inserat *n*; **~a drobne** kleine Anzeigen

ogłuch|nąć *vi pf* taub werden; **~ł** er ist taub geworden

ogłupieć *vi pf* dumm werden

ogłusza|ć *vt* betäuben; **~jący** ohrenbetäubend

ogłuszyć *vt pf* → **ogłuszać**

ognik *m*: **błędny ~** Irrlicht *n*

ogniotrwał|y *adj* feuerfest, feuerbeständig; **kasa ~a** Panzerschrank *m*

ognisk|o *n* Lagerfeuer *n*; **przy ~u** am Lagerfeuer

ogniwo *n* Glied *n*; **~ łańcucha** Kettenglied *n*; *phys.* Element *n*

ogolić *vt pf* → **golić**

ogon *m* Schwanz *m*; (*konia, pawia*) Schweif *m*; **merdać <machać> ~em** mit dem Schwanz wedeln; **stulić ~** den Schwanz einziehen

ogonek *m* **1.** Schwänzchen *n* **2.** (*kolejka*) Schlange *f*

ogólnie *adv* allgemein; **~ zrozumiały** allgemein verständlich; **~ biorąc** alles in allem, im Großen und Ganzen; **~ mówiąc** allgemein gesagt

ogólnokształcący [ɔgulnɔkʃta'tsɔ̃tsɨ] *adj* allgemein bildend

ogólnoniemiecki *adj* gesamtdeutsch

ogóln|y *adj* allgemein; (*wspólny*) gesamt, Gesamt-; **~e wrażenie** Gesamteindruck *m*; **koszty ~e** Gesamtkosten *pl*; **dobro ~e** Gemeinwohl *n*; **~y widok** Gesamtansicht *f*

ogół *m* Gesamtheit *f*; **~ wydatków** die Gesamtausgaben; **~ mieszkańców** die gesamten Einwohner; **~em** im Ganzen, insgesamt, alles in allem

ogórek *m* Gurke *f*; **~ kiszony** saure Gurke; **~ konserwowy** Essiggurke *f*

ograniczać I. *vt* einschränken; begrenzen **II.** *vr* **~ się** sich beschränken; sich einschränken

ograniczenie *n* Begrenzung *f*; Beschränkung *f*; *mot.* ~ **prędkości** Geschwindigkeitsbegrenzung *f*
ograniczony *adj* begrenzt; (*o człowieku*) beschränkt
ograniczyć *vt pf* → **ograniczać**; **muszę się ~ do tego** ich muss mich darauf beschränken
ogrodnik *m* Gärtner *m*
ogrodzenie *n* Einfriedung *f*, Umzäunung *f*
ogromny *adj* enorm, ungeheuer, riesig
ogród *m* Garten *m*; ~ **owocowy** Obstgarten *m*; ~ **warzywny** Gemüsegarten *m*; ~ **z kwiatami** Blumengarten *m*; ~ **botaniczny** botanischer Garten; ~ **zoologiczny** zoologischer Garten, Tierpark *m*
ogrzać *vt pf* → **ogrzewać**
ogrzewać *vt* erwärmen; (*opalać*) (be)heizen, erhitzen
ogrzewanie *n* Erwärmung *f*; (*opalanie*) Heizung *f*; **centralne ~** Fernheizung *f*, Fernwärme *f*
ogrzewan|y *pp* beheizt, heizbar; *mot.* **~a tylna szyba** heizbare Heckscheibe
ojciec *m* Vater *m*; ~ **chrzestny** Taufpate *m*; ~ **rodziny** Familienvater *m*; **ze strony ojca** väterlicherseits
ojczym *m* Stiefvater *m*
ojczyst|y *adj* vaterländisch, heimatlich; **~e strony** Heimat *f*, Heimatland *n*; **język ~y** Muttersprache *f*
ojczyzna *f* Vaterland *n*
okablować *vt pf* verkabeln
okazać *vt pf* → **okazywać**
okazały *adj* stattlich
okaziciel *m* Inhaber *m*; **płatny na ~a** an den Inhaber zahlbar, zahlbar auf Sicht
okazj|a *f* **1.** Gelegenheit *f*; **sprzyjająca ~a** günstige Gelegenheit; **przy pierwszej lepszej ~i** bei der ersten besten Gelegenheit; **przy ~i** bei Gelegenheit, gelegentlich; **na każdą ~ę** für alle Gelegenheiten; **skorzystać z ~i** die Gelegenheit nutzen; **pominąć <przepuścić> ~ę** die Gelegenheit verpassen; **nie przepuszczać ~i** sich *D* keine Gelegenheit entgehen lassen **2.** (*powód*) Anlass *m*; **z ~i** aus Anlass, anlässlich
okazywać I. *vt* **1.** vorzeigen, vorweisen **2.** (*wyświadczać*) erweisen **3.** (*przedkładać*) vorlegen **II.** *vr* **~ się** sich zeigen, sich herausstellen <erweisen>
okienko *n* Fensterchen *n*; (*np. w banku*) Schalter *m*

okiennica *f* Fensterladen *m*
oklaski *mpl* Beifall *m*; **szalone ~** frenetischer Beifall; **zbierać ~** Beifall ernten
oklepany *adj* abgedroschen
okład *m* Umschlag *m*; **~ z lodu** Eisumschlag *m*; **założyć zimny ~** einen kalten Umschlag machen
okładzin|a *f* Belag *m*; *mot.* **~y hamulcowe** Bremsbeläge *mpl*
okłamać *vt pf* → **okłamywać**
okłamywać I. *vt* belügen **II.** *vr* **~ się** sich <einander> belügen
okn|o *n* Fenster *n*; **podwójne ~o** Doppelfenster *n*; **~o zakratowane** Gitterfenster *n*; **~o wystawowe** Schaufenster *n*, Auslage *f*; **w ~ie wystawowym** in der Auslage; **wychylać się z ~a** sich zum Fenster hinauslehnen; **wyglądać <wyrzucać> przez ~o** zum Fenster hinaussehen <hinauswerfen>
oko *n* (**oczy** *pl*) Auge *n*; **niebieskie oczy** blaue Augen; **o czarnych oczach** schwarzäugig; **dla oka** zum Schein; **na ~** nach Augenmaß; **~ w ~** Auge in Auge; **gołym okiem** mit bloßem Auge; **w cztery oczy** unter vier Augen; **na własne oczy** mit eigenen Augen; **rzucać się w oczy** auffallen, in die Augen springen; **spuścić oczy** die Augen niederschlagen
okolic|a *f* Gegend *f*; Umgebung *f*; **pochodził z ~ Hamburga** er stammte aus der Nähe von Hamburg
okoliczność *f* Umstand *m*; **~ci łagodzące** mildernde Umstände; **stosownie do ~ci** je nach den Umständen
około *adv* um; **~ godziny ósmej** gegen acht Uhr; **~ stu osób** ungefähr hundert Personen
okopow|y *adj*: **rośliny ~e** Hackfrüchte *fpl*
okrakiem *adv* rittlings
okrągły *adj* rund; (*na twarzy*) pausbäckig
okrążać *vt* einkreisen, umzingeln (**nieprzyjaciela** den Feind); (*np. Ziemię*) umkreisen
okrążeni|e *n* **1.** Umrundung *f*; **~e Ziemi** Erdumrundung *f* **2.** *sport.* Runde *f*; **na drugim ~u** in der zweiten Runde **3.** (*nieprzyjaciela*) Einkreisung *f*, Umzingelung *f*
okrążyć *vt pf* → **okrążać**
okres *m* **1.** Zeit *f*, Zeitraum *m*; **~ gwarancji** Garantiezeit *f*; **2.** (*epoka*) Zeitalter *n*, Epoche *f*; **~ lodowcowy** Eiszeit *f* **3.** *med.* Menstruation *f*
określać *vt* (*precyzować*) bestimmen; (*nazywać*) bezeichnen; (*opisywać*) beschreiben

określić *vt pf* → **określać**
określony *adj* bestimmt; **rodzajnik** ~ der bestimmte Artikel; **w ściśle ~m miejscu** an ganz bestimmter <an einer ganz bestimmten> Stelle
okręg *m* Bezirk *m*; ~ **wyborczy** Wahlbezirk *m*
okrę|t *m* Schiff *n*; **~t podwodny** Unterseeboot *n*; **~t wojenny** Kriegsschiff *n*; **na ~cie** an Bord des Schiffes; **wodować ~t** ein Schiff vom Stapel lassen; **wsiadać na ~t** sich einschiffen; **zatopić ~t** ein Schiff versenken
okropny *adj* schrecklich, entsetzlich
okrutny *adj* grausam
okryć *vt pf* → **okrywać**
okrywać I. *vt* bedecken, zudecken; (*otulać*) umhüllen **II.** *vr* ~ **się** sich bedecken (**czymś** mit etw), sich hüllen (**czymś** in etw)
okrzyk *m* Ausruf *m*, Ruf *m*; **wydać** ~ einen Ruf ausstoßen
okular|y *mpl* Brille *f*; **~y ochronne** Schutzbrille *f*; **~y słoneczne** Sonnenbrille *f*; **zakładać ~y** die Brille aufsetzen; **nosić ~y** eine Brille tragen
okulista *m* Augenarzt *m*
okupacja *f* Besatzung *f*; (*zajęcie*) Besetzung *f*
okupacyjn|y *adj* Besatzungs-; **wojska ~e** Besatzungstruppen *fpl*
olbrzymi *adj* riesig, gewaltig
olcha *f bot.* Erle *f*
olej *m* Öl *n*; ~ **jadalny** Speiseöl *n*; ~ **do sałatek** Salatöl *n*; ~ **słonecznikowy** Sonnenblumenöl *n*; *mot.* ~ **silnikowy** Motoröl *n*; **wymienić** ~ Öl wechseln
olejn|y *adj* Öl-; **farba ~a** Ölfarbe *f*; **obraz ~y** Ölgemälde *n*; **malować farbami ~ymi** in Öl malen
olimpiada *f* Olympiade *f*
oliw|a *f* Öl *n*; ~ **z oliwek** Olivenöl *n*; **~a jadalna** Speiseöl *n*; **~a do maszyn** Maschinenöl *n*; *figur.* **dolewać ~y do ognia** Öl ins Feuer gießen
oliwiarka *f* Ölkanne *f*
oliwić *vt* ölen
oliwka *f* Olive *f*
ołów *m* Blei *n*
ołówek *m* Bleistift *m*; ~ **automatyczny** Druckbleistift *m*; ~ **kolorowy** Buntstift *m*
ołtarz *m* Altar *m*; ~ **główny** <**wielki**> Hochaltar *m*; ~ **boczny** Seitenaltar *m*
omackiem *adv* (herum)tappend; im Finstern <Dunkeln> tappend

omal *adv* beinahe
omawiać *vt* besprechen; (*dyskutować*) erörtern
omlet *m* Eierkuchen *m*, Omelette *f*
omowny *adj* anspielend, verblümt
omówić *vt pf* → **omawiać**
omylić się *vr pf* → **mylić się**
omyłk|a *f* Irrtum *m*, Fehler *m*; (*przeoczenie*) Versehen *n*; **przez ~ę** versehentlich
on *pron pers* er
ona *pron pers* sie (*sing*)
one, oni *pron pers pl* sie (*pl*)
onieśmielony *adj* befangen, schüchtern
ono *pron pers* es
opad *m* Niederschlag *m*; **~y śniegu** Schneefälle *mpl*; **~y deszczu** Regenfälle *mpl*; **bez ~ów** niederschlagsfrei
opalać I. *vt* **1.** (*ogrzewać*) heizen, beheizen **2.** (*o słońcu*) bräunen **II.** *vr* ~ **się** (*na słońcu*) (sich) bräunen, sich braun brennen lassen
opalić *vt pf* → **opalać**
opalony *adj* (*ogorzały*) braun gebrannt, gebräunt
opanować I. *vt* beherrschen, meistern **II.** *vr* ~ **się** sich beherrschen, sich fassen
opanowany *adj* beherrscht, gefasst
oparci|e *n* **1.** Lehne *f*; **~e krzesła** Stuhllehne *f*; *mot.* **~e siedzenia** Rückenlehne *f* **2.** *figur.* (*w kimś*) Rückhalt *m*; **w ~u o coś** in Anlehnung an etw, gestützt auf etw
opatrunek *m* Verband *m*; ~ **tymczasowy** Notverband *m*; **założyć** <**zdjąć**> ~ einen Verband umlegen <abnehmen>
oper|a *f* Oper *f*; (*gmach*) Opernhaus *n*; **~a komiczna** die komische Oper; **pójść na ~ę** in die Oper gehen
operacj|a *f* Operation *f*; **poddać się ~i** sich einer Operation unterziehen; **mieć ~ę, być na ~i** operiert werden; **pójść na ~ę** sich operieren lassen
operetka *f* Operette *f*
operować I. *vt med.* operieren **II.** *vi* **1.** (*o słońcu*) brennen, sengen **2.** (*stosować*) operieren
opiek|a *f* **1.** Schutz *m*, Obhut *f*; **wziąć pod ~ę** in Obhut nehmen **2.** Fürsorge *f*; **~a społeczna** soziale Fürsorge
opiekacz *m* Toaster *m*
opiekun *m* Betreuer *m*; (*nad nieletnim*) Vormund *m*; (*mecenas*) Mäzen *m*, Beschützer *m*, Gönner *m*
opiekunka *f* Betreuerin *f*

opierać I. *vt* lehnen (**o coś** an <gegen> etw), stützen (**na czymś** auf etw) **II.** *vr ~ się* sich lehnen (**o coś** an etw), sich stützen (**na czymś** auf etw); (*stawiać opór*) sich sträuben (**komuś** gegen jn), sich widersetzen, standhalten
opiłki *mpl* Feilspäne *mpl*
opini|a *f* **1.** (*zdanie*) Meinung *f*, Ansicht *f*; **~a publiczna** die öffentliche Meinung; **według mojej ~i** meiner Meinung <Ansicht> nach **2.** (*ocena*) Gutachten *n*; **zasięgnąć ~i** ein Gutachten einholen; **wydać ~ę o czymś** etw begutachten
opis *m* Beschreibung *f*; (*np. literacki*) Schilderung *f*
opisać *vt pf* → **opisywać**
opisywać *vt* beschreiben; *lit.* schildern; (*przez omówienie*) umschreiben
opłaca|ć I. *vt* bezahlen; **~ć składkę** seinen Beitrag zahlen **II.** *vr ~ się* sich lohnen <auszahlen>; *ugs.* **nie ~ się** (*nie warto*) es lohnt (sich) nicht
opłacić *vt pf* → **opłacać**
opłat|a *f* Gebühr *f*; **~a celna** Zollgebühr *f*; **~a pocztowa** Postgebühr *f*; **uiścić ~y** Gebühren entrichten; **za ~ą pięciu euro** gegen Zahlung von fünf Euro
opłatek *m* Oblate *f*
opłucn|a *f anat.* Brustfell *n*; **zapalenie ~ej** Brustfellentzündung *f*
opływow|y *adj* stromlinienförmig; **linia ~a** Stromlinienform *f*
opon|a *f* **1.** Reifen *m*; **~a samochodowa** Autoreifen *m*; **~a bezdętkowa** schlauchloser Reifen; **~a zimowa** Winterreifen *m*; **przebicie ~y** Reifenpanne *f* **2.** *anat.* **~a mózgowa** Hirnhaut *f*; **zapalenie ~ mózgowych** Hirnhautentzündung *f*
oponować *vi* widersprechen, sich widersetzen, protestieren
oportunizm *m* Opportunismus *m*
opowiadać I. *vt* erzählen; berichten; *schul.* nacherzählen **II.** *vr ~ się* sich erklären (**za kimś** für jn)
opowiadanie *n* **1.** (*czynność*) Erzählen *n*; *schul.* Nacherzählung *f* **2.** *lit.* Erzählung *f*
opowiedzieć *vt pf* → **opowiadać**
opozycja *f* **1.** (*opór*) Widerstand *m* **2.** (*stronnictwo*) (parlamentarische) Opposition *f*
opór *m* **1.** Widerstand *m*; **czynny** <**bierny**> **~** aktiver <passiver> Widerstand; **ruch oporu** Widerstandsbewegung *f*; **bez oporu** widerstandslos; **stawiać ~** Widerstand leisten <entgegensetzen> **2.** *techn.* Anschlag *m*; (**aż**) **do oporu** bis zum Anschlag
opóźniać I. *vt* verspäten; (*odkładać*) verzögern **II.** *vr ~ się* sich verspäten
opóźnić *vt, a. vr* (**się**) *pf* → **opóźniać**; **pociąg opóźnił się** der Zug hatte Verspätung
opracować *vt pf* → **opracowywać**
opracowywać *vt* bearbeiten; erarbeiten
opraw|a *f* **1.** (*przedmiot*) Rahmen *m*, Fassung *f*; **~a okularów** Brillengestell *n* **2.** (*książki*) Einband *m*; **~a płócienna** Leineneinband *m*
oprawiać *vt* (*książki*) binden, einbinden; (*klejnoty*) fassen, einfassen
oprawić *vt pf* → **oprawiać**
oprawka *f el.* Fassung *f*
oprowadzać *vt* herumführen; **~ po muzeum** durch das Museum führen
oprowadzić *vt pf* → **oprowadzać**
oprócz *praep* außer; **~ mnie** außer mir; **~ tego** außerdem; **~ niedziel** außer Sonntag
oprzeć *vt pf* → **opierać**
optyk *m* Optiker *m*
optymista *m* Optimist *m*
opublikować *vt pf* → **publikować**
opuszcza|ć I. *vt* **1.** (*odchodzić*) verlassen **2.** (*zniżać*) herunterlassen, herablassen; (*z ceny*) ablassen **3.** (*pomijać*) auslassen **4. ~ć głowę** den Kopf hängen lassen; **siły mnie ~ją** die Kräfte versagen mir **II.** *vr ~ć się* **1.** (*zniżać się*) sich herablassen, sich niederlassen **2.** (*zaniedbywać się*) sich gehen lassen; vernachlässigen (**w czymś** etw)
opuścić *vt pf* → **opuszczać**
orać *vt* pflügen, ackern
oraz *kj* sowie, und
orbit|a *f* **1.** Umlaufbahn *f*; **~a planety** Planetenbahn *f*; **wprowadzić na ~ę** auf die Bahn bringen **2.** *anat.* Augenhöhle *f*
order *m* Orden *m*; **przyznać ~** einen Orden verleihen
ordynarny *adj* ordinär, grob
organ *m* Organ *n*; **~ mowy** Sprechwerkzeug *n*
organista *m* Organist *m*
organizacja *f* Organisation *f*; **~ polityczna** politische Organisation
organizm *m* Organismus *m*
organizować *vt* organisieren; (*urządzać*) veranstalten
organki *mpl* Mundharmonika *f*

organy *mpl* Orgel *f*
orient|ować się *vr* sich orientieren; **nie ~uję się** ich bin nicht orientiert
orkan *m* Orkan *m*
orkiestra *f* Orchester *n*; **~ kameralna** Kammerorchester *n*; **~ smyczkowa** Streichorchester *n*; **~ radiowa** Rundfunkorchester *n*
orl|i *adj* Adler-; **~e gniazdo** Adlerhorst *m*; *figur.* **~i nos** Adlernase *f*; **~i wzrok** Adlerblick *m*
Ormianin *m* Armenier *m*
ornat *m* Kasel *f*
ortografia *f* Rechtschreibung *f*, Orthografie *f*
oryginaln|y *adj* **1.** original, Original-; **wydanie ~e** Originalausgabe *f* **2.** (*szczególny*) originell, eigenartig
orygina|ł *m* **1.** Original *n*; **czytać książkę w ~le** ein Buch im Original lesen **2.** *ugs.* (*dziwak*) Sonderling *m*
orzech *m* **1.** Nuss *f*; **~ laskowy** Haselnuss *f*; **~ włoski** Walnuss *f*; **pusty ~** eine taube Nuss **2.** (*drzewo*) Nussbaum *m*
orzeł *m* Adler *m*; *figur.* (*o człowieku*) **to wprawdzie nie ~ ...** er ist zwar kein Genie ...; **~ czy reszka** Kopf oder Zahl
orzeźwiając|y *adj* erfrischend; Erfrischungs-; **napoje ~e** Erfrischungsgetränke *npl*
osa *f* Wespe *f*; **gniazdo os** Wespennest *n*
osad *m* Bodensatz *m*
osełka *f* Wetzstein *m*
osiągać *vt* erzielen, erreichen; **~ wielkie sukcesy** große Erfolge erzielen
osiągnąć *vt pf* → **osiągać**
osiem *num* acht
osiemdziesiąt *num* achtzig
osiemdziesiąty *num* der achtzigste
osiemnastka *f* Achtzehn *f*
osiemnasty *num* der achtzehnte
osiemnaście *num* achtzehn
osiemset *num* achthundert
osika *f bot.* Espe *f*; **drżeć jak ~** zittern wie Espenlaub
osioł *m* Esel *m*; *figur. ugs.* **co (to) za ~!** so ein Esel!; **uparty jak ~** störrisch wie ein Esel
oskarżać *vt* anklagen (**kogoś o zdradę** *jn* des Verrats)
oskarżeni|e *n* Anklage *f*; **akt ~a** Anklageschrift *f*; **wnieść ~e przeciw komuś** Anklage gegen *jn* einreichen; **postawić w stan ~a** unter Anklage stellen

oskarżony I. *adj* angeklagt (**o coś** wegen eines Dinges) **II.** *m* Angeklagte *m*
oskarżyciel *m* Ankläger *m*; **~ publiczny** Staatsanwalt *m*
oskarżyć *vt pf* → **oskarżać**
osłabiać *vt* schwächen, abschwächen; *figur.* entkräften; **~ dowody** die Beweise entkräften
osłabić *vt pf* → **osłabiać**
osłabienie *n* **1.** Abschwächung *f* **2.** (*pozbawienie mocy*) Entkräftung *f* **3.** (*stan*) Schwäche *f*; **~ wiosenne** Frühjahrsmüdigkeit *f*; **~ pamięci** Gedächtnisschwäche *f*
osłodzić *vt pf* → **słodzić**
osob|a *f* Person *f*; **główna ~a** Hauptperson *f*; **~a prawna** juristische Person; **~a fizyczna** natürliche Person; **~y trzecie** Dritte *pl*; **we własnej ~ie** in eigener Person
osobistość|ć *f* Persönlichkeit *f*; **ważna ~ć** eine wichtige Persönlichkeit; **wysokie ~ci** hohe Persönlichkeiten
osobist|y *adj* persönlich; Personal-; **akta ~e** Personalakte *f*; **dowód ~y** Personalausweis *m*; **dane ~e** Personalien *pl*; **atak** <**wypad**> **~y** persönlicher Angriff; **bielizna ~a** Leibwäsche *f*, Unterwäsche *f*; **do ~ego użytku** zum persönlichen Gebrauch
osobiście *adv* persönlich; **znać kogoś ~** *jn* persönlich kennen
osobno *adv* getrennt, gesondert
osobny *adj* gesondert, separat; **~ pokój** eigenes Zimmer
osobow|y *adj* **1.** persönlich; *spw.* **zaimek ~y** Personalpronomen *n* **2.** (*dot. osób*) Personal-, Personen-; **winda ~a** Personenaufzug *m*
osolić *vt pf* → **solić**
ospa *f* **1.** *med.* Pocken *pl*, Blattern *pl*; **wietrzna ~** Windpocken *pl* **2.** *reg.* (*otręby*) Kleie *f*
ostatecznie *adv* (*wreszcie*) schließlich; (*w najgorszym razie*) im äußersten Fall; (*definitywnie*) endgültig, definitiv
ostateczny *adj* äußerst; (*definitywny*) endgültig, definitiv; **~ termin** der äußerste Termin; **Sąd Ostateczny** das Jüngste Gericht
ostat|ek *m*: **na ~ku** zuletzt; **do ~ka** bis zum Ende
ostatni *adj* letzt; (*krańcowy*) äußerst; **w ~ch dniach** in den letzten Tagen; **~e wydarzenia** die jüngsten Ereignisse
ostatnio *adv* neulich, jüngst
osteoporoza *f med.* Osteoporose *f*

ostro *adv* scharf; (*surowo*) streng
ostrożnie *adv* vorsichtig, behutsam; **działać** ~ vorsichtig handeln; ~! Vorsicht!
ostrożnoś|ć *f* **1.** Vorsicht *f*; **z całą ~cią** mit äußerster Vorsicht; **środki ~ci** Vorsichtsmaßnahmen *fpl* **2.** (*cecha*) Vorsichtigkeit *f*
ostrożny *adj* vorsichtig
ostr|y *adj* **1.** scharf, Scharf-; **~y zakręt** eine scharfe Kurve; **~a krytyka** eine scharfe Kritik; **~e strzelanie** Scharfschießen *n*; *figur.* **mieć ~y język** eine scharfe <spitze> Zunge haben **2.** (*surowy*) streng; **~a zima** strenger Winter
ostryga *f* Auster *f*
ostrze *n* Schneide *f*; ~ **noża** Messerschneide *f*
ostrzeżenie [ɔstʃɛˈʒɛɲɛ] *n* Warnung *f*, Verwarnung *f*
ostrzyc *vt pf* → **strzyc**
ostrzyć *vt* schärfen, spitzen; (*szlifować*) schleifen, wetzen; ~ **kosę** eine Sense wetzen; ~ **zęby** scharf sein (auf j-n)
ostudzić *vt pf* abkühlen, kühl machen <werden lassen>
ostygnąć *vi pf* abkühlen; → **stygnąć**
oswajać I. *vt* zähmen (**zwierzęta** Tiere) **II.** *vr* ~ **się 1.** sich zähmen lassen; ~ **się z czymś** mit etw vertraut werden **2.** (*przyzwyczajać się do czegoś*) sich an etw gewöhnen
oswobadzać I. *vt* befreien, freigeben **II.** *vr* ~ **się** sich befreien
oswobodzenie *n* Befreiung *f*
oswobodzić *vt pf* → **oswobadzać**
oswoić *vt pf* → **oswajać**
oswojony *adj* zahm
oszacować *vt pf* schätzen; taxieren
oszaleć *vi pf* wahnsinnig werden; **oszalałeś?** bist du verrückt (geworden)?
oszczep *m* Speer *m*; (*dyscyplina sportu*) Speerwerfen *n*; **rzut ~em** Speerwurf *m*
oszczepnik *m sport.* Speerwerfer *m*
oszczerstwo *n* Verleumdung *f*; **rzucić ~ na kogoś** jn verleumden
oszczędnoś|ć [ɔʃˈtʃɛndnɔɕtɕ] *f* **1.** (*cecha*) Sparsamkeit *f* **2.** (*zaoszczędzone*) Ersparnis *f*; **~ć czasu** Zeitersparnis *f*; **kasa ~ci** Sparkasse *f*; **~ci** *pl* Ersparnisse *fpl*
oszczędny *adj* sparsam
oszczędza|ć [ɔʃˈtʃɛndzatɕ] **I.** *vt* **1.** sparen; **~ć światło** mit Licht sparsam umgehen; **~ć na świetle** mit Licht sparen **2.** (*chronić*) schonen; **~j zdrowie!** schone deine Gesundheit! **II.** *vr* **~ć się** sich schonen

oszczędzić *vt pf* ersparen; **tego mogłeś sobie** ~ das hättest du dir ersparen können
oszukać *vt pf* hintergehen; *ugs.* übers Ohr hauen; → **oszukiwać**
oszukiwać *vt* (immer wieder) betrügen
oszustwo *n* Betrug, *ugs.* Schwindel *m*
oś *f* Achse *f*
oścież: **na** ~ sperrangelweit
oślepiać *vt* blenden
oślepić *vt pf* → **oślepiać**
oślepnąć *vi pf* erblinden
oślica *f* Eselin *f*
ośmiela|ć I. *vt* ermutigen **II.** *vr* ~**ć się** sich erdreisten, sich erkühnen, sich *D* erlauben; **~m się zapytać** ich erlaube mir die Frage
ośmieli|ć I. *vt pf* ermutigen **II.** *vr* ~**ć się** es wagen; **nie ~ł się** er hat es nicht gewagt; **nie ~łbym się** ich würde es mir nicht erlauben, ich würde es nicht wagen
ośmieszać I. *vt* lächerlich machen, bloßstellen **II.** *vr* ~ **się** sich lächerlich machen, sich bloßstellen
ośmieszyć *vt pf* → **ośmieszać**
ośmio- *w złożeniach* acht-, Acht-
ośmiogodzinny *adj* Achtstunden-; ~ **dzień pracy** Achtstundentag *m*
ośmiu: ~ **mężczyzn** acht Männer; → **osiem**
ośrod|ek *m* Zentrum *n*; **~ek informacyjny** Informationszentrum *n*; **~ek lotów kosmicznych** Raumfahrtzentrum *n*; **~ek sportowy** Sportzentrum *n*; **być ~kiem zainteresowania** im Brennpunkt <Blickpunkt> des Interesses stehen
oświadczać *vt* erklären
oświadczenie *n* Erklärung *f*; **złożyć** ~ eine Erklärung abgeben
oświadczy|ć *pf* **I.** *vt* erklären; **~ć gotowość** sich bereit erklären; **minister ~ł ...** der Minister erklärte ... **II.** *vr* ~**ć się** seine Liebe erklären
oświadczyny *pl* Liebeserklärung *f*
oświata *f* Volksbildung *f*
oświecenie *n lit.*, *hist.* Aufklärung *f*, Aufklärungszeitalter *n*
oświetlenie *n* Beleuchtung *f*, Licht *n*; ~ **elektryczne** elektrische Beleuchtung; ~ **gazowe** Gasbeleuchtung *f*
otaczać I. *vt* umgeben **II.** *vr* ~ **się** (stets) um sich haben, um sich sammeln (**artystami** Künstler)
oto *part* hier, da; ~ **jestem** da bin ich;

~ malarz das ist ein Maler!; **a ~ ...** und hier ...; **~ pytanie** hier ist die Frage
otoczenie *n* Umgebung *f*; Umfeld *n*; (*otaczający świat*) Umwelt *f*
otoczyć *vt pf* → **otaczać**
otóż *part* nun, das, dies; **~ to!** das ist's eben!
otręby *pl* Kleie *f*
otruć *pf* **I.** *vt* vergiften **II.** *vr* **~ się** sich vergiften
otrzymać *vt pf* → **otrzymywać**
otrzymywać *vt* bekommen, erhalten
otwarcie I. *adv* offen, unverhohlen; geöffnet; **mówiąc ~** offen gestanden, ehrlich gesagt **II.** *n* Eröffnung *f*; **ponowne ~** Wiedereröffnung *f*
otwart|y *adj* **1.** offen; *figur.* unverhohlen; **list ~y** offener Brief; **okno jest ~e** das Fenster steht offen **2.** (*o człowieku*) offenherzig, aufgeschlossen
otwierać I. *vt* **1.** öffnen, aufmachen; (*z klucza*) aufschließen; **~ książkę** ein Buch aufschlagen **2.** (*posiedzenie*) eröffnen; **~ testament** ein Testament eröffnen; **~ konto** sich *D* ein Konto eröffnen **II.** *vr* **~ się** sich öffnen
otworzyć *vt pf* → **otwierać**; **drzwi się otworzyły** die Tür ging auf
otwór *m* Öffnung *f*; **stać otworem** offen stehen (**dla każdego** für jedermann)
owa *pron* → **ów**

owad *m* Insekt *n*
owadobójczy *adj*: **środek ~** Insektizid *n*
owalny *adj* oval
owca *f* Schaf *n*; *figur.* **czarna ~** das schwarze Schaf
owczarek *m* Schäferhund *m*
owies *m* Hafer *m*
owiewka *f mot.* Ausstellfenster *n*
owo *pron* → **ów**
owoc *m* Frucht *f*; (*zbiorowo*) **~e** *pl* Obst *n*; **~e południowe** Südfrüchte *fpl*; *figur.* **zakazany ~** verbotene Früchte
owocow|y *adj* Obst-, Frucht-; **wino ~e** Obstwein *m*; **sok ~y** Fruchtsaft *m*
owszem *adv* allerdings, jawohl
ozdoba *f* Schmuck *m*; *figur.* Zierde *f*
oziębi|ać I. *vt* abkühlen **II.** *vr* **~ać się** kalt werden; **~ło się** es ist kalt geworden
oziębić *vt pf* → **oziębiać**
oznaczać *vt* **1.** bestimmen (*a. chem.*) **2.** (*wyznaczać*) festsetzen, angeben **3.** (*znaczyć*) bezeichnen
oznaczyć *vt pf* → **oznaczać**
oznaka *f* Zeichen *n*, Anzeichen *n*; (*cecha*) Kennzeichen *n*; (*symptom*) Symptom *n*
oznakowany *adj* markiert; **~ szlak** Wanderweg *m*
ożenić *pf* **I.** *vt* verheiraten **II.** *vr* **~ się** sich verheiraten, heiraten (**z dziewczyną** ein Mädchen); → **żenić**

Ó

ósemk|a *f* **1.** Acht *f*; **jechać ~ą** mit der Acht fahren **2.** (*łódź regatowa*) Achter *m*
ósmy I. *num* der achte; **jest ósma godzina** es ist acht Uhr **II. 1.** *m* (*dzień*) der Achte; **dziś jest ~** heute ist der Achte; **ósmego marca** am achten März **2.** **ósma** *f* (*godzina*): **jest ósma** es ist acht; **o ósmej** um acht; **punkt ósma** Punkt acht

ów, owa, owo *pron* jener, jene, jenes; **ten i ów** dieser und jener; **to i owo** dies und jenes, manches; **ni z tego, ni z owego** mir nichts, dir nichts, ohne besonderen Grund; **w owym czasie** zu jenem Zeitpunkt
ówczesny *adj* damalig; **w ~ch warunkach** unter den damaligen Umständen
ówdzie *adv*: **tu i ~** hier und da

P

pach|a *f anat.* Achselhöhle *f*; **pod ~ą** unter dem Arm
pachnie|ć *vi* riechen, duften; **tu ~ kawą** es riecht hier nach Kaffee
pacierz *m* Gebet *n*; **zmówić ~** das Gebet sprechen
pacjent *m* Patient *m*
pacjentka *f* Patientin *f*
paczk|a *f* Paket *n*; **nadać ~ę** ein Paket aufgeben; **otrzymać ~ę** eine Paketsendung erhalten
padaczka *f med. ugs.* Fallsucht *f*
pada|ć *vi* **1.** regnen; **~ (deszcz)** es regnet; **~ śnieg** es schneit; **~ grad** es hagelt **2.** fallen
pagórek *m* Hügel *m*
pająk *m* Spinne *f*
pajęczyna *f* Spinngewebe *n*
pakować I. *vt* packen, einpacken **II.** *vr* **~ się** packen
pakt *m* Pakt *m*; **~ o nieagresji** Nichtangriffspakt *m*; **zawierać ~** einen Pakt ab|schließen
pakuły *mpl* Werg *n*
pakunek *m* Gepäckstück *n*
palacz *m* **1.** Raucher *m* **2.** (*w kotłowni*) Heizer *m*
palarnia *f* **1.** Brennerei *f*; **~ kawy** Kaffeebrennerei *f* **2.** (*pokój*) Rauchzimmer *n*
palący I. *adj* brennend (*a. figur.*) **II.** *m* Raucher *m*; **dla ~ch** (*napis*) Raucher *pl*
palec *m* (*u ręki*) Finger *m*; (*u nogi*) Zehe *f*; **~ serdeczny** Ringfinger *m*; **~ wskazujący** Zeigefinger *m*; **mały ~** kleiner Finger; **chodzić na palcach** auf den Zehenspitzen gehen; *figur.* **patrzeć przez palce** durch die Finger sehen
palić I. *vi* brennen; **pali się** es brennt; **~ w piecu** heizen **II.** *vt, vi* (*tytoń*) rauchen **III.** *vr* **~ się** brennen
paliwo *n* **1.** *phys.* Brennstoff *m*; **~ płynne** flüssiger Brennstoff **2.** *mot.* Kraftstoff *m*
palma *f* Palme *f*; **~ daktylowa** Dattelpalme *f*; **~ kokosowa** Kokospalme *f*; *figur.* **~ zwycięstwa** die Palme des Siegers
palto *n* Wintermantel *m*
pałac *m* Palais *n*, Palast *m*; **~ kultury** Kulturpalast *m*
pałka *f* Knüppel *m*; **~ gumowa** Gummiknüppel *m*
pamiątk|a *f* **1.** (*przedmiot*) Andenken *n*, Souvenir *n* **2.** (*wspomnienie*) Erinnerung *f*; **na ~ę** zur Erinnerung (**czegoś** an etw)
pamię|ć ['paḿɛ̃tɕ] *f* Gedächtnis *n*; **niezawodna ~ć** zuverlässiges Gedächtnis; **miejsce ~ci** Gedenkstätte *f*
pamięta|ć *vt* denken (**o czymś** an etw); (*przypominać sobie*) sich erinnern (**o czymś** an etw); **~j o mnie** denke an mich; **czy ~ pan jeszcze?** wissen Sie noch?, erinnern Sie sich noch?
pamiętnik *m* **1.** Tagebuch *n* **2.** (*do wpisywania się*) Poesiealbum *n* **3. pamiętniki** *pl* (*wspomnienia*) Memoiren *pl*
pan *m* **1.** Herr *m*; **~ domu** Hausherr *m*; **~ młody** Bräutigam *m*; **starszy ~** ein älterer Herr; **Pan Bóg** der liebe Gott; **być ~em sytuacji** Herr der Lage sein **2.** (*forma grzecznościowa*) Sie
panaceum *n* Allheilmittel *n*
pancern|y *adj* Panzer-; bepanzert; **dywizja ~a** Panzerdivision *f*
pani *f* **1.** Frau *f*; **~ domu** Hausfrau *f*; **panie i panowie!** meine Damen und Herren! **2.** (*forma grzecznościowa*) Sie; **proszę, niech ~ wejdzie!** bitte kommen Sie herein!
panienka *f* Fräulein *n*
pann|a *f* **1.** Fräulein *n*; **~a młoda** Braut *f*; **ona jeszcze jest ~ą** sie ist noch ledig <unverheiratet> **2. Panna** *astr.* Jungfrau *f*
panowa|ć *vi* herrschen (**nad kimś** über jn); (*o władcy*) *a.* regieren; **~ła grobowa cisza** es herrschte Totenstille; **~ć nad sobą** sich beherrschen; *mot.* **~ć nad samochodem** das Auto im Griff haben
pantera *f* Panther *m*, Panter *m*
pantof|el *m* **1.** Pantoffel *m*; **~el domowy** Hausschuh *m*; *figur.* **trzymać męża pod ~lem** den Mann unter dem Pantoffel haben; **być pod ~lem** unter dem Pantoffel stehen **2.** (*but*) Schuh *m*
pantomi|ma *f* (*-y*) Pantomime *f*; **~miczny** pantomimisch
panując|y I. *adj* herrschend; **~e zło** das herrschende Übel **II.** *m* Herrscher *m*
pański *adj* **1.** herrschaftlich, vornehm **2.** (*forma grzecznościowa*) Ihr; **~ ojciec** Ihr (Herr) Vater
państw|o *n* **1.** Staat *m*; **~o kościelne** Kirchenstaat *m*; **obywatel ~a** Staatsbürger *m* **2.** (*forma grzecznościowa*) Sie; Damen und

Herren; **proszę ~a!** meine Damen und Herren! **~o X** Frau und Herr X; **~o młodzi** Brautpaar *n*
państwow|y *adj* staatlich; Staats-; **godło ~e** Hoheitszeichen *n*
papier *m* **1.** Papier *n*; **~ do pisania** Schreibpapier *n*; **~ pakowy** Packpapier *n*; **~ prezentowy** Geschenkpapier *n*; **~ rysunkowy** Zeichenpapier *n*; **zawinąć w ~** in Papier einschlagen **2.** (*dokument*) Schriftstück *n*; Papier *n*; **~y wartościowe** Wertpapiere *pl*
papieros *m* Zigarette *f*; **~y z filtrem** <bez filtra> Zigaretten mit <ohne> Filter; **palić ~y** Zigaretten rauchen
papierośnica *f* Zigarettenetui *n*
papież *m* Papst *m*
papryka *f* Paprika *m*
papuga *f* Papagei *m*
papużka *f* Wellensittich *m*
par|a¹ *f* (*wodna*) Dampf *m*; **całą <pełną> ~ą** mit Volldampf
para² *f* Paar *n*; **~ małżeńska** Ehepaar *n*; **~ młoda** Brautpaar *n*; **~ butów** ein Paar Schuhe; **~mi** paarweise
parafia *f* Pfarrei *f*, Pfarramt *n*
parafina *f* Paraffin *n*
paraliż *m* *med.* Lähmung *f*; **~ dziecięcy** Kinderlähmung *f*
parapet *m* (*okna*) Fensterbank *f*
parasol *m* Schirm *m*; **~ od deszczu** Regenschirm *m*; **~ od słońca** Sonnenschirm *m*
parawan *m* Wandschirm *m*, spanische Wand
parę *num* (ein) paar; **~ razy** ein paar Mal
park *m* Park *m*; **~ samochodowy** Fahrzeugpark *m*; **~ narodowy** Nationalpark *m*
parkiet *m* Parkett *n*, Parkettboden *m*; (*do tańca*) Tanzfläche *f*
parking *m* Parkplatz *m*; (*budynek*) Parkhaus *n*; **~ (nie)strzeżony** (un)bewachter Parkplatz; **~ podziemny** Tiefgarage *f*
parkować *vt* parken
parkowani|e *n* Parken *n*; **zakaz ~a** Parkverbot *n*
parlament *m* Parlament *n*; **gmach ~u** Parlamentsgebäude *n*
parny *adj* schwül
parować *vi* dampfen
parte|r *m* **1.** Erdgeschoss *n*; Parterre *n*; **na ~rze** im Erdgeschoss **2.** (*w teatrze*) Parkett *n*
parti|a *f* **1.** Partei *f*; **należeć do ~i** einer Partei angehören **2.** Partie *f*; **~a szachów** Schachpartie *f* **3.** *handl.* **~a towaru** Posten *m*, Partie *f*
partner *m* Partner *m* (*a. sport.*); *handl.* Kontrahent *m*; **~ do tańca** Mittänzer *m*
partnerka *f* Partnerin *f*
party *n* Party *f*
partyjny I. *adj* Partei- **II.** *m* Parteimitglied *n*
partyzant *m* Partisan *m*
parzyst|y *adj* gerade; **liczba ~a** gerade Zahl
pas *m* **1.** Gurt *m*, Gürtel *m*; (*wojskowy*) Koppel *f*; *mot.* **~ bezpieczeństwa** Sicherheitsgurt *m*; **zapiąć ~y (bezpieczeństwa)** sich anschnallen **2.** (*pasmo*) Streifen *m*; **~ ruchu** Fahrspur *f* **3.** (*talia*) Taille *f*
pasażer *m* Passagier *m*, Fahrgast *m*, *lot.* Fluggast *m*; *figur.* **~ na gapę** Schwarzfahrer *m*, *flug.*, *naut.* blinder Passagier
pasek *m* **1.** Gürtel *m*, Riemen *m*; *mot.* **~ klinowy** Keilriemen *m* **2.** (*pasmo*) Streifen *m*; **w paski** gestreift
pasierb *m* Stiefsohn *m*
pasja *f* Leidenschaft *f*, Sucht *f*; *rel.* Passion *f*
pasmo *n* Streifen *m*; **~ włosów** Haarsträhne *f*; **~ górskie** Gebirgskette *f*; *mot.* **~ ruchu** Fahrspur *f*, Fahrstreifen *m*
pasować *vi* passen (**do czegoś** zu etw)
pasta *f* Paste *f*; **~ do zębów** Zahnpasta *f*; **~ do butów** Schuhcreme *f*; **~ do podłogi** Bohnerwachs *n*
pasteryzowany *adj* pasteurisiert
pasterz *m* Hirt *m*
pastor *m* Pastor *m*
pastować *vt*: **~ podłogę** den Fußboden bohnern
pastwisko *n* Weide *f*
pastylka *f* Tablette *f*
pasza *f* Futter *n*, Viehfutter *n*; **~ zielona** Grünfutter *m*; **~ treściwa** Kraftfutter *n*
paszport *m* Pass *m*, Reisepass *m*
pasztet *m* Pastete *f*
paść¹ I. *vt* weiden; **~ krowy** Kühe hüten **II.** *vr* **~ się** weiden, grasen
paść² *vi pf* → **padać 2.**
patelnia *f* Bratpfanne *f*, Pfanne *f*
patent *m* Patent *m*
patriota [patri'ɔta] *m* Patriot *m*
patriotyzm [patri'ɔtizm] *m* Patriotismus *m*
patrol *m* Patrouille *f*, Streife *f*; **~ policyjny** Polizeistreife *f*
patrzeć *vi* ansehen, sehen, *ugs.* gucken; *figur.* **~ na kogoś z góry** jn über die Schulter ansehen

pauza *f* Pause *f*
paw *m* Pfau *m*
pawilon *m* Pavillon *m*
pawlacz *m* Hängeboden *m*
paznokieć *m* Fingernagel *m*; (*u nogi*) Zehennagel *m*
październik [paˈzdʑɛrɲik] *m* Oktober *m*; **w ~u** im Oktober
październikowy *adj* Oktober-
pącz|ek *m* **1.** *bot.* Knospe *f*; **wypuszczać ~ki** Knospen treiben <bekommen> **2.** *kulin.* Krapfen *m*, Pfannkuchen *m*, Berliner *m*
pchać I. *vt* stoßen; (*posuwać*) schieben **II.** *vr* **~ się** (*tłoczyć się*) drängeln, sich drängen
pchła *f* Floh *m*
pchnąć *vt pf* → **pchać**; (*przebić*) stechen; **~ sztyletem** erdolchen
pchnięcie *n* Stoß *m*; **~ nożem** Messerstich *m*; *sport.* **~ kulą** Kugelstoßen *n*
pech *m* Pech *n*; **mieć ~a** Pech haben
pedagog *m* Pädagoge *m*
pedał *m* Pedal *n*; *mot.* **~ przyspiesznika** <*ugs.* **gazu**> Gaspedal *n*; **~ sprzęgła** Kupplungspedal *n*; **~ hamulca** Bremspedal *n*; **nacisnąć na ~ gazu** auf das Gaspedal treten; **wcisnąć ~ gazu do końca** <*ugs.* **do dechy**> das Gaspedal ganz durchtreten
pediatra *m* Kinderarzt *m*
pejzaż *m* Landschaft *f*
peleryna *f* Umhang *m*, Cape *n*
pełen *adv* → **pełny**
pełni|a *f*: **~a Księżyca** Vollmond *m*; **w ~** völlig; **w ~ doceniać** voll würdigen
pełno *adv* voll; **~ kwiatów** voll Blumen
pełno- *w złożeniach* voll-
pełnokrwisty *adj* vollblütig
pełnoletni *adj* volljährig
pełnomocnictw|o *n* Vollmacht *f*; **nieograniczone ~o** uneingeschränkte Vollmacht; **udzielić ~a** Vollmacht geben
pełnomocnik *m* Bevollmächtigte *m*
pełn|y *adj* voll; **~a szklanka** ein volles Glas; **~a twarz** volles Gesicht; **mieć ~e ręce roboty** alle Hände voll zu tun haben; **z ~ym utrzymaniem** Vollpension *f*
pełzać *vi* kriechen
penicylina *f* Penicillin *n*
pensj|a *f* Gehalt *n*; **pobierać stałą ~ę** ein festes Gehalt haben; **podwyższyć ~e** die Gehälter erhöhen
perfumy *pl* Parfüm *n*
perfumeria *f* Parfümerie *f*
pergamin *m* Pergament *n*

perliczka *f* Perlhuhn *n*
perła *f* Perle *f*; **~ hodowlana** Zuchtperle *f*; **sznur pereł** Perlenschnur *f*
peron *m* Bahnsteig *m*
perski *adj* persisch; **~ dywan** Perserteppich *m*, Perser *m*
personaln|y *adj* personal, Personal-; **dane ~e** Personalien *pl*
personel *m* Personal *n*; **~ obsługujący** Bedienungspersonal *n*; **~ latający** Flugpersonal *n*
perspektywa *f* Perspektive *f*
pertraktacje *pl* Verhandlungen *pl*
peruczka *f* (*męska*) Toupet *n*
peruka *f* Perücke *f*
peryferi|e *fpl* Peripherie *f*, Stadtrand *m*; **na ~ach miasta** *o.* am Stadtrand
pestka *f* Kern *m*; Stein *m*
perz *m bot.* Quecke *f*
perzyn|a *f*: **obrócić coś w ~ę** etw in Schutt und Asche legen
pesymista *m* Pessimist *m*
pet *m ugs.* Kippe *f*
petent *m* Antragsteller *m*; Petent *m*
pewien[1] *adj* gewiss; **~ pan** ein gewisser Herr
pewien[2] *adv* sicher; **jestem ~, że …** ich bin (mir) sicher, dass …
pewnie *adv* gewiss, wohl, sicher; **on ~ już nie przyjdzie** er wird (wohl) nicht mehr kommen
pewnoś|ć *f* Gewissheit *f*, Sicherheit *f*; **~ć siebie** Selbstvertrauen *n*; **z ~cią** sicherlich, vermutlich
pewn|y *adj* gewiss; (*bezpieczny*) sicher; **nic ~ego** nichts Gewisses; **~y siebie** selbstbewusst; **co ~e, to ~e** sicher ist sicher; **być ~ym sukcesu** seines Erfolges sicher sein; **na ~o** bestimmt
pęcherz *m* Blase *f*; **~ moczowy** Harnblase *f*; **~yk** *m* (*na ciele*) Pustel *f*
pęczek *m* Bündel *n*; **~ rzodkiewek** ein Bund Radieschen
pędzel *m* Pinsel *m*
pędzić *vt vi* **1.** treiben, jagen **2.** (*gnać*) rasen, rennen
pęk *m* Bund, Bündel *n*; **~ kluczy** Schlüsselbund *n*
pękać *vi* **1.** bersten, platzen; (*mur*) Risse bekommen; *figur.* **~ ze śmiechu** sich krumm lachen; **~ ze złości** vor Zorn kochen **2.** (*zerwać się*) springen
pęk|nąć [ˈpɛ̃kɔ̃tɕ] *vi pf* platzen, springen;

opona ~ła der Reifen ist geplatzt; **~ła struna** die Saite sprang; → **pękać**
pępek *m anat.* Nabel *m*
pęseta *f* Pinzette *f*
pętla *f* Schlinge *f*; (*zakręt*) Schleife *f*; **~ tramwajowa** Straßenbahnschleife *f*
piać *vi* krähen; **kogut pieje** der Hahn kräht
piana *f* Schaum *m*
pianino *n* Pianino *n*, Klavier *n*
pianista *m* Pianist *m*
pianistka *f* Pianistin *f*
piasek *m* Sand *m*; **~ lotny** Flugsand *m*
piaskowiec *m* Sandstein *m*
piąt|ek *m* Freitag *m*; **w ~ek** am Freitag; **w ~ki** freitags; **Wielki Piątek** Karfreitag *m*
piątka *f* Fünf *f*
piąt|y *num* der fünfte; **jedna ~a litra** ein fünftel Liter
pici|e *n* Trinken *n*; **woda do ~a** Trinkwasser *n*
pić *vt, vi* trinken; **~ mi się chce** ich habe Durst; **~ za czyjeś zdrowie** auf js Wohl trinken
pie|c¹ *vt, vi* (*chleb*) backen; (*mięso*) braten; *figur.* brennen, sengen
piec² *m* Ofen *m*; **kaflowy ~** Kachelofen *m*; **~ hutniczy** Hochofen *m*
piechota *f* Infanterie *f*
piecyk *m* kleiner Ofen; **~ elektryczny** Heizgerät *n*
pieczarka *f* Champignon *m*
pieczątk|a *f* Stempel *m*; **przyłożyć ~ę** den Stempel drücken
pieczeń *f* Braten *m*; **~ wołowa** Rindsbraten *m*; **~ wieprzowa** Schweinebraten *m*
pieczęć *f* Siegel *n*, Petschaft *n*; **przyłożyć ~** das Siegel anbringen; **złamać ~** das Siegel brechen
pieczony *adj* gebacken; gebraten; Brat-
pieg *m* Sommersprosse *f*
piekarnia *f* Bäckerei *f*
piekarz *m* Bäcker *m*
pielęgniarka *f* Krankenschwester *f*
pielęgnować *vt* pflegen
pielgrzymka *f* Pilgerfahrt *f*, Wallfahrt *f*
pieluszka *f* Windel *f*; **~ jednorazowa** Wegwerfwindel *f*
pieniądz *m* (*moneta*) Geldstück *n*; **~e** *pl* Geld *n*; **fałszywe ~e** falsches Geld; **drobne ~e** Kleingeld *n*; **~e papierowe** Papiergeld *n*; **kupić za ciężkie ~e** für ein Heidengeld kaufen; **zmienić ~e** Geld wechseln; **być przy ~ach** bei Kasse <bei Geld> sein; **wydawać ~e** Geld ausgeben; **fałszować <sprzeniewierzać> ~e** Geld fälschen <unterschlagen>
pień *m* Stamm *m*; **~ drzewa** Baumstamm *m*; *figur.* **wyciąć w ~** niedermetzeln, *ugs.* niedermachen
pieprz *m* Pfeffer *m*
piernik *m* Lebkuchen *m*, Pfefferkuchen *m*
pierogi *pl* Teigtaschen *pl*; **~ z serem** Taschen mit Käsefüllung
pier|ś *f* **1.** Brust *f*; **bić się w ~si** sich an die Brust schlagen **2. ~si** *pl* (*kobiety*) Brüste *pl*, Busen *m*
pierścień ['pɛrɛtɕɛɲ] *m* Ring *m*
pierścionek *m* Ring *m*; **~ zaręczynowy** Verlobungsring *m*; **nosić ~ na palcu** einen Ring am Finger tragen
pierwotnie *adv* ursprünglich
pierwotn|y *adj* ursprünglich, ur-; **~e znaczenie** die ursprüngliche Bedeutung
pierwszeństw|o *n* Vorrang *m*; *mot.* **~o przejazdu** Vorfahrt *f*; **udzielić ~a nadjeżdżającym z przeciwka!** dem Gegenverkehr Vorrang gewähren! **ulica z ~em przejazdu** Vorfahrtsstraße *f*
pierwsz|y I. *adj* der erste; **~y z brzegu**, **~y lepszy** der erste beste; **z ~ej ręki** aus erster Hand; **po raz ~y** zum ersten Mal; **~y raz słyszę!** nicht, dass ich wüsste!, nie gehört! **II.** *m* Erste *m*; **~ego** (*danego miesiąca*) am Ersten
pierze *n* Federn *fpl*
pierzyna *f* Federbett *n*
pies *m* Hund *m*; **żyć jak ~ z kotem** wie Hund und Katze leben
piesek *m* Hündchen *n*
pleszczot|a *f* Liebkosung *f*; **~y** *pl* Zärtlichkeiten *pl*
pieszo *adv* zu Fuß; **iść <przyjść> ~** zu Fuß gehen <kommen>
pieszy *m* Fußgänger *m*; **przejście dla ~ch** Fußgängerübergang *m*, Fußgängerüberweg *m*; **droga dla ~ch** Fußweg *m*, Gehweg *m*
pieścić *vt* liebkosen
pieśń *f* **1.** Lied *n* **2.** *lit.* Gesang *m*
pietruszka *f* (*natka*) Petersilie *f*; (*korzeń*) Petersilienwurzel *f*
pięcio- w złożeniach fünf-, Fünf-
pięciobój *m sport.* Fünfkampf *m*
pięciokąt *m* Fünfeck *n*
pięciokrotny *adj* fünfmalig
pięcioletni *adj* fünfjährig

pięcioro *num* fünf; ~ **dzieci** fünf Kinder
pięciu *num* fünf; **było nas** ~ **(chłopców)** wir waren fünf (Jungen)
pięć *num* fünf; ~ **razy** ~ fünf mal fünf
pięćdziesiąt [pĕ'dzęcɔ̃t] *num* fünfzig
pięćdziesiąty *num* der fünfzigste
pięćset *num* fünfhundert
pięknie *adv* wunderschön
piękn|o *n* Schöne *n*, Schönheit *f*; **mieć poczucie ~a** ein Gefühl für das Schöne haben
piękność *f* Schönheit *f* (*a. kobieta*)
piękn|y *adj* schön; **literatura ~a** die schöne Literatur; **sztuki ~e** die schönen Künste; **pewnego ~ego dnia** eines schönen Tages; **prawić ~ e słówka** schöntun, *ugs.* Süßholz raspeln; *figur.* **płeć ~a** das schöne Geschlecht
pięściarz *m sport.* Boxer *m*
pięść *f* Faust *f*; **zaciśnięta ~** geballte Faust; *ugs.* **pasuje jak ~ do nosa** das passt wie die Faust aufs Auge
pięta *f* Ferse *f*
piętnasty *num* der fünfzehnte
piętnaście *num* fünfzehn
pięt|ro *n* Stockwerk *n*, Stock *m*, Etage *f*; **na którym ~rze?** in welchem Stock(werk)? **na drugim ~rze** zwei Treppen hoch, im zweiten Stock
piętrowy *adj* einstöckig; **-piętrowy** (*w złożeniach*) -geschossig; *np.* **dwu~** zweigeschossig
pigułka *f* Pille *f*; ~ **antykoncepcyjna** Anti-Baby-Pille *f*, *ugs.* die Pille; *figur.* **gorzka ~** eine bittere Pille
pijak *m* Trinker *m*, Säufer *m*
pijan|y *adj* betrunken, trunken; **po ~emu** in trunkenem Zustand
pilnie *adv* **1.** fleißig; **uczyć się ~** fleißig lernen **2.** dringend, eilig; ~ **potrzebny** dringend nötig
pilnik *m* Feile *f*; ~ **do paznokci** Nagelfeile *f*
pilno *adv*: ~ **mu** er hat Eile, er hat es eilig
pilnować I. *vt* (*strzec*) bewachen (**czegoś** etw); wachen (**czegoś** über etw); (*uważać*) Acht geben (**czegoś** auf etw); ~ **swoich interesów** seine Interessen wahren **II.** *vr* ~ **się** sich in Acht nehmen
piln|y *adj* fleißig; (*palący*) dringend; **w ~ej sprawie** in dringender Angelegenheit
pilot *m* Pilot *m*; *naut.* Lotse *m*; (*urządzenie*) Fernbedienung *f*
piła *f* **1.** Säge *f*; ~ **ręczna** Handsäge *f*; ~ **tarczowa** Kreissäge *f* **2.** (*ryba*) Sägefisch *m*

piłka[1] *f* Ball *m*; ~ **nożna** Fußball *m*, (*gra*) Fußballspiel *n*; ~ **ręczna** Handball *m*, (*halowa*) Hallenhandball *m*
piłka[2] *f* kleine Säge, Handsäge *f*
piłkarz *m* Fußballspieler *m*, *ugs.* Fußballer *m*
piłować *vt* sägen; (*pilnikiem*) feilen
pincetka *f* Pinzette *f*
pineska, pinezka *f* Reißzwecke *f*
pingwin *m* Pinguin *m*
pion *m bud.* Lot *n*, Senkblei *n*
pionier *m* Pionier *m*; *figur. a.* Bahnbrecher *m*, Wegbereiter *m*
pionowy *adj* senkrecht
piorun *m* Blitzschlag *m*; **uderzył ~** der Blitz schlug ein; *ugs.* **~em** blitzschnell
piorunochron *m* Blitzableiter *m*
piosenka *f* Lied *n*, Song *m*
piosenkarka *f* Sängerin *f*
piosenkarz *m* Sänger *m*
pióro *n* Feder *f*; ~ **do pisania** Schreibfeder *f*; ~ **wieczne** Füllfederhalter *m*, *ugs.* Füller *m*
piramida *f* Pyramide *f*
pirat *m* Seeräuber *m*, Pirat *m*; (*porywacz samolotu*) Hijacker *m*, Luftpirat *m*; **~ drogowy** Verkehrsrowdy *m*
piro|- *chem.* Pyro-; ~ **technik** *m* Pyrotechniker *m*, Feuerwerker *m*
pisać *vt*, *vi* schreiben (**do kogoś** an jn); ~ **powieść** an einem Roman schreiben; ~ **wiersze** Gedichte schreiben
pisanki *fpl* gemalte Ostereier
pisarka *f* Schriftstellerin *f*
pisarz *m* Schriftsteller *m*
pisemn|y *adj* schriftlich; **odpowiedź ~a** schriftliche Antwort
piskłę *n* Nestling *m*
pism|o *n* **1.** Schrift *f*; **charakter ~a** Handschrift *f*; **~o drukowane** (*litery*) Blockschrift *f*; **wyrobiony charakter ~a** eine ausgeschriebene Handschrift **2.** (*dokument*) Schreiben *n*, Schriftstück *n*; **Pismo Święte** die Heilige Schrift **3.** (*gazeta*) Zeitschrift *f*
pisownia *f* (*sposób pisania*) Schreibung *f*; (*ortografia*) Rechtschreibung *f*
pistolet *m* Pistole *f*; ~ **automatyczny** Maschinenpistole *f*
piszcz|eć *vi* piepen
piśmienn|y *adj* Schreib-; **artykuły ~e** Schreibwaren *fpl*
piwiarnia *f* Bierstube *f*, Bierlokal *n*
piwnica *f* Keller *m*
piwo *n* Bier *n*; ~ **jasne <ciemne>** helles <dunkles> Bier; ~ **słodowe** Malzbier *n*

piżama *f* Schlafanzug *m*
plac *m* Platz *m*; ~ **budowy** Baustelle *f*
placek *m* **1.** Kuchen *m*; ~ **z kruszonką** Streuselkuchen *m*; ~ **ze śliwkami** Pflaumenkuchen *m* **2. placki ziemniaczane** Kartoffelpuffer *mpl*
plakat *m* Plakat *n*
plam|a *f* Fleck *m*; **wywabić ~ę** einen Fleck entfernen; *figur.* **~a na honorze** Schandfleck *m*
plan *m* **1.** Plan *m*; ~ **miasta** Stadtplan *m*; ~ **lekcji** Stundenplan *m* **2.** *mal.* **na pierwszym ~ie** im Vordergrund; **na dalszym ~ie** (*w głębi*) im Hintergrund **3.** *archit.* Grundriss *m*
planeta *f astr.* Planet *m*
planować *vt* planen
planowy *adj* planmäßig, Plan-; ~ **odjazd** fahrplanmäßige Abfahrt
plastelina *f* Plastilin *n*
plaster *m med.* Heftpflaster *n*, Pflaster *n*; **nałożyć ~ na ranę** jm ein Pflaster auf die Wunde kleben
plasterek *m* Scheibe *f*; ~ **kiełbasy** eine Scheibe Wurst
plastik *m* Plastik *n*, Kunststoff *m*
plastyczn|y *adj* plastisch; **masa ~a** Kunststoff *m*; **operacja ~a** plastische Operation
plastyk *m* **1.** Kunstschaffende *m* (*Bildhauer, Maler, Grafiker*) **2.** *zob.* **plastik**
platan *m* Platane *f*
platyna *f* Platin *n*
plaż|a *f* Strand *m*; **na ~y** am Strand
plątać I. *vt* verwickeln, verflechten; (*mieszać, mylić*) verwechseln **II.** *vr* ~ **się** sich verstricken; ~ **się w kłamstwach** sich in Lügen verstricken
plebania *f* Pfarrhaus *n*, Pfarrei *f*
plecak *m* Rucksack *m*
plec|y *pl* Rücken *m*; **za jego ~ami** hinter seinem Rücken; **na ~ach** auf den Schultern
pleść *vt* (*wyplatać*) flechten, winden; *figur.* ~ **głupstwa** dummes Zeug reden
pleśnieć *vi* schimmelig werden; schimmeln
pleśń *f* Schimmel *m*
plewy *pl* Spreu *f*
plik *m* **1.** Stoß *m*; ~ **akt** Aktenstoß *m*; ~ **gazet** ein Stoß Zeitungen **2.** *inform.* Datei *f*; **zapamiętać** ~ eine Datei speichern
plomba *f* Plombe *f*; Zahnfüllung *f*
plotk|a *f* Klatsch *m*, Tratsch *m*; **rozpuszczać ~i** Klatsch verbreiten
plotkować *vi* tratschen

pluć *vi* spucken; speien
pluskać I. *vi* plätschern **II.** *vr* ~ **się** plätschern
pluskiewka *f* Reißzwecke *f*
pluskwa *f* Wanze *f*
plusz *m* Plüsch *m*
płac|a *f* Lohn *m*; **podwyżka** ~ Lohnerhöhung *f*
płacić *vt* zahlen; ~ **gotówką** bar <in bar> zahlen; ~ **z góry** im Voraus zahlen
płakać *vi* weinen (**nad kimś** über jn); ~ **z radości** vor Freude weinen
płaski *adj* flach; eben
płaskorzeźba *f* Basrelief *n*, Flachrelief *n*
płaszcz *m* Mantel *m*; ~ **od deszczu** Regenmantel *m*; ~ **kąpielowy** Bademantel *m*; **nieprzemakalny** ~ wasserdichter Mantel; **zarzucić ~ na ramiona** den Mantel umhängen; **włożyć ~** (**na siebie**) den Mantel anziehen; **zdjąć ~** den Mantel ablegen
płaszczy|zna *f* Fläche *f* (*a. mat.*), Ebene *f*; **na innej ~źnie** auf einer anderen Ebene
płat *m* **1.** *flug.* Tragfläche *f* **2.** *anat.* Lappen *m*; ~ **skroniowy** Schläfenlappen *m*; ~ **czołowy** Stirnlappen *m*
płatać *vt*: ~ **figle** alberne Streiche verüben
płat|ek *m* Flocke *f*; **~ek śniegu** Schneeflocke *f*; **~ki owsiane** Haferflocken *fpl*; **~ki kukurydziane** Cornflakes *pl*
płatny *adj* fällig; (*wymagający opłaty*) kostenpflichtig, gebührenpflichtig
płeć *f* Geschlecht *n*; *figur.* **słaba** ~ das schwache Geschlecht; ~ **brzydka** das starke Geschlecht
płetwonurek *m* Froschmann *m*
płodny *adj* fruchtbar
płodzić *vt* zeugen
płomie|ń *m* Flamme *f*; **stać w ~niach** in Flammen stehen
płonąć *vi* brennen
płoszyć *vt* verscheuchen
płot *m* Zaun *m*
płotki *mpl sport.* Hürde *f*; **bieg przez** ~ Hürdenlauf *m*
płótno *n* Leinwand *f* (*o. mal.*), Leinen *n*; ~ **żaglowe** Segeltuch *n*; ~ **krawieckie** Steifleinen *n*
płuc|a *npl* Lunge *f*; **zapalenie** ~ Lungenentzündung *f*; **choroba** ~ Lungenkrankheit *f*; **gruźlica** ~ Lungentuberkulose *f*; **chory na ~a** lungenkrank
pług *m* Pflug *m*
płukać *vt* spülen

płyn *m* Flüssigkeit *f*; **w ~ie** flüssig; *mot.* **~ hamulcowy** Bremsflüssigkeit *f*; **~ chłodzący** <**do chłodnicy**> Kühlflüssigkeit *f*
płynąć *vi* **1.** schwimmen; **~ pod prąd** <**z prądem**> gegen den <mit dem> Strom schwimmen **2.** (*o wodzie*) fließen
płynnie *adv* fließend; **on mówi ~ po niemiecku** er spricht fließend Deutsch
płynny *adj* flüssig, fließend
płyta *f* Platte *f*; **~ kompaktowa** Compact Disc, *skrót* CD *f*
płytki *adj* (*niegłęboki*) seicht; (*płaski*) flach; **~ talerz** ein flacher Teller
pływaczka *f* Schwimmerin *f*
pływać *vi* schwimmen
pływak *m* Schwimmer *m*
pływalnia *f* Schwimmbad *n*; **kryta ~** Hallenschwimmbad *n*
po *praep* **1.** nach; **po urlopie** nach dem Urlaub; **po tobie** nach dir; **po kolei** der Reihe nach **2.** auf, in (herum); **chodzić po dachu** <**po pokoju**> auf dem Dach <im Zimmer> herumlaufen **3.** *handl.* zu, je; **po 40 euro** zu 40 Euro; **po 3 sztuki** je 3 Stück **4.** **po co?** wozu?; **po kogo idziesz?** wen holst du ab?; **po raz pierwszy** zum ersten Mal; **po pierwsze** erstens; **posłać po lekarza** den Arzt holen lassen **5.** (*w wyrażeniach przysłówkowych*) **czy umiesz po polsku?** verstehst du Polnisch?; **po potrąceniu** nach Abzug **6.** (*z czasownikiem*) **poznać po czymś** an etw erkennen
pobić I. *vt pf* schlagen; **~ rekord** einen Rekord brechen <schlagen>; **~ kogoś** jn zusammenschlagen **II.** *vr* **~ się** sich prügeln, handgemein werden
pobieżny *adj* flüchtig
pobliski *adj* nahe (gelegen)
pobliż|e *n*; **w ~u** in der Nähe; **w ~u Wiednia** nahe bei Wien
pobłażliwy *adj* nachsichtig (**wobec kogoś** gegen jn)
pobocze *n* (*drogi*) Seitenstreifen *m*; **utwardzone** <**nieutwardzone**> **~** befestigter <unbefestigter> Seitenstreifen
pobory *pl* Gehalt *n*, Bezüge *mpl*
pobożny *adj* fromm
pobrać się *vr pf* heiraten
pobranie *n* Nachnahme *f*; **za ~m** mit <per> Nachnahme
pobrudzić *vt pf* → **brudzić**
pobyt *m* Aufenthalt *m*; **miejsce ~u** Aufenthaltsort *m*; **~ w celach naukowych** Studienaufenthalt *m*
pocałować *vt pf* einen Kuss geben (**kogoś** jm); → **całować**
pocałunek *m* Kuss *m*
pochlebca *m* Schmeichler *m*
pochlebstwo *n* Schmeichelei *f*
pochmurny *adj* wolkig, trübe
pochodnia *f* Fackel *f*
pochodzenie *n* Ursprung *m*; Herkunft *f*
pochodzić[1] *vi* **1.** abstammen, herkommen **2.** (*wynikać*) herrühren
pochodzić[2] *vi* (*sobie*) ein bisschen (herum)spazieren
pochować *vt pf* (*zmarłego*) bestatten
pochód *m* Umzug *m*, Vorbeimarsch *m*
pochwalić *vt pf* → **chwalić**
pochwa *f* Scheide *f* (*a. anat.*)
pochwał|a *f* Lob *n*; **zasłużyć na ~ę** Lob verdienen; **zasługujący na ~ę** lobenswert
pochyły *adj* schräg
pociąg *m* **1.** Zug *m*; **~ osobowy** Personenzug *m*; **~ pospieszny** Schnellzug *m*; **~ dalekobieżny** Fernzug *m*; **~ ekspresowy** Expresszug, Intercity, IC *m*; **~ bezpośredni** ein durchgehender Zug (**do Paryża** nach Paris); **~ towarowy** Güterzug *m*; **~ drogowy** Lastzug *m* **2.** (*popęd*) Trieb *m*; (*skłonność*) Neigung *f* (**do kogoś** zu jm), Hang *m* (**do muzyki** für Musik); **czuć do kogoś ~** sich <zu> jm hingezogen fühlen
pociągać *vt* ziehen; **~ ku sobie** an sich <zu sich> ziehen; **~ za sobą następstwa** Folgen nach sich ziehen; **~ farbą** anstreichen
pociągnąć *vt pf* → **pociągać, ciągnąć**; **~ do odpowiedzialności** zur Verantwortung ziehen
pocić się *vr* schwitzen
po ciemku *adv* im Finsteren
pocieszać I. *vt* trösten **II.** *vr* **~ się** sich trösten (**czymś** mit etw)
pocieszyć *vt pf* → **pocieszać**
pocisk *m* Geschoss *n*; **~ zdalnie kierowany** ferngesteuertes Geschoss; **wystrzelić ~** ein Geschoss abschießen
począ|ć *vt* anfangen, machen; **co ja mam teraz ~ć!** was soll ich jetzt anfangen <tun>!; **~wszy od ...** ab <von ... an>; **~wszy od godziny 10** ab 10 Uhr, von 10 Uhr an
począt|ek *m* Beginn *m*, Anfang *m*; **od (samego) ~ku** von Anfang an; **na ~ek** für den Anfang; **na ~ku** zu Beginn, zu Anfang; **z ~ku** (*początkowo*) anfangs

początkowo *adv* anfänglich, anfangs
poczekać *vi* (ein bisschen) warten, abwarten, erwarten
poczekalnia *f* Warteraum *m*
poczęstować *vt pf* anbieten; **czy mogę ~ pana filiżanką kawy?** darf ich Ihnen (eine Tasse) Kaffee anbieten?
pocz|ta *f* **1.** Post *f*; **~ta głosowa** Mailbox *f*; **~tą** durch die Post; **~ta lotnicza** Luftpost *f*; **~tą lotniczą** mit Luftpost; **odwrotną ~tą** postwendend **2.** (*budynek*) Post *f*; Postamt *n*; **na ~cie** auf der Post
pocztow|y *adj* Post-; **skrzynka ~a** Briefkasten *m*
pocztówka *f* Postkarte *f*
poczuć *vt pf* → **czuć**
pod *praep* **1.** (*gdzie?, dokąd?*) unter; **~ stołem** unter dem Tisch; **~ stół** unter den Tisch; **~ gołym niebem** unter freiem Himmel **2.** (*kiedy*) gegen; **~ wieczór** gegen Abend **3.** (*przeciw*) gegen; **~ wiatr <prąd>** gegen den Wind <Strom> **4.** (*około*) bei; **~ Warszawą** bei <in der Nähe von> Warschau **5. ~ pretekstem** unter einem Vorwand; **~ karą** bei Strafe; **~ warunkiem, że ...** vorausgesetzt dass ...
podać *vt pf* → **podawać**
podanie *n* **1.** Gesuch *n*, Antrag *m*; **złożyć <wnieść> ~** ein Gesuch einreichen **2.** (*danych*) Angabe *f*
podarować *vt pf* → **darować**
podarty *adj* zerrissen
podarunek *m* Geschenk *n*
podatek *m* Steuer *f*; **~ dochodowy** Einkommenssteuer *f*; **~ od luksusu** Luxussteuer *f*; **~ od wynagrodzeń** Lohnsteuer *f*
podawać *vt* reichen; (*dane*) angeben; **~ do wiadomości** bekannt geben; **~ do stołu** servieren, auftragen; **~ z rąk do rąk** herumreichen
podaż *f* Angebot *n*
podbródek *m* Kinn *n*
podchmielić *vi*: **~ sobie** sich einen leichten Rausch antrinken
podcienia *pl* Laubengang *m*
podciśnienie *n* Unterdruck *m*
podczas I. *praep* während; **~ mojego pobytu** während meines Aufenthalts; **~ urlopu** im Urlaub **II.** *kj* **~ gdy dziecko śpi, mogę napisać list** während das Kind schläft, kann ich einen Brief schreiben
poddać *pf* **I.** *vt* übergeben (**miasto** eine Stadt); (*podsunąć*) eingeben, suggerieren **II.** *vr* **~ się** sich ergeben, sich unterwerfen, erliegen
poddasze *n* Dachgeschoss *n*, Dachstube *f*
poddawać *vt* → **poddać**
podejmować I. *vt* **1.** vornehmen, unternehmen; **~ kroki** Schritte tun, Maßnahmen treffen; **~ walkę** (immer) den Kampf aufnehmen **2.** (*gości*) bewirten **II.** *vr* **~ się** auf sich nehmen, unternehmen (**czegoś** etw)
podejrzany I. *adj* verdächtig (**o coś** eines Dinges) **II.** *m* Verdächtige *m*
podejrzewać *vt* verdächtigen (**o przestępstwo** eines Deliktes)
podejrzliwy [pɔdɛjˈʒlivi] *adj* argwöhnisch, misstrauisch
podeprzeć *vt pf* → **podpierać**
podeptać *vt pf* → **deptać**; *figur.* mit Füßen treten
podeszwa *f* Sohle *f*; **~ buta** Schuhsohle *f*
podglądać *vt* heimlich beobachten
podjąć *vt pf* → **podejmować**
podjechać *vi pf* heranfahren
podjeść *vi pf*: **~ sobie** sich so richtig satt essen
podkładać *vt* unterlegen
podkładka *f mech.* Unterlegscheibe *f*
podkoszulek *m*, **podkoszulka** *f* Unterhemd *n*
podkowa *f* Hufeisen *n*
podkreślać *vt* unterstreichen; *figur. a.* betonen, hervorheben
podkreśl|ić *vt pf* → **podkreślać**; **mówca ~ł ...** der Redner betonte ...
podlać *vt pf* → **podlewać**
podlegać *vi* unterworfen sein, unterliegen; (*np. władzy*) unterstehen, unterstellt sein
podlewać *vt* begießen, gießen (**kwiaty** die Blumen)
podłoga *f* Fußboden *m*
podłość *f* Gemeinheit *f*, Niedertracht *f*
podłożyć *vt pf* → **podkładać**
podłużny *adj* länglich; **przekrój ~** Längsschnitt *m*
podły *adj* gemein, niederträchtig
podmiejsk|i *adj* vorstädtisch; **kolej ~a** Vorortbahn *f*
podniebienie *n* Gaumen *m*
podnieść *vt pf* → **podnosić**
podnosić I. *vt* **1.** heben, erheben, emporheben, hieven, hissen; **~ głowę** den Kopf heben **2.** (*podwyższać*) erhöhen; (*wzmagać*) steigern; **~ ceny <pensje>** Preise <die Gehälter> erhöhen **II.** *vr* **~ się 1.** sich erheben;

(*unosić się*) sich heben **2.** (*wzmagać się*) steigen
podnoszenie *n* Heben *n*; *sport.* ~ **ciężarów** Gewichtheben *n*
podnośnik *m mot.* Wagenheber *m*
podoba|ć się *vr* gefallen; **(nie)** ~ **mi się to** das gefällt mir (nicht); **nie ~ć się** missfallen
podobnie *adv* ähnlich, in ähnlicher Weise
podobno *adv* anscheinend; wie es heißt; ~ **jest chory** er soll krank sein; man sagt, er sei krank
podobn|y *adj* ähnlich; **w ~y sposób** in ähnlicher Weise; **to do niego ~e** das sieht ihm ähnlich; *ugs.* **coś ~ego!** so was!; **nic ~ego** nichts dergleichen; **do czego to ~e!** das ist doch keine Art und Weise!
podoficer *m* Unteroffizier *m*
podpalać *vt* in Brand stecken
podpalić *vt pf* → **podpalać**; ~ **dom** ein Haus in Brand stecken
podpierać I. *vt* stützen **II.** *vr* ~ **się** sich stützen, abstützen
podpis *m* Unterschrift *f*; **złożyć swój** ~ etw unterzeichnen
podpisać *vt pf* → **podpisywać**; ~ **umowę** einen Vertrag unterschreiben, unterzeichnen
podpisywać *vt* unterschreiben
podporucznik *m* Leutnant *m*
podpowiadać *vt* vorsagen; *teatr.* soufflieren
podpowiedzieć *vt pf* → **podpowiadać**
podrabiać *vt* nachmachen; ver|fälschen
podręcznik *m* Handbuch, Lehrbuch *n*
podrobić *vt pf* → **podrabiać**; ~ **podpis** eine Unterschrift nachmachen
podróż *f* Reise *f*; ~ **handlowa** Geschäftsreise *f*; ~ **służbowa** Dienstreise *f*; ~ **naukowa** <**w celach naukowych**> Studienreise *f*; ~ **poślubna** Hochzeitsreise *f*; ~ **powrotna** Rückreise *f*; ~ **zagraniczna** Auslandsreise *f*; **wyruszyć w** ~ eine Reise antreten; **wyjechać w** ~ verreisen; **szczęśliwej ~y!** glückliche Reise!
podróżn|y I. *adj* Reise-; **torba ~a** Reisetasche *f* **II.** *m* Reisende *m*
podróżować *vi* reisen (**koleją** mit der Bahn)
podrzeć *vt pf* zerreißen
podrzędn|y *adj* untergeordnet; *gram.* **zdanie ~e** Nebensatz *m*
podstawa *f* Grundlage *f*; *mat.* Grundlinie *f*; (*płaszczyzna*) Grundfläche *f*
podstawowy *adj* grundlegend, fundamental; Grund-; ~ **błąd** grundsätzlicher Fehler, Kardinalfehler *m*
podstęp *m* List, Hinterlist *f*
podszew|ka *f* Futter *n*; **na ~ce** gefüttert
podświadomość *f* Unterbewusstsein *n*
podtrzymać *vt pf* → **podtrzymywać**
podtrzymywać *vt* halten, stützen; *figur.* (*utrzymywać*) aufrechterhalten
poduszka *f* Kissen *n*; ~ **pod głowę** Kopfkissen *n*; *mot.* ~ **powietrzna** Airbag *m*
podwiązka *f* Strumpfband *n*
podwieczorek *m* Vesperbrot *n*
podwijać *vt* (*rękawy*) aufrollen
podwinąć *vt pf* → **podwijać**
podwładny *m* Untergebene *m*
podwozie *n* Fahrgestell *n*, (*samolotu a.*) Fahrwerk *n*; **wciągnąć** ~ das Fahrwerk einziehen
podwójn|y *adj* doppelt; Doppel-; **~e okno** Doppelfenster *n*
podwórz|e *n* Hof *m*; **na ~u** im Hof
podwyżka *f* Erhöhung *f*; ~ **cen** Preiserhöhung *f*; ~ **czynszu** Mieterhöhung *f*
podwyższać *vt* erhöhen, heraufsetzen; (*wzmagać*) steigern
podwyższyć *vt pf* → **podwyższać**
podzelować *vt pf* besohlen
podzia|ć się *vr pf* hingeraten, stecken; **gdzie on się ~ł?** wo steckt er (denn)?
podział *m* Teilung *f*, Einteilung *f*
podzielić *vt pf* → **dzielić**
podziemie [pɔd'zɛmʲɛ] *n* **1.** Kellergeschoss *n* **2.** *figur.* Untergrund *m*, Untergrundbewegung *f*
podziemn|y [pɔd'zɛmnʲi] *adj* unterirdisch; Untergrund-; **wybuchy** <**eksplozje**> **~e** unterirdische Explosionen; **kolej ~a** Untergrundbahn, U-Bahn *f*; **organizacja ~a** Untergrundorganisation *f*
podziękować *vi pf* sich bedanken (**komuś za coś** bei jm für etw)
podziwiać *vt* bewundern
poeta *m* Dichter *m*, Poet *m*
poetka *f* Dichterin *f*
poetyczny *adj* poetisch, poesievoll
poezja *f* Poesie *m*, Dichtung *f*
pogadać *vi* ein wenig plaudern
pogadanka *f* kleiner Vortrag (*im Rundfunk*)
pogarda *f* Verachtung *f*; ~ **śmierci** Todesverachtung *f*
pogardliwy *adj* verächtlich
pogardzać *vi* → **gardzić**

pogarszać I. *vt* verschlimmern, verschlechtern **II.** *vr* ~ **się** sich allmählich verschlechtern
pogląd *m* Anschauung *f*, Ansicht *f*, Gesinnung *f*; ~ **na świat** Weltanschauung *f*; **reprezentować** <**wyrazić**> ~ die Ansicht vertreten
pogłaskać *vt pf* → **głaskać**
pognieść *vt pf* zerknittern, zerknüllen
pogoda *f* Wetter *n*; (*ładna*) schönes Wetter; **słoneczna** <**niepewna**> ~ sonniges <unbeständiges> Wetter; **jaka będzie ~?** was werden wir für Wetter haben?, wie wird das Wetter?
pogodny *adj* heiter (*a. figur.*)
pogodzić I. *vt pf* aussöhnen, versöhnen **II.** *vr* ~ **się** sich aussöhnen <versöhnen>; ~ **się z czymś** sich in etw fügen <ergeben>, sich mit etw abfinden
pogorszyć *pf* **I.** *vt* → **pogarszać II.** *vr* ~ **się** sich verschlechtern
pogotowi|e *n* Bereitschaftsdienst *m*, Notdienst *m*; **~e ratunkowe** Rettungsdienst *m*, Notarzt *m*; **górskie ~e ratunkowe** Bergwacht *f*; **stać w ~u** in Bereitschaft stehen
pogrzeb *m* Begräbnis *n*
poić *vt* zu trinken geben, tränken
pojazd *m* Fahrzeug *n*; ~ **mechaniczny** Kraftfahrzeug *n*; ~ **gąsienicowy** Raupenfahrzeug *n*; ~ **kosmiczny** Raumschiff *n*
pojąć *vt pf*; → **pojmować**; ~ **za żonę** zur Frau nehmen
pojechać *vi pf* hinfahren, wegfahren
pojedynczo *adv* einzeln
pojedycz|y *adj* einzeln, einfach; *gram.* **liczba ~a** Einzahl *f*, Singular *m*
pojemnik *m* Behälter *m*, Container *m*
pojemność *f* **1.** Fassungsvermögen *n*, ~ (**skokowa**) **silnika** Hubraum *m* **2.** *phys.* Kapazität *f*; Volumen *n*; ~ **akumulatora** Batteriekapazität *f*
pojęci|e *n* Begriff *m*; (*wyobrażenie*) Ahnung *f*; **wyrobić sobie ~e o czymś** sich einen Begriff von etw machen; **nie mieć ~a** keine Ahnung haben
pojmować *vt* (*rozumieć*) begreifen, fassen; (*ujmować*) auffassen (**błędnie** falsch)
pojutrze *adv* übermorgen
pokarm *m* Nahrung *f*; (*mleko*) Muttermilch *f*, Milch *f*
pokazać I. *vt pf* zeigen, sehen lassen; **pokaż!** zeig' mal!, lass sehen! **II.** *vr* ~ **się** zum Vorschein kommen

pokazywać *vt* → **pokazać**
pokład *m* **1.** Schicht *f*; *berg.* Flöz *n*; ~ **węgla** Kohlenflöz *n* **2.** *naut.* Deck *n*; ~ **statku** Schiffsdeck *n*
pokojowy *adj* **1.** Zimmer- **2.** (*nastawiony pokojowo*) friedlich **3.** (*dotyczący pokoju*) Friedens-; **traktat** ~ Friedensvertrag *m*
pokojówka *f* Zimmermädchen *n*
pokolenie *n* Generation *f*
pokonać *vt pf* (*zmóc*) bewältigen; (*przezwyciężyć*) überwinden
pokonywać *vt* → **pokonać**
pokój *m* **1.** Frieden *m*; **utrzymać** <**ocalić**> ~ den Frieden erhalten <retten>; **zawrzeć** ~ Frieden schließen **2.** Zimmer *n*; ~ **sypialny** Schlafzimmer *n*
pokrewieństwo *n* Verwandtschaft *f*
pokrowiec *m* Schonbezug *m*
pokrótce *adv* kurz, in Kürze
po kryjomu *adv* insgeheim, heimlich
pokrywa *f* Deckel *m*; Haube *f*; ~ **silnika** Motorhaube *f*
pokrywka *f* Deckel *m*; ~ **garnka** Topfdeckel *m*
pokrzywa *f* Brennnessel *f*
pokrzyżować *vt pf* kreuzen, durchkreuzen; ~ **czyjeś** <**komuś**> **plany** jm einen Strich durch die Rechnung machen
pokus|a *f* Versuchung *f*; **oprzeć się** <**ulec**> **~ie** der Versuchung widerstehen <unterliegen>
pokutować *vi* büßen
pokwitować *vt pf* → **kwitować**
pokwitowanie *n* Quittung *f*; ~ **odbioru** Empfangsschein *m*
Polak *m* Pole *m*; **jestem ~iem** ich bin Pole
pol|e *n* **1.** Feld *n*; **~e bitwy** Schlachtfeld *n*; **~e widzenia** Blickfeld *n*; **~e magnetyczne** magnetisches Feld; **~e namiotowe** Zeltplatz *m*, **~e uprawne** Acker *m*; **uprawiać ~e** das Feld bebauen; **na białym ~u** im weißen Feld **2.** (*dziedzina*) Feld *n*, Gebiet *n*; **na ~u nauki** auf dem Gebiet der Wissenschaft
polec *vi pf* (*w bitwie*) fallen
polecać *vt* empfehlen
polecić *vt pf* (*zlecić*) beauftragen (**komuś coś** jn mit etw); → **polecać**
polecieć *vi pf* hinfliegen; (*pobiec*) hinlaufen; → **lecieć**
polecony *adj* empfohlen; **list** ~ Einschreibebrief *m*; (**po**)**proszę jako ~!** per Einschreiben bitte!

polega|ć vi **1.** ruhen, beruhen; **można na nim ~ć** man kann sich auf ihn verlassen **2.** bestehen; **na czym to ~?** worin besteht das?
polewaczka f Gießkanne f; **~ uliczna** Sprengwagen m
polewać vt begießen, bespritzen
polędwica f Lendenstück n; (wędlina) Lachsschinken m
policja f Polizei f; **~ tajna** Geheimpolizei f; **~ kryminalna** Kriminalpolizei f; **~ kolejowa** Bahnpolizei f
policjant m Polizeibeamte m, Polizist m
policjantka f Polizistin f
policzek m Backe f, Wange f; (uderzenie) Ohrfeige f; **wymierzyć komuś ~** jm eine Ohrfeige geben
poligon m mil. Übungsgelände n; **~ doświadczalny** Versuchsgelände n
poligraficzny adj Druck-; **przemysł ~** Druckindustrie f
politechnika f (poly)technische Hochschule, Technische Universität
polityczny adj politisch
polityk m Politiker m
polityk|a f Politik f; **~a gospodarcza** Wirtschaftspolitik f; **~a wewnętrzna** Innenpolitik f; **~a zagraniczna** Außenpolitik f; **uprawiać ~ę** eine Politik betreiben; **wycofać się z ~i** sich ganz aus der Politik zurückziehen
polka f mus. Polka f
Polka f Polin f
poln|y adj Feld-; **prace <roboty> ~e** Feldarbeiten fpl; **kwiatek ~y** Feldblume f
polonez m Polonäse f, Polonaise f
polonista m Polonist m
polonistyka f Polonistik f
polować vi jagen
polowanie n Jagd f; **~ z nagonką** Treibjagd f; **z sokołami** Falkenjagd f
polsk|i adj polnisch; **język ~i** das Polnische, die polnische Sprache, Polnisch n; **po ~u** (auf) Polnisch, polnisch; **mówić po ~u** Polnisch sprechen
polszczyzna f Polnisch n, die polnische Sprache
polubić vt pf lieb gewinnen
połamać vt pf (alles nacheinander) zerschlagen
połączenie n Verbindung f; ebw., tel. Anschluss m, (pociąg) Anschlusszug m
połączyć (się) vt pf (sich) anschließen, verbinden; → **łączyć**

połknąć vt pf → **połykać**
połow|a f **1.** Hälfte f; **w ~ie drogi** auf halbem Weg; **do ~y** zur Hälfte, halb; **podzielić po ~ie** halbpart machen **2.** (środek) Mitte f; **w ~ie września** Mitte September **3.** sport. Halbzeit f; **pierwsza <druga> ~a meczu** die erste <zweite> Halbzeit
położenie n Lage f; **wejść w czyjeś ~** sich in js Lage versetzen
położna f Hebamme f
położyć vt pf hinlegen, legen; **~ czemuś kres** einer Sache ein Ende machen; **~ trupem** niederstrecken
połów m Fang m; **~ ryb** Fischfang m
południ|e n **1.** geogr. Süden m; **na ~e** in den Süden; **na ~u** im Süden; **ku ~owi** südwärts; **na ~e od ...** südlich von ... **2.** (pora) Mittag m; **w ~e** am Mittag
południowowschodni adj südöstlich, Südost-
południowozachodni adj südwestlich, Südwest-
południow|y adj **1.** südlich, Süd-; südländisch; **~a część** südlicher Teil; **~y zachód** Südwesten m; **~y wschód** Südosten m; **wiatr ~y** Südwind, Süd m **2.** mittäglich; Mittags-; **~a przerwa** die mittägliche Pause; **~a pora** Mittagsstunde f
połykać vt schlucken, hinunterschlucken
pomadka f: **~ do ust** Lippenstift m
pomagać vi helfen, beistehen (**komuś** jm)
pomalować vt pf anstreichen
pomału adv langsam, nach und nach
pomarańcza f Apfelsine f, Orange f
pomarańczowy adj **1.** Apfelsinen-, Orangen-; **sok ~** Orangensaft m **2.** (kolor) orange(farben)
pomidor m Tomate f
pomidorow|y adj Tomaten-; **zupa ~a** Tomatensuppe f
pomieszać vt pf (zmieszać) vermischen, vermengen; (wprowadzić nieład) durcheinander bringen; → **mieszać**
pomieszczenie n Raum m; **~ dla pasażerów** (w środkach komunikacji) Fahrgastraum m
pomiędzy praep zwischen; (wśród) unter
pomija|ć vt (przeoczyć) übersehen; (abstrahować) absehen (**coś** von etw); **~ć milczeniem** mit Schweigen übergehen; **~jąc to** abgesehen davon
pomimo praep trotz; **~ to <tego>** trotzdem

pominąć *vt pf* → **pomijać**
pomnożyć *vt pf* → **mnożyć**
pomnik *m* Denkmal *n*
pomoc *f* Hilfe *f*, Beistand *m*; **pierwsza ~** erste Hilfe; **~ drogowa** Abschleppdienst *m*; **udzielać ~y** Hilfe <Beistand> leisten; **przyjść z ~ą** zu Hilfe kommen
pomocnik *m* Gehilfe *m*
pomóc *vi pf* → **pomagać**
pompa *f* **1.** Pumpe *f*; **~ ssąca** Saugpumpe *f*; **~ tłocząca** Druckpumpe *f*; **~ wodna** Wasserpumpe *f*; **~ olejowa** Ölpumpe *f*; **~ paliwowa** <**benzynowa**> Kraftstoffpumpe *f*, Benzinpumpe *f* **2.** *ugs.* (*ulewa*) Schauer *m*, Platzregen *m*
pompka *f* kleine Pumpe; **~ do roweru** Luftpumpe *f*
pompować *vt* pumpen
pomylić *pf* **I.** *vt* verwechseln **II.** *vr* **~ się** → **mylić się**
pomyłk|a *f* Irrtum *m*; (*przeoczenie*) Versehen *n*; **przez ~ę** versehentlich; **~a w druku** Druckfehler *m*
pomysł *m* Idee *f*; Einfall *m*; **dobry ~** eine gute Idee, ein glücklicher Einfall; **mieć dobre ~y** gute Einfälle haben
pomyśleć *vt vi* (ein wenig) nachdenken, überlegen; → **myśleć**
ponad *praep* über, über ... weg; (*więcej niż*) mehr als
ponadto *adv* darüber hinaus, obendrein
poniedziałek *m* Montag *m*; **w ~ wieczorem** am Montagabend
ponieważ *kj* weil, da
poniżać I. *vt* erniedrigen, herabwürdigen **II.** *vr* **~ się** sich erniedrigen
poniżej I. *praep* unterhalb **II.** *adv* unten, weiter unten
ponosić *vt* **1.** eine Zeit lang tragen **2. ~ konsekwncje** die Folgen tragen; **~ winę za coś** die Schuld an etw. tragen
ponownie *adv* abermals, wiederholt
ponury *adj* düster, finster
pończoch|a *f* Strumpf *m*; **~y damskie** Damenstrümpfe *mpl*
po omacku *adv* (herum)tappend
popadać¹ *vi* → **popaść**
popadać² *vi pf* (*o deszczu, śniegu*) ein wenig regnen <schneien>
poparci|e *n* Unterstützung *f*, Vorschub *m*; **udzielić komuś ~a** jn unterstützen, jm Vorschub leisten
popaść *vi pf* geraten (**w biedę** in Not)

popchnąć *vt pf a. mot.* anschieben
popełniać *vt* verüben (**przestępstwa** Delikte)
popełnić *vt pf* begehen (**grzech, błąd** eine Sünde, einen Irrtum); → **popełniać**
popielaty *adj* aschgrau
popielniczka *f* Aschenbecher *m*
popierać *vt* unterstützen; fördern
popiersie *n* Büste *f*, Brustbild *n*
popiół *m* Asche *f*
popołudnie *n* Nachmittag *m*
popołudniowy *adj* Nachmittags-; **koncert ~** Nachmittagskonzert *n*
popraw|a *f* Besserung *f*; **życzę ~y zdrowia!** gute Besserung!
poprawiać *vt* korrigieren; verbessern
poprawić *vt pf* → **poprawiać**; *ugs.* **~** (**sobie**) **włosy** <**krawat**> sich *D* das Haar <den Schlips> zurechtlegen <zurechtrücken>
poprawnie *adv* richtig, korrekt
po prostu *adv* einfach, ohne weiteres
poprzecznie *adv* quer
poprzeć *vt pf* → **popierać**
poprzedni *adj* vorig, früher
poprzednio *adv* früher, vorher
poprzez *praep* durch, hindurch
popsuć *vt pf* → **psuć**
popychać *vt* wiederholt vorwärts schieben; → **popchnąć**
por¹ *m bot.* Porree *m*
por² *m anat.* Pore *f*
pora *f* Zeit *f*, Stunde *f*; **~ roku** Jahreszeit *f*; **~ spoczynku** Raststunde *f*; **o tej** <**jakiej**> **porze** um diese <welche> Zeit; **w porę** zu gelegener Zeit; (*na czas*) rechtzeitig; **do tej pory** bisher
porabia|ć *vi*: **co ~sz?** wie geht es dir?, was machst du?
porad|a *f* Rat *m*, Ratschlag *m*; **udzielać komuś ~** jm Ratschläge erteilen
poradnia *f* Beratungsstelle *f*
poradz|ić *vt pf* raten; (*pomóc*) helfen; **nic ci nie ~ę** ich kann dir nicht helfen; **~ić sobie z czymś** mit etw fertig werden; **nie umieć sobie ~ić** sich nicht zu helfen wissen
poranek *m* (früher) Morgen *m*; (*impreza przedpołudniowa*) Matinee *f*
porcelana *f* Porzellan *n*
porcja *f* Portion *f*; Ration *f*; Partie *f*, Satz *m*
poręcz *f* (*np. schodów*) Geländer *n*
pornografia *f* Pornografie *f*

pornograficzn|y *adj* pornografisch; Porno-; **literatura ~a** Pornoliteratur *f*
poronienie *n* Fehlgeburt *f*
porozumieć się *vr pf* → **porozumiewać się**
porozumieni|e *n* Verständigung *f*, Einverständnis *n*; **dojść do ~a** Einverständnis <Einigung> erzielen; **w pełnym ~u** in vollem Einvernehmen
porozumiewać się *vr* sich verständigen; (*uzgodnić*) sich einig werden, sich einigen
poród *m* Geburt *f*; **przedwczesny ~** Frühgeburt *f*
porównać *vt pf* → **porównywać**
porównani|e *n* Vergleich *m*; **w ~u z czymś** im Vergleich zu <mit> etw; **bez ~a** unvergleichlich
porównywać *vt* vergleichen
port *m* Hafen *m*; **~ lotniczy** Flughafen *m*; **~ morski** Seehafen *m*; **zawijać do ~u** einen Hafen anlaufen
portal *m archit.* Portal *n*; (*internetowy*) Internetportal *n*
portfel *m* Brieftasche *f*; (*ministra*) Portefeuille *n*
portier *m* Portier *m*
portiernia *f* Portierloge *f*
portmonetka *f* Geldbeutel *m*
portow|y *adj* Hafen-; **miasto ~e** Hafenstadt *f*
portret *m* Porträt *n*; **~ własny** Selbstbildnis, Selbstporträt *n*
Portugalczyk *m* Portugiese *m*
portugalski *adj* portugiesisch
portyk *m archit.* Portikus *m*
porucznik *m* Oberleutnant *m*
poruszać I. *vt* **1.** bewegen **2.** *figur.* (*wzruszać*) rühren, bewegen **3.** (*napomykać*) berühren, streifen **II.** *vr* **~ się** sich bewegen; sich rühren
poruszyć *vt pf* → **poruszać**
porysować *pf* **I.** *vt* eine Zeit lang zeichnen **II.** *vr* **~ się** Risse bekommen (haben)
porywać *vt* **1.** (wiederholt) rauben, entführen **2.** (*pociągać za sobą*) fortschleppen **3.** *figur.* (*np. słuchaczy*) hinreißen
porząd|ek *m* Ordnung *f*; **~ek dzienny** Tagesordnung *f*; **być na ~ku dziennym** an der Tagesordnung sein; **~ek alfabetyczny** alphabetische Reihenfolge; **dla ~ku** ordnungshalber; (**nie**) **być w ~ku** (nicht) in Ordnung sein; **robić ~ek** Ordnung machen; **zaprowadzić ~ek** Ordnung schaffen; **doprowadzić do ~ku** in Ordnung bringen; **przywołać do ~ku** zur Ordnung rufen
porządkować *vt* ordnen, in Ordnung bringen, regeln
porządny *adj* ordentlich, anständig
porzeczka *f* Johannisbeere *f*
porzucać *vt* ein paar Mal werfen; → **porzucić**
porzucić *vt pf* (*opuścić*) verlassen, im Stich lassen
posad|a *f* Stellung *f*, Stelle *f*; **ubiegać <starać> się o ~ę** sich um eine Stellung bewerben; **objąć ~ę** eine Stellung antreten
posadzić *vt pf* **1.** setzen **2.** (*rośliny*) (an)pflanzen
posądzać *vt* jn in Verdacht haben, verdächtigen
posąg *m* Statue *f*, Standbild *n*
poselstwo *n* Gesandtschaft *f*
poseł *m* Gesandte *m*; (*do parlamentu*) Abgeordnete *m*
posiadać *vt* besitzen
posiedzenie *n* Sitzung *f*; **~ plenarne** Plenarsitzung *f*; **otworzyć <odbyć, zamknąć, odroczyć> ~** die Sitzung eröffnen <abhalten, schließen, vertagen>
posił|ek *m* **1.** Mahlzeit *f* **2.** **~ki** *pl mil.* Hilfstruppen *pl*
posłać *vt pf* → **posyłać**
posłaniec *m* Bote *m*, Eilbote *m*; **~ pocztowy** Postbote *m*
posłanka *f* (*do parlamentu*) Abgeordnete *f*
posługiwać się *vr* sich bedienen (+*G*), benutzen (etw)
posłuszeństw|o *n* Gehorsam *m*; **bezwarunkowe ~o** bedingungsloser Gehorsam; **odmówić ~a** den Gehorsam verweigern
posłuszny *adj* gehorsam, folgsam
posłużyć *pf* **I.** *vt* eine Zeit lang dienen **II.** *vr* **~ się** → **posługiwać się**
posmarować *vt pf* beschmieren; → **smarować**
posolić *vt pf* → **solić**
pospieszny *adj* eilig; Eil-; **pociąg ~** Schnellzug *m*
pospolity *adj* gewöhnlich; gemein
post *m* **1.** Fasten *n* **2.** (*dzień*) Fasttag *m*
postać[1] *f* Gestalt *f*
postać[2] *vi pf* (eine Zeit lang) stehen
postanawiać *vt* beschließen
postanowić *vt pf* → **postanawiać**
postarać się *vr pf* sorgen (**o coś** für etw); (*wystarać się*) besorgen (**o coś** etw)

postawić vt pf hinstellen, aufstellen; ~ **na swoim** seinen Standpunkt durchsetzen
postąpić vi pf → **postępować 1., 3.**
postęp m Fortschritt m; **osiągnąć** ~ einen Fortschritt erzielen; **robić ~y** Fortschritte machen
postępować vi **1.** (*posuwać się*) fortschreiten, vorwärts kommen **2.** (*robić postępy*) Fortschritte machen **3.** *figur.* (*zachowywać się*) handeln
postępowanie n **1.** (*posuwanie się*) Fortschreiten n, Vorrücken n **2.** (*działanie*) Handeln n, Handlungsweise f **3.** (*procedura*) Verfahren n
postój m **1.** (*miejsce postoju*) Parkplatz m; ~ **taksówek** Taxistand m **2.** (*okres*) Aufenthalt m; **pociąg ma dwie minuty postoju** der Zug hat zwei Minuten Aufenthalt
posunąć vt pf → **posuwać**
posuwać I. vt vorrücken, vorwärts schieben **II.** vr ~ **się** weiterkommen, vorrücken; *mil.* vordringen; *figur.* treiben (**za daleko** es zu weit)
posyłać vt schicken, senden; ~ **po coś** nach etw schicken, etw holen lassen; ~ **za kimś** jm nachschicken
poszczególny adj einzeln
poszewka f Kissenüberzug m
poszkodowany I. adj geschädigt **II.** m Geschädigte m
poszukać vt pf **1.** eine Zeit lang suchen **2.** (*znaleźć*) aussuchen, finden
poszuk|iwać vt pf dringend suchen, zu finden versuchen; (*policyjnie*) fahnden (**kogoś** nach jm); **~uje się specjalistów** Spezialisten sind gesucht
poszukiwanie n (*policyjne*) Fahndung f (**kogoś** nach jm)
poszwa f Bettüberzug m
pościel f Bettzeug n
poślizg m *mot.* (*kół przednich*) Schieben n, (*kół tylnych*) Schleudern n; **opanować** ~ das Schleudern fangen; **jechać z ~iem sprzęgła** die Kupplung schleifen lassen
poślizgnąć się vr pf ausgleiten; *figur.* einen Fehltritt machen
pośmiać się vr ein wenig lachen
pośpiech m Eile f; **w ~u** in (aller) Eile
pośpieszny adj → **pospieszny**
pośrednik m Vermittler m
pośrednio adv indirekt
poświadczać vt bestätigen, bescheinigen; (*uwierzytelnić*) beglaubigen

poświadczyć vt pf → **poświadczać**
poświęcać I. vt **1.** *rel.* weihen **2.** *figur.* opfern **3.** (*czas, książkę*) widmen **II.** vr ~ **się** sich auf|opfern, (*oddawać się*) sich widmen
poświęcić vt pf → **poświęcać**
pot m Schweiß m; **zlany ~em** in Schweiß gebadet; **zimny** ~ kalter Schweiß
potem adv nachher, dann
potęga f **1.** Macht f **2.** *mat.* Potenz f
potępiać vi verdammen; *figur.* (*czyn*) verurteilen
potępić vt pf → **potępiać**
potężny adj mächtig, machtvoll; *figur.* (*ogromny*) gewaltig
potok m **1.** Bach m, Gebirgsbach m; **rwący** ~ Sturzbach m **2.** *figur.* Strom m, Fluss m
potrafić vi (*móc*) können, wissen zu ...; (*zdołać*) im Stande sein, vermögen
potraktować vt pf → **traktować**
potraw|a f Speise f, Gericht n; **spis** ~ Speisekarte f; **ulubiona ~a** Leibgericht n
potrącać vt **1.** stoßen, anstoßen **2.** (*pieniądze*) abziehen
potrącić vt pf → **potrącać**
po trochu adv nach und nach, allmählich; (*trochę*) ein wenig
potrzeb|a I. f **1.** Bedarf m, Bedürfnis n; **w miarę ~y** je nach Bedarf; **bez ~y** unnötig; **w razie ~y** im Bedarfsfall **2.** *figur.* Not f; **~a naturalna** Notdurft f **II.** *praed* man braucht; **nie ~a** es ist nicht nötig; **~a nam** wir brauchen, wir haben ... nötig
potrzebn|y adj nötig; **to jest mi ~e** ich habe es nötig, ich brauche es
potrzebować vt (*mieć potrzebę*) brauchen, nötig haben; (*wymagać*) bedürfen (+G)
potrzymać vt pf eine Zeit lang halten
potwierdzać I. vt bestätigen; (*zapewniać*) bekräftigen **II.** vr ~ **się** sich bestätigen, bestätigt werden
potwierdzenie n Bestätigung f; (*zapewnienie*) Bekräftigung f
potwierdzić vt pf → **potwierdzać**
pouczający adj lehrreich
poufny adj vertraulich
powag|a f **1.** Ernst m; **z całą ~ą** allen Ernstes **2.** (*godność*) Würde f; **z ~ą** würdevoll **3.** (*osoba*) Größe f
poważnie adv ernst; **traktować** ~ ernst behandeln; **mówię** ~ ich sage es im Ernst; ~ **chory** ernstlich krank
poważn|y adj ernst, ernsthaft; **~a mina** ei-

ne ernste Miene; **~e dzieło** ernstes Werk; **~e straty** empfindliche Verluste; **~a sytuacja** ernste Lage; **~y człowiek** ernsthafter Mann; **~e zamiary** ernsthafte Absichten; **w ~ym stanie** in anderen Umständen
powiada|ć *vi* sagen; **~ją** man sagt
powiat *m* Landkreis *m*
powidła *pl*: **~ śliwkowe** Pflaumenmus *n*
powiedzeni|e *n* Ausdruck *m*, Redewendung *f*; **co masz do ~a?** was hast du zu sagen?
powiedz|ieć *vt pf* sagen, meinen; **~ mu ...** sage ihm ...
powieka *f* Augenlid *n*
powierzać *vt* anvertrauen (**komuś coś** jm etw), betrauen
powierzchnia *f* Oberfläche *f*; Fläche *f*; **~ uprawna** Anbaufläche *f*; **~ mieszkalna** Wohnfläche *f*
powierzchowny *adj* oberflächlich
powierzyć *vt pf* → **powierzać**
powieść się *vr pf* gelingen
powiesić I. *vt* aufhängen, hängen (**na czymś** an etw) **II.** *vr* **~ się** sich aufhängen, sich erhängen
powieściopisarz *m* Romanschriftsteller *m*
powieść *f* Roman *m*; **~ historyczna** <**satyryczna**> historischer <satirischer> Roman
powieść się *vr pf* gelingen; *ugs.* klappen; **nie ~** misslingen
powietrz|e *n* Luft *f*; Wetter *n*; **zaczerpnąć ~a** Luft schöpfen; **wysadzić w ~e** in die Luft sprengen
powiększ|ać I. *vt* **1.** vergrößern (**zdjęcia** Aufnahmen) **2.** (*pomnażać*) vermehren **3.** (*rozszerzać*) erweitern **4.** (*wzmagać*) steigern **II.** *vr* **~ się 1.** sich vergrößern <vermehren> **2.** (*wzmagać się*) steigen, sich steigern
powiększeni|e *n* Vergrößerung *f*, Vermehrung *f*, Steigerung *f*; **dać do ~a** vergrößern lassen
powiększyć *vt pf* → **powiększać**
powinien: on ~ er soll(te); **~em** ich soll(te); **~eś** du soll(te)st
powinowa|ctwo *n* Verschwägerung *f*; **~ty** verschwägert
powitać *vt pf* begrüßen, jm willkommen heißen
powitanie *n* Begrüßung *f*
powodować I. *vt* verursachen; (*sprawić*) veranlassen **II.** *vr* **~ się** sich leiten lassen (**czymś** von etw)
powodzenie *n* Glück *n*; (*sukces*) Erfolg *m*
powodzić się *vr* ergehen, gehen; → **powieść się**
powoli *adv* langsam; (*stopniowo*) allmählich, nach und nach
powolny *adj* langsam; (*stopniowy*) allmählich
pow|ód *m* Grund *m*; (*pobudka*) Beweggrund *m*; (*okazja*) Anlass *m*; **z ~odu** aus Anlass, anlässlich, wegen; **z jego ~odu** seinetwegen; **z tego ~odu** aus diesem Grunde; **bez ~odu** ohne Grund; **z ~odu choroby** wegen Erkrankung; **nie bez ~odu** nicht ohne Grund; **ze zrozumiałych ~odów** begreiflicherweise, aus nahe liegenden Gründen
powódź *f* Überschwemmung *f*; Hochwasser *n*, Flut *f*
powój *m bot.* Winde *f*
powracać *vi* zurückkehren, wiederkehren, zurückkommen
powrotn|y *adj* Rück-; **droga ~a** Rückreise *f*, Rückweg *m*; **w drodze ~ej** auf der Rückfahrt <Rückreise>
powrócić *vt pf* → **powracać**; **powrócimy jeszcze do tego** wir werden noch darauf zurückkommen <zu sprechen kommen>
powr|ót *m* Rückkehr *f*; **~ót do domu** Heimkehr *f*; **z ~otem** zurück
powróz *m* Strick *m*, Strang *m*
powstać *vi pf* **1.** entstehen **2.** (*wstać*) sich erheben **3.** (*zbuntować się*) sich erheben
powstanie *n* **1.** Entstehung *f* **2.** (*narodowe*) Aufstand *m*
powstawać *vi* → **powstać**
powstrzymać *vt pf* → **powstrzymywać**; **nie móc się ~ od śmiechu** sich vor Lachen nicht (mehr) halten können
powstrzymywać [pɔfstʃi'mivatɕ] **I.** *vt* aufhalten (**coś** etw); abhalten (**od czegoś** von etw) **II.** *vr* **~ się** sich enthalten
powszechny *adj* allgemein; **~ obowiązek służby wojskowej** allgemeine Wehrpflicht; **strajk ~** Generalstreik *m*
powszedni *adj* alltäglich; **dzień ~** Alltag *m*, (*roboczy*) Wochentag *m*; **w dni ~e** werktags
powtarzać I. *vt* wiederholen; **~ za kimś** jm nachsagen **II.** *vr* **~ się 1.** sich wiederholen **2.** (*powracać*) wiederkehren
powtórzyć *vt pf* → **powtarzać**
powyżej I. *praep* oberhalb, über **II.** *adv* oben

poza¹ *f* Pose *f*, Haltung *f*; **wygodna ~** eine bequeme Haltung
poza² *praep* außerhalb; **~ domem** außer Hause, außerhalb des Hauses; **~ tobą** außer dir; **~ tym** außerdem, im Übrigen
poza- *w złożeniach* außer-
pozaeuropejski *adj* außereuropäisch
pozbyć się *vr pf* → **pozbywać się**
pozbywać się *vr* loswerden (**kogoś** jn)
pozdrawiać *vt* → **pozdrowić**
pozdrowić *vt pf* grüßen, begrüßen
pozdrowieni|e *n* Gruß *m*; **serdeczne ~a z ...** herzliche Grüße aus ...
poziom *m* Niveau *n*; **światowy ~** Weltniveau *n*
poziomica *f* Wasserwaage *f*
poziomka *f* Walderdbeere *f*
poziomy *adj* waagerecht
pozłacany *adj* vergoldet
poznać *pf* **I.** *vt* → **poznawać II.** *vr* **~ się na kimś** jn durchschauen
poznani|e *n* **1.** Kennenlernen *n*, Erkennung *f*; **nie do ~a** unkenntlich **2.** *philo.* Erkenntnis *f*
poznawać I. *vt* kennen lernen (**kogoś** jn); erkennen (**kogoś po głosie** jn an der Stimme) **II.** *vr* **~ się** einander kennen lernen, Bekanntschaft machen (**z kimś** mit jm), bekannt werden
pozorny *adj* scheinbar; Schein-; **~ problem** Scheinproblem *n*
pozostać *vi pf* → **pozostawać**
pozostały *adj* übrig, restlich
pozostawać *vi* bleiben; (*przebywać*) verbleiben
pozować *vi* Modell stehen <sitzen>
poz|ór *m* **1.** Schein *m*, Anschein *m*; **z ~oru** scheinbar; **dla ~oru** zum Schein; **~ory mylą** der Schein trügt **2.** (*pretekst*) Vorwand *m*; **pod ~orem** unter dem Vorwand
pozwalać *vt* erlauben, gestatten; **~ sobie** sich *D* erlauben
pozwolenie *n* Erlaubnis *f*; **zapytać o ~** um Erlaubnis bitten
pozwolić *vi pf* → **pozwalać**; **pozwól mi iść <pójść>!** lass mich gehen!
pozytyw *m fot.* Positiv *m*
pozytywny *adj* positiv
pożar *m* Brand *m*; **~ wybucha <rozszerza się>** der Brand bricht aus <greift um sich>
pożądan|y *adj* erwünscht, wünschenswert; (*taki, jaki chce się mieć*) gewünscht
pożegnać *vt pf* → **żegnać**

pożegnani|e *n* Abschied *m*; **na ~e** zum Abschied; **przy ~u** beim Abschied
pożyczać *vt* leihen, borgen (**od kogoś** bei <von> jm)
pożyczk|a *f* Anleihe *f*, Darlehen *n*; **~a państwowa** Staatsanleihe *f*; **zaciągnąć ~ę** eine Anleihe <ein Darlehen> aufnehmen
pożyczyć *vt pf* → **pożyczać**
pożyteczny *adj* nützlich
pożywienie *n* Nahrung *f*
pożywny *adj* nahrhaft
pójść *vi pf* → **iść**
póki *kj* solange; **~ tchu w piersiach** solange ich lebe <atme>
pół *unv.* halb; **~ kilo** ein halbes Kilo; **za ~ godziny** in einer halben Stunde; **dwa i ~** zweieinhalb
pół- *w złożeniach* halb-, Halb-
półbut *m* Halbschuh *m*
półfinał *m sport.* Halbfinale *n*
półgodzinny *adj* halbstündig
półka *f* Fach, Brett *n*; **~ na książki** Bücherbrett *n*
półkol|e *n* Halbkreis *m*; **w kształcie ~a** halbkreisförmig
półkolisty *adj* halbkreisförmig
półksiężyc *m* Halbmond *m*
półkula *f* Halbkugel *f*, Hemisphäre *f*
półmisek *m* Schüssel *f*
północ *f* **1.** *geogr.* Norden *m*; **na ~** nach Norden, nordwärts; **na ~ od ...** nördlich von ...; **na ~y** im Norden **2.** (*pora*) Mitternacht *f*; **o ~y** um Mitternacht
północnowschodni *adj* nordöstlich, Nordost-
północnozachodni *adj* nordwestlich, Nordwest-
północny *adj* nördlich, Nord-
półprzewodnik *m* Halbleiter *m*
półrocze *n* Halbjahr *n*
półsierota *m*, *f* Halbwaise *f*
półświatek *m* Halbwelt *f*
półtora *adv* eineinhalb; **~ raza większy niż ...** eineinhalbmal so groß wie ...
półwysep *m* Halbinsel *f*
póty *kj* solange
później *adv kompar* später; **na ~** für später
późno *adv* spät; **za ~** zu spät
późnobarokowy *adj* spätbarock
późnogotycki *adj* spätgotisch
późnoromański *adj* spätromanisch
późn|y *adj* spät; **~e owoce** spätes Obst; **~ą nocą** zu später Nacht

pra- *w złożeniach* ur-; Ur-
prababka [pra'bapka] *f* Urgroßmutter *f*
prac|a *f* Arbeit *f*; **wykonywać ~ę** die Arbeit verrichten; **zabrać się do ~y** sich an die Arbeit machen
pracochłonny *adj* arbeitsaufwändig
pracodawca *m* Arbeitgeber *m*
pracoholik *m* Workaholic *m*
pracować *vi* arbeiten (**nad czymś** an etw)
pracownia *f* (*artystyczna*) Atelier *n*
pracownica *f* (*biurowa*) Angestellte *f*; (*fizyczna*) Arbeiterin *f*
pracownik *m* Angestellte *m*; (*pracobiorca*) Arbeitnehmer *m*; (*fizyczny*) Arbeiter *m*
prać *vt* (*bieliznę*) (Wäsche) waschen
pradziadek *m* Urgroßvater *m*
pragnąć *vt* wünschen, begehren (**czegoś** etw)
pragnienie *n* **1.** Durst *m*; **mieć ~** Durst haben **2.** *figur.* Wunsch *m*
praktyczny *adj* praktisch
praktyka *f* Praxis *f*
pralka *f* Waschmaschine *f*; **~ automatyczna** Waschautomat *m*
pralnia *f* (*domowa*) Waschküche *f*; (*publiczna*) Wäscherei *f*
pran|ie *n* **1.** (*czynność*) Waschen *n*; **dać do ~a** in die Wäsche geben **2.** (*prane rzeczy*) Wäsche *f*; **powiesić <rozwiesić> ~e** die Wäsche aufhängen; *figur.* **~e pieniędzy** Geldwäsche *f*
praojciec *m* Urvater *m*, Urahn *m*
prapremiera *f* Uraufführung *f*
pras|a *f* **1.** Presse *f*; **przedstawiciel ~y** Pressevertreter *m* **2.** *techn.* Presse *f*; **~a drukarska** Druckpresse *f*
prasować *vt* bügeln
prastary *adj* uralt
prawda *f* Wahrheit *f*; **szczera ~** die lautere Wahrheit; **czy to ~?** ist das wahr?; **to ~** das ist wahr; **~?** nicht wahr?, oder?
prawdopodobny *adj* wahrscheinlich
prawdziwek *m* Steinpilz *m*
prawdziwy *adj* wahr; (*niepodrabiany*) echt
prawica *f* (*ręka*) die rechte Hand, Rechte *f* (*a. polit.*)
prawie *adv* fast, beinahe; **~ nie** kaum
prawnuczka *f* Urenkelin *f*
prawnuk *m* Urenkel *m*
prawn|y *adj* rechtlich; (*ustawowy*) gesetzlich, Rechts-; **opieka ~a** Rechtsschutz *m*; **osoba ~a** Rechtsperson *f*

prawo *n* **1.** Recht *n* (**do czegoś** auf etw); **~ narodów <międzynarodowe>** Völkerrecht *n*; **~ cywilne** Bürgerrecht *n*; **~ miejskie** Stadtrecht *n* **2.** (*ustawa*) Gesetz *n* **3.** (*roszczenie*) Anspruch *m*; **~ do pracy** das Recht auf Arbeit; **rościć sobie do czegoś ~** auf etw Anspruch erheben **4. ~ jazdy** Führerschein *m*
praworządność *f* Gesetzlichkeit *f*, Rechtssicherheit *f*
praworządn|y *adj* Rechts-; **państwo ~e** Rechtsstaat *m*
prawosławny *adj* (russisch-)orthodox
prawoskrzydłowy *m sport.* Rechtsaußen *m*
praw|y *adj* **1.** recht; **~a ręka** die rechte Hand; **po ~ej ręce** rechter Hand; **~e skrzydło** der rechte Flügel; **na ~o** rechts (**od nas** von uns); **w ~o** nach rechts; **w ~o zwrot!** rechtsum!
prąd *m* **1.** Strom *m*; **~ stały** Gleichstrom *m*; **~ zmienny** Wechselstrom *m*; **~ trójfazowy** Dreiphasenstrom *m* **2.** (*nurt*) Strom *m*, Strömung *f*; **pod ~** gegen den Strom; **z ~em** mit dem Strom; *figur.* **~ umysłowy** geistige Strömung
prądnica *f* Lichtmaschine *f*
precz *adv* weg, fort, *ugs.* nieder; **~ z nim!** weg mit ihm! (*na dwór*) hinaus mit ihm! (*usunąć, zrzucić go*) nieder mit ihm!
prefabrykat *m* Fertigteil *m*
preliminarz *m* Voranschlag *m*; **~ budżetowy** Haushaltsvoranschlag *m*
premedytacj|a *f juris.* Vorsätzlichkeit *f*; **z ~ą** vorsätzlich
premia *f* Prämie *f*
premier *m* Ministerpräsident *m*, Premierminister *m*
premiera *f* Premiere *f*, Erstaufführung *f*
prenumerować *vt* abonnieren
presj|a *f* Druck *m*; **ustąpić pod ~ą** dem Druck weichen; **wywierać ~ę** Druck ausüben
prestiż *m* Prestige *n*, Image *n*
prestiżow|y *adj* Prestige-; **sprawa ~a** eine Prestigefrage
pretekst *m* Vorwand *m*; **pod ~em** unter dem Vorwand <Deckmantel>; **szukać ~u** einen Vorwand suchen
pretensj|a *f* Anspruch *m*, Forderung *f*; **mieć <rościć sobie> ~ę** Anspruch haben <erheben> (**do czegoś** auf etw)
prezen|t *m* Geschenk *n*; **~t urodzinowy**

Geburtstagsgeschenk *n*; **w ~cie** als Geschenk, geschenkt
prezes *m* Präsident *m*, Vorsitzende *m*
prezydent *m* Staatspräsident *m*; **~ miasta** Oberbürgermeister *m*
prezydium *n* Präsidium *n*
prędki *adj* geschwind, schnell
prędko *adv* schnell, rasch; (*niedługo*) bald
prędkość *f* Geschwindigkeit *f*; **~ początkowa** Anfangsgeschwindigkeit *f*; *mot.* **~ zalecana** Richtgeschwindigkeit *f*; **~ jazdy** Fahrgeschwindigkeit *f*
prędzej *adv kompar* schneller; (*wcześniej*) früher; (*raczej*) vielmehr, eher; **~ czy później** früher oder später, über kurz oder lang; **im ~, tym lepiej** je eher desto besser
pręt *m* (*witka*) Rute *f*, Gerte *f*; (*metalowy*) Stab *m*, Stange *f*
problem *m* Problem *n*, (ungelöste) wissenschaftliche Frage
proboszcz *m* Pfarrer *m*
procent *m* Prozent *n*; Quote *f*; Prozentsatz *m*; **~y** *pl* (*odsetki*) Zinsen *mpl*; **na trzy ~** zu drei Prozent; **pożyczać pieniądze na ~** Geld auf Zinsen leihen
proces *m* **1.** Vorgang *m*, Prozess *m*; **~ chemiczny** chemischer Prozess **2.** *juris.* Prozess *m*, Rechtsstreit *m*; **~ karny** Strafprozess *m*
procesja *f* Prozession *f*
proch *m* **1.** Pulver *n*; *figur.* **beczka ~u** Pulverfass *n* **2. ~y** *pl* (*po kremacji*) Asche *f*
producent *m* Erzeuger *f*, Hersteller *m*
produkcj|a *f* Produktion *f*, Herstellung *f*; Bau *m*; **~a dzienna** Tagesproduktion *f*; **~a roczna** Jahresproduktion *f*; **~a seryjna** Serienproduktion *f*, Serienbau *m*; **~a taśmowa** Fließbandproduktion *f*; *mot.* **rok ~i** Baujahr *n*
produkcyjny *adj* Produktions-
produkować *vt* produzieren, herstellen, erzeugen
produkt *m* Produkt *n*, Erzeugnis *n*
proekologiczny *adj* umweltfreundlich
profesor *m* Professor *m*; **~ uniwersytetu** Universitätsprofessor *m*
profil *m* Profil *n*; **z ~u** im Profil
program *m* Programm *n*, Plan *m*; **według ~u** laut Programm, nach dem Programm; **~ polityczny** politisches Programm; **~ teatralny** Spielplan *m*; **~ telewizyjny** Fernsehsendung *f*, (*w gazecie*) Fernsehprogramm *n*; *rad.* **~ dnia** Sendefolge *f*

programista *m* Programmierer *m*
programować *vt* programmieren
projekcja *f* Projektion *f*; *film.* Vorführung *f*
projekt *m* Projekt *n*, Entwurf *m*; **~ ustawy** Gesetzentwurf *m*; **zrobić ~** einen Plan entwerfen
projektor *m* Projektor *m*
prokurator *m* Staatsanwalt *m*; **~ generalny** Generalstaatsanwalt *m*
prom *m* Fähre *f*; **~ samochodowy** Autofähre *f*; **~ kosmiczny** Raumfähre *f*
promieniotwórczy *adj* radioaktiv
promieniowanie *n* Strahlung *f*; **~ kosmiczne** kosmische Strahlung
promie|ń *m* **1.** Strahl *m*; **~nie słoneczne** Sonnenstrahlen *pl*; **~nie rentgenowskie** Röntgenstrahlen *pl*; **~nie kosmiczne** kosmische Strahlen **2.** *mat.* Radius *m*; Halbmesser *m*
promocj|a *f* **1.** Promotion *f* **2.** *schul.* Versetzung *f*; **nie otrzymać ~i** sitzen bleiben **3.** *handl.* Sonderaktion *f*
propaganda *f* Propaganda *f*
proponować *vt* vorschlagen
proporcjonalny *adj* proportional; **wprost <odwrotnie> ~** direkt <umgekehrt> proportional
propozycj|a *f* Vorschlag *m*; **na jego ~ę** auf seinen Vorschlag; **wysunąć <przyjąć> ~ę** einen Vorschlag machen <annehmen>
prorok *m* Prophet *m*
pro|sić *vt* **1.** bitten (**o coś** um etw); **~szę bardzo!** bitte sehr <schön>! **~szę usiąść!** wollen Sie Platz nehmen! **2.** (*do siebie*) laden, einladen
prosię *n* Ferkel *n*
proso *n* Hirse *f*
prost|o *adv* **1.** gerade; **trzymać się ~o** sich gerade halten **2.** (*na wprost*) geradeaus **3.** **po ~u** einfach, ohne weiteres
prostokąt *m* Rechteck *n*
prostokątny *adj* rechteckig
prostopadły *adj* vertikal, senkrecht
prostota *f* Einfachheit *f*, Schlichtheit *f*
prostować *vt* gerade machen; *figur.* (*sprostować*) berichtigen
prost|y *adj* **1.** gerade; **linia ~a** gerade Linie; Gerade *f*; **kąt ~y** rechter Winkel **2.** (*łatwy*) einfach
prostytutka *f* Prostituierte *f*
proszek *m* **1.** Pulver *n*; **~ do prania** Waschpulver *n* **2.** Tablette *f*; **~ od bólu głowy** Kopfschmerztablette *f*

prośb|a f Bitte f; (*pisemna*) Bittschrift f, Gesuch n; **na jego ~ę** auf seine Bitte
protest m Protest m; **złożyć ~** Protest einreichen
protestant m Protestant m
protestować vi protestieren (**przeciw czemuś** gegen etw)
proteza f Prothese f
protokół m Protokoll n; **spisać ~** ein Protokoll aufnehmen
prototyp m Prototyp m (*o. mot., flug.*)
prowadzić I. vt führen; **~ dalej** fortführen **II.** vr **~ się** sich aufführen
prowiant m Proviant m
prowincja f Provinz f
prowizoryczny adj provisorisch
prowokacja f Provokation f
proza f Prosa f
prób|a f 1. Probe f; **~a generalna** Generalprobe f; *mot.* **~a krwi** Blutprobe f; **wystawiać kogoś na ~ę** jn auf die Probe stellen; *chem.* **pobrać ~** eine Probe nehmen 2. (*doświadczenie*) Versuch m, Experiment n; **~y z bronią jądrową** Kernwaffenversuche mpl; **na ~ę** versuchsweise
próbka f Muster n
próbować vt 1. versuchen, probieren; **~ uciec** zu entfliehen versuchen 2. (*skosztować*) kosten, versuchen
prócz praep außer; **~ mnie** außer mir; **~ tego** außerdem
próg m Schwelle f; **na <u> progu** an der Schwelle
próżnia f Vakuum n; Leere f; Luftleere; **~ię** ins Leere
próżność f Eitelkeit f
próżnować vi nichts tun, müßig gehen
próżny adj 1. eitel 2. (*daremny*) vergeblich 3. (*pusty*) leer
Prusak m Preuße m
pruski adj preußisch; *archit.* **mur ~** Fachwerk n
prychać vi (*o kocie*) fauchen
prymas m Primas m
prymitywny adj primitiv
prymulka f *bot.* Primel f
pryskać vi spritzen, sprühen
prysnąć vi pf → **pryskać**
prysznic m Dusche f; (*sitko*) Brause f; **pod ~em** unter der Dusche; **wziąć ~** (sich) duschen
prywatn|y adj privat, Privat-; **prawo ~e** Privatrecht n; **życie ~e** Privatleben n

prze- *w złożeniach* durch-, Durch-, über-, Über-, vorbei-, Vorbei-
przebaczać vt (wiederholt) vergeben, verzeihen
przebaczyć vt pf → **przebaczać**
przebić vt pf → **przebijać**
przebiec vi, vt pf → **przebiegać**
przebiegać I. vi verlaufen, vor sich gehen **II.** vt durchlaufen, durchrennen
przebiegły adj schlau, durchtrieben
przebierać I. vt (*zmieniać ubranie*) umziehen **II.** vr **~ się** sich verkleiden; (*zmieniać odzież*) sich umziehen
przebijać I. vt 1. durchstechen, durchbohren 2. *kart.* übertrumpfen **II.** vi (*przeświecać*) durchschimmern
przeb|ój m Hit m; **lista ~ojów** Hitliste f
przebrać vt pf → **przebierać**
przebudowa f Umbau m
przebudzenie n Erwachen n, Aufwachen n
przebyć vt pf (*drogę*) zurücklegen; **~ chorobę** eine Krankheit durchmachen <durchgemacht haben>
przebywać vi sich aufhalten, verweilen
przeceniać vt 1. (*za wysoko cenić*) überschätzen 2. (*towary*) die Preise reduzieren
przecenić vt pf → **przeceniać**
przecenion|y adj preisgemindert; **towary ~e** preisgesenkte Waren; Sonderangebot n
przechadzk|a f Spaziergang m; **pójść na ~ę** einen Spaziergang machen, spazieren gehen
przechodzić vi vorbeigehen, passieren; (*przekroczyć*) überschreiten; (*przemijać*) vorübergehen; (*na czyjąś stronę*) überlaufen; **~ przez ulicę** über die Straße gehen; **~ na kogoś** auf jn übergehen; **~ z rąk do rąk** von Hand zu Hand gehen
przechować vt pf → **przechowywać**
przechowalnia f Aufbewahrung f; **~ bagażu** Gepäckaufbewahrung f
przechowywać vt aufbewahren; (*ukrywać*) versteckt halten
przeciąć vt pf → **przecinać**
przeciąg m Zugluft f, Zug m; **jest ~** es zieht
przeciągać I. vt durchziehen, (*na drugą stronę*) hinüberziehen, (*na tę stronę*) herüberziehen **II.** vr **~ się** sich recken; (*ciągnąć się*) sich in die Länge ziehen
przeciągnąć vt pf → **przeciągać**
przecież adv ja, doch; **~ wiesz** du weißt es ja; **to ~ jasne** das ist doch klar

przeciętnie *adv* durchschnittlich, im Durchschnitt
przeciętny *adj* durchschnittlich
przecinać I. *vt* durchschneiden **II.** *vr* ~ **się** (*o liniach, ulicach*) sich schneiden, sich kreuzen
przecinek *m* Komma *n*
przeciw *praep* gegen, wider; (*kierunek*) entgegen; ~ **niemu** gegen ihn; ~ **temu** dagegen; **za i** ~ das Für und Wider
przeciw- *w złożeniach* Gegen-, entgegen-
przeciwieństw|o *n* Gegensatz *m*; **w ~ie do czegoś** im Gegensatz zu etw
przeciwko *praep* gegen; → **przeciw**
przeciwlotniczy *adj*: **schron** ~ Luftschutzraum *m*
przeciwnatarcie *n* Gegenangriff *m*
przeciwnie *adv* im Gegenteil
przeciwnik *m* Widersacher *m*
przeciwny *adj* entgegengesetzt; **w ~m kierunku** in entgegengesetzte Richtung; **jestem temu** ~ ich bin dagegen
przeciwstawiać I. *vt* gegenüberstellen, entgegensetzen **II.** *vr* ~ **się** sich entgegensetzen, entgegentreten
przeciwstawić *vt pf* → **przeciwstawiać**
przeciwwskazania *npl med.* Gegenanzeigen *fpl*, Kontraindikationen *fpl*
przeczenie *n* Verneinung *f*, Negation *f*
przecznica *f* Querstraße *f*
przeczuwa|ć *vt* ahnen; **~łem, że dojdzie do tego** ich habe geahnt, dass es einmal so kommt; **on to ~ł** er ahnte das; **~ć niebezpieczeństwo** Gefahr wittern
przeczyć *vi* verneinen, leugnen; **nie będę** ~ ich will nicht leugnen
przeczytać *vt pf* durchlesen, auslesen, zu Ende lesen
przed *praep* vor; ~ **tobą** vor dir; ~ **siebie** vor sich hin
przed- *w złożeniach* Vor-, vor-
przede *praep* → **przed**; **~e mną** vor mir; ~ **wszystkim** vor allem <allen Dingen>
przedkładać *vt* vorlegen, unterbreiten
przedłożyć *vt pf* → **przedkładać**
przedłużać I. *vt* verlängern **II.** *vr* ~ **się** sich verlängern, sich in die Länge ziehen
przedmieście *n* Vorstadt *f*
przedmiot *m* Gegenstand *m*, Objekt *n*; *schul.* Lehrfach *n*; ~ **użytkowy** <**codziennego użytku**> Gebrauchsgegenstand *m*
przedmowa *f* Vorwort *n*

przedni *adj* vorder-, Vorder-; **~a noga** Vorderfuß *m*, Vorderbein *n*
przedostatni *adj* der vorletzte, der zweitletzte
przedpokój *m* Vorraum *m*
przedpołudnie *n* Vormittag *m*
przedpołudniowy *adj* Vormittags-
przedruk *m* Nachdruck *m*; Reprint *m*
przedrzeźniać *vt* nachäffen
przedsiębiorstwo *n* Unternehmen *n*, Firma *f*; ~ **budowlane** Bauunternehmen *n*
przedsprzedaż *f* Vorverkauf *m*; ~ **biletów** Kartenvorverkauf *m*; **kupić w ~y** im Vorverkauf kaufen
przedstawiać I. *vt* **1.** vorstellen **2.** (*wyobrażać*) darstellen **3.** (*kogoś komuś*) vorstellen **II.** *vr* ~ **się** sich darstellen; (*komuś*) sich vorstellen
przedstawiciel *m* Vertreter *m*; **główny** ~ Hauptvertreter *m*
przedstawić *vt pf* → **przedstawiać**
przedstawienie *n* **1.** *teatr.* Vorstellung *f* **2.** (*wyobrażenie*) Darstellung *f* **3.** (*opis*) Schilderung *f*
przedszkole *n* Kindergarten *m*
przedtem *adv* vorher, vormals, zuvor; **jak nigdy** ~ wie nie zuvor
przedterminowy *adj* vorfristig
przedwcześnie *adv* vorzeitig
przedwczoraj *adv* vorgestern
przedwiośnie *n* Vorfrühling *m*
przedyskutować *vt pf* erörtern, durchdiskutieren
przedział *m* **1.** Abteil *n*; ~ **dla palących** Raucherabteil *n*; ~ **dla niepalących** Nichtraucherabteil *n* **2.** *a.* **~ek** (*we włosach*) Scheitel *m*
przegląd *m* **1.** (*wgląd, zestawienie*) Übersicht *f* **2.** *mot.* Überholung *f*; ~ **techniczny** technische Überwachung
przeglądać I. *vt* durchsehen; ~ **książkę** ein Buch durchblättern, im Buch blättern **II.** *vr* ~ **się** sich besehen (**w lustrze** im Spiegel)
przegrać *vt pf* → **przegrywać**
przegrywać *vt* **1.** (wiederholt) verlieren, verspielen (**pieniądze** Geld) **2.** *mus.* abspielen (**płyty** Schallplatten) **3.** (*na instrumencie*) durchspielen
przegrzewa|ć się *vr mot.* heiß laufen; **silnik się** ~ der Motor läuft heiß
przegub *m* Gelenk *n*; ~ **ręki** Handgelenk *n*
przegubowiec *m mot.* Gelenkfahrzeug *n*
przejaśniać się *vr meteor.* aufklaren

przejaw *m* Erscheinungsform *f*
przejazd *m* **1.** Durchfahrt *f*, Überfahrt *f*; **~em** auf der Durchreise **2.** *mot.* Übergang *m*; **~ kolejowy** Bahnübergang *m*
przejąć *vt pf* → **przejmować**
przejechać *pf* **I.** *vt* (*kogoś*) überfahren **II.** *vi* durchfahren, durchreisen; **~ obok kogoś** dabei sein an jm vorbeizufahren **III.** *vr* **~ się** eine Spazierfahrt machen, ein wenig fahren
przejeżdżać *vi* durchfahren, durchreisen, sich auf einer Durchreise befinden; **~ obok kogoś** dabei sein an jm vorbeifahren
przejmować I. *vt* übernehmen; (*przyswoić sobie*) sich *D* aneignen **II.** *vr* **~ się** (*brać do serca*) sich *D* zu Herzen nehmen (**czymś** etw); *ugs.* **nie ~ się** sich *D* keine Sorgen machen
przejrzeć *vt pf*: **~ kogoś** jn durchschauen; → **przeglądać**
przejrzyst|y *adj* **1.** durchsichtig; **~a gra** durchsichtiges Spiel **2.** (*łatwy do przejrzenia*) übersichtlich; durchschaubar
przejście *n* Durchgang *m*, Übergang *m*; **~ przez jezdnię** (*oznaczone*) Zebraweg *m*; **~ dla pieszych** Fußgängerüberweg *m*
przejść *pf* **I.** *vi* → **przechodzić II.** *vr* **~ się** einen Spaziergang machen
przekaz *m* Anweisung *f*; **~ pocztowy** Postanweisung *f*
przekazać *vt pf* → **przekazywać**
przekazywać *vt* überweisen; (*przenosić*) übertragen
przeklinać I. *vt* verfluchen, verwünschen **II.** *vi* fluchen, schimpfen
przekład *m* Übersetzung *f*; **wierny ~** originalgetreue Übersetzung
przekładać *vt* **1.** (*gdzie indziej*) umlegen **2.** *mech.* übertragen **3.** (*tłumaczyć*) übersetzen
przekładnia *f*: *mot.* **~ biegów** Gangschaltung *f*
przekona|ć *vt, a. vr* (**się** sich) *pf* → **przekonywać**; **sam się pan ~** Sie werden es selbst einsehen <**erfahren**>
przekonywać I. *vt* überzeugen; (*namawiać*) überreden **II.** *vr* **~ się** sich überzeugen
przekraczać *vt* überschreiten, übertreten
przekreślać *vt* durchstreichen; *figur.* (*niweczyć*) durchkreuzen
przekreślić *vt pf* → **przekreślać**
przekręcać *vt* verdrehen; (*klucz*) umdrehen; (*kurek*) aufdrehen
przekręcić *vt pf* → **przekręcać**

przekroczyć *vt pf* → **przekraczać**
przekształcać I. *vt* umformen, umwandeln **II.** *vr* **~ się** sich verwandeln
przelecieć *vi pf* (*obok*) vorbeifliegen
przelew *m fin.* Überweisung *f*
przeliczać *vt* **1.** nachzählen **2.** (*na inne wartości*) umrechnen
przeliczeni|e *n* Umrechnung *f*; **w ~u** umgerechnet
przeliczyć I. *vt pf* → **przeliczać II.** *vr* **~ się** sich verrechnen (*a. figur.*)
przelot *m* Durchflug, Flug *m*; **~ ptaków** Vogelzug *m*
przelotn|y *adj* **1.** Zug-; **ptak ~y** Zugvogel *m* **2.** (*chwilowy*) flüchtig; **~e spojrzenie** ein flüchtiger Blick
przeludnienie *n* Übervölkerung *f*
przeładować *vt pf* **1.** (*na coś innego*) umladen **2.** (*przeciążyć*) überladen, überlasten
przełączać *vt* umschalten
przełącznik *m techn.* Schalter *m*; **~ główny** Hauptschalter *m*
przełączyć *vt pf* → **przełączać**
przełęcz *f* (*górska*) Pass *m*
przełknąć *vt pf* → **przełykać**
przełożony *m* Vorgesetzte *m*
przełożyć *vt pf* → **przekładać**
przełykać *vt* (hinunter)schlucken
przemarsz *m* Vorbeimarsch *m*
przemarznąć [pʃɛˈmarznɔtɕ] *vi* durchfrieren, erfrieren
przemawiać *vi* **1.** eine Ansprache <Rede> halten, sprechen **2.** (*do przekonania*) zu überzeugen versuchen (**komuś** jn)
przemęczenie *n* Übermüdung *f*
przemiana *f* Umwandlung *f*; **~ materii** Stoffwechsel *m*
przemijać *vi* vergehen, vorbeigehen, vorübergehen
przeminąć *vi pf* → **przemijać**
przemoc *f* Gewalt *f*; **ulec ~y** der Gewalt erliegen; **~ą** gewaltsam, mit Gewalt
przemoknąć *vi* durchnässt werden; **~ do suchej nitki** keinen trockenen Faden am Leibe haben
przemówić *vi pf* **1.** → **przemawiać 2.** (*odezwać się*) zu sprechen beginnen, den Mund auftun; (*zagadnąć*) anreden (**do kogoś** jn)
przemówienie *n* Rede *f*, Ansprache *f*; **~ w telewizji** Fernsehansprache *f*; **wygłaszać ~** eine Rede <Ansprache> halten
przemysł *m* Industrie *f*; **~ lekki** Leicht-

industrie *f*; **~ ciężki** Schwerindustrie *f*; **~ włókienniczy** Textilindustrie *f*; **~ kluczowy** Schlüsselindustrie *f*; **~ chemiczny** chemische Industrie; **~ artystyczny** Kunstgewerbe *n*
przemysłow|y *adj* industriell; Industrie-; **wyroby ~e** Industrieerzeugnisse *npl*; **towary ~e** Industriewaren *fpl*
przemyśleć *vt pf* durchdenken, überdenken, überlegen
przemyt *m* Schmuggel *m*
przenieść *vt pf* → **przenosić**
przenigdy *adv* nimmer, nie und nimmer
przenocować *vi* übernachten, schlafen; **możesz ~ u nas** du kannst bei uns schlafen
przenosić I. *vt* **1.** übertragen; (*przesuwać*) verlegen **2.** (*w inny stan*) versetzen **II.** *vr* **~ się** (*przeprowadzać się*) umziehen; (*przesiedlić się*) umsiedeln
przenośnie *adv* bildlich, übertragen
przenośny *adj* **1.** transportabel **2.** (*na kogoś*) übertragbar **3.** übertragen, bildlich; **w znaczeniu ~m** im übertragenen Sinn
przeoczyć *vt pf* übersehen, sich versehen
przepadać *vi* **1.** verfallen; (*ginąć*) verloren gehen; (*znikać*) verschwinden (**bez śladu** spurlos)
przepal|ić się *vr* durchbrennen; **~ona żarówka** eine durchgebrannte Birne
przepaść[1] *f* Abgrund *f*, Schlund *m*; (*szczelina*) Kluft *f*; *figur.* **ogromna ~** unüberbrückbare Kluft
przepaść[2] *vi pf* verfallen; (*zginąć*) verloren gehen; durchfallen; **~ na egzaminie** durchfallen, *ugs.* durchfliegen; → **przepadać 1.**
przepełniony *adj* überfüllt; (*np. plaża*) überlaufen; *figur.* erfüllt; **~ wdzięcznością** dankerfüllt
przepiękny *adj* wunderschön, bildschön
przepiórka *f orn.* Wachtel *f*
przepis *m* **1.** Vorschrift *f* **2.** (*recepta*) Verschreibung *f* **3.** *juris.* Bestimmung *f*; **~y wykonawcze** Ausführungsbestimmungen *fpl* **4.** Kochrezept *n*
przepisać *vt pf* → **przepisywać**
przepisywać *vt* (*odpisać*) abschreiben; (*na nowo*) umschreiben; *med.* verschreiben
przepowiadać *vt* voraussagen, vorhersagen; (*prorokować*) prophezeien
przepowiedzieć *vt pf* → **przepowiadać**
przepracować I. *vt* durcharbeiten **II.** *vr* **~ się** sich überarbeiten <überanstrengen>

przepraszalć *vt* um Entschuldigung <Verzeihung> bitten; **~m!** entschuldigen <verzeihen> Sie!
przeprosić *vt pf* → **przepraszać**; *vr* **~ć się** (*pogodzić się*) sich aussöhnen
przeprowadzać I. *vt* durchführen; **~ porównania** Vergleiche anstellen **II.** *vr* **~ się** umziehen
przeprowadzić *vt pf* → **przeprowadzać**
przeprowadzka *f* Umzug *m* (**do nowego mieszkania** in eine neue Wohnung)
przepuklina *f med.* Leistenbruch *m*
przepustka *f* Passierschein *m*
przepustowość *f* Kapazität *f*
przerabiać *vt* **1.** umarbeiten, ummachen; (*w produkcji*) verarbeiten **2.** *schul.* durchnehmen
przerażenie *n* Entsetzen *n*
przerdzewiały *adj* durchgerostet
przerębel *f* Eisloch *n*
przerobić *vt pf* → **przerabiać**
przeróbk|a *f* **1.** Umarbeitung *f* **2.** (*ubrania*) Änderung *f*; **dać do ~i** ändern lassen
przerw|a *f* Pause *f*; (*przerwanie*) Unterbrechung *f*; **bez ~y** ohne Unterbrechung, ununterbrochen; *sport.* **do ~y** in der ersten Halbzeit; **po ~ie** in der zweiten Halbzeit
przerwać *vt pf* → **przerywać**; **~ komuś** (**w pół słowa**) jm ins Wort fallen
przerywacz *m: mot.* **~ zapłonu** Unterbrecher *m*
przerywać *vt* **1.** (*np. tamę*) durchbrechen; (*pracę*) einstellen **2.** (*zakłócać*) unterbrechen
przerzut *m med.* Metastase *f*
przesada *f* Übertreibung *f*
przesadzać I. *vt* umpflanzen, verpflanzen **II.** *vi* (*w słowach*) übertreiben
przesąd *m* (*uprzedzenie*) Vorurteil *n*; (*zabobon*) Aberglaube *m*
przesiadać się *vr* umsteigen (**w coś** in etw)
przesiadk|a *f* Umsteigen *n*; **bilet z ~ą** Umsteigekarte *f, ugs.* Umsteiger *m*
przesiąść się *vr pf* → **przesiadać się**
przeskakiwać *vt* hinüberspringen, (*o iskrze*) überspringen
przeskoczyć *vt pf* → **przeskakiwać**
przesłać *vt pf* → **przesyłać**
przesłona *f fot.* Blende *f*
przesłuchanie *n* Verhör *n*, Vernehmung *f*
przesłyszeć się *vr pf* sich verhören

przespać I. *vt* verschlafen **II.** *vr* **~ się** sich aufs Ohr legen, ein Schläfchen machen
przesta|ć *vi pf* aufhören; **~ło padać** es hörte auf zu regnen
przestarzały *adj* veraltet
przestawać *vi* **1.** (allmählich) aufhören **2.** (**z kimś** mit jm) sich abgeben
przestawiać I. *vt* umstellen **II.** *vr* **~ się** sich umstellen (**na coś** auf etw)
przestawić *vt pf* → **przestawiać**
przestępca *m* Straftäter *m*, Verbrecher *m*
przestępczość [pʃɛˈstɛpʧɔçʨ] *f* Kriminalität *f*; **~ zorganizowana** organisierte Kriminalität; **~ gospodarcza** Wirtschaftskriminalität *f*
przestępny *adj*: **rok ~** Schaltjahr *n*
przestępstwo *n* Delikt *n*, Straftat *f*; **popełnić ~** eine Straftat <ein Delikt> begehen
przestraszy|ć I. *vt* erschrecken; **~ł mnie** er hat mich erschreckt **II.** *vr* **~ć się** erschrecken; **~łem się** ich erschrak
przestrzec *vt pf* → **przestrzegać**
przestrzegać *vt* **1.** warnen (**kogoś** jn) **2.** (*stosować się*) befolgen (**czegoś** etw)
przestrze|ń *f* Raum *m*; **~ń powietrzna** Luftraum *n*; **~ń kosmiczna** Weltraum *m*; **badanie ~ni kosmicznej** Weltraumforschung *f*
przesunąć *vt pf* → **przesuwać**
przesuwać *vt* verschieben
przesyłać *vt* übersenden
przesyłka *f* Sendung *f*
przeszkadza|ć *vi* **1.** stören (**komuś** jn); **nie ~m panu?** störe ich Sie? **niech pan sobie nie ~** lassen Sie sich nicht stören **2.** (*utrudniać*) hindern (**komuś** jn)
przeszkod|a *f* **1.** Hindernis *n*; **pokonać** <**usunąć**> **~ę** ein Hindernis überwinden <beseitigen> **2.** *sport.* Hindernis *n*; **bieg z ~ami** Hindernislauf *m*
przeszkodzić *vi pf* (gerade noch) verhindern (können); → **przeszkadzać**
przeszło *adv* mehr als, über
przeszłość *f* Vergangenheit *f*
przeszły *adj* vergangen
prześcieradło *n* (Bett)laken *n*, Betttuch *n*
prześcignąć *vt pf* überholen, überholt haben, übertreffen
prześlad|ować *vt* verfolgen; **~uje mnie myśl** der Gedanke verfolgt mich
prześwietlać *vt* röntgen; durchleuchten
prześwietlenie *n* **1.** Durchleuchtung *f*; **iść na ~** sich röntgen lassen **2.** *fot.* Überbelichtung *f*
prześwietlić *vt pf* **1.** → **prześwietlać**; **dać się ~** sich röntgen lassen **2.** *fot.* überbelichten
przetłumaczyć *vt pf* übersetzen; (*ustnie*) dolmetschen
przetwarzanie *n* Verarbeitung *f*; *mat.* **elektroniczne ~ informacji** <**danych**> elektronische Datenverarbeitung, EDV *f*
przewaga *f* **1.** Übergewicht *n* **2.** (*przemoc*) Übermacht *f* **3.** (*wyższość*) Überlegenheit *f*
przeważając|y *adj* überwiegend; **~a większość** die überwiegende Mehrheit; **w ~ej większości wypadków** in den meisten Fällen, meist
przeważnie *adv* vorwiegend, meistens
przewidywać *vt* voraussehen, vorhersehen, voraushnen
przewidzieć *vt pf* → **przewidywać**
przewiercić *vt pf* durchbohren
przewietrzyć *vt pf* durchlüften
przewieźć *vt pf* → **przewozić**
przewodniczący *m* Vorsitzende *m*
przewodnik *m* **1.** (*osoba*) Fremdenführer *m* **2.** (*książka*) Reiseführer *m* **3.** *el.* Leiter *m*; **dobry** <**zły**> **~** guter <schlechter> Leiter
przewozić *vt* hinüberfahren, hinüberbringen, herüberbringen; (*transportować*) befördern
przewód *m* **1.** *el.* Leitung *f*; **~ elektryczny** elektrische Leitung; *mot.* **~ paliwowy** <**benzynowy**> Benzinleitung *f* **2.** *anat.* Kanal *m*, Weg *m*; **~ pokarmowy** Verdauungsapparat *m*
przewracać I. *vt* **1.** umkippen **2.** (*na drugą stronę*) umwenden **3.** (*kogoś*) werfen (**na ziemię** zu Boden), umstoßen **II.** *vr* **~ się** umkippen, umfallen; (*z boku na bok*) sich wälzen
przewrócić *vt pf* umkippen; → **przewracać**; **~ się na lewy bok** sich (im Schlaf) auf die Linke Seite drehen
przewrót *m* Umwälzung *f*; Umsturz *m*; **~ społeczny** soziale Umwälzung
przez *praep* **1.** durch; **~ to** dadurch; **~ miasto** durch die Stadt **2.** (*jak długo*) hindurch, lang; **~ dwie godziny** zwei Stunden lang; **~ cały czas** die ganze Zeit hindurch; **~ zimę** den Winter über **3.** (*na zewnątrz*) hinaus; **~ okno** zum Fenster hinaus **4.** (*w stronie biernej*) von, durch; **kochany ~ nas** von uns geliebt **5.** (*via*) über, via; **lecieć do Waszyngtonu ~ Frankfurt** nach Washington über Frankfurt fliegen **6.** (*z powodu*)

-wegen, -halber; **~ to** deswegen; **~ niego** seinetwegen **7.** (*ponad*) über; **~ rzekę** <**góry**> über den Fluss <die Berge>
przeze *praep* → **przez**; **~ mnie** meinetwegen, durch mich
przeziębiać się *vr* sich (immer wieder) erkälten
przeziębić się *vr pf* sich *D* eine Erkältung zuziehen, sich erkälten
przeziębienie *n* Erkältung *f*
przeziębiony *adj* erkältet
przeznaczeni|e *n* **1.** Bestimmung *f*; **miejsce ~a** Bestimmungsort *m* **2.** Fatum *n*, Los *n*, Schicksal *n*
przezorny *adj* vorsorglich, vorsichtig
przezrocze *n* Diapositiv *n*, Dia *n*
przezroczysty *adj* durchsichtig
przeżegnać się *vr pf* sich bekreuzigen
przeżuwać *vt* wiederkauen
przeżycie *n* **1.** Erlebnis *n* **2.** (*przetrwanie*) Überleben *n*
przeżyć *pf* **I.** *vt* erleben **II.** *vi* (*przetrwać*) überleben, am Leben bleiben **III.** *vr* **~ się** sich überleben <überlebt haben>
przeżywać *vt* → **przeżyć**
przędza *f* Garn *n*
przędzalnia *f* Spinnerei *f*
przód *m* Vorderteil *m*; *mot. a.* Front *f*; **~ okrętu** Bug *m*; **z** <**od**> **przodu** von vorn; **w** <**na**> **przodzie** im Vorderteil; **na przedzie** an der Spitze
przy *praep* bei, an; (*koło*) neben; **mieć pieniądze ~ sobie** Geld bei sich *D* haben; **~ oknie** am Fenster; **~ życiu** am Leben; **~ tym** dabei; **~ czym** wobei; **mieszkać ~ ulicy Warszawskiej** in der Warschauer Straße wohnen
przy- heran-, an-, herbei-
przybić *vt*, *vi pf* → **przybijać**
przybiec *vi pf* → **przybiegać**
przybiegać *vi* herbeilaufen, herbeirennen, herbeigelaufen kommen
przybijać I. *vt* annageln, anschlagen **II.** *vi naut.* anlegen
przybliżeni|e *n* Annäherung *f*; **w ~u** annähernd
przybory *pl* -zeug *n*; **~ do pisania** Schreibzeug *n*; **~ do golenia** Rasierzeug *n*; **~ do szycia** Nähzeug *n*
przybycie *n* Ankommen *n*, Ankunft *f*
przybyć *vi pf* ankommen, eintreffen
przybywa|ć *vi* **1.** ankommen, eintreffen **2.** zunehmen; **księżyca ~** der Mond nimmt zu; **wody ~** das Wasser steigt

przychodnia *f* Ambulanz *f*, Poliklinik *f*
przychodzi|ć *vi* kommen (**do domu** nach Hause; **na świat** zur Welt; **do siebie** zu sich; **do głowy** in den Sinn; **za późno** zu spät; **na czas** zur rechten Zeit); **pociąg ~ ...** der Zug kommt ...
przycisk *m* Drücker *m*
przyciskać *vt* drücken (**do swojej piersi** an seine Brust); **~ guzik** auf den Knopf drücken
przycisnąć *vt pf* einmal drücken; → **przyciskać**
przyczepa *f* Anhängewagen *m*, Anhänger *m*; **~ kempingowa** Wohnwagen *m*
przyczepka *f* (*motocykla*) Beiwagen *m*
przyczyn|a *f* Ursache *f*; (*powód*) Grund *m*; **~a i skutek** Ursache und Wirkung; **z jakiej ~y** aus welchem Grunde; (**nie**) **bez ~y** (nicht) ohne Grund
przyczynić się *vr pf* beitragen (**do czegoś** zu etw)
przyda|ć się *vr pf* zustatten kommen, nützlich sein; **to mi się** (**bardzo**) **~** das kann ich gut gebrauchen; **to mi się na nic nie ~** das kann ich nicht brauchen; **to by mi się ~ło** das könnte ich brauchen
przydatny *adj* brauchbar; **być ~m** von Nutzen sein
przydomek *m* Beiname *m*
przydzielać *vt* zuteilen
przydzielić *vt pf* → **przydzielać**
przyglądać się *vr* zusehen, zuschauen, (*uważnie*) betrachten; **~ się obrazowi** ein Bild betrachten
przygnębiony *adj* niederschlagen, deprimiert
przygoda *f* Abenteuer *n*
przygotować *vt pf* → **przygotowywać**
przygotowani|e *n* Vorbereitung *f*; **w ~u** in Vorbereitung; **czynić ~a** Vorbereitung treffen; **bez ~a** aus dem Stegreif
przygotowany *adj* vorbereitet; (*na wszystko*) gefasst
przygotowywać I. *vt* vorbereiten **II.** *vr* **~ się** sich vorbereiten (**do czegoś** auf etw)
przyimek *m gram.* Präposition *f*, Verhältniswort *n*
przyjaci|el *m* Freund *m*; **mój ~el** ein Freund von mir; **bliscy ~ele** dicke Freunde; **jesteśmy ~ółmi** wir sind befreundet <gute Freunde>
przyjaciółka *f* Freundin *f*
przyjazd *m* Ankunft *f*, Eintreffen *n*

przyjaźń *f* Freundschaft *f*; **zawrzeć ~** Freundschaft schließen
przyj|ąć *vt pf* → **przyjmować**; **wniosek został ~ęty** der Antrag wurde angenommen
przyjechać *vi pf* ankommen, (an)gekommen sein
przyjemnie *adv* angenehm; **bardzo mi ~ (poznać Pana)!** sehr angenehm!
przyjemnoś|ć *f* Annehmlichkeit *f*, Vergnügen *n*; **z ~cią** mit Vergnügen
przyjemny *adj* angenehm
przyjeżdżać *vi* im <am> Kommen sein; wiederholt kommen
przyjęcie *n* **1.** Empfang *m* **2.** (*np. na członka*) Aufnahme *f* **3.** (*akceptacja*) Annahme *f*
przyjm|ować *vt* **1.** empfangen; **kiedy on ~uje?** wann hat er Sprechstunden? **2.** (*np. do szkoły*) aufnehmen **3.** (*aprobować*) annehmen
przyjrzeć się *vr pf* sich *D* etw angesehen haben
przyjść *vi pf* ankommen, angekommen sein
przykleić *vt pf* → **przyklejać**
przyklejać I. *vt* ankleben, anleimen **II.** *vr* **~ się** festkleben, hängen bleiben
przykład *m* **1.** Beispiel *n*; **na ~** zum Beispiel; **świecić ~em** mit gutem Beispiel vorangehen; **iść za ~em** dem Beispiel folgen **2.** (*wzór*) Vorbild *n*; **brać z kogoś ~** sich *D* ein Beispiel an jm nehmen **3.** **dla ~u** (*ku przestrodze*) zum Vorbild
przykro *adv* unangenehm; **~ mi** es tut mir Leid
przykrość *f* Unannehmlichkeit *f*; **sprawić komuś ~** jn kränken
przykry *adj* unangenehm
przykryć *vt pf* → **przykrywać**
przykrywać I. *vt* bedecken, zudecken **II.** *vr* **~ się** sich zudecken
przylądek *m* Kap *n*
przylega|ć *vi* eng anliegen; **~jący** eng anliegend
przyległy *adj* anliegend, angrenzend; **w ~m pokoju** im anliegenden Zimmer
przylot *m flug.* Anflug *m*, Ankunft *f*
przymiarka *f* Anprobe *f*
przymierzać *vt* (*odzież*) anprobieren
przymierzalnia *f* Ankleideraum *m*, Anprobe *f*
przymierzyć *vt pf* → **przymierzać**

przymiotnik *m gram.* Adjektiv *n*, Eigenschaftswort *n*
przymknąć *vt pf* → **przymykać**
przymocować *vt pf* befestigen, anbringen
przymrozek *m* leichter Frost; **przygruntowy ~** Bodenfrost *m*
przymusow|y *adj* Zwangs-; **praca ~a** Zwangsarbeit *f*; *flug.* **~e lądowanie** Notlandung *f*
przymykać *vt* andrücken, leicht <halb> schließen; *figur.* **~ oczy** ein Auge zudrücken
przynajmniej *adv* wenigstens
przynieść *vt pf* → **przynosić**
przynosić *vt* holen; bringen; **~ stratę** <**szczęście**> Verlust <Glück> bringen; **~ z powrotem** zurückbringen
przypadać *vi* zufallen (**komuś** jm); entfallen (**na kogoś** auf jn); fallen, treffen (**na poniedziałek** auf Montag); **~ do gustu** Gefallen finden
przypad|ek *m* Fall *m* (*a. gram.*); (*traf*) Zufall *m*; **w tym ~ku** in diesem Fall; **od ~ku do ~ku** von Fall zu Fall; **~kiem** zufälligerweise
przypadkowo *adv* zufällig, durch Zufall, zufälligerweise
przypalać *vt* (*potrawę*) anbrennen
przypaść *vt pf* → **przypalać**
przypaść *vi pf* → **przypadać**
przypiąć *vt pf* → **przypinać**
przypinać *vt* (*sprzączką*) anschnallen; (*szpilką*) anstecken
przypomina|ć I. *vt* **1.** erinnern (**coś, o czymś** an etw); in Erinnerung rufen; **~ć sobie** sich erinnern (**coś** an etw) **2.** (*być podobnym*) ähneln, ähnlich sein (**kogoś** jm) **II.** *vr* **~ć się**: **~ mi się** ich erinnere mich
przypomnieć *vt pf* → **przypominać**
przyprawa *f* Gewürz *n*; Würze *f*
przyprowadzić *vt pf* herholen
przypuszczać *vt*, *vi* **1.** vermuten **2.** (*zakładać*) annehmen
przypuszczalnie *adv* vermutlich
przypuścić *vt*, *vi pf* → **przypuszczać 2.**: **przypuśćmy, że ...** angenommen, dass ..., gesetzt den Fall, dass ...
przyroda *f* Natur *f*
przyrodnik *m* Naturforscher *m*
przyrost *m* Zuwachs *m*; **~ naturalny** Bevölkerungszuwachs *m*
przyrząd *m* (*narzędzie*) Instrument *n*, Werkzeug *n*; (*urządzenie*) Vorrichtung *f*

przyrządzać *vt* bereiten, zubereiten
przyrządzić *vt pf* → **przyrządzać**
przyrzec *vt pf* → **przyrzekać**
przyrzekać *vt* versprechen, zusagen
przysiad *m* Kniebeuge *f*; **zrobić kilka ~ów** ein paar Kniebeugen machen
przysiąc *vt pf* → **przysięgać**
przysięg|a *f* Eid *m*, Schwur *m*; **pod ~ą** eidlich; **składać ~ę** einen Eid schwören; **złamać ~ę** seinen Eid brechen
przysięgać *vt* schwören; **~ wierność** Treue schwören; **~ na konstytucję** auf die Verfassung schwören
przysłać *vt pf* → **przysyłać**
przysłowie *n* Sprichwort *n*
przysłówek *m gram.* Adverb *n*, Umstandswort *n*
przysłuchiwać się *vr* zuhören
przysługiwać *vi* zustehen
przyspieszać *vt* beschleunigen
przyspieszenie *n mot.* Beschleunigung *f*; *mot. a.* Gas *n*; **dać maksymalne ~** Vollgas geben
przystan|ek *m* Haltestelle *f*; **~ek tramwajowy** Straßenbahnhaltestelle *f*; **~ek na żądanie** Bedarfshaltestelle *f*; **na ~ku** an der Haltestelle
przystań *f* Anlegestelle *f*
przystawka *f kulin.* Vorspeise *f*
przystąpić *vt pf* → **przystępować**
przystąpienie *n* Beitritt *m* (**do czegoś** zu etw); herangehen; **~ do Unii Europejskiej** EU-Beitritt *m*; Eintritt *m*
przystępny *adj* 1. (*łatwy*) leicht verständlich 2. (*o cenie*) erschwinglich
przystępować *vi* 1. herantreten (**do czegoś** an etw); herangehen 2. (*dołączyć się*) hinzutreten
przystojny *adj* hübsch, gut aussehend; **~ mężczyzna** ein gut aussehender Mann
przystosować *pf* I. *vt* anpassen (**do warunków** den Verhältnissen) II. *vr* **~ się** sich anpassen
przyswoić *vt* **sobie** sich *D* zu Eigen machen (**coś** etw)
przysyłać *vt* zusenden, zuschicken
przyszłoś|ć *f* Zukunft *f*; **w ~ci** in Zukunft; künftig; **na ~ć** für die Zukunft
przyszł|y *adj* künftig, zukünftig; (*nadchodzący*) kommend; (*najbliższy*) nächst; **w ~ą niedzielę** nächsten Sonntag; *gram.* **czas ~y** Futur *n*
przyszyć *vt pf* → **przyszywać**

przyszywać *vt* annähen
przytaczać *vt* anführen, zitieren
przytakiwać *vi* zunicken, ja sagen
przytoczyć *vt pf* → **przytaczać**
przytomność *f* Bewusstsein *n*; **~ umysłu** Geistesgegenwart *f*; **stracić ~** das Bewusstsein verlieren; **odzyskać ~** wieder zur Besinnung kommen
przytomny *adj*: **być ~m** bei Sinnen <Besinnung, Bewusstsein> sein
przytulać I. *vt* an sich drücken II. *vr* **~ się** sich schmiegen (**do kogoś** an jn)
przytulić *vt pf* → **przytulać**
przytulny *adj* gemütlich
przywiązać *vt pf* → **przywiązywać**
przywiązany *adj* 1. angebunden 2. *figur.* (*oddany*) zugetan, anhänglich; **być ~m do kogoś** an jm hängen, jm zugetan sein
przywiązywać I. *vt* anbinden; *figur.* binden, ketten (**do siebie** an sich) II. *vr* **~ się do kogoś** jn lieb gewinnen, Neigung zu jm fassen
przywieźć *vt pf* → **przywozić**; **~ ze sobą** mit sich bringen
przywitać I. *vt* begrüßen II. *vr* **~ się z kimś** jn (mit Händedruck) begrüßen, jm guten Tag sagen
przywozić *vt* herbeifahren, herbringen; (*importować*) einführen
przywóz *m* Einfuhr *f*; **~ towarów** Wareneinfuhr *f*
przywyknąć *vi pf* sich gewöhnen (**do czegoś** an etw)
przyznać *pf* I. *vt* zugeben, einräumen; **~ rację** <**słuszność**> Recht geben II. *vr* **~ się** gestehen (**do czegoś** etw); **~ się do winy** sich schuldig bekennen, die Schuld gestehen
przyznawać *vt* → **przyznać**
przyzwoity *adj* anständig; (*solidny*) solid(e)
przyzwyczaić *vt pf* → **przyzwyczajać**
przyzwyczajać I. *vt* (allmählich) gewöhnen (**do czegoś** an etw) II. *vr* **~ się** sich (allmählich) gewöhnen
przyzwyczajenie *n* Gewohnheit *f*
pseudonim *m* Pseudonym *n*
psiakrew! *int* verflucht!, Donnerwetter!
pstrąg *m* Forelle *f*
psuć I. *vt* verderben (*a. figur.*); *ugs.* kaputt machen II. *vr* **~ się** verderben; *ugs.* kaputtgehen
psychiatra *m* Psychiater *m*
psychiczn|y *adj* psychisch, geistig; Geistes-; **choroba ~a** Geisteskrankheit *f*

psycholog *m* Psychologe *m*
psychologia *f* Psychologie *f*
psychoza *f* Psychose *f*
pszczelarz *m* Imker *m*
pszczoła *f* Biene *f*
pszenica *f* Weizen *m*
pszenn|y *adj* Weizen-; **mąka ~a** Weizenmehl *n*
ptak *m* Vogel *m*; **~ drapieżny** Greifvogel *m*; **~ śpiewający** Singvogel *m*
publicysta *m* Publizist *m*
publiczność *f* Publikum *n*, Öffentlichkeit *f*
publiczn|y *adj* öffentlich; **dobro ~e** das öffentliche Wohl
publikować *vt* veröffentlichen, publizieren
puch *m* Daunen *fpl*
puchacz *m orn.* Uhu *m*
puchar *m* Pokal *m*; *sport.* **zawody o ~** Pokalspiel *n*; **~ przechodni** Wanderpokal *m*
puchnąć *vi* an|schwellen, aufschwellen
pucz *m* Putsch *m*
pudel *m* Pudel *m*
pudełko *n* Schachtel *f*; **~ zapałek** eine Schachtel Streichhölzer
puder *m* Puder *m*
pudło *n* **1.** große Schachtel **2.** *ugs.* (*chybiony strzał*) Fehlschuss *m*
pudrować I. *vt* pudern **II.** *vr* **~ się** sich pudern
pukać *vi* pochen, klopfen (**do drzwi** an die Tür)
puknąć *vi pf* (einmal) klopfen, (einmal) tippen
pulower *m* Pullover *m*
pulpit *m* Pult *n*
puls *m* Puls *m*; **zbadać komuś ~** jm den Puls fühlen

pulsować *vi* pulsieren (*a. figur.*)
pułapka *f* Falle *f* (*a. figur.*); **~ na myszy** Mäusefalle *f*
pułk *m* Regiment *n*; **~ piechoty** Infanterieregiment *n*
pułkownik *m* Oberst *m*
pumeks *m* Bimsstein *m*
punkt *m* Punkt *m*; **~ wrzenia** Siedepunkt *m*; **~ zamarzania** Gefrierpunkt *m*; *sport.* **~ karny** Strafpunkt *m*; *figur.* **~ widzenia** Gesichtspunkt *m*, Standpunkt *m*; **~ zwrotny** Wendepunkt *m*; **na punkcie** in puncto (**stroju** Kleidung)
punktualny *adj* pünktlich
pustka *f* Leere *f*
pustułka *f orn.* Turmfalke *m*
pust|y *adj* leer; **~e miejsce** Leerstelle *f*
pustynia *f* Wüste *f*
puszcza *f* Urwald *m*; Waldkomplex *m*
puszczać I. *vt* lassen, loslassen; **~ w ruch** in Bewegung setzen; in Gang bringen; **~ latawca** den Drachen steigen lassen **II.** *vi* (*o kolorze*) abfärben
puszczyk *m orn.* Steinkauz *m*
puszka *f* Dose *f*, Blechdose *f*, Büchse *f*; **~ konserw** Konservendose *f*
puścić *vt pf* → **puszczać**
puzon *m* Posaune *f*
pycha *f* Hochmut *m*
pył *m* Staub *m*
pysk *m* Schnauze *f*
pyszny *adj* **1.** hochmütig **2.** (*wspaniały*) herrlich, prima, super
pytać *vt* (*vr* **się**) fragen (**o kogoś** nach jm)
pytanie *n* Frage *f*; **zadać <postawić> ~** eine Frage stellen <aufwerfen>; **odpowiedzieć na ~** auf eine Frage antworten

R

rabarbar *m* Rhabarber *m*
rabat *m* Rabatt *m*; **udzielić (trzy procent) ~u** (drei Prozent) Rabatt gewähren
rabin *m* Rabiner *m*
rabować *vt, vi* rauben, plündern
rabunkowy *adj* Raub-; **napad ~** Raubüberfall *m*
rachować *vt (liczyć)* rechnen
rachunek *m* Rechnung *f*; **~ bieżący** laufende Rechnung; **wystawić <pokryć> ~** eine Rechnung ausstellen <begleichen>; **~ wynosi** die Rechnung beträgt <macht>
racj|a *f* **1.** Recht *n*; **mieć ~ę** Recht haben; **przyznać ~ę** Recht geben **2.** *(uzasadnienie)* Grund *m*; **z jakiej ~i?** aus welchem Grund?
raczej *adv (prędzej)* eher; *(lepiej)* lieber; *(w przeciwieństwie)* vielmehr
raczyć *vi* gefälligst wollen, belieben; **Pan ~ żartować** Sie belieben zu scherzen
rad[1] *m chem.* Radium *n*
rad[2] *adj tylko w orzeczniku* froh, zufrieden; **~ nierad** wohl oder übel
rad|a *f* **1.** *(zespół)* Rat *m*; **Rada Ministrów** Ministerrat *m*; **Rada Bezpieczeństwa** Sicherheitsrat *m*; **~a zakładowa** Betriebsrat *m*; **~a nadzorcza** Aufsichtsrat *m* **2.** *(porada)* Rat(schlag) *m*; **udzielać ~** Ratschläge erteilen; *ugs.* **na to nie ma ~y** da hilft nichts, da ist nichts zu machen; **dać czemuś ~ę** mit etw fertig werden
radar *m* Radar *m, n*; *(urządzenie)* Funkmessgerät *n*, Radargerät *n*
radi|o *n* **1.** *(radiofonia)* Rundfunk *m*, Radio *n* **2.** *(aparat)* Radioapparat *m*, Radio *n*, Rundfunkempfänger *m*; **~o samochodowe** Autoradio *n*; **przez ~o** im Radio; **słuchać ~a** Radio hören; **nastawić <wyłączyć> ~o** das Radio einschalten <ausschalten>
radioaktywny *adj* radioaktiv
radioaparat *m* Rundfunkgerät *n*, Radioapparat *m*
radiolokacja *f* Funkortung *f*
radioodbiornik *m* Rundfunkempfänger *m*
radiosłuchacz *m* Radiohörer *m*, Hörer *m*
radiostacja *f* Rundfunkstation *f*; *(nadajnik)* Sender *m*
radoś|ć *f* Freude *f*; **z ~cią** mit Freude; **sprawić ~ć** Freude bereiten; **nie posiadać się z ~ci** außer sich vor Freude sein

radzić I. *vt* raten **(komuś** jm); **~ sobie** *D* zu helfen wissen **II.** *vi (obradować)* beraten **(nad czymś** über etw) **III.** *vr* **~ się** Rat suchen
rafineria *f* Raffinerie *f*
raj *m* Paradies *n*
rajd *m sport.* Rallye *f, n*
rajstopy *pl* Strumpfhose *f*
rak *m* **1.** Krebs *m (a. med.)* **2. Rak** *astr.* Krebs *m*
rakiet|a *f* **1.** *sport.* Schläger *m*; **~a tenisowa** Tennisschläger *m* **2.** *mil.* Rakete *f*; **wystrzelić ~ę** eine Rakete abschießen <starten>
ram|a *f* Rahmen *m*; **~a okienna** Fensterrahmen *m*; **~a obrazu** Bildrahmen *m*; **wstawić <oprawić> w ~ę** einrahmen; *figur.* **w ~ach umowy** im Rahmen des Abkommens
ramiączko *n* **1.** *(u bielizny)* Träger *m* **2.** *(wieszak)* Kleiderbügel *m*
rami|ę *n* **1.** *(ręka)* Arm *m*; **wziąć w ~iona** in die Arme schließen **2.** *(bark)* Schulter *f*, Achsel *f*; **~ę przy ~eniu** Schulter an Schulter; **wzruszyć ~onami** die Achsel <mit den Achseln> zucken
ran|a *f* Wunde *f*; **~a goi się** die Wunde heilt; *ugs.* **~y boskie!** du liebe Zeit!
randk|a *f* Stelldichein *n*, Rendezvous *n*; **umówić się na ~ę** ein Rendezvous verabreden
ranek *m* Morgen *m*
ranga *f* Rang *m*, Grad *m*
ranić *vt* verwunden, verletzen *(u. figur.)*
ranny[1] *adj* **1.** morgendlich **2.** *(wczesny)* frühzeitig
ranny[2] **I.** *adj* verwundet, verletzt, **zostać ~m** verwundet werden **II.** *m* Verwundete, Verletzte *m*
rano I. *n* Morgen *m*; **co ~** jeden Morgen **II.** *adv* morgens, am Morgen; **dzisiaj ~** heute früh <Morgen>; **jutro ~** morgen früh; **wcześnie ~** frühmorgens, am frühen Morgen
raport *m* Bericht *m*; **złożyć ~** einen Bericht erstatten
rasa *f* Rasse *f*
rasow|y *adj* Rasse(n)-; **~y pies** Rassehund *m*; **nienawiść ~a** Rassenhass *n*
rat|a *f* Rate *f*; Teilzahlung *f*; **kupować**

ratować <sprzedawać> **na ~y** auf Raten kaufen <verkaufen>; **spłacać ~ami** in Raten abzahlen
ratować II. *vt* retten **II.** *vr* **~ się** sich retten
ratun|ek *m* Rettung *f*; **bez ~ku** rettungslos; **spieszyć na ~ek** zu Hilfe eilen; **~ku!** Hilfe!
ratunkow|y *adj* Rettungs-; **koło ~e** Rettungsring *m*; **pas ~y** Rettungsgürtel *m*; **pogotowie ~e** Rettungsdienst *m*
ratusz *m* Rathaus *n*
ratyfikować *vt* ratifizieren
raz I. *m* Mal *n*; **ostatnim ~em** das letzte Mal; **po ~ pierwszy** zum ersten Mal; **innym ~em** ein andermal; **kilka ~y** mehrere Male, mehrmals; **w ~ie gdyby** falls; **w ~ie potrzeby** im Notfall, nötigenfalls; **w każdym ~ie** auf jeden Fall, jedenfalls; **w żadnym ~ie** auf keinen Fall, keinesfalls; **od ~u** sofort, auf der Stelle; **pewnego ~u** einmal; **za każdym ~em** jedesmal; **ani ~u** keinmal; **w najlepszym ~ie** bestenfalls; **w najgorszym ~ie** schlimmstenfalls; **tym ~em** diesmal; **dwa ~y dwa** zwei mal zwei **II.** *adv* einmal; **~ na tydzień** einmal in der Woche; **~ na zawsze** ein für allemal
razem *adv* zusammen; *(wspólnie)* gemeinsam; *(łącznie)* insgesamt; **~ z nim** gemeinsam mit ihm; **wszystko ~** alles zusammen, alles in allem
razić *vt (o świetle)* blenden
rąbać *vt* hacken, hauen; **~ drzewo** Holz hacken
rdza *f* Rost *m*
rdzewieć *vi* rosten
reagować *vi* reagieren
reakcja *f* Reaktion *f (o. w polityce)*
reaktor *m* Reaktor *m*; **~ jądrowy** Kernreaktor *m*; **~ atomowy** Atomreaktor *m*
realizm *m* Realismus *m*
realizować *vt* verwirklichen, realisieren; *(czek)* einlösen
realny *adj* real
recenzja *f (drukowana)* Rezension *f*; *(ocena)* Beurteilung *f*; *(opinia)* Gutachten *n*; **~ książki** Buchbesprechung *f*, Rezension *f*
recept|a *f med.* Rezept *n*, Verschreibung *f*; **bez ~y** rezeptfrei; **tylko na ~ę** verschreibungspflichtig
recital *m* Recital *n*, Rezital *n*
recytować *vt* rezitieren, vortragen; *(wypowiedzieć szybko)* hersagen
redaktor *m* Redakteur *m*; **~ naczelny** Chefredakteur *m*

redukcja *f* Reduktion *f*; *(ograniczenie)* Einschränkung *f*; *(obniżenie)* Herabsetzung *f*; Abbau *m* (**miejsc pracy** von Arbeitsplätzen); Kürzung *f* (**wydatków** der Ausgaben)
referat *m* **1.** Referat *n* **2.** *(odczyt)* Vortrag *m* **3.** *(wydział)* Dezernat *n*
reflektor *m* Scheinwerfer *m*; **~ halogenowy** Halogenscheinwerfer *m*
reforma *f* Reform *f*; **~ oświaty** Schulreform *f*
regał *m* Regal *n*
regaty *pl* Regatta *f*; **~ wioślarskie** Ruderregatta *f*
regionalny *adj* regional
regularny *adj* regelmäßig, *mil.* regulär
regulator *m techn.* Regler *m*
regulować *vt* regulieren, regeln
regu|ła *f* Regel *f*; **z ~y** in der Regel
rejent *m* Notar *m*
rekin *m* Hai *m*, Haifisch *m*
reklama *f* Werbung *f*, Reklame *f*
reklamacj|a *f* Reklamation *f*, Beanstandung *f*; **zgłaszać ~ę** eine Ware beanstanden
reklamista *m* Werbetexter *m*
reklamować *vt* **1.** werben (**coś** für etw) **2.** *(zgłaszać reklamację)* eine Ware beanstanden
rekord *m* Rekord *m*; **pobić** <**ustanowić**> **~** einen Rekord schlagen <aufstellen>
rekrut *m* Rekrut *m*
rektor *m* Rektor *m*
relacja *f* **1.** *(powiązanie)* Relation *f*, Beziehung *f*, Wechselbeziehung *f* **2.** *(sprawozdanie)* Bericht *m*
religia *f* Religion *f*
religijny *adj* religiös; *(pobożny)* fromm
remanent *m* Inventur *f*, (Waren-)Bestand *m*, Bestandsaufnahme *f*
remis *m sport.* Unentschieden *n*; **gra zakończyła się ~em** das Spiel endete mit einem Unentschieden
remont *m* (gründliche) Reparatur *f*, Renovierung *f*
rencista *m* Rentner *m*
renesans *m* Renaissance *f*
renesansow|y *adj* Renaissance-; **budowla ~a** Renaissancebau *m*
renifer *m* Rentier *n*
renkloda *f* Reneklode *f*, Reineclaude *f*
renomowany *adj* renommiert
renta *f* Rente *f*; **~ starcza** Altersrente *f*
reorganizacja *f* Reorganisierung *f*

repertuar *m* Repertoire *n*; *teatr.* Spielplan *m*
reporter *m* Reporter *m*
reprezentacja *f* Vertretung *f*, Repräsentation *f*
reprezentacyjny *adj* repräsentativ
reprezentować *vt* repräsentieren
republika *f* Republik *f*; *hist.* ~ **weimarska** Weimarer Republik *f*
resor *m mot.* Feder *f*
respekt *m* Respekt *m*; **czuć** ~ **dla kogoś** Respekt vor jm haben
restauracja *f* Restaurant *n*, Gaststätte *f*
reszta *f* **1.** Rest *m*, das Übrige **2.** (*pozostali*) die Übrigen
retoromański *adj* rätoromanisch; **język** ~ Rätoromanisch *n*
reumatyzm *m* Rheuma *n*, Rheumatismus *m*
rewers *m* **1.** Revers *m* **2.** (*biblioteczny*) Bestellzettel *m*
rewia *f* Revue *f*; Schau *f*; ~ **mody** Modeschau *f*
rewizja *f* **1.** Revision *f*, Überprüfung *f* **2.** (*przeszukanie*) Durchsuchung *f*; ~ **osobista** Leibesvisitation *f*
rewizyta *f* Gegenbesuch *m*
rewolucja *f* Revolution *f*, Umwälzung *f*
rewolwer *m* Revolver *m*
rezerwa *f* Reserve (*o. mil.*) *f*; *figur. a.* Zurückhaltung *f*
rezerwować *vt* reservieren; (*odłożyć*) zurücklegen; (*zamówić*) vorbestellen; (*np. lot*) buchen; (*zająć*) freihalten
rezerwowy I. *adj* Reserve-, Ersatz- **II.** *m sport.* Ersatzmann *m*
rezultat *m* Ergebnis, Resultat *n*; (*sukces*) Erfolg *m*; **bez ~u** erfolglos, ergebnislos
rezydencja *f* Residenz *f*, Wohnsitz *m*
rezygnować *vi* verzichten (**z czegoś** auf etw)
reżim, reżym *m* Regime *n*
reżyser *m* Regisseur *m*; ~ **teatralny** Theaterregisseur *m*
reżyserować *vt* die Regie haben <führen>
ręcznik *m* Handtuch *n*; ~ **kąpielowy** Badetuch *n*; ~ **frotté** Frottierhandtuch *n*; ~ **papierowy** Papierhandtuch *n*
ręczn|y *adj* Hand-; **robota ~a** Handarbeit *f*
ręka *f* Hand *f*; **lewa** <**prawa**> ~ linke <rechte> Hand; **po lewej ręce** linker Hand; **z pierwszej** <**drugiej**> **ręki** aus erster <zweiter> Hand; **pod ręką** bei der Hand; ~ **w rękę** Hand in Hand; **z ręki do ręki** von Hand zu Hand; **ręką** mit der Hand; **na własną rękę** auf eigene Faust; **podać rękę** die Hand reichen; **opuścić ręce** die Hände fallen lassen; **zacierać ręce** sich *D* die Hände reiben; **pocałować kogoś w rękę** jm die Hand küssen; **myć ręce** sich *D* die Hände waschen
rękaw *m* Ärmel *m*
rękawica, rękawiczka *f* **1.** Handschuh *m* **2.** (*jednopalcowa* Faust-)Handschuh *m*; **zdjąć rękawiczki** die Handschuhe ausziehen
rękojeść *f* Griff *m*
rękopis *m* Handschrift *f*
RFN-owski *adj* bundesdeutsch
ring *m sport.* Ring *m*
robak *m* Wurm *m*
robi|ć I. *vt* machen; (*czynić*) tun; **~ć długi** Schulden machen; **co ty tu ~sz?** was machst du hier? **II.** *vr* **~ć się** werden; **~ się zimno** <**ciepło, późno, ciemno**> es wird kalt <warm, spät, dunkel>; ~ **mi się niedobrze** mir wird übel
robocz|y *adj* Arbeits-; Werk-; **dzień ~y** Werktag *m*; Arbeitstag *m*; **w dni ~e** werktags
robot|a *f ugs.* Arbeit *f*; **brać** <**wziąć**> **się do ~y** sich an die Arbeit machen; *mot.* **~y na drodze** Baustelle *f*
robotnica *f* Arbeiterin *f*
robotnik *m* Arbeiter *m*; ~ **rolny** Landarbeiter *m*; ~ **zatrudniony w przemyśle** Industriearbeiter *m*; ~ **wykwalifikowany** Facharbeiter *m*
rocznic|a *f* Jahrestag *m*; **z okazji ~y** anlässlich des Jahrestages
rocznie *adv* jährlich
rocznik *m* **1.** Jahrgang *m* **2.** (*książka*) Jahrbuch *n*
roczny *adj* **1.** Jahres-; **- dochód** Jahreseinkommen *n* **2.** (*jednoroczny*) einjährig
rodak *m* Landsmann *m*; *pl* **rodacy** Landsleute *pl*
rodzaj *m* **1.** *biol.* Gattung *f* **2.** (*ród*) Geschlecht *n*; ~ **ludzki** Menschengeschlecht *n* **3.** *gram.* ~ **męski** <**żeński, nijaki**> männliches <weibliches, sächliches> Geschlecht **4. tego ~u** derartig; **wszelkiego ~u** allerhand, allerlei
rodzajnik *m gram.* Artikel *m*; ~ (**nie**) **określony** der (un)bestimmte Artikel
rodzeństwo *n* Geschwister *pl*
rodzice *pl* Eltern *pl*

rodzić I. *vt, vi* gebären; (*o glebie, drzewach*) tragen **II.** *vr* ~ **się** geboren werden
rodzin|a *f* Familie *f* (*a. biol.*); **członek ~y** Familienangehörige *m*
rodzinn|y *adj* Familien-; **grono ~e** Familienkreis *m*; **kraj ~y** Heimatland *n*; **miasto ~e** Heimatstadt *f*; **dom ~y** Vaterhaus *n*
rodzynek *m* Rosine *f*
rogalik *m* Hörnchen *n*
rok *m* (*pl* **lata**) Jahr *n*; **Nowy Rok** Neues Jahr; (*dzień*) Neujahrstag *m*; **~ kalendarzowy** Kalenderjahr *n*; **~ szkolny** Schuljahr *n*; **~ studiów** Studienjahr *n*; **bieżącego ~u** laufenden <dieses> Jahres; **co ~** < **~u**> alljährlich; **za ~** nach <in> einem Jahr; **na drugi** <**przyszły**> **~** im nächsten <kommenden> Jahr; **dwa lata temu** vor zwei Jahren; **ubiegłego** <**zeszłego**> **~u** vergangenen Jahres, voriges Jahr
rokoko *n* Rokoko *n*
rokokow|y *adj* Rokoko-; **meble ~e** Rokokomöbel *pl*
rol|a¹ *f* Rolle *f*; **grać** <**odgrywać**> **~ę** eine Rolle spielen
rola² *f* (*pole*) Acker *m*
rolnictwo *n* Landwirtschaft *f*
rolniczy *adj* landwirtschaftlich, Landwirtschafts-, Agrar-
rolnik *m* Landwirt *m*, Bauer *m*
roln|y *adj* Agrar-; **produkty ~e** Agrarprodukte *npl*
romans *m* **1.** (*powieść*) Liebesroman *m* **2.** (*miłostka*) Liebschaft *f*, Liebesaffäre *f* **3.** *mus.* Romanze *f*
romantyzm *m lit.* Romantik *f*
romański *adj* romanisch; **styl ~** Romanik *f*
rondo *n* **1.** (*kapelusza*) Krempe *f* **2.** *mus.* Rondo *n* **3.** (*skrzyżowanie*) Kreuzung mit Kreisverkehr
ropa *f* **1.** Erdöl *n* **2.** *med.* Eiter *m*
rosa *f* Tau *m*
Rosjanin *f* Russe *m*
Rosjanka *f* Russin *f*
rosnąć *vi* wachsen; (*o cieście*) aufgehen
rosół *m* Brühe *f*, Fleischbrühe *f*
rosyjski *adj* russisch
roślina *f* Pflanze *f*
rowe|r *m* Fahrrad *n*; **~r górski** Mountainbike *n*; **jechać ~rem** <**na ~rze**> Rad fahren; **jeżdżę na ~rze** ich fahre Rad
rozbić *vt pf* **I.** *vt* zerschlagen, zerschmettern; (*bank*) sprengen; (*atom*) zertrümmern **II.** *vr* ~ **się** zerschellen, sich zerschlagen

rozbierać I. *vt* (*z ubrania*) ausziehen; (*maszynę*) auseinandernehmen; zerlegen; (*dom*) abbrechen **II.** *vr* ~ **się** (*całkiem*) sich entkleiden; (*np. z płaszcza*) ablegen
rozbijać → **rozbić**
rozbitek *m* Schiffbrüchige *m*
rozbrojenie *n* (*państwa*) Abrüstung *f*; (*osoby*) Entwaffnung *f*
rozbudować *vt pf* ausbauen
rozbudowywać *vt* im Ausbauen begriffen sein
rozchodzić się *vr* **1.** (*o ludziach*) auseinander gehen; (*o drogach*) auseinander laufen, ausbreiten **2.** (*zrywać*) sich trennen; sich scheiden lassen
rozciąć *vt pf* → **rozcinać**
rozciągać I. *vt* ausdehnen **II.** *vr* ~ **się** sich ausdehnen, sich erstrecken
rozciągnąć się *vr pf* → **rozciągać**
rozcieńczać *vt* verdünnen
rozcieńczyć *vt pf* → **rozcieńczać**
rozcinać *vt* aufschneiden, durchschneiden, zerhauen; (*na kawałki*) zerhacken
rozczarować I. *vt pf* enttäuschen **II.** *vr* ~ **się** sich enttäuschen
rozczarowanie *n* Enttäuschung *f*
rozdać *vt pf* → **rozdawać**
rozdawać *vt* verschenken; (*rozdzielać*) verteilen
rozdroż|e *n* Scheideweg *m*; **na ~u** am Scheideweg (*a. figur.*)
rozdwojenie *n* Halbierung *f*
rozdział *m* **1.** (*książki*) Kapitel *n* **2.** (*rozdzielanie*) Verteilung *f*
rozdzielać *vt* **1.** (*oddzielać*) trennen, scheiden **2.** (*dzielić*) verteilen, teilen
rozdzielić *vt pf* → **rozdzielać**
rozdzierać *vt* zerreißen
rozebrać *vt pf* → **rozbierać**
rozedrzeć *vt pf* → **rozdzierać**
rozejm *m* Waffenstillstand *m*
rozejrzeć się *vr pf* → **rozglądać się**
rozejść się *vr pf* → **rozchodzić się**
rozerwać I. *vt pf* → **rozrywać II.** *vr* ~ **się** (*zabawić się*) sich zerstreuen
roześmiać się *vr pf* auflachen
rozglądać się *vr* Umschau halten (**za czymś** nach etw); sich umsehen (**po świecie** in der Welt)
rozgniewać I. *vt* erbosen, aufbringen **II.** *vr* ~ **się** bös(e) werden
rozgrywka *f* Auseinandersetzung *f*; *sport.* Kampf *m*, Wettkampf *m*

rozgrza|ć *vt, o. vr* (**się** sich) *pf* → **rozgrzewać**; **~łem się** mir ist warm (heiß) geworden
rozgrzewać I. *vt* erwärmen **II.** *vr* ~ **się** sich erwärmen
rozjaśniać I. *vt* erhellen, aufhellen **II.** *vr* ~ **się** hell werden; *figur.* sich aufheitern
rozjaśnić *vt pf* → **rozjaśniać**
rozkaz *m* Befehl *m*; ~ **dzienny** Tagesbefehl *m*; **dać** <**wydać, otrzymać, dostać**> ~ einen Befehl geben <erlassen, empfangen, bekommen>; **wykonać** ~ einen Befehl ausführen; **~!, wedle ~u!** zu Befehl!
rozkazać *vt pf* → **rozkazywać**
rozkazywać *vt* befehlen
rozkład *m* **1.** Zersetzung *f*; (*rozłożenie*) Einteilung *f* **2.** ~ **jazdy** Fahrplan *m*; ~ **godzin** <**lekcji**> Stundenplan *m*
rozkładać *vt chem.*, *figur.* zersetzen; (*na części*) zerlegen
rozkosz *f* Wonne *f*; (*radość*) Freude *f*, Vergnügen *n*; **z ~ą** mit größtem Vergnügen
roskoszny *adj* entzückend, wonnig
rozkoszować się *vr* genießen (**czymś** etw)
rozlać *vt pf* → **rozlewać**
rozlecieć się *vr pf* (*na kawałki*) zerfallen, in Stücke gehen
rozlewać I. *vt* vergießen, verschütten **II.** *vr* ~ **się** sich ergießen
rozładować *vt pf* entladen; ~ **statek** ein Schiff löschen; *figur.* ~ **napięcie** die Spannung vermindern
rozładowany *adj el.* entladen; *mot.* **akumulator jest** ~ die Batterie ist leer
rozłąka *f* Trennung *f*
rozłożyć *vt pf* → **rozkładać**
rozłupać *vt pf* spalten, (*orzech*) aufknacken
rozmawiać *vi* sprechen (**z kimś** mit jm), sich unterhalten (**o czymś** über etw)
rozmiar *m* **1.** Größe *f* (*o. ubrania*), **jaki ~?** welche <in welcher> Größe? **2.** *figur.* Ausmaß *n*; Umfang *m*; ~ **katastrofy** das Ausmaß des Unglücks
rozmnażać się *vr* sich vermehren, sich fortpflanzen
rozmnożyć się *vr pf* → **rozmnażać się**
rozmowa *f* Gespräch *n*, Unterhaltung *f*
rozmowny *adj* gesprächig
rozmówc|a *m* Gesprächspartner *m*; *rad., tv.* **moim ~ą dzisiaj jest ...** mein Gesprächspartner ist heute ...

rozmówić się *vr pf* sich besprechen, Rücksprache nehmen
rozmrozić *vt pf* entfrosten
rozmyślać *vi* nachdenken (**o** <**nad**> **czymś** über etw), nachsinnen
roznieść *vt pf* → **roznosić**
roznosić *vt* austragen, herumtragen; (*rozprzestrzeniać*) verbreiten
rozpacz *f* Verzweiflung *f*; **w ~y** in Verzweiflung; **z ~y** vor <aus> Verzweiflung
rozpaczać *vi* verzweifeln
rozpad *m* Zerfall *m*; ~ **jądra atomowego** Atomkernzerfall *m*
rozpadać się[1] *vr* **1.** zerfallen **2.** (*rozłazić się*) aus den Fugen gehen
rozpadać się[2] *vr pf* (*o deszczu*) erst recht anfangen zu regnen, sich einregnen
rozpakować *vt pf* auspacken
rozpakowywać *vt* am Auspacken sein
rozpalać *vt* entzünden; (*rozognić*) entflammen; ~ **ogień** Feuer anmachen
rozpalić *vt pf* → **rozpalać**
rozpaść się *vr pf* → **rozpadać się**[1]
rozpędzać *vt* auseinander treiben, auseinander jagen
rozpędzić I. *vt pf* → **rozpędzać II.***vr* ~ **się** auf Touren kommen
rozpętać *vt* entfesseln
rozpłakać się *vr pf* in Tränen ausbrechen
rozpocząć *vt pf* → **rozpoczynać**
rozpoczynać I. *vt* anfangen, beginnen (**od czegoś** mit etw); (*zabrać się*) in Angriff nehmen **II.** *vr* ~ **się** beginnen
rozporządzać *vi* verfügen (**czymś** über etw), zur Verfügung haben (**czymś** etw)
rozporządzenie *n* Verordnung *f*; ~ **wykonawcze** Durchführungsverordnung *f*
rozpościerać I. *vt* ausbreiten **II.** *vr* ~ **się** sich ausbreiten, sich ausdehnen
rozpowszechniać I. *vt* verbreiten **II.** *vr* ~ **się** sich verbreiten
rozpowszechnić *vt pf* → **rozpowszechniać**
rozpoznać *vt pf* → **rozpoznawać**
rozpoznawać *vt* erkennen, wieder erkennen; *med.* diagnostizieren
rozprawa *f* Verhandlung *f*; (*sądowa*) Gerichtsverhandlung *f*; (*naukowa*) Abhandlung *f*
rozprzestrzeniać się [rɔspʃɛ'stʃɛnatɕ ɕɛ̃] *vr* um sich greifen, sich verbreiten
rozpuszczać I. *vt* **1.** (*np. masło*) zerlassen, zergehen lassen **2.** (*rozpieszczać*) verwöh-

nen 3. ~ **włosy** die Haare aufmachen **II.** *vr* **~ się** zergehen; (*np. w wodzie*) sich lösen
rozpuścić *vt pf* → **rozpuszczać**
rozpuszczony *adj* **1.** (*o włosach*) aufgelöst, aufgemacht **2.** (*rozpieszczony*) verwöhnt
rozróżniać *vt* unterscheiden; (*nie mieszać*) auseinander halten
rozróżnić *vt pf* → **rozróżniać**
rozrusznik *m* **1.** *mot.* Anlasser *m*, Starter *m* **2.** *med.* **~ serca** Herzschrittmacher *m*
rozrywać *vt* zerreißen, auseinander reißen, (*w kawałki*) in Stücke reißen
rozrywka *f* Unterhaltung *f*, Zeitvertreib *m*
rozrywkowy *adj* unterhaltend, Unterhaltungs-; **program ~** Unterhaltungsprogramm *n*
rozrzucać *vt* auseinander werfen; *figur.* (*pieniądze*) verschwenden
rozrzucić *vt pf* → **rozrzucać**
rozrzutny *adj* verschwenderisch
rozsądek *m* Vernunft *f*; **zdrowy ~** gesunder Menschenverstand
rozsądny *adj* vernünftig, verständnisvoll
rozstać się *vr pf* → **rozstawać się**
rozstanie *n* Scheiden *n*, Auseinandergehen *n*, Trennung *f*
rozstawać się *vr* auseinander gehen; (*na stałe*) scheiden (**ze sobą** von jm), sich trennen (**ze sobą** voneinander)
rozstrzelać *vt pf* erschießen, füsilieren
rozstrzelony [rɔsstʃɛ'lɔni] *adj* **~ druk** Sperrdruck *m*
rozstrzygać [rɔs'stʃigatɕ] *vt* entscheiden (**o czymś** über etw)
rozstrzygający [rɔsstʃigajɔ̃tsi] *adj* entscheidend, ausschlaggebend
rozstrzygnąć *vt pf* → **rozstrzygać**
rozsypać *vt pf* → **rozsypywać**
rozsypywać *vt* verschütten; (*rozsiewać*) streuen, zerstreuen
rozszerzać I. *vt* (*poszerzać*) verbreitern, breiter machen; (*szerzyć*) verbreiten; (*rozciągać dalej*) ausdehnen **II.** *vr* **~ się** breiter werden, sich erweitern; *figur.* sich verbreiten, um sich greifen
rozszerzyć *vt pf* → **rozszerzać**
roztargniony *adj* zerstreut
roztopić *vt pf* schmelzen lassen; (*masło*) zerlassen, zergehen lassen
roztopiony *adj* geschmolzen; (*masło*) zerlassen
rozum *m* Verstand *m*; **chłopski ~** gesunder Menschenverstand

rozumie|ć I. *vt* verstehen; (*pojmować*) begreifen; **co przez to ~sz?** was verstehst du darunter? **jak pan to ~?** wie meinen Sie das? **II.** *vr* **~ć się** sich verstehen; **ma się ~ć!** selbstverständlich!
rozumować *vi* logisch folgern, folgerichtig denken
rozważać *vt* erwägen, überlegen
rozważania *npl* Überlegungen *fpl*
rozważny *adj* bedacht, behutsam
rozważyć *vt pf* → **rozważać**
rozwiązać *vt pf* → **rozwiązywać**
rozwiązanie *n* **1.** (*zagadki*) Lösung *f* **2.** (*np. jakiejś instytucji*) Auflösung *f* **3.** (*poród*) Entbindung *f*
rozwiązywać *vt* **1.** lösen (**zadanie** eine Aufgabe) **2.** (*związek*) auflösen
rozwidni|ć się *vr pf* hell werden; **~ło się** es wurde hell
rozwiedziony *m* Geschiedene *m*
rozwieść się *vr pf* → **rozwodzić się**
2. rozwieść *vt pf* → **rozwozić**
rozwijać I. *vt* entfalten, entwickeln; (*papier*) entrollen; **~ działalność** eine Tätigkeit entfalten **II.** *vr* **~ się** sich entfalten <entwickeln>; **świetnie się ~** gedeihen
rozwinąć *vt pf* → **rozwijać**
rozwodnik *m* Geschiedene *m*
rozwodz|ić się *vr* **1.** ausführlich eingehen (**nad czymś** auf etw), sich ausbreiten (**nad czymś** über etw) **2.** (*brać rozwód*) sich scheiden lassen; **oni się ~ą** sie sind im Scheiden begriffen
rozwolnienie *n* Durchfall *m*
rozwód *m* Scheidung *f*; **wziąć ~** sich scheiden lassen
rozwódka *f* Geschiedene *f*
rozwój *m* Entwicklung *f*
rozzłościć I. *vt ugs.* aufbringen **II.** *vr* **~ się** zornig werden; in Wut <Zorn> geraten
ród *m* **1.** *ugs.* (*rodzina*) Sippe *f* **2.** (*rodzaj*) Geschlecht *n*; **~ ludzki** Menschengeschlecht *n* **3.** (*dynastia*) Stamm *m*
róg *m* **1.** Horn *n*; **zagrać na rogu** das Horn blasen **2.** (*narożnik*) Ecke *f*; **na rogu** an der Ecke; **za rogiem ulicy** um die Straßenecke
rój *m* Schwarm *m*; **~ pszczół** Bienenschwarm *m*
rów *m* Graben *m*
równać I. *vt* gleichen, gleich machen; (*niwelować*) planen, nivellieren **II.** *vr* **~ się** gleichkommen, heranreichen; *mat.* **równa się ...** (ist) gleich ...

równie *adv* ebenso, genauso; **~ dobrze** genauso gut
również *adv* ebenfalls
równik *m* Äquator *m*
równina *f* Ebene *f*, Flachland *n*
równo- *w złożeniach* gleich-, Gleich-
równoboczny *adj* gleichseitig
równocześnie *adv* gleichzeitig, zugleich
równoległy *adj* parallel, gleichlaufend
równomierny *adj* gleichmäßig
równoramienny *adj* gleichschenklig
równość *f* Gleichheit *f*
równouprawnienie *n* Gleichberechtigung *f*; (*zrównanie*) Gleichstellung *f*
równowag|a *f* Gleichgewicht *n*; **stracić ~ę** sein Gleichgewicht verlieren, aus dem Gleichgewicht kommen; **odzyskać ~ę** das Gleichgewicht wiedergewinnen
równy *adj* gleich; (*gładki*) eben; (*niezmienny*) gleich bleibend; (*dorównujący*) ebenbürtig
róż *m* Rouge *n*
róża *f* Rose *f*
różaniec *m rel.* Rosenkranz *m*
różnic|a *f* Unterschied *m*, Differenz *f*; **~a zdań** Meinungsverschiedenheit *f*; **bez ~y** ohne Unterschied
różnić się *vr* **1.** sich unterscheiden (**między sobą** untereinander, voneinander) **2.** (*odbiegać*) abweichen (**od czegoś** von etw)
różnie *adv* verschieden, unterschiedlich
różnorodny *adj* verschiedenartig, vielfältig
różn|y *adj* verschieden, unterschiedlich; (*zmienny*) wechselnd; **~ego rodzaju** allerlei; vielerlei
różowy *adj* rosa, rosig
rtęć *f* Quecksilber *n*
ruch *m* **1.** Bewegung *f*; (*pociągnięcie*) Zug *m*; **bez ~u** bewegungslos, unbeweglich; **wprawić w ~** in Bewegung setzen **2.** (*komunikacja*) Verkehr *m*; **~ uliczny** <**drogowy**> Straßenverkehr *m*; **~ kolejowy** Eisenbahnverkehr *m*; **~ dalekobieżny** Fernverkehr *m*; **~ podmiejski** <**lokalny**> Nahverkehr *m*; **~ wahadłowy** Pendelverkehr *m*
ruchliwy *adj* (*o ulicy*) belebt, verkehrsreich
ruchom|y *adj* beweglich; **schody ~e** Rolltreppe *f*
ruda *f* Erz *n*; **~ żelaza** Eisenerz *n*
rud|y *adj* rotblond; (*człowiek*) rothaarig; **~e włosy** rotes Haar

rufa *f naut.* Heck *n*
ruin|a *f* **1.** Ruine *f*, Trümmer *pl*; **~y zamku** Burgruine *f* **2.** *figur.* (*np. o człowieku, gospodarce*) Ruin *m*
rum *m* Rum *m*
rumianek *m* Kamille *f*
rumienić się *vr* erröten, rot werden; **~ się po uszy** bis über die Ohren rot werden
rumsztyk *m* Rumpsteak *n*
Rumun *m* Rumäne *m*
rumuński *adj* rumänisch
runda *f sport.* Runde *f*
rura *f* Rohr *n*; **~ odpływowa** Abflussrohr *n*; *mot.* **~ wydechowa** Auspuffrohr *n*
rurka *f* Röhrchen *n*
ruszać I. *vt* (*poruszać*) bewegen (**rękami** die Hände); (*dotykać*) berühren, anrühren **II.** *vi* (*wyruszać*) losfahren; sich in Bewegung setzen; *ugs.* **ruszajmy!** machen wir uns auf die Socken! **III.** *vr* **~ się** sich rühren, sich bewegen
rusztowanie *n* Baugerüst *n*
ruszyć *vt pf* → **ruszać**
rwać *vt* (*zrywać*) pflücken; (*rozrywać*) (zer)reißen
ryb|a *f* **1.** Fisch *m*; **łowić ~y** Fische fangen, (*na wędkę*) angeln **2. Ryby** *astr.* Fische *pl*
rybak *m* Fischer *m*
rybołówstwo *n* Fischerei *f*
rycerz *m* Ritter *m*
rycina *f druk.* Abbildung *f* (*Buch-*) Illustration *f*; **z ~mi** bebildert
ryczeć *vi* brüllen; *mot.* donnern
rydz *m* Reizker *m*
rygiel *m* Riegel *m*
ryj *m* Rüssel *m*
ryknąć *vi pf* aufbrüllen; **~ na kogoś** jn anbrüllen
rym *m* Reim *m*
rymarz *m* Sattler *m*
rymować się *vr* reimen (**ze sobą** aufeinander)
ryn|ek *m* **1.** Markt *m*; **~ek światowy** Weltmarkt *m*; **~ek wewnętrzny** Binnenmarkt *m* **2.** (*plac*) Markt *m*, Marktplatz *m*; **stary ~ek** Alter Markt; **mieszkać w** <**na**> **~ku** am Markt wohnen
rynn|a *f* Rinne *f*; Traufe *f*; **~a dachowa** Dachrinne *f*; *figur.* **wpaść z deszczu pod ~ę** vom Regen in die Traufe kommen
rys *m* Zug *m*; **~ twarzy** Gesichtszug *m*; **~ charakteru** Charakterzug *m*
rysa *f* Riss *m*

rysować I. *vt* zeichnen **II.** *vr* ~ **się 1.** sich abzeichnen **2.** (*o ścianie*) Risse bekommen
rysownik *m* (technischer) Zeichner *m*
rysunek *m* Zeichnung *f*; ~ **węglem** Kohlenzeichnung *f*; ~ **odręczny** Skizze *f*, Entwurf *m*
ryś *m* Luchs *m*
rytm *m* Rhythmus *m*, Takt *m*; **w ~ie na trzy czwarte** im Dreivierteltakt
rytmicznie *adv* rhythmisch
rywal *m* Nebenbuhler *m*, Rivale *m*
ryzyk|ować *vt* riskieren; **~ując** auf die Gefahr hin
ryż *m* Reis *m*
rzadki *adj* selten; (*niegęsty*) dünn, (*płyn*) dünnflüssig
rzadko *adv* selten; (*niegęsto*) dünn
rząd¹ *m* Reihe *f*; **w pierwszym rzędzie** in erster Reihe, *figur.* (*głównie*) in erster Linie
rząd² *m polit.* Regierung *f*; **utworzyć ~** eine Regierung bilden
rządow|y *adj* Regierungs-; **komisja ~a** Regierungskommission *f*; **koalicja ~a** Regierungskoalition *f*
rządzić *vt* regieren (**państwem** den Staat); (*władać*) herrschen (**kimś** über jn)
rzec *vt pf* sagen
rzecz *f* Sache *f*, Ding *n*; **stan ~y** Sachverhalt *m*; **to nie moja ~** das ist nicht meine Sache; **do ~y!** zur Sache!; **w gruncie ~y** im Grunde (genommen)
rzecznik *m* -sprecher *m*; **~ rządu** Regierungssprecher *m*; **~ prasowy** Pressesprecher *m*
rzeczowy *adj* sachlich; **dowód ~** Beweisstück *n*
rzeczoznawca *m* Sachverständige *m*, Experte *m*
rzeczpospolita *f* Republik *f*; **Rzeczpospolita Polska** Republik Polen
rzeczywistoś|ć *f* Wirklichkeit *f*; **w ~ci** in Wirklichkeit; **odpowiadać ~ci** der Wirklichkeit entsprechen, mit der Wirklichkeit übereinstimmen

rzeczywisty *adj* wirklich; (*faktyczny*) tatsächlich
rzeczywiście *adv* wirklich, in der Tat
rzek|a *f* Fluss *m*; (*wielka*) Strom *m*; **w dół ~i** flussabwärts, stromabwärts; **w górę ~i** flussaufwärts, stromaufwärts; **nad ~ą** am Fluss
rzekomo *adv* angeblich
rzemieślnik *m* Handwerker *m*
rzemiosło *n* Handwerk *n*; **~ artystyczne** Kunstgewerbe *n*, Kunsthandwerk *n*
rzepa *f* weiße Rübe
rzepak *m* Raps *m*
rzesza *f* **1.** (*gromada*) Schar *f*, Haufen *m* **2.** *hist.* **Rzesza Niemiecka** Deutsches Reich
rzetelny *adj* rechtschaffen, solide
rzeźba *f* (*sztuka*) Bildhauerkunst *f*, Bildhauerei *f*; (*przedmiot*) Skulptur *f*, Figur *f*; (*w drewnie*) Schnitzerei *f*, Schnitzwerk *n*
rzeźbiarz *m* Bildhauer *m*
rzeźbić *vt* meißeln, (*w drewnie*) schnitzen, (*w kamieniu*) hauen
rzeźnia *f* Schlachthof *m*
rzeźnik *m* Fleischer *m*
rzęsa *f* **1.** Wimper *f* **2.** *bot.* Wasserlinse *f*
rzodkiewka *f* Radieschen *n*
rzucać I. *vt* **1.** werfen **2.** (*porzucić*) verlassen **II.** *vr* ~ **się** sich stürzen, sich werfen (**na kogoś** auf jn)
rzucić *vt pf* → **rzucać**
rzut *m* (*jednorazowy*) Wurf *m*; (*rzucanie*) Werfen *n*; *sport.* **~ dyskiem** Diskuswerfen *n*; **~ oszczepem** Speerwerfen *n*; **~ młotem** Hammerwerfen *n*; **~ karny** (*w piłce nożnej*) Strafstoß *m*, Elfmeter *m*; **~ wolny** Freistoß *m*; **~rożny** Eckstoß *m*; *figur.* **na pierwszy ~ oka** auf den ersten Blick
Rzymianin *m* Römer *m*
rzymski *adj* römisch
rzymskokatolicki *adj* römischkatholisch
rżeć *vi* wiehern
rżnięt|y ['rʒɲɛti] *adj* (*szlifowany*) geschliffen; **~e szkło** geschliffenes Glas

S

sabotaż *m* Sabotage *f*
sad *m* Obstgarten *m*
sadzić *vt* pflanzen; stecken; ~ **ziemniaki** Kartoffeln legen
saksofon *m* Saxofon *n*
sala *f* Saal *m*; ~ **balowa** Ballsaal *m*; ~ **przyjęć** Empfangsraum *m*; ~ **kongresowa** Kongresshalle *f*; ~ **posiedzeń** Sitzungssaal *m*; ~ **wykładowa** Hörsaal *m*; **w sali** im Saal
salaterka *f* Salatschüssel *f*
salceson *m* Presswurst *f*
saldo *n* Saldo *m*; (*kwota*) Saldobetrag *m*
salon *m* Salon *m*; ~ **fryzjerski** Friseursalon *m*; ~ **samochodowy** (*np. paryski*) Automobilausstellung *f*
salutować *vi* salutieren
sałata *f* Kopfsalat *m*
sałatka *f* Salat *m*; ~ **jarzynowa** Gemüsesalat *m*
sam, sama, samo *pron* selbst, selber; (*bez towarzystwa*) allein; **jestem** ~ ich bin allein; **zrobię to** ~ ich will es selbst machen; ~ **z siebie** von sich selbst; **ten** ~ derselbe; **ta** ~**a** dieselbe; **to** ~**o** dasselbe; **tak** ~**o** ebenso, genauso; **taki** ~ der gleiche; **w** ~**ą porę** wie gerufen, zur rechten Zeit
samica, samiczka *f* Weibchen *n*
samiec *m* Männchen *n*
samo *pron* → **sam**
samo- *w złożeniach* Selbst-; selbst-
samobójczy *adj* selbstmörderisch
samobójstwo *n* Selbstmord *m*; **popełnić** ~ Selbstmord begehen
samoch|ód *m* Auto *n*, Wagen *m*; ~**ód ciężarowy** Lastwagen, *ugs.* Laster, Lkw *m*; ~**ód dostawczy** Lieferwagen *m*; ~**ód osobowy** Personenwagen, Pkw *m*; ~**ód kombi** Kombiwagen *m*; ~**ód wyścigowy** Rennwagen *m*, Rennauto *n*; ~**ód sportowy** (*wersja sportowa*) Sportauto *n*; ~**ód średniej klasy** Mittelklassewagen *m*; ~**ód używany** Gebrauchtwagen *m*; ~**ód po wypadku** (*który miał wypadek*) Unfallwagen *m*; **prowadzić** ~**ód** den Wagen <das Auto> führen <fahren>; **jechać** ~**odem** mit dem Auto fahren
samodzielny *adj* selbstständig, selbständig
samolot *m* Flugzeug *n*; ~ **komunikacyjny** Verkehrsflugzeug *n*, Verkehrsmaschine *f*; **pasażerski** Passagierflugzeug *n*; ~ **wojskowy** Militärflugzeug *n*; ~ **myśliwski** Jagdflugzeug *n*, *ugs.* Jäger *m*; *mot.* (**uwaga na**) **przelatujące** ~**y!** Flugbetrieb!
samoobsługa [samɔɔp'sůuga] *f* Selbstbedienung *f*
samoobsługowy [samɔɔpsůugɔvi] *adj*: **sklep** ~ Selbstbedienungsladen *m*, (*napis*) Selbstbedienung *f*
samotność *f* Einsamkeit *f*
samotny *adj* einsam; (*nieżonaty, niezamężna*) ledig, allein stehend
samouczek *m* Lehrbuch zum Selbstunterricht
samowola *f* Willkür *f*
samowystarczalny *adj* autark
sanatorium *n* Sanatorium *n*; ~ **dziecięce** Kindersanatorium *n*
sandacz *m* Zander *m*
sandał *m* Sandale *f*
sandałowiec *m* *bot.* Sandelbaum *m*
sandałow|y: **drzewo** ~**e** Sandelholz *n*
saneczkarz *m* Rodler *m*
sanie *pl* (großer) Schlitten *m*
sanitariaty *pl* sanitäre Anlagen
sanitariusz *m a. mil.* Sanitäter *m*
sank|i *pl* Schlitten *m*, Rodelschlitten *m*; **jeździć na** ~**ach** Schlitten fahren, rodeln
saper *m* Pionier *m*
sardynka *f* Sardine *f*
sarkofag *m* Sarkophag *m*
sarna *f* (*gatunek*) Reh *n*; (*samica*) Geiß *f*
satelita *m* Satellit *m*; ~ **Ziemi** Erdsatellit *m*; **sztuczny** ~ künstlicher Satellit
satyra *f* Satire *f*
sąd *m* **1.** Gericht *n*, Gerichtshof *m*; ~ **karny** Strafgericht *n*; ~ **doraźny** Standgericht *n*; **Sąd Najwyższy** der Oberste Gerichtshof, **Sąd Ostateczny** das Jüngste Gericht; ~ **honorowy** Ehrengericht *n*; **przed** ~**em** vor Gericht **2.** (*zdanie*) Urteil *n*; (*ocena*) Beurteilung *f*; **wydać** ~ **o czymś** ein Urteil über etw fällen
sądz|ić I. *vt* urteilen (**kogoś** über jn) **II.** *vi* (*przypuszczać*) glauben, halten (**o czymś** von etw); ~**ę, że tak** ich glaube ja
sąsiad *m* Nachbar *m*
sąsiadka *f* Nachbarin *f*
sąsiedni *adj* benachbart; Nachbar-; (*przyległy*) anliegend, anstoßend

scen|a *f teatr.* Bühne *f*, (*deski*) Bretter *npl*; (*część sztuki*) Szene *f*, Auftritt *m*; *figur.* **zrobić komuś ~ę** jm eine Szene machen
scenariusz *m* Drehbuch *n*
schab| *m* Kotelettstück *n* (vom Schwein); **kotlet ~owy** Schweineschnitzel *n*
scharakteryzować *vt pf* charakterisieren
schlebiać *vi* schmeicheln
schludny *adj* reinlich, sauber
schnąć *vi* trocknen, trocken werden
schod|y *pl* Treppe *f*; **~y w górę** Aufgang *m*; **~y w dół** Abgang *m*; **kręcone ~y** Wendeltreppe *f*; **~y ruchome** Rolltreppe *f*, Fahrtreppe *f*; **po ~ach w górę** die Treppe hinauf, treppauf; **po ~ach w dół** die Treppe hinab, treppab
schodzić I. *vi* (*od mówiącego*) hinabsteigen; (*do mówiącego*) herabsteigen; **~ z drogi** aus dem Weg gehen; (*upływać*) vergehen **II.** *vr* **~ się** zusammenkommen, sich versammeln
schować *pf* **I.** *vt* verstecken, verbergen; **~ do kieszeni** einstecken **II.** *vr* **~ się** sich verbergen, sich verstecken
schron *m* Bunker *m*; **~ przeciwlotniczy** Luftschutzraum *m*
schronisko *n* Herberge *f*; Hütte *f*; **~ turystyczne** Touristenheim *n*; **~ młodzieżowe** Jugendherberge *f*
schwycić *vt pf* ergreifen, anfassen
schylać I. *vt* (*głowę*) neigen **II.** *vr* **~ się** sich bücken, sich niederbücken
schylić *vt pf* → **schylać**
scyzoryk *m* Taschenmesser *n*
seans *m film.* Vorstellung *f*; **~ nocny** Spätvorstellung *f*
secesja *f archit. u.ä.* Jugendstil *m*
sedno *n* Kern *m* (der Sache); **trafić w ~** ins Schwarze treffen, den Nagel auf den Kopf treffen
sejm *m* Sejm *m*
sekre|t *m* Geheimnis *n*; **w ~cie** im Geheimen, im Vertrauen; **powierzyć komuś ~t** jm ein Geheimnis anvertrauen
sekretariat *m* Sekretariat *n*; **Sekretariat Stanu** Staatssekretariat *n*
sekretarka *f* Sekretärin *f*; **automatyczna ~** automatischer Anrufbeantworter
sekretarz *m* Sekretär *m*; **~ generalny** Generalsekretär *m*
seks *m* Sex *m*
seksowny *adj ugs.* sexy
seksualny *adj* sexual-, sexuell

sekta *f* Sekte *f*
sekund|a *f* Sekunde *f*; **~ę!** Augenblick (bitte)!
seler *m* Sellerie *m*, *f*
semestr *m* Semester *n*; **~ zimowy** Wintersemester *m*
semicki *adj* semitisch
sen *m* **1.** Schlaf *m*; **przed snem** vor dem Schlafengehen; **zapaść w ~** in Schlaf versinken; **jak we śnie** wie im Traum **2.** (*marzenie senne*) Traum *m*; Traumgesicht *n*; **mieć ~** träumen; **tłumaczyć <wykładać> sny** Träume deuten <auslegen>
senat *m* Senat *m*
senator *m* Senator *m*
senn|y *adj* **1.** schläfrig; (*zaspany, w półśnie*) schlaftrunken **2.** Traum-; **~a mara** Traumgesicht *n*, Traumbild *n*
sens *m* Sinn *m*; **bez ~u** ohne Sinn, sinnlos; **w tym ~ie** in diesem Sinne; **to nie ma ~u** das hat doch keinen Sinn
sensacj|a *f* Sensation *f*, Aufsehen *n*; **wywołać ~ę** Aufsehen erregen
seplenić *vi* lispeln
ser *m* Käse *m*; **~ szwajcarski** Schweizer Käse; **~ topiony** Schmelzkäse *m*
Serb *m* Serbe *m*
serbski *adj* serbisch
serc|e *n* Herz *n*; **z ręką na ~u** Hand aufs Herz; **z ciężkim <lekkim> ~em** schweren <leichten> Herzens; **z całego ~a** von Herzen gern; **brać sobie coś do ~a** sich etwas zu Herzen nehmen; **~e bije <wali> jak młotem** das Herz schlägt <hämmert>; **~e mnie boli** mir tut das Herz weh (*a. figur.*)
serdecznie *adv* herzlich
serdeczny *adj* herzlich
serdelek *m* Knackwurst *f*, Bockwurst *f*
seria *f* Serie *f*
serio *adv*: **na ~** im Ernst; **czy pan to mówi na ~?** ist es Ihr Ernst?
sernik *m* Käsekuchen *m*
serpentyna *f* (*szosa górska*) Serpentine *f*; (*ciasny zakręt*) Haarnadelkurve *f*
serweta *f* (*na stół*) Tischtuch *n*
serwetka *f* Serviette *f*
serwis *m* **1.** Service *n*; **~ do kawy** Kaffeeservice *n* **2.** Service *m*, *n* (*o. mot*); **~ prasowy** Pressedienst *m*
setka *f* Hundert *f* **1.** *ugs. handl.* (*materiał*) Ganzwolle *f* **3.** *ugs.* (*alkoholu*) hundert Gramm Wodka

sezon *m* Saison *f*; ~ **urlopowy** Urlaubssaison *f*; ~ **w pełni** Hochsaison *f*; **~owiec** *m* Saisonarbeiter *m*
sędzia *m praw.* Richter *m*; *sport.* Schiedsrichter *m*; ~ **pokoju** Friedensrichter *m*; ~ **śledczy** Untersuchungsrichter *m*
sęp *m* Geier *m*
sfałszować *vt pf* → **fałszować**
sfera *f* Sphäre *f*, Bereich *m*; ~ **interesów** Interessenbereich *m*; ~ **wpływów** Einflusszone *f*, Einflusssphäre *f*
sfotografować *vt pf* ein Foto machen
sfrustrowany *adj* frustriert
siać *vt* säen
siadać *vi* sich setzen (**na czymś** auf etw), sich niedersetzen; ~ **do stołu** sich zu Tisch setzen; ~ **na konia** aufs Pferd steigen
siano *n* Heu *n*; **suszyć** ~ Heu machen
sianokosy *pl* Heuernte *f*
siarka *f* Schwefel *m*
siatka *f* **1.** (kleines) Netz *n*; **gęsta** ~ ein engmaschiges Netz; ~ **druciana** Maschendraht *m* **2.** *sport. ugs.* Volleyball *m*
siatkarz *m sport.* Volleyballer *m*
siatkówk|a *f* **1.** *sport.* Volleyball *m*; **grać w ~ę** Volleyball spielen **2.** *anat.* Netzhaut *f*
siebie *pron* sich (selbst); **przyjść do** ~ wieder zu sich kommen
sieczka *f* Häcksel *m*, *n*
sieć *f* Netz *n*; ~ **rybacka** Fischnetz *n*; ~ **elektryczna** Stromnetz *n*; ~ **kolejowa** Eisenbahnnetz *n*; ~ **autostrad** Autobahnnetz *n*; ~ **sklepów** Ladenkette *f*
siedem *num* sieben
siedemdziesiąt *num* siebzig
siedemdziesiąty *num* der siebzigste
siedemnastka *f* Siebzehn *f*
siedemnasty *num* der siebzehnte
siedemnaście *num* siebzehn
siedemset *num* siebenhundert
siedzenie *n* **1.** (*czynność*) Sitzen *n*; (*miejsce*) Sitz *m*; **podnoszone** ~ Klappsitz *m* **2.** *ugs.* Gesäß *n*
siedzieć *vi* sitzen; *mot. ugs.* ~ **komuś na ogonie** jm im Nacken sitzen
siekan|y *adj* gehackt, Hack-; **mięso ~e** Gehacktes, Hackfleisch *n*
siekiera *f* Axt *f*
siennik *m* Strohsack *m*
sień *f* Hausflur *m*, Diele *f*
sierota *m*, *f* Waise *m*, *f*, Waisenkind *n*
sierp *m* Sichel *f*; ~ **księżyca** Mondsichel *f*
sierpień *m* August *m*; **w sierpniu** im August

sierść *f* Haar *n* (der Tiere)
siew *m* Saat *f*
siewnik *m* Sämaschine *f*
siewn|y *adj* Saat-; **ziarno ~e** Saatgut *n*
się *pron* sich; **myć** ~ sich waschen; **myję** ~ ich wasche mich; **chmurzyć** ~ sich bewölken, sich mit Wolken bedecken
sięgać *vi* **1.** reichen (**do pasa** bis an den Gürtel) **2.** langen (**ręką po coś** mit der Hand nach etw)
sięgnąć *vi pf* reichen; ~ **do kieszeni** in die Tasche langen; **jak okiem** ~ soweit das Auge reicht; → **sięgać 2.**
sikor(k)a *f* Meise *f*; ~ **modra** Blaumeise *f*
silnik *m* Motor *m*; ~ **spalinowy** Verbrennungsmotor *m*; ~ **wysokoprężny** Dieselmotor *m*; ~ **czterosuwowy** Viertaktmotor *m*; ~ (**umieszczony**) **z przodu** Frontmotor *m*; ~ (**umieszczony**) **z tyłu** Heckmotor *m*
siln|y *adj* **1.** stark; kräftig; **~y jak koń** stark wie ein Bär; **~y wiatr** kräftiger Wind; **~a wola** fester Wille **2.** (*gwałtowny*) heftig; **~y ból** heftiger Schmerz
sił|a *f* **1.** Kraft *f*; **~a woli** Willenskraft *f*; **~y zbrojne** Streitkräfte *pl*; **~a nabywcza** Kaufkraft *f*; **~a dośrodkowa** Zentripetalkraft *f*; **~a odśrodkowa** Zentrifugalkraft *f*; **wspólnymi ~ami** mit vereinten Kräften **2.** (*przemoc*) Gewalt *f*; **~ą** mit Gewalt
siłownia *f* **1.** (*elektrownia*) Kraftwerk *n* **2.** *sport.* Fitnesscenter *n*, Fitnessstudio *n*
siniak, siniec *m* blauer Fleck
siod|ło *n* Sattel *m*; **trzymać się mocno w ~le** fest im Sattel sitzen (*a. figur.*)
siostra *f* **1.** Schwester *f*; ~ **zakonna** Ordensschwester *f* **2.** (*pielęgniarka*) Krankenschwester *f*
siostrzenica *f* Nichte *f*
siostrzeniec *m* Neffe *m*
słódemka *f* Sieben *f*
siódmy *adj* der siebte
sitko *n* (kleines) Sieb *n*; ~ **do kawy** Kaffeesieb *n*; ~ **do herbaty** Teesieb *n*
sito *n* Sieb *n*
siwy *adj* (*włosy*) grau, weiß; (*człowiek*) grauhaarig
skafander *m* **1.** (*nurka*) Taucherglocke *f*, Tauceranzug *m* **2.** (*kurtka*) Anorak *m*
skakać *vi* springen; (*podskakiwać*) hüpfen
skanalizowany kanalisiert
skała *f* Fels *m*; ~ **morska** Klippe *f*
skandal *m* Skandal *m*; **to ~!** das ist ein Skandal!

skarb *m* Schatz *m*; ~ **kultury** Kunstschatz *m*; *fin.* ~ **państwa** Fiskus *m*
skarbonka *f* Sparbüchse *f*; (*do składania ofiar*) Opferstock *m*
skarg|a *f* Klage *f*; **wnieść ~ę** eine Klage einreichen
skarpeta, skarpetka *f* Socke *f*
skarżyć I. *vt* klagen (**o coś** auf etw) **II.** *vr* ~ **się** sich beklagen, klagen (**na coś** über etw)
skasować *vt* **1.** kassieren **2.** (*np. bilet*) entwerten **3.** löschen; ~ **nagranie dźwiękowe** eine Tonaufzeichnung löschen; *inform.* ~ **plik** eine Datei löschen
skazany *pp* verurteilt; **został ~ na 5 lat więzienia** er wurde zu 5 Jahren Gefängnis verurteilt; ~ **na siebie samego** auf sich selbst angewiesen
skąd *adv* woher, von wo; ~ **przybywasz?** woher kommst du?, *ugs.* wo kommst du her?; ~ **o tym wiesz?** woher weißt du das?; **nie wiem** ~ ich weiß nicht woher
skąpy *adj* knapp, spärlich, karg; ~ **w słowach** wortkarg
skierować *pf* **I.** *vt* richten **II.** *vr* ~ **się** sich richten
sklep *m* Laden *m*, Geschäft *n*; ~ **spożywczy** Lebensmittelgeschäft *n*
skleroza *f med.* Sklerose *f*
skład *m* **1.** Lager *n*, Magazin *n*; ~ **towarów** Warenlager *n*; **mieć na składzie** auf Lager haben **2.** (*np. rządu*) Zusammensetzung *f*; **w ~ delegacji wchodzą ...** der Delegation gehören ... an; **wchodzić w ~ czegoś** einen Bestandteil von etw bilden, zu etw gehören **3.** *druk.* Satz *m*; **w ~zie** im Satz
składać I. *vt* **1.** (*razem*) zusammenlegen, (*łączyć*) zusammensetzen **2.** (*wyładować*) abladen **3.** *druk.* setzen **4.** ~ **egzamin** eine Prüfung ablegen, geprüft werden **II.** *vr* ~ **się 1.** sich zusammensetzen, bestehen (**z czegoś** aus etw) **2.** (*trafiać się*) sich fügen; **dobrze się składa!** das fügt sich gut!
składka *f* (*na jakiś cel*) Sammlung *f*; (*członkowska*) Beitrag *m*
składnik *m* Bestandteil *m*
skłamać *vi pf* (einmal) lügen <gelogen haben>
skłonność *f* (*inklinacja*) Neigung *f*; (*sentyment*) Neigung *f*, Zuneigung *f*, Hang *m* (**do kogoś** für jn, zu jm)
skłonny *adj* geneigt; **jestem ~ ...** ich bin nicht abgeneigt ...

skoczek *m sport.* Springer *m*; (*skaczący wzwyż*) Hochspringer *m*; ~ **narciarski** Skispringer *m*
skocznia *f* (*trampolina*) Trampoline *f*; ~ **narciarska** Sprungschanze *f*
skoczyć *vi pf* springen, einen Sprung machen
skok *m* Sprung *m*; ~ **w dal** Weitsprung *m*; ~ **wzwyż** Hochsprung *m*; ~ **o tyczce** Stabhochsprung *m*; ~**i narciarskie** Skispringen *n*; ~**ami** sprunghaft
skomplikowany *adj* kompliziert, verwickelt
skompromitować *pf* **I.** *vt* blamieren **II.** *vr* ~ **się** sich blamieren
skonać *vi pf* den Geist aufgeben
skończyć *pf* **I.** *vt* beenden; zu Ende machen; ~ **z czymś** einer Sache ein Ende machen <setzen, bereiten> **II.** *vr* ~ **się** enden, zu Ende sein
skoro *kj* nachdem, da; ~ **tak, to ...** dann also ...; ~ **świt** beim Tagesanbruch
skoroszyt *m* Schnellhefter *m*
Skorpion *m astr.* Skorpion *m*
skorupa *f* **1.** (*naczynia*) Scherbe *f*; Schale *f* **2.** Kruste *f*; ~ **ziemska** Erdkruste *f*, Erdrinde *f*
skorzystać *vi* **1.** ausnutzen, benützen; ~ **z okazji** die Gelegenheit wahrnehmen **2.** (*posłużyć się*) Gebrauch machen (**z czegoś** von etw)
skosić *vt pf* mähen; abmähen
skośn|y *adj* schräg, schief; ~**e oczy** Schlitzaugen *npl*
skowronek *m* Lerche *f*
skóra *f* **1.** *anat.* Haut *f* **2.** (*futerko*) Fell *n*; ~ **barania** Schaffell *n* **3.** (*wyprawiona*) Leder *n*; ~ **na podeszwy** Sohlenleder *n*; **świńska** ~ Schweinsleder *n*
skórka *f* **1.** (*zwierzęca*) Fell *n* **2.** (*owocu*) Schale *f*, Pelle *f* **3.** (*chleba*) Kruste *f*, Rinde *f*
skórzan|y *adj* ledern; Leder-; **wyroby** ~**e** Lederwaren *fpl*
skracać *vt* kürzen, verkürzen; (*np. słowo*) abkürzen
skraść *vt pf* wegstehlen
skreślać *vt* streichen
skreślić *vt pf* **1.** streichen, gestrichen haben **2.** (*napisać*) flüchtig hinschreiben <aufsetzen>
skręcać I. *vt* **1.** drehen **2.** (*wić*) winden **II.** *vi* einbiegen (**w przecznicę** in eine Querstraße) **III.** *vr* ~ **się** (*wić się*) sich winden (**z bólu** vor Schmerz)

skręcić vt pf → **skręcać**
skręt m **1.** Kurve f, Biegung f **2.** med.
~ **kiszek** Darmverschlingung f
skrobać vt **1.** schaben **2.** (drapać) kratzen
skromność f Bescheidenheit f; (bezpretensjonalność) Anspruchslosigkeit f
skromn|y adj bescheiden; (bezpretensjonalny) anspruchslos; (o jedzeniu) einfach, frugal; **~e zasoby** spärliche Vorräte
skroni|e fpl anat. Schläfen fpl; **na ~ach** an den Schläfen
skrócić vt pf → **skracać**
skrót m **1.** Abkürzung f **2.** (skrócenie) Kürzung f
skrytka f Schließfach n; ~ **pocztowa** Post(schließ)fach n
skryty adj verborgen, versteckt; (człowiek) verschlossen
skrzeczeć vi krächzen
skrzep m med. Thrombose f; Embolus m
skrzydł|o n **1.** Flügel m; poet. Fittich m; **trzepotać <bić> ~ami** mit den Flügeln schlagen **2.** mil. Flanke f
skrzynia f Kasten m, Kiste f; (mebel) Truhe f; mot. ~ **biegów** Schaltgetriebe n; **automatyczna ~ biegów** Automatikgetriebe n
skrzynka f (kleiner) Kasten m; ~ **pocztowa** Briefkasten m
skrzypc|e pl Geige f, Violine f; **pierwsze ~e** die erste Geige (a. figur.); **grać na ~ach** Geige spielen
skrzypek m Geiger m, Violinist m
skrzypieć vi (drzwi, wóz) knarren, (piasek, śnieg) knirschen
skrzywdzić vt pf ein Unrecht zufügen (**kogoś** jm)
skrzywić vt pf → **krzywić**
skrzyżowanie n Kreuzung f; ~ **dróg** Straßenkreuzung f
skupiać I. vt (gromadzić) sammeln; (łączyć) vereinigen; (koncentrować) konzentrieren **II.** vr ~ **się** sich sammeln, sich konzentrieren (**wokół czegoś** um etw); ~ **się na czymś** sich auf etw konzentrieren
skupić vt pf → **skupiać**
skurcz m med. Krampf m
skuteczny adj (mający działanie) wirksam, figur. wirkungsvoll; (przynoszący sukces) erfolgreich
skut|ek m **1.** Wirkung f; **~ki** pl Auswirkungen fpl **2.** (następstwo) Folge f; **na ~ek tego** infolge davon; **na ~ek czego** infolgedessen **3.** (rezultat) Erfolg m, Resultat n

skwaśnieć vi pf sauer werden
slawistyka f Slawistik f
slogan m Slogan m; ~ **reklamowy** Werbeslogan m
słabo adv schwach; (nie bardzo) gering
słabość f Schwäche f, Schwachheit f; (skłonność) Neigung f, Schwäche f; **mieć do kogoś ~** eine Schwäche für jn haben
słaby adj schwach; (niewielki) gering
sława f Ruhm m; (opinia) Ruf m; **światowa ~** Weltruhm m
sławny adj berühmt; (słynący) bekannt; **zrobić się <stać się> ~m** berühmt werden; ~ **na cały świat** weltberühmt, weltbekannt
słodki adj süß (a. figur.)
słodycz f Süßigkeit f; Süßware f; figur. Süße f; Lieblichkeit f
słodz|ić vt süß machen, süßen; (cukrem) zuckern; **nie ~ony** ungesüßt
słodzik m Süßstoff m
słoik m Glas n; (np. do przetworów) Weckglas n
słoma f Stroh n
słomianka f Strohmatte f
słomian|y adj aus Stroh; Stroh-; **kapelusz ~y** Strohhut m; figur. **~y ogień** Strohfeuer n; **~a wdowa** Strohwitwe f
słomka f Strohhalm m
słonecznik m Sonnenblume f
słonina f Speck m; ~ **niesolona** grüner Speck
słony adj (zasolony) salzig; (osolony) gesalzen
słoń m Elefant m
słońce n Sonne f; figur. **jasne jak ~** sonnenklar
słowacki adj slowakisch
Słowak m Slowake m
Słoweniec m Slowene m
słoweński adj slowenisch
Słowianin m Slawe m
słowiański adj slawisch
słowik m Nachtigall f; ~ **śpiewa <klaska>** die Nachtigall schlägt
słownie adv in Worten
słownik m Wörterbuch n; ~ **podręczny** Handwörterbuch n
słow|o n Wort n; **~o honoru** Ehrenwort n; **~o w ~o** Wort für Wort; **jednym ~em** mit einem Wort; **innymi ~y** mit anderen Worten; **dotrzymać ~a** das Wort halten
słów|ko n Wort n, Wörtchen n; **uczyć się ~ek** Vokabeln lernen

słuch *m* Gehör *n*, Gehörsinn *m*; **stracić ~** das Gehör verlieren
słuchacz *m* Hörer *m*; Zuhörer *m*
słuchać *vi*, *vt* **1.** hören, anhören; **~ radia** Radio hören **2.** (*być posłusznym*) **~ kogoś** auf jn hören; gehorchen (**kogoś** jm)
słuchawka *f* Kopfhörer *m*
słuchowisko *n rad.* Hörspiel *n*
sługa *m* Diener *m*
słup *m* **1.** Stange *f*, Pfahl *m*; **~ telegraficzny** Telegrafenstange *f* **2.** Pfeiler *m*; (*kolumna*) Säule *f*; **~ ogłoszeniowy** Anschlagsäule *f*
słupek *m* (kleiner) Pfahl *m*; **~ rtęci** Quecksilbersäule *f*
słusznie *adv* richtig, mit Recht; **~!** stimmt!
słuszność *f*: **mieć ~** Recht haben
słuszny *adj* recht, richtig; (*sprawiedliwy*) gerecht
służąca *f* Dienstmädchen *n*
służący *m* Diener *m*
służb|a *f* **1.** Dienst *m*; **~a wojskowa** Militärdienst *n*; **na ~ie** im Dienst; **na ~ę** in Dienst; **pełnić ~ę** Dienst haben <tun> **2.** (*ludzie*) Dienerschaft *f*
służbow|y *adj* dienstlich; Dienst-; **pokój ~y** Dienstraum *m*; **delegacja ~a** Dienstreise *f*
służy|ć *vi* dienen (**w wojsku** beim Militär, *ugs.* beim Bund); **do czego to ~?** wozu dient das?; **czym mogę** (**panu**) **~ć?** womit kann ich (Ihnen) dienen?
słychać *vi* man hört; **nic nie ~** es ist nichts zu hören; **jak ~ ...** wie verlautet ...; *ugs.* **co ~?** was gibt's Neues?, wie geht's?
słynąć *vi* berühmt sein (**z czegoś** für etw)
słynny *adj* berühmt, namhaft
słysz|eć *vi*, *vt* hören (**dobrze** gut, **słabo** schwer); **on słabo ~y** er ist schwerhörig
smaczny *adj* schmackhaft, lecker, (*o winie, piwie*) süffig
smak *m* **1.** Geschmack *m*; **być bez ~u** nach nichts schmecken **2.** (*zmysł*) Geschmacksinn *m*
smakołyk *m* Leckerbissen *m*
smakować *vi* schmecken
smalec *m* Schmalz *n*
smarować *vt* **1.** schmieren; streichen (**chleb masłem** Butter aufs Brot) **2.** (*bazgrać, rysować*) schmieren
smarowanie *n mot.* Schmierung *f*
smażyć *vt* braten
smoczek *m* Schnuller, Lutscher; (*na butelkę*) Sauger *m*

smog *m* Smog *m*
smoking *m* Smoking *m*
smoła *f* Teer *m*, Pech *n*; **czarny jak ~** pechschwarz
smukły *adj* schlank
smutny *adj* traurig, betrübt (**z powodu czegoś** über etw)
smyczek *m* Bogen *m*; **~ do skrzypiec** Violinbogen *m*
snajper *m* Scharfschütze *m*, Heckenschütze *m*
snob *m* Snob *m*
snop *m* Garbe *f*; *figur.* **~ promieni** Strahlenbündel *n*; **~ światła** Lichtkegel *m*
snopowiązałka *f* Mähbinder, Selbstbinder *m*
sobą *pron*: **ze ~** mit sich; **przed ~** vor sich; **mieć coś poza ~** etw hinter sich *D* haben
sobie *pron*: **w ~** in sich; **mieć przy ~** bei sich haben <führen>; **pójść ~** weggehen, fortgehen; **nie mogę ~ wyobrazić tego** ich kann mir das nicht vorstellen
sobot|a *f* Samstag *m*, Sonnabend *m*; **w ~ę** am Samstag; **co ~ę, w każ-dą ~ę** samstags, sonnabends; **Wielka Sobota** Karsamstag *m*
socjalistyczny *adj* sozialistich
socjalizm *m* Sozialismus *m*
socjaln|y *adj* sozial; **polityka ~a** Sozialpolitik *f*; **świadczenia ~e** Sozialleistungen *fpl*
soczewka *f* Linse *f* (*a. anat.*)
soda *f* Soda *f*
sodow|y *adj* Soda-; **woda ~a** Sodawasser *n*
sojusz *m* Bündnis *n*; **~ atlantycki** Atlantikpakt *m*
sojusznik *m* Verbündete(r) *f*, *m*; (*aliant*) Alliierte(r) *f*, *m*
sok *m* Saft *m*; **wiśniowy** Kirschsaft *m*; **~ jabłkowy** Apfelsaft *m*; **~ grejpfrutowy** Grapefruitsaft *m*; **~ pomarańczowy** Orangensaft *m*
solić *vt* salzen
solidarność *f* Solidarität *f*
solidn|y *adj* solide; ehrlich; (*rzetelny*) gediegen; **~a wiedza** gediegene Kenntnisse
solista *m* Solist *m*
solniczka *f* Salzstreuer *m*
solony *adj* gesalzen
sonata *f* Sonate *f*; **~ na fortepian** <**fortepianowa**> Klaviersonate *f*
sonda *f* Sonde *f* (*Z. med.*); **~ kosmiczna** Raumsonde *f*
sopran *m* **1.** Sopran *m* **2.** (*śpiewaczka*) Sopransängerin *f*

sos *m* Soße *f*
sosna *f* Kiefer *f*
sowa *f* Eule *f*
sójka *f orn.* Eichelhäher *m*
sól *f* Salz *n*; ~ **kuchenna** Kochsalz *n*; ~ **spożywcza** Speisesalz *n*, Tafelsalz *n*
spacer *m* (*pieszy*) Spaziergang *m*, (*pojazdem*) Spazierfahrt *f*, (*konno*) Spazierritt *m*; **iść** <**pójść**> **na** ~ einen Spaziergang machen, spazieren gehen
spacerować *vi* spazieren
spać *vi* schlafen; **iść** ~ schlafen gehen; **położyć się** ~ zu Bett gehen, sich ins Bett legen; **chce mi się** ~ ich bin schläfrig <müde>
spadać *vi* **1.** (*na dół*) herunterfallen, hinunterfallen; herabstürzen, hinabstürzen **2.** (*obniżać się*) sinken, fallen
spad|ek *m* **1.** *mot.* (*np. drogi*) Gefälle *n* **2.** (*obniżka*) Sinken *n*, Rückgang *m*; **gwałtowny ~ek** Sturz *m* **3.** (*spuścizna*) Erbe *n*; **dostać w ~ku** erben
spadochron *m* Fallschirm *m*; **skok na ~ie** Fallschirmsprung *m*
spadochroniarz *m mil.* Fallschirmjäger *m*; *sport.* Fallschirmspringer *m*
spadzisty *adj* abschüssig, steil
spalać *vt* verbrennen
spalanie *n mot.* Verbrennung *f*
spalić *pf* **I.** *vt* (*dom*) niederbrennen **II.** *vr* ~ **się** verbrannt werden, (*o domu*) niederbrennen; → **spalać**
spaść *vi pf* → **spadać**
spawacz *m* Schweißer *m*
spawać *vt* schweißen
specjalista *m* Spezialist *m*, Experte *m*; (*lekarz*) Facharzt *m*
specjalność *f* (*kierunek*) Fachrichtung *f*
specjalny *adj* speziell, besonder-; Sonder-; **wysłannik** ~ Sonderberichterstatter *m*
spełniać **I.** *vt* erfüllen, (*stosować się*) nachkommen (**rozkaz** einem Befehl) **II.** *vr* ~ **się** sich erfüllen, in Erfüllung gehen
spełnić *vt pf* → **spełniać**
spełznąć *vi pf* (*o tkaninie*) verschießen; *figur.* ~ **na niczym** scheitern, misslingen, *ugs.* schief gehen, ins Wasser fallen
speszony *adj* verlegen, verwirrt
spędzać *vt* **1.** (*razem*) zusammentreiben **2.** *med.* abtreiben **3.** (*czas*) verbringen, vertreiben; ~ **noce na czytaniu** die Nächte mit Lesen zubringen
spędzić *vt pf* → **spędzać**

spiąć *vt pf* → **spinać**
spichlerz, spichrz *m* Speicher *m*
spiczasty *adj* spitz auslaufend
spieszyć **I.** *vi* eilen; ~ **dokąd** hineilen; ~ **za kimś** jm nacheilen **II.** *vr* ~ **się 1.** sich sputen, sich beeilen, es eilig haben **2.** (*o zegarze*) vorgehen
spięcie *n*: *el.* **krótkie** ~ Kurzschluss *m*
spiker *m* Ansager *m*
spinacz *m* Büroklammer *f*
spinać *vt* zusammenheften, (*szpilką*) anstecken, (*haczykiem*) zuhaken
spinka *f* Nadel *f*; ~ **do włosów** Haarnadel *f*; ~ **do krawata** Krawattennadel *f*; ~ **do mankietu** Manschettenknopf *m*
spirala *f* Spirale *f*
spirytus *m* Spiritus *m*, Alkohol *m*; *ugs.* Sprit *m*; ~ **skażony** denaturierter <vergällter> Alkohol
spis *m* **1.** (*wykaz*) Verzeichnis *n*; (*inwentaryzacja*) Aufnahme *f*; ~ **inwentarza** Inventaraufnahme *f* **2.** (*rejestracja*) Erfassung *f*, -zählung *f*; ~ **ludności** Volkszählung *f*; (*wykaz*) Einwohnerverzeichnis *n*
spisek *m* Verschwörung *f*, Komplott *n*; **knuć** ~ ein Komplott schmieden
spiżarnia *f* Vorratskammer *f*, Speisekammer *f*
spleśniały *adj* schimmelig
spłacać *vt* abzahlen, zurückzahlen
spłacić *vt pf* → **spłacać**
spłatać *vt*: ~ **figla** einen Streich spielen
spocić się *vr pf* schwitzen, ins Schwitzen kommen
spocon|y *adj* schwitzig; **~e ręce** schwitzige Hände
spoczynek *m* Ruhe *f*
spod *kj* unter ... hervor; ~ **szafy** unter dem Schrank hervor
spodek *m* Untertasse *f*
spodenki *pl* Höschen *n*, Hose *f*; ~ **gimnastyczne** Turnhose *f*; ~ **kąpielowe** Badehose *f*
spodnie *pl* Hose *f*
spodziewać się *vr* hoffen (**czegoś** auf etw); (*oczekiwać*) erwarten (**czegoś** etw)
spokojny *adj* ruhig; (*cichy*) still; **bądź** ~ (*nie martw się*) sei unbesorgt; **może pan być** ~ Sie können unbesorgt sein
spok|ój *m* Ruhe *f*, (*niezakłócony*) Frieden *m*; **~ój ducha** Gemütsruhe *f*; **daj mi ~ój, zostaw mnie w ~oju** lass mich in Frieden <in Ruhe>; **daj temu ~ój** lass es sein

społeczeństwo n Gesellschaft f; ~ **konsumpcyjne** Konsumgesellschaft f
społeczn|y adj gesellschaftlich, sozial; **ubezpieczenia ~e** Sozialversicherung f; **opieka ~a** Sozialfürsorge f
spomiędzy praep zwischen ... hervor, unter ... hervor
sponad praep über ... hervor, von über
sponsorować vt sponsern
sporny adj strittig, umstritten; ~ **problem** eine strittige Frage
sport m Sport m; ~ **masowy** Massensport m; ~ **zimowy** Wintersport m; **uprawiać** ~ Sport treiben; ugs. **dla ~u** als Sport
sportowiec m Sportler m
sportow|y adj sportlich; Sport-; **impreza ~a** Sportveranstaltung f; **po ~emu** sportlich
sportsmenka f Sportlerin f
sporządzać vt (wykonać) anfertigen; (wystawić, np. dokument) ausfertigen; ~ **protokół** ein Protokoll aufnehmen
sporządzić vt pf → **sporządzać**
sposobnoś|ć f Gelegenheit f; **nie pominąć żadnej ~ci** sich keine Gelegenheit entgehen lassen
sposób m Art und Weise; Weise f; ~ **życia** Lebensweise f; ~ **użycia** Gebrauchsanweisung f; **w jaki ~?** auf welche <in welcher> Weise?; **w ten <taki>** ~ auf diese Weise
spostrzec vt pf → **spostrzegać**
spostrzegać vt wahrnehmen; (zauważać) bemerken; (orientować się) merken; (ujrzeć) erblicken; (przekonać się) einsehen
spośród praep unter ... hervor; von; **kto ~ was?** wer von euch?
spotkać vt pf → **spotykać**
spotkanie n Zusammenkunft f; (zejście się) Begegnung f; sport. Treffen n, Spiel n; ~ **międzypaństwowe** Länderkampf m; sport. ~ **towarzyskie** Freundschaftsspiel n; polit. ~ **na szczycie** <**na najwyższym szczeblu**> Gipfeltreffen n
spotykać I. vt **1.** treffen, antreffen, begegnen (**kogoś** jm) **2.** (przytrafiać się) widerfahren, zustoßen **II.** vr ~ **się** sich treffen, sich begegnen
spowie|dź f rel. Beichte f; **pójść do ~dzi** beichten gehen
spowodować vt verursachen; (dostarczyć okazji) veranlassen; (wyzwolić) auslösen
spoza kj hinter ... hervor
spożycie n Verbrauch m, Konsum m (**artykułów żywnościowych** an Lebensmitteln); **nadmierne ~ alkoholu** der übermäßige Konsum von Alkohol
spożywcz|y adj Nahrungs-, Lebensmittel-; **artykuły <środki> ~e** Lebensmittel npl; **dział ~y** Lebensmittelabteilung f
spód m **1.** Unterteil m; **na spodzie** unten **2.** (halka) Unterrock m
spódnica, spódniczka f Damenrock m
spójnik m gram. Konjunktion f
spółdzielnia f Genossenschaft f; ~ **mieszkaniowa** Wohnungsbaugenossenschaft f
spółka f Gesellschaft f; ~ **akcyjna** Aktiengesellschaft f; ~ **z ograniczoną odpowiedzialnością** Gesellschaft mit beschränkter Haftung
spóźniać się vr sich verspäten, zu spät kommen; (o zegarze) nachgehen
spóźnić się vr pf → **spóźniać się**
spragniony adj **1.** durstig **2.** (żądny) begierig (**czegoś** nach etw)
spraw|a f **1.** Sache f, Angelegenheit f; **~a honorowa** Ehrensache f; **w tej ~ie** in dieser Angelegenheit; **to moja ~a** das ist meine Sache **2.** (kwestia) Frage f, juris. (w są-dzie) Gerichtsstreit, Prozess m
sprawdzać I. vt **1.** nachprüfen, überprüfen; ~ **pocztę (elektroniczną)** E-Mails abrufen **2.** (kontrolować) prüfen, kontrollieren; mot. ~ **ciśnienie w ogumieniu** den Reifendruck prüfen; ~ **poziom oleju** den Ölstand prüfen **II.** vr ~ **się** sich bewahrheiten, sich bestätigen
sprawdzenie n mot. Prüfung f, Kontrolle f
sprawdzić vt pf → **sprawdzać**
sprawiedliwoś|ć f Gerechtigkeit f; **w imię ~ci** im Namen der Gerechtigkeit; **oddać komuś ~ć** jm Gerechtigkeit widerfahren lassen
sprawiedliwy adj gerecht
sprawność f Fitness f; **ogólna** ~ die allgemeine Fitness
sprawny adj fit; mot. **samochód (technicznie)** ~ ein betriebssicherer Wagen
sprawozdanie n Bericht m; ~ **roczne** Jahresbericht m; **składać** ~ einen Bericht erstatten
spray m Spray n
sprężarka f Kompressor m
sprężyn|a f Sprungfeder f, Feder f; figur. **poruszyć wszystkie ~y** Himmel und Erde in Bewegung setzen
sprinter m Sprinter m, Kurzstreckenläufer m

sprostować *vt pf* berichtigen
sprowadzać I. *vt* zurückführen (**do czegoś** auf etw); (*importować*) einführen, importieren **II.** *vr* ~ **się 1.** zurückzuführen sein (**do czegoś** auf etw) **2.** (*wprowadzać się*) einziehen (**do nowego mieszkania** in eine neue Wohnung)
sprowadzić *vt pf* → **sprowadzać**
spróbować *vt pf* **1.** einmal versuchen <probieren>, einen Versuch <eine Probe> machen **2.** (*skosztować*) kosten (**czegoś** von etw)
spróchniały *adj* morsch
spryskiwacz *m: mot.* ~ **szyby** Scheibenwascher *m*
sprytny *adj* clever, gewitzt, pfiffig
sprzączka *f* Schnalle *f*
sprzątaczka *f* Putzfrau *f*
sprzątać *vt* **1.** (*pokój*) aufräumen; (*ze stołu*) abräumen **2.** (*zbiory*) einbringen
sprzątnąć *vt pf* → **sprzątać**
sprzeciwiać się *vr* widersprechen; (*przeciwstawiać się*) sich widersetzen
sprzeciwić się *vr pf* → **sprzeciwiać się**
sprzeczka *f* Wortwechsel, Wortstreit *m*
sprzeczność *f* Widerspruch *m*; **być w ~ci z ...** im Widerspruch zu ... stehen
sprzeczny *adj* widersprechend, widerspruchsvoll; -widrig; ~ **z konstytucją** verfassungswidrig
sprzed *kj* **1.** (*przestrzennie*) vor ... los <weg> **2.** (*czasowo*) vor ... stattgefunden <entstanden usw.>, von vor; ~ **20 lat** von vor 20 Jahren
sprzedać *vt pf* → **sprzedawać**
sprzedawać *vt* verkaufen
sprzedawca *m* Verkäufer *m*
sprzedaż *f* Verkauf *m*; **na** ~ zu verkaufen
sprzęgło ['spʃɛ̃ũgɔ] *n mot.* Kupplung *f*; **wycisnąć** ~ auskuppeln; **puścić** ~ einkuppeln
sprzęt *m* **1.** Gerät *n*, (*domowy*) Einrichtungsgegenstand *m* **2.** (*zbiorowo o.*) Geräte *npl*; ~ **sportowy** Sportgeräte *npl*
sprzyjać *vi* günstig sein, förderlich sein; **nie** ~ ungünstig sein
spuchnięty *adj* (an)geschwollen
spuszczać *vt* **1.** herablassen, hinablassen, herunterlassen, hinunterlassen, senken (**głowę** den Kopf); *figur.* **nie** ~ **kogoś z oka** jn im Auge behalten **2.** (*z łańcucha*) loslassen, loskoppeln
spuścić *vt pf* → **spuszczać**; ~ **wzrok** <**oczy**> den Blick <die Augen> senken

spytać *vt pf* → **pytać**
srebrn|y *adj* silbern; Silber-; **moneta ~a** Silbermünze *f*; *figur.* **~e wesele** silberne Hochzeit
srebro *n* Silber *n*; **żywe** ~ (*rtęć*) Quecksilber *n*; *figur.* **ta dziewczyna to żywe** ~ das Mädchen ist das reine Quecksilber
sroka *f* Elster *f*
ssać *vt* saugen; lutschen (**coś** etw, an etw)
stacja *f* **1.** Station *f*; *ebw.* ~ **rozrządowa** Rangierbahnhof *m*; ~ **kolejowa** Eisenbahnstation *f*; ~ **paliwowa** <**benzynowa**> Tankstelle *f*; ~ **radiowa** Rundfunkstation *f*, Sender *m*; ~ **telewizyjna** Fernsehsender *m* **2.** (*obserwatorium*) Warte *f*; ~ **ornitologiczna** Vogelwarte *f* **3.** ~ **orbitalna** <**międzyplanetarna**> Raumstation *f*
stacyjka *f mot.* Zündanlage *f*, Zündung *f*
stać *vi* stehen; (*bez ruchu*) stillstehen; ~ **na posterunku** Posten stehen; ~ **w kolejce** anstehen; *naut.* ~ **na kotwicy** vor Anker liegen; **~!** halt!
stać się *vr pf* geschehen; geworden sein
stadion *m* Stadion *n*; ~ **piłkarski** Fußballstadion *n*
stado *n* Herde *f*; Rudel *n*; ~ **wilków** ein Rudel Wölfe; Schwarm *m*; ~ **ptaków** Vogelschar *f*, Vogelschwarm *m*
stajnia *f* Pferdestall *m*
stal *f* Stahl *m*; ~ **nierdzewna** rostfreier Stahl; ~ **szlachetna** Edelstahl *m*
stale *adv* ständig, dauernd; (*w sposób ciągły*) kontinuierlich
stalow|y *adj* **1.** aus Stahl; Stahl-; **drut ~y** Stahldraht *m* **2.** *figur.* stählern, eisern; **~e nerwy** stählerne Nerven **3.** (*kolor*) stahlblau
stały *adj* fest; (*ciągły*) ständig; (*utrzymujący się*) anhaltend; ~ **gość** Stammgast *m*
stamtąd *adv* von dort, dorther
stan *m* **1.** Zustand, Stand *m*; ~ **wody** Wasserstand *m*; ~ **wyjątkowy** Ausnahmezustand *m*; ~ **oblężenia** Belagerungszustand *m*; ~ **rzeczy** der Stand der Dinge; **w tym ~ie rzeczy** unter diesen Umständen; **nie jestem w ~ie ...** ich bin außer Stande <nicht im Stande> **2.** (*państwo*) Staat *m*; **Stany Zjednoczone** die Vereinigten Staaten **3.** (*talia*) Taille *f* **4.** *figur.* **odmienny** ~ Schwangerschaft *f*; **być w odmiennym ~ie** in anderen Umständen sein
stanąć *vi pf* **1.** sich stellen; ~ **na czele** sich an die Spitze stellen **2.** (*zatrzymać się*) ste-

hen bleiben, Halt machen **3.** (*zjawić się*) erscheinen
stanik *m* (*biustonosz*) Büstenhalter *m*, BH *m*
stanowczy *adj* entschieden; (*nieugięty*) entschlossen
stanowić *vt* bilden; (*wynosić*) betragen, ausmachen
stanowisko *n* (*np. administracyjne*) Posten *m*; *mot.* **~ kontrolne** Prüfstand *m*
starać się *vr* **1.** (*dbać*) sorgen (**o kogoś** für jn; **o to** dafür) **2.** (*dążyć*) anstreben; (*trudzić się*) sich bemühen, sich Mühe geben; **~ się o pracę** Anstellung suchen; **~ się o posadę** sich um eine Stellung bewerben
staranny *adj* sorgfältig
starosta *m* (*naczelnik powiatu*) Landrat *m*
starość *f* Alter *n*
starożytność *f* Altertum *n*, Antike *f*
starożytny *adj* antik, alt
start *m* Start *m*
startować *vi* starten (*a. sport.*), am Start sein
staruszek *m* Alte *m*
staruszka *f* Alte *f*
star|y *adj* **1.** alt; **to ~a sprawa** das ist eine alte Geschichte **2.** (*czerstwy*) altbacken
starzec *m* Greis *m*; **dom starców** Altenheim *n*, Altersheim *n*
starzeć się *vr* alt werden, altern
statek *m* Schiff *n*; **~ handlowy** Handelsschiff *n*; **~ pasażerski** Passagierschiff *n*; **~ kosmiczny** Raumschiff *n*; **wsiąść na ~** sich einschiffen
statua *f* Statue *f*; **Statua Wolności** Freiheitsstatue *f*
staw *m* **1.** *anat.* Gelenk *n* **2.** (*sadzawka*) Teich *m*
stawać I. *vi* **1.** sich stellen; **~ na głowie** sich auf den Kopf stellen **2.** (*zatrzymywać się*) stehen bleiben, Halt machen **II.** *vr* **~ się** werden
stawiać I. *vt* **1.** stellen; **~ na równi z czymś** einer Sache gleichstellen **2.** (*stawkę*) (ein)setzen **3.** (*wznosić*) errichten, erbauen; **II.** *vr* **~ się** (*zgłaszać się*) sich einfinden
stawić się *vr pf* → **stawiać się**
staż *m* (*pracy*) Dienstalter *n*
stąd I. *adv* von hier aus; **ni ~, ni zowąd** mir nichts, dir nichts; unvermittelt **II.** *kj* (*dlatego*) daher
stearyna *f* Stearin *n*
stek *m* Steak *n*

stempel *m* Stempel *m*
stenografia *f* Kurzschrift *f*, Stenografie *f*
step[1] *m* Steppe *f*
step[2] *m* (*taniec*) Stepp *m*
ster *m* Ruder *n*, Steuer *n*; *figur.* **u ~u** am Ruder
sternik *m* Steuermann *m*
sterować *vt* steuern; **zdalnie ~** fernsteuern; **~ samolotem** das Flugzeug steuern
stękać *vi* stöhnen
stępo: **jechać ~a** (im) Schritt reiten <fahren>
stęskniony [stẽ'skn ɔni] *adj* sehnsuchtsvoll; voller Sehnsucht (**za czymś**) nach etw)
stłuc *vt pf* (*zbić*) zerbrechen
sto *num* (ein)hundert
stocznia *f* Werft *f*
stodoła *f* Scheune *f*
stoisko *n* Stand *m*; **~ wystawowe** Ausstellungsstand *m*
stok *m* Abhang *m*
stokrotka *f* Gänseblümchen *n*
stolarnia *f* Tischlerwerkstatt *f*, Tischlerei *f*
stolarz *m* Tischler *m*
stolec *m* Stuhlgang *m*, Stuhl *m*
stolica *f* Hauptstadt *f*
stolik *m* kleiner Tisch *m*; **nocny ~** Nachttisch *m*
stołek *m* Hocker *m*
stołówka *f* Mensa *f*; **~ akademicka** Studentenmensa *f*
stonka *f*, **~ ziemniaczana** Kartoffelkäfer *m*
stonoga *f* Kellerassel *f*
stop *m* (*metalurgia*) Legierung *f*
stop|a *f* Fuß *m* (*o. miara*); *figur.* **~a życiowa** Lebensstandart *m*; **na wolnej ~ie** auf freiem Fuß; **od stóp do głów** von Kopf bis Fuß; **u stóp** zu Füßen
stoper *m* Stoppuhr *f*
stop|ień *m* **1.** Grad *m*; **30 ~ni ciepła** 30 Grad Wärme **2.** (*szczebel*) Stufe *f*; *figur.* **do pewnego ~nia** zu einem gewissen Grade; **w pewnym ~niu** gewissermaßen **3.** *mil.* Rang *m*, Dienstgrad *m*
stopniowo *adv* (*stopniami*) stufenweise; (*z wolna*) allmählich, nach und nach
stos *m* (*książek*) Stoß *m*; (*do spalenia*) Scheiterhaufen *m*; *anat.* **~ pacierzowy** Wirbelsäule *f*; **~ atomowy** Atomreaktor *m*
stosować I. *vt* anwenden **II.** *vr* **~ się** gebraucht werden; (*przestrzegać*) beobachten (**do czegoś** etw), befolgen (**do czegoś** etw)

stosownie *adv*: ~ **do tego** dementsprechend
stosown|y *adj* geeignet, angemessen, passend; **w ~ej porze** zu gelegener Stunde
stosun|ek *m* **1.** Verhältnis *n*; **panujące ~ki** die herrschenden Zustände **2.** ~**ki** *pl* Beziehungen *fpl*; ~**ki dyplomatyczne** diplomatische Beziehungen; **nawiązać ~ki** in Beziehung treten, Beziehungen anknüpfen **3.** (*kopulacja*) Beischlaf *m*, Geschlechtsverkehr *m*
stosunkowo *adv* verhältnismäßig, vergleichsweise
stóg *m* Schober *m*; ~ **siana** Heuschober *m*
stół *m* Tisch *m*; **przy stole** (*do jedzenia*) am Tisch; **poda(wa)ć do stołu** auftragen; **siadać przy stole** sich an den Tisch setzen; **sprzątnąć ze stołu** (den Tisch) abdecken, abräumen
strach *m* Angst *f*, Schrecken *m*; ~ **na wróble** Vogelscheuche *f*
stracić *vt pf* **1.** verlieren; ~ **okazję** die Gelegenheit verpassen; ~ **przytomność** das Bewusstsein verlieren; *figur.* ~ **głowę** den Kopf verlieren **2.** (*skazańca*) hinrichten
strajk *m* Streik *m*, Ausstand *m*; **dziki** ~ wilder Streik; ~ **głodowy** Hungerstreik *m*; ~ **protestacyjny** Proteststreik *m*; ~ **powszechny** Generalstreik *m*; **przystąpić do** ~**u, rozpocząć** ~ in den Streik <Ausstand> treten, die Arbeit niederlegen
strajkować *vi* streiken
straszny *adj* furchtbar, schrecklich, (*brzydki*) hässlich
straszy|ć I. *vi* (*o duchach*) spuken; ~ **es** spukt **II.** *vt* schrecken, erschrecken
strat|a *f* Verlust *m*, Einbuße *f*; **ponieść ciężkie** ~**y** schwere Verluste erleiden
strawić *vt pf* verdauen
straż *f* Wache *f*; ~ **przednia** Vorhut *f*; ~ **pożarna** Feuerwehr *f*, **pod** ~**ą** unter Bewachung; **pełnić** ~ Wache halten <stehen>; **stać na** ~**y czegoś** über etw wachen
strażak *m* Feuerwehrmann *m*
strażnik *m* Wächter *m*
strącić *vt* hinabstürzen, hinunterstürzen; *flug.* zum Absturz bringen
strefa *f* Zone *f*, Region *f*; ~ **wpływów** Einflussbereich *m*; ~ **wolnocłowa** Freihandelszone *f*
stres *m* Stress *m*
streszczenie *n* Inhaltsangabe *f*, (*na koniec referatu*) Zusammenfassung *f*

striptease, striptiz *m* Striptease *n*, *ugs.* Strip *m*
striptizerka *f* Striptänzerin *f*, *ugs.* Stripperin *f*
stroić I. *vt* **1.** (*instrumenty*) stimmen **2.** (*ozdabiać*) schmücken **II.** *vr* ~ **się** sich putzen, sich schmücken
stromy *adj* steil, abschüssig
stron|a *f* **1.** Seite *f*; **odwrotna** ~**a** Kehrseite *f*; **z jednej** ~**y** einerseits; **z drugiej** ~**y** ander(er)-seits; **z tej** ~**y, po tej** ~**ie** diesseits, an dieser Seite; **po tamtej** ~**ie, z tamtej** ~**y** jenseits; **po naszej** ~**ie** auf unserer Seite; **wewnętrzna** ~**a dłoni** Handfläche *f*; **w tę** <**odwrotną**> ~**ę** in diese <entgegengesetze> Richtung **2.** (*kierunek*) Richtung *f* **3.** *juris.* Partei *f*
stronnictwo *n* Partei *f*; Union *f*
stronniczy *adj* parteiisch
stronnik *m* Anhänger *m*
stróż *m* Wächter *m*; **nocny** ~ Nachtwächter *m*; **anioł** ~ Schutzengel *m*
strucla *f* Strudel *m*
strugać *vt* schnitzeln; (*skrobać*) schaben
strumień *m* **1.** (*rzeczka*) Bach *m* **2.** ~ **wody** Wasserstrahl *m*
strun|a *f* Saite *f*; ~**a skrzypiec** Violinsaite *f*; ~**y głosowe** Stimmbänder *npl*
struś *m orn.* Strauß *m*
strych *m* Dachboden *m*
stryj *m* Onkel *m* (väterlicherseits)
strzał *m* Schuss *m*; **oddać** ~ einen Schuss abgeben; ~ **w dziesiątkę** Volltreffer *m*
strzała *f* Pfeil *m*; **szybki jak** ~ pfeilschnell
strzałka *f* Pfeil *m*
strzec I. *vt* hüten, behüten **II.** *vr* ~ **się** sich hüten, sich in Acht nehmen (**kogoś** vor jm)
strzelać *vi* schießen
strzelec *m* **1.** Schütze *m*; ~ **wyborowy** Scharfschütze *m* **2.** *sport.* (*bramki*) Torschütze *m* **3. Strzelec** *astr.* Schütze *m*
strzelić *vi pf* einen Schuss abgeben; *sport.* ~ **bramkę** ins Tor hinein schießen, ein Tor schießen
strzyc I. *vt* scheren; Haare schneiden (**kogoś** jm); ~ **owce** Schafe scheren **II.** *vr* ~ **się** sich *D* die Haare schneiden lassen
strzykawka *f* Injektionsspritze *f*
stu- *w złożeniach* hundert-
student *m* Student *m*
studentka *f* Studentin *f*
studia *pl* Studium *n*; ~ **zaoczne** Fernstudium *n*; ~ **dzienne** Direktstudium *n*; **zapisać**

studiować 142 **synagoga**

się na ~ sich immatrikulieren; **dostać się na** ~ immatrikuliert <ins Studium aufgenommen> werden, zum Hochschulstudium zugelassen werden
studiować *vt* studieren
studnia *f* Brunnen *m*, Ziehbrunnen *m*
stukać *vt* klopfen (**do drzwi** an die Tür)
stulecie *n* (*wiek*) Jahrhundert *n*; (*rocznica*) Hundertjahrfeier *f*
stuletni *adj* hundertjährig
stwarzać *vt* schöpfen, schaffen; ~ **pozory** etw zum Schein tun
stwierdzać *vt* feststellen; konstatieren; (*sprawdzać*) nachprüfen
stwierdzić *vt pf* → **stwierdzać**
stworzenie *n* 1. Schöpfung *f*, Erschaffung *f* 2. (*istota żyjąca*) Lebewesen *n*
stworzyć *vt pf* → **stwarzać**
styczeń *m* Januar *m*
stygnąć *vi* kühl <kalt> werden
stykać się *vr* 1. (*dotykać się*) sich berühren 2. (*być w kontakcie*) verkehren 3. (*graniczyć*) angrenzen (**z czymś** an etw)
styl *m* Stil *m*; ~ **gotycki** <**romań-ski**> gotischer <romanischer> Stil; ~ **budownictwa** Baustil *m*; ~ **barokowy** Barockstil *m*; *sport*. (*w pływaniu*) ~ **wolny** <**dowolny**> Freistil *m*; ~ **grzbietowy** Rückenschwimmen *n*
stypendium *n* Stipendium *n*
stypendysta *m* Stipendiat *m*
sublokator *m* Untermieter *m*
subtelny *adj* subtil, feinfühlig
sucharek *m* Zwieback *m*
suchoty *pl* Schwindsucht *f*
suchy *adj* trocken
sufit *m* Zimmerdecke *f*
sufler *m* Souffleur *m*, Vorsager *m*
suka *f* Hündin *f*
sukces *m* Erfolg *m*; **odnieść** ~ einen Erfolg erzielen
sukienka *f* Kleid *n*, Kleidchen *n*; ~ **letnia** Sommerkleid *n*
suknia *f* Kleid *n*; ~ **wieczorowa** Abendkleid *n*
sukno *n* Tuch *n*
sum *m* Wels *m*
suma *f* Summe *f*; (*kwota*) Betrag *m*
sumieni|e *n* Gewissen *n*; **czyste** ~**e** reines Gewissen; **wyrzuty** ~**a** Gewissensbisse *pl*; **z czystym** ~**em** mit gutem Gewissen; **bez** ~**a** gewissenlos
sumienny *adj* gewissenhaft
supełek *m* Knoten *m*; **zawiązać** ~ einen Knoten knüpfen (**na chusteczce** ins Taschentuch)
super *adj*, *adv ugs.* super
supermarket *m* Supermarkt *m*
surogat *m* Ersatz *m*, Surrogat *n*; ~ **kawy** Kaffeeersatz *m*
surowiec *m* Rohstoff *m*
surowy *adj* (*niegotowany*) roh; (*srogi*) streng; hart; (*nieokrzesany*) roh
surówka *f* 1. *kulin.* Rohkost *f* 2. (*żelaza*) Roheisen *n*
suszarka *f*: ~ **do włosów** Haartrockner *m*; ~ **do bielizny** Wäschetrockner *m*
suszon|y *adj* getrocknet, gedörrt, Dörr-; ~**e owoce** Dörrobst *n*
suszyć **I.** *vt* trocknen; dörren **II.** *vr* ~ **się** trocknen, trocken werden
sutanna *f* Soutane *f*
suterena *f* Kellergeschoss *n*
suwak *m* 1. Rechenschieber *m* 2. (*zamek*) Reißverschluss *m*
sweter *m* (*pulower*) Pullover *m*; ~ **zapinany** Strickjacke *f*
swędz|ić ['sfɛ̃dzitɕ] *vi* jucken; ~**ą mnie plecy** es juckt mich der <am> Rücken
swobodny *adj* (*wolny*) frei; (*nieskrępowany*) ungezwungen, zwanglos; (*otwarty*) freimütig
swój, swoja, swoje *pron poss* sein; mein, dein, sein, unser, euer, ihr; sein eigen; **zabierz swoją książkę** nimm dein Buch mit; **mieć swój dom** sein eigenes Haus <Heim> haben; **robić swoje** das Seine tun; **swego czasu** seinerzeit; **po swojemu** auf seine <eigene> Art
syczeć *vi* zischen
sygnalizacja *f* Signalisierung *f*; *mot.* ~ **świetlna** Ampel *f*
sygnał *m* Signal *n*, Zeichen *n*; *mot.* Hupe *f*; ~ **dźwiękowy** Signalton *m*; **ostrzegawczy** ~ **reflektorem** Lichthupe *f*
sylwestrow|y *adj*: **noc** ~**a** Silvesternacht *f*
sylwetka *f* Silhouette *f*
symbol *m* Symbol *n*, Sinnbild *n*; (*uosobienie*) Inbegriff *m*; **stać się** ~**em** zum Inbegriff werden
symetryczny *adj* symmetrisch
symfonia *f* Sinfonie *f*, Symphonie *f*
sympati|a *f* Sympathie *f*; **darzyć kogoś** ~**ą** für jn Sympathie empfinden
sympatyczny *adj* sympathisch
syn *m* Sohn *m*
synagoga *f* Synagoge *f*

synowa f Schwiegertochter f
syntetyczny adj synthetisch
syp|ać I. vt schütten; (*rzucać*) streuen (**kwiatki** Blumen) **II.** vi sprühen; **~ać iskrami** Funken sprühen; **śnieg ~ie** es schneit
sypia|ć vi (gewöhnlich) schlafen; **on długo ~** er pflegt lange zu schlafen
sypialnia f Schlafzimmer n
syrena f Sirene f; **~ fabryczna** Fabriksirene f; **~ okrętowa** Schiffssirene f
syrop m Sirup m
syryjski adj syrisch
system m System n; **~ nerwowy** Nervensystem n
systematyczny adj systematisch
sytuacj|a f Situation f, Lage f; **~a polityczna** politische Lage; **~a meteorologiczna** Wetterlage f; **w tej ~i** in dieser Lage; **w każdej ~i** in allen Situationen
syt|y adj satt; **najeść się do ~a** sich satt essen
szabla f Säbel m
szachista m Schachspieler m
szachownica f Schachbrett n
szach|y pl Schachspiel n; **partia ~ów** eine Partie Schach; **grać w ~y** Schach spielen
szacunek m Achtung f, Respekt m
szafa f Schrank m; **~ na ubrania** Kleiderschrank m; **~ w ścianie** Wandschrank m
szafka f Schrank m; Schränkchen n; **~ na buty** Schuhschrank m
szajka f Bande f; **~ złodziejska** Diebesbande f
szal m Schal m
szaleć vi toben, rasen
szaleństwo n Wahnsinn m, Wahnwitz m; (*obłęd*) Irrsinn m
szalony adj rasend, wahsinnig
szampan m Champagner m
szanować vt achten; respektieren
szanowny adj geehrt
szansa f Chance f
szantaż m Erpressung f
szarfa f Schärpe f
szarlotka f Apfelkuchen m
szarotka f Edelweiß n
szar|y adj grau; **~a godzina** Dämmerstunde f; **~y człowiek** Alltagsmensch m; **~y dzień** grauer Alltag
szatan m Satan m, Teufel m
szatnia f Garderobe f, Kleiderablage f
szatniarka f Garderobenfrau f
szatyn m Braunhaarige m

szczaw m Sauerampfer m
szczebel m Sprosse f
szczebiotać vi zwitschern
szczególnie adv besonders
szczególn|y adj besonder-; (*swoisty*) eigenartig; **nic ~ego** nichts Besonderes
szczegół m Einzelheit f; **~y** pl (*bliższe dane*) nähere Angaben, Näheres; **w ~ach** im Detail; **wdawać się w ~y** auf Einzelheiten eingehen
szczegółowy adj detailliert; (*obszerny*) ausführlich
szczekać vi bellen, kläffen; **~ na kogoś** jn anbellen
szczelny adj dicht; (*nie przepuszczający powietrza*) luftdicht
szczepieni|e n Impfung f; **~a ochronne** <**profilaktyczne**> Schutzimpfung f
szczer|y adj aufrichtig, offen; **~e złoto** reines <pures> Gold
szczerze adv aufrichtig; **~ mówiąc** offen <ehrlich> gesagt
szczęści|e ['ʃtʃɛ̃ɕtɕɛ] n Glück n; **na ~e** zum Glück, glücklicherweise; **na los ~a** auf gut Glück
szczęśliwy [ʃtʃɛ̃'ɕlivi] adj glücklich (**z powodu czegoś** über etw)
szczotka f Bürste f; **~ do ubrań** Kleiderbürste f; **~ do zębów** Zahnbürste f; **~ do szorowania** Scheuerbürste f, Schrubber m
szczupak m Hecht m
szczupł|y adj hager, schlank; (*niewielki*) dürftig, spärlich; **~e środki** kärgliche Mittel
szczur m Ratte f
szczypać vt kneifen, zwicken
szczypce pl Kneifzange f
szczypiorek m Schnittlauch m
szczyt m **1.** Gipfel m, Spitze f; (*wierzchołek*) Wipfel m; (*domu*) Giebel m; **~ górski** Berggipfel m; **~ komunikacyjny** Stoßzeit f; *fıgur.* **to już ~ wszystkiego** das ist die Höhe **2.** polit. (*spotkanie*) Gipfeltreffen n, ugs. Gipfel m
szef m Chef m
szefowa f Chefin f
szeleścić vi rauschen, säuseln, rascheln
szelki fpl Hosenträger m
szepnąć vt pf → **szeptać**
szeptać vt flüstern (**do ucha** ins Ohr)
szereg m Reihe f; **~ imprez** eine Reihe von Veranstaltungen
szeregowiec m gemeiner Soldat
szermierka f sport. Fechten n, Fechtkunst f

szerok|i *adj* breit; (*obszerny*) weit; **to ~a dziedzina** das ist ein weites Feld
szeroko *adv* weit; **~ otwarty** weit geöffnet; **~ rozgałęziony** weit verzweigt
szerokość *f* Breite *f*; **~ geograficzna** geografische Breite
szerszy *adj kompar* → **szeroki**
szerzyć I. *vt* verbreiten **II.** *vr* **~ się** sich verbreiten, um sich greifen
szesnastka *f* Sechzehn *f*
szesnasty *num* der sechzehnte
szesnaście *num* sechzehn
sześcienny *adj* kubisch; Kubik-; **metr ~** Kubikmeter *n*
sześcio- *w złożeniach* sechs-
sześcioletni *adj* sechsjährig
sześć *num* sechs
sześćdziesiąt [ʃɛɕ'dʑɛɕɔ̃t] *num* sechzig
sześćdziesiąty *num* der sechzigste
sześćset *num* sechshundert
szew *m* Naht *f*
szewc *m* Schuster *m*
szkarlatyna *f* Scharlachfieber *n*
szkic *m* Skizze *f*, Entwurf *m*
szkielet *m* Skelett *n*; (*kościec*) Gerippe *n*
szklanka *f* Glas *n*
szkł|o *n* **1.** Glas *n*; **~o powiększające** Vergrößerungsglas *n*; **huta ~a** Glashütte *f* **2.** *ugs.* **~a kontaktowe** Kontaktlinsen *pl*
szkock|i *adj* schottisch; **~a krata** Schottenkaro *n*
szkod|a I. *f* **1.** Schaden *m*; **~a materialna** Sachschaden *m*; **wyrzą-dzić ~ę** Schaden anrichten <zufügen>; **ponieść ~ę** Schaden erleiden **2.** (*brak korzyści*) Nachteil *m*; **ponieść ~ę** Nachteil haben, benachteiligt werden **II.** *adv* **~a!** schade!; **jaka ~a!** wie schade!; *ugs.* **~a gadać** schade um jedes Wort
szkodliwy *adj* schädlich; **~ dla zdrowia** gesundheitsschädlich
szkodzi|ć *vi* schaden; **nic nie ~** (das) schadet nichts; **~ć komuś** jn schädigen
szkolny *adj* Schul-; **budynek ~** Schulgebäude *n*; **rok ~** Schuljahr *n*
szkoła *f* **1.** Schule *f*; **~ podstawowa** Grundschule *f*; **~ wyższa** Hochschule *f*; **~ zawodowa** Fachschule *f*; **chodzić do szkoły** in die <zur> Schule gehen, die Schule besuchen **2.** *figur.* (*kierunek*) Schule *f*
szkopuł *m* Hindernis *n*, Klippe *f*
Szkot *m* Schotte *m*
szlaban *m* (*zapora*) Schlagbaum *m*, Schranke *f*

szlachetny *adj* **1.** edel; **metal ~** Edelmetall *n*; **kamień ~** Edelstein *m* **2.** (*człowiek*) edelmütig, edel
szlafrok *m* Morgenrock *m*, Schlafrock *m*
szlagier *m* Schlager *m*
szlak *m* Straße *f*, Weg *m*; **~ handlowy** Handelsstraße *f*; **oznakowany ~ turystyczny** markierter Wanderweg
szlifować *vt* schleifen
szlochać *vi* schluchzen
szmink|a *f* Schminke *f*; **~ do ust** Lippenstift *m*; **zmyć ~ę** abschminken
sznur *m* **1.** Schnur *f*; **~ pereł** Perlenschnur *f* **2.** (*linka*) Leine *f*; **~ do bielizny** Wäscheleine *f*
sznurek *m* Bindfaden *m*
sznurowadła *npl* Schnürsenkel *mpl*, Senkel *mpl*
sznycel *m* Schnitzel *n*; **~ wiedeński** Wiener Schnitzel
szofer *m* Chauffeur *m*, Schofför *m*, (Kraft-)Fahrer *m*
szopa *f* Schuppen *m*
szorować *vt* scheuern, schrubben
szorstki *adj* rau; (*o zachowaniu*) barsch, schroff
szorty *pl* Shorts *pl*
szosa *f* Landstraße *f*
sóstka *f* Sechs *f*
szósty *num* der sechste
szpak *m* Star *m*
szpara *f* Spalt *m*
szparagi *mpl* Spargel *mpl*
szpiczasty *adj* spitz (auslaufend)
szpieg *m* Spion *m*
szpik *m* *anat.* Mark *n*;
szpilk|a *f* **1.** Nadel *f*; **~a do włosów** Haarnadel *f*; **~a z łepkiem** Stecknadel *f* **2. ~i** *pl* (*pantofle*) Stöckelschuhe *mpl*
szpinak *m* Spinat *m*
szpital *m* Krankenhaus *n*; **~ polowy** Feldlazarett *n*
szprot *m*, **szprotka** *f* Sprotte *f*
szprycha *f* Speiche *f*
szron *m* Reif *m*
sztab *m* *mil.* Stab *m*; **Sztab Generalny** Generalstab *m*
sztaba *f* Barren *m*
sztafeta *f* *sport.* Staffellauf *m*; (*drużyna*) Staffel *f*
sztalugi *pl* Staffelei *f*
sztandar *m* Fahne *f*
sztuczn|y *adj* **1.** künstlich; Kunst-; **~y**

jedwab Kunstseide *f*; **~e ognie** Wunderkerzen *fpl* **2.** (*afektowany*) gekünstelt, affektiert

sztuk|a *f* **1.** Kunst *f*; **~i plastyczne** die bildenden Künste; **~a ludowa** Volkskunst *f* **2.** (*dramat*) Stück *n*; **~a sceniczna** Bühnenstück *n* **3.** (*jeden przedmiot*) Stück *n*; **po dwie ~i** je zwei Stück

szturm *m* Sturm *m*, Ansturm *m*; **~em** im Sturm

sztygar *m* Steiger *m*

sztywny *adj* **1.** steif **2.** *figur.* (*napuszony*) gespreizt

szubienica *f* Galgen *m*

szuflada *f* Schublade *f*, Schubfach *n*

szukać *vt* suchen (**czegoś** etw, nach etw)

szumieć *vi* rauschen; (*wiatr*) sausen

szwagier *m* Schwager *m*

szwagierka *f* Schwägerin *f*

Szwajcar *m* Schweizer *m*

szwajcarski *adj* schweizerisch

Szwed *m* Schwede *m*

szwedzki *adj* schwedisch; **stół** <**bufet**> **~** kaltes Büfett

szyb *m* Schacht *m*

szyb|a *f* Scheibe *f*; **~a okienna** Fensterscheibe *f*; *mot.* **przednia ~a** Frontscheibe *f*, Windschutzscheibe *f*; **tylna ~a** Heckscheibe *f*; **zapotniałe ~y** beschlagene Fenster

szybki *adj* schnell; (*niezwłoczny*) rasch

szybko *adv* schnell; (*niezwłocznie*) rasch, unverzüglich

szybkościomierz *m* Tachometer *m, n*, *ugs.* Tacho *m*

szybkość *f* Schnelligkeit *f*; (*prędkość*) Geschwindigkeit *f*

szybowiec *m* Segelflugzeug *n*, Gleiter *m*

szybownik *m sport.* Gleitflieger *m*

szyć *vt* nähen

szydzić *vi* spotten (**z kogoś** über jn), verspotten, verhöhnen (**z kogoś** jn)

szyj|a *f* Hals *m*; **na łeb, na ~ę** Hals über Kopf; **rzucić się komuś na ~ę** sich jm an den Hals werfen

szyk *m* Eleganz *f*, Schick *m*; **z ~iem** schick

szyld *m* Schild *n*

szyna *f* Schiene *f*

szynka *f* Schinken *m*

szynow|y *adj* Schienen-; **komunikacja ~a** Schienenverkehr *m*; **pojazd ~y** Schienenfahrzeug *n*

szyszka *f* Zapfen *m*

Ś

ścian|a *f* Wand *f*; **wisieć na ~ie** an der Wand hängen; **powiesić na ~ie** an die Wand hängen
ściąć *vt pf* → **ścinać**
ściąga(wka) *f schul.* Spickzettel *m*
ściągać *vt* **1.** (*razem*) zusammenziehen **2.** ~ **na dół** herunterziehen, herabziehen **3.** (*zdejmować*) abstreifen (**rękawiczki** die Handschuhe) **4.** ~ **podatki** die Steuern erheben <eintreiben> **5.** (*w szkole*) abschreiben
ściągnąć *vt pf* → **ściągać**
ściemniać się *vr* dunkel werden
ściemnić się *vr pf* → **ściemniać się**
ścierka *f* Wischtuch *n*; ~ **do kurzu** Staubtuch *n*; ~ **do podłogi** Scheuerlappen *m*, Putzlappen *m*
ścierp|nąć *vi pf*: **~ła mi noga** das Bein ist mir eingeschlafen
ścieżka *f* Pfad *m*, Fußweg *m*; ~ **dla rowerów** Radweg *m*
ścigać I. *vt* verfolgen, fahnden; ~ **listem gończym** <**sądownie**> steckbrieflich <gerichtlich> verfolgen **II.** *vr* ~ **się** um die Wette laufen
ścinać I. *vt* (*drzewo*) fällen **II.** *vr* ~ **się** (*gęstnieć*) gerinnen
ściskać I. *vt* zusammendrücken; (*serdecznie*) umarmen; ~ **czyjąś rękę** jm die Hand drücken **II.** *vr* ~ **się** sich umarmen, sich *D* in den Armen liegen
ścisł|y *adj* genau, strikt, präzis(e); (*bliski*) eng; **~y przepis** eine genaue Vorschrift; **~y związek** enge Verbindung; **~a dieta** strenge Diät
ścisnąć *vt pf* (*razem*) zusammendrücken; (*rękę*) drücken
ściśle *adv* streng, genau; ~ **biorąc** streng genommen
ślad *m* Spur *f*; ~ **stopy** Fußstapfen *m*; **bez ~u** spurlos; **ani ~u** keine Spur; *figur.* **iść czyimiś ~ami** <**w czyjeś ~y**> in js Fußstapfen treten
śląski *adj* schlesisch
śledzić *vt* nachspüren (**kogoś** jm); *figur.* verfolgen (**tok wydarzeń** den Gang der Ereignisse)
śledź *m* Hering *m*
ślepnąć *vi* blind werden, ganz allmählich erblinden

ślepo *adv* blind; ~ **oddany** blind ergeben, treu; **na ~** blindlings
ślepy *adj* blind
śliczny *adj* wunderschön, bildschön, entzückend
ślimak *m* Schnecke *f*
ślina *f* Speichel *m*
śliski *adj* glitschig, rutschig, glatt; *figur.* (*nieprzyzwoity*) schlüpfrig
śliwa *f* Pflaumenbaum *n*
śliwka *f* Pflaume *f*
ślizgać się *vr* gleiten, dahingleiten; rutschen
ślizgawka *f* Rutschbahn *f*; (*lodowisko*) Eisbahn *f*
ślub *m* **1.** Trauung *f*, Ehe *f*; ~ **cywilny** Zivilehe *f*; ~ **kościelny** kirchliche Trauung; **wziąć ~** sich trauen lassen, heiraten **2.** (*zakonny*) Gelübde *n*, Ordensgelübde *n*
ślusarz *m* Schlosser *m*
śluza *f* Schleuse *f*
śmiać się *vr* lachen (**z kogoś** über jn); ~ **się ukradkiem** versteckt lachen; ~ **się w kułak** sich ins Fäustchen lachen; ~ **mi się chce** ich muss lachen
śmiał|y *adj* kühn; (*ryzykowny*) gewagt; **to wydaje mi się zbyt ~e** das scheint mir zu gewagt
śmiech *m* Lachen *n*; **wybuchnąć ~em** auflachen; **nie móc powstrzymać się od ~u** sich vor Lachen nicht halten können
śmieci *pl* Müll *m*
śmieciarka *f* Müllwagen *m*
śmie|ć *vi* wagen, sich getrauen; **nie ~m** ich wage es nicht, ich getraue es mir nicht
śmierć *f* Tod *m*
śmierteln|y *adj* **1.** tödlich, Sterbe-; **~a rana** eine tödliche Wunde **2.** (*nie żyjący wiecznie*) sterblich
śmieszny *adj* lächerlich
śmietana *f* Sahne *f*; Rahm *m*; **kwaśna ~** saure Sahne, Crème fraîche [krɛmˈfrɛʃ] *f*; **bita ~** Schlagsahne *f*
śmietanka *f*: ~ **do kawy** Kaffeesahne *f*
śmietnik *m* Mülltonne *f*, Müllcontainer *m*
śmigło *n* Propeller *m*
śmigłowiec *m* Hubschrauber *m*
śniadanie *n* Frühstück *n*; **na ~** zum Frühstück; **jeść ~** frühstücken
śnić się *vi* (*vr*) träumen; **śniłeś mi się** ich

habe von dir geträumt; **śniło mi się** mir träumte

śnieg *m* Schnee *m*; **pada ~** es schneit

śpiący I. *p* schlafend **II.** *adj* schläfrig; **jestem ~** ich bin schläfrig

śpieszyć się *vr* es eilig haben

śpiew *m* Gesang *m*; *figur.* **łabędzi ~** Schwanengesang *m*

śpiewaczka *f* Sängerin *f*; **~ koloraturowa** Koloratursängerin *f*; **~ operowa** Opernsängerin *f*

śpiewać *vt, vi* singen

śpiewak *m* Sänger *m*

śpiwór *m* Schlafsack *m*

średni *adj* **1.** mittler; Mittel-; **pan w ~m wieku** ein Herr mittleren Alters; **wieki ~e** Mittelalter *n*; *sport.* **~ dystans** Mittelstrecke *f* **2.** (*nie najlepszy*) mittelmäßig

średnik *m* Semikolon *n*

średnio *adv* (*niezbyt dobrze*) mittelmäßig; (*przeciętnie*) durchschnittlich, im Durchschnitt

średniodystansowiec *m sport.* Mittelstreckenläufer *m*

średnioterminowy *adj* mittelfristig

średniowiecze *n* Mittelalter *n*

środa *f* Mittwoch *m*

środ|ek *m* **1.** Mittel *n*; **~ek leczniczy** Heilmittel *n*; **~ek uspokajający** Beruhigungsmittel *n*; **~ki (masowego) przekazu** Massenmedien, Medien *npl* **2.** (*centrum*) Mitte *f*; **w ~ku** in der Mitte, inmitten; (*wewnątrz*) drinnen; **do ~ka** hinein, herein **3.** (*posunięcie*) Maßnahme, Maßregel *f*; **~ek ostrożności** Vorsichtsmaßnahme *f*

środowisko *n* Milieu, Umfeld *n*; **~ naturalne** Umwelt *f*

śródlądow|y *adj*: **żegluga ~a** Binnenschifffahrt *f*

śródmieście *n* Stadtzentrum *n*, City *f*

śruba *f* Schraube *f*; **~ okrętowa** Schiffsschraube *f*

śrubokręt *m* Schraubenzieher *m*

świadectwo *n* Zeugnis *n*; **~ dojrzałości** Reifezeugnis *n*

świadek *m* Zeuge *m*; **~ naoczny** Augenzeuge *m*

świadomość *f* Bewusstsein *n*; **stracić ~** das Bewusstsein verlieren

świadomy *adj* **1.** bewusst; **~ czyn** eine bewusste Handlung <Tat> **2.** (*umyślny*) absichtlich, vorsätzlich

świat *m* Welt *f*; **cały ~** die ganze Welt; **na świecie** in der Welt; **przyjść na ~** das Licht der Welt erblicken; **wydać na ~** zur Welt bringen; **kraje Trzeciego Świata** die Dritte Welt, Entwicklungsländer *npl*

światełko *n* (*kleines*) Licht *n*; *mot.* **~ kontrolne** Kontrolllicht *n*

światło *n* Licht *n*; **~ księżyca** Mondschein *m*; **zapalić ~** Licht machen <*el.* anknipsen>

światopogląd *m* Weltanschauung *f*

światow|y *adj* Welt-; **~ej sławy** von Weltruf, weltberühmt; **~a dama** Weltdame *f*

świeca *f* Kerze *f*; *mot.* Zündkerze f; **~ woskowa** Wachskerze *f*

świeci|ć I. *vi* leuchten, scheinen; **słońce ~** die Sonne scheint; **~ć latarką** mit der Taschenlampe leuchten **II.** *vr* **~ć się** (*palić się*) brennen; (*błyszczeć*) leuchten, glänzen

świecznik *m* Leuchter *m*

świergotać *vi* zwitschern

świerk *m* Fichte *f*

świetlica *f* Gemeinschaftsraum *m*

świetlówka *f* Leuchtstoffröhre *f*

świetnie *adv* herrlich, ausgezeichnet, glänzend; **~ zdać egzamin** eine Prüfung glänzend bestehen

świeżo *adv* frisch; (*dopiero co*) neu; **~ mianowany** neu ernannt; **~ upieczony** frisch gebacken

śwież|y *adj* frisch; **~y chleb** frisches Brot; **~a bielizna** frische Wäsche

święcić [ɕfɛ̃tɕitɕ] *vt* weihen; **~ tryumfy** Triumphe feiern

święcie *adv* (*mocno*) fest; **~ przekonany** fest überzeugt (**o ozymó** von *ctw*)

święt|o *n* (*uroczystość*) Fest *n*, Festtag *m*; **~o ludowe** Volksfest *n*; (*dzień świąteczny*) Feiertag *m*; **w ~a** an Feiertagen, feiertags

święt|y I. *adj* heilig; *ugs.* **na ~ty nigdy** am Nimmerleinstag; **(mój) ~ej pamięci ojciec** (mein) seliger Vater **II.** *m* Heilige *m*; **na Wszystkich Świętych** zu Allerheiligen, am Allerheiligen(tag)

świnia *f* (*gatunek*) Schwein *n*; (*maciora*) Sau *f*; **dzika ~** Wildschwein *n*

świństwo *n* Schweinerei *f*; *ugs.* **zrobić komuś ~** jm böse <übel> mitspielen

świt *m* Morgengrauen *n*, Tagesanbruch *m*; **o świcie** bei Tagesanbruch, beim <im> Morgengrauen

T

ta *pron* → **ten**
taba|czkowy tabakfarben, gelbbraun
tabak|a *f* Schnupftabak *m*; **zażywać ~i** Tabak schnupfen; *ugs.* **ciemny jak ~ w rogu** dumm geboren, nichts dazugelernt
tabela *f* Tabelle *f*
tabletk|a *f* Tablette *f*; **zażyć ~ę** eine Tablette nehmen
tablic|a *f* Tafel *f*; **biała ~** weiße Tafel; **pisać na ~y** an die Tafel schreiben; **~a ścienna** Wandtafel *f*; **~a miejscowości** Ortstafel *f*; **~a pamiątkowa** Gedenktafel *f*; *mot.* **~a rejestracyjna** Nummernschild *n*, (amtliches) Kennzeichen *n*; **~a rozdzielcza** Armaturenbrett *n*
tabliczka *f* (kleine) Tafel *f*; **~ czekolady** Schokoladentafel *f*; **~ mnożenia** das Einmaleins
tabor *m* Fuhrpark *m*, Fahrzeugpark *m*
taboret *m* Hocker *m*, Schemel *m*
tabun *m* (Pferde-)Herde *f*
taca *f* Tablett *n*
taczka *f*, **taczki** *pl* Schubkarren *m*
taj|ać *vi* tauen, (*topnieć*) schmelzen; **~e es** taut
tajemnic|a *f* Geheimnis *n*; **~a służbowa** Dienstgeheimnis *n*; **w ~y** insgeheim, im Geheimen; **zdradzić ~ę** ein Geheimnis verraten
tajemniczy *adj* geheimnisvoll, mysteriös
tajn|y *adj* geheim; **~a policja** Geheimpolizei *f*; **~e głosowanie** geheime Abstimmung; **ściśle ~e!** streng geheim!
tak I. *adv* so, auf diese Weise; **~ czy** sowieso; **~ czy inaczej** so oder so; **~ samo** ebenso, genauso; **~ ... jak** so ... wie; **~ zwany** so genannt; **i ~ dalej** und so weiter, und so fort **II.** (*partykuła twierdząca*) ja; **~ jest!** jawohl!; **ależ ~** aber ja, selbstverständlich; **czy ~?** nicht wahr?, oder?; **no ~, ale ~,** gewiss, aber ...
taka *pron* solche, eine solche, so eine; → **taki**
taki, taka, takie *pron* solcher, solche, solches, so ein, so eine, so ein, so; **w ~ sposób** in dieser <auf diese> Weise; **duży** so groß; *ugs.* **~ drań!** so ein Lump <Schuft>!; **~ sam ...** ein identischer ...; **kto to ~?** wer ist das?
takie *pron* solch ein, ein solches, so ein; → **taki**

taksówka *f* Taxi *n*, *ugs.* Taxe *f*
taksówkarz *m* Taxifahrer *m*
takt *m* Takt *m*; *figur. o.* Taktgefühl *n*, Feingefühl *n*; **wybijać ~** den Takt schlagen; **nie wypadać z ~u** den Takt halten, im Takt bleiben
taktowny *adj* taktvoll; rücksichtsvoll; **być ~m** viel Takt haben
także *adv* auch, ebenfalls
talar *m* Talar *m*
talent *m* Talent *n*, Begabung *f*; **mieć ~** (*do czegoś*) begabt sein
talerz *m* Teller *m*; **płytki** <**głęboki**> **~** flacher <tiefer> Teller
talia *f* (*pas*) Taille *f*; **~ kart** ein Spiel Karten
talizman *m* Talisman *m*
tam *adv* (*miejsce*) da, dort; (*kierunek*) dorthin, dahin; **tu i ~** hier und da; **raz tu, raz ~** bald hier, bald dort; **kto ~?** wer (ist) da?; **~ i z powrotem** hin und zurück; **chodzić ~ i z powrotem** auf und ab gehen
tama *f* Damm *m*
tamta *pron* → **tamten**
tamtejszy *adj* dortig
tamten, tamta, tamto *pron* jener, jene, jenes; der <die, das> dort; **tamten świat** Jenseits *n*; **z tamtej strony, po tamtej stronie** jenseits
tamtędy *adv* dort lang
tamto *pron* → **tamten**
tamże *adv* ebenda
tancerka *f* Tänzerin *f*
tancerz *m* Tänzer *m*, Balletttänzer *m*; (*partner*) Mittänzer *m*; **świetny ~** ein wahrer Meistertänzer
tandet|a *f* Trödel *m*; Schund *m*, Ramsch (ware *f*) *m*, Trödelmarkt *m*; **~ny** wertlos, minderwertig
tango *n* Tango *m*
tani *adj* billig, preisgünstig; **śmiesznie ~** spottbillig
taniec *m* Tanz *m*; **~ ludowy** Volkstanz *m*; **(po)prosić do tańca** zum Tanz bitten <auffordern>
tanieć *vi* billiger werden
tańczyć *vi vt* tanzen
tapczan *m* Bettcouch *f*, Schlafcouch *f*
tapeta *f* Tapete *f*
tapicerka *f* Polsterung *f*; *mot.* **~ drzwi** Türverkleidung *f*

tapirować *vt* toupieren (**włosy** das Haar)
taras *m* Terrasse *f*
tarcz|a *f* **1.** *hist., mil.* Schild *m* **2.** (*strzelnicza*) Schießscheibe *f*; **~a zegarowa** Zifferblatt *n*; **~a księżyca** Mondscheibe *f*; **strzelać do ~y** nach der Scheibe schießen
targ *m* **1.** Markt *m* **2.** **~i** *pl* Messe *f*; **~i międzynarodowe** internationale Messe; **~i książki** Buchmesse *f*
targać *vt* reißen, zerren
targować się *vr* handeln, feilschen (**o coś** um etw)
targowisko *n* Handelsplatz *m*
tarka *f* (*kuchenna*) Raspel *f*
tartak *m* Sägewerk *n*, Sägemühle *f*
tart|y *adj* gerieben; **bułka ~a** Paniermehl *n*; **ser ~y** geriebener Käse
tarzać się *vr* sich rollen, sich wälzen; **~ ze śmiechu** sich vor Lachen wälzen, krummlachen
tasak *m* Hackmesser *n*
tasiemka *f* Bändchen *n*, (*gumowana*) Gummiband *n*
tasować *vt*: **~ karty** Karten mischen
taśma *f* Band *n*, Streifen *m*; *el.* **~ izolacyjna** Isolierband *n*; **~ magnetofonowa** <**dźwiękowa**> Tonband *n*; **~ ruchoma** Fließband *n*; **~ wideo** Videoband *n*
taśmówka *f* Bandsäge *f*
tata, tatuś *m* Papa *m*, Vati *m*
tatar *m kulin.* Tatar(beefsteak) *n*
tatuaż *m* Tätowierung *f*
tchórz [txuʃ] *m zool.* Iltis *m*; *figur.* Feigling *m*, Angsthase *m*
tchórzliwy [txuˈʒlivi] *adj* feig(e)
teatr *m* Theater *n*, Schauspielhaus *n*; **~ objazdowy** Wandertheater *n*; **~ lalek** Marionettentheater *n*; **chodzić do ~u** ins Theater besuchen; **iść do ~u** ins Theater gehen
techniczny *adj* technisch; **pod względem ~m** technisch
technik|a *f* Technik *f*; **opanować ~ę** die Technik meistern
teczka *f* Aktentasche *f*, Aktenmappe *f*
tek|a *f* Aktenmappe *f*, Aktentasche *f*; Portfeuille *n*; *figur.* **~a ministra** Portfeuille *n*; **minister bez ~i** Minister ohne Portfeuille
tekst *m* Text *m*
tekstylia *pl* Textilwaren *fpl*
tekstylny *adj* textil; Textil-; **przemysł ~** Textilindustrie *f*
tektura *f* Pappe *f*, Karton *m*

telefon *m* **1.** (*urządzenie*) Telefon *n*, Fernsprecher *m*; **~ komórkowy** Mobiltelefon, Handy *n*, *schweiz.* Natel *n*; **~ wewnętrzny** Apparat *m*; **rozmawiać przez ~** telefonieren (**z kimś** mit jm); **~ (jest) zajęty** die Nummer ist besetzt **2.** (*do kogoś*) Anruf *m*
telefoniczn|y *adj* telefonisch, Fernsprech-; Telefon-; **aparat ~y** Fernsprechapparat *m*; **automat ~y** Münztelefon *n*; (*na karty*) Kartentelefon *n*; **rozmowa ~a** Telefongespräch *n*, Telefonat *n*; **kabina ~a** Telefonzelle *f*
telefonistka *f* Telefonistin *f*
telefonować *vi* telefonieren (**do kogoś** mit jm), anrufen (**do kogoś** jn)
telegazeta *f* Videotext *m*
telegram *m* Telegramm *n*
tele|stacja *f* Fernsehsender *m*; **~technika** *f* Fernmeldetechnik *f*; **~transmisja** *f* Übertragungstechnik *f*; Fernsehübertragung *f*
telewidz *m* Fernsehzuschauer *m*
telewizja *f* Fernsehen *n*; **~ kolorowa** Farbfernsehen *n*
telewizor *m* Fernseher *m*; **~ turystyczny** Tragfernseher *m*
temat *m* Thema *n*; **~ rozmowy** Gesprächsgegenstand *m*; **mówić <pisać> na ~ czegoś** über etw sprechen <schreiben>; **odbiec od ~u** vom Thema abkommen
temperament *m* Temperament *n*; **człowiek z ~em** temperamentvoller Mensch
temperatur|a *f* Temperatur *f*; **wysoka** <**niska, podwyższona**> **~a** hohe <niedrige, erhöhte> Temperatur; **~a pokojowa** Zimmertemperatur *f*; **~a wrzenia** Siedetemperatur *f*; **mieć ~ę** Fieber haben
temperować *vt* spitzen (**ołówek** einen Bleistift)
tempo *n* Tempo *n*; **zwiększyć ~** das Tempo erhöhen
ten, ta, to *pron* dieser, diese, dieses; der, die, das (hier); **~, który** derjenige, welcher <der>; **ten sam, ta sama, to samo** derselbe, dieselbe, dasselbe; **~, kto** wer; **(z) tym** damit; **na to** <**tym**> darauf; **pod to** <**tym**> darunter; **między tym** <**to**> dazwischen; **przez to** dadurch; **przeciw temu** dagegen; **za to** dafür; **przed tym** davor; **za tym** dahinter; **ponad tym** <**to**> darüber (hinaus); **tym razem** diesmal; **tymi słowami** <**słowy**> mit diesen Worten; **dnia tego i tego** den soundsovielten; **w tych dniach** dieser Tage; **do tego** dazu, obendrein; **to i**

owo dies und jenes; **co ty na to?** was sagst <meinst> du dazu?; **co pan o tym myśli?** was halten Sie davon?; **w tym samym czasie** zu gleicher Zeit; **jedno i to samo** eins und dasselbe; **pięć lat temu** vor fünf Jahren

tenis *m* Tennis *n*; ~ **na trawie** Lawntennis *n*, Lawn-Tennis *n*; ~ **stołowy** Tischtennis *n*; **grać w ~a** Tennis spielen

tenor *m* Tenor *m*, Tenorstimme *f*; (*śpiewak*) Tenor, Tenorsänger *m*

teoretyczn|y *adj* theoretisch; **chemia ~a** theoretische Chemie

teori|a *f* Theorie *f*, Lehre *f*; **~a poznania** Erkenntnistheorie *f*; **~a względności** Relativitätstheorie *f*; **wysunąć ~ę** eine Theorie aufstellen

teraz *adv* jetzt; **aż do ~** bis jetzt; **od ~** von jetzt an

teraźniejsz|ość *f* Gegenwart *f*; **~y** gegenwärtig, jetzig

teren *m* Gelände *n*, Terrain *n*; *figur.* Gebiet *n*; ~ **walki** Kampfgelände *n*; ~ **fabryki** Fabrikgelände *n*; *mot.* ~ **zwartej zabudowy** geschlossene Ortschaft; **być (gdzieś) na ~ie** (im großen Gelände, Gebäude) unterwegs sein

termin *m* Termin *m*, Frist *f*; ~ **zapłaty** Zahlungsfrist *f*; **długi <krótki>** ~ lange <kurze> Frist; **przedłużyć** ~ die Frist verlängern; **po upływie ~u** nach abgelaufener Frist; ~ **upływa** die Frist läuft ab

terminarz, ~yk *m* Terminkalender *m*

termometr *m* Thermometer *n*

termos *m* Thermosflasche *f*

termostat *m* Thermostat *m*

terpentyna *f* Terpentin *n*

terytorium *n* Territorium *n*; Gebiet *n*; ~ **państwowe** Hoheitsgebiet *n*

test *m* Test *m*

testament *m* Testament *n*; **spisać** ~ sein Testament machen; **otworzyć** ~ das Testament eröffnen

teściowa *f* Schwiegermutter *f*

teść *m* Schwiegervater *m*

teściowie *pl* Schwiegereltern *pl*

też *adv* auch

tęcz|a *f* Regenbogen *m*; **patrzeć w kogoś jak w ~ę** jn voller Bewunderung ansehen

tędy *adv* hier lang, hier vorbei; da hinaus

tęgi *adj* (*gruby*) dick, beleibt; (*dzielny*) tüchtig; (*silny*) fest, stark; ~ **mróz** starker Frost

tępak *m* Trottel *m*, Schwachkopf *m*

tępić *vt* zu vertilgen versuchen; bekämpfen

tępy *adj* stumpf; *figur.* (*głupawy*) stumpfsinnig; **mieć ~ słuch** schwerhörig sein; **patrzeć ~m wzrokiem** ins Leere <stumpf vor sich hin> starren

tęsknić *vi* sich sehnen, Sehnsucht haben **(za kimś** nach jm)

tęsknot|a *f* Sehnsucht *f*; **~a za ojczyzną** Heimweh *n*; **umierać z ~y** vor Sehnsucht (fast) vergehen

tętnica *f* Schlagader *f*, Pulsader *f*

tętno *n* Puls(schlag) *m*; **(z)mierzyć komuś** ~ jm den Puls messen

tkacz *m* Weber *m*

tkać *vt* (*tkaninę*) weben

tkanin|a *f* Gewebe *n*; Stoff *m*; **~a wełniana** Wollstoff *m*; **~y** *pl* Textilien *pl*

tkanka *f* Gewebe *n*

tkliwy *adj* zärtlich

tlen *m* Sauerstoff *m*

tlić się *vr* glimmen

tło *n* Hintergrund, Grund *m*; **na tym tle** vor diesem Hintergrund

tłoczyć I. *vt* drücken, pressen; (*drukować*) drucken **II.** *vr* ~ **się** sich drängen, drängeln

tłok *m* Gedränge *n*; *mech.* Kolben *m*

tłuc *vt* **1.** zerschlagen; ~ **kamienie** Steine klopfen **2.** *ugs.* (*bić*) schlagen, prügeln

tłum *m* Menge *f*, Menschenmenge *f*; **~em** haufenweise, scharenweise

tłumacz *m* Übersetzer *m*; Dolmetscher *m*

tłumaczenie *n* (*na język obcy*) Übersetzung *f*, (*ustne*) Dolmetschen *n*; (*wyjaśnienie*) Erklärung *f*; (*wykładnia*) Auslegung, Deutung *f*

tłumaczyć I. *vt* **1.** (*pisemnie*) übersetzen **(z francuskiego <na francuski>** aus dem Französischen <ins Französische>); (*ustnie*) dolmetschen **2.** (*zagadnienie*) erklären **II.** *vr* ~ **się** sich erklären; (*usprawiedliwiać się*) sich entschuldigen

tłumik *m* *mech.* Schalldämpfer *m*

tłusty *adj* fett, (*przetłuszczony*) fettig; ~ **druk** Fettdruck *m*

tłuszcz *m* Fett *n*

to I. *pron* das, dies, das hier, es; → **ten II.** (*zastępuje łącznik*: **jest**): **grunt to zdrowie** Hauptsache, man ist gesund

toalet|a *f* **1.** (*strój*) Toilette *f* **2.** (*ubieranie się*) Anziehen *n*; **nie móc ukończyć ~y** mit dem Anziehen nicht fertig werden (können) **3.** (*wc*) Toilette *f*

toaletow|y *adj* Toiletten-; **papier ~y** Toilettenpapier *n*; **woda ~a** Eau de toilette, Toilettenwasser *n*
toast *m* Toast *m*, Trinkspruch *m*; **wznieść ~** einen Trinkspruch ausbringen
tobie *pron pers D* dir; → **ty**
toczak *m* Schleifstein *m*
toczy|ć I. *vt* **1.** *mech.* drechseln **2.** (*po ziemi*) rollen, wälzen **3.** (*szlifować*) schleifen **II.** *vr* **~ć się** (sich) rollen; **walka ~ się nadal** der Kampf dauert an; **akcja ~ się ...** die Handlung spielt ...
tok *m* Gang *m*, Lauf *m*, Verlauf *m*; **być w (pełnym) ~u** in vollem Gange sein; **w ~u rozmowy** im Laufe des Gesprächs
tokarka *f* Drehbank *f*
tokarz *m* Dreher *m*
tolerować *vt* dulden, tolerieren
tom *m* Band *m*
tomisko *n* Wälzer *m*, Schinken *m*
ton *m* Ton *n*, Klang *m*; *figur.* **być w dobrym ~ie** zum guten Ton gehören; **nadawać ~** tonangebend sein
tona *f* Tonne *f*
tonąć *vi* (*o statku*) versinken, untergehen; (*o człowieku*) am Ertrinken sein; *ugs.* absacken
topić I. *vt* **1.** ertränken, ersäufen **2.** (*metal*) schmelzen **II.** *vr* **~ się** ertrinken, am Ertrinken <dem Ertrinken> nahe sein
topnie|ć *vi* schmelzen, zergehen; *figur.* **pieniądze <zapasy> ~ją** Geld <Vorrat> schwindet <geht aus>
topola *f* Pappel *f*, Pappelbaum *m*; **biała ~** Silberpappel *f*
topór *m* Beil *n*
tor *m* **1.** (*bieżnia*) Bahn *f*; *mot.* **~ doświadczalny** Versuchsbahn *f*; **~ wyścigowy** Rennbahn *f* **2.** *ebw.* Gleis *n*; **ślepy ~** totes Gleis
torba *f* Tasche *f*; **~ podróżna** Reisetasche *f*; **~ myśliwska** Jagdtasche *f*; **~ na zakupy** Einkaufstasche *f*, Tragetasche *f*
torebka *f* **1.** Tüte *f*; **~ cukierków** eine Tüte Bonbons **2.** (*damska*) Handtasche *f*
torf *m* Torf *m*
torpeda *f* Torpedo *m*
tort *m* Torte *f*
totalizator *m* Totalisator *m*, Toto *n*; **~ sportowy** Sporttoto *n*
totolot|ek *m* *ugs.* Toto *n*; **wygrać w ~ka** im Toto gewinnen
towar *m* Ware *f*; **~y** *pl* Waren *fpl*, Güter

npl; **~ eksportowy** Exportartikel *m*; **~y konsumpcyjne** Konsumgüter *npl*
towarowy *adj* Waren-, Güter-, Fracht-; **pociąg ~** Güterzug *m*; **statek ~** Frachtschiff *n*; **dom ~** Kaufhaus *n*; **znak ~** Warenzeichen *n*
towarysk|i *adj* gesellig; (*stosowany w towarzystwie*) gesellschaftlich; **człowiek ~i** geselliger Mensch; **formy ~ie** Umgangsformen *fpl*; **gra ~a** Gesellschaftsspiel *n*
towarzystw|o *n* **1.** Gesellschaft *f*; **dotrzymywać komuś ~a** jm Gesellschaft leisten **2.** (*organizacja*) Verein *m*, Gesellschaft *f*; **~o ubezpieczeniowe** Versicherungsgesellschaft *f*
towarzysz *m* Gefährte *m*; (*osoba towarzysząca*) Begleiter *m*; **~ podróży** Reisegefährte *m*; **~ zabawy** Spielgefährte, Spielkamerad *m*; **~ życia** Lebensgefährte *m*
tracić *vt* verlieren; **~ pieniądze** Geld verlieren <verprassen, verschleudern>; *figur.* **~ głowę** den Kopf verlieren, aus dem Häuschen sein
tradycyjny *adj* traditionell, herkömmlich
trafiać I. *vt*, *vi* treffen; **~ do celu** das Ziel <ins Schwarze> treffen; **na chybił trafił** aufs Geratewohl, auf gut Glück **II.** *vr* **~ się** (*zdarzać się*) vorkommen
trafić *vt*, *vi pf* → **trafiać**
trafn|y *adj* treffend, richtig; **~y strzał** Treffer *m*, Volltreffer *m*; **~a odpowiedź** richtige Antwort
tragarz *m* Gepäckträger *m*
tragedia *f* Tragödie *f*; *teatr. o.* Trauerspiel *n*
traktor *m* Traktor *m*, Schlepper *m*; **~ gąsienicowy** Raupenschlepper *m*
traktować I. *vt* behandeln; **~ poważnie** ernst nehmen **II.** *vi* behandeln (**o czymś** etw), handeln (von etw)
tramwaj *m* Straßenbahn *f*
tramwajowy *adj* Straßenbahn-; **przystanek ~** Straßenbahnhaltestelle *f*
tran *m* Lebertran *m*
transformator *m* Transformator *m*
transfuzja *f* Transfusion *f*, -übertragung *f*; **~ krwi** Blutübertragung *f*
transmisja *f* **1.** *rad.* Übertragung *f*; **~ z teatru** Theaterübertragung *f*; **~ telewizyjna** Fernsehübertragung *f* **2.** *techn.* Transmission *f*; *mech.* Triebwelle *f*
transmitować *vt* *rad.* übertragen
transparent *m* Spruchband *n*, Transparent *n*
transplantacja *f* *med.* Transplantation *f*,

Verpflanzung *f*; **~ serca** Herztransplantation *f*
transport *m* Transport *m*, Beförderung *f*; (*komunikacja*) Verkehrswesen *n*
trasa *f* Route *f*; **~ podróży** Reiseroute *f*
tratować *vt* trampeln
tratwa *f* Floß *n*
trawa *f* Gras *n*
trawić *vt* **1.** verdauen; *figur.* (*o ogniu*) verzehren; **~ czas na czymś** die Zeit mit etw hinbringen **2.** *techn.* ätzen
trawnik *m* Rasen *m*; Grünanlage *f*
trąba *f* **1.** Tuba *f*; **~ powietrzna** Windhose *f*; Wirbelwind *m* **2.** (*słonia*) Rüssel *m*
trąbić *vi* **1.** blasen, trompeten **2.** *ugs.* (*pić*) saufen
trąb|ka *f* Trompete *f*; **grać na ~ce** Trompete blasen
trącać I. *vt* stoßen, (leicht) anstoßen **II.** *vr* **~ się** anstoßen; **~ się kieliszkami** mit jm anstoßen
trener *m* Trainer *m*, Coach *m*
trenerka *f* Trainerin *f*
trening *m* Training *n*
trenować *vi* trainieren
tresować *vt* dressieren, abrichten
tresowan|y *adj* dressiert; **~e zwierzę** ein dressiertes Tier
treść *f* Inhalt, Gehalt *m*; **zasadnicza ~** Hauptinhalt *m*
triumf *m zob.* **tryumf**
trochę *adv* ein bisschen, ein wenig, etwas; **~ inny** etwas anders; **ani ~** ganz und gar nicht
trociny *pl* Sägemehl *n*
trojaczki *mpl* Drillinge *pl*
troje *num* drei; → **trzy**
trolejbus *m* Oberleitungsomnibus *m*, Obus *m*
trombita *f* Alphorn *n*
tron *m* Thron *m*; **następca ~u** Thronfolger, Kronprinz *m*; **wstąpić na ~** den Thron besteigen
tropikaln|y *adj* tropisch; Tropen-; **kraje ~e** Tropen *pl*; **klimat ~y** tropisches Klima
trosk|a *f* **1.** Sorge *f*; **pełen ~i** voller Sorgen **2.** (*zmartwienie*) Besorgnis *f*, Kummer *m*
troskliwość *f* Sorgfalt *f*
troskliwy *adj* sorgfältig
troszczyć się *vr* sorgen, Sorge tragen (**o coś** für etw)
trotuar *m* Bürgersteig *m*
trój- *w złożeniach* drei-, Drei-
trójbój *m* Dreikampf *m*

trójka *f* Drei *f*
trójkąt *m* Dreieck *n*
trójkątny *adj* dreieckig
trójskok *m sport.* Dreisprung *m*
trójwymiarowy *adj* dreidimensional
truciznja *f* Gift *n*; **zażyć ~ę** Gift nehmen
trud *m* Mühe *f*, Mühsal *f*; **z ~em** schwer, mit Mühe (und Not); **to daremny ~** das ist vergebliche Mühe
trudnić się *vr* sich beschäftigen, sich befassen (**czymś** mit etw); **~ się hodowlą bydła** Viehzucht treiben
trudno *adv* schwer, schwierig; **~ uchwytny** schwer zu (er)fassen, schwer greifbar; **no ~!** da kann man nichts machen!; **~ przewidzieć** es ist nicht abzusehen
trudność| *f* Schwierigkeit *f*; **z ~cią** mit Mühe; **sprawiać ~ć** Schwierigkeiten bereiten, schwer fallen
trudny *adj* schwer, schwierig; **~ do odgadnięcia** schwer zu erraten
trujący *adj* giftig, Gift-; **gaz ~** Giftgas *n*; **grzyb ~** Giftpilz *m*
trumna *f* Sarg *m*
trup *m* Leiche *f*, Leichnam *m*; **blady jak ~** leichenblass; **paść ~em** das Leben lassen; **położyć ~em** töten, umbringen
truskawka *f* Gartenerdbeere *f*, Erdbeere *f*
trwa|ć *vi* dauern, anhalten; **~ć nadal** fortdauern; **obrady ~ją** die Debatte dauert an
trwały I. *adj* dauerhaft, haltbar; (*pogoda*) andauernd; **~ pokój** ein dauerhafter Frieden **II. trwała** *f* Dauerwelle *f*
trwonić *vt* verschwenden, vergeuden
tryb *m* **1.** Art und Weise, Stil *m*; **~ życia** Lebensweise *f*; **iść zwykłym ~em** seinen alten Gang gehen **2.** *gram.* Modus *m*; **~ oznajmujący** Indikativ *m*
trybuna *f* **1.** (*na stadionie*) Tribüne *f* **2.** (*do przemówień u.ä.*) Rednerbühne *f*
trykot *m* Trikot *m*, *n*
tryska|ć *vi* (*o wodzie*) sprudeln, hervorströmen; (*o źródle*) springen; (*o iskrach*) sprühen; *figur.* **~ć zdrowiem** von Gesundheit strotzen; **~jący zdrowiem** gesundheitsstrotzend
tryumf *m* Triumph *m*; **z ~em** triumphierend
trzaskać *vi* krachen, knattern; **~ z bicza** mit der Peitsche knallen
trzasnąć *vi pf* (einmal) krachen, knallen; **~ drzwiami** die Tür zuwerfen; → **trzaskać**
trząść [tʃɔ̃ctɕ] **I.** *vt*, *vi* schütteln, rütteln;

~ głową den Kopf schütteln; **wóz trzęsie** der Wagen schüttelt **II.** *vr* **~ się 1.** zittern (**ze strachu** vor Angst) **2.** (*o ziemi*) beben
trzcin|a ['tʃtʃina] *f* Rohr *n*, Schilfrohr *n*; **~y** *pl* (*nad wodą*) Röhricht *n*; **~a bambusowa** Bambusrohr *n*; **~a cukrowa** Zuckerrohr *n*
trzeba *impers* man muss, es ist nötig; **~ było** man musste, es war nötig; **~ przyznać, że ...** es muss zugegeben werden, dass ...; **tego jeszcze było ~!** das fehlte noch!; **nie ~** (es ist) nicht nötig
trzeci *num* der dritte; **po raz ~** zum dritten Mal; **~a część** ein Drittel; **część ~a** dritter Teil; **jedna ~a litra** ein drittel Liter
trzeć *vt* reiben
trzepać *vt* klopfen; *figur. ugs.* (*gadać*) plappern
trzepotać *vt* (*vr* **się**) flattern; **~ się** *o.* zappeln
trzeszczeć *vi* (*o ogniu*) knistern, prasseln; (*o schodach*) knarren
trzewik *m* Schuh *m*
trzeźwieć *vi* (wieder) nüchtern werden, ernüchtern
trzeźwy *adj* nüchtern; *figur.* besonnen, nüchtern
trzęsienie *n*: **~ ziemi** Erdbeben *n*
trzmiel *m* Hummel *f*
trzonek *m* Stiel *m*; Griff *m*
trzustka *f* Bauchspeicheldrüse *f*
trzy *num* drei
trzy- *w złożeniach* drei-, Drei-
trzydniowy *adj* dreitägig
trzydziesty *num* der dreißigste
trzydzieści *num* dreißig
trzymać I. *vt* halten (**kogoś za rękę** jn bei der Hand) **II.** *vr* **~ się** sich halten; *mot.* **~ się drogi** <**jezdni**> gute Straßenlage haben; **~ się!** festhalten!; **trzymaj się prosto!** halte dich gerade!
trzynastka *f* Dreizehn *f*; **feralna ~** die böse Dreizehn
trzynasty *num* der dreizehnte
trzynaście *num* dreizehn
trzypiętrowy *adj* dreistöckig
trzysta *num* dreihundert
tu *adv* (*wskazanie miejsca*) hier; (*wskazanie kierunku*) hierher, her; **tu i tam** hier und da <dort>; **tu i ówdzie** hier und da; *meteor.* strichweise, stellenweise; **chodź no tu!** komm mal her!
tuba *f* Sprachrohr *n*; *mus.* Tuba *f*
tucznik *m* Mastschwein *n*

tulić I. *vt* umarmen, an sich drücken **II.** *vr* **~ się** sich anschmiegen <schmiegen> (**do kogoś** an jn)
tulipan *m* Tulpe *f*
tunel *m* Tunnel *m*; **~em** durch den Tunnel
tupać *vi* (mehrmals) mit dem Fuß stampfen
tupnąć *vi pf* ein Mal mit dem Fuß stampfen; → **tupać**
turbina *f* Turbine *f*
tureck|i *adj* türkisch, Türken-; **łaźnia ~a** türkisches Bad
Turek *m* Türke *m*
turniej *m* Turnier *n*
turysta *m* Tourist *m*
turystyczn|y *adj* Touristen-, Reise-; **atrakcja ~a** Touristenattraktion *f*
turystyka *f* Fremdenverkehr *m*, Tourismus *m*, Touristik *f*
tusz *m* **1.** Tusche *f* **2.** (*prysznic*) Dusche *f*
tutaj *adv* (*wskazanie miejsca*) hier; (*wskazanie kierunku*) hierher
tutejszy *adj* hiesig
tuzin *m* Dutzend *n*
tuż *adv* dicht bei <an>; **~ obok mnie** (ganz) dicht neben mir
tward|y *adj* **1.** hart, fest; **~y jak kamień** steinhart; **~y sen** fester Schlaf; **~e życie** hartes Leben; **jajko na ~o** hart gekochtes Ei **2.** *figur.* (*człowiek*) hart, unbeugsam
twaróg *m* Quark *m*
twarz *f* Gesicht *n*; **być do ~y** zu Gesicht stehen, gut stehen; **uderzyć kogoś w ~** jm eine Ohrfeige geben, jn ins Gesicht schlagen; **rysy ~y** Gesichtszüge *pl*
twierdza *f* Festung *f*
twierdz|ić *vt* behaupten; **~ą ...** es wird behauptet ...
twoja, twoje *pron poss* → **twój**
tworzyć I. *vt* (*stanowić*) bilden; (*stwarzać*) schaffen, kreieren **II.** *vr* **~ się** sich bilden, entstehen
tworzywo *n* Stoff *m*; **~ sztuczne** Kunststoff *m*
twój, twoja, twoje *pron poss* dein, deine, dein
twórca *m* Schöpfer *m*
twórczość *f* Schaffen *n*; **~ artystyczna** künstlerisches Schaffen
twórczy *adj* kreativ, schöpferisch; **Schöpferty** *pron pers* du; **być z kimś na ty** jn duzen, sich mit jm duzen
tycz|ka *f* Stab *m*; *sport.* **skok o ~ce** Stabhochsprung *m*, Stabhochspringen *n*

tyć *vi* dicker werden, fett werden
tydzień *m* Woche *f*; **Wielki Tydzień** Karwoche *f*; **co ~** jede Woche, wöchentlich; **co drugi ~** alle zwei Wochen; **za ~** in <nach> einer Woche; **od tygodnia** seit einer Woche
tyfus *m* Typhus *m*
tygodnik *m* Wochenschrift *f*; **~ ilustrowany** Illustrierte *f*
tygodniowo *adv* wöchentlich, pro Woche
tygodniowy *adj* wöchentlich; (*jednotygodniowy*) einwöchig
tygrys *m* Tiger *m*
tykać *vi* (*o zegarze*) ticken
tyle *adv* so viel; **~ razy** so viele Male; **~ ..., ile ...** so viel ... wie ...; **trzy razy ~** dreimal so viel; **~ samo** genauso viel, ebenso viel
tylko I. *adv* nur, lediglich; **~ co** soeben **II.** *kj* (*lecz*) sondern; **nie ty, ~ on** nicht du, sondern er
tyln|y *adj* der hintere; Hinter-; **~a noga** Hinterbein *n*
tylo|godzinny stundenlang; **~krotny** mehrmalig; **~letni** mehr-, langjährig
tył *m* hinterer Teil; **w tyle, z ~u** hinten; **od ~u** von hinten; **w ~ <do ~u>** nach hinten, zurück; **~em** rückwärts

tym I. *pron* → **ten II.** *adv* umso, desto; **~ lepiej** umso besser; **im więcej, ~ lepiej** je mehr, desto <je> besser; **~ bardziej, że ...** umsomehr als ...; **im prędzej, ~ lepiej** je eher, desto besser <desto lieber>
tymczasem I. *kj* indessen **II.** *adv* (*na razie*) vorläufig; inzwischen
tymczasowy *adj* provisorisch, vorläufig
tynk *m* Putz *m*, Verputz *m*
typ *m* Typ *m*; *mot.* **~ karoserii** Bauart *f*; **tego ~u** von diesem Typ; *figur.* **ludzie tego ~u** Leute von diesem Schlag; **podejrzany ~** ein verdächtiges Individuum
typować *vt* tippen
typowy *adj* typisch
tyraliera *f* (Schützen-)Linie *f*
tyran *m* Tyrann *m*
tysiąc I. *num* tausend, eintausend **II.** *m* Tausend *n*; **~ami** zu Tausenden
tysiąclecie *n* Jahrtausend, Millennium *n*
tytan *m* Titan *m*
tytoń *m* Tabak, Rauchtabak *m*
tytuł *m* Titel *m*; **pod ~em** mit <unter> dem Titel; **nadać ~** einen <den> Titel verleihen
tytułow|y *adj* Titel-; **karta ~a** Titelblatt *n*
typ *m* Typ(us) *m*

U

u *praep* bei, an; **u nas** bei uns; **u drzwi** an der Tür; **u Goethego** bei Goethe; **u siebie** (*w domu*) zu Hause; **palec u nogi** Zehe *f*
uaktywniać *vt* aktivieren
ubawić się *vr pf* sich recht amüsiert haben
ubezpieczać I. *vt* versichern, (*zabezpieczać*) sicherstellen **II.** *vr* ~ **się na wypadek kradzieży** sich gegen Diebstahl versichern
ubezpieczenie *n*: *mot.* ~ **od odpowiedzialności cywilnej** Haftpflichtversicherung *f*; ~ **autocasco** Kaskoversicherung *f*
ubezpieczyć *vt pf* → **ubezpieczać**
ubić *vt pf* → **ubijać**; ~ **interes** ein Geschäft machen <abschließen>
ubiec *vt pf* **1.** zuvorkommen (**kogoś** jm) **2.** (*przebiec*) durchlaufen
ubiegać się *vr* sich bewerben, sich bemühen (**o coś** um etw)
ubiegły *adj* vergangen, vorig; **w ~m roku** im vergangenen Jahr, voriges Jahr
ubierać I. *vt* (*kogoś*) anziehen **II.** *vr* ~ **się** sich anziehen; (*nosić się*) sich kleiden
ubijać *vt* feststampfen; ~ **pianę** zu Schaum schlagen
ubikacja *f* Toilette *f*
ubiór *m* (*garderoba*) Kleidung *f*
ubliżać *vi* beleidigen, verletzen (**komuś** jn)
ubliżyć *vi pf* → **ubliżać**
uboczļe *n*: **na ~u** abseits; **położony na ~u** abseits gelegen
uboczn|y *adj* Neben-; **~a** Nebensache *f*; **~e zajęcie** Nebenbeschäftigung *f*; **produkt ~y** Nebenprodukt *n*
ubogi I. *adj* arm (**w coś** an etw), bedürftig **II.** *m* Arme *m*, (*żebrak*) Bettler *m*
ubolewać *vi* bedauern (**nad kimś** jn, **nad czymś** etw)
ubóstwiać *vt* vergöttern
ubóstwo *n* Armut *f*; ~ **myślowe** Gedankenarmut *f*
ubrać *vt pf* → **ubierać**
ubranļe *n* (*odzież*) Kleidung *f*, Kleider *npl*; (*garnitur*) Anzug *m*; **nie mieć nic do ~a** nichts anzuziehen haben
ubrudzić *vt pf* beschmutzen, dreckig machen
ubyć *vi pf* → **ubywać**
ubywa|ć *vi* **1.** abnehmen; **księżyca ~** der Mond nimmt ab; **zapasów ~** die Vorräte werden knapp <gehen aus>; **~ć na wadze** an Gewicht verlieren **2.** (*wody w rzece*) sinken
ucho *n* **1.** (*pl* **uszy**) Ohr *n*; ~ **środkowe** Mittelohr *n*; **na ~** ins Ohr; **po uszy, powyżej uszu** bis über die Ohrenspitzen; **nadstawiać uszu** die Ohren spitzen; **puszczać mimo uszu** nicht beachten, in den Wind schlagen; **słuchać jednym uchem** mit halbem Ohr hinhören; **być głuchym na jedno ~** auf einem Ohr taub sein **2.** (*pl* **ucha**) Henkel *m* **3.** ~ **igielne** Nadelöhr *n*
uchodzi|ć *vi* **1.** → **ujść 2.** (*wypadać*) sich schicken, sich ziemen; **nie ~** es ziemt <schickt> sich nicht **3.** (*o rzece*) münden, sich ergießen
uchwalać *vt* → **uchwalić**
uchwalić *vt pf* verabschieden (**ustawę** ein <das> Gesetz)
uchwał|a *f* Beschluss *m*; (*uchwalenie*) Beschlussfassung *f*; **podjąć** <**powziąć**> **~ę** einen Beschluss fassen
uchwycić *vt pf* ergreifen, auffassen
uchwyt *m* Griff *m*
uchwytny *adj* greifbar, handfest; (*osiągalny*) erreichbar; *ugs.* **czy jest pan dzisiaj ~?** sind Sie heute erreichbar <zu erreichen>?
uciąć *vt pf* abschneiden; ~ **rozmowę** ein Gespräch (unvermittelt) abbrechen
uciążliwy [utɕɔ̃'ʒliví] *adj* beschwerlich
uciec *pf* **I.** *vi* → **uciekać II.** *vr* ~ **się** Zuflucht nehmen (**do kogoś, czegoś** zu jm, zu etw)
ucieczk|a *f* Flucht *f*, Ausbruch *m* **w czasie ~i** auf der Flucht; **rzucić się do ~i** die Flucht ergreifen; *mil.* **zmusić do ~i** in die Flucht schlagen
uciekać *vi* flüchten, fliehen, davonlaufen
uciekinier *m* Flüchtling; (*przestępca*) Flüchtige *m*; (*o dziecku, kolarzu*) Ausreißer *m*
ucieszyć I. *vt* erfreuen; Freude machen (**kogoś** jm) **II.** *vr* ~ **się** Freude haben, erfreut sein (**z czegoś** über etw)
ucinać *vt* am Abschneiden sein
ucisk *m* Druck *m*; (*uciskanie*) Bedrückung *f*, Bedrängnis *f*
uciskać *vt* (*uwierać*) drücken; (*ciemiężyć*) bedrücken, unterdrücken
uciszļać I. *vt* zur Ruhe mahnen, (*uspokajać*) beruhigen, (*koić*) beschwichtigen **II.** *vr*

~ać się still werden; **~yło się** es ist still geworden, (*o wietrze*) es ist windstill geworden, der Wind hat sich gelegt
uciszyć *vt pf* → **uciszać**
uczciwy *adj* ehrlich, redlich
uczelnia *f* Hochschule *f*
uczennica *f* Schülerin *f*, Auszubildende *f*
uczeń *m* Schüler *m*; (*w rzemiośle*) Lehrling *m*, (*oficjalnie*) Auszubildende *m*, *ugs.* Azubi *m*
uczesać *vt pf* (*vr*) (**się** sich) gekämmt haben; → **czesać**
uczesanie *n* Frisur *f*
uczestniczyć *vi* sich beteiligen, beteiligt sein (**w czymś** an etw)
uczestnik *m* Teilnehmer *m*
uczęszczać [u't∫ɛ̃t∫atɕ]*vi* besuchen (**do szkoły** die Schule)
uczony I. *adj* gelehrt **II.** *m* Gelehrte *m*
uczta *f* Festessen *n*, Gastmahl *n*
uczucie *n* Gefühl *n*, Empfindung *f*; **przykre ~** Missbehagen *n*; **niejasne ~** ein dunkles Gefühl; **~ wstydu** <**żalu**> das Gefühl der Scham <Reue>; **z mieszanymi uczuciami** mit gemischten Gefühlen; **z ~m** mit Gefühl
uczulenie *n med.* Allergie *f*
uczulony *adj* allergisch (**na** gegen)
uczyć I. *vt* lehren, unterrichten (**kogoś** jn), Unterricht erteilen (**kogoś** jm); (*wpajać*) beibringen (**kogoś** jm) **II.** *vr* **~ się** lernen (**od kogoś** von jm); **~ się francuskiego** Französisch lernen; **~ się czytać** <**grać na fortepianie**> lesen <Klavier spielen> lernen
uczynić *vt pf* → **czynić**
uczynny *adj* hilfsbereit, gefällig
udać *pf* **I.** *vt* → **udawać I. II.** *vr* **~ się 1.** (*powieść się*) gelingen; **nie ~ się** misslingen, schief gehen **2.** (*pójść*) sich begeben; (*zwrócić się*) sich wenden (**do kogoś** an jn); **~ się na spoczynek** sich zur Ruhe begeben
udany *adj* gelungen
udar *m* Schlaganfall *m*; Schlag *m*; **~ serca** Herzschlag *m*; **~ słoneczny** Sonnenstich *m*
udawać I. *vt* sich stellen; vorspiegeln, vortäuschen; **~ głuchego** sich taub stellen; (*naśladować*) nachahmen **II.** *vr* **~ się** → **udać II.**
udarny *adj* schlagfest
uderzać *vi*, *vt* (*bić*) schlagen; (*rzucać się w oczy*) auffallen, in die Augen springen
uderzyć *vi pf* (*o piorunie*) einschlagen; **~ na alarm** Lärm <Alarm> schlagen; *vgl.* **uderzać**
udo *n* Oberschenkel *m*
udoskonalić *vt pf* → **doskonalić**
udowadniać *vt* beweisen, nachweisen; (*wykazać*) erweisen
udowodnić *vt pf* → **udowadniać**
udusić *vt pf* erdrosseln, erwürgen
uduszenie *n* Erdrosselung *f*; **~ się** Erstickung *f*, Ersticken *n*
udzia|ł *m* **1.** (*uczestniczenie*) Teilnahme *f* (**w czymś** an etw); **brać w czymś ~ł** an etw teilnehmen, sich an etw beteiligen **2.** *handl.* Anteil *m*; (*akcja*) Aktie *f*; **mieć ~ w zysku** am Gewinn Anteil haben; **przypaść w ~le** zuteil werden
udzielać *vt* **1.** erteilen; **~ informacji** Auskunft erteilen; **~ rady** <**głosu**> einen Rat <das Wort> erteilen; **~ lekcji** Unterricht erteilen, Stunden geben **2.** (*udostępniać*) zukommen lassen, zuteil werden lassen **3.** (*przyznawać*) gewähren
udzielić *vt pf* → **udzielać**
ufać *vi* trauen (**komuś** jm)
ufarbować *vt pf* färben
ugotowany *adj* gar
ugór *m* Brache *f*, Brachfeld *n*; **leżeć ugorem** brachliegen
ugrupowanie *n* Gruppierung *f*
ujawniać I. *vt* enthüllen, zum Vorschein bringen, an den Tag legen **II.** *vr* **~ się** zu Tage treten
ujawnić *vt pf* → **ujawniać**
ująć *pf* **I.** *vt* **1.** fassen; **złodzieja ujęto** der Dieb wurde gefasst **2.** (*krótko w słowach*) zusammenfassen; (*zjednać*) einnehmen, gewinnen (**sobie kogoś** jn für sich) **II.** *vr* **~ się** sich annehmen (**za kimś** js), sich einsetzen, eintreten (**za kimś** für jn)
ujemny *adj* negativ; abfällig; (*szkodliwy*) abträglich; **bilans ~** passive Bilanz
ujęcie *n* (*pochwycenie*) Ergreifung *f*; (*schwytanie*) Festnahme *f*; (*rejestracja*) Erfassung *f*; (*wersja*) Fassung *f*
ujm|ować I. *vt* **1.** fassen, (*krótko*) zusammenfassen; **~ując krótko** zusammenfassend **2.** (*zjednywać*) einnehmen, gewinnen (**sobie kogoś** jn für sich) **II.** *vr* **~ować się** sich annehmen (**za kimś** js)
ujmujący *adj* einnehmend, ansprechend
ujrzeć *vt pf* erblicken; **~ światło dzienne** das Licht der Welt erblicken

ujście *n* (*rzeki*) Mündung *f*
ujść *vi* entrinnen, entgehen (**niebezpieczeństwu** einer Gefahr)
ukarać *vt pf* bestrafen
ukazać *vt pf* → **ukazywać**
ukazywać I. *vt* zeigen; (*wskazywać*) hinweisen (**coś** auf etw) **II.** *vr* ~ **się** erscheinen, (*o książce o.*) herauskommen
ukąsić *vt pf* (*o psie, żmii*) beißen; (*o owadach*) stechen
układ *m* **1.** (*system*) System *n*; -werk *n*; *mot.* ~ **chłodzenia** Kühlsystem *n*; ~ **wydechowy** Auspuffsystem *n*; ~ **napędowy** Triebwerk *n*; **Układ Słoneczny** Sonnensystem *n* **2.** (*pakt*) Pakt *m*, Vertrag *m*; ~ **o pomocy** Beistandspakt *m*; **zawrzeć** ~ einen Vertrag <Pakt> schließen; *polit.* ~ **sił** Kräfteverhältnis *n*
układać I. *vt* (*porządkując*) zurechtlegen, ordnen; (*komponować*) komponieren, dichten **II.** *vr* ~ **się** (*paktować*) unterhandeln, verhandeln (**co do czegoś** über etw); (*kłaść się*) sich hinlegen
ukłon *m* **1.** (*pozdrowienie*) Gruß *m* **2.** (*skłonienie się*) Verbeugung *f*
ukłonić się *vr pf* (*pozdrowić*) grüßen (**komuś** jn)
ukochany I. *adj* innig geliebt **II.** *m* Geliebte *m*; Schatz *m*
ukończyć *vt pf* beenden, abschließen, fertig bringen
ukos *m*: **na** ~ schräg, querdurch; **z ~a** scheel (**patrzeć na kogoś** jn ansehen)
ukośny *adj* schräg
ukradkiem *adv* verstohlen
ukradkow|y *adj* verstohlen; **~e spojrzenie** verstohlener Blick
Ukrainiec *m* Ukrainer *m*
ukraiński *adj* ukraiński; **barszcz ~** Borschtsch *m*
ukraść *vt pf* stehlen, gestohlen haben
ukryć *vt pf* → **ukrywać**
ukrywać I. *vt* verstecken, verbergen; ~ **w sobie** in sich bergen; (*taić*) verhehlen; Hehl machen (**coś** aus etw) **II.** *vr* ~ **się** sich verbergen, sich verstecken; (*nie pokazywać się*) sich verborgen halten
ul *m* Bienenstock *m*
ulatniać się *vr* sich verflüchtigen, (*wyparować*) verdunsten; *figur.*, *ugs.* (*zwiać*) sich aus dem Staub machen
ulec *vi pf* erliegen, unterliegen; ~ **zniszczeniu** zerstört werden; ~ **wypadkowi** einen Unfall erleiden

uleczalny *adj* heilbar
ulegać *vi* erliegen, unterliegen; ~ **wpływom** beeinflusst werden, unter dem Einfluss stehen; **nie ulega wątpliwości** es unterliegt keinem Zweifel; *vgl.* **ulec**
uległy *adj* nachgiebig, fügsam
ulepszać *vt* verbessern; (*udoskonalać*) vervollkommnen
ulepszyć *vt pf* → **ulepszać**
ulewa *f* Platzregen *m*, Schauer *m*
ulewny *adj*: ~ **deszcz** (anhaltender) starker Regen
ulg|a *f* **1.** Erleichterung *f*; (*zmniejszenie bólu*) Linderung *f*; **doznać ~i** eine Erleichterung empfinden, sich erleichtert fühlen **2.** (*zniżka*) Ermäßigung *f*, **~a podatkowa** Steuervergünstigung *f*
ulgowy *adj* ermäßigt, verbilligt
ulic|a *f* Straße *f*; **~a przelotowa** Durchfahrtstraße *f*; **~a szybkiego ruchu** <**ekspresowa**> Schnellstraße *f*; **~a z pierwszeństwem przejazdu** Vorfahrtsstraße *f*; **na~y** auf der Straße; **mieszkać przy** <**na**> **~y ...** in der ... Straße wohnen; **iść ~ą** eine Straße entlanggehen; **chodzić ~ami** <**po ~ach**> durch die Straßen gehen
uliczka *f* Gasse *f*, **ślepa** ~ Sackgasse *f*
uliczny *adj* Straßen-; **ruch** ~ Straßenverkehr *m*; **wypadek** ~ Verkehrsunfall *m*
ulokować I. *vt pf* unterbringen; (*pieniądze*) anlegen **II.** *vr* ~ **się** unterkommen, Unterkunft finden; (*znaleźć miejsce*) Platz finden
ulotka *f* Flugblatt *n*
ulotnić się *vr pf* → **ulatniać się**
ultimatum *n* Ultimatum *n*
ultra- *w złożeniach* ultra-, Ultra-
ultrakrótki *adj* ultrakurz
ultraprawicowy *adj* rechtsradikal
ulubieniec *m* Liebling *m*
ulubion|y *adj* beliebt, Lieblings-; **~a książka** Lieblingsbuch *n*; **~a potrawa** Leibgericht *n*
ułam|ek *m* **1.** *mat.* Bruchzahl *f*, Bruch *m*; **~ek dziesiętny** Dezimalbruch *m* **2.** (*fragment*) Bruchstück *n*, Bruchteil *m*; **w ~ku sekundy** im Bruchteil einer Sekunde
ułaskawiać *vt* zu begnadigen pflegen
ułaskawić *vt pf* begnadigen; *vgl.* **ułaskawiać**
ułatwi|ać *vt* erleichtern; (*upraszczać*) vereinfachen; begünstigen; **~enie** *n* Erleichterung *f*; Vereinfachung *f*
ułatwić *vt pf* → **ułatwiać**

ułomny I. *adj* gebrechlich **II.** *m* Körperbehinderte *m*
ułożyć *vt pf* → **układać**
umacniać I. *vt* befestigen; *figur.* festigen, stärken (**przyjaźń** die Freundschaft) **II.** *vr* **~ się** *figur.* sich festigen
umarły I. *adj* (*zmarły*) verstorben; (*nieżywy*) tot **II.** *m* Tote *m*
umarzać *vt* → **umorzyć**
umawiać się *vr* sich verabreden; (*uzgadniać*) vereinbaren; ausmachen
umeblowany *adj* möbliert
umiar *m* Maß *n*; **z ~em** mit Maß; **zachowywać ~** Maß halten
umiarkowany *adj* gemäßigt; **klimat ~** gemäßigtes Klima
umieć *vt* können; (*potrafić*) wissen zu ..., verstehen zu ...; **~ pływać** schwimmen können; **~ po niemiecku** Deutsch (sprechen) können; **~ przemawiać** zu reden verstehen; **~ żyć** <**milczeć**> zu leben <schweigen> wissen; **umie pan(i) po niemiecku?** verstehen Sie deutsch?
umierać *vi* sterben, im Sterben liegen; *figur.* **~ ze strachu** <**z tęsknoty**> vor Angst <Sehnsucht> vergehen <sterben>
umierający *adj* sterbend; **on jest ~** er liegt im Sterben
umieszczać *vt* unterbringen; (*postawić*) hinstellen, hinsetzen; (*położyć*) hinlegen; (*zamieszczać*) einrücken (**w gazecie** in eine Zeitung)
umieścić *vt pf* → **umieszczać**
umocnić *vt pf* → **umacniać**
umocnieni|e *n* Befestigung; **~a** *npl archit.* Befestigungsanlage *f*
umorzyć *vt pf* amortisieren, tilgen; *juris.* niederschlagen, einstellen
umow|a *f* Vertrag *m*; Abkommen *n*; **~a zbiorowa** Tarifvertrag *m*; **~a kooperacyjna** Kooperationsabkommen *n*; **~a kupna** <**kupna–sprzedaży**> Kaufvertrag *m*; **~a kulturalna** Kulturabkommen *n*; **zgodnie z ~ą** laut Vertrag; **zawrzeć** <**unieważnić**> **~ę** einen Vertrag schließen <für ungültig erklären>; **zerwać ~ę** den Vertrag brechen
umożliwiać *vt* ermöglichen, möglich machen
umożliwić *vt pf* → **umożliwiać**
umówić się *vr pf* → **umawiać się**; **być umówionym** eine Verabredung haben
umrzeć *vi pf* sterben

umyć *vt pf* → **myć**
umysł *m* Intellekt, Geist *m*; **przytomność ~u** Geistesgegenwart *f*
umysłow|y *adj* geistig, Geistes-; **choroba ~a** Geisteskrankheit *f*; **praca ~a** geistige Arbeit, Kopfarbeit *f*
umyślnie *adv* vorsätzlich, absichtlich, mit Absicht; (*specjalnie*) speziell, eigens
umywalka *f* Waschbecken *n*
unia *f* Union *f*; **Unia Europejska** die Europäische Union
unieruchamiać *vt* → **unieruchomić**
unieruchomić *vt pf* zum Stillstand bringen; (*sparaliżować*) lahm legen; (*maszynę*) außer Betrieb setzen, abstellen
unieszczęśliwiać *vt* → **unieszczęś-liwić**
unieszczęśliwić [uɲeʃtʃɛ̃'ɕlʲivitɕ] *vt pf* unglücklich machen
unieść *pf* **I.** *vt* zu heben <tragen> vermögen; **~ w górę** hochheben, in die Höhe heben **II.** *vr* **~ się** hochgehen; **~ się w powietrze** auffliegen, in die Luft steigen
unieważniać *vt* → **unieważnić**
unieważnić *vt pf* für ungültig <für null und nichtig> erklären
uniewinniać *vt* → **uniewinnić**
uniewinnić *vt pf juris.* freisprechen; (*usprawiedliwić*) rechtfertigen
uniezależniać *vt* → **uniezależnić**
uniezależnić *pf* **I.** *vt* unabhängig <selbst(st)ändig> machen, selbst(st)ändig werden lassen **II.** *vr* **~ się** sich unabhängig machen, sich verselbst(st)ändigen
unikać *vt* meiden; vermeiden (**kogoś** jn)
unikalny *adj* einmalig; einzigartig
uniknąć *vt pf* vermeiden; (*ujść*) entgehen, entrinnen; **~ kary** einer Strafe entgehen
uniwersalny *adj* universal, (*wielozadaniowy*) universell
uniwersyte|t *m* Universität *f*; **Uniwersytet Warszawski** Universität Warschau; **Uniwersytet Humboldta** Humboldt-Universität *f*; **~t radiowy** Funkuniversität *f*; **na** <**w**> **~cie an** <in> der Universität
unosić I. *vt* (*podnosić*) heben, hochheben **II.** *vr* **~ się** (*w powietrze*) auffliegen; **~ się w powietrzu** (in der Luft) schweben; *figur.* (*gniewem*) (leicht) aufbrausen, zornig hochfahren
unowocześnić *vt pf* modernisieren
uodpornić *vt pf* abhärten, widerstandsfähig machen; *med.* immunisieren
uogólniać *vt* verallgemeinern

uogólnić *vt pf* → **uogólniać**
upadać *vi* → **upaść**
upad|ek *m* Fall *m*; Sturz *m*; (*podupadnięcie*) Niedergang *m*; (*rozkład*) Verfall *m*, Verkommen *n*; **przywieść do ~ku** zu Fall bringen
upajać się *vr* sich berauschen, sich ergötzen, sich weiden (**czymś** an etw)
upał *m* Hitze *f*; **straszny ~** niederdrückende Hitze, Affenhitze *f*
upaństwowić *vt pf* verstaatlichen, nationalisieren
uparty *adj* starrsinnig; halsstarrig, eigensinnig, trotzig
upaść *vi pf* fallen, stürzen; *figur.* sinken; **~ na kolana** auf die Knie sinken
upewnić *pf* **I.** *vt* vergewissern **II.** *vr* **~ się** sich vergewissern
upić *pf* **I.** *vt* **1.** (*troszkę odpić*) antrinken **2.** (*kogoś*) betrunken machen **II.** *vr* **~ się** sich betrinken, sich berauschen
upierać się *vr* starrsinnig <halsstarrig> sein; **~ się przy czymś** sich auf etw versteifen, auf etw hartnäckig bestehen
upiększać *vt* verschönern, schöner machen; (*idealizować*) beschönigen
upiększyć *vt pf* → **upiększać**
upijać I. *vt* (immer wieder) betrunken machen **II.** *vr* **~ się** sich immer wieder betrinken
upiór *m* Gespenst *n*
upływ *m* Ablauf, Verlauf *m*; **po ~ie** <**przed ~em**> **terminu** nach <vor> Ablauf der Frist; **po ~ie dwóch miesięcy** nach Verlauf von zwei Monaten; **~ krwi** Blutverlust *m*
upływać *vi* verfließen, verstreichen, vergehen; (*o terminie*) ablaufen
upodobani|e *n* Belieben *n*; **według ~a** nach Belieben
upokarzać I. *vt* demütigen **II.** *vr* **~ się** sich demütigen
upominek *m* Andenken *n*, Souvenir *n*
uporać się *vr pf* fertig werden (**z czymś** mit etw), schaffen (**z czymś** etw)
uporczywy *adj* hartnäckig
uporządkować *vt pf* → **porządkować**
uposażenie *n* Lohn *m*, Besoldung *f*
upoważniać *vt* bevollmächtigen, autorisieren; *figur.* (*stanowić podstawę*) berechtigen
upoważnić *vt pf* → **upoważniać**
upoważnienie *n* Vollmacht *f*, Ermächtigung *f*
upowszechniać *vt* Allgemeingut werden lassen
upowszechnić *vt pf* → **upowszechniać**
upór *m* Eigensinn *m*, Trotz *m*
upraszczać *vt* vereinfachen
uprawa *f* (*czynność*) Bebauen *n*, Bestellung *f*; (*zajęcie*) Bau *m*, Anbau *m*; **~ zboża** Getreidebau *m*; **~ roli** Ackerbau *m*
uprawiać *vt* **1.** (*rolę*) bebauen, bestellen **2.** (*wykonywać*) treiben, betreiben; **~ sport** Sport treiben
uprawić *vt pf* → **uprawiać**
uprawn|y *adj* Anbau-; **ziemia ~a** Anbaufläche *f*, Ackerland *n*
uprościć *vt pf* → **upraszczać**
uprząż ['upɔʃ] *f* Pferdegeschirr *n*
uprzeć się *vr pf* → **upierać się**
uprzedzać I. *vt* (*ubiec*) zuvorkommen (**kogoś** jm); (*antycypować*) vorgreifen; (*ostrzegać*) warnen **II.** *vr* **~ się** leicht voreingenommen sein (**do kogoś** gegen jn)
uprzedze|nie *n* Voreingenommenheit *f*, Vorurteil *n*; **bez ~ń** vorurteilslos, ohne Voreingenommenheit, (*bezstronnie*) unparteiisch
uprzedzić *vt pf* → **uprzedzać**
uprzejmość *f* Höflichkeit *f*; **uprzedzająca ~** Zuvorkommenheit *f*
uprzejmy *adj* höflich; (*uprzedzająco grzeczny*) zuvorkommend
uprzemysłowienie *n* Industrialisierung *f*
uprzyjemniać *vt* angenehm machen
uprzyjemnić *vt pf* → **uprzyjemniać**
upudrować *vt pf* → **pudrować**
upuszczać *vt* (*na ziemię*) (mehrmals) fallen lassen
upuścić *vt pf* fallen lassen
uradowany *adj* (hoch)erfreut, freudestrahlend
uran *m* Uran *n*
uratować *vt pf* erretten; **tonącego zdołano ~** der Ertrinkende konnte (noch) gerettet werden
urbanistyka *f* Städtebau *m*
urlop *m* Urlaub *m*; **~ wychowawczy** Erziehungsurlaub *m*; **być na ~ie** auf <in> Urlaub sein, beurlaubt sein
urlopowicz *m* Urlauber *m*
urna *f* Urne *f*; **~ wyborcza** Wahlurne *f*
uroczy *adj* bezaubernd, verführerisch
uroczystość *f* (*Abschieds-, Trauer-*)Feier *f*, Feierlichkeit *f*, Fest *n*
uroczysty *adj* feierlich, Fest-
uroda *f* Schönheit *f*
urodzaj *m* gute Ernte

urodzajn|y *adj* fruchtbar; **~a ziemia** ein fruchtbarer Boden; **~y rok** ein fruchtbares Jahr, ein gutes Erntejahr
urodzeni|e *n* Geburt *f*; **data ~a** Geburtsdatum *n*
urodzić I. *vt* gebären **II.** *vr* **~ się** geboren werden <sein>
urodziny *pl* Geburtstag *m*; **na ~** zum Geburtstag
urok *m* Anmut *f*; Zauber *m*, Reiz *m*; **być pod ~iem** bezaubert <berückt> sein
urosnąć *vi pf* gewachsen sein
urozmaiceni|e *n* Abwechslung *f*; **dla ~a** zur Abwechslung
uruchomić *vt pf* **1.** betätigen, in Betrieb setzen, in Gang bringen (**maszynę** eine Maschine) **2.** (*otworzyć*) eröffnen
urwać *vt pf* → **urywać**
urywać I. *vt* abreißen, abbrechen, wegreißen **II.** *vr* **~ się** abgerissen <abgebrochen> werden; (*o rozmowie*) stocken
urywek *m* Bruchstück *n*, Fragment *n*
urząd *m* Amt *n*; **~ celny** Zollamt *n*; **~ pocztowy** Postamt *n*; **~ stanu cywilnego** Standesamt *n*; **piastować <sprawować> ~** ein Amt bekleiden <ausüben>
urządzać I. *vt* veranstalten; (*mieszkanie*) einrichten **II.** *vr* **~ się** sich einrichten
urządzeni|e *n* (*zorganizowanie*) Veranstaltung *f*; (*domu*) Einrichtung *f*; (*przyrządy*) Vorrichtung *f*; (*instalacja*) Anlage *f*
urządzić *vt pf* → **urządzać**
urzędniczka *f* Beamtin *f*, Angestellte *f*
urzędnik *m* Beamte *m*, Angestellte *m*; **~ państwowy** Staatsbeamte *m*
urzędowani|e *n*: **godziny ~a** Amtsstunden *pl*, Parteienverkehr *m*
urzędowo *adv* amtlich; (*oficjalnie*) offiziell
urzędowy *adj* amtlich, Amts-
usamodzielniać I. *vt* selbst(st)ändig machen, verselbst(st)ändigen **II.** *vr* **~ się** selbst(st)ändig werden
usamodzielnić się *vt pf* → **usamodzielniać się**
usiąść *vi pf* sich setzen, sich niedersetzen
usłuchać *vt pf* gehorchen (**kogoś** jm), hören (**kogoś** auf jn)
usługi *fpl* Dienstleistungen *fpl*
usługiwać *vi* aufwarten; dienen; bedienen (**komuś** jn)
usłużny *adj* dienstfertig, dienstbereit
usłyszeć *vt pf* hören, vernehmen
usmażyć *vt pf* → **smażyć**

usnąć *vi pf* einschlafen
uspokajać I. *vt* beruhigen **II.** *vr* **~ się** sich beruhigen, ruhig werden
uspokoić *vt pf* → **uspokajać**
usposobienie *n* Gemütsart *f*, Temperament *n*
usprawiedliwiać I. *vt* rechtfertigen **II.** *vr* **~ się** sich rechtfertigen, sich entschuldigen
usprawiedliwić *vt pf* → **usprawiedliwiać**
usprawniać *vt* zweckmäßiger gestalten, rationalisieren
usta *pl* Mund *m*; (*wargi*) Lippen *fpl*; **z ust do ust** von Mund zu Mund; **być na ~ch wszystkich** in aller Munde sein; **pocałować kogoś w ~** jn auf den <jm den> Mund küssen
usta|ć *vi pf* (*przestać*) aufhören; **deszcz ~ł** der Regen hat aufgehört; **wiatr ~ł** der Wind hat sich gelegt
ustalać → **ustalić**
ustalić *pf* **I.** *vt* (*termin*) festsetzen, festlegen; (*określić*) bestimmen; (*fakty*) feststellen **II.** *vr* **~ się** sich festsetzen, üblich werden; (*o pogodzie*) beständig werden
ustanawiać *vt* → **ustanowić**
ustanowić *vt pf* (*określać*) bestimmen; (*rekord*) aufstellen; (*wyznaczać*) einsetzen, ernennen
ustaw|a *f* Gesetz *n*; **projekt ~y** Gesetzesvorlage *f*; **uchwalić ~ę** ein Gesetz verabschieden; **~a wchodzi w życie** ein Gesetz tritt in Kraft; **~a obowiązuje <jest w mocy>** das Gesetz ist in Kraft
ustawać *vi* allmählich aufhören; (*o wietrze*) sich legen
ustawiać I. *vt* (mehrmals) aufstellen, dabei sein aufzustellen **II.** *vr* **~ się** (*w kolejce*) anstehen, sich anstellen
ustawić *vt pf* aufstellen; (*nastawić właściwie*) einstellen; *mot.* **~ świata (reflektorów)** die Scheinwerfer einstellen; *vgl.* **ustawiać**
ustawienie *n* Einstellung *f*; *mot.* **~ (momentu) zapłonu** Zündzeitpunkt-Einstellung *f*; **~ kół** Radeinstellung *f*
ustawiony *adj* eingestellt
ustawowy *adj* gesetzlich
ustąpić *vi pf* (*miejsca*) Platz machen; (*wycofać się*) zurücktreten; **~ ze stanowiska** von seinem Posten zurücktreten
ustęp *m* **1.** (*w tekście*) Absatz *m*, Abschnitt *m* **2.** (*toaleta*) Toilette *f*, Klo *n*
ustępować *vi* (*pod jakimś względem*) in

etw nachstehen, unterlegen sein, zurücktreten; *vgl.* **ustąpić**
ustępstw|o *n* Zugeständnis *n*; **~a** *pl* Konzessionen *pl*
ustnik *m* Mundstück *n*
ustn|y *adj* **1.** mündlich **2.** *anat.* Mund-; **jama ~a** Mundhöhle *f*, Mundraum *m*
ustosunkować się *vr pf* sich äußern, Stellung nehmen (**do czegoś** zu etw)
ustrój *m* **1.** (*organizm*) Wesen *n*; (*żywy*) Lebewesen *n* **2.** *polit.* Ordnung *f*, Form *f*; **~ społeczny** Gesellschaftsordnung *f*, Gesellschaftsform *f*; **~ państwowy** <**państwa**> Staatsform *f*, Staatsordnung *f*
usunąć *vt pf* → **usuwać**
ususzyć *vt pf* getrocknet haben
usuwać I. *vt* entfernen, beseitigen; (*znieść*) abschaffen; (*szkody*) beheben; **~ na bok** zur Seite schieben **II.** *vr* **~ się** (*wycofać się*) sich zurückziehen
usypiać I. *vt* einschläfern; (*dziecko*) einlullen **II.** *vi* am Einschlafen sein
uszczelka *f techn.* Dichtung *f*; (*krążek*) Verdichtungsring *m*
uszczelnić *vt pf* abdichten
uszczęśliwiać [uʃtʃʲɛ̃ɕ̃livjatɕ] *vt* glücklich machen; (*sprawiać radość*) beglücken
uszczęśliwić *vt pf* → **uszczęśliwiać**
uszczypnąć [u'ʃʧ̑ĩptɕ] *vt pf* (einmal) kneifen, zwicken
uszko *n* kleines Ohr, Öhrchen *n*; (*naczynia*) kleiner Henkel; **~ igły** Nadelöhr *n*
uszkodzenie *n* Beschädigung *f*; (*ciała*) Verletzung *f*; (*defekt*) Defekt *m*; **~ mechaniczne** mechanische Beschädigung
uszkodzić *vt pf* beschädigen; (*skaleczyć*) verletzen
uszkodzony *adj* beschädigt, defekt
uszyć *vt pf* (fertig) nähen
uścisk *m* Druck *m*; (*w objęciach*) Umarmung *f*, **~ dłoni** Händedruck *m*
uściskać *vt pf* umarmen
uścisnąć *vt pf* drücken (**rękę** die Hand)
uśmiech *m* Lächeln *n*
uśmiechać się *vr* lächeln (**na coś** über etw); **~ przez łzy** unter Tränen lächeln; **~ do kogoś** jn anlächeln
uśmiechnąć się *vr pf* (einmal) lächeln; → **uśmiechać się**
uśmierzać *vt* (*koić*) lindern; (*zgnieść*) unterdrücken
uśmierzyć *vt pf* → **uśmierzać**
uśpić *vt pf* einschläfern, einlullen

uświadamiać *vt*: **~ sobie coś** sich *D* eines Dinges bewusst werden
uświadomić *vt pf* → **uświadamiać**
uświadomiony *adj* (*pouczony*) aufgeklärt; (*świadomy*) bewusst
utalentowany *adj* begabt; **bardzo** <**wysoce**> **~** hoch begabt, hochbegabt
utarty *adj* (*tarty*) gerieben; (*utorowany*) gebahnt; (*zwykły*) üblich, alt; *figur.* **~ szlak** gewohnte Bahnen; **~ zwyczaj** alter Brauch; **~ zwrot** stehende Redewendung, Phraseologismus *m*
utkwić *vi pf* haften bleiben; (*w pamięci*) sich einprägen
utleniać się *vr* oxidieren
utonąć *vi pf* (*utopić się*) ertrinken; (*zatonąć*) versinken; → **tonąć**
utopić I. *vt* ertränken **II.** *vr* **~ się** ertrinken
utracić *vt pf* (ganz) verlieren, einbüßen
utrudniać *vt* erschweren, schwierig machen
utrudnić *vt pf* → **utrudniać**
utrwalacz *m fot.* Fixiersalz *n*
utrwalać *vt fot.* fixieren; aufzeichnen, festhalten; *figur.* (*wzmacniać*) stärken, festigen
utrwalić *vt pf* → **utrwalać**
utrzymać I. *vt pf* erhalten; (*zachować*) aufrechterhalten (können) **II.** *vr* **~ się** sich erhalten, sich aufrechterhalten (können)
utrzymani|e *n* Erhaltung *f*, Aufrechterhaltung *f*; **koszty ~a** Lebenshaltungskosten *pl*
utrzym|ywać I. *vt* erhalten; (*nie puścić*) halten können; (*żywić*) ernähren; (*zachowywać*) aufrechterhalten; (*twierdzić*) behaupten; **on ~uje, że go widział** er will ihn gesehen haben **II.** *vr* **~ywać się** sich halten, sich erhalten
utworzyć *pf* **I.** *vt* bilden **II.** *vr* **~ się** sich bilden, entstehen
utwór *m* Kunstwerk *n*, Werk *n*, Stück *n*; **~ muzyczny** Musikstück *n*; **~ dramatyczny** Bühnenstück, Drama *n*; **~ poetycki** Dichtung *f*; **~ literacki** literarisches Kunstwerk
uwag|a *f* **1.** Aufmerksamkeit *f*; **skierować ~ę na coś** die Aufmerksamkeit auf etw richten <lenken>; **zwrócić czyjąś ~ę na coś** jn auf etw aufmerksam machen; **zwraca ~ę** es fällt auf, es springt in die Augen; **~a!** Achtung! **2.** (*spostrzeżenie*) Bemerkung *f*; (*adnotacja*) Vermerk *m*; (*uwzględnienie*) Beachtung *f*; **wziąć coś pod ~ę** einer Sache Beachtung schenken, etw berücksichtigen; **nie brać pod ~ę** außer Betracht <Acht> lassen

uwalniać *vt* → **uwolnić**
uważać I. *vi* (*być uważnym*) aufpassen, aufmerksam sein; (*pilnować*) Acht geben **II.** *vt* (*mniemać*) meinen, glauben; **~ kogoś za bohatera** jn für einen Helden halten, jn als einen Helden betrachten
uważny *adj* aufmerksam
uwertura *f* Ouvertüre *f*
uwędzić *vt pf* → **wędzić**
uwiązać *vt pf* anbinden
uwielbiać *vt* anbeten
uwierać *vt* (*cisnąć*) drücken
uwierzyć *vi* glauben, zu glauben beginnen (**komuś w coś**) jm an etw); Glauben schenken (**komuś** jm)
uwieść *vt pf* verführt haben
uwikłać się *vr pf* sich verstricken
uwodziciel *m* Verführer *m*
uwodzić *vt* verführen, zu verführen suchen
uwolnić *pf* **I.** *vt* befreien, freigeben **II.** *vr* **~ się** sich befreien; (*oderwać się*) sich loslösen
uwzględniać *vt* berücksichtigen; (*brać pod uwagę*) in Betracht ziehen, beachten; **nie ~** unberücksichtigt lassen; außer Acht lassen, übergehen
uwzględnić *vt pf* → **uwzględniać**
uzależniać *vt* abhängig machen
uzależnić *vt pf* → **uzależniać**
uzasadniać *vt* begründen (**czymś** mit etw)
uzasadnić *vt pf* → **uzasadniać**
uzbroić *vt pf* aufrüsten; (*wyposażyć*) ausrüsten
uzbrojenie *n* (*czynność*) Aufrüstung *f*; (*wyposażenie*) Ausrüstung *f*
uzda *f* Zaum *m*

uzdolniony *adj* begabt
uzdrowisko *n* Kurort *m*; Bad *n*
uzgodnić *vt* (*ustalić*) vereinbaren
uziemienie *n rad.* Erdung *f*
uznać *vt pf a. polit.* anerkennen; **~ (nowe) państwo** einen Staat anerkennen; **~ za winnego** für schuldig erklären
uzupełniać I. *vt* → **uzupełnić II.** *vr* **~ się** sich <einander> ergänzen
uzupełnić *vt pf* vervollständigen, ergänzen; *mot.* nachfüllen; **~ płyn hamulcowy** die Bremsflüssigkeit nachfüllen
uzyskać *vt pf* gewinnen; (*osiągnąć*) erlangen, erzielen
uzyskan|y *adj* erzielt; **~e wyniki** die erzielten Ergebnisse
uźyci|e *n* **1.** Gebrauch *m*; **sposób ~a** (*przepis*) Gebrauchsanweisung *f* **2.** (*zastosowanie*) Gebrauch *m*, Anwendung *f*; **wyjść z ~a** außer Gebrauch kommen
użyć *vt pf* → **używać**
użyteczny *adj* nützlich, nutzbar, brauchbar
użyt|ek *m* **1.** Gebrauch *m*; **zrobić z czegoś ~ek** von etw Gebrauch machen **2.** (*eksploatacja*) Benutzung *f*; **oddać coś do ~ku** der Benutzung übergeben, (*drogę*) dem Verkehr übergeben
użytkownik *m* Benutzer *m*; **~ drogi** Straßenbenutzer *m*
używać *vt* gebrauchen, benutzen; (*stosować*) verwenden, anwenden; (*wprowadzać do akcji*) einsetzen; (*zażywać*) genießen (**swobody** die Freiheit)
użyźniać [uˈʒɨʒnatɕ] *vt* fruchtbar machen; (*nawozem*) düngen
użyźnić *vt pf* → **użyźniać**

W

w, we *praep* **1.** (*gdzie?*) in; **w mieś-cie** in der Stadt; **w domu** zu Hause, (*w budynku*) im Haus; **w tobie** in dir; **we mnie** in mir **2.** (*kiedy?*) an, auf, in, zu; **w lecie** <**zimie**> im Sommer <Winter>; **w czasie** in der Zeit; **w ciągu** im Laufe; **w piątek** am Freitag; **we wtorek** am Dienstag; **w porę** rechtzeitig; **w podróży** auf der Reise **3.** (*dokąd?*) **w las** in den Wald; **w lewo** <**prawo**> nach links <rechts>; **w górę** hoch, in die Höhe, hinauf; **w dół** nach unten, hinunter; **w tył** nach hinten, zurück **4. w celu** zwecks; **w ten sposób** in dieser <auf diese> Weise; **w kratkę** kariert; **w linie** liniert; **dzień w dzień** Tag für Tag; **we dnie** bei Tag; **w czasie** (*podczas*) während

w-, we- *w złożeniach* Ein-, ein-; Hinein-, hinein-; Herein-, herein-; *np.* **wmieszać się** *vr* sich einmischen; **wchodzić** *vi* hereinkommen, hineingehen

wabić I. *vt* locken (**obietnicami** mit Versprechungen) **II.** *vr* **~ć się** hören auf; **ten pies ~ się Hektor** der Hund hört auf den Namen Hektor

wachlarz *m* Fächer *m*; *figur.* (*krąg*) Kreis *m*; **~ zagadnień** Fragenkreis *m*

wada *f* Fehler *m*, Defekt *m*, Mangel *m*; **~ serca** Herzfehler *m*

wafel *m* Waffel *f*

wag|a *f* **1.** Waage *f*; **~a dziesiętna** Dezimalwaage *f* **2.** (*ciężar*) Gewicht *n*; *sport.* **~a ciężka** Schwergewicht *n*; **~a lekka** Leichtgewicht *n*; **~a kogucia** Bantamgewicht *n*; **~a piórkowa** Federgewicht *n*; **na ~ę** nach Gewicht; *figur.* **przywiązywać ~ę do czegoś** Gewicht auf etw legen **3. Waga** *astr.* Waage *f*

wagarować *vi* die Schule schwänzen

wagon *m* Eisenbahnwagen *m*, Wagen *m*, Wagon *m*; **~ towarowy** Güterwagen *m*; **~ sypialny** Schlafwagen *m*; **~ restauracyjny** Speisewagen *m*

wahać się *vr* schwanken, unschlüssig sein

wahadło *n* Pendel *n*

wahadłowiec *m* (*prom kosmiczny*) Shuttle *m*, Raumfähre *f*

wakacje *pl* Ferien *pl*; **wyjechać na ~** in die Ferien fahren

walc *m* Walzer *m*

walczyć *vi* kämpfen (**z kimś**, **przeciw komuś** gegen jn); **~ o coś** um etw kämpfen; **~ za coś** für etw kämpfen

walec *m* **1.** Walze *f*; **~ drogowy** Straßenwalze *f* **2.** *mat.* Zylinder *m*

walerianow|y *adj* Baldrian-; **krople ~e** Baldriantropfen *mpl*

walet *m* *kart.* Bube *m*

walić I. *vi*, *vt* (*bić*) hauen, (*pukać*) poltern, hämmern **II.** *vr* **~ się** (*w gruzy*) zusammenzustürzen, einzustürzen drohen

walizka *f* Handkoffer *m*, Koffer *m*

walka *f* Kampf *m*; **~ wręcz** Nahkampf *m*; **~ powietrzna** Luftkampf *m*; **~ uliczna** Straßenkampf *m*; **~ o byt** Kampf ums Dasein; **~ wyzwoleńcza** Freiheitskampf *m*, Befreiungskampf *m*

waln|y *adj* general; Voll-; **~e zgromadzenie** Vollversammlung *f*

waltornia *f* Waldhorn *n*

waluta *f* Währung *f*

wał *m* **1.** Wall *m*, Deich *m*; **~ ochronny** Schutzwall *m*; **~ przeciwpowodziowy** Hochwasserdamm *m* **2.** *mech.* Welle *f*; *mot.* Kurbelwelle *f*

wałek *m* **1.** (kleine) Rolle *f*; **~ do ciasta** Nudelholz *n*; **~ do włosów** Lockenwickler *m* **2.** *mot.* Welle *f*; **~ rozrządu** Nockenwelle *f*

wanilia *f* Vanille *f*

wanna *f* Wanne *f*; **~ do kąpieli** Badewanne *f*; *mot.* **~ olejowa** Ölwanne *f*

wapno *n* Kalk *m*; **~ (nie)gaszone** (un)gelöschter Kalk

warcaby *pl* Damespiel *n*; **grać w ~** Dame spielen

warczeć *vi* knurren; (*o silniku*) surren, brummen

warga *f* Lippe *f*, (*u zwierząt*) Lefze *f*; **górna ~** Oberlippe *f*; **dolna ~** Unterlippe *f*

wariat *m* Verrückte *m*

warkocz *m* Zopf *m*

warstwa *f* Schicht, Lage *f*; **~ ludności** Bevölkerungsschicht *f*

warszawianin, *ugs.* **warszawiak** *m* Warschauer *m*

warsztat *m* **1.** Werkstatt *f*, Werkstätte *f*; **~ naprawczy** Reparaturwerkstatt *f* **2.** (*ława stolarska*) Werkbank *f*

wart *adj* wert; (*godzien*) würdig

war|ta *f* Wache *f*; **pełnić ~tę**, **stać na ~cie** Wache haben <halten>

warto *impers* (es ist) wert; **nie ~ mówić** es ist nicht der Rede wert; **czy ~?** lohnt das?
wartościow|y *adj* wertvoll, Wert-; **przedmiot ~y** Wertgegenstand *m*; **przesyłka ~a** Wertsendung *f*; **papiery ~e** Wertpapiere *pl*
wartość *f* Wert *m*
wartownik *m* Wachmann *m*, Wächter *m*
warun|ek *m* Bedingung *f*, Voraussetzung *f*; (*okoliczność*) Umstand *m*; **pod ~kiem** unter der Bedingung; **stworzyć ~ki** Voraussetzungen schaffen; **w tych <takich> ~kach** unter diesen <solchen> Umständen; **pod żadnym ~kiem** unter keinen Umständen; **w ~kach nieważkości** in der Schwerelosigkeit; **~ki życiowe** Lebensverhältnisse *npl*
warzywa *npl* Gemüse *n*; **młode ~** junges Gemüse
wasz, wasza, wasze *pron poss* euer, eure, euer
wat *m* Watt *n*
wata *f* Watte *f*
waza *f* Vase *f*; **~ do zupy** Suppenschüssel *f*, Suppenterrine *f*
wazelina *f* Vaseline *f*
wazon *m* Blumenvase *f*
ważka *f* (*owad*) Libelle *f*
ważny *adj* wichtig; (*mający ważność obiegową*) gültig
waży|ć I. *vt* wägen, wiegen; (*rozważać*) erwägen **II.** *vi* (*mieć wagę*) wiegen; **ile ~sz?** wie viel wiegst du? **III.** *vr* **~ć się** sich wiegen
wąchać *vt* riechen (**coś** an etw)
wąs *m* 1. *o. pl* **~y** Schnurrbart *m* 2. (*rośliny*) *zw. pl* Ranken *fpl*
wąsiki *mpl* (*kota*) Schnurrhaare *npl*
wąski *adj* schmal; (*ciasny*) eng
wątpić [vɔ̃itɕ] *vi* zweifeln; **~ w coś** etw bezweifeln, an etw zweifeln
wątpliwoś|ć *f* Zweifel *m*; **mieć ~ci** Zweifel hegen <haben>; **nie ulega ~ci** es unterliegt keinem Zweifel, es besteht kein Zweifel darüber
wątpliwy [vɔ̃t'pʎivi] *adj* zweifelhaft; (*problematyczny*) fraglich, fragwürdig
wątroba *f* Leber *f*
wątrobianka *f* Leberwurst *f*
wąż *m* 1. *zool.* Schlange *f*; **~ jadowity** Giftschlange *f* 2. Schlauch *m*; **~ gumowy** Gummischlauch *m*
wbić *vt pf* → **wbijać**
wbijać *vt* schlagen, treiben (**w ścianę** in die Wand); *figur.* **~ w pamięć** dem Gedächtnis einprägen
wbiec *vi pf* hereingelaufen sein
wbiegać *vi* hereingelaufen kommen, hereinrennen
wbrew *praep* gegen, entgegen; trotz; **~ wszystkiemu** trotz allem; **~ prawu** widerrechtlich; **~ przewidywaniom** wider Erwarten
wcale *adv* gar; **~ nie** gar nicht, durchaus nicht
wchodzić *vi* 1. hineingehen, hereingehen; *figur.* hineinpassen; **do tego pudełka wchodzi sześć jajek** in diese Schachtel passen sechs Eier hinein 2. hereinkommen, **proszę, niech pan wejdzie!** bitte, kommen Sie herein; **~ na górę** hochgehen, (*do mówiącego*) hochkommen, heraufkommen 3. *juris.* **~ w życie** in Kraft treten
wciąż *adv* immer, dauernd
wcierać *vt* einreiben
wcięcie *n* Einschnitt *m*; Taille *f*
wcisnąć *vt pf*: *mot.* **~ pedał gazu do końca** <*ugs.* **do dechy**> das Gaspedal (ganz) durchtreten
wczasowicz *m* Feriengast *m*
wczasowy *adj* Ferien-; **dom ~** Ferienheim *n*, Erholungsheim *n*
wczasy *pl* Erholungszeit *f*; (*miejsce*) Ferienplatz *m*
wczesnogotycki *adj* frühgotisch
wczesnośredniowieczny [tʃɛsnɔɕrɛdɲɔ'vetʃni] *adj* frühmittelalterlich
wczesn|y *adj* früh, zeitig; **~e ziemniaki** Frühkartoffeln *fpl*; **~ym rankiem** frühmorgens, am frühen Morgen
wcześnie *adv* früh, frühzeitig; **jak najwcześniej** möglichst früh, möglichst bald
wcześniej *adv kompar* früher
wczoraj *adv* gestern; **od ~** seit gestern; **począwszy od ~** von gestern an
wczorajszy *adj* gestrig; (*z wczoraj*) von gestern
wdać się *vr pf* 1. **~ się w kogoś** nach jm geraten 2. → **wdawać się**
wdawać się *vr* sich einlassen (**w coś** auf <in> etw)
wdech *m* Einatmung *f*; Atemzug *m*
wdowa *f* Witwe *f*; *ugs.* **słomiana ~** Strohwitwe *f*
wdowiec *m* Witwer *m*
wdrapać się *vr pf* erklettern, erklimmen

wdrapywać się *vr* (wiederholt) klettern <emporklettern>
wdychać *vt* einatmen
wdzięcznie *adv* dankbar; (*z wdziękiem*) anmutig, anmutsvoll
wdzięczność ['vdzɛ̃tʃnɔɕtɕ] *f* Dankbarkeit *f*, Dank *m*
wdzięczny *adj* **1.** dankbar; **być ~m** dankbar <zu Dank verpflichtet> sein **2.** (*pełen wdzięku*) anmutsvoll, reizend
wdzięk *m* Anmut *f*, Grazie *f*, Charme *m*; **~i kobiece** weibliche Reize; **z ~iem** mit Charme; **mieć ~** Charme haben
we *praep* → **w**
według *praep* **1.** nach, zufolge; **~ mnie** meiner Ansicht nach **2.** (*zgodnie z*) laut, gemäß; **~ umowy** laut Vereinbarung <Vertrag>
wejście *n* **1.** (*czynność*) Eintritt *m*, Betreten *n*; **~ wzbronione!** Eintritt verboten <nicht gestattet>!; **~ na teren budowy** Betreten des Bauplatzes <Baugeländes>; *figur.* **~ w życie ustawy** das In-Kraft-Treten des Gesetzes **2.** (*np. drzwi*) Eingang *m*; (*w górę*) Aufgang *m*; (*do pojazdu*) Einstieg *m*
wejść *vi pf* → **wchodzić**
weksel *m handl.* Wechsel *m*; **wystawić** <**podpisać, zaakceptować, zaprotestować**> **~** einen Wechsel ausstellen <unterschreiben, akzeptieren, protestieren>
welon *m* Schleier *m*
wełn|a *f* Wolle *f*; **czysta ~a** reine Wolle; **~a czesankowa** Kammgarnwolle *f*; **z ~y** wollen, aus Wolle
wełniany *adj* wollen, Woll-; **tkanina ~a** Wollgewebe *n*
weneryczn|y *adj* Geschlechts-; **choroby ~e** Geschlechtskrankheiten *fpl*
wentyl *m* Ventil *n*
wentylacja *f* Lüftung *f*, Ventilation *f*
wentylator *m* Lüfter *m*, Ventilator *m* (*a. mot.*)
weranda *f* Veranda *f*
wersja *f lit.* Version *f*, Lesart *f*; Fassung *f*; *mot.* **~ sportowa** Sportausführung *f*
wesele *n* Hochzeit *f*; **srebrne** <**złote**> **~** silberne <goldene> Hochzeit; **mieć ~** Hochzeit feiern
wesoły *adj* fröhlich, lustig
westchnąć *vi pf* einen Seufzer ausstoßen
westchnienie *n* Seufzer *m*
wesz *f* Laus *f*

weterynarz *m* Tierarzt *m*
wewnątrz *adv* innen, drinnen; (*na przestrzeni, w ramach*) innerhalb; **~ domu** im Innern des Hauses; **do ~** nach innen; **z ~** von innen; **~ miasta** innerhalb der Stadt
wewnątrz- ['vɛvnɔ̃tʃ] *w złożeniach* inner-
wewnętrzn|y [vɛ'vnɛtʃni] *adj* **1.** inner; inner-, Innen-; **choroby ~e** innere Krankheiten; **polityka ~a** Innenpolitik *f*; **Ministerstwo Spraw Wewnętrznych** Innenministerium *n* **2.** (*krajowy*) inländisch, Binnen-; **handel ~y** Binnenhandel *m*
wezwać *vt pf* → **wzywać**
wezwani|e *n* Aufforderung *f*; **bez ~a** unaufgefordert
węch *m* Geruch *m*, Geruchssinn *m*
wędk|a *f* Angel *f*; **łowić ~ą** <**na ~ę**> angeln
wędliny *fpl* Wurstwaren *fpl*; **pokrojone ~** Aufschnitt *m*
wędrować *vi* wandern
wędzić I. *vt* räuchern **II.** *vr* **~ się** geräuchert werden
węgiel *m* **1.** Kohle *f*; **~ kamienny** Steinkohle *f*; **~ brunatny** Braunkohle *f*; **~ drzewny** Holzkohle *f* **2.** (*rysowniczy*) Kohlenstift *m* **3.** *chem.* Kohlenstoff *m*
Węgier *m* Ungar *m*
węgierski *adj* ungarisch
węglowodór *m chem.* Kohlenwasserstoff *m*
węglow|y *adj* Kohlen-; **zagłębie ~e** Kohlenbecken *n*; **pył ~y** Kohlenstaub *m*
węgorz *m* Aal *m*; **~ wędzony** Räucheraal *m*; **śliski jak ~** aalglatt
węszyć *vt* schnuppern, wittern; *figur.* schnüffeln
węzeł *m* Knoten *m* (*o. naut.*); **zawiązać ~** einen Knoten binden <schlingen>
wgniecenie *n mot.* Beule *f*, Verbeulung *f*, (leichter) Blechschaden *m*
wiać I. *vi* wehen; *ugs.* (*uciekać*) sich aus dem Staub(e) machen, ausreißen **II.** *vt* (*czyścić*) worfeln, schwingen (**ziarno** Getreide, Korn)
wiadomo *impers* **1.** bekannt; **jak ~** wie bekannt; **~, że** bekanntlich **2.** (*oczywiście*) klar, gewiss
wiadomoś|ć *f* **1.** (*informacja*) Nachricht *f*; *rad.* **podajemy ~ci** wir bringen Nachrichten **2.** (*wiedza*) Kenntnis *f*; **do ~ci** zur Kenntnis(nahme); **przyjąć coś do ~ci** etw zur Kenntnis nehmen
wiadomy *adj* bekannt; (*omawiany*) bewusst

wiadro *n* Eimer *m*
wiadukt *m* Viadukt *m*, *n*; (*nad doliną*) Talbrücke *f*; (*nad torem*) Überführung *f*
wianek *m* Kränzchen *n*, Kranz *m*
wiano *n* Mitgift *f*
wiara *f* Glaube *m*; ~ **w Boga** Glaube an Gott; **ślepa** ~ blinder Glaube; **w dobrej wierze** in gutem Glauben
wiarygodny *adj* glaubwürdig
wiatr *m* Wind *m*; ~ **porywisty** böiger Wind; ~ **zachodni** Westwind *m*; ~ **boczny** Seitenwind *m*; **szybki jak** ~ windschnell
wiatraczek *m* Ventilator *m*
wiatrak *m* Windmühle *f*
wiatrówka *f* (*strzelba*) Luftgewehr *n*; (*odzież*) Windjacke *f*
wiązać I. *vt* binden; (*razem*) zusammenbinden **II.** *vr* ~ **się** sich binden
wiązka *f* Bündel *n*
wice- *w złożeniach* Vize-; stellvertretend
wiceminister *m* stellvertretender Minister
wiceprezydent *m* Vizepräsident *m*
wicher *m* Sturmwind *m*
widać *tylko inf* **1. być** ~ sichtbar sein, zu sehen sein; **samolot** ~ **jeszcze** das Flugzeug ist noch sichtbar; ~ **go z daleka** man sieht ihn von weitem; **nie** ~ **go już** er ist nicht mehr zu sehen **2.** (*widocznie*) offenbar, man sieht; ~ **nie miał innego wyjścia** offenbar hatte er keinen anderen Ausweg; **jak** ~ wie man sieht **3.** (*wynikać*) erhellen, ersichtlich sein
widelec *m* Gabel *f*
wideo *n* Video *n*
wideokaseta *f* Videokassette *f*
wideoklip *m* Videoclip *m*
widlasty gabelförmig, gegabelt
widły *pl* Gabel *f*
widmo *n* **1.** Gespenst *n* **2.** *phys.* Spektrum *n*
widno *adv* hell; ~ **już** es ist schon hell
widocznie *adv* wahrscheinlich; offensichtlich; (*coraz bardziej*) zusehends
widoczność *f* Fernsicht *f*; *meteor.* **dobra** ~ gute Fernsicht <Sicht>
widoczny *adj* (*widzialny*) sichtbar; (*jasny*) offenkundig, klar
widok *m* Ansicht *f*; (*roztaczający się*) Ausblick *m*; (*ujrzenie*) Anblick *m*; **kartka z** ~**iem** Ansichtskarte *f*; **na jej** ~ bei ihrem Anblick; *figur.* ~**i na przyszłość** (gute) Aussichten
widownia *f teatr.* Zuschauerraum *m*; *figur.* Schauplatz *m*

widywać I. *vt* öfters sehen **II.** *vr* ~ **się** öfters treffen (**z kimś** jn), öfters zusammenkommen (mit jm)
widz *m* Zuschauer *m*
widzeni|e *n* (*czynność*) Sehen *n*; **do** ~**a!** auf Wiedersehen!; **punkt** ~**a** Gesichtspunkt *m*; **znać kogoś z** ~**a** jn vom Sehen kennen
widzieć I. *vt* **1.** sehen; **widziałem go biegnącego** <**jak biegł**> ich sah ihn rennen **2.** (*dopatrywać się*) erblicken **II.** *vr* ~ **się** sich <einander> sehen
wiec *m* Kundgebung *f*
wieczn|y *adj* ewig; ~**e pióro** Füllhalter *m*, *ugs.* Füller *m*
wiecz|ór *m* **1.** Abend *m*; **pod** ~**ór** gegen Abend; ~**orem** abends, am Abend; **dziś** ~**orem** heute Abend; **co** ~**ór** jeden Abend **2.** (*uroczystość*) Soiree *f*, Abendveranstaltung *f*
wiedeński *adj* Wiener
wiedz|a *f* Wissen *n*; (*wiadomości*) Kenntnisse *fpl*; **bez mojej** ~**y** ohne mein Mitwissen
wiedzieć *vt* wissen; **czy ja wiem?** was weiß ich?
wiejsk|i *adj* ländlich; Land-; (*dotyczący wioski*) Dorf-; ~**i obyczaj** ländliche Sitte; **ludność** ~**a** Landbevölkerung *f*; **młodzież** ~**a** Dorfjugend *f*
wiek *m* **1.** (*stulecie*) Jahrhundert *n*; (*epoka*) Zeitalter *n*; ~ **atomu** <**atomowy**> Atomzeitalter *n* **2.** (*życia*) Alter *n*; **w** ~**u lat 20** im Alter von 20 Jahren
wieko *n* Deckel *m*
wielbiciel *m* Verehrer *m*
wielbłąd *m* ['vɛlbŭʃt] *m* Kamel *n*; ~ **dwugarbny** zweihöckriges Kamel, Trampeltier *n*
wielce *adv* (*bardzo*) sehr; (*wysoce*) höchlich
wiele *adv* viel; ~ **razy** vielmals, mehrmals; ~ **kobiet** <**dziewczyn, książek**> viele Frauen <Mädchen, Bücher>
Wielkanoc *f* Ostern *pl*; **na** ~ zu Ostern
wielki *adj* groß; ~ **człowiek** ein großer Mann; ~ **uczony** ein großer Gelehrter; **Wielki Tydzień** Karwoche *f*; **Wielki Czwartek** Gründonnerstag *m*; **Wielki Piątek** Karfreitag *m*; **Wielka Sobota** Karsamstag *m*
wielko- *w złożeniach* Groß-, groß-, Hoch-, hoch-
wielkoduszność *f* Großmut, Hochherzigkeit *f*

wielkomiejski *adj* großstädtisch; Großstadt-
wielkopolski *adj* großpolnisch
wielkoś|ć *f* Größe *f*; **naturalnej ~ci** in natürlicher Größe; **posąg naturalnej ~ci** eine lebensgroße Statue; **drugi co do ~ci** der zweitgrößte
wielo- *w złożeniach* Viel-, viel-, Mehr-, mehr-
wielobarwny *adj* mehrfarbig; **druk ~** Mehrfarbendruck *m*
wielojęzyczny *adj* mehrsprachig
wielokąt *m* Vieleck *n*
wielokrotnie *adv* mehrmals
wielokrotny *adj* mehrfach
wieloletni *adj* langjährig
wielonarodowy *adj* multinational
wielopiętrowy *adj* mehrstöckig
wieloryb *m* Wal *m*
wielostopniow|y *adj* Mehrstufen-; **rakieta ~a** Mehrstufenrakete *f*
wielośladowy *adj mot.* mehrspurig
wieloznaczny *adj* mehrdeutig
wielu *adv* viele; **~ mężczyzn** <**lekarzy, nauczycieli**> viele Männer <Ärzte, Lehrer>
wieniec *m* Kranz *m*; **~ laurowy** Lorbeerkranz *m*; **upleść ~** einen Kranz flechten <winden>
wieńcow|y *adj: med.* **naczynia ~e** Herzkranzgefäße *pl*
wieprzowina *f* Schweinefleisch *n*
wieprzowy *adj* Schweins-, Schweine-; **kotlet ~** Schweinskotelett *n*
wiercić *vt* bohren
wierność *f* Treue *f*; **dochować** <**dotrzymać**> **~ci** Treue halten <bewahren>
wiern|y I. *adj* treu; **pozostać ~ym** treu bleiben; **~a pamięć** treues Gedächtnis; **~y przekład** wortgetreue Übersetzung **II.** *m* Gläubige *m*
wiersz [veʃx] *m* **1.** (*utwór*) Gedicht *n* **2.** (*rym*) Vers *m*; **~ biały** Blankvers *m* **3.** (*linijka*) Zeile *f*
wiertarka *f* Bohrmaschine *f*
wiertło *n* Bohrer *m*
wierzba *f* (*biała* Silber-)Weide *f*; **~ płacząca** Trauerweide *f*
wierzch *m* Oberteil *n*, *m*; **na ~(u)** zuoberst; **po ~u** (*powierzchownie*) oberflächlich
wierzyciel *m* Gläubiger *m*
wierzyć *vi* glauben (**w coś, w kogoś** an etw, an jn; **komuś** jm); **~ w siebie** (**samego**) an sich (selbst) glauben; **~ na słowo** aufs Wort glauben
wieszać *vt* hängen; (*powiesić*) aufhängen; **~ na ścianie** an die Wand hängen
wieszak *m* Kleiderbügel *m*
wieś *f* **1.** (*wioska*) Dorf *n*; **we wsi** im Dorf **2.** (*teren*) Land *n*; **żyć na wsi** auf dem Lande leben; **jechać na ~** aufs Land fahren
wietrzyć *vt* wittern; (*mieszkanie*) lüften
wiewiórka *f* Eichhörnchen *n*
wieźć *vt* fahren; **~ kogoś** jn fahren
wieża *f* Turm *m*; **~ ciśnień** Wasserturm *m*; **~ ratuszowa** Rathausturm *m*; **~ kościelna** Kirchturm *m*; **~ z kopułą** Kuppelturm *m*; **~ zachodnia** Westturm *m*
wieżowiec *m* Hochhaus *n*
wieżyczka *f archit.* Türmchen *n*
więc *kj* also; (*tym samym*) somit; (*przeto*) folglich
więcej *adv kompar* mehr; **~ niż** mehr als; **o wiele ~** weit mehr; **mniej ~** ungefähr; **mniej lub ~** mehr oder weniger
więdnąć *vi* welken, welk werden
większoś|ć *f* Mehrheit *f*; **~ć głosów** Stimmenmehrheit *f*; (*np. z nas*) die Mehrzahl *f*, die meisten; **w ~ci wypadków** meist, meistens; **~ć robotników** die meisten Arbeiter; **~ć czasu** die meiste Zeit
większ|y *adj kompar* größer; **~y niż** <**od**> größer als; **po ~ej części** meistens, meistenteils; → *o.* **duży, wielki**
więzienie *n* Gefängnis *n*
więzień *m* Strafgefangene *m*, Häftling *m*
wigili|a *f* **1.** (*przeddzień*) Vorabend *m*; **w ~ę** am Vorabend **2. Wigilia** der Heilige Abend, Weihnachtsabend *m*
wikariusz *m* Hilfsgeistliche *m*
wilczyca *f* Wölfin *f*
wilga *f* Pirol *m*, Goldamsel *f*
wilgo|ć *f* Feuchtigkeit *f*, Nässe *f*; **chronić przed ~cią!** vor Nässe schützen!
wilgotność *f* Feuchtigkeit(sgehalt *m*) *f*; *meteor.* Feuchte *f*
wilgotny *adj* feucht
wilk *m* Wolf *m*
willa *f* Villa *f*
win|a *f* Schuld *f*; **ponosić ~ę** die Schuld tragen, schuld sein; **~a spada na mnie** die Schuld fällt auf mich <liegt bei mir>; **to moja** <**twoja**> **~a** das ist meine <deine> Schuld
winda *f* Fahrstuhl *m*; **~ czynna** <**nieczynna**> Fahrstuhl in <außer> Betrieb

winiarnia f Weinlokal n, Weinstube f
winien I. adj **1.** (winny) schuld; **ty jesteś temu ~** du bist daran schuld **2.** (dłużny) schuldig **3.** (powinien) soll, hat zu ...; **~em** ich soll <habe zu ...> **II.** n handl. Soll n
winny[1] adj Wein-; **ocet ~** Weinessig m
winny[2] adj schuld (czegoś an etw); (dłużny) schuldig; **być ~m** schuldig sein, schulden; → **winien I.**
wino n Wein m (roślina i napój); **~ białe** Weißwein m; **~ czerwone** Rotwein m; **~ gronowe** Traubenwein m; **~ musujące** Sekt m; **grzane ~** Glühwein m
winogrono n Weintraube f, Wein m
wiolonczela f Violoncello n, Cello n
wiosenn|y adj frühlingshaft, Frühlings-; **dzień ~y** Frühlingstag m; Frühjahrs-; **targi ~e** Frühjahrsmesse f
wioska f Dorf n
wiosło n Ruder n, (Boots-)Riemen m; (nie umocowane) Paddel n; **~ do odpychania** Stechpaddel n; **~ kajakowe** Doppelpaddel n
wiosłować vi rudern
wiosn|a f Frühling m, Frühjahr n; **~ą, na ~ę** im Frühling <Frühjahr>; **nadchodzi ~a** der Frühling kommt
wirówka f Zentrifuge f, Schleuder f
wirtualny adj virtuell
wirus m Virus n (m)
wisieć vi hängen (**na czymś** an etw); figur. **~ na włosku** an einem Haar hängen
wiśnia f (owoc) Sauerkirsche f; (drzewo) Kirschbaum m
wiśniowy adj **1.** Kirsch-; **sok ~** Kirschsaft m **2.** (kolor) kirschfarben
wiśniówka f Kirschlikör m
witać I. vt begrüßen, willkommen heißen; **serdecznie witamy!** herzlich willkommen! **II.** vr **~ się** begrüßen (**z kimś** jn), „guten Tag" sagen (**z kimś** jm)
witamina f Vitamin n
witraż m Glasfenster n, Glasmalerei f
wiwat m Hoch n, Hochruf m; **~!** hoch!, vivat!
wiza f Visum n; **~ wjazdowa** Einreisevisum n; **~ tranzytowa** <**przejazdowa**> Durchreisevisum n
wizyt|a f Besuch m; **z ~ą** zu Besuch; **złożyć ~ę** einen Besuch abstatten
wizytówka f Visitenkarte f, Karte f
wjazd m Einfahrt f; (do obcego kraju) Einreise f
wjechać vi pf → **wjeżdżać**

wjeżdżać vi einfahren; (konno) einreiten; (do kraju) einreisen
wklęsł|y adj konkav; **zwierciadło ~e** Hohlspiegel m
wkład m (wpłacony) Einlage f; (przyczynek) Beitrag m; (do długopisu) Mine f
wkładać vt **1.** hineinlegen; (wetknąć) stecken; **~ do kieszeni** in die Tasche stecken, einstecken **2.** (ubranie) anziehen
wkręcać vt eindrehen; **~ śrubę** (hin)einschrauben
wkręcić vt pf → **wkręcać**
wkrótce adv bald, demnächst
wlać vt pf → **wlewać**
wlatywać vi hineinfliegen, hereinfliegen, einfliegen; (wbiegać) hineinrennen, hereinrennen; (wpadać) hineinstürzen
wlec I. vt schleppen **II.** vr **~ się** sich schleppen; (długo) sich hinziehen
wlecieć vi pf → **wlatywać**
wlew m (paliwa) Einfüllstutzen m
wlewać vt hineingießen, eingießen, hineinschütten
wleźć vi pf → **włazić**; **~ na drzewo** einen Baum erklettern
w lot adv flugs
władać vi (mieć władzę) herrschen; **~ językiem** eine Sprache beherrschen
władca m Machthaber m, Herrscher m; scherz. **pan i ~** (o mężu) Herr und Gebieter
władz|a f **1.** Macht f; Gewalt f; **objęcie ~y** Machtübernahme f; **dojść do ~y** zur Macht gelangen; **objąć** <**przechwycić**> **~ę** die Macht übernehmen <ergreifen>; **mieć ~ę** Macht haben (**nad kimś** über jn); **~a nad światem** Weltherrschaft f; polit. **rozdział ~** die Teilung der Gewalten **2.** (organ) Behörde f; **~e administracyjne** Verwaltungsbehörde f
włamanie n Einbruch m; **kradzież z ~m** Einbruchsdiebstahl m
włamywacz m Einbrecher m
własnoręczny adj eigenhändig
własność f **1.** Eigentum n; **~ prywatna** Privateigentum n; **cudza ~** fremdes Eigentum **2.** (właściwość) Eigenschaft f
własn|y adj eigen, Eigen-; **na ~ą rękę** auf eigene Faust; **na ~e oczy** mit eigenen Augen; **miłość ~a** Eigenliebe f; **~y kąt** eigenes Heim
właściciel m Eigentümer m, Besitzer m; **~ domu** Hausbesitzer m
właściwie adv eigentlich, an sich; (poprawnie) richtig

właściwość *f* (*cecha*) Eigenheit *f*; (*kompetencja*) Zuständigkeit *f*
właściwy *adj* eigentlich; (*cechujący*) eigen; (*odpowiedni*) richtig, entsprechend; (*kompetentny*) zuständig; **we ~m czasie na ~m miejscu** zur richtigen Zeit am richtigen Platz
właśnie *adv* eben, gerade
włazić *vi* (*wdrapywać się*) klettern (**na drzewo** auf einen Baum)
włączać *vt* **1.** *el.* einschalten **2.** (*dopuścić*) mit einbeziehen **3.** (*uwzględniać*) mit berücksichtigen
włącznie ['vŭɔtʃɲɛ] *adv* einschließlich; **do jutra ~** bis morgen einschließlich
włączyć *vt pf* → **włączać**
włos *m* Haar *n*; **~y** *pl* (die) Haare, (das) Haar; **o ~** um Haaresbreite, um ein Haar; (**szczotkować**) **pod ~** gegen den Strich (bürsten); **z ~em** mit dem Strich
włoski *adj* italienisch; **koper ~** Fenchel *m*; **makaron ~** Makkaroni *pl*; **orzech ~** Walnuss *f*
włoszczyzna *f* Suppengemüse, Suppengrün *n*
włożyć *vt pf* → **wkładać**
włókno *n* Faser *f*; **~ sztuczne** Kunstfaser *f*
wmawiać *vt* einreden, weismachen; glauben machen (**komuś** jn)
wmieszać się *vr pf* sich einmischen
wmówić *vt pf* → **wmawiać**
wnet *adv* (*wkrótce*) bald
wnętrz|e *n* **1.** Innere *n*; **~e kościoła** Kircheninnere *n*; **~e samochodu** Wageninnere *n*; **do ~a** hinein, herein, nach innen; **z ~a** heraus, von innen **2.** Innen-; **architektura ~** Innenarchitektur *f*
wnętrzności *pl* Eingeweide *pl*
Wniebowstąpienie *n* Christi Himmelfahrt *f*
Wniebowzięcie *n* Mariä Himmelfahrt *f*
wnieść *vt pf* → **wnosić**
wnikać *vi* eindringen, dringen (**w coś** in etw); **~ w szczegóły** auf Einzelheiten eingehen
wniknąć *vi pf* → **wnikać**
wnios|ek *m* **1.** Antrag *m*; **postawić <przedłożyć> ~ek** einen Antrag stellen <einreichen, einbringen> **2.** (*konkluzja*) Schluss *m*, Schlussfolgerung *f*; **dojść do ~ku** zu dem Schluss <der Ansicht> kommen; **wyciągnąć ~ek** den Schluss ziehen
wnioskować *vi* schließen, schlussfolgern; (*rozumować*) folgern; **~ując z tego ...** danach zu urteilen ...

wnosić *vt* hineintragen, hereintragen; (*przedkładać*) einbringen, unterbreiten; (*sądzić*) schließen, urteilen
wnuczka *f* Enkelin *f*
wnuk *m* Enkel *m*
wobec *praep* (*w stosunku*) gegenüber; (*biorąc pod uwagę*) angesichts; **~ ciebie** dir gegenüber; **~ tego faktu** angesichts dieser Tatsache; **~ tego, że ...** in Anbetracht dessen, dass ...
wod|a *f* **1.** Wasser *n*; **~a do picia** Trinkwasser *n*; **~a sodowa** Sodawasser *n*; **~a mineralna** Mineralwasser *n*; **~a destylowana** destilliertes Wasser; **~a kolońska** Kölnischwasser *n*; **~a święcona** Weihwasser *n* **2.** **~y** *pl* Gewässer *npl*; **~y terytorialne** Hoheitsgewässer *pl*
Wodnik *m astr.* Wassermann *m*
wodnopłatowiec *m* Wasserflugzeug *n*
wodn|y *adj* Wasser-; **droga ~a** Wasserstraße *f*; **sport ~y** Wassersport *m*; **farba ~a** Wasserfarbe *f*
wodo- *w złożeniach* Wasser-
wodociąg *m* Wasserleitung *f*
wodolecznictwo *n* (*nauka*) Wasserheilkunde *f*; (*kuracja*) Wasserkur *f*
wodomierz *m* Wasserzähler *m*
wodorow|y *adj* Wasserstoff-; **bomba ~a** Wasserstoffbombe *f*
wodospad *m* Wasserfall *m*
wodoszczelny *adj* wasserdicht
wodotrysk *m* Springbrunnen *m*
wodować *vi flug.* wassern
wodór *m chem.* Wasserstoff *m*
w ogóle *adv* überhaupt
wojenn|y *adj* Kriegs-; **okręt ~** Kriegsschiff *n*; **sąd ~** Kriegsgericht *n*
województwo *n* Woiwodschaft *f*
wojn|a *f* Krieg *m*; **~a światowa** Weltkrieg *m*; **~a wyzwoleńcza** Befreiungskrieg *m*; **zimna ~a** der kalte Krieg; **na ~ie** im Krieg; **wypowiedzieć ~ę** den Krieg erklären
wojsk|o *n* Militär *n*; **w ~u** beim Militär; *flug.* **~a desantowe** Luftlandetruppen *fpl*
wojskow|y I. *adj* Militär-, militärisch; **służba ~a** Wehrdienst *m*; **obowiązek służby ~ej** Wehrpflicht *f*; **po ~emu** militärisch **II.** *m* Militär *m*
wokoło, wokół *adv* ringsum, ringsherum
wol|a *f* Wille *m*; **silna <słaba> ~a** starker <schwacher> Wille; **dobra ~a** guter Wille; **ostatnia ~a** letzter Wille; **mimo ~i** unwillkürlich, ungewollt

wol|eć *vi* (*faworyzować*) vorziehen; (*bardziej lubić*) lieber wollen <haben>; **~ę zostać tutaj** ich will lieber hier bleiben
wolno[1] *adv* (*powoli*) langsam; (*swobodnie*) frei
wolno[2] *impers* es ist erlaubt; **nie ~** es ist nicht erlaubt <nicht gestattet>; **nie ~ ci tego robić** du darfst es nicht tun
wolność *f* Freiheit *f*; **~ słowa** Redefreiheit *f*; **~ prasy** Pressefreiheit *f*; **wypuścić na ~** freilassen, auf freien Fuß setzen
wolnly *adj* **1.** frei; **~y czas** Freizeit *f*; **~y zawód** freier Beruf; **z ~ej ręki** aus freier Hand; **~y od opłat** gebührenfrei; **droga ~a!** Straße frei! **2.** (*powolny*) langsam
wolt *m* Volt *n*
wołać *vt, vi* rufen; **~ na kogoś** jn herbeirufen
wołowina *f* Rindfleisch *n*
woń *f* Geruch *m*, Duft *m*
worek *m* Sack *m*
wosk *m* Wachs *n*
wozić *vt* (wiederholt) fahren, hinbringen
wódka *f* Schnaps *m*, Wodka *m*
wódz *m* Führer *m*; (*strateg*) Feldherr *m*; (*dowodzący*) Befehlshaber *m*
wół *m* Ochs *m*
wówczas *adv* (*w przeszłości*) damals, dann; (*potem*) dann, da
wóz *m* Wagen *m* (*a. mot.*); **~ chłopski** Bauernwagen *m*
wózek *m* Wägelchen *n*; **~ dziecięcy** Kinderwagen *m*
wpadać *vi* (*o rzece*) sich ergießen, münden; *vgl.* **wpaść**
wpaść *vi pf* **1.** hineifallen, fallen (**w coś, do czegoś** in etw); (*wbiegać*) hineinstürzen, hereinstürzen; stürzen (**do pokoju** ins Zimmer); **~ w ręce** in die Hände fallen **2.** (*popaść*) geraten; **~ w złość** <**we wściekłość**> in Wut <Zorn> geraten **3.** *figur.* (*mieć niepowodzenie*) hereinfallen **4. ~ na myśl** <**na pomysł**> auf den Gedanken <die Idee> kommen
wpatrywać się *vr* aufmerksam betrachten, anstarren (**w kogoś** jn)
wpierw *adv* erst, zuerst; (*dawniej*) früher
wpisać *vt pf* → **wpisywać**
wpisywać I. *vt* einschreiben; (*rejestrować*) eintragen **II.** *vr* **~ się** sich eintragen
wpłacać *vt* (*regelmäßig*) einzahlen (**na książeczkę oszczędnościową** auf das Sparbuch)
wpłacić *vt pf* → **wpłacać**
wpław *adv*: **przepłynąć rzekę ~** hinüberschwimmen
wpłynąć *vi pf* **1.** zu beeinflussen vermögen (**na kogoś** jn), Einfluss gewinen **2.** *naut., fin.* einlaufen
wpływ *m* Einfluss *m*; **mieć** <**zyskać**> **~ na kogoś** Einfluss auf jn haben <gewinnen>; **wywierać silny ~** einen großen Einfluss ausüben
wpływać *vi* (*o statku*) einlaufen (**do portu** in den Hafen); (*o wodzie*) hereinfließen, einströmen; (*oddziaływać*) beeinflussen (**na kogoś** jn)
w poprzek *adv* quer (**czegoś** über etw)
wpół *adv* halb; **~ do trzeciej** halb drei; **objąć kogoś ~** jn um die Hüfte <Taille> fassen
wpraw|a *f* Übung *f*, Fertigkeit *f*; (*doświadczenie*) Erfahrung *f*; **mieć ~ę** Übung haben
wprawdzie *adv* zwar, allerdings, wohl
wprawiać I. *vt* (*zęby, szyby*) einsetzen; *figur.* versetzen, setzen; **~ w ruch** in Gang <in Betrieb> setzen **II.** *vr* **~ się** (*nabierać wprawy*) sich üben
wprawić *vt pf* → **wprawiać**
wprost *adv* **1.** (*bezpośrednio*) direkt; **~ odwrotnie** genau umgekehrt; **~ proporcjonalny** <**proporcjonalnie**> direkt proportional; **~ do** <**z**> **Warszawy** direkt nach <aus> Warschau **2.** (*niemal*) geradezu; **to ~ okropne** das ist geradezu schauderhaft **3.** (*prosto*) gerade(aus)
wprowadzać *vt* langsam <stufenweise> einführen; → **wprowadzić**
wprowadzić *pf* **I.** *vt* **1.** einführen; **~ w błąd** irreführen, irreleiten **2.** hineinbringen; *figur.* **~ w czyn** <**życie**> in die Tat umsetzen **II.** *vr* **~ się** einziehen (**do mieszkania** in eine Wohnung)
wpuszczać *vt* langsam <wiederholt> einlassen <hereinlassen>
wpuścić *vt pf* hereinlassen; **~ świeże powietrze** frische Luft einlassen
wracać *vi* zurückkehren, zurückkommen; (*powtarzać się*) wiederkehren; **~ do zdrowia** (allmählich) gesunden, gesund werden; **~ do domu** heimkehren, nach Hause kommen
wrak *m* Wrack *n*
wraz *adv* samt; zusammen mit; **~ z całym narodem** samt dem ganzen Volk

wrażenie *n* **1.** Eindruck *m*; **wywierać ~** Eindruck machen, beeindrucken; **być pod ~m** beeindruckt sein **2.** *psychol.* Empfindung *f*
wrażliwość *f* Sensibilität *f*
wrażliwy *adj* empfindlich, sensibel; *mot.* **~ na wiatr boczny** empfindlich gegen Seitenwind
wreszcie *adv* endlich; schließlich
wręczyć *vt pf* überreichen, einhändigen; (*pismo*) übergeben
wrodzony *adj* angeboren
wrogi *adj* feindselig; (*nieprzyjacielski*) feindlich
wrona *f* Krähe *f*; **~ siwa** Nebelkrähe *f*
wrotki *pl* Rollschuhe *mpl*
wróbel *m* Sperling *m*, Spatz *m*
wrócić *vi pf* zurück (gekommen) sein; → **wracać**
wróg *m* Feind *m*; **śmiertelny ~** Todfeind *m*, Erzfeind *m*
wróżka *f* Wahrsagerin *f*, (*wróżąca z kart*) Kartenlegerin *f*
wrzątek *m* siedendes Wasser
wrzeć *vi* sieden; kochen
wrzesień *m* September *m*
wrzos *m bot.* Heidekraut *n*, Erika *f*
wrzód *m* Geschwür *n*, Abszess *m*, *n*
wrzucić *vt pf* einwerfen, hineinwerfen
wsadzić *vt pf* hineinstecken, stecken
wschodni *adj* östlich, Ost-; **część ~a** der östliche Teil
wschodzić *vi* aufgehen (*o. o zasiewach*)
wschód *m* **1.** Aufgang *m*; **~ód słońca** Sonnenaufgang *m* **2.** Osten *m*; **na ~ód od ...** östlich von ...; **ku ~odowi** ostwärts; **ze ~odu** vom <aus dem> Osten; **od ~odu** vom Osten her; **na ~odzie** im Osten
wsiadać *vi* (*np. do pociągu*) einsteigen; **~ na statek** sich einschiffen
wsiąść *vi pf* → **wsiadać**
wskazówka *f* **1.** Zeiger *m*; **~ minutowa** Minutenzeiger *m* **2.** *figur.* Anleitung *f*, Tipp *m*
wskaźnik *m mot.* Anzeiger *m*; *econ.* Kennziffer *f*
wskutek *praep* infolge; **~ tego** infolgedessen; **~ czego** infolge dessen
wspaniałomyślny *adj* edelmütig, großmütig
wspaniały *adj* prächtig, prachtvoll; (*znakomity*) glanzvoll, herrlich
wspominać *vt* erwähnen, andeuten (**o czymś** etw)

wspomnieć *vt pf* → **wspominać**
wspólnie *adv* gemeinsam
wspólnota *f* Gemeinschaft *f*
wspólny *adj* gemeinsam
współ- *w złożeniach* Mit-, mit-
współautor *m* Mitautor *m*, Koautor *m*
współczesny I. *adj* zeitgenössisch; (*nowoczesny*) modern; (*jednoczesny*) gleichzeitig **II.** *m* Zeitgenosse *m*
współczucie *n* Mitleid *n*, Mitgefühl *n*; (*z powodu nieszczęścia*) Anteilnahme *f*
współczuć *vi* Mitleid empfinden; bemitleiden (**komuś** jn)
współdziałać *vi* mitwirken
współdziałanie *n* Zusammenwirken *n*
współistnienie *n* Koexistenz *f*, Nebeneinanderbestehen *n*
współmałżonek *m* Ehepartner *m*
współmieszkaniec *m* Mitbewohner *m*
współodpowiedzialny *adj* mitverantwortlich
współpracować *vi* zusammenarbeiten
współpracownik *m* Mitarbeiter *m*
współudział *m* Mitwirkung *f*, Beteiligung *f*; **przy ~le** unter Mitwirkung
współzawodnictwo *n* Wettbewerb *m*
współżycie [fspuʊ̇'ʒitɕɛ] *n* Zusammenleben *n*; (*obcowanie*) Umgang *m*
wstać *vi pf* auf sein; → **wstawać**
wstawać *vi* aufstehen; (*podnieść się z miejsca*) sich erheben
wstawić *pf* **I.** *vt* hineinstellen, stellen; (*wprawiać*) einsetzen **II.** *vr* **~ się** eintreten, sich einsetzen (**za kimś** für jn); *ugs.* (*upić się*) sich betrinken
wstąpić *vi pf* (*gdzieś*) hereintreten; (*wpaść*) vorbeikommen (**do kogoś** bei jm); (*przystąpić*) beitreten, eintreten; **~ do związku** dem Bund beitreten
wstążka ['fstɔʃka] *f* Band *n*, Bändchen *n*
wstecz *adv* rückwärts
wsteczny *adj* **1.** rückläufig; Rückwärts-; *mot.* **~ bieg** Rückwärtsgang *m* **2.** *figur.* rückschrittlich, reaktionär
wstęga *f* (breites und längeres) Band *n*
wstęp *m* **1.** Eintritt *m*; **karta ~u** Eintrittskarte *f*; **~ wolny** Eintritt frei **2.** (*dostęp*) Zutritt *m*; **swobodny ~** freier <ungehinderter> Zutritt **3.** (*do książki*) Einleitung *f*
wstępować *vi* eintreten; → **wstąpić**
wstręt *m* Abscheu *m*, Widerwille *m*; (*obrzydzenie*) Ekel *m*; **ze ~em** mit Widerwillen; **budzić ~** Widerwillen erregen

wstrętny adj abscheulich; (*obrzydliwy*) ekelhaft; (*nieznośny*) widerlich; abw. ~ **typ** widerlicher Typ

wstrzymać ['fstʃimatɕ] vt pf zurückhalten, anhalten; → **wstrzymywać**

wstrzymywać [fstʃi'mivatɕ] **I.** vt zurückhalten, zurückzuhalten versuchen; (*zatrzymywać*) anhalten, anzuhalten versuchen **II.** vr ~ **się** sich enthalten (*np.* **od picia** des Trinkens)

wstyd m Scham f; **uczucie ~u** Schamgefühl n; **to ~!** das ist eine Schande!; **zrobić** <**przynieść**> **komuś ~** jn blamieren; **nie możesz mi zrobić ~u!** du kannst mich nicht blamieren!

wstydzić się vr sich schämen (**czegoś** vor etw; **z jakiegoś powodu** wegen eines Dinges; **za kogoś** für jn)

wszcząć vt einleiten; *juris.* ~ **dochodzenie** ein <das> Ermittlungsverfahren einleiten, ein Verfahren anstrengen (**przeciw komuś** gegen jn)

wszech- *w złożeniach* all-, All-

wszechobecny adj allgegenwärtig

wszechstronny adj allseitig

wszechświat m Weltall n, Universum n, Kosmos m

wszelki adj **1.** jeder, jeglich **2.** (*różny*) allerlei

wszędzie adv überall

wszyscy adj alle; ~ **żołnierze** alle Soldaten

wszystek adj all, alle, alles

wszystk|o (*w funkcji rzeczownikowej*) alles; **po|mimo ~o** trotz allem; **przede ~im** vor allem, vor allen Dingen; **~o jedno** einerlei, ganz egal

wściec się vr tollwütig werden; → **wściekać się**

wściekać się vr (*szaleć*) wüten; in Wut geraten

wściekły adj wütend

wśród praep unter, inmitten, mitten in; ~ **nas** unter uns

wtedy adv dann; (*wówczas*) damals

wtem adv plötzlich, da

wtenczas adv damals, da

wtor|ek m Dienstag m; **we ~ek** am Dienstag; **we ~ki** dienstags

wtrącać I. vt einschieben, einschalten (**uwagę** eine Bemerkung); (*do więzienia*) werfen **II.** vr ~ **się** sich einmischen, sich mengen; ~ **się do rozmowy** sich ins Gespräch einmischen

wtrącić vt pf → **wtrącać**

wtyczka f Stecker m

wuj, wujek m Onkel m

wulgarny adj vulgär, derb

wulkan m Vulkan m

wy pron pers ihr

wy- *w złożeniach* hinaus-, heraus-, aus-, hervor-

wybaczyć vt pf verzeihen; vergeben

wybi|ć pf **I.** vt ausschlagen, ausstoßen; **~ć szybę** das Fenster einwerfen <einschlagen>; **~ła ósma** es hat acht Uhr geschlagen **II.** vr **~ć się** emporkommen, sich hervortun

wybiec vi pf hinausrennen, herausrennen

wybiegać vi → **wybiec**

wybierać I. vt wählen; ~ **numer** eine Nummer wählen **II.** vr ~ **się w drogę** sich auf den Weg machen

wybitny adj hervorragend; (*charakterystyczny*) hervorstechend

wyblaknąć vi pf verblassen, verschießen

wyboist|y adj holprig; **~a ulica** eine holprige Straße

wyborcz|y adj: **kampania ~a** Wahlkampf m; **komisja ~a** Wahlausschuss m

wybój m (**na** <**w**> **jezdni**) Schlagloch n

wyb|ór m **1.** Auswahl f; **bogaty ~ór** eine reiche Auswahl **2.** (*wybranie*) Wahl f; **dokonać ~oru** die Wahl treffen **3.** **~ory** pl Wahlen fpl

wybrać pf → **wybierać**

wybredny adj wählerisch

wybrzeże [vi'bʒɛʒɛ] n (*brzeg*) Küste f; (*okręg nadbrzeżny*) Küstenstreifen m, Küstenstrich m

wybuch m Ausbruch m; (*eksplozja*) Explosion f; ~ **atomowy** Atomexplosion f

wybuch|nąć vi pf ausbrechen; **wojna ~ła** der Krieg brach aus; *figur.* ~**nąć płaczem** <**śmiechem**> in Tränen <Gelächter> ausbrechen

wychodzi|ć vi **1.** hinausgehen, herausgehen; **~ć z domu** das Haus verlassen; **~ć z użycia** außer Gebrauch kommen; **~ć z mody** langsam aus der Mode kommen; *ugs.* **to na jedno ~** das kommt auf dasselbe hinaus **2.** (*ukazywać się*) erscheinen, herauskommen

wychować vt pf → **wychowywać**

wychowanek m Pflegesohn m

wychowanie n Erziehung f; **dobre ~** Wohlerzogenheit f, gute Manieren

wychowany adj erzogen; **dobrze ~** wohlerzogen

wychowywać I. *vt* erziehen, aufziehen **II.** *vr* ~ **się** erzogen werden
wychylać się *vr* hinauslehnen; **nie ~ się!** nicht hinauslehnen!
wyciąć *vt pf* → **wycinać**
wyciąg *m* Auszug *m*; (*winda*) Aufzug *m*; **~ narciarski** Skilift *m*; **~ krzesełkowy** Sessellift *m*
wyciągać *vt* dabei sein herauszuziehen; *vgl.* **wyciągnąć**
wyciągnąć *pf* **I.** *vt* herausziehen; (*wydobyć*) hervorholen; *figur.* **~ wniosek** einen Schluss ziehen **II.** *vr* ~ **się** (*odpoczywając*) alle viere von sich strecken
wyciec *vi pf* → **wyciekać**
wycieczk|a *f* Ausflug *m*; (*grupowa*) Gesellschaftsreise *f*; Gruppenreise *f*; **piesza ~a** Wanderung *f*; **~a turystyczna** Touristenreise *f*; **wyjechać na ~ę** einen Ausflug machen
wycieczkowicz *m* Ausflügler *m*
wyciekać *vi* ausrinnen, ausfließen
wycieraczka *f* Fußmatte *f*, Abtreter *m*; **~ samochodowa** Scheibenwischer *m*
wycierać I. *vt* abwischen, auswischen; **~ nos** sich *D* die Nase putzen; **~ nogi!** Füße abtreten!; **~ gumką** ausradieren **II.** *vr* ~ **się** (*obsuszać się*) sich abtrocknen
wycinać *vt* herausschneiden, ausschneiden; (*wyrąbywać*) abholzen
wycisnąć *vt pf* auspressen
wycofać *vt pf* → **wycofywać**
wycofywać I. *vt* zurückziehen; (*cofnąć, np. zamówienie*) rückgängig machen, stornieren **II.** *vr* ~ **się** sich zurückziehen, *mil.* abziehen
wyczerpać *pf* **I.** *vt* ~ → **wyczerpywać II.** *vr* ~ **się** alle sein
wyczerpywać I. *vt* ausschöpfen; erschöpfen **II.** *vr* ~ **się** alle werden; sich erschöpfen
wyczucie *n* Intuition *f*, Gefühl *n*, Sinn *m*, Einfühlungsgabe *f*; Fingerspitzengefühl *n*
wyczuć *vt pf* → **wyczuwać**
wyczuwać *vt* herausfühlen; spüren, empfinden; **dać się ~** spürbar werden, sich bemerkbar machen
wyczyn *m* (Höchst-)Leistung *f*, Rekord *m*; **bohaterski ~** Heldentat *f*, Glanzstück *n*, Kunststück *n*
wyczyścić *vt pf* ausputzen, abputzen, reinigen; **~ szczotką** abbürsten
wyć *vi* heulen
wydać *pf* **I.** *vt* → **wydawać II.** *vr* ~ **się** (*wyjść na jaw*) entdeckt werden; an den Tag kommen
wydajność *f* Produktivität *f*; **~ pracy** Arbeitsproduktivität *f*
wydanie *n* Ausgabe *f*, Auflage *f*; **~ nowe, poprawione** neue, verbesserte Ausgabe; (*czynność*) Herausgabe *f*; (*np. przestępcy*) Auslieferung *f*
wydarzenie *n* Vorfall *m*
wydarzyć się *vr pf* sich ereignen, vorfallen
wydat|ek *m* Ausgabe *f*, Auslage *f*; (*koszty*) Kosten *pl*; **ponosić ~ki** die Kosten tragen
wydawać I. *vt* ausgeben; (*książkę, resztę pieniędzy*) herausgeben; (*przestępcę*) ausliefern; **~ okrzyki** Schreie ausstoßen **II.** *vr* ~ **się** scheinen; **wydaje się ...** es scheint ...
wydawca *m* Verleger *m*
wydawnictwo *n* Verlag *m*; (*publikacja*) Veröffentlichung *f*
wydech *m* Ausatmung *f*; *mot.* Auspuff *m*
wydma *f* Düne *f*
wydobycie *n* Abbau *m*, Gewinnung *f*, Förderung *f*; **~ węgla** Kohlenförderung *f*
wydobyć *vt pf* → **wydobywać**
wydobywać I. *vt* hervorholen; herausbekommen; *berg.* fördern, gewinnen **II.** *vr* ~ **się** hervorkommen
wydostać *vt* herausbekommen
wydra *f* Fischotter *m*
wydruk *m inform.* Ausdruck *m*
wydrukować *vt pf* drucken; *inform.* ausdrucken
wydrzeć *vt pf* ausreißen; (*z rąk*) entreißen; → **wydzierać**
wydział *m* Abteilung *f*, Sektion *f*; Dezernat *n*; (*szkoły wyższej*) Fakultät *f*; **~ filozoficzny** die philosophische Fakultät
wydzielać *vt* austeilen; (*racjonować*) rationieren; *physio.* ausscheiden
wydzierać *vt* ausreißen, reißen (**z rąk** aus den Händen)
wydzierżawić *vt pf* pachten (**od kogoś** von jm); verpachten (**komuś** an jn)
wygasać *vi* (allmählich) erlöschen; *figur.* verlöschen; (*termin*) ablaufen
wygasnąć *vi pf* erloschen sein; → **wygasać**
wygląd *m* Aussehen *n*; (*czyjś*) Äußere *n*
wyglądać *vi* **1.** hinaussehen, herausssehen; (*spod czegoś*) hervorgucken **2.** (*mieć wygląd*) aussehen; **dobrze ~** gut aussehen
wygłosić *vt pf*: **~ mowę** <**przemówienie**> eine Rede <Ansprache> halten
wygoda *f* Bequemlichkeit *f*; Komfort *m*
wygodny *adj* bequem; komfortabel

wygrać *vt pf* gewinnen; → **wygrywać**
wygrywać *vt* (wiederholt) gewinnen; ~ **na loterii** in der Lotterie (immer wieder) gewinnen; (*na instrumencie*) spielen
wygwizdać *vt pf* auspfeifen
wyjaśniać I. *vt* erläutern; klar machen; klären, aufklären; **II.** *vr* ~ **się** auf|geklärt <klargestellt> werden
wyjaśnić *vt pf* → **wyjaśniać**
wyjazd *m* (*odjazd*) Abreise *f*; (*np. za granicę*) Ausreise *f*; (*brama, droga wyjazdowa*) Ausfahrt *f*
wyją|ć *vt pf* → **wyjmować**; **~wszy** ausgenommen
wyjąt|ek *m* **1.** (*od reguły*) Ausnahme *f*; **bez ~ku** ausnahmslos, ohne Ausnahme; **z ~kiem** ... ausgenommen ... **2.** (*urywek*) Auszug *m*
wyjątkowo *adv* ausnahmsweise; ~ **trudny** außerordentlich schwer
wyjątkowy *adj* **1.** Ausnahme-; **stan ~** Ausnahmezustand *m* **2.** (*jedyny*) einmalig, einzigartig
wyjechać *vi pf* ausfahren, ausgefahren sein; verreisen, verreist sein; → **wyjeżdżać**
wyjeżdżać *vi* (*z bramy*) hinausfahren, herausfahren; (*w podróż*) verreisen, abreisen; ~ **za granicę** ins Ausland gehen
wyjmować *vt* herausnehmen; (*wydobywać*) hervorholen
wyjrzeć *vi pf* → **wyglądać 1.**
wyjście *n* (*odejście*) Weggang *m*; (*np. drzwi*) Ausgang *m*; (*w pojazdach*) Ausstieg *m*; *figur.* (*z sytuacji*) Ausweg *m*
wyjść *vi pf*: ~ **na dobre** (*być korzystnym*) zugute kommen (**komuś** jm); → **wychodzić**
wykaz *m* Verzeichnis *n*, Liste *f*; (*zestawienie*) Aufstellung *f*, Zusammenstellung *f*
wyklucz|yć *vt pf* ausschließen, (*znosić*) aufheben; (*z organizacji*) ausstoßen; **~one!** ausgeschlossen!
wykład *m* Vorlesung *f*
wykładać *vt, vi* herauslegen; (*mieć wykłady*) lesen, Vorlesungen halten
wykładnik *m mat.* Exponent *m*
wykładowca *m*: ~ **szkoły wyższej** <**uniwersytecki**> Hochschullehrer *m*
wykładzina *f* (*podłogowa*) Bodenbelag *m*
wykoleić się *vr pf* entgleisen; (*o człowieku*) auf die schiefe Bahn geraten
wykolejenie (się) *n* Entgleisung *f*
wykonać *vt pf* ausführen; (*wypełnić*) erfüllen; (*ukończyć*) fertig stellen; ~ **wyrok** ein Urteil vollstrecken
wykonalny *adj* durchführbar, machbar
wykonanie *n* Ausführung *f*; (*załatwienie*) Erledigung *f*; (*wyroku*) Vollstreckung *f*
wykonawca *m juris.* Vollstrecker *m*; ~ **testamentu** Testamentsvollstrecker *m*
wykonywać *vt* ausführen; (*praktykować*) ausüben; (*załatwiać*) erledigen
wykończ|yć *vt pf* vollenden, fertig stellen; *ugs.* **~ony** schachmatt, am Boden zerstört
wykopaliska *npl* Ausgrabungen *fpl*
wykopki *pl* Kartoffelernte *f*
wykorzystać *vt pf* → **wykorzystywać**; ~ **okazję** die Gelegenheit nutzen
wykorzystywać *vt* ausnutzen; (*spożytkować*) auswerten
wykręcać *vt* → **wykręcić**
wykręcić *pf* **I.** *vt* herausdrehen; (*rękę*) verrenken; (*wyżąć*) auswringen, wringen **II.** *vr* ~ **się** *ugs.* (*wymigać się*) sich drücken (**od czegoś** von <vor> etw)
wykroczenie *n juris.* Vergehen *n*
wykrój *m* Ausschnitt *m*
wykryć *vt pf juris. a.* aufklären (**kradzież** einen Diebstahl); → **wykrywać**
wykrywać *vt* aufdecken, ausfindig machen, entdecken
wykrzyknik *m* (*słowo*) Empfindungswort *n*, Interjektion *f*; (*znak*) Ausrufezeichen *n*
wykształcenie [vɪkʃtaṷˈtsɛɲɛ] *n* Bildung *f*, Ausbildung *f*; ~ **ogólne** Allgemeinbildung *f*; **wyższe ~** Hochschulbildung *f*
wykształcony *adj* gebildet
wykupić *vt pf* lösen; (*skupować*) aufkaufen; (*weksel*) einlösen
wykwalifikowany *adj* qualifiziert, (aus)gelernt; **robotnik ~** gelernter Arbeiter
wylać I. *vt pf* ausgießen, ausschütten; (*przelewać*) vergießen **II.** *vi* (*o rzece*) austreten, aus den Ufern treten
wylądować *vt pf* gelandet sein
wylecz|yć *vt pf* auskurieren; **jestem ~ony** ich bin wiederhergestellt
wylew *m*: *med.* **mieć ~** (**do mózgu**) einen (apoplektischen) Schlaganfall haben
wyliczać *vt* aufzählen; herzählen; (*obliczać*) ausrechnen
wyliczyć *vt pf* → **wyliczać**
wylot *m* (*otwór*) Öffnung *f*; *figur.* **na ~** durch und durch
wyładować *pf* **I.** *vt* entladen, ausladen; (*statek*) löschen **II.** *vr* ~ **się** sich entladen

wyładowanie *n el.* Entladung *f*
wyłączać *vt* ausschalten, abschalten; (*maszynę, radio*) abstellen; (*wykluczać*) ausschließen
wyłącznie *adv* ausschließlich
wyłącznik *m* Schalter *m*
wyłączyć *vt pf* → **wyłączać**
wyłożyć *vt pf* herauslegen
wymagać *vt* fordern, verlangen; erfordern
wymagania *pl* Anforderungen *pl*
wymarzony *adj* ersehnt, erwünscht; (*doskonały*) ideal
wymawiać I. *vt* **1.** *fonet.* aussprechen **2.** (*składać wymówienie*) kündigen **3.** (*wypominać*) vorhalten **II.** *vr* ~ **się** Ausreden vorbringen, Ausflüchte machen
wymeldować I. *vt* abmelden **II.** *vr* ~ **się** sich abmelden
wymian|a *f* **1.** Austausch *m*; (*niewłaściwie zakupionego towaru*) Umtausch *m*; **~a zdań** Meinungsaustausch *m*; **~a doświadczeń** Erfahrungsaustausch *m* **2.** Wechsel *m*; *mot.* **~a koła** Radwechsel *m*; **~a oleju** Ölwechsel *m*; **~a pieniędzy** Geldwechsel *m*; **kantor ~y (walut)** Wechselstube *f*
wymiar *m* Ausmaß *n*, Dimension *f*
wymiatać *vt* auskehren, ausfegen
wymieniać *vt* austauschen; (*zamieniać się*) tauschen; (*zmieniać*) wechseln; ~ **pieniądze** Geld wechseln; (*zastępować*) ersetzen; (*wyliczać*) aufzählen; (*wzmiankować*) erwähnen, nennen; (*niewłaściwy towar*) umtauschen
wymienić *vt pf mot. a.* auswechseln; ~ **żarówkę** eine Birne auswechseln; → **wymieniać**
wymierzać *vt* abmessen, vermessen
wymierzyć *vt pf* aufs Korn nehmen (**do kogoś** jn); (*odmierzyć*) abmessen, vermessen; *figur.* ~ **policzek** <**cios**> eine Ohrfeige <einen Schlag> versetzen; ~ **karę** eine Strafe verhängen (**komuś** über jn)
wymieść *vt pf* → **wymiatać**
wymijać *vt* ausweichen
wymijająco *adv* ausweichend; **odpowiedzieć ~** ausweichend antworten
wyminąć *vt pf* → **wymijać**
wymiotować *vi* erbrechen, sich übergeben
wymowa *f fonet.* Aussprache *f*; (*retoryka*) Redekunst *f*
wymówk|a *f* **1.** Ausrede *f* **2.** (*zarzut*) Vorhaltung *f*; **robić komuś ~i** jm Vorhaltungen machen

wymusić *vt pf* erzwingen; *mot.* ~ **pierwszeństwo przejazdu** die Vorfahrt nicht beachten
wymuszenie *n juris.* Erzwingung *f*
wymyślać *vt* **1.** ausdenken, erdenken **2.** (*zmyślać*) erfinden **3.** (*besztać*) beschimpfen (**komuś** jn)
wymyślić *vt pf* → **wymyślać 1., 2.; musimy coś ~** wir müssen uns etw einfallen lassen
wynagradzać *vt* belohnen, vergüten; (*wyrównać*) entschädigen, ersetzen; ~ **komuś stratę** jn schadlos halten, für den Schaden aufkommen
wynagrodzenie *n* Belohnung *f*, Entgelt *n*; (*pieniężne*) Lohn *m*; ~ **szkód** Schaden(s)ersatz *m*
wynagrodzić *vt pf* → **wynagradzać**
wynająć *vt pf* → **wynajmować**
wynajmować *vt* mieten (**od kogoś** von jm); vermieten (**komuś** jm)
wynalazek *m* Erfindung *f*
wynaleźć *vt pf* erfinden, eine Erfindung machen
wynieść *vt pf* → **wynosić**
wynik *m* **1.** Ergebnis, Resultat *n*; **końcowy ~** Endergebnis *n* **2.** (*sukces*) Erfolg *m*; **osiągnąć** <**mieć**> **dobre ~i** gute Erfolge erzielen <zu verzeichnen haben> **3.** (*skutek*) Folge *f*; **w ~u czego** infolge dessen
wynika|ć *vi* **1.** sich ergeben; **z tego** daraus folgt **2.** (*powstawać*) hervorgehen **3.** (*być widocznym*) erhellen, zu ersehen sein
wyniknąć *vi pf* → **wynikać**
wynos: **na ~** außer Haus, über die Straße
wynosić *vt* hinaustragen, heraustragen; (*opiewać*) betragen; sich belaufen (**100 euro** auf 100 Euro)
wynurzyć się *vr pf* auftauchen
wyobrazić *vt pf* → **wyobrażać**
wyobraźni|a *f* Einbildungskraft *f*, Fantasie *f*, Phantasie *f*; **mieć bujną ~ę** (*zmyślać*) eine blühende Fantasie haben
wyobrażać *vt* darstellen; ~ **sobie** sich *D* vorstellen; (*pomyśleć*) sich *D* denken
wypaczać *vt figur.* entstellen, verdrehen
wypaczyć *vt pf* → **wypaczać**
wypada|ć *vi* herausfallen, ausfallen; (*pędem wybiec*) herausstürzen; (*przypadać*) fallen (**w niedzielę** auf Sonntag); *figur.* (*być stosownym*) sich geziemen, sich ziemen, anstehen; **mnie nie ~** mir steht es nicht an; **nie ~** es ziemt <schickt> sich nicht

wypadanie *n* Ausfall *m*; **~ włosów** Haarausfall *m*
wypad|ek *m* **1.** Fall *m*; **na ~ek** für den Fall; **na wszelki ~ek** für alle Fälle; **w żadnym ~ku** keinesfalls, auf keinen Fall **2.** (*nieszczęście, katastrofa*) Unfall *m*; **~ek uliczny** Verkehrsunfall *m*; **~ek samochodowy** Autounfall *m*; **ulec ~kowi** verunglücken; **doszło do ~ku** es hat sich ein Unfall ereignet; **zginąć w ~ku** tödlich verunglücken
wypaść *vi pf* → **wypadać**
wypchać *vt pf* ausstopfen
wypełniać I. *vt* (*napełniać*) füllen, anfüllen; (*formularz*) ausfüllen; (*spełniać*) erfüllen, vollziehen; **~ obowiązki** die Pflichten erfüllen; **~ rozkazy** die Befehle vollziehen **II.** *vr* **~ się** sich füllen, sich anfüllen; (*spełniać się*) sich erfüllen
wypełnić *vt pf* → **wypełniać**
wypędzać *vt* hinaustreiben; (*przepędzić*) hinausjagen, verjagen, vertreiben
wypędzeni *pl hist.* Vertriebene *pl*
wypędzić *vt pf* → **wypędzać**
wypić *vt pf* austrinken, ausleeren
wypluć *vt pf* ausspucken
wypłacać *vt* auszahlen
wypłacić *vt pf* → **wypłacać**
wypłata *f* Auszahlung *f*, Zahlung *f*
wypłynąć *vi pf* → **wypływać**
wypływać *vi* herausfließen, hervorströmen; (*wytryskać*) entspringen, hervorquellen; *figur.* (*wynikać*) hervorgehen
wypocząć *vi pf* ausruhen, sich erholen; *vgl.* **wypoczywać**
wypoczynek *m* Ruhe *f*, Erholung *f*
wypoczywać *vi* ruhen, rasten; (*wracać do sił*) sich erholen
wypogadzać się *vr* langsam aufklaren (*a. figur. o twarzy*)
wypogodzić się *vr pf* aufklaren
wyposażenie *n* Ausstattung *f*; *mot.* **~ dodatkowe** Extras *pl*
wyposażyć *vt pf* ausstatten, ausrüsten
wypowiadać *vt* → **wypowiedzieć**
wypowiedzieć I. *vt pf* aussprechen, aussagen; (*złożyć wymówienie*) kündigen, aufkündigen; **~ wojnę** den Krieg erklären **II.** *vr* **~ się** sich aussprechen, sich äußern; (*zająć stanowisko*) Stellung nehmen (**o czymś** zu etw)
wypowiedź *f* Aussage *f*, Äußerung *f*; (*oświadczenie*) Erklärung *f*
wypożyczać *vt* **1.** ausleihen, leihen, borgen (**od kogoś** von jm); entleihen (**z biblioteki** aus der Bibliothek) **2.** leihen, verleihen (**komuś** jm)
wypożyczalnia *f* Ausleihe *f*, Verleih *m*; **~ książek** Leihbücherei *f*; **~ sprzętu sportowego** Verleih für Sportgeräte; **~ kaset wideo** Videothek *f*
wypracowanie *n* **1.** (*czynność*) Ausarbeitung *f* **2.** (*np. szkolne*) Aufsatz *m*, schriftliche Arbeit
wyprać *vt pf* auswaschen
wyprasować *vt pf* ausbügeln gerade biegen; → **prasować**
wyprawa *f* **1.** *mil.* Feldzug *m*; **~ naukowa** wissenschaftliche Expedition **2.** (*ślubna*) Aussteuer *f*
wyprawiać *vt* (*garbować*) gerben; (*urządzać*) veranstalten, feiern
wyprodukować *vt pf* → **produkować**
wyprostować *vt pf* → **prostować**
wyprowadzić I. *vt pf* hinausführen, herausführen; ausführen; *figur.* **~ z równowagi** aus dem Gleichgewicht bringen **II.** *vr* **~ się** ausziehen; **wyprowadzili się** sie sind verzogen
wyprowadzka *f* Auszug *m*
wypróbować *vt pf* ausprobieren, erproben
wyprzedać *vt pf* ausverkaufen
wyprzedaż *f* Ausverkauf *m*
wypukły *adj* konvex, erhaben; *druk.* **~ druk** Hochdruck *m*
wypuścić *vt pf* herauslassen, hinauslassen, auslassen
wyrabiać *vt* herstellen, produzieren; (*formować*) bilden, ausbilden
wyrachowany *adj abw.* berechnend
wyratować *vt pf* retten (können), erretten
wyraz *m* **1.** (*słowo*) Wort *n* **2.** Ausdruck *m*; **bez ~u** ausdruckslos; **dać ~** Ausdruck verleihen
wyrazić *vt pf* → **wyrażać**
wyraźnie *adv* deutlich; ausdrücklich
wyraźny *adj* deutlich; ausdrücklich
wyrażać I. *vt* ausdrücken **II.** *vr* **~ się** sich ausdrücken, sich äußern
wyrażenie *n* Wortverbindung *f*, Redewendung *f*
wyręczać *vt* ersetzen; einspringen (**kogoś** für jn)
wyręczyć *vt pf* → **wyręczać**
wyrobić *vt pf* → **wyrabiać**
wyrok *m* Urteil *n*; (*orzeczenie sądowe*) Urteilsspruch *m*; **~ śmierci** Todesurteil *n*;

~ uniewinniający Freispruch *m*; **wydać ~** ein Urteil fällen
wyrostek *m* **1.** Halbwüchsige *m* **2.** *anat.*
~ robaczkowy Wurmfortsatz *m*
wyrozumiały *adj* nachsichtig; **być ~m dla kogoś** mit jm Nachsicht haben
wyr|ób *m* (*czynność*) Herstellung *f*, Produktion *f*; (*przedmiot*) Erzeugnis *n*, Produkt *n*; **~oby przemysłowe** Industrieerzeugnisse *npl*, Industriewaren *fpl*
wyróżniać I. *vt* unterscheiden; (*preferować*) bevorzugen; (*odznaczać*) auszeichnen **II.** *vr* **~ się** sich auszeichnen (**czymś** durch etw); (*wybijać się*) abstechen
wyróżnić *vt pf* → **wyróżniać I.**
wyruszać *vi* aufbrechen, ziehen, sich auf den Weg machen
wyruszyć *vi pf* → **wyruszać**
wyrwać I. *vt pf* (*z rąk*) entreißen (**komuś coś** jm etw); → **wyrywać II.** *vr* **~ się** sich befreien
wyrywać I. *vt* herausreißen, ausreißen; **~ ząb** einen Zahn ziehen; (*wyszarpywać*) ausraufen **II.** *vr* **~ się** sich losreißen, (*uwalniać się*) sich befreien <zu befreien suchen>
wyrzec się *vr pf* → **wyrzekać się**
wyrzekać się *vr* sich lossagen (**czegoś** von etw)
wyrzucać *vt* **1.** hinauswerfen, herauswerfen, werfen; **~ za burtę** über Bord werfen **2.** (*robić wymówki*) vorhalten, vorwerfen, Vorwürfe machen
wyrzucić *vt pf* → **wyrzucać 1.**
wyrzut *m* (*zarzut*) Vorwurf *m*; **~y sumienia** Gewissensbisse *pl*; **czynić** <**robić**> **~y** Vorwürfe machen
wyrzutnia *f mil.* Abschussrampe *f*; **~ rakietowa** Raketenabschussrampe *f*
wysadzić *vt pf* sprengen (**w powietrze** in die Luft); aussetzen (**na wyspie** auf einer Insel)
wyschnąć *vi pf* austrocknen, trocken (geworden) sein
wysiadać *vi* aussteigen
wysiąść *vi pf* → **wysiadać**
wysił|ek *m* Anstrengung *f*; **z największym ~kiem** mit äußerster Anstrengung, unter Aufgebot aller Kräfte
wyskakiwać *vi* hinausspringen (**przez okno** zum Fenster); herausspringen
wyskoczyć *vi pf* → **wyskakiwać**
wysłać *vt pf* → **wysyłać**

wysłannik *m*: **specjalny ~** ein Sonderbeauftragter
wysoce *adv* hoch-; höchst-; **~ prawdopodobny** höchstwahrscheinlich; **~ uradowany** hocherfreut
wysoki *adj* hoch; **~e napięcie** Hochspannung *f*; **w ~m stopniu** in hohem Grade <Maße>; **~ urzędnik** ein hoher Beamter; **najwyższy czas** höchste Zeit; **najwyższe piętro** das oberste Stockwerk
wysoko *adv* hoch; **~ cenić** hoch schätzen
wysokogatunkowy *adj* Qualitäts-; **towar ~** Qualitätsware *f*
wysokoś|ć *f* Höhe *f*; **w ~ci 200 euro** in Höhe von 200 Euro
wyspa *f* Insel *f*
wyspać się *vr pf* sich ausschlafen, genug geschlafen haben
wysportowany *adj* durchtrainiert
wyssany *pp*: **~ z palca** glatt erfunden
wystarać się *vr pf* besorgen, verschaffen (**o coś** etw)
wystarczać *vi* genügen, ausreichen, hinreichen, reichen
wystarczająco *adv* ausreichend, hinlänglich
wystarczyć *vi pf* → **wystarczać**
wystartować *vi pf* starten
wystaw|a *f* **1.** Ausstellung *f*; **~a obrazów** Gemäldeausstellung *f* **2.** (*sklepowa*) Auslage *f*; Schaufenster *n*; **na ~ie** in der Auslage
wystawać *vi* ausragen, hervorragen
wystawca *m* Aussteller *m*
wystawić *vt pf* ausstellen; **~ rachunek** eine Rechnung ausstellen; (*wynieść*) heraustellen, hinausstellen; (*zbudować*) errichten, bauen; *teatr.* aufführen
wystąpić *vi pf* → **występować**
występ *m teatr.* Auftritt *m*; Auftreten *n*; **~ gościnny** Gastspiel *n*; **mieć ~y gościnne** gastieren
występować *vi* auftreten (*o. teatr.*); (*z czegoś*) hinaustreten, heraustreten
wystrasz|yć I. *vt pf* aufschrecken, erschrecken; **~łem go** ich erschreckte ihn; (*spłoszyć*) verscheuchen **II.** *vr* **~ć się** erschrecken; **~łem się** ich erschrak
wystrój *m archit.* Ausstattung *f*
wystrzał *m* Schuss *m*; **~ armatni** Kanonenschuss *m*
wystrzelić *vt*, *vi pf* einen Schuss abgeben, abschießen; **~ z łuku** <**karabinu**> den Bo-

wystygnąć 178 **wyzwać**

gen <das Gewehr> abschießen; **~ satelitę** einen Satelliten starten
wystygnąć *vi pf* erkalten, kalt werden <geworden sein>
wysunąć *vt pf* **1.** herausschieben, hinausschieben; (*wytknąć*) herausstecken, hervorstecken; **~ naprzód** vorschieben **2.** *figur.* aufstellen, erheben, vorbringen; **~ żądania** Forderungen erheben
wysuszyć *vt pf* austrocknen, trocknen lassen, ausdörren
wysyłać *vt* absenden, abschicken
wysypać *vt pf* → **wysypywać**
wysypka *f med.* Ausschlag *m*
wysypisko *n* (*śmieci*) Mülldeponie *f*, Müllkippe *f*
wysypywać I. *vt* ausschütten, verschütten, ausstreuen **II.** *vr* **~ się** sich ausschütten, sich austreuen
wyszkolenie *n* Ausbildung *f*
wyszukać *vt pf* aussuchen, ausfindig machen, auffinden
wyścielać, wyściełać *vt* auspolstern
wyścig *m* Wettrennen *n*; Wettlauf *m*; **~ z czasem** ein Wettlauf mit der Zeit; **~i konne** Pferderennen *n*; **~i samochodowe** Autorennen *n*; **~i motocyklowe** Motorradrennen *n*
wyścigow|y *adj* Renn-; **koń ~y** Rennpferd *n*; **samochód ~y** Rennauto *n*; **łódź ~a** Rennboot *n*; **tor ~y** Rennbahn *f*
wyśmiać *vt pf* → **wyśmiewać**
wyśmiewać *vt* auslachen, verlachen
wyświetlać *vt* (*wyjaśniać*) aufhellen; (*film*) vorführen
wyświetlić *vt pf* → **wyświetlać**
wytarty *adj* fadenscheinig (*a. figur.*)
wytchnąć *vi pf* (sich) verschnaufen, ausruhen
wytłumaczyć *vt pf* erklären, klarmachen; (*wyłożyć*) auslegen, deuten
wytrawny *adj* (*wino*) trocken
wytrwać *vi pf* ausharren, aushalten
wytrwały *adj* ausdauernd
wytrych *m* Dietrich *m*
wytrzeźwieć [vi'tʃɛzvɛtɕ] *vi pf* wieder nüchtern werden <geworden sein>
wytrzymać *vt pf* aushalten; (*znosić*) ertragen; (*przetrwać*) durchhalten; (*próbę*) bestehen
wytrzymałość *f* Festigkeit *f*; (*trwałość*) Haltbarkeit *f*, Dauerhaftigkeit *f*
wytrzymały *adj* fest; (*wytrwały*) ausdau-

ernd; (*nie niszczący się*) verschleißfest, haltbar
wytwarzać I. *vt* erzeugen, herstellen; (*stwarzać*) schaffen **II.** *vr* **~ się** sich herausbilden
wytworny *adj* vornehm, elegant, fein
wytworzyć *vt pf* → **wytwarzać**
wytwór *m* Erzeugnis *n*, Produkt *n*
wytwórnia *f* Produktionsstätte *f*, Fabrik *f*
wywalczyć *vt pf* erkämpfen, erringen
wyważać *vt* (*koła*) auswuchten; *figur.* **~ otwarte drzwi** offene Türen einrennen
wyważony *adj mot.* ausgewuchtet
wyważyć *vt pf*: *mot.* **~ koło** ein Rad <einen Reifen> auswuchten; **kazać ~** (*dać do wyważenia*) auswuchten lassen
wywiad *m* **1.** (*np. prasowy*) Interview *n*; **udzielić ~u** ein Interview erteilen **2.** Geheimdienst *m*; **~ polityczny** <**wojskowy**> der politische <militärische> Geheimdienst
wywierać *vt* ausüben (**wpływ** Einfluss); **~ wrażenie** Eindruck machen
wywiesić *vt pf* aushängen; **~ flagę** eine Flagge hissen
wywietrzyć *vt pf* auslüften, durchlüften
wywieźć *vt pf* → **wywozić**
wywołać *vt pf* → **wywoływać**
wywoływacz *m fot.* Entwickler *m*
wywoływać *vt* herausrufen; *figur.* (*powodować*) hervorrufen, auslösen
wywozić *vt* hinausfahren, fortbringen; (*eksportować*) ausführen
wywóz *m* Ausfuhr *f*
wywracać I. *vt* (*do góry dnem*) (wiederholt) umkippen; (*przewracać*) umwerfen, umstoßen **II.** *vr* **~ się** umfallen
wywrotka *f* Kippwagen *m*, Kipper *m*
wywrotowiec *m* Umstürzler *m*
wywrócić *vt pf* einmal umkippen, umwerfen; *vgl.* **wywracać**
wywrzeć *vt pf* → **wywierać**
wyzdrowieć *vi pf* genesen, gesund werden
wyznaczać *vt* (*termin*) ansetzen, anberaumen, bestimmen
wyznaczyć *vt pf* → **wyznaczać**
wyznać *vt pf* bekennen, gestehen
wyznanie *n* (*przyznanie się*) Bekenntnis *n*, Eingeständnis *n*; *rel.* Konfession *f*
wyznawać *vt* bekennen, gestehen; *rel.* sich bekennen (**wiarę** zum Glauben); (*czcić*) verehren
wyzwać *vt pf* herausfordern (**na pojedynek** zum Zweikampf)

wyzwanie *n* Herausforderung *f*
wyzwolenie *n* Befreiung *f*
wyzysk *m* Ausbeutung *f*
wyzyskać *vt pf* benutzen, ausnutzen, nutzbar machen
wyzyskiwacz *m* Ausbeuter *m*
wyzyskiwać *vt* ausnutzen, nutzbar machen; (*kogoś*) ausbeuten
wyżąć *vt pf* → **wyżymać**
wyżej *adv kompar* **1.** → **wysoko** höher, oben **2.** (*w tekście*) ~ **wymieniony** oben erwähnt
wyżeł *m* Vorstehhund *m*
wyższość|ć ['vɨʃʃɔçtɕ] *f* Überlegenheit *f*; **poczucie ~ci** Überlegenheitsgefühl *n*; (*zaleta*) Vorzug *m*
wyższ|y ['vɨʃʃɨ] *adj kompar* → **wysoki** höher; **szkoła ~a** Hochschule *f*
wyżymać *vt* aus|wringen
wyżywienie *n* Ernährung *f*, Kost *f*
wzajemnie *adv* gegenseitig, einander; (*nawzajem*) gleichfalls
wzajemn|y *adj* gegenseitig, wechselseitig; **~e oddziaływanie** Wechselwirkung *f*
w zamian *adv* (*za*) für, gegen; **~ za to** dafür, im Gegenzug; (*zamiast*) statt, anstatt
wzbogacać I. *vt* bereichern, reicher machen; anreichern (**witaminami** mit Vitaminen) **II.** *vr* **~ się** reich(er) werden, sich bereichern
wzbogacić *vt pf* → **wzbogacać**
wzbronion|y *adj* untersagt, verboten; **wejście ~e!** Eintritt <Zutritt> verboten!
wzdłuż [vzdůuʃ] *praep* entlang, längs; **~ ulicy** die Straße entlang; **~ i wszerz** kreuz und quer
wzdychać *vi* seufzen
wzejść *vi pf* → **wschodzić**
wzgl|ąd *m* **1.** Rücksicht *f*; **mieć ~ąd na coś** auf etw Rücksicht nehmen; **bez ~ędu** ohne Rücksicht; **ze ~ędu na coś** aus Rücksicht auf etw **2.** (*okoliczności*) Hinsicht *f*, Anbetracht *f*; **ze ~ędu na to** in Anbetracht dessen; **ze ~ędu na ciebie** deinetwegen; **pod tym ~ędem** in dieser Hinsicht; **pod każdym ~ędem** in jeder Hinsicht; **pod ~ędem** hinsichtlich **3.** (*przyczyna*) Grund *m*; **ze ~ędów zdrowotnych** aus Krankheitsgründen
względem *praep* gegenüber, bezüglich
względnie I. *adv* relativ, vergleichsweise **II.** *kj* beziehungsweise
względny *adj* relativ; (*stosunkowy*) verhältnismäßig
wzgórze ['vzguʒe] *n* Anhöhe *f*
wziąć *vt pf* nehmen; → **brać**
wzmacniać I. *vt* verstärken, stärken, festigen **II.** *vr* **~ się** (*nabierać sił*) erstarken; (*umacniać się*) sich festigen
wzmiankować *vt* erwähnen
wzmocnić *vt pf* → **wzmacniać**
wznak *adv*: **na ~** rücklings; **upaść na ~** auf den Rücken fallen
wzniesienie *n* (*np. drogi*) Steigung *f*
wznieść *vt pf* → **wznosić**
wznosić *vt* (*budować*) errichten, aufbauen; (*w górę*) empor|heben; **~ toast** einen Trinkspruch ausbringen
wznowienie *n* (*podjęcie na nowo*) Wiederaufnahme *f*; (*nakładu*) Neuauflage *f*
wzorowy *adj* **1.** mustergültig; Muster-; **~ uczeń** Musterschüler *m* **2.** (*przykładny*) vorbildlich
wzór *m* Muster *n*; (*do naśladowania*) Vorbild *n*; *mat.* Formel *f*
wzrastać *vi* anwachsen, aufwachsen; (*zwiększać się*) zunehmen; (*podnosić się*) sich erhöhen, steigen
wzrok *m* Sehvermögen *n*, Sehkraft *f*, Augen *npl*; **mieć dobry <słaby> ~** gute <schlechte> Augen haben; **stracić ~** das Augenlicht <Sehvermögen> verlieren
wzrosnąć *vi pf* → **wzrastać**
wzrost *m* (*człowieka*) Wuchs *m*
wzruszać *vt* rühren; bewegen; **- ramionami** mit den Achseln zucken
wzruszony *adj* gerührt, bewegt
wzruszyć *pf* **I.** *vt* → **wzruszać II.** *vr* **~ się** gerührt sein
wzwyż [vzvɨʃ] *adv* hoch, in die Höhe; **skok ~** Hochsprung *m*

Z

z I. *praep* **1.** aus, von; **z pokoju** aus dem Zimmer; **nikt z nas** niemand von uns; **ze mnie** aus mir; **z czego?** woraus?; **ze strachu** aus Furcht; **z radości** vor Freude; **zwidzenia** vom Sehen; **z tego** daraus, davon; **z żelaza** aus <von> Eisen; **z roku na rok** von Jahr zu Jahr; **z urzędu** von Amts wegen **2.** mit; **z nim** mit ihm; **ze mną** mit mir; **z czym?** womit?; **z tym** damit; **z radością** mit Freude; **z powrotem** zurück; **z wyjątkiem ...** mit Ausnahme von ... II. *adv (około)* etwa, ungefähr, an; **z godzinę** etwa eine Stunde; **ze 100 osób** ungefähr <an> 100 Personen

za I. *praep* **1.** (*z tyłu*) hinter; **za domem** hinter dem Haus; **za dom** hinter das Haus; **iść za kimś** jm nachgehen; **krok za krokiem** Schritt für Schritt, schrittweise **2.** (*w zamian*) für; **za trzy franki** für drei Franken; **za co?** wofür?; **za to** dafür; **za niego** für ihn **3.** (*czasowo*) in, nach; **za dwa tygodnie** in zwei Wochen **4.** (*jako*) als, für; **uważać za słuszne** (es) für richtig halten **5.** **za wszelką cenę** um jeden Preis; **za pomocą** mithilfe; **co za?** was für (ein)?; **co to za człowiek?** was ist das für ein Mann?; **co za szczęście!** welch ein Glück!; **nie ma za co!** gern geschehen!, keine Ursache!; **za i przeciw** für und wider II. *adv (zbyt)* zu, allzu; **za duży** zu groß; **za mało** zu wenig
zaadresować *vt pf* adressieren, mit Anschrift versehen
zaangażowany *adj* engagiert
zaatakować *vt pf* überfallen, angreifen; → **atakować**
zabarwienie *n* Färbung *f*
zabaw|a *f* **1.** Unterhaltung *f*, Vergnügen *n*; **~a taneczna** Tanzveranstaltung *f*; **dobrej ~y!** viel Vergnügen <Spaß>! **2.** (*gra*) Spiel *n*; **~a w ciuciubabkę** Blindekuhspiel *n*
zabawiać I. *vt* unterhalten II. *vr* **~ się** sich unterhalten, sich amüsieren
zabawić *pf* I. *vt* → **zabawiać** II. *vi (pobyć)* sich aufhalten, eine Zeit lang bleiben III. *vr* **~ się** → **zabawiać się**
zabawk|a *f* Spielzeug *n*; **~i** *pl* Spielsachen *fpl*, *(towary)* Spielwaren *fpl*
zabawny *adj* lustig, ulkig
zabezpieczać *vt* sichern, sicherstellen
zabezpieczyć *vt pf* → **zabezpieczać**

zabić *pf* I. *vt* **1.** töten, totschlagen, erschlagen **2.** *(gwoździami)* vernageln II. *vr* **~ się** *(zginąć)* ums Leben kommen; *(popełnić samobójstwo)* sich *D* das Leben nehmen
zabieg *m med.* Kurmittel *n*; **~ chirurgiczny** operativer Eingriff; *figur.* **~i** *pl* Bemühungen *fpl*
zabiegać *vi* sich bemühen (**o coś** um etw)
zabierać I. *vt (brać)* wegnehmen, nehmen; **~ czas** Zeit in Anspruch nehmen; *(zajmować)* einnehmen, wegnehmen **(wiele miejsca** viel Platz <Raum>) II. *vr* **~ się** sich anschicken (**do czegoś** zu etw); **~ się do pracy** sich an die Arbeit machen
zabłądzić *vi pf* sich verirren, sich verlaufen; *(jadąc pojazdem)* sich verfahren
zabłysnąć *vi pf* aufblitzen; *(o żarówce)* aufleuchten; *(o ogniu)* auflodern, aufflackern
zaboleć *vt pf* zu schmerzen anfangen, einen Moment schmerzen
zabójstwo *n* Totschlag *m*, Tötung *f*
zabrać *vt pf* → **zabierać**
zabraknąć *vi pf* fehlen
zabraniać *vt* untersagen, verbieten
zabronić *vt pf* → **zabraniać**
zabrudzić *vt pf* dreckig machen; → **brudzić**
zabrzmieć *vi pf* ertönen, erschallen
zabudowania *npl* Gebäude *npl*; **~ klasztorne** Klostergebäude *npl*
zaburzenie *n* Störung *f* (*a. rad.*); Verstimmung *f*
zabytek *m* Denkmal *n*; **~ sztuki** Kunstdenkmal *n*, Kunstschatz *m*; **~ architektury** Baudenkmal *n*
zachęcać *vt* ermuntern, anregen, animieren, anspornen
zachęta *f* Ermunterung *f*; *(bodziec)* Ansporn *m*; *(namowa)* Zureden *n*
zachłysnąć się *vr pf* sich verschlucken
zachmurzenie *n* Bewölkung *f*
zachmurzyć się *vr pf* sich bewölken, sich mit Wolken überziehen; sich verfinstern (*a. figur.*)
zachodni *adj* **1.** westlich; West-; **wiatr ~** westlicher Wind, Westwind *m* **2.** *(dotyczący krajów zachodnich) o.* abendländisch
zachodnioniemiecki *adj* westdeutsch
zachodzi|ć *vi* (*o słońcu*) untergehen;

(*dojść*) gelangen, kommen; (*zdarzać się*) vorkommen; (*istnieć*) bestehen; (*powstawać*) entstehen, eintreten; ~ **potrzeba** es ist nötig; **zaszło nieporozumienie** es entstand ein Missverständnis

zachorować *vi pf* erkranken, krank werden (**na coś** an einer Krankheit)

zachować *pf* **I.** *vt* erhalten **II.** *vr* ~ **się** (erhalten) bleiben; **zachowany** (*nie zniszczony*) erhalten

zachowywać I. *vt* bewahren; (*utrzymywać*) erhalten; ~ **pozory** den Schein wahren; (*przestrzegać*) beobachten **II.** *vr* ~ **się** (*postępować*) sich benehmen, sich aufführen

zach|ód *m* **1.** Westen *m*; **na ~odzie** im Westen; **na ~ód** nach Westen; **ku ~odowi** westwärts; **na ~ód od** westlich von **2.** Untergang *m*; ~ **od słońca** Sonnenuntergang *m*; **o ~odzie słoń-ca** bei Sonnenuntergang **3.** ~**ody** *pl* Mühe *f*, Bemühungen *fpl*

zachrypnięty *adj* heiser

zachwiać *pf* **I.** *vt* ins Wanken bringen, wankend <schwankend> machen; (*wstrząsnąć*) erschüttern **II.** *vr* ~ **się** ins Wanken <Schwanken> bringen

zachwycać I. *vt* entzücken, bezaubern **II.** *vr* ~ **się** entzückt sein (**czymś** von etw); (*entuzjazmować się*) sich begeistern (**czymś** für etw)

zachwycający *adj* entzückend, hinreißend

zachwycić *vt pf* → **zachwycać**

zachwycony *adj* entzückt (**czymś** von etw)

zaciąć się *vr pf* → **zacinać się**; (*nożem*) sich schneiden (**w palec** in den Finger); (*uprzeć się*) sich verbeißen

zaciemniać *vt* verdunkeln

zaciemnić *vt pf* → **zaciemniać**

zacieśniać I. *vt* einengen; enger schließen (*a. figur.*); enger knüpfen **II.** *vr* ~ **się** (immer) enger werden

zacieśnić *vt pf* → **zacieśniać**

zacinać się *vr* (*o zamku*) klemmen

zacisk *m techn.* Klemme *f*; *mot.* ~ **akumulatora** Kabelklemme *f*

zaciskać *vt* zusammenpressen, zusammendrücken; ~ **pięści** die Fäuste zusammenballen; *figur.* ~ **pasa** den Riemen enger schnallen

zacisnąć *vt pf* → **zaciskać**

zacofany *adj* rückständig

zaczaić się *vr pf ugs.* sich auf die Lauer legen, lauern

zaczarować *vt pf* verzaubern, verhexen

zacząć *vt pf* anfangen; *vgl.* **zaczynać**

zaczerwienić się *vr pf* rot werden, erröten

zaczynać I. *vt* langsam anfangen <beginnen> (**od czegoś** mit etw); (*zabierać się do czegoś*) in Angriff nehmen **II.** *vr* ~ **się** beginnen; losgehen

zaćma *f med.* grauer Star, Katarakt(a) *f*

zaćmienie *n* Finsternis *f*; ~ **Słońca** Sonnenfinsternis *f*; **całkowite** <**częściowe**> ~ **Słońca** totale <partielle> Sonnenfinsternis; ~ **Księżyca** Mondfinsternis *f*

zadać *vt pf* → **zadawać**

zadani|e *n* Aufgabe *f*; ~**e arytmetyczne** Rechenaufgabe *f*; **mieć za ~e** die Aufgabe haben; **wywią-zać się z ~a** die Aufgabe erfüllen

zadatek *m* Anzahlung *f*

zadawać I. *vt* aufgeben (**lekcje** Hausarbeiten); ~ **pytania** Fragen stellen; ~ **sobie trud** sich *D* Mühe geben; ~ **ciosy** Schläge versetzen **II.** *vr* ~ **się** sich einlassen <abgeben> (**z kimś** mit jm)

zadecydować *vt pf* entscheiden (**o czymś** über etw)

zadomowić się *vr pf* heimisch werden, sich einleben

zadowalać I. *vt* zufrieden stellen, befriedigen **II.** *vr* ~ **się** sich begnügen, sich abfinden (**czymś** mit etw)

zadowolenie *n* Zufriedenheit *f*; **z prawdziwym ~m** mit Genugtuung

zadowolić *vt pf* → **zadowalać**

zadowolony *adj* zufrieden (**z czegoś** mit etw); **jestem ~ z ciebie** ich bin mit dir zufrieden; (*zaspokojony*) zufrieden gestellt; **być ~m** (*cieszyć się*) froh sein

zadraśnięcie *n* Ritzwunde *f*

zadrżeć *vi pf* erbeben; → **drżeć**

zaduch *m* Stickluft *f*

Zaduszki *pl* Allerseelen *n*; **na ~** zu Allerseelen

zadymka *f* Schneetreiben *n*, Schneegestöber *n*

zadyszany *adj* keuchend, atemlos

zadziwiający *adj* erstaunlich

zadzwonić *vt* (*zatelefonować*) anrufen; **zadzwoń do mnie** rufe mich an

zagadka *f* Rätsel *n*

zagadkowy *adj* rätselhaft

zagadnąć *vt pf* anreden

zagadnienie *n* Problem *n*, (wissenschaftliche) Frage *f*

zagęszczenie *n* Verdichtung *f*
zaginąć *vi pf* verloren gehen, verschollen sein
zaginiony *adj mil.* vermisst; (*o kim słuch zaginął*) verschollen; (*zagubiony*) verloren gegangen
zaglądać *vi* hereinsehen; *figur. ugs.* ~ **do kieliszka** zu tief ins Glas gucken <schauen>
zagłada *f* Vernichtung *f*
zagłębie *n* Becken *n*; ~ **węglowe** Kohlenbecken *n*
zagłówek *m mot.* Kopfstütze *f*
zagłuszać *vt* übertönen; (*przekrzyczeć*) überschreien; *rad.* stören
zagłuszyć *vt pf* → **zagłuszać**
zagniewany *adj* erzürnt, zornig
zagoić się *vr pf* vernarben, vernarbt sein
zagospodarować *vt pf* (wirtschaftlich) einrichten, erschließen
zagotować I. *vt pf* aufkochen (lassen) **II.** *vr* ~ **się** aufkochen
zagrać *vt* aufspielen, vorspielen
zagranic|a *f* Ausland *n*; **z ~y** aus dem <vom> Ausland
zagraniczn|y *adj* **1.** ausländisch; **gość ~y** ausländischer Gast; **podróż ~a** Auslandsreise *f* **2.** auswärtig; Außen-; **sprawy ~e** auswärtige Angelegenheiten *fpl*; **handel ~y** Außenhandel *m*
zagrażać *vt* bedrohen, gefährden (**pokojowi** den Frieden); (*grozić*) drohen
zagroda *f* (*zagrodzenie*) Verschlag *m*, Gehege *n*; (*chłopska*) Bauernhof *m*
zagrozić *vt pf* → **zagrażać**
zagrzać *vt pf* → **zagrzewać**; *vr* ~ **się** *techn.* heißlaufen
zagrzewać *vt* **1.** anwärmen, erwärmen **2.** *figur.* anfeuern
zahamować *vt pf* bremsen, abbremsen; → **hamować**
zahartowany *adj* abgehärtet
zaimek *m gram.* Fürwort *n*, Pronomen *n*; ~ **osobowy** Personalpronomen *n*; ~ **dzierżawczy** Possesivpronomen *n*
zaimponować *vt pf* → **imponować**
zainteresowanie *n* Interesse *n*
zajazd *m* Gasthof *m*, Motel *n*
zając *m* Hase *m*; **pieczeń z ~a** Hasenbraten *m*
zajączek *m diminu.* (kleiner) Hase *m*, Häschen *n*; ~ **wielkanocny** Osterhase *m*
zająć *vt pf* → **zajmować**

zajechać *vi pf* (*podjechać*) vorfahren; (*dostać się*) hinkommen, ankommen
zajezdnia *f* Depot *n*
zajęcie *n* **1.** Beschäftigung *f*; ~ **uboczne** Nebenbeschäftigung *f* **2.** (*obsadzenie*) Besetzung *f*, Einnahme *f* **3.** *juris.* Pfändung *f* **4.** (*zainteresowanie*) Interesse *n*
zajęt|y *adj* **1.** beschäftigt; (*obsadzony*) besetzt; **wszystko ~e** alles besetzt, belegt **2.** (*zaabsorbowany*) beansprucht
zajmować I. *vt* (*obsadzać*) besetzen; *mil.* einnehmen; (*zatrudniać*) beschäftigen (**czymś** mit etw); (*absorbować*) in Anspruch nehmen; (*zabierać*) einnehmen, wegnehmen (**dużo miejsca** viel Platz <Raum>); (*interesować*) interessieren **II.** *vr* ~ **się** sich beschäftigen, sich befassen (**czymś** mit etw)
zajmujący *adj* interessant, spannend
zajrzeć *vi pf* einen Blick werfen (**do pokoju** in das Zimmer); → **zaglądać**
zajście *n* **1.** (*wydarzenie*) Zwischenfall *m*, Vorfall *m* **2.** (*dokąd*) Hinkommen *n*
zajść *vi pf* hinkommen, erreichen; (*zdarzyć się*) vorfallen; ~ **w ciążę** schwanger werden; **daleko ~** es weit bringen; *vgl.* **zachodzić**
zakaz *m* Verbot *n*; *mot.* ~ **ruchu wszelkich pojazdów** Verkehrsverbot für Fahrzeuge aller Art; ~ **wjazdu** Einfahrtsverbot *n*; ~ **wyprzedzania** Überholverbot *n*; ~ **zatrzymywania** Halteverbot *n*; ~ **postoju** <**parkowania**> Parkverbot *n*
zakazać *vt pf* → **zakazywać**
zakazany *adj* verboten, untersagt
zakazywać *vt* verbieten, untersagen
zakaźn|y *adj* ansteckend; **choroba ~a** ansteckende Krankheit
zakażenie *n* Ansteckung *f*
zakąska *f* Vorgericht *n*, Vorspeise *f*
zakleszczyć się *vr pf* (*np. drzwi samochodu*) klemmen
zakład *m* **1.** Anstalt *f*, Betrieb *m*, Geschäft *n*, Werk *n*; ~ **pogrzebowy** Beerdigungsinstitut *n* **2.** Wette *f*; **iść** <**pójść**> **o ~** eine Wette abschließen
zakładać I. *vt* **1.** anlegen; (*zamocować*) anbringen; (*instalacje*) legen **2.** (*na siebie*) anziehen; ~ **kapelusz** <**okulary**> den Hut <die Brille> aufsetzen **3.** (*ufundować*) stiften **4.** (*zorganizować*) gründen **II.** *vr* ~ **się** wetten
zakładnik *m* Geisel *f*

zakłopotany *adj* verlegen
zakłócać *vt* stören (*o. rad.*)
zakłócenie *n* Störung *f*; **~ ruchu drogowego** <**komunikacji**> Verkehrsstörung *f*
zakłócić *vt pf* → **zakłócać**
zakochać się *vr pf* sich verlieben (**w kimś** in jn)
zakochany *adj* verliebt
zakodować *vt pf* enkodieren, verschlüsseln
zakon *m rel.* Orden *m*
zakonnica *f* Nonne *f*; (*siostra*) Schwester *f*
zakonnik *m* Mönch *m*; (*brat*) Bruder *m*
zakończenie *n* Schluss *m*, Abschluss *m*; **na ~** zum Schluss
zakończyć I. *vt pf* zum Abschluss bringen, beenden **II.** *vr* **~ się** enden, schließen; → **kończyć**
zakopać *vt pf* vergraben, verscharren
zakraplać *vt* einträufeln
zakratowany *adj* vergittert
zakres *m* Kreis *m*, Bereich *m*, Umfang *m*; **w pełnym ~ie** in vollem Umfang; *ugs.* **we własnym ~ie** in eigener Regie; *rad.* **~ fal** Wellenlänge *f*
zakręcać *vt* zudrehen, abdrehen
zakręcić *vt pf* → **zakręcać**
zakrę|t *m* Kurve *f*, (*lekki*) Biegung *f*; *mot.* **na ~cie** in der Kurve; **ścinać ~ty** die Kurven schneiden
zakrętka *f* Schraubverschluss *m*
zakroplić *vt pf* → **zakraplać**
zakryć *vt pf* → **zakrywać**
zakrystia *f* Sakristei *f*
zakrywać *vt* (*okrywać*) bedecken; (*przykrywać*) zudecken
zakup *m* Ankauf *m*; Einkauf *m*; **robić ~y** Einkäufe machen, (*większe*) Anschaffungen machen
zakwitnąć *vi pf* aufblühen, erblühen
zalakować *vt pf* versiegeln
zalecać I. *vt* empfehlen **II.** *vr* **~ się** werben (**do kobiety** um eine Frau)
zalecić *vt pf* → **zalecać I.**
zaledwie *adv* kaum; (*tylko*) lediglich
zalepiać *vt* zukleben
zalepić *vt pf* → **zalepiać**
zalet|a *f* Vorzug, Vorteil *m*; **~y i wady** Vor- und Nachteile
zależ|eć *vi* **1.** abhängen, abhängig sein (**od kogoś** von jm) **2.** daran liegen; **bardzo mi na tym ~y** es liegt mir viel daran

zależnie *adv* je nachdem
zależn|y *adj* abhängig; *gram.* **zdanie ~e** Nebensatz *m*
zaliczać I. *vt* zählen, rechnen (**do czegoś** zu etw); (*uwzględniać*) anrechnen **II.** *vr* **~ się** gezählt <gerechnet> werden (können)
zaliczenie *n* **1.** (*pocztowe*) Nachnahme *f*; **za ~m** per Nachnahme **2.** (*np. ćwiczeń, wykładu*) Testat *n*
zaliczka *f* Vorschuss *m*
zaliczyć *vt pf* → **zaliczać**
zalotny *adj* kokett
zaludnieni|e *n* (*czynność*) Bevölkerung *f*; (*liczba ludności*) Bevölkerung *f*; **gęstość ~a** Bevölkerungsdichte *f*
załadować *vt pf* verladen; (*na statek*) einschiffen
załamać się *vr pf* → **załamywać się**
załamywać się *vr* zusammenbrechen; (*walić się*) einstürzen
załatwiać I. *vt* erledigen; (*u kogoś*) ausrichten; (*kogoś*) abfertigen **II.** *vr* **~ się** *physio.* seine Notdurft verrichten
załatwić *vt pf* → **załatwiać**
załączeni|e *n*: **w ~u** anbei, als <in der> Anlage
załącznik *m* Anlage *f*
załoga *f* (*obsada*) Besatzung *f*; (*np. fabryki*) Belegschaft *f*; (*drużyna*) Mannschaft *f*; **~ statku** Schiffsmannschaft *f*
założyć *vt pf* → **zakładać**
zamach *m* Anschlag *m*, Attentat *n*; **~ terrorystyczny** Terroranschlag *m*; **~ na życie** Mordanschlag *m*; **~ stanu** Staatsstreich, Putsch *m*; **za jednym ~em** auf einen Schlag
zamarzać [zɑˈmarzat͡ɕ] *vi* einfrieren, zufrieren
zamarznąć [zaˈmarznɔt͡ɕ] *pf* **1.** → **zamarzać 2.** (*na śmierć*) erfrieren
zamawiać *vt* bestellen
zamek *m* **1.** Schloss *n*; **~ do drzwi** Türschloss *n* **2.** (*budowla*) Schloss *n*, Burg *f*; **~ książęcy** Fürstenschloss *n*
zameldować *pf* **I.** *vt* anmelden **II.** *vr* **~ się** sich anmelden
zamężna *adj* verheiratet; **kobieta ~** eine verheiratete Frau
zamiana *f* Tausch *m*, (*np. omyłkowa*) Vertauschung *f*; (*np. towarów*) Umtausch *m*
zamiar *m* Absicht *f*; **mieć ~** die Absicht haben; **nie mieć złych ~ów** keine bösen Absichten haben

zamiast *praep* statt, anstatt; **~ tego** stattdessen; **~ mnie** an meiner statt
zamiatać *vt* kehren, fegen
zamieć *f* Schneegestöber *n*
zamieniać I. *vt* wechseln; tauschen (**na coś innego** gegen etw anderes); (*wymieniać*) umtauschen; (*przez pomyłkę*) vertauschen **II.** *vr* **~ się** tauschen; (*przemieniać się*) sich verwandeln (**w coś** zu etw)
zamienić *vt pf* → **zamieniać**
zamierzać *vt* beabsichtigen, vorhaben; **co ~sz?** was hast du vor?
zamierzyć się *vr pf* ausholen
zamieszać *vt pf* umrühren; (*uwikłać*) verwickeln (**kogoś w coś** jn in etw)
zamieszanie *n* Verwirrung *f*, Durcheinander *n*
zamieszczać *vt* inserieren, einrücken (**w gazecie** in eine Zeitung)
zamieszkały *adj* (*zaludniony*) bewohnt; (*mieszkający*) wohnhaft (**w Salzburgu** in Salzburg)
zamieścić *vt pf* → **zamieszczać**
zamieść *vt pf* → **zamiatać**
zamknąć *vt pf* → **zamykać**
zamknięty *adj* geschlossen, zu, (*na zamek*) verschlossen
za młodu *adv* im Jugendalter; in meinen <seinen> jungen Jahren
zamocować *vt pf* befestigen
zamordować *vt pf* ermorden
zamorski *adj* überseeisch; Übersee-; **w krajach ~ch** in Übersee
zamożny *adj* wohlhabend, vermögend
zamówić *vt pf* → **zamawiać**
zamówienie *n* Bestellung *f*, Auftrag *m*; **na ~** auf Bestellung; **złożyć ~** einen Auftrag geben, eine Bestellung machen; **cofnąć ~** einen Auftrag rückgängig machen, eine Bestellung stornieren
zamsz *m* Sämischleder *n*
zamykać I. *vt* schließen, zumachen, zuschlagen; (*kogoś*) einsperren; (*kończyć*) abschließen; (*zastawiać*) versperren **II.** *vr* **~ się** sich verschließen
zamyślać I. *vt* beabsichtigen, vorhaben **II.** *vr* **~ się** nachdenklich werden
zamyślić się *vr pf* → **zamyślać się**
zanadto *adv* zu sehr, zu stark; *ugs.* **nie ~** nicht allzu sehr, nicht besonders
zanieczyszczać [zaɲɛˈtʃɨʃtʃatɕ] *vt* verunreinigen, beschmutzen
zanieczyszczenie *n* Verschmutzung *f*;

~ środowiska (**naturalnego**) Umweltverschmutzung *f*
zanieczyścić *vt pf* → **zanieczyszczać**
zaniedbać *vt pf* vernachlässigen; (*przeoczyć*) versäumen
zaniedbany *adj* vernachlässigt; (*zapuszczony*) verwahrlost
zaniedbywać *vt* (ständig) vernachlässigen, versäumen
zaniepokoić *vt pf* → **niepokoić**
zanieść *vt pf* → **zanosić**
zanikać *vi* schwinden, im Schwinden begriffen sein
zaniknąć *vi pf* schwinden, geschwunden sein
zanim *adv* bevor, ehe
zanosić *vt* hintragen, nach ... tragen, hinbringen
zanotować *vt pf* → **notować**
zanurzać I. *vt* eintauchen **II.** *vr* **~ się** eintauchen, untertauchen
zanurzyć *vt pf* → **zanurzać**
zaopatrywać *vt* versorgen, versehen, beliefern (**w towary** mit Waren)
zaopatrzenie *n* Versorgung *f*
zaopatrzyć *vt pf* → **zaopatrywać**
zaostrzać I. *vt* (*ostrzyć*) scharf machen; (*temperować*) spitzen; *figur.* (*wzmacniać*) verschärfen, zuspitzen **II.** *vr* **~ się** *figur.* sich zuspitzen, sich verschärfen
zaostrzyć *vt pf* → **zaostrzać**
zapach *m* Duft *m*, Geruch *m*; **przyjemny ~** Wohlgeruch *m*
zapadać I. *vi* einfallen, einsinken; **~ć w sen** in Schlaf versinken; **noc ~** die Nacht bricht ein **II.** *vr* **~ się** einfallen, einsinken; (*o budowli*) einstürzen
zapakować *vt pf* einpacken, verpacken; (*spakować*) zusammenpacken
zapalać I. *vt* anzünden; **~ ogień** Feuer anmachen <machen>; **~ światło** Licht machen **II.** *vr* **~ się** entflammen; (*zabłysnąć*) aufleuchten; *figur.* entflammen, sich begeistern (**do czegoś** für etw)
zapalenie *n* Anzünden *n*, Entzünden *n*; *med.* Entzündung *f*; **~ płuc** Lungenentzündung *f*; **~ gardła** Halsentzündung *f*
zapalić *vt pf* → **zapalać**
zapalniczka *f* Feuerzeug *n*
zapalony *adj figur.* begeistert
zapał *m* Eifer *m*, Begeisterung *f*, Elan *m*
zapałka *f* Streichholz *n*, (*oficjalna nazwa*) Zündholz *n*

zapamiętać vt pf sich merken, (im Gedächtnis) behalten, beherzigen; **dobrze ~** sich *D* einprägen
zaparzać vt aufbrühen, aufgießen
zaparzyć vt pf → **zaparzać**
zapas m Vorrat m; **w ~ie** vorrätig, in Reserve; **na ~** auf Vorrat
zapasow|y adj Reserve-; *mot.* **koło ~e** Reserverad n
zapasy pl **1.** → **zapas 2.** *sport.* Ringen n, Ringkampf m
zapaść vi pf → **zapadać**
zapatrywanie n Ansicht f
zapełniać I. vt füllen, auffüllen **II.** vr **~ się** sich (allmählich) füllen, voll werden
zapełnić się vr pf voll (geworden) sein; → **zapełniać**
zapewne adv gewiss, sicherlich; (*chyba*) wohl, hoffentlich
zapewniać vt versichern, die Versicherung geben (**kogoś** jm); (*zabezpieczyć*) sichern, sicherstellen
zapewnić vt pf → **zapewniać**
zapewniony adj (*pewny*) gesichert
zapiąć vt pf → **zapinać**
zapięcie n (*klamra*) Schnalle f
zapinać vt zuknöpfen; (*na sprzączkę*) zuschnallen; **~ na haczyk** zuhaken
zapisać vt pf → **zapisywać**
zapisywać I. vt (*notować*) aufschreiben; (*wciągać na listę*) eintragen; **~ na dobro** gutschreiben; (*np. do szkoły*) einschulen; (*całą kartkę*) voll schreiben; (*lekarstwo*) verschreiben, verordnen **II.** vr **~ się** sich einschreiben <eintragen> lassen
zaplanować vt pf einplanen
zapłacić vt pf → **płacić**
zapłata f Bezahlung f, Zahlung f, (*wynagrodzenie*) Lohn m
zapłon m *mot.* Zündung f
zapobiec vi pf → **zapobiegać**
zapobiegać vi vorbeugen, verhüten; (*uniemożliwiać*) verhindern (**czemuś** etw)
zapominać vt immer wieder vergessen (**o czymś** etw)
zapomnieć I. vt pf **1. ~ zabrać z domu** zu Hause liegen <stehen, hängen> lassen **2.** (*to, co się umiało*) verlernen; nicht mehr wissen **II.** vr **~ się** sich vergessen; (*wzajemnie*) einander vergessen
zapor|a f Sperre f, Staudamm m, Talsperre f; *mot.* Schranke f; **~y** (*na przejeździe*) Schranken *fpl*

zapotrzebowanie n Bedarf m (**na coś** an etw); (*zamówienie*) Bestellung f
zapowiadać I. vt ansagen (*a. rad.*), ankündigen **II.** vr **~ się** versprechen; **dobrze się ~** Erfolg versprechen
zapowiedzieć vt pf → **zapowiadać**
zapowiedź f Durchsage f, Ansage f (*a. rad.*), Ankündigung f; (*ślubna*) Aufgebot n
zapoznać vt pf → **zapoznawać**
zapoznawać I. vt bekannt machen **II.** vr **~ się** bekannt werden (**z kimś** mit jm), kennen lernen (**z kimś** jn)
zapraszać vt häufig einladen
zaprawa f **1.** (*murarska*) Mörtel m **2.** (*ćwiczenie*) Training n, Übung f
zaprosić vt pf einladen (**na coś, do czegoś** zu etw)
zaproszenie n Einladung f
zaprotestować vt pf → **protestować**
zaprowadzić vt pf führen, hinführen; (*np. zmiany*) einführen
zaprzeczyć vt pf verneinen, leugnen; **nie da się ~** es lässt sich nicht leugnen
zapuszczać vt **1.** (*np. w ziemię*) einsenken **2.** (*głęboko sięgać*) tief hineingreifen **3.** (*zaniedbać*) verwahrlosen **4. ~ włosy** Haare wachsen lassen; **~ brodę** den Bart stehen lassen **5.** *mot.* **~ silnik** den Motor anlassen
zapuszczony adj (*zaniedbany*) verwahrlost
zapuścić vt pf → **zapuszczać**
zapytać vt pf → **pytać**
zarabiać vt verdienen; (*mieć zysk*) profitieren; (*ciasto*) anrühren (den Teig)
zaraz adv gleich, sogleich
zaraza f Seuche f, Pest f
zarazek m Krankheitserreger m
zarazem adv zugleich
zarazić pf **I.** vt anstecken, infizieren **II.** vr **~ się** angesteckt werden (**czymś** mit etw)
zaraźliwy adj ansteckend
zardzewiały adj rostig, (*przerdzewiały*) korrodiert, verrostet
zareagować vt pf reagieren (**na coś** auf etw)
zarezerwować vt pf buchen, reservieren
zaręczony adj verlobt
zaręczyny pl Verlobung f
zarobek m Verdienst m; (*regularna płaca*) Lohn m
zarobić vt pf → **zarabiać**
zarost m Bartwuchs m
zarozumiały adj eingebildet, hochmütig, überheblich

zarówno *adv* ebenso; ~ **to, jak tamto** sowohl dies als auch jenes
zarumienić się *vr pf* erröten
zarys *m* 1. (*krótkie przedstawienie*) Abriss *m*; (*szkic*) Skizze *f* 2. (*kontury*) Kontur *f*, Umrisse *mpl*
zarysowanie *n* (*np. karoserii*) Schramme *f*
zarząd *m* Vorstand *m*; (*zarządzanie*) Verwaltung *f*
zarządzać *vt* 1. (*rządzić*) verwalten 2. (*wydawać zarządzenia*) anordnen, verordnen
zarządzenie *n* Anordnung *f*
zarządzić *vt pf* → **zarządzać** 2.
zarzucać *vt* 1. (*robić zarzuty*) vorwerfen; (*oskarżać*) zur Last legen 2. (*poniechać*) unterlassen 3. (*zasypywać*) überschütten
zarzucić *vt pf* → **zarzucać**
zarzut *m* Vorwurf *m*; **bez ~u** tadellos, einwandfrei; **czynić** <**stawiać**> **~y** Vorwürfe machen
zasa|da *f* 1. Grundsatz *m*, Prinzip *n*; **w ~dzie** im Grunde, eigentlich; (*z reguły*) in der Regel; **ustanowić ~dę** zum Prinzip <Grundsatz> erheben 2. *chem.* Base *f*, Alkali *n*
zasadniczo *adv* im Prinzip, grundsätzlich; (*w istocie*) im Grunde (genommen)
zasadniczy *adj* grundsätzlich, prinzipiell
zasadzk|a *f* Hinterhalt *m*; (*pułapka*) Falle *f*; *mot.* **~a radarowa** Radarfalle *f*; **zrobić ~ę na kogoś** jm einen Hinterhalt legen; **wpaść w ~ę** in einen Hinterhalt fallen <geraten>; **wciągnąć w ~ę** in eine Falle locken
zasięg *m* Reichweite *f*, Radius *m*; **w ~u ręki** (*pod ręką*) in Reichweite
zasiłek *m* Beihilfe *f*; **~ chorobowy** Krankengeld *n*; **~ dla bezrobotnych** Arbeitslosengeld *n*
zaskarżyć *vt pf* verklagen
zaskoczenie *n* Überraschung *f*, Überrumpelung *f*
zaskoczyć *pf* I. *vt* überraschen, überrumpeln II. *vi mot.* anspringen
zasłaniać I. *vt* verhüllen; (*zakrywać*) verdecken, (*np. okno*) verhängen, (*widok*) verstellen, im Licht stehen II. *vr figur.* **~ się czymś** etwas als Vorwand benutzen
zasłona *f* Vorhang *m*
zasłonić *vt pf* → **zasłaniać**
zasług|a *f* Verdienst *n*; **jego ~ą jest ...** ihm gebührt das Verdienst ...
zasługiwać *vt* verdienen (**na pochwałę** Lob); **~ na wzmiankę** verdienen erwähnt zu werden
zasłużony *adj* verdient
zasłużyć *pf* I. *vt* verdienen II. *vr* **~ się** sich verdient machen
zasmucić *pf* I. *vt* traurig machen <stimmen> II. *vr* **~ się** traurig werden
zasnąć *vi pf* einschlafen; (*umrzeć*) entschlafen; *vgl.* **zasypiać**
zaspa *f*, **~ śnieżna** Schneeverwehung *f*, Schneewehe *f*
zaspać *vi pf* (sich) verschlafen; → **zaspiać** 2.
zaspany *adj* schlaftrunken
zaspokajać *vt* befriedigen; (*głód*) stillen; (*wierzyciela*) abfinden; **~ potrzeby** den Bedarf decken
zaspokoić *vt pf* → **zaspokajać**
zastać *vt pf* finden, antreffen, vorfinden; (*przyłapać*) ertappen, erwischen
zastanawiać I. *vi* zu bedenken geben; auffallen II. *vr* **~ się** nachdenken (**nad czymś** über etw), sich *D* überlegen (**nad czymś** etw)
zastanowić *vi pf* → **zastanawiać**
zastaw *m* Pfand *n*; **pod ~** auf Pfand; **wykupić ~** das Pfand einlösen
zastąpić *vt pf* → **zastępować**
zastąpieni|e *n*: **nie do ~a** unersetzlich
zastępca *m* Stellvertreter *m*
zastępować *vt* vertreten; ersetzen (**czymś** durch etw); (*zmieniać*) ablösen; (*kogoś chwilowo*) für jn einspringen
zastosować *vt pf* anwenden, verwenden; → **stosować**
zastrajkować *vi pf* in den Streik <Ausstand> treten; → **strajkować**
zastrzec *vt pf* → **zastrzegać**
zastrzegać *vt* sich *D* vorbehalten
zastrzelić I. *vt pf* totschießen, niederschießen II. *vr* **~ się** sich erschießen
zastrzeże|nie [zastʃɛˈʒɛɲɛ] *n* Vorbehalt *m*; (*wątpliwości*) Bedenken *n*; **bez ~ń** vorbehaltlos; **z tym ~niem** mit dem Vorbehalt <der Einschränkung>
zastrzyk *m* Injektion *f*, Einspritzung *f*, *ugs.* Spritze *f*
zasuw|a *f* Riegel *m*; **zamknąć na ~ę** den Riegel vorschieben
zasypać *vt pf* → **zasypywać**
zasypiać *vi* 1. am Einschlafen sein 2. (*często*) zu verschlafen pflegen

zasypywać *vt* verschütten, zuschütten; (*obsypać*) überschütten, überhäufen (*a. figur.*)
zaszczyt *m* Ehre *f*; **mieć ~** die Ehre haben; **przynosić ~** zur Ehre gereichen
zaszkodzić *vt pf* schaden, übel bekommen; → **szkodzić**
zaszyć *vt pf* → **zaszywać**
zaszywać *vt* zunähen; (*wszywać*) einnähen
zaś *kj* aber, demgegenüber
zaślepiony *adj* verblendet
zaśmiać się *vr pf* auflachen
zaśpiewać *vt pf* vorsingen
zaświadczenie *n* Bescheinigung *f*
zataczać się *vr* taumeln, torkeln
zatapiać I. *vt* versenken (**statki** Schiffe) **II.** *vr* **~ się** sich versenken, sich vertiefen (**w rozmyślaniach** in Betrachtungen)
zatarg *m* Konflikt *m*, Streit *m*
zatem *kj* folglich, somit, also
zatka|ć *vt pf* → **zatykać**; **~ło mnie** mir ist der Atem stehen geblieben, ich war atemlos
zatkany *adj* (*np. otwór*) verstopft
zatoczyć się *vr pf* → **zataczać się**
zatoka *f naut.* Bucht *f*, Golf *m*; *meteor.* Ausläufer *m*
zatonąć *vi pf* versinken
zatopić *vt pf* → **zatapiać**
zator *m* (*na drodze*) Verkehrsstauung *f*, Stau *m*
zatrucie *n* Vergiftung *f*
zatruć *vt pf* → **zatruwać**; **~ się** sich vergiften
zatruwać I. *vt* vergiften; *figur.* vergällen **II.** *vr* **się** sich vergiften
zatrudniać I. *vt* beschäftigen; (*przyjąć do pracy*) anstellen, einstellen **II.** *vr* **~ się** sich beschäftigen
zatrudnić *vt pf* anstellen; → **zatrudniać**
zatrzask ['zatʃask] *m* (*przy odzieży*) Druckknopf *m*; (*zamek*) Schnappschloss *n*
zatrzymać *vt pf* → **zatrzymywać**
zatrzymywać I. *vt* **1.** anhalten, stoppen; (*powstrzymywać*) aufhalten, zurückhalten **2.** (*nie oddawać*) behalten, zurückhalten **II.** *vr* **~ się** Halt machen, halten; (*stawać*) stehen bleiben
zatwardzenie *n* Stuhlverstopfung *f*
zatyczka *f techn.* (*zawleczka*) Splint *m*; (*korek*) Stöpsel *m*
zatykać *vt* verstopfen, zustopfen
zaufać *vi pf* Vertrauen fassen, anvertrauen; → **ufać**
zaufani|e *n* Vertrauen *n*; **kwestia ~a** Vertrauensfrage *f*; **darzyć kogoś ~em** jm Vertrauen schenken; **cieszyć się ~em** das Vertrauen genießen
zaułek *m* Gasse *f*, Winkel *m*; *figur.* **ślepy ~** Sackgasse *f*
zauważać *vt* gewahr werden (**coś** eines Dinges); bemerken (*o. zrobić uwagę*)
zauważyć *vt pf* → **zauważać**
zawadzać *vt* im Wege stehen, hindern; (*o coś*) anstoßen
zawahać się *vr pf* eine Weile unschlüssig sein
zawalić się *vr pf* einstürzen
zawał *m*, **~ serca** Herzinfarkt *m*
zawartoś|ć *f* Gehalt *m*, Inhalt *m*; **o ~ci -haltig**; **o ~ci złota ...** von ... Goldgehalt
zawczasu *adv* beizeiten, früh genug
zawdzięczać [za'vdzɛ̃tʃatɕ] *vt* verdanken; zu verdanken haben
zawiadamiać *vt* mitteilen (**kogoś** jm), benachrichtigen, verständigen (jn)
zawiadomić *vt pf* → **zawiadamiać**
zawias *f* Angel *f*; **~ u drzwi** Türangel *f*
zawiązać *vt pf* → **zawiązywać**
zawiązywać *vt* (*zamykać*) zubinden; (*węzeł*) knüpfen, schlingen
zawieja *f* Schneegestöber *n*
zawierać *vt* **1.** schließen, eingehen; **~ umowę** einen Vertrag schließen **2.** (*w sobie*) enthalten, in sich einschließen
zawieszenie *n* **1.** *techn.* Aufhängung *f*; *mot.* **~ kół** Radaufhängung *f* **2. ~ broni** Waffenruhe *f*, Waffenstillstand *m* **3.** (*w czynnościach*) Suspendierung *f*
zawieść *pf* **I.** *vt* **1.** versagen **2.** (*rozczarować*) enttäuschen **3.** (*zaprowadzić*) hinfahren, hinbringen **II.** *vr* **~ się** sich enttäuscht fühlen <sehen>
zawieźć *vt pf* → **zawozić**
zawijać I. *vt* (*pakować*) einwickeln, (*owijać*) umwickeln **II.** *vi* **~ do portu** einen Hafen anlaufen
zawiły *adj* verwickelt; (*niejasny*) unklar, undeutlich
zawinąć *vt pf* → **zawijać**
zawistny *adj* neidisch (**o coś**, **z jakiegoś powodu** auf etw, wegen eines Dinges)
zawiść *f* Neid *m*
zawleczka *f techn.* Splint *m*
zawodniczka *f* Aktive *f*, Sportlerin *f*; Wettkämpferin *f*
zawodnik *m* Aktive *m*, Sportler *m*; Wettkämpfer *m*

zawodowiec *m* Profi *m*, Professional *m* (*a. sport.*)
zawodow|y *adj* beruflich, berufsmäßig; *a. sport.* professional; Berufs-, Profi-; **wykształcenie ~e** Berufsausbildung *f*
zawody *pl sport.* Wettkampf *m*; **~ pływackie** Wettschwimmen *n*; **~ jeździeckie** Reitturnier *n*
zawodzić *vt* **1.** jammern, laut klagen **2.** (*odmawiać posłuszeństwa*) versagen
zawołać *vt pf* (*przywołać*) herbeirufen; (*zakrzyknąć*) ausrufen
zaworek *m* (kleines) Ventil *n*; **~ dętki** Reifenventil *n*
zawozić *vt* hinfahren, hinbringen; bringen (**do ...** nach ...)
zawód *m* **1.** Beruf *m*, Fach *n*; **wolny ~** freier Beruf; **z zawodu** von Beruf **2.** (*rozczarowanie*) Enttäuschung *f*; **sprawić komuś ~** jn enttäuschen
zawór *m techn.* Ventil *n*
zawracać I. *vi*, *vt* umkehren, *mot. a.* wenden
zawrotny *adj* schwindelnd, Schwindel erregend; **w ~m tempie** in einem Schwindel erregenden Tempo
zawrócić *vi pf* → **zawracać**
zawrzeć *vt pf* → **zawierać**
zawstydzić *pf* **I.** *vt* beschämen **II.** *vr* **~ się** schamrot werden
zawsze *adv* stets, immer; **na ~** für immer; **raz na ~** ein für alle Mal; **~ to lepiej ...** immerhin ist es besser ...
zazdrosny *adj* neidisch; eifersüchtig (**o kogoś** auf jn)
zazdrościć [za'zdrɔɕtɕitɕ] *vt* **1.** beneiden (**komuś czegoś** jn um etw) **2.** (*nie życzyć*) missgönnen **3.** (*być zazdrosnym*) eifersüchtig sein
zazdrość ['zazdrɔɕtɕ] *f* Eifersucht *f*
zaziębiać się *vr* sich (oft) erkälten
zaziębić się *vr pf* sich erkälten; sich *D* eine Erkältung holen
zaziębienie *n* Erkältung *f*
zaziębiony *adj* erkältet
zaznaczać I. *vt* erwähnen, bemerken, andeuten; (*robić znaki*) anmerken **II.** *vr* **~ się** sich bemerkbar <geltend> machen
zaznaczyć *vt pf* → **zaznaczać**
zazwyczaj *adv* gewöhnlich, normalerweise; **~ śpi o tej porze** um diese Zeit pflegt er zu schlafen
zażalenie *n* Beschwerde *f*, Klage *f*; **złożyć ~** eine Beschwerde einreichen
zażądać *vt pf* → **żądać**
zażywać *vt* **1.** genießen **2.** (*lekarstwo*) einnehmen
ząb *m* Zahn *m*; **~ trzonowy** Mahlzahn *m*, Backenzahn *m*; **~ mleczny** Milchzahn *m*; **~ mądrości** Weisheitszahn *m*; **ból zębów** Zahnschmerzen *mpl*; **szczotka do zębów** Zahnbürste *f*; **wyrwać ~** den <einen> Zahn ziehen
zbadać *vt* erforschen, durchforschen, untersuchen; → **badać**
zbawca *m* Lebensretter *m*, Retter *m*
Zbawiciel *m* Erlöser *m*
zbędny *adj* (*niepotrzebny*) unnötig, entbehrlich; (*zbywający*) überflüssig, überschüssig
zbiec *pf* **I.** *vi* **1.** (*w dół*) herunterrennen, herablaufen **2.** (*uciec*) entfliehen, flüchtig werden, entlaufen **II.** *vr* **~ się 1.** zusammenlaufen **2.** (*spotkać się*) zusammentreffen **3.** (*o tkaninach*) einlaufen, eingehen
zbieg *m* **1.** Flüchtling *m*, *ugs.* Ausreißer *m* **2.** Zusammentreffen *n*; **~ okoliczności** das Zusammentreffen <die Verknüpfung> der Umstände **3.** (*miejsce przecięcia*) Schnittpunkt *m*; **u ~u ...** am Schnittpunkt ...
zbiegać I. *vi* herunterlaufen, hinabrennen (**po schodach** die Treppe) **II.** *vr* **~ się 1.** zusammenlaufen; (*spotykać się*) zusammentreffen (*o liniach*) konvergieren **2.** (*o tkaninie*) eingehen, einlaufen
zbieracz *m* Sammler *m*; **~ znaczków** Briefmarkensammler *m*; **~ autografów** Autogrammjäger *m*
zbierać I. *vt* sammeln; (*gromadzić*) versammeln; (*zrywać*) pflücken; (*podnosić*) aufheben **II.** *vr* **~ się** sich versammeln, zusammenkommen, sich sammeln; (*na posiedzenie*) zusammentreten
zbiornica *f* Sammelstelle *f*
zbiornik *m* Behälter, Tank *m*; **~ retencyjny** Speicherbecken *n*; **~ paliwa** (*bak*) Benzintank, Kraftstofftank *m*
zbiorow|y *adj* kollektiv, Kollektiv-; **bezpieczeństwo ~e** kollektive Sicherheit
zbiór *m* **1.** Sammlung *f*; **~ książek** Büchersammlung *f* **2.** (*żniwo*) Ernte *f*; **~ owoców** Obsternte *f*
zbiórk|a *f* **1.** Versammlung *f*; **miejsce ~i** Sammelplatz *m*, Treffpunkt *m* **2.** (*pieniędzy*) Sammlung *f*
zbliżać I. *vt* annähern, näher rücken **II.** *vr* **~ się** sich nähern, näher rücken; (*podejść*)

näher treten (**do kogoś** jm); (*o terminie u.ä.*) heranrücken, bevorstehen
zbliżenie *n* **1.** Annäherung *f* **2.** *film.* Großaufnahme *f*
zbliżyć *vt pf* → **zbliżać**
zbocze *n* Abhang *m*; ~ **góry** Berghang *m*
zboże *n* Getreide *n*
zbrodni|a *f* schweres Verbrechen; **~a przeciw ludzkości** ein Verbrechen gegen die Menschlichkeit; **popełnić ~ę** ein Verbrechen begehen
zbrodniarz *m* Schwerverbrecher *m*; ~ **wojenny** Kriegsverbrecher *m*
zbroić I. *vt* aufrüsten, rüsten **II.** *vr* ~ **się** sich rüsten
zbrojeni|e *n* Aufrüsten *n*, Rüsten *n*; **~a atomowe** Atomrüsten *n*; **wyścig zbrojeń** Wettrüsten *n*
zbrojny *adj* bewaffnet; **opór ~** bewaffneter Widerstand
zbudzić *vt pf* → **budzić**
zburzyć *vt pf* zerstören; (*wyburzyć*) abreißen
zbutwiały *adj* morsch
zbyt[1] *m handl.* Absatz *m*; **~ towarów** Warenabsatz *m*; **rynek ~u** Absatzmarkt *m*; **znajdować ~** Absatz finden
zbyt[2] *adv* allzu, zu; **~ wiele** <**dużo**> zu viel
zbyteczny *adj* überflüssig; **być ~m** überflüssig sein, sich erübrigen
zbytek *m* (*nadmiar*) Überfluss *m*; (*luksus*) Luxus *m*
zbytnio *adv* zu sehr, allzu sehr
zdać *pf* **I.** *vt* ablegen; **~ egzamin** eine Prüfung (erfolgreich) bestehen; **~ sprawozdanie** einen Bericht erstatten **II.** *vr* ~ **się** sich verlassen (**na kogoś** auf jn)
z dala *adv* von fern, von weitem
zdalnie *adv* fern-, Fern-; **~ kierowany** ferngesteuert; ~ **obsługiwać** (*np. pilotem*) fernbedienen
zdanie *n* **1.** *gram.* Satz *m*; **~ główne** Hauptsatz *m*; **~ złożone** komplexer Satz **2.** (*pogląd*) Meinung *f*, Ansicht *f*; **moim ~m** meiner Meinung <Ansicht> nach
zdarci|e *n*: *ugs.* **to samochód nie do ~a** dieses Auto <dieser Wagen> ist nicht umzubringen <nicht kaputt zu kriegen>
zdarza|ć się *vr* sich öfters ereignen, passieren; **~ się** das <es> kommt vor
zdarzenie *n* Vorfall *m*, Ereignis *n*
zdarzyć się *vr pf* ein Mal passieren
zdatny *adj* tauglich

zdawać I. *vt* ablegen; **~ egzamin** sich einer Prüfung unterziehen; **~ sobie sprawę z tego** sich *D* darüber klar <im Klaren> sein **II.** *vr* ~ **się 1.** scheinen; **zdaje się** es scheint **2.** sich verlassen (**na kogoś** auf jn); *vgl.* **zdać**
z (dawien) dawna von alters her
zdążyć *vi pf* **1.** rechtzeitig kommen, zurechtkommen (**na pociąg** zum Zug); **nie ~** zu spät kommen, etw versäumen **2.** (*uporać się*) schaffen
zdechnąć *vi pf* → **zdychać**
zdecydować *vt pf* → **decydować**
zdecydowanie I. *n* Entschlossenheit *f* **II.** *adv* entschieden, dezidiert
zdecydowany *adj* entschieden; (*stanowczy*) entschlossen
zdejmować *vt* herunternehmen; (*kapelusz*) abnehmen; (*ubranie*) ausziehen, ablegen
zdenerwować się *vr pf* sich aufregen, in Aufregung geraten
zdenerwowany *adj* aufgeregt
zderzak *m* Anschlag *m*, (*bufor*) Puffer *m*; (*u samochodu*) Stoßstange *f*; **~ tylny** <**przedni**> die hintere <vordere> Stoßstange
zderzenie *n* Zusammenstoß *m*; *mot.* **~ czołowe** frontaler Zusammenstoß
zderzyć się *vr pf* zusammenstoßen, zusammenrasseln
zdjąć *vt pf* → **zdejmować**
zdjęcie *n* Aufnahme *f*, Foto *n*, Bild *n*
zdobycie *n* Eroberung *f*
zdobycz *f* Beute *f*; (*osiągnięcie*) Errungenschaft *f*
zdobyć *vt pf* **I.** *vt* erobern; (*łup*) erbeuten; (*uzyskać*) erzielen, erringen; (*szczyt*) erklimmen **II.** *vr* ~ **się** sich aufraffen <aufschwingen> (**na coś** zu etw)
zdolność *f* Fähigkeit *f*, (*zdatność*) Tauglichkeit *f*; (*utalentowanie*) Begabung *f*; (*wydajność*) Kapazität *f*; **~ produkcyjna** Produktionskapazität *f*
zdolny *adj* fähig (**do czegoś** zu etw); (*utalentowany*) begabt; (*zdatny*) tauglich
zdoła|ć *vt pf* vermögen, im Stande sein; (eben noch) können; **tonącego ~no uratować** der Ertrinkende konnte (noch) gerettet werden
zdrada *f* **1.** Verrat *m* **2.** (*niewierność*) Untreue *f*
zdradliwy verräterisch
zdradzać *vt* (immer wieder) verraten; un-

treu werden (**kogoś** jm); (*żonę, męża*) betrügen
zdradzić *vt pf* ein Mal verraten <betrügen>
zdrajca *m* Verräter *m*
zdrętwieć ['zdrɛ̃tfɛtɕ] *vi pf* erstarren, starr werden (**z zimna** vor Kälte); (*o kończynach*) einschlafen
zdrowi|e *n* Gesundheit *f*; **szkodliwy dla ~a** gesundheitsschädlich; **tryskający ~em** gesundheitsstrotzend; **ze względu na ~e** gesundheitshalber; **wypić za czyjeś ~e** auf js Wohl trinken <anstoßen>; **na ~e!** pros(i)t!, zum Wohl!, (*gdy ktoś kichnie*) Gesundheit!
zdrowy, zdrów *adj* gesund; *ugs.* **~ jak rydz** kerngesund
zdrój *m* **1.** Quelle *f*; **~ leczniczy** Heilquelle *f* **2.** (*miejscowość*) Kurort *m*
zdrzemnąć się *vr pf* einschlummern, ein Schläfchen machen
zdrów *adj* → **zdrowy**
zdumieć *vt pf* → **zdumiewać**
zdumiewać I. *vt* verblüffen, stutzig machen, wundernehmen **II.** *vr* **~ się** staunen, erstaunen
zdumiony *adj* erstaunt, verwundert; **być ~m** sich wundern (**czymś** über etw), erstaunt sein
zdychać *vi* krepieren, verenden
zdyszany *adj* atemlos
zdziwić *vt pf* in Staunen versetzen
ze → **z**
zebra *f* Zebra *n*; (*pasy na ulicy*) Zebrastreifen *m*
zebrać *vt pf* → **zbierać**
zebranie *n* **1.** Versammlung *f* **2.** (*zbieranie*) Sammlung *f*
zegar *m* Uhr *f*; **~ ścienny** Wanduhr *f*; **~ słoneczny** Sonnenuhr *f*
zegarek *m* (kleine) Uhr *f*; **na rękę** Armbanduhr *f*; **nastawić ~** die Uhr stellen; **nakręcić ~** die Uhr aufziehen; **~ spieszy się** <**spóźnia się**> die Uhr geht vor <geht nach>
zegarmistrz *m* Uhrmacher *m*
zejść *vi pf* **1.** (*umrzeć*) sterben **2.** → **schodzić**
zelówka *f* Schuhsohle *f*; **~ skórzana** Ledersohle *f*
zemdleć *vi pf* in Ohnmacht fallen, ohnmächtig werden
zemsta *f* Rache *f*
zemścić się *vr pf* → **mścić się**

zepsuć *vt pf* → **psuć**
zepsuty *adj* defekt; *ugs.* kaputt; *figur.* (*moralnie*) verdorben
zero *n* Null *f*
zerwać *vt pf* **I.** *vt* herunterreißen, reißen; (*kwiaty, owoce*) pflücken; (*rozerwać*) zerreißen; *figur.* (*wypowiedzieć*) abbrechen (**stosunki** die Beziehungen); **~ z czymś** mit etw brechen **II.** *vr* **~ się** (*z miejsca*) aufspringen; (*wzlecieć*) auffliegen, aufflattern; (*ze snu*) auffahren; (*o burzy, wietrze*) sich erheben, aufkommen
zespół *m* **1.** (*ludzi*) Kollektiv *n*, Team *n*; **~ fachowców** ein Team von Fachleuten **2.** *teatr.*, *archit.* Ensemble *n*
zeszły *adj* vorig, vergangen; **w ~m tygodniu** vorige Woche
zeszyt *m* Heft *n*
zewnątrz ['zɛvnɔ̃tʃ] *adv* außen; **z ~** von außen; **na ~** (*stan*) draußen, (*ruch*) nach außen, hinaus, heraus
zewnętrzne *adv* äußerlich
zewnętrzn|y *adj* Außen-; der äußere; **~a strona** Außenseite *f*; **do użytku ~ego** für den äußerlichen Gebrauch
zewsząd *adv* von überall her, von allen Seiten
zez *m* Schielauge *n*; **mieć ~a** schielen
zeznać *vt pf* → **zeznawać**
zeznanie *n* Aussage *f*, Zeugnis *n*; **~ świadka** Zeugenaussage *f*
zeznawać *vt* aussagen, eine Aussage machen
zezwalać *vi* erlauben, genehmigen
zezwolić *vi pf* → **zezwalać**
zgadnąć *vi pf* → **zgadywać**
zgadywać *vt* raten, erraten
zgadza|ć się *vr* sich gut vertragen (**ze sobą** miteinander); (*być zgodnym*) übereinstimmen; (*przychylić się*) zustimmen (**na coś** einer Sache); **~ się!** es stimmt!
zga|sić *vt pf* erlöschen, (*np. papierosa*) ausmachen; **~ś światło!** mach das Licht aus!
zgasnąć *vi pf* **1.** erlöschen, verlöschen, ausgehen; *mot.* (*o silniku*) aussetzen, *ugs.* absterben **2.** *figur.* (*umrzeć*) dahinscheiden
zgiąć *vt pf* **1.** → **zginać 2.** knicken; **zgięte ręce** geknickte Arme
zgięty *adj* (*skrzywiony*) verbogen
zginać I. *vt* biegen; (*kolana*) beugen **II.** *vr* **~ się 1.** sich biegen (lassen) **2.** (*skłaniać się*) sich beugen

zginąć *vi pf* verloren gegangen sein
zgłaszać I. *vt* melden, anmelden **II.** *vr* ~ **się** sich melden
zgłosić *vt pf* → **zgłaszać**
zgnić *vt pf* verfaulen
zgnieść *vt pf* zusammendrücken; (*zmiąć*) zerknittern, zerknüllen
zgniły *adj* faul, verfault
zgod|a *f* Eintracht *f*; Übereinstimmung *f*; (*harmonia*) Einklag *m*; (*przyzwolenie*) Zustimmung *f*, Einverständnis *n*; **osiągnąć ~ę** Übereinstimmung erzielen; **za ~ą** mit Zustimmung; **~a!** einverstanden!
zgodnie *adv* übereinstimmend, im Einvernehmen; **~ z** gemäß; -gemäß; laut; **~ z zawiadomieniem** laut <gemäß> der Mitteilung; **~ z konstytucją** verfassungsgemäß; **~ z prawdą** wahrheitsgemäß; **~ z ruchem wskazówek zegara** im Uhrzeigersinn
zgodny *adj* **1.** (*niekłótliwy*) verträglich; (*jednej opinii*) einig, einhellig **2.** (*oparty na czymś*) -gemäß; **~ z ustaleniami** vereinbarungsgemäß
zgodzić się *vr pf* → **zgadzać się**
zgorszenie *n* Anstoß *m*; **wywołać ~** Anstoß erregen
zgrabn|y *adj* **1.** schlank, wohlproportioniert; **ona jest ~a** sie hat eine gute <schlanke> Figur **2.** (*zręczny*) geschickt
zgromadzenie *n* Versammlung *f*; **~ ogólne** Vollversammlung *f*; **Zgromadzenie Narodowe** Nationalversammlung *f*
z grubsza *adv* annähernd, in groben Umrissen
zgryźliwy *adj* sehr boshaft
zgrzytać *vi* knirschen (**zębami** mit den Zähnen)
zgubić *pf* **I.** *vt* verlieren; (*kogoś*) zu Grunde richten **II.** *vr* ~ **się** (*np. w tłumie*) sich verirren, sich verlaufen
zgwałcić *vt pf* vergewaltigen
ziajać *vi* hecheln; **pies ziaje** der Hund hechelt
ziarno *n* Korn *n*
zieleniec *m* Grünanlage *f*
zieleń *f* Grün *n*
zielony *adj* grün; **Zielone Świątki** Pfingsten *pl*; *polit.* **Zieloni** *pl* die Grünen
ziemia *f* Erde *f*; (*grunt*) Boden *m*, Erdboden *m*; (*kraina*) Land *n*; **~ obiecana** das gelobte Land
ziemniaczan|y *adj* Kartoffel-; **zupa ~a** Kartoffelsuppe *f*; **stonka ~a** Kartoffelkäfer *m*
ziemniak *m* Kartoffel *f*; **~i w mundurkach** Pellkartoffeln *fpl*
ziemsk|i *adj* **1.** Erd-; **skorupa ~a** Erdrinde *f* **2.** (*doczesny*) irdisch
ziewać *vi* gähnen
ziewnąć *vi pf* → **ziewać**
zięć ['zɛ̃tɕ] *m* Schwiegersohn *m*
zima *f* Winter *m*; **~ą, w ~ie** im Winter; **na ~ę** für den Winter
zimno[1] *n* Kälte *f*
zimno[2] *adv* kalt; **jest ~** es ist kalt; **jest mi ~, ~ mi** ich friere, mich friert
zimn|y *adj* kalt; *figur.* **~a krew** kaltes Blut; **~y jak lód** eiskalt
zimowy *adj* winterlich; Winter-; **miesiąc ~** Wintermonat *m*; **płaszcz ~** Wintermantel *m*
zioło *n* Kraut *n*; **~ lecznicze** Heilkraut *n*
zjawiać się *vr* erscheinen
zjawić się *vr pf* → **zjawiać się**
zjawisko *n* Erscheinung *f*, Phänomen *n*; **~ fizyczne** Naturerscheinung *f*
zjazd *m* **1.** Kongress *m*, Tag *m*; **~ partii** Parteikongress *m*, Parteitag *m* **2.** (*zjeżdżanie, droga*) Ausfahrt *f*; **~ z autostrady** Ausfahrt von der Autobahn
zjechać *vi pf* → **zjeżdżać**
zjednoczenie *n* Vereinigung *f*; (*ponowne*) Wiedervereinigung *f*
zjednoczony *adj* vereint, vereinigt, verbunden; **Narody Zjednoczone** die Vereinten Nationen; **Stany Zjednoczone** die Vereinigten Staaten
zjeść *vt pf* aufessen, aufgegessen haben
zjeżdżać *vi* herunterfahren, hinabfahren; **~ z drogi** aus dem Weg fahren
zlać *vt pf* → **zlewać**
zlecenie *n* Auftrag *m*, Order *f*
zleceniobiorca *m* Beauftragte *m*
zleceniodawca *m* Auftraggeber *m*
zlepiać I. *vt* zusammenleimen, zusammenkleben **II.** *vr* ~ **się** kleben, zusammenkleben
zlew *m* Ausguss *m*
zlewać *vt* **1.** (*razem*) zusammengießen, zusammenschütten **2.** (*odlewać*) abgießen **II.** *vr* ~ **się** (*o rzekach*) zusammenströmen
zlewozmywak *m* Spüle *f*, Spülbecken *n*
zliczać *vt* zusammenzählen; zusammenrechnen
zliczyć *vt pf* → **zliczać**
zlikwidować *vt pf* → **likwidować**
zlot *m* Treffen *n*; **~ młodzieży** Jugendtreffen *n*
złamać *vt pf* brechen

złamanie *n* Bruch *m*; ~ **nogi** Beinbruch *m*; *figur.* ~ **słowa** Wortbruch *m*
złapać *vt pf* fangen, ertappen
złazić *vi* herunterklettern
złączyć *vt pf* → **łączyć**
zło *n* Übel *n*; Übelstand *m*; ~ **konieczne** ein notwendiges Übel; **brać za złe** übel nehmen
złodziej *m* Dieb *m*; ~ **kieszonkowy** Taschendieb *m*
złom *m* Alteisen *n*, Schrott *m*
złomowisko *n* Schrottplatz *m*
złościć ['zŭɔçtçitç] **I.** *vt* ärgern **II.** *vr* ~ **się** sich ärgern
złość *f* Ärger *m*, Zorn *m*
złośliwy *adj* boshaft, böswillig; *med.* bösartig
złot|o *n* Gold *n*; **sztabka ~a** Goldbarren *m*; **ze ~a** aus Gold
złotówka *f* Einzlotystück *n*
złot|y I. *adj* golden, Gold-; **~a moneta** Goldmünze *f*; *figur.* **~e gó-ry** goldene Berge **II.** *m* Złoty *m*
złoż|e *n* Vorkommen *n*; **~a węgla** Kohlenvorkommen *n*
złożony *adj* **1.** zusammengesetzt; **wyraz ~** Zusammensetzung *f* **2.** (*skomplikowany*) kompliziert, komplex
złożyć *vt pf* → **składać**
złudzenie *n* Täuschung *f*, Illusion *f*
zły *adj* (*niedobry*) schlecht; (*gniewny*) böse; (*straszny*) arg
zmarły I. *adj* verstorben, gestorben **II.** *m* Verstorbene *m*
zmarnować *pf* **I.** *vt* verderben, vergeuden; ~ **okazję** die Gelegenheit verpassen **II.** *vr* ~ **się** verkommen
zmarszczka *f* Runzel *f*; (*bruzda*) Falte *f*
zmarszczyć *vt pf* → **marszczyć**
zmartwić *vt pf* → **martwić**
zmartwiony *adj* bekümmert (**czymś** über etw)
Zmartwychwstanie *n rel.* Auferstehung *f*
zmarznąć ['zmarznɔ̃tç] *vt pf* **1.** durchfrieren **2.** → **marznąć**
zmęczenie *n* Müdigkeit *f*; ~ **wiosenne** Frühjahrsmüdigkeit *f*
zmęczony *adj* müde, ermüdet; abgespannt
zmęczyć *pf* **I.** *vt* müde machen **II.** *vr* ~ **się** müde werden, ermüden; ~ **chodzeniem** sich müde laufen <gehen>
zmiana *f* (*modyfikacja*) Änderung *f*; (*przerzucenie się na coś innego*) Wechsel *m*; (*przekształcenie*) Wandel *m*; (*urozmaicenie*) Abwechslung *f*; (*przemiana*) Veränderung *f*; *mot.* ~ **pasma ruchu** Fahrstreifenwechsel *m*
zmieniać I. *vt* ändern, verändern; (*przekształcać*) umwandeln, verwandeln; (*rozmieniać*) wechseln; ~ **pieniądze** Geld wechseln **II.** *vr* ~ **się** sich ändern; (*zluzować się*) sich ablösen, einander ablösen
zmienić *vt pf* → **zmieniać**
zmienny *adj* wechselnd; (*niestały*) unbeständig; *mat.*, *meteor.* veränderlich
zmierzch *m* Abenddämmerung *f*
zmierzyć *vt pf* → **mierzyć**
zmieszać *pf* **I.** *vt* vermischen; (*pomieszać*) vermengen **II.** *vr* ~ **się** sich vermischen; *figur.* verlegen werden
zmieścić *pf* **I.** *vt* fassen **II.** *vr* ~ **się** hineingehen, Platz finden
zmniejszać I. *vt* kleiner machen; (*pomniejszać*) verkleinern; (*ograniczać*) vermindern; (*uszczuplać*) verringern **II.** *vr* ~ **się** (*immer*) kleiner werden, sich vermindern, abnehmen
zmniejszyć *vt pf* → **zmniejszać**
zmoknąć *vi pf* nass werden
zmrok *m* Dämmerstunde *f*; **o ~u** in der Dämmerstunde, bei Dämmerung
zmusić *vt pf* → **zmuszać**
zmuszać *vt* zwingen; nötigen
zmuszony *adj* gezwungen, genötigt; **czuć się ~m** sich gezwungen <genötigt> sehen
zmyć *vt pf* → **zmywać**
zmysł *m* **1.** Sinn *m* (*o. dar*); ~ **słuchu** Gehörsinn *m* **2.** **~y** (*rozum*) *pl* Sinne *mpl*, Verstand *m*; *ugs.* **czyś ty ~y postradał?** bist du bei <von> Sinnen?; **dostać pomieszania ~ów** den Verstand verlieren, wahnsinnig werden
zmyślać *vt* ersinnen, erfinden; (*kłamać o.*) fabeln
zmyślony *adj* frei erfunden
zmywacz *m* Abwaschmittel *n*; ~ **do paznokci** Nagellackentferner *m*
zmywać *vt* wegwaschen, wegspülen; (*naczynia*) abwaschen, abspülen
zmywarka *f* Geschirrspüler *m*, Geschirrspülmaschine *f*
znaczek *m* Briefmarke *f*, Marke *f*; ~ **skarbowy** Gebührenmarke *f*
znaczeni|e *n* **1.** Bedeutung *f*; **bez ~a** bedeutungslos, belanglos; **mieć duże ~e** von Bedeutung sein; **to nie ma ~a** das hat nichts

znacznie 193 **zrobić**

zu bedeuten 2. (*sens*) Sinn *m*; **w najszerszym ~u** im weitesten Sinn
znacznie *adv* erheblich, beträchtlich; **~ mniejszy** erheblich geringer
znaczny *adj* beträchtlich, bedeutend
znaczy|ć *vt* bedeuten; **to ~** das heißt
znać I. *vt* kennen; **dać ~** Bescheid geben **II.** *vr* **~ się 1.** (*wzajemnie*) einander kennen, sich kennen **2.** sich verstehen (**na czymś** auf etw)
znajdować I. *vt* finden **II.** *vr* **~ się** sich befinden; (*odszukać*) gefunden werden; (*spotykać się*) sich finden
znajomość *f* Bekanntschaft *f*; (*przedmiotu*) Kenntnis *f*; **~ ludzi** Menschenkenntnis *f*; **zawrzeć ~** Bekanntschaft machen
znajomy I. *adj* bekannt **II.** *m* Bekannte *m*
znak *m* Zeichen *n*; *mot.* **~ drogowy** Verkehrszeichen *n*, (*tablica*) Verkehrsschild *n*; **~i drogowe nakazu i zakazu** Vorschriftszeichen *npl*; **~i informacyjne** Hinweise *mpl*; **pod ~iem** im Zeichen; **dać ~** ein Zeichen geben
znakomity *adj* vorzüglich, ausgezeichnet
znalazca *m* Finder *m*
znaleźć *vt pf*: **umieć się ~** sich zu benehmen wissen; → **znajdować**
znamię *n* Muttermal *n*
znany *adj* bekannt; **dobrze ~** wohl bekannt; **~ pisarz** ein bekannter Schriftsteller
znawca *m* Kenner *m*
znicz *m* (*nagrobny*) Grablicht *n*; **~ olimpijski** olympisches Feuer
znieczulenie *n* Betäubung *f*, Anästhesie *f*; **~ miejscowe** örtliche Betäubung, Lokalanästhesie *f*
zniekształcić [zɲɛˈkʃtau̯tɕitɕ] *vt pf* verunstalten; (*zeszpecić, wypaczyć*) entstellen, verzerren
znienacka *adv* urplötzlich, unversehens
zniesieni|e *n* Abschaffung *f*, Aufhebung *f*; **nie do ~a** unerträglich
zniesławienie *n juris.* Diffamierung *f*
znieść *vt pf* → **znosić**
zniewaga *f* Beleidigung *f*
znikać *vi* verschwinden, am Verschwinden sein
znikąd *adv* von nirgend, nirgendwoher
zniknąć *vi pf* verschwinden, verschwunden sein
zniszczony *adj* abgenutzt, abgetragen; (*chodzeniem*) abgetreten
zniszczyć *vt pf* → **niszczyć**

zniżka *f* Abbau *m*, Herabsetzung *f* (*np. cen*); (*ulga*) Ermäßigung *f*
znosić *vt* (*na dół*) heruntertragen; (*uchylać*) aufheben, abschaffen; (*cierpliwie*) ertragen, erdulden; **nie ~** nicht leiden können (**kogoś** jn)
znowu, znów *adv* wieder
znudzić *vt pf* → **nudzić**
znudzony *adj* gelangweilt; (*mający dosyć*) überdrüssig
zobaczy|ć *pf* **I.** *vt* sehen; (*ujrzeć*) erblicken; (*zajrzeć, poszukać*) nachsehen; **~my!** wir wollen sehen! **II.** *vr* **~ć się** sich erblicken; (*wzajemnie*) sich wieder sehen
zobowiązani|e *n* **1.** Verpflichtung *f*; **podjąć ~e** eine Verpflichtung übernehmen <eingehen>; **wykonać ~e** die Verpflichtung erfüllen **2.** (*związanie*) Verbindlichkeit *f*; **bez ~a** (*niewiążąco*) unverbindlich
zoologia *f* Zoologie *f*, Tierkunde *f*
zoologiczny *adj* zoologisch; **ogród ~** Tierpark *m*, zoologischer Garten, ZOO *m*
zorganizować *vt pf* → **organizować**
zorientować *pf* **I.** *vt* orientieren, unterweisen **II.** *vr* **~ się** sich orientieren, sich unterrichten; (*poznać, zauważyć*) bemerken
zorientowany *adj* orientiert, im Bilde; **być ~m o.** Bescheid wissen
zorza *f* -rot *n*; -licht *n*; **~ poranna** Morgenrot *n*; **~ wieczorna** Abendrot *n*; **~ polarna** Nordlicht *n*
zostać *vi pf* → **zostawać**
zostawać *vi* **1.** bleiben; (*nie wsiadać*) zurückbleiben; (*w tyle*) zurückbleiben **2.** (*przebywać*) sich aufhalten, verbleiben **3.** (*zbywać*) übrig bleiben **4.** (*stawać się*) werden
zostawić *vt pf* **1.** lassen; **~ na boku** beiseite lassen; **zostaw mnie w spokoju!** lass mich in Frieden! **2.** (*nie tknąć*) stehen lassen **3.** (*po sobie*) hinterlassen **4.** (*nie zabrać*) zurücklassen **5.** (*puścić*) verlassen, im Stich lassen **6.** (*nie poruszać*) sein lassen
zranić *vt pf* → **ranić**
zrastać się *vr* (langsam od. wiederholt) zusammenwachsen; *figur.* (*związać się*) verwachsen
zraz *m kulin.* Schnitzel *n*
zrealizować *vt pf* → **realizować**
zresztą *adv* übrigens, im Übrigen
zrezygnować *vi pf* → **rezygnować**
zręczny *adj* geschickt (*a. figur.*), gewandt
zrobić *vi pf* → **robić**

zrosnąć się *vr pf* zusammengewachsen sein; → **zrastać się**
zrozumiały *adj* verständlich; (*wytłumaczalny*) begreiflich
zrozumieć *vt pf* → **rozumieć**
zrywać → **zerwać**
zrzędny ['zʒɛ̃dni] *adj* griesgrämig, mürrisch, nörglerisch
zrzucać *vt* herunterwerfen, hinunterwerfen; (*z siebie*) abwerfen, abschütteln (**jarzmo** das Joch); (*na kogoś innego*) abwälzen (**z siebie** von sich); (*strącać*) stürzen
zrzucić *vt pf* → **zrzucać**
zsiadać I. *vi* absteigen, absitzen **II.** *vr* **~ się** (*ścinać się*) gerinnen
zsiadł|y *adj* geronnen, dick; **~e mleko** dicke Milch, Dickmilch *f*, Sauermilch *f*
zsiąść *vi pf* → **zsiadać**
zsyp *m*: **~ do śmieci** Müllschlucker *m*
zszyć *vt pf* → **zszywać**
zszywać *vt* zusammennähen
zuchwały *adj* keck, frech; (*odważny*) tollkühn
zupa *f* Suppe *f*; **~ grochowa** Erbsensuppe *f*; **~ jarzynowa** Gemüsesuppe *f*; **~ pomidorowa** Tomatensuppe *f*
zupełnie *adv* ganz, vollauf; (*całkowicie*) völlig
zupełny *adj* völlig; (*bez reszty*) restlos
zużycie *n* **1.** Verbrauch *m*; **~ paliwa** <**benzyny**> Kraftstoffverbrauch *m*, Benzinverbrauch *m*; **~ prądu** Stromverbrauch *m* **2.** (*zniszczenie*) Abnutzung *f*; (*proces i stopień zniszczenia*) Verschleiß *m*; **~ opony** Reifenverschleiß *m*
zużyć *vt pf* → **zużywać**
zużyty *adj* verbraucht; *mot.*, *techn.* verschlissen
zużywać I. *vt* **1.** verbrauchen **2.** (*zniszczyć*) abnützen, (*noszeniem*) abtragen **II.** *vr* **~ się** sich verbrauchen, sich abnutzen
zwalczać I. *vt* bekämpfen; (*pokonywać*) überwinden, bewältigen **II.** *vr* **~ się** einander bekämpfen
zwalczanie *n* Bekämpfung *f*; **~ hałasu** Lärmbekämpfung *f*
zwalczyć *vt pf* → **zwalczać I.**
zwalniać *vt* (*pracowników*) entlassen; (*na wolność*) freilassen, auf freien Fuß setzen; (*bieg*) verlangsamen
zwałowisko *n*: **~ śmieci** Müllkippe *f*
zwany *adj* genannt; **tak ~** so genannt
zwarcie[1] *n el.* Kurzschluss *m*

zwarcie[2] *adv* geschlossen
zwariowany *adj* verrückt
zwart|y *adj* geschlossen; *archit.* **~a zabudowa** geschlossene Bebauung
zważa|ć *vi* (*uważać*) achten, Acht geben; (*uwzględniać*) beachten; **nie ~jąc na to** dessen ungeachtet
zważy|ć *pf* **I.** *vt* wiegen, abwiegen; *figur.* (*rozważyć*) bedenken, überlegen; **jeżeli ~my, jeżeli ~ć, jeżeli się ~ ...** wenn man bedenkt, dass... **II.** *vr* **~ć się** sich wiegen (lassen)
zwężenie *n* Verengung *f*; **~ jezdni!** verengte Fahrbahn!
zwiastun *m film.*, *tv* Trailer *m*
związać *vt pf* → **związywać**; **~ się** sich binden
związany *adj* gebunden; *figur.* verbunden
związ|ek *m* **1.** Zusammenhang *m*; **w ~ku z tym** in diesem Zusammenhang; (*połączenie*) Verbindung *f*, Verknüpfung *f* **2.** (*organizacja*) Bund *m*, Verband *m*; **~ek państw** Staatenbund *m*; **~ek zawodowy** Gewerkschaft *f* **3.** (*zrzeszenie*) Vereinigung *f*, Verein *m*, Gemeinschaft *f*; **~ek sportowy** Sportgemeinschaft *f* **4.** *chem.* Verbindung *f*
związkowiec *m* Gewerkschafter *m*
związkow|y *adj* **1.** Gewerkschafts-; **działacz ~y** Gewerkschaftsfunktionär *m* **2.** (*federacyjny*) Bundes-; **republika ~a** Bundesrepublik *f*
związywać *vt* binden; (*razem*) zusammenbinden; (*połączyć*) verbinden, vereinigen; (*kogoś*) festbinden
zwichnąć *vt pf* verrenken, verstauchen
zwiedzać *vt* besichtigen, besuchen
zwiedzić *vt pf* → **zwiedzać**
zwiedzający *m* Besucher *m*
zwierciadło *n* Spiegel *m*
zwierzchnik ['zvɛrʃxnik] *m* Vorgesetzte *m*
zwierzę *n* **1.** Tier *n*; **~ domowe** Haustier *n*; **~ drapieżne** Raubtier *n*, Bestie *f*; *mot.* **Uwaga na ~ta!** a) (*domowe*) Tiere! b) (*dzikie*) Wildwechsel! *m* **2.** *figur.* (*o człowieku*) Bestie *f*
zwierzyna *f* Wild *n*
zwiesić *pf* **I.** *vt* herunterhängen; hängen lassen (**głowę** den Kopf) **II.** *vr* **~ się** herabhängen
zwieźć *vt pf* → **zwozić**
zwiększać I. *vt* vergrößern; (*podwyższać*) steigern, erhöhen; (*pomnażać*) vermehren **II.** *vr* **~ się** sich erhöhen, steigen
zwiększyć *vt pf* → **zwiększać**

zwięzły *adj* knapp, gedrängt, kompakt; (*krótki*) kurz gefasst
zwijać I. *vt* aufwickeln, aufspulen; **~ namioty** die Zelte abbrechen **II.** *vr* **~ się** sich zusammenrollen; (*z bólu*) sich winden
zwinąć *vt pf* → **zwijać**
zwinny *adj* flink, geschickt
zwisać *vi* herabhängen
zwlekać *vt, vi* zögern, zaudern
zwłaszcza *adv* namentlich, besonders; **~ że** zumal (da)
zwłok|a *f* Aufschub *m*, Verzug *m*, Verzögerung *f*; **bez ~i** ohne Verzug, unverzüglich; **nie cierpieć ~i** keinen Aufschub dulden
zwłoki *pl* Leiche *f*, Leichnam *m*
zwolenni|k *m* Anhänger *m*; **~cy** *pl* Anhängerschaft *f*
z wolna *adv* allmählich, nach und nach; langsam
zwolnić *vt pf* → **zwalniać**
zwolnienie *n* (*uwolnienie*) Befreiung *f*; (*pracownika*) Entlassung *f*; (*wypuszczenie*) Freilassung *f*; (*kroku*) Verlangsamung *f*
zwołać *vt pf* einberufen (**zebranie** eine Versammlung); (*krzykiem*) zusammenrufen
zwoływać *vt* → **zwołać**
zwozić *vt* zusammenfahren; (*zbiory*) einbringen
zwój *m* Windung *f*
zwracać I. *vt* **1.** (*kierować*) richten, lenken; **~ czyjąś uwagę na coś** js Aufmerksamkeit auf etw lenken; **~ uwagę** (*podkreślać*) hinweisen (**na to** darauf) **2.** (*oddawać*) zurückgeben; (*odsyłać*) zurückschicken; (*wydatki*) zurückerstatten **3.** (*wymiotować*) erbrechen **II.** *vr* **~ się** sich richten, sich wenden (**do kogoś** an jn)
zwrot *m* Wendung *f* (*o. językowy*); **utarty ~** Phraseologismus *m*, idiomatische Wendung
zwrotka *f* Strophe *f*
zwrotnica *f ebw.* Weiche *f*
zwróci|ć *vt pf*: **~ło moją uwagę ...** es ist mir aufgefallen ...; → **zwracać**
zwycięstwo *n* Sieg *m*; **odnieść ~** den <einen> Sieg erringen <davontragen>
zwyciężać *vt, vi* siegen; (*kogoś*) besiegen
zwyciężyć *vt, vi pf* → **zwyciężać**
zwyczaj *m* Sitte *f*; Brauch *m*; **stare ~e** alte Bräuche; (*nawyk*) Gewohnheit *f*; **być w ~u** üblich sein
zwyczajny *adj* gewöhnlich; **profesor ~** ordentlicher Professor, Ordinarius *m*
zwykle *adv* gewöhnlich; **jak ~** wie gewöhnlich <üblich>
zwykły *adj* gewöhnlich; (*tradycyjny*) üblich; (*prosty*) einfach
zwyżka *f handl.* Steigerung *f*, Preiserhöhung *f*
zygzak *m* Zickzack *m*; **~iem** im Zickzack
zysk *m* Profit *m*, Ertrag *m*; (*korzyść*) Nutzen *m*; **czysty ~** Reinertrag *m*
zza *praep* von hinten her, hinter ... hervor
zżyć się *vr pf* (*zaprzyjaźnić się*) gute Freunde werden, sich (gut) zusammenleben

Ź

źle *adv* schlecht; **~ usposobiony** schlecht gelaunt; (*niedobrze*) übel, unwohl; **~ się czuć** (*ogólnie*) sich unwohl fühlen, **nie tak ~** nicht so schlimm *m* **mieć ~ w głowinie** nicht ganz richtig im Kopf sein
źrebak *m*, **źrebię** *n* Fohlen *n*
źrebna *adj*: **~ klacz** eine trächtige Stute
źrenica *f* Pupille *f*
źródł|o ['źrudŭɔ] *n* Quelle *f* (*a. figur.*); **~o mineralne** Mineralquelle *f*; **~o lecznicze** Heilquelle *f*; *figur.* **z pewnego ~a** aus zuverlässiger Quelle

Ż

żaba *f* Frosch *m*
żaden *pron* kein, kein Einziger; **~ z nas** keiner von uns
żag|iel *m* Segel *n*; *figur.* **zwinąć ~le** die Segel streichen
żaglowiec *m* Segelschiff *n*
żaglow|y *adj* Segel-; **łódź ~a** Segelboot *n*; **płótno ~e** Segeltuch *n*
żaglówka *f* Segelboot *n*
żakiet *m* Jackett *n*, Jacke *f*
żal *m* (*za grzechy*) Reue *f*; (*ubolewanie*) Bedauern *n*; (*po stracie*) Schmerz *m*, Herzeleid *n*; (*smętek*) Wehmut *f*; (*skarga*) Klage *f*; **mieć ~ do kogoś** einen Groll auf jn haben; **~ mi** ich bedauere, es tut mir wirklich Leid; **~ mi go** er dauert mich
żaluzja *f* Rollladen *m*, Jalousie *f*
żałob|a *f* Trauer *f* (*o. strój*); **chodzić w ~ie** in Trauer <in Schwarz> gehen
żałobn|y *adj* Trauer-; **marsz ~y** Trauermarsch *m*; **msza ~a** Totenmesse *f*
żałować *vt* bedauern, bemitleiden, beklagen; (*odczuwać skruchę*) bereuen; (*skąpić*) vorenthalten
żarłoczny *adj* gefräßig
żarówka *f* Glühlampe *f*, Glühbirne *f*
żart *m* Scherz *m*; **w ~ach** scherzweise; **~em** im Scherz; **bez ~ów** Scherz beiseite!
żartować *vi* scherzen; **ja nie żartuję!** im Ernst!
żądać *vt* fordern, verlangen
żądanie *n* Forderung *f* (*czegoś* auf etw); (*domaganie się*) Verlangen *n*; **przystanek na ~** Bedarfshaltestelle *f*
żądło ['ʒɔ̃dŭɔ] *n* Stachel *m*
że *kj* dass; **dlatego ~** deshalb weil
żeberko *n* **1.** Rippe *f* **2.** *kulin.* Rippchen *n*
żebrać *vi* betteln
żebrak *m* Bettler *m*
żebro *n* Rippe *f*
żeby *kj* dass; (*z formą osobową czasownika*) damit; (*z bezokolicznikiem*) um … zu; **~ powiedzieć** um zu sagen; **~m** dass ich, damit ich; **~ś** dass du, damit du
żeglarstwo *n* Segelsport *m*
żegluga *f* Schifffahrt *f*; **~ morska** Seeschifffahrt *f*; **~ śródlądowa** Binnenschifffahrt *f*
żegnać I. *vt* verabschieden **II.** *vr* **~ się 1.** sich verabschieden, Abschied nehmen (**z kimś** von jm) **2.** (*przeżegnać się*) sich bekreuzigen
żel *m* Gel *n*
żelatyna *f* Gelatine *f*
żelazko *n* Bügeleisen *n*
żelazn|y *adj* **1.** eisern; Eisen-; *teatr.*, *figur.* **~a kurtyna** der eiserne Vorhang **2.** *figur.* (*silny*) eisern, stählern; **~a ręka** eiserne Hand; **~e zdrowie** eiserne Gesundheit
żelazo *n* Eisen *n*
żelazobeton, żelbet *m* Stahlbeton *m*
żenić I. *vt* (seinen Sohn) verheiraten **II.** *vr* **~ się** heiraten (**z dziewczyną** ein Mädchen)
żeński *adj* weiblich
żłobek *m* Krippe *f*; (*dla niemowląt*) Kinderkrippe *f*
żłób [ʒŭup] *m* Krippe *f*, Pferdekrippe *f*
żmija *f* Kreuzotter *f*, Viper *f*
żniwa *npl* Ernte *f*, Erntezeit *f*
żniwiarka *f* Schnitterin *f*; (*maszyna*) Getreidemäher *m*
żniwiarz *m* Schnitter *m*
żołąd|ek *m* Magen *m*; **ból ~ka** Magenschmerz *m*
żołądź ['ʒɔŭɔ̃tɕ] *f* Eichel *f*
żołnierz *m* Soldat *m*; (*wojskowy*) Militär(angehörige) *m*
żona *f* Frau, Gattin *f*; **moja ~** meine Frau; **pańska ~** Ihre Gattin <Frau>; **mąż i ~** Eheleute *pl*
żonaty I. *adj* verheiratet **II.** *m* verheirateter Mann
żółć [ʒuŭtɕ] *f* **1.** Galle *f* **2.** (*kolor*) Gelb *n*
żółknąć ['ʒuŭknɔ̃tɕ] *vi* gelb werden
żółtaczka *f med.* Gelbsucht *f*
żółtko *n* Eigelb *n*, Dotter *m*, *n*
żółty *adj* gelb
żółw *m* Schildkröte *f*
żrący *adj* beißend, ätzend
żreć *vt* fressen
żubr *m* Wisent *m*
żuć *vt* kauen; (*przeżuwać*) wiederkauen
żuraw *m* **1.** *orn.* Kranich *m* **2.** (*dźwig*) Kran *m*; **studnia z ~iem** Ziehbrunnen *m*
żurawina *f bot.* Moosbeere *f*
żurnal *m* Modezeitschrift *f*, Modejournal *n*
żużel *m* Schlacke *f*; *sport.* (*tor żużlowy*) Schlackenbahn *f*
żwir *m* Kies *m*, großkörniger Sand
życi|e *n* **1.** Leben *n*; **przy ~u** am Leben;

przez całe ~e zeitlebens; **przez całe moje ~e** in meinem ganzen Leben; **tryb ~a** Lebensweise *f*; **ujść z ~em** das nackte Leben retten **2.** (*byt*) Dasein *n*, Existenz *f*; *figur.*, *praw.* **wchodzić w ~e** in Kraft treten
życiorys *m* Lebenslauf *m*
życiow|y *adj* Lebens-; (*nie oderwany*) lebensnah, lebensnotwendig; **warunki ~e** Lebensbedingungen *fpl*
życzeni|e *n* Wunsch *m*; **według ~a** nach Wunsch; (*składane*) Glückwunsch *m*
życzliwie *adv* wohlwollend, wohl gemeint
życzliwy *adj* wohlwollend, wohlgesinnt
życzy|ć *vi* wünschen; **czego pan sobie ~?** was wünschen Sie?
żyć *vi* leben; **~ nadal** fortleben
Żyd *m* Jude *m*
żydowski *adj* jüdisch; **język ~** Jiddisch *n*
Żydówka *f* Jüdin *f*
żylak *m* Krampfader *f*
żyletka *f* Rasierklinge *f*
żyła *f* Ader *f*, Vene *f*; **~ złota** Goldader *f*
żyłka *f* (kleine) Ader *f* (*a. figur.*); (*włókno*) Faser *f*; (*u wędki*) Schnur *f*
żyrafa *f* Giraffe *f*
żyrandol *m* Kronleuchter *m*
żyrować *vt* bürgen

żytni *adj* Roggen-; **chleb ~** Roggenbrot *n*
żyto *n* Roggen *m*
żywic|a *f* Harz *n*; **~ syntetyczna** Kunstharz *n*; **wydzielać ~ę** harzen
żywić I. *vt* ernähren; (*utrzymywać*) erhalten; *figur.* hegen; **~ nadzieję** die Hoffnung hegen **II.** *vr* **~ się** sich ernähren (**czymś** mit <von> etw)
żywio|ł *m* Element *n*; **w swoim ~le** in seinem Element
żywiołow|y *adj* **1.** elementar; Elementar-; **siła ~a** Elementarkraft *f*; **klęska ~a** Naturkatastrophe *f* **2.** (*spontaniczny*) spontan
żywnościowy *adj* (*dotyczący wyżywienia*) Ernährungs-; **problem ~** Ernährungsfrage *f*
żywność *f* (*pożywienie*) Nahrung *f*, Lebensmittel *npl*; (Tier-)Futter *n*
żywo *adv* (*szybko*) rasch, flott; (*spontanicznie*) lebhaft; *tv.* **na ~** live; **transmitować na ~** live übertragen
żywopłot *m* Hecke *f*
żywy *adj* **1.** lebend, lebendig; **na wpół ~** halb tot; **handel ~m towarem** Menschenhandel, Mädchenhandel *m* **2.** (*ożywiony*) lebhaft
żyzn|y *adj* fruchtbar; **~a ziemia** fruchtbare Erde

Deutsch – Polnisch

A

Aal *m* -(e)s, -e węgorz *m*
ab I. *adv* **1.** (*örtlich*) **auf und ab** w górę i w dół, tam i z powrotem; **Hut ab!** chapeau bas! **2.** (*zeitlich*) **von heute ab** od dziś (*począwszy*); **ab und zu** od czasu do czasu **3. der Knopf ist ab** guzik się oberwał **II.** *praep* **ab Berlin** od Berlina (*począwszy*); **ab Werk** loco fabryka
abändern *vt* zmieni(a)ć; przerabiać (**ein Kleid** sukienkę)
Abart *f* -, -en odmiana *f* (rośliny)
Abbau *m* -(e)s rozbiórka *f*; demontaż *m*; *berg*. eksploatacja *f*; (*Entlassung*) redukcja *f*; obniżka *f* (**der Preise** cen)
abbauen *vt* demontować (rusztowania); obniżać, stopniowo znosić
abbeißen* *vt* odgryzać
abberufen* *vt* odwoł(yw)ać; **den Botschafter ~** odwołać ambasadora
abbestellen *vt* odwoł(yw)ać zamówienie
abbiegen* *vi s* skręcać, zbaczać
Abbild *n* -(e)s, -er odbicie *n*, podobizna *f*
Abbildung *f* -, -en rycina *f*, ilustracja *f*; **ein Buch mit ~en** książka z ilustracjami
Abbitte *f*: **~ leisten** <**tun**> prosić o wybaczenie, przepraszać
abblenden *vt fot.* da(wa)ć przesłonę; *mot.* z|gasić reflektory
Abblendlicht *n* -(e)s, -er *mot.* światło mijania
abbrechen* **I.** *vt* odłam(yw)ać; zrywać (**Beziehungen** stosunki); z|burzyć (**ein Gebäude** budynek); (*unterbrechen*) przer(y)wać **II.** *vi s* odłam(yw)ać się
abbremsen *vt* za|hamować
abbrennen* *vi s* spalać się; **die Kerze ist abgebrannt** świeca się wypaliła
abbröckeln I. *vt* odrywać (po kawałku), ukruszyć **II.** *vi s* odpryskiwać
Abbruch *m* -(e)s, **Abbrüche** (*Unterbrechung*) zerwanie *n*, przerwanie *n*; (*Niederreißen*) rozbiórka *f*; (*Schaden*) szkoda *f*, uszczerbek *m*
abbürsten *vt* o|czyścić szczotką
abdanken *vi* poda(wa)ć się do dymisji; abdykować
abdecken *vt* odkry(wa)ć; **den Tisch ~** sprzątać ze stołu
abdichten *vt* uszczelniać (okno)
abdrehen I. *vt* zakręcać; zamykać; **das Gas ~** zakręcić gaz **II.** *vi* (*o. s*) *flug.* zmieni(a)ć kurs
Abdruck *m* -(e)s, -e odbitka *f*, kopia *f*, przedruk; (*in Wachs*) odcisk *m*
Abend *m* -s, -e wieczór *m*; **am ~, des ~s** wieczorem; **Guten** <**guten**> **~** dobry wieczór; **zu ~ essen** jeść kolację; **der Heilige ~** Wigilia (Bożego Narodzenia)
Abendbrot *n* -(e)s kolacja *f*
Abenddämmerung *f* -, -en zmierzch *m*
Abendessen *n* -s, - kolacja *f*
Abendkleid *n* -(e)s, -er suknia wieczorowa
abend|ländisch *adj* zachodni
Abendmahl *n* -(e)s, -e wieczerza *f*
abends *adv* wieczorem
Abendstudium *n* -s, …ien studia wieczorowe
Abenteuer *n* -s, - przygoda *f*
Abenteuerfilm *m* -(e)s, -e film przygodowy
abenteuerlich *adj* awanturniczy
Abenteuerroman *m* -s, -e powieść przygodowa
aber I. *kj* lecz, ale; jednak; **oder ~** albo też; **~ ja!** ależ tak! **II.** *adv*: **~, ~** no, no; **tausend und ~ tausend** niezliczone tysiące
Aberglaube *m* -ns, -n zabobon *m*, przesąd *m*
abermals *adv* ponownie, znowu
abfahren* *vi s* odjeżdżać; odpływać; **wann fährt der Zug ab?** kiedy odjeżdża pociąg?
Abfahrt *f* -, -en odjazd *m*, wyjazd *m*; (*Talfahrt*) zjazd *m*
Abfahrtslauf *m* -(e)s, …läufe *sport.* bieg zjazdowy
Abfahrt(s)signal *n* -s, -e sygnał odjazdu
Abfahrtszeit *f* -, -en czas odjazdu
Abfall *m* -(e)s, **Abfälle** odpadki *npl*, odpady *npl*; (*von Speisen*) resztki *npl*; **radioaktive Abfälle** odpady radioaktywne
Abfalleimer *m* -s, - kubeł na odpadki
abfallen* *vi s* odpadać (*np.* tynk); opadać (*o terenie*)
abfällig *adj* lekceważący, nieprzychylny
abfangen* *vt* wyłap(yw)ać, łapać, przechwytywać, przejmować (**Briefe** listy)
abfassen *vt* (*schreiben*) na|pisać, z|redagować
abfertigen *vt* odprawi(a)ć (**Reisende** podróżnych); załatwi(a)ć (**Kunden** klientów)

Abfertigung *f* -, -en wysyłka *f*; odprawa *f*
abfeuern *vt* wystrzelić, odpalić
abfinden*, **sich** *vr* zadowalać się (**mit einer Sache** czymś); pogodzić się (z czymś)
Abfindung *f* -, -en odszkodowanie *n*; (*Rücktrittsgeld*) odstępne *n*
abfliegen* I. *vi s* odlatywać II. *vt* oblatywać (obszar)
Abflug *m* -(e)s, **Abflüge** odlot *m*, start *m*
Abfluss *m* -es, **Abflüsse** odpływ *m*; wypływ *m*; (*Graben*) ściek *m*
abfragen *vt* odpytać, przepytać (**Vokabeln** słówka)
abfrieren* *vi s*: **die Füße sind ihm abgefroren** odmroził sobie nogi
abführen I. *vt* wyprowadzać; odprowadzać (*np.* spaliny); (*vom Wege*) sprowadzać II. *vi med.* przeczyszczać
Abführmittel *n* -s, - *med.* środek przeczyszczający
Abgabe *f* -, -n wydanie *n*, oddanie *n*; (*Steuer*) podatek *m*
Abgang *m* -(e)s, **Abgänge** odejście *n*; odjazd *m*; *handl.* zbyt *m*; **nach ~ von der Kasse** po odejściu od kasy
Abgase *pl* spaliny *npl*
Abgasrohr *n* -(e)s, -e rura wydechowa
abgeben* I. *vt* odda(wa)ć; wyda(wa)ć (oświadczenie) II. *vr* **sich** ~ zajmować się (**mit einer Sache** czymś); zadawać się (**mit j-m** z kimś)
abgedroschen *adj* oklepany, banalny
abgefahren → **abfahren**; *adj* zużyty (**der Reifen** opona); wykorzystany, zużyty (**die Monatskarte** bilet miesięczny)
abgegriffen *adj* wytarty, zużyty; (*abgedroschen*) oklepany, banalny
abgehärtet → **abhärten**; *adj* zahartowany
abgehen* *vi s* odchodzić; odjeżdżać (**der Zug** pociąg); odpływać (**das Schiff** statek)
abgekürzt → **abkürzen**; *adj* skrócony
abgelaufen → **ablaufen**; *adj* ubiegły, miniony
abgelegen *adj* odległy; leżący na uboczu
abgemacht → **abmachen**; *adj* załatwiony, ustalony; **~!** zgoda!
abgeneigt *adj* nieprzychylny (**j-m** komuś); **ich bin nicht ~** jestem skłonny
Abgeordnete(r) *f*, *m* -n, -n poseł *m*, posłanka *f*
Abgeordnetenhaus *n* -es, ...**häuser** Izba Posłów *f*
abgeschmackt *adj* niesmaczny (dowcip)

abgesehen → **absehen**; *adj* **von einer Sache** ~ pominąwszy coś, abstrahując od czegoś
abgespannt → **abspannen**; *adj* wyczerpany, znużony
abgestanden → **abstehen**; *adj* zwietrzały (piwo)
abgestumpft → **abstumpfen**; *adj* otępiały; nieczuły
abgewinnen* *vt* wygr(yw)ać, uzysk(iwa)ć (**j-m etw** coś od kogoś)
abgewöhnen, sich *vr* odzwyczajać się (**etw, von einer Sache** od czegoś)
abgezehrt *adj* wychudły, mizerny
Abglanz *m* -es odblask *m*, odbicie *n*
Abgott *m* -(e)s, **Abgötter** bożyszcze *m*, bóstwo *n*
Abgrund *m* -(e)s, **Abgründe** przepaść *f*, otchłań *f*
Abguss *m* -es, **Abgüsse** odlew *m*
abhacken *vt* odrąb(yw)ać
abhaken *vt* odfajkować (**die Namen in einer Liste** nazwiska na liście)
abhalten* *vt* powstrzym(yw)ać (**von einer Sache** od czegoś); odby(wa)ć (**eine Sitzung** posiedzenie)
abhandeln *vt* wytargować (**etw j-m** coś od kogoś)
abhanden *adv*: ~ **kommen** zaginąć, zgubić się, zawieruszyć się
Abhandlung *f* -, -en rozprawa *f*, dysertacja *f*, traktat *m*
Abhang *m* -(e)s, **Abhänge** stok *m*, zbocze *n*; **am ~ des Berges** na zboczu góry
abhängen I. *vt* zdejmowai (**das Bild** obraz); odczepi(a)ć (**den Wagen** wagon) II. *vi** zależeć; **das hängt davon ab** to zależy od tego
abhängig *adj* zależny (**von j-m, einer Sache** od kogoś, czegoś)
abhärten *vt* za|hartować
abhauen *vi s* (**haute ab, abgehauen**) *ugs.* zwiać; **hau ab!** zjeżdżaj!
abheben* *vt* zdejmować; podejmować (**Geld** pieniądze)
Abhilfe *f* -, -n środek zaradczy *m*; **für etw ~ schaffen** zaradzić czemuś
abholen *vt* przychodzić (**j-n** po kogoś); **ich werde Sie ~** przyjdę po pana
Abitur *n* -s, -e matura *f*; **das ~ bestehen** zdać maturę
Abiturient *m* -en, -en maturzysta *m*
abkommandieren *vt* odkomenderować

Abkommen *n* -s, - umowa *f*, układ *m*; **ein ~ treffen** zawrzeć umowę
abkratzen I. *vt* zdrap(yw)ać **II.** *vi s posp.* (*sterben*) wykorkować
abkühlen *vt* o|studzić, o|chłodzić
Abkühlung *f* - ochłodzenie *n*
abkürzen *vt* skracać (słowo)
Abkürzung *f* -, -en skrót *m*
abladen *vt* wyładow(yw)ać
ablassen **I.** *vt* wypuszczać (**Wasser** wodę); **vom Preise ~** opuszczać z ceny **II.** *vi* odstępować (**von einer Sache** od czegoś)
Ablauf *m* -(e)s, **Abläufe** odpływ *m*; (*Verlauf*) tok, przebieg *m*; **vor ~ einer Woche** przed upływem tygodnia
ablaufen I. *vi s* upływać, przemijać (**die Frist** termin); **alles ist gut abgelaufen** wszystko dobrze się skończyło; **die Uhr ist abgelaufen** zegarek stanął **II.** *vt*: **die Läden ~** biegać po sklepach; **sich die Beine nach einer Sache ~** nabiegać się za czymś
Ableben *n* -s zgon *m*, śmierć *f*
ablecken *vt* obliz(yw)ać, zliz(yw)ać
ablegen *vt* **1.** zdejmować; **legen Sie bitte ab!** proszę zdjąć płaszcz! **2.** zdawać, składać; **eine Prüfung ~** składać egzamin; **Rechenschaft über etw ~** zda(wa)ć sprawę z czegoś
ablehnen *vt* odrzucać (propozycję)
Ableitungsrohr *n* -(e)s, -e rura odprowadzająca
ablenken *vt* odwracać (czyjąś uwagę)
ablesen *vt* odczyt(yw)ać (przemowę)
ableugnen *vt* zaprzeczać (czemuś), wypierać się (czegoś)
abliefern *vt* dostarczać, dostawiać, oddać (towar)
ablösen *vt* odłączać, oddzielać (**von einer Sache** od czegoś); zmieni(a)ć, z|luzować (**Posten** posterunki)
abmachen *vt* odczepi(a)ć (**von einer Sache** od czegoś), zdejmować (z czegoś); **etw mit j-m ~** uzgodnić coś z kimś
Abmachung *f* -, -en umowa *f*, ustalenie *n*, uzgodnienie *n*
abmagern *vi* s|chudnąć
abmarschieren *vi s* odmaszerow(yw)ać, wyruszyć
abmelden *vt* wymeldow(yw)ać, odmeldow(yw)ać
Abmeldung *f* -, -en wymeldowanie *n*
abmessen *vt* odmierzać
abmontieren *vt* z|demontować, rozbierać

Abnahme *f* -, -n odbiór *m*; (*Verminderung*) ubytek *m*, spadek *m*
abnehmen I. *vt* (*herunternehmen*) zdejmować; **den Hörer ~** odebrać (telefon); (*wegnehmen*) odbierać; *handl.* kupować, brać towar **II.** *vi* (*sich vermindern*) zmniejszać się, uby(wa)ć; (*abmagern*) s|chudnąć
Abnehmer *m* -s, - odbiorca *m*
Abneigung *f* -, -en niechęć *f* (**gegen j-n** do kogoś), antypatia *f*
abnutzen, abnützen *vt* zuży(wa)ć; *techn.* ścierać
Abonnement *n* -s, -s *o.* -e prenumerata *f*, abonament *m*
abonnieren *vt* za|abonować, za|prenumerować
Abordnung *f* -, -en delegacja *f*
abprallen *vi* odbi(ja)ć się (**von einer Sache** od czegoś)
abraten *vi* odradzać (**j-m von einer Sache** coś komuś)
abrechnen I. *vt* (*abziehen*) odliczać **II.** *vi* rozliczać się (**mit j-m** z kimś)
Abrechnung *f* -, -en obrachunek *m*, rozliczenie *n*
abreiben *vt* ścierać, zetrzeć
Abreise *f* - odjazd *m*, wyjazd *m*; **fertig zur ~** gotowy do odjazdu
abreisen *vi s* odjeżdżać
abreißen I. *vt* odrywać; przer(y)-wać (**den Faden** nitkę); zrywać (**ein Kalenderblatt** kartkę z kalendarza); z|burzyć (**das Gebäude** budynek) **II.** *vi s* ur(y)wać się
abrichten *vt* wy|ćwiczyć, wy|tresować
Abriss *m* -es, -e zarys *m*, szkic *m*
abrunden *vt* zaokrąglać (cenę)
Abrüstung *f* - rozbrojenie *n*; **allgemeine ~** powszechne rozbrojenie
Absage *f* -, -n odmowa *f*
absagen *vt* odmawiać; odwoł(yw)ać
absägen *vt* odpiłow(yw)ać (konar)
Absatz *m* -es, **Absätze** obcas *m*; (*Alinea*) ustęp *m*, akapit *m*; (*an der Treppe*) podest *m*; *handl.* zbyt *m*; *geol.* osad *m*
abschaffen *vt* usuwać, znosić; pozbyć się
abschalten *vt* wyłączać, odłączać
abschätzen *vt* oceni(a)ć (szkodę)
Abscheu *m* -s wstręt *m*, obrzydzenie *n*
abschicken *vt* wys(y)łać (list)
Abschied *m* -(e)s, -e pożegnanie *n*; **von j-m ~ nehmen** pożegnać się z kimś
Abschiedsbesuch *m* -(e)s, -e wizyta pożegnalna

Abschiedsfeier f -, -n uroczystość pożegnalna
abschirmen vt osłaniać
Abschlag m -(e)s, **Abschläge** (*Preissenkung*) opust m; (*Rate*) rata f; **auf ~ kaufen** kupować na raty
abschlagen* vt odbi(ja)ć (**den Ball** piłkę); (*abhauen*) odrąbać; odpierać (**den Angriff** atak); (*verweigern*) odrzucić (czyjąś prośbę)
abschlägig adj odmowny
Abschleppdienst m -(e)s, -e mot. służba holownicza
abschleppen vt holować
Abschleppseil n -(e)s, -e linka holownicza
abschließen* vt zamykać; (*beenden*) s|kończyć; zawierać (**den Vertrag** układ)
Abschluss m -es, **Abschlüsse** zakończenie n; zawarcie n (**eines Vertrages** umowy)
abschmecken vt kulin. doprawić, przyprawić
abschneiden* vt odcinać, obcinać; ukroić; o|strzyc (**Haare** włosy)
Abschnitt m -(e)s, -e odcinek m; (*Kapitel*) rozdział m, ustęp m
abschrauben vt odśrubow(yw)ać; odkręcić
abschrecken vt odstraszać; **die Nudeln ~** przelać makaron zimną wodą
abschreckend adj odstraszający
abschreiben* vt przepisać, odpis(yw)ać; (*abrechnen*) potrącać
Abschrift f -, -en odpis m, kopia f
abschüssig adj stromy
abschütteln vt strząsać, zrzucać, strzepywać (**den Staub** kurz)
abschwächen vt osłabi(a)ć, umniejszać
absehbar adj dający się przewidzieć; **in ~er Zeit** niebawem, wkrótce
absehen* vi, vt 1. przewidzieć 2. zrezygnować, pomijać (**von einer Sache** coś)
abseits I. adv na uboczu, opodal II. praep mit G z dala od czegoś, obok czegoś
absenden* vt wys(y)łać (paczkę)
Absender m -s, - nadawca m
absetzen I. vt odstawi(a)ć, zdejmować (okulary); (*verkaufen*) sprzed(aw)ać II. vr **sich ~** chem. osadzać się; mil. cofać się
Absicht f -, -en zamiar m, zamysł m; **mit ~** umyślnie
absichtlich adj umyślny, zamierzony, nieprzypadkowy
absolut adj bezwzględny, absolutny
absolvieren vt ukończyć (szkołę)
absperren vt zamykać, (*Weg*) zagradzać

abspielen, sich vr rozgrywać się; wydarzyć się, mieć miejsce
absprechen* vt (*nicht anerkennen*) odmawiać; (*verabreden*) omawiać, uzgadniać
abspringen* vi s (*herunter*) zeskakiwać; (*zur Seite*) odskakiwać; (*absplittern*) odłup(yw)ać się, odpadać
abspülen vt spłuk(iw)ać
abstammen vi s pochodzić (**von j-m** od kogoś)
Abstammung f -, -en pochodzenie n
Abstand m -(e)s, **Abstände** 1. odległość f, odstęp m; **von einer Sache ~ nehmen** z|rezygnować z czegoś 2. (*Zahlung*) odstępne n
abstatten vt: **einen Besuch ~** składać wizytę
abstauben vt odkurzać (meble)
Abstecher m -s, - wycieczka f, wypad m; figur. dygresja f
abstehen* vi s odstawać; **~de Ohren** odstające uszy
absteigen* vi s schodzić; (*vom Pferd*) zsiadać; **in einem Hotel ~** zatrzymać się w hotelu
abstellen vt odstawi(a)ć; (*ausschalten*) wyłączać
abstempeln vt o|stemplować (znaczki)
absterben* vi s obumierać
Abstieg m -(e)s, -e 1. zejście n 2. upadek m (**einer Kultur** kultury), degradacja f
abstimmen I. vt stroić, rad. dostrajać, nastawi(a)ć II. vi gło-sować (**über etw** nad czymś)
Abstimmung f -, -en głosowanie n; **zur ~ bringen** podda(wa)ć pod głosowanie
Abstinenz f - abstynencja f
Abstinenzler m -s, - abstynent m
abstoßen* I. vt odtrącać; (*abgeneigt machen*) zrażać II. vi h, s: **vom Ufer ~** odbi(ja)ć od brzegu
abstoßend adj odpychający, odrażający
abstumpfen vt stępi(a)ć
Absturz m -es, **Abstürze** upadek m; runięcie n (**eines Flugzeugs** samolotu)
abstürzen vi s spadać; runąć (*o samolocie*)
absurd adj absurdalny, bezsensowny
Abszess m -es, -e wrzód m, ropień m
Abtei f -, -en opactwo n
Abteil n -(e)s, -e przedział m (w wagonie)
Abteilung f -, -en oddział m, wydział m; dział m
abtippen vt przepis(yw)ać (na maszynie)
abtragen* vt zbierać (**vom Tisch** ze stołu);

(*niederreißen*) rozbierać, z|burzyć; znosić (**Kleider** odzież)
Abtransport *m* -(e)s, -e wywiezienie *n*
Abtreibung *f* -, -en aborcja *f*
abtrennen *vt* odłączać, oddzielać; odpru(wa)ć
abtreten* **I.** *vt* odstępować (**j-m** komuś) **II.** *vi s* odchodzić; wy-cierać; **sich die Füße ~** wytrzeć nogi
abtrocknen I. *vt* o|suszyć **II.** *vi s* obsychać
abtun* *vt* **1.** zdjąć (*np.* okulary) **2.** zbyć kogoś, potraktować lekceważąco
abwägen* *vt* rozważać
abwandern *vi s* wy|emigrować
abwarten *vt* poczekać (na coś)
abwärts *adv* w dół
Abwasch *m* -(e)s, zmywanie naczyń
abwaschbar *adj* zmywalny
abwaschen* *vt* myć, zmy(wa)ć (naczynia), obmy(wa)ć
Abwasser* *n* -s, **Abwässer** ścieki *pl*
Abwechslung *f* -, -en odmiana *f*; **zur ~** dla urozmaicenia
abwechseln *vi* zmieni(a)ć
abwechselnd *adv* na przemian
Abwehr *f* - obrona *f*; kontrwywiad *m*
abweichen* *vi s* zbaczać (**von einer Sache** z czegoś); (*sich unterscheiden*) różnić się (od czegoś)
abweisen* *vt* odprawi(a)ć; odpierać; **eine Bitte ~** odrzucać prośbę
abwenden I. *vt* zapobiegać (czemuś) **II.** *vr* **sich ~** odwracać się (**von einer Sache** od czegoś)
Abwertung *f* -, -en dewaluacja *f*
abwesend *adj* nieobecny
Abwesenheit *f* - nieobecność *f*; **in meiner ~** w czasie mojej nieobecności
abwickeln I. *vt* **1.** odwijać (kabel) **2.** (*erledigen*) przeprowadzić; **ein Geschäft ~** finalizować transakcję **II.** *vr* **sich ~** rozwijać się, przebiegać
abwiegen* *vt* odważyć, zważyć
abwischen *vt* wycierać
abzählen *vt* odliczać; **an den Fingern ~** liczyć na palcach
Abzahlung *f* -, -en spłata *f*, rata *f*
Abzeichen *n* -s, - odznaka *f*, znak *m*; odznaczenie *n*
abzeichnen, sich *vr* zaryso(wy)wać się
abziehen* **I.** *vt* ściągać, zdejmować; (*von einer Summe*) odejmować, potrącać; *fot.* robić odbitki **II.** *vi s* odchodzić

abzielen *vi* zmierzać (**auf etw** do czegoś)
Abzug *m* -(e)s, **Abzüge 1.** *mil.* spust *m* **2.** odwrót *m*, odejście *n* **3.** potrącenie *n* (**vom Lohn** z wynagro-dzenia) **4.** *fot.* odbitka *f*
abzüglich *praep mit G* po potrąceniu czegoś, z potrąceniem
Achillessehne *f* -, -n *anat.* ścięgno Achillesa, pięta achillesowa
Achse *f* -, -n oś *f*
Achsel *f* -, -n bark *m*, ramię *n*; **die ~n zucken** wzruszać ramionami
Achselhöhle *f* -, -n pacha *f*
acht *num* osiem; **halb ~** (w)pół do ósmej; **heute über ~ Tage** od dziś za tydzień
Acht *f* - baczność *f*, uwaga *f*; **sich vor j-m in ~ nehmen** mieć się na baczności przed kimś; **etw außer ~ lassen** nie zwracać uwagi na coś, pomijać coś; **~ geben** uważać (**auf j-n, auf etw** na kogoś, na coś)
achtbar *adj* czcigodny, zacny
achteckig *adj* ośmiokątny
achte *num* ósmy
Achtel *n* -s, - ósma część *f*, jedna ósma *f*
achten I. *vt* poważać, szanować **II.** *vi* zważać (**auf etw** na coś)
Achterbahn *f* -, -en kolejka górska (*w wesołym miasteczku*)
achthundert *num* osiemset
achtlos *adj* niedbały, nieuważny
achtsam *adj* uważny, staranny
achttausend *num* osiem tysięcy
Achtstundentag *m* -(e)s, -e ośmiogodzinny dzień pracy
Achtung *f* - uwaga *f*, *mil.* baczność *f*; (*Ehrfurcht*) szacunek *m*, poważanie *n*
achtungsvoll *adv* pełen szacunku; z poważaniem
achtzehn *num* osiemnaście
achtzehnte *num* osiemnasty
achtzig *num* osiemdziesiąt
achtzigste *num* osiemdziesiąty
ächzen *vi* jęczeć, stękać
Acker *m* -s, **Äcker** rola
Ackerbau *m* -(e)s rolnictwo *m*, uprawa roli
Ackerland *n* -(e)s ziemia orna
ackern I. *vt* z|orać **II.** *vi ugs.* harować
adaptieren *vt* adaptować
addieren *vt* doda(wa)ć; sumować
Addition *f* -, -en dodawanie *f*
Adel *m* -s szlachta *f*; arystokracja *f*
Ader *f* -, -n żyła *f*
adieu [a'djø:] *int* żegnaj!, bądź zdrów!
Adler *m* -s, - orzeł *m*

Admiral *m* -s, -e *o.* ...**räle** admirał *m*
adoptieren *vt* adoptować (**ein Kind** dziecko), przysposobić
Adoptivkind *n* -(e)s, -er dziecko przybrane <adoptowane>
Adresse *f* -, -n adres *m*; **die ~ lautet** adres brzmi
Advent *m* -(e)s adwent *m*
Affe *m* -n, -n małpa *f*
Afrikaner *m* -s, - Afrykańczyk *m*
Afrikanerin *f* -, -nen Afrykanka *f*
afrikanisch *adj* afrykański
Afroamerikaner *m* -s, - Afroamerykanin *m*
After *m* -s, - odbyt *m*
Agent *m* -en, -en agent *m*
Agentur *f* -, -en agencja *f*
Agglomeration *f* -, -en skupisko *n*, aglomeracja *f*
Aggression *f* -, -en agresja *f*
agieren *vi* działać
Agrarpolitik *f* - polityka rolna
Agrarreform *f* -, -en reforma rolna
Agrarwirtschaft *f* - gospodarka rolna
ägyptisch *adj* egipski
Ahle *f* -, -n szydło *n*
Ahne *m* -n, -n przodek *m*, pradziad *m*
ähneln *vi* być podobnym (**j-m** do kogoś)
ahnen *vt* przeczuwać; **nichts ~d** niczego nie przeczuwając
ähnlich *adj* podobny (**j-m** do ko-goś)
Ähnlichkeit *f* -, -en podobieństwo *n*
Ahnung *f* -, -en przeczucie *n*; **(ich habe) keine ~!** nie mam pojęcia!
ahnungslos *adv* nie przeczuwając niczego
Ahorn *m* -s, -e klon *m*
Ähre *f* -, -n kłos *m*
Aids [eɪdz] *n* - aids *m*
aidskrank *adj* chory na aids
Aidskranke *m* -n, -n chory na aids
Akademie *f* -, -n akademia *f*; **~ der Wissenschaften** Akademia Nauk
Akazie *f* -, -n akacja *f*
akkreditieren *vt* akredytować
Akkreditiv *n* -s, -e akredytywa *f*
Akku *m* -s, -s, **Akkumulator** *m* -s, -en akumulator *m*
Akkusativ *m* -s, -e *gram.* biernik *m*, czwarty przypadek
Akt *m* -(e)s, -e akt *m*; odsłona *f*
Akte *f* -, -n akt *m*, dokument *m*
Aktenmappe, **Aktentasche** *f* -, -n teczka *f*
Aktie ['aktsjə] *f* -, -n akcja *f*; **die ~n steigen** akcje rosną

Aktiengesellschaft *f* -, -en spółka akcyjna
Aktienpaket *n* -(e)s, -e pakiet akcji
Aktion *f* -, -en akcja *f*; **in ~ treten** rozpoczynać działanie
Aktionär *m* -s, -e akcjonariusz *m*
aktiv *adj* aktywny, czynny
Aktivist *m* -en, -en aktywista *m*, działacz *m*
aktuell *adj* aktualny, obecny
akut *adj med.* ostry; **~e Frage** palące zagadnienie
Akzent *m* -(e)s, -e akcent *m*
Alarm *m* -(e)s, -e alarm *m*; **~ schlagen** bić na alarm
Alarmanlage *f* -, -n urządzenie alarmowe
Alarmbereitschaft *f* - stan pogotowia
albern *adj* niedorzeczny, głupi; *ugs.* **~es Zeug schwatzen** gadać głupstwa
Album *n* -s, **Alben** album *m*
Alge *f* -, -n wodorost *m*
Alkohol *m* -s, -e alkohol *m*
alkoholfrei *adj* bezalkoholowy
Alkoholmissbrauch *m* -(e)s nadużywanie alkoholu
Alkoholspiegel *m* -s poziom <zawartość> alkoholu we krwi
Alkoholtest *m* -(e)s, -s *o.* -e test na obecność alkoholu we krwi
Alkoholverbot *n* -(e)s, -e zakaz spożywania alkoholu; prohibicja
all *adj* wszystek, wszelki; **~e Tage** codziennie; **~e drei Tage** co trzy dni; co trzeci dzień; **für ~e Fälle** na wszelki wypadek; **in ~er Eile** w największym pośpiechu; **in ~er Frühe** z samego rana; **~es in ~em** wszystko razem wziąwszy; **vor ~er Augen** na oczach wszystkich; **~es aussteigen!** wszyscy wysiadają! *ugs.* **das Geld ist ~e** pieniądze się skończyły
All *n* -s wszechświat *m*
Allee *f* -, **Alleen** aleja *f*
allein I. *adj* sam (jeden); **~ ste-hend** samotny, niezamężna, nie-żonaty **II.** *adv* tylko, jedynie **III.** *kj* lecz, ale
allemal *adv* **1.** zawsze, za każdym razem **2.** *ugs.* oczywiście, naturalnie
allenfalls *adv* najwyżej, maksymalnie
allerart *adj* wszelkiego rodzaju, wszelaki
allerbest *adj* najlepszy; **am ~en** najlepiej
allerdings *adv* wprawdzie; niewątpliwie, oczywiście
Allergie *f* -, -n alergia *f*
allergisch *adj* alergiczny; uczuleniowy; uczulony (**gegen** na)

allerhand *adj*: **das ist ja ~** to niesłychane
Allerheiligen (*n*) - Wszystkich Świętych
allerlei *adj* wszelaki, rozmaity
allerletzt *adv*: **zu ~** na samym końcu
allerliebst *adj* przemiły; **am ~en** najchętniej
allernächst *adj* najbliższy
Allerseelen (*n*) -, **Allerseelentag** *m* -(e)s Dzień Zaduszny, Zaduszki *pl*
allerseits *adv* zewsząd
alles → **all**
allgemein *adj* ogólny, powszechny; **im Allgemeinen** w ogóle, ogólnie biorąc
Allgemeinheit *f* - ogół *m*
Allianz *f* -, **-en** przymierze *n*, sojusz *m*
Alliierte(r) *f, m* **-n, -n** sprzymierzeniec *m*, sojusznik *m*
alljährlich *adj* coroczny, doroczny
allmächtig *adj* wszechmocny
allmählich *adj* stopniowy, powolny
allseitig *adj* wszechstronny; **eine ~e Bildung** wszechstronne wykształcenie
Alltag *m* -(e)s dzień powszedni
alltäglich *adj* codzienny; *figur.* powszedni
allzu *adv* zanadto, zbyt; **~ viel** za dużo, zbyt dużo; **~ gut** za dobrze, zbyt dobrze; **~ früh** zbyt wcześnie
Alm *f* -, **-en** hala *f*, pastwisko górskie
Almosen *n* -s, - jałmużna *f*
Alphabet *n* -(e)s, -e alfabet *m*
alpin *adj* alpejski
als *kj* **1.** gdy, skoro; **sobald ~ möglich** gdy tylko będzie możliwe; **~ ob, ~ wenn** jak gdyby **2.** jako; **~ Ausländer** jako cudzoziemiec **3.** (*Vergleich*) niż, aniżeli; **größer ~** większy niż; **sowohl ... ~ auch ...** zarówno ..., jak i ...; **umso mehr ~** tym bardziej że; **nichts ~ Wasser** tylko woda
also I. *kj* więc **II.** *adv* tak więc, przeto, w ten sposób
alt *adj* stary; **er ist drei Jahre ~** ma trzy lata; **in ~en Zeiten** za dawnych czasów
Altar *m* -(e)s, **Altäre** ołtarz *m*
altbacken *adj* czerstwy
Altbau *m* -(e)s, **-ten** stare budownictwo
Alte(r) *f, m* **-n, -n** *ugs.* stary *m*, stara *f*
Altenheim *n* -(e)s, -e dom starców, dom opieki
Alter *n* -s, - starość *f*; (*Lebenszeit*) wiek *m*; **im ~ von zehn Jahren** w wieku dziesięciu lat; **gleichen ~s** w tym samym wieku
altern *vi s* ze|starzeć się
Altersgenosse *m* **-n, -n** rówieśnik *m*

Altersversicherung *f* -, **-en** ubezpieczenie na starość
Altertum *n* -s starożytność *f*, antyk *m*
altertümlich *adj* **1.** starożytny **2.** starodawny, staromodny
Altkanzler *m* -s, - były kanclerz
altmodisch *adj* staromodny, staroświecki
Altpapier *n* -s makulatura *f*
Altstadt *f* - Stare Miasto
Altweibersommer *m* -s babie lato
Alufolie ['alufo:ljə] *f* -, **-n** *ugs.* folia aluminiowa
am = **an dem**; **am Abend** wieczorem; **am Sonntag** w niedzielę; **am Tage** w dzień, za dnia; **am 1. Juni** pierwszego czerwca; **am besten** najlepiej
Amateur *m* -s, - amator *m*
Amboss *m* -es, -e kowadło *n*
ambulant *adj* ambulatoryjny
Ambulanz *f* -, **-en** ambulans *m*; ambulatorium *n*
Ameise *f* -, **-n** mrówka *f*
Ameisenhaufen *m* -s, - mrowisko *n*
Amerikaner *m* -s, - Amerykanin *m*
Amerikanerin *f* -, **-nen** Amerykanka *f*
amerikanisch *adj* amerykański
Ampel *f* -, **-n** (*Verkehrsampel*) sygnał świetlny (na skrzyżowaniu ulic)
Ampulle *f* -, **-n** ampułka *f*
Amsel *f* -, **-n** kos *m*
Amt *n* -(e)s, **Ämter** urząd *m*, funkcja *f*; **von ~s wegen** z urzędu; (*Dienststellung*) posada *f*
amtieren *vi* urzędować
amtlich *adj* urzędowy
Amtsenthebung *f* - zdjęcie z urzędu
amtstierärztlich *adj.* **-es Zeugnis** urzędowe świadectwo weterynaryjne
Amtsvorsteher *m* -s, - naczelnik urzędu
amüsant *adj* zabawny
amüsieren, sich *vr* zabawi(a)ć się
an I. *praep* **1.** *mit D* (*wo?*) na, przy, nad; **an der Wand** na ścianie; **an mir** na mnie; **an der Oder** nad Odrą; **an Ort und Stelle** na miej-scu; **an dem Haus vorbei** obok domu **2.** *mit A* (*wohin?*) do, nad, na; **an das Fenster** do okna; **an den See** nad jezioro; **ein Brief an mich** list do mnie; **an die Wand lehnen** opierać o ścianę **3.** *mit D* (*wann?*) w; na; **an diesem Sonntag** w tę niedzielę; **an der Zeit** na czasie **4.** *mit D* (*Beziehung*) **reich an einer Sache** bogaty w coś; **es fehlt an einer Sache** brak cze-

goś; **krank an Grippe** chory na grypę; **es ist an mir** kolej na mnie **5. an die 20 Euro** około 20 euro; **an j-n denken** myśleć o kimś; **an (und für) sich** w gruncie rzeczy, właściwie **II.** *adv* **von nun an** odtąd, od tej chwili
analog *adj* analogiczny
Ananas *f* -, -*o.* -**se** ananas *m*
anbahnen *vt* zapoczątkować, nawiązać
anbauen *vt* **1.** dobudować (*np.* garaż) **2.** uprawi(a)ć (zboże)
Anbaufläche *f* -, -**n** powierzchnia uprawna
anbei *adv* w załączeniu
anbeißen˚ **I.** *vt* nadgryzać, nadgryźć **II.** *vi* brać (*o rybach*)
anbelangen *vt* dotyczyć; **was mich anbelangt** jeśli chodzi o mnie
anbeten *vt* ubóstwiać, uwielbiać
Anbetracht: in ~ dessen ze względu na to
anbieten˚ *vt* za|ofiarować; oferować, za|-proponować; **darf ich Ihnen eine Tasse Kaffee ~?** czy mogę panu zaproponować filiżankę kawy?
anbinden˚ *vt* przywiąz(yw)ać (**an etw** do czegoś)
Anblick *m* -(e)s, -e widok *m*
anblicken *vt* spoglądać (na kogoś, coś)
anbrechen˚ **I.** *vt* napocząć; nadłamać **II.** *vi s* zaczynać się, nastawać; **der Tag bricht an** dnieje; **die Nacht bricht an** zapada noc
anbrennen˚ **I.** *vi s* (~ *lassen*) przypalać się **II.** *vt* (*Feuer anmachen*) zapalać
anbringen˚ *vt* (*befestigen*) przymocow(yw)ać; **eine Beschwerde ~** składać skargę
Anbruch *m* -(e)s nastanie, początek; **bei ~ des Tages** o świcie
Andacht *f* -, -**en 1.** nabożeństwo *n* **2.** *sing* skupienie *n*
andauern *vi* trwać; **das schöne Wetter dauerte an** utrzymywała się piękna pogoda
Andenken *n* -**s** pamiątka; **zum ~ na pamiątkę**; (*Gegenstand*) upominek
ander- *adj* inny, drugi; **einer nach dem anderen** jeden za drugim; **ein ~es Mal** innym razem; **unter ~em** między innymi; **am ~en Tage** nazajutrz, następnego dnia
anderenfalls, andernfalls *adv* w przeciwnym razie, inaczej
andererseits *adv* z drugiej strony
ändern *vt* zmieni(a)ć, odmieni(a)ć; **ein Kleid ~** przerabiać sukienkę
anders *adv* inaczej; **~ werden** zmieni(a)ć się; **~artig** odmienny

anderswo *adv* gdzie indziej
andersrum *adv* odwrotnie
anderthalb *num* półtora; **~ Stunden** półtorej godziny
Änderung *f* -, -**en** zmiana *f*, przeróbka *f*
andeuten *vt* da(wa)ć do zrozumienia, napomykać
Andeutung *f* -, -**en** aluzja *f*
Andrang *m* -(e)s natłok *m*, ścisk *m*
aneignen *vt* przywłaszczać (**sich** sobie); przyswajać (**sich** sobie)
Aneignung *f* - przywłaszczenie *f*
Anekdote *f* -, -**n** anegdota *f*
anekeln *vt* budzić w kimś obrzydzenie <wstręt>
anerkennen˚ *vt* uzna(wa)ć, akcep-tować
Anerkennung *f* - uznanie *f*; **in ~ seiner Verdienste** w uznaniu jego zasług
anfahren˚ **I.** *vi s* ruszać z miejsca (*o pojazdach*) **II.** *vt* potrącać, najeżdżać (na kogoś); (*anschreien*) wrzeszczeć (na kogoś)
Anfahrt *f* -, -**en** przyjazd *m*; (*Weg*) dojazd *m*, podjazd *m*
Anfall *m* -(e)s, **Anfälle** (*Überfall*) napaść *f*; atak *m* (**einer Krankheit** choroby)
Anfang *m* -(e)s, **Anfänge** początek *m*; **am ~, zu ~** z początku; **von ~ an** od (samego) początku
anfangen˚ **I.** *vt* zaczynać, rozpoczynać; **was fangen wir nun an?** co my teraz poczniemy? **II.** *vi* zaczynać się, rozpoczynać się
Anfänger *m* -**s**, - początkujący *m*, nowicjusz *m*
anfangs *adv* od początku
Anfangsbuchstabe *m* -**ns**, -**n** pierwsza litera, inicjał
anfassen *vt* chwytać, ujmować
anfertigen *vt* sporządzać, z|robić; uszyć (**ein Kleid** sukienkę)
anfeuchten *vt* zwilżać
anfliegen˚ **I.** *vi s* przylatywać **II.** *vt* **den Flughafen ~** brać kurs na lotnisko
Anforderung *f* -, -**en** wymaganie *n*, żądanie *n*, zapotrzebowanie *n*
Anfrage *f* -, -**n** zapytanie *n*, interpelacja *f*
anfragen *vi* s|pytać (**bei j-m nach einer Sache** kogoś o coś)
anfreunden, sich *vr* **1.** zaprzyjaźnić się **2.** oswoić się (**mit einem Gedanken** z myślą)
anführen *vt* przewodzić (*komuś*); (*erwähnen*) przytaczać, za|cytować
Anführer *m* -**s**, - wódz, przywódca *m*
Anführungszeichen *n* -**s**, - cudzysłów *m*

Angabe f -, -n (*Bekanntgabe*) poda(wa)nie n; (*Auskunft*) informacja f; **nähere ~n** bliższe dane; (*Aussage*) zeznanie n; *sport.* zagrywka f, serw m

angeben I. *vt* poda(wa)ć; wymieniać; **den Ton ~** nada(wa)ć ton II. *vi kart.* zagrywać; przechwalać się

angeblich *adj* rzekomy; **er ist ~ krank** podobno jest chory

angeboren *adj* wrodzony

Angebot n -(e)s, -e oferta f, propozycja f; podaż f

angebracht → **anbringen**; *adj* celowy, odpowiedni, na miejscu

angeheitert *adj* podochocony, podchmielony, pod gazem

angehen *vt* 1. (*zu brennen, leuchten beginnen*) zapalić się, zaświecić 2. (*anwachsen*) przyjąć się (*o roślinach*) 3. (*betreffen*) obchodzić, dotyczyć; **das geht mich nichts an** to mnie nie obchodzi

Angehörige(r) f, m -n, -n (*Verwandter*) krewny m, krewna; członek, należący do …

Angeklagte(r) f, m -n, -n oskarżony m, oskarżona f

Angel f -, -n wędka f; (*Türangel*) zawias m

Angelegenheit f -, -en sprawa f, interes m

Angelgerät n -(e)s, -e sprzęt wędkarski

Angelleine f -, -n żyłka wędkarska

angeln *vt* łowić ryby na wędkę

Angelrute f -, -n wędzisko

Angelschein m -(e)s, -e karta wędkarska

angemessen *adj* odpowiedni, stosowny; **~er Preis** umiarkowana cena

angenehm *adj* przyjemny, miły; **sehr ~!** bardzo mi miło!

angesehen *adj* poważany

Angesicht n -(e)s, -er oblicze n, twarz f; **j-n von ~ kennen** znać kogoś z widzenia

angesichts *praep mit G* wobec, w obliczu

Angestellte(r) f, m -n, -n urzędnik m, pracownik m, urzędniczka f, pracownica f

angewiesen → **anweisen**; *adj* **auf etw ~** zdany na coś

angewöhnen *vt* przyzwyczajać (**j-m etw** kogoś do czegoś)

Angewohnheit f -, -en przyzwyczajenie n; **üble ~** nałóg

angezeigt → **anzeigen**; *adj* wskazany; **für ~ halten** uważać za wskazane

Angina f -, …nen *med.* angina f

Angler m -s, - wędkarz m

angreifen *vt* ujmować, chwytać; (*berühren*) dotykać; (*anstrengen*) nadwerężać; (*überfallen*) za|atakować

Angreifer m -s, - agresor m, napastnik m

Angriff m -(e)s, -e natarcie n, atak m

angriffslustig *adj* zaczepny; napastliwy

angst *adj*: **mir ist ~ (und bange)** boję się

Angst f -, **Ängste** strach m, obawa f (**vor einer Sache** przed czymś); **~ haben** bać się; **~ um etw haben** bać się o coś; **vor ~** ze strachu

ängstigen I. *vt* zatrważać II. *vr* **sich ~** obawiać się

ängstlich *adj* bojaźliwy, trwożliwy

anhaben *vt* mieć na sobie

anhalten I. *vt* zatrzym(yw)ać; przytrzym(yw)ać; **den Atem ~** wstrzym(yw)ać oddech; **zu einer Sache ~** zachęcać do czegoś II. *vi* zatrzym(yw)ać się, stawać; (*dauern*) trwać; **bei j-m um etw ~** starać się u kogoś o coś

anhaltend → **anhalten**; *adj* nieustający, długotrwały (**Frost** mróz)

Anhalter m: **per ~ reisen** podróżować autostopem

Anhaltspunkt m -(e)s, -e punkt zaczepienia, podstawa f

anhand *praep mit G* na podstawie (czegoś)

Anhang m -(e)s, **Anhänge** dodatek m; (*zu einem Buch*) suplement m; (*Anhängerschaft*) zwolennicy mpl

anhängen *vt* zawieszać (**an etw** na czymś); doczepiać (do czegoś)

Anhänger m -s, - 1. zwolennik m, stronnik m 2. przyczepa f 3. (*Schmuckstück*) wisiorek m

Anhängeschloss n -es, …**schlösser** kłódka f

Anhänglichkeit f - przywiązanie n

Anhängsel n -s, - wisiorek m, brelok m; *figur.* dodatek m

anhäufen *vt* na|gromadzić (zapasy)

anheften *vt* przypinać

anheim: **j-m ~ fallen** przypadać komuś w udziale

Anhöhe f -, -n wzgórze n, pagórek m

anhören *vt* słuchać (czegoś), przysłuchiwać się (czemuś)

Ankauf m -(e)s, **Ankäufe** skup m; kupno n, zakup m; (*das Angekaufte*) sprawunek m

ankaufen *vt* zakupić, naby(wa)ć

Anker m -s, - kotwica f; **vor ~ gehen** stawać na kotwicy; **vor ~ liegen** stać na kotwicy; **~ werfen** zarzucać kotwicę

Anklage *f* -, **-n** oskarżenie *n*; **unter ~ stehen** być oskarżonym
anklagen *vt* oskarżać (**wegen eines Dinges** o coś)
Ankläger *m* **-s,** - oskarżyciel *m*
Anklang *m*: **~ finden** spot(y)kać się z uznaniem
ankleben *vt* przylepi(a)ć (**an etwas** do czegoś)
ankleiden I. *vt* ub(ie)rać **II.** *vr* **sich ~** ub(ie)rać się
anklicken *vt, vi inform.* kliknąć
anklopfen *vi* za|pukać (**an die Tür** do drzwi)
anknüpfen *vt* przywiąz(yw)ać (**an etw** do czegoś); nawiąz(yw)ać; **Beziehungen ~** nawiązywać stosunki
ankommen *vi s* przyb(yw)ać, przychodzić; (*mit Wagen*) przyjeżdżać; (*mit Flugzeug*) przylatywać; **es kommt darauf an, ob ...** to zależy od tego, czy ...
Ankömmling *m* **-s, -e** przybysz *m*
ankündigen *vt* zapowiadać, oznajmi(a)ć
Ankunft *f* - przybycie *n*, przyjście *n*, nadejście *n*; (*mit Wagen*) przyjazd *m*; (*mit Flugzeug*) przylot *m*
Anlage *f* -, **-n** (*Begabung*) uzdolnienie *n* (**zu einer Sache** do czegoś); (*Neigung*) skłonność *f*; (*von Kapital*) lokata *f*, inwestycja *f*; (*Grünfläche*) park *m*, zieleniec *m*; (*Einrichtung*) instalacja *f*; (*Werk*) zakład *m*; (*Beilage*) załącznik *m*; **als ~** w załączeniu
Anlass *m* **-es, Anlässe** (*Grund*) powód *m* (**zu einer Sache** do czegoś); **auf ~** z inicjatywy; (*Gelegenheit*) sposobność *f*; **aus ~** z okazji
anlassen *vt* puszczać w ruch, uruchamiać (**den Motor** silnik); nie zdejmować (**den Mantel** płaszcza); nie wyłączać (**das Licht** światła)
Anlasser *m* **-s,** - starter *m*, rozrusznik *m*
anlässlich *praep mit G* z okazji czegoś
Anlauf *m* **-(e)s, Anläufe** rozpęd *m*, rozbieg *m*; rozruch *m*
anlaufen I. *vi s* przybiegać; (*Schwung nehmen*) nab(ie)rać rozpędu; (*beschlagen*) zachodzić parą <mgłą>; z|matowieć **II.** *vt: naut.* **einen Hafen ~** zawijać do portu
anlegen I. *vt* nakładać, wkładać (**Kleider** odzież); zakładać (**einen Garten** ogród); podkładać (**Feuer** ogień); lokować (**Geld** pieniądze) **II.** *vi naut.* przybijać do brzegu
Anlegestelle *f* -, **-n** przystań *f*

anlehnen, sich *vr* opierać się (**an etw** o coś)
Anleihe *f* -, **-n** pożyczka *f*, kredyt *m*
Anleitung *f* -, **-en** instrukcja *f*, wskazówki *fpl*
Anliegen *n* **-s,** - (ważna) sprawa *f*, prośba *f*
anliegend I. *adj* sąsiedni; załączony (*np. pismo*); obcisły (**das Kleid** sukienka) **II.** *adv* w załączeniu
anmachen *vt* przymocow(yw)ać, przyczepi(a)ć; (*zubereiten*) przyprawi(a)ć; zapalać (**das Licht** światło); rozniecać (**Feuer** ogień)
anmaßend *adj* zarozumiały, wyniosły
anmelden I. *vt* zgłosić, za|meldować **II.** *vr* **sich ~** zgłaszać się, zameldować się
Anmeldeformular *n* **-s, -e** formularz meldunkowy
Anmeldepflicht *f* - obowiązek zameldowania, zadeklarowania
Anmeldung *f* -, **-en** zameldowanie *n*, zgłoszenie *n*
Anmerkung *f* -, **-en** uwaga *f*; (*Fußnote*) przypis *m*
Anmut *f* - wdzięk *m*, powab *m*
anmutig *adj* powabny, uroczy
annähen *vt* przyszy(wa)ć (guzik)
annähernd *adv* w przybliżeniu
Annäherung *f* -, **-en** zbliżenie *n*
Annahme *f* -, **-n** przyjmowanie *n*, przyjęcie *n*; (*Vermutung*) przypuszczenie *n*
annehmbar *adj* (możliwy) do przyjęcia
annehmen I. *vt* przyjmować; **Gestalt ~** przyb(ie)rać postać; (*vermuten*) sądzić, przypuszczać; **angenommen, dass ...** przyjąwszy, że ... **II.** *vr* **sich ~** ujmować się (**j-s** za kimś)
Annonce [a'njːsɛ] *f* -, **-n** ogłoszenie *n*, anons *m*
annullieren *vt* unieważni(a)ć, anulować
anonym *adj* anonimowy
Anorak *m* **-s, -s** wiatrówka *f*, skafander *m*
Anordnung *f* -, **-en** (*Verfügung*) zarządzenie *n*; rozkaz *m*; (*Verteilung*) układ *m*, rozmieszczenie *n*
anpacken *vt* chwytać, chwycić
anpassen I. *vt* dopasow(yw)ać (**einer Sache** do czegoś) **II.** *vr* **sich ~** dostosować się
anpreisen *vt* zachwalać, zalecać
Anprobe *f* -, **-n** przymiarka *f*
anprobieren *vt* przymierzać
anraten *vt* radzić, zalecać

Anrecht *n* -(e)s, -e prawo *n* (**auf etw** do czegoś)
anreden *vt* przemawiać (do kogoś), zwracać się (do kogoś)
anregen *vt* pobudzać, zachęcać (**zu einer Sache** do czegoś)
Anregung *f* -, -**en** zachęta *f*; **auf seine ~ hin** z jego inicjatywy
Anreise *f* -, -**n** przyjazd *m*
Anreiz *m* -**es**, -**e** podnieta *f*, bodziec *m*
Anrichte *f* -, -**n** kredens *m*, bufet *m*
anrichten *vt* **1.** przygotow(yw)ać, przyrządzać (jedzenie) **2.** (*verursachen*) s|powodować; **einen Schaden ~** wyrządzać szkodę
Anruf *m* -(e)s, -e rozmowa telefoniczna; **warte auf meinen ~!** czekaj na mój telefon!
Anrufbeantworter *m* -s, - automatyczna sekretarka
anrufen* *vt* (*telefonisch*) zatelefonować (**j-n** do kogoś); **um Hilfe ~** wzywać pomocy
anrühren *vt* **1.** dotykać (czegoś) **2.** *kulin.* rozczyniać (ciasto)
ans = **an das**; **~ Tageslicht kommen** wyjść na światło dzienne
ansagen *vt* zapowiadać
Ansager *m* -s, - konferansjer *m*; spiker radiowy <telewizyjny>
ansammeln *vt* na|gromadzić, zgromadzić
ansässig *adj* osiadły
Ansatz *m* -**es**, **Ansätze** nasadka *f*, przedłużacz *m*; osad *m*
anschaffen *vt* naby(wa)ć; sprawić sobie
anschauen *vt* oglądać (coś), patrzeć (na coś); **j-n aufmerksam ~** popatrzeć na kogoś uważnie
anschaulich *adj* poglądowy, obrazowy
Anschauung *f* -, -**en** (*Meinung*) zapatrywanie *n*, opinia *f*; (*Vorstellung*) wyobrażenie (**von einer Sache** o czymś)
Anschein *m* -(e)s pozór *m*; **allem ~ nach** najwidoczniej
anschicken, sich *vr* zab(ie)rać się (**zu einer Sache** do czegoś)
Anschlag *m* -(e)s, **Anschläge** (*Attentat*) zamach; (*Plakat*) plakat, obwieszczenie
Anschlagbrett *n* -(e)s, -**er** tablica ogłoszeń
anschlagen* *vt* przybić; **eine Bekanntmachung ~** wywiesić ogłoszenie
anschließen* **I.** *vt* przyłączać **II.** *vr* **sich ~** dołączać się (**j-m** do kogoś)
Anschluss *m* -**es**, **Anschlüsse** przyłączenie *n* (**an etw** do czegoś); *telkom.*, *ebw.* połączenie *n*; **der Zug hat guten ~** pociąg ma dogodne połączenie; *ugs.* **~ suchen** szukać znajomości
anschmiegen, sich *vr* przytulać się
anschnallen *vt* przypas(yw)ać, przymocow(yw)ać paskiem; **sich ~** zapiąć pasy (*w samochodzie, w samolocie*)
anschnauzen *vt ugs.* ofuknąć, z|besztać
anschreien* *vt* krzyczeć, wrzeszczeć (**j-n na** kogoś)
Anschrift *f* -, -**en** adres *m*
anschwellen* *vi s* s|puchnąć; wzbierać (*o wodzie*)
ansehen* *vt* patrzeć (na coś), przypatrywać się (czemuś); **sieh mal an!** popatrz no!; **das kann ich nicht mehr ~** nie mogę na to patrzeć
Ansehen *n* -s (*Achtung*) znaczenie *n*, poważanie *n*
ansehnlich *adj* znaczny, okazały
ansetzen **I.** *vt* przykładać, przystawi(a)ć (**an etw** do czegoś); (*festsetzen*) ustalić **II.** *vi* zab(ie)rać się (**zu einer Sache** do czegoś); **zur Landung ~** podchodzić do lądowania
Ansicht *f* -, -**en 1.** widok *m*; (*Anschauen*) obejrzenie *n*; **zur ~** do przejrzenia **2.** (*Meinung*) zdanie *n*, pogląd *m*; **meiner ~ nach** moim zdaniem
Ansichtskarte *f* -, -**n** widokówka *f*
ansiedeln **I.** *vt* osiedlać **II.** *vr* **sich ~** osiedlać się
Ansiedlung *f* -, -**en** osada *f*, osiedle *m*
anspannen *vt* **1.** napinać, naprężać; **alle Kräfte ~** wytężać wszystkie siły **2. Pferde ~** zaprzęgać konie
anspielen *vi sport.* rozpocząć grę (*np.* w piłkę); *kart.* zagrywać; **auf etw ~** czynić aluzje do czegoś
Anspielung *f* -, -**en** aluzja *f*
Ansporn *m* -(e)s zachęta *f*, bodziec *m*
Ansprache *f* -, -**n** przemowa *f*; **eine ~ halten** przemawiać
ansprechen* *vt* zagadywać (**j-n** kogoś); zwracać się do kogoś
Anspruch *m* -(e)s, **Ansprüche** pretensja *f*, roszczenie; **auf etw ~ erheben** rościć sobie pretensje do czegoś; **das nimmt viel Zeit in ~** to wymaga wiele czasu; **darf ich Ihre Hilfe in ~ nehmen?** czy mogę skorzystać z pana pomocy?
anspruchslos *adj* skromny, bezpretensjonalny
anspruchsvoll *adj* wymagający

Anstalt *f* -, -en zakład *m* (wychowawczy, leczniczy)
Anstand *m* -(e)s przyzwoitość *f*; dobre obyczaje
anständig *adj* przyzwoity, porządny
anstarren *vt* wlepi(a)ć wzrok, gapić się
anstatt **I.** *praep mit G* zamiast (**eines Dinges** czegoś); ~ **meiner** zamiast mnie **II.** *kj* **er sah fern** ~ **zu lernen** oglądał telewizję, zamiast się uczyć
anstecken **I.** *vt* przypinać (**an etw** do czegoś); nasadzać (na coś); zapalić (świecę) **II.** *vr sich* ~ zarażać się
ansteckend *adj* zaraźliwy, zakaźny
Ansteckung *f* -, -en zarażenie *n*; zakażenie *n*
anstehen° *vi* stać w kolejce (**nach einer Sache** po coś)
ansteigen° *vi s* wznosić się, podnosić się (*np.* o wodzie)
anstellen **I.** *vt* (*anlehnen*) przystawi(a)ć; (*zur Arbeit*) za|angażować; zatrudni(a)ć; (*tun*) z|robić; **was hast du angestellt?** coś ty narobił? **II.** *vr sich* ~ stawać w kolejce
Anstellung *f* -, -en (za)angażowanie *n* (pracownika); (*Stelle*) posada *f*; **eine feste** ~ **haben** mieć stałą pracę
Anstieg *m* -(e)s, -e wznoszenie się *n*; wzrost *m*; **der** ~ **der Kosten** wzrost kosztów; **der** ~ **des Wassers** przybór *m*
anstiften *vt* (*verursachen*) s|powodować; (*überreden*) nakłaniać, namawiać (**zu einer Sache** do czegoś)
anstimmen *vt* za|intonować (**ein Lied** pieśń)
Anstoß *m* -es, **Anstöße** inicjatywa *f* (**zu einer Sache** czegoś); ~ **nehmen** gorszyć się (**an einer Sache** czymś); ~ **erregen** wywołać zgorszenie
anstoßen **I.** *vt* uderzać (o coś), potrącać; *sport.* **den Ball** ~ rozpoczynać grę **II.** *vi* uderzać się, zawadzać (**an etw** o coś); (*mit den Gläsern*) trącać się kieliszkami
anstößig *adj* gorszący
anstreichen° *vt* po|malować; zakreślić (**in einem Buch** w książce); **die Fehler rot** ~ zaznaczyć błędy na czerwono
anstrengen, sich *vr* wysilać się, zadawać sobie trud
anstrengend *adj* męczący, forsowny
Anstrengung *f* -, -en wysiłek *m*, trud *m*
Anstrich *m* -(e)s, -e **1.** pomalowanie *m*; powłoka *f* **2.** *sing przen.* wygląd *m*, pozór *m*

Ansturm *m* -(e)s atak *m*, szturm *m*; (*Andrang*) natłok *m*
Ansuchen *n* -s, - prośba *f*, podanie *n*
Anteil *m* -(e)s, -e udział *m*; ~ **haben an einer Sache** partycypować w czymś; ~ **nehmen an j-s Unglück** współczuć komuś w nieszczęściu
Anteilnahme *f* - współczucie *n*
Antenne *f* -, -n antena *f*
Antibabypille [anti'beːbipilə] *f* -, -n *ugs.* pigułka antykoncepcyjna
Antiblockiersystem *n* -s, -e *mot.* ABS; **ein Wagen mit** ~ samochód z ABS-em
antik *adj* antyczny, starożytny; **die ~e Kultur** kultura antyczna
Antilope *f* -, -n antylopa *f*
Antiquariat *n* -(e)s, -e antykwariat *m*
Antiquität *f* -, -en antyk *m*, przedmiot zabytkowy
Antrag *m* -(e)s, **Anträge** wniosek *m*, propozycja *f*; (*Heiratsangebot*) oświadczyny *pl*
Antragsteller *m* -s, - wnioskodawca *m*
antreffen° *vt* zasta(wa)ć (**bei der Arbeit** przy pracy)
antreten° **I.** *vi s* ustawi(a)ć się w szeregu, zbierać się **II.** *vt* rozpoczynać; **eine Reise** ~ udawać się w podróż; **ein Amt** ~ obejmować urząd; **ein Motorrad** ~ zapuszczać motocykl
Antrieb *m* -(e)s, -e popęd *m*, bodziec *m*; inicjatywa *f*; *techn.* napęd *m*
Antriebswelle *f* -, -n wał napędowy
Antritt *m* -(e)s rozpoczęcie (podróży); ~ **eines Amtes** objęcie urzędu
Antrittsrede *f* -, -n mowa inauguracyjna
antun° *vt* **1.** wyświadczyć; wyrządzać (**j-m etw** komuś coś) **2.** (*bezaubern*) oczarować
Antwort *f* -, -en odpowiedź *f*; **eine abschlägige** ~ odpowiedź odmowna
antworten *vi* odpowiadać (**auf eine Frage** na pytanie)
anvertrauen **I.** *vt* powierzać (**j-m etw** komuś coś) **II.** *vr sich* ~ zwierzać się (**j-m** komuś)
Anwalt *m* -(e)s, **Anwälte** adwokat *m*; rzecznik *m*
Anwaltskanzlei *f* -, -en kancelaria adwokacka
Anwärter *m* -s, - kandydat *m*
anweisen° *vt* (*anleiten*) pouczać; (*auftragen*) polecać (*komuś*); (*zuteilen*) przydzielać; **einen Platz** ~ wskaz(yw)ać miejsce; przekaz(yw)ać (**Geld** pieniądze)

Anweisung f -, -en (*Anleitung*) pouczenie n, instrukcja f; (*Auftrag*) polecenie n; (*Geldanweisung*) przekaz m
anwenden° vt uży(wa)ć, za|stosować
Anwendung f -, -en użycie n, stosowanie n; **unter ~ von Kraft** przy użyciu siły
anwerben° vt werbować; **Freiwillige ~** werbować ochotników
Anwesen n -s, - posiadłość f, gospodarstwo n
anwesend adj obecny
Anwesenheit f - obecność
Anwesenheitsliste f -, -n lista obecności
anwidern vt wzbudzać odrazę (**j-n** w kimś)
Anzahl f - ilość f, liczba f
anzahlen vt zadatkować, wpłacać pierwszą ratę
Anzahlung f -, -en zadatek m, zaliczka f
Anzeichen n -s, - oznaka f
Anzeige f -, -n doniesienie n; zawiadomienie n; (*Annonce*) ogłoszenie n, anons m
Anzeigelampe f -, -n lampa sygnalizacyjna
anzeigen vt ogłaszać, oznajmiać; donieść na kogoś
anziehen° **I.** vt (*an sich ziehen*) przyciągać; pociągać; wdzi(ew)ać, wkładać; **die Schuhe ~** włożyć buty; ub(ie)rać (**j-n** kogoś); (*anspannen*) naciągać; **die Bremse ~** zaciągnąć hamulec; **eine Schraube ~** przykręcać śrub(k)ę **II.** vr **sich ~** ubierać się; **sich warm ~** ubrać się ciepło
anziehend → **anziehen**; adj pociągający, atrakcyjny
Anziehungskraft f - siła przyciągania
Anzug m -(e)s, **Anzüge** garnitur m; **der ~ sitzt schlecht** garnitur źle leży
anzüglich adj dwuznaczny, nieprzyzwoity
anzünden vt zapalać (**ein Streichholz** zapałkę)
apart adj uroczy, w dobrym guście, szykowny, gustowny
Apfel m -s, **Äpfel** jabłko n; **ein saurer ~** kwaśne jabłko
Apfelbaum m -(e)s, ...**bäume** jabłoń f
Apfelsaft m -(e)s, ...**säfte** sok jabłkowy
Apfelsine f -, -n pomarańcza f
Apfelstrudel m -s, - strudel z jabłkami
Apfelwein m -(e)s, -e jabłecznik
Apostel m -s, - apostoł m
Apotheke f -, -n apteka f
Apotheker m -s, - aptekarz m
Apparat m -(e)s, -e aparat m, przyrząd m; **am ~!** przy telefonie!

appellieren vi apelować (**an j-n** do kogoś)
Appetit m -(e)s, -e apetyt m; **guten ~!** smacznego!
appetitlich adj apetyczny
applaudieren vi oklaskiwać (**j-m** kogoś)
Applaus m -es, -e aplauz m, oklaski pl
Aprikose f -, -n morela f
April m -(s) kwiecień m
Aquarell n -s, -e akwarela f (*obraz*)
Aquarellfarbe f -, -n akwarela (*farba*)
Aquarium n -s, ...**ien** akwarium n
Äquator m -s równik m
Ära f -, **Ären** era f
Araber m -s, - Arab m
arabisch adj arabski
Arbeit f -, -en praca f, robota f; **viel ~ haben** mieć dużo pracy; (*Mühe*) trud m; (*Beruf*) zatrudnienie n; **eine ~ suchen** szukać pracy
arbeiten vi pracować (**an einer Sache** nad czymś)
Arbeiter m -s, - robotnik m, pracownik m
Arbeiterin f -, -nen robotnica f, pracownica f
Arbeitgeber m -s, - pracodawca m
Arbeitnehmer m -s, - pracobiorca m
arbeitsam adj pracowity
Arbeitsamt n -(e)s, ...**ämter** biuro pośrednictwa pracy
Arbeitsanzug m -(e)s, ...**anzüge** ubranie robocze
arbeitsfähig adj zdolny do pracy
Arbeitskraft f -, ...**kräfte** siła robocza
Arbeitslohn m -(e)s, ...**löhne** wynagrodzenie za pracę
arbeitslos adj bezrobotny
Arbeitslose(r) f, m -s, -n bezrobotny m, bezrobotna f
Arbeitslosengeld n -(e)s zasiłek dla bezrobotnych
Arbeitslosigkeit f - bezrobocie n
Arbeitsstätte f -, -n miejsce pracy
Arbeitstag m -(e)s, -e dzień roboczy, dniówka f
Arbeitszeit f -, -en czas pracy
Archipel m -s, -e archipelag m
Architektur f - architektura f
Archiv n -s, -e archiwum n
arg adj **1.** zły; **im ärgsten Falle** w najgorszym razie **2.** ugs. (*groß*) wielki
Ärger m -s gniew m, złość f (**über etw** z jakiegoś powodu); (*Verdruss*) zmartwienie n, przykrość f

ärgerlich *adj* zły, rozzłoszczony; przykry, irytujący; **wie ~!** jak nieprzyjemnie!
ärgern I. *vt* złościć, irytować **II.** *vr* **sich ~** gniewać się, złościć się (**über j-n** na kogoś)
Ärgernis *n* -ses, -se zgorszenie *n*; (*Verdruss*) przykrość *f*
arglistig *adj* chytry, podstępny
Arithmetik *f* - arytmetyka *f*
arm *adj* biedny, ubogi (**an einer Sache** w coś); **~ werden** z|ubożeć
Arm *m* -(e)s, -e **1.** ramię *n*, ręka *f*; **j-n in die ~e nehmen** objąć kogoś; **unter dem ~** pod pachą; **ein ~ voll** naręcze *n* **2.** (*Abzweigung*) odnoga *f*
Armaturenbrett *n* -(e)s, -er *mot.* tablica rozdzielcza
Armband *n* -(e)s, ...bänder bransoletka *f*
Armbanduhr *f* -, -en zegarek na rękę
Armbinde *f* -, -n opaska *f*; (*Verband*) temblak *m*
Armee *f* -, -n armia *f*, wojsko *n*
Ärmel *m* -s, - rękaw *m*
ärmellos *adj* bez rękawów
Armlehne *f* -, -n poręcz (fotela)
ärmlich *adj* mizerny, nędzny
armselig *adj* biedny, nędzny
Armstuhl *m* -(e)s, ...stühle fotel
Armut *f* - bieda *f*, ubóstwo *n*; **in ~ leben** żyć w ubóstwie
Aroma *n* -s, ...men *o.* -s zapach *m*, aromat *m*
Arrest *m* -(e)s, -e areszt *m*
arrogant *adj* arogancki
Arsch *m* -(e)s, **Ärsche** *vulg.* tyłek *m*
Art *f* -, -en **1.** rodzaj *m*; (*Weise*) sposób *m*; **auf diese ~** w ten sposób **2.** (*Wesen*) usposobienie *n*, charakter *m*
artig *adj* grzeczny (*o dziecku*); **sei ~!** bądź grzeczny!
Artikel *m* -s, - artykuł *m*; rozdział *m*; (*Ware*) towar *m*; *gram.* rodzajnik *m*
Artillerie *f* -, -n artyleria *f*
Artischocke *f* -, -n karczoch *m*
Arznei *f* -, -en lekarstwo *n*
Arzt *m* -es, **Ärzte** lekarz *m*; **zum ~ gehen** iść do lekarza
Ärztin *f* -, -nen lekarka *f*
ärztlich *adj* lekarski
As *n* -ses, -se as *m*
Asche *f* - popiół *m*; **zu ~ werden** obracać się w proch
Aschenbecher *m* -s, - popielniczka *f*
Aschenbrödel *n* -s Kopciuszek

Aschermittwoch *m* -(e)s Popielec *m*
Asiat *m* -en, -en Azjata *m*
asiatisch *adj* azjatycki
Asphalt *m* -(e)s, -e asfalt *m*
aß → **essen**
Ass *n* -es, -e *kart.* as *m*
Ast *m* -(e)s, **Äste** gałąź *f*, konar *m*
ästhetisch *adj* estetyczny
Asyl *n* -s, -e schronisko dla bezdomnych; azyl *m*
Atelier [atəl'lje:] *n* -s, -s pracownia *f* (artysty), studio *n*, atelier *n*
Atem *m* -s oddech *m*, dech *m*; **außer ~ bez tchu**; **~ holen** nab(ie)rać tchu, zaczerpnąć powietrza
Atembeschwerden *pl* duszność *f*, duszności *pl*
atemlos *adj* zadyszany, bez tchu; **~e Stille** grobowa cisza
Atempause *f* -, -n krótka przerwa
Atemwege *pl* drogi oddechowe
Atemzug *m*: **in einem ~** jednym tchem
Äther *m* -s eter *m*
Atlas[1] *m* -o. -ses, -se *o.* **Atlanten** atlas *m*
Atlas[2] *m* -o. -ses, -se (*Stoff*) atłas *m*
atmen *vi, vt* oddychać; **tief ~** głęboko oddychać
Atmosphäre *f* -, -n atmosfera *f* (*o. phys.*)
Atmung *f* - oddychanie *n*; **künstliche ~** sztuczne oddychanie
Atom *n* -s, -e atom *m*
atomar *adj* atomowy
atombetrieben *adj* o napędzie atomowym
Atomkern *m* -(e)s, -e jądro atomu
Atomkraftwerk *n* -(e)s, -e elektrownia atomowa
Atomsprengkopf *m* -(e)s, ...köpfe głowica jądrowa
Atomtest *m* -(e)s, -s *o.* -e próba nuklearna
Atom-U-Boot *m* -(e)s, -e łódź podwodna o napędzie atomowym
Atomwaffe *f* -, -n broń atomowa
atomwaffenfrei *adj*: **~e Zone** strefa bezatomowa
Atomzertrümmerung *f* - rozbicie atomu
Attentat *n* -(e)s, -e zamach *m*; **ein ~ verüben** dokonać zamachu
Attentäter *m* -s, - zamachowiec *m*
Attest *n* -(e)s, -e zaświadczenie *n*; **ärztliches ~** świadectwo lekarskie
ätzen *vt* wytrawi(a)ć
auch *kj* także; też, również; **nicht nur ... sondern ~** nie tylko ..., lecz także ...; **so-**

wohl ... als ~ zarówno ..., jak i ...; **wenn ~** chociaż; **was ~** cokolwiek; **wer ~** ktokolwiek
auf I. *praep* **1.** *mit D (wo?)* na; **~ dem Bahnhof** na dworcu; *figur.* **~ der Stelle** natychmiast **2.** *mit A (wohin?)* **~ eine Party gehen** iść na przyjęcie; **~s Zimmer bringen** przynieść do pokoju **3.** *(zeitlich)* **~ ein Jahr** na rok **4.** *(Art und Weise)* **~ Deutsch** po niemiecku; **~ einmal** naraz; **~ diese Art** w ten sposób; **~ jeden Fall** z pewnością; **~ dein Wohl!** za twoje zdrowie! **alle bis ~ einen** wszyscy z wyjątkiem jednego; **~ Wiederhören** do usłyszenia **II.** *adv* **~ und ab** w górę i w dół, tam i z powrotem; **die Tür ist ~** drzwi są otwarte; **ich bin schon ~** już wstałem
aufatmen *vi* odetchnąć
Aufbau *m* **-(e)s** budowa *f*; *(Wiederaufbau)* odbudowa *f*; struktura *f*
aufbauen *vt* budować, wznosić, opierać (na czymś)
aufbewahren *vt* przechow(yw)ać
Aufbewahrung *f* **-** przechowanie *n*; przechowalnia *f*
aufbieten* *vt*: **alle Kräfte ~** wytężać wszystkie siły
aufblasen* *vt* nadymać, nadmuchiwać
aufbleiben* *vi s* nie spać, czuwać; *(offen bleiben)* pozosta(wa)ć otwartym
aufblühen *vi s* rozkwitać
aufbrechen* **I.** *vt* wyłam(yw)ać (**eine Tür** drzwi) **II.** *vi s* wyruszać; **zu einer Expedition ~** wyruszać na wyprawę
aufbringen* *vt* **1.** wystarać się; zdobyć coś; **Geduld ~** zdobyć się na cierpliwość **2.** *(erzürnen)* rozgniewać **(j-n** kogoś); *(aufwiegeln)* podburzać **(gegen j-n** przeciw komuś)
Aufbruch *m* **-(e)s** wymarsz *m*, odjazd *m*
aufdecken *vt* odkry(wa)ć, wykry(wa)ć; *(zum Essen)* nakry(wa)ć *(do stołu)*
aufdrängen, sich *vr* narzucać się
aufdrehen *vt (öffnen)* odkręcać **(den Wasserhahn** kran); *(aufziehen)* nakręcać **(die Uhr** zegar)
aufdringlich *adj* natrętny
Aufdringling *m* **-s, -e** natręt *m*
Aufdruck *m* **-(e)s, -e** nadruk *m*
aufeinander *adv* jeden na drugim, jeden za drugim; **~ folgen** następować po sobie
Aufenthalt *m* **-(e)s, -e** pobyt; postój; **ohne ~** bez zatrzymywania się

Aufenthaltsgenehmigung *f* **-, -en** zezwolenie na pobyt
Aufenthaltsort *m* **-(e)s, -e** miejsce pobytu
aufessen* *vt* zjadać; **die ganze Portion ~** zjeść całą porcję
auffahren* *vi s* **1.** najeżdżać **(auf etw** na coś); *(vorfahren)* podjeżdżać **2.** zerwać się **(aus dem Schlaf** ze snu)
Auffahrt *f* **-, -en** wjazd *m*; podjazd *m*
auffallen* *vi s* zwracać (na siebie) uwagę; rzucać się w oczy **(j-m** komuś); **unangenehm ~** robić niemiłe wrażenie
auffallend → **auffallen**; *adj* zwracający uwagę, uderzający
auffangen* *vt* chwytać, łapać (piłkę)
auffassen *vt* pojmować, rozumieć
Auffassung *f* **-** zapatrywanie *n*, zdanie *n*
auffordern *vt* prosić (o zrobienie czegoś); *(einladen)* zapraszać; prosić do tańca
Aufforderung *f* **-, -en** wezwanie *n*, zaproszenie *n*
auffrischen *vt* odświeżać; uzupełniać (zapas)
aufführen I. *vt teatr.* wystawi(a)ć; *(anführen)* podawać (przykłady) **II.** *vr* **sich ~** zachow(yw)ać się
Aufführung *f* **-, -en** przedstawienie *n*; *(Benehmen)* zachowanie się
auffüllen *vt* napełni(a)ć, uzupełniać
Aufgabe *f* **-, -n 1.** zadanie *n*; **eine verantwortungsvolle ~** odpowiedzialne zadanie; **~n** *pl* zadania (domowe); **~n machen** odrobić zadania **2.** nadanie *n* **(eines Briefes** listu); rezygnacja *f* (z czegoś)
Aufgabeschein *m* **-(e)s, -e** kwit nadawczy *m*
Aufgang *m* **-(e)s, ...gänge** wejście *n*; wschód *m* **(der Sonne** słońca)
aufgeben* *vt* **1.** nada(wa)ć **(einen Brief** list) **2.** *(als Schularbeit)* zadawać; **j-m ein Rätsel ~** zada(wa)ć komuś zagadkę **3.** *(verzichten)* z|rezygnować (z czegoś); *(nicht weitermachen)* poddać się
aufgeblasen → **aufblasen**; *adj* nadęty
Aufgebot *n* **-(e)s, -e 1.** *(von Verlobten)* zapowiedzi *pl* **2.** zmasowane siły **(von Polizeikräften** policji)
aufgebracht → **aufbringen**; *adj* rozgniewany, zdenerwowany **(über etw** czymś)
aufgehen* *vi s* **1.** wschodzić (o słońcu) **2.** *(sich öffnen)* otwierać się **3.** *(aufkeimen)* wschodzić (o nasionach) **4.** *(sich widmen)* żyć czymś, poświęcać się; **in der Arbeit ~**

żyć pracą 5. rosnąć (*o cieście*); **in Flammen ~** spłonąć
aufgeklärt → **aufklären**; *adj* oświecony, światły
aufgelegt *adj*: **gut ~** w dobrym humorze
aufgeregt *adj* zdenerwowany
Aufguss *m* **-es, Aufgüsse** napar *m*
aufhaben* *vt ugs.* mieć zadane; **viel in Deutsch ~** mieć dużo zadane z niemieckiego; być otwartym (o sklepie); **eine Mütze ~** mieć czapkę na głowie
aufhalten* **I.** *vr* **sich ~** zatrzym(yw)ać się, przebywać **II.** *vt* powstrzymać, zatrzymać
aufhängen *vt* za|wieszać, powiesić
Aufhänger *m* **-s, -** wieszak *m* (przy ubraniu)
aufheben* *vt* podnosić; (*aufbewahren*) przechow(yw)ać; **gut aufgehoben** pod dobrą opieką; (*abschaffen*) znosić, uchylać; (*beenden*) za|kończyć; **die Sitzung ~** zakończyć posiedzenie
aufheitern I. *vt* rozweselać **II.** *vr* **sich ~** wypogadzać się; **das Wetter heitert sich auf** wypogadza się
aufhetzen *vt* podburzać
aufholen *vt* doganiać; **eine Verspätung ~** nadrobić opóźnienie
aufhören *vi* przesta(wa)ć; kończyć (się); **da hört (sich) alles auf!** tego już za wiele!
Aufkauf *m* **-(e)s, Aufkäufe** skup *m*
aufklären I. *vt* wyjaśni(a)ć (**j-n über etw** komuś coś), po|informować (kogoś o czymś); uświadomić (**sein Kind** dziecko) **II.** *vr* **sich ~** wypogadzać się
aufkleben *vt* nalepi(a)ć
aufkochen I. *vt* zagotować; przygrzewać **II.** *vi* zagotować się
aufkommen* *vi s* (*entstehen*) powsta(wa)ć, pojawić się (*np.* wątpliwości), wyłaniać się; odpowiadać (**für etw** za coś)
aufladen* *vt* załadow(yw)ać; *figur.* **j-m etw ~** obarczać kogoś czymś
Auflage *f* **-, -n** nakład *m*, wydanie *n*; **die erste ~ eines Buches** pierwsze wydanie książki
Auflauf *m* **-(e)s, ...läufe** zbiegowisko *n*; (*Speise*) suflet *m*
auflegen *vt* nakładać; wykładać; **den Telefonhörer ~** odłożyć słuchawkę
auflehnen, sich *vr* z|buntować się (**gegen j-n** przeciw komuś)
auflesen* *vt* pozbierać (*np.* skorupy); *ugs.* złapać (infekcję)

aufleuchten *vi* za|błysnąć
auflockern *vt* rozluźni(a)ć
auflösen I. *vt* rozwiązywać (*np.* umowę); rozpuszczać (**das Salz** sól); rozpląt(yw)ać (**den Knoten** węzeł) **II.** *vr* **sich ~** rozwiąz(yw)ać się; rozpuszczać się; rozpadać się (**in Bestandteile** na części)
Auflösung *f* **-** rozwiązanie *n*, rozwikłanie *n*; (*Zerfall*) rozkład *m*
aufmachen *vt* otwierać (drzwi); rozpinać (**den Mantel** płaszcz)
Aufmachung *f*: **in großer ~** okazale, z pompą
aufmarschieren *vi s* wmaszerować, ustawiać się
aufmerksam *adj* uważny; uprzejmy (**gegen j-n** wobec kogoś); **ich mache Sie darauf ~** zwracam na to pana uwagę
Aufmerksamkeit *f* **-, -en** 1. *sing* uwaga *f*; **j-m große ~ schenken** poświęcać komuś dużo uwagi 2. drobiazg *m*, drobny prezent
aufmuntern *vt* zachęcać
Aufnahme *f* **-, -n** 1. przyjęcie *n*; podjęcie *n* (**der Arbeit** pracy); spisanie *n* (**eines Protokolls** protokołu) 2. *fot.* fotografia *f*, zdjęcie *n* 3. *mus.* nagranie *n*
Aufnahmeprüfung *f* **-, -en** egzamin wstępny
aufnehmen* *vt* 1. podnosić (z podłogi); podejmować (**Arbeit** pracę); przyjąć (do siebie); **die Verbindung ~** nawiąz(yw)ać kontakt 2. nagrać; **eine Schallplatte ~** nagrać płytę 3. (*eintreten lassen*) przyjmować (**in die Schule** do szkoły) 4. (*aufschreiben*) zapisać; **ein Protokoll ~** spis(yw)ać protokół 5. (*fassen*) po|mieścić 6. *fot.* s|fotografować
aufopfern, sich *vr* poświęcać się
aufpassen *vt* uważać (**auf etw** na coś), pilnować
aufprallen *vi s* zderzać się (**auf etw** z czymś)
aufpumpen *vt* napompować (oponę)
aufraffen, sich *vr* zdobywać się (**zu einer Sache** na coś); zrywać się; zbierać siły
aufräumen *vt* sprzątać; **mit einer Sache ~** zrobić z czymś porządek
aufrechnen *vt* policzyć, zaliczać
aufrecht *adj* prosty; (*redlich*) rzetelny
aufrechterhalten* *vt* utrzym(yw)ać, zachow(yw)ać
aufregen I. *vt* wzburzać, z|denerwować **II.** *vr* **sich ~** denerwować się; *ugs.* oburzać się

Aufregung *f* -, -en irytacja *f*, zdenerwowanie *n*

aufreiben* *vt* **1.** ścierać, rozcierać; **sich die Haut ~** zetrzeć sobie skórę **2.** (*erschöpfen*) wyczerpywać, wyniszczać

aufreißen* **I.** *vt* rozrywać (*np.* list); (*öffnen*) otwierać gwałtownie (drzwi) **II.** *vi s* rozedrzeć się, rozpruć się

aufrichten *vt* podnosić; (*bauen*) wznosić

aufrichtig *adj* szczery, rzetelny; **etwas ~ bedauern** szczerze ubolewać nad czymś

Aufruf *m* -(e)s, -e odezwa *f*, wezwanie *n*

aufrufen* *vt* wzywać; **einen Schüler ~** wywoływać ucznia; *juris.* **Zeugen ~** wzywać świadków

Aufruhr *m* -s rozruchy *pl*

aufrüsten *vi* zbroić się

aufs = **auf das**; **~ Neue** na nowo; **~ Äußerste** w najwyższym stopniu

aufsässig *adj* krnąbrny

Aufsatz *m* -es, ...sätze (*Artikel*) wypracowanie; rozprawa

aufschieben* *vt* odkładać, odraczać

Aufschlag *m* -(e)s, ...schläge uderzenie *n*; (*am Kleidungsstück*) wyłóg *m*; (*zum Preis*) narzut *m*; *sport.* serwis *m*

aufschlagen* **I.** *vt* otwierać; **ein Buch ~** otworzyć książkę; **ein Zelt ~** rozbijać namiot, **sich das Knie ~** rozbić sobie kolano **II.** *vi s, h* uderzyć (**auf etw** o coś)

aufschließen* *vt* otwierać (drzwi domu)

Aufschluss *m* -es, ...schlüsse wyjaśnienie *n*, informacja *f*

aufschlussreich *adj* pouczający, umożliwiający zrozumienie

aufschneiden* **I.** *vt* rozkrajać; rozciąć **II.** *vi figur.* przechwalać się

aufschnellen *vi s* podskoczyć

Aufschnitt *m* -(e)s wędliny (pokrojone)

aufschnüren *vt* rozsznurow(yw)ać (**Schuhe** buty)

Aufschrei *m* -(e)s, -e okrzyk *m* (**der Freude** radości)

aufschreiben* *vt* napisać, zapis(yw)ać

Aufschrift *f* -, -en napis *m*

Aufschub *m* -(e)s, ...schübe zwłoka *f*, odroczenie *n*; **ohne ~** bezzwłocznie

Aufschwung *m* -(e)s, ...schwünge rozkwit *m*; *figur.* wzlot *m*

Aufsehen *n* -s sensacja *f*; **~ erregen** wzbudzać sensację

Aufseher *m* -s, - dozorca *m*

aufsetzen *vt* **1.** wkładać, nakładać (**den Hut** kapelusz; **die Brille** okulary) **2.** nastawić (**Teewasser** wodę na herbatę) **3.** na|pisać, sformułować (**einen Brief** list)

Aufsicht *f* - nadzór *m*, dozór *m*

Aufsichtsrat *m* -(e)s, ...räte rada nadzorcza, **~pflicht** *f* obowiązek nadzoru

Aufsichtsratsvorsitzende(r) *f, m* -n, -n przewodniczący rady nadzorczej

aufspannen *vt*: **den Regenschirm ~** otwierać parasol

aufspeichern *vt* na|gromadzić

aufsperren *vt pot.* otwierać (szeroko)

aufspringen* *vi s* podskoczyć; (*sich öffnen*) otwierać się raptownie

Aufstand *m* -(e)s, ...stände powstanie *n*; **einen ~ hervorrufen** wzniecić powstanie

Aufständische *m* -n, -n powstaniec *m*

aufstapeln *vt* ułożyć w stos (*np.* gazety)

aufstecken *vt* upinać (**das Haar** włosy); zatknąć (**eine Fahne** flagę)

aufstehen* *vi s* wsta(wa)ć, podnosić się

aufsteigen* *vi s* wsiąść (na rower); wznosić się, wzlatywać; wzbi(ja)ć się; **ein Gewitter steigt auf** burza nadciąga

aufstellen *vt* postawić, ustawi(a)ć; **eine Kandidatur ~** postawić kandydaturę; **eine Liste ~** zestawić listę

Aufstieg *m* -(e)s, -e wejście *n* pod górę; wzniesienie się *n* (**in die Luft** w powietrze); wzrost *m* (**der Lebensverhältnisse** stopy życiowej); awans *m*

aufstöbern *vt* wyszperać, wyszukać; wytropić, wykry(wa)ć

aufstoßen* *vi* **1.** *s* uderzyć się (**auf etw** o coś) **2.** *s, h* odbijać się; **das Essen ist ihr aufgestoßen** jedzenie się jej odbiło

aufsuchen *vt* od|szukać; (*besuchen*) odwiedzać

Auftakt *m* -(e)s, -e (*Beginn*) wstęp *m*, początek *m*, *mus.* przedtakt *m*

auftanken *vt, vi* uzupełni(a)ć zapas paliwa; zatankować

auftauchen *vi s* wynurzać się; *figur.* pojawić się nagle

auftauen I. *vt* topić; odmrażać **II.** *vi s* od|tajać (*a. figur.*)

aufteilen *vt* rozdzielić, podzielić

Auftrag *m* -(e)s, ...träge polecenie *n*, nakaz *m*; (*Bestellung*) zlecenie *n*, zamówienie *n*; **in ~ geben** zlecać, zamawiać

auftragen* *vt* nakładać (maść), nanosić; (*servieren*) poda(wa)ć do stołu; **j-m etw ~** zlecać coś komuś

Auftraggeber *m* **-s, -** zleceniodawca *m*
auftreiben* *vt* wzdymać, rozdymać; *(aufwirbeln)* wznosić; *ugs. (finden)* wystarać się o coś, wytrzasnąć coś
auftrennen *vt* rozpru(wa)ć (**eine Naht** szew)
auftreten *vi s* **1.** stąpać, kroczyć; występować (**gegen etw** przeciwko czemuś); **auf der Bühne ~** występować na scenie **2.** *(auftauchen)* pojawiać się
Auftritt *m* **-(e)s, -e** występ *m* (aktora); *teatr.* scena *f*, odsłona *f*
auftun* **I.** *vt* otwierać **II.** *vr* **sich ~** otwierać się; *(sich bilden)* tworzyć się
aufwachen *vi s* z|budzić się
aufwachsen* *vi s* wzrastać, rosnąć
Aufwand *m* **-(e)s** *(Einsatz)* nakład *m*; koszty *pl*; *(Verschwendung)* zbytek *m*
aufwärmen I. *vt* odgrzewać (zupę) **II.** *vr* **sich ~** *sport.* rozgrzewać się
aufwärts *adv* w górę
Aufwasch *m* **-(e)s** zmywanie *n*
aufwecken *vt* z|budzić
Aufwendungen *pl* nakłady *pl*, wydatki *pl*
aufwickeln *vt* nawijać (sznurek); *ugs.* **sich die Haare ~** nakręcić włosy na wałki
aufwiegeln *vt* podburzać
aufwiegen* *vt* z|równoważyć
aufwirbeln *vt* wzbi(ja)ć (w powietrze)
aufwischen *vt* ścierać, wycierać (coś rozlanego)
aufzählen *vt* wyliczać
aufzeichnen *vt* na|rysować; *(notieren)* za|notować; nagrać (**eine Sendung** audycję, zapisać)
aufziehen* **I.** *vt* nakręcać (**die Uhr** zegar); naciągać (**Saiten** struny); rozpinać (**Segel** żagle); *(großziehen)* wy|hodować; wychow(yw)ać; *ugs.* **j-n ~** nab(ie)rać kogoś **II.** *vi s* nadciągać; **ein Gewitter zieht auf** nadciąga burza
Aufzug *m* **-(e)s, ...züge** dźwig *m*, winda *f*; *teatr.* odsłona *f*, akt *m*; *(Aufmachung)* strój *m*
Auge *n* **-s, -n 1.** oko *n*; **braune ~n** brązowe oczy; **unter vier ~n** w cztery oczy; **mit bloßem ~** gołym okiem; **so weit das ~ reicht** jak daleko wzrok sięga **2.** oko *n* (**auf der Fleischbrühe** na rosole) **3.** *bot.* oczko *n*, pączek *m*
Augenarzt *m* **-es, ...ärzte** okulista *m*
Augenblick *m* **-(e)s, -e** chwila *f*, mgnienie oka; **im letzten ~** w ostatniej chwili
augenblicklich *adv* *(gegenwärtig)* chwilowo; *(sofort)* natychmiast
Augenbraue *f* **-, -n** brew *f*
Augenlid *n* **-(e)s, -er** powieka *f*
Augentropfen *pl* krople do oczu
Augenzeuge *m* **-n, -n** naoczny świadek
August *m* **-(e)s** *o.* - sierpień *m*
Auktion *f* **-, -en** licytacja *f*, aukcja *f*
aus I. *praep mit D* **1.** *(Richtung)* **~ dem Fenster sehen** patrzeć przez okno; **~ dem Haus gehen** wychodzić z domu **2.** *(Herkunft)* **~ Graz stammen** pochodzić z Grazu; **~ der Jugendzeit** z lat młodzieńczych **3.** *(Ursache)* **~ diesem Grunde** z tego powodu; **~ Furcht** z obawy, ze strachu **4.** *(Beschaffenheit)* **ein Ring ~ Gold** pierścionek ze złota **II.** *adv* **von da ~** stąd; **das Licht ist ~** światło zgasło; **von mir ~** jeśli o mnie chodzi; **der Unterricht ist ~** lekcje się skończyły **~ und vorbei** koniec i bomba
Aus *n* **-** *sport.* aut *m*
ausarbeiten *vt* wypracow(yw)ać; dopracować, dokończyć
Ausatmen *n* **-s** wydech *m*
Ausbau *m* **-(e)s** rozbudowa *f*, wymontowanie *n*, adaptacja *f*
ausbauen *vt* wymontować; *(erweitern)* rozbudow(yw)ać, poszerzać; *(umgestalten)* przebudować
ausbedingen *vt* (**bedang aus, ausbedungen**) zastrzegać (**sich** sobie)
ausbessern *vt* naprawi(a)ć, reperować
ausbeuten *vt* eksploatować (**Bodenschätze** bogactwa naturalne); wyzysk(iw)ać (**Menschen** ludzi); wykorzystywać (**j-s Gutmütigkeit** czyjąś dobroć)
ausbilden *vt* wy|kształcić (**zum Lehrer** na nauczyciela); szkolić; *(entwickeln)* doskonalić, rozwijać
ausbitten* *vt* żądać, domagać się
ausbleiben* *vi s* nie stawi(a)ć się *(o osobach)*; **die Gäste blieben aus** goście nie przyszli; nie następować *(o zjawiskach)*; **das kann nicht ~** to musi nastąpić; *(aussetzen)* ustać
Ausblick *m* **-(e)s, -e** widok *m*
ausbooten *vt* **1.** wysadzać na ląd **2.** *ugs.* pozbyć się (konkurencji)
ausbrechen* **I.** *vt* wyłamać; wyburzyć, przebić (**ein Fenster** okno); uciekać *(np. z więzienia)* **II.** *vi s* wybuchać *(np. panika)*; rozpęt(yw)ać się; **in Tränen ~** wybuchnąć płaczem

ausbreiten I. vt rozpościerać; rozciągać; rozkładać **II.** vr **sich ~** rozprzestrzeniać się (ogień); rozciągać się; rozwodzić się (**über etw** nad czymś)
ausbrennen* I. vt wypalać **II.** vi s wypalać się (np. świeca); spalić się doszczętnie
Ausbruch m -(e)s, ...**brüche** wybuch m (**des Krieges** wojny, **Vulkans** wulkanu)
ausbügeln vt wyprasować, rozprasować
ausbürsten vt wy|szczotkować
Ausdauer f - wytrwałość f
ausdauernd adj wytrwały, wytrzymały
ausdehnen I. vt rozciągać, rozszerzać **II.** vr **sich ~** rozciągać się, rozprzestrzeni(a)ć się
Ausdehnung f -, -**en** obszar m, zasięg m; (Vergrößerung) rozszerzenie n, rozciągnięcie n
ausdenken* vt wymyślić
ausdrehen vt z|gasić, wyłączyć (**Gas** gaz)
Ausdruck¹ m -(e)s, ...**drücke 1.** wyrażenie n, wyraz m **2.** (Aussagekraft) wyraz m, uczucie n
Ausdruck² m -(e)s, -**e** wydruk m
ausdrucken vt wydrukować (a. inform.)
ausdrücken I. vt wyciskać (sok); zgasić (papierosa); wypowiadać (**Gedanken** myśli) **II.** vr **sich ~** wyrażać się, wysławiać się
ausdrücklich adj wyraźny
auseinander adv rozdzielnie, oddzielnie; ~ **fallen** rozpadać się; ~ **gehen** rozchodzić się; ~ **nehmen** rozbierać (na części); ~ **reißen** rozdzierać, rozrywać; ~ **setzen** wytłumaczyć, wyjaśni(a)ć; **sich ~ setzen** rozmówić się (**mit j-m** z kimś); dyskutować; ~ **treiben** rozpędzić; ~ **treten** rozstępować się
auserlesen adj wybrany; (vorzüglich) wyborowy
ausfahren* I. vi s wypływać (**aus dem Hafen** z portu), wyjeżdżać **II.** vt: **das Fahrwerk ~** wypuszczać podwozie
Ausfahrt f - **1.** wyjazd; **die ~ frei halten** (wyjazd) nie parkować **2.** wypłynięcie **3.** przejażdżka
Ausfahrtstraße f -, -**n** arteria wylotowa
ausfallen* vi s wypadać (o włosach); przestać funkcjonować; **gut ~** uda(wa)ć się
ausfegen vt wymiatać, zamiatać
Ausfertigung f - wystawienie n, sporządzenie n; **zweite ~** duplikat, kopia; **in doppelter ~** w dwóch egzemplarzach, z kopią
ausflippen vi s ugs. **1.** tracić panowanie, wpadać w złość **2.** szaleć z radości <zachwytu>

Ausflucht f -, ...**flüchte** wybieg m, wykręt m, wymówka f
Ausflug m -(e)s, ...**flüge** wycieczka f
Ausflügler m -s, - wycieczkowicz m, turysta m
Ausflugsort m -(e)s, -**e** miejscowość wycieczkowa
ausfragen vt wypyt(yw)ać (**nach einer Sache** o coś)
Ausfuhr f -, -**en** wywóz m, eksport m
ausführen vt wyprowadzać (psa na spacer); wywozić (**Waren** towary); zrealizować (**einen Plan** plan); wykon(yw)ać (**einen Auftrag** zlecenie); (darlegen) wywodzić
Ausfuhrgenehmigung f -, -**en** zezwolenie na wywóz, licencja eksportowa
ausführlich adj obszerny, szczegółowy, wyczerpujący
Ausfuhrverbot n -(e)s zakaz wywozu
Ausfuhrzoll m -(e)s, ...**zölle** cło wywozowe, eksportowe
ausfüllen vt zapełni(a)ć; wypełniać (**ein Formular** formularz)
Ausgabe f -, -**n** wydawanie n; wydatek m; wydanie n (**eines Buches** książki)
Ausgang m -(e)s, ...**gänge 1.** wyjście n; **am ~ warten** czekać przy wyjściu; mil. **~ haben** być na przepustce **2.** (Ende) zakończenie n; schyłek m
Ausgangspunkt m -(e)s, -**e** punkt wyjścia
Ausgangsposition f -, -**en** pozycja wyjściowa
ausgeben* I. vt wyda(wa)ć (bilety); **Geld ~** wydawać pieniądze **II.** vr **sich ~** poda(wa)ć się (**für j-n** za kogoś)
ausgebrannt → **ausbrennen**; adj wypalony
ausgedehnt → **ausdehnen**, adj rozległy
ausgeglichen → **ausgleichen**; adj wyrównany, zrównoważony
ausgehen* vi s wychodzić; iść na kolację <na tańce, do lokalu>; wypadać (**Haare** włosy); puszczać (o kolorze); z|gasnąć (**das Licht** światło); (zu Ende gehen) kończyć się; **auf etw ~** zmierzać do czegoś
ausgehungert adj wygłodzony, zgłodniały
ausgelassen adj swawolny, rozbrykany; (lustig) wesoły
ausgenommen kj z wyjątkiem
ausgerechnet → **ausrechnen**; adv właśnie, akurat
ausgeschlossen → **ausschließen**; adj wykluczony, nie do pomyślenia

ausgesprochen → **aussprechen**; *adj* wyraźny, oczywisty; szczególny
ausgestattet → **ausstatten**; *adj* wyposażony, wyekwipowany
ausgewogen *adj* wyważony, zrównoważony, rozważny
ausgezeichnet → **auszeichnen**; *adj* znakomity, wyborny
ausgiebig *adj* obfity; wydajny
ausgießen˚ *vt* wyl(ew)ać
Ausgleichsgetriebe *n* -s, - *mot.* dyferencjał *m*
ausgleichen˚ *vt* wyrów(yw)ać (różnice); łagodzić (konflikty)
Ausgrabung *f* -, -en wykopalisko *n*
Ausguck *m* -(e)s, -e (*Stelle*) punkt obserwacyjny; *naut.* obserwator *m*, oko *n*
ausgucken *vt ugs.* wypatrywać (**nach j-m** kogoś)
Ausguss *m* -es, ...güsse zlew *m*
aushalten˚ **I.** *vt* wytrzym(yw)ać, znosić **II.** *vi* wytrwać
aushändigen *vt* wręczać (dokumenty)
ausharren *vi* wytrwać; **bis zum Ende ~** wytrwać do końca
ausheben˚ *vt* kopać (rów); wybierać (ziemię)
aushelfen˚ *vi* pomagać; **j-m mit hundert Euro ~** pożyczyć komuś sto euro
Aushilfe *f* -, -n pomoc *f*; (*Person*) siła pomocnicza, pomoc domowa
aushöhlen *vt* wydrążyć
ausholen *vi* (*zum Schlag*) zamierzyć się; zamachnąć się
aushülsen *vt* wyłusk(iw)ać (groch)
aushungern *vt* wygłodzić
auskennen˚, **sich** *vr* orientować się, wyzna(wa)ć się (**in einer Sache** w czymś)
auskommen˚ *vi* s żyć w zgodzie (**mit j-m** z kimś); (*fertig werden*) poradzić sobie; **mit seinem Gehalt ~** wyżyć z pensji
auskramen *vt ugs.* opróżni(a)ć (**eine Schublade** szufladę); wygrzebać
auskratzen *vt* wyskrobać, wydrap(yw)ać
auskugeln *vt*: **sich den Arm ~** zwichnąć sobie rękę
auskühlen *vt* wy|studzić
Auskunft *f* -, ...künfte informacja *f*; **eine ~ einholen** zasięgnąć informacji; **über etw ~ geben** udzielać informacji o czymś
Auskunftsbüro *n* -s, -s, **Auskunftsstelle** *f* -, -n biuro informacyjne, informacja
auslachen *vt* wyśmi(ew)ać

ausladen˚ *vt* wyładow(yw)ać
Auslage *f* -, -n (*Schaufenster*) wystawa *f*; (*Ausgabe*) wydatek *m*
Ausland *n* -(e)s zagranica *f*; **im ~** za granicą; **ins ~** za granicę
Ausländer *m* -s, - cudzoziemiec *m*, obcokrajowiec *m*
Ausländerin *f* -, -nen cudzoziemka *f*
ausländisch *adj* zagraniczny, cudzoziemski; **~e Waren** zagraniczne towary
Auslandsreise *f* -, -n podróż za granicę
Auslandsvertretung *f* -, -en przedstawicielstwo na zagranicę
Auslandsware *f* -, -n towar pochodzenia zagranicznego
auslassen˚ **I.** *vt* (*übergehen*) opuszczać, pomijać; (*ablassen*) wypuszczać (parę); przedłużyć, poszerzyć (rękawy); **seinen Ärger an j-m ~** wyładować na kimś złość **II.** *vr* **sich ~** rozwodzić się (**über etw** nad czymś)
Auslauf *m* -(e)s, ...läufe **1.** *sport.* wybieg *m* **2.** *sing* ruch na świeżym powietrzu
auslaufen˚ *vi s* wypływać, wyciekać (*o wodzie*); wypływać (*o statku*)
ausleeren *vt* wylać; opróżnić (wiadro)
auslegen *vt* (*zur Schau*) wykładać, wystawi(a)ć; **für j-n Geld ~** wyłożyć za kogoś pieniądze; (*deuten*) wy|tłumaczyć, z|interpretować, objaśni(a)ć
Ausleihestelle *f* -, -n wypożyczalnia *f*; wypożyczenie *n*
ausleihen˚ *vt* wypożyczyć
Auslese *f* - wybór *m*, selekcja *f*
ausliefern *vt* wyda(wa)ć (*np.* uciekiniera)
auslöschen *vt* wy|gasić; wymaz(yw)ać, skreślać
auslosen *vt* wylosować
auslösen *vt* (*loskaufen*) wykupywać; (*hervorrufen*) wywoływać (reakcję); *fot.* wyzwalać; (*betätigen*) uruchamiać
Auslöser *m* -s, - *fot.* wyzwalacz *m*
auslüften *vt* wy|wietrzyć; przewietrzyć
ausmachen *vt* z|gasić (**das Licht** światło); (*betragen*) wynosić; **wie viel macht das aus?** ile to wynosi?; uzgadniać (**mit j-m** z kimś); **einen Termin ~** uzgodnić termin
ausmalen, sich *vr* wyobrażać sobie
Ausmarsch *m* -(e)s, ...märsche wymarsz *m*, wyruszenie *n*
Ausmaß *n* -es, -e wymiar *m*, rozmiar *m*; **im geringen ~** na małą skalę
ausmerzen *vt* wytępić (**Ungeziefer** robactwo)

ausmessen* *vt* wy|mierzyć
Ausnahme *f* -, -n wyjątek *m*; **eine ~ machen** zrobić wyjątek; **mit ~ von** ... z wyjątkiem ...; **ohne ~** bez wyjątku
Ausnahmezustand *m* -(e)s stan wyjątkowy; **den ~ erklären** ogłosić stan wyjątkowy
ausnahmsweise *adv* wyjątkowo
ausnehmen* *vt* wypatroszyć (**ein Huhn** kurę); *ugs.* oskubać kogoś
ausnutzen, ausnützen *vt* wykorzyst(yw)ać (sytuację); zużytko(wy)wać
auspacken *vt* wypakow(yw)ać, wygadać, rozpakowywać (**die Geschenke** prezenty); *ugs.* wygadać
ausplaudern *vt* wygadać, zdradzić
ausplündern *vt* obrabować; s|plądrować
auspolstern *vt* wyścielać
auspressen *vt* wyciskać (**den Saft** sok)
ausprobieren *vt* wy|próbować (*np.* lekarstwo)
Auspuff *m* -(e)s, -e *mot.* wydmuch *m*, wydech *m*
Auspuffrohr *n* -(e)s, -e rura wydechowa
Auspufftopf *m* -(e)s, -e *mot.* tłumik *m*
ausquartieren *vt* wykwaterować
ausradieren *vt* wycierać (gumką)
ausrauben *vt* obrabować (mieszkanie)
ausräumen *vt* usunąć, wyprzątnąć; *ugs.* sprzątnąć, ukraść; (*leeren*) opróżni(a)ć
ausrechnen *vt* wyliczać, obliczać, wyrachować, wykalkulować
Ausrede *f* -, -n wymówka *f*; **eine faule ~** wykręt
ausreden I. *vt* wyperswadować (**j-m** komuś) **II.** *vr* **sich ~** wymówić się
ausreichen *vi* wystarczać, starczać
Ausreise *f* -, -n wyjazd *m* (opuszczenie kraju)
Ausreisegenehmigung *f* - zezwolenie na wyjazd za granicę
ausreißen* **I.** *vt* wyr(y)wać (chwasty) **II.** *vi s ugs.* uciec, dać nogę
ausrenken *vt* zwichnąć; **sich den Arm ~** zwichnąć bark
ausrichten *vt* wyprostow(yw)ać, wyrówn(yw)ać; przekaz(yw)ać (**einen Gruß** pozdrowienie); **nichts ~** nic nie wskórać
ausrollen *vt* rozwałkować (**den Teig** ciasto); rozwinąć (**den Teppich** dywan)
ausrotten *vt* wytępić (**Ungeziefer** robactwo)
Ausruf *m* -(e)s, -e (o)krzyk *m*
Ausrufezeichen *n* -s wykrzyknik *m*

ausruhen *vi*, **sich ~** *vr* wypoczywać (**von einer Sache** po czymś)
ausrupfen wyskub(yw)ać
ausrüsten I. *vt* wyekwipować, wyposażyć (**mit einer Sache** w coś) **II.** *vr* **sich ~** wyekwipować się (**für die Reise** do podróży)
Ausrüstung *f* - ekwipunek, wyposażenie, uzbrojenie
ausrutschen *vi s* poślizgnąć się
Aussaat *f* -, -en wysiew *m*, zasiew *m*
Aussage *f* -, -n wypowiedź *f*, relacja *f*; zeznanie *n*
aussagen *vt* wypowiadać; zezna(wa)ć (**vor Gericht** przed sądem)
Aussagesatz *m* -es, ...sätze zdanie oznajmujące
ausschalten *vt* wyłączać (**den Strom** prąd); wy|eliminować (**j-n** kogoś)
Ausschank *m* -(e)s wyszynk *m*
Ausschau *f*: **~ halten** rozglądać się (**nach j-m** za kimś, **nach einer Sache** za czymś)
ausscheiden* *vi s* odchodzić, ustępować; **aus dem Dienst ~** odejść ze służby; **aus einem Verein ~** występować ze związku; (*wegfallen*) odpadać; *chem.* wydzielać
Ausscheidung *f* -, -en **1.** *sport.* eliminacja *f* **2.** *pl* wydaliny *pl*
Ausscheidungsspiel *n* -(e)s, -e mecz eliminacyjny
ausschiffen *vt* wysadzać na ląd
ausschlafen* *vt* wyspać się
Ausschlag *m* -(e)s *med.* wysypka; **~ bekommen** dostać wysypki; **den ~ geben** mieć decydujące znaczenie, rozstrzygnąć
ausschlaggebend *adj* decydujący
ausschließen* *vt* wyłączać, wykluczać; **das ist ausgeschlossen** to wykluczone
ausschließlich *adv* wyłącznie
Ausschluss *m* -es wykluczenie *n*, wyłączenie *n*
ausschmücken *vt* przyozdabiać, upiększać
ausschneiden* *vt* wykrawać, wycinać
Ausschnitt *m* -(e)s, -e wycięcie *n*; (*am Kleid*) dekolt *m*; (*Teil*) wycinek *m*
ausschöpfen *vt* wyczerpać; **alle Möglichkeiten ~** wyczerpać wszystkie możliwości
ausschreiben* *vt* wypis(yw)ać; wystawi(a)ć (**eine Rechnung** rachunek); rozpis(yw)ać (**Wahlen** wybory)
Ausschreitung *f* -, -en wykroczenie *n*, ekscesy *m*
Ausschuss *m* -es, ...schüsse **1.** komisja *f*, komitet *m* **2.** *sing* (*Ware*) towar wybrakowany

ausschütten *vt* wysyp(yw)ać, rozsypać; wyl(ew)ać

Ausschweifung *f* -, **-en** rozpusta *f*, wybryk *m*

aussehen* *vi* wyglądać; **krank ~** wyglądać na chorego; **es sieht nach einem Gewitter aus** zanosi się na burzę

Aussehen *n* **-s** wygląd *m*; **dem ~ nach** z wyglądu

außen *adv* zewnątrz; **nach ~ (hin)** na zewnątrz

aussenden* *vt* wys(y)łać (ekspedycję)

Außenhandel *m* **-s** handel zagraniczny

Außenminister *m* **-s**, **-** minister spraw zagranicznych

Außenministerium *n* **-s**, **...ien** Ministerstwo Spraw Zagranicznych

Außenseite *f* -, **-n** strona zewnętrzna

Außenseiter *m* **-s**, **-** autsajder *m*, outsider *m*

Außenstelle *f* -, **-n** filia *f*, ekspozytura *f*

Außenstürmer *m* **-s**, **-** *sport.* napastnik skrzydłowy

außer I. *praep mit D* (*außerhalb*) poza czymś, na zewnątrz czegoś; **~ Sicht** poza zasięgiem wzroku; **~ Dienst** w stanie spoczynku; **~ Betrieb sein** być nieczynnym; **~ Acht lassen** nie brać pod uwagę; **~ Atem** zadyszany; **ich bin ~ mir vor Freude** nie posiadam się z radości **II.** *kj* (*ausgenommen*) (o)prócz; **~ dass**, **~ wenn ...** chyba że ...

äußer- *adj* zewnętrzny; **eine ~e Verletzung** powierzchowna rana

außerdem *adv* ponadto, oprócz tego

Äußere *n* **-n** powierzchowność *f*

außerehelich *adj* pozamałżeński

außergewöhnlich *adj* nadzwyczajny; **ein ~er Umstand** nadzwyczajna okoliczność

außerhalb I. *praep mit G* poza czymś; **~ der Stadt** poza miastem **II.** *adv* na zewnątrz; **von ~ kommen** przyby(wa)ć spoza miejscowości

äußerlich *adj* zewnętrzny; (*oberflächlich*) powierzchowny

äußern I. *vt* wypowiadać (swoje zdanie) **II.** *vr* **sich ~** objawi(a)ć się (**in einer Sache** w czymś); wypowiadać się (**über etw** o czymś); **sich zu einer Sache ~** wypowiedzieć się na jakiś temat

außerordentlich *adj* nadzwyczajny

äußerst I. *adj* najdalszy, ostateczny; **der ~e Preis** ostateczna cena; **im ~en Falle** w najgorszym razie; **aufs Äußerste** w najwyższym stopniu **II.** *adv* nader, nadzwyczaj; **~ gefährlich** nadzwyczaj niebezpiecznie

außerstande *adv*: **~ sein** nie być w stanie, nie móc

Äußerung *f* -, **-en** oświadczenie, wypowiedź; (*Ausdruck*) wyraz

aussetzen I. *vt* **1.** wysadzać, porzucać; **ein Kind ~** porzucić dziecko **2. der Sonne ~** wystawi(a)ć na słońce; **einer Gefahr ~** narażać na niebezpieczeństwo **3.** (*unterbrechen*) przer(y)wać, zawieszać (**die Verhandlungen** rokowania) **4.** wyznaczać (**eine Belohnung** nagrodę) **5.** wytykać (**an j-m** komuś) **II.** *vi* usta(wa)ć; **das Herz setzte aus** serce przestało pracować **III.** *vr* **sich ~** narażać się (**einer Sache** na coś)

Aussicht *f* -, **-en** widok *m*; **~ auf Erfolg** perspektywa sukcesu; **j-m etw in ~ stellen** obiec(yw)ać komuś coś

aussichtslos *adj* beznadziejny, bez widoków, bezcelowy

Aussichtsturm *m* **-(e)s**, **...türme** wieża widokowa

aussichtsvoll *adj* obiecujący

Aussiedler *m* **-s**, **-** wysiedleniec *m*

aussöhnen, sich *vr* po|godzić się, pojednać się

aussortieren *vt* wysortować

ausspannen I. *vt* rozpinać (siatkę); wyprzęgać (**Pferde** konie) **II.** *vi* odpocząć, zrelaksować się; **von der Arbeit ~** odpocząć <oderwać się> od pracy

ausspielen *vt kart.* zagrywać, wychodzić; (*ausschalten*) ogrywać

Aussprache *f* -, **-en 1.** *sing* wymowa *f*; **eine gute ~ haben** mieć dobrą wymowę **2.** wymiana zdań, rozmowa *f* (**mit j-m** z kimś)

aussprechen* *vt* wymawiać; (*äußern*) wyrażać, wypowiadać (*sich* się); (**einen Wunsch** życzenie)

ausspucken *vt* splunąć, wyplu(wa)ć

ausspülen *vt* wy|płukać (**ein Glas** szklankę); przepłukać (**die Wäsche** bieliznę)

Ausstand *m* **-(e)s** strajk *m*; **in den ~ treten** zastrajkować

ausstatten *vt* wyekwipować, zaopatrzyć (**mit einer Sache** w coś); wyposażyć, urządzić

Ausstattung *f* -, **-en** wyposażenie *n*; ekwipunek *m*; *teatr.* oprawa sceniczna

ausstehen* **I.** *vt* wytrzym(yw)ać, znosić (**Schmerzen** ból); **ich kann ihn nicht ~** nie mogę go znieść **II.** *vi* brakować; **die Ant-**

wort steht noch aus nie ma jeszcze odpowiedzi

aussteigen* *vi s* wysiadać; **aus dem Zug ~** wysiadać z pociągu; **alles ~!** wszyscy wysiadają!

ausstellen *vt* wystawi(a)ć; **einen Pass ~** wystawić paszport

Aussteller *m* **-s, -** wystawca *m*

Ausstellung *f* **-, -en** wystawa *f*; **eine ~ eröffnen** otworzyć wystawę

Ausstellungsgelände *n* **-s, -** teren wystawowy

Ausstellungsstück *n* **-(e)s, -e** eksponat *m*

aussterben* *vi s* wymierać

ausstopfen *vt* wyp(y)chać (**ein Kissen** poduszkę)

ausstoßen* *vt* wyrzucać; (*von sich geben*) wydawać (z siebie)

ausstrahlen *vt* promieniować; *rad.*, *tv.* nadawać; *figur.* **Zufriedenheit ~** promieniować zadowoleniem

ausstrecken I. *vt* wyciągać, rozciągać **II.** *vr* **sich ~** rozciągać się (**auf dem Sofa** na kanapie)

ausstreuen *vt* rozsyp(yw)ać; rozsiewać (**Gerüchte** pogłoski)

ausströmen *vi*, *vt s* wypływać, wydzielać (**Wärme** ciepło); wydobywać się; uchodzić (*o gazach*)

aussuchen *vt* wyszuk(iw)ać; **hast du dir etwas Schönes ausgesucht?** znalazłeś dla siebie coś ładnego?

Austausch *m* **-(e)s** zamiana *f*, wymiana *f*

austauschen *vt* zamieni(a)ć (**gegen etw** na coś); wymieniać

austeilen *vt* rozda(wa)ć (**Post** korespondencję)

Auster *f* **-, -n** ostryga *f*

austoben, sich *vr* wyszumieć się, wyszaleć się

austragen* *vt* roznosić (**Briefe** listy); **einen Kampf ~** stoczyć walkę; *sport.* **ein Wettspiel ~** rozegrać mecz

austreten* **I.** *vt* zadeptać, wydeptać; rozchodzić (**neue Schuhe** nowe buty) **II.** *vi s* występować (**aus einer Partei** z partii); *ugs.* **ich muss mal ~** muszę wyjść (do toalety)

austrinken* *vt* wypi(ja)ć (*np.* kawę)

Austritt *m* **-(e)s, -e** wystąpienie *n* (z organizacji)

austrocknen I. *vt* wy|suszyć **II.** *vi s* wy|schnąć

ausüben *vt* wykonywać (**einen Beruf** zawód); **ein Amt ~** sprawować urząd; **Einfluss ~** wywierać wpływ

Ausverkauf *m* **-(e)s, …käufe** wyprzedaż *f*

ausverkaufen *vt* wyprzed(aw)ać; **die Vorstellung ist ausverkauft** wszystkie bilety na przedstawienie są sprzedane

Auswahl *f* **-** wybór *m*; **eine große ~ an Damenwäsche** duży wybór damskiej bielizny

auswählen *vt* wyb(ie)rać; **ausgewählte Werke** dzieła wybrane

Auswanderer *m* **-s, -** emigrant *m*, wychodźca *m*

auswandern *vi s* emigrować

auswärtig *adj* zamiejscowy; (*ausländisch*) zagraniczny; **Auswärtiges Amt** Ministerstwo Spraw Zagranicznych (*w RFN*)

auswärts *adv* (na) zewnątrz; (*nicht zu Hause*) poza domem; **von ~** z zewnątrz; z zagranicy

auswaschen* *vt* wymy(wa)ć, przemy(wa)ć; przeprać (**Wäsche** bieliznę)

Auswechselbank *f* **-, …bänke** *sport.* ławka rezerwowych

auswechseln *vt* wymieni(a)ć (*zastąpić innym*)

Ausweg *m* **-(e)s, -e** wyjście *n* (z sytuacji)

ausweglos *adj* bez wyjścia

ausweichen* *vi s* ustępować (**j-m** komuś); (*zu entgehen versuchen*) starać się uniknąć; wy|mijać (**einem Wagen** samochód); **rechts ~!** wymijać z prawej strony!

Ausweis *m* **-es, -e** legitymacja *f*

ausweisen* **I.** *vt* wydalać (**eine unerwünschte Person** niepożądaną osobę); (*zeigen*) wykaz(yw)ać; (*legitimieren*) wy|legitymować **II.** *vr* **sich ~** wy|legitymować się

Ausweispapiere *pl* dokumenty osobiste

auswendig *adv* na pamięć; **etw ~ lernen** nauczyć się czegoś na pamięć

auswerten *vt* wykorzyst(yw)ać, zużytkować, analizować

auswischen *vt* zetrzeć (kurz); powycierać, wytrzeć (**das Glas** szklankę)

auswringen* *vt* wyżymać, wykręcać (**die Wäsche** bieliznę)

auszahlen I. *vt* wypłacać (pensje); spłacić (wspólników) **II.** *vr* **sich ~** opłacać się

auszeichnen I. *vt* odznaczyć, wyróżnić **II.** *vr* **sich ~** odznaczać się (**durch etw** czymś)

Auszeichnung *f* **-, -en** odznaczenie *n*, wyróżnienie *n*

ausziehen* **I.** *vt* wyciągać; rozsuwać (**den**

Tisch stół); zdejmować (**das Kleid** sukienkę); rozebrać (**das Baby** dziecko) **II.** *vi s* wyprowadzać się; wyruszać (**zur Jagd** na polowanie) **III.** *vr* **sich** ~ rozbierać się
Auszug *m* **-(e)s, ...züge** (*aus einer Wohnung*) wyprowadzka *f*; (*Extrakt*) wyciąg *m*; wyciąg z konta
auszupfen *vt* wyskubać, wyrwać
Auto *n* **-s, -s** samochód *m*, auto *n*; ~ **fahren** umieć prowadzić (samochód)
Autobahn *f* **-, -en** autostrada *f*
Autobahnraststätte *f* **-, -n** restauracja przy autostradzie
Autobahnzubringer *m* **-s, -** droga dojazdowa do autostrady
Autobus *m* **-ses, -se** autobus *m*
Autodidakt *m* **-en, -en** samouk *m*
Autofahrer *m* **-s, -** kierowca *m*
Autofahrt *f* **-** jazda samochodem
Autofriedhof *m* **-(e)s, ...höfe** cmentarzysko samochodów
Autogramm *n* **-s, -e** autograf *m*
Autokarte *f* **-, -n** mapa samochodowa
Autokennzeichen *n* **-s, -** numer rejestracyjny samochodu
Autoknacker *m* **-s, -** włamywacz samochodowy
Automat *m* **-en, -en** automat *m*
Automatikgetriebe *n* **-s, -** *mot.* automatyczna skrzynia biegów
automatisch *adj* automatyczny
Automobilindustrie *f* **-** przemysł samochodowy
Autor *m* **-s, -en** autor *m*
Autorennen *n* **-s, -** wyścigi samochodowe
autorisieren autoryzować
autoritär *adj* dyktatorski
Autorität *f* **-, -en** autorytet *m*
Autorschaft *f* **-, -en** autorstwo *n*
Autoschlüssel *m* **-s, -** kluczyk samochodowy
Autounfall *m* **-(e)s, ...unfälle** wypadek samochodowy
Autoverleih *m* **-(e)s, -e** wynajem samochodów
Autowerkstatt *f* **-, ...stätten** warsztat naprawy samochodów
Avocado *f* **-, -s** awokado *n*
Axt *f* **-, Äxte** siekiera *f*
azurblau *adj* lazurowy(-wo), błękitny

B

Baby [ˈbeːbi] *n* **-s, -s** niemowlę *n*; małe dziecko
Bach *m* **-(e)s, Bäche** potok *m*, strumyk *m*
Backbord *n* **-(e)s** bakburta *f*, lewa burta (*statku*)
Backe[1] *f* **-, -n** policzek *m*
Backe[2] *f* **-, -n** *ugs.* pośladek *m*
backen *vt* u|piec; (*in Fett*) u|smażyć
Backenknochen *m* **-s, -** kość policzkowa
Backenzahn *m* **-(e)s, ...zähne** ząb trzonowy
Bäcker *m* **-s, -** piekarz *m*
Bäckerei *f* **-, -en** piekarnia *f*
Bäckerladen *m* **-s, ...läden** sklep z pieczywem
Backhand [ˈbækhænt] *f* **-, -s,** *m* **-(s), -s** *sport.* bekhend *m*
Bad *n* **-(e)s, Bäder** kąpiel *f*; (*Zimmer*) łazienka *f*; (*Ort*) uzdrowisko *n*, zdrój *m*
Badeanzug *m* **-(e)s, ...anzüge** kostium kąpielowy
Badehose *f* **-, -n** kąpielówki *pl*
Badekappe *f* **-, -n** czepek kąpielowy
Bademantel *m* **-s, ...mäntel** płaszcz kąpielowy
baden **I.** *vt* kąpać **II.** *vi* wy|kąpać się
Badeort *m* **-(e)s, -e** kąpielisko *n*
Badesachen *pl* przybory do kąpieli
Badestrand *m* **-(e)s, ...strände** plaża *f*
Badetuch *n* **-(e)s, ...tücher** ręcznik kąpielowy
Badewanne *f* **-, -n** wanna *f*
Badezimmer *n* **-s, -** łazienka *f*
Bogger *m* **-s, -** koparka, pogłębiarka
Bahn *f* **-, -en** droga *f*; (*Eisenbahn*) kolej *f*; (*Straßenbahn*) tramwaj *m*; (*eines Planeten*) orbita *f*; *sport.* tor *m*, bieżnia *f*, (*Fuhrbahn*) jezdnia *f*; **zur ~ gehen** iść na dworzec
Bahndamm *m* **-(e)s, ...dämme** nasyp kolejowy
bahnen *vt* u|torować (drogę)
Bahnhof *m* **-(e)s, ...höfe** dworzec *m* (kolejowy)
Bahnhofshalle *f* **-, -n** hala dworcowa
Bahnhofsrestaurant *n* **-s, -s** restauracja dworcowa
Bahnhofsvorsteher *m* **-s, -** zawiadowca stacji
Bahnschranke *f* **-, -n** zapora kolejowa, szlaban *m*

Bahnsteig *m* **-(e)s, -e** peron *m*
Bahnübergang *m* **-(e)s, ...gänge** przejście przez tory; przejazd kolejowy; **unbeschrankter ~** niestrzeżony przejazd kolejowy
Bahnwärter *m* **-s, -** dróżnik kolejowy
Bahre *f* **-, -n** nosze *pl*
Bai *f* **-, -en** zatoka *f*
bald **I.** *adv* wkrótce, wnet; **möglichst ~** jak najprędzej; **~ darauf** wkrótce potem **II.** *kj* **~ dieses, ~ jenes** to to, to owo
baldig *adj* rychły, prędki; **auf ~es Wiedersehen** do rychłego zobaczenia
Baldriantropfen *pl* krople walerianowe
Balken *m* **-s, -** belka *f*
Balkon *m* **-s, -s** *o.* **-e** balkon *m*
Ball[1] *m* **-(e)s, Bälle** piłka *m*; **~ spielen** grać w piłkę
Ball[2] *m* **-(e)s, Bälle** bal *m*; **zum ~ gehen** iść na bal
Ballen *m* **-s, -** bela *f*
Ballett *n* **-(e)s, -e** balet *m*
Ballon *m* **-s, -s** *o.* **-e** balon *m*
Ballspiel *n* **-(e)s, -e** gra w piłkę
Ballungsgebiet *n* **-(e)s, -e** aglomeracja *f*
baltisch *adj* bałtycki
Banane *f* **-, -n** banan *m*
band → **binden**
Band[1] *m* **-(e)s, Bände** tom *m*
Band[2] *n* **-(e)s 1.** *pl* **Bänder** wstęga *f*, wstążka *f*; (*Zwirnband*) tasiemka *f*; (*Tonband*) taśma magnetofonowa *f* **2.** *pl* **-e** więzy *pl*
Bandage [banˈdaːʒə] *f* **-, -n** bandaż *m*, opatrunek *m*
Bande *f* **-, -n** banda *f*, szajka *f*
bändigen *vt* poskramiać
bange *adv*: **mir ist ~ vor ihm** boję się go; **mir ist ~ um ihn** boję się o niego
Bank[1] *f* **-, Bänke** ława *f*, ławka *f*; **(alle) durch die ~** wszyscy bez wyjątku
Bank[2] *f* **-, -en** bank *m*; **Geld auf der ~ haben** mieć pieniądze w banku
Bankkonto *n* **-s, ...ten** konto bankowe
Bankleitzahl *f* **-, -en** numer rozliczeniowy oddziału banku
Banknote *f* **-, -n** banknot *m*
bankrott *adj* zbankrutowany
Banner *n* **-s, -** chorągiew *f*, bandera *f*
Bantamgewicht *n* **-(e)s** *sport.* waga kogucia

bar *adj* gotówkowy; **~es Geld** gotówka; **in ~ bezahlen** płacić gotówką
Bar *f* -, -s bar *m*; **an der ~ sitzen** siedzieć przy barze
Bär *m* -en, -en niedźwiedź *m*; **der Große ~** Wielka Niedźwiedzica
Baracke *f* -, -n barak *m*
barbarisch *adj* barbarzyński
barfuß *adj* bosy
Bargeld *n* -(e)s gotówka *f*
Barke *f* -, -n barka *f*, łódź *f*
barmherzig *adj* miłosierny
Barock *n*, *m* -s barok *m*
Barometer *n* -s, - barometr; **das ~ zeigt auf heiter** barometr idzie na pogodę
Barren *m* -s, - *sport.* poręcze *pl*
Barriere [bar'jɛːrə] *f* -, -n bariera *f*
barock *adj* barokowy
barsch *adj* szorstki, nieuprzejmy
Barsch *m* -(e)s, -e okoń *m*
barst → **bersten**
Bart *m* -(e)s, **Bärte** zarost *m*, broda *f*
Base *f* -, -n *chem.* zasada *f*
basieren *vi* bazować (**auf einer Sache** na czymś), opierać się (na czymś)
Basis *f* -, **Basen** baza *f*, podstawa *f*
Baskenmütze *f* -, -n beret *m*
Basketball *m* -(e)s *sport.* koszykówka *f*
Basketballspieler *m* -s, - *sport.* koszykarz *m*
Bass *m* -es, **Bässe** *mus.* bas *m*; kontrabas *m*
Bast *m* -(e)s, -e łyko *n*
basta *int ugs.* dosyć, starczy
basteln *vt, vi* majsterkować
bat → **bitten**
Batist *m* -(e)s, -e batyst *m*
Batterie *f* -, -n bateria *f*; akumulator *m*; **eine ~ aufladen** naładować akumulator
Bau *m* -(e)s, -ten 1. *sing* budowa *f* 2. (*Gebäude*) budynek *m*, gmach *m*
Bauch *m* -(e)s, **Bäuche** brzuch *m*; **mir tut der ~ weh** brzuch mnie boli
Bauchfell *n* -(e)s, -e otrzewna *f*
Bauchweh *n* -(e)s *ugs.* ból brzucha
Baude *f* -, -n schronisko *n* (w górach)
Baudenkmal *n* -(e)s, ...mäler zabytek architektoniczny
bauen *vt* budować, wznosić; (*anbauen*) uprawiać
Bauer[1] *m* -n, -n chłop *m*, rolnik *m*; (*Schachspiel*) pionek *m*; *kart.* walet *m*
Bauer[2] *n*, *m* -s, - klatka *f* (dla ptaków)

Bäuerin *f* -, -nen chłopka *f*
Bauernhof *m* -(e)s, ...höfe zagroda *f* (wiejska)
baufällig *adj* grożący zawaleniem
Baugenossenschaft *f* -, -en spółdzielnia budowlana
Baum *m* -(e)s, **Bäume** drzewo
baumeln *vi* dyndać; **die Beine ~ lassen** machać nogami
bäumen, sich *vr* stawać dęba
Baumstamm *m* -(e)s, ...stämme pień drzewa
Baumwolle *f* - bawełna *f*
Baustelle *f* -, -n plac budowy
Bauunternehmen *n* -s, - przedsiębiorstwo budowlane
Bauwesen *n* -s budownictwo *n*
bayerisch ['baɪərɪʃ] *adj* bawarski
Bazillus *m* -, ...llen bacyl *m*
beabsichtigen *vt* zamierzać; **das war nicht beabsichtigt** to nie było zamierzone
beachten *vt* zważać (na coś), przestrzegać (przepisów)
beachtlich *adj* zasługujący na uwagę, znaczny
Beachtung *f* - uwaga *f*, wzgląd *m*
Beamte *m* -n, -n urzędnik *m*
Beamtin *f* -, -nen urzędniczka *f*
beängstigen *vt* niepokoić
beanspruchen *vt* 1. domagać się (odszkodowania) 2. wymagać (dużo miejsca)
beanstanden *vt* za|kwestionować; *handl.* zgłaszać reklamację
Beanstandung *f* -, -en reklamacja *f*
beantragen *vt* składać wniosek (o coś); za|proponować
beantworten *vt* odpowiadać (**etw** na coś)
bearbeiten *vt* opracow(yw)ać; (*bebauen*) uprawi(a)ć
beaufsichtigen *vt* nadzorować
beauftragen *vt* zlecić (**j-n mit einer Sache** komuś czegoś)
bebauen *vt* zabudow(yw)ać; **ein Acker ~** uprawi(a)ć rolę
Bebauung *f* -, -en zabudowa *f*
beben *vi* trząść się, drżeć
Becher *m* -s, - kubek *m*; kielich, puchar *m*
Becken *n* -s, - (*Schüssel*) misa *f*, miednica *f*; (*Wasserbehälter*) zbiornik *m*, basen *m*; *anat.* miednica *f*
bedacht → **bedenken**; *adj* rozważny; **auf etw ~ sein** mieć coś na względzie

bedächtig *adj* rozważny; baczny
bedanken, sich *vr* po|dziękować *n* (**bei j-m für etw** komuś za coś)
Bedarf *m* -(e)s zapotrzebowanie *n* (**an einer Sache** na coś); **nach <bei> ~** w miarę potrzeby
Bedarfshaltestelle *f* -, -n przystanek na żądanie
bedauerlich *adj* godny pożałowania
bedauern *vt* żałować (**j-n wegen eines Dinges** kogoś z powodu czegoś); **ich bedauere!** niestety nie!, przykro mi!
bedauernswert *adj* godny pożałowania
bedecken *vt* nakry(wa)ć; zakry(wa)ć; **bedeckter Himmel** zachmurzone niebo
bedenken* *vt* mieć na uwadze, rozważać
Bedenken *n* -s, - wątpliwość *f*, skrupuł *m*
bedenkenlos *adj* bez skrupułów; bez zastrzeżeń
bedenklich *adj* wzbudzający wątpliwości, niepewny; **~e Lage** krytyczne położenie
bedeuten *vt* znaczyć; **was soll das ~?** co to ma znaczyć?
bedeutend → **bedeuten**; *adj* znaczny; (*hervorragend*) wybitny
Bedeutung *f* -, -en znaczenie *n*; **nichts von ~** nic ważnego
bedienen I. *vt* obsługiwać (**j-n** kogoś), usługiwać (komuś) **II.** *vr* **sich ~** posługiwać się (**eines Dinges** czymś); **~ Sie sich!** proszę się poczęstować!
Bedienung *f* -, -en obsługa *f*
Bedienungsgeld *n* -(e)s należność za obsługę, napiwek
Bedingung *f* -, -en warunek *m*; **unter keiner ~** w żadnym wypadku
bedingungslos *adj* bezwarunkowy
bedrängen *vt* napastować; (*plagen*) dręczyć
bedrohen *vt* zagrażać (**j-n mit einer Sache** komuś czymś)
bedrücken *vt* uciskać; (*betrüben*) trapić, przygnębiać
bedürfen *vi* potrzebować (**eines Dinges** czegoś)
Bedürfnis *n* -ses, -se potrzeba *f* (*np.* spokoju)
Bedürfnisanstalt *f* -, -en ustęp (publiczny)
Beefsteak ['biːfsteːk] *n* -s, -s befsztyk
beehren *vt* zaszczycić (**mit einer Sache** czymś)
beeilen, sich *vr* śpieszyć się; **beeile dich!** pośpiesz się!

beeindrucken *vt* wywierać wrażenie (**j-n** na kimś)
beeinflussen *vt* wpływać (na kogoś)
beeinträchtigen *vt* przynosić uszczerbek (komuś), s|krzywdzić (kogoś); **j-n in seinem Recht ~** naruszyć czyjeś prawa
beenden *vt* s|kończyć; **ein Gespräch ~** skończyć rozmowę
beendigen *vt* → **beenden**
beerdigen *vt* pochować (zmarłego)
Beerdigung *f* -, -en pogrzeb *m*
Beere *f* -, -n jagoda *f*
Beet *n* -(e)s, -e grządka *f*
Beete *f* → **Bete**
befahl → **befehlen**
befahrbar *adj* nadający się do ruchu kołowego
befahren* *vt* jeździć (**eine Straße** po drodze); **eine Strecke ~** kursować na odcinku
befassen, sich *vr* zajmować się (**mit einer Sache** czymś)
Befehl *m* -(e)s, -e rozkaz *m*
befehlen* *vt* rozkaz(yw)ać; polecać
Befehlshaber *m* -s, - dowódca *m*
befestigen *vt* umocow(yw)ać; (*stärken*) umacniać; *mil.* ufortyfikować
befeuchten *vt* zwilżać
befiehlt → **befehlen**
Befinden *n* -s stan zdrowia, samopoczucie *n*
befinden*, sich *vr* znajdować się, być; **sich in guten Händen ~** być w dobrych rękach
beflecken *vt* po|plamić
beflissen *adj* nadgorliwy; **um etw ~** dbały o coś
befolgen *vt* stosować się (do czegoś); przestrzegać; **eine Anordnung ~** przestrzegać zarządzenia
befördern *vt* przewozić, transportować; (*aufrücken lassen*) awansować
befragen *vt* zapyt(yw)ać, pytać (**wegen eines Dinges, nach einer Sache, um <über> etw** o coś); **einen Arzt ~** po|radzić się lekarza
befreien *vt* uwalniać (**von einer Sache** od czegoś)
Befremden *n* -s (przykre) zdziwienie *n*
befreunden, sich *vr* zaprzyjaźnić się (**mit j-m** z kimś)
befreundet *adj* zaprzyjaźniony
befriedigen *vt* zadowalać; **j-s Ansprüche ~** zaspokoić czyjeś wymagania
befristet *adj* ograniczony terminem, na czas określony

Befugnis f -, -se uprawnienie f, upoważnienie f (**zu einer Sache** do czegoś), kompetencja f
befürchten vt obawiać się, lękać się (czegoś)
Befürchtung f -, -en obawa f
befürworten vt popierać (np. wniosek)
begabt adj zdolny; uzdolniony
Begabung f -, -en zdolności fpl, talent m
begann → **beginnen**
begeben*, **sich** vr uda(wa)ć się (dokądś); **sich zur Ruhe** ~ udać się na spoczynek
Begebenheit f -, -en zdarzenie n
begegnen vi s spot(y)kać (**j-m** kogoś)
Begegnung f -, -en spotkanie n
begehen* vt obchodzić (święto); popełni(a)ć; **einen Fehler** ~ popełnić błąd
begehren vt pożądać, pragnąć
begehrenswert adj pożądany
begeistern, sich vr zapalać się (**für etw** do czegoś), zachwycać się (czymś); entuzjazmować się
Begeisterung f - entuzjazm m
Begierde f -, -n pożądanie n
begießen* vt pol(ew)ać; **Blumen** ~ podl(ew)ać kwiaty
Beginn m -(e)s początek m; **zu** ~ z początku; **von** ~ **an** od początku
beginnen* **I.** vi zaczynać się **II.** vt zaczynać
beglaubigen vt uwierzytelni(a)ć
begleichen* vt: **eine Rechnung** ~ za|płacić rachunek
begleiten vt **1.** towarzyszyć (**j-n** komuś); **j-n nach Hause** ~ odprowadzić kogoś do domu **2.** akompaniować
Begleiter m -s, - towarzysz m; akompaniator m
Begleitschein m -(e)s, -e list przewozowy
Begleitung f - towarzyszenie (komuś), towarzystwo n; akompaniament m
beglich → **begleichen**
beglücken vt uszczęśliwi(a)ć (**mit einer Sache** czymś)
beglückwünschen vt po|winszować (komuś); **j-n zu seinem Erfolg** ~ po|gratulować komuś sukcesu
begnadigen vt ułaskawi(a)ć
Begnadigung f -, -en ułaskawienie f
begnügen, sich vr zadowalać się (**mit einer Sache** czymś)
begraben* vt po|grzebać (zmarłego)
Begräbnis n -ses, -se pogrzeb m
begreifen* vt pojmować, z|rozumieć

begreiflich adj zrozumiały
begrenzen vt ograniczać
begrenzt adj ograniczony
Begriff m -(e)s, -e pojęcie n, wyobrażenie n; **im** ~ **sein, etwas zu tun** zabierać się właśnie do czegoś
begründen vt zakładać; (beweisen) uzasadni(a)ć
Begründung f -, -en założenie n; (Beweis) uzasadnienie n
begrüßen vt przy|witać; powitać; **j-n feierlich** ~ przywitać kogoś uroczyście
Begrüßung f -, -en przywitanie n, powitanie n
begünstigen vt faworyzować; **j-n** ~ sprzyjać komuś
begutachten vt za|opiniować
Begutachter m -s, - opiniodawca m, rzeczoznawca m
behaart adj owłosiony
behaglich adj przytulny, miły
behalten* vt zachować, zatrzymać; **im Gedächtnis** ~ zapamiętać
Behälter m -s, - zbiornik m, pojemnik m
behandeln vt po|traktować (kogoś), obchodzić się (z kimś); med. leczyć; **sich ~ lassen** leczyć się
Behandlung f - traktowanie n; med. leczenie n
beharrlich adj wytrwały, uporczywy; ~ **schweigen** uporczywie milczeć
behaupten I. vt **1.** (überzeugt sagen) twierdzić **2.** utrzym(yw)ać (**seine Stellung** pozycję) **II.** vr **sich** ~ utrzymywać się
Behauptung f -, -en twierdzenie n
beheben* vt naprawi(a)ć; usuwać; **einen Schaden** ~ usunąć <naprawić> szkodę
Beheizung f - ogrzewanie n
Behelf m -(e)s, -e środek zastępczy <pomocniczy>
behelfsmäßig adj prowizoryczny, tymczasowy, pomocniczy
behelligen vt niepokoić kogoś, naprzykrzać się komuś
beherbergen vt przyjmować w gościnę, przenocować (kogoś)
beherrschen I. vt panować (nad czymś); **eine Sprache** ~ opanować język **II.** vr **sich** ~ opanować się
beherzt adj odważny, dzielny
behilflich adj pomocny; **j-m** ~ **sein** pomagać komuś
behindern vt przeszkadzać, zakłócać

behindert *adj* upośledzony, niepełnosprawny *med.*
Behinderte(r) *f, m* **-n, -n** niepełnosprawny *m*, niepełnosprawna *f*
Behörde *f* **-, -n** władza *f*; urząd *m*
behördlich *adj* urzędowy
behüten *vt* strzec; u|chronić (**vor einer Sache** przed czymś); **Gott behüte!** broń Boże!
behutsam *adj* ostrożny
bei *praep mit D* **1.** (*wo?*) koło (czegoś), przy (czymś); **~ der Brücke** przy moście; **~ Tisch** przy stole; **~ mir** przy mnie, (*zu Hause*) u mnie; **~ uns** u nas; **~ der Hand** pod ręką; **~ der Hand nehmen** brać za rękę **2.** (*wann?*) podczas (czegoś), przy (czymś); **~ Tage** za dnia; **~ Nacht** w nocy; **~ Abgang des Zuges** przy odjeździe pociągu; **~ schlechtem Wetter** przy złej pogodzie **3.** (*Umstand*), **~m ersten Blick** na pierwszy rzut oka; **~ Strafe** pod karą; **~ vollem Verstand** przy zdrowych zmysłach; **~ weitem besser** dużo lepiej
beibehalten *vt* zachow(yw)ać
beibringen *vt* **1.** (*lehren*) j-m etw **~** nauczyć kogoś czegoś **2.** (*mitteilen*) powiedzieć, przekazać **3.** (*vorlegen*) przedkładać, dostarczać
Beichte *f* **-, -n** spowiedź *f*
beichten *vt, vi* spowiadać się (**etw** z czegoś)
beide *num* obaj, obie, oboje; **~s** jedno i drugie; **eins von ~n** jedno z dwojga; **alle ~** obaj, obie, oboje
beiderseits *adv* obustronnie
beieinander *adv* razem, obok siebie; *ugs.* **gut ~ sein** być zdrowym, dobrze się czuć
Beifahrer *m* **-s, -** pomocnik kierowcy; pasażer *m* (na motocyklu)
Beifahrersitz *m* **-es, -e** fotel pasażera
Beifall *m* **-(e)s** poklask *m*, oklaski *pl*, uznanie *n*, aplauz *m*; **j-m ~ spenden** <**klatschen**> oklaskiwać kogoś
beifügen *vt* załączać, doda(wa)ć
beige [beːʃ] *adj* beżowy
Beigeschmack *m* **-(e)s** posmak *m*
Beihilfe *f* **-, -n** pomoc *f*; (*Geld*) zapomoga *f*
Beil *n* **-(e)s, -e** topór *m*; toporek *m*
Beilage *f* **-, -n** załącznik *m*; dodatek *m*; *kulin.* dodatki do drugiego dania
beiläufig *adv* mimochodem, ubocznie; *austr.* (*etwa*) około
beilegen *vt* **1.** dołączać (**einer Sache** do czegoś); **einer Sache Wert ~** przypis(yw)ać znaczenie czemuś **2.** (*schlichten*) za|łagodzić (konflikt)
Beileid *n* **-(e)s** współczucie *n*, wyrazy współczucia
beiliegend *adv* w załączeniu
beim = **bei dem**; **es bleibt alles beim Alten** wszystko zostaje po staremu
beimessen *vt* przypis(yw)ać (znaczenie)
Bein *n* **-(e)s, -e 1.** noga *f*; **sich auf die ~e machen** wyruszać w drogę **2.** (*Knochen*) kość *f*
beinahe *adv* prawie, niemal
Beiname *m* **-ns, -n** przydomek *m*
Beinbruch *m* **-(e)s, …brüche** złamanie nogi; **Hals- und ~** złam kark!
Beiprogramm *n* **-s, -e** dodatek filmowy
Beirat *m* **-(e)s, …räte** komitet *m*, rada *f*
beisammen *adv* razem; **~ sein** spędzać razem czas
Beisein *n*: **im ~** w obecności
beiseite *adv* (*wo?*) na boku; (*wohin?*) na bok; **Scherz ~** żarty na bok
Beispiel *n* **-(e)s, -e** przykład *m*; **zum ~** na przykład
beispiellos *adj* bezprzykładny
beißen **I.** *vt* u|gryźć, kąsać **II.** *vi* gryźć; palić; **in einen Apfel ~** ugryźć jabłko; **in den Augen ~** szczypać w oczy
beistehen *vi* pomagać (**jm** komuś) (w biedzie)
Beistrich *m* **-(e)s, -e** przecinek *m*
Beitrag *m* **-(e)s, Beiträge** przyczynek *m*; (*Geld*) składka *f*
beitragen *vt, vi* przyczyni(a)ć się (**zu einer Sache** do czegoś)
beitreten *vi s*: **einem Verein ~** przystąpić do związku
Beitritt *m* **-(e)s, -e** przystąpienie *n*
beiwohnen *vi* uczestniczyć (**einer Sache** w czymś)
bejahen *vt* przytakiwać
bejahrt *adj* w podeszłym wieku
bekämpfen *vt* zwalczać
bekannt *adj* znany; znajomy; **allgemein ~** popularny; **j-n mit j-m ~ machen** zapoznać kogoś z kimś; **mit j-m ~ sein** znać się z kimś; **~ geben** ogłaszać, poda(wa)ć do wiadomości
Bekannte(r) *f, m* **-n, -n** znajomy *m*, znajoma *f*
Bekanntgabe *f* zapowiedź *f*
bekanntlich *adv* jak wiadomo

Bekanntmachung *f* -, -en ogłoszenie *n*
Bekanntschaft *f* -, -en znajomość *f*; **es freut mich, Ihre ~ zu machen** miło mi pana poznać
bekennen* **I.** *vt* przyznać, wyznać (prawdę) **II.** *vr* **sich ~** przyzna(wa)ć się (**zu einer Sache** do czegoś)
Bekenntnis *n* -ses, -se wyznanie *n*; **ein ~ tun** złożyć zeznanie
beklagen I. *vt* opłakiwać **II.** *vr* **sich ~** uskarżać się (**über etw** na coś)
bekleiden* *vt* ub(ie)rać
bekommen* **I.** *vt* otrzym(yw)ać; dost(aw)ać; **Angst ~** przestraszyć się **II.** *vi s*: **j-m gut ~** wychodzić komuś na zdrowie
bekömmlich *adj* (lekko) strawny
beköstigen *vt* stołować, żywić
bekräftigen *vt* potwierdzać, utwierdzać
bekreuzigen, sich *vr* przeżegnać się
bekümmern, sich *vr* za|troszczyć się (**um etw** o coś)
beladen* *vt* obładować, obciążać
Belag *m* -(e)s, **Beläge 1.** warstwa *f*, powłoka *f*; *med.* nalot *m* **2.** (*Aufschnitt*) wędlina *f*; **Brotschnitten mit ~** kanapki z wędliną
belagern *vt* oblegać
Belang *m* -(e)s, -e znaczenie *n*, ważność *f*; **nichts von ~** nic szczególnego
belanglos *adj* bez znaczenia, nieistotny
belasten *vt* obciążać
belästigen *vt* naprzykrzać się (**j-n** komuś), napastować (kogoś)
Belastung *f* -, -en obciążenie *n*; **zulässige ~** dopuszczalne obciążenie
belaufen*, **sich** *vr* wynosić; opiewać
beleben *vt* ożywi(a)ć
Beleg *m* -(e)s, -e dowód *m*; kwit *m*
belegen *vt* **1.** (*bedecken*) wykładać, wyłożyć; **den Boden mit Fliesen ~** wyłożyć podłogę kafelkami; **belegte Brötchen** kanapki; **belegte Zunge** obłożony język **2.** (*reservieren*) zająć **3.** (*beweisen*) udokumentować (wydatki) **4.** (*auferlegen*) nałożyć (*np.* cło), obłożyć (karą)
Belegschaft *f* -, -en załoga *f* (fabryki)
belehren *vt* pouczać (**über etw** o czymś)
beleibt *adj* otyły
beleidigen *vt* obrażać
Beleidigung *f* -, -en zniewaga *f*, obraza *f*
beleuchten *vt* oświetlać
Beleuchtung *f* - oświetlenie *f*
Beleuchtungsanlage *f* -, -n instalacja oświetleniowa

belichten *vt* *fot.* naświetlać
Belichtungsmesser *m* -s, - *fot.* światłomierz
belieben *vi* raczyć, zechcieć; **wie es Ihnen beliebt** jak pan sobie życzy
Belieben *n*: **nach ~** do woli, według uznania, według upodobania
beliebig *adj* dowolny; **jeder Beliebige** pierwszy lepszy
beliebt → **belieben**; *adj* lubiany, popularny (**bei j-m** przez kogoś)
beliefern *vt* dostarczać (**j-n mit einer Sache** komuś czegoś), zaopatrywać (kogoś w coś)
Belieferung *f* -, -en dostawa *f*
bellen *vi* szczekać
Belobigung *f* -, -en pochwała *f*
belohnen *vt* wynagradzać (**für etw** za coś)
Belohnung *f* -, -en nagroda *f*; **als ~ für …** w nagrodę za …
belügen* *vt* okłam(yw)ać
Belustigung *f* -, -en rozrywka *f*, zabawa *f*
bemächtigen, sich *vr* zawładnąć (**eines Dinges** czymś)
bemalen *vt* po|malować
bemerkbar *adj* dostrzegalny, widoczny
bemerken *vt* zauważać; (*sagen*) nadmieni(a)ć
bemerkenswert *adj* godny uwagi
Bemerkung *f* -, -en uwaga *f*
bemitleiden *vt* współczuć (**j-n** komuś), litować się (nad kimś)
bemittelt *adj* zamożny
bemühen, sich *vr* trudzić się; starać się (**um etw** o coś)
Bemühung *f* -, -en wysiłek *m*; (*Bestreben*) staranie *n*
benachbart *adj* sąsiedni
benachrichtigen *vt* zawiadamiać (**j-n von einer Sache** kogoś o czymś)
benachteiligen *vt* s|krzywdzić; **er fühlt sich benachteiligt** czuje się pokrzywdzony
Benehmen *n* -s zachowanie się *n*, postępowanie *n*; sprawowanie *n*
benehmen*, **sich** *vr* zacho(wy)wać się, sprawować się
beneiden *vt* zazdrościć (**j-n um etw** komuś czegoś)
beneidenswert *adj* godny pozazdroszczenia
Bengel *m* -s, - *o.* -s urwis *m*, smarkacz *m*, smyk *m*
benommen *adj* oszołomiony; otępiały

benötigen vt potrzebować (czegoś)
benutzen, benützen vt uży(wa)ć (czegoś), posługiwać się (czymś); **die Gelegenheit ~** korzystać ze sposobności
Benutzung f - uży(tko)wanie n, korzystanie n (z czegoś)
Benutzungsgebühr f -, -en opłata za korzystanie (z czegoś)
Benzin n -s, -e benzyna f
Benzinanzeiger m -s, - mot. wskaźnik paliwa
Benzinkanister m -s, - kanister
Benzintank m -s, -s bak, zbiornik paliwa
Benzinverbrauch m -(e)s zużycie benzyny
beobachten vt (betrachten) obserwować; (einhalten) przestrzegać, zacho(wy)wać
Beobachter m -s, - obserwator m
Beobachtung f -, -en obserwacja f
bequem adj wygodny; **es sich ~ machen** rozgościć się
Bequemlichkeit f -, -en wygoda f, komfort m; **eine Wohnung mit allen ~en** mieszkanie z wszystkimi wygodami
beraten* I. vt doradzać (**j-n** komuś) II. vi obradować (**über etw** nad czymś)
Beratung f -, -en 1. sing doradztwo n 2. narada f
Beratungsstelle f -, -n poradnia f
berauben vt obrabować (**eines Dinges** z czegoś)
berauschen I. vt upajać II. vr **sich ~** upić się; figur. upajać się
berechnen vt obliczać, s|kalkulować
berechtigen vt uprawni(a)ć (**zu einer Sache** do czegoś)
berechtigt → **berechtigen**; adj uprawniony, uzasadniony
beredt adj wymowny, elokwentny
Bereich m -(e)s, -e zakres m, zasięg m; **der ~ des Rundfunks** zasięg radiostacji
bereichern, sich vr wzbogacać się (**an einer Sache** na czymś)
Bereifung f -, -en mot. ogumienie n, opony
bereisen vt: **ein Land ~** podróżować po kraju
bereit adj gotowy; **sich ~ erklären** wyrażać gotowość
bereiten vt przygotow(yw)ać; zgotować; (verursachen) sprawi(a)ć
bereitmachen, sich vr przygotow(yw)ać się (**zu einer Sache** do czegoś)
bereits adv już
Bereitschaft f - gotowość f

Bereitschaftsdienst m -(e)s, -e pogotowie n (ratunkowe, techniczne u.ä.)
bereitstellen vt przygoto(wy)wać; stawiać do dyspozycji
bereitwillig adj chętny
bereuen vt żałować (czegoś)
Berg m -(e)s, -e góra f; **über ~ und Tal** przez góry i doliny
bergab(wärts) adv z góry na dół; **~ gehen** schodzić z góry
Bergarbeiter m -s, - górnik m
bergauf adv do góry, pod górę; **~ steigen** wspinać się pod górę
Bergbau m -(e)s górnictwo n
Bergbewohner m -s, - góral m
Bergführer m -s, - przewodnik m (wysoko)górski
bergig adj górzysty
Bergkuppe f -, -n wierzchołek góry
Bergmann m -(e)s, ...leute górnik m
Bergrettungsdienst m -(e)s, -e górskie pogotowie ratunkowe
Bergsteigen n -s wspinaczka (górska)
Bergsteiger m -s, - taternik m, alpinista m
Bergwerk n -(e)s, -e kopalnia f
Bericht m -(e)s, -e sprawozdanie n, relacja f
berichten vt, vi donosić (**etw, über etw** o czymś), zda(wa)ć sprawę (z czegoś), relacjonować (coś)
Berichterstatter m -s, - sprawozdawca m, reporter m, korespondent m
berichtigen vt s|prostować, korygować
Berliner¹ m -s, - berlińczyk m
Berliner² m -s, - pączek m
Bernstein m -(e)s, -e bursztyn m
bersten* vi s pękać
berüchtigt adj osławiony, o złej opinii
berücksichtigen vt uwzględn(ia)ć, brać pod uwagę
Beruf m -(e)s, -e zawód m; **was sind Sie von ~?** kim pan jest z zawodu?
berufen* I. vt powoł(yw)ać (**zu einer Sache** do czegoś) II. vr **sich ~** powoł(yw)ać się (**auf j-n** na kogoś)
beruflich adj zawodowy
Berufsausbildung f - wykształcenie zawodowe
Berufsschule f -, -n szkoła zawodowa
berufstätig adj pracujący zawodowo
Berufung f -, -en powołanie się n (**auf etw** na coś); (Appellation) apelacja f
beruhen vi polegać (**auf einer Sache** na czymś)

beruhigen *vt* uspokajać (**sich** się)
Beruhigungsmittel *n* -s, - *med.* środek uspokajający
berühmt *adj* sławny, słynny
berühren *vt* dotykać (czegoś); (*erwähnen*) poruszać (jakąś sprawę); **es berührt mich unangenehm** to mnie razi
besänftigen *vt* uspokajać; uśmierzać
besaß → **besitzen**
Besatz *m* -es, **Besätze** obrębek *m*, obszycie *n*, lamówka *f*
Besatzung *f* -, -en załoga *f*; okupacja *f*
beschädigen *vt* uszkadzać
beschaffen *vt* wystarać się (o coś); **es ist nicht zu ~** tego nie można dostać
Beschaffenheit *f* - stan *m*; właściwość *f*, cecha *f*
beschäftigen I. *vt* zatrudni(a)ć **II.** *vr* **sich ~** zajmować się (**mit einer Sache** czymś)
Beschäftigung *f* -, -en zajęcie *n*, zatrudnienie *n*
beschäftigungslos *adj* bez zajęcia
beschämen *vt* zawstydzać
Bescheid *m* -(e)s, -e odpowiedź *f*; (*Auskunft*) informacja *f*; **ich weiß ~** wiem, orientuję się; **~ geben** poinformować
bescheiden *adj* skromny
Bescheidenheit *f* - skromność *f*
bescheinigen *vt* zaświadczać
Bescheinigung *f* -, -en zaświadczenie *n*, pokwitowanie *n*
bescheren *vt*, *vi* (po)darować (na gwiazdkę), obdarow(yw)ać
beschimpfen *vt* z|wymyślać
Beschlag *m* -(e)s, **Beschläge** obicie *n*; okucie *n*
Beschlagnahme *f* -, -n konfiskata *f*
beschlagnahmen *vt* konfiskować
beschleunigen *vt* przyśpieszać
Beschleunigung *f* - przyśpieszenie *n*
beschließen[*] *vt* **1.** postanawiać; **ein Gesetz ~** uchwalać ustawę **2.** (*beenden*) zakończyć
Beschluss *m* -es, **Beschlüsse** uchwała *f*; postanowienie
beschmieren *vt* po|smarować; (*beschmutzen*) po|brudzić
beschmutzen *vt* po|brudzić
beschneiden[*] *vt* obrzynać, obcinać; (*schmälern*) okrawać
beschönigen *vt* upiększać (słowami)
beschränken I. *vt* ograniczać **II.** *vr* **sich ~** ograniczać się (**auf etw** do czegoś)

beschränkt *adj* ograniczony (umysłowo)
beschreiben[*] *vt* opis(yw)ać
Beschreibung *f* -, -en opis *m*
beschuldigen *vt* obwini(a)ć (**eines Dinges** o coś)
beschützen *vt* ochraniać
Beschwerde *f* -, -n dolegliwość *f*; (*Klage*) skarga *f*, zażalenie *n*
Beschwerdebuch *n* -(e)s, ...**bücher** książka zażaleń
beschweren I. *vt* obciążać **II.** *vr* **sich ~** skarżyć się (**über j-n** na kogoś)
beschwerlich *adj* uciążliwy
beschwichtigen *vt* uspokajać, łagodzić
beschwindeln *vt* oszuk(iw)ać
beschwipst *adj ugs.* podchmielony
beschwören[*] *vt* zaklinać, błagać (**j-n** kogoś); przywoływać (przeszłość)
beseitigen *vt* usuwać
Besen *m* -s, - miotła *f*
besessen → **besitzen**; *adj* opętany
besetzen *vt* obsadzać, zajmować; **einen Platz ~** za|rezerwować miejsce; **alles besetzt** wszystkie miejsca zajęte
besichtigen *vt* oglądać, zwiedzać
Besichtigung *f* -, -en oglądanie *n*, zwiedzanie *n*; (*Untersuchung*) oględziny *pl*
besiedeln *vt* zasiedlać
besiegeln *vt* przypieczętować
besiegen *vt* zwyciężać, pokonać
besinnen[*], **sich** *vr* zastanawiać się; **sich anders ~** rozmyślić się; **sich auf etw ~** przypominać sobie coś
besinnungslos *adj* nieprzytomny
Besitz *m* -es posiadanie *n*; (*Besitztum*) posiadłość *f*, własność *f*; **etw im ~ haben** posiadać coś
besitzen[*] *vt* posiadać, mieć
Besitzer *m* -s, - posiadacz *m*, właściciel *m*
besoffen *adj ugs.* pijany
besohlen *vt* pod|zelować
besonder- *adj* szczególny, specyficzny; **~e Merkmale** znaki szczególne; **im Besonderen** w szczególności
Besonderheit *f* -, -en osobliwość *f*
besonders *adv* szczególnie, specjalnie; zwłaszcza
besonnen → **besinnen**; *adj* rozważny
besorgen *vt* **1.** (*beschaffen*) kupić, postarać się o coś, załatwić coś; **etwas zum Essen ~** kupić coś do jedzenia **2.** (*erledigen*) załatwić, wykonać (zlecenie) **3.** (*sich um j-n, etw kümmern*) opiekować się (kimś, czymś)

besorgt → **besorgen**; *adj* zatroskany (**um etw** z powodu czegoś)
Besorgung *f* -, -**en** załatwienie *n*; (*Einkauf*) sprawunek *m*, zakup *m*
besprechen* *vt* omawiać
Besprechung *f* -, -**en** omówienie *n*, recenzja *f*; (*Konferenz*) konferencja *f*, narada *f*
bespritzen *vt* oprysk(iw)ać
besser → **gut** *adj* lepszy; *adv* lepiej; **um so ~** tym lepiej; **es geht mir ~** czuję się lepiej; lepiej mi się powodzi
Besserung *f* - poprawa *f*, polepszenie *n*; **gute ~!** (życzę) szybkiego powrotu do zdrowia!
best → **gut** *adj* najlepszy; **am ~en** najlepiej; **der erste Beste** pierwszy lepszy
Bestand *m* -(e)s, **Bestände** 1. *sing* (*das Bestehen*) trwałość *f*, ciągłość *f* 2. (*Vorrat*) stan *m*, zapas *m*
beständig *adj* trwały, stały
Bestandteil *m* -(e)s, -**e** część składowa, składnik *m*
bestätigen *vt* potwierdzać
Bestätigung *f* -, -**en** potwierdzenie *n*
bestechen* *vt* przekupywać
Bestechung *f* -, -**en** łapówka *f*
Besteck *n* -(e)s, -**e** przybory *pl*, sztućce *pl*
bestehen* I. *vt* przetrwać, przetrzymać; **eine Prüfung ~** zda(wa)ć egzamin II. *vi* składać się (**aus einer Sache** z czegoś); (*existieren*) istnieć; żądać, domagać się; obstawać (**auf einer Sache** przy czymś)
besteigen* *vt* wchodzić (na coś); **den Berg ~** wejść <wspiąć się> na górę
bestellen *vt* zamawiać; **j-n ~** wezwać kogoś; **Kinokarten ~** zamówić bilety do kina
Bestellkarte *f* -, -**n** formularz zamówienia
Bestellung *f* -, -**en** zamówienie *f*
bestenfalls *adv* w najlepszym razie
bestens *adv* (jak) najlepiej; **er ist ~ unterrichtet** jest świetnie poinformowany
bestimmen *vt* 1. określać, oznaczać; **etw für j-n ~** przeznaczać coś dla kogoś; **j-n zum Nachfolger ~** ustanawiać kogoś następcą 2. (*entscheiden*) z|decydować (**über etw** o czymś)
bestimmt I. *adj* określony, oznaczony; (*sicher*) pewny II. *adv* z pewnością, na pewno
Bestimmung *f* -, -**en** 1. *sing* określenie *n*, cel *m*; (*Berufung*) przeznaczenie *n* 2. postanowienie *n*, przepis *m*
Bestimmungsort *m* -(e)s, -**e** miejsce przeznaczenia

Bestleistung *f* -, -**en** najlepszy wynik, rekord
bestrafen *vt* u|karać
bestrahlen *vt* *med.* napromieniować, naświetlać
Bestreben *n* -**s** dążenie *n*
bestrebt *adj*: **~ sein** starać się
bestreichen* *vt* po|smarować (*np.* chleb)
bestreiten* *vt* zaprzeczać (czemuś); (*bezahlen*) **Kosten ~** pokry(wa)ć koszty
bestreuen *vt* posyp(yw)ać
bestürzt *adj* przerażony
Besuch *m* -(e)s, -**e** wizyta *f*; **j-m einen ~ machen** złożyć komuś wizytę; **~ haben** mieć gości
besuchen *vt* odwiedzać; **die Schule ~** uczęszczać do szkoły
Besucher *m* -**s**, - gość *m*, odwiedzający *m*; uczęszczający *m*
Besuchszeit *f* -, -**en** godziny przyjęć; (*im Museum*) godziny zwiedzania
besudeln *vt* pobrudzić, zbrukać
betätigen I. *vt* uruchamiać II. *vr* **sich ~** działać, być czynnym (*o człowieku*)
betäuben *vt* ogłuszać; *med.* usypiać, znieczulać
Bete *f* -, -**n**: **Rote Bete** buraczki *pl*
beteiligen, sich *vr* uczestniczyć (**bei, an einer Sache** w czymś)
Beteiligung *f* -, -**en** uczestnictwo *n*, udział *m*
beten *vi* modlić się
beteuern *vt* usilnie zapewni(a)ć (o czymś)
Beton *m* -**s**, -**s** beton *m*
betonen *vt* kłaść nacisk (na coś), za|akcentować (coś)
Betonung *f* -, -**en** nacisk *m*, akcent *m*
betören oczarow(yw)ać
Betracht *m*: **in ~ ziehen** brać pod uwagę; **in ~ kommen** wchodzić w grę
betrachten *vt* przypatrywać się (czemuś); **j-n schweigend ~** przyglądać się komuś w milczeniu; **als etw ~** uważać za coś; **j-n als Betrüger ~** uważać kogoś za oszusta
beträchtlich *adj* znaczny; pokaźny (**eine Summe** suma)
Betrag *m* -(e)s, **Beträge** suma *f*, kwota *f*
betragen* I. *vt* wynosić; **wie viel beträgt die Rechnung?** na ile opiewa rachunek? II. *vr* **sich ~** zachow(yw)ać się
Betragen *n* -**s** zachowanie się *n*
betrauen *vt* powierzać (**j-n mit einer Sache** komuś coś)

betreffen* *vt* dotyczyć; **das betrifft mich nicht** to mnie nie dotyczy
betreffs *praep mit G* odnośnie do (czegoś)
betreiben* *vt* zajmować się (czymś), uprawiać (coś); **ein Handwerk ~** trudnić się rzemiosłem
betreten*[1] *vt* wstępować, wchodzić (**etw** do czegoś, na coś)
betreten[2] *adj* zakłopotany, speszony
Betrieb *m* -(e)s, -e **1.** ruch *m*; **außer ~** nieczynny; **in ~ setzen** uruchamiać **2.** (*Anlage*) zakład *m*, fabryka *f*
Betriebsrat *m* -(e)s, ...räte rada zakładowa
betrinken*, **sich** *vr* upi(ja)ć się
betroffen → **betreffen**; *adj* zmieszany
betrog → **betrügen**
betrübt *adj* zasmucony
Betrug *m* -(e)s oszustwo *n*; **einen ~ begehen** popełnić oszustwo
betrügen* *vt* oszuk(iw)ać; zdradzać (żonę, męża)
Betrüger *m* -s, - oszust *m*
betrunken → **betrinken**; **~ sein** być pijanym
Bett *n* -(e)s, -en **1.** łóżko *n*; **das ~ machen** słać łóżko; **das ~ hüten** leżeć (z powodu choroby); **ich gehe zu ~** idę spać **2.** koryto *n* (rzeki)
Bettdecke *f* -, -n kołdra *f*
betteln *vi* żebrać
bettlägerig *adj* obłożnie chory
Bettlaken *n* -s, - prześcieradło *n*
Bettler *m* -s, - żebrak *m*
Betttuch *n* -(e)s, ...tücher prześcieradło *f*
Bettvorleger *m* -s, - dywanik *m* (przed łóżko)
Bettwäsche *f* - bielizna pościelowa
Bettzeug *n* -(e)s *ugs.* pościel *f*
Beuge *f* -, -n *sport.* skłon *m*
beugen I. *vt* zgiąć (rękę), ugiąć (kolana) **II.** *vr* **sich ~** skłonić się; pochylić się
Beule *f* -, -n **1.** guz *m* **2.** wgniecenie *n*
beunruhigen [bəˈʔunruːɪgən] **I.** *vt* niepokoić (**j-n** kogoś) **II.** *vr* **sich ~** niepokoić się (**wegen einer Sache** z powodu czegoś)
beurlauben [bəˈʔuːrlaubən] *vt* urlopować, udzielić urlopu
beurteilen [bəˈʔurtaɪlən] *vt* osądzać
Beute *f* - zdobycz *f*, łup *m*
Beutel *m* -s, - worek *m*; (*Geldtasche*) sakiewka *f*, portmonetka *f*
Bevölkerung *f* -, -en ludność *f*

bevollmächtigen *vt* upoważni(a)ć, upełnomocni(a)ć
Bevollmächtigte(r) *f*, *m* -n, -n pełnomocnik *m*
bevor *kj* zanim
bevormunden *vt*: **j-n ~** nakazywać komuś (co ma robić), decydować za kogoś
bevorstehen* *vi* zanosić się (na coś); nadchodzić, zbliżać się; **das Weihnachtsfest steht bevor** nadchodzą święta Bożego Narodzenia
bevorzugen *vt* faworyzować; woleć; dawać pierwszeństwo
bewachen *vt* pilnować; **bewachter Bahnübergang** przejazd strzeżony
Bewachung *f* -, -en straż *f*, ochrona *f*
bewaffnen *vt* uzbrajać
bewahren *vt* zachow(yw)ać; u|chronić (**j-n vor Krankheit** kogoś przed chorobą); **Gott bewahre!** broń Boże!
bewähren, sich *vr* sprawdzić się; wytrzym(yw)ać próbę
bewährt → **bewähren**; *adj* wypróbowany
Bewährungsfrist *f* -, -en *juris.* zawieszenie *n*
bewältigen *vt* pokon(yw)ać (coś), podołać (czemuś)
bewandert *adj* biegły (**auf einem Gebiet** w jakiejś dziedzinie)
bewässern *vt* nawadniać
bewegen[1] **I.** *vt* po|ruszać (**ein Bein** nogą); **bewegte See** wzburzone morze; (*rühren*) wzruszać **II.** *vr* **sich ~** po|ruszać się
bewegen*[2] *vt* nakłaniać (**zu einer Sache** do czegoś)
Beweggrund *m* -(e)s, ...gründe motyw *m*
beweglich *adj* ruchomy
Bewegung *f* -, -en **1.** ruch *m*; **eine plötzliche ~** nagły ruch; **der Zug setzte sich in ~** pociąg ruszył **2.** *figur.* (*Rührung*) wzruszenie *n*
Beweis *m* -es, -e dowód *m*; **zum ~ dessen** na dowód tego
beweisen* *vt* udowadniać (coś); dowodzić (czegoś)
bewerben*, **sich** *vr* zabiegać (**um etw** o coś), starać się o pracę
Bewerbung *f* staranie się o pracę; podanie o pracę
bewilligen *vt* zezwalać (na coś)
Bewilligung *f* -, -en zezwolenie *n*
bewirken *vt* s|powodować
bewirten *vt* u|gościć, po|częstować

bewirtschaften *vt* zagospodarować
bewog → **bewegen**
Bewohner *m* -s, - mieszkaniec *m*
bewohnt *adj* zamieszkały
bewölkt *adj* zachmurzony
Bewölkung *f* - zachmurzenie *f*
bewundern *vt* podziwiać
Bewunderung *f* - podziw *m*
bewusst *adj* świadomy; **sich eines Dinges ~ sein** być świadomym czegoś; **soviel mir ~ ist** o ile mi wiadomo
bewusstlos *adj* nieprzytomny
Bewusstlosigkeit *f* - brak przytomności
Bewusstsein *n* -s świadomość *f*, przytomność *f*
bezahlen *vt* za|płacić
Bezahlung *f* - zapłata *f*
bezaubern *vt* oczarow(yw)ać
bezeichnen *vt* oznaczać, określać
bezeichnend → **bezeichnen**; *adj* znamienny, typowy
Bezeichnung *f* -, -en oznaczenie *n*; określenie *n*
bezeigen *vt* okaz(yw)ać (współczucie)
beziehen* I. *vt* (*einziehen*) wprowadzać się (do czegoś); powlekać (**das Bett** pościel); pobierać (**Rente** rentę); sprowadzać (**Waren** towary) II. *vr* **sich ~** odnosić się (**auf etw** do czegoś); (*sich berufen*) powoływać się (na coś)
Beziehung *f* -, -en wzgląd *m*; związek *m*; stosunek *m*; zależność *f*; **in jeder ~** pod każdym względem
beziehungsweise *adv* względnie, albo
Bezirk *m* -(e)s, -e okręg *m*, powiat *m*, rejon *m*; dzielnica *f*
Bezug *m* -(e)s, **Bezüge** 1. (*Überzug*) powłoczka *f*, pokrowiec *m* 2. *sing* (*von Waren*) sprowadzenie *n*, nabycie *n* 3. **Bezüge** *pl* pobory *pl* 4. (*Beziehung*) wzgląd *m*; **auf etw ~ nehmen** powoływać się na coś; **in ~ auf etw** odnośnie do czegoś
bezüglich I. *adj* odnośny II. *praep mit G* odnośnie do, co się tyczy (czegoś)
Bezugsperson *f* -, -en bliska osoba
Bezug(s)schein *m* -(e)s, -e talon *m*, kwit *m*; bon *m*
bezwecken *vt* zmierzać (do czegoś)
bezweifeln *vt* powątpiewać (o czymś)
bezwingen* I. *vt* pokon(yw)ać, zmóc II. *vr* **sich ~** za|panować nad sobą
BH [be'ha:] *m* -s, -s biustonosz *m*
Bibel *f* -, -n Biblia *f*

Biber *m* -s, - bóbr *m*
Biberratte *f* -, -n nutria *f*
Bibliothek *f* -, -en biblioteka *f*
bieder *adj* poczciwy
biegen* I. *vt* zginać, przeginać II. *vi s* **um die Ecke ~** skręcać w inną ulicę
biegsam *adj* giętki
Biegung *f* -, -en wygięcie *n*; (*eines Weges*) zakręt *m*
Biene *f* -, -n pszczoła *f*
Bienenhonig *m* -s, -e miód pszczeli
Bienenstock *m* -(e)s, ...stöcke ul *m*
Bier *n* -(e)s, -e piwo *n*; **ein Glas ~** jedno piwo; **~flasche** *f* butelka do piwa
Bierdose *f* -, -n puszka do piwa
Bierflasche *f* -, -n butelka do piwa
Bierkeller *m* -s, -, **Bierstube** *f* -, -n piwiarnia
Bierkrug *m* -(e)s, ...krüge kufel
bieten* I. *vt* ofiarować, da(wa)ć; oferować; **die Stirn ~** stawi(a)ć czoło II. *vr* **sich ~** nadarzać się; przedstawi(a)ć się (*o widoku*)
Bilanz *f* -, -en bilans *m*
Bild *n* -(e)s, -er obraz *m*; zdjęcie *n*; **im ~e sein** być zorientowanym
Bildband *m* -(e)s, ...bände album *m*
Bildbericht *m* -(e)s, -e fotoreportaż *m*
bilden *vt* u|tworzyć; **~de Künste** sztuki plastyczne; (*Bildung geben*) wy|kształcić
Bilderbuch *n* -(e)s, ...bücher książka z obrazkami
Bilderrätsel *n* -s, - rebus *m*
Bildhauer *m* -s, - rzeźbiarz *m*
bildhübsch *adj* śliczny
Bildreporter *m* -s, - fotoreporter *m*
Bildröhre *f* -, -n kineskop *m*
Bildsäule *f* -, -n posąg *m*
Bildschirm *m* -(e)s, -e ekran *m* (telewizora, monitora); **vor dem ~ sitzen** siedzieć przed telewizorem
Bildung *f* - kształtowanie *n*; (*Schaffung*) (u)tworzenie *n*; wykształcenie *n*
Bildungswesen *n* -s oświata *f*
Bildwand *f* -, ...wände ekran *m* (kinowy)
Billard ['biljart] *n* -s, -e bilard *m*
billig *adj* tani; **~es Essen** tanie jedzenie
billigen *vt* za|aprobować
bin → **sein**
Binde *f* -, -n opaska *f*, przepaska *f*; (*Verband*) bandaż *m*
Bindehaut *f* - *med.* spojówka *f*
binden* *vt* 1. z|wiązać; zawiązać (szalik); **sich ein Tuch um den Kopf ~** zawiązać

chustkę na głowie 2. przywiąz(yw)ać (**an etw** do czegoś) 3. oprawi(a)ć (**ein Buch** książkę) 4. **sich gebunden fühlen** czuć się zobowiązanym
Bindfaden *m* -s, ...**fäden** sznurek *m*
Bindung *f* -, -**en** powiązania, związek *m*; (*am Ski*) wiązanie *n*
binnen *praep mit G, D* ~ **eines Jahres** <**einem Jahr**> w ciągu roku
Binnenschifffahrt *f* -, -**en** żegluga śródlądowa <rzeczna>
Biografie, Biographie *f* -, -**n** biografia *f*
Biokost *f* - żywność ekologiczna
Biologie *f* - biologia *f*
Birke *f* -, -**n** brzoza *f*
Birkhahn *m* -(e)s, ...**hähne** cietrzew *m*
Birnbaum *m* -(e)s, ...**bäume** grusza *f*
Birne *f* -, -**n** 1. gruszka *f* 2. (*Glühbirne*) żarówka *f* 3. *ugs.* łepetyna *f*, łeb *m*
birst → **bersten**
bis I. *praep mit A* 1. (*örtlich*) do, aż do; ~ **da** do tego miejsca; ~ **hierher** dotąd; ~ **dahin** aż tam; ~ **an die Grenze** do granicy; ~ **wohin?** dokąd? 2. (*zeitlich*) do, aż do; ~ **dahin** do tego czasu; ~ **jetzt** dotychczas, do tej chwili; ~ **auf weiteres** na razie, aż do odwołania; ~ **wann?** do kiedy? **II.** *kj aż*, dopóki nie; **ich warte,** ~ **du kommst** zaczekam, dopóki nie przyjdziesz
Bischof *m* -s, **Bischöfe** biskup *m*
bisher *adv* dotychczas
bisherig *adj* dotychczasowy
Biskuit [bɪs'kvit] *n, m* -(e)s, -s *o.* -e biszkopt *m*; sucharek *m*
bislang *adv* dotychczas
biss → **beißen**
Biss *m* -es, -e ukąszenie *n*
bisschen *adv* trochę; **ein** ~ trochę, nieco
Bissen *m* -s, - kęs *m*, kąsek *n*; przekąska *f*
bissig *adj* kąśliwy; *figur.* uszczypliwy; **ein** ~**er Hund** zły pies
Bisswunde *f* -, -**n** rana od ukąszenia
bist → **sein**
bisweilen *adv* czasami
Bitte *f* -, -**n** prośba *f*
bitten *vt* po|prosić (**um etw** o coś); **vergeblich um etw** ~ daremnie o coś prosić; **wie bitte?** co proszę?
bitter *adj* gorzki; ~**e Mandeln** gorzkie migdały; ~**e Kälte** przejmujące zimno
bitterkalt *adj* przeraźliwe zimno
Bitterkeit *f* - gorycz *f*
Blähung *f* -, -**en** wzdęcie *n*

blamieren, sich *vr* s|kompromitować się
blank *adj* (*glänzend*) lśniący; (*rein*) czysty; (*nackt*) goły
Blase *f* -, -**n** pęcherz *m*
blasen **I.** *vt* **die Trompete** ~ trąbić **II.** *vi* dmuchać, dąć
Blasinstrument *n* -(e)s, -e instrument dęty
Blaskapelle *f* -, -**n** orkiestra dęta
blass *adj* blady
Blatt *n* -(e)s, **Blätter** liść *m*; (*Zettel*) kartka *f*; (*Zeitung*) gazeta *f*
Blätterteig *m* -(e)s, -**e** ciasto francuskie
blau *adj* niebieski; błękitny; **ein** ~**er Fleck** siniec; **ein** ~**es Auge** podbite oko
Blaubeere *f* -, -**n** czarna jagoda
Blech *n* -(e)s, -**e** blacha *f*; *figur.* ~ **reden** pleść głupstwa
Blechschaden *m* -s, ...**schäden** *mot., ugs.* stłuczka *f*
Blei *n* -(e)s, -**e** ołów *m*
Bleibe *f* - *ugs.* mieszkanie *n*; nocleg *m*
bleiben *vi s* po|zostawać; **wo bleibt er?** gdzie on się podziewa?; ~ **lassen** zaniechać (*czegoś*)
bleich *adj* blady
bleichen *vt* wybielać, odbarwi(a)ć
Bleifrei *n* -s benzyna bezołowiowa
Bleistift *m* -(e)s, -**e** ołówek *m*
Bleistiftspitzer *m* -s, - temperówka *f*
Blende *f* -, -**n** *fot.* przesłona *f*
blenden *vt* oślepi(a)ć; **das Licht blendet mich** światło mnie razi
blendend o **blenden**; *adj* olśniewający
Blick *m* -(e)s, -**e** spojrzenie *n*; **auf den ersten** ~ na pierwszy rzut oka
blickdicht *adj* nieprzezroczysty (**eine Strumpfhose** rajstopy)
blicken *vt* spoglądać, patrzeć (**auf j-n, nach j-m** na kogoś); **rings um sich** ~ rozglądać się dookoła
Blickfeld *n* -(e)s, -**er** pole widzenia
blieb → **bleiben**
blies → **blasen**
blind *adj* ślepy, niewidomy; ~**er Passagier** pasażer na gapę; ~ **werden** o|ślepnąć
Blinddarm *m* -(e)s, ...**därme** wyrostek robaczkowy
Blinde(r) *f, m* -**n**, -**n** niewidomy *m*, niewidoma *f*
Blindenschrift *f* - pismo Braille'a
Blindgänger *m* -s, - *mil.* niewypał *m*
Blindheit *f* - ślepota *f*
blinken *vi* migać; dawać sygnały świetlne

Blinker *m* -s, - *mot.* kierunkowskaz *m*, migacz *m*
Blinkleuchte *f* -, -n *mot.* migacz *m*
Blinklichtanlage *f* -, -n *ebw.* sygnalizacja świetlna (*na przejeździe*)
blinzeln *vi* mrugać
Blitz *m* -es, -e błyskawica *f*, piorun *m*; **so schnell wie der ~** tak szybko jak strzała
Blitzableiter *m* -s, - odgromnik *m*, piorunochron *m*
blitz(e)blank *adj ugs.* lśniący czystością, czyściutki
blitzen *vi* błyskać się; **es blitzt** błyska się; błyszczeć
Blitzlicht *n* -(e)s, -er *fot.* światło błyskowe
Block *m* -(e)s **1.** *pl* **Blöcke** blok *m*, kloc *m*, bryła *f* **2.** *pl* **Blöcke** (*Zeichenblock*) blok rysunkowy; (*Notizblock*) notes *m* **3.** *pl* **-s** kwartał domów
Blockschrift *f* - pismo blokowe
blöde *adj* głupkowaty, niedorzeczny
Blödsinn *m* -(e)s idiotyzm *m*, głupstwo *n*
blond *adj* blond
blondieren *vt* u|tlenić (*włosy*)
bloß I. *adj* goły **II.** *adv* (*nur*) tylko, jedynie
bloßstellen *vt* obnażać; *figur.* z|demaskować, kompromitować
blühen *vi* kwitnąć
Bluejeans, Blue Jeans [ˈbluːdʒiːns] *pl* dżinsy *pl*
Blume *f* -, -n kwiat *m*; **eine exotische ~** egzotyczny kwiat
Blumenbeet *n* -(e)s, -e kwietnik *m*
Blumengeschäft *n* -(e)s, -e kwiaciarnia *f*
Blumenkohl *m* -(e)s kalafior *m*
Blumenladen *m* -s, ...läden → **Blumengeschäft**
Blumenstrauß *m* -es, ...sträuße bukiet *m*
Blumentopf *m* -(e)s, ...töpfe doniczka *f*
Bluse *f* -, -n bluzka *f*; bluza *f*
Blut *n* -(e)s krew *f*; **ein Tropfen ~** kropla krwi
blutarm *adj* anemiczny
Blutarmut *f* - anemia *f*
Blutdruck *m* -(e)s *med.* ciśnienie krwi
Blüte *f* -, -n kwiat *m*; *figur.* rozkwit *m*
bluten *vi* krwawić
Bluterguss *m* -es, ...ergüsse wylew krwi
Blutgefäß *n* -es, -e naczynie krwionośne
Blutgruppe *f* -, -n grupa krwi
blutig *adj* krwawy
Blutprobe *f* -, -n próba krwi (na zawartość alkoholu)
Blutspende *f* -, -n krwiodawstwo
blutstillend *adj* tamujący krwawienie
Blutung *f* -, -en krwawienie *n*, krwotok *m*
Blutuntersuchung *f* -, -en *med.* analiza krwi
Blutvergiftung *f* -, -en zakażenie krwi
Blutwurst *f* -, ...würste kaszanka *f*
Bö *f* -, -en porywisty wiatr; *naut.* szkwał *m*
Bob, Bobsleigh *m* -s, -s bobslej *m*
Bobbahn *f* -, -en tor bobslejowy
Bock *m* -(e)s, **Böcke** *zool.* kozioł *m*, baran *m*; *sport.* kozioł *m*
Bocksprung *m* -(e)s, ...sprünge *sport.* skok przez kozła
Bockwurst *f* -, ...würste serdelek *m*
Boden *m* -s, **Böden** ziemia *f*, grunt *m*; (*Erdart*) gleba *f*; (*eines Gefäßes*) dno *n*; (*Fußboden*) podłoga *f*; (*Dachboden*) strych *m*
Bodenbelag *m* -(e)s, ...beläge wykładzina podłogowa
Bodenfrost *m* -(e)s, ...fröste przymrozek przygruntowy
bodenlos *adj* bezdenny
bodenständig *adj* rodzimy
Bodybuilder [ˈbɔdibɪldɛ(r)] *m* -s, - kulturysta *m*
Bodybuilding [ˈbɔdibɪldɪŋ] *n* -s kulturystyka *f*
bog → **biegen**
Bogen *m* -s, - łuk *m*; (*Papierbogen*) arkusz *m*; (*Geigenbogen*) smyczek *m*
Bohne *f* -, -n fasola *f*; ziarnko *n* (*kawy*)
Bohnenkaffee *m* -s kawa ziarnista
bohnern *vt* froterować
bohren *vt*, *vi* wy|wiercić; *ugs.* dłubać
Bohrer *m* -s, - świder *m*
Boje *f* -, -n boja *f*, pława *f*
Bolzen *m* -s, - bolec *m*, sworzeń *m*
Bombe *f* -, -n bomba *f*
Bomber *m* -s, - bombowiec *m*
Bonbon [bɔŋˈbɔŋ] *m*, *n* -s, -s cukierek *m*
Boot *n* -(e)s, -e łódź *f*, łódka *f*, czółno *n*
Bord *m* -(e)s, -e pokład *m* (*o. samolotu*); (*Schiffsrand*) burta *f*; **an ~** na pokładzie; **an ~ gehen** wsiadać na statek
Bordkarte *f* -, -n karta pokładowa
borgen *vt* pożyczać
Börse *f* -, -n giełda *f*
Borste *f* -, -n szczecina *f*
bösartig *adj* złośliwy
böse *adj* zły; **auf j-n ~ werden** rozgniewać się na kogoś; **seien Sie nicht ~** niech się pan nie gniewa

Böschung f -, -en skarpa f
boshaft adj złośliwy; **eine ~e Bemerkung** złośliwa uwaga
Boshaftigkeit f -, -en **1.** *sing* złośliwość f, sarkazm m **2.** *pl* złośliwości *fpl*
Boss m -es, -e szef m, boss m
bot → **bieten**
botanisch adj botaniczny; **~er Garten** ogród botaniczny
Bote m -n, -n posłaniec m, goniec m
Botschaft f -, -en wiadomość f; (*diplomatische Vertretung*) ambasada f
Botschafter m -s, - ambasador m
Bouillon [bul'jɔŋ] f -, -s bulion m
Boutique [bu'tiːk] f -, -n butik m
boxen vi boksować (się)
Boxer m -s, - bokser m (*o.* pies)
brach → **brechen**
Brachfeld n -(e)s, -er ugór m, odłóg m
brachliegen vi leżeć odłogiem
brachte → **bringen**
Brand m -(e)s, **Brände** pożar m; **in ~ geraten** zapalić się; **in ~ stecken** podpalić
brandneu adj nowiutki
Brandstätte f -, -n pogorzelisko n
Brandstifter m -s, - podpalacz m
Brandung f -, -en przybój m
Brandwunde f -, -n rana z oparzenia
brannte → **brennen**
Branntwein m -(e)s, -e wódka f
braten* vt piec; (*schmoren*) smażyć
Braten m -s, - pieczeń f
Brathähnchen n -s, - kurczę pieczone
Bratkartoffeln *pl* smażone kartofle
Bratpfanne f -, -n brytfanna f
Bratwurst f -, ...würste kiełbasa smażona
Brauch m -(e)s, **Bräuche** zwyczaj m; **nach altem ~** starym zwyczajem
brauchbar adj zdatny; (*nützlich*) użyteczny
brauchen vt **1.** (*nötig haben*) potrzebować (czegoś); **~ Sie noch etwas?** potrzeba panu jeszcze czegoś?; **es braucht nicht gleich zu sein** nie musi być zaraz **2.** (*anwenden*) uży(wa)ć
Braue f -, -n brew f
Brauerei f -, -en browar m
braun adj brunatny, brązowy; **~e Augen** piwne oczy; **~ gebrannt** opalony
Braunkohle f -, -n węgiel brunatny
Brause f -, -n **1.** natrysk m **2.** sitko polewaczki
brausen vi szumieć, huczeć; (*brodeln*) kipieć; (*sausen*) pędzić, gnać

Braut f -, **Bräute** narzeczona f, panna młoda f; **~jungfer** druhna f
Bräutigam m -s, -e narzeczony m, pan młody m
Brautpaar n -(e)s, -e narzeczeni *pl*, państwo młodzi
brav adj dzielny; zacny; (*artig*) grzeczny
brechen* **I.** vt z|łamać; pobić (**einen Rekord** rekord); przer(y)wać (**sein Schweigen** milczenie) **II.** vi **1.** s z|łamać się; (*durchdringen*) przebi(ja)ć się **2.** zrywać (**mit j-m** z kimś) **3.** (*erbrechen*) z|wymiotować
Brechmittel n -s, - środek wymiotny
Brechreiz m -es, -e mdłości *pl*
Brechstange f -, -n łom m
Brei m -(e)s, -e papka f; *kulin.* kaszka f
breit adj szeroki; **weit und ~** wszędzie (wokół); **sich ~ machen** rozsiadać się wygodnie; *vulg.* rozwalać się
Breite f -, -n szerokość f
Breitwandfilm m -(e)s, -e film szerokolekranowy
Bremse f -, -n hamulec m
bremsen vi, vt za|hamować
Bremslicht n -(e)s, -er światło stopu
Bremspedal n -s, -e pedał hamulcowy
Bremsweg m -(e)s, -e droga hamowania
brennbar adj palny
brennen* **I.** vt palić; wypalać(**Ziegel** cegły); (*schmerzen*) piec, szczypać, parzyć **II.** vi **1.** palić się; **es brennt!** pali się! **2.** prażyć (*o słońcu*)
brennend → **brennen**; adj palący; **~er Schmerz** piekący ból
Brenner m -s, - **1.** palnik m **2.** nagrywarka płyt kompaktowych
Brennnessel f -, -n pokrzywa f
Brennstoff m -(e)s, -e paliwo n
Brennweite f -, -n *fot.* ogniskowa f
Brett n -(e)s, -er deska f
Brettspiel n -(e)s, -e gra planszowa
Brezel f -, -n obwarzanek m, precel m
bricht → **brechen**
Brief m -(e)s, -e list; **eingeschriebener ~** list polecony
Briefbogen m -s, - arkusz papieru listowego
Briefkasten m -s, ...kästen skrzynka pocztowa
Briefmarke f -, -n znaczek pocztowy
Briefmarkensammler m -s, - filatelista m
Briefpapier n -s, -e papier listowy

Brieftasche *f* -, -n portfel *m*
Briefträger *m* -s, - listonosz *m*, doręczyciel *m*
Briefumschlag *m* -(e)s, ...umschläge koperta *f*
Briefwechsel *m* -s, - korespondencja *f*
briet → **braten**
Brille *f* -, -n okulary *pl*
Brimsen(käse) *m* -s, - *austr.* ser owczy, bryndza *f*
bringen *vt* przynosić; (*mit Wagen*) przywozić; odprowadzić, zaprowadzić; (*abtransportieren*) odnosić; odwozić; **auf die Umlaufbahn ~** wprowadzić na orbitę; **in Einklang ~** uzgodnić; **in Ordnung ~** uporządkować; **in Umlauf ~** puszczać w obieg; **in Verlegenheit ~** wprawi(a)ć w zakłopotanie; **zur Kenntnis ~** poda(wa)ć do wiadomości; **zur Sprache ~** poruszać; **zum Stehen ~** zatrzymać; **zur Welt ~** urodzić; **j-n um etw ~** pozbawić kogoś czegoś
Brise *f* -, -n *naut.* bryza *f*
britisch *adj* brytyjski
bröckeln *vi, vt* kruszyć (się); **das Brot bröckelt** chleb kruszy się
Brocken *m* -s, - okruch *m*, odłamek *m*
brodeln *vi* kipieć
Brombeere *f* -, -n jeżyna *f*
Bronchitis *f* zapalenie oskrzeli
Bronze ['brjːsɛ] *f* -, -n brąz *m*
Brosche *f* -, -n broszka *f*
Broschüre *f* -, -n broszura *f*
Brot *n* -(e)s, -e chleb *m*
Brötchen *n* -s, - bułka *f*; **belegtes ~** kanapka *f*
Brotlaib *m* -(e)s, -er bochenek chleba
Brotscheibe, Brotschnitte *f* -, -n kromka chleba
Bruch *m* -(e)s, **Brüche** złamanie *n*; *figur.* (*Zerwürfnis*) rozłam *m*; *med.* przepuklina *f*; *mat.* ułamek *m*
Bruchstück *n* -(e)s, -e fragment *m*
Bruchteil *m* -(e)s, -e część *f*
Bruchzahl *f* -, -en ułamek *m*
Brücke *f* -, -n most *m*
Bruder *m* -s, **Brüder** brat *m*
brüderlich *adj* braterski
Brüderschaft *f* - braterstwo *n*
Brühe *f* -, -n rosół *m*
brühen *vt* zaparzyć (herbatę)
brüllen *vi* wrzeszczeć, ryczeć
brummen *vi* **1.** mruczeć, gderać, mamrotać **2.** warczeć (*o silniku*)

brünett *adj* ciemnowłosy
Brunnen *m* -s, - studnia *f*; (*Quelle*) źródło *n*
Brunst *f* -, **Brünste** ruja *f*
brüsk *adj* szorstki
Brust *f* -, **Brüste 1.** pierś *f*; **eine breite ~** szeroka pierś **2.** pierś *f* (kobieca)
brüsten, sich *vr* chełpić się
Brustkorb *m* -(e)s, ...körbe klatka piersiowa
Brüstung *f* -, -en balustrada *f*
Brustwarze *f* -, -n brodawka piersi
brüten *vi* głowić się (**über einer Sache** nad czymś), medytować; **eine ~de Hitze** tropikalny upał
Bruttoeinkommen *n* -s, - dochód brutto
Bube *m* -n, -n *kart.* walet *m*
Buch *n* -(e)s, **Bücher** książka *f*; **ein ~ ausleihen** wypożyczyć książkę
Buchbinder *m* -s, - introligator *m*
Buche *f* -, -n buk *m*
buchen *vt* za|księgować; za|rezerwować (bilet lotniczy)
Bücherei *f* -, -en biblioteka *f*
Buchhalter *m* -s, - księgowy *m*
Buchhaltung *f* - księgowość *f*
Buchhandlung *f* -, -en księgarnia *f*
Buchmacher *m* -s, - bukmacher *m*
Büchse *f* -, -n puszka *f*; (*Jagdgewehr*) strzelba *f*, fuzja *f*
Büchsenfleisch *n* -(e)s mięso z puszki, konserwa mięsna
Büchsenöffner *m* -s, - otwieracz do puszek
Buchstabe *m* -ns, -n litera *f*
buchstabieren *vt* sylabizować, literować
buchstäblich *adj* dosłowny
Bucht *f* -, -en zatoka *f*
Buckel *m* -s, - garb *m*
bücken, sich *vr* schylać się
Bude *f* -, -n buda *f*; rudera *f*; *ugs.* mieszkanie *n*, pokój *m*; (*Laden*) *ugs.* lokal *m*, sklep *m*
Budget [by'dʒeː] *n* -s, -s budżet *m*
Büfett [byˈfeː] *n* -(e)s, -s *o.* -e bufet *m*, kredens *m*
Büffel *m* -s, - bawół *m*
Bug *m* -(e)s, -e dziób *m* (statku)
Bügel *m* -s, - wieszak *m*; (*Steigbügel*) strzemię *n*
Bügeleisen *n* -s, - żelazko *n*
Bügelfalte *f* -, -n kant *m* (*u spodni*)
bügelfrei *adj* nie mnący się, nie wymagający prasowania

bügeln *vt* prasować
Bühne *f* -, -n scena *f*
buk → **backen**
Bukett *n* -s, -s *o.* -e aromat *m*
Bulle *m* -n, -n **1.** byk *m* **2.** *ugs.* gliniarz *m*
Bummel *m* -s, - *ugs.* przechadzka *f*
bummeln *vi s ugs.* spacerować bez celu
Bummelzug *m* -(e)s, ...züge *ugs.* (powolny) pociąg osobowy
Bund[1] *m* -(e)s, Bünde związek *m*, sojusz *m*
Bund[2] *n* -(e)s, -e wiązka *f*; pęk *m*
Bündel *n* -s, - wiązka *f*; tłumoczek *m*, zawiniątko *n*
Bundesgenosse *m* -n, -n sprzymierzeniec
Bundesrepublik *f* -, -en republika federalna <związkowa>
bündig *adj*: **kurz und ~** krótko i węzłowato
Bündnis *n* -ses, -se przymierze *n*
Bungalow ['buŋgalo:] *m* -s, -s bungalow
bunt *adj* kolorowy; (*abwechslungsreich*) urozmaicony
Buntstift *m* -(e)s, -e kolorowy ołówek, kredka *f*
Bürde *f* -, -n ciężar *m*; *figur.* brzemię *n*
Burg *f* -, -en zamek *m*, gród *m*
bürgen *vi* ręczyć (**für j-n** za kogoś)
Bürger *m* -s, - obywatel *m*; mieszczanin *m*
bürgerlich *adj* mieszczański; obywatelski;
Bürgerliches Gesetzbuch kodeks cywilny
Bürgermeister *m* -s, - burmistrz *m*

Bürgersteig *m* -(e)s, -e chodnik *m*
Bürgschaft *f* -, -en gwarancja *f*, poręczenie *n*
Büro *n* -s, -s biuro *n*
Büroklammer *f* -, -n spinacz *m*
Bursche *m* -n, -n chłopak *m*, wyrostek *m*
Bürste *f* -, -n szczotka *f*
bürsten *vt* czyścić szczotką, szczotkować
Bus *m* -ses, -se autobus; **mit dem ~** autobusem
Busch *m* -(e)s, Büsche krzak *m*; (*Gebüsch*) zarośla *pl*
Büschel *n* -s, - pęk *m*; wiązka *f*; kosmyk *m*
Busen *m* -s, - piersi kobiece, biust *m*
Busenfreund *m* -(e)s, -e serdeczny przyjaciel
büßen *vt* od|pokutować
bußfertig *adj* skruszony
Busserl *n* -s, -(n) *austr. ugs.* całus *m*
Bußgeld *n* -(e)s, -er grzywna *f*
Büste *f* -, -n popiersie *n*; (*Brust*) piersi *pl*, biust *m*
Büstenhalter *m* -s, - biustonosz *m*
Butter *f* - masło *n*
Butterbrot *n* -(e)s, -e chleb z masłem; **belegtes ~** kanapka
Butterdose *f* -, -n maselniczka *f*
Buttergebäck *n* -(e)s herbatniki *pl*
Buttermilch *f* - maślanka *f*
Byte [baıt] *n* -(s), -(s) bajt *m*

C

Café [ka'fe:] *n* **-s, -s** kawiarnia *f*
Camcorder *m* **-s, -** kamera wideo *f*
campen [kɛmpn] *vi* biwakować, obozować
Camping ['kɛmpiŋ] *n* **-s** biwakowanie *n*, obozowanie *n*
Campinghäuschen *n* **-s, -** domek kempingowy
Campingplatz *m* **-es, ...plätze** kemping *m*
Campus ['kampus] *m* **-, -** kampus *m*
Cappuccino [kapu'tʃi:nī] *m* **-(s), -(s)** cappuccino
CD [tseː'de] *f* **-, -(s)** płyta kompaktowa, CD
CD-Brenner *m* **-s, -** nagrywarka płyt kompaktowych
CD-Player [tseː'depleiɛ] *m* **-s, -** odtwarzacz płyt kompaktowych
CD-ROM *f* **-, -(s)** CD-ROM
Chamäleon *n* **-s, -s** kameleon *m*
Champagner [ʃam'panjə] *m* **-s, -** szampan *m*
Champignon ['ʃampinjɔŋ] *m* **-s, -s** pieczarka *f*
Champion ['tʃɛmpiən] *m* **-s, -s** czempion *m*
Chance ['ʃɑŋsə] *f* **-, -n** szansa *f*
Chaos *n* **-** chaos *m*
Charakter *m* **-s, -e** charakter *m*
Charaktereigenschaft *f* **-, -en** cecha charakteru
charakteristisch *adj* charakterystyczny
Chassis [ʃa'siː] *n* **-, -** podwozie *n*
chatten [tʃɛtn] *vi inform.* czatować
Chauffeur [ʃɔ'føːr] *m* **-s, -e** szofer *m*, kierowca *m*
Chaussee [ʃo'seː] *f* **-, -n** szosa *f*

Chef [ʃɛf] *m* **-s, -s** szef *m*
Chemie *f* **-** chemia *f*
Chemiker *m* **-s, -** chemik *m*
chemisch *adj* chemiczny
Chicorée ['ʃikoreː] *m* **-s,** *f* **-** cykoria *f*
Chilene [tʃɪ'leːnə] *m* **-n, -n** Chilijczyk *m*
Chinese *m* **-n, -n** Chińczyk *m*
chinesisch *adj* chiński
Chip [tʃɪp] *m* **-s, -s 1.** żeton *m* **2.** *kulin. pl* chipsy *pl* **3.** chip *m* (*elektronika*)
Chlor *n* **-s** chlor *m*
Chor *m* **-(e)s, Chöre** chór *m*
Christ *m* **-en, -en** chrześcijanin *m*
Christbaum *m* **-(e)s, ...bäume** *reg.* choinka *f*
Christentum *n* **-s** chrześcijaństwo *n*
christlich *adj* chrześcijański
Chromosom *n* **-s, -en** chromosom *m*
Chronik *f* **-, -en** kronika *f*
chronisch *adj* chroniczny; **eine ~e Krankheit** choroba przewlekła
chronologisch *adj* chronologiczny
Computer [kɔm'pjuːter] *m* **-s, -** komputer
Computerausdruck *m* **-(e)s, -e** wydruk komputerowy
computerisieren *vt* komputeryzować
Computervirus *m* **-, ...viren** *inform.* wirus komputerowy
Couch [kautʃ] *f* **-, -s** *o.* **-en** kanapa *f*
Cousin [kuˈzɛː] *m* **-s, -s** kuzyn *m*
Cousine [kuˈziːnə] *f* **-, -n** kuzynka *f*
Creme *f* **-, -s** krem *m*
Cursor ['køːrsər] *m* **-s, -s** *inform.* kursor *m*
Cutter ['katər] *m* **-s, -** *film.* montażysta *m*

D

da I. *adv* **1.** (*hier*) tu, oto; **bis da** dotąd; **von da an** odtąd **2.** (*dort*) tam; **wer da?** kto tam?; **da sein** być obecnym **II.** *kj* ponieważ, skoro
dabei *adv* przy tym
dableiben *vi s* zosta(wa)ć (na miejscu)
Dach *n* **-(e)s, Dächer** dach *m*
Dachboden *m* **-s, ...böden** strych *m*
Dachs *m* **-es, -e** borsuk *m*
dachte → **denken**
dadurch *adv* przez to

dafür *adv* na to, za to, w zamian; **ich bin ~** jestem za tym; **ich kann nichts ~** to nie moja wina
dagegen I. *adv* przeciw temu; (*im Vergleich*) w porównaniu z tym **II.** *kj* natomiast, zaś
daheim *adv* w domu; (*im Land*) w (swoim) kraju
daher I. *kj* przeto, więc **II.** *adv* stąd, stamtąd
dahin *adv* tam, w tamto miejsce; **bis ~** do tego miejsca; (*zeitlich*) do tego czasu

dahinauf adv tędy (w górę)
dahinaus adv tędy (na zewnątrz)
dahinein adv tędy (do wewnątrz)
dahinter adv za tym, z tyłu; **wir werden ~ kommen** dowiemy się, co się za tym kryje
dahinüber adv tędy (na drugą stronę)
dahinunter adv tędy (w dół)
dalassen vt ugs. pozostawi(a)ć
damals adv wtedy
Dame f -, -n dama f, pani f; (w szachach) królowa; **~ spielen** grać w warcaby
Damenbinde f -, -n podpaska higieniczna
Damenfriseur ['da:mənfrizø:r] m -s, -e fryzjer damski
damit I. adv tym, z tym; **her ~ !** daj(cie) to! **II.** kj aby, żeby
Damm m -(e)s, **Dämme** grobla f, tama f; ebw. nasyp m; jezdnia n; (Hafendamm) molo ochronne n
dämmern vi: **es dämmert 1.** świta **2.** zmierzcha się
Dämmerung f - półmrok m; (abends) zmierzch m; (morgens) brzask m, świt m
Dampf m -(e)s, **Dämpfe** para f; **mit ~ betreiben** napędzać parą
Dampfbügeleisen n -s, - żelazko parowe
dampfen vi parować, dymić
dämpfen vt przy|tłumić; przyćmi(ewa)ć (**das Licht** światło); kulin. dusić
Dampfer m -s, - parowiec m
Dämpfer m -s, - tłumik m
danach adv potem, następnie; (demgemäß) według tego
Däne m -n, -n Duńczyk m
daneben adv obok tego, oprócz tego; **dicht ~** tuż obok
Dänin f -, -nen Dunka f
dänisch adj duński
dank praep mit G, D dzięki (**j-m** komuś)
Dank m -(e)s podziękowanie n; **besten ~** dziękuję bardzo; **Gott sei ~ !** dzięki Bogu!
dankbar adj wdzięczny
danken vi dziękować; **danke schön!** bardzo dziękuję!
dann adv wtedy, wówczas; (später) potem
daran adv przy tym, na tym; **nahe ~** blisko tego; **~ denken** myśleć o tym; **es liegt mir ~** zależy mi na tym
darankommen* vi s: **jetzt kommst du daran** teraz na ciebie kolej
darauf adv na tym; na to; **es kommt ~ an** to zależy; (später) potem; **den Tag ~** nazajutrz

daraufhin adv na to, następnie
daraus adv z tego
darbieten* **I.** vt ofiarow(yw)ać **II.** vr **sich ~** nadarzyć się; przedstawiać się (**ein Anblick** widok)
darf → **dürfen**
darin adv w tym; wewnątrz; w środku
darlegen vt wyjaśni(a)ć, objaśni(a)ć
Darlehen n -s, - pożyczka f; **ein ~ aufnehmen** zaciągnąć pożyczkę
Darm m -(e)s, **Därme** jelito n, ugs. kiszka f
Darmkatarrh m -s, -e med. nieżyt jelit
darstellen vt przedstawi(a)ć, opis(yw)ać
Darsteller m -s, - aktor m, odtwórca m
Darstellerin f -, -nen aktorka f
Darstellung f -, -en przedstawienie (czegoś) n; (Schilderung) opis m
darüber adv nad tym; ponad to; o tym; **ich lache ~** śmieję się z tego; **~ hinaus** ponadto
darum adv **1.** o to; **es handelt sich ~** chodzi o to **2.** (deshalb) dlatego, z tego powodu
darunter adv **1.** pod tym; pod to; **was versteht er ~ ?** co on przez to rozumie? **2.** (unter einer Anzahl) w tym, w tej liczbie
das → **der**
Dasein n -s istnienie n, byt m
Daseinskampf m -(e)s walka o byt
dass kj że, aby, (a)żeby; **so ~ …** tak że …
Datei f -, -en **1.** inform. baza danych, plik m **2.** kartoteka f
Daten pl dane pl
Datenbank f -, -en bank danych
Datenschutz m -es ochrona danych
Datenverarbeitung f - przetwarzanie danych
Dativ m -s, -e gram. celownik m, trzeci przypadek
Dattel f -, -n daktyl m
Datum n -s, …ten data f
Dauer f - trwanie n; **auf die ~** na dłuższy czas
dauerhaft adj trwały
Dauerkarte f -, -n karta abonamentowa; bilet okresowy
Dauerlauf m -(e)s, …läufe bieg długodystansowy
dauern vi trwać
Dauerwelle f -, -n trwała ondulacja
Dauerwurst f -, …würste sucha kiełbasa
Daumen m -s, - wielki palec, kciuk m
Daune f -, -n puch m
Daunenbett n -(e)s, -en pierzyna f
davon adv z tego, stąd; o tym

davonfahren* *vi s* odjeżdżać
davongehen* *vi s* odejść
davonkommen* *vi s* ujść (niebezpieczeństwu)
davonmachen, sich *vr ugs.* zabrać się, wynieść się, odejść
davor *adv* przed tym; przed to
dazu *adv* do tego; (*überdies*) nadto; **noch ~** w dodatku
dazugehören *vi* przy|należeć (do czegoś)
dazutun* *vt ugs.* dodać, dołożyć
dazwischen *adv* (*zwischen dem*) między tym; (*zwischen das*) między to
dazwischenkommen* *vi s*: **wenn nichts dazwischenkommt** jeśli nic nie przeszkodzi
Debatte *f* -, -n dyskusja *f*
Deck *n* -(e)s, -s pokład *m*
Decke *f* -, -n **1.** przykrycie *n*; kołdra *f*, koc *m* **2.** (*Tischdecke*) obrus *m* **3.** (*Zimmerdecke*) sufit *m*; strop *m* **4.** (*Straßendecke*) nawierzchnia *f*
Deckel *m* -s, - pokryw(k)a *f*; wieko *n*
decken *vt* przykry(wa)ć; pokry(wa)ć; nakry(wa)ć
Deckmantel *m* -s, ...mäntel pozór *m*, pretekst *m*
Deckname *m* -ns, -n pseudonim *m*, nazwisko zakodowane
defekt *adj* uszkodzony
Defekt *m* -(e)s, -e defekt *m*, uszkodzenie *n*, wada *f*
Defizit *n* -s, -e niedobór *m*, deficyt *m*
Degen *m* -s, - szpada *f*
dehnbar *adj* elastyczny
dehnen *vt* rozciągać
Deich *m* -(e)s, -e grobla *f*, wał przeciwpowodziowy
Deichsel *f* -, -n dyszel *m*
dein, deine, dein, *pl* **deine** *pron poss* twój, twoja, twoje, *pl* twoi, twoje
deiner *pron pers G* → **du**
deinerseits *adv* z twojej strony
deinetwegen *adv* z twojego powodu
Dekagramm *n* -s, -e dekagram *m*
Dekan *m* -s, -e dziekan *m*
Deklaration *f* -, -en deklaracja *f*
deklarieren *vt* ogłosić; deklarować
Dekolleté, Dekolletee [dekol'te:] *n* -s, -s dekolt *m*
dekorieren *vt* u|dekorować, ozdabiać
Dekret *n* -(e)s, -e dekret *m*
delegieren *vt* wy|delegować

Delikatesse *f* -, -n smakołyk *m*, przysmak *m*
Delikatessengeschäft *n* -(e)s, -e delikatesy *pl* (*sklep*)
Delikt *n* -(e)s, -e wykroczenie *m*
Delle *f* -, -n wgniecenie *f*
dementsprechend *adv* odpowiednio do tego, zgodnie z tym
demgemäß *adv* → **dementsprechend**
demnach *adv* zgodnie z tym; (*folglich*) a więc
demnächst *adv* wkrótce
Demokratie *f* -, -n demokracja *f*
demokratisch *adj* demokratyczny
demolieren *vt* z|demolować
Demonstration *f* -, -en demonstracja
demonstrieren *vt* demonstrować (**gegen etw** przeciw czemuś); pokazywać
demoralisieren *vt* demoralizować
Demut *f* - pokora *f*
demütig *adj* pokorny
demzufolge *adv zob.* **demnach**
Denkart *f* -, -en mentalność *f*; sposób myślenia
denken* *vi, vt* **1.** po|myśleć; **ich denke daran** myślę o tym; **was denkst du darüber?** co o tym sądzisz? **etw von j-m ~** myśleć coś o kimś **2.** (*beabsichtigen*) zamierzać
Denkmal *n* -s, ...mäler pomnik *m*; zabytek *m*
Denkmalschutz *m* -es ochrona zabytków
Denkschrift *f* -, -en memoriał *m*, memorandum *n*
denkwürdig *adj* pamiętny
denn *kj* bo, bowiem, ponieważ; (*verstärkend*) **wer ~?** któż więc?; **wo ist er ~?** gdzież on jest?; (*vergleichend*) **mehr ~ je** więcej niż kiedykolwiek; (*einräumend*) **es sei ~ , dass ...** chyba że ...
dennoch *kj* mimo to
Deodorant *n* -s, -s *o.* -e dezodorant *m*
Deponie *f* -, -n wysypisko *n* (śmieci)
deponieren *vt* z|deponować (**bei der Bank** w banku)
Deportation *f* -, -en deportacja *f*
deportieren *vt* deportować
Depression *f* -, -en depresja *f*
der, die, das, *pl* **die 1.** *rodz. okr.* **der Hund** pies; **die Blume** kwiat; **das Kind** dziecko; **die Eltern** rodzice **2.** *pron* ten, ta, to; *pl* ci, te; który, która, które; *pl* którzy, które
derart *adv* tego rodzaju; (*so sehr*) tak dalece

derb *adj* mocny, krzepki; (*grob*) rubaszny
derjenige, diejenige, dasjenige, *pl* **diejenigen** *pron dem* ten, ta, to, *pl* ci, te
derselbe, dieselbe, dasselbe, *pl* **dieselben** *pron dem* ten sam, ta sama, to samo, *pl* ci sami, te same
derzeit *adv* obecnie, teraz
derzeitig *adj* obecny, teraźniejszy
Desaster *n* -s, - nieszczęście *n*, katastrofa *f*
desgleichen *adv* tak samo, również
deshalb *kj* dlatego
Desinfektion *f* -, -en dezynfekcja *f*
desinfizieren *vt* dezynfekować, odkażać
Dessert *n* -s, -s deser *m*
desto *adv* tym; ~ **besser** tym lepiej; **je ... ~ ... im ... tym ...**
deswegen *adv* z tego powodu, dlatego
deuten I. *vt* interpretować **II.** *vi* **auf etw ~** wskaz(yw)ać na coś
deutlich *adj* wyraźny, zrozumiały
deutsch *adj* niemiecki, **die ~e Sprache** język niemiecki; **der Brief ist ~ geschrieben** list jest napisany po niemiecku
Deutsch *n* -(s) język niemiecki; **etwas auf ~ sagen** powiedzieć coś po niemiecku; **wie heißt das auf ~?** jak to się nazywa po niemiecku?; **er versteht kein ~** (on) nie rozumie po niemiecku
Deutsche(r) *f*, *m* -n, -n Niemiec *m*, Niemka *f*
Devise *f* -, -n (*Losung*) dewiza *f*
Devisen *pl* dewizy *pl*
Dezember *m* -(s) grudzień *m*
Dezernat *n* -(e)s, -e wydział *m* (w policji, administracji)
dezimal *adj* dziesiętny
Dezimalbruch *m* -(e)s, ...brüche ułamek dziesiętny
Dia *n* -s, -s przezrocze *n*
Diabetiker *m* -s, - diabetyk *m*
Diagnose *f* -, -n diagnoza *f*
Diamant *m* -en, -en diament *m*
Diapositiv *n* -s, -e → **Dia**
Diät *f* -, -en dieta *f*; ~ **halten** przestrzegać diety
diätetisch *adj* dietetyczny
dich *pron pers A* → **du**
dicht *adj* gęsty; (*undurchlässig*) szczelny; ~ **am Rande** tuż przy brzegu <na skraju>
Dichter *m* -s, - poeta *m*
Dichtung¹ *f* - poezja *f*; wiersze *pl*
Dichtung² *f* -, -en *techn.* uszczelnienie *n*, uszczelka *f*

dick *adj* **1.** gruby; ~ **werden** utyć **2.** gęsty, zawiesisty; **~e Milch** zsiadłe mleko
Dickdarm *m* -(e)s, ...därme jelito grube
dickfellig *adj ugs.* gruboskórny
Dickicht *n* -s, -e gęstwina *f*
die → **der**
Dieb *m* -(e)s, -e złodziej *m*
Diebstahl *m* -(e)s, ...stähle kradzież *f*
Diele *f* -, -n (*Fußbodenbrett*) deska podłogowa; (*Flur*) sień *f*
dienen *vi* służyć, usługiwać; **zu einer Sache ~** służyć do czegoś; **womit kann ich ~?** czym mogę służyć?
Diener *m* -s, - sługa *m*, służący *m*
Dienst *m* -(e)s, -e służba *f*; usługa *f*, przysługa *f*; ~ **habend** dyżurny; **der ~ habende Offizier** oficer dyżurny
Dienstag *m* -(e)s, -e wtorek *m*
Dienstälteste *m* -n, -n najstarszy rangą <stopniem>
dienstfertig *adj* usłużny
Dienstgrad *m* -(e)s, -e stopień służbowy
Dienstleistungen *pl* usługi *pl*
dienstlich *adj* służbowy; (*amtlich*) urzędowy
Dienstreise *f* -, -n podróż służbowa
Dienststelle *f* -, -n biuro *n*, urząd *m*
Dienststunden *pl* godziny urzędowe
dies → **dieser**
dieser, diese, dieses (dies), *pl* **diese** *pron* ten, ta, to, *pl* ci, te; **dieses Monats** tego <bieżącego> miesiąca
diesjährig *adj* tegoroczny
diesmal *adv* tym razem
diesseits *adv* z tej strony (**eines Dinges**) czegoś
Dietrich *m* -s, -e wytrych *m*
Differenz *f* -, -en różnica *f*; (*Unstimmigkeit*) nieporozumienie *n*
digital *adj* cyfrowy
diktieren *vt* po|dyktować
Dill *m* -s, -e koper(ek) *m*
Ding *n* -(e)s, -e rzecz, przedmiot; **vor allen ~en** przede wszystkim; **guter ~e** dobrej myśli; *ugs.* **armes ~** biedactwo
dingfest: j-n ~ machen aresztować <zamknąć> kogoś
Dioxid *n* -s, -e dwutlenek *m*
Diplom *n* -s, -e dyplom *m*
Diplomat *m* -en, -en dyplomata *m*
Diplomingenieur [di'plo:mɪnʒenjøːr] *m* -s, -e inżynier dyplomowany
dir *pron pers D* → **du**

direkt *adj* bezpośredni
Direktion *f* -, -en dyrekcja *f*
Direktor *m* -s, -en dyrektor *m*
Direktübertragung *f* -, -en bezpośrednia transmisja
Dirigent *m* -en, -en dyrygent *m*
Diskette *f* -, -n dyskietka *f*
Diskettenlaufwerk *n* -(e)s, -e *inform.* napęd dyskietek
Diskjockey ['dıskdʒokeː] *m* -s, -s dyskdżokej *m*
Disko *f* -, -s → **Diskothek**
Diskoroller *m* -s, - łyżworolka *f*
Diskothek *f* -, -en dyskoteka *f*
Diskriminierung *f* -, -en dyskryminacja *f*
Diskus *m* - *o.* -ses, ...ken *o.* -se dysk *m*
Diskussion *f* -, -en dyskusja *f*; **etw zur ~ stellen** poddać coś pod dyskusję
Diskuswerfen *n* -s rzut dyskiem
diskutieren *vi* dyskutować (**über etw** nad czymś), rozprawiać (o czymś)
Distanz *f* -, -en odległość *f*
Distel *f* -, -n oset *m*
Disziplin *f* -, -en dyscyplina *f*
divers *adj* różny
dividieren *vt mat.* dzielić
Division *f* -, -en **1.** *mat.* dzielenie *n* **2.** *mil.* dywizja *f*
doch I. *kj* jednak, lecz **II.** *adv* jednak, przecież; **~!** ależ tak!; **komm ~!** przyjdźże!
Dock *n* -s, -s dok *m*; **schwimmendes ~** dok pływający
Dohle *f* -, -n kawka *f*
Doktor *m* -s, -en doktor *m*, *ugs.* lekarz *m*
Doktorgrad *m* -(e)s, -e stopień doktora
Dokument *n* -(e)s, -e dokument *m*
Dokumentarfilm *m* -(e)s, -e film dokumentalny
Dolch *m* -(e)s, -e sztylet *m*
dolmetschen *vt*, *vi* tłumaczyć (ustnie)
Dolmetscher *m* -s, - tłumacz *m* (ustny)
Dom *m* -(e)s, -e katedra *f*
Donner *m* -s grzmot *m*
donnern *vi* **1.** grzmieć; **es donnert** grzmi **2.** huczeć (*o silnikach*); poruszać się z hukiem
Donnerstag *m* -(e)s, -e czwartek *m*
Donnerwetter! *int* cholera!, psiakrew!
doof *adj ugs.* głupi
dopen *vt*, *vi* używać środków dopingujących
Doping *n* -s, -s doping *m*
Doppel *n* -s, - **1.** duplikat *m* (pisma, dokumentu) **2.** *sport.* gra podwójna, debel *m*

Doppelbett *n* -(e)s, -en łóżko małżeńskie
Doppelgänger *m* -s, - sobowtór *m*
Doppelpunkt *m* -(e)s, -e dwukropek *m*
Doppelspiel *n* -(e)s, -e *sport.* → **Doppel 2.**
doppelt *adj* podwójny; **~ so viel** dwa razy tyle
Doppelzentner *m* -s, - cetnar metryczny, kwintal *m*
Doppelzimmer *n* -s, - pokój dwuosobowy
Dorf *n* -(e)s, **Dörfer** wieś *f*
Dorfbewohner *m* -s, - mieszkaniec wsi
Dorn *m* -(e)s, -en cierń *m*, kolec *m*
dörren *vt* suszyć
Dorsch *m* -(e)s, -e dorsz *m*
dort *adv* tam; **~ entlang** tamtędy; **von ~** stamtąd
dorther *adv* stamtąd
dorthin *adv* tam, w tamtą stronę
dorthinaus *adv* tamtędy
dortig *adj* tamtejszy
Dose *f* -, -n puszka *f*; konserwa w puszce
dösen *vi* drzemać
Dosenbier *n* -(e)s, -e piwo puszkowe
Dosenöffner *m* -s, - otwieracz do puszek
Dosis *f* -, **Dosen** dawka *f*
Dotter *m*, *n* -s, - żółtko *n*
Dozent *m* -en, -en docent *m*
Drache *m* -n, -n smok *m*
Drachen *m* -s, - **1.** latawiec *m* **2.** (*Fluggerät*) lotnia *f*
Drachenfliegen *n* -s lotniarstwo *n*
Draht *m* -(e)s, **Drähte** drut *m*
Drahtseilbahn *f* -, -en kolej linowa
Drahtzaun *m* -(e)s, ...zäune płot z siatki drucianej
Drama *n* -s, ...men dramat *m*
dran → **daran**; *ugs.* **du bist jetzt ~** teraz twoja kolej
drang → **dringen**
Drang *m* -(e)s pęd *m*, dążenie *n* (**nach einer Sache** do czegoś)
drängen I. *vt* przynaglać, nalegać (na kogoś); **auf die Fahrbahn ~** spychać na jezdnię; **zu einer Sache ~** naglić do czegoś **II.** *vr* **sich ~** tłoczyć się
drauf → **darauf**
draus → **daraus**
draußen *adv* na zewnątrz; (*nicht im Hause*) na dworze; (*außerhalb der Stadt*) poza miastem, w terenie; **von ~** z zewnątrz
drechseln *vt* toczyć (na tokarce)
Dreck *m* -(e)s *ugs.* błoto *n*; (*Schmutz*) brud *m*; śmiecie *pl*; głupstwo *n*, *vulg.* gówno *n*

dreckig adj brudny
Drehbuch n -(e)s, ...bücher scenariusz m (filmowy)
Drehbühne f -, -n scena obrotowa
drehen I. vt kręcić; (*wenden*) obracać, odwracać; **einen Film ~** kręcić film **II.** vr **sich ~** kręcić się
Drehstift m -(e)s, -e ołówek automatyczny
Drehtür f -, -en drzwi obrotowe
Drehung f -, -en obrót m
Drehzahl f -, -en liczba obrotów
drei num trzy; **~ viertel** trzy czwarte
Drei f -, -en trójka f
dreidimensional adj trójwymiarowy
Dreieck n -(e)s, -e trójkąt m; **ein spitzwinkliges ~** trójkąt ostrokątny
dreieckig adj trójkątny
dreierlei adj trojaki
dreifach adj potrójny
dreihundert num trzysta
dreijährig adj trzyletni
Dreikampf m -(e)s, ...kämpfe sport. trójbój m; trójmecz m
Dreikönigsfest n -(e)s, -e Trzech Króli
dreimal adv trzy razy
Dreisprung m -(e)s, ...sprünge sport. trójskok m
dreißig num trzydzieści
dreist adj zuchwały
dreitausend num trzy tysiące
dreiteilig adj trzyczęściowy
Dreiviertelstunde f -, -n trzy kwadranse m
dreizehn num trzynaście
dreizehnte num trzynasty
dreschen* vt 1. wy|młócić; **Getreide ~** młócić zboże 2. pobić; **sich ~** pobić się
dressieren vt tresować
Dressur f -, -en tresura f
driften vi s dryfować
drin → **darin**
dringen* vi s przenikać (**durch etw** przez coś); nalegać (**auf etw** na coś)
dringend adj pilny; **~ bitten** nalegać
Drink m -(s), -s drink m
drinnen adv wewnątrz, w środku (pomieszczenia)
drischt → **dreschen**
dritte num trzeci; **zu dritt** we trzech, w trójkę; **die Dritte Welt** Trzeci Świat
Drittel n -s, - trzecia część
drittens adv po trzecie
Droge f -, -n narkotyk m; **unter ~n stehen** znajdować się pod wpływem narkotyków

drogenabhängig adj uzależniony (od narkotyków)
Drogerie f -, -n drogeria f
drohen vi grozić
dröhnen vi dudnić, huczeć
Drohung f -, -en groźba f
drollig adj ucieszny; pocieszny
drosch → **dreschen**
Droschke f -, -n dorożka f
drüben adv po tamtej stronie; **von ~** z tamtej strony
drüber → **darüber**
Druck¹ m -(e)s, **Drücke** ciśnienie n, ucisk m; (*Händedruck*) uścisk m; (*Einfluss*) nacisk m; presja f; **~ ausüben** wywierać presję
Druck² m -(e)s, -e druk m; **ein alter ~** starodruk
Druckbuchstabe m -ns, -n litera drukowana
drucken vt wy|drukować; **Bücher ~** drukować książki
drücken vt ściskać, uścisnąć; **j-m die Hand ~** uścisnąć komuś rękę; **auf den Knopf ~** nacisnąć guzik
drückend → **drücken**; adj uciążliwy, przygniatający; **eine ~e Hitze** nieznośny upał
Drucker m -s, - **1.** drukarz m **2.** inform. drukarka f
Druckerei f -, -en drukarnia f
Druckfehler m -s, - błąd drukarski
Drucksache f -, -n druk m, akcydens m
drum → **darum**
drunten adv tam na dole
drunter adv ugs. → **darunter**; **~ und drüber** w największym nieładzie
Drüse f -, -n gruczoł m
Dschungel m -s, - dżungla f
du pron pers ty
ducken, sich vr s|kulić się, przykucnąć
Duell [duˈɛl] n -s, -e pojedynek m
Duft m -(e)s, **Düfte** (przyjemny) zapach m, woń f
duften vi pachnieć; **nach Parfüm ~** pachnieć perfumami
duftig adj wonny
dulden vt znosić, tolerować
dumm adj głupi
Dummheit f -, -en głupota f, głupstwo n
Dummkopf m -(e)s, ...köpfe głupek m
dumpf adj (*moderig*) stęchły, duszny; (*gedämpft*) głuchy
Düne f -, -n wydma f

dunkel adj ciemny; **es wird ~** ściemnia się
dunkelblau adj granatowy
dunkelhaarig adj ciemnowłosy
dunkelhäutig adj ciemnoskóry
Dunkelheit f - ciemność f
dünn adj cienki; rzadki
Dunst m -(e)s, **Dünste** para f, opar m; ugs.
dunsten vi parować
dünsten vt kulin. dusić
Dunstglocke f -, -n smog m
dunstig adj parny, zadymiony
durch I. praep mit A przez; **~ den Wald** przez las; **das ganze Jahr ~** przez cały rok **II.** adv **– und ~** na wskroś, całkowicie
durchaus adv koniecznie; (völlig) zupełnie; **~ nicht** bynajmniej
durchblättern vt przewertować
Durchblutung f -, -en ukrwienie n
durchbrechen vt 1. przełamać, złamać 2. przebić, wybić
durchbrechen* vt przełamać, przerwać (blokadę)
durchbrennen vi s 1. przepalić się (o bezpieczniku) 2. ugs. uciec, nawiać
durchbrochen adj ażurowy
Durchbruch m -(e)s, ...brüche przełom m
durchdenken* vt przemyśleć
durchdrehen I. vt zmleć, przekręcić przez maszynkę **II.** vi ugs. zwariować
durchdringen* vt przenikać
durcheinander adv w nieładzie
Durcheinander n -s bałagan m
Durchfahrt f -, -en przejazd m
Durchfahrtsstraße f -, -n ulica przelotowa
Durchfall m -(e)s, ...fälle rozwolnienie n, biegunka f
durchfallen* vi s 1. przelatywać (**durch etw** przez coś) 2. ugs. oblać (egzamin); (keinen Erfolg haben) zrobić klapę
durchführen vt przeprowadzać, prowadzić
Durchgang m -(e)s, ...gänge przejście n; **kein ~!**, **~ verboten!** przejście wzbronione!
durchgeben* vt przekaz(yw)ać; **per Telefon ~** przekazać telefonicznie
durchgehen* s I. vi 1. przechodzić; **~der Zug** pociąg bezpośredni 2. (fliehen) uciekać; (von Pferden) ponieść (o koniach) II. vt przeglądać (książkę)
durchkommen* vi s przedostawać się; przechodzić; przejeżdżać
durchlassen* vt przepuszczać
durchlesen* vt przeczytać
durchleuchten vt prześwietlać

Durchleuchtung f -, -en prześwietlenie n
durchlöchern vt prze|dziurawić
durchmachen vt: **viel ~** wiele przejść
Durchmesser m -s, - średnica f
durchnässen vt przemoczyć
Durchreise f -, -n przejazd m; **auf der ~** przejazdem
Durchreisevisum n -s, ...sa o. ...sen wiza tranzytowa
Durchsage f -, -n komunikat
Durchschlag m -(e)s, ...schläge 1. kopia 2. (Sieb) durszlak
durchschneiden* vt przecinać, przekrawać
Durchschnitt m -(e)s, -e przekrój m; (Mittelwert) przeciętna f
durchschnittlich adv przeciętnie
Durchschnittseinkommen n -s, - przeciętne wynagrodzenie
durchsehen* vt przeglądać
durchsetzen I. vt przeprowadzać, przeforsować (np. reformę) **II.** vr **sich ~** postawić na swoim
durchsichtig adj przezroczysty, przejrzysty
durchsieben vt przesiać (mąkę)
durchstreichen* vt 1. przekreślić (słowo) 2. (passieren) przetrzeć przez sito
durchsuchen vt przeszuk(iw)ać, z|rewidować
Durchsuchung f -, -en przeszukanie n, rewizja f
durchtrainiert adj wysportowany
durchziehen* I. vt przeciągać; przewlekać (**den Faden** nitkę) **II.** vi s (durchmarschieren) przemaszerować
Durchzug m -(e)s, ...züge 1. przemarsz m (oddziałów) 2. (Luftzug) przeciąg m
dürfen* vi: **ich darf** wolno mi; **darf ich bitten?** (czy) mogę prosić?; **man darf nicht** nie można, nie wolno
durfte → **dürfen**
dürftig adj nędzny, biedny
dürr adj suchy; (mager) chudy
Durst m -(e)s pragnienie n; **ich habe ~** chce mi się pić
durstig adj spragniony
Dusche f -, -n natrysk m, prysznic m
duschen vi brać prysznic
Düse f -, -n dysza f
Düsenflugzeug n -(e)s, -e odrzutowiec m
düster adj posępny, ponury
Dutzend n -s, -e tuzin m
duzen vt mówić komuś „ty"
Dynamik f - dynamika f

E

Ebbe *f* -, -n odpływ *m*
eben[1] *adj* równy, płaski; ~es Land równina; ein ~er Weg równa droga
eben[2] *adv* właśnie, dopiero co
Ebene *f* -, -n równina *f*; *geom.* płaszczyzna *f*; auf hoher ~ na wysokim szczeblu
ebenerdig *adj* parterowy
ebenfalls *adv* również
Ebenholz *n* -es heban *m*
ebenso *adv* tak samo; ~ viel tyle samo; ~ wenig równie mało; ~ gut równie dobrze
Eberesche *f* -, -n jarzębina *f*
ebnen *vt* wyrówn(yw)ać, wygładzać
Echo *n* -s, -s echo *n*
Echse *f* -, -n jaszczurka *f*
echt *adj* 1. prawdziwy; autentyczny; ~e Perlen prawdziwe perły 2. trwały; ~e Farben trwałe kolory
Eckball *m* -(e)s, ...bälle *sport.* korner *m*
Ecke *f* -, -n róg *m*; um die ~ za rogiem; (*Winkel*) kąt *m*
Eckfenster *n* -s, - okno narożne
Eckhaus *n* -es, ...häuser dom narożny
eckig *adj* kanciasty; *figur.* niezgrabny
Eckplatz *m* -es, ...plätze miejsce w rogu
edel *adj* szlachetny; edle Weine wyborne wina
Edelstein *m* -(e)s, -e kamień szlachetny
Edelweiß *n* -(es), -e szarotka *f*
Efeu *m* -s bluszcz *m*
effektiv *adj* istotny, faktyczny; skuteczny
Effektivität *f* - efektywność *f*, skuteczność *f*
effektvoll *adj* efektowny
egal *adj* jednakowy, równy; es ist mir ~ wszystko mi jedno
egalitär *adj* egalitarny
Egel *m* -s, - pijawka *f*
Egge *f* -, -n brona *f*
Egoismus *m* - egoizm *m*
egoistisch *adj* samolubny, egoistyczny
ehe *kj* zanim, nim
Ehe *f* -, -n małżeństwo *n* (związek)
Ehebruch *m* -(e)s, ...brüche zdrada małżeńska
Ehefrau *f* -, -en małżonka *f*, żona *f*
Ehegatte *m* -n, -n małżonek *m*, mąż *m*
Eheleute *pl* małżonkowie *pl*
ehelich *adj* małżeński, ślubny
ehemalig *adj* były, dawny
ehemals *adv* niegdyś, dawniej, ongiś

Ehemann *m* -(e)s, ...männer małżonek *m*, mąż *m*
Ehepaar *n* -(e)s, -e małżeństwo *n*, para małżeńska
eher *adv* (*früher*) wcześniej, prędzej; (*mehr*) raczej
Ehering *m* -(e)s, -e obrączka *f*
ehestens *adv* najwcześniej
Ehestreit *m* -(e)s, -e kłótnia małżeńska
ehrbar *adj* godny szacunku, zacny
Ehre *f* -, -n 1. honor *n*, godność *f*; die ~ einer Familie honor rodziny 2. honor *m*, zaszczyt *m*; es war <ist> mir eine (große) ~ to dla mnie (wielki) zaszczyt
ehren *vt* czcić, zaszczycać
ehrenamtlich *adj* honorowy
Ehrendoktor *m* -s, -en doktor honoris causa
Ehrenmann *m* -(e)s, ...männer człowiek honoru
Ehrenmitglied *n* -(e)s, -er członek honorowy
Ehrenplatz *m* -es, ...plätze miejsce honorowe
Ehrenwort *n* -(e)s, -e słowo honoru
ehrerbietig *adj* uniżony, pokorny
Ehrfurcht *f* - głęboki szacunek, cześć *f*
Ehrgeiz *m* -es ambicja *f*
ehrgeizig *adj* ambitny
ehrlich *adj* uczciwy, rzetelny
Ehrlichkeit *f* - uczciwość *f*, rzetelność *f*
ehrlos *adj* bez honoru, bez czci; nikczemny
Ehrlosigkeit *f* - brak honoru; nikczemność *f*
Ehrung *f* - uczczenie *n*
ehrwürdig *adj* czcigodny
Ei *n* -(e)s, -er jaj(k)o *n*; weich gekochtes ~ jajko na miękko
Eiche *f* -, -n dąb *m*
Eichel *f* -, -n żołądź *m*; *kart.* trefl *m*
Eichhörnchen *n* -s, - wiewiórka *f*
Eid *m* -(e)s, -e przysięga *f*; einen ~ ablegen składać przysięgę; unter ~ aussagen zeznawać pod przysięgą
Eidechse *f* -, -n jaszczurka *f*
Eidotter *m*, *n* -s, - żółtko *n*
Eierbecher *m* -s, - kieliszek do jaj
Eierfrucht *f* -, ...früchte bakłażan *m*
Eierkuchen *m* -s, - omlet *m*
Eierstock *m* -(e)s, ...stöcke *med.* jajnik *m*
Eifer *m* -s gorliwość *f*, zapał *m*

Eifersucht *f* - zazdrość *f*; **aus ~** z zazdrości
eifersüchtig *adj* zazdrosny (**auf etw** o coś)
eifrig *adj* gorliwy
Eigelb *n* -s, - żółtko
eigen *adj* własny; **j-m ~** właściwy komuś
eigenartig *adj* osobliwy, swoisty
Eigengebrauch *m*: **zum ~** do własnego użytku
eigenhändig *adj* własnoręczny; **~e Unterschrift** własnoręczny podpis
Eigenheim *n* -(e)s, -e własny dom
eigenmächtig *adj* samowolny
eigennützig *adj* interesowny, samolubny
eigens *adv* umyślnie, szczególnie, specjalnie, wyłącznie
Eigenschaft *f* -, -en właściwość *f*, cecha *f*; **in seiner ~ als ...** w charakterze ...
Eigensinn *m* -(e)s upór; **im ~ verharren** trwać w uporze
eigensinnig *adj* uparty
eigentlich **I.** *adj* właściwy **II.** *adv* właściwie
Eigentor *n* -(e)s, -e *sport.* bramka samobójcza
Eigentum *n* -s własność *f*
Eigentümer *m* -s, - właściciel *m*
eigentümlich *adj* osobliwy, dziwny
Eigentumswohnung *f* -, -en mieszkanie własnościowe
eigenwillig *adj* samowolny; (*eigensinnig*) uparty
eignen, sich *vr* nada(wa)ć się (**zu einer Sache** do czegoś)
Eignungsprüfung *f* -, -en egzamin kwalifikacyjny
Eilbote *m* -n, -n goniec *m*
Eilbrief *m* -(e)s, -e list ekspresowy
Eile *f* - pośpiech *m*; **ich habe ~** spieszę się
Eileiter *m* -s, - *med.* jajowód *m*
eilen *vi h, s* spieszyć (się); **eilt!** pilne!
Eilgut *n* -(e)s, ...güter przesyłka ekspresowa
eilig *adj* pospieszny; **ich habe es ~** spieszy mi się
eiligst *adv* jak najszybciej
Eilzug *m* -(e)s, ...züge pociąg przyspieszony
Eimer *m* -s, - wiadro *n*; **es gießt wie aus ~n** leje jak z cebra
ein, eine, ein I. *rodz. nieokr.*: **~ Mann** mężczyzna; **~e Frau** kobieta; **~ Haus** dom; **~ jeder** każdy; **was für ~e Freude!** cóż za radość! **II.** *num* jeden, jedna, jedno; **es war ~ Uhr** była pierwsza (godzina) **III.** *pron* ktoś;

einer von ihnen ktoś z nich; **das freut ~en** to (człowieka) cieszy
einander *adv* wzajemnie; **~ die Hand geben** podać sobie ręce
einatmen *vi, vt* oddychać, wdychać
Einbahnstraße *f* -, -n ulica jednokierunkowa
Einband *m* -(e)s, ...bände oprawa *f*; okładka *f*
einbauen *vt* wbudować
einberufen* *vt* powoł(yw)ać; zwoł(yw)ać
Einberufung *f* -, -en powołanie do wojska
einbeziehen* *vt* włączać, wliczać
einbiegen* *vi s*: **in eine Straße ~** skręcać w ulicę
einbilden, sich *vr* wyobrażać sobie, roić sobie
Einbildung *f* - **1.** wyobraźnia *f*, fantazja **2.** zarozumiałość *f*
Einbildungskraft *f* - wyobraźnia *f*
Einblick *m* -(e)s, -e wgląd *m*
einbrechen* *vi s* **1.** włam(yw)ać się; **in unser Haus ist eingebrochen worden** włamano się do naszego domu **2.** załam(yw)ać się (*o lodzie*) **3. die Nacht bricht ein** zapada noc
Einbrecher *m* -s, - włamywacz *m*
Einbruch *m* -(e)s, ...brüche włamanie *n*; wtargnięcie *n* (**des Feindes** wroga); **mit ~ der Nacht** z nadejściem nocy
einbüßen *vt* postradać, stracić
eincremen nakremować *vt*
eindeutig *adj* jednoznaczny
eindringen* *vi s* wdzierać się; wtargnąć
eindringlich *adj* usilny, dobitny; żarliwy
Eindringling *m* -s, -e intruz *m*
Eindruck *m* -(e)s, ...drücke wrażenie *n*; **~ auf j-n machen** zrobić <wywrzeć> na kimś wrażenie
eindrucken *vt* wtłaczać, wciskać
eindrucksvoll *adj* robiący wrażenie, przejmujący
eine → **ein**
eineinhalb *num* jeden i pół, półtora
einengen *vt* krępować, zawężać
einer → **ein III.**
einerlei *adj* jednakowy; **das ist mir ~** wszystko mi jedno
einerseits *adv* z jednej strony
einfach I. *adj* **1.** pojedynczy; **eine ~e Fahrkarte** bilet w jedną stronę **2.** (*leicht verständlich*) łatwy, prosty; (*schlicht*) prosty **II.** *adv* po prostu

einfädeln *vt* nawlekać; *figur.* za|inicjować
einfahren* **I.** *vi s* wjeżdżać **II.** *vt mot.* docierać (**einen Wagen** samochód)
Einfahrt *f* -, -**en** wjazd *m*
Einfall *m* -(e)s, ...**fälle** najazd *m*, inwazja *f*; (*Idee*) pomysł *m*
einfallen* *vi s* **1.** (*einstürzen*) za|walić się **2.** (*eindringen*) wtargnąć **3.** (*in den Sinn kommen*) przychodzić do głowy; **ihr Name fällt mir nicht ein** nie mogę sobie przypomnieć jej nazwiska
einfallsreich *adj* pomysłowy
Einfalt *f* - naiwność *f*, głupota *f*
einfältig *adj* naiwny; (*albern*) głupi
Einfamilienhaus* *n* -es, ...**häuser** dom jednorodzinny
einfarbig *adj* jednobarwny
Einfassung *f* -, -**en** oprawa *f*; obramowanie *n*
einfetten *vt* natłuszczać
einfinden*, **sich** *vr* z|jawić się (**bei j-m** u kogoś)
einflößen *vt* wzbudzać; **j-m Mut ~** doda(wa)ć komuś odwagi
Einfluss *m* -**es**, **Einflüsse** wpływ *m*
einflussreich *adj* wpływowy
einflüstern *vt* podszept(yw)ać
einförmig *adj* jednostajny, monotonny
einfrieren* **I.** *vi s* zamarzać **II.** *vt* zamrażać; **Fleisch ~** zamrozić mięso
einfühlen, sich *vr* wczuć się
Einfuhr *f* - przywóz *m*, import *m*
einführen *vt* wprowadzać; (*importieren*) przywozić, importować
Einfuhrerlaubnis *f* -, -**se**, **Einfuhrgenehmigung** *f* -, -**en** zezwolenie na przywóz
Einfuhrverbot *n* -(e)s, -**e** zakaz przywozu
Einfuhrzoll *m* -(e)s, ...**zölle** cło przywozowe, importowe
Eingabe *f* -, -**n 1.** podanie *n*, petycja *f* **2.** *sing* wprowadzanie danych (*do komputera*); wprowadzone dane
Eingang *m* -(e)s, ...**gänge 1.** wejście *n*; **~ verboten!, kein ~!** wstęp wzbroniony! **2.** nadejście *n* (**einer Sendung** przesyłki)
Eingangstür *f* -, -**en** drzwi wejściowe
eingebildet *adj* zarozumiały
eingeboren *adj* tubylczy, krajowy
Eingebung *f* -, -**en** natchnienie *n*
eingehen* *s* **I.** *vi* **1.** (*ankommen*) nadchodzić; **auf Einzelheiten ~** wnikać w szczegóły; **auf etw ~** z|godzić się na coś **2.** (*zugrunde gehen*) zamierać; **der Baum geht ein** drzewo usycha **3.** (*Stoff*) zbiegać się **II.** *vt* zgadzać się (na coś); **Verpflichtungen ~** podejmować zobowiązania; **eine Wette ~** zakładać się
eingehend → **eingehen**; *adj* szczegółowy
Eingemachte *n* -**n** przetwory z owoców
eingenommen → **einnehmen**; *adj* **für j-n ~** przyjaźnie usposobiony wobec kogoś; **gegen j-n ~** uprzedzony do kogoś
eingeschrieben → **einschreiben**; *adj*: **~er Brief** list polecony
Eingeständnis *n* -**ses**, -**se** przyznanie się *n*, wyznanie *n*
eingestehen* *vt* przyzna(wa)ć się, wyznawać; **eine Schuld ~** przyznać się do winy
Eingeweide *pl* wnętrzności *pl*
eingießen* *vt* nal(ew)ać, wl(ew)ać
eingleisig *adj* jednotorowy
eingliedern *vt* wcielać, włączać
eingraben* *vt* zakop(yw)ać
eingreifen* *vi* wkroczyć, interweniować; **die Polizei musste ~** musiała interweniować policja
Eingriff *m* -(e)s, -**e** *med.* zabieg *m*; operacja *f*; (*Einschreiten*) ingerencja *f*
einhaken: sich bei j-m ~ wziąć kogoś pod rękę
Einhalt *m*: **j-m ~ gebieten** powstrzymać kogoś
einhalten* *vt* dotrzym(yw)ać (**ein Versprechen** przyrzeczenia); utrzymywać; **die vorgeschriebene Geschwindigkeit ~** utrzymywać przepisową prędkość
Einhaltung *f* -, -**en** dotrzymanie *n*
einhändigen *vt* wręczać, doręczać
einheimisch *adj* rodzimy; miejscowy, krajowy
Einheimische *m* -**n**, -**n** krajowiec *m*, tubylec *m*
Einheit *f* -, -**en** jedność *f*; *mil.* jednostka *f*
einheitlich *adj* jednolity
einheizen *vi* na|palić (w piecu)
einholen *vt* **1.** doganiać; nadrabiać **2.** zasięgać (**Rat** rady) **3.** ściągać (**die Segel** żagle)
einhundert *num* sto
einig *adj* zgodny; **über etw ~ werden** zgodzić się co do czegoś
einige *pron* **1.** *sing* pewien; **in ~r Zeit** za jakiś czas **2.** *pl* niektórzy, kilka; **~ hundert** kilkaset; **~ dreißig** trzydzieści kilka; **~ Mal** kilkakrotnie
einigen, sich *vr* po|godzić się; **sich auf den Preis ~** uzgodnić cenę

einigermaßen *adv* poniekąd
Einigkeit *f* - jedność *f*, zgoda *f*
einjagen *vt*: **j-m einen Schrecken** ~ napędzić komuś strachu
einjährig *adj* jednoroczny
Einkauf *m* -(e)s, ...käufe kupno *n*, zakup *m*, sprawunek *m*
einkaufen *vt* robić zakupy; zakupić; ~ **gehen** iść na zakupy
Einkaufstasche *f* -, -n torba na zakupy
Einkaufswagen *m* -s, - wózek (w supermarkecie)
einklammern *vt* ujmować w nawias(y)
Einklang *m*: **etw in** ~ **bringen** uzgodnić coś
einkochen *vi* wekować
Einkommen *n* -s, - dochód *m*
einkreisen *vi* otaczać
Einkünfte *pl* dochody *mpl*, wpływy *mpl*
einladen* *vt* zapraszać (**zu einer Sache** do czegoś, na coś)
Einladung *f* -, -en zaproszenie *n*
Einlage *f* -, -n wkładka *f*, wstawka *f*; (*Geld*) wkład *m*
einlassen* **I.** *vt* wpuszczać; napuszczać **II.** *vr* **sich** ~ wda(wa)ć się (**auf etw** w coś); zada(wa)ć się (**mit j-m** z kimś)
Einlasskarte *f* -, -n karta wstępu
einlaufen* *vi s* zajeżdżać, nadchodzić; wpływać; (*eingehen*) zbiegać się
einlegen *vt* **1.** włożyć; włączyć (bieg) **2.** *kulin.* marynować **3. Protest** ~ protestować (**gegen etw** przeciwko czemuś)
einleiten *vt* wprowadzać (**in etw** w coś); wdrażać
Einleitung *f* -, -en wstęp *m*
einlenken *vi* **1.** *s* skręcać (**nach rechts** w prawo) **2.** ustąpić, być skłonnym do kompromisu
einleuchten *vi* być jasnym, być zrozumiałym (**j-m** dla kogoś); **das leuchtet mir ein** to (jest) mi zrozumiałe
einleuchtend → **einleuchten**; *adj* jasny, przekonywający
einliefern *vt* dostarczać, dostawi(a)ć
einlösen *vt* wykupywać; dotrzym(yw)ać (**Versprechen** obietnicy)
einmachen *vt* zawekować
einmal *adv* raz, pewnego razu; **auf** ~ naraz, nagle; **nicht** ~ nawet nie; **noch** ~ **so viel** drugie tyle; **denk nur** ~! pomyśl tylko!
Einmaleins *n* - tabliczka mnożenia
Einmalhandtuch *n* -(e)s, ...tücher ręcznik papierowy

einmalig *adj* jednorazowy niepowtarzalny
einmarschieren *vi s* wkroczyć; wmaszerować
einmischen, sich *vr* w|mieszać się (**in etw** w coś)
einmütig *adj* jednomyślny
einnähen *vt* wszyć, zaszyć
Einnahme *f* -, -n przychód *m*, wpływ *m*
einnehmen* *vt* przyjmować; za|inkasować (**Geld** pieniądze); z|jeść (**das Mittagessen** obiad); zaży(wa)ć (**eine Arznei** lekarstwo); zajmować (**Platz** miejsce); zdoby(wa)ć (**eine Stadt** miasto)
einpacken *vt* za|pakować
einprägen *vt* wyryć; *figur.* wpajać (**j-m** komuś); **das wird sich meinem Gedächtnis** ~ będę to pamiętać
einprogrammieren *vt* zaprogramować
einquartieren *vt* zakwaterować
einräumen *vt* przyzn(aw)ać (**ein Recht** prawo)
einrechnen *vt* wliczyć
einreden *vt* wmawiać (**j-m** komuś)
einregnen *vi*: **es hat sich eingeregnet** rozpadało się
einreiben* *vt* wcierać (maść)
einreichen *vt* składać; **Beschwerde** ~ wnosić zażalenie
einreihen *vt* zaszeregować, włączać; **sich** ~ stanąć; ustawić się (w kolejce), włączyć się do szeregu
Einreiher *m* -s, - jednorzędówka *f*
einreihig *adj* jednorzędowy
Einreise *f* -, -n wjazd *m* (*do jakiegoś kraju*)
Einreisegenehmigung *f* -, -en zezwolenie na wjazd
einreisen *vi* wjeżdżać
Einreisevisum *n* -s, ...sa *o.* ...sen wiza wjazdowa
einreißen* *vt* **1.** z|burzyć (**ein Haus** dom) **2.** naderwać (papier)
einrichten *vt* **1.** urządzać (mieszkanie) **2.** *med.*, *techn.* nastawi(a)ć
Einrichtung *f* -, -en urządzenie *n*; **die sanitären** ~**en** urządzenia sanitarne
eins[1] *num* jeden; **halb** ~ wpół do pierwszej
eins[2] *adv*: **mit** ~ nagle
Eins *f* -, -en **1.** jedynka *f* **2.** (*Zeugnisnote*) bardzo dobry (*stopień*)
einsam *adj* samotny; **sich** ~ **fühlen** czuć się samotnym
Einsamkeit *f* - samotność *f*
Einsatz *m* -es, ...sätze **1.** użycie *n* (*np. od-*

działów policji); **im freiwilligen ~** ochotniczo **2.** (*im Spiel*) stawka *f*; **den ~ erhöhen** podnieść stawkę **3.** (*Pfand*) kaucja *f* **4.** (*am Kleid*) wstawka *f*
einsatzbereit *adj* gotowy do akcji <działania>
einschalten *vt* włączać; **den zweiten Gang ~** wrzucić drugi bieg
einschätzen *vt* o|szacować, oceniać
einschenken *vt* nal(ew)ać
einschiffen, sich *vr* zaokrętować się, wsiadać na statek
einschlafen* *vi s* zasypiać
einschläfern *vt* uśpić, usypiać
einschlagen* **I.** *vt* wbi(ja)ć (**einen Nagel** gwóźdź); wybi(ja)ć (**eine Scheibe** szybę); zawijać (**in Papier** w papier); **eine Richtung ~** ob(ie)rać kierunek **II.** *vi* uderzać, tłuc (**auf j-n** kogoś)
einschlägig *adj* odnośny
einschließen* *vt* zamykać; (*umzingeln*) otaczać; (*einbegreifen*) obejmować; **Bedienung eingeschlossen** łącznie z obsługą
einschließlich *praep mit G* włącznie; łącznie; **~ der Verpflegung** łącznie z utrzymaniem
einschmeicheln, sich *vr* przypochlebiać się, wkradać się w łaski
einschmieren *vt ugs.* na|smarować
einschmuggeln *vt* przemycać (narkotyki)
einschneiden* **I.** *vt* nacinać, *kulin.* pokroić **II.** *vi* wrzynać się
einschneidend *adj* radykalny
Einschnitt *m* -(e)s, -e cięcie *m*; wycięcie *m*
einschränken *vt* ograniczać
Einschränkung *f* -, -en ograniczenie *n*
einschrauben *vt* wkręcać
Einschreib(e)brief *m* -(e)s, -e list polecony
einschreiben* *vt* wpis(yw)ać, zapis(yw)ać;
Einschreiben *n* -s, -, **Einschreibesendung** *f* -, -en przesyłka polecona
einschreiten *vi s* interweniować, wkraczać
einschüchtern *vt* za|straszyć, onieśmielać
einsehen* *vt* zaglądać (do czegoś); (*verstehen*) pojmować, z|rozumieć
einseifen *vt* namydlać
einseitig *adj* jednostronny
einsenden* *vt* nadsyłać
einsetzen I. *vt* **1.** wstawi(a)ć (szyby), prawi(a)ć **2.** (*aufwenden*) uży(wa)ć; **all seine Kräfte ~** użyć wszystkich sił **3.** za|angażować **II.** *vr sich* ~ wstawi(a)ć się (**für j-n** za kimś)

Einsicht *f*: **zur ~** do wglądu
einspannen *vt* zaprzęgać (konie)
einsperren *vt* zamykać
Einspritzung *f* -, -en zastrzyk *m*
Einspruch *m* -(e)s, …**sprüche** sprzeciw *m*, protest *m*; **~ erheben** wnieść protest
einspurig *adj* jednotorowy; **~es Fahrzeug** pojazd jednośladowy
einst *adv* niegdyś, kiedyś
einstecken *vt* wkładać, wetknąć; s|chować, wziąć ze sobą
einsteigen* *vi s* wsiadać; **in den Zug ~** wsiadać do pociągu
einstellen I. *vt* **1.** (*einordnen*; *abstellen*) ustawić; odstawić **2.** (*aufhören*) przer(y)wać (**die Produktion** produkcję) **3.** za|angażować (pracowników) **4.** nastawi(a)ć (**einen Apparat** aparat) **II.** *vr sich ~* (*eintreten*) wystąpić, pojawić się
Einstellung *f* -, -en **1.** stosunek *m* (**zu einer Sache** do czegoś), postawa (wobec czegoś) **2.** (*Indienstnahme*) zaangażowanie *n*, zatrudnienie *n*
Einstich *m* -(e)s, -e ukłucie *n*
Einstieg *m* -(e)s, -e wejście *n*; właz *m*
einstimmig *adj* jednogłośny
Einstimmigkeit *f* - jednogłośność *f*
einstöckig *adj* jednopiętrowy
einströmen *vi s* wlewać się, wpływać, napływać
einstürzen *vi s* za|walić się, runąć
eintauschen *vt* zamieni(a)ć (**gegen etw** na coś)
einteilen *vt* po|dzielić (**in etw** na coś)
Einteilung *f* -, -en podział *m*
eintönig *adj* monotonny
Eintopf *m* -(e)s, …**töpfe, Eintopfgericht** *n* -(e)s, -e *kulin.* eintopf *m*
Eintracht *f* - zgoda *f*
einträchtig *adj* zgodny
Eintrag *m* -(e)s, …**träge** zapis *m*
eintragen* *vt* przynosić (**Gewinn** zysk); zapis(yw)ać (**in eine Liste** na listę)
einträglich *adj* intratny, zyskowny
einträufeln *vt* zakroplić
eintreffen* *vi s* przyby(wa)ć; **verspätet ~** przybyć z opóźnieniem
Eintreffen *n* -s, - przybycie *n*
eintreten *vi s* **1.** wstępować; **bitte, treten Sie ein!** proszę wejść! **2.** ujmować się (**für j-n** za kimś) **3.** (*geschehen*) zdarzyć się, nastać, nastąpić
eintrichtern *vt ugs.* wbijać do głowy

Eintritt *m* -(e)s, -e wejście *n*, wstęp *m*; (*Beginn*) nastanie *n*, nadejście *n*
Eintrittsgeld *n* -(e)s, -er opłata za wstęp
Eintrittskarte *f* -, -n bilet wstępu
einverleiben *vt* 1. wcielać, włączać 2. *scherz.* pochłaniać, zjadać
Einvernehmen *n* -s porozumienie *n*, zgoda *f*; **sich mit j-m ins ~ setzen** porozumieć się z kimś
einverstanden *adj*: **~ sein** zgadzać się (**mit j-m, mit einer Sache** z kimś, z czymś)
Einverständnis *n* -ses zgoda *f*, porozumienie *n*
einwachsen* *vi* s wrosnąć
Einwand *m* -(e)s, ...wände sprzeciw *m*, zastrzeżenie *n*; **keine Einwände haben** nie mieć zastrzeżeń
Einwanderer *m* -s, - imigrant *m*
Einwanderung *f* -, -en imigracja *f*
einwandfrei *adj*, *adv* bez zarzutu; nienaganny; bez wątpienia
einwärts *adv* do wewnątrz <środka> (**gebogen** wgięty)
einwechseln *vt* wymieni(a)ć (**Dollars gegen Franken** dolary na franki szwajcarskie)
Einwegflasche *f* -, -n butelka jednorazowa
Einwegglas *n* -es, ...gläser kubek jednorazowy
einweihen *vt rel.* poświęcić; **j-n in etw ~** wtajemniczać kogoś w coś
einwenden* *vt* oponować; **ich habe nichts dagegen einzuwenden** nie mam nic przeciwko temu
Einwendung *f* -, -en sprzeciw *m*, zastrzeżenie *f*
einwerfen* *vt* wrzucać; wybi(ja)ć (**eine Fensterscheibe** szybę)
einwickeln *vt* zawijać (**in etw** w coś)
einwilligen *vi* zgadzać się (**in etw** na coś)
Einwilligung *f* -, -en zgoda *f*, pozwolenie *n*
einwirken *vi* oddziaływać
Einwohner *m* -s, - mieszkaniec *m*
Einwohnerin *f* -, -nen mieszkanka *f*
Einwohnermeldeamt *n* -(e)s, ...ämter urząd meldunkowy
Einwohnerzahl *f* -, -en liczba mieszkańców
Einwurf *m* -(e)s, ...würfe 1. wrzucenie *n* 2. otwór *m* (do wrzucania)
Einzahl *f* -, -en *gram.* liczba pojedyncza
einzahlen *vt* wpłacać
Einzahlung *f* -, -en wpłata *f*

Einzel *n* -s, - *sport.* gra pojedyncza, singel *m*
Einzelfall *m* -(e)s, ...fälle odosobniony przypadek
Einzelgänger *m* -s, - samotnik *m*, odludek *m*
Einzelhandel *m* -s handel detaliczny
Einzelhaus *n* -es, ...häuser dom wolno stojący
Einzelheit *f* -, -en szczegół *m*
Einzeller *m* -s, - jednokomórkowiec *m*
einzeln *adj* pojedynczy, poszczególny; **im Einzelnen** w szczególności
Einzelzimmer *n* -s, - pokój jednoosobowy
einziehen* **I.** *vt* wciągać (brzuch); ściągać (podatki); zasięgać (**Erkundigungen** informacji) **II.** *vi s*: **in eine Wohnung ~** wprowadzić się do mieszkania
einzig *adj* jedyny; **kein Einziger** ani jeden; **~ und allein** jedynie
einzigartig *adj* jedyny w swoim rodzaju; znakomity
Einzug *m* -(e)s, ...züge wjazd *m*; wprowadzenie się *n*, wejście *n*
Eis *n* -es 1. lód *m*; **~ laufen** jeździć na łyżwach 2. (*Speise*) lody *pl*; **~ am Stiel** lody na patyku
Eisbahn *f* -, -en ślizgawka *f*; tor łyżwiarski
Eisbär *m* -en, -en niedźwiedź polarny
Eisbein *n* -(e)s, -e *kulin.* golonka *f*
Eisberg *m* -(e)s, -e góra lodowa
Eisbrecher *m* -s, - lodołamacz *m*
Eisdiele *f* -, -n lodziarnia *f*
Eisen *n* -s żelazo; **~ schmieden** kuć żelazo
Eisenbahn *f* -, -en kolej *f* (*środek komunikacji*)
Eisenbahner *m* -s, - kolejarz *m*
Eisenbahnfähre *f* -, -n prom kolejowy
Eisenbahnübergang *m* -(e)s, ...gänge przejazd kolejowy
Eisenbahnverkehr *m* -s komunikacja kolejowa
Eisenbahnwagen *m* -s, - wagon kolejowy
Eisenerz *n* -es, -e ruda żelaza
Eisenhütte *f* -, -n huta żelaza
eisern *adj* żelazny
Eishockey *n* -s hokej na lodzie
Eishockeymannschaft *f* -, -en drużyna hokejowa
eisig *adj* lodowaty
Eiskaffee *m* -s kawa mrożona
eiskalt *adj* lodowaty, bardzo zimny
Eiskunstlauf *m* -(e)s jazda figurowa na lodzie

Eislauf *m* -(e)s jazda na łyżwach
Eisscholle *f* -, -n kra *f*
Eiszapfen *m* -s, - sopel lodu
Eiszeit *f* - epoka lodowcowa
eitel *adj* próżny, zarozumiały
Eitelkeit *f* - próżność *f*
Eiter *m* -s *med.* ropa *f*
Eitergeschwür *n* -(e)s, -e czyrak *m*
eitern *vi* ropieć
Eiweiß *n* -es, -e białko *n* (*a. chem.*)
Eiweißstoff *m* -(e)s, -e *chem.* białko *n*
Eizelle *f* -, -n komórka jajowa
Ejakulation *f* -, -en ejakulacja *f*
ekelhaft *adj* wstrętny, obrzydliwy
ekeln, sich *vr* brzydzić się (**vor einer Sache** czegoś)
elastisch *adj* elastyczny
Elch *m* -(e)s, -e łoś *m*
Elefant *m* -en, -en słoń *m*
elegant *adj* elegancki
Eleganz *f* - elegancja *f*
Elektriker *m* -s, - elektryk *m*
elektrisch *adj* elektryczny; **~es Licht** światło elektryczne
Elektrizität *f* - elektryczność *f*
Elektrizitätswerk *n* -(e)s, -e elektrownia *f*
Elektroherd *m* -(e)s, -e kuchenka elektryczna
Elektronik *f* - elektronika *f*
elektronisch *adj* elektroniczny; **~e Datenverarbeitung** elektroniczne przetwarzanie danych
Elektrotechniker *m* -s, - elektrotechnik *m*
Element *n* -(e)s, -e element *m*; żywioł *m*; *chem.* pierwiastek *m*; *el.* ogniwo *n*
elend *adj* marny, nędzny
Elend *n* -(e)s nędza *f*, bieda *f*
elf *num* jedenaście
Elf *f* -, -en jedenastka *f*; drużyna piłkarska
Elfer *m* -s, - *sport. ugs.* rzut karny
elfte *num* jedenasty
eliminieren *vt* eliminować
Elite *f* -, -n elita *f*
Ellenbogen *m* -s, - łokieć *m*
Elster *f* -, -n sroka *f*
elterlich *adj* rodzicielski
Eltern *pl* rodzice *pl*
Email [e'ma:j] *n* -s, -s emalia *f*
E-Mail ['i:me:l] *f* -, -s **1.** poczta elektroniczna, e-mail *m* **2.** wiadomość przesłana pocztą elektroniczną, e-mail *m*
E-Mail-Adresse *f* -, -n adres poczty elektronicznej <e-mailowy>

Emaille [e'ma:j, e'malja] *f* -, -n → **Email**
Emblem *n* -s, -e emblemat *m*
Embryo *m* -s, -s *o.* -nen embrion *m*
emigrieren *vi s* emigrować
empfahl → **empfehlen**
empfand → **empfinden**
Empfang *m* -(e)s, ...fänge przyjęcie *f*; (*einer Sendung*) odbiór *m*
empfangen* *vt* **1.** przyjmować; **j-n kühl ~** przyjąć kogoś chłodno **2.** (*bekommen*) odbierać
Empfänger *m* -s, - odbiorca *m*; adresat *m*; *rad.* odbiornik *m*
empfänglich *adj* wrażliwy, czuły
empfängnisverhütend *adj* antykoncepcyjny; **~e Mittel** środki antykoncepcyjne
Empfangsbestätigung *f* -, -en potwierdzenie odbioru
empfehlen* **I.** *vt* zalecać, polecać; za|rekomendować **II.** *vr* **sich ~** po|żegnać się; **es empfiehlt sich** zaleca się, jest pożądane
Empfehlung *f* -, -en polecenie *n*, zalecenie *n*
Empfehlungsschreiben *n* -s, - list polecający
empfiehlt → **empfehlen**
empfinden* *vt* odczu(wa)ć; **Schmerz ~** odczuwać ból
empfindlich *adj* wrażliwy (**gegen etw** na coś); (*schmerzhaft*) dotkliwy
Empfindlichkeit *f* - wrażliwość *f*
empfing → **empfangen**
empor *adv* do góry, w górę
empören I. *vt* oburzać **II.** *vr* **sich ~** oburzać się (**gegen etw** na coś)
Empörung *f* -, -en oburzenie *n*; (*Aufstand*) bunt *m*
emsig *adj* pilny, skrzętny, wytrwały
Ende *n* -s, -n koniec *m*; **~ Mai** w końcu maja; **letzten ~s** ostatecznie; **am ~** na koniec, wreszcie; **zu ~ sein** skończyć się; **kein ~ nehmen** nie kończyć się
enden *vi* s|kończyć się; **die Vorstellung endet um 10 Uhr** przedstawienie kończy się o dziesiątej
Endergebnis *n* -ses, -se końcowy wynik
endgültig *adv* ostatecznie
endlich *adv* nareszcie
endlos *adj* nie kończący się
Endspiel *n* -(e)s, -e *sport.* finał *m*, mecz finałowy
Endspurt *m* -(e)s, -e *sport.* finisz *m*
Endstation *f* -, -en stacja końcowa

Endung f -, -en końcówka f
Energie f -, -n energia f
Energiebedarf m -(e)s zapotrzebowanie energetyczne
Energiequelle f -, -n źródło energii
energiesparend adj energooszczędny
Energieversorgung f - zaopatrzenie w energię
energisch adj energiczny
eng adj wąski; ciasny; **~e Beziehungen** bliskie stosunki; **~ verwandt** blisko spokrewniony; **im ~eren Sinn** w węższym znaczeniu
Enge f -, -n ciasnota f
Engel m -s, - anioł m
Engländer m -s, - **1.** Anglik m **2.** techn. klucz francuski
Engländerin f -, -nen Angielka m
englisch adj angielski
Englisch n -(s) język angielski
Engpass m -es, ...pässe zwężenie n (drogi), przesmyk m; econ. wąskie gardło
Enkel m -s, - wnuk m
Enkelin f -, -nen wnuczka f
enorm adj ogromny, olbrzymi
Ensemble [ã'sã:b(ə)l] n -s, -s zespół m
entarten vi s wyrodzić się
entbehren vt nie mieć (czegoś); **etw ~ können** (móc) obyć się bez czegoś
entbehrlich adj zbyteczny
Entbindung f -, -en poród m
Entbindungsstation f -, -en oddział położniczy
entdecken vt odkry(wa)ć
Entdecker m -s, - odkrywca m
Entdeckung f -, -en odkrycie n
Entdeckungsreise f -, -n wyprawa <ekspedycja> odkrywcza
Ente f -, -n kaczka f
enteignen vt wywłaszczać
Enteignung f -, -en wywłaszczenie n
Entenbraten m -s, - pieczona kaczka
enterben vt wydziedziczyć
entfachen vt rozniecać (pożar); rozpętać (kłótnię)
entfallen* vi s **1.** wypadać, wymykać się (**den Händen** z rąk) **2.** wypaść z pamięci
entfalten I. vt rozwijać; rozkładać **II.** vr **sich ~** rozwijać się (**die Blüte** kwiat)
entfernen I. vt oddalać (**von einer Sache** od czegoś); (*beseitigen*) usuwać (**die Flecken** plamy) **II.** vr **sich ~** oddalać się, odchodzić
entfernt → **entfernen**; adj odległy, daleki

Entfernung f -, -en odległość f; (*Entfernen*) usunięcie n; oddalenie się n
entfesseln vt rozpęt(yw)ać
entflammbar adj palny zapalczywy; **leicht ~** łatwo palny
entfliehen* vi s uchodzić, uciekać
entfremden, sich vr stawać się obcym; wyobcować się
Entfremdung f -, -en wyobcowanie n
entführen vt uprowadzać, por(y)-wać; **ein Flugzeug ~** uprowadzić samolot
Entführer m -s, - porywacz m
Entführung f -, -en uprowadzenie n
entgegen *praep mit D* wbrew (czemuś); w kierunku, ku
entgegengehen vi s wyjść naprzeciw
entgegengesetzt adj odwrotny, przeciwny
entgegenkommen* vi s: **j-m ~** iść komuś naprzeciw; *figur.* iść komuś na rękę
Entgegenkommen n -s uprzejmość f; łaskawość f
entgegenkommend → **entgegenkommen**; adj uprzejmy, łaskawy
entgegennehmen* vt przyjmować (przesyłkę)
entgegnen vi odpowiadać
Entgelt n -(e)s, -e zapłata n, rekompensata n; **gegen ~** za opłatą; **ohne ~** bezpłatnie
entgelten* vt od|płacić, wynagrodzić
entgleisen vi s wykolejać się (*o pociągu*)
enthalten* **I.** vt zawierać **II.** vr **sich ~** powstrzym(yw)ać się, wstrzymać się
enthaltsam adj wstrzemięźliwy
enthüllen vt odsłaniać, wyjawi(a)ć
entkalken vt odwapnić
entkommen* vi s uchodzić, uciekać
entkorken vt odkorkować (**eine Flasche** butelkę)
entkräften vt osłabi(a)ć, wycieńczać
entladen* vt wyładow(yw)ać, rozładow(yw)ać
Entladung f -, -en wyładowanie n, rozładowanie n
entlang I. *praep mit A* wzdłuż; **den Fluss ~** wzdłuż rzeki **II.** *adv* **am Weg ~** wzdłuż drogi
entlassen* vt zwalniać, zwolnić; odprawić
entlaufen* vi s uciec, zbiec
entleeren vt opróżni(a)ć (*np.* popielniczkę); **sich ~** wypróżnić się
entlegen adj odległy
entmutigen vt zniechęcać, zrażać
entnehmen* vt wyjmować; (*urteilen*) wnioskować (z czegoś)

entreißen* *vt* wyr(y)wać
entrichten *vt* uiszczać, za|płacić (**eine Gebühr** opłatę)
entrüsten *vr* oburzać (**sich** się)
Entsafter *m* -s, - sokowirówka *f*
entsagen *vi* wyrzekać się (**einer Sache** czegoś), z|rezygnować (z czegoś)
Entschädigung *f* -, -**en** odszkodowanie *n*
entscheiden* **I.** *vt* rozstrzygać (**über etw** o czymś) **II.** *vr sich* ~ z|decydować się (**für etw** na coś)
entscheidend *adj* decydujący
Entscheidung *f* -, -**en** rozstrzygnięcie *n*, decyzja *f*, postanowienie; **die ~ ist gefallen** decyzja zapadła
entschieden *adj* stanowczy
entschließen*, **sich** *vr* z|decydować się (**zu einer Sache** na coś)
entschlossen *adj* zdecydowany; **~es Handeln** zdecydowane działanie
Entschluss *m* -**es**, ...**schlüsse** postanowienie *n*, decyzja *f*; **einen ~ fassen** podjąć decyzję
entschuldigen I. *vt* usprawiedliwi(a)ć; (*verzeihen*) wybaczać; **~ Sie, bitte!** przepraszam! **II.** *vr* **sich** ~ usprawiedliwi(a)ć się (**bei j-m wegen eines Dinges** *G* przed kimś z powodu czegoś)
Entschuldigung *f* -, -**en** usprawiedliwienie *n*, wybaczenie *n*; **ich bitte um ~** proszę mi wybaczyć
Entsetzen *n* -**s** przerażenie *n*
entsetzen, sich *vr* przerazić się; **entsetzt sein** być przerażonym
entsetzlich *adj* okropny
entsinnen*, **sich** *vr* przypominać sobie (**eines Dinges** coś)
entsorgen *vt* usunąć (substancje odpadowe, śmieci)
entspannen, sich *vr* odprężać się
entsprechen* *vi* odpowiadać (oczekiwaniom, być zgodnym); **einem Wunsch ~** spełni(a)ć życzenie
entsprechend → **entsprechen**; *adj* odpowiedni
entstehen* *vi s* powsta(wa)ć
Entstehen *n* -**s** powsta(wa)nie *n*, tworzenie się
entstellen *vt* zniekształcać
enttäuschen *vt* rozczarow(yw)ać
Enttäuschung *f* -, -**en** rozczarowanie *n*, zawód *m*
entwaffnen *vt* rozbrajać

entweder *kj*: **~** ... **oder** ... albo ... albo ...
entweichen* *vi s* uciekać; (*ausströmen*) ulatniać się
entwenden* *vt* u|kraść
entwerfen* *vt* za|projektować, na|szkicować, wy|koncypować
entwerten *vt* **1.** dewaluować; obniżać wartość **2.** s|kasować (**den Fahrschein** bilet)
entwickeln I. *vt* rozwijać; opracowywać; *fot.* wywoł(yw)ać **II.** *vr* **sich** ~ rozwijać się
Entwickler *m* -**s**, - *fot.* wywoływacz *m*
Entwicklung *f* -, -**en** rozwój *m*
Entwicklungsland *n* -(**e**)**s**, ...**länder** kraj rozwijający się
entwischen *vi s ugs.* uchodzić, wymykać się (**j-m** komuś)
Entwurf *m* -(**e**)**s**, ...**würfe** projekt *m*, szkic *m*
entziehen* *vt* zabrać, wycofać; **j-m den Führerschein ~** zabrać komuś prawo jazdy
Entziehungskur *f* -, -**en** kuracja odwykowa
entziffern *vt* odcyfrow(yw)ać
entzücken *vt* zachwycać
Entzücken *n* -**s** zachwyt *m*
entzückend *adj* czarujący, zachwycający
entzünden I. *vt* zapalać, wzniecać **II.** *vr* **sich** ~ zapalać się
Entzündung *f* -, -**en** zapalenie *n*; *techn.* zapłon *m*
entzwei: **~ sein** potłuc się, rozbić się
entzweibrechen* *vt* przełam(yw)ać, z|łamać się
Enzyklopädie *f* -, -**n** encyklopedia *f*
Enzym *n* -**s**, -**e** enzym *m*
Epidemie *f* -, -**n** epidemia *f*
Epoche *f* -, -**n** epoka; **~ machend** epokowy
er *pron pers* on; **er ist wieder gesund** on jest znów zdrowy
Erachten *n* -**s** zdanie *n*, mniemanie *n*; **meines ~s, meinem ~ nach** moim zdaniem
erbarmen, sich *vr* z|litować się (**j-s** nad kimś)
erbärmlich *adj* żałosny; (*verächtlich*) podły
erbarmungslos *adj* bezlitosny
erbauen *vt* z|budować
Erbe 1. *m* -**n**, -**n** spadkobierca *m* **2.** *n* -**s** spadek *m*, dziedzictwo *n*
erben *vt* o|dziedziczyć (**von <nach> j-m** po kimś)
erbittert *adj* zażarty, zacięty; (*verärgert*) rozgoryczony

Erbitterung f - rozgoryczenie n, irytacja
erbleichen vi s z|blednąć
erblich adj dziedziczny
Erblichkeit f - dziedziczność f
erblicken vt spostrzegać, ujrzeć
erblinden vi s o|ślepnąć
erblühen vi s rozkwitnąć
erbrechen*, **sich** vr z|wymiotować
Erbschaft f -, -en spadek m
Erbse f -, -n groch m; **grüne ~n** zielony groszek
Erbsensuppe f -, -n grochówka f
Erdarbeiten pl roboty ziemne
Erdbeben n -s, - trzęsienie ziemi
Erdbeere f -, -n truskawka f
Erdboden m -s ziemia f, grunt m
Erde f -, -n ziemia f; gleba f; Ziemia f
erden vt uziemi(a)ć
Erdgas n -es gaz ziemny
Erdgeschoss n -es, -e parter m
Erdkugel f -, -n **1.** kula ziemska **2.** globus m
Erdkunde f - geografia f
Erdnuss f -es, ...nüsse orzech ziemny
Erdöl n -(e)s ropa naftowa
Erdölleitung f -, -en rurociąg naftowy
erdreisten, sich vr ośmielać się; mieć czelność
erdrücken vt zgniatać, z|dusić; figur. przygniatać
Erdteil m -(e)s, -e część świata, kontynent m
Erdung f -, -en uziemienie n
ereignen, sich vr zdarzać się
Ereignis n -ses, -se zdarzenie n
Erektion f -, -en erekcja f
erfahren*[1] vt dowiadywać się (czegoś, o czymś); (erleben) dozna(wa)ć, doświadczać (czegoś)
erfahren[2] → **erfahren**[1]; adj doświadczony
Erfahrung f -, -en doświadczenie n; **aus eigener** ~ z własnego doświadczenia
erfassen vt ujmować; (verstehen) z|rozumieć
erfinden* vt wynaleźć, wymyślić; **frei erfunden** zmyślony
Erfinder m -s, - wynalazca m
Erfindung f -, -en wynalazek m
Erfolg m -(e)s, -e skutek m; sukces m; **~ haben** odnieść sukces
erfolglos adj bezskuteczny
erfolgreich adj skuteczny
erforderlich adj potrzebny
erfordern vt wymagać (np. wysiłku)

Erfordernis n -ses, -se potrzeba f, wymóg m
erforschen vt z|badać
erfreuen I. vt u|radować (**j-n mit einer Sache** kogoś czymś) **II.** vr **sich ~** cieszyć się (**an einer Sache** czymś)
erfreulich adj radosny; (günstig) pomyślny
erfrieren* vi s zamarznąć; przemarznąć
erfrischen vt orzeźwi(a)ć, odświeżać
Erfrischung f -, -en orzeźwienie n; (Getränk) napój orzeźwiający
Erfrischungsraum m -(e)s, ...räume bufet m
erfüllen I. vt spełniać (**eine Bitte** prośbę); wykon(yw)ać (**einen Plan** plan) **II.** vr **sich ~** spełni(a)ć się
Erfüllung f -, -en spełnienie n
ergänzen vt uzupełni(a)ć; **einen Satz ~** uzupełnić zdanie
Ergänzung f -, -en uzupełnienie n, dodatek m
ergeben*[1] **I.** vt wykaz(yw)ać; da(wa)ć w rezultacie **II.** vr **sich ~** (folgen) wynikać; odda(wa)ć się (jakiemuś zajęciu); podda(wa)ć się (**j-m** komuś)
ergeben[2] → **ergeben**[1]; adj oddany; (demütig) uległy
Ergebnis n -ses, -se wynik m; **als ~ der Verhandlungen** w wyniku rokowań
ergiebig adj wydajny; intratny (**Geschäft** interes)
ergrauen vi s o|siwieć
ergreifen* vt schwytać; **Maßnahmen ~** przedsiębrać środki; **das Wort ~** zab(ie)rać głos
ergreifend → **ergreifen**; adj wzruszający, przejmujący
ergriffen → **ergreifen**; adj wzruszony; przejęty
ergründen vt zgłębi(a)ć, dociekać (czegoś); **die Ursache ~** zbadać przyczynę
erhaben adj **1.** (herausragend) wypukły **2.** (weihevoll) wzniosły
erhalten*[1] **I.** vt otrzym(yw)ać; dostawać; (bewahren) zachow(yw)ać **II.** vr **sich ~** utrzym(yw)ać się
erhalten[2] → **erhalten**[1]; adj utrzymany; **gut ~** w dobrym stanie
erhältlich adj (możliwy) do nabycia; **das Buch ist nicht mehr ~** tej książki nie można już nabyć
erhängen, sich vr powiesić się
erheben* **I.** vt **1.** podnosić (rękę) **2.** pobie-

rać (opłaty) **II.** *vr* **sich ~ 1.** wsta(wa)ć; **sich vom Stuhl ~** wstać z krzesła **2.** podnosić się; wznosić się
erheblich *adj* znaczny
erheitern *vt* rozweselać, rozbawić
erhellen *vt, vi* **1.** rozjaśni(a)ć **2.** wyjaśniać
erhitzen *vt* podgrzać, rozgrzać
erhöhen *vt* podwyższać; **erhöhte Geschwindigkeit** zwiększona szybkość
Erhöhung *f* -, -en **1.** podwyżka *f* (cen) **2.** (*Hügel*) wzniesienie *n*
erholen, sich *vr* **1.** przychodzić do siebie (**von einer Sache** po czymś); **sich von einem Schreck ~** ochłonąć z przerażenia **2.** (*ausruhen*) wypoczywać, odpoczywać
erholsam *adj* sprzyjający wypoczynkowi
Erholung *f* - wypoczynek; poprawa zdrowia
Erholungsort *m* -(e)s, -e miejscowość wypoczynkowa
Erika *f bot.* wrzos *m*
erinnern I. *vt* przypominać (**j-n an etw** komuś coś, o czymś) **II.** *vr* **sich ~** przypominać sobie (**an etw, eines Dinges** coś)
Erinnerung *f* -, -en **1.** wspomnienie *n*; **in ~ bringen** przypominać **2.** (*Andenken*) pamiątka *f*; **zur ~** na pamiątkę
erkälten, sich *vr* przeziębi(a)ć się
Erkältung *f* -, -en przeziębienie *n*
erkennen˚ *vt* pozna(wa)ć, rozpozna(wa)ć (**an einer Sache** po czymś)
erkenntlich *adj:* **sich ~ zeigen** odwdzięczyć się
Erkenntnis *f* -, -se **1.** *sing* poznanie *n* **2.** zrozumienie *n*; przekonanie *n*
Erkennungszeichen *n* -s, - znak rozpoznawczy
Erker *m* -s, - wykusz *m*
erklären I. *vt* wyjaśni(a)ć; objaśni(a)ć; (*aussagen*) oświadczać; (*kundmachen*) ogłaszać; **für etw ~** uzna(wa)ć za coś **II.** *vr* **sich einverstanden ~** wyrazić zgodę
Erklärung *f* -, -en objaśnienie *n*; (*Deklaration*) oświadczenie *n*; **eine ~ abgeben** składać oświadczenie
erklingen˚ *vi s* zabrzmieć
erkranken *vi s* zachorować (**an Grippe** na grypę)
erkundigen, sich *vr* dowiadywać się (**nach j-m, nach einer Sache** o kogoś, o coś)
erlangen *vt* osiągać, uzyskać; **Gehör ~** znajdować posłuch
Erlass *m* -es, -e rozporządzenie *n*; dekret *m*

erlauben *vt* pozwalać; **~ Sie?** pozwoli pan(i)? **es ist nicht erlaubt** nie wolno
Erlaubnis *f* - pozwolenie *n*; **(ich) bitte um ~** proszę o pozwolenie
Erläuterung *f* -, -en objaśnienie *n*, komentarz *m*
Erle *f* -, -n olcha *f*
erleben *vt* doczekać się (czegoś); (*erfahren*) zazna(wa)ć (czegoś); przeżywać (coś)
Erlebnis *n* -ses, -se przeżycie *n*; przygoda *f*
erledigen *vt* **1.** załatwi(a)ć; **einen Auftrag ~** wykon(yw)ać zlecenie **2.** *ugs.* załatwić kogoś
Erledigung *f* -, -en załatwienie *n* (czegoś)
erleichtern *vt* ułatwi(a)ć, ulżyć (w czymś)
erleiden˚ *vt* dozna(wa)ć (**eine Enttäuschung** zawodu), ponosić (**einen Verlust** stratę)
erlernen *vt* wyuczyć się (*np.* rzemiosła)
erlesen *adj* wyszukany, wyborny
erlischt → **erlöschen**
erlogen *adj* zmyślony
Erlös *m* -es, -e kwota uzyskana ze sprzedaży; dochód *m*
erlosch → **erlöschen**
erlöschen˚ *vi s* z|gasnąć
erlösen *vt* wybawi(a)ć, uwalniać
Ermächtigung *f* -, -en upoważnienie *n*
Ermahnung *f* -, -en upomnienie *n*, nagana *f*
Ermäßigung *f* -, -en zniżka *f*
Ermessen *n* -s uznanie *n*; zdanie *n*; sąd *m*; **nach meinem ~** moim zdaniem, według mnie
ermitteln *vt* wykry(wa)ć; prowadzić dochodzenie
Ermittlung *f* -, -en wykrywanie *n*; śledztwo *n*, dochodzenie *n*
ermöglichen *vt* umożliwi(a)ć
ermorden *vt* zamordować
ermüden *vt* z|męczyć
ermüdend *adj* męczący, nużący
Ermüdung *f* - zmęczenie *n*, znużenie *n*
ermuntern *vt* dodawać odwagi, zachęcać
ermutigen *vt* doda(wa)ć odwagi (komuś)
ernähren *vt* karmić, odżywiać; wy|żywić
Ernährer *m* -s, - żywiciel *m*
Ernährung *f* - odżywianie *n*; wyżywienie *n*; dieta *f*
ernennen˚ *vt* mianować
Ernennung *f* -, -en nominacja *f*, mianowanie *n*
erneuern *vt* odnawiać; (*wiederholen*) ponawiać; (*auswechseln*) wymieni(a)ć, zmieniać

erneut *adj* ponowny
erniedrigen *vt* 1. poniżyć 2. (*vermindern*) obniżyć
ernst *adj* poważny; **etw ~ nehmen** brać coś na serio
Ernst *m* **-es** powaga *f*; **ich sage das in vollem ~** mówię to zupełnie poważnie
ernsthaft I. *adj* poważny, szczery **II.** *adv* poważnie, szczerze, serio
Ernte *f* **-, -n** żniwa *pl*; (*Ertrag*) zbiór *m*, plon *m*; dobry *m* urodzaj
Erntedankfest *n* **-(e)s, -e** dożynki *pl*
ernten *vt* zbierać (*np.* ziemniaki)
erobern *vt* zdoby(wa)ć
eröffnen *vt* otwierać (posiedzenie); rozpoczynać (dyskusję)
Eröffnung *f* **-, -en** otwarcie *n*
erörtern *vt* roztrząsać, rozważać
erpressen *vt* szantażować
Erpresser *m* **-s, -** szantażysta *m*
Erpressung *f* **-, -en** szantaż *m*
erproben *vt* wy|próbować
erquicken *vt* pokrzepi(a)ć; orzeźwiać
erraten[*] *vt* zgadywać
erregen *vt* podniecać; wywoł(yw)ać; **Aufsehen ~** wzbudzić sensację
Erregung *f* **-** zdenerwowanie *n*, podniecenie *n*
erreichbar *adj* osiągalny
erreichen *vt* 1. do|sięgać (czegoś); **j-n zu Hause ~** zastać kogoś w domu 2. (*im Laufen*) doganiać; **den Zug ~** zdążyć na pociąg 3. (*erlangen*) osiągać; **sein Ziel ~** osiągnąć swój cel
errichten *vt* wznosić, wybudować; zakładać, utworzyć
erringen[*] *vt* wywalczyć; **die Mehrheit ~** zdobyć większość
erröten *vi s* za|rumienić się
Errungenschaft *f* **-, -en** osiągnięcie *n*, zdobycz *f*
Ersatz *m* **-es** zastępstwo *n*; (*Entschädigung*) odszkodowanie *f*; **~ verlangen** żądać odszkodowania
Ersatzdienst *m* **-(e)s, -e** służba zastępcza
Ersatzmittel *n* **-s, -** namiastka *f*, surogat *m*
Ersatzreifen *m* **-s, -** opona zapasowa
Ersatzteil *n, m* **-(e)s, -e** część zapasowa
erscheinen[*] *vi s* 1. zjawi(a)ć się 2. ukaz(yw)ać się (*np.* gazeta) 3. *figur.* (*scheinen*) wyda(wa)ć się
Erscheinung *f* **-, -en** zjawienie się *n*, ukazanie się *n*; (*Phänomen*) zjawisko *n*

erschießen[*] *vt* zastrzelić, rozstrzelać
erschlaffen *vi s* zwiotczeć
erschlagen[*] *vt* zabi(ja)ć
erschließen[*] *vt* otwierać, udostępni(a)ć; **wirtschaftlich ~** zagospodarow(yw)ać
erschöpfen *vt* wyczerp(yw)ać; **das Thema ~** wyczerpać temat
erschöpft *adj* wyczerpany, wycieńczony
erschrak → **erschrecken**[2]
erschrecken[1] *vt* przestraszyć; **erschrecke mich nicht!** nie strasz mnie!
erschrecken[*2] *vi s* przestraszyć się (**vor j-m** kogoś, **über etw** czegoś)
erschrickt → **erschrecken**[2]
erschrocken → **erschrecken**[2]; *adj* przestraszony, przerażony
erschüttern *vt* zachwiać; wstrząsnąć (**j-n** kimś)
erschweren *vt* utrudni(a)ć
erschwinglich *adj* osiągalny, dostępny
ersehen[*] *vt* wy|wnioskować (**aus einer Sache** z czegoś); **daraus ist zu ~** widać z tego
ersetzen *vt* zastępować; wynagradzać (**den Schaden** szkodę)
ersichtlich *adj* widoczny
ersparen *vt* za|oszczędzać; **erspartes Geld** oszczędności
Ersparnisse *pl* oszczędności *pl*
erst *adv* najpierw; (*nicht eher*) dopiero; **~ dann** dopiero wówczas; **~ recht** tym bardziej
erstarren *vi s* zastygnąć; z|drętwieć
erstatten *vt* zwracać (wydatki), wynagradzać; **j-m Bericht ~** składać komuś sprawozdanie
Erstaufführung *f* **-, -en** premiera *f*
erstaunen *vi s* zdumie(wa)ć się, z|dziwić się (**über etw** czymś)
Erstaunen *n* **-s** zdumienie *n*
erstaunlich *adj* zadziwiający
erste *num* pierwszy; **das ~ Mal** pierwszy raz; **~ Hilfe** pierwsza pomoc; **fürs Erste** (*zuerst*) po pierwsze, (*vorläufig*) na razie; **der ~ Beste** pierwszy lepszy
erstehen[*] **I.** *vt* naby(wa)ć, kupować **II.** *vi s* powstawać
erstens *adv* po pierwsze
ersticken I. *vi s* u|dusić się **II.** *vt* za|dusić; stłumić (**Feuer** ogień)
erstklassig *adj* pierwszorzędny
erstrecken, sich *vr* rozciągać się (**über <auf> etw** na coś)

ersuchen *vt* zwracać się z (oficjalną) prośbą, apelować
ertappen *vt* z|łapać (**bei einer Sache** na czymś)
erteilen *vt* da(wa)ć; **Auskunft** ~ udzielać informacji; **Unterricht** ~ uczyć
Ertrag *m* -(e)s, **Erträge** plon *m*; (*Gewinn*) dochód *m*
ertragen° *vt* znosić (coś męczącego, nieprzyjemnego)
erträglich *adj* znośny
ertränken I. *vt* topić II. *vr* **sich** ~ utopić się
ertrinken° *vi s* u|tonąć
Ertrinkende(r) *f, m* -n, -n tonący *m*, tonąca *f*
erwachen *vi s* o|budzić się (*a. figur.*)
erwachsen *adj* dorosły
Erwachsene(r) *f, m* -n, -n dorosły *m* dorosła *f*
erwägen° *vt* rozważać
erwähnen *vt* wspominać; napomknąć
erwärmen *vt* ogrz(ew)ać
erwarten *vt* oczekiwać, czekać (na kogoś); **ein Kind** ~ spodziewać się dziecka
erwecken *vt* wzbudzać (zaufanie)
erweisen° I. *vt* wyświadczać (**einen Dienst** przysługę) II. *vr* **sich** ~ okaz(yw)ać się; **es hat sich erwiesen** okazało się
erweitern *vt* rozszerzać
erwerben° *vt* naby(wa)ć; zdobywać
erwidern *vt* odpowiadać odwzajemni(a)ć; **j-s Besuch** ~ rewizytować kogoś; **einen Gruß** ~ odkłonić się
erwischen *vt* 1. przyłapać (**bei einer Sache** na czymś) 2. z|łapać; dopaść
erwünscht *adj* pożądany
erwürgen *vt* udusić
erzählen *vt* opowiadać
Erzählung *f* -, -en opowiadanie *n*
erzeugen *vt* wytwarzać
Erzeugnis *n* -ses, -se produkt *m*, wyrób *m*
erziehen° *vt* wychow(yw)ać; **ein gut erzogenes Kind** dobrze wychowane dziecko
Erziehung *f* - wychowanie *n*
erzielen *vt* osiągać; **einen Erfolg** ~ osiągnąć sukces
erzwingen° *vt* wymuszać
es I. *pron pers* ono II. *impers*: **es ist spät** jest późno; **es regnet** pada deszcz; **es lebe ...** niech żyje ...
Esel *m* -s, - osioł *m*
eskortieren *vt* eskortować
Espresso *m* -(s), -s *o.* ...**ssi** kawa espresso
essbar *adj* jadalny

essen° *vt* jeść; **zu Mittag** ~ jeść obiad; **zu Abend** ~ jeść kolację
Essen *n* -s, - jedzenie *n*; posiłek *m*
Essig *m* -s ocet *m*
Essiggurke *f* -, -n korniszon *m*
Esswaren *pl* artykuły spożywcze
Esszimmer *n* -s, - jadalnia *f*
Etage [e'ta:ʒə] *f* -, -n piętro *n*
Etappe *f* -, -n etap *m*
Etat [e'ta:] *m* -s, -s budżet państwa
Etikett *n* -(e)s, -e(n) *o.* -s nalepka *f*, etykietka *f*
etwa *adv* około, mniej więcej; (*vielleicht*) może
etwas *pron* 1. co, coś; **ich muss** ~ **essen** muszę coś zjeść; **so ~!** coś takiego! 2. (*ein wenig*) trochę, nieco
euch *pron pers D, A* → **ihr**¹
euer¹, **eu(e)re, euer,** *pl* **eu(e)re** *pron poss* wasz, wasza, wasze, *pl* wasi, wasze
euer² *pron pers G* → **ihr**¹
Eule *f* -, -n sowa *f*
Euro *m* -s, -s euro *n*
Europäer *m* -s, - Europejczyk *m*
europäisch *adj* europejski; **Europäische Union** Unia Europejska
Euter *n* -s, - wymię *n*
evangelisch *adj* ewangelicki
Evangelium *n* -s, ...**ien** ewangelia *f*
eventuell *adv* ewentualnie
ewig *adj* wieczny
Ewigkeit *f* - wieczność *f*
exakt *adj* dokładny; precyzyjny
Examen *n* -s, - egzamin *m*
Exemplar *n* -s, -e egzemplarz *m*
Exil *n* -s, -e wygnanie *n*
Existenz *f* -, -en egzystencja *f*, byt *m*
existieren *vi* egzystować, istnieć
exotisch *adj* egzotyczny
Experiment *n* -(e)s, -e eksperyment *m*
Experte *m* -n, -n ekspert *m*, rzeczoznawca *m*
explodieren *vi s* eksplodować, wybuchnąć
Explosion *f* -, -en wybuch *m*, eksplozja *f*
Export *m* -(e)s wywóz *m*, eksport *m*
exportieren *vt* wywozić
extra *adv* osobno; (*besonders*) specjalnie
Extrakt *m* -(e)s, -e ekstrakt *m*, wyciąg *m*
extrem *adj* krańcowy; skrajny
Extremsport *m* -(e)s sporty ekstremalne
exzellent *adj* znakomity, wyśmienity
exzentrisch *adj* ekscentryczny
Exzess *m* -es, -e ekscess *m*, wyskok *m*

F

Fabel f -, -n bajka f
fabelhaft adj bajeczny, fantastyczny
Fabrik f -, -en fabryka f; **in einer ~ arbeiten** pracować w fabryce
Fabrikat n -(e)s, -e wyrób (fabryczny), produkt m
Fach n -(e)s, **Fächer 1.** zawód m, fach m; dziedzina f **2.** (eines Schrankes) półka f; przegródka f
Facharzt m -(e)s, ...ärzte lekarz specjalista
Fächer m -s, - wachlarz m
Fachfrau f -, -en specjalistka f, kobieta fachowiec
Fachgebiet n -(e)s, -e branża f, specjalność f
Fachkenntnisse pl wiedza fachowa
Fachmann m -(e)s, ...leute fachowiec m, specjalista m
fachmännisch adv fachowo
Fachwerk n -(e)s, -e mur pruski
Fackel f -, -n pochodnia f
fade adj mdły, bez smaku; ugs. nudny, bez polotu
Faden m -s, **Fäden** nić f, nitka f
fähig adj zdatny, zdolny (**zu einer Sache** do czegoś)
Fähigkeiten pl zdolności fpl, umiejętności fpl
fahl adj blady, bezbarwny
fahnden vi poszukiwać, ścigać (**nach j-m** kogoś)
Fahne f -, -n chorągiew f, sztandar m
Fahrausweis m -es, -e bilet m (kolejowy, autobusowy)
Fahrbahn f -, -en jezdnia f, tor m
Fahrdienstleiter m -s, - dyżurny ruchu
Fähre f -, -n prom m
fahren* **I.** vi s jechać, jeździć; **mit der Bahn ~** jechać <podróżować> pociągiem; **aufs Land ~** jechać na wieś; **Auto ~** prowadzić samochód; **Rad ~** jechać rowerem; **erster Klasse ~** podróżować pierwszą klasą; **wann fährt der Zug nach Chur?** kiedy odjeżdża pociąg do Chur? **II.** vt jeździć (czymś); przewozić; **j-n zur Bahn ~** zawozić kogoś na dworzec; **den Wagen in die Garage ~** odstawić samochód do garażu
Fahrer m -s, - kierowca m, szofer m; motorniczy m

Fahrerflucht f - ucieczka kierowcy z miejsca wypadku
Fahrersitz m -es, -e siedzenie kierowcy
Fahrgast m -(e)s, ...gäste pasażer m
Fahrgeld n -(e)s, -er opłata za przejazd
Fahrgestell n -(e)s, -e podwozie n
Fahrkarte f -, -n bilet m (kolejowy, autobusowy)
Fahrkartenschalter m -s, - kasa biletowa
fahrlässig adj niedbały; juris. nieumyślny
Fahrlehrer m -s, - mot. instruktor jazdy
Fahrplan m -(e)s, ...pläne rozkład jazdy
fahrplanmäßig adj przewidziany w rozkładzie jazdy, planowy
Fahrpreis m -es, -e opłata za przejazd
Fahrrad n -(e)s, ...räder rower m
Fahrschein m -(e)s, -e bilet m (kolejowy, autobusowy)
Fährschiff n -(e)s, -e prom m
Fahrschule f -, -n szkoła <nauka> jazdy
Fahrstuhl m -(e)s, ...stühle winda f, dźwig m
Fahrt f -, -en jazda f; (Reise) podróż f; **auf der ~ nach Berlin** w drodze do Berlina; **gute ~!** szerokiej drogi!
Fährte f -, -n trop m
Fahrverbot n -(e)s, -e zakaz prowadzenia pojazdów mechanicznych
Fahrwasser n -s, - tor wodny
Fahrwerk n -(e)s, -e flug. podwozie n
Fahrzeit f -, -en czas jazdy
Fahrzeug n -(e)s, -e pojazd m
Fahrzeugbrief m -(e)s, -e mot. karta pojazdu
Fakultät f -, -en wydział m
Falke m -n, -n sokół m
Fall m -(e)s, **Fälle 1.** spadanie n, opadanie n; upadek m **2.** (Angelegenheit) przypadek m, wypadek m; **für alle Fälle** na wszelki wypadek; **auf keinen ~** w żadnym razie; **im ~e, dass ...** jeżeli ... **3.** juris. sprawa **4.** med. przypadek
Falle f -, -n pułapka f
fallen* vi s u|padać, spadać; **zu Boden ~** spaść na podłogę; **in die Augen ~** rzucać się w oczy; **in Ohnmacht ~** ze|mdleć; **auf den Sonntag ~** przypadać na niedzielę; **es fällt mir schwer** to przychodzi mi z trudem; **~ lassen** a) upuścić b) zaniechać (czegoś), porzucać (coś)

fällen *vt* ścinać (drzewa); **ein Urteil ~ wyda(wa)ć** wyrok
fällig *adj* płatny (weksel); należny
Fallreep *n* -(e)s, -e *naut.* trap *m*
falls *kj* jeżeli, gdyby
Fallschirm *m* -(e)s, -e spadochron *m*
falsch *adj* fałszywy; (*fehlerhaft*) błędny; *tel.* ~ **verbunden!** pomyłka!
fälschen *vt* podrabiać; s|fałszować
Falschgeld *n* -(e)s, -er s|fałszowane pieniądze, podrobiony pieniądz
Fälschung *f* -, -en fałszerstwo *n*; falsyfikat *m*
Faltboot *n* -(e)s, -e kajak składany
Falte *f* -, -n fałd *m*, fałda *f*; (*im Gesicht*) zmarszczka *f*
falten *vt* składać; **die Stirn ~** marszczyć czoło
Faltenrock *m* -(e)s, ...**röcke** spódnica w fałdy
Falter *m* -s, - motyl *m*
familiär *adj* rodzinny; (*vertraulich*) poufały
Familie [fa'mi:ljə] *f* -, -n rodzina *f*; **eine ~ gründen** założyć rodzinę
Familienfeier *f* -, -n uroczystość rodzinna
Familienmitglied *n* -(e)s, -er członek rodziny
Familienname *m* -ns, -n nazwisko *n*
Familienstand *m* -(e)s stan cywilny
Fan [fɛn] *m* -s, -s fan *m*
fand → **finden**
fangen* *vt* z|łapać, s|chwytać; **Fische ~** łowić ryby
Fangen *n* -s berek *m*
Fantasie *f* - fantazja *f*, wyobraźnia *f*
fantastisch *adj* fantastyczny
Farbe *f* -, -n barwa *f*, kolor *m*; (*Farbstoff*) farba *f*
färben *vt* za|barwić, za|farbować
Farbfernseher *m* -s, - telewizor kolorowy
Farbfilm *m* -(e)s, -e film kolorowy
farbig *adj* kolorowy, barwny
Farbige(r) *f, m* -n, -n kolorowy *m*, kolorowa *f*
farblos *adj* bezbarwny
Farbstoff *m* -(e)s, -e barwnik *m*
Färbung *f* -, -en zabarwienie *n*
Farn *m* -(e)s, -e paproć *f*
Fasan *m* -(e)s, -e *o.* -en bażant *m*
Fasching *m* -s, -e *o.* -s karnawał *m*
Faschismus *m* - faszyzm *m*
Faser *f* -, -n włókno *n*; **synthetische ~** włókno syntetyczne

Fass *n* -es, **Fässer** beczka *f*; **Bier vom ~** piwo z beczki
Fassbier *n* -(e)s, -e piwo beczkowe
fassen I. *vt* **1.** chwytać, ujmować; **j-n bei der Hand ~** wziąć kogoś za rękę; **einen Entschluss ~** z|decydować się; **Mut ~** odważyć się **2.** (*in sich aufnehmen*) po|mieścić; obejmować **3.** *figur.* (*verstehen*) pojmować **II.** *vr* **sich ~** opanow(yw)ać się; **sich kurz ~** streszczać się
Fassung *f* -, -en **1.** (*Einfassung*) oprawa *f* **2.** oprawka *f* (okularów) **3.** (*Formulierung*) wersja *f*, ujęcie *n* **4.** *sing figur.* równowaga *f*; **j-n aus der ~ bringen** wyprowadzić kogoś z równowagi
Fassungsvermögen *n* -s pojemność *f* (*np. zbiornika*)
fast *adv* prawie, niemal
fasten *vi* pościć
Fastnacht *f* - ostatki *pl* (*w karnawale*)
Faszination *f* - fascynacja *f*
faul *adj* leniwy; (*verdorben*) zgniły, popsuty
Fäule *f* - zgnilizna *f*
Faulheit *f* - lenistwo *n*
faulig *adj* zgniły
Faulpelz *m* -es, -e *ugs.* leń *m*
Faust *f* -, **Fäuste** pięść *f*
Fausthandschuh *m* -(e)s, -e rękawica z jednym palcem
Fax *n* -, -(e) faks *m*
Februar *m* -(s) luty *m*
fechten* *vi* uprawiać szermierkę
Fechten *n* -s szermierka *f*
Feder *f* -, -n pióro *n*; sprężyna *f*, resor *m*
Federball *m* -(e)s *sport.* badminton *m*, kometka *f*
Federbett *n* -(e)s, -en pierzyna *f*
Federgewicht *n* -(e)s *sport.* waga piórkowa
Federung *f* -, -en *mot.* resorowanie *n*
Fee *f* -, -n wróżka *f*
fegen *vt* zamiatać; zmiatać
fehl *adv*: **~ am Platz** nie na miejscu
Fehlbetrag *m* -(e)s, ...**beträge** niedobór *m*
fehlen *vi* brakować; **was fehlt ihm?** co mu dolega?
Fehler *m* -s, - wada *f*; (*Versehen*) błąd *m*
fehlerfrei *adj* bezbłędny
fehlerhaft *adj* wadliwy, wykazujący usterki <wady>
fehlschlagen* *vi* chybi(a)ć; *figur.* nie uda(wa)ć się
Fehlstart *m* -(e)s, -s *sport.* falstart *m*

Feier *f* -, -n uroczystość *f*; święto *n*; uroczysty obchód
feierlich *adj* uroczysty; **ein ~er Augenblick** uroczysta chwila
feiern *vt, vi* święcić, obchodzić; świętować
Feiertag *m* -(e)s, -e święto *n*; **ein gesetzlicher ~** święto ustawowe
feig(e) *adj* tchórzliwy
Feige *f* -, -n figa *f*
Feigling *m* -s, -e tchórz *m*
Feile *f* -, -n pilnik *m*
fein *adj* **1.** drobny; (*zart*) delikatny **2.** elegancki; **~e Sitten** wykwintne maniery; **das ist ~** to świetnie
Feind *m* -(e)s, -e nieprzyjaciel *m*, wróg *m*
feindlich *adj* wrogi, nieprzyjazny
Feindschaft *f* -, -en wrogość *f*
Feinkostgeschäft *n* -(e)s, -e delikatesy *pl* (*sklep*)
Feinmechanik *f* - mechanika precyzyjna
Feinschmecker *m* -s, - smakosz *m*
Feld *n* -(e)s, -er **1.** pole *n*; **das ~ bestellen** uprawiać pole; **die Felder des Schachbretts** pola szachownicy; **elektrisches ~** pole elektryczne **2.** *sport.* peleton *m*
Feldblume *f* -, -n kwiat polny
Feldflasche *f* -, -n manierka *f*
Feldstecher *m* -, - lornetka polowa
Feldweg *m* -(e)s, -e droga polna
Felge *f* -, -n *mot.* felga *f*
Fell *n* -(e)s, -e skóra *f* (*zwierzęcia*); skórka *f*, futro *n*, sierść *f*; **ein dickes ~ haben** być gruboskórnym
Fels *m* - skała *f*
Felsen *m* -s, - skała *f*, głaz *m*
Fenster *n* -s, - okno *n*; **ein ~ zur Straße** okna na ulicę
Fensterbank *f* -, ...bänke parapet *m*
Fensterladen *m* -s, ...laden okiennica *f*
Fensterplatz *m* -es, ...plätze miejsce przy oknie
Fensterrahmen *m* -s, - rama okienna
Fensterscheibe *f* -, -n szyba *f*
Ferien ['fe:rjən] *pl* wakacje *pl*; urlop *m*; **die ~ im Gebirge verbringen** spędzić wakacje <urlop> w górach
Ferienheim *n* -(e)s, -e dom wczasowy
Ferienlager *n* -s, - obóz wakacyjny
Ferienpläne *pl* plany wakacyjne <urlopowe>
Ferienreise *f* -, -n podróż wakacyjna
Ferkel *n* -s, - prosię *n*

fern *adj* daleki; **von ~ beobachten** obserwować z daleka
ferner I. *adv* dalej **II.** *kj* (*außerdem*) ponadto, poza tym
fernerhin *adv* nadal
ferngelenkt *adj* zdalnie kierowany
Ferngespräch *n* -(e)s, -e rozmowa telefoniczna międzymiastowa
Fernglas *n* -es, ...gläser lornetka *f*
Fernlicht *n* -(e)s, -er *mot.* światło długie
Fernschreiber *m* -s, - dalekopis *m*
Fernsehapparat *m* -(e)s, -e telewizor *m*
fernsehen° *vi* oglądać telewizję
Fernsehen *n* -s telewizja *f*
Fernseher *m* -s, - *ugs.* telewizor *m*; telewidz *m*
Fernsehserie *f* -, -n serial telewizyjny
Fernsehsender *m* -s, - telewizyjna stacja nadawcza
Fernsehspot *m* -s, -s telewizyjny film reklamowy
Fernsehübertragung *f* -, -en transmisja telewizyjna
Fernsprecher *m* -s, - telefon *m*
Fernsteuerung *f* -, -en zdalne sterowanie
Fernstudium *n* -s, ...ien studia zaoczne
Fernverkehr *m* -s ruch dalekobieżny
Fernzug *m* -(e)s, ...züge pociąg dalekobieżny
Ferse *f* -, -n pięta *f*
fertig *adj* gotowy; **das Essen ist schon ~** jedzenie jest już gotowe; **~ bringen** skończyć; **~ machen** a) skończyć, dokończyć b) wykończyć (kogoś)
fertigen *vt* sporządzać
Fessel *f* -, -n więzy *pl*, pęta *pl*
fesselnd *adj* zajmujący
fest *adj* stały; mocny; **~er Schlaf** twardy sen; **~ überzeugt** głęboko przekonany; **~ angestellt** zatrudniony na stałe
Fest *n* -(e)s, -e święto *n*, uroczystość *f*
festbinden° *vt* u|wiązać; przywiąz(yw)ać
Festessen *n* -s, - uroczysta kolacja, uroczysty obiad
festhalten° **I.** *vt* **1.** przytrzym(yw)ać **2.** utrwalić, uwiecznić **II.** *vi* trwać przy czymś **III.** *vr* **sich ~** trzymać się (**an j-m** kogoś, **an einer Sache** czegoś)
Festland *n* -(e)s, ...länder ląd *m*, kontynent *m*
festlich *adj* świąteczny; (*feierlich*) uroczysty
festmachen *vt* umocow(yw)ać
festnehmen° *vt* uwięzić, aresztować

Festplatte *f* -, -n *inform.* dysk twardy
Festplattenlaufwerk *n* -(e)s, -e *inform.* napęd dysku twardego
festsetzen *vt* ustalać (*np.* ceny)
festsitzen* *vi* ugrzęznąć <utknąć> w miejscur, utkwić
Festspiele *pl* festiwal *m*
feststehen* *vi* być pewnym <ustalonym>; **es steht fest, dass ...** jest pewne, że ...
feststellen *vt* ustalić (**j-s Personalien** czyjeś personalia); stwierdzać
Feststellung *f* -, -en stwierdzenie *n*
Festung *f* -, -en twierdza *f*
Fete *f* -, -n *ugs.* impreza *f*
fett *adj* tłusty; **-es Fleisch** tłuste mięso
Fett *n* -(e)s, -e tłuszcz; **pflanzliche ~e** tłuszcze roślinne
fettarm *adj* niskotłuszczowy
Fetzen *m* -s, -e strzęp *m*; łachman *m*
feucht *adj* wilgotny
Feuchte *f* - wilgoć *f*
Feuer *n* -s, - ogień *m*; (*Brand*) pożar *m*; **~ fangen** zapalić się; *figur.* zachwycić się
feuerfest *adj* ogniotrwały
feuergefährlich *adj* łatwo zapalny
Feuerlöscher *m* -s, - gaśnica *f*
Feuerwehr *f* - straż pożarna
Feuerwerk *n* -(e)s, -e sztuczne ognie
Feuerzeug *n* -(e)s, -e zapalniczka *f*
feurig *adj* ognisty
ficht → **fechten**
Fichte *f* -, -n świerk *m*
Fieber *n* -s gorączka *f*; **hohes ~ haben** mieć wysoką gorączkę
fieberhaft *adj* gorączkowy
fiebersenkend *adj*: **ein ~es Mittel** środek obniżający gorączkę
fiel → **fallen**
Figur *f* -, -en 1. figura *f*; **eine gute ~ haben** mieć dobrą figurę 2. (*Gestalt*) postać *f*
Filiale *f* -, -n filia *f*
Film *m* -(e)s, -e 1. film *m*; **einen ~ drehen** nakręcić film 2. film *m*, błona fotograficzna; **den ~ entwickeln** wywołać film 3. cienka warstwa
Filmregisseur [fɪlmrɛʒiːsøːr] *m* -s, -e reżyser filmowy
Filmstar *m* -(e)s, -s gwiazda filmowa
Filter *m, n* -s, - filtr *m*
Filz *m* -es, -e pilśń *f*, filc *m*
Finale *n* -s, - finał *m*
finanziell [fɪnanˈtsjɛl] *adj* finansowy

finden* *vt* 1. znajdować, znaleźć; **nach Hause ~** trafić do domu; **Arbeit ~** znaleźć pracę 2. uważać, sądzić; **gut ~** uzna(wa)ć za dobre; **~ Sie nicht?** nie sądzi pani?, **wie ~ Sie das?** jak się to panu podoba?
Finderlohn *m* -(e)s znaleźne *n*
fing → **fangen**
Finger *m* -s, - palec *m* (ręki)
Fingerhut *m* -(e)s, ...hüte naparstek *m*
Fingernagel *m* -s, ...nägel paznokieć *m*
Fink *m* -en, -en zięba *f*
Finne *m* -n, -n Fin *m*
finnisch *adj* fiński
finster *adj* ciemny; ponury; **~ werden** ściemni(a)ć się
Finte *f* -, -n podstęp *m*; *sport.* zwód *m*
Firmenzeichen *n* -s, - znak firmowy
Fisch *m* -(e)s, -e ryba
Fischbraterei *f* -, -en smażalnia ryb
fischen *vt, vi* łowić ryby
Fischer *m* -s, - rybak *m*
Fischerboot *n* -(e)s, -e łódź rybacka
Fischereiwesen *n* -s rybołówstwo *n*
Fischfang *m* -(e)s rybactwo *n*
Fischotter *m* -s, - wydra *f*
fit *adj* w dobrej formie (fizycznej)
Fitnesscenter *n* -s, - siłownia *f*
fix *adj* 1. stały; **-e Kosten** koszty stałe 2. *ugs.* szybki, zręczny
fixen *vi ugs.* szprycować się, ćpać
Fixer *m* -s, - ćpun *m*
fixieren *vt* utrwalać (*o. fot.*)
flach *adj* płaski; płytki (talerz)
Fläche *f* -, -n płaszczyzna *f*; powierzchnia *f*
Flachland *n* -(e)s równina *f*
Flachs *m* -es len *m*
flackern *vi* migotać (*o świecy*)
Flagge *f* -, -n flaga *f*
Flamme *f* -, -n płomień *m*
Flanell *m* -s, -e flanela *f*
Flasche *f* -, -n butelka *f*; **eine ~ Wein** butelka wina
flau *adj* słaby; ospały, apatyczny
flechten* *vt* 1. pleść, zaplatać 2. wyplatać (koszyki)
Fleck *m* -(e)s, -e, **Flecken** *m* -s, - plama *f*; **ein blauer ~** siniec
fleckig *adj* poplamiony
Fledermaus *f* -, ...mäuse nietoperz *m*
flehen *vi* błagać (**um etw** o coś)
Fleisch *n* -(e)s 1. mięso *n*; **das ~ braten <dünsten>** smażyć <dusić> mięso 2. ciało *n*; miąższ owocu

Fleischbrühe f -, -n rosół m, bulion m
Fleischer m -s, - rzeźnik m
Fleischgericht n -(e)s, -e danie mięsne
fleischlos adj bezmięsny
Fleischwolf m -(e)s, ...wölfe maszynka do mięsa
Fleiß m -es pilność; **mit ~** pilnie
fleißig adj pilny; **~ lernen** pilnie się uczyć
flicht → **flechten**
flicken vt za|łatać
Flicken m -s, - łata f
Flieder m -s, - bot. bez m
Fliege f -, -n mucha f
fliegen* I. 1. vi s latać, lecieć 2. ugs. wylecieć (np. ze szkoły) II. vt 1. pilotować samolot 2. transportować
Fliegenpilz m -es, -e muchomor m
Flieger m -s, - lotnik m
fliehen* vi s uciekać; **ins Ausland ~** uciec za granicę
Fließband n -(e)s, ...bänder taśma produkcyjna
fließen* vi s płynąć
fließend → **fließen**; adj płynny; **~es Wasser** bieżąca woda; **~ Deutsch sprechen** mówić płynnie po niemiecku
flink adj zwinny
Flinte f -, -n strzelba f, fuzja f
Flitterwochen pl miodowy miesiąc
flocht → **flechten**
Flocke f -, -n płatek f (śniegu, kukurydziany), kosmyk m
flog → **fliegen**
floh → **fliehen**
Floh m -(e)s, Flöhe pchła f
floss → **fließen**
Floß n -es, Flöße tratwa f
Flöte f -, -n flet m
flott adj 1. szybki; (gewandt) żwawy 2. (schick, hübsch) szykowny, elegancki, ładny
Flotte f -, -n flota f
Fluch m -(e)s, Flüche przekleństwo n
fluchen vi kląć; przeklinać; złorzeczyć; **auf <über> etw ~** kląć na coś
Flucht f - ucieczka f; **die ~ ergreifen** rzucić się do ucieczki
flüchten vi s uciec, uciekać; **vor einem Hund ~** uciekać przed psem
flüchtig adj pobieżny
Flüchtling m -s, -e zbieg; uchodźca
Flug m -(e)s, Flüge lot m; **der ~ zum Mond** lot na Księżyc
Flugbegleiter m -s, - steward m

Flugblatt n -(e)s, ...blätter ulotka f
Flügel m -s, - 1. skrzydło n (ptaka, samolotu) 2. fortepian m
Flügelmann m -(e)s, ...männer o. ...leute sport. skrzydłowy m
Fluggast m -(e)s, ...gäste pasażer samolotu
Flughafen m -s, ...häfen port lotniczy, lotnisko m
Fluglinie f -, -n linia lotnicza
Flugobjekt n -(e)s, -e obiekt latający; **unbekanntes ~** UFO
Flugpassagier [fluːkpasaˈʒiːr] m -s, -e pasażer samolotu
Flugplan m -(e)s, ...pläne rozkład lotów
Flugplatz m -es, ...plätze lotnisko n
Flugpost f - poczta lotnicza
flugs adj szybko
Flugschein m -(e)s, -e, **Flugticket** n -s, -s bilet lotniczy
Flugverbindung f -, -en połączenie lotnicze
Flugverkehr m -s komunikacja lotnicza
Flugwesen n -s lotnictwo n
Flugzeit f -, -en czas przelotu
Flugzeug n -(e)s, -e samolot; **mit dem ~ reisen** podróżować samolotem
Flugzeugträger m -s, - lotniskowiec m
Flunder f -, -n flądra f
Flur m -(e)s, -e korytarz m
Fluss m -es, Flüsse 1. rzeka f; **im ~ baden** kąpać się w rzece 2. figur. tok m; **im ~e des Gesprächs** w trakcie rozmowy
flussabwärts adv z biegiem rzeki
flussaufwärts adv w górę rzeki
flüssig adj płynny, ciekły
Flüssigkeit f -, -en płyn m, ciecz f
Flussschifffahrt f - żegluga rzeczna
flüstern vi szeptać
Flut f -, -en naut. przypływ m; figur. powódź f; potok (**von Tränen** łez)
focht → **fechten**
föderal, adj związkowy, federalny
Fohlen n -s, - źrebię n
Föhn m -(e)s, -e 1. fen m (wiatr) 2. suszarka do włosów
Folge f -, -n następstwo n; skutek m, konsekwencja f; kolejność f; seria f; ciąg m; **in rascher ~** szybko po sobie; **zur ~ haben** pociągać za sobą, powodować; **eine ~ von Bildern** seria zdjęć
folgen vi 1. s iść (**j-m** za kimś); **j-s Rat ~** posłuchać czyjejś rady; następować (**auf**

folgendermaßen 266 **Frau**

etw po czymś); **Fortsetzung folgt** ciąg dalszy nastąpi; **daraus folgt** z tego wynika **2.** *figur.* słuchać (kogoś)
folgendermaßen *adv* następująco
folgern *vt* wnioskować
Folgerung *f* -, **-en** wniosek *m*
folgsam *adj* posłuszny
foltern *vt* torturować
förderlich *adj* korzystny, pomocny
fordern *vt* żądać, wymagać; domagać się (**sein Recht** swoich praw)
fördern *vt* **1.** *berg.* wydobywać (**Kohle** węgiel) **2.** popierać (**j-n** kogoś, **etw** coś)
Forderung *f* -, **-en** żądanie *f*, wymóg *m*
Förderung *f* -, **-en 1.** poparcie *n*, popieranie *n* **2.** *berg.* wydobycie *n*
Forelle *f* -, **-n** pstrąg *m*
Form *f* -, **-en 1.** forma *f*, kształt *m* **2.** (*Verhaltensweise*) zachowanie się *n*, maniery *fpl* **3.** *sport.* kondycja *f*, forma *f*
Formalität *f* -, **-en** formalność *f*
Format *n* -(e)s, -e format *m*
Formel *f* -, **-n** formuła *f*; utarty zwrot; *chem.* wzór *m*
formell *adj* formalny
formen *vt* kształtować; formować; (*bilden*) tworzyć
förmlich I. *adj* formalny **II.** *adv* formalnie, wprost, wręcz
Formular *n* -s, -e formularz *m*, blankiet *m*
forschen *vi* **1.** (intensywnie) poszukiwać (**nach j-m** kogoś) **2.** badać, prowadzić badania
Forschung *f* -, **-en** badanie *n*, dociekanie *n*; **wissenschaftliche ~en** badania naukowe
Forschungsreise *f* -, **-n** wyprawa <ekspedycja> naukowa
Forst *m* -(e)s, -e(n) las *m*, teren zalesiony
Förster *m* -s, - leśniczy *m*
Forsthaus *n* -es, ...häuser leśniczówka *f*
Forstwesen *n* -s leśnictwo *n*
fort *adv* **1.** dalej; **in einem ~** bez ustanku; **und so ~** i tak dalej **2.** (*weg*) precz; **ich muss ~** muszę iść; **er ist ~** nie ma go, wyszedł
fortbilden, sich *vr* kształcić się dalej, dokształcać się
fortbleiben* *vi s* nie przyby(wa)ć
fortbringen* *vt* usuwać, wynosić; wywozić; odwozić
fortfahren* *vi s* odjeżdżać; kontynuować (**mit einer Sache** coś)

fortgehen* *vi s* odchodzić
fortlaufen* *vi s* uciekać
fortpflanzen, sich *vr* **1.** rozmnażać się **2.** rozchodzić się (*o świetle, dźwięku*)
fortschaffen *vt* usuwać
fortschreiten* *vi s* postępować (*np. o chorobie*); robić postępy
Fortschritt *m* -(e)s, -e postęp *m* (**der Technik** techniki), postępy *pl*; **gute ~e machen** robić duże postępy
fortschrittlich *adj* postępowy
fortsetzen *vt* kontynuować
Fortsetzung *f* -, **-en** ciąg dalszy, kontynuacja *f*
fortwährend *adj* ustawiczny, ciągły
fossil *adj* kopalny
Foto *n* -s, -s zdjęcie, fotografia
Fotoapparat *m* -(e)s, -e aparat fotograficzny
Fotograf *m* -en, -en fotograf *m*
Fotografie *f* -, **-n** zdjęcie *n*, fotografia *f*
fotografieren *vt* s|fotografować
Fotokopie *f* -, **-n** fotokopia *f*
Fracht *f* -, **-en** fracht *m*, ładunek *m*
Frachtbrief *m* -(e)s, -e list przewozowy
frachtfrei *adv* wolny od opłat za przewóz
Frachtschiff *n* -(e)s, -e frachtowiec *m*
Frage *f* -, **-n 1.** pytanie *n*, zapytanie *n*; **auf eine ~ antworten, eine ~ beantworten** odpowiadać na pytanie **2.** problem *m* **3. in ~ kommen** wchodzić w rachubę; **in ~ stellen** zakwestionować
Fragebogen *m* -s, - kwestionariusz *m*
fragen *vt* za|pytać; (**nach j-m, nach einer Sache** o kogoś, o coś); **es fragt sich, ob ...** pytanie, czy ...; **j-n um Rat ~** pytać <prosić> o radę
Fragezeichen *n* -s, - pytajnik *m*, znak zapytania
fraglich *adj* **1.** wątpliwy **2.** dany, ten, o którym mowa
Franc [frã:] *m* -, **-s** *hist.* frank *m* (francuski, belgijski)
Franken *m* -s, - frank *m* (szwajcarski)
Frankfurter *f* -, - (*Würstchen*) parówka *f*
frankieren *vt* o|frankować
Franzose *m* -n, -n Francuz *m*
Französin *f* -, **-nen** Francuzka *f*
französisch *adj* francuski
fraß → **fressen**
Frau *f* -, **-en 1.** kobieta *f*, niewiasta *f*; żona *f*; **eine verheiratete ~** kobieta zamężna **2.** pani *f*; **~ Schulz** pani Schulz

Frauenarzt *m* -es, ...ärzte ginekolog *m*
Frauenzimmer *n* -s, - *ugs.* babsko *n*, baba *f*
Fräulein *n* -s, - panna *f*
frech *adj* bezczelny, zuchwały
frei *adj* wolny; swobodny; wakujący; bezpłatny; **ein ~es Zimmer** wolny pokój; **Eintritt ~** wstęp bezpłatny; **unter ~em Himmel** pod gołym niebem; **im Freien** na świeżym powietrzu, na dworze
Freibad *n* -(e)s, ...bäder otwarta pływalnia
Freiexemplar *n* -s, -e egzemplarz gratisowy (*książki, gazety*)
Freigepäck *n* -(e)s bagaż wolny od opłaty
freihaben˚ *vi ugs.* mieć wolne
Freihandelszone *f* -, -n strefa wolnego handlu
Freiheit *f* -, -en wolność *f*
Freiheitsstrafe *f* -, -n kara pozbawienia wolności
Freikarte *f* -, -n bilet bezpłatny
Freikörperkultur *f* - naturyzm *m*
freilassen˚ *vt* uwalniać; **j-n gegen eine Kaution ~** zwolnić kogoś za kaucją
Freilauf *m* -(e)s *mot.* bieg jałowy
freilich *adv* jednak; naturalnie, zapewne
Freilichtbühne *f* -, -n teatr letni
freisprechen˚ *vt* uniewinniać
Freispruch *m* -(e)s, ...sprüche wyrok uniewinniający
Freistoß *m* -es, ...stöße *sport.* rzut wolny
Freitag *m* -(e)s, -e piątek *m*
Freizeit *f* - czas wolny
freiwillig *adj* dobrowolny
fremd *adj* obcy; cudzy; **~es Eigentum** cudza własność
Fremde(r) 1. *f*, *m* -n, -n obcy *m*, gość *m*, cudzoziemiec *m*; obca *f*, przyjezdna *f*, cudzoziemka *f* 2. *f* - (*Ausland*) obczyzna *f*
Fremdenbuch *n* -(e)s, ...bücher książka meldunkowa (*w hotelu*)
Fremdenführer *m* -s, - przewodnik *m*
Fremdenverkehr *m* -s ruch turystyczny
Fremdenzimmer *n* -s, - pokój gościnny (*do wynajęcia*)
fremdgehen˚ *vi s ugs.* zdradzać (współmałżonka)
Fremdsprache *f* -, -n język obcy
fremdsprachig *adj* obcojęzyczny
Fremdwort *n* -(e)s, ...wörter słowo obcego pochodzenia
Fresse *f* -, -n *vulg.* pysk *m*, gęba *f*
fressen˚ *vi*, *vt* żreć, pożerać (*o zwierzętach*); *vulg.* żreć (*o człowieku*)

Freude *f* -, -n radość *f*; **außer sich vor ~ sein** szaleć z radości
freuen I. *vt* cieszyć; **das freut mich sehr** to mnie bardzo cieszy **II.** *vr sich ~* cieszyć się (**über etw** z czegoś, **auf etw** na coś)
Freund *m* -(e)s, -e 1. przyjaciel *m*; **ein ~ von mir** mój przyjaciel 2. przyjaciel *m*, chłopak *m*, partner *m*; **sie kam mit ihrem ~** przyszła ze swoim chłopakiem
Freundin *f* -, -nen 1. przyjaciółka *f* 2. przyjaciółka *f*, dziewczyna *f*
freundlich *adj* 1. uprzejmy; **seien Sie so ~ ...** niech pan będzie tak uprzejmy ... 2. (*anmutig*) miły, przyjemny
Freundlichkeit *f* -, -en uprzejmość *f*
Freundschaft *f* -, -en przyjaźń *f*; **mit j-m ~ schließen** zawrzeć z kimś przyjaźń
freundschaftlich *adj* przyjazny
Frieden *m* -s 1. pokój *m*; **~ schließen** zawierać pokój 2. spokój *m*
Friedenskonferenz *f* -, -en konferencja pokojowa
Friedensnobelpreis *m* -es, -e Pokojowa Nagroda Nobla
Friedensvertrag *m* -(e)s, ...verträge traktat pokojowy
Friedhof *m* -(e)s, ...höfe cmentarz *m*
friedlich *adj* 1. pokojowy; **~e Koexistenz** pokojowa koegzystencja 2. spokojny
frieren˚ *vi* 1. marznąć; **mich friert (es)** zimno mi; **es friert** jest mroźno, mróz bierze 2. *s* zamarzać
Frikadelle *f* -, -n kotlet mielony
Frikassee *n* -s, -s potrawka *f*
frisch *adj* świeży; **auf ~er Tat ertappen** przyłapać na gorącym uczynku; **~ gestrichen** świeżo malowane; **es ist ziemlich ~** jest dość chłodno
Friseur [fri'zø:r] → **Frisör**
Friseurin [fri'zø:rin] *f* -, -nen → **Frisöse**
frisieren *vt* uczesać
Frisör *m* -s, -e fryzjer *m*
Frisöse *f* -, -n fryzjerka *f*
frisst → **fressen**
Frist *f* -, -en termin *m*; **die ~ ist abgelaufen** termin upłynął
Frisur *f* -, -en fryzura *f*, uczesanie *n*
froh *adj* wesoły, radosny; **ich bin ~, dass ...** jestem rad, że ...; **Frohe Weihnachten!** Wesołych Świąt Bożego Narodzenia! **Frohe Ostern!** Wesołych Świąt Wielkanocnych!
fröhlich *adj* wesoły, radosny
fromm *adj* pobożny

Frömmigkeit *f* - pobożność *f*
Fronleichnam *m* -(e)s Boże Ciało
frontal *adj* frontalny, czołowy; **ein ~er Zusammenstoß** zderzenie czołowe
Frontantrieb *m* -(e)s, -e *mot.* przedni napęd
fror → **frieren**
Frosch *m* -(e)s, **Frösche** żaba *f*
Froschmann *m* -(e)s, ...**männer** płetwonurek *m*
Frost *m* -(e)s, **Fröste** mróz *m*
Frostbeule *f* -, -**n** odmrożenie *n*
frösteln *vi* mieć dreszcze (*z zimna, ze zmęczenia*); **mich fröstelt (es)** mam dreszcze
frostig *adj* mroźny
Frostschutzmittel *n* -s, - *mot.* środek przeciw zamarzaniu
Frottierhandtuch *n* -(e)s, ...**tücher** ręcznik frotté
Frucht *f* -, **Früchte** owoc *m*
fruchtbar *adj* urodzajny
Fruchtbonbon *m, n* -s, -s cukierek owocowy
fruchtlos *adj* bezowocny
Fruchtsaft *m* -(e)s, ...**säfte** sok owocowy
Fruchtwein *m* -(e)s, -e wino owocowe
früh I. *adj* wczesny; **~ aufstehen** wcześnie wstawać **II.** *adv*: **heute ~** dziś rano; **Montag ~** w poniedziałek rano
Frühe *f*: **in aller ~** wczesnym rankiem
früher *adv* wcześniej; (*einst*) dawniej; **~ oder später** wcześniej czy później
Frühling *m* -s, -e wiosna *f*; **ein später ~** późna wiosna; **im ~** na wiosnę, wiosną
Frühstück *n* -s, -e śniadanie *n*; **zum ~ Kaffee trinken** pić kawę do śniadania
frühstücken *vi* jeść śniadanie
Frühzug *m* -(e)s, ...**züge** ranny pociąg
Fuchs *m* -es, **Füchse** lis *m*
fühlen I. *vt* odczuwać, czuć; (*befühlen*) dotykać; **den Puls ~** badać puls **II.** *vr* **sich ~** czuć się; **wie ~ Sie sich?** jak się pan czuje?
fuhr → **fahren**
führen I. *vt, vi* prowadzić; wieść; **Verhandlungen ~** prowadzić pertraktacje; **einen Hund an der Leine ~** prowadzić psa na smyczy; **Beschwerde über etw ~** składać zażalenie z powodu czegoś; **den Vorsitz ~** przewodniczyć; **das führt zu nichts** to do niczego nie prowadzi **II.** *vr* **sich ~** sprawować się
Führer *m* -s, - wódz *m*, przywódca *m*; (*Fremdenführer*) przewodnik *m*; (*Reisehandbuch*) przewodnik *m* (*książka*)
Führerschein *m* -(e)s, -e prawo jazdy; **den ~ machen** zrobić prawo jazdy
Führung *f* -, -**en 1.** prowadzenie *n*, kierowanie *n*; kierownictwo *n*; **die ~ übernehmen** obejmować kierownictwo; *sport.* **in ~ gehen** obejmować prowadzenie **2.** (*Betragen*) zachow(yw)anie się *n*, sprawowanie się *n* **3.** (*Besichtigung*) oprowadzanie *n* (**durch das Schloss** po zamku)
Fülle *f* - obfitość *f*; **in Hülle und ~** pod dostatkiem
füllen *vt* napełni(a)ć (**mit einer Sache** czymś); nadziewać, faszerować; **einen Zahn ~** zaplombować ząb
Füller *m* -s, - wieczne pióro
Füllung *f* -, -**en 1.** farsz *m*, nadzienie *m* **2.** *med.* plomba *f*
Fund *m* -(e)s, -e odkrycie *n*
Fundbüro *n* -s, -s biuro rzeczy znalezionych
Fundsache *f* -, -**n** przedmiot znaleziony
fünffach *num* pięciokrotny
fünf *num* pięć
fünfhundert *num* pięćset
Fünfkampf *m* -(e)s, ...**kämpfe** *sport.* pięciobój *m*
fünfte *num* piąty
Fünftel *n* -s, - piąta część, jedna piąta
fünfzehn *num* piętnaście
fünfzehnte *num* piętnasty
fünfzig *num* pięćdziesiąt
fünfzigste *num* pięćdziesiąty
Funk *m* -s radio *n*, radiokomunikacja *f*
Funke *m* -ns, -n, **Funken** *m* -s, - iskra *f*
funken I. *vt* przekaz(yw)ać drogą radiową **II.** *vi* *ugs.* funkcjonować
Funkspruch *m* -(e)s, ...**sprüche** radio(tele)gram *m*
Funkstreifenwagen *m* -s, - radiowóz policyjny
Funktion *f* -, -**en 1.** funkcja *f*, czynność *f* **2.** obowiązek *m*, stanowisko *n*; **eine verantwortungsvolle ~** odpowiedzialna funkcja
Funktionär *m* -s, -e funkcjonariusz *m*
funktionieren *vi* funkcjonować
für *praep mit A* dla, za, na; **~ dich** dla ciebie; **an und ~ sich** samo przez się, właściwie; **etw ~ vernünftig halten** uważać coś za rozsądne; **ein Mittel ~ Husten** lekarstwo na kaszel; **~ 20 Euro** za 20 euro; **~ zwei Tage verreisen** wyjechać na dwa dni; **Tag ~**

Tag dzień w dzień; **ein ~ alle Mal** raz na zawsze; **was ist das ~ ein Wort?** co to za słowo?; **~ einen Ausländer spricht er gut Polnisch** jak na cudzoziemca mówi dobrze po polsku
Furche *f* -, -n bruzda *f*; zmarszczka *f*
Furcht *f* - strach *m*, obawa *f*, lęk *m*; **in ständiger ~ leben** żyć w ciągłym lęku
furchtbar *adj* straszny; **eine ~e Kälte** straszne zimno
fürchten I. *vt* obawiać się (czegoś) **II.** *vr* **sich ~** obawiać się (**vor einer Sache** czegoś); bać się; **er fürchtet sich vor dem Hund** on boi się psa
fürchterlich *adj* straszny, straszliwy
furchtlos *adj* nieustraszony
furchtsam *adj* bojaźliwy
fürs = **für das**; **~ Erste reicht es** na razie wystarczy
Fürsorge *f* - **1.** opieka *f* **2.** opieka społeczna *f*; zasiłek *m*; **von der ~ leben** żyć z zasiłku
Fürst *m* **-en, -en** książę *m*
Fürstentum *n* **-s, ...tümer** księstwo *n*
Fürstin *f* -, **-nen** księżna *f*
Furunkel *m, n* **-s,** - czyrak *m*
Fuß *m* **-es, Füße 1.** stopa *f* (*o. miara*) **2.** noga *f*; **große Füße haben** mieć duże nogi <stopy>; **zu ~** pieszo; **am ~e des Berges** u podnóża góry

Fußabstreifer *m* **-s,** - wycieraczka *f*
Fußball *m* **-(e)s** piłka nożna; **~ spielen** grać w piłkę nożną
Fußballmannschaft *f* -, **-en** drużyna piłki nożnej
Fußballmeisterschaft *f* -, **-en** mistrzostwa w piłce nożnej
Fußballplatz *m* **-es, ...plätze** boisko *n*
Fußballspiel *n* **-(e)s, -e** mecz piłki nożnej
Fußballspieler *m* **-s,** - piłkarz *m*
Fußballverein *m* **-(e)s, -e** klub piłkarski
Fußboden *m* **-s, ...böden** podłoga *f*
Fußbodenbelag *m* **-(e)s, ...beläge** wykładzina podłogowa
Fußbremse *f* -, **-n** hamulec nożny
Fußgänger *m* **-s,** - pieszy *m*, piechur *m*
Fußgängerübergang *m* **-(e)s, ...gänge** przejście dla pieszych
Fußhebel *m* **-s,** - pedał *m*
Fußtritt *m* **-(e)s, -e** kopnięcie *n*, kopniak *m*
Fußweg *m* **-(e)s, -e** ścieżka dla pieszych; chodnik *m*
Futter[1] *n* **-s** pasza; pokarm
Futter[2] *n* **-s,** - podszewka *f*; wykładzina *f*
Futteral *n* **-s, -e** futerał *m*
füttern[1] *vt* karmić (**die Tiere** zwierzęta);
füttern[2] *vt* dawać podszewkę; **gefütterte Handschuhe** ocieplone rękawiczki
futuristisch *adj* futurystyczny

G

gab → **geben**
Gabe f -, -en 1. dar m 2. sing talent m
Gabel f -, -n widelec m; widły pl;
Gabelstapler m -s, - wózek widłowy
Gabelung f -, -en rozwidlenie n
gaffen vi gapić się
gähnen vi 1. ziewać 2. zionąć, rozwierać się (o przepaści)
Galavorstellung f -, -en przedstawienie galowe
Galaxie f -, -n galaktyka f
Galerie f -, -n galeria f
Galle f -, -n żółć f
Gallenblase f -, -n med. pęcherzyk <woreczek> żółciowy
Galopp m -s, -s o. -e galop m
galt → **gelten**
gammelig adj ugs. spleśniały, nieświeży
Gämse f -, -n kozica f
Gang¹ m -(e)s, **Gänge** chód m; krok m; pójście n; mot. bieg m; (Speise) danie n; sport. runda f; (Korridor) korytarz m; **in ~ setzen** puszczać w ruch; **in vollem ~e** w pełnym biegu
Gang² f -, -s gang m, banda f
gängig adj chodliwy
Gangschaltung f -, -en mot. zmiana biegów
Gans f -, **Gänse** gęś f; **die ~ schnattert** gęś gęga
ganz adj, adv cały; (vollständig) zupełny; zupełnie; **im Großen und Ganzen** w ogóle
Ganze n -n całość
gänzlich adj zupełny
ganztägig adj całodzienny
gar¹ adj ugotowany; upieczony; usmażony
gar² adv wcale, całkiem; **~ nichts** nic a nic; **sonst ~ nichts** nic ponadto; **~ zu sehr** za nadto
Garage [ga'ra:ʒə] f -, -n garaż m
Garantie f -, -n gwarancja f, poręka f
Garantiezeit f -, -en okres gwarancyjny
garantieren vt, vi gwarantować (**etw** coś), ręczyć (**für etw** za coś)
Garantieschein m -(e)s, -e karta gwarancyjna
Garbe f -, -n snop m (zboża)
Garde f -, -n gwardia f
Garderobe f -, -n 1. sing ubranie n, garderoba f 2. szatnia f

Garderobenfrau f -, -en szatniarka f
Garderobenmarke f -, -n numerek (w szatni)
Gardine f -, -n firanka f
gären vi h, s fermentować; **der Saft ist gegoren** sok sfermentował
Garn n -(e)s, -e przędza f, nić f
garnieren vt przyb(ie)rać, garnirować
Garnitur f -, -en zestaw m, komplet m
garstig adj niegrzeczny, nieznośny; brzydki, wstrętny
Garten m -s, **Gärten** ogród m
Gartenbau m -(e)s ogrodnictwo n
Gartenhaus n -es, ...**häuser** pawilon m (w ogrodzie), altana f
Gärtner m -s, - ogrodnik m
Gärtnerei f -, -en zakład ogrodniczy
Gärung f -, -en fermentacja f
Gas n -es, -e gaz; **mit ~ kochen** gotować na gazie; mot. **~ geben** dodać gazu
gasartig adj w postaci gazu
Gasflasche f -, -n butla gazowa
Gashahn m -(e)s, ...**hähne** kurek od gazu
Gasherd m -(e)s, -e kuchenka gazowa
Gaskocher m -s, - kocher m
Gaspedal n -s, -e mot. pedał gazu
Gaspistole f -, -n pistolet gazowy
Gasse f -, -n uliczka f, zaułek m
Gast m -(e)s, **Gäste** 1. gość m; **zu ~ sein** być w gościnie 2. gość m, klient m
Gastarbeiter m -s, - robotnik cudzoziemski
Gästezimmer n -s, - pokój gościnny
gastfreundlich adj gościnny
Gastfreundschaft f - gościnność f
Gastgeber m -s, - gospodarz m, pan domu
Gasthaus n -es, ...**häuser** gospoda f, restauracja f
Gasthof m -(e)s, ...**höfe** zajazd m, gospoda f
Gastspiel n -(e)s, -e występ gościnny
Gaststätte f -, -n restauracja f
Gastwirt m -(e)s, -e właściciel gospody <restauracji>
Gastwirtschaft f -, -en gospoda f, oberża f
Gaswerk n -(e)s, -e gazownia f
Gaszähler m -s, - gazomierz m, licznik gazu
Gatte m -n, -n mąż m, małżonek m
Gattin f -, -nen żona f, małżonka f

Gattung *f* -, **-en** gatunek *m*, rodzaj *m*
Gaul *m* **-(e)s, Gäule** szkapa *f*, chabeta *f*
Gaumen *m* **-s,** - podniebienie *n*
Gauner *m* **-s,** - oszust *m*, łotr *m*; *ugs.* kombinator *m*, spryciarz *m*
Gebäck *n* **-(e)s, -e** pieczywo cukiernicze; ciastka *pl*
gebar → **gebären**
Gebärde *f* -, **-n** gest *m*
gebären* *vt* u|rodzić; **geboren werden** urodzić się
Gebärmutter *f* -, ...**mütter** *med.* macica *f*
Gebäude *n* **-s,** - budynek *m*, budowla *f*, gmach *m*
geben* *vt* da(wa)ć; (*reichen*) poda(wa)ć; **j-m die Hand ~** podać komuś rękę; **auf die Post ~** nada(wa)ć na poczcie; **sich Mühe ~** zada(wa)ć sobie trud; **was wird im Theater gegeben?** co grają w teatrze?; **j-m Recht ~** przyzna(wa)ć komuś rację; **j-m Unterricht ~** uczyć kogoś; **es gibt** jest, są, znajduje się, bywa; **was gibt es zu essen?** co jest do jedzenia?; **was gibt es Neues?** co nowego?; **es gibt ein Gewitter** będzie burza
Gebet *n* **-(e)s, -e** modlitwa *f*
gebiert → **gebären**
Gebiet *n* **-(e)s, -e 1.** obszar *m*, ziemia *f*; terytorium *n* **2.** (*Bereich*) dziedzina *f*; **auf dem ~** ... w dziedzinie ...
gebieten* *vt* nakaz(yw)ać
gebildet → **bilden**; *adj* wykształcony
Gebirge *n* **-s,** - góry *pl*; **ins ~ fahren** jechać w góry
gebirgig *adj* górzysty
Gebirgskette *f* -, **-n** łańcuch górski
Gebiss *n* **-es, -e** uzębienie *n*; sztuczna szczęka
Gebläse *n* **-s,** - *techn.* dmuchawa *f*
geblümt *adj* w kwiatki (*np.* suknia)
geboren → **gebären**
geborgen *adj* bezpieczny, pewny; **sich ~ fühlen** czuć się bezpiecznie
gebot → **gebieten**
Gebot *n* **-(e)s, -e** nakaz *m*; zasada *f*; przykazanie *n*
Gebotszeichen *n* **-s,** - drogowy znak nakazu
gebraten → **braten**; *adj* u|pieczony, u|smażony
Gebrauch *m* **-(e)s, Gebräuche 1.** *sing* użytek *m*, użycie *n*; **Sachen zum persönlichen ~** przedmioty osobistego użytku **2.** (*Sitte*) obyczaj *m*, zwyczaj *m*

gebrauchen *vt* uży(wa)ć
gebräuchlich *adj* używany, zwykły; przyjęty, będący w zwyczaju
Gebrauchsanweisung *f* -, **-en** sposób <instrukcja> użycia
Gebrauchsartikel *m* **-s,** - artykuł codziennego użytku
Gebrauchtwagen *m* **-s,** - używany samochód
Gebrechen *n* **-s,** - ułomność *f*, wada *f*
gebrechlich *adj* ułomny; słaby, wątły
gebrochen → **brechen**; *adj* załamany (*o człowieku*); łamany; **~es Deutsch** łamana niemczyzna
Gebrüder *pl* bracia *mpl*
Gebrüll *n* **-(e)s** ryk *m*; krzyk *m*; płacz *m*
Gebühr *f* -, **-en** należność *f*, taksa *f*; **über ~** ponad miarę
gebührend *adj* odpowiedni, należyty
gebührenfrei *adj* wolny od opłaty
gebührenpflichtig *adj* podlegający opłacie
Geburt *f* -, **-en 1.** poród *m* **2.** *sing* (*das Geborenwerden*) narodziny *pl*; **er ist von ~ (an) taub** jest głuchy od urodzenia **3.** (*Abstammung*) urodzenie *n*; **von ~** z pochodzenia
Geburtenkontrolle *f* - kontrola urodzin
Geburtenzuwachs *m* **-es** przyrost naturalny
gebürtig *adj* rodem (**aus** ... z ...)
Geburtsdatum *n* **-s,** ...**ten** data urodzenia
Geburtsjahr *n* **-(e)s, -e** rok urodzenia
Geburtsort *m* **-(e)s, -e** miejsce urodzenia
Geburtstag *m* **-(e)s, -e** urodziny *pl*; **j-m zum ~ gratulieren** składać komuś życzenia urodzinowe
Geburtstagskind *n* **-(e)s, -er** solenizant *m*
Geburtsurkunde *f* -, **-n** metryka urodzenia
Gebüsch *n* **-(e)s, -e** zarośla *pl*
Gedächtnis *n* **-ses, -se** pamięć *f*
Gedanke *m* **-ns, -n** myśl *f*; pomysł *m*
Gedankenaustausch *m* **-(e)s** wymiana poglądów
gedankenlos *adj* bezmyślny
Gedankenstrich *m* **-(e)s, -e** myślnik *m*
Gedärm *n* **-(e)s, -e** wnętrzności *pl*, jelita *pl*
Gedeck *n* **-(e)s, -e** nakrycie *n* (stołowe)
gedeihen* *vi s* rozwijać się, rosnąć
gedenken* **I.** *vi* wspominać (**j-s** kogoś) **II.** *vt* zamierzać; **was ~ Sie zu tun?** co pan(i) zamierza uczynić?
Gedenkfeier *f* -, **-n** uroczyste obchody (*dla uczczenia pamięci*)

Gedenkminute *f* -, **-n** minuta milczenia
Gedenkstätte *f* -, **-n** miejsce pamięci
Gedenktafel *f* -, **-n** tablica pamiątkowa
Gedicht *n* -(e)s, -e wiersz *m*, poemat *m*
gediegen *adj* czysty, szczery (złoto); (*solid*) solidny
gedieh → **gedeihen**
Gedränge *n* -s tłok *m*, ścisk *m*
gedrückt *adj* przygnębiony
Geduld *f* - cierpliwość *f*; **die ~ verlieren** stracić cierpliwość
gedulden, sich *vr* być cierpliwym; **wollen Sie sich ~** zechce pan(i) zaczekać
geduldig *adj* cierpliwy
gedurft → **dürfen**
geehrt → **ehren**; *adj* szanowny; **Sehr ~e Frau ...** Szanowna Pani ...
geeignet → **eignen, sich**; *adj* stosowny, odpowiedni
Gefahr *f* -, **-en** niebezpieczeństwo *n*; **~ laufen** narażać się na niebezpieczeństwo; **auf eigene ~** na własne ryzyko
gefährden *vt* narażać na niebezpieczeństwo (**j-s Gesundheit** czyjeś zdrowie)
Gefahrenstelle *f* -, **-n** miejsce niebezpieczne (w ruchu drogowym)
Gefahrenzone *f* -, **-n** teren zagrożony
gefährlich *adj* niebezpieczny; **eine ~e Kurve** niebezpieczny zakręt
gefahrlos *adj* bezpieczny
Gefälle *n* -s, - spad(ek) *m*, pochyłość *n*
gefallen* *vi* s|podobać się; **wie gefällt es Ihnen hier?** jak się panu tu podoba?; **sich etw ~ lassen** znosić coś, godzić się na coś
Gefallen[1] *m* -s, - uprzejmość, przysługa; **j-m einen ~ tun** wyświadczyć komuś przysługę
Gefallen[2] *n* -s upodobanie *n*; **~ an einer Sache finden** znajdować w czymś upodobanie
Gefallene(r) *f*, *m* **-n**, **-n** poległy *m* (*o żołnierzu*)
gefällig *adj* uprzejmy, uczynny; (*angenehm*) miły; **Tee ~?** czy pan(i) życzy sobie herbaty?
Gefälligkeit *f* -, **-en** 1. *sing* grzeczność *f* 2. (*Dienst*) przysługa *f*
gefälligst → **gefällig**; *adv ugs.* łaskawie; **nehmen Sie ~ Platz!** zechce pan(i) usiąść
Gefangene(r) *f*, *m* **-n**, **-n** więzień *m*; (*Kriegsgefangener*) jeniec *m*
Gefangenenlager *n* -s, - obóz jeniecki
Gefängnis *n* -ses, -se więzienie *n*

Gefängnisstrafe *f* -, **-n** kara więzienia
Gefäß *n* -es, -e naczynie *n*, pojemnik *m*
gefasst → **fassen**; *adj* opanowany; (*bereit*) przygotowany; **auf alles ~ sein** być przygotowanym na wszystko
Gefecht *n* -(e)s, -e potyczka *f*
Geflügel *n* -s drób *m*; **kein ~ essen** nie jeść drobiu
Geflüster *n* -s szepty *pl*, szeptanie *n*
Gefolge *n* -s, - świta *f*, orszak *m*
gefragt → **fragen**; *adj* poszukiwany; wzięty
gefräßig *adj* żarłoczny
gefrieren* *vi* zamarzać
Gefrierfach *n* -(e)s, ...fächer zamrażalnik *m*
Gefrierfleisch *n* -(e)s mięso mrożone
Gefühl *n* -s, -e uczucie *n*; poczucie *n* (**für etw** czegoś); czucie *n*
gegebenenfalls *adv* w danym razie, ewentualnie
gegen *praep mit A* 1. (*wider*) przeciw(ko), wbrew (komuś, czemuś); **das ist ~ die Abmachung** to jest wbrew umowie; **ein Mittel ~ Schnupfen** środek przeciw katarowi 2. (*Richtung*) ku (czemuś) 3. (*zeitlich*) o|koło; **~ vier (Uhr)** koło czwartej (godziny); **~ Abend** pod wieczór 4. (*gegenüber*) dla, wobec, względem (kogoś) 5. (*für*) **~ bar** za gotówkę, gotówką; **~ Nachnahme** za pobraniem 6. (*im Vergleich zu*) w porównaniu (z kimś, z czymś)
Gegenbesuch *m* -(e)s, -e rewizyta *f*
Gegend *f* -, **-en** okolica; **die ganze ~** cała okolica, wszyscy mieszkańcy
Gegendienst *m* -(e)s, -e usługa wzajemna
gegeneinander *adv* przeciw sobie, jeden przeciw drugiemu
Gegenlichtblende *f* -, **-n** osłona przeciwsłoneczna
Gegenmittel *n* -s, - antidotum *n*
Gegensatz *m* -es, ...sätze przeciwieństwo *n*; (*Widerspruch*) sprzeczność *f*; **im ~ zu ...** w przeciwieństwie do ...
gegensätzlich *adj* przeciwny, sprzeczny
gegenseitig *adj* wzajemny
Gegenseitigkeit *f* -, **-en** wzajemność *f*
Gegenstand *m* -(e)s, ...stände przedmiot *m*; temat *m*
Gegenteil *n* -(e)s, -e przeciwieństwo *n*; **ganz im ~** wręcz przeciwnie
gegenüber **I.** *praep mit D* naprzeciw; **~ der Post** naprzeciw poczty; wobec (**j-m** kogoś)
II. *adv* naprzeciwko

Gegenverkehr *m* -s ruch z przeciwnej strony
Gegenwart *f* - teraźniejszość *f*; (*Anwesenheit*) obecność; *gram.* czas teraźniejszy
gegenwärtig *adj* obecny; **die ~e Lage** aktualna sytuacja
Gegenwert *m* -(e)s równowartość *f*, ekwiwalent *m*
Gegner *m* -s, - przeciwnik *m*
Gehackte *n* -n mięso siekane, mielone
Gehalt[1] *m* -(e)s, -e zawartość *f*, treść *f*
Gehalt[2] *n* -(e)s, **Gehälter** uposażenie *n*, płaca *f*; **ein festes ~** stała pensja
Gehaltserhöhung *f* -, -en podwyżka pensji
gehässig *adj* złośliwy, kąśliwy, uszczypliwy
Gehäuse *n* -s, - obudowa *f*
gehbehindert *adj* upośledzony ruchowo
Gehege *n* -s, - wybieg w zoo
geheim *adj* tajny; **im Geheimen** potajemnie; **~ halten** utrzym(yw)ać w tajemnicy
Geheimdienst *m* -(e)s, -e tajna służba, wywiad *m*
Geheimfach *n* -(e)s, ...**fächer** skrytka *f*
Geheimnis *n* -ses, -se tajemnica *f*, sekret *m*
geheimnisvoll *adj* tajemniczy
gehen[*] *vi s* iść, od|chodzić; (*sich begeben*) uda(wa)ć się; **zur <in die> Schule ~** chodzić do szkoły; **wann geht der Zug?** kiedy odchodzi pociąg?; **hier geht kein Weg** tędy nie prowadzi żadna droga; **an die Arbeit ~** przystępować do pracy; **auf die Nerven ~** działać na nerwy; **aus dem Weg ~** schodzić z drogi; **ins Konzert ~** iść na koncert; **in Erfüllung ~** spełni(a)ć się; **in Stücke ~** rozpadać się; **vor Anker ~** zarzucać kotwicę; **vor sich ~** dziać się; **zu Bett ~** iść spać; **zu Ende ~** kończyć się; **zugrunde ~** z|ginąć *m*; **wie geht es dir?** jak ci się powodzi?, jak się miewasz?; **worum geht es hier?** o co tu chodzi?
Gehen *n* -s *sport.* chód *m*
Gehilfe *m* -n, -n czeladnik *m*
Gehirn *n* -(e)s, -e mózg *m*
Gehirnerschütterung *f* -, -en *med.* wstrząs mózgu
gehoben → **heben**; *adj* podniosły, uroczysty; **eine ~e Stellung** wysokie stanowisko
Gehöft *n* -(e)s, -e zagroda *f*
Gehölz *n* -es, -e zarośla *pl*; (*Wäldchen*) lasek *m*
Gehör *n* -(e)s słuch *m*; **das ~ verlieren** stracić słuch

gehorchen *vi* u|słuchać (**j-m** kogoś), być posłusznym
gehören I. *vi* należeć (**j-m** do kogoś); (*zählen*) zaliczać się; **wem gehört der Koffer?** czyja to walizka?; **das Buch gehört in den Schrank** miejsce książki jest w szafie; **dazu gehört viel Geld** do tego trzeba dużo pieniędzy **II.** *vr* **sich ~: es gehört sich** wypada
Gehörfehler *m* -s, - wada słuchu
gehorsam *adj* posłuszny
Gehorsam *m* -s posłuszeństwo *n*; **blinder ~** ślepe posłuszeństwo
Gehörsinn *m* -(e)s zmysł słuchu, słuch *m*
Geier *m* -s, - sęp *m*
Geige *f* -, -n skrzypce *pl*; **~ spielen** grać na skrzypcach
Geigenbogen *m* -s, ...**bögen** smyczek *m*
Geiger *m* -s, - skrzypek *m*
Geigerin *f* -, -nen skrzypaczka *f*
geil *adj* **1.** lubieżny, pożądliwy **2.** *ugs.* obłędny, fantastyczny
Geisel *f* -, -n zakładnik *m*; **j-n als ~ nehmen** wziąć kogoś jako zakładnika
Geiselnahme *f* -, -n wzięcie zakładników
Geist[1] *m* -(e)s (*Verstand*) umysł *m*; (*Scharfsinn*) polot *m*
Geist[2] *m* -(e)s, -er **1.** umysł *m*, intelekt *m* (*o człowieku*) **2.** duch *m*; *rel.* **der Heilige ~** Duch Święty **3.** (*Spuk*) upiór *m*, zjawa *f*, duch *m*
Geisterfahrer *m* -s, - kierowca jadący (autostradą) pod prąd
geistesabwesend *adj* roztargniony, nieobecny (duchem)
Geistesgegenwart *f* - przytomność umysłu
geisteskrank *adj* umysłowo chory
Geisteskrankheit *f* -, -en choroba umysłowa
geistesschwach *adj* organiczony (umysłowo)
Geisteswissenschaften *pl* nauki humanistyczne
geistig *adj* duchowy; niematerialny; (*intellektuell*) umysłowy
geistlich *adj* duchowny; religijny
Geistliche *m* -n, -n duchowny *m*, ksiądz *m*
geistreich *adj* pomysłowy, dowcipny
Geiz *m* -es skąpstwo
geizig *adj* skąpy
Gejammer *n* -s biadolenie *n*, lament *m*
Gekicher *n* -s *ugs.* chichotanie *n*, chichy *pl*
Gel *n* -s, -e żel *m*

Gelächter *n* -s śmiech *m*
Gelage *n* -s, - biesiada *f*
gelähmt → **lähmen**; *adj* sparaliżowany
Gelände *n* -s, - teren *m*, okolica *f*
Geländefahrzeug *n* -(e)s, -e pojazd terenowy
Geländelauf *m* -(e)s, ...läufe bieg na przełaj, bieg dystansowy (*Ski* Schi)
Geländer *n* -s, - poręcz *f*, balustrada *f*
gelang → **gelingen**
gelangen *vi s* dochodzić, docierać; **ans Ziel** ~ dotrzeć do celu
gelassen → **lassen**; *adj* opanowany, spokojny
geläufig *adj* (ogólnie) znany; biegły, płynny; ~ **Deutsch sprechen** mówić płynnie po niemiecku
gelaunt *adj*: **gut** <**schlecht**> ~ w dobrym <złym> humorze
gelb *adj* żółty
Gelbsucht *f* - *med.* żółtaczka *f*
Geld *n* -(e)s, -er **1.** *sing* pieniądze *pl*; ~ **abheben** podjąć pieniądze; ~ **einzahlen** wpłacić pieniądze; **für bares** ~ za gotówkę **2. öffentliche Gelder** pieniądze publiczne
Geldanweisung *f* -, -en przekaz pieniężny
Geldausgabeautomat, Geldautomat *m* -en, -en bankomat *m*
Geldbeutel *m* -s, - portmonetka *f*
Geldschein *m* -(e)s, -e banknot *m*
Geldstrafe *f* -, -n grzywna *f*
Geldstück *n* -(e)s, -e moneta *f*
Geldumtausch *m* -(e)s wymiana pieniędzy <walut>
Gelee [ʒeˈleː] *n, m* -s, -s **1.** galaretka owocowa **2.** galareta *f*; **Fisch in** ~ ryba w galarecie
gelegen → **liegen**; *adj* położony; (*passend*) dogodny, stosowny
Gelegenheit *f* -, -en sposobność *f*, okazja *f*; **die** ~ **nutzen** skorzystać z okazji
Gelegenheitsarbeit *f* -, -en praca dorywcza
Gelegenheitskauf *m* -(e)s, ...käufe kupno okazyjne
gelegentlich *adv* przy sposobności
Gelehrte(r) *f, m* -n, -n uczony *m*, uczona *f*
Geleit *n* -(e)s, -e konwój *m*, eskorta *f*; osłona *n*
geleiten *vt* odprowadzać, eskortować
Geleitwort *n* -(e)s, -e słowo wstępne
Gelenk *n* -(e)s, -e staw *m*, przegub *m*
Gelenkentzündung *f* - zapalenie stawów

Gelenkwelle *f* -, -n *techn.* wał przegubowy, *ugs.* kardan *m*
Geliebte(r) *f, m,* -n, -n kochanek *m*, kochanka *f*; ukochany *m*, ukochana *f*
gelingen* *vi s* uda(wa)ć się, powieść się
gelten* *vt, vi* mieć <posiadać> wartość; znaczyć, mieć znaczenie, obowiązywać, być ważnym; **das gilt ihm** to dotyczy jego; **das gilt nicht** to się nie liczy; **etw ~ lassen** godzić się na coś, uznawać coś
Geltung *f* - znaczenie *n*
Gemahl *m* -(e)s, -e małżonek *m*
Gemahlin *f* -, -nen małżonka *f*
Gemälde *n* -s, - obraz *m*, malowidło *n*
Gemäldegalerie *f* -, -n galeria obrazów
gemäß I. *praep mit D* według (czegoś), zgodnie (z czymś), stosownie (do czegoś) **II.** *adj* stosowny, odpowiedni
gemäßigt *adj* umiarkowany; **~e Zone** strefa umiarkowana
gemein *adj* **1.** zwykły, pospolity; (*einfach*) prosty; (*gemeinsam*) wspólny; **das ~e Wohl** dobro ogólne **2.** (*grob*) ordynarny; (*niederträchtig*) podły, nikczemny; **das ist eine ~e Lüge** to podłe kłamstwo
Gemeinde *f* -, -n gmina *f*
Gemeindevorsteher *m* -s, - naczelnik gminy
Gemeinheit *f* - nikczemność *f*, podłość *f*
gemeinnützig *adj* społecznie użyteczny
gemeinsam *adj* wspólny; **~e Interessen** wspólne zainteresowania
Gemeinschaft *f* -, -en wspólnota *f*, związek *m*
gemeinschaftlich *adj* wspólny
gemessen *adj* dostojny, stateczny (**Schritt** krok); powściągliwy (**Benehmen** zachowanie)
Gemisch *n* -(e)s, -e mieszanka *f*, mieszanina *f*
gemischt *adj* mieszany; *sport.* **~es Doppel** mikst
Gemüse *n* -s, - jarzyna *f*, warzywo *n*; ~ **anbauen** uprawiać jarzyny
Gemüsegarten *m* -s, ...gärten ogród warzywny
gemustert *adj* wzorzysty
Gemüt *n* -(e)s, **Gemüter** usposobienie *n*; umysł *m*; **ein heiteres** ~ wesołe usposobienie
gemütlich *adj* przytulny; miły, przyjemny
Gen *n* -s, -e gen *m*
genas → **genesen**

genau I. *adj* dokładny, ścisły; **auf die Minute ~** co do minuty **II.** *adv* dokładnie, właśnie; **~ das wollte ich sagen** właśnie to chciałem powiedzieć
Genauigkeit *f* - dokładność *f*
genauso *adv* tak samo
Genehmigung *f* -, -en pozwolenie *n*
geneigt *adj*: **zu einer Sache ~ sein** skłaniać się do czegoś
General *m* -s, -e *o.* ...räle generał *m*
Generaldirektor *m* -s, -en dyrektor naczelny, dyrektor generalny
Generalkonsulat *n* -(e)s, -e konsulat generalny
Generalstab *m* -(e)s, ...stäbe sztab generalny
Generation *f* -, -en pokolenie *n*, generacja *f*
genesen* *vi* wyzdrowieć
Genetik *f* - genetyka *f*
Genforschung *f* -, -en badania w dziedzinie genetyki
genial *adj* genialny
Genick *n* -(e)s, -e kark *m*
Genie [ʒeˈniː] *n* -s, -s geniusz *m*
genieren [ʒeˈniːrən], **sich** *vr* wstydzić się, krępować się (**vor j-m** kogoś)
genießbar *adj* nadający się do jedzenia
genießen* *vt* spożywać, jadać; rozkoszować się, upajać się; **nicht zu ~** nie do jedzenia; **guten Ruf ~** cieszyć się dobrą sławą
Genitiv *m* -s, -e *gram.* dopełniacz *m*, drugi przypadek
genoss → **genießen**
Genosse *m* -n, -n towarzysz *m*
Genossenschaft *f* -, -en stowarzyszenie *n*; (*Kooperative*) spółdzielnia *f*
genug *adv* dosyć, dość; wystarczająco
genügen *vi* wystarczać
genügend → **genügen**; *adj* dostateczny (*a. schul.*); wystarczający
Genugtuung *f* - zadośćuczynienie *n*, satysfakcja *f*
Genuss *m* -es, Genüsse **1.** *sing* spożywanie *n*, spożycie *n* (**von Alkohol** alkoholu) **2.** (*Vergnügen*) przyjemność *f*, rozkosz *f*
Genussmittel *npl* używki *fpl*
geöffnet → **öffnen**; *adj* otwarty
Geografie, Geographie *f* - geografia *f*
Geologie *f* - geologia *f*
Geometrie *f* - geometria *f*
Gepäck *n* -(e)s bagaż *m*; **das ~ aufgeben** nadać bagaż
Gepäckabfertigung *f* - odprawa bagażu
Gepäckablage *f* -, -n półka na bagaż
Gepäckaufbewahrung *f* -, -en przechowalnia bagażu
Gepäckaufgabe *f* - nadawanie bagażu
Gepäckausgabe *f* - wydawanie bagażu
Gepäckkontrolle *f* -, -n kontrola bagażu
Gepäckschein *m* -(e)s, -e kwit bagażowy
Gepäckträger *m* -s, - (*am Rad*) bagażnik *m*
Gepäckwagen *m* -s, - wagon bagażowy
gepflegt → **pflegen**; *adj* (wy)pielęgnowany; wytworny, elegancki, zadbany
gepolstert *adj* wyściełany
gerade^1 *adj* parzysty (**Zahl** liczba)
gerade^2 **I.** *adj* **1.** prosty; **eine ~e Linie** linia prosta; **steh ~!** stój prosto! **2.** (*aufrichtig*) szczery, prawy **II.** *adv* właśnie; **er ist ~ gekommen** właśnie przyszedł
Gerade *f* -, -n (linia) prosta *f*; *sport.* **eine linke ~** lewy prosty
geradeaus *adv* prosto (przed siebie)
geradeso *adv* tak samo
geradezu *adv* wprost, wręcz
Gerät *n* -(e)s, -e sprzęt *m*, przyrząd *m*; (*Werkzeug*) narzędzie *n*
geraten* *vi* s **1.** dosta(wa)ć się, wpadać; **aneinander ~** zdzerzać się; **in Streit ~** posprzeczać się; **in Vergessenheit ~** pójść w zapomnienie **2.** (*gelingen*) uda(wa)ć się
Geratewohl *n*: *ugs.* **aufs ~** na los szczęścia, na chybił trafił
geräuchert → **räuchern**; *adj* wędzony; **~er Aal** węgorz wędzony
geräumig *adj* obszerny (*np.* mieszkanie)
Geräusch *n* -(e)s, -e szum *m*; szmer *m*, szelest *m*
geräuschlos *adj* bezszelestny, cichy
gerben *vt* wy|garbować
Gerber *m* -s, - garbarz *m*
gerecht *adj* sprawiedliwy; **ein ~es Urteil** sprawiedliwy wyrok
Gerechtigkeit *f* - sprawiedliwość *f*
Gerede *n* -s gadanie *n*; plotki *fpl*
Gericht^1 *n* -(e)s, -e sąd *m*; **vor ~ aussagen** zeznawać przed sądem
Gericht^2 *n* -(e)s, -e (*Speise*) potrawa *f*, danie *n*
gerichtlich *adj* sądowy, sądownie
Gerichtshof *m* -(e)s, ...höfe trybunał, sąd; **Oberster ~** Sąd Najwyższy
gerieben → **reiben**; *adj* *ugs.* chytry, cwany
gering *adj* mały, nieznaczny; **nicht im Geringsten** ani trochę, bynajmniej; **~ schätzen** lekceważyć

geringfügig *adj* błahy, nieznaczny
geringschätzig *adj* lekceważący
gerinnen *vi s* krzepnąć (*o krwi*); zwarzyć się (*o mleku*)
Germanistik *f* - germanistyka *f*
gern *adv* chętnie; **j-n ~ haben** lubić kogoś; **trinken Sie ~ Bier?** lubi pan(i) piwo?; **ich möchte ~** chciałbym
Gerste *f* - jęczmień *m*
Gerstenkorn *n* -(e)s, ...**körner** *med.* jęczmień
Geruch *m* -(e)s, **Gerüche 1.** zapach *m*, woń *f*; **übler ~** odór, fetor **2.** *sing* (*Sinn*) powonienie *n*, węch *m*
Gerücht *n* -(e)s, -e pogłoska *f*
Gerümpel *n* -s graty *mpl*, rupiecie *mpl*
Gerüst *n* -(e)s, -e rusztowanie *n*
gesalzen → **salzen**; *adj* solony; *ugs.* słony (**Preise** ceny)
gesamt *adj* cały, wszystek
Gesamteindruck *m* -(e)s, ...**eindrücke** ogólne wrażenie
Gesamtgewicht *n* -(e)s ciężar całkowity <brutto>
Gesamtwert *m* -(e)s ogólna wartość
Gesandte(r) *f*, *m* -n, -n poseł *m*
Gesandtschaft *f* -, -en poselstwo
Gesang *m* -(e)s śpiew *m*
Gesangunterricht *m* -s lekcje <nauka> śpiewu
Gesäß *n* -es, -e *anat.* siedzenie *n*
Gesäßbacke *f* -, -n pośladek *m*
Geschädigte(r) *f*, *m* -n, -n poszkodowany *m*, poszkodowana *f*
Geschäft *n* -(e)s, -e **1.** interes *m*, sprawa; **mit j-m ~e machen** robić z kimś interesy **2.** (*Unternehmen, Firma*) firma *f*, przedsiębiorstwo *n*; (*Laden*) sklep *m*
geschäftlich *adj* handlowy, służbowy
Geschäftsfreund *m* -(e)s, -e klient *m*; partner handlowy
Geschäftsführer *m* -s, - kierujący <zarządzający> firmą
Geschäftsleitung *f* -, -en kierownictwo firmy
Geschäftsmann *m* -(e)s, ...**leute** handlowiec *m*, kupiec *m*
Geschäftsreise *f* -, -n podróż w interesach<służbowa>
Geschäftsschluss *m* -es zamknięcie biura <sklepu>
Geschäftsstelle *f* -, -n biuro *n*, agentura *f*
Geschäftsstraße *f* -, -n ulica handlowa

Geschäftsträger *m* -s, - chargé d'affaires
geschäftstüchtig *adj* obrotny
Geschäftsviertel *n* -s, - dzielnica handlowa
Geschäftszweig *m* -(e)s, -e branża *f*
geschah → **geschehen**
geschehen* *vi s* dziać się, sta(wa)ć się; **was ist ~?** co się stało?; **das geschieht dir recht** dobrze ci tak
gescheit *adj* rozumny, mądry; rozsądny
Geschenk *n* -(e)s, -e podarunek *m*; **ein ~ überreichen** wręczyć prezent
Geschichte *f* -, -n (*Wissenschaft*) historia, dzieje; (*Erzählung*) opowieść, historia; **eine spannende ~** pasjonująca historia; *ugs.* (*Begebenheit*) przygoda; (*Sache*) sprawa; **eine üble ~** przykra sprawa <historia>
Geschick¹ *n* -(e)s, -e przeznaczenie *n*, los *m*; **ein tragisches ~** tragiczny los
Geschick² *n* -(e)s (*Gewandtheit*) zręczność *f*
geschickt → **schicken**; *adj* zgrabny; zręczny; zwinny
geschieden → **scheiden**
geschieht → **geschehen**
Geschirr *n* -(e)s, -e **1.** naczynie *n* **2.** *sing* (*Gesamtheit der Gefäße und Geräte*) naczynia *pl* **3.** (*Pferdegeschirr*) uprząż *f*
Geschirrspülmaschine *f* -, -n zmywarka *f*
Geschlecht *n* -(e)s, -er **1.** płeć *f* **2.** *gram.* rodzaj *m* **3.** (*Stamm*) ród *m*
Geschlechtskrankheit *f* -, -en choroba weneryczna
Geschlechtstrieb *m* -(e)s popęd seksualny
Geschlechtsverkehr *m* -s stosunek (seksualny)
geschlossen → **schließen**; *adj* zamknięty; zwarty (**Reihen** szeregi)
Geschmack *m* -(e)s, **Geschmäcke 1.** smak *m* **2.** *sing* zmysł smaku; gust *m*
geschmacklos *adj* bez smaku; bez gustu; *figur.* niesmaczny
geschmackvoll *adj* gustowny; **sich ~ kleiden** ubierać się gustownie
geschmeidig *adj* miękki, miły w dotyku; *figur.* zręczny
Geschöpf *n* -(e)s, -e stworzenie *n*, istota *f*
Geschoss *n* -es, -e **1.** pocisk *m* **2.** (*Stockwerk*) piętro *n*
Geschrei *n* -s krzyk *m*, krzyki *pl*, wrzawa *f*
Geschütz *n* -es, -e działo
geschützt → **schützen**; *adj* chroniony
Geschwader *n* -s, - *naut.*, *flug.* eskadra *f*

Geschwätz *n* -es gadanie *n*; plotki *pl*
geschwätzig *adj* gadatliwy
geschwind *adj* prędki, szybki
Geschwindigkeit *f* -, -en szybkość *f*, prędkość *f*; **die ~ beträgt 90 Stundenkilometer** prędkość wynosi 90 km/h
Geschwindigkeitsbegrenzung *f* -, -en ograniczenie prędkości
Geschwindigkeitsgrenze *f* -, -n maksymalna dopuszczalna prędkość
Geschwindigkeitsmesser *m* -s, - tachometr *m*, prędkościomierz *m*
Geschwister *n* -s, - **1.** *pl* rodzeństwo *n* **2.** jedno z rodzeństwa
geschwollen → **schwellen**; *adj* spuchnięty, obrzmiały
Geschworene(r) *f, m* -n, -n przysięgły *m*
Geschwulst *f* -, **Geschwülste** nowotwór *m*, guz *m*; **eine bösartige ~** nowotwór złośliwy
Geschwür *n* -s, -e wrzód *m*
Geselle *m* -n, -n czeladnik *m*
gesellen, **sich** *vr* przyłączać się (**zu j-m** do kogoś)
gesellig *adj* towarzyski
Gesellschaft *f* -, -en **1.** społeczeństwo *n* **2.** (*Zusammensein*) towarzystwo *n*; **j-m ~ leisten** dotrzym(yw)ać komuś towarzystwa; **~ haben** mieć gości **3.** (*Vereinigung*) spółka *f*
Gesellschaftler *m* -s, - udziałowiec *m*, wspólnik *m*
gesellschaftlich *adj* społeczny, kolektywny; towarzyski
Gesellschaftsordnung *f* -, -en ustrój społeczny
Gesellschaftsreise *f* , *n* wycieczka grupowa
Gesellschaftsspiel *n* -s, -e gra towarzyska
Gesellschaftswissenschaften *pl* nauki społeczne
Gesetz *n* -es, -e ustawa *f*; reguła *f*, zasada *f*, prawo *n*; **ein ~ erlassen** wydać ustawę
Gesetzblatt *n* -(e)s, …blätter dziennik ustaw
Gesetzbuch *n* -(e)s, …bücher kodeks *m*
Gesetzgeber *m* -s, - ustawodawca *m*
gesetzlich *adj* ustawowy
gesetzwidrig *adj* niezgodny <sprzeczny> z prawem
Gesicht *n* -(e)s, -er twarz *f*, oblicze *n*, mina *f*

Gesichtscreme [gə'zɪçtskreːm] *f* -, -s krem do twarzy
Gesichtsfarbe *f* -, -n cera *f*
Gesichtspunkt *m* -(e)s, -e punkt widzenia
Gesinnung *f* -, -en usposobienie *n*; (*Denkweise*) przekonania *spl*, nastawienie *n*
gesondert *adj* osobny; oddzielny
gesotten → **sieden**; *adj* gotowany; **~es Fleisch** gotowane mięso
Gespann *n* -(e)s, -e zaprzęg *m*; *figur.* para *f* (*ludzi*)
gespannt → **spannen**; *adj* **1.** ciekawy, pełen oczekiwania; **auf etw ~ sein** być czegoś ciekawym **2.** napięty
Gespenst *n* -(e)s, -er duch *m*, widmo *n*
gespenstig, **gespenstisch** *adj* upiorny, niesamowity
gesperrt → **sperren**; *adj* zamknięty
Gespräch *n* -(e)s, -e rozmowa *f*; **sich an einem ~ beteiligen** uczestniczyć w rozmowie
gesprächig *adj* rozmowny
Gespür *n* -s zmysł *m*, wyczucie *n*
Gestalt *f* -, -en postać *f*, kształt *m*; osoba *f*; **eine bedeutende ~** znacząca <ważna> postać
gestalten *vt* u|kształtować
Gestaltung *f* -, -en kształtowanie *n*
Geständnis *n* -ses, -se przyznanie się *n*, wyznanie *n*
Gestank *m* -(e)s smród *m*; zaduch *m*
gestatten *vt* pozwalać (**etw** na coś); umożliwiać
Geste *f* -, -n gest *m*
gestehen *vt* przyzna(wa)ć się (**etw** do czegoś), wyznać (prawdę)
Gestell *n* -(e)s, -e podstawa *f*, stojak *m*, stelaż *m*; (*Brillengestell*) oprawka okularów
gestern *adv* wczoraj; **~ Abend** wczoraj wieczorem
gestickt → **sticken**; *adj* haftowany
Gestirn *n* -(e)s, -e gwiazda *f*, ciało niebieskie
gestohlen → **stehlen**; *adj* skradziony
gestreift → **streifen**; *adj* prążkowany, w paski
gestrickt → **stricken**; *adj* dziany, zrobiony na drutach
gestrig *adj* wczorajszy
Gestüt *n* -(e)s, -e stadnina *f*
Gesuch *n* -(e)s, -e podanie *n*, prośba *f*
gesund *adj* zdrowy; **~ werden** wyzdrowieć; **ein ~es Klima** zdrowy klimat

Gesundheit *f* - zdrowie *n*; **das schadet der ~** to szkodzi zdrowiu; **auf j-s ~ trinken** pić czyjeś zdrowie
gesundheitsschädlich *adj* szkodliwy dla zdrowia
Gesundheitswesen *n* -s służba zdrowia
Getränk *n* -(e)s, -e napój *m*; **ein kaltes ~** zimny napój
Getreide *n* -s, - zboże *n*
getrennt → **trennen**; *adj* oddzielny rozdzielny, odrębny
getreu *adj* wierny
Getriebe *n* -s, - przekładnia *f*, tryby *mpl*
getrost *adv* spokojnie, bezpiecznie
getupft *adj* w cętki, w kropki
geübt → **üben**; *adj* wprawny
Gewächs *n* -es, -e 1. roślina *f* 2. (*Geschwulst*) narośl *f*, nowotwór *m*
Gewächshaus *n* -es, ...häuser szklarnia *f*
gewagt → **wagen**; *adj* ryzykowny
Gewähr *f* - gwarancja *f*; rękojmia *f*, poręka *f*
gewähren *vt* przyznawać, udzielać; **j-m etw ~** zezwalać komuś na coś
gewährleisten *vt* ręczyć, gwarantować
Gewalt *f* -, -en 1. *sing* siła *f*, przemoc *f*; **mit ~ przemocą** 2. (*Macht*) władza *f*, moc *f*
Gewaltanwendung *f* -, -en użycie siły
gewaltig *adj* potężny; (*groß*) ogromny
gewalttätig *adj* brutalny
Gewand *n* -(e)s, **Gewänder** szata *f*, strój *m*
gewandt → **wenden**; *adj* zwinny, obrotny; zręczny
gewann → **gewinnen**
Gewässer *n* -s, - woda *f*, wody *pl* (*rzeka, staw usw.*); **stehendes ~** woda stojąca
Gewebe *n* -s, - 1. tkanina *f* 2. *biol.* tkanka *f*; **~ verpflanzen** przeszczepiać tkanki
Gewehr *n* -(e)s, -e karabin *m*
Geweih *n* -(e)s, -e poroże *n*, rogi *pl*
Gewerbe *n* -s, - przemysł *m* (drobny); (*Handwerk*) rzemiosło *n*
Gewerbegebiet *n* -(e)s, -e teren przemysłowy
Gewerkschaft *f* -, -en związek zawodowy
Gewerkschafter *m* -s, - związkowiec *m*
Gewerkschaftsbund *m* -(e)s, ...bünde federacja związków zawodowych
gewesen → **sein**; *adj* były
Gewicht *n* -(e)s, -e 1. *sing* waga *f*, ciężar *m*; **das spezifische ~** ciężar właściwy; *figur.* **auf etw ~ legen** przykładać do czegoś wagę 2. ciężarki *pl*, odważniki *pl*

Gewichtheben *n* -s *sport.* podnoszenie ciężarów
Gewinde *n* -s, - *techn.* gwint *m*
Gewinn *m* -(e)s, -e 1. zysk *m*; (*beim Spiel*) wygrana *f* 2. *sing* korzyść *f*
gewinnen* I. *vt* 1. wygr(yw)ać (*np.* mecz); (*erlangen*) u|zysk(iw)ać; **j-n für sich ~** zjedn(yw)ać sobie kogoś; **den Eindruck ~** odnosić wrażenie, **Überzeugung ~** nab(ie)rać 2. *berg.* wydoby(wa)ć II. *vi* zysk(iw)ać; **an Boden ~** rozprzestrzeniać się
gewiss I. *adj* pewien, jakiś; (*sicher*) pewny (**des Sieges** zwycięstwa) II. *adv* z pewnością, na pewno, niewątpliwie
Gewissen *n* -s, - sumienie *n*; **ein reines ~ haben** mieć czyste sumienie
gewissenhaft *adj* sumienny
Gewissensbisse *pl* -es, -e wyrzuty sumienia
gewissermaßen *adv* poniekąd, do pewnego stopnia
Gewissheit *f* - pewność *f*; **~ über etw haben** mieć pewność w jakiejś sprawie
Gewitter *n* -s, - burza *f*; **ein ~ zieht auf** burza nadchodzi <nadciąga>
gewöhnen I. *vt* przyzwyczajać (**an etw** do czegoś) II. *vr* **sich ~** przyzwyczajać się
Gewohnheit *f* -, -en zwyczaj *m*, nawyk *m*
gewohnheitsmäßig *adv* zwykle, z przyzwyczajenia
Gewohnheitstrinker *m* -s, - alkoholik *m*
gewöhnlich I. *adj* zwykły; (*gemein*) pospolity II. *adv* zazwyczaj
gewohnt *adj* przyzwyczajony; **etw ~ sein** być do czegoś przyzwyczajonym
Gewöhnung *f* - przyzwyczajenie *n*
Gewölbe *n* -s, - sklepienie *n*
gewünscht → **wünschen**; *adj* pożądany
gewürfelt *adj* 1. w kratkę 2. pokrojony w kostkę
Gewürz *n* -es, -e korzenie *pl*, przyprawa *f*; **ein scharfes ~** ostra przyprawa
Gezwitscher *n* -s szczebiot ptaków
gezwungen → **zwingen**; *adj* wymuszony, sztuczny
gibt → **geben**
Gicht *f* - artretyzm *m*
Gier *f* - żądza *f*, niepohamowane pragnienie
gierig *adj* chciwy (**nach einer Sache, auf etw** czegoś); łapczywy
gießen* *vt*, *vi* lać, nal(ew)ać; odlewać (**eine Glocke** dzwon); **es gießt** leje (deszcz)
Gießkanne *f* -, -n konewka *f*

Gift *n* -(e)s, -e trucizna *f*
giftig *adj* trujący, jadowity
Giftschlange *f* -, -n wąż jadowity
gilt → **gelten**
ging → **gehen**
Gipfel *m* -s, - szczyt *m*; wierzchołek *m*
Gipfelkonferenz *f* -, -en konferencja na szczycie
Gipsverband *m* -(e)s, ...verbände *med.* opatrunek gipsowy
Giraffe *f* -, -n żyrafa *f*
Gitarre *f* -, -n gitara *f*
Gitter *n* -s, - krata *f*; *ugs.* **hinter ~n sitzen** siedzieć w więzieniu
Glanz *m* -es połysk *m*, blask *m*
glänzen *vi* błyszczeć, lśnić
glänzend → **glänzen**; *adj* błyszczący; *figur.* świetny
Glas *n* -es, Gläser **1.** *sing* szkło *n* **2.** (*Gefäß*) szklanka *f*, kieliszek *m*; słoik *m* **3.** (*Fernglas*) lornetka *f* **4.** *pl* (*Brille*) okulary *pl*
Gläschen *n* -s, - szklaneczka *f*; kieliszek *m*
Glaser *m* -s, - szklarz *m*
Glashütte *f* -, -n huta szkła
Glasperle *f* -, -n koralik szklany
Glasscheibe *f* -, -n szyba *f*
Glasscherbe *f* -, -n kawałek <odłamek> szkła
Glastür *f* -, -en oszklone drzwi
glatt *adj* gładki, równy; (*glitschig*) śliski; (*mühelos*) gładko, bez komplikacji; **es ist alles ~ verlaufen** wszystko poszło gładko
Glatteis *n* -es gołoledź *f*
glätten *vt* wy|gładzić *f*
Glatze *f* -, -n łysina *f*
Glaube *m* -ns **1.** wiara *f* (an etw w coś); **j-m ~n schenken** u|wierzyć komuś **2.** (*Religion*) religia *f*, wyznanie *n*
glauben *adj, vt* u|wierzyć (**j-m, an etw** komuś, w coś); myśleć, sądzić; **ich glaube, es regnet** wydaje mi się, że pada deszcz
glaubhaft *adj* wiarygodny
gläubig *adj* wierzący; ufny
Gläubige(r) *f, m* -n, -n wierny *m*, wierząca *m*, wierna *f*, wierząca *f*
Gläubiger *m* -s, - wierzyciel *m*
glaubwürdig *adj* wiarygodny
gleich I. *adj* jednaki, jednakowy; **zur ~en Zeit** równocześnie; **drei und zwei ist ~ fünf** trzy plus dwa równa się pięć; **~ viel** tyle samo; **~ lautend** równobrzmiący; **ganz ~** obojętnie; **es ist uns ~** jest nam wszystko jedno **II.** *adv* (*sofort*) zaraz; (*dicht bei*) tuż przy; **er kommt ~** on zaraz przyjedzie; **~ am Fenster** tuż przy oknie
gleichaltrig *adj* w równym wieku
gleichartig *adj* jednakowy
gleichberechtigt *adj* równouprawniony
Gleichberechtigung *f* - równouprawnienie *n*
gleichen *vi* równać się (**j-m** komuś), być podobnym (do kogoś)
gleichfalls *adv* również, także; **danke, ~!** dziękuję, nawzajem!
Gleichgewicht *n* -s **1.** równowaga *f* **2.** (*Gelassenheit*) opanowanie *n*, równowaga *f*
gleichgültig *adj* obojętny
Gleichheit *f* - równość *f*
gleichmäßig *adj* równomierny
Gleichmut *m* -(e)s spokój *m* (ducha)
Gleichstrom *m* -(e)s prąd stały
Gleichung *f* -, -en *mat.* równanie *n*
gleichwertig *adj* równoważny
gleichzeitig *adj* równoczesny
Gleis *n* -es, -e tor *m* (*kolejowy*); **ein totes ~** ślepy tor; **der Zug fährt vom ~ 4 ab** pociąg odjeżdża z toru czwartego
Gleitboot *n* -(e)s, -e ślizgacz *m*
gleiten *vi s* szybować; ślizgać się; wyślizgnąć się, **aus der Hand ~** wyślizgiwać
Gleitschutz *m* -es *mot.* zabezpieczenie przeciwślizgowe
Gletscher *m* -s, - lodowiec *m*
glich → **gleichen**
Glied *n* -(e)s, -er **1.** (*beweglicher Körperteil*) członek *m*; **das männliche ~** członek męski **2.** (*Kettenglied*) ogniwo *f*; człon *m*
glimmen *vi* tlić się; jarzyć się
glitschig *adj* śliski
glitt → **gleiten**
glitzern *vi* błyszczeć
Glocke *f* -, -n dzwon *m*, dzwonek *m* (*o. u drzwi*); **etw an die große ~ hängen** rozgłosić <roztrąbić> coś
Glockenturm *m* -(e)s, ...türme dzwonnica *f*
glomm → **glimmen**
Glück *n* -(e)s szczęście; **zum ~** na szczęście; **viel ~!** powodzenia!; *berg.* **~ auf!** szczęść Boże!
glücken *vi s* poszczęścić się, uda(wa)ć się
glücklich *adj* szczęśliwy; **~e Reise!** szczęśliwej podróży!
glücklicherweise *adv* na szczęście

Glückwunsch *m* -(e)s, ...wünsche gratulacje *pl*, powinszowania *pl*; **herzlichen** ~! serdeczne gratulacje!; ~ **zum Geburtstag** życzenia z okazji urodzin
Glühbirne *f* -, -n żarówka *f*
glühen I. *vi* żarzyć się; *figur*. płonąć, pałać **II.** *vt* prażyć, rozpalać (*do czerwoności*)
Glühlampe *f* -, -n żarówka *f*
Glühwein *m* -(e)s, -e wino grzane
Glut *f* -, -en żar *m*
Gnade *f* -, -n łaska *f*
gnädig *adj* łaskawy
Gold *n* -(e)s złoto *n*
golden *adj* złoty; **eine ~e Kette** złoty łańcuszek
Goldschmied *m* -(e)s, -e złotnik *m*
Golf[1] *m* -(e)s, -e zatoka *f*
Golf[2] *n* -s *sport*. golf *m*
gönnen *vt* nie zazdrościć (**j-m etw** komuś czegoś), życzyć (komuś czegoś); **sich nichts** ~ odmawiać sobie wszystkiego
gor → **gären**
goss → **gießen**
Gosse *f* -, -n ściek *m*, rynsztok *m*
gotisch *adj* gotycki
Gott *m* -es, **Götter 1.** *sing* Bóg *m*; **der liebe** ~ Pan Bóg; ~ **sei Dank!** dzięki Bogu!; ~ **bewahre!** broń Boże!; **um ~es willen!** na miłość boską!, na Boga! **2.** bóstwo *n*, bóg *m*
Gottesdienst *m* -(e)s, -e nabożeństwo *n*
Göttin *f* -, -nen bogini *f*
göttlich *adj* boski, boży
Grab *n* -(e)s, **Gräber** grób
graben° *vt* kopać; ryć, wyryć
Graben *m* -s, **Gräben** rów *m*; okop *m*
Grabmal *n* -s, ...mäler nagrobek *m*
Grad *m* -(e)s, -e **1.** (*Maßeinheit*) stopień *m*; **zehn** ~ **über** <**unter**> **Null** dziesięć stopni powyżej <poniżej> zera **2.** (*Rang*) stopień naukowy <oficerski> **3.** (*Stärke, Abstufung*) stopień *m* (*np*. oparzenia)
Graf *m* -en, -en hrabia *m*
Gräfin *f* -, -nen hrabina *f*
Gramm *n* -s, -e gram *m*
Grammatik *f* -, -en gramatyka *f*
Gras *n* -es, **Gräser** trawa *f*; ~ **mähen** kosić trawę
grässlich *adj* okropny, obrzydliwy
Gräte *f* -, -n ość *f*
gratis *adv* bezpłatnie
gratulieren *vi* składać życzenia; **j-m zum Geburtstag** ~ złożyć komuś życzenia urodzinowe
grau *adj* szary; siwy (**Haare** włosy); ~ **meliert** szpakowaty
Gräuel *m* -s, - okropność *f*
grauen *vi*: **es graut mir vor ...** ogarnia mnie strach przed ...
Grauen *n* -s, - strach *m*, zgroza *f*; ~ **erregend** wzbudzający strach
grauenhaft *adj* straszny, przerażający
Graupen *pl* krupy *pl*; kasza *f*
Graupensuppe *f* -, -n krupnik *m*
grausam *adj* okrutny; *ugs*. okropny, straszny, nieznośny
greifbar *adj* namacalny, dotykalny; uchwytny, konkretny
greifen° *vt*, *vi* chwytać, ujmować; **einen Dieb** ~ schwytać złodzieja; **nach einer Sache** ~ sięgnąć po coś; **um sich** ~ szerzyć się (**das Feuer** ogień)
Greis *m* -es, -e starzec *m*
grell *adj* ostry (**das Licht** światło); krzyczący, jaskrawy (**die Farbe** kolor)
Grenze *f* -, -n granica *f*; **die** ~ **überschreiten** przekroczyć granicę
grenzen *vi* graniczyć (**an etw** z czymś)
grenzenlos *adj* bezgraniczny
Grenzgebiet *n* -(e)s, -e pogranicze *n*, strefa graniczna
Grenzkontrolle *f* -, -n kontrola graniczna
Grenzstation *f* -, -en stacja graniczna
Grenzübergang *m* -(e)s, ...übergänge przejście graniczne; przekroczenie granicy
Grenzverkehr *m* -s ruch graniczny
griechisch *adj* grecki; **die ~e Sprache** język grecki
Grieß *m* -es, -e grysik *m*, kaszka manna
griff → **greifen**
Griff *m* -(e)s, -e trzonek *m*, uchwyt *m* (*np*. walizki); (*Zupacken*) chwyt; **ein rascher** ~ szybki chwyt
griffig *adj* poręczny
Grille *f* -, -n świerszcz *m*; *figur*. kaprys
Grimasse *f* -, -n grymas *m*
grimmig *adj* wściekły; zażarty; (*streng*) srogi
Grippe *f* -, -n grypa *f*; **an** ~ **erkrankt sein** zachorować na grypę
Grippeepidemie *f* -, -n epidemia grypy
grob *adj* **1.** (*nicht fein*) gruby; ~ **gemahlener Kaffee** grubo zmielona kawa; (*nicht genau*) **in ~en Umrissen** w ogólnych zarysach **2.** (*schlimm, arg*) ciężki; poważny; **ein ~er Fehler** ciężki błąd **3.** (*unhöflich*) ordynarny; **~e Worte** ordynarne słowa

Grobheit *f* -, -en impertynencja *f*
grollen *vi* żywić urazę (**j-m** do kogoś); gniewać się
groß *adj* **1.** wielki, duży; ~ **schreiben** pisać dużą literą **2.** (*erwachsen*) dorosły; **mein ~er Bruder** mój starszy brat **3.** (*hoch*) wysoki; **wie ~ bist du?** ile masz wzrostu? **4.** (*beträchtlich*) duży, znaczny; **im Großen und Ganzen** wszystko razem wziąwszy, w ogóle
großartig *adj* wspaniały, znakomity
Größe *f* -, -n **1.** (*Dimension*) wielkość *f*; wysokość *f* (**eines Betrages** kwoty); wysokość *f*, wzrost *m* **2.** (*Norm bei Kleidern, Schuhen*) rozmiar **3.** *mat.*, *phys.* wielkość *f*, wartość *f* **4.** *figur.* wielkość *f*, szlachetność *f*
Großeltern *pl* dziadkowie *pl*
Großhandel *m* -s hurt *m*
Großmacht *f* -, ...mächte (wielkie) mocarstwo *n*
großmütig *adj* wspaniałomyślny
Großmutter *f* -, ...mütter babka *f*
Großstadt *f* -, ...städte wielkie miasto
großstädtisch *adj* wielkomiejski
größtenteils *adv* przeważnie
Großvater *m* -s, ...väter dziadek *m*
grub → **graben**
Grube *f* -, -n dół *m*; (*Bergbau*) kopalnia *f*
grübeln *vi* rozmyślać (**über etw** nad czymś), medytować
Gruft *f* -, **Grüfte** grobowiec *m*, krypta *f*
grün *adj* zielony; niedojrzały; **~er Salat** (zielona) sałata
Grünanlage *f* -, -n zieleniec *m*, skwer *m*
Grund *m* -(e)s, **Gründe 1.** *sing* (*Boden*) grunt *m*, ziemia *f*; dno *n* (**des Meeres** morza) **2.** *sing* (*Hintergrund*) tło *n* **3.** (*Ursache*) przyczyna *f*, powód *m*; **nicht ohne ~** nie bez powodu; *figur.* **im ~e genommen** w gruncie rzeczy
gründen *vt* zakładać, **eine Familie ~** założyć rodzinę
Gründer *m* -s, - założyciel *m*
Grundgesetz *n* -es, -e konstytucja, ustawa zasadnicza (*w RFN*)
Grundlage *f* -, -n podstawa *f*, fundament *m*
gründlich *adj* gruntowny, dokładny
grundlos *adj* bezpodstawny
Grundsatz *m* -es, **Grundsätze** zasada *f*
grundsätzlich *adj* zasadniczy
Grundschule *f* -, -n szkoła podstawowa
Grundstein *m* -(e)s, -e kamień węgielny
Grundstoff *m* -(e)s, -e **1.** *chem.* pierwiastek *m* **2.** (*Rohstoff*) surowiec *m*

Grundstück *n* -(e)s, -e nieruchomość *f*; działka *f*
Gründung *f* -, -en założenie *n*
Gruppe *f* -, -n grupa *f*; zespół *m*
Gruppenreise *f* -, -n wycieczka *f* (zbiorowa)
Gruß *m* -es, **Grüße** pozdrowienia *pl* (**an j-n** dla kogoś); **mit freundlichem ~** łączę pozdrowienia
grüßen *vt* pozdrawiać; **~ Sie ihn bitte von mir** proszę pozdrowić go ode mnie
gucken *vi ugs.* patrzeć się, zaglądać
Gulasch *n*, *m* -(e)s, -e *o.* -s gulasz *m*
gültig *adj* ważny
Gültigkeit *f* - ważność *f*
Gummi[1] *m*, *n* -s guma *f*
Gummi[2] *m* -s, -s gumka do wycierania
Gummiband *n* -(e)s, ...bänder tasiemka gumowa, *ugs.* gumka *f*
Gunst *f* - łaska *f*, życzliwość *f*; względy *pl*; **zu meinen ~en** na moją korzyść
günstig *adj* korzystny, sprzyjający; **~e Umstände** korzystne okoliczności
Gurke *f* -, -n ogórek *m*
Gurkensalat *m* -(e)s, -e mizeria *f*
Gurt *m* -(e)s, -e pas *m*; **sich mit einem ~ anschnallen (im Auto, im Flugzeug)** zapiąć pas (w samochodzie, samolocie)
Gürtel *m* -s, - pas(ek) *m* (*np.* do spodni); (*Zone*) pas *m*, strefa *f*
gut *adj* dobry; **~en Abend** dobry wieczór; **~e Nacht** dobranoc; **~en Morgen**, **~en Tag** dzień dobry; **~e Reise** szczęśliwej podróży; **zu ~er Letzt** na sam koniec; **kurz und ~** krótko i węzłowato; **so ~ wie nichts** prawie nic
Gut *n* -(e)s, **Güter 1.** majątek *m*; posiadłość ziemska **2.** (*Ware*) towar *m*
Gutachten *n* -s, - ekspertyza *f*, opinia *f*
Güte *f* - **1.** dobroć; **haben Sie die ~** niech pan będzie tak dobry; *ugs.* **(ach) du meine** <**liebe**> **~!** o (mój) Boże!, o rany! **2.** (*Beschaffenheit*) jakość, gatunek
Güterbahnhof *m* -(e)s, ...höfe dworzec towarowy
Güterwagen *m* -s, - wagon towarowy
Guthaben *n* -s, - należność *f*; konto *n*
gütig *adj* dobrotliwy, dobry; łaskawy (**zu j-m** dla kogoś)
gutmütig *adj* dobroduszny, łagodny
Gutschein *m* -(e)s, -e bon *m*
gutschreiben* *vt* zapis(yw)ać na dobro
Gymnastik [gym'nastik] *f* - gimnastyka *f*

H

Haar *n* -(e)s, -e włos *m*, włosy *pl*, *m*; *zool.* sierść *f*; *bot.* włosek *m*; **aufs ~** bardzo dokładnie
Haarbürste *f* -, -n szczotka do włosów
Haarfarbe *f* -, -n kolor włosów
Haarklammer *f* -, -n spinka do włosów
Haarnadel *f* -, -n szpilka do włosów
Haarspange *f* -, -n (ozdobna) spinka do włosów
haarsträubend *adj* straszny, niesłychany, szokujący
Haartrockner *m* -s, - suszarka do włosów
Haarwasser *n* -s, ...wässer płyn do włosów
haben* I. *vt* mieć; **ich hätte gern** chciałbym; **was ist hier zu ~?** co tu można kupić <dostać>? II. *czasownik pomocniczy do tworzenia czasów przeszłych złożonych, nie tłumaczony na język polski*; **sie hat es schon gemacht** ona już to zrobiła
Habgier *f* - chciwość *f*, pazerność *f*
Habicht *m* -s, -e jastrząb *m*
hacken *vt* rąbać, siekać
Hackfleisch *n* -(e)s mięso siekane, mielone
Hafen *m* -s, **Häfen** port *m*
Hafenstadt *f* -, ...städte miasto portowe
Hafer *m* -s owies *m*
Haferbrei *m* -(e)s, -e owsianka *f*, kleik owsiany
Haferflocken *pl* płatki owsiane
Haff *n* -(e)s, -s *o.* -e *geogr.* zalew *m*
Haft *f* - areszt *m*
haften¹ *vi* **1.** być przyklejonym **2.** przylepiać się (**an einer Sache** do czegoś)
haften² *vi juris.* odpowiadać (**für etw** za coś)
Häftling *m* -s, -e więzień *m*, aresztant *m*
Haftpflichtversicherung *f* -, -en ubezpieczenie od odpowiedzialności cywilnej
Haftung *f* - odpowiedzialność *f*; **Gesellschaft mit beschränkter ~** spółka z ograniczoną odpowiedzialnością
Hagel *m* -s grad
hageln *vi*: **es hagelt** pada grad *m*
hager *adj* chudy, wychudzony
Hahn *m* -(e)s, **Hähne 1.** kogut *m* **2.** *techn.* kurek *m*, kran *m*
Hai, Haifisch *m* -(e)s, -e rekin *m*
Hain *m* -(e)s, -e gaj *m*
häkeln *vt, vi* szydełkować

Haken *m* -s, - hak *m*, haczyk *m*; *sport.* cios sierpowy
Hakenkreuz *n* -es, -e swastyka *f*
halb *adj* **1.** pół, połowa; **eine ~e Stunde** pół godziny; **~ zwölf** wpół do dwunastej; **~ so viel** o połowę mniej **2.** połowiczny
Halbdunkel *n* -s półmrok *m*
halber *praep mit G* dla, z powodu, ze względu na coś
Halb-, Stiefgeschwister *pl* rodzeństwo przyrodnie
Halbinsel *f* -, -n półwysep *m*
Halbjahr *n* -(e)s, -e półrocze *n*
halbjährig *adj* półroczny
halbjährlich *adj* co pół roku
Halbkreis *m* -es, -e półkole *n*
halblaut *adv* półgłosem
Halbmond *m* -(e)s, -e półksiężyc *m*
Halbschuh *m* -(e)s, -e półbut *m*
halbwegs *adv* jako tako; prawie
Halbzeit *f* -, -en *sport.* połowa gry; przerwa *f* (po 1. połowie)
half → **helfen**
Hälfte *f* -, -n połowa *f*
Halle *f* -, -n hala *f*; sala *f*; (*im Hotel*) hol *m*
Hallenbad *n* -(e)s, ...bäder kryta pływalnia
Halm *m* -(e)s, -e źdźbło *n*
Hals *m* -es, **Hälse** szyja *f*; (*Gurgel*) gardło *n*; (*eines Gefäßes*) szyjka *f*
Halsausschnitt *m* -(e)s, -e dekolt *m*
Halsband *n* -(e)s, ...bänder (*für Tiere*) obroża
Halsentzündung *f* -, -en zapalenie gardła
Halskette *f* -, -n łańcuszek na szyję; naszyjnik *m*
Hals-Nasen-Ohren-Arzt *m* -es, ...-Ärzte laryngolog *m*
Halsschmerzen *pl* ból gardła
Halstuch *n* -(e)s, ...tücher apaszka *f*
halt *int* stój!
Halt *m* -(e)s, -e **1.** *sing* (*Stütze*) podpora *f*; **den ~ verlieren** stracić oparcie **2.** postój *m*; **~ machen** zatrzymać się
haltbar *adj* trwały; (*fest*) mocny
halten* I. *vt* trzymać; **an** <**bei**> **der Hand ~** trzymać za rękę; **Diät ~** przestrzegać diety; **Ordnung ~** utrzym(yw)ać porządek; **einen Vortrag ~** mieć wykład; **sein Wort ~** dotrzym(yw)ać słowa; **etw von j-m ~** sądzić

coś o kimś; **j-n für etw ~** uważać kogoś za coś **II.** *vi* zatrzym(yw)ać się **III.** *vr* **sich ~** trzymać się; **sich bereit ~** być w pogotowiu; **sich rechts ~** trzymać się prawej strony
Haltestelle *f* -, -n przystanek *m*
Halteverbot *n* -(e)s, -e zakaz zatrzymywania się
Haltung *f* - postawa *f*; *figur.* zachowanie *n*
Hammel *m* -s, - baran *m* (*a. figur.*)
Hammelfleisch *n* -(e)s baranina *f*
Hammer *m* -s, **Hämmer** młot(ek) *m*
Hammerwerfen *n* -s *sport.* rzut młotem
Hampelmann *m* -(e)s, ...männer pajac *m* (*zabawka*)
Hand *f* -, **Hände** ręka *f*, dłoń *f*; **linker ~** na lewo; **an ~ von Beispielen** na przykładach; **j-m bei einer Sache an die ~ gehen** iść komuś na rękę; **eine ~ voll Kirschen** garść wiśni; **bei der ~ haben** mieć pod ręką; **~ in ~** ręka w rękę
Handarbeit *f* -, -en **1.** *sing* ręczna robota **2.** robótka ręczna
Handball *m* -(e)s, ...bälle *sport.* piłka ręczna, szczypiorniak *m*
Handbremse *f* -, -n hamulec ręczny
Handbuch *n* -(e)s, ...bücher podręcznik
Handcreme ['hantkre:m] *f* -, -s krem do rąk
Händedruck *m* -(e)s, ...drücke uścisk dłoni
Handel *m* -s handel *m*
handeln *vi* **1.** handlować (**mit einer Sache** czymś) **2.** (*wirken*) działać **3.** (*verfahren*) postępować; **worum handelt es sich?** o co chodzi?
Handelsabkommen *n* -s, - umowa handlowa
Handelsmarke *f* -, -n znak towarowy
Handelsvertrag *m* -(e)s, ...verträge układ handlowy
Handelsvertretung *f* -, -en przedstawicielstwo handlowe
Handfläche *f* -, -n dłoń *f*
handgemacht *adj* ręcznie robiony
Handgepäck *n* -(e)s bagaż ręczny
handgeschrieben *adj* napisany ręcznie
handgreiflich *adj* namacalny
Handgriff *m* -(e)s, -e **1.** ruch ręki **2.** (*Griff*) rączka *f*, uchwyt *m*
Handhabe *f* -, -n punkt zaczepienia; podstawa *f*
handhaben *vt* posługiwać się czymś; stosować (*przepisy*)

Handkuss *m* -es, ...küsse ucałowanie ręki; *ugs.* **mit ~** chętnie, z pocałowaniem ręki
Händler *m* -s, - handlarz *m*
handlich *adj* poręczny, wygodny
Handlung *f* -, -en działanie *n*, akcja *f*; (*Tat*) czyn *m*, postępek *m*; (*Geschäft*) sklep *m*
Handpflege *f* - pielęgnacja rąk, (*Maniküre*) manikiur *m*
Handrücken *m* -s, - grzbiet dłoni
Handschrift *f* -, -en pismo *n*; charakter pisma *m*; (*Schriftstück*) rękopis *m*
handschriftlich *adj* pisany ręcznie
Handschuh *m* -(e)s, -e rękawiczka *f*
Handtasche *f* -, -n torebka (damska) *f*
Handtuch *n* -(e)s, ...tücher ręcznik *m*
Handwerk *n* -(e)s, -e rzemiosło *n*; **ein ~ treiben** trudnić się rzemiosłem
Handwerker *m* -s, - rzemieślnik *m*
Handy ['hændi] *n* -s, -s telefon komórkowy, komórka *f*
Hanf *m* -(e)s konopie *pl*
Hang *m* -(e)s, **Hänge 1.** stok *m* **2.** *sing* skłonność *f* (**zu einer Sache** do czegoś)
Hängelampe *f* -, -n lampa wisząca
Hängematte *f* -, -n hamak *m*
hängen[1] *vi* wisieć; **an j-m <etw> ~** być przywiązanym do kogoś <czegoś>
hängen[2] *vt* (**hängte, gehängt**) wieszać (**an etw** na czymś); **über die Schulter ~** przewieszać przez ramię
Happen *m* -s, - *ugs.* kęs *m*
harmlos *adj* nieszkodliwy; niewinny
harmonisch *adj* harmoniczny
Harn *m* -(e)s, -e mocz *m*
Harnblase *f* -, -n pęcherz moczowy
harren *vi* oczekiwać, czekać (**auf j-n, etw** na kogoś, coś)
hart *adj* twardy; **~ werden** s|twardnieć; **~ gekochte Eier** jajka na twardo
Hartgeld *n* -(e)s bilon *m*
hartnäckig *adj* uparty
Harz *n* -es, -e żywica *f*
Hase *m* -n, -n zając *m*; *kulin.* **falscher ~** pieczeń rzymska *f*
Haselnuss *f* -, ...nüsse orzech laskowy
Hass *m* -es nienawiść *f*
hassen *vt* nienawidzić
hassenswert *adj* podły
hässlich *adj* brzydki
Hast *f* - pośpiech *m*
hastig *adj* spieszny, szybki
hat → **haben**
hatte → **haben**

Haube f -, -n **1.** czepek m **2.** mot. maska f
Hauch m -(e)s, -e (*Windhauch*) powiew m
hauen* I. vt (**haute, gehauen**) **1.** z|bić **2.** ugs. wbić (gwóźdź) II. vi **1.** (**haute, hieb**) walić (**gegen, auf etw** w coś) **2.** (**hieb,** ugs. **haute**) uderzać (**mit einer Waffe** bronią) III. vr **sich ~** ugs. bić się
Haufen m -s, - kupa f, stos m; tłum m
häufen, sich vr mnożyć się; na|gromadzić się (**in der Zeit**) powtarzać się
häufig adj częsty; **am ~sten** najczęściej
Haupt n -(e)s, **Häupter** głowa f; **das ~ der Familie** głowa rodziny
Hauptbahnhof m -(e)s, ...höfe dworzec główny
Haupteingang m -(e)s, ...gänge główne wejście
Hauptmann m -(e)s, ...leute kapitan m
Hauptpostamt n -(e)s, ...ämter poczta główna
Hauptrolle f -, -n teatr., film. główna rola
Hauptsache f -, -n najważniejsza rzecz
hauptsächlich adv głównie
Hauptstadt f -, ...städte stolica f
Hauptstraße f -, -n główna ulica
Haus n -es, **Häuser 1.** dom m; **im ~** w domu; **nach ~e** do domu; **zu ~** (u siebie) w domu; **wo ist er zu ~e?** skąd on jest?, gdzie (on) mieszka? **2.** (*Parlament*) izba f
Hausarzt m -es, ...ärzte lekarz domowy
Hausaufgabe f -, -n schul. praca domowa
Häuschen n -s, - domek m
Hausfrau f -, -en pani domu, gospodyni f
Haushalt m -(e)s, -e **1.** gospodarstwo domowe **2.** budżet państwowy
Hausherr m -n, -en pan domu; gospodarz m (domu); (*Besitzer*) właściciel domu
häuslich adj domowy; (*gern zu Hause*) domatorski
Hausmeister m -s, - dozorca m
Hausnummer f -, -n numer domu
Hausschlüssel m -s, - klucz do domu
Hausschuhe pl pantofle domowe, kapcie pl
Haut f -, **Häute** skóra f; (*Obsthaut*) skórka f; (*Milchhaut*) kożuszek m
Hautcreme ['hautkre:m] f -, -s krem m (*kosmetyczny*)
Hautpflege f - pielęgnacja skóry
Hebamme f -, -n położna f, akuszerka f
Hebel m -s, - dźwignia f
heben* I. vt podnosić II. vr **sich ~** podnieść się, **einen ~** golnąć jednego

Hecht m -(e)s, -e icht. szczupak m
Heck n -(e)s, -e o. -s rufa f; tył m (samochodu); ogon m (samolotu)
Hecke f -, -n żywopłot m
Heckenrose f -, -n bot. dzika róża
Heckmotor m -s, -en mot. silnik umieszczony w tylnej części pojazdu
Hecktür f -, -en mot. drzwi z tyłu pojazdu
heda! Int. hej tam!
Heer n -(e)s, -e **1.** armia f; wojska lądowe **2.** (*große Menge*) mnóstwo n
Hefe f -, -n drożdże pl
Hefekuchen m -s, - placek drożdżowy
Heft n -(e)s, -e zeszyt m
heften vt spinać, przypinać (**an etw** do czegoś); (*annähen*) przy|fastrygować
heftig adj silny (ból); gwałtowny, porywczy, wybuchowy
Heftpflaster n -s, - przylepiec m, leukoplast m, plaster opatrunkowy
Heide[1] m -n, -n poganin m
Heide[2] f -, -n **1.** sing bot. wrzos m **2.** wrzosowisko n
Heidekraut n -(e)s bot. wrzos m
Heidelbeere f -, -n (czarna) jagoda, (borówka) czernica f
heikel adj drażliwy, delikatny
heil adj zdrowy; (*ganz*) cały, nieuszkodzony
Heil n -(e)s (*Erlösung*) zbawienie n; (*Gesundheit*) zdrowie n; (*Glück*) szczęście n; **~!** cześć!, czołem!, niech żyje!
Heilanstalt f -, -en lecznica f
heilen I. vt wy|leczyć (**von einer Krankheit** z choroby) II. vi s wy|zdrowieć, za|goić się
heilig adj święty; **Heiliger Abend** Wigilia f
Heiligtum n -s, ...tümer **1.** świętość f, relikwia f **2.** (*Stätte*) świątynia f
Heilkunde f - medycyna f
Heilmittel n -s, - środek leczniczy
Heilquelle f -, -n źródło lecznicze
Heilung f - wy|leczenie się; zagojenie się; zdrowienie
heim adv do domu
Heim n -(e)s, -e **1.** sing dom m (rodzinny), ognisko domowe **2.** schronisko n
Heimat f - kraj rodzinny, ojczyzna f (a. figur.)
Heimatland n -(e)s, ...länder kraj ojczysty
heimatlos adj bez ojczyzny
heimisch adj miejscowy; rodzimy
Heimkehr f - powrót do domu (z podróży)
heimkehren vi s wracać do domu (po długiej nieobecności)

heimlich *adj* (po)tajemny, skryty
heimtückisch *adj* podstępny, zdradziecki
Heimweh *n* -(e)s nostalgia *f*, tęsknota za domem
Heirat *f* -, -en (*von Männern*) ożenek *m*; (*von Frauen*) zamążpójście *n*
heiraten I. *vt* poślubi(a)ć **II.** *vi* (*von Männern*) o|żenić się; (*von Frauen*) wychodzić za mąż
heiser *adj* ochrypły, zachrypnięty
Heiserkeit *f* - chryp(k)a *f*
heiß *adj* gorący; **mir ist ~** gorąco mi
heißen* **I.** *vi* **1.** nazywać się; **wie ~ Sie?** jak się pan(i) nazywa? **2.** (*bedeuten*) znaczyć; **wie heißt das auf Deutsch?** jak to jest po niemiecku? **II.** *vt* na|kazać; (*bezeichnen*) naz(y)wać; **j-n willkommen ~** witać kogoś
Heißwasserspeicher *m* -s, - bojler *m*
heiter *adj* pogodny
heizen *vt* ogrzewać; na|palić (**einen Ofen** w piecu)
Heizkörper *m* -s, - grzejnik *m*, kaloryfer *m*
Heizkraftwerk *n* -(e)s, -e elektrociepłownia *f*
Heizlüfter *m* -s, - termowentylator *m*
Heizung *f* -, -en ogrzewanie *m* (pomieszczeń)
Hektar *n*, *m* -s, -e hektar *m*
Hektik *f* - pośpiech *m*
Hektoliter *m* -s, - hektolitr *m*
Held *m* -en, -en bohater *m*
Heldentat *f* -, -en czyn bohaterski
helfen* **1.** *vi* pomagać, pomóc; **sich zu - wissen** umieć sobie radzić **2.** *impers* **es hilft nichts** nic nie pomoże
Helfer *m* -s, - pomocnik *m*
hell* *adj* jasny, widny; **~(er) werden** rozjaśni(a)ć się
Helm *m* -(e)s, -e hełm *m*; kask *m*
Hemd *n* -(e)s, -en koszul(k)a *f*; podkoszulek *m*
Hemdbluse *f* -, -n bluzka koszulowa
hemmen *vt* za|hamować
Hengst *m* -(e)s, -e ogier *m*
Henkel *m* -s, - ucho *n*, uszko *n*, uchwyt *m*
Henne *f* -, -n kura *f*
her *adv* tu; **kommen Sie ~!** niech pan(i) przyjdzie!; **von außen ~** z zewnątrz; **hin und ~** tu i tam, tam i z powrotem; **seit <von> alters ~** od dawna; **es ist lange ~** dawno temu
herab *adv* na dół, w dół; **von oben ~** z góry na dół
herabblicken *vi* spoglądać z góry

herabsetzen *vt* obniżać, zmniejszać (ceny); *figur.* dyskredytować
heran *adv* tu (*bliżej*); **näher ~!** proszę bliżej!
herauf *adv* na górę, w górę
heraus *adv* z wewnątrz; **~!** precz!
herausbringen* *vt* **1.** wynosić (**j-m etw** komuś coś) **2.** wprowadzać na rynek; promować, lansować **3.** wydobywać (dźwięk)
herausfinden* **I.** *vt* stwierdzić, ustalić (fakty) **II.** *vi* trafić do wyjścia
herausgeben* *vt* wyda(wa)ć (pieniądze, książki); **auf zehn Euro ~** wydać (resztę) z dziesięciu euro
Herausgeber *m* -s, - wydawca *m*
herauskommen* *vi* s **1.** wychodzić (*o. książki*) **2.** wynikać
herausnehmen* *vt* wyjmować
herausreißen* *vt* wyr(y)wać (rośliny)
herausstellen I. *vt* **1.** wystawi(a)ć **2.** uwypuklać **II.** *vr*: **es stellte sich heraus, dass...** okazało się, że...
heraussuchen* *vt* wyszuk(iw)ać; wybierać (**aus einer Sache** spośród czegoś)
herausziehen* *vt* wyciągać
herb *adj* cierpki (*a. figur.*); wytrawny (*o winie*)
herbei *adv* tu (w tę stronę)
Herberge *f* -, -n schronisko *n*
herbringen* *vt* przynosić; przyprowadzać, przywozić
Herbst *m* -(e)s, -e jesień *f*
herbstlich *adj* jesienny
Herd *m* -(e)s, -e piec kuchenny, kuchenka *f* (*elektryczna, gazowa*); *figur.* ognisko zapalne
Herde *f* -, -n stado *n*
herein *adv* do wewnątrz, do środka; **~!** wejść!, **darf ich ~?** czy mogę wejść?
hereinkommen* *vi* s wchodzić (**in etw** do czegoś)
hereinlassen* *vt ugs.* wpuszczać (**j-n** kogoś)
hergeben* *vt* da(wa)ć, po|da(wa)ć, ofiarować; **gib her!** daj to!, pokaż!
hergebracht *adj* tradycyjny, utarty
Hering *m* -s, -e śledź *m* (*o. do namiotu*)
herkommen* *vi* s **1.** przychodzić; **komm her!** chodź tu! **2.** wywodzić się, pochodzić
herkömmlich *adj* zwyczajowy, konwencjonalny
Herkunft *f* - pochodzenie *n*
herleiten *vt* wywodzić, pochodzić (**aus dem Griechischen** z greki)

Herr *m* -n, -en pan *m*; ~ **Doktor!** panie doktorze!; **meine ~en!** panowie!
herrenlos *adj* bezpański
Herrentoilette ['hɛrəntoalɛtə] *f* -, -n toaleta męska
herrichten *vt* przygotowywać, szykować
herrlich *adj* wspaniały, wyborny (*o pogodzie, jedzeniu*)
Herrschaft *f* -, -en 1. *sing* władza *f*, panowanie *n* (**über j-n** nad kimś) 2. *pl* (*Anrede*) państwo *n*; **meine ~en!** proszę państwa!, panie i panowie!
herrschen *vi* rządzić, panować (**über j-n** nad kimś)
herstellen *vt* 1. (*erzeugen*) wytwarzać 2. przywrócić (równowagę)
Hersteller *m* -s, - producent *m*
herüber *adv* tu, w tę stronę
herum *adv* wokół; **um uns** ~ dookoła nas; **rings** ~ dookoła; **um die Ecke** ~ za narożnikiem
herumfahren* *vi s: ugs.* **in der Stadt** ~ jeździć po mieście
herumführen I. *vt* oprowadzać(po muzeum); przebiegać (**um etw** wokół czegoś) II. *vi* prowadzić
herumgehen* *vi s:* **in der Stadt** ~ chodzić po mieście
herumlaufen* *vi s ugs.* biegać naokoło (**um etw** czegoś)
herunter *adv* na dół, w dół
herunterfallen* *vi s* spadać
herunterkommen* *vi s* schodzić (po schodach)
hervor *adv* na zewnątrz; spoza
hervorgehen* *vi* wynikać; **daraus geht hervor, dass ...** z tego wynika, że ...
hervorheben* *vt* podkreślać; uwydatniać
hervorragend *adj* wybitny, znakomity
hervorrufen* *vt* wywoł(yw)ać (piosenkarza); *figur.* wzbudzać (współczucie)
Herz *n* -ens, -en serce *n*; **von ganzem ~en** z całego serca
Herzanfall *m* -(e)s, ...anfälle atak serca
Herzklopfen *n* -s bicie serca
herzlich I. *adj* serdeczny II. *adv* serdecznie; ~ **gern** bardzo chętnie
herzlos *adj* nieczuły, bez serca
Herzog *m* -s, **Herzöge** książę *m*
Herzschlag *m* -(e)s, ...schläge 1. bicie serca 2. *med.* atak serca
Herzschrittmacher *m* -s, - *med.* rozrusznik *m*

Hetze *f* - 1. pośpiech *m* 2. *abw.* nagonka *f*
Heu *n* -(e)s siano *n*
Heuchelei *f* - obłuda *f*
heucheln *vt* udawać (współczucie)
heulen *vi* wyć; (*weinen*) płakać (z bólu)
Heuschnupfen *m* -s katar sienny
heute *adv* dziś, dzisiaj; **von** ~ **an** od dziś; ~ **in acht Tagen** od dziś za tydzień
heutig *adj* dzisiejszy, teraźniejszy
heutzutage *adv* obecnie
Hexe *f* -, -n czarownica *f*, wiedźma *f* (*a. figur.*)
hieb → **hauen**
Hieb *m* -(e)s, -e uderzenie *n*, cios *m*
hielt → **halten**
hier *adv* tu, tutaj; **von** ~ **aus** stąd; **weit von** ~ daleko stąd; ~ **bleiben** po|zostać (tu)
hierher *adv* tu, w tę stronę; **bis** ~ dotąd
hiermit *adv* tym, przez to; (*in einem Brief*) niniejszym
hiervon *adv* stąd, z tego; (*darüber*) o tym
hierzu *adv* do tego
hieß → **heißen**
Hilfe *f* -, -n 1. *sing* pomoc *f*; **(zu)** ~**!** na pomoc!, pomocy!; **mit** ~ przy pomocy; za pomocą 2. (*Hilfskraft*) pomoc domowa
hilflos *adj* bezradny; nieporadny
hilfsbereit *adj* uczynny, pomocny
Hilfskraft *f* -, ...kräfte siła pomocnicza
Hilfsmittel *n* -s, - środek pomocniczy
hilft → **helfen**
Himbeere *f* -, -n malina *f*
Himmel *m* -s niebo *n*; **am** ~ na niebie; **unter freiem** ~ pod gołym niebem
Himmelsrichtung *f* -, -en strona świata
himmlisch *adj* niebiański; (*wunderbar*) wspaniały; wyborny
hin *adv* tam, w tamtą stronę; **wo gehen Sie** ~**?** dokąd pan(i) idzie?; ~ **und her** <**zurück**> tam i z powrotem, bez celu; ~ **und wieder** od czasu do czasu
hinab *adv* na <w> dół
hinauf *adv* na <w> górę, pod górę, do góry
hinauffahren* *vi s* po|jechać do góry <w górę>
hinaufgehen* *vi s* 1. wchodzić na górę 2. **mit dem Preis** ~ podnosić cenę 3. *ugs.* rosnąć (*np. o czynszu*)
hinaufsteigen* *vi s* wspinać się
hinaus *adv* na zewnątrz; ~ **(mit dir)!** wynoś się!; **zur Tür** ~ za drzwi
hinausgehen* *vi s* wychodzić na zewnątrz; **über etw** ~ przekraczać coś

hinauslehnen, sich *vt* wychylać się
hinauswerfen* *vt* wyrzucać
hinbringen* *vt* zanosić; (*begleiten*) zaprowadzić
hindern *vt* przeszkadzać (**bei einer Sache** w czymś); uniemożliwiać (**j-n an einer Sache** komuś coś)
Hindernis *n* **-ses, -se** przeszkoda *f*
hindurch *adv* poprzez
hinein *adv* do wnętrza <środka>
hineingehen* *vi s* wchodzić
hineinlegen *vt* wkładać z powrotem
hinfahren* **I.** *vi s* po|jechać (**zu j-m** do kogoś) **II.** *vt* zawoźić
Hinfahrt *f* **-, -en** jazda do ...
hinführen I. *vt* za|prowadzić (**zu j-m** do kogoś) **II.** *vi*: **zu etw ~** do|prowadzić do czegoś
hing → **hängen**
Hingabe *f* - poświęcenie *n* (się)
hingegen *kj* natomiast
hingehen* *vi s* iść (**zu j-m** do kogoś); (*vergehen*) przemijać
hinken *vi* kuleć, utykać
hinlänglich *adv* dostatecznie
hinlegen I. *vt* kłaść, położyć **II.** *vr* **sich ~** położyć się spać
Hinreise *f* **-, -n** podróż *f* (w tamtą stronę)
hinsehen* *vi* spoglądać (tam)
hinsetzen I. *vt* sadzać (osobę) **II.** *vr* **sich ~** siadać
Hinsicht *f* - wzgląd *m*; **in dieser ~** pod tym względem
hinsichtlich *praep mit G* w związku z
hinstellen I. *vt* **1.** stawiać; odstawiać **2. j-n** <**etw**> **als etw ~** przedstawić kogoś <coś> jako kogoś <coś> **II.** *vr* **sich ~** stanąć (**vor j-m** przed kimś)
hinten *adv* z tyłu, w tyle; **nach ~** w tył, do tyłu; **von ~** z tyłu, od końca
hinter *praep* **1.** (*wo?*) za, poza; **~ dir** za tobą **2.** (*wohin?*) za, poza; **stell das ~ ihn** postaw to za nim
hinter- *adj* tylny
hintereinander *adv* jeden po <za> drugim, kolejno
Hintergrund *m* **-(e)s, ...gründe 1.** tło *n*; **vor dem ~** na tle **2.** *pl figur.* kulisy *pl*
hinterlassen* *vt* po|zostawiać (po sobie)
hinterlistig *adj* podstępny
Hinterrad *n* **-(e)s, ...räder** tylne koło
hintun* *vt ugs.* położyć, postawić; **wo soll ich das ~?** gdzie to mam położyć <postawić>?

hinüber *adv* na drugą stronę
hinübergehen* *vi s* przechodzić (*na drugą stronę*)
Hin- und Rückflug *m* **-(e)s, ...flüge** lot *m* tam i z powrotem
hinunter *adv* na dół, w dół
hinunterfallen* *vi s* spadać; **die Treppe ~** spaść ze schodów
hinuntergehen* *vi s* schodzić (*na dół*)
Hinweis *m* **-es, -e** wskazówka *f*; odnośnik *m*
hinweisen* *vt* wskaz(yw)ać (**j-n auf etw** komuś na coś)
hinzu *adv* ponadto, prócz tego
hinzufügen *vt* doda(wa)ć, dołączać (**einer Sache** do czegoś)
hinzukommen* *vi s* dochodzić, przyłączać się
Hirn *n* **-(e)s, -e** mózg *m*; *kulin.* móżdżek *m*
Hirse *f* - proso *n*
Hirt *m* **-en, -en** pasterz *m*
historisch *adj* historyczny
Hit *m* **-(s), -s** przebój *m*
Hitze *f* - upał *m*, gorąco *n*
Hitzschlag *m* **-(e)s, ...schläge** udar słoneczny
HNO-Arzt *m* **-es, ...Ärzte** laryngolog *m*
hob → **heben**
Hobby *n* **-s, -s** hobby *n*
hoch *adj* wysoki; **wie ~ ist der Preis?** jaka jest cena?; **hohe See** pełne morze; **er lebe ~!** niech żyje!
Hoch *n* **-s, -s** wyż *n* (baryczny), obszar wysokiego ciśnienia
hochachtungsvoll *adj* z poważaniem
Hochhaus *n* **-es, ..häuser** wieżowiec *m*
Hochleistungssport *m* **-(e)s** sport wyczynowy
hochmutig *adj* butny, wyniosły
Hochschule *f* **-, -n** wyższa uczelnia
Hochspannung *f* **-, -en** wysokie napięcie
höchst *adv* nadzwyczaj; **~ selten** bardzo rzadko
höchst- *adj* najwyższy, maksymalny; **es ist ~e Zeit ...** najwyższy czas ...
höchstens *adv* najwyżej, nie więcej niż
Höchstgeschwindigkeit *f* **-, -en** maksymalna szybkość <prędkość> *f*
Höchstleistung *f* **-, -en** maksymalna wydajność *f*; (*Rekord*) rekord *m*
Hochwasser *n* **-s, -** powódź *f*
hochwertig *adj* wysokiej jakości
Hochzeit *f* **-, -en** wesele *n*

Hochzeitsreise *f* -, -n podróż poślubna
hocken *vi* **1.** siedzieć w kucki **2.** *ugs.* (*sitzen*) przesiadywać
Hocker *m* -s, - taboret *m*
Hof *m* -(e)s, **Höfe 1.** podwórze *n*, dziedziniec *m*, podwórko *n* **2.** (*Bauernhof*) zagroda *f* **3.** (*Fürstenhof*) dwór *m*
hoffen *vt*, *vi* mieć nadzieję, spodziewać się (**auf etw** czegoś)
hoffentlich *adv* zapewne, prawdopodobnie; **er wird ~ kommen** mam nadzieję, że przyjdzie
Hoffnung *f* -, -en nadzieja *f*; **die ~ nicht aufgeben** nie tracić nadziei
hoffnungslos *adj* beznadziejny
höflich *adj* uprzejmy
Höhe *f* -, -n **1.** wysokość *f* **2.** (*Anhöhe*) wzniesienie *n*
Höhepunkt *m* -(e)s, -e szczyt *m*, punkt kulminacyjny (*np.* wieczoru)
hohl *adj* pusty; spróchniały
Höhle *f* -, -n jaskinia *f*, grota *f*; (*eines Tieres*) nora *f*
Hohn *m* -(e)s szyderstwo *n*, kpiny *pl*
höhnisch *adj* szyderczy
holen *vt* przynosić (*coś*); iść (*po coś*); **j-n ~** iść po kogoś, przyprowadzić kogoś; (*mit Wagen*) przywozić kogoś; **aus der Tasche ~** wyciągać z kieszeni; **j-n ~ lassen** posłać po kogoś; **sich** *D* **einen Schnupfen ~** nabawić się kataru
Holländer *m* -s, - Holender *m*
holländisch *adj* holenderski
Hölle *f* - piekło *n*
holprig *adj* wyboisty; nieporadny (w mowie)
Holz *n* -es, **Hölzer** drewno *n*
hölzern *adj* drewniany; niezdarny
Honig *m* -s, -e miód *m*
Honorar *n* -s, -e honorarium *n*
Hopfen *m* -s chmiel *m*
hörbar *adj* słyszalny
horchen *vi* nasłuchiwać (**an der Tür** pod drzwiami)
hören I. *vt* słuchać, u|słyszeć; **schwer ~** źle słyszeć, niedosłyszeć **II.** *vi ugs.* u|słuchać (**auf j-n** kogoś)
Hörer *m* -s, - **1.** słuchacz *m* **2.** *techn.* słuchawka *f*
Hörerin *f* -, -nen słuchaczka *f*
Horizont *m* -(e)s, -e horyzont *m*
horizontal *adj* poziomy, horyzontalny
Hormon *n* -s, -e hormon *m*

Horn *n* -(e)s, **Hörner** róg *m*
Hörnchen *n* -s, - rogalik *m*, rożek *m*
Hornhaut *f* -, ...**häute 1.** *anat.* rogówka *f* **2.** odcisk *m* (na stopie)
Horoskop *n* -s, -e horoskop *m*
Hörsaal *m* -(e)s, ...**säle** sala wykładowa
Hörspiel *n* -(e)s, -e słuchowisko *n*
Hort *m* -(e)s, -e świetlica *f* (dla dzieci)
Hose *f* -, -n spodnie *pl*
Hotel *n* -s, -s hotel *m*
Hotelzimmer *n* -s, - pokój w hotelu
hübsch *adj* ładny; *figur.* spory
Hubschrauber *m* -s, - helikopter *m*, śmigłowiec *m*
Huf *m* -(e)s, -e kopyto *n*
Hüfte *f* -, -n *anat.* biodro *n*
Hügel *m* -s, - pagórek *m*, wzgórze *n*
Huhn *n* -(e)s, **Hühner** kura *f*; kurczak *m*
Hühnerauge *n* -s, -n nagniotek *m*
Hülle *f* -, -n powłoka *f*, osłona *f*; **in ~ und Fülle** pod dostatkiem, w bród
Hülse *f* -, -n **1.** łuska *f*; (*Schote*) strączek *m*; (*Zigarettenhülse*) gilza *f*, tutka *f*
human *adj* ludzki, humanitarny
Hummel *m* -s, - trzmiel *m*
Hummel *m* -s, - homar *m*
Humor *m* -s humor *m*
Hund *m* -(e)s, -e pies *n*
hundert *num* sto; **einige ~** kilkaset
hundertste *num* setny
hunderttausend *num* sto tysięcy
Hundewetter *n* -s pogoda pod psem
Hündin *f* -, -nen suka *f*
Hunger *m* -s głód *m*; **~ haben** być głodnym
hungern *vi* głodować
hungrig *adj* głodny, zgłodniały
Hupe *f* -, -n klakson *m*
hupen *vi mot.* za|trąbić, da(wa)ć sygnał (klaksonem)
hüpfen *vi s* podskakiwać, skakać
husten *vi* za|kaszleć, kasłać
Husten *m* -s kaszel *m*
Hustensaft *m* -(e)s, ...**säfte** syrop na kaszel
Hut *m* -(e)s, **Hüte** kapelusz *m*
hüten I. *vt* strzec, pilnować; **das Bett ~** pozostawać w łóżku **II.** *vr* **sich ~** wystrzegać się (**vor j-m** kogoś, **vor einer Sache** czegoś)
Hütte *f* -, -n chata *f*; buda *f*; (*Werk*) huta *f*
hygienisch [hyg'je:nɪʃ] *adj* higieniczny
Hymne ['hymnə] *f* -, -n hymn *m*
Hypothek [hypo'te:k] *f* -, -en hipoteka *f*

I

i *int* fe; **i wo** <**bewahre**>! ależ gdzie tam!
ich *pron pers* ja; ~ **bin Lehrer** jestem nauczycielem
Icon ['aikɔn] *n* -s, -s *inform.* ikona *f*
ideal *adj* idealny
Ideal *n* -s, -e ideał *m* (**an etw** czegoś)
idealisieren *vt* wy|idealizować
Idealist *m* -en, -en idealista
idealistisch *adj* idealistyczny
Idee *f* -, -n idea *f*; (*Einfall*) pomysł *m*
ideell *adj* ideowy
identifizieren I. *vt* stwierdzać tożsamość; z|identyfikować **II.** *vr* **sich** ~ identyfikować się, utożsamiać się (**mit einer Sache** z czymś)
identisch *adj* identyczny
Identität *f* - tożsamość *f* (*o. mat.*)
ideologisch *adj* ideologiczny
Idiot *m* -en, -en idiota *m*
idiotensicher *adj ugs. scherz.* prosty <łatwy> w obsłudze
idiotisch *adj ugs.* idiotyczny
Idol *n* -s, -e idol *m*, bożyszcze *n*
idyllisch [i'dylɪʃ] *adj* idylliczny, sielankowy
Igel *m* -s, - *zool.* jeż *m*
ignorieren *vt* z|ignorować
ihm *pron pers D* → **er, es**
ihn *pron pers A* → **er**
ihnen *pron pers D pl* → **sie 3.**
Ihnen *pron pers D pl* → **Sie 1.**
ihr[1] *pron pers D* wy
ihr[2] *pron pers D sing* → **sie 1.**
ihr[3], **ihre, ihr,** *pl* **ihre** *pron poss* **1.** *sing* jej **2.** *pl* ich
Ihr *pron poss* (*forma grzecznościowa*) pana, pani, pański, panów, pań, państwa
ihrer *pron pers G sing i pl* → **sie 1., 3.**
Ihrer *pron pers G* → **Sie 1.**
ihrerseits *adv* z jej strony
Ihrerseits *adv* (*forma grzecznościowa*) z pana <pani, państwa, pańskiej> strony
illegal *adj* nielegalny
Illusion *f* -, -en iluzja *f*
illustrieren *vt* z|ilustrować (*a. figur.*)
Illustrierte *f* -n, -n czasopismo ilustrowane
im = **in dem**; **im März** w marcu
imaginär *adj* urojony, imaginacyjny
Imbiss *m* -es, -e przekąska *f*
Imbissstube *f* -, -n bar przekąskowy, bufet *m*

imitieren *vt* imitować, naśladować
Imker *m* -s, - pszczelarz *m*
immer *adv* **1.** zawsze, wciąż **2.** coraz; ~ **besser** coraz lepiej
immerfort *adv* bezustannie
immerhin *adv* bądź co bądź
immerzu *adv* ciągle, ustawicznie
Immigrant *m* -en, -en imigrant *m*
Immobilien [ɪmo'biːljən] *pl* nieruchomości *pl, f*
immun *adj med.* odporny (*a. figur.*)
Immunität *f* - **1.** odporność *f* **2.** *juris.* immunitet *m*
Immunsystem *n* -s, -e system immunologiczny
Imperativ *m* -s, -e *gram.* tryb rozkazujący
imperialistisch *adj* imperialistyczny
impfen *vt* za|szczepić (**gegen etw** przeciw czemuś)
Impfschein *m* -(e)s, -e świadectwo szczepienia
Impfstoff *m* -(e)s, -e szczepionka *f*
Impfung *f* -, -en szczepienie *n*
Import *m* -(e)s import *m*
importieren *vt* importować
improvisieren *vi, vt* za|improwizować
impulsiv *adj* impulsywny
imstande *adv*: ~ **sein, etw zu tun** być w stanie <móc> coś zrobić
in *praep* **1.** *mit D* (*wo?*) w; **in der Sonne** w słońcu; **in unserer Mitte** wśród nas; **in Polen** w Polsce; **in Masuren** na Mazurach; **in der Parkstraße wohnen** mieszkać na <przy> ulicy Parkowej **2.** *mit A* (*wohin?*) do; **in die Stadt** do miasta **3.** *mit D* (*wann?*) w, za; **in dieser Zeit** w tym czasie; **in aller Frühe** wczesnym rankiem; **in einer Woche** za tydzień; w ciągu tygodnia **4. in dieser Art** w tym rodzaju
inbegriffen *adv* włącznie; **Bedienung** ~ łącznie z obsługą
indem *kj* kiedy, podczas gdy
Inder *m* -s, - Hindus *m*
indessen I. *adv* tymczasem **II.** *kj* kiedy, podczas gdy
Index *m* -(e)s, -e *o.* **Indizes 1.** indeks *m*, spis *m*; *rel., figur.* **auf dem** ~ **stehen** być na indeksie **2.** *pl* **Indizes** *mat., econ.* wskaźnik *m*
Indianer *m* -s, - Indianin *m*

indianisch *adj* indiański
indirekt *adj* pośredni; *gram.* **~e Rede** mowa zależna
indisch *adj* indyjski
indiskret *adj* niedyskretny
Individualität *f* - indywidualność *f*
individuell *adj* indywidualny
Individuum [ɪndi'viːduum] *n* **-s, ...duen** indywiduum *n* (*o. abw.*)
Indiz *n* **-es, -ien 1.** *juris.* poszlaka *f* **2.** oznaka *f*
Indizienprozess *m* **-es, -e** *juris.* proces poszlakowy
indonesisch *adj* indonezyjski
Industrie *f* **-, -n** przemysł *m*
Industriegebiet *n* **-(e)s, -e** okręg przemysłowy; dzielnica przemysłowa
industriell *adj* przemysłowy
Industriezweig *m* **-(e)s, -e** gałąź przemysłu
ineinander *adv* jedno w drugie
Infarkt *m* **-(e)s, -e** *med.* zawał *m*
Infektion *f* **-, -en** zakażenie *n*
Infinitiv *m* **-s, -e** *gram.* bezokolicznik *m*
infizieren *vt* zarażać, zakażać
Inflation *f* **-, -en** inflacja *f*
Info *n* **-s, -s** *ugs.* informacja *f*; ulotka informacyjna
infolge *praep mit G* wskutek, z powodu; **~ von Missverständnissen** na skutek nieporozumień
infolgedessen *kj* wskutek tego
Informant *m* **-en, -en** informator *m*
Informatik *f* - informatyka *f*
Informatiker *m* **-s,** - informatyk *m*
Information *f* **-, -en** informacja *f*
Informationsbüro *n* **-s, -s** biuro informacyjne
Informationsstand *m* **-(e)s, ...stände** informacja *f*, punkt informacyjny
informieren *vt* po|informować
Ingenieur [ɪnʒen'jɑːr] *m* **-s, -e** inżynier *m*
Inhaber *m* **-s,** - właściciel *m*, posiadacz *m*
Inhaberpapier *n* **-s, -e** *fin.* papier wartościowy na okaziciela
Inhalt *m* **-(e)s, -e 1.** treść *f* (listu); zawartość *f* (**eines Pakets** paczki) **2.** *mat.* powierzchnia *f*, pojemność *f*
Inhaltsangabe *f* **-, -n** streszczenie *n*; podanie zawartości *f*
Inhaltsverzeichnis *n* **-ses, -se** spis treści <rzeczy>
Initiale *f* **-, -n** inicjał *m*

Initiative *f* **-, -n** inicjatywa *f*; **(in einer Sache) die ~ ergreifen** przejąć inicjatywę (w jakiejś sprawie)
Injektion *f* **-, -en** zastrzyk *m*, iniekcja *f*
injizieren *vt:* **j-m etw ~** wstrzyknąć komuś coś, wstrzykiwać
Inka *m* **-(s), -(s)** Inka *m*
inklusive I. *praep mit G* w|łącznie; **~ der Verpflegung** łącznie z utrzymaniem **II.** *adv* w|łącznie
Inland *n* **-(e)s** kraj (rodzinny); wnętrze kraju; **im ~** w kraju
inländisch *adj* krajowy
inmitten I. *praep mit G geho.* pomiędzy, wśród; **er saß ~ der Schüler** siedział wśród uczniów **II.** *adv mit* **von** wśród; **die Schule liegt ~ von Parkanlagen** szkoła jest położona w parku
innen *adv* wewnątrz; **nach ~** do wnętrza
Innenministerium *n* **-s, ...ien** Ministerstwo Spraw Wewnętrznych
Innenstadt *f* **-, ...städte** śródmieście *n*
inner- *adj* wewnętrzny
Innere *n* **-n** wnętrze *n* (*o. człowieka*); **im ~(e)n der Insel** w głębi wyspy
innerhalb I. *praep mit G* wewnątrz, w (obrębie czegoś); **~ eines Jahres** w ciągu roku; **~ des Gartens** w ogrodzie **II.** *adv mit* **von 1.** w (obrębie czegoś); **~ von Bonn** w obrębie Bonn **2.** w ciągu; **~ von zwei Jahren** w ciągu dwóch lat
innerlich *adj* wewnętrzny; *figur.* głęboki
innig *adj* serdeczny
Input *m, n* **-s, -s** *inform.* dane wejściowe *pl*
ins = **in das**; **ins Kino gehen** iść do kina
Insasse *m* **-n, -n** pasażer *m*; (*eines Heims*) współ|mieszkaniec *m*, pensjonariusz *m*; (*eines Gefängnisses*) więzień *m*; (*einer Anstalt*) wychowanek *m*
insbesondere *adv* szczególnie, zwłaszcza
Inschrift *f* **-, -en** (*na budynku*) napis *m*; inskrypcja *f*
Insekt *n* **-(e)s, -en** owad *m*
Insektenbekämpfungsmittel *n* **-s,** - środek owadobójczy
Insel *f* **-, -n** wyspa *f*
Inselgruppe *f* **-, -n** archipelag *m*
Inserat *n* **-(e)s, -e** ogłoszenie *n*, anons *m*
insgesamt *adv* ogółem, łącznie
insofern *kj* jeśli, jeżeli, o ile
inspizieren *vt* dokonać inspekcji
Installateur [ɪnstalaˈtøːr] *m* **-s, -e** instalator *m*

Installation *f* -, -en instalacja *f*
instand *adv*: ~ **halten** utrzym(yw)ać w dobrym <należytym> stanie; ~ **setzen** naprawi(a)ć
inständig *adj* gorliwy, usilny
Instanz *f* -, -en instancja *f* (*o. juris.*)
Instinkt *m* -(e)s, -e instynkt *m*; wyczucie *n*
instinktiv *adj* instynktowny
Institut *n* -(e)s, -e instytut *m*
Instruktion *f* -, -en wskazówka *f*; instrukcja *f*; **laut** ~ zgodnie z instrukcją
Instrument *n* -(e)s, -e **1.** *mus.* instrument *m*; **ein** ~ **stimmen** nastroić instrument **2.** *techn.* przyrząd *m*, narzędzie *n*; **optische** ~**e** przyrządy optyczne
instrumental *adj* instrumentalny
inszenieren *vt* za|inscenizować
intakt *adj* nie uszkodzony; sprawny
Integration *f* -, -en integracja *f* (**in Europa** w Europie)
integrieren *vt* z|integrować
intellektuell *adj* intelektualny
Intellektuelle *m* -n, -n intelektualista *m*
intelligent *adj* inteligentny
Intelligenz *f* - inteligencja *f*
Intensität *f* - intensywność *f*
intensiv *adj* intensywny
Intensivstation *f* -, -en oddział intensywnej opieki medycznej
interaktiv *adj* interaktywny
Intercity *m* -s, -s, **Intercityzug** *m* -(e)s, ...züge (pociąg) InterCity
interessant *adj* interesujący, ciekawy, zajmujący
Interesse *n* -s, -n **1.** *sing* (*Anteilnahme*) zainteresowanie *n*; **haben Sie dafür ~?** interesuje się pan(i) tym? **2.** *pl* zainteresowania *pl* **3.** interes *m*, korzyść *f*
interessieren, sich *vr* interesować się (**für etw** czymś)
intern *adj* **1.** wewnętrzny, poufny **2.** *med.* wewnętrzny; **die ~e Station** oddział chorób wewnętrznych, *ugs.* interna *f*
Internat *n* -(e)s, -e internat *m*
international *adj* międzynarodowy
Internet *n* -s *inform.* Internet *m*; **im ~ surfen** surfować po Internecie
Internist *m* -en, -en internista *m*
interpretieren *vt* z|interpretować, objaśnić
Interview [ɪntɐˈvjuː] *n* -s, -s **1.** wywiad *m* (dla mediów) **2.** (*Befragung*) ankieta *f*
interviewen [ɪntɐˈvjuːən] *vt* przeprowadzać wywiad

intim *adj* intymny, osobisty
Intimsphäre *f* -, -n prywatność *f*
intolerant *adj* nietolerancyjny
intrigieren *vi* intrygować (**gegen j-n** przeciwko komuś)
Invalide *m* -n, -n inwalida *m*
Invasion *f* -, -en *mil.* inwazja *f* (*o. med., figur.*)
Inventar *n* -s, -e ruchomość *f*, inwentarz *m*, mienie *n*
Inventur *f* -, -en inwentaryzacja *f*, remanent *m*
investieren *vt* za|inwestować
inzwischen *adv* tymczasem
Ion *n* -s, -en *chem., phys.* jon *m*
i-Punkt *m* -(e)s, -e kropka nad i (*a. figur.*)
Iraker *m* -s, -, **Iraki** *m* -(s), -(s) Irakijczyk *m*
irakisch *adj* irakijski
Ire *m* -n, -n Irlandczyk *m*
irgend: wenn ~ möglich jeśli to tylko możliwe
irgendein *pron* jakiś, pewien
irgendetwas *pron* cokolwiek, co
irgendjemand *pron* ktokolwiek, ktoś
irgendwann *adv* kiedyś
irgendwas *pron. ugs.* cokolwiek, coś
irgendwer *pron* ktoś
irgendwie *adv* w jakiś sposób, jakoś
irgendwo *adv* gdziekolwiek, gdzieś
irgendwoher *adv* skądkolwiek, skądś
irgendwohin *adv* dokądkolwiek, dokądś
Iris *f* - *anat.* tęczówka *f*
ironisch *adj* ironiczny
irre *adj* **1.** błędny **2.** (*geisteskrank*) obłąkany **3.** *ugs.* obłędny
irreführen *vt* wprowadzać w błąd
irren, sich *vr* po|mylić się (**in einer Sache** w czymś)
Irrsinn *m* -(e)s obłęd *m*
irrsinnig *adj* obłąkany; *ugs.* obłędny
Irrtum *m* -s, ...tümer pomyłka *f*, błąd *m*; **Sie sind im ~** pan się myli
irrtümlich *adj* błędny, omyłkowy
Islam *m* -(s) islam *m*
islamisch *adj* islamski
isolieren *vt* izolować
Isolierung *f* -, -en izolacja *f*
Israeli *m* -(s), -(s) Izraelczyk *m*
israelisch *adj* izraelski
isst → **essen**
ist → **sein**
Italiener [italˈjeːnɐr] *m* -s, - Włoch *m*
italienisch [[italˈjeːnɪʃ] *adj* włoski

J

ja *adv* 1. tak; **aber ja!** ależ tak!; **ja sagen** zgadzać się 2. (*doch*) przecież; **tu das ja nicht!** tylko tego nie rób!
Jacht *f* -, **-en** jacht *m*
Jacke *f* -, **-n** kurtka *f*; żakiet *m*, marynarka *f*
Jackett [ʒaˈkɛt] *n* **-s, -s** marynarka męska
Jagd *f* -, **-en** 1. polowanie *n* (**auf** na) 2. (*Verfolgung*) pogoń *f*
Jagdflugzeug *n* **-(e)s, -e** samolot myśliwski, myśliwiec *m*
Jagdgewehr *n* **-(e)s, -e** strzelba myśliwska, fuzja *f*
Jagdhund *m* **-(e)s, -e** pies myśliwski
Jagdschein *m* **-(e)s, -e** karta łowiecka
jagen **I.** *vt* 1. polować (**Hasen** na zające) 2. (*verfolgen*) ścigać **II.** *vi* 1. *s* po|pędzić 2. polować (**mit der Flinte** z fuzją)
Jäger *m* **-s,** - myśliwy *m*
jäh *adj* 1. nagły 2. (*steil*) stromy
Jahr *n* **-(e)s, -e** rok *m*; **im ~e 2002** w roku 2002; **vor drei ~en** przed trzema laty; **er ist zehn ~e alt** (on) ma dziesięć lat
jahrelang *adv* latami
Jahresanfang *m* **-(e)s** początek roku
Jahreseinkommen *n* **-s,** - roczny dochód
Jahresende *n* **-s** koniec roku
Jahreshälfte *f* -, **-n** półrocze *n*
Jahreskarte *f* -, **-n** bilet roczny
Jahrestag *m* **-(e)s, -e** rocznica *f*
Jahreszeit *f* -, **-en** pora roku
Jahrgang *m* **-(e)s, …gänge** rocznik *m*
Jahrhundert *n* **-s, -e** stulecie *n*, wiek *m*
Jahrhundertwende *f* -, **-n** przełom wieków
jährlich *adj* roczny; (*alljährlich*) coroczny; **zweimal ~** dwa razy w roku
Jahrmarkt *m* **-(e)s, …märkte** jarmark *m*, targ *m*
Jahrtausend *n* **-s, -e** tysiąclecie *n*
Jahrzehnt *n* **-s, -e** dziesięciolecie *n*
jähzornig *adj* porywczy, zapalczywy
jaja *int ugs.* tak, tak
Jalousie [ʒaluˈziː] *f* -, **-n** żaluzja *f*
Jammer *m* **-s** lament *m*; rozpacz *f*, żal *m*
jämmerlich *adj* żałosny, nędzny
jammern *vi* narzekać (**über etw** na coś)
jammerschade *adj* wielka szkoda
Januar *m* **-(s)** styczeń *m*
Japaner *m* **-s,** - Japończyk *m*
japanisch *adj* japoński

Jargon [ʒarˈgõː] *m* **-s, -s** żargon *m*
Jasmin *m* **-s, -e** jaśmin *m*
Jastimme *f* -, **-n** głos „za"
jauchzen *vi* pokrzykiwać (z radości)
jaulen *vi* (*o psie*) skowyczeć, skomleć
jawohl *adv* tak jest, owszem (*o. mil.*)
Jazz [dʒys] *m* - jazz *m*, dżez *m*
Jazzband [ˈdʒɛsbɛnt] *f* -, **-s, -kapelle** *f* -, **-n** zespół jazzowy
je I. *adv* 1. po, co; **je drei Jahre** co trzy lata; **je zwei Eier** po dwa jaja 2. (*jemals*) kiedykolwiek 3. **je nach: je nach Größe** zależnie od wielkości **II.** *kj*: **je mehr, desto besser** im więcej, tym lepiej
Jeans [dʒiːns] *f* -, - dżinsy *pl, m*
jedenfalls *adv* w każdym razie
jeder, jede, jedes, *pl* **jede** *pron* każdy, każda, każde, *pl* wszyscy, wszystkie; **auf jeden Fall** na wszelki wypadek; **jede 10 Minuten** co 10 minut; **jedes Mal** zawsze, za każdym razem
jedermann *pron* każdy, wszyscy
jederzeit *adv* o każdej porze
jedes → **jeder**
jedoch *adv* jednak(że)
jemals *adv* kiedykolwiek
jemand *pron* ktoś
jener, jene, jenes, *pl* **jene** *pron* tamten, tamta, tamto, *pl* tamci, tamte
jenseits *praep mit G* z tamtej strony (**eines Dinges** czegoś)
Jenseits *n* - tamten świat, zaświaty *pl*
Jesuit *m* **-en, -en** *rel.* jezuita *m*
Jet [dʒyt] *m* **-(s), -s** odrzutowiec *m*
Jeton [ʒɥˈtjː] *m* **-s, -s** żeton *m* (do gry)
jetzig *adj* teraźniejszy, obecny; **in ~er Zeit** w obecnych czasach
jetzt *adv* teraz, obecnie; **bis ~** dotychczas; **von ~ an** odtąd
jeweils *adv* każdorazowo
jiddisch *adj* żydowski
Job [dʒɔp] *m* **-s, -s** praca *f*
Jod *n* **-(e)s** jod *m*
jodeln *vi* jodłować
Joga *m, n* → **Yoga**
joggen [ˈdʒɔgən] *vi* uprawiać jogging
Jogging [ˈdʒɔgɪŋ] *n* **-s** jogging *m*
Joghurt, Jogurt *m, n* **-(s)** jogurt *m*
Johannisbeere *f* -, **-n** porzeczka *f*
Jolle *f* -, **-n** jol *m*

jordanisch *adj* jordański
Joule [dʒuːl] *n* -(s), - *phys.* dżul *m*
Journal [ʒurnaˈl] *n* -s, -e dziennik, (*Mode*) żurnal
Journalist [ʒurnaˈlɪst] *m* -en, -en dziennikarz *m*
Joystick [ˈdʒɔɪstɪk] *m* -s, -s *inform.* dżojstik *m*, joystick *m*
Jubel *m* -s radość *f*; entuzjazm *m*
jubeln *vi* wydawać radosne okrzyki
Jubilar *m* -s, -e jubilat *m*
Jubiläum *n* -s, ...äen jubileusz *m*; ~ **feiern** obchodzić jubileusz
jucken *vi*, *vt* swędzić
Jude *m* -n, -n Żyd *m*
Jüdin *f* -, -nen Żydówka *f*
jüdisch *adj* żydowski
Judo *n* -(s) dżudo *n*
Jugend *f* - **1.** młodość *f* **2.** (*junge Leute*) młodzież *f*
jugendfrei *adj* dozwolony dla młodzieży
Jugendherberge *f* -, -n schronisko młodzieżowe
jugendlich *adj* **1.** młodzieńczy; **mit ~er Begeisterung** z młodzieńczym zapałem **2.** młodociany

Jugendliche *m* -n, -n młoda osoba; **für ~ verboten** zakazany dla młodzieży
Jugoslawe *m* -n, -n *hist.* Jugosłowianin *m*
jugoslawisch *adj hist.* jugosłowiański
Juli *m* -(s) lipiec *m*
jung *adj* młody
Junge[1] *m* -n, -n chłopiec *m*, chłopak *m*
Junge[2] *n* -n, -n *zool.* młode *n*; szczenię *n*, piskię *n*
jungenhaft *adj* chłopięcy
jüngferlich *adj* staropanieński
Jungfrau *f* -, -en **1.** dziewica *f* **2.** *astr.* Panna *f*
jungfräulich *adj* dziewiczy (*a. figur.*)
Junggeselle *m* -n, -n kawaler *m*, człowiek nieżonaty
jüngst *adv* niedawno
Juni *m* -(s) czerwiec *m*
Jupiter *m* -s *astr.* Jowisz *m*
Jurist *m* -en, -en prawnik *m*
juristisch *adj* prawny, prawniczy
Jury [ʒyˈriː] *f* -, -s jury *n*
Justiz *f* - sądownictwo *n*
Juwel *n*, *m* -s, -en klejnot *m*
Juwelier *m* -s, -e jubiler *m*
Jux *m* -es, -e kawał *m*

K

Kabarett *n* -s, -s *o*. -e kabaret *m*
Kabel *n* -s, - kabel *m*, przewód *m*
Kabelfernsehen *n* -s telewizja kablowa
Kabeljau *m* -s, -e *o*. -s dorsz *m*
Kabine *f* -, -n kabina *f*
Kabinett *n* -s, -e *polit.* gabinet *m*
Kachel *f* -, -n kafel(ek) *m*
Kadaver *m* -s, - padlina *f*, ścierwo *n*
Kader *m* -s, - kadra *f* (*o. sport.*)
Käfer *m* -s, - chrząszcz *m*
Kaff *n* -s, -s *o*. -e *ugs.* dziura *f*, pipidówka *f*
Kaffee, Kaffee *m* -s kawa *f*; ~ **mit Milch** kawa z mlekiem
Kaffeehaus *n* -es, ...häuser *austr.* kawiarnia *f*
Kaffeekanne *f* -, -n dzbanek do kawy
Kaffeeklatsch *m* -(e)s *ugs.* pogaduszki przy kawie
Kaffeelöffel *m* -s, - łyżeczka do kawy
Kaffeemaschine *f* -, -n ekspres do kawy
Kaffeemühle *f* -, -n młynek do kawy
Kaffeesahne *f* - śmietanka do kawy
Kaffeesatz *m* -es, ...sätze fusy *pl*
Käfig *m* -s, -e klatka *f* (*np. dla ptaków*)
kahl *adj* łysy; goły, nagi (*o drzewie, górze, wnętrzu*); ~ **geschoren** ostrzyżony na łyso
kahlköpfig *adj* łysy
Kahn *m* -(e)s, **Kähne** łódka *f*; (*Lastschiff*) barka *f*
Kai *m* -s, -s nabrzeże *n*, bulwar *m*
Kaiser *m* -s, - cesarz *m*
Kaiserin *f* -, -nen cesarzowa *f*
kaiserlich *adj* cesarski
Kaiserreich *n* -(e)s, -e cesarstwo *n*
Kaiserschnitt *m* -(e)s, -e *med.* cesarskie cięcie
Kajak *m* -s, -s kajak *m*; ~ **fahren** pływać kajakiem
Kajüte *f* -, -n kajuta *f*, kabina *f*
Kakao *m* -s kakao *n* (*ziarno, napój*)
Kakerlak *m* -s *o*. **-en**, **-en** karaluch *m*
Kaktus *m* - *o*. **-ses, ...teen** *o*. **-se** kaktus *m*
Kalb *n* -(e)s, **Kälber** cielę *n*
Kalbfleisch *n* -(e)s cielęcina *f*
Kalbshachse *f* -, -n gicz cielęca
Kalender *m* -s, - kalendarz *m*
Kalenderjahr *n* -(e)s, -e rok kalendarzowy
Kalium *n* -s potas *m*
Kalk *m* -(e)s wapno *n*
Kalkstein *m* -(e)s wapień *m*

Kalkulation *f* -, -en kalkulacja *f*
kalkulieren *vi*, *vt* wy|kalkulować, skalkulować, obliczyć
kalkweiß *adj* blady jak ściana
Kalorie [kalo'ri:] *f* -, -n kaloria *f*
kalorienarm *adj* niskokaloryczny
kalt *adj* zimny; ~ **werden** o|stygnąć
kaltblütig *adj* **1.** zachowujący zimną krew **2.** *zool.* zimnokrwisty
Kälte *f* - zimno *n*; *figur.* oziębłość *f*
kaltherzig *adj* nieczuły, bez serca
Kaltwasser *n* -s zimna woda
Kalzium *n* -s wapń *m*
kam → **kommen**
Kamel *n* -(e)s, -e wielbłąd *m*; *ugs. abw.* dureń *m*
Kamera *f* -, -s kamera *f*; aparat fotograficzny *m*
Kamerad *m* -en, -en kolega *m* (z klasy, pracy), towarzysz *m* (z wojska)
Kameradschaft *f* - koleżeństwo *n*
kameradschaftlich *adj* koleżeński
Kameramann *m* -(e)s, ...männer *o.* ...leute operator filmowy
Kamille *f* - rumianek *m*
Kamin *m* -s, -e **1.** kominek *m* **2.** *reg.* (*Schornstein*) komin *m*
Kamm *m* -(e)s, **Kämme** **1.** grzebień *m* (*o. koguci*) **2.** (*Bergrücken*) grzbiet górski
kämmen *vt* u|czesać (się)
Kammer *f* -, -n **1.** spiżarnia *f*, schowek *m* **2.** *techn., anat.* komora *f* **3.** izba *f* (parlamentu)
Kammermusik *f* - muzyka kameralna
Kampagne [kam'panjə] *f* -, -n kampania *f*
Kampf *m* -(e)s, **Kämpfe** walka *f* (*o. sport., figur.*); **der ~ um die Macht** walka o władzę
kämpfen *vi* walczyć (**um, für etw** o coś; **gegen j-n, etw** przeciwko komuś, czemuś)
Kampfer *m* -s kamfora *f*
Kämpfer *m* -s, - bojownik *m*; *sport.* zawodnik *m*, (*Ringkämpfer*) zapaśnik *m*
kämpferisch *adj* wojowniczy; bojowy
Kampfrichter *m* -s, - *sport.* sędzia *m*
kampieren *vi* obozować
Kanadier *m* -s, - **1.** Kanadyjczyk *m* **2.** *sport.* kanadyjka *f*
kanadisch *adj* kanadyjski
Kanal *m* -s, **Kanäle** kanał *m*
Kanalisation *f* -, -en kanalizacja *f*

kanalisieren *vt* s|kanalizować
Kanarienvogel [ka'naːrjənfoːgəl] *m* -s, ...**vögel** kanarek *m*
Kandidat *m* -en, -en kandydat *m*
Kandidatur *f* -, -en kandydatura *f*
kandidieren *vi* kandydować (**für ein Amt** do objęcia jakiegoś urzędu)
kandiert *adj* kandyzowany; **~e Früchte** kandyzowane owoce
Kandiszucker *n* -s cukier kandyzowany
Känguru *n* -s, -s kangur *m*
Kaninchen *n* -s, - królik *m*
Kanister *m* -s, - kanister *n*
kann → **können**
Kanne *f* -, -n **1.** dzbanek *m* **2.** bańka *f* (*np. na mleko*)
kannst → **kennen**
kannte → **kennen**
Kanone *f* -, -n **1** działo *n*; armata *f*
Kante *f* -, -n kant *m*; krawędź *f*
Kantine *f* -, -n stołówka *f*; kantyna *f*
Kanton *m* -s, -e kanton *m*
Kanu *n* -s, -s kanoe *n*, kanu *n*
Kanüle *f* -, -n *med.* **1.** igła do strzykawki *f* **2.** rurka *f* (odprowadzająca)
Kanzel *f* -, -n **1.** ambona *f* (*o. jag.*) **2.** (*im Flugzeug*) kabina *f*
Kanzlei *f* -, -en kancelaria *f*
Kanzler *m* -s, - kanclerz *m*
Kap *n* -s, -s przylądek *m*
Kapazität *f* -, -en **1.** zdolność produkcyjna **2.** *sing* pojemność *f* **3.** (*Experte*) specjalista *m*
Kapelle[1] *f* -, -n kaplica *f*
Kapelle[2] *f* -, -n *mus.* kapela *f*, zespół muzyczny
Kapellmeister *m* -s, - kapelmistrz *m*
Kapital *n* -s, -e *o.* -ien kapitał *m*
Kapitalismus *m* - kapitalizm *m*
Kapitalist *m* -en, -en kapitalista *m*
kapitalistisch *adj* kapitalistyczny
Kapitän *m* -s, -e **1.** kapitan statku; **~ zur See** komandor *m* **2.** *sport.* kapitan drużyny
Kapitel *n* -s, - rozdział *m* (książki)
Kapitulation *f* -, -en kapitulacja *f*
kapitulieren *vi* s|kapitulować (*a. figur.*)
Kaplan *m* -s, **Kapläne** wikariusz *m*; kapelan *m*
Kappe *f* -, -n **1.** czapka *f* **2.** pokryw(k)a *f*
Kapsel *f* -, -n **1.** *farm.* kapsułka *f* **2.** *bot.* komora nasienna *f*
kaputt *adj* **1.** zepsuty, zniszczony **2.** (*müde*) wycieńczony, wykończony

kaputtgehen* *vi s ugs.* zepsuć się
kaputtmachen *vt ugs.* z|niszczyć
Kapuze *f* -, -n kaptur *m*
Karaffe *f* -, -n karafka *f*
Karambolage [karambo'laːʒə] *f* -, -n *ugs.* karambol *m*, zderzenie *n*
Karamell [kara'mɛl] *m* -s karmel *m*
Karamellbonbon [kara'mɛlbõ'bõ] *m*, *n* -s, -s karmelek *m*
Karate *n* -(s) karate *n*
Karateka *m* -(s), -(s) karateka *m*
Karawane *f* -, -n karawana *f*
Kardinal *m* -s, ...**näle** kardynał *m* (*o. ptak*)
Kardinalzahl *f* -, -en liczba główna
Kardiologe *m* -n, -n kardiolog *m*
Karfreitag *m* -(e)s, -e *rel.* Wielki Piątek
karg *adj* skromny, skąpy; **~ mit Worten** lakoniczny
kariert *adj* kratkowany; w krat(k)ę
Karies ['kaːriɛs] *f* - *med.* próchnica zębów *f*
karitativ *adj* charytatywny
Karneval *m* -s, -e *o.* -s karnawał *m*
Karosserie *f* -, -n karoseria *f*, nadwozie *n*
Karotte *f* -, -n karotka *f*, marchew(ka) *f*
Karpfen *m* -s, - karp *m*
Karre *f* -, -n, **Karren** *m* -s, - taczka *f*
Karriere [ka'rjɛːrə] *f* -, -n kariera *f*
Karsamstag *m* -(e)s, -e *rel.* Wielka Sobota
Karte *f* -, -n **1.** kartka *f* (papieru) (*o. sport.*) **2.** (*Postkarte*) kart(k)a pocztowa **3.** (*Fahrkarte, Eintrittskarte*) bilet **4.** (*Landkarte*) mapa **5.** (*Speisekarte*) jadłospis **6.** (*Spielkarte*) karta; **~n spielen** grać w karty
Kartei *f* -, -en kartoteka *f*
Kartenspiel *n* -(e)s, -e **1.** gra w karty **2.** talia kart
Kartentelefon *n* -s, -e automat telefoniczny na kartę
Kartenvorverkauf *m* -(e)s przedsprzedaż biletów
Kartoffel *f* -, -n kartofel *m*, ziemniak *m*
Kartoffelchips *pl* chipsy *pl*, *m*
Kartoffelkäfer *m* -s, - stonka ziemniaczana
Kartoffelmehl *n* -s mąka kartoflana <ziemniaczana>
Kartoffelpuffer *m* -s, - placek kartoflany
Kartoffelsalat *m* -(e)s, -e sałatka kartoflana
Karton *m* -s, -s karton *m* (*o. pudełko*) *n*
Karussell *n* -s, -s *o.* -e karuzela *f*
Karwoche *f* -, -en *rel.* Wielki Tydzień
Käse *m* -s, - ser *n*
Käsebrot *n* -(e)s, -e kanapka z serem

Käsekuchen *m* -s, - sernik *m*
Kaserne *f* -, -n koszary *n*
Kasino *n* -s, -s kasyno *n* (*o.* gry); klub *m*
Kaskoversicherung *f* -, -en autocasco
Kasperle *n*, *m* -s, - kukiełka *f*
Kasse *f* -, -n **1.** kasa *f*; *ugs.* **bei ~ sein** mieć forsę **2.** *ugs.* kasa oszczędności **3.** kasa chorych
Kassenzettel *m* -s, - paragon *m*
Kasserolle *f* -, -n rondel *m*
Kassette *f* -, -n **1.** kaseta *f* **2.** kasetka *f*, szkatułka *f*
Kassettenrekorder *m* -s, - magnetofon kasetowy
kassieren *vt* za|inkasować
Kassierer *m* -s, - kasjer *m*
Kassiererin *f* -, -nen kasjerka *f*
Kastanie [kas'ta:njə] *f* -, -n kasztan *m* (*o. owoc*)
Kästchen *n* -s, - kasetka *f*
Kasten *m* -s, **Kästen 1.** skrzynia *f*, skrzynka *f* **2.** *austr.* szafa *f*
Kasus *m* -, - *gram.* przypadek *m*
Katalog *m* -(e)s, -e katalog *m*; **etw nach dem ~ kaufen** kupić coś z katalogu
Katalysator *m* -s, -en *mot.* katalizator *m*
katapultieren *vi* katapultować się
Katarr, Katarrh *m* -s, -e *med.* katar *m*, nieżyt *m*
Katastrophe *f* -, -n katastrofa *f*, klęska *f*
Katechismus *m* -, ...men katechizm *m*
Kategorie *f* -, -n kategoria *f*
Kater[1] *m* -s, - kot *m* (*samiec*), kocur *m*
Kater[2] *m* -s, - *ugs.* kac *m*
Kathedrale *f* -, -n katedra *f*
Katholik *m* -en, -en katolik *m*
katholisch *adj* katolicki
Katholizismus *m* -, katolicyzm *m*
Kätzchen *n* -s, - **1.** kotek *m* **2.** *pl* bazie *fpl*
Katze *f* -, -n kot *m* (*o. drapieżny*)
Katzenauge *n*, -n światło odblaskowe
Katzensprung *m*: *ugs.* **nur ein ~** bardzo blisko
kauen *vi*, *vt* żuć, pogryźć; obgryzać (**an den Nägeln** paznokcie)
Kauf *m* -(e)s, **Käufe** kupno *n*; zakup(y) *n*
Kaufangebot *n* -(e)s, -e oferta kupna
kaufen *vt* kupować, robić zakupy
Käufer *m* -s, - nabywca, klient
Kaufhaus *n* -(e)s, ...häuser dom towarowy
Kaufmann *m* -(e)s, ...leute handlowiec *m*, kupiec *m*

Kaufpreis *m* -es, -e cena kupna
Kaufsucht *f* - nałóg kupowania
Kaugummi *m*, *n* -s, -s guma do żucia
kaum *adv* z trudem, ledwo; **das ist ~ möglich** to chyba niemożliwe; **es ist ~ zu glauben** trudno uwierzyć
Kautschuk *m* -s, -e kauczuk *m*
keck *adj* śmiały, zuchwały
Kefir *m* -s kefir *m*
Kegel *m* -s, - **1.** stożek *m* (*o. mat.*) **2.** (*zum Spielen*) kręgiel *m*
Kegelbahn *f* -, -en kręgielnia *f*
kegeln *vi* grać w kręgle
Kehle *f* -, -n gardło *n*; **aus voller ~ singen** śpiewać na cały głos
Kehlkopf *m* -(e)s, ...köpfe *anat.* krtań *f*
kehren[1] *vi*, *vt* zamiatać
kehren[2] **I.** *vt* (*wenden*) obracać, wywracać **II.** *vr* **sich ~** obracać się (**gegen j-n, etw** przeciw komuś, czemuś)
Kehricht *m* -s śmieci *pl. m*
Kehrreim *m* -(e)s, -e refren *m*
Kehrseite *f* -, -n odwrotna strona
Keil *m* -(e)s, -e klin *m*
Keim *m* -(e)s, -e **1.** *bot.* kiełek *m*, zarodek *m* **2.** zarazek *m* **3.** *figur.* zalążek *m*; **etw im ~ ersticken** stłumić coś w zarodku
keimfrei *adj* jałowy, nie zakażony
kein, keine, kein, *pl* **keine** *pron* żaden, żadna, żadne, *pl* żadni, żadne; **er hat ~ Geld** on nie ma pieniędzy; **~ Mensch** nikt
keinesfalls *adv* w żadnym razie, na pewno nie, pod żadnym warunkiem
keineswegs *adv* wcale nie
keinmal *adv* ani razu
keins *pron* żaden
Keks *m*, *n* -(es), -(e) herbatnik *m*
Kelch *m* -(e)s, -e kielich *m*
Keller *m* -s, - piwnica *f*; suterena *f*
Kellergeschoss *n* -es, -e suterena *f*
Kellner *m* -s, - kelner *m*
Kellnerin *f* -, -nen kelnerka *f*
kennen[*] *vt* znać; **~ lernen** poznawać (**j-n** kogoś), zapoznawać się (**etw z** czymś); **ich freue mich, Sie ~ zu lernen** cieszę się, że pana poznałem
Kenner *m* -s, - znawca *m*
Kenntnis *f* -, -se **1.** *sing* znajomość rzeczy; wiedza *f*; **etw zur ~ nehmen** przyjąć coś do wiadomości **2.** *pl* umiejętności; wiadomości
Kennzeichen *n* -s, - **1.** znak rozpoznawczy <szczególny> (**im Gesicht** na twarzy) **2.** *mot.* numer rejestracyjny

kennzeichnen I. *vt* **1.** o|znakować (towar) **2.** znarnionować, charakteryzować II. *vr* **sich ~** charakteryzować się (**durch etw** czymś)
Keramik *f* - ceramika *f*
Kerl *m* **-(e)s, -e** *ugs.* facet *m*
Kern *m* **-(e)s, -e 1.** pestka *f* **2.** (*Zentrum*) sedno *n* (rzeczy), jądro *n* (*o. phys.*)
Kernkraftwerk *n* **-(e)s, -e** elektrownia atomowa
Kernphysik *f* - fizyka jądrowa
Kerze *f* -, **-n** świeca *f*
Kessel *m* **-s,** - czajnik *m*; kocioł *m*
Ketschup, Ketchup ['kɛtʃap] *m, n* **-(s), -s** keczup *m*
Kette *f* -, **-n** łańcuch *m* (*a. figur.*), łańcuszek *m*
Kettenraucher *m* **-s,** - nałogowy palacz
keuchen *vi* dyszeć, sapać
Keule *f* -, **-n 1.** pałka *f*, maczuga *f* **2.** *kulin.* udko *n*; udziec *m*
keusch *adj* czysty, niewinny
kichern *vi* chichotać
kicken I. *vi* grać w piłkę II. *vt* kopnąć
kidnappen ['kitnɛpən] *vt* porwać, uprowadzić
Kiebitz *m* **-es, -e 1.** *orn.* czajka *f* **2.** *kart. ugs.* kibic *m*
Kiefer[1] *f* -, **-n** sosna *f*
Kiefer[2] *m* **-s,** - *anat.* szczęka *f*
Kiel *m* **-(e)s, -e** *naut.* stępka *f*, kil *m*
Kiemen *fpl* skrzela *pl, n*
Kilo *n* **-s, -(s)** *ugs.* kilo *n*
Kilobyte ['kilobaɪt] *n* **-(s), -(s)** kilobajt *m*
Kilogramm *n* **-s, -e** kilogram *m*
Kilometer *m* **-s,** - kilometr *m*
Kilometerzähler *m* **-s,** - *mot.* licznik kilometrów
Kind *n* **-(e)s, -er** dziecko *n*; j-n von ~ auf <an> kennen znać kogoś od dziecka
Kinderarzt *m* **-es, ...ärzte** pediatra *m*
Kindergarten *m* **-s, ...gärten** przedszkole *n*, **~alter** *n* wiek przedszkolny
Kindergärtnerin *f* -, **-nen** przedszkolanka *f*
Kinderkrippe *f* -, **-n** żłobek *m* (dla dzieci)
kinderleicht *adj* bardzo łatwy
kinderlos *adj* bezdzietny
Kindermädchen *n* **-s,** - opiekunka do dziecka
Kinderwagen *m* **-s,** - wózek dziecięcy
Kindheit *f* - dzieciństwo *n*
kindisch *adj* dziecinny, niemądry
kindlich *adj* dziecięcy

Kinn *n* **-(e)s, -e** podbródek *m*, broda *f*
Kino *n* **-s, -s** kino *n*
Kinogänger *m* **-s,** - kinoman *m*
Kinokarte *f* -, **-n** bilet do kina
Kiosk *m* **-(e)s, -e** kiosk *m*
Kippe *f* -, **-n** *ugs.* pet *m*
kippen I. *vt* przechylać, wywracać II. *vi s* wywracać się
Kirche *f* -, **-n** kościół *m*
Kirchendiener *m* **-s,** - kościelny *m*
Kirchweih *f* -, **-en** odpust *m*
Kirsche *f* -, **-n** czereśnia *f*; wiśnia *f*
Kissen *n* **-s,** - poduszka *f*
Kissenbezug *m* **-(e)s, ...bezüge** powłoczka *f*, poszewka *f*
Kiste *f* -, **-n** skrzynia *f*, skrzynka *f*
kitschig *adj* kiczowaty, tandetny
Kitt *m* **-(e)s, -e** kit *m*
Kittel *m* **-s,** - kitel *m*, fartuch *m*
kitzeln *vi, vt* łaskotać, łachotać; łechtać
Klage *f* -, **-n 1.** skarga *f* (**über j-n** na kogoś) **2.** żalenie się, biadanie **3.** *juris.* oskarżenie (**gegen j-n** przeciwko komuś); **eine ~ einreichen** wnieść skargę
klagen *vi* **1.** narzekać, skarżyć się (**über j-n, etw** na kogoś, coś) **2.** skarżyć, pozwać (**gegen j-n** kogoś)
Kläger *m* **-s,** - *juris.* powód *m*
kläglich *adj* żałosny, opłakany
Klammer *f* -, **-n 1.** klamra *f*; zapinka *f*; klamerka *f* (do bielizny) **2.** *gram.* nawias *m*
Klammeraffe *m* **-n, -n** *inform. ugs.* małpa *f*
klammern I. *vt* przypinać, spinać II. *vr* **sich ~** czepiać się (**an etw** czegoś)
klang → **klingen**
Klang *m* **-(e)s, Klänge 1.** (*Ton*) dźwięk *m* **2.** brzmienie *n* (**einer Stimme** głosu)
Klappbett *n* **-(e)s, -en** łóżko składane
Klappe *f* -, **-n 1.** klapa *f*, przykryw(k)a *f* **2.** *vulg.* gęba *f*
klappen *vi* **1.** klapać, stukać, uderzać **2.** być w porządku, udać się
Klapper *m* **-s,** - grzechotka *f*
klappern *vi* klekotać, klapać; grzechotać
Klappstuhl *m* **-(e)s, ...stühle** krzesło składane
Klaps *m* **-es, -e** *ugs.* klaps *m*
klar *adj* **1.** jasny, zrozumiały; **sich über etw ~ sein** zdawać sobie z czegoś sprawę **2.** (*durchsichtig*) przezroczysty **3.** czysty (niebo) **4.** (*deutlich*) wyraźny; **j-m etw ~ machen** wyjaśniać coś komuś
Kläranlage *f* -, **-n** oczyszczalnia ścieków

klären *vt* wyjaśniać (**sich** się)
Klarheit *f* - jasność *f*, przejrzystość *f*; klarowność
klarlegen *vt* wyjaśniać (**ein Problem** problem)
klarmachen *vt naut.* klarować
klarstellen *vt ugs.* wyjaśni(a)ć, (wy)tłumaczyć
klasse *adj ugs.* super
Klasse *f* -, -**n** klasa *f*
Klassenarbeit *f* -, -**en** praca klasowa
Klassenbuch *n* -(e)s, ...**bücher** dziennik klasowy
klassifizieren *vt* s|klasyfikować
Klassik *f* - klasyka *f*
klassisch *adj* klasyczny
Klatsch *m* -(e)s plotki *pl, f*
klatschen *vi, vt* **1.** klaskać; **j-m Beifall** ~ oklaskiwać kogoś **2.** *ugs.* plotkować (**über etw, j-n** o czymś, kimś)
klatschhaft *adj* lubiący, plotkować
klatschnass *adj ugs.* mokruteńki
Klaue *f* -, -**n 1.** pazur *m*, szpon *m*; racica *f* **2.** *sing ugs.* bazgroły *pl*
klauen *vi, vt ugs.* u|kraść
Klaviatur *f* -, -**en** klawiatura *f*
Klavier *n* -s, -**e** pianino *n*, fortepian *m*; ~ **spielen** grać na fortepianie
Klavierkonzert *n* -s, -**e** koncert fortepianowy
Klavierspieler *m* -s, - pianista *m*
Klebeband *n* -(e)s, ...**bänder** taśma klejąca
kleben *vt, vi* przylepiać (się)
Klebstoff *m* -(e)s, -**e** klej *m*
Klebstreifen *m* -s, - taśma klejąca
Klee *m* -s koniczyna *f*
Kleid *n* -(e)s, -**er 1.** suknia *f*, sukienka *f* **2.** *pl* odzież *f*
kleiden I. *vt* pasować **II.** *vr* **sich** ~ ub(ie)rać się
Kleiderbügel *m* -s, - wieszak *m*, ramiączko *n* (do ubrania)
Kleiderbürste *f* -, -**n** szczotka (do ubrania)
Kleiderschrank *m* -(e)s, ...**schränke** szafa na ubrania
Kleiderständer *m* -s, - wieszak *m* (stojący)
kleidsam *adj* twarzowy; **eine ~e Frisur** twarzowa fryzura
Kleidung *f* - ubranie *n*, odzież *f*
klein *adj* **1.** mały (*a. figur.*), nieduży; ~**er machen** zmniejszać **2.** młody; **von ~ auf** od dziecka

Kleinbildkamera *f* -, -**s** *fot.* aparat małoobrazkowy
Kleinbus *m* -**ses**, -**se** mikrobus *m*
Kleingarten *m* -**s**, ...**gärten** ogródek działkowy
Kleingeld *n* -(e)s drobne (pieniądze)
Kleinigkeit *f* -, -**en** drobnostka *f*; drobiazg *m*
Kleinkind *n* -(e)s, -**er** małe dziecko (3–6 lat)
kleinlich *adj abw.* małostkowy; drobiazgowy
Kleinod *n* -(e)s, -**e** *o.* ...**nodien** klejnot *m*
Kleinschreibung *f* - pisownia małą literą
Kleinstadt *f* -, ...**städte** miasteczko *n*
kleinstädtisch *adj* małomiasteczkowy
Kleinwagen *m* -**s**, - samochód małolitrażowy
Kleister *m* -**s**, - klej *m*
Klempner *m* -**s**, - blacharz *m*
klettern *vi s* wspinać się
Kletterpflanze *f* -, -**n** pnącze *n*, roślina pnąca
Klettverschluss, Klettenverschluss *m* -**es**, ...**verschlüsse** rzep *m* (*zapięcie*)
klicken *vi* pstrykać; *inform.* klikać
Klima *n* -**s**, -**ta** *o.* ...**mate** klimat *m*
Klimaanlage *f* -, -**n** urządzenie klimatyzacyjne, klimatyzacja *f*
klimatisch *adj* klimatyczny
Klinge *f* -, -**n** ostrze; klinga *f*; brzeszczot *m*
Klingel *f* -, -**n** dzwonek *m*
klingeln *vi* za|dzwonić; **es klingelt** ktoś dzwoni
klingen* *vi* **1.** dzwonić (dzwony), brzęczęć (kieliszki) **2.** dźwięczeć
Klinik *f* -, -**en** klinika *f*, lecznica *f*
klinisch *adj* kliniczny
Klinke *f* -, -**n** klamka *f*
Klipp *m* -**s**, -**s** klips *n*
Klippe *f* -, -**n** skała podwodna *f*, rafa *f*
klirren *vi* brzęczeć
Klischee *n* -**s**, -**s 1.** *druk.* klisza *f* **2.** naśladownictwo *n*
Klo *n* -**s**, -**s** *ugs.* ubikacja *f*
klonen *vt* s|klonować
klopfen I. *vi* **1.** pukać; **an die Tür** ~ pukać do drzwi **2.** (*pochen*) bić **II.** *vt* wbi(ja)ć (gwóźdź); **den Teppich** ~ wy|trzepać dywan
Klosett *n* -**s**, -**s** *ugs.* ubikacja *f*
Klosettbecken *n* -**s**, - sedes *m*, muszla klozetowa *f*
Kloß *m* -**es**, **Klöße** kluska *f* (okrągła), knedel *m*

Kloster *n* -s, **Klöster** klasztor *m*
Klotz *m* -es, **Klötze 1.** kloc *m*, kłoda *f* **2.** (*Bauklotz*) klocek *m*
Klub *m* -s, -s klub *m*
Kluft *f* -, **Klüfte** szczelina *f*, rozpadlina *f*; *figur.* przepaść *f*
klug *adj* mądry; rozsądny
Klumpen *m* -s, - bryl(k)a *f*, grudka *f*
Knabe *m* -n, -n chłopiec *m*
knacken I. *vt* zgniatać, łupać (**Nüsse** orzechy) **II.** *vi* trzaskać, skrzypieć
Knackwurst *f* -, ...**würste** serdelek *m*
Knall *m* -(e)s, -e huk *m*, trzask *m*
knallen *vi*, *vt* trzasnąć (z bicza), huknąć
Knallkörper *m* -s, - petarda *f*
knapp *adj* **1.** niewystarczający; **meine Zeit ist ~** mam mało czasu; **mit ~er Not** z biedą, ledwo **2.** (*eng*) obcisły
Knäuel *m*, *n* -s, - kłębek *m*
knautschen *vt* z|gnieść, z|miąć
knebeln *vt* za|knebłować
kneifen* *vt* szczypać, uszczypnąć
Kneifzange *f* -, -n obcęgi *pl*
Kneipe *f* -, -n *ugs.* knajpa *f*
kneten *vt* zagniatać (ciasto); lepić (z plasteliny)
Knetmasse *f* - plastelina *f*
knicken *vt* łamać (gałęzie); z(a)ginać
knicksen *vi* dygnąć
Knie *n* -s, - **1.** kolano *n* **2.** *techn.* kolan(k)o *n*
knien [*o.* kniːn] **I.** *vi* klęczeć **II.** *vr* **sich ~** u|klęknąć
Kniestrumpf *m* -(e)s, ...**strümpfe** podkolanówka *f*
kniff → **kneifen**
Kniff *m* -(e)s, -e **1.** zagięcie *n* **2.** *figur.* podstęp *m*
knipsen *vt* **1.** prze|dziurkować (**Fahrkarten** bilety) **2.** *o. vi* (*aufnehmen*) pstrykać, s|totografować
Knirps *m* -es, -e malec *m*, smyk *m*
knirschen *vi* skrzypieć; chrzęścić; **mit den Zähnen ~** zgrzytać zębami
knistern *vi* szeleścić (**mit dem Papier** papierem); trzaskać
knitterfrei *adj* niemnący się
knittern *vi* z|miąć się, z|gnieść się
Knoblauch *m* -(e)s czosnek *m*
Knöchel *m* -s, - kostka *f* (*np. u nogi*)
Knochen *m* -s, - kość *f*
Knochenbruch *m* -(e)s, ...**brüche** złamanie kości

Knödel *m* -s, - *austr.* kluska *f*, knedel *m*
Knopf *m* -(e)s, **Knöpfe 1.** guzik *m* **2.** przycisk *m*, *ugs.* guzik; **auf den ~ drücken** nacisnąć guzik
knöpfen *vt* zapinać (na guziki); przypinać (kaptur)
Knopfloch *n* -(e)s, ...**löcher** dziurka (do guzika)
Knorpel *m* -s, - *anat.* chrząstka *f*
Knospe *f* -, -n pączek *m*, pąk *m*
Knoten *m* -s, - **1.** węzeł *m*, supeł(ek) *m* **2.** *med.* guz *m* **3.** *naut.* węzeł *m*
knotig *adj* sękaty
Knotenpunkt *m* -(e)s, -e węzeł (komunikacyjny), punkt węzłowy
knüpfen *vt* związać, przy|wiązać
Knüppel *m* -s, - pałka *f*
Knüppelschaltung *f* -, -en *mot.* przekładnia biegów
knurren *vi* **1.** warczeć (*o psie*); *figur.* burczeć (*w brzuchu*) **2.** gderać, burczeć
knusprig *adj* chrupiący, chrupki (**Brötchen** bułeczki)
k.o. 1. *sport.* znokautowany **2.** *ugs.* wyczerpany
Koalition *f* -, -en koalicja *f*
Koch *m* -(e)s, **Köche** kucharz *m*
Kochbuch *n* -(e)s, ...**bücher** książka kucharska
kochen I. *vi*, *vt* u|gotować **II.** *vi* gotować się
Kocher *m* -s, - kocher *m*; kuchenka turystyczna
Köchin *f* -, -**nen** kucharka *f*
Kochplatte *f* -, -n płytka kuchenna; maszynka elektryczna
Kochtopf *m* -(e)s, ...**töpfe** garnek *m*
Köder *m* -s, - przynęta *f*
Koffein *n* -s kofeina *f*
koffeinfrei *adj* bezkofeinowy
Koffer *m* -s, - waliz(k)a *f*
Kofferkuli *m* -s, -s wózek bagażowy
Kofferradio *n* -s, -s radioodbiornik turystyczny
Kofferraum *m* -(e)s, ...**räume** *mot.* bagażnik *m*
Kognak ['konjak] *m* -s, -s koniak *m*
Kohl *m* -(e)s kapusta *f*
Kohle *f* -, -n węgiel *m*
Kohlenbergwerk *n* -(e)s, -e kopalnia węgla
Kohlensäure *f* -, -n kwas węglowy
Kohlenstoff *m* -(e)s *chem.* węgiel *m*
Kohlepapier *n* -s, -e kalka maszynowa

Kohlrabi *m* -(s), -(s) kalarepa *f*
Kohlroulade *f* -, -n *kulin.* gołąbek *m*
Kohlrübe *f* -, -n brukiew *f*
koitieren *vi* spółkować (**mit j-m** z kimś)
Koje *f* -, -n koja *f*; *ugs. scherz.* łóżko *n*
Kokain *n* -s kokaina *f*
kokett *adj* zalotny, kokieteryjny
Kokosnuss *m* -es, ...nüsse orzech kokosowy *m*
Koks *m* -es, -e koks *m*
Kolben *m* -s, - **1.** kolba *f* **2.** *mot.* tłok *m*
Kolik *f* -, -en *med.* kolka *f*
Kollaps *m* -es, -e *med.* zapaść *f*
Kolleg *n* -s, -s **1.** wykład *m* (na uczelni) **2.** liceum wieczorowe *n*
Kollege *m* -n, -n kolega *m* (z pracy)
kollegial *adj* **1.** koleżeński (zachowanie) **2.** kolegialny
Kollegin *f* -, -nen koleżanka *f* (z pracy)
Kollekte *f* -, -n kolekta *f* (w kościele)
Kollektion *f* -, -en kolekcja *f*
kollektiv *adj* kolektywny
Kollision *f* -, -en kolizja *f*
Kolloquium *n* -s, ...ien **1.** kolokwium *n* **2.** sympozjum *n*, seminarium *n*
Kölnischwasser *n* -s woda kolońska
Kolonie *f* -, -n kolonia *f*
Kolonne *f* -, -n kolumna *f*
kolossal *adj* kolosalny, ogromny
Kombination *f* -, -en kombinacja *f*
Kombiwagen *m* -s, - samochód kombi
Kombizange *f* -, -n kombinerki *f*
Komet *m* -en, -en kometa *f*
komfortabel *adj* komfortowy
Komik *f* - komizm *m*
Komiker *m* -s, - komik *m*
komisch *adj* **1.** komiczny, śmieszny **2.** (*seltsam*) dziwny
komischerweise *adv ugs.* dziwnym zbiegiem okoliczności
Komitee *n* -s, -s komitet *m*
Komma *n* -s, -s *o.* -ta przecinek *m*
Kommandant *m* -en, -en komendant *m*, dowódca *m*
kommandieren **I.** *vt* dowodzić, komenderować (w wojsku) **II.** *vi* komenderować, rządzić (kimś)
Kommando *n* -s, -s **1.** *sing* dowództwo *n* **2.** (*Befehl*) komenda *f* **3.** (*Abteilung*) oddział *m*
Kommandobrücke *f* -, -n mostek kapitański
kommen* *vi s* przyby(wa)ć; (*zu Fuß*) przychodzić, nadchodzić; (*per Bahn*) przyjeżdżać, nadjeżdżać; (*mit dem Flugzeug*) przylatywać; **ich komme gleich!** już idę!; **wie komme ich nach München?** jak dojadę do Monachium?; **j-n ~ lassen** sprowadzić kogoś, posłać po kogoś; **abhanden ~** zaginąć; **wie kommt es, dass ...?** jak to się dzieje, że ...?; **ich komme an die Reihe** kolej na mnie; **aus der Fassung ~** s|tracić panowanie nad sobą; **aus der Mode ~** wychodzić z mody; **in Frage ~** wchodzić w rachubę; **wieder zu sich ~** dojść do siebie
kommend → kommen; *adj* nadchodzący, przyszły
Kommentar *m* -s, -e komentarz *m*
kommentieren *vt* s|komentować
kommerziell *adj* komercyjny
Kommission *f* -, -en komisja *f*; **eine ständige ~** stała komisja
Kommunikation *f* - komunikacja *f*, porozumiewanie się *n*
Kommunion *f* -, -en komunia *f*
Kommunismus *m* - komunizm *m*
Kommunist *m* -en, -en komunista *m*
kommunistisch *adj* komunistyczny
Komödie *f* -, -n komedia *f*
kompakt *adj* zwarty, kompaktowy
Kompanie *f* -, -n **1.** spółka *f*, towarzystwo *pl* **2.** *mil.* kompania *f*
Kompass *m* -es, -e kompas *m*
kompatibel *adj* kompatybilny
Kompendium *n* -s, ...ien kompendium *n*
kompetent *adj* kompetentny
Kompetenz *f* -, -en kompetencja *f*
komplett *adj* kompletny
Komplikation *f* -, -en komplikacja *f* (*o. med.*)
kompliziert *adj* skomplikowany
Komplott *n* -(e)s, -e spisek *m*, zmowa *f*
Komponente *f* -, -n komponent *m*, składnik *m*
Komponist *m* -en, -en kompozytor *m*
Komposition *f* -, -en kompozycja *f*
Kompott *n* -(e)s, -e gęsty kompot z owocami
Kompresse *f* -, -n kompres *m*, okład *m*
Kompromiss *m* -es, -e kompromis *m*
kompromittieren *vt* s|kompromitować (**j-n** kogoś)
Kondensmilch *f* - mleko skondensowane
Kondition *f* -, -en **1.** *sing* kondycja *f* **2.** *pl* (*Bedingungen*) warunki *pl*
Konditorei *f* -, -en cukiernia *f*

Kondom n, m -s, -e kondom m
Konfekt n -(e)s, -e **1.** czekoladki f, pl, pralinki f, pl **2.** austr. herbatniki f, pl
Konfektion f - konfekcja f
Konferenz f -, -en konferencja f; **eine ~ einberufen** zwołać konferencję
Konfession f -, -en rel. wyznanie n
konfessionslos adj bezwyznaniowy
Konfirmation f -, -en rel. konfirmacja f
konfiszieren vt s|konfiskować
Konfitüre f -, -n konfitura f
Konflikt m -(e)s, -e konflikt m
Konföderation f -, -en konfederacja f
konfrontieren vt **1.** s|konfrontować **2.** postawić kogoś w jakiejś sytuacji; **j-n (mit) einem Problem ~** postawić kogoś przed problemem
konfus adj zmieszany, zakłopotany
Kongress m -es, -e kongres m
König m -s, -e król m (o. w kartach, szachach)
Königin f -, -nen królowa f
königlich adj królewski (a. figur.)
Königreich n -(e)s, -e królestwo n
konkret adj realny; konkretny
Konkurrent m -en, -en konkurent m
Konkurrenz f -, -en **1.** sing konkurencja f, rywalizacja f **2.** sport. konkurencja, dyscyplina f
konkurrieren vi konkurować, współzawodniczyć **(mit j-m** z kimś)
Konkurs m -es, -e juris. upadłość f
können* vt **1.** umieć; **~ Sie Deutsch?** czy mówi pan po niemiecku? **2.** móc; **was kann ich dafür?** cóż ja na to poradzę?
konnte → **können**
Konsequenz f -, -en konsekwencja f, następstwo n
konservativ adj konserwatywny
Konserve f -, -en konserwa f
Konservendose f -, -n puszka konserw
konservieren vt za|konserwować
Konservierungsmittel n -s, - środek konserwujący
Konsonant m -en, -en spółgłoska f
konstant adj stały (-le)
Konstitution f -, -en **1.** med., chem. konstytucja f, budowa f **2.** polit. konstytucja f
konstruieren vt s|konstruować
Konstruktion f -, -en konstrukcja f
konstruktiv adj konstruktywny
Konsul m -s, -n konsul m

konsularisch adj konsularny; **das ~e Korps** korpus konsularny
Konsulat n -(e)s, -e konsulat m
konsultieren vt s|konsultować się
Konsum m -s spożycie n, konsumpcja f
Konsument m -en, -en konsument m
Konsumgüter pl artykuły konsumpcyjne
Kontakt m -(e)s, -e **1.** kontakt m **2.** el. styk m
Kontaktlinsen pl soczewki kontaktowe
Kontinent m -(e)s, -e kontynent m
Konto n -s, ...ten o. -s konto n, rachunek m; **auf j-s ~ buchen** zapisać na czyjś rachunek
Kontrakt m -(e)s, -e kontrakt m, umowa f
Kontrollabschnitt m -(e)s, -e odcinek kontrolny
Kontrolle f -, -n kontrola f, nadzór m
kontrollieren vt s|kontrolować
konventionell adj konwencjonalny
Konversation f -, -en konwersacja f
konvertieren I. vi h, s zmieniać wyznanie **II.** vt inform. konwertować
Konzentrationslager n -s, - obóz koncentracyjny
Konzept n -(e)s, -e szkic m, zarys (tekstu) m
Konzert n -(e)s, -e koncert m (**für Klavier** na fortepian)
Konzertsaal m -(e)s, ...säle sala koncertowa
koordinieren vt koordynować
Kopf m -(e)s, **Köpfe 1.** głowa f; łeb m; **aus dem ~** z pamięci **2.** główka, łebek **3.** (Anfang) nagłówek m
Kopfball m -(e)s, ...bälle sport. główka f
Kopfbedeckung f -, -en nakrycie głowy
Kopfhörer m -s, - słuchawki pl, f
Kopfkissen n -s, - poduszka f
kopflos adj bez głowy, paniczny
Kopfsalat m -(e)s, -e sałata f
Kopfschmerzen pl ból głowy
Kopfschmerztablette f -, -n proszek od bólu głowy
Kopfsteinpflaster n -s kocie łby
Kopfstütze f -, -n mot. zagłówek m
Kopftuch n -(e)s, ...tücher chust(k)a na głowę
Kopfweh n -(e)s ugs. ból głowy
Kopie f -, -n kopia f (a. inform.); fot. odbitka f
kopieren vt s|kopiować (a. inform.); kserować

Kopierer *m* -s, -, **Kopiergerät** *n* -(e)s, -e ksero *n*, kserokopiarka *f*
Korb *m* -(e)s, **Körbe** kosz(yk) *m*
Korbball *m* -(e)s *sport.* koszykówka *f*
Kord *m* -(e)s, -e *o.* -s sztruks *m*
koreanisch *adj* koreański
Korken *m* -s, - korek *m*; zatyczka *f*
Korkenzieher *m* -s, - korkociąg *m*
Korn *n* -(e)s, **Körner** 1. ziarnko *n*; ziarno *n* 2. *sing* zboże; żyto
Kornblume *f* -, -n chaber *m*
Körper *m* -s, - 1. ciało *n* 2. *mat.* bryła *f*
körperbehindert *adj* niepełnosprawny
Körpergröße *f* -, -n wzrost *m*
körperlich *adj* fizyczny, cielesny
Körperpflege *f* - pielęgnacja ciała
Körperschaft *f* -, -en korporacja *f*
korpulent *adj* korpulentny, zażywny
korrekt *adj* poprawny
Korrespondent *m* -en, -en korespondent *m*
Korrespondenz *f* - korespondencja *f*
korrespondieren *vi* korespondować (**mit j-m** z kimś)
Korridor *m* -s, -e korytarz *m*
korrigieren *vt* poprawi(a)ć
korrupt *adj* skorumpowany; przekupny
Korsett *n* -s, -s *o.* -e gorset *m* (*o. med.*)
koscher *adj* koszerny
Kosmetik *f* - kosmetyka *f* (*a. figur.*)
kosmetisch *adj* kosmetyczny
Kosmos *m* - kosmos *m*
Kost *f* - pożywienie *n*; **leichte ~** lekki pokarm
kostbar *adj* kosztowny
kosten[1] *vi* kosztować; **was kostet das?** ile to kosztuje?
kosten[2] *vt*, *vi* s|kosztować, s|próbować (potrawy)
Kosten *pl* koszt *m*, koszty *pl*, *m*; **auf meine ~** na mój koszt
kostenlos *adj* bezpłatny
köstlich *adj* wyśmienity, wyborny
Kostprobe *f* -, -n próbka *f*
kostspielig *adj* kosztowny, drogi
Kostüm *n* -s, -e kostium *m* (*o. teatralny*)
Kotelett *n* -s, -s kotlet z kością
Kotflügel *m* -s, - *mot.* błotnik *m*
Krabbe *f* -, -n krab *m*
Krach *m* -(e)s, **Kräche** 1. *sing* hałas; huk *m*, łomot *m* 2. *ugs.* kłótnia *f* 3. *ugs.* krach *m* (gospodarczy)
Kräcker *m* -s, - krakers *m*

kraft *praep mit G* na mocy
Kraft *f* -, **Kräfte** siła *f*, moc *f*; **in ~ treten** wejść w życie
Kraftaufwand *m* -(e)s wysiłek *m*
Kraftbrühe *f* -, -n bulion *m*
Kraftfahrer *m* -s, - kierowca *m* (zawodowy), szofer
Kraftfahrzeug *n* -(e)s, -e pojazd mechaniczny
Kraftfahrzeugbrief *m* -(e)s, -e karta pojazdu
kräftig *adj* silny, mocny; posilny
Kraftstoff *m* -(e)s, -e paliwo napędowe
Kraftwagen *m* -s, - samochód *m*
Kraftwerk *n* -(e)s, -e elektrownia *f*
Kragen *m* -s, - kołnierz(yk) *m*
Kragennummer *f* -, -n numer kołnierzyka
Krähe *f* -, -n wrona *f*
krähen *vi* piać
Kralle *f* -, -n pazur *m*, szpon *m*; *mot.* blokada koła *f*
Kram *m* -(e)s *ugs.* rupiecie *m*
Krampf *m* -(e)s, **Krämpfe** s|kurcz *m*
Krampfader *f* -, -n żylak *m*
krampfhaft *adj* 1. kurczowy 2. (*verbissen*) uporczywy
Kran *m* -(e)s, **Kräne** dźwig *m*, żuraw *m*
Kranich *m* -s, -e *zool.* żuraw *m*
krank *adj* chory (**an einer Grippe** na grypę); **~ werden** zachorować
Kranke(r) *f*, *m* -n, -n chory *m*, chora *f*
kränkeln *vi* 1. być chorowitym 2. podupadać (firma)
kränken *vt* urazić
Krankenhaus *n* -es, ...**häuser** szpital *m*
Krankenkasse *f* -, -n kasa chorych
Krankenschwester *f* -, -n pielęgniarka *f*
Krankenwagen *m* -s, - karetka pogotowia
krankhaft *adj* 1. chorobliwy (zazdrość) 2. chorobowy
Krankheit *f* -, -en choroba *f* (*a. figur.*)
kränklich *adj* chorowity
krankschreiben *vt* dać zwolnienie lekarskie
Kranz *m* -es, **Kränze** wieniec *m*, wianek *m*
Krapfen *m* -s, - *kulin.* pączek *m*
krass *adj* jaskrawy, rażący
kratzen *vi*, *vt* po|drapać, po|skrobać
kraus *adj* kręcony, kędzierzawy
Kraut *n* -(e)s, **Kräuter** 1. ziele *n*, zioła *pl* 2. *sing reg.* kapusta *f*
Krawall *m* -s, -e 1. rozruchy *pl*, *m* 2. *sing pot.* rozróba *f*

Krawatte *f* -, -n krawat *m*
kreativ *adj* kreatywny, twórczy
Krebs *m* -es, -e 1. *zool., med.* rak *m* 2. *astr.* Rak *m*
Kredit *m* -(e)s, -e kredyt *m*
Kreditbrief *m* -(e)s, -e akredytywa *f*
Kreditkarte *f* -, -n karta kredytowa
Kreide *f* -, -n kreda *f*
kreidebleich *adj* blady jak kreda
Kreis *m* -es, -e 1. koło *n* (*o. mat.*) 2. (*Bezirk*) powiat *m*, okręg *m*
Kreisbahn *f* -, -en orbita *f*
kreisen *vi* krążyć (**um etw** dookoła czegoś)
Kreisstadt *f* -, ...städte miasto powiatowe
Krem *f* -, -s krem *m*
Krempe *f* -, -n rondo *n* (kapelusza)
Kren *m* -(e)s *austr.* chrzan *m*
kreuz *adv*: ~ **und quer** wzdłuż i wszerz
Kreuz *n* -es, -e krzyż *m* (*o. anat.*); **das Rote Kreuz** Czerwony Krzyż
kreuzen I. *vt* s|krzyżować; (*sich durchschneiden*) przecinać; po|krzyżować (**Pläne** plany) **II.** *vr* **sich** ~ krzyżować się
Kreuzfahrt *f* -, -en rejs wycieczkowy
Kreuzotter *f* -, -n żmija zygzakowata
Kreuzritter *m* -s, - 1. Krzyżak *m* 2. krzyżowiec *m*
Kreuzung *f* -, -en 1. skrzyżowanie *n* (ulic) 2. *biol.* krzyżówka *f*
kreuzungsfrei *adj* bezkolizyjny
Kreuzworträtsel *n* -s, - krzyżówka *f*
Kreuzzug *m* -(e)s, ...züge wyprawa krzyżowa
kriechen *vi* 1. *s* pełzać, czołgać się 2. *s, h* podlizywać się (**vor dem Direktor** dyrektorowi)
Kriechtier *n* -(e)s, -e gad *m*
Krieg *m* -(e)s, -e wojna *f* (*a. figur.*)
kriegen *vt ugs.* dosta(wa)ć
kriegerisch *adj* wojowniczy; (*militärisch*) zbrojny, wojenny
Krimi *m* -(s), -(s) *ugs.* kryminał *m* (powieść, film)
Kriminalität *f* - przestępczość *f*
Kriminalpolizei *f* - policja kryminalna
Kriminalroman *m* -s, -e powieść kryminalna
kriminell *adj* kryminalny
Kringel *m* -s, - 1. zawijas *m* 2. *kulin.* ob(w)arzanek *m*
Krippe *f* -, -n 1. żłób *m* 2. żłobek *m* (**für Kinder** dla dzieci)
Krise *f* -, -n kryzys *m*

Kristall -s, -e 1. *m* kryształ *m* 2. *n* kryształ (*gatunek szkła*)
Kritik *f* -, -en 1. krytyka *f*, krytykowanie; **unter aller** ~ poniżej wszelkiej krytyki 2. krytyka, recenzja *f* (**über einen Film** filmu)
kritiklos *adj* bezkrytyczny
kritisch *adj* krytyczny
kritisieren *vt* 1. s|krytykować 2. recensować, omawiać (*np. książkę*)
Kroate *m* -n, -n Chorwat *m*
kroatisch *adj* chorwacki
kroch → **kriechen**
Krokodil *n* -s, -e krokodyl *m*
Krone *f* -, -n korona *f*
Kronleuchter *m* -s, - żyrandol *m*
Kröte *f* -, -n ropucha *f*
Krücke *f* -, -n 1. kula *f*; **an ~n gehen** chodzić o kulach 2. rączka *f* (*np. laski*)
Krug *m* -(e)s, **Krüge** dzban(ek) *m*
krumm *adj* krzywy; *figur.* pokrętny
krümmen I. *vt* s|krzywić, zginać **II.** *vr* **sich** ~ zginać się; **sich vor Schmerzen** ~ wić się z bólu
Krümmung *f* -, -en krzywizna *f*
Krüppel *m* -s, - kaleka *m*
Kruste *f* -, -n skorupa *f*; (*Brotkruste*) skórka *f*
Kubikmeter *m, n* -s, - metr sześcienny
Küche *f* -, -n kuchnia *f*
Kuchen *m* -s, - ciasto *n*, placek *m*
Kuckuck *m* -s, -e kukułka *f*; **zum ~!** do diabła!
Kugel *f* -, -n 1. kula *f*, kulka *f* 2. kula ziemska
Kugellager *n* -s, - *techn.* łożysko kulkowe
kugeln *vt* toczyć; *figur.* **sich vor Lachen ~** pokładać się ze śmiechu
Kugelschreiber *m* -s, - długopis *m*
Kugelstoßen *n* -s *sport.* pchnięcie kulą
Kuh *f* -, **Kühe** krowa *f*; *figur.* **melkende ~** dojna krowa
kühl *adj* 1. chłodny; ~ **aufbewahren** przechowywać w chłodnym miejscu 2. *figur.* oziębły, oschły
Kühlbox *f* -, -en lodówka turystyczna; torba termoizolacyjna
kühlen *vt* s|chłodzić
Kühler *m* -s, - 1. *techn.* chłodnica *f* 2. pojemnik chłodzący
Kühlschrank *m* -(e)s, ...schränke lodówka *f*, chłodziarka *f*
Kühltruhe *f* -, -n zamrażarka *f*
Kühlung *f* - chłodzenie *n*

kühn *adj* śmiały, odważny
Kukuruz *m* -(es) *austr.* kukurydza *f*
kulant *adj handl.* dogodny
Kuli *m* -s, -s *ugs.* długopis *m*
kulinarisch *adj* kulinarny
Kult *m* -(e)s, -e kult *f*
Kultur *f* - kultura *f*
Kulturbeutel *m* -s, - kosmetyczka *f*
kulturell *adj* kulturalny
Kümmel *m* -s kminek *m*
Kummer *m* -s zmartwienie *n*; troska *f* (**um j-n**, **über j-n** o kogoś)
kümmerlich *adj* nędzny, marny
kümmern, sich *vr* martwić się, troszczyć się (**um etw** o coś)
Kumpel *m* -s, - 1. górnik *m* 2. *ugs.* kumpel *m*
Kunde *m* -n, -n klient *n*, odbiorca *m*
Kundendienst *m* -(e)s obsługa klienta
Kundgebung *f* -, -en manifestacja *f*, demonstracja *f*
kundig *adj* doświadczony
kündigen I. *vt* wymawiać (**j-m die Wohnung** komuś mieszkanie) **II.** *vi* zwalniać z pracy (**j-n** kogoś)
Kündigung *f* -, -en wypowiedzenie *n*; **wöchentliche ~** wypowiedzenie tygodniowe
Kundin *f* -, -en klientka *f*
Kundmachung *f* -, -en *austr.* ogłoszenie *n*
Kundschaft *f* - klientela, klienci, odbiorcy
künftig I. *adj* przyszły **II.** *adv* w przyszłości
Kunst *f* -, **Künste** sztuka *f*; **die bildenden Künste** sztuki plastyczne
Kunstausstellung *f* -, -en wystawa *n* (dzieł sztuki)
Kunstfaser *f* -, -n włókno sztuczne <syntetyczne>
kunstfertig *adj* zręczny
Kunstgewerbe *n* -s rzemiosło artystyczne
Künstler *m* -s, - artysta *m*
Künstlerin *f* -, -nen artystka *f*
künstlerisch *adj* artystyczny
künstlich *adj* sztuczny
Kunstsammlung *f* -, -en kolekcja dzieł sztuki
Kunststoff *m* -(e)s, -e tworzywo sztuczne
Kunststück *n* -(e)s, -e sztu(cz)ka *f* (w cyrku)
kunstvoll *adj* kunsztowny, artystyczny
Kunstwerk *n* -(e)s, -e dzieło sztuki

Kupfer *n* -s miedź *m*
Kuppe *f* -, -n wierzchołek *m* (góry)
Kuppel *f* -, -n kopuła *f*
kuppeln *vt mot.* łączyć, sprzęgać
Kupplung *f* -, -en *mot.* sprzęgło *n*
Kur *f* -, -en kuracja *m*
Kurbel *f* -, -n korba *f*
Kürbis *m* -ses, -se dynia *f*
Kurfürst *m* -en, -en książę elektor *m*
Kurgast *m* -(e)s, ...gäste kuracjusz *m*
Kurhaus *n* -es, ...häuser dom zdrojowy
kurieren *vt* leczyć, kurować
Kurort *m* -(e)s, -e uzdrowisko *n*
Kurs *n* -es, -e kurs *m*
Kursbuch *n* -(e)s, ...bücher rozkład jazdy
Kurtaxe *f* -, -n opłata klimatyczna
Kurve *f* -, -n *mat.* krzywa *f*; *mot.* zakręt *m*
kurz *adj* 1. krótki; **binnen ~em** wkrótce; **vor ~em** niedawno 2. zwięzły; **~ und bündig** krótko węzłowato
Kurzarbeit *f* - skrócony czas pracy
kurzärm(e)lig *adj* z krótkimi rękawami
Kürze *f* - zwięzłość *f*; **in ~** wkrótce
kürzen *vt* skracać; zmniejszać (zarobki)
Kurzfilm *m* -(e)s, -e film krótkometrażowy
kurzfristig *adj* krótkoterminowy
kurzlebig *adj* krótkotrwały
kürzlich *adv* niedawno
Kurzschluss *m* -es, ...schlüsse *el.* zwarcie *n*, spięcie *n*
kurzsichtig *adj* krótkowzroczny (*a. figur.*)
Kurzstreckenlauf *m* -(e)s, ...läufe *sport.* bieg krótkodystansowy
Kurzstreckenläufer *m* -s, - sprinter *m*
kurzum *adv* krótko mówiąc, po prostu
Kurzwaren *pl* pasmanteria *f*
Kurzwelle *f* -, -n *rad.* fale krótkie
kuscheln, sich *vr* przytulać się (**an j-n** do kogoś)
Kuscheltier *n* -(e)s, -e przytulanka *f*, pluszowe zwierzątko
Kusine *f* -, -n kuzynka *f*
Kuss *m* -es, **Küsse** pocałunek *m*, całus *m*
küssen *vi*, *vt* po|całować; **j-n auf die Stirn ~** pocałować kogoś w czoło
Küste *f* -, -n wybrzeże *n*
Kutsche *f* -, -n powóz *m*
Kutter *m* -s, - kuter *m*
Kuvert *n* -s, -s koperta *f*
Kybernetik [kybɛrˈneːtɪk] *f* - cybernetyka *f*

L

Labor *n* -s, -s *o.* -e laboratorium *n*
Laborantin *f* -, -nen laborantka *f*
Laboratorium *n* -s, ...ien laboratorium *n*
Labyrinth [laby'rɪnt] *n* -(e)s, -e labirynt *m*
Lache *f* -, -n kałuża *f*
lächeln *vi* uśmiechać się
Lächeln *n* -s uśmiech *m*
lachen *vi* śmiać się (**über j-n, etw** z kogoś, czegoś)
Lachen *n* -s śmiech *m*
lächerlich *adj* śmieszny; **sich ~ machen** ośmieszać się
Lächerlichkeit *f* -, -en **1.** *sing* śmieszność *f* **2.** drobnostka *f*, błahostka *f*
Lachs *m* -es, -e łosoś *m*
Lack *m* -(e)s, -e lakier *m*
lackieren *vt* lakierować
Lackschuhe *pl* lakierki *mpl*
laden[1*] *vi*, *vt* na|ładować (*o. el.*)
laden[2*] *vt* zapraszać (gości)
Laden *m* -s, Läden **1.** sklep *m* **2.** (*Fensterladen*) okiennica *f*
Ladenschluss *m* -es godzina zamykania sklepów
Ladentisch *m* -(e)s, -e lada *f*
lädieren *vt* uszkodzić (mebel); skaleczyć, zranić
Ladung *f* -, -en ładunek *m*
lag → **liegen**
Lage *f* -, -n **1.** położenie *n*; **die geographische ~ Polens** położenie geograficzne Polski **2.** (*Situation*) sytuacja *f* **3.** (*Schicht*) warstwa *f*
Lager *n* -s, - **1.** obóz *m* **2.** (*Speicher*) skład *m*, magazyn *m* **3.** (*eines Tieres*) legowisko *n* **4.** *techn.* łożysko *n* **5.** *geol.* złoże *n*
lagern **I.** *vi* **1.** obozować **2.** znajdować się na składzie **II.** *vt* magazynować
lahm *adj* kulawy
lahmen *vi* kuleć
lähmen *vt* s|paraliżować, porazić
Lähmung *f* -, -en porażenie *n*
Laib *m* -(e)s, -e bochenek *m*
laichen *vi* składać ikrę
Laie *m* -n, -n laik *m*, niefachowiec *m*
laienhaft *adj* amatorski
Laken *n* -s, - prześcieradło *n*
Lamelle *f* -, -n **1.** listewka *f* (*np.* żaluzji) **2.** *bot.* blaszka *f* (grzyba)
Lamm *n* -(e)s, **Lämmer** jagnię *n*, baranek *m*

Lampe *f* -, -n lampa *f*
Lampenfieber *n* -s trema *f*
Lampenschirm *m* -(e)s, -e abażur *m*
Lampion *m* -s, -s lampion *m*
Land *n* -(e)s, **Länder** **1.** kraj *m*; **bei uns zu ~e** u nas w kraju **2.** *sing* ziemia *f*, grunt *m*; **ein Stück ~ kaufen** kupić kawałek ziemi **3.** *sing* (*Festland*) ląd *m*; **an ~ gehen** schodzić na ląd; **zu ~e und zu Wasser** na lądzie i na morzu **4.** *sing* wieś *f*; prowincja *f*; **auf dem ~e leben** mieszkać na wsi; **aufs ~ fahren** jechać na wieś
landen *vi* s wy|lądować (*a. figur.*)
Landeplatz *m* -(e)s, ...plätze lądowisko *n*
Länderkunde *f* - krajoznawstwo *n*
Länderspiel *n* -(e)s, -e zawody międzypaństwowe, mecz międzypaństwowy
landesüblich *adj* przyjęty
Landkarte *f* -, -n mapa *f*
Landkreis *m* -es, -e powiat *m*
landläufig *adj* powszechnie używany, utarty
ländlich *adj* wiejski
Landschaft *f* -, -en krajobraz *m*; *mal.* pejzaż *m*
Landsmann *m* -(e)s, ...leute rodak *m*, ziomek *m*
Landsmännin *f* -, -nen rodaczka *f*
Landstraße *f* -, -n szosa *f*; droga *f*
Landtag *m* -(e)s, -e landtag *m*, parlament krajowy (*w RFN*)
Landung *f* -, -en **1.** lądowanie *n* **2.** desant *m*
Landungsbrücke *f* -, -n pomost *m*, molo *n*
Landweg *m* -(e)s, -e droga lądowa
Landwirt *m* -(e)s, -e rolnik *m*
Landwirtschaft *f* -, -en **1.** *sing* rolnictwo *n* **2.** gospodarstwo rolne *n*
landwirtschaftlich *adj* rolniczy
Landzunge *f* -, -n cypel *m*
lang *adj* długi; **das Kleid länger machen** podłużyć sukienkę; **zwei Stunden ~** przez dwie godziny
langärm(e)lig *adj* z długim rękawem
lange *adv* długo; **wie ~** jak długo
Länge *f* - długość *f* (*o. geogr.*); **der ~ nach** wzdłuż
langen *ugs.* **I.** *vi* **1.** wy|starczać **2.** sięgać **II.** *vt* sięgać (**etw** po coś)
Längengrad *m* -(e)s, -e stopień długości geograficznej

Längenmaß *n* -es, -e miara długości
Langeweile *f* - nuda *f*; **aus** ~ z nudów
langfristig *adj* długoterminowy
langhaarig *adj* długowłosy
langjährig *adj* długoletni
langlebig *adj* długowieczny
langlegen, sich *vr ugs.* wyciągnąć się (**nach dem Essen** po jedzeniu)
länglich *adj* podłużny
längs I. *praep mit G* wzdłuż **II.** *adv* wzdłuż
langsam I. *adj* po|wolny **II.** *adv* powoli, wolno
längst *adv* od dawna
Langstreckenlauf *m* -(e)s, ...läufe bieg długodystansowy
Langweile *f* → **Langeweile**
langweilen I. *vt* zanudzać, nudzić (**j-n mit einer Sache** kogoś czymś) **II.** *vr* **sich** ~ nudzić się
langweilig *adj* nudny (**ein Film** film)
Langwelle *f* -, -n *rad.* fale długie
langwierig *adj* przewlekły
La-Ola *f* -, -s, **La-Ola-Welle** *f* -, -n *sport.* meksykańska fala
laotisch *adj* laotański
Lappalie [laˈpaːljə] *f* -, -n drobnostka *f*, bagatelka *f*
Lappe *m* -n, -n Lapończyk *m*
Lappen *m* -s, - szmata *f*, szmatka *f*
Laptop *m* -s, -s laptop *m*
Lärche *f* -, -n modrzew *m*
Lärm *m* -s hałas *m*, zgiełk *m*; **viel** ~ **um nichts** wiele hałasu o nic
lärmen *vi* hałasować
Larve *f* -, -n *zool.* larwa *f*
las → **lesen**
Laser [ˈleːzɛ(r)] *m* -s, - laser *m*
Laserdrucker *m* -s, - drukarka laserowa
lassen* **I.** *vt* l. pozostawiać; **j-n im Stich** ~ opuszczać ‹porzucać› kogoś **2.** (*aus den Händen*) wypuszczać; **fallen** ~ upuszczać **3.** *naut.* **vom Stapel** (**laufen**) ~ spuszczać na wodę **4.** (*zulassen*) pozwalać; **lass uns gehen!** chodźmy! ~ **Sie uns weiterfahren** niech pan(i) pozwoli nam odjechać **5.** (*befehlen*) kazać; **etw machen** ~ kazać coś zrobić; **j-n warten** ~ kazać komuś czekać; **etw holen** ~ pos(y)łać po coś **6.** (*unterlassen*) zaniechać, zaprzestać czegoś; **lass** (**das**)! daj (temu) spokój!, przestań! **7.** (*überlassen*) odda(wa)ć **II.** *vi* zaniechać (**von einer Sache** czegoś)
lässig *adj* niedbały, swobodny

Last *f* -, -en ciężar *m*; brzemię *n*
Lastauto *n* -s, -s ciężarówka *f*
lasten *vi* ciążyć (**auf j-m** na kimś)
Laster[1] *n* -s, - przywara *f*; nałóg *m*
Laster[2] *m* -s, - *ugs.* ciężarówka *f*
lästern *vi* obmawiać (**über j-n** kogoś); utyskiwać (**über etw** na coś)
lästig *adj* uciążliwy, dokuczliwy
Last(kraft)wagen *m* -s, - samochód ciężarowy
lateinisch *adj* łaciński
Latein *n* -s łacina *f*
Laterne *f* -, -n latarnia *f*
Latschen *m* -s, - kapeć *m*
Latte *f* -, -n deska *f*; *sport.* poprzeczka *f*
Latz *m* -es, Lätze **1.** śliniak *m* **2.** (*an der Kleidung*) karczek *m*, klapa *f*
Latzhose *f* -, -n ogrodniczki *pl*
lau *adj* letni (*o wodzie, pogodzie*); **ein ~er Empfang** chłodne przyjęcie
Laub *n* -(e)s listowie *n*
Laubbaum *m* -(e)s, ...bäume drzewo liściaste
Laube *f* -, -n altana *f*
lauern *vi* czyhać, za|czaić się, czatować (**auf j-n** na kogoś)
Lauf *m* -(e)s, Läufe **1.** *sing* bieg *m*, bieganie *n* **2.** *sport.* bieg *m* **3.** (*Ablauf*) przebieg *m*, upływ *m*; **im ~e der Woche** w ciągu tygodnia **4.** (*Gewehrlauf*) lufa *f* **5.** łapa *f*, kończyna zwierzęcia *f*
Laufbahn *f* -, -en kariera zawodowa
Laufbursche *m* -n, -n *abw.* goniec *m*
laufen* *vi* s l. biegać; chodzić (*o dziecku*); **Schlittschuh** <**Ski**> ~ jeździć na łyżwach <na nartach>; **Gefahr** ~ narażać się na niebezpieczeństwo; *ugs.* **was für ein Film läuft heute?** jaki film dziś grają? **2.** (*in Gang sein*) chodzić, pracować **3.** płynąć (*np. o łzach*) **4.** toczyć się
laufend → **laufen**; *adj* bieżący; **am ~en Band** bez przerwy, non stop; **auf dem Laufenden sein** być na bieżąco
Läufer *m* -s, - **1.** biegacz *m* **2.** (*im Schach*) goniec *m*, laufer *m* **3.** (*Teppich*) chodnik *m*
Laufmasche *f* -, -n oczko *n* (*w pończosze*)
Laufschritt *m*: **im** ~ biegiem
Laufwerk *n* -(e)s, -e mechanizm napędowy; *inform.* napęd, stacja dysków
Laune *f* -, -n **1.** *sing* humor *m*; **guter** ~ **w dobrym humorze** **2.** (*Grille*) kaprys *m*
launisch *adj* kapryśny
Laus *f* -, Läuse wesz *f*

lauschen *vi* słuchać (uważnie) (**j-s Worten** czyichś słów); podsłuchiwać, nasłuchiwać (**an der Tür** pod drzwiami)
laut[1] *adj* głośny; hałaśliwy; **~ werden** nabrać rozgłosu
laut[2] *praep mit G* według
Laut *m* -(e)s, -e **1.** (*Ton*) dźwięk *m* **2.** głoska *f*
lauten *vi* brzmieć
läuten *vi* za|dzwonić
lauter *adv* jedynie; **aus ~ Liebe** jedynie z miłości
Lautsprecher *m* -s, - głośnik *m*, megafon *m*
Lautstärke *f* - głośność *f*; natężenie dźwięku *n*
lauwarm *adj* letni
Lava *f* -, **Laven** lawa *f*
Lawine *f* -, -n lawina *f*
leasen [li:zn] *vt econ.* brać w leasing; wynajmować
leben *vi* żyć; **er lebe hoch!** niech żyje!; **lebe wohl!** bądź zdrów!
Leben *n* -s, - życie *n*; **sein ganzes ~ lang** przez całe życie
lebendig *adj* żywy
Lebensalter *n* -s wiek *m* (życia)
Lebensbedingungen *pl* warunki życia
Lebensdauer *f* - **1.** długość życia **2.** trwałość (**des Materials** materiału)
Lebensgefahr *f*: **Achtung! ~!** uwaga! grozi śmiercią!
lebensgefährlich *adj* zagrażający życiu
Lebensgefährte *m* -n, -n partner życiowy
Lebenshaltungskosten *pl* koszty utrzymania
lebenslänglich *adj* dożywotni
Lebenslauf *m* -(e)s, ...läufe życiorys *m*
Lebensmittel *pl* artykuły żywnościowe
Lebensmittelgeschäft *n* -(e)s, -e sklep spożywczy
Lebensstandard *m* -s standard życia, stopa życiowa
Lebensunterhalt *m* -(e)s utrzymanie; **Kosten des ~s** koszty utrzymania
Lebensweg *m* -(e)s, -e droga życiowa
lebenswichtig *adj* niezbędny (do życia)
Leber *f* -, -n wątroba *f*
Lebewesen *n* -s, - (żywa) istota *f*
Lebewohl *n*: *geho.* **j-m ~ sagen** po|żegnać się z kimś
lebhaft *adj* żywy; **~er Verkehr** ożywiony ruch
Lebkuchen *m* -s, - piernik *m*

leblos *adj* martwy, nieżywy
leck *adj* nieszczelny
lecken *vi*, *vt* po|lizać
lecker *adj* smaczny
Leckerbissen *m* -s, - smakołyk *m*
Leder *n* -s, - skóra *f*
Lederhose *f* -, -n spodnie skórzane
Lederwaren *pl* galanteria skórzana
ledig *adj* (*Mann*) nieżonaty; (*Frau*) niezamężna
lediglich *adv* jedynie, tylko
leer *adj* pusty; próżny; **~es Gerede** czcza gadanina
Leere *f* - pustka *f*; próżnia *f*
leeren I. *vt* opróżni(a)ć **II.** *vr* **sich ~** pustoszeć
Leerlauf *m* -(e)s *mot.* bieg jałowy; **im ~** na biegu jałowym
Leerstelle *f* -, -n *inform.* spacja *f*, odstęp *m*
Leertaste *f* -, -n *inform.* klawisz spacji
legalisieren *vt* za|legalizować
legen I. *vt* kłaść, układać; **beiseite ~** odkładać (na bok); **Wert auf etw ~** przywiązywać wagę do czegoś; **Eier ~** znosić jajka **II.** *vr* **sich ~** kłaść się; **sich schlafen ~** iść spać; **der Sturm legt sich** burza się uspokaja
Legende *f* -, -n legenda *f* (*o. na mapie*)
legitim *adj* prawny; prawowity
legitimieren *vt* upoważnić (**j-n zu einer Sache** kogoś do zrobienia czegoś)
Lehm *m* -(e)s glina *f*
Lehne *f* -, -n oparcie *n* (*np. krzesła*)
lehnen I. *vt* opierać (**an, gegen etw** o coś) **II.** *vr* **sich ~** opierać się; **sich aus dem Fenster ~** wychylać się z okna
Lehnstuhl *m* -(e)s, ...stühle fotel *m*
Lehrbuch *n* -(e)s, ...bücher podręcznik *m*
Lehre *f* -, -n **1.** nauka *f* (*o. zawodu*) **2.** (*Erfahrung*) nauczka *f*; **die ~ aus einer Sache ziehen** wyciągnąć z czegoś nauczkę **3.** (*Theorie*) teoria *f*, doktryna *f*
lehren *vt* nauczać, uczyć
Lehrer *m* -s, - nauczyciel *m*
Lehrerin *f* -, -nen nauczycielka *f*
Lehrgang *m* -(e)s, ...gänge kurs *m*
Lehrling *m* -s, -e uczący się zawodu, praktykant *m*
lehrreich *adj* pouczający
Lehrstuhl *m* -(e)s, ...stühle katedra *f* (**für Geschichte** historii)
Leib *m* -(e)s, -er **1.** ciało *n* **2.** (*Bauch*) brzuch *m*
Leibeserziehung *f* - wychowanie fizyczne

Leibesübungen *pl* gimnastyka *f*
Leibesvisitation *f* -, -**en** rewizja osobista
Leibgericht *n* -(e)s, -e ulubiona potrawa
leiblich *adj* **1.** rodzony, własny **2.** (*körperlich*) cielesny
Leibwache *f* -, -**n** obstawa, ochrona
Leiche *f* -, -**n** zwłoki *pl*
leichenblass *adj* trupio blady
Leichenwagen *m* -s, - karawan *m*
leicht *adj* lekki; (*mühelos*) łatwy; ~ **möglich** bardzo możliwe; ~ **entzündlich** łatwo palny; ~ **verdaulich** lekko strawny; **etw fällt j-m** ~ coś komuś łatwo przychodzi
Leichtathletik *f* - lekkoatletyka *f*
leichtfertig *adj* lekkomyślny, płochy
Leichtgewicht *n* -(e)s *sport.* waga lekka
leichtgläubig *adj* łatwowierny
Leichtindustrie *f* -, -**n** przemysł lekki
Leichtsinn *m* -(e)s lekkomyślność *f*
leichtsinnig *adj* lekkomyślny
Leid *n* -(e)s cierpienie *n*, ból *m*; (*Unrecht*) krzywda *f*; **es tut mir** ~ przykro mi; **er tut mir** ~ żal mi go
leiden* **I.** *vt* (*dulden*) znosić **II.** *vi* cierpieć (**unter der Hitze** z powodu upału); **an Herzen** ~ chorować na serce
Leiden *n* -s, - **1.** dolegliwość *f* **2.** *pl* cierpienia *npl*
Leidenschaft *f* -, -**en** namiętność *f*, pasja *f*; **etw mit** ~ **tun** robić coś z pasją
leidenschaftlich *adj* namiętny; zapalony
leider *adv* niestety; **ich komme** ~ **nicht** niestety nie przyjdę
leidlich *adj* jaki taki, znośny
leihen* *vt* wy|pożyczać (**j-m** komuś, **sich** *D* **etw von j-m** coś od kogoś)
Leihgebühr *f* -, -**en** opłata za wypożyczenie
Leihwagen *m* -s, - wynajęty samochód
Leim *m* -(e)s, -**e** klej *m*
leimen *vt* sklejać, s|kleić
Lein *m* -(e)s len *m*
Leine *f* -, -**n** linka *f*; (*für Hunde*) smycz *f*
Leinen *n* -s, - płótno lniane
Leinwand *f* -, ...**wände** ekran *m* (w kinie)
leise *adj* **1.** cichy **2.** lekki; **ein ~r Wind** wietrzyk
leisten *vt* wykon(yw)ać; zdziałać; **einen Dienst** ~ oddać przysługę; **j-m Gesellschaft** ~ towarzyszyć komuś; **Hilfe** ~ pomagać; **einen Schwur** ~ składać przysięgę; **Widerstand** ~ stawiać opór; **das kann ich mir nicht** ~ na to nie mogę sobie pozwolić

Leistung *f* -, -**en 1.** osiągnięcie *n*, wyczyn *m* **2.** (*Ergiebigkeit*) wydajność *f*; moc *f* (**eines Motors** silnika) **3.** świadczenie *n* (**in Geld** w pieniądzach)
leistungsfähig *adj* sprawny; (*ausgiebig*) wydajny
Leistungssport *m* -(e)s sport wyczynowy
leiten *vt* prowadzić, kierować (czymś); *el.* przewodzić
Leiter[1] *m* -s, - kierownik *m*; *phys.* przewodnik *m*
Leiter[2] *f* -, -**n** drabina *f*
Leitlinie *f* -, -**n** linia przerywana (*na jezdni*)
Leitmotiv *n* -s, -**e** motyw przewodni
Leitung *f* -, -**en 1.** *sing* prowadzenie *n*; *ugs.* kierownictwo *n* **2.** *techn.* przewód *m*; wodociąg *m*; gazociąg *m*
Leitungswasser *n* -s woda z wodociągu
Lektion *f* -, -**en 1.** lekcja *f*, jednostka lekcyjna **2.** *figur.* nauczka *f*
Lektor *m* -s, -**en 1.** lektor *m* (języka obcego) **2.** redaktor *m* (w wydawnictwie)
Lektüre *f* -, -**n** lektura *f*
Lende *f* -, -**n 1.** *pl anat.* lędźwie *n* **2.** polędwica *f*
lenken *vt* s|kierować; prowadzić (**ein Auto** samochód)
Lenker *m* -s, - **1.** kierowca *m* **2.** → **Lenkrad, Lenkstange**
Lenkrad *n* -(e)s, ...**räder** (*am Auto*) kierownica *f*
Lenkstange *f* -, -**n** (*Fahrrad*) kierownica *f*
Lerche *f* -, -**n** skowronek *m*
lernen *vi*, *vt* na|uczyć się; **auswendig** ~ na|uczyć się na pamięć
Lernmittel *pl* pomoce do nauczania
Lesebuch *n* -(e)s, ...**bücher** czytanka *f*, wypisy *f*
lesen*[1] *vt* prze|czytać
lesen*[2] *vt* (*ernten*) zbierać
Leser *m* -s, - czytelnik *m*
leserlich *adj* czytelny
Lesesaal *m* -(e)s, ...**säle** czytelnia *f*
Lesezeichen *n* -s, -**n** zakładka *f*
Lesung *f* -, -**en 1.** czytanie *n* (w parlamencie) **2.** odczyt *m*
Lette *m* -**n**, -**n** Łotysz *m*
Letter *f* -, -**n** czcionka *f*
lettisch *adj* łotewski
Letzt *f*: **zu guter** ~ na sam koniec
letzt- *adj* ostatni; *ugs.* ~**en Endes** ostatecznie, ~**e Woche** w ubiegłym
letztens *adv* niedawno; ostatecznie

Leuchte *f* -, **-n** lampa *f*
leuchten *vi* świecić (się); (*glänzen*) błyszczeć
Leuchter *m* -s, - świecznik *m*
Leuchtturm *m* -(e)s, ...**türme** latarnia morska
leugnen *vt* przeczyć, zaprzeczać (czemuś)
Leute *pl* ludzie *pl*; **kleine ~** prości ludzie
Leutnant *m* -s, -s podporucznik *m*
Lexikon *n* -s, **Lexika** leksykon *m*, słownik encyklopedyczny
libanesich *adj* libański
liberal *adj* liberalny
liberianisch *adj* liberyjski
libysch ['liːbyʃ] *adj* libijski
licht *adj* **1.** rzadki (*np.* las) **2.** jasny
Licht *n* -(e)s, **-er 1.** *sing* światło *n* **2.** światło, lampa *f*; **~ machen** <**ausmachen**> zapalać <gasić> światło
lichten, sich *vr* **1.** rozjaśni(a)ć się **2.** (*weniger werden*) przerzedzać się
Lichtjahr *n* -(e)s, **-e** rok świetlny
Lichtmaschine *f* -, **-n** *mot.* prądnica *f*
Lichtschalter *m* -s, - wyłącznik oświetlenia
Lichtsignal *n* -s, **-e** sygnał świetlny
Lichtung *f* -, **-en** polana *f*
Lid *n* -(e)s, **-er** powieka *f*
Lidschatten *m* -s, - cienie do powiek
lieb *adj* miły; **~er Freund!** drogi przyjacielu!; **sei so ~!** bądź tak uprzejmy!; **am ~sten** najchętniej; **~ gewinnen** pokochać, polubić; **~ haben** kochać, lubić, **mehr als dir ~ ist** więcej niż chciałbyś
Liebe *f* - miłość *f*
lieben *vt* kochać; lubić
liebenswert *adj* ujmujący
liebenswürdig *adj* miły, uprzejmy
Liebenswürdigkeit *f* - uprzejmość *f*
lieber → **gern** *adv* (*besser*) lepiej, raczej; **~ haben** woleć; **ich möchte ~** wolałbym; **~ spät als nie** lepiej późno niż wcale
liebevoll *adj* czuły; życzliwy
Liebhaber *m* -s, - **1.** kochanek *m* **2.** (*Anhänger*) miłośnik *m*
liebkosen *vt* pieścić
lieblich *adj* przyjemny, miły (*np.* widok)
Liebling *m* -s, **-e** ulubieniec *m*
Lieblingsgericht *n* -(e)s, **-e** ulubiona potrawa
lieblos *adj* nieczuły, bez serca
Liebschaft *f* -, **-en** romans *m*
Lied *n* -(e)s, **-er** pieśń *f*, piosenka *f*
liederlich *adj* niedbały; niechlujny

lief → **laufen**
Lieferant *m* **-en, -en** dostawca *m*
lieferbar *adj* dostępny (*o towarze*)
liefern *vt* dostarczać
Lieferschein *m* -(e)s, **-e** dowód dostawy
Lieferung *f* -, **-en** dostarczenie *n*, dostawa *f*
Lieferwagen *m* -s, - samochód dostawczy
Liege *f* -, **-n** tapczan *m*
liegen *vi reg. s* **1.** leżeć; **~ lassen** zostawi(a)ć, nie zab(ie)rać **2.** zależeć; **es liegt mir daran** zależy mi na tym; **woran liegt es?** od czego to zależy?
Liegestuhl *m* -(e)s, ...**stühle** leżak *m*
Liegewagen *m* -s, - wagon z kuszetkami
lieh → **leihen**
ließ → **lassen**
liest → **lesen**
Lift *m* -(e)s, **-e** *o.* -s winda *f*, dźwig; *m* wyciąg *m* (narciarski)
Liga *f* -, **Ligen** liga *f*
Likör *m* -s, **-e** likier *m*
lila *adj* lila, liliowy
Lilie ['liːljə] *f* -, **-n** *bot.* lilia *f*
Liliputaner *m* -s, - liliput *m*
Limit *n* -s, -s limit *m*
Limonade *f* -, **-n** lemoniada *f*
lind *adj* łagodny (klimat)
Linde *f* -, **-n** lipa *f*
lindern *vt* łagodzić, uśmierzać
Lineal *n* -s, **-e** linijka *f*
Linie ['liːljə] *f* -, **-n** linia *f*; (*Verkehrsstrecke*) trasa *f*; *figur.* **in erster ~** w pierwszym rzędzie
lin(i)ieren *vt* po|liniować
link- *adj* lewy
Linke *f* **-n 1.** lewa ręka **2.** *polit.* lewica *f*
linkisch *adj* niezgrabny
links *adv* po lewej stronie, w lewo; **nach ~** na lewo; **von ~** z lewej strony
Linksaußen *m* -, - *sport.* lewoskrzydłowy *m*
Linkshänder *m* -s, - mańkut *m*
Linksverkehr *m* -s *mot.* ruch lewostronny
Linse[1] *f* -, **-n** soczewka *f*
Linse[2] *f* -, **-n** *bot.* soczewica *f*
Lippe *f* -, **-n** warga *f*
Lippenstift *m* -(e)s, **-e** szminka *f*, pomadka *f*
lispeln *vi* seplenić
List *f* -, **-en** podstęp *m*
Liste *f* -, **-n** lista *f*, wykaz *m*, spis *m*
listig *adj* podstępny, przebiegły
Litanei *f* -, **-en** *rel.* litania *f* (*a. figur.*)
Litauer *m* -s, - Litwin *m*

litauisch *adj* litewski
Liter *m, n* -s, - litr *m*
literarisch *adj* literacki
Literatur *f* - literatura *f*
Litfaßsäule *f* -, -n słup ogłoszeniowy
litt → **leiden**
Livesendung ['laɪfzɛnduŋ] *f* -, -en emisja *f* <program> na żywo
Lizenz *f* -, -en licencja *f*
Lkw *m* -(s), -s samochód ciężarowy
Lob *n* -(e)s pochwała *f*
loben *vt* po|chwalić
lobenswert *adj* godny pochwały
löblich *adj* chwalebny
Loch *n* -(e)s, **Löcher** dziura *f*; (*Höhle*) jama *f*
lochen *vt* prze|dziurkować
Locher *m* -s, - dziurkacz *m*
löch(e)rig *adj* dziurawy, z dziurami (*o serze*); przedziurkowany
Locke *f* -, -n lok *m*, kędzior *m*
locken *vt* z|wabić; nęcić
Lockenwickler *m* -s, - lokówka *f*, wałek *m*
locker *adj* **1.** luźny; **~es Gewebe** rzadka tkanina; **~es Brot** pulchny chleb **2.** swobodny (rozmowa)
lockern I. *vt* rozluźni(a)ć **II.** *vr* **sich ~** poluzować się
lockig *adj* kręcony
lodern *vi* buchać
Löffel *m* -s, - łyżka *f*; łyżeczka *f*
log → **lügen**
Loge ['lo:ʒɛ] *f* -, -n loża *f*
Loggia ['lɔdʒa] *f* -, ...ien lodżia *f*
logisch *adj* logiczny
Logo *m, n* -s, -s logo *n*
Lohn *m* -(e)s, **Löhne** płaca *f*, wynagrodzenie *n* (*a. figur.*)
Lohnabzug *m* -(e)s, ...abzüge potrącenie od wynagrodzeń
lohnen, sich *vr* opłacać się
Loipe *f* -, -n nartostrada *f*
lokal *adj* lokalny, miejscowy
Lokal *n* -s, -e lokal *m* (gastronomiczny)
Lokomotive *f* -, -n lokomotywa *f*
Lokomotivführer *m* -s, - maszynista *m*
Lolli *m* -s, -s *ugs.* lizak *m*
Lorbeer *m* -s, -en wawrzyn *m*, laur *m* (*a. figur.*)
los I. *adj* luźny; **der Knopf ist ~** guzik się odrywa; **was ist (denn) ~?** co się dzieje? **da ist etwas ~** tam sié coś dzieje **II.** *adv* **~!** naprzód!, jazda!

Los *n* -es, -e **1.** los *m*; **das Große ~** główna wygrana **2.** (*Schicksal*) los *m*, przeznaczenie *n*
lösbar *adj* **1.** dający się rozwiązać **2.** (*löslich*) rozpuszczalny
losbinden *vt* odwiąz(yw)ać
Löschblatt *n* -es, -blätter bibuła *f*
löschen *vt* **1.** u|gasić (ogień); **Licht ~** zgasić światło **2.** (*streichen*) zmazać, zetrzeć; **Ton auf dem Tonband ~** skasować zapis na taśmie **Durst ~** ugasić
lose *adj* luźny; **~s Haar** rozpuszczone włosy
Lösegeld *n* -(e)s, -er okup *m*
lösen *vt* **1.** rozwiąz(yw)ać **2.** *chem.* rozpuszczać **3.** wy|kupić; **eine Fahrkarte ~** kupić bilet
losfahren* *vi s* odjeżdżać, ruszać
losgehen* *vi s* (*beginnen*) zaczynać się; **es geht los!** zaczyna się!
loslassen* *vt* wy|puszczać
löslich *adj* rozpuszczalny; **~er Kaffee** kawa rozpuszczalna
losmachen *vt* *ugs.* odłączać, odczepi(a)ć (*np.* łódź)
Losung *f* -, -en hasło *n*, dewiza *f*
Lösung *f* -, -en **1.** rozwiązanie *n* **2.** (*Flüssigkeit*) roztwór *m*
Lösungsmittel *n* -s, - rozpuszczalnik *m*
loswerden* *vt s* pozby(wa)ć się; **Geld ~** pozbyć się pieniędzy
Lot *n* -(e)s, -e prostopadła *f*
lotrecht *adj* prostopadły
löten *vt* z|lutować
Lötkolben *m* -s, - lutownica *f*
Lotse *m* -n, -n *naut.* pilot *m*
Lotterie *f* -, -n loteria *f*
Lotto *n* -s, -s totolotek *m*
Lottoschein *m* -(e)s, -e kupon *m*
Löwe *m* -n, -n **1.** *zool.* lew *m* **2.** *astr.* Lew *m*
Löwenanteil *m* -(e)s, -e *ugs.* lwia część
Löwin *f* -, -nen lwica *f*
Luchs *m* -es, -e ryś *m*
Lücke *f* -, -n luka *f*
lückenlos *adj* wyczerpujący (*np.* sprawozdanie)
lud → **laden**
Luft *f* - powietrze *n*; *figur.* **etw aus der ~ greifen** wyssać coś z palca
luftdicht *adj* hermetyczny
Luftdruck *m* -(e)s ciśnienie atmosferyczne
lüften *vi, vt* wy|wietrzyć
Luftfahrt *f* - lotnictwo *n*

Luftgewehr *n* -(e)s, -e wiatrówka *f* (*broń*)
Luftkissen *n* -s, - *mot.* poduszka powietrzna
Luftkissenfahrzeug *n* -(e)s, -e poduszkowiec *m*
Luftkurort *m* -(e)s, -e stacja klimatyczna
luftleer *adj* próżny
Luftmatratze *f* -, -n materac nadmuchiwany
Luftpirat *m* -en, -en porywacz samolotu
Luftpost *f* - poczta lotnicza
Luftpostbrief *m* -(e)s, -e list lotniczy
Luftschiff *n* -(e)s, -e sterowiec *m*
Luftstrom *m* -(e)s, ...ströme prąd powietrza
Lüftung *f* -, -en 1. *sing* wietrzenie *n* 2. wentylacja *f*
Luftverschmutzung *f* - zanieczyszczenie powietrza
Luftzug *m* -(e)s, ...züge przeciąg *m*; przewiew *m*; powiew *m*
Lug *m*: ~ **und Trug** oszukaństwo
Lüge *f* -, -n kłamstwo *n*
lügen *vi* s|kłamać

Lügner *m* -s, - kłamca *m*
lügnerisch *adj* kłamliwy
Luke *f* -, -n właz *m*
lukrativ *adj* lukratywny
Lümmel *m* -s, - łobuz(iak) *m*
Lump *m* -en, -en łajdak *m*
Lumpen *m* -s, - szmata *f*, łachman *m*
Lunge *f* -, -n płuco *n*
Lungenentzündung *f* -, -en zapalenie płuc
Lupe *f* -, -n lupa *f*
Lust *f* -, **Lüste 1.** ochota *f* (**auf etw** na coś), chęć (**zu einer Sache** do czegoś) **2.** radość *f* (**an einer Sache** z powodu czegoś)
lüstern *adj* lubieżny, pożądliwy
lustig *adj* wesoły
Lustspiel *n* -(e)s, -e *teatr.* komedia *f*
lutschen *vi, vt* ssać; lizać (lody)
Lutscher *m* -s, - **1.** lizak *m* **2.** *ugs.* smoczek *m* (uspokajający)
luxemburgisch *adj* luksemburski
luxuriös *adj* luksusowy
Luxus *m* - luksus *m*, zbytek *m*
Lymphe *f* - limfa *f*
Lyrik ['lyːrɪk] *f* - liryka *f*

M

machbar *adj* wykonalny
machen *vt* z|robić, u|czynić; (*verursachen*) sprawi(a)ć, s|powodować; **das macht nichts** to nic nie szkodzi; **gemacht!** załatwione!, w porządku! **j-s Bekanntschaft ~** poznać kogoś; **j-n mit j-m bekannt ~** poznać kogoś z kimś, przedstawi(a)ć kogoś komuś; **das Bett ~** po|słać łóżko; **j-m das Haar ~** u|czesać kogoś; **Licht ~** zapalać światło; **j-n auf etw aufmerksam ~** zwracać komuś uwagę na coś; **möglich ~** umożliwi(a)ć; **rein ~** o|czyścić, posprzątać; **schmutzig ~** za|brudzić; **ungültig ~** unieważni(a)ć; **wie viel macht das?** ile to wynosi?, ile się należy?; **sich berühmt ~** wsławiać się; **sich an die Arbeit ~** zabrać się do roboty; **sich auf den Weg ~** wyruszać w drogę
Machenschaften *pl* knowania *npl*, machinacje *fpl*
Macht *f* -, **Mächte** 1. *sing* (*Kraft*) władza *f*, moc *f*, siła *f*; **an der ~** u władzy 2. (*Gewalt*) mocarstwo *n*
Machthaber *m* -s, - władca *m*
mächtig *adj* (*gewaltig*) potężny; (*stark*) silny; (*umfangreich*) ogromny (*np.* masyw); **der deutschen Sprache ~** władający językiem niemieckim
machtlos *adj* bezsilny
Mädchen *n* -s, - dziewczyn(k)a *f*
Mädchenname *m* -ns, -n 1. imię *n* (żeńskie) 2. nazwisko panieńskie
Mädel *n* -s, - *austr. ugs.* dziewczyna *f*
mag → **mögen**
Magazin *n* -s, -e 1. magazyn *m*, skład *m* 2. (*Zeitschrift*) czasopismo *n*, magazyn *m* (*o. rad.*)
Magen *m* -s, **Mägen** *o.* - żołądek *m*
Magenbeschwerden *pl* dolegliwości żołądkowe
Magenschmerzen *pl* bóle żołądka
Magenverstimmung *f* - rozstrój żołądka
mager *adj* chudy, szczupły; **~ werden** chudnąć, (*Boden*) jałowy
magisch *adj* magiczny
Magister *m* -s, - magister *m*; **den ~ haben** mieć stopień magistra
Magistrat *m* -(e)s, -e urząd miejski
Magnesium *n* -s magnez *m*
Magnet *m* -en *o.* -s, -e magnes *m*
magnetisch *adj* magnetyczny
mähen *vt* s|kosić
Mahl *n* -(e)s, -e *o.* **Mähler** posiłek *m*
mahlen* *vt* ze|mleć
Mahlzeit *f* -, -en posiłek *m*; ~! smacznego!, *ugs.* dzień dobry! (*w porze obiadu w pracy*)
Mähne *f* -, -n grzywa *f*
mahnen *vt* przypominać (**j-n an etw** komuś coś)
Mahnmal *n* -(e)s, -e pomnik *m* (ku przestrodze)
Mahnung *f* -, -en upomnienie *n*; monit *m*
Mai *m* -(e)s maj *m*
Maiglöckchen *n* -s, - konwalia *f*
Maikäfer *m* -s, - chrabąszcz
Mail [meɪl] *f* -, -s *inform. ugs.* mail *m*; **j-m eine ~ schicken** wysłać komuś mail
Mailbox *f* -, -en poczta głosowa
mailen ['meɪlən] *vi*, *vt* wysyłać pocztą elektroniczną, mailować
Mais *m* -es kukurydza *f*
Majestät *f* - majestat *m*
Majonäse *f* -, -n majonez *m*
Major *m* -s, -e major *m*
Majoran *m* -s majeranek *m*
Majorität *f* -, -en większość (głosów)
makaber *adj* makabryczny
Makedonier *m* -s, - Macedończyk *m*
makedonisch *adj* macedoński
makellos *adj* bez zarzutu, bez skazy
mäkeln *vi* grymasić, narzekać
Make-up ['meɪkap] *n* -s, -s makijaż *m*
Makkaroni *pl* makaron nitki
Makler *m* -s, - makler
Makrone *f* -, -n makaronik *m*, ciasteczko migdałowe
mal *adv* l. *ugs.* raz(y); **schau ~!** popatrz!; *ugs.* **noch ~** jeszcze raz 2. *mat.* razy; **zwei ~ drei ist sechs** dwa razy trzy to sześć
Mal[1] *n* -(e)s, -e raz; **das erste <zum ersten> ~** po raz pierwszy; **ein anderes ~** innym razem; **kein einziges ~** ani razu; **mit einem ~(e)** naraz, nagle
Mal[2] *n* -(e)s, -e *o.* **Mäler** znamię *n*
malen *vt* na|malować
Maler *m* -s, - malarz *m*
Malerei *f* -, -en 1. *sing* malarstwo *n* 2. obraz *m*, malowidło *n*
malerisch *adj* malowniczy
malnehmen* *vt* po|mnożyć

malträtieren *vt* maltretować, znęcać się
Malzbier *n* -(e)s piwo słodowe
Malzkaffee *m* -s kawa zbożowa
Mama, Mami *f* -, -s *ugs.* mama *f*, mamusia *f*
Mammut *n* -s, -e *o.* -s mamut *m*
man *pron*: ~ **sagt** mówi się, mówią; ~ **darf** ... wolno ...; ~ **kann** ... można ...; ~ **muss** ... trzeba ...; ~ **soll** ... należy ...; ~ **kauft dort billig** tam się tanio kupuje
Management ['mɛnɛdʒmənt] *n* -s, -s zarządzanie *n*
managen ['mɛnɛdʒn] *vt* **1.** *ugs.* zarządzać (firmą) **2. einen Sportler** ~ być menedżerem sportowca
Manager ['mɛnɛdʒɐ(r)] *m* -s, - menedżer *m*
manch *pron*; niektóry; **~es Mal** nieraz
mancherlei *adj* różnorodny, rozmaity
manchmal *adv* nieraz, czasem
Mandarine *f* -, -n mandarynka *f*
Mandat *n* -(e)s, -e *polit., juris.* mandat *m*
Mandel *f* -, -n migdał *m* (*anat., owoc*)
Mangel¹ *m* -s, **Mängel 1.** *sing* brak *m* (**an einer Sache** czegoś) **2.** (*Fehler*) wada *f*
Mangel² *f* -, -n magiel *m*
mangelhaft *adj* wadliwy
mangeln *vi* brakować; **es mangelt mir an Geld** brak mi pieniędzy
mangels *praep mit G* w <z> braku
Manier *f* -, -en **1.** *sing* maniera *f* (artysty) **2.** *pl* maniery *pl*; **er hat gute ~en** on umie się zachować
Maniküre *f* -, -n **1.** manikiur *m*, manicure *n* **2.** manikiurzystka *f*
Mann *m* -(e)s, **Männer 1.** mężczyzna *m*; **sei ein ~!** bądź mężczyzną! **2.** człowiek *m* **3.** (*Ehemann*) mąż *m*
Männchen *n* -s, - *zool.* samiec *m*
Mannequin ['manɛkɛ̃] *n* -s, -s modelka *f*
männlich *adj* męski
Mannschaft *f* -, -en **1.** załoga *f* (statku, samolotu) **2.** zespół *m* (współpracowników) **3.** *sport.* drużyna *f*
Manöver *n* -s , - **1.** *mil.* manewry *mpl* **2.** manewr *m* (*a. figur.*)
Manschette *f* -, -n **1.** mankiet *m* **2.** *techn.* kołnierz *m*, pierścień *m*
Manschettenknopf *m* -(e)s, ...knöpfe spinka do mankietów
Mantel *m* -s, **Mäntel 1.** płaszcz *m* **2.** *mot.* opona *f* **3.** *techn.* osłona *f*
manuell *adj* ręczny, manualny
Manuskript *n* -(e)s, -e maszynopis *m* (*o. na komputerze*); rękopis *m*, manuskrypt *m*

Mappe *f* -, -n teczka *f* (*o. tekturowa*); skoroszyt *m*
Märchen *n* -s, - bajka *f*, (*a. figur.*), baśń *f*
Margarine *f* - margaryna *f*
Marienkäfer *m* -s, - biedronka *f*
Marihuana *n* -s marihuana *f*
Marille *f* -, -n *austr.* morela *f*
Marine *f* -, -n *naut.* marynarka *f*
marineblau *adj* granatowy
marinieren *vt* za|marynować
Marionette *f* -, -n marionetka *f*
Mark¹ *f* -, - *hist.* marka *f*; **zwei ~** dwie marki
Mark² *n* -(e)s **1.** szpik *m* **2.** *kulin.* przecier *m*
markant *adj* charakterystyczny
Marke *f* -, -n **1.** znak firmowy **2.** (*Briefmarke*) znaczek *m* (pocztowy); **~n sammeln** zbierać znaczki **3.** (*Garderobenmarke*) numerek *m*; (*Spielmarke*) żeton *m*
Markensammlung *f* -, -en zbiór znaczków
Marketing *n* -(s) marketing *m*
markieren *vt* **1.** o|znaczyć, o|znakować **2.** (*vortäuschen*) udawać (**den Dummen** głupiego)
Markt *m* -(e)s, **Märkte 1.** (*Platz*) targ *m* **2.** rynek *m* **3.** *econ.* rynek *m* (zbytu)
Markthalle *f* -, -n hala targowa
Marktplatz *m* -(e)s, ...plätze rynek *m*
Marmelade *f* -, -n marmolada *f*, dżem *m*
Marmor *m* -s, -e marmur *m*
marokkanisch *adj* marokański
Marsch *m* -(e)s, **Märsche** marsz *m* (*o. mus.*); **sich in ~ setzen** wymaszerować
marschieren *vi* maszerować
März *m* -(es) marzec *m*
Masche *f* -, -n oczko *n* (*sieci, pończochy*)
Maschine *f* -, -n maszyna *f*; silnik *m*
maschinell *adj* maszynowy
Maschinengewehr *n* -(e)s, -e karabin maszynowy
maschinenlesbar *adj inform.* czytelny dla komputera
Masern *pl med.* odra *f*
Maske *f* -, -n **1.** maska *f* **2.** (*Gesichtsmaske*) maseczka *f* (kosmetyczna)
maß → **messen**
Maß *n* -es, -e **1.** miara *f*; ~ **nehmen** brać miarę; **nach** ~ według miary, na miarę; *figur.* **in hohem ~e** w dużej mierze **2.** wymiary *mpl* **3.** (*Maßstab*) miar(k)a *f*, centymetr *m* **4.** *figur.* (*Mäßigung*) umiar *m*
Massage [ma'saːʒə] *f* -, -n masaż *m*
Massaker *n* -s, - masakra *f*

Masse f -, -n 1. masa f 2. (*große Menge*) mnóstwo, masa
Massenmedien pl środki masowego przekazu
Masseur [ma'sø:r] m -s, - masażysta m
maßgebend adj miarodajny
massieren vi, vt masować
mäßig adj umiarkowany; średni
mäßigen vt powściągać (**seinen Zorn** swój gniew)
massiv adj 1. masywny 2. poważny (zarzuty)
maßlos adj bez umiaru (**Zorn** gniew)
Maßnahme f -, -n sposób m, środek zaradczy
Maßstab m -(e)s, ...stäbe skala f, podziałka f; **im ~ ...** w skali ...
Mast m -(e)s, -en o. -e maszt m
Match [mɛtʃ] n, m -(e)s, -s o. -e sport. mecz m
Material n -s, -ien materiał m
materialistisch adj materialistyczny
Materie [ma'te:rjə] f - materia f (*a. figur.*)
materiell adj 1. materialny 2. (*materialistisch*) materialistyczny
Mathe f - *ugs.* matma f
Mathematik f - matematyka f
Matratze f -, -n materac m
Matrose m -n, -n marynarz m
Matsch m -es *ugs.* (błotnista) breja f
matt adj 1. (*schwach*) słaby; (*müde*) zmęczony; (*lustlos*) przygaszony 2. (*nicht spiegelnd*) matowy; **~ werden** matowieć
Matte f -, -n mata f
Matura f - *austr., schweiz.* matura f
Mauer f -, -n mur (*o. sport.*) m
mauern vi, vt wy|murować
Maul n -(e)s, **Mäuler** pysk m, morda f (*o. vulg.*)
Maulesel m -s, - muł m
Maulkorb m -(e)s, ...körbe kaganiec m
Maulwurf m -(e)s, ...würfe kret m
Maurer m -s, - murarz m
Maus f -, **Mäuse** mysz f (*a. inform.*)
Mausklick m -s, -s *inform.* kliknięcie myszy n
maximal adj maksymalny
Mayonnaise [majo'nɛ:zə] f → **Majonäse**
Mazedonier m -s, - Macedończyk m
mazedonisch adj macedoński
Mechanik f -, -en 1. *sing* mechanika f 2. mechanizm
Mechaniker m -s, - mechanik m

mechanisch adj mechaniczny
Medaille [me'daljə] f -, -n medal m (**für etw** za coś)
Medien ['me:djən] pl (mass)media npl
Medikament n -(e)s, -e lekarstwo n, lek m
meditieren vi medytować (**über etw** nad czymś)
Medizin f -, -en 1. *sing* medycyna f 2. *ugs.* lek m
medizinisch adj medyczny
Meer n -(e)s, -e morze n (*a. figur.*)
Meerenge f -, -n cieśnina f
Meeresfrüchte pl owoce morza
Meeresspiegel m: **über dem ~** nad poziomem morza
Meerrettich m -s chrzan m
Meerschweinchen n -s, - świnka morska
Meeting ['mi:tɪŋ] n -s, -s mityng m
Megabyte ['megabaɪt] n -(s), -(s) *inform.* megabajt m
Megafon, Megaphon n -s, -e megafon m
Mehl n -(e)s, -e mąka f
mehr I. *pron* więcej **II.** *adv* bardziej, więcej; **umso ~** tym bardziej; **nicht ~** już nie
mehrdeutig adj wieloznaczny
mehren vt mnożyć, powiększać
mehrer- *pron* kilka
mehrfach adv kilkakrotnie, wielokrotnie
mehrfarbig adj wielobarwny
Mehrheit f - większość f
mehrmalig adj kilkakrotny, niejednokrotny
mehrmals adv kilkakrotnie, wielokrotnie
mehrtägig adj kilkudniowy
Mehrwertsteuer f - podatek od wartości dodanej <VAT>
Mehrzahl f - 1. większość f 2. *gram.* liczba mnoga f
meiden* vt unikać, wystrzegać się
Meile f -, -n mila f
mein, meine, mein, pl **meine** *pron poss* mój, moja, moje, pl moi, moje
meinen vt, vi myśleć, mniemać; **~ Sie?** tak pan(i) sądzi?; **was ~ Sie damit?** co pan(i) przez to rozumie?; **es gut mit j-m ~** dobrze komuś życzyć
meiner *pron pers* G → **ich**
meinerseits adv z mojej strony, ze swej strony
meinetwegen adv przeze mnie; *ugs.* ~! niech (i tak) będzie!
Meinung f -, -en opinia f; **ich bin der ~, dass ...** sądzę, że ...; **meiner ~ nach** moim zdaniem

Meinungsforschung f - badanie opinii publicznej n
Meinungsumfrage f -, -n sondaż m, ankietowanie n
Meise f -, -n sikora f
Meißel m -s, - dłuto n
meist- adj najwięcej, największy
meistens adv najczęściej, przeważnie
Meister m -s, - **1.** majster m **2.** mistrz m (o. sport.)
meisterhaft adj mistrzowski
Meisterschaft f -, -en **1.** sing mistrzostwo n, kunszt m **2.** sport. mistrzostwo n; pl rozgrywki fpl, mistrzostwa pl **3.** sing mistrzostwo n, tytuł mistrzowski
Meisterwerk n -(e)s, -e arcydzieło n
melancholisch adj melancholijny
Meldeamt n -(e)s, ...ämter biuro meldunkowe
melden I. vt za|meldować; zawiadomić (**j-m etw** kogoś o czymś) **II.** vr **sich ~** zgłosić się, zameldować się
Meldepflicht f - obowiązek meldunkowy
Meldezettel m -s, - karta meldunkowa
Meldung f -, -en **1.** za|meldowanie n (się) **2.** (Nachricht) komunikat m, meldunek m
Melodie f -, -n melodia f
Melodrama n -s, ...men melodramat m
Melone f -, -n melon m
Menge f -, -n ilość f; (Menschenmenge) tłum m
Mensa f -, **Mensen** stołówka studencka
Mensch m -en, -en człowiek m; **kein ~** nikt
Menschenrechte pl prawa człowieka
Menschheit f - ludzkość f
menschlich adj ludzki
Menstruation f -, -en menstruacja f
Mentalität f - mentalność f
Menü n -s, -s menu n (a. inform.), jadłospis m; posiłek m (z kilku dań)
merkbar adj dostrzegalny
merken vt spostrzegać, zauważać; **sich etw ~** za|pamiętać sobie coś
merklich adj widoczny, wyraźny
Merkmal n -(e)s, -e znak m (szczególny); cecha f
merkwürdig adj osobliwy, dziwny
Messe[1] f -, -n msza f
Messe[2] f -, -n targi; pl; **eine ~ für Haushaltswaren** targi artykułów gospodarstwa domowego
messen[*] **I.** vt z|mierzyć, odmierzać **II.** vi mierzyć; **der Tisch misst zwei Meter in der Länge** stół ma 2 metry długości **III.** vr **sich ~** konkurować
Messer n -s, - nóż m
Messgerät n -(e)s, -e przyrząd pomiarowy
Messing n -s, -e mosiądz m
Metall n -s, -e metal m
Meter m, n -s, - metr m
Metermaß n -es, -e miar(k)a metrowa, centymetr m
Methode f -, -n metoda f
methodisch adj metodyczny (**Untersuchungen** badania)
Mettwurst f -, ...würste kulin. metka f
Metzger m -s, - reg. rzeźnik m
mich pron pers A → **ich**
mied → **meiden**
Mieder n -s, - **1.** gorset m (o. ludowy) **2.** (BH) stanik m, biustonosz m
Mief m -(e)s ugs. zaduch m
Miene f -, -n mina f, wyraz twarzy; **ohne eine ~ zu verziehen** nie drgnąwszy
mies adj ugs. kiepski, marny
Miete f -, -n czynsz m, komorne n; opłata za wynajem (auta)
mieten vt wynajmować
Mieter m -s, - najemca m, lokator m
Mietwagen m -s, - wynajęty samochód
Migräne f -, -n migrena f
Mikrobe f -, -n zarazek m
Mikrofon, Mikrophon n -s, -e mikrofon m
Mikroprozessor m -s, -en mikroprocesor m
Mikroskop n -s, -e mikroskop m
Mikrowelle f -, -n ugs. mikrofalówka f
Mikrowellengerät n -(e)s, -e, **Mikrowellenherd** m -(e)s, -e kuchenka mikrofalowa
Milch f - mleko n; **saure ~** zsiadłe mleko
Milchbar f -, -s koktajlbar m
Milchkaffee m -s kawa z mlekiem
Milchkanne f -, -n dzbanuszek do mleka
Milchmixgetränk n -(e)s, -e koktajl mleczny
Milchprodukte pl produkty mleczne, nabiał m
Milchreis m -es ryż na mleku
Milchschokolade f -, -n czekolada mleczna
Milchstraße f - Droga Mleczna
Milchsuppe f -, -n zupa mleczna
Milchzahn m -(e)s, ...zähne ząb mleczny
mild adj łagodny; (nachsichtig) pobłażliwy
mildern vt z|łagodzić

Milieu [mi'ljø:] *n* -s, -s środowisko *n*
militant *adj* bojowy
Militär *n* -s wojsko *n*; **zum ~ gehen** iść do wojska
militärisch *adj* wojskowy
Militärpflicht *f* - obowiązek służby wojskowej
Milliarde *f* -, -n miliard *m*
Millimeter *m, n* -s, - milimetr *m*
Million *f* -, -en milion *m*
minder- *adj* mniejszy; (*weniger gut*) gorszy
Minderheit *f* - mniejszość *f*
minderjährig *adj* niepełnoletni, małoletni
minderwertig *adj* małowartościowy, pośledni
mindest- *adj* najmniejszy; **nicht im ~en** <**Mindesten**> wcale nie, bynajmniej; **zum ~en** <**Mindesten**> przynajmniej, co najmniej
mindestens *adv* przynajmniej
Mindestpreis *m* -es, -e najniższa cena
Mine *f* -, -n **1.** *mil.* mina *f* **2.** wkład *m* (do ołówka, długopisu) **3.** kopalnia *f*
Mineral *n* -s, -e *o.* **-ien** mineral *m*
Mineralwasser *n* -s, ...wässer woda mineralna
minimal *adj* minimalny
Minister *m* -s, - minister *m*
Ministerium *n* -s, ...ien ministerstwo *n*
Ministerpräsident *m* -en, -en premier *m*
Ministerrat *m* -(e)s, ...räte Rada Ministrów
Ministrant *m* -en, -en ministrant *m*
Minorität *f* - mniejszość *f*
Minuszeichen *n* -s, - *mat.* znak odejmowania
Minute *f* -, -n minuta *f*
minutenlang *adj* kilkuminutowy
Minze *f* -, -n mięta *f*
mir *pron pers D* → **ich**
mischen *vt* z|mieszać (**mit einer Sache** z czymś); **die Karten ~** tasować karty
Mischung *f* -, -en mieszanina *f*; mieszanka *f*
miserabel *adj* nędzny, marny
missachten *vt* z|lekceważyć, pogardzać
missbilligen *vt* nie pochwalać (czegoś)
Missbrauch *m* -(e)s, ...bräuche nadużycie *n* (*np.* leków)
missbrauchen *vt* nadużywać (**j-s Vertrauen** czyjegoś zaufania)
Misserfolg *m* -(e)s, -e niepowodzenie *n*
missfallen* *vi* nie podobać się, nie odpowiadać

Missgeschick *n* -(e)s, -e niepowodzenie *n*, pech *m*
misshandeln *vt* źle się obchodzić, maltretować
Mission *f* -, -en misja *f*
misslang → **misslingen**
misslingen* *vi s* nie udać się
missmutig *adj* markotny
misst → **messen**
misstrauen *vi* nie dowierzać
misstrauisch *adj* nieufny
Missverständnis *n* -es, -e nieporozumienie *n*
missverstehen* *vt* źle z|rozumieć
Mist *m* -(e)s **1.** nawóz *m*, gnój *m* **2.** *ugs.* głupstwo *n*
Mistel *f* -, -n jemioła *f*
mit *praep mit D* z; **~ ihm** z nim; **~ der Bahn** koleją; **~ zehn Jahren** mając 10 lat
mitarbeiten *vi* współpracować (**an einer Sache** nad czymś)
Mitarbeiter *m* -s, - współpracownik *m*
Mitbewerber *m* -s, - konkurent *m*
mitbringen* *vt* przynosić z sobą
miteinander *adv* razem, wspólnie
miterleben *vt* przeżywać z kimś
mitfahren* *vi s* po|jechać razem
mitfühlen *vi* współczuć (**mit j-m** komuś)
mitgeben *vt* da(wa)ć (**auf den Weg** na drogę)
Mitgefühl *n* -(e)s współczucie *n*
Mitglied *n* -(e)s, -er członek *m* (organizacji)
Mitgliedsbeitrag *m* -(e)s, ...beiträge składka członkowska
Mitgliedskarte *f* -, -n karta członkowska
mitkommen* *vi s* l. przybywać <przychodzić> razem; (*mit Wagen*) przyjeżdżać razem; (*mitgehen*) iść razem; **komm mit!** chodź ze mną <z nami>! **2.** *figur. ugs.* nadążać
Mitleid *n* -(e)s litość *f* (**mit j-m** nad kimś, dla kogoś)
mitmachen I. *vi, vt* brać udział, uczestniczyć (w czymś) **II.** *vt*: **viel ~** dużo przeżyć <przejść>
Mitmensch *m* -en, -en bliźni *m*
mitnehmen* *vt* brać <zabierać> z sobą; (*erschöpfen*) z|męczyć
Mitreisende *m* -n, -n towarzysz podróży
mitschuldig *adj* współwinny (**an einer Sache** czegoś)
Mitschüler *m* -s, - kolega (szkolny)

Mitspieler *m* -s, - partner, współuczestnik gry
Mittag *m* -s, -e południe *n*; (**zu**) ~ **essen** jeść obiad
Mittagessen *n* -s, - obiad *m*
mittags *adv* w (każde) południe
Mittagspause *f* -, -n przerwa obiadowa
Mitte *f* -, -n środek *m*; ~ **März** w połowie marca; **aus ihrer** ~ spośród nich; **in der** ~ **der Stadt wohnen** mieszkać w centrum (miasta)
mitteilen *vt* oznajmi(a)ć, zawiadamiać, za|komunikować
Mitteilung *f* -, -en doniesienie *n*
Mittel *n* -s, - **1.** środek *m* (*o. med.*) (**gegen, für etw** przeciw czemuś, na coś) **2.** *pl* środki *mpl* (finansowe)
Mittelalter *n* -s średniowiecze *n*
Mittelgewicht *n* -(e)s *sport.* waga średnia
mittelmäßig *adj* mierny, przeciętny, średni
Mittelpunkt *m* -(e)s, -e środek *m*, centrum *n* (*a. figur.*)
mittels *praep mit G* za pomocą
Mittelschule *f* -, -n szkoła średnia
Mittelwelle *f* -, -n *rad.* fale średnie
mitten *adv* pośrodku, wśród; ~ **auf der Straße** na środku ulicy <drogi>; ~ **unter ihnen** wśród nich
mittendrin *adv* pośrodku, w środku
mittendurch *adv* przez środek
Mitternacht *f* - północ *f*; **um** ~ o północy
mitternachts *adv* o północy
mittler- *adj* **1.** środkowy **2.** przeciętny, średni; ~**e Geschwindigkeit** średnia prędkość
mittlerweile *adv* tymczasem
Mittwoch *m* -(e)s, -e środa *f*; **am** ~ w środę
mittwochs *adv* w środy
mitunter *adv* niekiedy, czasem
mitwirken *vi* współdziałać, brać udział (**bei** <**an**> **einer Sache** w czymś)
mixen *vt* z|mieszać, z|miksować
Möbel *n* -s, - mebel *m*
mobil *adj* **1.** ruchomy (**Besitz** własność); przenośny (**ein Labor** laboratorium) **2.** *ugs.* rześki
Mobilbox *f* -, -en poczta głosowa
Mobilfunk *m* -s telefonia komórkowa
Mobiltelefon *n* -s, -e telefon komórkowy
möblieren *vt* u|meblować; **möbliertes Zimmer** umeblowany pokój
mochte → **mögen**
Mode *f* -, -n moda *f*; **aus der** ~ **kommen** wyjść z mody

Modell *n* -s, -e model *m*, wzór *m*
Modem *m, n* -s, -s *inform.* modem *m*
Modenschau *f* - pokaz <rewia> mody
Moderator *m* -s, -en prezenter *m*
moderieren *vi, vt rad., tv* prowadzić program
modern *adj* **1.** nowoczesny, współczesny **2.** modny
modernisieren *vt* modernizować
Modezeitschrift *f* -, -en żurnal *m*
modisch *adj* modny
Modistin *f* -, -nen modystka *f*
Mofa *n* -s, -s motorynka *f*
mogeln *vi ugs.* oszukiwać
mögen* *vt* l. (*wollen*) chcieć; **ich möchte eine Tasse Tee** proszę o filiżankę herbaty; **ich möchte gern** chciałbym; **ich möchte lieber** wolałbym **2.** (*gern haben*) lubić; **ich mag ihn sehr** bardzo go lubię **3.** (*können*) **mag sein!** możliwe!; **wer mag das sein?** kto to może być?
möglich *adj* możliwy; **so schnell wie** ~ jak najszybciej
Möglichkeit *f* -, -en możliwość *f*
möglichst *adv*: ~ **schnell** jak najprędzej; *ugs.* **er tut sein Möglichstes** robi wszystko, co możliwe
Mohn *m* -(e)s mak *m*
Mohnkuchen *m* -s, - makowiec *m*
Möhre, *reg.* **Mohrrübe** *f* -, -n marchew(ka) *f*
Mokka *m* -s (kawa) mokka *f*
Mole *f* -, -n molo *n*
molk → **melken**
Molkerei *f* -, -en mleczarnia *f*
Molkereiprodukte *npl* nabiał *m*
Moment *m* -(e)s, -e chwila *f*, moment *m*; (**einen**) ~, **bitte!** chwileczkę!
momentan *adj* chwilowy
Momentaufnahme *f* -, -n zdjęcie migawkowe *n*
Monarchie *f* -, -n monarchia *f*
monarchistisch *adj* monarchistyczny
Monat *m* -(e)s, -e miesiąc *m*
monatelang *adv* (całymi) miesiącami
monatlich *adj* co|miesięczny
Monatskarte *f* -, -n bilet miesięczny
Mönch *m* -(e)s, -e mnich *m*, zakonnik *m*
Mond *m* -(e)s, -e księżyc *m*; *astr.* Księżyc *m*
Mondschein *m* -(e)s światło księżyca
Monegasse *m* -n, -n mieszkaniec Monako
monieren *vt* reklamować, kwestionować
Monitor *m* -s, -e(n) monitor *m* (*a. inform.*)

monogam *adj* monogamiczny
Monopol *n* -s, -e monopol *n* (**auf etw** na coś)
monoton *adj* monotonny
Monster *n* -s, - monstrum *n*, potwór *m*
Montag *m* -(e)s, -e poniedziałek *m*; **am ~** w poniedziałek
Montage [mɔn'taːʒə] *f* -, -n montaż *m*
montags *adv* w poniedziałki
Monteur [mɔn'tøːr] *m* -s, -e monter *m*
montieren *vt* z|montować
Monument *n* -(e)s, -e pomnik *m*
monumental *adj* monumentalny
Moor *n* -(e)s, -e bagno *n*
Moos *n* -es, -e mech *m*
Moped *n* -s, -s motorower
Moral *f* - moralność *f*
moralisch *adj* moralny
Morast *m* -(e)s, -e *o.* **Moräste** bagno *n*, trzęsawisko *n*
Mord *m* -(e)s, -e mord *m*, morderstwo *n*
Mörder *m* -s, - morderca *m*
morgen *adv* 1. jutro 2. rano; **heute ~** dzisiaj rano
Morgen *m* -s, - rano *n*, ranek *m*; **am frühen ~** wczesnym rankiem; **guten ~!** dzień dobry! (*rano*)
Morgendämmerung *f* -, -en świt *m*; **in der ~** o świcie
morgens *adv* rano, z rana
morgig *adj* jutrzejszy
Mosaik [moza'iːk] *n* -s, -en *o.* -e mozaika *f*
Moslem *m* -s, -s muzułmanin *m*
Most *m* -(e)s, -e moszcz *m*
Motel *n* -s, -s motel *m*
Motiv *n* -s, -e motyw *m*
motivieren *vt* u|motywować
Motor *m* -s, -en silnik *m*, motor *m*
Motorboot *n* -(e)s, -e motorówka *f*, łódź motorowa
Motorrad *n* -(e)s, ...räder motocykl *m*, *ugs.* motor
Motorradfahrer *m* -s, - motocyklista *m*
Motorroller *m* -s, - skuter *m*
Motte *f* -, -n mól *m*
Möwe *f* -, -n mewa *f*
Mücke *f* -, -n komar *m*
müde *adj* zmęczony; **~ werden** z|męczyć się, **nicht ~ werden** nie ustawać
Müdigkeit *f* - zmęczenie *n*
Müesli → **Müsli**
Mühe *f* -, -n trud *m*; **sich ~ geben** zadawać sobie trud

mühelos *adj* łatwy, bez trudu
Mühle *f* -, -n młyn *m*; (*Kaffeemühle*) młynek *m*
mühsam, mühselig *adj* mozolny, żmudny
Mulatte *m* -n, -n mulat *m*
Mulde *f* -, -n niecka *f*, zagłębienie *n*
Mull *m* -(e)s, -e gaza *f*
Müll *m* -s śmieci *m*, *pl*
Müllabfuhr *f* -, -en wywóz śmieci
Müllcontainer ['mylkɔnteɪnər] *m* -s, -e pojemnik na śmieci
Mülldeponie *f* -, -n wysypisko śmieci
Mülleimer *m* -s, - kubeł na śmieci
Müller *m* -s, - młynarz *m*
Müllschlucker *m* -s, - zsyp na śmieci *m*
Mülltonne *f* -, -n duży pojemnik na śmieci
Müllverbrennungsanlage *f* -, -n spalarnia śmieci
Müllwagen *m* -s, - śmieciarka *f*
Multimedia *n* -(s) multimedia *mpl*
multimedial *adj* multimedialny
Multiplikation *f* -, -en *mat.* mnożenie *n*
multiplizieren *vt* po|mnożyć
Mumps *m* - *med.* świnka *f*
Mund *m* -(e)s, **Münder** usta *pl*
Mundart *f* -, -en narzecze *n*; gwara *f*; dialekt *m*
münden *vi* h, s uchodzić, wpadać (**in etw** do czegoś); zbiegać się
Mundharmonika *f* -, -s *o.* ...**ken** organki *pl*, harmonijka *f*
Mundhöhle *f* -, -n jama ustna
mündig *adj* pełnoletni
mündlich *adj* ustny
Mundstück *n* -(e)s, -e (*einer Zigarette*) ustnik *m*
Mündung *f* -, -en (*eines Flusses*) ujście *n*; (*einer Straße*) wylot *m*
Mundwasser *n* -s, ...**wässer** woda do (płukania) ust
Munition *f* -, -en amunicja *f*
Münster *n* -s, - kościół katedralny *m*, tum *m*
munter *adj* żwawy, żywy; (*frisch*) rześki; **~ sein** być na nogach, nie spać
Münze *f* -, -n moneta *f*
Münzfernsprecher *m* -s, - automat telefoniczny na monety *f*
mürbe *adj* kruchy
murmeln *vi* mruczeć; szemrać (*o strumyku*)
murren *vi* narzekać, zrzędzić (**über etw** na coś); szemrać (**gegen etw** przeciwko czemuś)

mürrisch *adj* mrukliwy
Mus *n* **-es, -e** mus *m*; przecier *m*
Muschel *f* **-, -n 1.** muszla *f*, muszelka *f* **2.** *zool.* małż *m*
Muse *f* **-, -n** muza *f*
Museum [mu'ze:um] *n* **-s, Museen** muzeum *n*
Musical ['mju:zikl] *n* **-s, -s** musical *m*
Musik *f* **-** muzyka *f*
musikalisch *adj* **1.** muzyczny **2.** (*musikbegabt*) muzykalny
Musikautomat *m* **-en, -en** pozytywka *f*; szafa grająca *f*
Musikbox *f* **-, -en** szafa grająca *f*
Musiker *m* **-s, -** muzyk *m*
Musikfreund *m* **-(e)s, -e** meloman *m*
musizieren *vi* muzykować
Muskel *m* **-s, -n** mięsień *m*
muskulös *adj* muskularny
Müsli *n* **-s, -** musli *n*
Muslim *m* **-(s), -e** muzułmanin *m*
muss → **müssen**
Muße *f* **-** wolny czas; **in aller ~** w zupełnym spokoju
müssen* *vi* musieć; **man muss ...** trzeba ...
müßig *adj* bezczynny; (*unnütz*) daremny

musste → **müssen**
Muster *n* **-s, - 1.** wzór *m* **2.** (*Stoffmuster*) deseń *m* **3.** próbka *f* (**von einer Sache** czegoś)
mustern *vt* przyglądać się (czemuś); mierzyć wzrokiem
Musterschüler *m* **-s, -** wzorowy uczeń
Mut *m* **-(e)s** odwaga *f*, męstwo *n*; **guten ~es** w dobrym nastroju
Mutation *f* **-, -en** mutacja *f*
mutig *adj* odważny, śmiały
mutmaßen *vi* przypuszczać
Mutter[1] *f* **-, Mütter** matka *f* (**von vier Kindern** czworga dzieci); **eine werdende ~** przyszła matka; *figur.* **~ Natur** matka natura
Mutter[2] *f* **-, -n** *techn.* nakrętka *f*
Muttergottes *f* **-** *rel.* Matka Boska
mütterlich *adj* **1.** matczyny **2.** macierzyński
Muttermal *n* **-(e)s, -e** *med.* znamię *n* (barwnikowe)
Mutterschaft *f* **-** macierzyństwo *n*
Muttersprache *f* **-, -n** język ojczysty
Mutti *f* **-, -s** *ugs.* mama *f*
Mutwille *m* **-ns** złośliwość *f*
Mütze *f* **-, -n** czapka *f* (miękka)
Mythologie [mytolo'gi:] *f* **-** mitologia *f*

N

na *int ugs.* no; **na (ja) gut** no, dobrze już!; **na, so was!** no coś takiego!; **na und?** no i co? **na bitte!** no proszę!
Nabel *m* -s, - *anat.* pępek *m*
Nabelschnur *f* -, ...**schnüre** pępowina *f*
nach I. *praep mit D* I. (*Richtung*) do, ku; ~ **Wien** do Wiednia; ~ **links** na lewo **2**. (*Reihenfolge*) po, za; ~ **Ihnen** po panu (pani); **der Reihe** ~ po kolei **3**. (*gemäß*) według; ~ **Gewicht** na wagę; **dem Anschein** ~ z pozoru; **meiner Meinung** ~ moim zdaniem **4**. ~ **j-m fragen** pytać o kogoś; ~ **j-m schicken** pos(y)łać po kogoś **II**. *adv*: ~ **und** ~ stopniowo
nachäffen *vt* przedrzeźniać
nachahmen *vt* naśladować
Nachahmung *f* - naśladownictwo *n*
Nachbar *m* -n, -n sąsiad *m*
Nachbarin *f* -, -nen sąsiadka *f*
Nachbarland *n* -(e)s, ...**länder** sąsiedni kraj
Nachbarschaft *f* - sąsiedztwo *n*
nachdem I. *kj* skoro, gdy **II**. *adv*: **je** ~ zależnie od okoliczności
nachdenken *vi* zastanawiać się (**über etw** nad czymś)
nachdenklich *adj* zamyślony
Nachdruck¹ *m* -(e)s, -e **1**. przedruk *m* **2**. dodruk *m*
Nachdruck² *m* -(e)s nacisk *m*
nachdrücklich *adv* dobitnie
nacheinander *adv* jeden za <po> drugim, po kolei
nachempfinden *vt* wczuwać się (**j-m w** czyjąś sytuację)
nachfolgen *vi s* **1**. następować (**j-m** po kimś) **2**. naśladować (**j-m** kogoś)
Nachfolger *m* -s, - następca *m*
nachforschen *vi* badać, wnikać (**einer Sache** w coś)
Nachfrage *f* -, -n *handl.* popyt *m* (**nach einer Sache** na coś)
nachfragen *vi* zapyt(yw)ać, dopytywać się (**nach einer Sache** o coś)
nachfüllen *vt* dol(ew)ać, dopełni(a)ć
nachgeben *vi* ustępować (**j-m** komuś)
Nachgebühr *f* -, -en dopłata *f*
nachgehen *vi s* **1**. iść (**j-m** za kimś) **2**. zajmować się (**einer Sache** czymś) **3**. **die Uhr geht nach** zegarek się spóźnia

Nachgeschmack *m* -(e)s posmak *m*
nachgiebig *adj* ustępliwy
nachhelfen *vi* do|pomagać
nachher *adv* potem, później; **bis ~!** na razie!
Nachhilfe, Nachhilfestunde *f* -, -n, **Nachhilfeunterricht** *m* -(e)s korepetycje *pl*
nachholen *vt* nadrabiać
Nachkomme *m* -n, -n potomek *m*
nachkommen *vi s* **1**. przychodzić (później) (**j-m** po kimś) **2**. nadążać (**mit einer Sache** z czymś) **3**. spełniać; **einem Versprechen** ~ dotrzymać przyrzeczenia
Nachlass *m* -es, -e *o.* **Nachlässe 1**. spuścizna *f* **2**. (*Preisnachlass*) zniżka *f*, rabat *m*
nachlassen I. *vt*: **vom Preis** ~ opuszczać z ceny **II**. *vi* słabnąć (*np. o deszczu*)
nachlässig *adj* niedbały
nachlaufen *vi s* biec, podążać (**j-m** za kimś)
nachmachen *vt ugs.* **1**. naśladować (**j-m etw** kogoś w czymś) **2**. (*fälschen*) podrabiać
Nachmittag *m* -s, -e popołudnie *n*
nachmittags *adv* po południu
Nachnahme *f* -, -n pobranie *n*; **per ~** za pobraniem
Nachname *m* -ns, -n nazwisko *n*
nachprüfen *vt* sprawdzać, kontrolować
Nachricht *f* -, -en wiadomość *f*, informacja *f*
Nachrichtenagentur *f* -, -en agencja prasowa
nachrücken *vi s* posuwać się (**j-m** za kimś)
nachrüsten I. *vt* wyposażyć dodatkowo (*np. samochód*) **II**. *vi* dozbrajać się
nachsagen *vt* powtarzać (**j-m etw** coś za kimś)
Nachsatz *m* -es, ...**sätze** dopisek *m*
nachschicken *vt* dos(y)łać
nachschlagen *vi, vt* sprawdzać (**in einem Buch** w książce)
Nachschlagewerk *n* -(e)s, -e kompendium *n*, poradnik *m*
Nachschrift *f* -, -en dopisek *m*, postscriptum *n*
nachsehen I. *vi* po|patrzeć (**j-m** za kimś) **II**. *vi, vt* (*prüfen*) sprawdzać
nachsenden *vt* dos(y)łać
Nachsicht *f* - wyrozumiałość *f*, pobłażliwość *f*
nachsichtig *adj* wyrozumiały

Nachspeise *f* -, -n deser *m*
Nachspiel *n* -(e)s, -e epilog *m*, zakończenie *n* (sztuki; sprawy)
nächst- → **nahe I**. *adj* następny, przyszły; **~es Mal** następnym razem **II**. *adv*: **am ~en** najbliżej
nächstbeste *adj*: **bei der ~n Gelegenheit** przy pierwszej lepszej okazji
Nächste(r) *f*, *m* -n, -n bliźni *m*
nachstellen *vt*: **die Uhr ~** cofać wskazówki zegar(k)a
nächstens *adv* wkrótce
Nacht *f* -, **Nächte** noc *f*; **bei ~** nocą; **gute ~!** dobranoc!
Nachtdienst *m* -(e)s, -e nocny dyżur
Nachteil *m* -(e)s, -e wada *f*; (*Schaden*) szkoda *f*, uszczerbek *m*; **im ~** w gorszej sytuacji
nachteilig *adj* niekorzystny
nächtelang *adj* nocami
Nachtfalter *m* -s, -a ćma *f*
Nachtfrost *m* -(e)s, ...**fröste** nocny przymrozek
Nachthemd *n* -(e)s, -en koszula nocna
Nachtigall *f* -, -en słowik *m*
Nachtisch *m* -(e)s deser *m*
Nachtklub *m* -s, -s klub nocny
Nachtleben *n* -s nocne życie
nächtlich *adj* nocny
Nachtlokal *m* -s, -e nocny lokal
Nachtrag *m* -(e)s, **Nachträge** dodatek *m*, suplement *m*; (*zu einer Schrift*) dopisek *m*
nachträglich *adj* dodatkowy, późniejszy
nachts *adv* w nocy, nocą
Nachtschicht *f* -, -en nocna zmiana
Nachttarif *m* -s, -e taryfa nocna
Nachttisch *m* -(e)s, -e szafka nocna
Nachttopf *m* -(e)s, ...**töpfe** nocnik *m*
Nachweis *m* -es, -e dowód *m*, udowodnienie *n*
Nachwelt *f* - przyszłe pokolenia
Nachwirkung *f* -, -en skutek *m* (długotrwały)
Nachwort *n* -(e)s, -e posłowie *n*, epilog *m*
Nachwuchs *m* -es potomstwo *n*
nachzahlen *vt* dopłacać
nachzählen *vt* przeliczać, sprawdzać
Nachzahlung *f* -, -en dopłata *f*
Nachzügler *m* -s, - spóźnialski *m*, maruder *m*
Nacken *m* -s, - kark *m*
nackt *adj* nagi, goły
Nacktkultur *f* - nudyzm *m*

Nadel *f* -, -n **1.** igła *f*; (*Stecknadel*) szpilka *f* (do włosów) **2.** *bot*. igła *f*, szpilka *f*
Nadelbaum *m* -(e)s, ...**bäume** drzewo iglaste <szpilkowe> *n*
Nagel *m* -s, **Nägel 1.** gwóźdź *m* **2.** (*Fingernagel*) paznokieć *m*
Nagelfeile *f* -, -n pilnik do paznokci
Nagellack *m* -(e)s, -e lakier do paznokci
nagelneu *adj ugs.* nowiutki, prosto z igły
nahe *adj* bliski; **~ am Bahnhof** blisko dworca; **~ liegende Gründe** łatwo zrozumiałe <oczywiste> powody; **j-m ~ stehen** być z kimś blisko <w zażyłych stosunkach>
Nähe *f* - bliskość *f*, pobliże *n*; **in der ~** w pobliżu
nahen *vi* zbliżać się (**j-m** do kogoś)
nähen *vt* u|szyć (**mit der Nähmaschine** na maszynie)
Näherin *f* -, -nen krawcowa *f*
nähern, sich *vr* zbliżać się, przybliżać się (**einer Sache** do czegoś)
nahezu *adv* prawie, niemal
nahm → **nehmen**
Nähmaschine *f* -, -n maszyna do szycia
nähren I. *vt* żywić (*a. figur*.) **II**. *vr* **sich ~** żywić się (**von einer Sache** czymś) **III.** *vi* być pożywnym
nahrhaft *adj* pożywny
Nahrung *f* - pożywienie *n*, pokarm *m* (*a. figur*.)
Nahrungsmittel *pl* żywność *f*, artykuły żywnościowe
Nährwert *m* -(e)s, -e wartość odżywcza
Naht *f* -, **Nähte** szew *m* (*o. med., techn*.)
Nahverkehr *m* -s komunikacja podmiejska *f*
Nähzeug *n* -(e)s przybory do szycia
naiv *adj* naiwny
Name *m* -ns, -n nazwisko *n*; (*Vorname*) imię *n* (*a. figur*.); (*von Sachen*) nazwa *f*; **in j-s ~n sprechen** mówić w czyimś imieniu; **j-n dem ~n nach kennen** znać kogoś z nazwiska
namens I. *adv* o nazwisku **II.** *praep* mit *G* (*im Auftrag von*) w imieniu
Namenstag *m* -(e)s, -e imieniny *n*
Namensvetter *m* -s, - imiennik *m*
namentlich I. *adj* imienny **II.** *adv* zwłaszcza, szczególnie
namhaft *adj* znaczny; wybitny
nämlich *adv* mianowicie
nannte → **nennen**
Napf *m* -(e)s, **Näpfe** (mała) miska *f*

Narbe *f* -, -n blizna *f*
Narkose *f* -, -n narkoza *f*
Narkotikum *n* -s, ...ka narkotyk *m*
Narr *m* -en, -en błazen *m*, głupiec *m*
närrisch *adj* błazeński, głupi; (*sonderbar*) śmieszny, zabawny
Narzisse *f* -, -n narcyz *m*; **gelbe ~** żonkil *m*
naschen *vi, vt* wyjadać (ukradkiem); **gern ~** łasować
Nase *f* -, -n nos *m*; *figur.* **der Zug fuhr mir vor der ~ weg** pociąg odjechał mi sprzed nosa
Nasenbluten *n* -s krwawienie z nosa
Nasenloch *n* -(e)s, ...löcher dziurka w nosie
Nasentropfen *pl* krople do nosa
naseweis *adj* ciekawski
nass *adj* 1. mokry; **~ machen** z|moczyć 2. deszczowy (pogoda)
Nässe *f* - wilgoć *f*
nasskalt *adj* zimny i dżdżysty
Natel *n* -s, -s *schweiz.* telefon komórkowy
Nation *f* -, -en naród *m*; **die Vereinten ~en** Narody Zjednoczone, ONZ
national *adj* narodowy
Nationalfarben *pl* barwy narodowe
Nationalfeiertag *m* -(e)s, -e święto narodowe
Nationalgericht *n* -(e)s, -e potrawa narodowa
Nationalhymne [natsjo'na:lhymnə] *f* -, -n hymn narodowy
Nationalismus *m* - nacjonalizm *m*
nationalistisch *adj* nacjonalistyczny
Nationalität *f* -, -en narodowość *f*
Nationalmannschaft *f* -, -en *sport.* drużyna narodowa, reprezentacja kraju
Nationalpark *m* -s, -s park narodowy
Nationaltracht *f* -, -en strój narodowy
Natrium *n* -s sód *m*
Natron *n* -s *chem.* soda oczyszczona
Natter *f* -, -n żmija *f*
Natur *f* -, -en 1. *sing* natura *f*, przyroda *f* 2. (*Wesen*) usposobienie
Naturkunde *f* - przyrodoznawstwo *n*
natürlich I. *adj* naturalny II. *adv* naturalnie, oczywiście
Naturpark *m* -s, -s rezerwat przyrody
Naturschutz *m* -es ochrona przyrody
Naturschutzgebiet *n* -(e)s, -e rezerwat przyrody
Naturwissenschaften *pl* nauki przyrodnicze

Nazi *m* -s, -s *ugs. abw.* nazista *m*
ne *adv ugs.* nie
Nebel *m* -s, - mgła *f*
Nebelscheinwerfer *m* -s, - *mot.* reflektor przeciwmgłowy
neben *praep* I. *mit D* (*wo?*) obok, przy; **er wohnt ~ mir** on mieszka obok mnie 2. *mit A* (*wohin?*) obok, przy; **etw ~ das Fenster stellen** postawić coś przy oknie 3. *mit D* oprócz, poza; **~ ihm** oprócz niego
nebenan *adv* (tuż) obok
Nebenausgang *m* -(e)s, ...ausgänge boczne wyjście
nebenbei *adv*: **~ gesagt** nawiasem mówiąc
Nebenbeschäftigung *f* -, -en dodatkowe zajęcie
nebeneinander *adv* obok siebie; (*gleichzeitig*) jednocześnie
Nebeneingang *m* -(e)s, ...eingänge boczne wejście
Nebenfluss *m* -es, ...flüsse dopływ *m* (rzeki)
Nebengebäude *n* -s, - sąsiedni budynek
Nebenkosten *pl* koszty dodatkowe
Nebensache *f* -, -n rzecz uboczna, sprawa drugorzędna; **das ist ~** to nieważne
Nebensatz *m* -es, ...sätze zdanie podrzędne
Nebenstraße *f* -, -n boczna ulica
Nebenwirkung *f* -, -en działanie uboczne
Nebenzimmer *n* -s, - sąsiedni <przyległy> pokój
neblig *adj* mglisty
necken *vt* przekomarzać się (z kimś)
Neffe *m* -n, -n bratanek *m*, siostrzeniec *m*
negativ *adj* ujemny, negatywny
Negativ *n* -s, -e *fot.* negatyw *m*
Neger *m* -s, - *abw.* Murzyn *m*
nehmen* *vt* brać, wziąć; (*wegnehmen*) zab(ie)rać; **seine Medikamente ~** zażywać leki; **Abschied ~** po|żegnać się; **Platz ~** siadać, usiąść; **auf etw Rücksicht ~** mieć wzgląd na coś; **sich vor j-m in Acht ~** mieć się na baczności przed kimś; **von einer Sache Notiz ~** zwracać na coś uwagę; **im Ganzen genommen** wszystko razem wziąwszy; **im Grunde genommen** w gruncie rzeczy
Neid *m* -(e)s zawiść *f*
neiden *vt* zazdrościć (**j-m etw** komuś czegoś)
neidisch *adj* zawistny (**auf j-n, etw** o kogoś, coś)

neigen I. *vt* schylać II. *vi* skłaniać się (**zu einer Sache** do czegoś) III. *vr sich* ~ nachylać się
Neigung *f* -, -en **1.** pochyłość *f*, spadek *m* **2.** skłonność, upodobanie (**zu einer Sache** do czegoś) **3.** przychylność *f* (**zu j-m** komuś)
nein *adv* nie; **aber** ~! ależ nie!, nic podobnego!
Nelke *f* -, -n goździk *m*
nennen* I. *vt* **1.** naz(y)wać **2.** wymieni(a)ć (*np. imię*) II. *vr sich* ~ nazywać się
nennenswert *adj* wart wzmianki
Neofaschismus *m* - neofaszyzm *m*
Neonazi *m* -s, -s neofaszysta *m*
Nerv *m* -s, -en nerw *m*
nervenberuhigend *adj* uspokajający
nervenkrank *adj* nerwowo chory
nervös *adj* nerwowy
Nervosität *f* - nerwowość *f*
Nessel *f* -, -n pokrzywa *f*
Nest *n* -(e)s, -er gniazdo *n*; (*Kleinstadt*) dziura *f*; *figur. ugs.* gniazdko *n* (*rodzinne*)
nett *adj* (*freundlich*) uprzejmy; (*angenehm*) miły; (*hübsch*) ładny; **das ist ~ von Ihnen** to ładnie z pana strony
Netz *n* -es, -e sieć *f* (*a. inform.*); siatka *f*
Netzhaut *f* -, ...häute *anat.* siatkówka *f*
neu I. *adj* nowy; (*frisch*) świeży; **aufs Neue** od nowa II. *adv* na nowo; niedawno
Neuankömmling *m* -s, -e nowo przybyły
neuartig *adj* nowoczesny, nowy
Neubau *m* -(e)s, -ten nowe budownictwo
neuerdings *adv* niedawno
Neuerscheinung *f* -, -en nowość wydawnicza
neugeboren *adj* nowo narodzony
Neugier *f* - ciekawość *f*
neugierig *adj* ciekawy (**auf etw** czegoś); ~ **werden** zaciekawić się
Neuheit *f* -, -en nowość *f*
Neuigkeit *f* -, -en nowina *f*
Neujahr *n* -(e)s, -e Nowy Rok; **glückliches ~!** szczęśliwego Nowego Roku!
neulich *adv* niedawno
Neuling *m* -s, -e nowicjusz *m*
Neumond *m* -(e)s nów *m*
neun *num* dziewięć
neunhundert *num* dziewięćset
neunmalklug *adj* przemądrzały
neunte *num* dziewiąty
Neuntel *n* -s, - jedna dziewiąta
neunzehn *num* dziewiętnaście

neunzehnte *num* dziewiętnasty
neunzig *num* dziewięćdziesiąt
neunzigste *num* dziewięćdziesiąty
Neuordnung *f* -, -en reorganizacja *f*
neureich *adj* nowobogacki
Neurologe *m* -n, -n neurolog *m*
neutral *adj* neutralny
neutralisieren *vt z|*neutralizować (*a. chem.*)
Neuzeit *f* - czasy nowożytne
nicht *adv* nie; ~ **mehr** już nie; ~ **viel** niedużo; ~ **nur ..., sondern auch ...** nie tylko ..., lecz także ...
Nichtachtung *f* - nieuszanowanie *n*, lekceważenie *n*
Nichte *f* -, -n siostrzenica *f*
nichtig *adj* błahy, marny; *juris.* (*ungültig*) nieważny
Nichtraucher *m* -s, - niepalący *m*
nichts *pron* nic; **weiter ~?** czy to wszystko?, nic więcej?; **das macht ~** nie szkodzi
Nichtschwimmer *m* -s, - osoba nie umiejąca pływać
nichtsdestoweniger *praep* niemniej, mimo to
Nichtzutreffende *n*: ~**s streichen** niepotrzebne skreślić
Nickel *n* -s nikiel *m*
nicken *vi* kiwać <skinąć> głową
nie *adv* nigdy; ~ **wieder** nigdy więcej
nieder *adj* niski; niższego stopnia
niederdrückend *adj* przygnębiający
Niedergang *m* -(e)s upadek *m*
niedergehen* *vi s* **1.** spaść (opad); zejść (lawina) **2.** wy||lądować
niedergeschlagen *adj figur.* przygnębiony
Niederlage *f* -, -n klęska *f*
Niederländer *m* -s, - Niderlandczyk *m*
niederländisch *adj* niderlandzki
niederlassen*, **sich** *vr* osiedlać się
Niederlassung *f* -, -en filia *f*; siedziba *f*
niederlegen *vt* kłaść, położyć
Niederschlag *m* -(e)s, ...schläge *chem.* osad *m*; *meteor.* opad *m*
niederschlagen* *vt* zwalić na ziemię, powalić; (*senken*) spuszczać
niedersetzen, sich *vr* siadać, u|siąść
niederträchtig *adj* podły
Niederung *f* -, -en nizina *f*
niederwerfen* *vt* powalić, zwalić z nóg; *figur.* zwyciężyć
niedlich *adj* milutki
niedrig *adj* niski

niemals *adv* nigdy
niemand *pron* nikt; **es ist ~ da** nie ma (tu) nikogo
Niere *f* -, -n nerka *f*; *pl kulin.* cynaderki *fpl*
nieseln *vi*: **es nieselt** mży
niesen *vi* kichać
Nikotin *n* -s nikotyna *f*
nimmt → **nehmen**
nirgends, nirgendwo *adv* nigdzie
Nische *f* -, -n wnęka *f*; *handl.* nisza *f*
Niveau [ni'vo:] *n* -s, -s poziom *m*
nix *adv ugs.* nic
nobel *adj* szlachetny; (*vornehm*) wytworny
noch I. *adv* jeszcze; **~ nicht** jeszcze nie **II.** *kj*: **weder ... ~ ...** ani ..., ani ...
nochmalig *adj* powtórny
nochmals *adv* jeszcze raz
Nominativ *m* -s, -e *gram.* mianownik *m*, pierwszy przypadek
Nonne *f* -, -n zakonnica *f*
Norden *m* -s północ *f*; **im ~** na północy; **im ~ von Berlin** na północ od Berlina
nordisch *adj* nordycki
nördlich *adj* północny; **~ von ...** na północ od ...
Nordpol *m* -s, -e biegun północny *m*
nordwestlich *adj* północnozachodni
nörgeln *vi* zrzędzić
Norm *f* -, -en norma *f*
normal *adj* normalny
normalerweise *adv* normalnie, zwykle
normalisieren I. *vt* z|normalizować **II.** *vr* **sich ~** znormalizować się
Norweger *m* -s, - Norweg *m*
norwegisch *adj* norweski
Not *f* -, **Nöte 1.** *sing* bieda *f*, nędza *f*; **mit knapper ~** z biedą, ledwo; **mit Mühe und ~** z trudem **2.** (*schwierige Lage*) trudność *f*, opresja; **in Nöten** w kłopotach
Notar *m* -s, -e notariusz *m*
Notarztwagen *m* -s, - karetka pogotowia
Notausgang *m* -(e)s, ...ausgänge wyjście awaryjne
Notbremse *f* -, -n hamulec bezpieczeństwa
Notdurft *f* - potrzeba *f* (naturalna)
notdürftig *adj* prowizoryczny
Note *f* -, -n **1.** *mus.* nuta *f* **2.** (*Banknote*) banknot *m* **3.** stopień *m*, ocena *f* (*a. schul., sport.*) **4.** nota *f* (dyplomatyczna)
Notfall *m*: **im ~** w razie potrzeby
notieren *vt* za|notować
nötig *adj* potrzebny; **ich habe es nicht ~** nie potrzebuję tego

nötigen *vt* zmuszać, zniewalać (**j-n zu einer Sache** kogoś do czegoś)
Notiz *f* -, -en notatka *f* (*o. prasowa*); **sich** *D* **~en machen** notować
Notizblock *m* -(e)s, -s notatnik *m*
Notizbuch *n* -(e)s, ...bücher notes *m*
Notlage *f* -, -n krytyczna sytuacja; ciężkie położenie
Notruf *m* -(e)s, -e telefon alarmowy; wezwanie pomocy (telefonicznie)
Notrufnummer *f* -, -n numer <telefon> alarmowy
Notstand *m* -(e)s, ...stände stan zagrożenia; krytyczne położenie
Notverband *m* -(e)s, ...verbände prowizoryczny opatrunek
Notwehr *f* - obrona konieczna, samoobrona *f*
notwendig *adj* potrzebny, konieczny
Novelle *f* -, -n nowela *f*
November *m* -(s) listopad *m*
Nu *m*: **im ~** w mig
nüchtern *adj* **1.** czczy; **auf ~en Magen** na czczo **2.** (*nicht betrunken*) trzeźwy
Nudeln *pl* makaron
null *num* zero *n*; **~ Grad** zero stopni
Null *f* -, -en zero *n* (*a. figur.*); **unter ~** poniżej zera
Nulltarif *m*: **zum ~** za darmo (w komunikacji, telefonowaniu)
numerisch *adj* numeryczny
Nummer *f* -, -n numer *m*; liczba *f*; **laufende ~** bieżący numer
nummerieren *vt* numerować
Nummernschild *n* -(e)s, -er *mot.* tablica rejestracyjna
nun I. *adv* teraz; **von ~ an** od tej chwili **II.** *kj* więc
nunmehr *adv* teraz, od tej chwili
nur *adv* tylko
Nuss *f* -es, **Nüsse** orzech *m*
Nussknacker *m* -s, - dziadek do orzechów
Nusskuchen *m* -s, - ciasto orzechowe
nutzbar *adj* użyteczny; **~ machen** doprowadzać do stanu używalności
nutzen, nützen *vi* **1.** przydawać się (**j-m zu einer Sache** komuś na coś); **es nutzt nichts** to nic nie daje **2.** wykorzystywać
Nutzen *m* -s korzyść *f*; pożytek *m*
nützlich *adj* użyteczny, pożyteczny; (*förderlich*) korzystny
nutzlos *adj* bezużyteczny; (*vergeblich*) daremny
Nutztier *n* -(e)s, -e zwierzę użytkowe

O

o *int* och; **o ja <nein>!** ależ tak <nie>!; **o weh!** ojej!
ob *kj* czy; **als ob** jakby; *ugs.* **(na) und ob!** a jakże!, oczywiście!
Obacht *f*: ~ **auf etw geben** pilnować czegoś, uważać
Obdach *n* -(e)s schronienie *n*
obdachlos *adj* bezdomny
oben *adv* na górze, u góry; **wie ~** jak wyżej
Ober *m* -s, - kelner *m*
ober- *adj* górny, wyższy; starszy
Oberarm *m* -(e)s, -e ramię *n*
Oberarzt *m* -es, ...ärzte ordynator *m*
Oberbefehlshaber *m* -s, - wódz naczelny
Oberbekleidung *f* - odzież wierzchnia
Oberdeck *n* -s, -s górny pokład
Oberfläche *f* -, -n powierzchnia *f*
oberflächlich *adj* powierzchowny, pobieżny
Obergeschoss *n* -es, -e piętro *n*
oberhalb *praep mit G* powyżej, nad
Oberhand *f*: **über j-n die ~ gewinnen** brać górę nad kimś
Oberhaupt *n* -(e)s, ...häupter głowa *f*, przywódca *m*
Oberhemd *n* -(e)s, -en koszula *f* (męska)
Oberin *f* -, -nen siostra przełożona *f*
Oberkörper *m* -(e)s, - górna część ciała <tułowia>
Oberleutnant *m* -s, -s porucznik *m*
Oberschenkel *m* -s, - udo *n*
Oberschicht *f* -, -en elita *f* (społeczeństwa)
Oberschule *f* -, -n szkoła średnia
Oberseite *f* -, -n wierzchnia strona
Oberst *m* -en *o.* -s, -en *o.* -e pułkownik *m*
Oberstleutnant *m* -s, -s podpułkownik *m*
obgleich *kj* chociaż
obig *adj* powyższy, wyżej wymieniony
Objekt *n* -(e)s, -e **1.** obiekt *m*, przedmiot *m* (*np. badań*) **2.** *gram.* dopełnienie *n*
objektiv *adj* obiektywny
Objektiv *n* -s, -e obiektyw *m*
obligatorisch *adj* obowiązkowy
Obmann *m* -(e)s, ...männer *o.* ...leute mąż zaufania
Obrigkeit *f* -, -en władza *f*, zwierzchność *f*
Observatorium *n* -s, ...ien obserwatorium *n*
observieren *vt* za|obserwować

Obsession *f* -, -en obsesja *f*
Obst *n* -(e)s owoce *mpl*
Obstbaum *m* -(e)s, ...bäume drzewo owocowe
Obstgarten *m* -s, ...gärten sad *m*
Obstkuchen *m* -s, - ciasto z owocami
obwohl *kj* chociaż, jakkolwiek
Ochse *m* -n, -n wół *m*
öde *adj* pusty; *figur.* nudny
oder *kj* **1.** czy **2.** albo; **entweder ... ~ ...** albo ..., albo ...
Ofen *m* -s, **Öfen** piec *m*
offen *adj* otwarty; **~ gesagt** szczerze mówiąc
offenbar *adj* widoczny, oczywisty, jawny
offenbaren *vt* ujawniać, wyjawiać
offenherzig *adj* szczery, otwarty
offenkundig, offensichtlich *adj* oczywisty, widoczny
offensiv *adj* ofensywny
öffentlich *adj* publiczny; **eine ~e Sitzung** otwarte posiedzenie
Öffentlichkeit *f* - publiczność *f*, ogół *m*; **mit einer Frage vor die ~ treten** postawić kwestię publicznie
offerieren *vt econ.* za|oferować
offiziell *adj* oficjalny; urzędowy
Offizier *m* -s, -e oficer *m*
offiziös *adj* półoficjalny; półurzędowy
öffnen *vt* otwierać
Öffnung *f* -, -en otwór *m*; (*Eröffnung*) otwarcie *n*
Öffnungszeiten *pl* godziny otwarcia
oft *adv* często
öfters *adv* częściej, niejednokrotnie
oftmals *adv* często
oh *int* ach
ohne *praep mit A* bez (**j-n** kogoś); **~ weiteres** a) bez problemu <kłopotu> b) bez namysłu, tak po prostu
ohnehin *adv* i tak, zresztą
Ohnmacht *f* -, -en **1.** omdlenie *n*; **in ~ fallen** zemdleć **2.** bezsilność *f*
ohnmächtig *adj* l. zemdlony; **~ werden** zemdleć **2.** bezsilny
Ohr *n* -(e)s, -en ucho *n*; **ganz ~ sein** zamienić się w słuch
Öhr *n* -(e)s, -e ucho *n* (igielne)
Ohrenarzt *m* -es, ...ärzte laryngolog *m*
Ohrenschützer *pl* nauszniki *mpl*

ohrfeigen *vt* s|policzkować
Ohrring *m* -(e)s, -e kolczyk *m*
okay [o'keː] *adj ugs.* okay, w porządku
Ökoladen *m* -s, ...läden sklep ze zdrową żywnością
Ökologie *f* - ekologia *f*
ökologisch *adj* ekologiczny
Ökonomie *f* - ekonomia *f*
ökonomisch *adj* ekonomiczny
Ökosystem *n* -s, -e ekosystem *m*
Oktober *m* -(s) październik *m*
Oktoberfest *n* -(e)s, -e święto piwa
ökumenisch *adj* ekumeniczny
Öl *n* -(e)s, -e 1. oliwa *f*; olej *m* (*o.* opałowy); olejek *m* 2. ropa naftowa *f*
ölen *vt* na|oliwić
Ölfarbe *f* -, -n farba olejna
Ölgemälde *n* -s, - obraz olejny
Olive *f* -, -n oliwka *f*
Olivenöl *n* -(e)s oliwa *f* (z oliwek)
oll *adj reg.* stary
Ölstand *m* -(e)s *mot.* poziom oleju
Öltanker *m* -s, - tankowiec
Olympiade [olym'pjaːdə] *f* -, -n olimpiada *f*
olympisch [o'lympiʃ] *adj* olimpijski; **die Olympischen Spiele** igrzyska olimpijskie
Oma *f* -, -s *ugs.* babcia *f*
Ombudsmann *m* -(e)s, ...männer rzecznik praw obywatelskich *m*
Omelett [ɔm'lɛt] *n* -(e)s, -e *o.* -s omlet *m*
Omnibus *m* -ses, -se autobus *m*
Onkel *m* -s, - wuj, stryj *m*
Opa *m* -s, -s *ugs.* dziadek *m*
Oper *f* -, -n opera *f*
Operation *f* -, -en operacja *f*
Operationssaal *m* -(e)s, ...säle sala operacyjna
Operette *f* -, -n operetka *f*
operieren *vi, vt* operować
Opernglas *n* -es, ...gläser lornetka *f* (teatralna)
Opfer *n* -s, - ofiara *f*; **zum ~ fallen** paść ofiarą
opfern I. *vt* ofiarow(yw)ać, składać w ofierze II. *vr* **sich ~** poświęcać się
opportunistisch *adj* oportunistyczny
Opposition *f* -, -en opozycja *f*
Optiker *m* -s, - optyk *m*
optimal *adj* optymalny
Optimismus *m* - optymizm *m*
Orange [o'raŋʒɛ] *f* -, -n pomarańcza *f*
Orchester *n* -s, - orkiestra *f*

Orden *m* -s, - 1. zakon *m* 2. (*Auszeichnung*) order *m*, odznaczenie *n*
ordentlich *adj* porządny; przyzwoity; (*regelrecht*) należyty
ordinär *adj* ordynarny
ordnen *vt* u|porządkować
Ordner *m* -s, - 1. porządkowy *m*; *pl* służby porządkowe *fpl* 2. segregator *m*
Ordnung *f* - 1. porządek *m*, ład *m*; (*Tätigkeit*) porządkowanie 2. *biol.* rząd *m*
ordnungshalber *adv* dla porządku
Organ *n* -s, -e narząd *m*, organ *m* (*a. figur.*)
Organisation *f* -, -en organizacja *f*
organisch *adj* organiczny
organisieren *vt* z|organizować (*o. ugs.*)
Organismus *m* -, ...men organizm *m*
Orgel *f* -, -n organy *pl*
orientalisch *adj* orientalny
orientieren, sich *vr* z|orientować się (**über etw** w czymś)
Orientierungspunkt *m* -(e)s, -e punkt orientacyjny
Orientierungssinn *m* -(e)s zmysł orientacji
Original *n* -s, -e oryginał *m* (*a. figur.*)
originell *adj* oryginalny; (*eigenartig*) dziwaczny
Ort *m* -(e)s, -e 1. miejsce *n*; **an ~ und Stelle** na miejscu 2. (*Ortschaft*) miejscowość *f*
orten *vt* z|lokalizować, umiejscowić
örtlich *adj* miejscowy, lokalny
ortsfremd *adj* obcy, przyjezdny, napływowy
Ortsname *m* -ns, -n nazwa miejscowości
ortsüblich *adj* odpowiadający miejscowym zwyczajom
Ortszeit *f* -, -en czas lokalny
Öse *f* -, -n uszko *n* (*metalowe*)
Osten *m* -s wschód *m*; **im ~** na wschodzie
Osterfest *n* -(e)s, -e Wielkanoc *f*
Osterhase *m* -n, -n zajączek wielkanocny
Ostern *n*, *pl* Wielkanoc *f*; **an** <**zu**> **~** na Wielkanoc
Österreicher *m* -s, - Austriak *m*
Österreicherin *f* -, -nen Austriaczka *f*
österreichisch *adj* austriacki
Osterwoche *f* -, -n Wielki Tydzień
östlich *adj* wschodni; **~ von ...** na wschód od ...
out [aut] *adj ugs.* nie na czasie
oval *adj* owalny
Ovulation *f* -, -en owulacja *f*
Ozean *m* -s, -e ocean *m*
Ozon *n*, *m* -s ozon *m*

P

paar *num* kilka, parę; **nach ein ~ Wochen** po kilku tygodniach; **ein ~ Mal** kilka razy
Paar *n* -(e)s, -e para *f*; **das junge ~** młoda para; **ein ~ Schuhe** para butów
paarweise *adv* parami
pachten *vt* dzierżawić
Pack *m* -(e)s, -e paczka *f*, pakunek *m*
Päckchen *n* -s, - pacz(usz)ka *f*
packen *vt* **1.** s|chwytać **2.** (*einpacken*) za|-pakować
Packen *m* -s, - plik *m* (gazet), paczka *f* (jednakowych rzeczy)
Packpapier *n* -s, -e papier pakowy
Packung *f* -, -en **1.** opakowanie *n* **2.** *med.* okład *m*
pädagogisch *adj* pedagogiczny
Paddelboot *n* -(e)s, -e kajak *m*
paddeln *vi h, s* pływać kajakiem
paff *adj*: *ugs.* **~ sein** zdębieć, osłupieć
Paket *n* -(e)s, -e **1.** (mała) paczka *f* **2.** opakowanie *n* **3.** pakiet akcji
pakistanisch *adj* pakistański
Pakt *m* -(e)s, -e *polit.* pakt *m*
paktieren *vi* paktować (**mit j-m** z kimś)
Palast *m* -(e)s, Paläste pałac *m*
Palme *f* -, -n palma *f*
Palmsonntag *m* -(e)s, -e Niedziela Palmowa
Pampelmuse *f* -, -n grejpfrut *m*
paniert *adj kulin.* panierowany
Panik *f* -, -en panika *f*
Panne *f* -, -n defekt *m* (*np.* pojazdu)
Pannendreieck *n* -(e)s, -e *mot.* trójkąt (bezpieczeństwa)
Panorama *n* -s, ...men panorama *f*
Pantoffel *m* -s, -n kapeć *m* (bez pięty)
Panzer *m* -s, - **1.** pancerz *m* (*o. zool.*) **2.** (*Panzerwagen*) czołg *m*
Papa[1] *m* -s, -s *ugs.* tata *m*
Papa[2] *m* -s *rel.* papież *m*
Papagei *m* -en *o.* -s, -en papuga *f*
Papi *m* -s, -s *ugs.* tatuś *m*
Papier *n* -s, -e **1.** papier *m* **2.** *pl* dokumenty *mpl* (osobiste) **3.** *fin.* papier wartościowy **4.** dokument *m*
Papiergeld *n* -(e)s banknoty *pl*
Papierkorb *m* -(e)s, ...körbe kosz na papiery
Papiertaschentuch *n* -(e)s, ...tücher chusteczka higieniczna

Pappbecher *m* -s, - kubek papierowy
Pappe *f* -, -n tektura *f*, karton *m*
Pappel *f* -, -n topola *f*
Paprika *m* -s, -(s) papryka *f*
parat *adj* przygotowany, pod ręką
Papst *m* -(e)s, Päpste papież *m*
päpstlich *adj* papieski
Parade *f* -, -n defilada *f*; parada *f*
Paradies *n* -es, -e raj *m*
paradiesisch *adj* rajski
Paragraf, Paragraph *m* -en, -en paragraf *m*
paraguayisch *adj* paragwajski
parallel *adj* równoległy
Parfüm *n* -s, -e *o.* -s perfumy *pl*
Parfümerie *f* -, -n perfumeria *f*
parfümieren *vt* perfumować (**sich** się)
Park *m* -s, -s, **Parkanlage** *f* -, -n park *m*
parken *vt* za|parkować
Parkett *n* -s, -e **1.** parkiet *m* (*o.* giełda) **2.** *teatr.* parter *m*
Parkgebühr *f* -, -en opłata parkingowa
Parkhaus *n* -es, ...häuser garaż piętrowy
Parkleuchte *f* -, -n *mot.* światło postojowe
Parkplatz *m* -es, ...plätze parking *m*; **(un)bewachter ~** parking (nie)strzeżony
Parkuhr *f* -, -en parkometr *m*
Parkverbot *n* -(e)s, -e zakaz parkowania
Parlament *n* -(e)s, -e parlament *m*
parlamentarisch *adj* parlamentarny
Parlamentswahlen *pl* wybory parlamentarne
parodistisch *adj* parodystyczny
Parole *f* -, -n hasło *n*, parol *m*
Partei *f* -, -en partia *f*, stronnictwo *n*; **einer ~ angehören** należeć do partii
parteiisch *adj* stronniczy
parteilich *adj* partyjny
parteilos *adj* bezpartyjny
Parterre [par'ter] *n* -s, -s parter *m*
Partie *f* -, -n **1.** (*Teil*) część *f* **2.** *handl.* partia *f* **3.** partyjka
Partisan *m* -s *o.* -en, -en partyzant *m*
Partner *m* -s, - partner *m*
Partnerschaft *f* -, -en partnerstwo *n*
partnerschaftlich *adj* partnerski
Party *f* -, -s party *n*, przyjęcie *n*
Pass *m* -es, Pässe **1.** paszport *m* **2.** (*Gebirgspass*) przełęcz *n*
passabel *adj* możliwy (do zaakceptowania)

Passage [pa'saːʒɛ] *f* -, **-n 1.** pasaż *m* (handlowy) **2.** (*für Wagen*) przejazd *m*
Passagier [pasa'ʒiːr] *m* **-s, -e** pasażer *m*
Passamt *n* **-(e)s, ...ämter** biuro paszportowe
Passant *m* **-en, -en** przechodzień *m*
Passbild *n* **-(e)s, -er** zdjęcie paszportowe
passen I. *vi* l. pasować (**zu einer Sache** do czegoś); **das passt mir nicht** to mi nie odpowiada **2.** (*beim Kartenspiel*) pasować **II.** *vr* **sich ~:** *ugs.* **es passt sich nicht** nie uchodzi, nie wypada
passend *adj* odpowiedni, dopasowany
passieren I. *vt* **1.** przechodzić (*przez coś*); (*mit Wagen*) przejeżdżać (*przez coś*) **2.** *kulin.* przecierać **II.** *vi s* zdarzać się; **was ist hier passiert?** co tu się stało?
Passierschein *m* **-(e)s, -e** przepustka *f*
Passierstelle *f* **-, -n** przejście *n* (graniczne)
passioniert *adj* zapalony (wędkarz)
passiv *adj* pasywny
Passiv *n* **-s, -e** *gram.* strona bierna
Passkontrolle *f* **-, -n** kontrola paszportowa
Paste *f* **-, -n 1.** *kulin.* pasta *f* **2.** maść *f*, mazidło *n*
Pastete *f* **-, -n** pasztecik *m*; pasztet *m*
Pastille *f* **-, -n** pastylka *f*
Pastor *m* **-s, -e** pastor *m*
Pate *m* **-n, -n** ojciec chrzestny *m*
Patenkind *n* **-(e)s, -er** chrześniak *m*
patent *adj* setny, równy
Patent *n* **-(e)s, -e 1.** patent *m*; **ein ~ anmelden** złożyć wniosek patentowy **2.** patent *m*; **das ~ als Steuermann** patent sternika
Patient [pa'tsiɛnt] *m* **-en , -en** pacjent *m*
Patientin [pa'tsiɛntin] *f* **-, -nen** pacjentka *f*
Patin *f* **-, -en** matka chrzestna *f*
Patriot *m* **-en, -en** patriota *m*
patriotisch *adj* patriotyczny
Patron *m* **-s, -e** patron *m*
Patrone *f* **-, -n** nabój *m*
patschnass *adj ugs.* przemoczony do suchej nitki
pauschal *adj* ryczałtowy, łączny
Pauschale *f* **-, -n** ryczałt *m*
Pauschalreise *f* **-, -n** wycieczka *f* (z biurem podróży)
Pause *f* **-, -n** przerwa *f*, pauza *f* (*o. mus.*)
PC [peː 'tseː] *m* **-(s), -(s)** pecet *m*
Pech *n* **-s 1.** smoła *f* **2.** (*Missgeschick*) pech *m*
Pechvogel *m* **-s, ...vögel** *ugs.* pechowiec *m*

Pedal *n* **-s, -e** pedał *m*
Pediküre *f* **-, -n 1.** *sing* pedikiur *m*, pedicure **2.** pedikiurzystka *f*
Pein *f* **-** męka *f*, męczarnia *f*
peinlich *adj* **1.** (*unangenehm*) przykry **2.** (*genau*) skrupulatny
Peitsche *f* **-, -n** bicz *m*, bat *m*
Pellkartoffeln *pl kulin.* ziemniaki w mundurkach
Pelz *m* **-es, -e** futro *n*
Pelzmütze *f* **-, -n** czapka futrzana
Pendel *n* **-s, -** wahadło *n*
Penduluhr *f* **-, -en** zegar z wahadłem
Pendelverkehr *m* **-s** *mot.* ruch wahadłowy pojazdów
Penis *m* **-, -se** *o.* **Penes** penis *m*, prącie *n*
Penne *f* **-, -n** *ugs.* buda *f* (*o szkole*)
Pension [paŋzioːn] *f* **-, -en 1.** *sing* emerytura *f*; **in ~ sein** być na emeryturze **2.** (*Fremdenheim*) pensjonat *m* **3.** *sing* utrzymanie *n* (w pensjonacie)
Pensionär *m* **-s, -e 1.** emeryt *m* **2.** *reg.* pensjonariusz *m*
pensioniert *adj* emerytowany
per *praep mit A*: **~ Bahn** koleją; *handl.* **~ sofort** z natychmiastową dostawą
perfekt *adj* doskonały
perfid(e) *adj* perfidny
Periode *f* **-, -n** okres *m*
Peripherie *f* **-, -n** peryferie *pl*
Perle *f* **-, -n** perła *f*
Person *f* **-, -en** osoba *n*; osobistość *n*
Personal *n* **-s** personel *m*
Personalausweis *m* **-es, -e** dowód osobisty
Personalcomputer *m* **-s, -** komputer osobisty
Personalien [pɛrzo'naːljən] *pl* dane osobowe
personell *adj* osobowy
Personenkraftwagen *m* **-s, -** samochód osobowy
Personenzug *m* **-(e)s, ...züge** pociąg osobowy
persönlich I. *adj* osobisty **II.** *adv* osobiście
Persönlichkeit *f* **-, -en 1.** *sing* osobowość *f* **2.** (*bedeutender Mensch*) osobistość *f*
Perspektive *f* **-, -n** perspektywa *f*
pessimistisch *adj* pesymistyczny
Petersilie [petər'ziːljə] *f* - pietruszka *f*
Petroleum [pe'troːleum] *n* **-s** nafta *f*; ropa naftowa
Petunie [pe'tuːnjə] *f* **-, -n** petunia *f*

petzen *vi* skarżyć (nauczycielowi)
Pfad *m* -(e)s, -e ścieżka *f*
Pfadfinder *m* -s, - harcerz *m*
Pfahl *m* -(e)s, **Pfähle** pal *m*, kołek *m*
Pfand *n* -(e)s, **Pfänder** zastaw *m*; fant *m*
Pfänderspiel *n* -(e)s, -e gra z fantami
Pfandflasche *f* -, -n butelka zwrotna
Pfanne *f* -, -n patelnia *f*
Pfannkuchen *m* -s, - *kulin.* **1.** *reg.* pączek *m* **2.** *austr.* omlet *m*
Pfarrei *f* -, -en **1.** parafia *f* **2.** probostwo *n*, plebania *f*
Pfarrer *m* -s, - proboszcz *m*
Pfarrkirche *f* -, -n kościół parafialny
Pfau *m* -(e)s, -en paw *m*
Pfeffer *m* -s pieprz *m*
Pfefferkuchen *m* -s, - piernik *m*
Pfefferminze *f* - *bot.* mięta pieprzowa
pfeffern *vt* po|pieprzyć
Pfefferstreuer *m* -s, - pieprzniczka *f*
Pfeife *f* -, -n **1.** gwizdek *m* **2.** (*Tabakspfeife*) fajka *f*
pfeifen* *vi*, *vt* za|gwizdać
Pfeil *m* -(e)s, -e **1.** strzała *f* **2.** strzałka *f*
Pfeiler *m* -s, - filar *m*
Pfennig *m* -s, -e *hist* fenig *m*
Pferd *n* -(e)s, -e koń *m*; **zu ~e** konno
Pferderennen *n* -s, - wyścigi konne
Pferdestärke *f* - *techn.* koń mechaniczny
pfiff → **pfeifen**
Pfifferling *m* -s, -e kurka *f* (*grzyb*)
pfiffig *adj* sprytny, przebiegły
Pfingsten *pl* Zielone Świątki
Pfirsich *m* -s, -e brzoskwinia *f*
Pflanze *f* -, -n roślina *f*
pflanzen *vt* za|sadzić
pflanzlich *adj* roślinny
Pflaster *n* -s, - **1.** plaster *m* **2.** (*Straßenpflaster*) bruk *m*
Pflaume *f* -, -n śliwka *f*
Pflaumenkuchen *m* -s, - placek ze śliwkami
Pflege *f* - pielęgnowanie *n*, opieka *f*
pflegebedürftig *adj* wymagający opieki
Pflegeeltern *pl* rodzice zastępczy
Pflegeheim *n* -(e)s, -e dom opieki
pflegen *vt* pielęgnować; opiekować się (*kimś*); **wir ~ zu sagen: „..."** zazwyczaj mówimy: „..."
Pflegerin *f* -, -nen pielęgniarka *f*
Pflicht *f* -, -en obowiązek *m*
pflichtbewusst *adj* obowiązkowy
Pflichtbewusstsein *n* -s poczucie obowiązku

Pflichtfach *n* -(e)s, **...fächer** przedmiot obowiązkowy (w szkole)
pflichtgemäß *adj* przepisowy, zgodny z przepisem
Pflichtversicherung *f* -, -en ubezpieczenie obowiązkowe
pflücken *vt* zrywać (owoce, kwiaty)
Pflug *m* -(e)s, **Pflüge** pług *m*
pflügen *vt* z|orać
Pforte *f* -, -n brama *f*; furtka *f*
Pförtner *m* -s, - portier *m*
Pfosten *m* -s, - słupek *m*
Pfote *f* -, -n łapa *f*
Pfropfen *m* -s, - korek *m*
Pfund *n* -(e)s, -e funt *m*
pfuschen *vi* *ugs.* knocić, partaczyć
Pfütze *f* -, -n kałuża *f*
Phantasie *f* - fantazja *f*
phantastisch *adj* fantastyczny
pharmazeutisch *adj* farmaceutyczny
Phase *f* -, -n faza *f*
Philatelist *m* -en, -en filatelista *m*
Philharmonie *f* -, -n filharmonia *f*
Philosoph *m* -en, -en filozof *m*
Philosophie *f* -, -n filozofia *f*
phlegmatisch *adj* flegmatyczny
Phosphor *m* -s fosfor *m*
photo-, Photo- → **foto-, Foto-**
Physik [fy'ziːk] *f* - fizyka *f*
physisch ['fyːzɪʃ] *adj* fizyczny
Pianist *m* -en, -en pianista *m*
Pickel *m* -s, - *med.* pryszcz *m*
picken *vt* dziobać
Picknick *n* -s, -e *o.* -s piknik *m*
piepen, piepsen *vi* piszczeć
Pier *m* -s, -e *o.* -s *naut.* pirs *m*
Pietät [pie'tɛːt] *f* - pietyzm *m*; szacunek *m*
pikant *adj* pikantny (*a. figur.*)
Pilger *m* -s, - pielgrzym *m*
pilgern *vi* *s* pielgrzymować (**nach** do)
Pille *f* -, -n pigułka *f*; *ugs.* pigułka antykoncepcyjna
Pilot *m* -en, -en pilot *m* (samolotu)
Pilz *m* -es, -e grzyb *m*
Pilzsuppe *f* -, -n zupa grzybowa
pinkeln *vi* *ugs.* siusiać
Pinsel *m* -s, - pędzel *m*
Pinzette *f* -, -n pęseta *f*, pinceta *f*
Pionier *m* -s, -e **1.** *mil.* saper *m* **2.** *figur.* pionier *m*
Pipi *n*: *ugs.* ~ **machen** robić siusiu
Piste *f* -, -n szlak *m*, trasa *f*; (*Rollbahn*) pas startowy

Pistole f -, -n pistolet m
Pizza f -, -s pizza f
Pkw m -(s), -s samochód osobowy
Plafond [plaˈfõː] m -s, -s plafon m
plagen I. vt dręczyć, męczyć II. vr sich ~ męczyć się
Plakat n -(e)s, -e plakat m
Plakatsäule f -, -n słup ogłoszeniowy
Plakette f -, -n 1. plakietka f 2. medal pamiątkowy m
Plan m -(e)s, **Pläne** plan m
planen vt za|planować
Planet m -en, -en planeta f
Planke f -, -n belka f
planmäßig adj planowy
Planschbecken n -s, - brodzik dla dzieci
planschen vi pluskać się
plappern vi paplać
Plastik[1] n -s plastik m
Plastik[2] f -, -en 1. rzeźba f 2. sing rzeźbiarstwo n 3. sing plastyka m (o. med.)
Plastikgeld n -(e)s ugs. karta kredytowa
Plastiktüte f -, -n torba <torebka> plastikowa
Plastilin n -s plastelina f
plastisch adj 1. plastyczny (masa) 2. obrazowy
plätschern vi 1. szemrać (np. strumyk) 2. pluskać się
platt adj płaski; ugs. banalny
Platte f -, -n 1. płyta f (o. mus.), płytka f 2. (Schüssel) półmisek m
Plattenspieler m -s, - adapter m, gramofon n
Plattform f -, -en platforma f
Plattfuß m -es, ...füße płaskostopie n
Platz m -es, **Plätze** 1. plac m; sport. boisko n 2. miejsce n; **nehmen Sie ~!** proszę usiąść!
platzen vi s pękać
platzieren I. vt umiejscowić; zamieścić II. vr sich ~ sport. plasować się
Platzkarte f -, -n miejscówka f
Platzkartenwagen m -s, - wagon z miejscówkami
Platzregen m -s, - ulewa f
Plauderei f -, -en pogawędka f
plaudern vi po|gawędzić
pleite adj: ugs. ~ **sein** być zrujnowanym <bankrutem>
Plombe f -, -n plomba f
plombieren vt za|plombować
plötzlich I. adj nagły II. adv nagle

plump adj niezgrabny
plündern vt s|plądrować
Plural m -s, -e gram. liczba mnoga
Plus n - 1. fin. nadwyżka f 2. plus m (a. figur.)
Pluszeichen n -s, - mat. (znak) plus m
pneumatisch adj pneumatyczny
Po m -s, -s ugs. pupa f, tyłek m
pochen vi bić (o sercu); ugs. pukać
Pocken pl med. ospa f
poetisch adj poetycki
Pokal m -s, -e puchar m
Pol m -s, -e biegun m
Pole m -n, -n Polak m
Police [poˈliːsə] f -, -n polisa f
Poliklinik f -, -en przychodnia zdrowia
Polin f -, -en Polka f
Politik f - polityka f
Politiker m -s, - polityk m
politisch adj polityczny
Polizei f -, -en policja f
polizeilich adv policyjnie
Polizeirevier n -s, -e 1. komisariat m 2. okręg policyjny
Polizeistreife f -, -n patrol policyjny
Polizist m -en, -en policjant m
Pollen m -s, - bot. pyłek m
polnisch adj polski; **die ~e Sprache** język polski; **miteinander ~ sprechen** rozmawiać ze sobą po polsku
Polnisch n -(s) język polski; **etw auf ~ sagen** powiedzieć coś po polsku
Polster n -s, - 1. tapicerka f 2. poduszka f (w meblach, w ubraniu)
Polstermöbel pl meble tapicerowane
Polterabend m -s, -e wieczór kawalerski m
poltern vi hałasować
Pommes frites [pom ˈfrit] pl frytki fpl
Popmusik f -, -en muzyka pop
Popo m -s, -s ugs. pupa f, tyłek m
populär adj popularny
Pore f -, -n anat. por m
porös adj porowaty
Porree m -s, -s bot. por m
Portemonnaie [portmoˈneː] n -s, -s portmonetka f
Portier [pɔrˈtjeː] m -s, -s portier m
Portion f -, -en porcja f
Portmonee n → **Portemonnaie**
portionieren vt porcjować
Porto n -s, -s o. ...ti porto n
portofrei adj wolny od opłaty pocztowej
portopflichtig adj podlegający opłacie pocztowej

Porträt *n* -s, -s *o.* -e portret *m*
Portugiese *m* -n, -n Portugalczyk *m*
portugiesisch *adj* portugalski
Porzellan *n* -s porcelana *f*
Position *f* -, -en pozycja *f*
positiv *adj* pozytywny
Posse *f* -, -n *teatr.* farsa *f*
Post *f* - poczta *f*; **per ~** pocztą; *inform.* **elektronische ~** poczta elektroniczna
Postamt *n* -(e)s, …ämter urząd pocztowy
Postanweisung *f* -, -en przekaz pocztowy
Posten *m* -s, - **1.** (*Anstellung*) stanowisko *n* **2.** *handl.* partia *f* **3.** posterunek *m* (policyjny)
Poster *n*, *m* -s, - plakat *m*, poster *m*
Postfach *n* -(e)s, …fächer skrytka pocztowa
Postkarte *f* -, -n kartka pocztowa
postlagernd *adj* poste restante
Postleitzahl *f* -, -en kod pocztowy
Postsendung *f* -, -en przesyłka pocztowa
Postskript *n* -(e)s, -e postscriptum *n*
Poststempel *m* -s, - stempel pocztowy
postwendend *adv* niezwłocznie
Postwertzeichen *n* -s, - znaczek pocztowy
Potenz *f* - **1.** potencja *f* **2.** *mat.* potęga *f*
Pracht *f* - przepych *m*
prächtig, prachtvoll *adj* wspaniały
Prädikat *n* -(e)s, -e **1.** certyfikat *m* **2.** *spw.* orzeczenie *n*
prägen *vt* wy|tłoczyć
prägnant *adj* wyrazisty
prahlen *vi* przechwalać się (**mit einer Sache** czymś)
prahlerisch *adj* chłepkiwy
Praktikant *m* -en, -en praktykant *m*
Praktikum *n* -s, …ka praktyka *f*, nauka zawodu
praktisch *adj* praktyczny
Praline *f* -, -n pralinka *f*, czekoladka nadziewana *f*
Prämie ['prɛːmjə] *f* -, -n premia *f*
Präparat *n* -(e)s, -e preparat *m*
Präservativ *n* -s, -e prezerwatywa *f*
Präsident *m* -en, -en prezydent *m*; (*Vorsitzender*) prezes *m*
Präsidium *n* -s, …ien **1.** prezydium *n* **2.** komenda policji *f*
prasseln *vi* s bębnić (*o deszczu*); trzaskać (*o ogniu*)
Praxis *f* -, …xen praktyka *f* (*o. lekarska*)
präzis(e) *adj* dokładny, precyzyjny
predigen *vi*, *vt* wygłaszać kazanie

Predigt *f* -, -en kazanie *n*
Preis *m* -es, -e **1.** cena *f*; **im ~e von zwei Euro** w cenie dwóch euro; **zum halben ~** za pół ceny; *figur.* **um jeden ~** za wszelką cenę **2.** (*Siegergewinn*) nagroda *f*
Preisausschreiben *n* -s, - konkurs *m*
Preiselbeere *f* -, -n borówka *f*
preisen° *vt* chwalić, wychwalać
Preisermäßigung *f* -, -en obniżka ceny
Preisfrage *f* -, -n **1.** pytanie konkursowe **2.** *handl.* kwestia ceny
preisgeben° *vt* **1.** poświęcić; wyrzec się, zrezygnować **2.** zdradzić (tajemnicę)
Preisgericht *n* -(e)s, -e jury *n*
preisgünstig *adj* korzystny (zakup)
Preisliste *f* -, -n cennik *m*
Preisrichter *m* -s, - juror *m*; sędzia *m*
Preisträger *m* -s, - laureat *m*; zwycięzca *m*
preiswert *adj* niedrogi
Prellung *f* -, -en *med.* stłuczenie *n*
Premierminister [prəmˈjeːministər] *m* -s,- premier *m*
Presse *f* - prasa *f*
Presseagentur *f* -, -en agencja prasowa
Pressekonferenz *f* -, -en konferencja prasowa
pressen *vt* **1.** wyciskać; tłoczyć (plastik); s|prasować **2.** przyciskać (**j-n an sich** kogoś do siebie); przecierać (przez sito)
Presskopf *m* -(e)s salceson *m*
preußisch *adj* pruski
prickeln *vi* **1.** szczypać **2.** (*jucken*) swędzić
pries → **preisen**
Priester *m* -s, - kapłan *m*
prima *adj* super, w najlepszym gatunku
Primel *f* -, -n *bot.* pierwiosnek *n*, prymulka *f*
primitiv *adj* prymitywny
Prinz *m* -en, -en książę *m*
Prinzessin *f* -, -nen księżniczka *f*
Prinzip *n* -s, -ien zasada *f*; **im ~** w zasadzie
prinzipiell [prɪntsiˈpjɛl] *adj* zasadniczy
Prise *f* -, -n szczypta *f*
privat *adj* prywatny; osobisty
privatisieren *vt* s|prywatyzować
Privatleben *n* -s, - życie prywatne
pro *praep mit A*: **~ Woche** na tydzień, tygodniowo; **~ Stück** za sztukę
Probe *f* -, -n **1.** próba *f*; **auf ~** na próbę **2.** (*Muster*) próbka *f*
Probefahrt *f* -, -en próbna jazda
probeweise *adv* na próbę
probieren *vt* s|próbować; wypróbowywać

Problem *n* -s, -e zagadnienie *n*, problem *m*
Produkt *n* -(e)s, -e 1. produkt *m* 2. *mat.* iloczyn *m*
Produktion *f* -, -en produkcja *f*
produktiv *adj* produktywny
produzieren I. *vt* produkować II. *vr* **sich ~** *ugs.* popisywać się
Professor *m* -en, -en profesor *m*
Profi *m* -s, -s 1. *sport.* zawodowiec *m* 2. profesjonalista *m*
Profil *n* -s, -e 1. profil *m* 2. *techn.* bieżnik *m* (opony)
profilieren, sich *vr* specjalizować się
Profit *m* -(e)s, -e zysk *m*, korzyść *f*
profitieren *vi* mieć korzyść (**von einer Sache** z czegoś), profitować
Prognose *f* -, -n prognoza *f*, przewidywania *n*; *med.* rokowania *n*
Programm *n* -s, -e program *m* (*o. rad., tv, inform.*)
programmieren *vt* 1. *inform.* programować 2. planować
Programmierer *m* -s, - programista *m*
progressiv *adj* progresywny
Projekt *n* -(e)s, -e projekt *m*
Projektor *m* -s, -en projektor *m*
Pro-Kopf-Einkommen *n* -s, - dochód na jednego mieszkańca
Promenade *f* -, -n promenada *f*
Promenadendeck *n* -(e)s, -s pokład spacerowy
Promille *n* -(s), - promil *m*
prominent *adj* wybitny
Prominenz *f* - prominencja *f*
Promotion *f* -, -en promocja *f*
prompt *adj* szybki
Pronomen *n* -s, - *gram.* zaimek *m*
propagieren *vt* propagować
Propeller *m* -s, - śmigło *n*
prophezeien *vt* prorokować, przepowiadać
Proportion *f* -, -en proporcja *f*
prosit *int* na zdrowie; **~ Neujahr!** szczęśliwego Nowego Roku!
Prosit *n* -s *ugs.* toast *m*
Prospekt *m* -(e)s, -e prospekt *m*
prost *int ugs.* → **prosit**
Prost *n* → **Prosit**
Prostituierte *f* -n, -n prostytutka *f*
Protein [prote'i:n] *n* -s, -e proteina *f*
Protektorat *n* -s, -e protektorat *m*
Protest *m* -(e)s, -e protest *m*
Protestant *m* -en, -en protestant *m*
protestantisch *adj* protestancki

protestieren *vi* za|protestować (**gegen etw** przeciw czemuś)
Prothese *f* -, -n proteza *f*
Protokoll *n* -s, -e protokół *n*
protokollieren *vt* protokołować
protzen *vi ugs.* chełpić się (**mit einer Sache** czymś)
Proviant *m* -s prowiant *m*
Provinz *f* -, -en prowincja *f*
Provision *f* -, -en prowizja *f*
provisorisch *adj* prowizoryczny
Prozedur *f* -, -en procedura *f*
Prozent *n* -(e)s, -e procent *m*; **fünf ~ Zinsen** pięć procent odsetek
Prozentsatz *m* -es, ...sätze *fin.* stopa procentowa
prozentual *adj* procentowy (udział)
Prozess *m* -es, -e proces *m*
Prozession *f* -, -en procesja *f*
Prozessor *m* -s, -en *inform.* procesor *m*
prüde *adj* pruderyjny
prüfen *vt* z|badać; sprawdzać; **einen Schüler ~** egzaminować ucznia
Prüfung *f* -, -en egzamin *m* (**in Deutsch** z niemieckiego); (*Untersuchung*) z|badanie *n*, sprawdzenie *n*
prügeln I. *vt* z|bić, dać lanie (**j-n** komuś) II. *vr* **sich ~** bić się
Prunk *m* -(e)s przepych *m*
psychisch ['psy:çɪʃ] *adj* psychiczny
psychologisch [psyçolo'gɪʃ] *adj* psychologiczny
Publikum *n* -s publiczność *f*
publikumswirksam *adj* chwytliwy
publizieren *vt* o|publikować
Pudding *m* -s, -e *o.* -s budyń *m*
pudelnass *adj ugs.* **~ sein** być przemokniętym do suchej nitki
Puder *m, n* -s, - puder *m*
Puderdose *f* -, -n puderniczka *f*
pudern *vt* przy|pudrować (**sich** się)
Puderquaste *f* -, -n puszek do pudru
Puderzucker *m* -s cukier puder
Puffer *m* -s, - zderzak *m*
Pulli *m* -s, -s *ugs.* sweterek *m*
Pullover *m* -s, - *pot* sweter *m* (przez głowę)
Puls *m* -es, -e puls *m*, tętno *n*
Pult *n* -(e)s, -e pulpit *m*
Pulver *n* -s, - 1. proszek *m* (*o. farm.*); **ein ~ gegen Bauchschmerzen** proszek na ból brzucha 2. (*Schießpulver*) proch *m*
Pulverkaffee *m* -s kawa rozpuszczalna
Pumpe *f* -, -n pompa *f*

pumpen *vt* na|pompować
Pumps [pœmps] *m* -, - czółenko *n* (*but*)
Punkt *m* -(e)s, -e punkt *m*, kropka *f*; ~ **für** ~ szczegółowo; ~ **vier** (**Uhr**) punktualnie o czwartej (godzinie)
pünktlich *adj* punktualny
Pünktlichkeit *f* - punktualność *f*
Punktsieg *m* -(e)s, -e zwycięstwo na punkty
Punsch *m* -(e)s, -e poncz *m*
Pupille *f* -, -n źrenica *f*
Puppe *f* -, -n lalka *f*
Puppentheater *n* -s, - teatr lalek <marionetek>
Püree *n* -s, -s piure *n*, purée *n*
purpurrot *adj* purpurowy

Purzelbaum *m* -(e)s, ...bäume koziołek *m*, fikołek *m*
purzeln *vi s* fiknąć koziołka
Pustel *f* -, -n *med.* pryszcz *m*
Pute *f* -, -n indyczka *f*
Putsch *m* -es, -e pucz *m*
Putz *m* -es tynk *m*
putzen *vt* czyścić, myć (**sich die Zähne** sobie zęby)
Putzfrau *f* -, -en sprzątaczka *f*
Putzlappen *m* -s, - ścierka *f*
Putzmittel *n* -s, - środek czystości
Puzzle ['paz(ε)l] *n* -s, -s puzzle
Pyjama [py'dʒaːma] *m* -s, -s piżama *f*
Pyramide [pyra'miːdə] *f* -, -n piramida *f*; *mat.* ostrosłup *m*

Q

Quadrat *n* -(e)s, -e kwadrat *m*
Quai [keː] *m*, *n* -s, -s nabrzeże *n*
quäken *vi* trzeszczeć (*np.* radio)
Qual *f* -, -en męczarnia *f*, udręka *f*
quälen *vt* męczyć, dręczyć
Quälgeist *m* -(e)s, -er męczydusza *f*
Qualifikation *f* -, -en **1.** kwalifikacje zawodowe **2.** *sport.* rozgrywki kwalifikacyjne
qualifizieren *vt* za|kwalifikować (**sich** się) (**für etw** do czegoś)
qualifiziert *adj* **1.** wymagający kwalifikacji **2.** kompetentny
Qualität *f* -, -en jakość *f*
qualitativ *adj* jakościowy
Qualm *m* -(e)s dym *m*
Quantität *f* -, -en ilość *f*
Quarantäne [karan'tεːnə] *f* -, -n kwarantanna *f*
Quark *m* -s twaróg *m*
Quarkspeise *f* -, -n twarożek *m* (z dodatkami)
Quartier *n* -s, -e kwatera *f*, mieszkanie *n*
quasi *adv* niejako

Quatsch *m* -(e)s gadanina *f*; (*Unsinn*) bzdura *f*
Quecksilber *n* -s rtęć *f*
Quelle *f* -, -n źródło *n*
quer *adv* w poprzek; **kreuz und** ~ wzdłuż i wszerz
querfeldein *adv* na przełaj
querköpfig *adj* uparty
Querschnitt *m* -(e)s, -e przekrój *m*
Querstraße *f* -, -n przecznica *f*
quetschen *vt* zgniatać; przygniatać (**den Finger** palec)
Quetschkartoffeln *pl* piure z ziemniaków
Quetschung *f* -, -en *med.* stłuczenie *n*
quieken *vi* kwiczeć, piszczeć
quietschen *vi* skrzypieć
quitt *adj*: **wir sind** ~ jesteśmy kwita
quittieren *vt* po|kwitować
Quittung *f* -, -en pokwitowanie *n*, kwit *m*
Quiz [kvis] *n* -, - kwiz *m*, teleturniej *m*
Quote *f* -, -n udział procentowy
Quotient [kvotsi'εnt] *m* -en, -en *mat.* iloraz *n*

R

Rabatt *m* -(e)s, -e rabat *m*
Rabe *m* -n, -n kruk *m*
Rabiner *m* -s, - rabin *m*
Rache *f* - zemsta *f*
Rachen *m* -s, - gardło *n*, krtań *f*; (*Maul*) paszcza *f*
rächen I. *vt* pomścić **II.** *vr* **sich ~** ze|mścić się (**an j-m für etw** na kimś za coś)
rachsüchtig *adj* żądny zemsty
Rad *n* -(e)s, **Räder 1.** koło *n* **2.** (*Fahrrad*) rower *m*; **~ fahren** jeździć na rowerze
Radar *m*, *n* -s, -e radar *m*
Radarkontrolle *f* -, -n kontrola radarowa
radeln *vi s ugs.* po|jechać rowerem
Radfahrer *m* -s, - rowerzysta *m*
Radfahrweg *m* → **Radweg**
radieren *vt*, *vi* wycierać, wymaz(yw)ać (gumką)
Radiergummi *m* -s, -s gum(k)a (do wycierania)
Radieschen *n* -s, - rzodkiewka *f*
radikal *adj* radykalny
Radio *n* -s radio *n*, radiofonia *f*; **~ hören** słuchać radia
radioaktiv *adj* radioaktywny
Radiorekorder *m* -s, - radiomagnetofon *m*
Radiowecker *m* -s, - radiobudzik *m*
Radler *m* -s, - *ugs.* rowerzysta *m*
Radrennen *n* -s, - wyścig kolarski
Radsport *m* -(e)s kolarstwo *n*
Radtour *f* -, -en wycieczka rowerowa
Radweg *m* -(e)s, -e ścieżka rowerowa
raffiniert *adj* wyrafinowany; (*o cukrze*) rafinowany
ragen *vi* wystawać, sterczeć
Rahm *m* -(e)s śmietan(k)a *f*
Rahmen *m* -s, - rama *f*
Rakete *f* -, -n rakieta *f*
Raketenflugzeug *n* -(e)s, -e samolot o napędzie rakietowym
Ramsch *m* -(e)s *ugs.* buble *mpl*
Rand *m* -(e)s, **Ränder** brzeg *m*, krawędź *f*; **außer ~ und Band sein** a) być rozbrykanym b) nie posiadać się np. z radości
rang → **ringen**
Rang *m* -(e)s, **Ränge** ranga *f*; stopień *m*; **ersten ~es** pierwszorzędny
rangieren [raŋ'ʒi:rən] **I.** *vt* przetaczać; *ugs.* ustawi(a)ć **II.** *vi* zajmować miejsce (**vor j-m** przed kimś)

Rangliste *f* -, -n ranking *m*, lista rankingowa
rann → **rinnen**
rannte → **rennen**
ranzig *adj* zjełczały
Rappen *m* -s, - centym *m*, rapp *m* (*schweiz.*)
Raps *m* -es *bot.* rzepak *m*
rar *adj* rzadki
Rarität *f* -, -en rzadkość *f*
rasch *adj* szybki, prędki
rascheln *vi* za|szeleścić
Rasen *m* -s, - trawnik *m*; murawa *f*
rasend *adj* szalony; (*wütend*) wściekły
Rasierapparat *m* -(e)s, -e maszynka do golenia
rasieren *vt* o|golić (**sich** się)
Rasierer *m* -s, - golarka *f*
Rasierklinge *f* -, -n żyletka *f*
Rasierpinsel *m* -s, - pędzel do golenia
Rasierschaum *m* -(e)s pianka do golenia
Rasierwasser *n* -s, - *o.* **...wässer** płyn po goleniu
Rasse *f* -, -n rasa *f*
Rassel *f* -, -n grzechotka *f*
rassistisch *adj* rasistowski
Rast *f* -, -en odpoczynek *f*; **~ machen** odpoczywać
rasten *vi* odpoczywać, wypoczywać
Raststätte *f* -, -n parking *m* (przy autostradzie)
Rat *m* -(e)s, **Räte 1.** *sing* (*Ratschlag*) rada *f* **2.** (*Körperschaft*) rada *f*
Rate *f* -, -n rata *f*; **in ~n** w ratach
raten* *vt*, *vi* po|radzić; doradzać (**zu einer Sache** coś); **ein Rätsel ~** zgadywać, rozwiązywać zagadkę
Ratenkauf *m* -(e)s kupno na raty
Ratgeber *m* -s, - **1.** doradca *m* **2.** poradnik *m*
Rathaus *n* -es, **...häuser** ratusz *m*
ratifizieren *vt* ratyfikować
rational *adj* racjonalny
rationalisieren I. *vt* racjonalizować **II.** *vi* przeprowadzać racjonalizację
rationell *adj* racjonalny
ratlos *adj* bezradny
ratsam *adj* wskazany, pożądany
Ratschlag *m* -(e)s, **Ratschläge** rada *f*, porada *f*
Rätsel *n* -s, - zagadka *f*

rätselhaft *adj* zagadkowy
Ratte *f* -, -n szczur *m*
rau *adj* szorstki, chropowaty; **~es Klima** ostry klimat
Raub *m* -(e)s, -e rabunek *m*, grabież *f*
rauben *vt* z|rabować
Räuber *m* -s, - bandyta *m*, zbój *m*
Raubtier *n* -(e)s, -e drapieżnik *m*
Raubüberfall *m* -(e)s, ...fälle napad rabunkowy
Rauch *m* -(e)s dym *m*
rauchen I. *vi* dymić **II.** *vt* za|palić; **Rauchen verboten!** palenie wzbronione!
Raucher *m* -s, - palacz *m*, palący *m*
Raucherabteil *n* -(e)s, -e przedział dla palących
räuchern *vt* u|wędzić
Rauchfleisch *n* -(e)s mięso wędzone
raufen *vi* bić się
Raum *m* -(e)s, Räume **1.** (*Wohnraum*) pomieszczenie *n*, pokój *m* **2.** *sing* przestrzeń *f* **3.** (*Platz*) wolne miejsce
räumen *vt* **1.** opróżni(a)ć; **vom Tisch ~** sprzątać ze stołu **2.** (*verlassen*) opuszczać
Raumfähre *f* -, -n prom kosmiczny
Raumfahrer *m* -s, - astronauta *m*
Raumfahrt *f* - lot w kosmos
Raumflug *m* -(e)s, ...flüge lot kosmiczny
Raumschiff *n* -(e)s, -e statek kosmiczny
Raumstation *f* -, -en stacja kosmiczna
Raupe *f* -, -n gąsienica *f*
Raupenfahrzeug *n* -(e)s, -e pojazd gąsienicowy
Rausch *m* -(e)s, Räusche upojenie *n*; **er hat einen ~** jest podchmielony
rauschen *vi* szumieć (*o morzu, wietrze*); szemrzeć (*o wodzie*)
Rauschgift *n* -(e)s, -e narkotyk *m*
Rauschgiftsüchtige(r) *f*, *m* **n**, -n narkoman *m*, narkomanka *f*
räuspern, sich *vr* chrząkać
reagieren *vi* za|reagować (**auf etw** na coś)
Reaktion *f* -, -en reakcja *f* (*a. chem.*)
Reaktor *m* -s, -en reaktor *m*
real *adj* realny
realisieren *vt* **1.** z|realizować **2.** (*erkennen*) uświadamiać sobie
realistisch *adj* realistyczny
Realschule *f* -, -n szkoła realna
Reanimation *f* -, -en reanimacja *f*
Rechen *m* -s, - *reg.* grabie *pl*
Rechenaufgabe *f* -, -n zadanie arytmetyczne
Rechenfehler *m* -s, - błąd rachunkowy
Rechenschaft *f* - sprawozdanie *n*; **zur ~ ziehen** pociągnąć do odpowiedzialności
rechnen *vt*, *vi* liczyć, rachować; **auf etw ~** liczyć na coś; **mit einer Sache ~** liczyć się z czymś
Rechner *m* -s, - kalkulator *m*
Rechnung *f* -, -en rachunek *m*; **in ~ stellen** wliczyć do rachunku; **über etw ~ ablegen** zda(wa)ć sprawę z czegoś; **einer Sache ~ tragen** uwzględni(a)ć coś
recht *adj* **1.** prawy; **~er Hand** na prawo **2.** (*passend*) właściwy; **zur ~en Zeit** na czas, we właściwym czasie; **das ist mir ~** odpowiada mi to **3.** (*richtig*) słuszny; **ganz ~!** zupełnie słusznie!; **nun erst ~** tym bardziej **4.** (*wahr*) prawdziwy; **eine ~e Freude** prawdziwa radość; **es geschieht dir ~** dobrze ci tak; **ich weiß nicht ~** nie bardzo wiem **5.** (*sehr*) bardzo; **~ schön** bardzo ładny; **~ gern!** bardzo chętnie!
Recht *n* -(e)s, -e prawo *n* (**auf etw** do czegoś); **von ~s wegen** prawnie; **mit ~** słusznie; **du hast ~** masz rację
Rechte *f* -n **1.** prawa ręka **2.** *polit.* prawica *f*
Rechteck *n* -(e)s, -e czworokąt *m*
rechteckig *adj* prostokątny
rechtfertigen *vt* usprawiedliwi(a)ć (**sich** się)
rechtlich *adj* prawny
rechtmäßig *adj* prawowity
rechts *adv* po prawej stronie; na prawo; **~ fahren** jechać prawą stroną; **nach ~** w prawo; **von ~** z prawej strony
Rechtsanwalt *m* -(e)s, ...anwälte adwokat *m*
Rechtsaußen *m* -s, - *sport.* prawoskrzydłowy *m*
rechtschaffen *adj* uczciwy, prawy
Rechtschreibung *f* - ortografia *f*, pisownia *f*
Rechtshänder *m* -s, - praworęczny *m*
rechtskräftig *adj* prawomocny, obowiązujący
Rechtsverkehr *m* -s ruch prawostronny
rechtswidrig *adj* bezprawny
rechtzeitig *adj* w porę, na czas
Reck *n* -(e)s, -e *sport.* drążek *m*
Recycling [ri'saɪklɪŋ] *n* -s recykling *m*
Redakteur [redak'tøːr] *m* -s, -e redaktor *m*
Redaktion *f* -, -en redakcja *f*
Rede *f* -, -n **1.** *sing* mowa *f*; **keine ~ davon!** nie ma mowy! **2.** (*Ansprache*) przemówienie *n*

reden *vi* rozmawiać, mówić (**über etw, von einer Sache** o czymś)
Redensart, Redewendung *f* -, -en zwrot *m*, fraza *f*, wyrażenie *n*; frazes *m*
redlich *adj* uczciwy, rzetelny
Redner *m* -s, - mówca *m*
redselig *adj* gadatliwy; rozmowny
reduzieren *vt* redukować
Reede *f* -, -n *naut.* reda *f*
reell *adj* realny
Referat *n* -(e)s, -e referat *m*
Referenzen *pl* referencje *fpl*
Reflektor *m* -s, -en reflektor *m*
Reflex *m* -es, -e refleks *m*, odblask *m*
Reform *f* -, -en reforma *f*
Reformhaus *n* -es, ...häuser sklep ze zdrową żywnością
reformieren *vt* reformować
Reformkost *f* - zdrowa żywność
Regal *n* -s, -e regał *m*
rege *adj* żywy, ruchliwy
Regel *f* -, -n reguła *f*; przepis *m*
regelmäßig *adj* regularny
regeln *vt* u|regulować
regelrecht *adj* prawidłowy
Regelung *f* -, -en regulacja *f*; uregulowanie *n*
regen, sich *vr* po|ruszać się
Regen *m* -s deszcz *m*
Regenbogen *m* -s, - tęcza *f*
Regenmantel *m* -s, ...mäntel płaszcz przeciwdeszczowy
Regenschauer *m* -s, - przelotny deszcz
Regenschirm *m* -(e)s, -e parasol *m*, parasolka *f*
Regenwetter *n* -s słota *f*
Regenwurm *m* -(e)s, ...würmer dżdżownica *f*
Regie [re'ʒi:] *f* - reżyseria *f*
regieren **I.** *vt* rządzić (*czymś*) **II.** *vi* rządzić, panować
Regierung *f* -, -en rząd *m*
Regierungssprecher *m* -s, - rzecznik rządu
Regiment *n* -(e)s, -er *mil.* pułk *m*
Region *f* -, -en region *m*, strefa *f*
Regisseur [reʒi:'sq:r] *m* -s, -e reżyser *m*
Register *n* -s, - rejestr *m*; indeks *m* (w książce)
registrieren *vt* za|rejestrować
Regler *m* -s, - regulator *m* (głośności)
regnen *vi*: **es regnet** pada (deszcz)
regnerisch *adj* dżdżysty, deszczowy

regulieren *vt* u|regulować
Reh *n* -(e)s, -e sarna *f*
Rehabilitation *f* -, -en *med.* rehabilitacja *f*
rehabilitieren *vt med.* rehabilitować
Rehbock *m* -(e)s, ...böcke rogacz *m*
reiben* *vt* trzeć, rozcierać
Reibung *f* -, -en *phys.* tarcie *n*
reibungslos *adv* bez kłopotów
reich *adj* bogaty (**an einer Sache** w coś)
Reich *n* -(e)s, -e państwo *n*; Rzesza *f*
reichen **I.** *vt* poda(wa)ć **II.** *vi* **1.** sięgać (**nach einer Sache** po coś); **bis an etw** sięgać do czegoś **2.** (*ausreichen*) wystarczać
reichhaltig *adj* obfity (posiłek), bogaty (wybór)
reichlich **I.** *adj* obfity **II.** *adv ugs.* (*ziemlich*) dosyć; **~ kurz** zbyt krótko
Reichtum *m* -s, ...tümer bogactwo *n*
Reichweite *f* -, -n zasięg *m*
reif *adj* dojrzały; **~ werden** dojrze(wa)ć
Reif *m* -(e)s szron
reifen *vi* dojrzewać (*o ludziach, owocach*)
Reifen *m* -s, - *mot.* opona *f*
Reifenpanne *f* -, -n przebicie opony
Reifeprüfung *f* -, -en egzamin dojrzałości
Reihe *f* -, -n szereg *m*, rząd *m* (*np.* krzeseł); **der ~ nach** po kolei; **ich bin an der ~** kolej na mnie
Reihenfolge *f* -, -n kolejność *f*
Reiher *m* -s, - czapla *f*
Reim *m* -(e)s, -e rym *m*
rein *adj* czysty; **~ machen** o|czyścić; *ugs.* **~ gar nichts** nic a nic
reinigen *vt* o|czyścić
Reinigung *f* -, -en czyszczenie *n*
Reis *m* -es ryż *m*
Reise *f* -, -n podróż; **glückliche ~!** szczęśliwej podróży!
Reiseandenken *n* -s, - pamiątka z podróży
Reisebegleiter *m* -s, - pilot wycieczki
Reisebüro *n* -s, -s biuro podróży
reisefertig *adj* gotowy do podróży
Reisefieber *n* -s *ugs.* rajzfiber *m*
Reiseführer *m* -s, - przewodnik turystyczny (*o. książka*)
Reisegepäck *n* -(e)s bagaż podróżny
Reiseleiter *m* -s, - pilot wycieczki
reisen *vi s* podróżować; wyjechać, po|jechać (**nach** do)
Reisende(r) *f, m* -n, -n podróżny *m*, pasażer; podróżująca *f*, pasażerka *f*
Reisepass *m* -es, ...pässe paszport *m*

Reisepläne pl plany podróży
Reisescheck m -s, -s czek podróżny
Reisetasche f -, -n torba podróżna
Reiseverkehr m -s ruch turystyczny
Reiseziel n -(e)s, -e cel podróży
reißen* I. vt po|rwać; **an sich ~** zagarniać; **mit sich ~** por(y)wać ze sobą; **von sich ~** zrywać z siebie II. vi s (*zerreißen*) rwać się, ur(y)wać się III. vr **sich ~** rwać się do czegoś
reißend adj rwący, bystry; **~er Schmerz** rwący ból
Reißverschluss m -es, ...verschlüsse zamek błyskawiczny, suwak m
Reißzwecke f -, -n pluskiewka f
reiten* vi s jeździć konno
Reiter m -s, - jeździec m
Reithose f -, -n bryczesy pl
Reitsport m -(e)s jeździectwo n, hippika f
Reiz m -es, -e **1.** bodziec m, podnieta f **2.** (*Zauber*) urok m, wdzięk m
reizen vt **1.** (*locken*) pociągać, nęcić; podniecać **2.** irytować, drażnić
reizend → **reizen**; adj czarujący, uroczy
Reklamation f -, -en reklamacja f
Reklame f -, -n reklama f
Reklameplakat n -(e)s, -e plakat reklamowy
reklamieren vt, vi reklamować
Rekord m -(e)s, -e rekord m; **einen ~ aufstellen** ustanowić rekord
Rekorder m -s, - **1.** magnetofon kasetowy **2.** magnetowid m
Rekordhalter m -s, - rekordzista m
rekrutieren I. vt rekrutować, pozyskiwać (**Kandidaten** pracowników) II. vr **sich ~** rekrutować się (**aus** spośród)
relativ adj względny
Relief n -s, -s o. -e płaskorzeźba f
Religion f -, -en religia
religiös adj religijny; pobożny
Renaissance [rənɛˈsãːs] f - odrodzenie n, renesans m
Rennbahn f -, -en tor wyścigowy
Rennboot n -(e)s, -e łódź wyścigowa
rennen* vi s po|biec
Rennen n -s, - bieg m; (*Pferderennen*) wyścigi mpl
Rennfahrer m -s, - kierowca wyścigowy
Rennwagen m -s, - samochód wyścigowy
renommiert adj znany, renomowany
renovieren vt odnawiać, restaurować
rentabel adj rentowny, opłacalny
Rente f -, -n renta f

Rentier n -(e)s, -e ren m
rentieren, sich vr opłacać się
Rentner m -s, - rencista m
Reparatur f -, -en reperacja f, naprawa f
Reparaturwerkstatt f -, ...stätten warsztat samochodowy
reparieren vt z|reperować, naprawi(a)ć; **~ lassen** odda(wa)ć do naprawy
Reportage [repɔrˈtaːʒə] f -, -n reportaż m
Reporter m -s, - reporter m
repräsentativ adj pośredni; reprezentatywny; reprezentacyjny
Republik f -, -en republika f; **~ Polen** Rzeczpospolita Polska
Reservat n -(e)s, -e rezerwat m
Reserve f -, -n rezerwa f
Reserverad n -(e)s, ...räder koło zapasowe
reservieren vt za|rezerwować
Residenz f -, -en rezydencja f, siedziba f
resistent adj biol. odporny
Resonanz f -, -en rezonans m (*a. figur.*)
Respekt m -(e)s respekt m, szacunek m
respektieren vt respektować
Rest m -(e)s, -e reszta f, pozostałość f; resztka f
Restaurant [rɛstĭˈrː] n -s, -s restauracja f
restaurieren vt restaurować, odnawiać
restlich adj pozostały
restlos adv bez reszty
Resultat n -(e)s, -e wynik m
Resümee n -s, -s **1.** streszczenie n **2.** wniosek m
retten vt u|ratować
Retter m -s, - ratownik m
Rettich m -s, -e rzodkiew f
Rettung f -, -en ratunek m, ocalenie n
Rettungsboot n -(e)s, -e łódź ratunkowa
Rettungsdienst m -(e)s, -e pogotowie ratunkowe
Rettungsring m -(e)s, -e koło ratunkowe
Rettungswagen m -s, - karetka pogotowia
retuschieren vt wy|retuszować
Reue f - skrucha f; żal m
revanchieren [revãˈʃiːrən], **sich** vr rewanżować się (**bei j-m** komuś)
Revier n -s, -e rewir m, obwód m
Revision f -, -en rewizja f
Revolution f -, -en rewolucja f
Revolver m -s, - rewolwer m
Revue [rɛˈvyː] f -, -n rewia f, pokaz m
Rezept n -(e)s, -e **1.** recepta f **2.** przepis m (kulinarny)

rezeptpflichtig *adj* tylko na receptę
Rhabarber *m* -s *bot.* rabarbar *m*
Rhesusfaktor *m* -s czynnik Rh *m*
Rheuma *n* -s reumatyzm *m*
Rhythmus *m* -, ...**men** rytm *m*
richten I. *vt* **1.** nastawi(a)ć, regulować; **gerade** ~ wyprostow(yw)ać **2.** s|kierować (**auf etw** na coś); **eine Bitte, Frage an j-n** ~ zwracać się do kogoś z prośbą; **zugrunde** ~ z|niszczyć **3.** (*ordnen*) u|porządkować; **das Bett** ~ posłać łóżko **4. das Frühstück** ~ przyrządzać śniadanie **II.** *vi* (*urteilen*) osądzać **III.** *vr* **sich** ~ s|kierować się (**an j-n** do kogoś); **sich nach einer Sache** ~ za|stosować się do czegoś
Richter *m* -s, - sędzia *m*
richtig *adj* właściwy, trafny; **die Uhr geht** ~ zegar(ek) chodzi dobrze; ~**!** słusznie!; ~ **stellen** s|prostować
Richtlinie *f* -, -n wytyczna *f*, dyrektywa *f*
Richtung *f* -, -**en** kierunek *m*; **in** ~ (**auf**) **Bonn** w kierunku Bonn
Richtungsänderung *f* -, -**en** zmiana kierunku
Richtungsanzeiger *m* -s, - kierunkowskaz *m*
rieb → **reiben**
riechen* **I.** *vi*: **gut** ~ pachnieć; **schlecht** ~ cuchnąć **II.** *vt* wąchać; po|czuć
rief → **rufen**
Riegel *m* -s, - **1.** zasuwa *f* **2.** baton *m*
Riemen *m* -s, - rzemień *m*; pasek *m*, *techn.* pas *m*
Riese *m* -n, -n olbrzym *m*
rieseln *vi* sączyć się; **es rieselt** mży (deszcz)
Riesenrad *n* -(e)s, ...**räder** diabelskie koło (w wesołym miasteczku)
Riesenslalom *m* -s, - *sport.* slalom gigant
riesig *adj* olbrzymi, ogromny
riet → **raten**
Riff *n* -(e)s, -e rafa *f*
rigoros *adj* rygorystyczny
Rind *n* -(e)s, -**er** bydło *n*; bydlę *n*; wół *m*
Rinde *f* -, -**n** kora *f*; skórka *f* (chleba)
Rinderbraten *m* -s, - pieczeń wołowa
Rindfleisch *n* -(e)s wołowina *f*
Rindsuppe *f* -, -**n** *austr.* rosół *m*
Ring *m* -(e)s, -e **1.** pierścień *m*, pierścionek *m* **2.** obwodnica *f* (**um den Stadtkern** wokół centrum)
Ringbuch *n* -(e)s, ...**bücher** segregator *m*

ringen* **I.** *vi* walczyć (**um etw** o coś) **II.** *vt* wykręcać, wyżymać
Ringkampf *m* -(e)s, ...**kämpfe** walka zapaśnicza, zapasy *n*
rings *adv* dookoła (**um etw** czegoś)
ringsherum *adv* → **ringsum**
Ringstraße *f* -, -**n** ulica okrężna, obwodnica *f*
ringsum *adv* naokoło, dookoła
Rinne *f* -, -**n** rynna *f*
rinnen* *vi s* ciec, płynąć; **die Zeit rinnt** czas upływa
Rinnstein *m* -(e)s, -e rynsztok *m*, ściek *m*
Rippchen *n* -s, - *kulin.* żeberko *n*
Rippe *f* -, -**n** żebro *n*
Rippenfell *n* -(e)s, -e opłucna *f*
Risiko *n* -s, -s *o.* ...**ken** ryzyko *n*; **auf mein** ~ na moje ryzyko
riskant *adj* ryzykowny
riskieren *vt* za|ryzykować
riss → **reißen**
Riss *m* -**es**, -e pęknięcie *n*; (*Schramme*) rysa *f*
rissig *adj* popękany
ritt → **reiten**
Ritter *m* -s, - rycerz *m*
ritterlich *adj* rycerski
Ritz *m* -**es**, -e **1.** szpara *f* **2.** (*Schramme*) rysa *f*
Ritze *f* -, -**n** szpara *f*
ritzen *vt* za|drasnąć
rivalisieren *vi* rywalizować
Rivale *m* -**n**, -**n** rywal *m*
Rizinusöl *n* -(e)s olej rycynowy
Roboter *m* -s, - robot *m*
robust *adj* mocny, trwały; krzepki
roch → **riechen**
Rock *m* -(e)s, **Röcke** **1.** spódnica *f* **2.** marynarka męska
rodeln *vi h*, *s* jeździć na sankach
Roggen *m* -**s** żyto *n*
Roggenbrot *n* -(e)s, -e chleb żytni
roh *adj* **1.** surowy **2.** brutalny
Rohkost *f* - surówka *f*
Rohr *n* -(e)s, -e rura *f*
Röhre *f* -, -**n** rura *f*, rurka *f*; *rad.* lampa *f*
Rohstoff *m* -(e)s, -e surowiec *m*
Rokoko *n* -s rokoko *n*
Rollbahn *f* -, -**en** pas startowy (*samolotu*)
Rolldach *n* -(e)s, ...**dächer** *mot.* opuszczany dach
Rolle *f* -, -**n** **1.** rola *f* (*o. teatr.*) **2.** rolka *f*, zwój *m*

rollen I. *vi s* po|toczyć się **II.** *vt* **1.** toczyć **2.** zwijać **III.** *vr* **sich ~** zwijać się; owijać się
Roller *m* **-s, -** hulajnoga *f*; (*Motorroller*) skuter *m*
Rollerskates ['ro:ləske:ts] *pl* łyżworolki *fpl*
Rollkragen *m* **-s, -** golf *m* (kołnierz)
Rollladen *m* **-s, ...läden** żaluzja *f*
Rollo *n* **-s, -s** roleta
Rollschuhe *pl* wrotki *pl*
Rollstuhl *m* **-(e)s, ...stühle** wózek inwalidzki
Rolltreppe *f* **-, -n** schody ruchome
Roma *pl* Romowie *pl*
Roman *m* **-s, -e** powieść *f*
Romantik *f* - romantyzm *m*
romantisch *adj* romantyczny
Römer *pl* Rzymianie *pl*
römisch *adj* rzymski
Röntgenaufnahme *f* **-, -n** zdjęcie rentgenowskie
rosa *adj* różowy
Rose *f* **-, -n** róża *f*
Rosenkohl *m* **-(e)s** brukselka *f*
Rosenmontag *m* **-s, -e** poniedziałek zapustny
rosig *adj* różowy
Rosine *f* **-, -n** rodzynek *m*
Ross *n* **-es, -e** *o.* **Rösser** rumak *m*, koń *m*
Rost[1] *m* **-(e)s** rdza *f*
Rost[2] *m* **-(e)s, -e** (*Gitter*) ruszt *m*; kratownica *f*
rosten *vi h, s* za|rdzewieć
rösten *vt* smażyć na ruszcie; palić (**Kaffee** kawę); przypiekać (**Brot** chleb)
rostfrei *adj* nierdzewny
rostig *adj* zardzewiały
Röstkartoffeln *pl* smażone ziemniaki
rot *adj* czerwony; **~es Haar** rude włosy; **~ werden** za|czerwienić się
Rot *n* **-s, -** **1.** czerwień *f* **2.** czerwone światło *n*
Röteln *pl med.* różyczka *f*
rothaarig *adj* rudy, rudowłosy
Rotkäppchen *n* **-s** Czerwony Kapturek
Rotkohl *m* **-(e)s, Rotkraut** *n* **-(e)s** czerwona kapusta
Rotwein *m* **-(e)s, -e** czerwone wino
Roulade [ru'la:də] *f* **-, -n** rolada *f*
Route ['ru:tə] *f* **-, -n** marszruta *f*; trasa *f*
Routine [ru'ti:nə] *f* - rutyna *f*; wprawa *f*
Rübe *f* **-, -n** rzepa *f*; **rote ~** burak *m* (czerwony)
Ruck *m* **-(e)s, -e** szarpnięcie *n*, pchnięcie *n*

rücken I. *vt* posuwać; **näher ~** przysuwać **II.** *vi s* przesuwać się
Rücken *m* **-s, -** **1.** plecy *pl* **2.** grzbiet *m* (g\'orski, ksiaz|.ki) **3.** (*Lehne*) oparcie *n*
Rückenlehne *f* **-, -n** oparcie *n* (krzesła)
Rückenmark *n* **-(e)s** rdzeń kręgowy
Rückenschwimmen *n* **-s** pływanie stylem grzbietowym
rückerstatten *vt* zwracać
Rückfahrkarte *f* **-, -n** bilet powrotny
Rückfahrt *f* **-, -en** podróż powrotna
Rückflug *m* **-(e)s, ...flüge** lot powrotny
Rückgabe *f* **-, -n** zwrot *m*
rückgängig *adj*: **etw ~ machen** unieważnić coś
Rückgrat *n* **-(e)s, -e** kręgosłup *n*
Rückhalt *m* **-(e)s** oparcie *n*, podpora *f* (**an j-m** w kimś)
Rückkehr *f* - powrót *m*
Rücklicht *n* **-(e)s, -er** *mot.* światło tylne
Rückreise *f* **-, -n** podróż powrotna
Rucksack *m* **-(e)s, ...säcke** plecak *m*
Rückseite *f* **-, -n** strona odwrotna
Rücksicht *f* **-, -en** wzgląd *m*; **~ auf etw nehmen** uwzględni(a)ć coś; **mit ~ auf j-n** ze względu na kogoś
rücksichtslos *adj* bezwzględny, bez skrupułów
rücksichtsvoll *adj* rozważny, taktowny
Rücksitz *m* **-es, -e** *mot.* tylne siedzenie
Rückspiegel *m* **-s, -** *mot.* lusterko wsteczne
Rückspiel *n* **-(e)s, -e** *sport.* mecz rewanżowy
rückständig *adj* zaległy; *figur.* zacofany
Rückstrahler *m* **-s, -** *mot.* światło odblaskowe, *ugs.* kocie oko
Rücktritt *m* **-(e)s, -e** ustąpienie *n*, dymisja *f*
Rücktrittbremse *f* **-, -n** hamulec pedałowy, torpedo *n*
rückwärts *adv* do tyłu, wstecz
Rückwärtsgang *m* **-(e)s, ...gänge** *mot.* wsteczny bieg
Rückweg *m* **-(e)s, -e** droga powrotna
rückwirkend *adj* działający wstecz
Rückzahlung *f* **-, -en** spłata *f* (kredytu)
Ruder *n* **-s, -** wiosło *n*; (*Steuer*) ster *m*
Ruderboot *n* **-(e)s, -e** łódź *f* (wiosłowa)
Ruderer *m* **-s, -** wioślarz *m*
rudern *vi h, s* wiosłować
Ruderregatta *f* **-, ...tten** regaty wioślarskie
Ruf *m* **-(e)s, -e** **1.** wołanie *n*, wzywanie *n*;

(*Schrei*) krzyk *m* **2.** (*Ansehen*) opinia *f*, reputacja *f*
rufen* *vt, vi* za|wołać; wezwać
Rufname *m* **-ns, -n** imię używane
Rufnummer *f* **-, -n** numer telefonu
Rufzeichen *n* **-s, -** *tel.* sygnał wywoławczy <„wolne">
Rüge *f* **-, -n** nagana *f*
Ruhe *f* **- 1.** spokój *m* **2.** (*Rast*) odpoczynek *m*, wypoczynek *m* **3.** (*Gelassenheit*) opanowanie *n*
ruhelos *adj* niespokojny (czasy)
ruhen *vi* odpoczywać
Ruhestand *m* **-(e)s** emerytura *f*
Ruhetag *m* **-(e)s, -e** dzień wolny od pracy
ruhig *adj* spokojny; (*still*) cichy; ~ **werden** uspokajać się
Ruhm *m* **-(e)s** sława *f*, chwała *f*
rühmen I. *vt* po|chwalić **II.** *vr* **sich** ~ chełpić się (**eines Dinges** czymś)
ruhmlos *adj* niesławny
ruhmreich *adj* chlubny
Rührei *n* **-s** jajecznica *f*
rühren I. *vt* **1.** mieszać **2.** po|ruszać **3.** *figur.* wzruszać **II.** *vi* dotykać (**an etw** czegoś) **III.** *vr* **sich** ~ ruszać się
rührend *adj* wzruszający
Ruhrgebiet *n* **-(e)s** *geogr.* Zagłębie Ruhry
Rührung *f* **-** wzruszenie *n*
Ruin *m* **-s** upadek *m*, bankructwo *n*
Ruine *f* **-, -n** ruiny *pl*; gruzy *pl*; *figur.* wrak *m* (*o człowieku*)
ruinieren *vt* z|rujnować, zniszczyć
Rum *m* **-s, -s** rum *m*
Rumäne *m* **-n, -n** Rumun *m*
rumänisch *adj* rumuński
Rummelplatz *m* **-es, …plätze** wesołe miasteczko *n*, jarmark *m*
Rumpf *m* **-(e)s, Rümpfe 1.** tułów *m* **2.** kadłub *m* (**des Schiffes, Flugzeugs** statku, samolotu)
rund I. *adj* okrągły **II.** *adv* wokół; ~ **20 Euro** około dwudziestu euro; ~ **um die Welt** dookoła świata
Rundblick *m* **-(e)s, -e** panorama *f*
Runde *f* **-, -n** okrążenie *n*; runda *f*

Rundfahrt *f* **-, -en** przejażdżka *f*
Rundflug *m* **-(e)s, …flüge** (okrężny) lot (**über eine Stadt** nad miastem)
Rundfunk *m* **-s** radio *n*, radiofonia *f*
Rundfunkanstalt *f* **-** radiostacja *f*
Rundfunkempfänger *m* **-s, -, Rundfunkgerät** *n* **-(e)s, -e** odbiornik radiowy
Rundfunkgebühr *f* **-, -en** abonament radiowy
Rundfunkhörer *m* **-s, -** radiosłuchacz *m*
Rundfunksender *m* **-s, -** rozgłośnia radiowa
Rundfunksendung *f* **-, -en** audycja *f*
Rundfunksprecher *m* **-s, -** spiker *m* (*w radio*)
rundlich *adj* okrągły (*o twarzy*)
Rundreise *f* **-, -n** wycieczka objazdowa
Rundschau *f* **-, -en** przegląd *m*
Rundschreiben *n* **-s, -** okólnik *m*, pismo okólne
rundweg *adv* wprost, wyraźnie
Runkelrübe *f* **-, -n** burak pastewny
Runzel *f* **-, -n** zmarszczka *f*
runzelig *adj* pomarszczony
rüpelhaft *adj* chamski
rupfen *vt* skubać
ruppig *adj* chamski, gburowaty; potargany
Rüsche *f* **-, -n** falbanka *f*
Ruß *m* **-es** sadza *f*
Russe *m* **-n, -n** Rosjanin *m*
Rüssel *m* **-s, -** ryj *m*; (*bei Elefanten*) trąba *f*
Russin *f* **-, -nen** Rosjanka *f*
russisch *adj* rosyjski
rüsten *vi* zbroić się; przygotow(yw)ać się (**für den Krieg** do wojny)
rüstig *adj* krzepki
rustikal *adj* rustykalny
Rüstung *f* **-, -en** zbrojenie *n*
Rute *f* **-, -n** rózga *f*
Rutschbahn *f* **-, -en 1.** zjeżdżalnia *f* **2.** ślizgawka *f*
rutschen *vi s* ślizgać się, ześlizgiwać się, zsuwać się
rutschig *adj* śliski
rütteln *vt, vi* potrząsać, szarpać (**an einer Sache** czymś)

S

Saal *m* -(e)s, **Säle** sala *f*
Saat *f* -, **-en 1.** *sing* zasiew *m* **2.** (*Samen*) ziarno siewne
Saatgut *n* -(e)s nasiona *pl* (do siewu)
Sabbat *m* -s, -e *rel.* szabas *m*
sabbern *vi ugs.* ślinić się
Säbel *m* -s, - szabla *f*
sabotieren *vi, vt* sabotować
Sachbearbeiter *m* -s, - referent *m*
Sachbuch *n* -(e)s, ...bücher książka popularnonaukowa
Sache *f* -, **-n 1.** (*Angelegenheit*) sprawa *f*, kwestia *f*, problem *m*; **das ist eine andere ~** to inna <odrębna> sprawa; **zur ~!** do rzeczy! **2.** rzecz *f*, przedmiot *m*
Sachgebiet *n* -(e)s, -e dziedzina *f*
sachgemäß *adj* właściwy, odpowiedni
Sachkenntnis *f* -, -se znajomość rzeczy
sachkundig *adj* fachowy; kompetentny (**auf einem Gebiet** w jakiejś dziedzinie); rzetelny
Sachlage *f* - stan rzeczy
sachlich *adj* rzeczowy
sächlich *adj gram.* nijaki
Sachschaden *m* -s, ...schäden szkoda materialna
Sachse *m* -n, -n Saksończyk *m*
sächsisch *adj* saski; saksoński
sacht *adj* łagodny; (*leise*) cichy
Sachverhalt *m* -(e)s, -e stan faktyczny
Sachverständige *m* -n, -n rzeczoznawca *m*
Sack *m* -(e)s, **Säcke** wór *m*, worek *m*; **mit ~ und Pack** z całym dobytkiem
Sackgasse *f* -, -n ślepa uliczka, zaułek *m* (*a. figur.*)
Sadist *m* -en, -en sadysta *m*
säen *vi, vt* za|siać, wysiać
Safari *f* -, -s safari *n*
Safe [seɪf] *m* -s, -s sejf *m*
Safran *m* -s *bot.* szafran *m*
Saft *m* -(e)s, **Säfte** sok *m*
saftig *adj* soczysty; (*üppig*) bujny
Sage *f* -, -n legenda *f*, podanie *n*
Säge *f* -, -n piła *f*
Sägemehl *n* -(e)s trociny *pl*
sagen *vi, vt* **1.** mówić, powiadać; **man sagt** mówią; **bitte, ~ Sie mir** proszę mi powiedzieć; **was ~ Sie dazu?** co pan na to?; **etw zu ~ haben** mieć coś do powiedzenia; **was du auch nicht sagst!** co ty nie powiesz! **2.** mieć znaczenie; **viel ~d** wiele znaczący
sägen *vt, vi* prze|piłować
sagenhaft *adj* legendarny; *ugs.* niesłychany
Sägewerk *n* -(e)s, -e tartak *n*
sah → **sehen**
Sahne *f* - śmietan(k)a *f*; **saure ~** śmietana *f*
Sahnebonbon *m, n* -s, -s cukierek mleczny
sahnig *adj* kremowy
Saison [zɛˈzɔŋ] *f* -, -s *o.* -en sezon *m*
saisonbedingt [zɛˈzɔːbədɪŋkt] *adj* sezonowy
Saite *f* -, -n struna *f*
Sakko *m* -s, -s męska marynarka
sakral *adj* sakralny
Sakrament *n* -(e)s, -e *rel.* sakrament *m*
Sakristei *f* -, -en zakrystia *f*
Salamander *m* -s, - *zool.* salamandra *f*
Salami *f* -, - salami *n*
Salat *m* -(e)s, -e sałatka *f*; sałata *f* (głowiasta) *ugs.* bigos
Salatsoße *f* -, -n sos do sałaty <sałatek>
Salbe *f* -, -n maść *f*
Salbei *m* -s *bot.* szałwia *f*
Salbung *f* -, -en *rel.* namaszczenie *n*
Salmonellen *fpl* salmonella *f*
Salon [zaˈlɔŋ] *m* -s, -s salon *m*
salopp *adj* niedbały; swobodny (*o ubraniu*); pospolity (*o mówieniu*)
Salpetersäure *f* - kwas azotowy
Salto *m* -s, -s *o.* **Salti** salto *n*
salutieren *vi* za|salutować
Salz *n* -es, -e sól *f*
salzen* *vi, vt* po|solić
Salzgurke *f* -, -n kiszony ogórek
salzig *adj* słony
Salzkartoffeln *pl* ziemniaki gotowane
Salznapf *m* -(e)s, ...näpfe solniczka *f*
Salzsäure *f* - *chem.* kwas solny
Salzstange *f* -, -n *kulin.* słony paluszek
Salzstreuer *m* -s, - solniczka *f*
Samen *m* -s, - **1.** nasiono *n* **2.** *sing anat.* sperma *f*
Sammelbestellung *f* -, -en zamówienie zbiorcze
sammeln *vt* zbierać (**Pilze** grzyby); kolekcjonować; gromadzić (**sich** się)
Sammler *m* -s, - zbieracz *m*, kolekcjoner *m*
Sammlung *f* -, -en zbiór *m*, kolekcja *f*; (*von Spenden*) zbiórka

Samstag *m* -(e)s, -e sobota *f*; **am ~** w sobotę
Samstagabend *m* -s, -e sobotni wieczór
samstags *adv* w soboty
samt *praep mit D* wraz
Samt *m* -(e)s aksamit *m*
sämtlich *adj* wszystek; **~es Eigentum** całe mienie
Sanatorium *n* -s, ...ien sanatorium *n*
Sand *m* -(e)s, -e piasek *m*
Sandale *f* -, **-n** sandał *m*
Sandbank *f* -, ...bänke mielizna *f*
sandig *adj* piaszczysty; zapiaszczony
Sandkasten *m* -s, ...kästen piaskownica *f*
Sandstein *m* -(e)s, -e piaskowiec *m*
sandte → **senden**
Sanduhr *f* -, -en klepsydra *f*
Sandwich ['zyntvitʃ] *n*, *m* -(s), -(e)s sandwicz *m*
sanft *adj* łagodny, delikatny; stonowany
sang → **singen**
Sänger *m* -s, - piosenkarz *m*, śpiewak *m*
sanieren *vt* 1. restrukturyzować, modernizować (**einen Betrieb** zakład) 2. *med.* wyleczyć
sanitär *adj* sanitarny; **~e Anlagen** urządzenia sanitarne
Sanitäter *m* -s, - sanitariusz *m*
Sanitätswagen *m* -s, - ambulans *m*
sank → **sinken**
sann → **sinnen**
Saphir *m* -s, -e szafir *m*
Sardelle *f* -, -n *zool.* sardela *f*
Sardine *f* -, -n *zool.* sardynka *f*
Sarg *m* -(e)s, Särge trumna *f*
sarkastisch *adj* sarkastyczny
Sarkophag *m* -(e)s, -e sarkofag *m*
saß → **sitzen**
satanisch *adj* szatański, diabelski
Satellit *m* -en, -en satelita *m*
Satellitenschüssel *f* -, -n antena satelitarna
Satellitenstadt *f* -, ...städte satelita *m* (miasto)
Satire *f* -, -n satyra *f*
satirisch *adj* satyryczny
satt *adj* 1. syty, najedzony; **sich ~ essen** najeść się (do syta); **ich habe es ~** mam tego dosyć 2. (*o kolorze*) głęboki, nasycony
Sattel *m* -s, Sättel siodło *n*; siodełko *n*
sättigen *vt* 1. na|sycić (**mit einer Sache** czymś) 2. *figur.* zaspokoić (*np. ciekawość*)
sättigend *adj* sycący

Satz *m* -es, Sätze 1. *gram.* zdanie *n* 2. (*Sprung*) skok *m*, sus *m* 3. komplet *m*, zestaw *m* 4. (*Niederschlag*) osad *m*; (*Kaffeesatz*) fusy *pl* 5. *mus.* fraza *f*, część *f* 6. *sport.* set *m* 7. *druk.* skład *m*
Satzbau *m* -(e)s *gram.* składnia *f*
Satzteil *m* -(e)s, -e *gram.* część zdania
Satzung *f* -, -en statut *m*
Satzzeichen *n* -s, - *gram.* znak interpunkcyjny
Sau *f* -, **Säue** *o.* **-en** świnia *f* (*a. figur.*); maciora *f*
sauber *adj* czysty, schludny; (*ordentlich*) porządny
Sauberkeit *f* - czystość *f*; porządek *m*
säuberlich *adj* staranny
säubern *vt* oczyszczać, oczyścić, wyczyścić
Sauce ['zoːsə] *f* -, -n sos *m*
saudumm *adj ugs.* beznadziejnie głupi
sauer *adj* kwaśny (*a. mina*); **saure Milch** zsiadłe mleko; **saurer Regen** kwaśny deszcz; **~ werden** s|kwaśnieć
Sauerampfer *m* -s *bot.* szczaw *m*
Sauerbraten *m* -s, - *kulin.* pieczeń wołowa (z marynowanego mięsa)
Sauerei *f* -, -en *ugs.* świństwo *n*
Sauerkirsche *f* -, -n wiśnia *f*
Sauerkohl *m* -(e)s, **Sauerkraut** *n* -(e)s kapusta kiszona
säuerlich *adj* kwaskowaty; *figur.* skwaszony
Sauerstoff *m* -(e)s tlen *m*
Sauerteig *m* -(e)s, -e *kulin.* zaczyn *m*
saufen* *vt*, *vi* pić, chłeptać; *vulg.* (*o ludziach*) chlać
Säufer *m* -s, - *ugs.* pijak *m*
saugen* *vi*, *vt* ssać, wys(ys)ać
säugen *vt* karmić piersią
Sauger *m* -s, - smoczek *m* (na butelkę)
Säugetier *n* -(e)s, -e ssak *m*
Säugling *m* -s, -e niemowlę *n*
Säule *f* -, -n słup *m*, kolumna *f* (*a. mil.*); *mat.* prostopadłościan *m*
Säulengang *m* -(e)s, ...gänge kolumnada *f*, krużganek *m*
Saum *m* -(e)s, Säume obręb *m*, zakład *m*
säumig *adj* opieszały
Sauna *f* -, -s *o.* ...nen sauna *f*
Säure *f* -, -n kwas *m*; kwaśność *f*
sausen *vi* 1. szumieć, huczeć 2. *s ugs.* mknąć, pędzić
Savanne *f* -, -n sawanna *f*
Saxofon, Saxophon *n* -s, -e saksofon *m*

S-Bahn *f* -, -en szybka kolej miejska
scannen ['skɛnən] *vt* ze|skanować
Scanner [skɛnər] *m* -s, - *inform.* skaner *m*
Schabe *f* -, -n **1.** *zool.* karaluch *m* **2.** skrobak *m*
schaben *vt* ze|skrobać
Schaber *m* -s, - skrobak *m*
schäbig *adj* **1.** nędzny; znoszony **2.** (*geizig*) skąpy
Schablone *f* -, -n wzornik *m*, szablon *m* (*a. figur.*)
Schach *n* -s, -s **1.** *sing* szachy *pl*; **eine Partie ~** partia szachów; **~ spielen** grać w szachy **2.** (*Stellung*) szach *m*
Schachbrett *n* -(e)s, -er szachownica *f*
schachern *vi* targować się (**um etw** o coś)
Schachfigur *f* -, -en figura szachowa; *figur.* pionek
Schachspieler *m* -s, - szachista *m*
Schacht *m* -(e)s, Schächte szyb *m*
Schachtel *f* -, -n pudełko *n*, pudło *n*; **eine ~ Zigaretten** paczka papierosów
schade *adv* szkoda; **wie ~!** jaka szkoda!; **~ um ihn** szkoda go
Schädel *m* -s, - *anat.* czaszka *f*
schaden *vi* za|szkodzić; **es schadet nichts** nic nie szkodzi
Schaden *m* -s, Schäden szkoda *f*; (*Beschädigung*) uszkodzenie *n*; (*Verlust*) strata *f*
Schadenersatz *m* -es, ...ersätze odszkodowanie *n*
Schadenfreude *f* -, -n radość z cudzego nieszczęścia
schadenfroh *adj* cieszący się z cudzego nieszczęścia, złośliwy
schadhaft *adj* uszkodzony; podniszczony
schädigen *vt* szkodzić (**j-n** komuś)
schädlich *adj* szkodliwy
Schädling *m* -s, -e szkodnik *m*
Schadstoff *m* -(e)s, -e substancja szkodliwa
Schaf *n* -(e)s, -e owca *f*
Schafbock *m* -(e)s, ...böcke baran *m*
Schäferhund *m* -(e)s, -e owczarek *m*
schaffen[1] **I.** *vt* **1.** (*herstellen*) z|robić, dokon(yw)ać; **Ordnung ~** zaprowadzić porządek **2.** (*befördern*) dostarczać, za|nosić; **aus dem Wege ~** usuwać z drogi; **zur Post ~** dostarczać na pocztę **3.** *ugs.* z|łapać (pociąg) **II.** *vi reg.* pracować
schaffen[*2] *vt* s|tworzyć (**ein Werk** dzieło)
Schaffner *m* -s, - konduktor *m*
Schafkäse *m* -s owczy ser

Schaft *m* -(e)s, Schäfte **1.** trzonek *m*, uchwyt *m* **2.** *bot.* szypułka *f*
Schal *m* -s, -s *o.* -e szal *m*, szalik *m*
Schale[1] *f* -, -n (*Obstschale*) skórka *f*; (*Nussschale*) łupina *f*; (*Erbsenschale*) łuska *f*; (*Eierschale*) skorupka *f*
Schale[2] *f* -, -n (*Gefäß*) miseczka *f*, czarka *f*; (*Waagschale*) szal(k)a *f*
schälen I. *vt* ob(ie)rać; łuskać **II.** *vr* **sich ~** łuszczyć się
Schalentier *n* -(e)s, -e *zool.* skorupiak *m*
schalkhaft *adj* figlarny
Schall *m* -(e)s, -e dźwięk *m*; odgłos *m*
Schalldämpfer *m* -s, - tłumik *m*
schalldämmend *adj* dźwiękochłonny
schalldicht *adj* dźwiękoszczelny
schallen[*] *vi* za|dźwięczeć, rozbrzmiewać
Schallmauer *f* - bariera dźwięku; **~ durchbrechen** przekroczyć barierę dźwięku
Schallplatte *f* -, -n płyta gramofonowa
schalt → **schelten**
schalten *vt* włączać; podłączać
Schalter *m* -s, - **1.** okienko *n*, kasa *f*; **am ~** w <przy> okienku **2.** *el.* wyłącznik *m*
Schaltgetriebe *n* -s, -n *mot.* skrzynia biegów, skrzynka przekładniowa
Schalthebel *m* -s, - *mot.* dźwignia zmiany biegów
Schaltjahr *n* -(e)s, -e rok przestępny
Schalttafel *f* -, -n tablica rozdzielcza
Schaltung *f* -, -en **1.** *rad.* połączenie *n* **2.** *mot.* zmiana biegów
Scham *f* - wstyd *m* (**über etw** z powodu czegoś); (*Schamgefühl*) wstydliwość *f*
Schambein *n* -(e)s, -e *anat.* kość łonowa
schämen, sich *vr* wstydzić się (**wegen eines Dinges** czegoś; **vor j-m** przed kimś, **für j-n** za kogoś)
schamhaft *adj* wstydliwy
schamlos *adj* bezwstydny; bezczelny
schamponieren *vt* myć szamponem
Schande *f* - wstyd *m*, hańba *f*; **j-m ~ bringen** przynosić komuś wstyd
schänden *vt* s|profanować; z|gwałcić; z|hańbić, zniesławić
schändlich *adj* haniebny, nikczemny
Schanze *f* -, -n *sport.* skocznia *f*
Schar *f* -, -en gromada *f*, tłum *m*; stado *n*, chmara *f*
scharf *adj* **1.** ostry; **~ machen** wy|ostrzyć **2.** (*heftig*) silny, gwałtowny **3.** (*durchdringend*) bystry, wnikliwy **4.** (*gewürzt*) pikantny

Schärfe f - ostrość f; (*Härte*) surowość f
schärfen vt na|ostrzyć
scharfsinnig adj bystry, wnikliwy
Scharlach m -s med. szkarlatyna f, płonica f
Scharnier n -s, -e zawias m
scharren I. vi (*o zwierzętach*) grzebać; drapać (**an der Tür** w drzwi) II. vt wygrzeb(y-w)ać
Scharte f -, -n szczerba f
Schaschlik m, n -s, -s szaszłyk m
Schatten m -s, - cień m; **im ~ liegen** leżeć w cieniu
Schattenseite f -, -n zacieniona strona; *figur.* odwrotna strona medalu
Schattierung f -, -en odcień m
schattig adj cienisty
Schatz m -es, **Schätze** skarb m (*a. figur.*)
Schätzchen n -s, - *figur.* skarb m
schätzen I. vt 1. szacować, oceni(a)ć 2. (*achten*) cenić, poważać II. vi (*vermuten*) przypuszczać, sądzić
Schätzpreis m -es, -e cena szacunkowa
Schätzung f -, -en ocena f, oszacowanie n
schätzungsweise adv szacunkowo
Schau f -, -en pokaz m, wystawa f
Schaubild n -(e)s, -er wykres m
schauderhaft adj straszliwy, przerażający
schaudern vi: **es schaudert mir davor** strach mnie ogarnia przed tym
schauen vi patrzeć; **um sich ~** rozglądać się; **aus dem Fenster ~** wyglądać przez okno; **traurig ~** smutno spoglądać
Schauer m -s, - 1. dreszcz m 2. (*Regenschauer*) przelotny deszcz f; ulewa f
schauerlich adj straszny, okropny
Schaufel f -, -n szufla f, łopata f; łopatka f
Schaufenster n -s, - witryna f, wystawa f
Schaufensterbummel m -s, - oglądanie wystaw sklepowych
Schaufensterpuppe f -, -n manekin m
Schaukasten m -s, ...**kästen** gablota f
Schaukel f -, -n huśtawka f
schaukeln I. vt kołysać II. vi po|huśtać się; po|kołysać się
Schaukelstuhl m -(e)s, ...**stühle** fotel na biegunach
schaulustig adj żądny sensacji, ciekawski
Schaulustige(r) f, m -n, -n gap m
Schaum m -(e)s piana f (*o. mydlana*)
schäumen vi pienić się
Schaumfestiger m -s, - pianka do włosów
Schaumwein m -(e)s, -e wino musujące

Schauplatz m -es, ...**plätze** miejsce wydarzeń, widownia
Schauprozess m -es, -e proces pokazowy
Schauspiel n -(e)s, -e 1. *teatr.* przedstawienie n 2. widowisko n
Schauspieler m -s, - aktor m
Schauspielerin f -, -nen aktorka f
Scheck m -s, -s czek m
Scheckbuch n -(e)s, ...**bücher** książeczka czekowa
Scheckkarte f -, -n karta do bankomatu
Scheibe f -, -n 1. tarcza f; krążek m 2. (*Glas*) szyba f 3. (*Brotscheibe*) kromka f; (*Wurstscheibe*) plasterek m
Scheibenwischer m -s, - *mot.* wycieraczka f
Scheide f -, -n pochwa f (*o. anat.*)
scheiden* I. vt oddzielać, rozłączać; **Ehe ~** udzielać rozwodu II. vr **sich ~** rozłączyć się, rozejść się; **sich ~ lassen** brać rozwód III. vi s rozsta(wa)ć się (**von j-m** z kimś); **jemand ist**
geschieden ktoś jest rozwiedziony
Scheidung f -, -en rozwód m
Schein m -(e)s, -e 1. *sing* blask m; (*Licht*) światło n; **zum ~** na pozór 2. (*Bescheinigung*) zaświadczenie n 3. (*Geldschein*) banknot m
scheinbar adj pozorny
scheinen* vi 1. świecić 2. (*den Anschein haben*) zdawać się, sprawiać wrażenie; **mir scheint, dass ...** zdaje mi się, że ...
Scheinwerfer m -s, - reflektor m (*o. mot.*)
Scheiße f - ugs. gówno n; (*Blödsinn*) bzdury fpl
scheißen* vi vulg. srać
Scheit n -(e)s, -e polano n
Scheitel m -s, - 1. (*im Haar*) przedział(ek) m 2. wierzchołek m (*o. mat.*)
scheitern vi s 1. rozbić się (**an einer Sache** o coś) 2. (*misslingen*) nie udać się
schelmisch adj szelmowski, filuterny
schelten* vi, vt z|ganić
Schema n -s, -s *o.* -ta schemat m, wzór m
Schemel m -s, - taboret m
Schenkel m -s, - 1. *anat.* udo n 2. *mat.* ramię n (kąta)
schenken vt po|darować
Schenkung f -, -en darowizna f
Scherbe f -, -n skorupa f; **in ~n gehen** potłuc się
Schere f -, -n nożyczki n, nożyce n; *zool.* kleszcze n

scheren[*1] *vt* o|strzyc; przyciąć
scheren[2] **I.** *vt impers* obchodzić **II.** *vr* **sich ~** *ugs.* starać się, dbać (**um j-n, etw** o kogoś, coś); *ugs.* **sher dich zum Teufel!** idź do diabła!
Scherereien *pl ugs.* kłopoty *pl*
Scherz *m* -es, -e żart *m*, dowcip *m*; **im ~** żartem; **einen ~ machen** za|żartować
scherzen *vi ugs.* żartować (**über etw** z czegoś)
scherzhaft *adj* żartobliwy, zabawny
scheu *adj* bojaźliwy; (*schüchtern*) nieśmiały; **~ werden** s|płoszyć się
scheuen I. *vt* obawiać się (czegoś) **II.** *vr* **sich ~** obawiać się, lękać się (**vor einer Sache** czegoś)
Scheuerlappen *m* -s, - ścierka *f* (do podłogi, do szorowania)
scheuern *vt* wy|szorować
Scheune *f* -, -n stodoła *f*
Scheusal *n* -s, -e straszydło *n*
scheußlich *adj* obrzydliwy, wstrętny
Schi *m* → **Ski**
Schicht *f* -, -en warstwa *f*; (*Arbeiterschicht*) zmiana *f*, szychta *f*
Schichtarbeit *f* - praca na zmiany
schick *adj* elegancki
schicken I. *vt* wys(y)łać (**einen Brief** list); przesyłać (**Grüße** pozdrowienia) **II.** *vi* po|s(y)łać (**nach j-m** po kogoś) **III.** *vr* **sich ~: es schickt sich nicht** nie wypada
schicklich *adj* stosowny, właściwy
Schicksal *n* -s, -e los *m*, przeznaczenie *n*
Schicksalsschlag *m* -(e)s, ...schläge cios losu
Schiebedach *n* -(e)s, ...dächer *mot.* dach odsuwany
schieben[*] *vt* posuwać, przesuwać
Schieber *m* -s, - 1. zasuw(k)a *f*, rygiel *m* 2. *ugs.* (*Geschäftemacher*) spekulant *m*
Schiebetür *f* -, -en drzwi rozsuwane <przesuwne>
schied → **scheiden**
Schiedsrichter *m* -s, - sędzia (rozjemczy) *m* arbiter *m* (*o. sport.*)
schief I. *adj* **1.** krzywy, ukośny; **~e Ebene** równia pochyła **2.** *figur.* (*unrichtig*) niewłaściwy, opaczny **II.** *adv* krzywo; z ukosa, niechętnie; *ugs.* **~ gehen** nie udać się
Schiefer *m* -s, - *min.* łupek *m*
schielen *vi* zezować; **nach j-m** <**einer Sache**> **~** zerkać na kogoś <coś>
schien → **scheinen**

Schienbein *n* -(e)s, -e *anat.* piszczel *m*, kość piszczelowa
Schiene *f* -, -n szyna *f*
schier *adv* prawie
schiert → **scheren**
schießen[*] *vt*, *vi* strzelać (**mit einem Gewehr** z broni)
Schiff *n* -(e)s, -e **1.** statek *m*, okręt *m* **2.** (*Kirchenschiff*) nawa *f*
schiffbar *adj* spławny, żeglowny
Schiffbau *m* -(e)s, -e budowa okrętów
Schiffbruch *m*: **~ erleiden** rozbić się (*o statku*); *figur.* ponieść klęskę
Schiffbrüchige(r) *f, m* -n, -n rozbitek *m*
Schifffahrt *f* -, **Schiffsverkehr** *m* -s żegluga *f*
Schikane *f* -, -n szykana *f*
schikanieren *vt* szykanować
Schild[1] *m* -(e)s, -e **1.** (*Schutzwaffe*) tarcza *f* **2.** osłona *f*
Schild[2] *n* -(e)s, -er **1.** szyld *m*, wywieszka *f*; (*Türschild*) tabliczka *f* **2.** (*Preisschild*) etykietka *f*
Schilddrüse *f* -, -n *anat.* tarczyca *f*
schildern *vt* opis(yw)ać, przedstawiać
Schilderung *f* -, -en opis *m*
Schildkröte *f* -, -n *zool.* żółw *m*
Schilf *n* -(e)s, -e trzcina *f*; sitowie *n*
schillern *vi* mienić się, połyskiwać
Schilling *m* -s, -e *hist* szyling *m*
schilt → **schelten**
Schimmel *m* -s, - **1.** pleśń *f* **2.** (*Pferd*) siwek *m*
schimmelig *adj* spleśniały; **~ werden** s|pleśnieć
schimmern *vi* połyskiwać
Schimpanse *m* -n, -n szympans *m*
schimpfen I. *vi*, *vt* z|wymyślać; narzekać **II.** *vi* pomstować (**auf etw, j-n** na coś, kogoś)
Schimpfwort *n* -(e)s, ...wörter obelżywe słowo
Schindel *f* -, -n gont *m*
schinden[*], **sich** *vr* zamęczać się, zapracowywać się
Schinken *m* -s, - szynka *f*
Schinkenbrot *n* -(e)s, -e kanapka *f* z szynką
Schinkenspeck *m* -(e)s boczek *m*
Schirm *m* -(e)s, -e parasol *m*, parasolka *f*; (*Lampenschirm*) abażur *m*; (*Mützenschirm*) daszek u czapki; (*Bildschirm*) ekran *m*; (*Schutz*) osłona *f*
Schirmherr *m* -n, -en protektor *n*

Schirmmütze *f* -, -n czapka z daszkiem
schiss → **scheißen**
Schlacht *f* -, -en bitwa *f*
schlachten *vt* zarzynać, bić (bydło)
Schlachter *m* -s, - *reg.* rzeźnik *m*
Schlaf *m* -(e)s sen *m*; **etw bringt j-n um den ~** coś spędza komuś sen z powiek
Schlafanzug *m* -(e)s, ...anzüge piżama *f*
Schläfchen *n* -s, - drzemka *f*
Schläfe *f* -, -n *anat.* skroń *f*
schlafen* *vi* spać
schlaff *adj* wiotki, obwisły, luźny; *figur.* osłabiony
schlaflos *adj* bezsenny
Schlaflosigkeit *f* - bezsenność *f*
Schlafmittel *n* -s, - środek nasenny
schläfrig *adj* śpiący, senny
Schlafsack *m* -(e)s, ...säcke śpiwór *m*
Schlaftablette *f* -, -n tabletka nasenna
Schlafwagen *m* -s, - wagon sypialny, sliping *m*
Schlafzimmer *n* -s, - sypialnia *f*
Schlag *m* -(e)s, **Schläge 1.** uderzenie *n*, cios *m* (*o. losu*); (*des Herzens*) bicie *n* (serca); **~ 3 Uhr** punkt trzecia; **~ auf ~** raz za razem **2.** *el.* porażenie. **3.** *ugs.* (*Schlaganfall*) udar *m* **4.** *ugs.* porcja *f*
Schlagader *f* -, -n tętnica *f*
Schlaganfall *m* -(e)s, ...anfälle udar *m*
schlagartig *adj* błyskawiczny, natychmiastowy
Schlagbohrer *m* -s, - *techn.* wiertarka udarowa
schlagen* *I.* *vt, vi* bić, uderzać; (*besiegen*) pobić, pokonać; **blutig ~** zbić do krwi; **es hat drei (Uhr) geschlagen** wybiła (godzina) trzecia; **in Stücke ~** rozbić na kawałki; **einen Rekord ~** pobić rekord; **das Herz schlägt** serce bije **II.** *vr* **sich ~** bić się (**um etw** o coś)
Schlager *m* -s, - przebój *m*, hit *m*
Schläger *m* -s, - rakieta *f* (do tenisa); kij *m* (hokejowy, golfowy)
Schlägerei *f* -, -en bijatyka *f*, bójka *f*
Schlagersänger *m* -s, - piosenkarz *m*
schlagfertig *adj* błyskotliwy; **eine ~e Antwort** cięta odpowiedź
Schlagloch *n* -(e)s, ...löcher wybój *m*
Schlagsahne *f* - bita śmietana
Schlagwort *n* -(e)s, -e *o.* ...wörter hasło *n*, slogan *n*
Schlagzeile *f*; -, -n nagłówek *m* (w gazecie)

Schlagzeug *n* -(e)s, -e perkusja *f*
Schlamm *m* -(e)s, -e *o.* **Schlämme** muł *m*, błoto *n*
schlammig *adj* błotnisty; zabłocony
Schlampe *f* -, -n flejtuch *m*
schlampig *adj* *ugs.* niechlujny; bałaganiarski; (*Arbeit*) fuszerski
schlang → **schlingen**
Schlange *f* -, -n wąż *m*; *figur.* kolejka *f*; **~ stehen** stać w kolejce
schlank *adj* szczupły, wy|smukły
Schlankheitskur *f* -, -en kuracja odchudzająca
schlapp *adj* wykończony
Schlappe *f* -, -n porażka *f*
schlau *adj* przebiegły
Schlauch *m* -(e)s, **Schläuche** wąż *m* (gumowy); *mot.* dętka *f*
Schlauchboot *n* -(e)s, -e ponton *m*
schlauchlos *adj* bezdętkowy
Schlaufe *f* -, -n pętelka *f*; szlufka *f*; uchwyt *m* (*np. w tramwaju*)
schlecht *adj* zły; **mir ist ~** niedobrze mi
schleichen* *I.* *vi s* skradać się **II.** *vr* **sich ~** wymknąć się
Schleichwerbung *f* -, -en kryptoreklama *f*
schlecken *vi, vt* lizać (**am Eis** lody)
Schleie *f* -, -n *zool.* lin *m*
Schleier *m* -s, - woalka *f*; welon *m*
schleierhaft *adj*: **etw ist <bleibt> j-m ~** coś jest <pozostaje> dla kogoś zagadką
Schleife *f* -, -n kokarda *f*; pętla *f*, pętelka *f*
schleifen[1] *vt* o|szlifować; **das Messer ~** na|ostrzyć nóż
schleifen[2] *vt* ciągnąć, wlec
Schleim *m* -(e)s, -e **1.** śluz *m* **2.** (*Brei*) kleik *m*
schleimig *adj* śluzowaty; (*eine Schnecke*) lepki; *figur.* obłudny
schlemmen *vi* biesiadować, ucztować
Schlemmer *m* -s, - smakosz *m*
schlendern *vi s* przechadzać się, spacerować (**durch den Park** po parku)
schlenkern *vt, vi* wymachiwać (rękami)
schleppen I. *vt* ciągnąć (za sobą), holować; (*tragen*) dźwigać **II.** *vr* **sich ~** wlec się
Schlepper *m* -s, - ciągnik *m*; holownik *m*
Schlepplift *m* -(e)s, -e *o.* -s wyciąg orczykowy
Schleppseil, Schlepptau *n* -(e)s, -e hol *m*, lina *f*
Schleuder *f* -, -n **1.** proca *f* **2.** wirówka *f* (do bielizny)

schleudern I. *vt* 1. rzucać 2. odwirowywać II. *vi mot.* wpaść w poślizg
schleunigst *adv* natychmiast
Schleuse *f* -, -n śluza *f*
schlich → **schleichen**
schlicht *adj* prosty, skromny
schlichten *vt: figur.* **einen Streit ~** załagodzić spór
schlief → **schlafen**
schließen* I. *vt* 1. *o. vr* (**sich** się) zamykać (**mit einem Schlüssel** na klucz); **in die Arme ~** obejmować 2. (*beenden*) za|kończyć; **einen Vertrag ~** zawierać układ; **mit j-m Freundschaft ~** zaprzyjaźnić się z kimś II. *vi* 1. zamykać się; **schlecht ~** nie domykać się 2. wy|wnioskować (**aus einer Sache** z czegoś) III. *vr* **sich ~** zamykać się
Schließfach *n* -(e)s, ...fächer skrytka pocztowa; (*na dworcu*) skrytka na bagaż
schließlich *adv* ostatecznie, w końcu
Schließung *f* -, -en zamknięcie *f*, zakończenie *f* (**einer Konferenz** konferencji)
schliff → **schleifen**[1]
schlimm *adj* zły, niedobry
schlimmstenfalls *adv* w najgorszym razie
Schlinge *f* -, -n pętla *f*; temblak *m*
Schlingpflanze *f* -, -n *bot.* pnącze *n*
Schlips *m* -es, -e krawat *m*
Schlitten *m* -s, - sanie *pl*, sanki *pl*; **~ fahren** jeździć na sankach
schlittern *vi* s ślizgać się (po lodzie)
Schlittschuh *m* -(e)s, -e łyżwa *f*; **~ laufen** jeździć na łyżwach
Schlittschuhlaufen *n* -s łyżwiarstwo *n*
Schlittschuhläufer *m* -s, - łyżwiarz *m*
Schlitz *m* -es, -e rozcięcie *n*; rozporek *m*; (*für Münze*) otwór *m*; (*Spalt*) szpara *f*
schloss → **schließen**
Schloss *n* -es, **Schlösser** zamek *m* (*budowla, zamknięcie*)
Schlosser *m* -s, - ślusarz *m*
schlottern *vi* dygotać
Schlucht *f* -, -en wąwóz *m*, parów *m*
schluchzen *vi* szlochać, łkać
Schluchzer *m* -s szloch *m*
Schluck *m* -(e)s, -e łyk *m*, haust *m*
Schluckauf *m* -s czkawka *f*
schlucken *vt* po|łykać
schlug → **schlagen**
schlummern *vi* drzemać
schlüpfen *vi* s 1. wymykać się (**aus der Hand** z ręki); wślizgiwać się (**in etw** gdzieś) 2. wyklu(wa)ć się (z jaja)

Schlüpfer *m* -s, - majtki *pl*
schlüpfrig *adj* śliski; *figur.* dwuznaczny, nieprzyzwoity
Schlupfwinkel *m* -s, - kryjówka *f*
schlürfen *vi*, *vt* siorbać
Schluss *m* -es, **Schlüsse** 1. koniec *m*, zakończenie *n*; **am ~ der Vorstellung** na zakończenie spektaklu 2. (*Folgerung*) wniosek *m*, konkluzja *f*; **zu einem ~ kommen** dojść do wniosku
Schlüssel *m* -s, - klucz *m* (*o. mus., techn., w podręczniku*)
Schlüsselloch *n* -(e)s, ...löcher dziurka od klucza
Schlüsselbein *n* -(e)s, -e *anat.* obojczyk *m*
Schlüsselbund *m*, *n* -(e)s, -e pęk kluczy
Schlussfolgerung *f* -, -en wniosek *m*
schlüssig *adj*: **sich über etw ~ werden** z|decydować się na coś
Schlusslicht *n* -(e)s, -er *mot.* światło tylne
Schlusspfiff *m* -(e)s, -e *sport.* końcowy gwizdek
Schlussverkauf *m* -(e)s, ...verkäufe wyprzedaż *f* (posezonowa)
Schmach *f* - *geho.* hańba *f*, wstyd *m*
schmächtig *adj* drobny (*o osobie*)
schmackhaft *adj* smaczny
schmähen *vt geho.* łżyć
schmählich *adj* haniebny
schmal *adj* 1. wąski; **~er machen** zwężać 2. (*karg*) szczupły
schmälern *vt* 1. uszczuplać (**j-s Einkommen** czyjeś dochody) 2. umniejszać (**j-s Verdienste** czyjeś zasługi)
Schmalz *n* -es, -e smalec *m*
schmalzig *adj figur.* ckliwy
Schmarotzer *m* -s, - *biol.* pasożyt *m* (*a. figur.*)
schmecken I. *vt* s|kosztować II. *vi* smakować (**j-m** komuś); **nach einer Sache ~** mieć posmak czegoś
Schmeichelei *f* -, -en pochlebstwo *n*
schmeichelhaft *adj* pochlebny
schmeicheln *vi* pochlebiać (**j-m** komuś)
Schmeichler *m* -s, - pochlebca *m*
schmeißen* *vt ugs.* ciskać, rzucać; **mit Geld um sich ~** szastać pieniędzmi
schmelzbar *adj* topliwy
schmelzen* I. *vt* topić, rozpuszczać II. *vi* s topnieć, rozpuszczać się
Schmelzkäse *m* -s ser topiony
Schmelzpunkt *m* -(e)s, -e temperatura topnienia

Schmerz *m* -es, -en ból *m*, boleść *f*
schmerzempfindlich *adj* wrażliwy na ból
schmerzen I. *vt, vi* za|boleć, dolegać; **mir <mich> schmerzt der Kopf** boli mnie głowa **II.** *vt* ubolewać
schmerzhaft *adj* bolesny; bolący
schmerzlich *adj* przykry, bolesny, dotkliwy
schmerzlindernd *adj* uśmierzający ból
schmerzlos *adj* bezbolesny
schmerzstillend *adj* przeciwbólowy
Schmerztablette *f* -, -n proszek przeciwbólowy
Schmetterling *m* -s, -e motyl *m*
Schmied *m* -(e)s, -e kowal *m*
schmieden *vt* wy|kuć; *figur.* **Pläne ~** snuć plany
schmiegen, sich *vr* tulić się (**an j-n** do kogoś)
Schmiere *f* -, -n smar *m*; maź *f*
schmieren *vt* na|smarować, posmarować; **die Butter aufs Brot ~** smarować chleb masłem
Schmiermittel *n* -s, - smar *m*
schmilzt → **schmelzen**
Schminke *f* -, -n szminka *f*, pomadka *f*
schminken *vt, vr* po|malować się (**aufdringlich** wyzywająco)
schmirgeln *vt* szlifować
Schmirgelpapier *n* -s, -e papier ścierny
schmiss → **schmeißen**
Schmöker *m* -s, - *ugs.* czytadło *n*
schmollen *vi* dąsać się, obrażać się (**mit j-m** na kogoś)
schmolz → **schmelzen**
Schmorbraten *m* -s pieczeń *f*
schmoren *vt* u|dusić (mięso)
Schmuck *m* -(e)s ozdoba *f*, dekoracja *f*; (*Schmucksachen*) biżuteria *f*
schmücken *vt* o|zdobić
Schmuggel *m* -s przemyt *m*
schmuggeln *vi, vt* przemycać
Schmuggler *m* -s, - przemytnik *m*
schmunzeln *vi* uśmiechać się lekko (**über etw** z jakiegoś powodu)
Schmutz *m* -es brud *m*
Schmutzfink *m* -en, -en *ugs.* brudas *m*
schmutzig *adj* **1.** brudny; **~ werden** zabrudzić się **2.** *figur.* nieprzyzwoity
Schnabel *m* -s, Schnäbel dziób *m*
Schnake *f* -, -n *reg.* komar *m*
Schnalle *f* -, -n sprzączka *f*, klamra *f*
schnappen *vi*: *ugs.* **nach Luft ~** łapać powietrze

Schnaps *m* -es, Schnäpse wódka *f*
Schnapsidee *f* -, -n *ugs.* zwariowany pomysł
schnarchen *vi* chrapać
schnaufen *vi* sapać, dyszeć
Schnauzbart *m* -(e)s, ...bärte wąsy *pl*
Schnauze *f* -, -n pysk *m*, morda *f* (*a. figur.*)
schnäuzen, sich *vr* wy|czyścić nos
Schnecke *f* -, -n ślimak *m*
Schneckentempo *n*: *ugs.* **im ~** w żółwim tempie
Schnee *m* -s **1.** śnieg *m*; **es fällt ~** pada śnieg **2.** (*Eierschaum*) piana *f*
Schneeball *m* -(e)s, ...bälle **1.** śnieżka *f* **2.** *bot.* kalina *f*
Schneedecke *f* -, -n pokrywa śnieżna
Schneeflocke *f* -, -n płatek śniegu
Schneeglätte *f* - gołoledź pośniegowa
Schneeglöckchen *n* -s, - przebiśnieg *m*, śnieżyczka
Schneekette *f* -, -n *mot.* łańcuch przeciwśnieżny *f*
Schneemann *m* -(e)s, ...männer bałwan *m*
Schneepflug *m* -(e)s, ...pflüge pług śnieżny, pług odśnieżny
Schneetreiben *n* -s zamieć śnieżna, śnieżyca *f*
Schneeverwehung *f* -, -en zaspa śnieżna
Schneid *m*: *ugs.* **~ haben** mieć tupet
Schneide *f* -, -n ostrze *n*; klinga *f*
schneiden* **I.** *vt, vi* po|krajać; po|ciąć; (*mähen*) s|kosić; obcinać (**Fingernägel** paznokcie); o|strzyc (**Haar** włosy) **II.** *vr* **sich ~ 1.** skaleczyć się, zaciąć się (**in den Finger** w palec) **2.** (*sich kreuzen*) s|krzyżować się, przecinać się
schneidig *adj* (*flott*) elegancki
Schneider *m* -s, - krawiec *m*
Schneidezahn *m* -(e)s, ...zähne *anat.* siekacz *m*
schneidig *adj* energiczny
schneien *vi*: **es schneit** śnieg pada
schnell *adj* szybki; **mach ~!** pośpiesz się!
Schnellhefter *m* -s, - skoroszyt *m*
Schnelligkeit *f* - szybkość *f*, prędkość *f*
Schnellimbiss *m* -es, -e bar szybkiej obsługi
Schnellkochtopf *m* -(e)s, ...töpfe szybkowar *m*
Schnellkurs *m* -es, -e kurs intensywny
schnelllebig *adj* krótkotrwały

Schnellreinigung *f* -, -en pralnia ekspresowa
schnellstens *adv* jak najszybciej
Schnellstraße *f* -, -n droga szybkiego ruchu
Schnellzug *m* -(e)s, ...züge pociąg pośpieszny
Schnickschnack *m* -s *ugs.* 1. bibelot *m* 2. (*Geschwätz*) paplanina *f*
schnippisch *adj* arogancki, impertynencki
Schnipsel *m, n* -s, - strzęp *m*, skrawek *m*
schnitt → **schneiden**
Schnitt *m* -(e)s, -e 1. cięcie *n*; **im ~** przeciętnie 2. (*eines Kleides*) krój *m*
Schnitte *f* -, -n (*Brot*) kromka *f*, kanapka *f*
Schnittkäse *m* -s ser twardy (żółty)
Schnittlauch *m* -(e)s szczypiorek *m*
Schnittmuster *n* -s, - wykrój *m*, patron *m*
Schnittpunkt *m* -(e)s, -e punkt przecięcia
Schnittstelle *f* -, -n *inform.* interfejs *m*, złącze *n*
Schnitzel[1] *n* -s, - *kulin.* sznycel *m*
Schnitzel[2] *n, m* -s, - skrawek *m*
schnitzen *vi, vt* wy|rzeźbić (*w drewnie*)
Schnorchel *m* -s, - rurka do nurkowania
Schnörkel *m* -s, - zakrętas *m*
schnorren *vt, vi ugs.* wyłudzać, naciągać
schnüffeln *vi* węszyć
Schnuller *m* -s, - smoczek *m* (uspokajający)
Schnupfen *m* -s, - katar *m*; **sich den ~ holen** nabawić się kataru
schnuppe *adv*: *ugs.* **das ist mir ~** to jest mi obojętne
schnuppern *vi* obwąchiwać (**an einer Sache** coś)
Schnur *f* -, **Schnüre** sznur(ek) *m*; kabel *m*
schnüren *vt* zawiąz(yw)ać, obwiąz(yw)ać; zasznurow(yw)ać
schnurlos *adj* bezprzewodowy
Schnurrbart *m* -(e)s, ...bärte wąsy *pl*
Schnürschuh *m* -(e)s, -e but sznurowany
Schnürsenkel *m* -s, - sznurowadło *n*, sznurówka *f*
schob → **schieben**
Schock *m* -(e)s, -s szok *m*, wstrząs *m*
schockieren *vt* za|szokować
Schöffe *m* -n, -n ławnik *m*
Schokolade *f* -, -n czekolada *f*; **gefüllte ~** czekolada nadziewana
scholl → **schallen**
Scholle *f* -, -n 1. skiba *f*; 2. *zool.* flądra *f*
schon *adv* już; **~ gut!** no, już dobrze!

schön *adj* ładny, piękny; **danke ~!** dziękuję bardzo!
schonen *vt* oszczędzać (**sich** siebie; **seine Kräfte** siły)
Schonfrist *f* -, -en okres ochronny
Schönheit *f* -, -en piękność *f*; piękno *n*
Schönheitsfehler *m* -s, - niewielki defekt (urody; towaru)
Schönheitsmittel *n* -s, - kosmetyk *m*
Schönheitsoperation *f* -, -en operacja plastyczna
Schönheitspflege *f* - kosmetyka *f*
Schonkost *f* - dieta *f*
Schonung *f* - ochranianie *n*, osłanianie *n*
Schonzeit *f* -, -en okres ochronny (zwierząt)
schöpfen *vt* czerpać, nabierać
Schöpfer *m* -s, - twórca *m*
schöpferisch *adj* twórczy; **~ veranlagt sein** być kreatywnym
Schöpfung *f* -, -en stworzenie *n*
schor → **scheren**
Schorf *m* -(e)s, -e strup *m*
Schornstein *m* -(e)s, -e komin *m*
Schornsteinfeger *m* -s, - kominiarz *m*
schoss → **schießen**
Schoß *m* -es, **Schöße** łono *n*; **die Hände in den ~ legen** siedzieć z założonymi rękami; **auf dem ~ sitzen** siedzieć na kolanach
Schoßhund *m* -(e)s, -e pies pokojowy
Schössling *m* -s, -e *bot.* pęd *m*
Schote *f* -, -n strąk *m*, strączek *m*
Schotte *m* -n, -n Szkot *m*
Schotter *m* -s, - szuter *m*, żwir *m*
schottisch *adj* szkocki
schräg *adj* ukośny; pochyły (*o dachu*)
Schrägstrich *m* -(e)s, -e ukośna kreska
Schramme *f* -, -n blizna *f*, szrama *f*; rysa *f*
Schrank *m* -(e)s, **Schränke** szafa *f*, szafka *f*
Schranke *f* -, -n bariera *f*, szlaban *m*
schrankenlos *adj* bezgraniczny
Schrankenwärter *m* -s, - dróżnik *m*
Schrankwand *f* -, ...wände regał *m*, meblościanka *f*
Schraube *f* -, -n śrub(k)a *f*
schrauben *vt* przyśrubow(yw)ać; *figur.* wyśrubować (ceny)
Schraubenschlüssel *m* -s, - klucz płaski
Schraubenzieher *m* -s, - śrubokręt *m*
Schraubverschluss *m* -es, ...verschlüsse zakrętka
Schrebergarten *m* -s, ...gärten ogródek działkowy

Schreck *m* -(e)s, -e strach *m*, lęk *m*; przerażenie *n*; **j-m einen ~ einjagen** napędzić komuś stracha
schreckhaft *adj* bojaźliwy, lękliwy
schrecklich *adj* straszny, przeraźliwy
Schreckschuss *m* -es, ...schüsse strzał ostrzegawczy
Schrecksekunde *f* -, -n moment grozy
Schrei *m* -(e)s, -e krzyk *m*
Schreibblock *m* -(e)s, ...blöcke notatnik *m*
schreiben* *vi, vt* na|pisać (**an j-n** do kogoś)
Schreiben *n* -s 1. pisanie *n* 2. (*Brief*) pismo *n*
schreibfaul *adj* leniwy do pisania
Schreibfehler *m* -s, - błąd ortograficzny
Schreibmaschine *f* -, -n maszyna do pisania
Schreibpapier *n* -s, -e papier do pisania
Schreibschutz *m* -es *inform.* ochrona przed zapisem
Schreibtisch *m* -(e)s, -e biurko *n*
Schreibung *f* -, -en pisownia *f*
Schreibwaren *pl* materiały piśmienne
Schreibweise *f* -, -n 1. pisownia *f* 2. (*Schreibstil*) styl pisania
Schreibzeug *n* -(e)s przybory do pisania
schreien* *vi* krzyczeć, wołać; **aus vollem Hals ~** wrzeszczeć na całe gardło
Schreiner *m* -s, - *reg.* stolarz *m*
schreiten* *vi s* kroczyć
schrie → **schreien**
schrieb → **schreiben**
Schrift *f* -, -en pismo *n*
schriftlich *adj* pisemny
Schriftsteller *m* -s, - pisarz *m*, literat *m*
schrill *adj* ostry, przeraźliwy, przenikliwy
schritt → **schreiten**
Schritt *m* -(e)s, -e krok *m*; **~ für ~** krok po kroku; **im ~ fahren** jechać stępa
schroff *adj* stromy; *figur.* szorstki, ostry
Schrot *m, n* -(e)s, -e śrut *m*
Schrotbrot *n* -(e)s, -e chleb razowy
Schrott *m* -(e)s złom *m*
Schrottplatz *m* -es, ...plätze złomowisko *n*
schrumpfen *vi s* s|kurczyć się, marszczyć się; topnieć (**Vorräte** zapasy)
Schubkarren *m* -s, - taczka *f*
Schublade *f* -, -n szuflada *f*
Schubs *m* -es, -e *ugs.* kuksaniec *m*
schüchtern *adj* nieśmiały
schuf → **schaffen**

Schuft *m* -(e)s, -e *ugs.* łajdak *m*, drań *m*
schuften *vi ugs.* harować
Schuh *m* -(e)s, -e but *m*, bucik *m*
Schuhbürste *f* -, -n szczotka do butów
Schuhcreme ['ʃuːkreːm] *f* -, -s pasta do butów
Schuhgröße *f* -, -n numer buta
Schuhlöffel *m* -s, - łyżka do butów
Schuhmacher *m* -s, - szewc *m*
Schularbeiten *pl* prace domowe, zadane lekcje
Schulbank *f* -, ...bänke ław(k)a szkolna
Schulbuch *n* -(e)s, ...bücher podręcznik szkolny
schuld *adj*: **er ist daran ~** to jego wina
Schuld *f* -, -en 1. wina *f*; **~ an einer Sache tragen** być winnym czegoś 2. (*Geldschuld*) dług *m*
schulden *vt* być dłużnym; (*verdanken*) zawdzięczać
Schuldgefühl *n* -s, -e poczucie winy
schuldig *adj* winny (**eines Verbrechens** przestępstwa); **sich ~ bekennen** przyznać się do winy
schuldlos *adj* niewinny
Schuldner *m* -s, - dłużnik *m*
Schule *f* -, -n szkoła *f*; **zur <in die> ~ gehen, die ~ besuchen** chodzić do szkoły
schulen *vt* szkolić; ćwiczyć; tresować
Schüler *m* -s, - uczeń *m*
Schülerausweis *m* -es, -e legitymacja szkolna
Schülerin *f* -, -nen uczennica *f*
Schülerzeitung *f* -, -en gazetka szkolna
Schulfach *n* -(e)s, ...fächer przedmiot szkolny
Schulferien *pl* ferie szkolne, wakacje *pl*
schulfrei *adj* wolny od nauki (szkolnej)
schulisch *adj* szkolny
Schuljahr *n* -(e)s, -e rok szkolny
Schulmedizin *f* - medycyna akademicka
Schulordnung *f* -, -en regulamin szkolny
Schulpflicht *f* - obowiązek szkolny
Schulter *f* -, -n bark *m*, ramię *n*
Schulterblatt *n* -(e)s, ...blätter *anat.* łopatka *f*
schulterfrei *adj* z odkrytymi ramionami
Schulung *f* -, -en prze|szkolenie *n*
Schulwesen *n* -s szkolnictwo *n*
schummeln *vi ugs.* oszukiwać; ściągać
schund → **schinden**
Schund *m* -(e)s szmira *f*; tandeta *f*
Schuppe *f* -, -n 1. łuska *f* 2. *pl* łupież *m*

schuppen I. *vt* o|skrobać (**Fische** ryby) **II.** *vr* **sich ~** łuszczyć się
Schuppen *m* **-s, -** szopa *f*
schuppig *adj* łuskowaty
schürfen *vt*: **sich die Haut ~** otrzeć sobie skórę
Schurke *m* **-n, -n** łotr *m*
Schürze *f* **-, -n** fartuch *m*
Schuss *m* **-es, Schüsse 1.** strzał *m*; **ein ~ ins Tor** strzał w bramkę **2.** (*kleine Menge*) odrobina *f*
Schüssel *f* **-, -n** miska *f*; salaterka *f*
Schusswaffe *f* **-, -n** broń palna
Schuster *m* **-s, -** szewc *m*
Schutt *m* **-(e)s** gruz *m*
Schuttabladeplatz *m* **-es, ...plätze** śmietnisko *n*
Schüttelfrost *m* **-(e)s, ...fröste** dreszcze
schütteln I. *vt* trząść, potrząsać; wstrząsać, za|mieszać (**Flüssigkeit** płyn); **j-m die Hand ~** ściskać <uścisnąć> komuś rękę; **den Kopf ~** kiwać głową **II.** *vr* **sich ~** wzdragać się (**vor Ekel** z obrzydzenia)
schütten *vt* wy|sypać, wsyp(yw)ać, wl(ew)ać
Schutthaufen *m* **-s, -** kupa gruzu
Schutz *m* **-es** ochrona *f*, opieka *f*; **unter j-s ~ stehen** być pod czyjąś opieką
Schutzblech *n* **-(e)s, -e** błotnik *m*
Schutzbrille *f* **-, -n** okulary ochronne
Schütze *m* **-n, -n 1.** strzelec *m* **2.** *astr.* Strzelec *m*
schützen *vt* ochraniać, osłaniać (**vor j-m** przed kimś)
Schutzhelm *m* **-(e)s, -e** kask ochronny
Schutzimpfung *f* **-, -en** szczepienie ochronne
Schützling *m* **-s, -e** protegowany *m*
Schutzmaßnahme *f* **-, -n** środek ochronny; środek zapobiegawczy
Schutzschicht *f* **-, -en** warstwa ochronna
Schwabe *m* **-n, -n** szwab *m*
schwäbisch *adj* szwabski
schwach *adj* słaby; **~e Argumente** nieprzekonujące argumenty
Schwäche *f* **-, -n 1.** osłabienie *n* **2.** słabość *n* (**für j-n** do kogoś)
Schwächeanfall *m* **-(e)s, ...anfälle** zasłabnięcie *m*
schwächen *vt* osłabi(a)ć
schwächlich *adj* słabowity
schwachsinnig *adj* tępy, nierozgarnięty
Schwachstelle *f* **-, -n** słaby punkt
schwafeln *vt, vi* paplać, bredzić

Schwager *m* **-s, Schwäger** szwagier *m*
Schwägerin *f* **-, -nen** bratowa *f*; szwagierka *f*
Schwalbe *f* **-, -n** jaskółka *f*
schwamm → **schwimmen**
Schwamm *m* **-(e)s, Schwämme** gąbka *f*; (*Pilz*) grzyb *m* (*domowy*)
Schwan *m* **-(e)s, Schwäne** łabędź *m*
schwand → **schwinden**
schwang → **schwingen**
schwanger *adj* w ciąży, brzemienna
Schwangerschaft *f* **-, -en** ciąża *f*
schwanken *vi* **1.** wahać się **2.** chwiać się **3.** *s* zataczać się
Schwanz *m* **-es, Schwänze** ogon *m*
schwänzeln *vi* merdać ogonem
schwänzen *vi, vt ugs.* wagarować; **die Schule ~** chodzić na wagary
Schwarm *m* **-(e)s, Schwärme** (*Bienen*) rój *m*, (*Vögel*) stado *n*; (*Menschen*) gromada *f*; *figur.* bożyszcze *n*, idol *m*
schwärmen *vi* zachwycać się (**von einer Sache** czymś); **für j-n ~** przepadać za kimś
schwarz *adj* **1.** czarny; **~ sehen** być pesymistą **2.** nielegalny
Schwarzarbeit *f* **-** praca na czarno
Schwarzbrot *n* **-(e)s, -e** chleb razowy
schwarzfahren* *vi s* jechać na gapę <bez prawa jazdy>
schwatzen, schwätzen *vi* gadać; plotkować (**über etw** o czymś)
Schwätzer *m* **-s, -** gaduła *f*
Schwebebahn *f* **-, -en** kolejka wisząca <linowa>
Schwebebalken *m* **-s, -** *sport.* równoważnia *f*
schweben *vi h, s* unosić się (w powietrzu); **in Gefahr ~** być w niebezpieczeństwie
Schwede *m* **-n, -n** Szwed *m*
schwedisch *adj* szwedzki
Schwefel *m* **-s** siarka *f*
Schweif *m* **-(e)s, -e** ogon *m*
schweigen* *vi* milczeć
Schweigen *n* **-s** milczenie *n*
Schweigepflicht *f* **-** obowiązek zachowania tajemnicy
schweigsam *adj* milczący, małomówny
Schwein *n* **-(e)s, -e** świnia *f* (*a. figur.*); *posp.* **~ haben** mieć fart
Schweinebraten *m* **-s** pieczeń wieprzowa
Schweinefleisch *n* **-(e)s** wieprzowina *f*
Schweinehund *m* **-(e)s, -e** *ugs.* świnia *f*, drań *m*

Schweinerei f -, -en ugs. świństwo n
Schweiß m -es ugs. m
schweißen vi, vt spawać
Schweizer m -s, - Szwajcar m
Schweizerin f -, -nen Szwajcarka f
schweizerisch adj szwajcarski
Schwelle f -, -n 1. próg m (w drzwiach) 2. podkład kolejowy 3. mot. próg zwalniający
schwellen* vi s 1. puchnąć 2. wzbierać (o rzece)
Schwellung f -, -en obrzęk m
schwenken vt wywijać, powiewać (czymś)
schwer adj 1. ciężki; **wie ~ ist er?** ile on waży? 2. (schwierig) trudny; **ich höre ~** źle słyszę; **~ fallen** przychodzić z trudem (j-m komuś); **~ nehmen** brać <traktować> bardzo poważnie; **~ verdaulich** ciężko strawny; **~ verständlich** trudny do zrozumienia
Schwerelosigkeit f - phys. nieważkość f
schwerfällig adj ociężały
schwerhörig adj przygłuchy; **~ sein** źle słyszeć
Schwermut f - melancholia f
Schwerpunkt m -(e)s, -e 1. środek ciężkości 2. główny punkt, centrum; **der ~ der Ausstellung war...** głównym punktem wystawy był...
Schwert n -(e)s, -er miecz m
Schwertlilie ['ʃveːrtliːljə] f -, -n bot. irys m, kosaciec m
Schwester f -, -n siostra f
schwieg → **schweigen**
Schwiegereltern pl teściowie pl
Schwiegermutter f -, ...mütter teściowa f
Schwiegersohn m -(e)s, ...söhne zięć m
Schwiegertochter f -, ...töchter synowa f
Schwiegervater m -s, ...väter teść m
Schwiele f -, -n odcisk m
schwierig adj trudny, skomplikowany
Schwierigkeit f -, -en 1. trudność pl 2. pl trudności fpl, kłopoty mpl; **~en verursachen** sprawiać trudności
Schwierigkeitsgrad m -(e)s, -e stopień trudności
schwillt → **schwellen**
Schwimmbad n -(e)s, ...bäder pływalnia f
Schwimmbecken n -s, - basen (pływacki)
schwimmen* vi h, s pływać, płynąć (**auf dem** <**im**> **Wasser** po <w> wodzie)
Schwimmer m -s, - pływak m
Schwimmflosse f -, -n płetwa f
Schwimmhose f -, -n kąpielówki pl

Schwimmreifen m -s, - koło do pływania
Schwimmweste f -, -n kamizelka ratunkowa
Schwindel m -s 1. zawrót głowy; **~ erregend** zawrotny 2. (Betrug) oszustwo n
schwindelfrei adj nie odczuwający zawrotu głowy
schwindelig adj → **schwindlig**
schwindeln vi oszukiwać; **mir schwindelt** kręci mi się w głowie
schwinden* vi s geho. zmniejszać się; maleć, niknąć; **die Kräfte ~** sił ubywa
schwindlig adj: **mir wird ~** kręci mi się w głowie
schwingen* **I.** vt wymachiwać, wywijać (czymś) **II.** vr **sich ~** wspinać się (**auf etw** na coś)
Schwips m: ugs. **einen ~ haben** być podchmielonym
schwitzen vi pocić się (a. figur.)
schwoll → **schwellen**
schwor → **schwören**
schwören* vt, vi przysięgać; **j-m Rache ~** poprzysiąc komuś zemstę
schwül adj duszny, parny
Schwule m -n, -n ugs. pedał m
Schwund m -(e)s zanik(anie) n
Schwung m -(e)s, Schwünge 1. rozmach m; rozpęd m; **in ~ setzen** wprawi(a)ć w ruch 2. sing figur. werwa f, zapał m
Schwungbrett n -(e)s, -er trampolina f
schwungvoll I. adj pełen werwy, energiczny; zamaszysty **II.** adv z werwą <zapałem>
Schwur m -(e)s, Schwüre przysięga f; **einen ~ ablegen** złożyć przysięgę
Sciencefiction ['saɪensˈfɪkʃen] f -, -s fantastyka f, science fiction
sechs num sześć
sechshundert num sześćset
sechste num szósty
Sechstel n -s, - jedna szósta
sechzehn num szesnaście
sechzehnte num szesnasty
sechzig num sześćdziesiąt
sechzigste num sześćdziesiąty
Secondhandladen['sekəndˈhændlaːdən] m -s, ...läden sklep z artykułami używanymi
Sediment n -(e)s, -e osad m
See[1] m -s, -n jezioro n
See[2] f -, -n morze n; **an der ~** nad morzem
Seebad n -(e)s, ...bäder 1. kąpiel w morzu 2. (Ort) kąpielisko morskie
Seefisch m -(e)s, -e ryba morska

Seegang *m* -(e)s falowanie morza *n*; **hoher ~** wysoka fala
Seehund *m* -(e)s, -e foka *f*
Seeigel *m* -s, - jeżowiec *m*
Seeklima *n* -s klimat morski
seekrank *adv* cierpiący na chorobę morską
Seele *f* -, -n **1.** dusza *f* **2.** (*Psyche*) psychika *f*
Seelsorge *f* - duszpasterstwo *n*
Seemann *m* -(e)s, ...leute marynarz *m*
Seemeile *f* -, -n mila morska
Seenplatte *f* -, -n pojezierze *n*
Seereise *f* -, -n podróż morska
Seerose *f* -, -n *bot.* nenufar *m*, grzybień *m*, lilia wodna
Seeschifffahrt *f* - żegluga morska
Seetang *m* -s wodorosty *mpl*
Seezunge *f* -, -n *zool.* sola *f*
Segel *n* -s, - żagiel *m*
Segelboot *n* -(e)s, -e żaglówka *f*
Segelfliegen *n* -s szybownictwo *n*
Segelflugzeug *n* -(e)s, -e szybowiec *m*
segeln *vi* s żeglować; (*in der Luft*) szybować
Segelschiff *n* -(e)s, -e żaglowiec *m*
Segelsport *m* -(e)s żeglarstwo *n*, jachting *m*
Segen *m* -s, - *rel.* błogosławieństwo *n* (*a. figur.*)
segnen *vt* po|błogosławić
sehen* **I.** *vt* **1.** widzieć; **etw ~ lassen** pokaz(yw)ać coś **2.** oglądać; **könnte ich das ~?** mógłbym to zobaczyć? **schlecht ~** niedowidzieć **II.** *vi* po|patrzeć; **sieh(e) da!** po|patrz!; **j-m ähnlich ~** być podobnym do kogoś **III.** *vr* **sich ~** widywać się
sehenswert, sehenswürdig *adj* godny zobaczenia <obejrzenia>
Sehenswürdigkeit *f* -, -en osobliwość *f*, rzecz godna zobaczenia
Sehfehler *m* -s wada wzroku
Sehne *f* -, -n *anat.* ścięgno *n*
sehnen, sich *vr* tęsknić (**nach j-m** za kimś); pragnąć (**nach einer Sache** czegoś)
Sehnsucht *f* -, ...süchte tęsknota (**nach j-m** za kimś), pragnienie (**nach einer Sache** czegoś)
sehnsüchtig *adj* stęskniony; spragniony
sehr *adv* bardzo; **zu ~** za bardzo, zanadto
sei → **sein**
seicht *adj* płytki (*o wodzie*); *figur.* powierzchowny
seid → **sein**
Seide *f* - jedwab *m*

seiden *adj* jedwabny
seidig *adj* jedwabisty
Seife *f* -, -n mydło *n*
Seifenschale *f* -, -n mydelniczka *f*
seifig *adj* namydlony; mydlany
Seil *n* -(e)s, -e lina *f*
Seilbahn *f* -, -en kolej(ka) linowa
sein*[1]* I. *vi s* być; **hier ist kein Ausgang** tu nie ma wyjścia; **es ist mir kalt** zimno mi; **es sei denn, dass ...** chyba że ... **II.** *czasownik pomocniczy do tworzenia czasów przeszłych złożonych, nie tłumaczony na język polski*; **der Zug ist schon abgefahren** pociąg już odjechał
sein[2], seine, sein, *pl* **seine** *pron poss* jego
Sein *n* -s byt *m*, istnienie *n*
seiner *pron pers G* → **er**
seinerseits *adv* z jego strony *oder* ze swej strony
seinerzeit *adv* swego czasu, niegdyś
seinetwegen *adv* przez niego, dla niego; ze względu na niego
seit I. *praep mit D* od; **~ einem Jahr** od roku; **~ langem** od dawna; **~ wann?** od kiedy?, odkąd? **II.** *kj* odkąd
seitdem I. *adv* od tego czasu **II.** *kj* odkąd, od czasu gdy
Seite *f* -, -n **1.** strona *f* (*kierunek*); **nach allen ~n** na wszystkie strony **2.** (*eines Buches*) strona *f*, stronica *f* **3.** (*eines Körpers*) bok *m*; **von der ~ (her)** z boku; *figur.*
j-m zur ~ stehen pomagać komuś
Seitenansicht *f* -, -en **1.** widok z boku **2.** *inform.* widok strony
Seitenhieb *m* -(e)s, -e *ugs.* przytyk *m*
seitens *praep mit G* ze strony; **~ der Regierung** ze strony rządu
Seitenstechen *n* -s kłucie w boku, kolka *f*
Seitenstraße *f* -, -n boczna ulica
Seitenstreifen *m* -s, - pobocze *n*
seitlich *adj* boczny; z boku; od strony
Sekretär *m* -s, -e sekretarz *m*
Sekretariat *n* -(e)s, -e sekretariat *m*
Sekretärin *f* -, -nen sekretarka *f*
Sekt *m* -(e)s, -e wino musujące, szampan *m*
Sekte *f* -, -n sekta *f*
Sektor *m* -s, -en sektor *m*, dziedzina *f*
Sekunde *f* -, -n sekunda *f*
Sekundenzeiger *m* -s, - sekundnik *m*
selbst I. *pron* sam; **von ~** samorzutnie, samoczynnie; z własnej woli **II.** *adv* nawet
selbständig *adj* → **selbstständig**
Selbständigkeit *f* → **Selbstständigkeit**

Selbstauslöser *m* -s, - *fot.* samowyzwalacz *m*
Selbstbedienung *f* - samoobsługa *f*
Selbstbedienungsladen *m* -s, ...läden sklep samoobsługowy
Selbstbeherrschung *f* - samokontrola *f*
Selbstbestimmungsrecht *n* -(e)s prawo samostanowienia
selbstbewusst *adj* pewny siebie
Selbsterhaltungstrieb *m* -(e)s, -e instynkt samozachowawczy
Selbsthilfe *f* - samopomoc *f*
selbstklebend *adj* samoprzylepny
Selbstkritik *f* - samokrytyka *f*
Selbstlaut *m* -(e)s, -e samogłoska *f*
selbstlos *adj* bezinteresowny
Selbstmord *m* -(e)s samobójstwo *m*; ~ **begehen** popełnić samobójstwo
Selbstporträt *n* -s, -s autoportret *m*
selbstsicher *adj* pewny siebie
selbstständig *adj* samodzielny; niezależny
Selbstständigkeit *f* - samodzielność *f*; niezależność *f*
selbsttätig *adj* samoczynny; automatyczny
Selbstunterricht *m*: **Handbuch für den ~** samouczek
selbstverständlich *adj* oczywisty
Selbstverteidigung *f* - samoobrona *f*
Selbstverwaltung *f* - samorząd *m*, autonomia *f*
Selbstverwirklichung *f* - samorealizacja *f*
Selbstwertgefühl *n* -s poczucie własnej wartości
selig *adj* błogi; *rel.* błogosławiony
Sellerie *m* -s, -(s) seler *m*
selten *adj* rzadki, sporadyczny
Seltenheit *f* -, -en rzadkość *f*; osobliwość *f*
Selters *n* -, - *reg.* woda sodowa
seltsam *adj* dziwaczny; (*ungewöhnlich*) niezwykły
Seltsamkeit *f* -, -en osobliwość *f*
Semester *n* -s, - semestr *m*
Seminar *n* -s, -e seminarium *n*
Semit *m* -en, -en semita *m*
Semmel *f* -, -n *reg.* bułka *f*
Senat *m* -(e)s, -e **1.** senat *m* **2.** *praw.* trybunał *m*
Senator *m* -s, -en senator *m*
senden* **I.** *vt* pos(y)łać, wys(y)łać, przes(y)łać **II.** *o. vi* nad(aw)ać
Sender *m* -s, - rozgłośnia *f*, stacja nadawcza; nadajnik *m*
Sendereihe *f* -, -n cykl audycji

Sendezeit *f* -, -en czas emisji; czas antenowy; **zur besten ~** w najlepszym czasie antenowym
Sendung *f* -, -en przesyłka *f*; *rad.* audycja *f*; program *m*
Senf *m* -(e)s, -e musztarda *f*
senken *vt* opuszczać, schylać; obniżać, z|niżać (ceny)
Senkfuß *m* -es, ...füße płaskostopie *n*
senkrecht *adj* pionowy; *mat.* prostopadły
Sense *f* -, -n kosa *f*
sensibel *adj* wrażliwy; czuły (na coś); drażliwy
Sensor *m* -s, -en czujnik *m*, sensor *m*
sentimental *adj* sentymentalny
separat *adj* oddzielny, osobny
Separatist *m* -en, -en separatysta *m*
September *m* -(s) wrzesień *m*
Sequenz *f* -, -en sekwencja *f*
Serbe *m* -n, -n Serb *m*
serbisch *adj* serbski
Serie ['zeːrjə] *f* -, -n seria *f*
seriell [zeːˈrjɛl] *adj* seryjny (produkcja)
seriös *adj* poważny
Serum *n* -s, Sera *o.* Seren surowica *f*
Service[1] [zɛrˈviːs] *n* -(s), - serwis *m* (stołowy)
Service[2] [ˈsœː(r)vis] *m*, *n* -, -s serwis *m*, obsługa *f*
servieren *vt* podawać (do stołu), serwować
Serviette [zɛrˈvjɛtə] *f* -, -n serwet(k)a *f*
Servolenkung *f* -, -en wspomaganie kierownicy
Sesam *m* -s, -s sezam *m*
Sessel *m* -s, - fotel *m*; *austr.* krzesło *n*
Sessellift *m* -(e)s, -e *o. -*s wyciąg krzesełkowy
sesshaft *adj* osiadły
Set *m*, *n* -s, -s komplet *m*, zestaw *m*
Setzei *n* -(e)s, -er jajko sadzone
setzen **I.** *vt* **1.** sadzać; usadowić **2.** sadzić (**Pflanzen** rośliny) **3.** stawiać (**etw auf etw** coś na coś); **etw aufs Spiel ~** zaryzykować coś; **in Erstaunen ~** zadziwi(a)ć; **in Gang ~** puszczać w ruch; **in Kraft ~** wprowadzać w życie **II.** *vi* (*springen*) skakać (**über etw** przez coś); **über einen Fluss ~** przeprawi(a)ć się przez rzekę **III.** *vr* **sich ~** siadać; — **Sie sich** niech pan siada; **sich in Bewegung ~** ruszać z miejsca; **sich in Gefahr ~** narażać się na niebezpieczeństwo; **sich in Marsch ~** wyruszać; **sich mit j-m in Verbindung ~** po|łączyć się z kimś

Setzling *m* -s, -e *bot.* sadzonka *f*
Seuche *f* -, -n epidemia *f*, zaraza *f* (*a. figur.*)
seufzen *vi* westchnąć; wzdychać (**nach j-m** za kimś)
Seufzer *m* -s, - westchnienie *n*
Sex *m* -(es) seks *m*
Sexualleben *n* -s, - życie seksualne
sexuell *adj* seksualny
sexy *adj* seksowny
Shampoo [ʃɛm'puː o. ʃam'puː] *n* -s, -s szampon *m*
Shorts [ʃɔːrts] *pl* szorty *pl*
Show [ʃoː] *f* -, -s show
sich *pron refl* A siebie, się; D sobie; **das ist eine Sache für ~** to inna sprawa
Sichel *f* -, -n sierp *m* (*o. księżyca*)
sicher I. *adj* pewny II. *adv* na pewno
sichergehen* *vi s* nie ryzykować
Sicherheit *f* -, -en 1. pewność *f* 2. *sing* (*Gefahrlosigkeit*) bezpieczeństwo *n* 3. *fin.* poręczenie *n*, zabezpieczenie *n*
Sicherheitsgurt *m* -(e)s, -e pas bezpieczeństwa; **den ~ anlegen** zapiąć pasy
Sicherheitsnadel *f* -, -n agrafka *f*
Sicherheitsrat *m* -(e)s *polit.* Rada Bezpieczeństwa
Sicherheitsschloss *n* -es, ...schlösser zamek zatrzaskowy (typu yale)
Sicherheitsventil *n* -s, -e wentyl bezpieczeństwa
sichern *vt* 1. zabezpieczać (**vor einer Sache** przed czymś) (*a. inform., broń*) 2. (*gewährleisten*) gwarantować
Sicherung *f* -, -en 1. *sing* zabezpieczenie *n* 2. *el.* bezpiecznik *m*
Sicht *f* - 1. widok *m*; widoczność *f*; **außer ~** niewidoczny; **Land in ~** widać ląd; **auf lange ~** na dłuższą metę 2. punkt widzenia
sichtbar *adj* widoczny; **~ werden** pojawi(a)ć się
sichtlich *adj* jawny, wyraźny, widoczny
Sichtverhältnisse *pl* widoczność *f*
Sichtvermerk *m* -(e)s, -e wiza *f*
Sichtweite *f*: **in ~** w zasięgu wzroku
sickern *vi s* sączyć się, kapać
sie *pron pers* 1. *N* ona 2. *A* ją 3. *pl m* oni; *pl f*, *n* one 4. *pl A m* ich; *plA f*, *n* je
Sie *pron pers* (*forma grzecznościowa*) l. pan, pani; *pl* państwo, panowie, panie; **haben ~ Zeit?** ma pan(i) czas?; **sprechen ~ alle Deutsch?** czy wszyscy państwo mówią po niemiecku? 2. *A* pana, panią; *pl* panów, panie, państwa; **ich bitte ~, meine Damen und Herren** proszę państwa
Sieb *n* -(e)s, -e sito *n*
sieben[1] *vi*, *vt* 1. przesiewać 2. *figur.* robić odsiew
sieben[2] *num* siedem
siebenhundert *num* siedemset
Siebensachen *pl ugs.* manatki *pl*
siebte, siebente *num* siódmy
Siebtel *n* -s, - jedna siódma
siebzehn *num* siedemnaście
siebzehnte *num* siedemnasty
siebzig *num* siedemdziesiąt
siebzigste *num* siedemdziesiąty
siedeln *vi* osiedlać się
sieden* *vi* gotować się, kipieć
Siedepunkt *m* -(e)s, -e temperatura wrzenia (*chem*)
Siedlung *f* -, -en osiedle *n*
Sieg *m* -(e)s, -e zwycięstwo *n*
Siegel *n* -s, - pieczęć *f*
siegen *vi* zwyciężać (**über j-n** kogoś); wygrywać (z kimś)
Sieger *m* -s, - zwycięzca *m*
siegreich *adj* zwycięski
siezen *vt* zwracać się do kogoś po nazwisku, być na „pan/pani"
Signal *n* -s, -e 1. sygnał *m* (**zu einer Sache** czegoś) 2. *ebw.* semafor *m*
signalisieren *vt* za|sygnalizować (**j-m etw** coś komuś)
Silbe *f* -, -n sylaba *f*, zgłoska *f*
Silbentrennung *f* - dzielenie wyrazów
Silber *n* -s srebro *n*
silbern *adj* srebrny; srebrzysty
Silizium *n* -s *chem.* krzem *m*
Silvester *m*, *n* -s, - Sylwester *m*
simpel *adj* prosty (*np.* zadanie); zwykły (*np.* dom)
Sims *n*, *m* -es, -e gzyms *m*
simultan *adj* symultaniczny (*o tłumaczeniu*)
sind → **sein**; **sie ~** są; **Sie ~** pan(i) jest
Sinfonie *f* -, -n symfonia *f*
singen* *vi*, *vt* za|śpiewać
Single[1] [siŋl] *f* -, -s singel *m* (*płyta*)
Single[2] [siŋl] *m* -(s), -s nieżonaty, niezamężna
Singular *m* -s, -e *gram.* liczba pojedyncza
sinken* *vi s* opadać; spadać
Sinn *m* -(e)s, -e 1. zmysł *m*; **bei ~en** przy zdrowych zmysłach 2. *sing* poczucie czegoś; **keinen ~ für Humor haben** nie mieć po-

czucia humoru **3.** (*Bedeutung*) sens *m*; **ohne ~ und Verstand** bez sensu; **im ~e haben** zamierzać, planować
Sinnbild *n* -(e)s, -er symbol *m*
sinnen[*] *vi* zastanawiać się (**über etw** nad czymś)
Sinnesorgan *n* -s, -e narząd zmysłu
sinnlich *adj* zmysłowy
sinnlos *adj* bezsensowny; **~es Zeug reden** bredzić
sinnvoll *adj* sensowny
Sintflut *f* - potop *m*
Sippe *f* -, -n plemię *n*; *figur.* klan *m*
Sirene *f* -, -n syrena *f*
Sirup *m* -s, -e syrop *m*
Site [sait] *f* -, -s *inform.* strona *f* <witryna> internetowa
Sitte *f* -, -n obyczaj *m*, zwyczaj *m*; **etw ist ~** coś jest w zwyczaju
sittlich *adj* etyczny; moralny
Situation *f* -, -en sytuacja *n*, położenie *f*
Sitz *m* -es, -e miejsce *n* (*do siedzenia*), siedzenie *n*; (*Wohnsitz*) siedziba *f*
sitzen[*] *vi reg. s* **1.** siedzieć (*ugs. a. w więzieniu*) **2.** przesiadywać (*gdzieś*) **3.** mieć siedzibę **4.** (*passen*) leżeć, pasować **5. ~ bleiben** powtarzać klasę
Sitzplatz *m* -es, ...plätze miejsce siedzące
Sitzung *f* -, -en posiedzenie *n*; konferencja *f*
Skala *f* -, ...len *o.* -s skala *f*, podziałka *f*
Skandal *m* -s, -e skandal *m*; **es gibt einen ~** będzie awantura
skandinavisch *adj* skandynawski
Skateboard ['skεitbɔːd] *n* -s, -s deskorolka *f*
Skelett *n* -(e)s, -e szkielet *m*
skeptisch *adj* sceptyczny
Ski [ʃiː] *m* -s, - *o.* -er narta *f*; **~ laufen** jeździć na nartach
Skianzug *m* -(e)s, ...anzüge kombinezon narciarski
Skibrille *f* -, -n gogle *f*
Skihose *f* -, -n spodnie narciarskie
Skiläufer *m* -s, - narciarz *m*
Skilehrer *m* -s, - instruktor jazdy na nartach
Skilift *m* -(e)s, -e *o.* -s wyciąg narciarski
Skipass *m* -es, ...pässe karnet *m*
Skischule *f* -, -n szkółka narciarska
Skispringen *n* -s skoki narciarskie
Skistock *m* -(e)s, ...stöcke kijek narciarski
Skizze *f* -, -n szkic *m*

skizzieren *vt* na|szkicować
Sklave *m* -n, -n niewolnik *m*
Skonto *n*, *m* -s, -s *o.* ...ti *fin.* skonto *n*
Skorpion *m* -s, -e **1.** *zool.* skorpion *m* **2.** *astr.* Skorpion *m*
Skrupel *pl* skrupuły
skrupellos *adj* bez skrupułów
Skulptur *f* -, -en rzeźba *f*; rzeźbiarstwo *n*
Slawe *m* -n, -n Słowianin *m*
Slip *m* -s, -s slipy *pl*; figi *pl*
Slogan ['sloːɡən] *m* -s, -s slogan *m*
Slowake *m* -n, -n Słowak *m*
slowakisch *adj* słowacki
Slowene *m* -n, -n Słoweniec *m*
slowenisch *adj* słoweński
Smaragd *m* -(e)s, -e szmaragd *m*
Snack [snεk] *m* -s, -s przegryzka *f*
so *adv* tak; **so schön, wie ...** tak piękny, jak ...; **so ein** taki; **so oder so** tak czy owak; **so genannt** tak zwany; **so weit** jak dalece; **so weit wie möglich** w miarę możliwości; **so viel** tyle; **noch einmal so viel** drugie tyle
sobald *kj* skoro tylko
Socke *f* -, -n skarpetka *f*
Sockel *m* -s, - cokół *m*
Sodawasser *n* -s, ...wässer woda sodowa
Sodbrennen *n* -s zgaga *f*
soeben *adv* właśnie, dopiero co
Sofa *n* -s, -s kanapa *f*
sofern *kj* o ile
soff → **saufen**
sofort *adv* natychmiast, zaraz
Sofortbildkamera *f* -, -s polaroid *m*
sofortig *adj* natychmiastowy
Softeis *n* -es lody z automatu
Softi *m* -s, -s *ugs.* mięczak *m*
Software ['sɔftvεːr] *f* - *inform.* software, oprogramowanie
sog → **saugen**
Sog *m* -(e)s, -e ssanie *n*, wciąganie *n*, wir *m*; prąd *m* (**der Luft** powietrza)
sogar *adv* nawet
Sohle *f* -, -n podeszwa *f*
Sohn *m* -(e)s, **Söhne** syn *m*
Sojasoße *f* -, -n sos sojowy
solang(e) *kj* dopóki
Solarenergie *f* - energia słoneczna
Solarium *n* -s, ...ien solarium *n*
Solarzelle *f* -, -n bateria słoneczna
solch *pron* taki; **~ ein Problem** taki problem, **~er Art** tego rodzaju
Soldat *m* -en, -en żołnierz *m*

solid(e) *adj* solidny; porządny
solidarisch *adj* solidarny
Soll *n* -(s), -(s) **1.** *fin.* strona „winien" **2.** norma *f* (pracy)
sollen *vi*: **ich soll** powinienem; **was soll ich tun?** co mam zrobić?; **man soll** powinno się, należy; **er soll krank sein** podobno jest chory; **sollte das wahr sein?** czy to możliwe?
somit *kj* więc, zatem
Sommer *m* -s, - lato *n*; **im ~** w lecie; **des ~s** latem; **einen ~ lang** całe lato
Sommerferien ['zɔmərfe:rjən] *pl* wakacje *pl* (*letnie*)
sommerlich *adj* letni, jak w lecie
Sommerloch *n* -(e)s, ...löcher sezon ogórkowy
Sommerschlussverkauf *m* -(e)s, ...verkäufe letnia wyprzedaż
Sommersprossen *pl* piegi *pl*
Sommerzeit *f* -, -en **1.** czas letni **2.** (*Sommer*) lato *n*
Sonate *f* -, -n *mus.* sonata *f*
Sonde *f* -, -n *med.*, *techn.* sonda *f*
Sonderangebot *n* -(e)s, -e oferta specjalna, promocja *f*
sonderbar *adj* osobliwy, dziwny
Sonderberichterstatter *m* -s, - sprawozdawca specjalny
Sonderfall *m* -(e)s, ...fälle przypadek szczególny
Sondergenehmigung *f* -, -en zezwolenie specjalne
sonderlich *adj* szczególny
Sonderling *m* -s, -e ekscentryk *m*
Sondermüll *m* -s odpady szkodliwe dla środowiska
sondern[1] *kj* lecz, ale
sondern[2] *vt* oddzielać
Sonderpreis *m* -es, -e cena specjalna <promocyjna>
Sonderrecht *n* -(e)s, -e przywilej *m*; uprawnienia specjalne
Sonderschule *f* -, -n szkoła specjalna
Sonderzeichen *n* -s, - *techn.*, *inform.* znak umowny
Sonett *m* -(e)s, -e *mus.* sonet *m*
Song *m* -s, -s song *m*; piosenka *f*
Sonnabend *m* -s, -e *reg.* sobota *f*
Sonne *f* -, -n słońce *n*; *astr.* Słońce *n*
sonnen, sich *vr* opalać się
Sonnenaufgang *m* -(e)s, ...aufgänge wschód słońca

Sonnenbad *n* -(e)s, ...bäder kąpiel słoneczna
Sonnenblume *f* -, -n *bot.* słonecznik *m*
Sonnenbrand *m* -(e)s, ...brände oparzenie słoneczne
Sonnenbrille *f* -, -n okulary słoneczne
Sonnenfinsternis *f* -, -se zaćmienie Słońca
sonnenklar *adj* *ugs.* jasne jak słońce
Sonnenschirm *m* -(e)s, -e parasol przeciwsłoneczny
Sonnenschutzcreme *f* -, -s krem ochronny do opalania
Sonnenstich *m* -(e)s, -e porażenie słoneczne
Sonnensystem ['zɔnənzyste:m] *n* -s, -e Układ Słoneczny
Sonnenuntergang *m* -(e)s, ...gänge zachód słońca
sonnig *adj* **1.** słoneczny **2.** pogodny (*o człowieku*)
Sonntag *m* -(e)s, -e niedziela *f*
sonntags *adv* w niedziele
Sonntagsruhe *f* - **1.** odpoczynek niedzielny **2.** *handl.* wolne od pracy
sonst *adv* poza tym, jeszcze; (*gewöhnlich*) zwykle, zazwyczaj; (*andernfalls*) w przeciwnym razie; **~ niemand** nikt więcej; **~ noch etwas?** czy coś jeszcze?
sonstig *adj* pozostały
sooft *kj* zawsze gdy, ilekroć
Sorge *f* -, -n **1.** zmartwienie *n*, troska *f* (**um j-n** o kogoś); **~n haben** mieć kłopoty **2.** troszczenie się, dbałość (**für j-n** o kogoś)
sorgen I. *vi* za|troszczyć się (**für j-n** o kogoś); starać się (**für etw** o coś) **II.** *vr* **sich ~** martwić się (**um j-n** o kogoś)
sorgenfrei *adj* bez trosk
sorgenvoll *adj* zatroskany, zmartwiony
sorgfältig *adj* staranny, troskliwy
sorglos *adj* **1.** beztroski **2.** (*unachtsam*) lekkomyślny, nieostrożny
Sorte *f* -, -n gatunek *m*, rodzaj *m*; **erste ~** pierwsza klasa
sortieren *vt* po|sortować (*a. inform.*)
Sortiment *n* -(e)s, -e asortyment *m*
sosehr *kj* chociaż
SOS [ɛsoː'ɛs] *m* - (sygnał) SOS *m*
soso *adv* (*leidlich*) (ot) tak sobie; (*wirklich?*) doprawdy?
Soße *f* -, -n sos *m*
sott → **sieden**
soundso *adv*: **~ viel** tyle a tyle

Souvenir [zuvəˈniːr] *n* -s, -s pamiątka *f*
soviel *kj*: ~ **ich weiß** o ile wiem
soweit *kj* o ile
sowie *kj* i; jak również; (*sobald*) skoro tylko
sowieso *adv* tak czy owak
sowjetisch *adj hist* radziecki
sowohl *kj*: ~ ... **als auch** ... zarówno ..., jak i ...
sozial *adj* socjalny; społeczny
Sozialdemokrat *m* -en, -en socjaldemokrata
Sozialhilfe *f* - pomoc społeczna
Sozialismus *m* - socjalizm *m*
Sozialist *m* -en, -en socjalista *m*
sozialistisch *adj* socjalistyczny
Sozialleistungen *pl* świadczenia socjalne
Sozialversicherung *f* -, -en ubezpieczenie społeczne
Sozialwohnung *f* -, -en mieszkanie kwaterunkowe
Soziologie *f* - socjologia *f*
sozusagen *adv* że tak powiem; (*gewissermaßen*) do pewnego stopnia, niejako
Spachtel *m* -s, - **1.** szpachla *f* **2.** (*Masse*) szpachlówka *f*
Spaghetti *pl* spaghetti *n*
spähen *vi* wypatrywać, śledzić (**nach j-m** kogoś)
Spalier *n* -s, -e szpaler *m*
Spalt *m* -(e)s, -e szczelina *f*, szpara *f*
Spalte *f* -, -n **1.** szczelina *f* **2.** *druk*. szpalta *f*
spalten* **I.** *vt* rozłup(yw)ać, rozszczepi(a)ć; (*teilen*) rozdzielać; **Holz** ~ rąbać drzewo **II.** *vr* **sich** ~ dzielić się; rozdwajać się (*o włosach*)
Spaltmaterial *n* -s, -e *phys.* materiał rozszczepialny
Spaltung *f* -, -en rozłupanie *n*; *figur*. rozłam *m*
Span *m* -(e)s, **Späne** wiór *m*, drzazga *f*
Spanferkel *n* -s, - prosię *n*
Spange *f* -, -n klamra *f*; sprzączka *f*
Spanier [ˈʃpaːnjər] *m* -s, - Hiszpan *m*
spanisch *adj* hiszpański
spann → **spinnen**
Spanne *f* -, -n **1.** *handl*. marża *f* **2.** (*Zeitspanne*) okres *m*
spannen *vt* naciągać; **den Bogen** ~ napinać łuk
spannend → **spannen**; *adj* zajmujący, interesujący
Spannung *f* -, -en napięcie *n* (*a. figur., el.*); **mit** ~ w napięciu

Sparbuch *n* -(e)s, ...bücher książeczka oszczędnościowa
Sparbüchse *f* -, -n skarbonka *f*
sparen *vt, vi* oszczędzać, za|oszczędzić (**auf, für etw** na coś; **an einer Sache** na czymś); **keine Mühe** ~ nie szczędzić trudu
Spargel *m* -s, - szparag *m*
Spargelbohne *f* -, -n fasolka szparagowa
Sparkasse *f* -, -n kasa oszczędnościowa
Sparkonto *n* -s, -s konto oszczędnościowe
spärlich *adj* skąpy, nikły; (*dünn*) rzadki; **~e Mittel** skromne środki
Sparmaßnahme *f* -, -n środki oszczędnościowe
sparsam *adj* oszczędny
Spaß *m* -es, **Späße 1.** żart *m*; ~ **beiseite!** żarty na bok!, bez żartów! **2.** *sing* przyjemność *f*, ucieha *f*; **das macht mir** ~ to mnie bawi; **viel ~!** przyjemnej zabawy!
spaßen *vi* żartować (**mit j-m** z kimś)
spaßig *adj* zabawny
Spaßvogel *m* -s, ...vögel żartowniś *m*
spät *adj* późny; **wie ~ ist es?** która godzina? ~ **in die Nacht** do późna w noc
Spätdienst *m* -(e)s, -e nocny dyżur
Spaten *m* -s, - łopata *f*, szpadel *m*
später *adv* później
spätestens *adv* najpóźniej
Spatz *m* -en *o*. -es, -en wróbel *m*
spazieren, spazieren gehen* *vi s* spacerować (**mit j-m** z kimś)
Spazierfahrt *f* -, -en przejażdżka *f*
Spaziergang *m* -(e)s, ...gänge przechadzka, spacer; **einen ~ machen** spacerować
Specht *m* -(e)s, -e dzięcioł *m*
Speck *m* -(e)s, -e słonina *f*
Spediteur [ʃpediˈtøːr] *m* -s, -e spedytor *m*
Spedition *f* -, -en spedycja *f*, wysyłka *f*; firma spedycyjna
Speer *m* -(e)s, -e dzida *f*, oszczep *m*
Speerwerfen *n* -s *sport.* rzut oszczepem
Speiche *f* -, -n szprycha *f*
Speichel *m* -s ślina *f*
Speicher *m* -s, - **1.** magazyn *m*, spich(le)rz *m* **2.** duży pojemnik *m* **3.** *reg.* strych *m* **4.** *inform.* pamięć *f*
speichern *vt* **1.** z|magazynować **2.** *inform.* zapisywać (w pamięci)
speien* *vi* pluć
Speise *f* -, -n jedzenie *n*, pokarm *m*; (*Gericht*) potrawa *f*, danie *n*
Speisekammer *f* -, -n spiżarnia *f*
Speisekarte *f* -, -n jadłospis *n*

speisen I. *vi* posilać się; **zu Mittag ~** jeść obiad **II.** *vt* jeść; żywić; *techn.* zasilać
Speiseröhre *f* -, -n *anat.* przełyk *m*
Speisesaal *m* -(e)s, ...säle jadalnia *f*
Speisewagen *m* -s, - wagon restauracyjny
Spektakel *n* -s, - spektakl *n*
spekulieren *vi* **1.** spekulować (na giełdzie) **2.** *ugs.* liczyć (**auf etw** na coś)
Spende *f* -, -n ofiara *f*; datek *n*
spenden *vt* darować, ofiarować
Spender *m* -s, - dawca *m*; ofiarodawca *m*
spendieren *vt* za|fundować
Sperling *m* -s, -e wróbel *m*
Sperma *n* -s, ...men *o.* -ta sperma *f*
Sperre *f* -, -n blokada *f* (*o. konta*); zapora *f*, zagrodzenie *n*; (*Verbot*) zakaz *m*
sperren *vt* blokować, zamykać, zagradzać; (*zurückhalten*) wstrzymywać; *sport.* zawiesić, (*Telefon*) wyłączać
Sperrgebiet *n* -(e)s, -e obszar zamknięty
Sperrholz *n* -es sklejka *f*
Spesen *pl* wydatki służbowe *mpl*; diety *fpl*
spezial *adj* specjalny
Spezialgebiet *n* -(e)s, -e specjalność *f*
spezialisieren, sich *vr* wy|specjalizować się (**auf etw** w czymś)
Spezialisierung *f* -, -en specjalizacja *f*
Spezialist *m* -en, -en specjalista *m*
Spezialität *f* -, -en specjalność *f*
speziell *adj* specjalny, szczególny
spezifisch *adj* specyficzny
Sphäre *f* -, -n sfera *f*
spie → **speien**
Spiegel *m* -s, - **1.** lustro *n*, lusterko *n* **2.** *med.* poziom *m* **3.** wziernik *m*
Spiegelbild *n* -(e)s, -er lustrzane odbicie
Spiegelei *n* -(e)s, -er *reg.* jaj(k)o sadzone
spiegeln I. *vi* lśnić **II.** *vt* **1.** *ugs.* odzwierciedlać **2.** *med.* wziernikować
Spiegelreflexkamera *f* -, -s *fot.* lustrzanka *f*
Spiel *n* -(e)s, -e **1.** gra towarzyska, zabawa *f* **2.** *teatr.* utwór sceniczny **3.** *sport.* spotkanie *n*, mecz *m* **4.** *sing* (*eines Schauspielers*) gra *f*
Spielball *m* -(e)s, ...bälle piłka *f*
Spielbrett *n* -(e)s, -er plansza do gry
spielen *vt, vi* **1.** za|grać; **Fußball ~** grać w piłkę nożną **2.** bawić się **3.**(*darstellen*) grać, odgrywać **4.**(*schimmern*) mienić się
spielend *adv* z łatwością
Spieler *m* -s, - gracz *m*; *sport.* zawodnik *m*; aktor *m*
Spielerei *f* -, -en błahostka *f*

Spielfeld *n* -(e)s, -er boisko *n*
Spielfilm *m* -(e)s, -e film fabularny
Spielplan *m* -(e)s, ...pläne repertuar *m*
Spielplatz *m* -es, ...plätze plac zabaw
Spielraum *m* -(e)s swoboda działania <ruchów>
Spielregeln *pl* zasady <regulamin> gry
Spielsachen *pl* zabawki *fpl*
Spielzeit *f* -, -en **1.** sezon teatralny **2.** *sport.* czas gry
Spielzeug *n* -(e)s, -e zabawka *f* (*a. figur.*)
Spieß *m* -es, -e **1.** dzida *f* **2.** (*Bratspieß*) rożen *m*
spießig *adj ugs.* kołtuński
Spinat *m* -(e)s szpinak *m*
Spinne *f* -, -n pająk *m*
spinnen *vt, vi* **1.** prząść **2.** *ugs.* pleść
Spinnennetz *n* -es, -e pajęczyna *f*
Spion *m* -s, -e **1.** szpieg *m* **2.** judasz *m* (*w drzwiach*)
Spionage [ʃpio'na:ʒə] *f* - szpiegostwo *n*; **~ treiben** zajmować się szpiegostwem
spionieren *vi* wy|szpiegować; *figur.* węszyć
Spirale *f* -, -n spirala *f*
Spirituosen *pl* napoje alkoholowe
Spiritus *m* - spirytus *m*
spitz *adj* spiczasty; (*scharf*) ostry; *figur.* uszczypliwy
Spitzbube *m* -n, -n hultaj *m*; łajdak *m*
Spitze *f* -, -n **1.** szpic *m*, (ostry) koniec *m*, czubek *m*; (*Bergspitze*) wierzchołek *m*, szczyt *m* **2.** (*einer Kolonne*) czołówka *f*, czoło *n*, przód *m*; **an der ~** na czele **3.** (*Gewebe*) koronka *f*
spitzen *vt* ostrzyć; **den Bleistift ~** za|temperować ołówek
Spitzengeschwindigkeit *f* -, -en prędkość maksymalna
Spitzenklasse *f* -, -n czołówka *f*, **etw ist ~** coś jest najlepszej jakości
Spitzenleistung *f* -, -en najwyższe osiągnięcie, wyczyn *m*
spitzenmäßig *adj ugs.* świetny, super
Spitzensportler *m* -s, - wyczynowiec *m*
spitzfindig *adj* wyrafinowany, przebiegły
Spitzname *m* -ns, -n przezwisko *n*, przydomek *m*
Splitter *m* -s, - (*Holz*) drzazga *f*; (*Glas*) odłamek *m*
splitter(faser)nackt *adj ugs.* golusieńki
splittern *vi s* rozpryskać się na kawałeczki
sponsern *vt* sponsorować
spontan *adj* spontaniczny

sporadisch *adj* sporadyczny
Spore *f -, -n* *biol.* zarodnik *m*
Sport *m -(e)s* sport *m*; **~ treiben** uprawiać sport
Sportbericht *m -(e)s, -e* sprawozdanie sportowe
Sportgerät *n -(e)s, -e* sprzęt sportowy
Sporthalle *f -, -n* hala sportowa; sala gimnastyczna
Sportlehrer *m -s, -* instruktor sportowy, trener *m*
Sportler *m -s, -* sportowiec *m*
Sportlerin *f -, -nen* sportsmenka *f*
sportlich *adj* sportowy; wysportowany
Sportplatz *m -es, ...plätze* boisko *n*; **auf den ~ gehen** pójść na boisko
Sportverein *m -(e)s, -e* klub <związek> sportowy
Spot [spot *o.* ʃpot] *m -s, -s* spot *m* (reklamowy)
Spott *m -(e)s* szyderstwo *n*, drwiny *fpl*
spottbillig *adj* śmiesznie tani
spotten, spötteln *vi* szydzić, wyśmiewać się (**über j-n** z kogoś)
spöttisch *adj* szyderczy, drwiący, kpiący
sprach → **sprechen**
Sprache *f -, -n* język *m*, mowa *f*; **etw zur ~ bringen** poruszyć jakiś temat
Sprachführer *m -s, -* rozmówki *pl*, poradnik językowy
Sprachkurs *m -es, -e* kurs językowy
sprachlich *adj* językowy
sprachlos *adj figur.* oniemiały
sprang → **springen**
Spray [ʃpreː *o.* spreː] *n, m -s, -s* spray *m*
sprayen ['ʃpreɪən] *vt, vi* **1.** rozpylać spray (**Haar** na włosy; **gegen Ungeziefer** na insekty) **2.** malować <pisać> sprayem
Sprechanlage *f -, -n* domofon *m*
sprechen˚ *vt, vi:* **j-n ~** mówić z kimś; **ein Gebet ~** odmawiać modlitwę; **ein gutes Deutsch ~** mówić dobrze po niemiecku; **ist Herr X zu ~?** czy mogę mówić z panem X?, czy zastałem pana X?; **von j-m** <**über j-n**> **~** mówić o kimś; **mit j-m über etw ~** rozmawiać z kimś o czymś
Sprecher *m -s, -* mówca *m*; (*der Regierung*) rzecznik *m*; (*einer Sache*) orędownik *m*; (*Speaker*) spiker *m*; prezenter *m*
Sprechstunde *f -, -n* godziny przyjęć (u lekarza, w szkole)
Sprechzimmer *n -s, -* pokój przyjęć; (*eines Arztes*) gabinet *m*

spreizen *vt* rozstawi(a)ć (palce); rozkraczać (nogi), rozpościerać (skrzydła)
sprengen *vt* **1.** rozsadzać; **in die Luft ~** wysadzać (*w powietrze*); *figur.* **die Bank ~** rozbić bank **2.** (*befeuchten*) skrapiać; **den Rasen ~** podlewać trawnik
Sprengladung *f -, -en* ładunek wybuchowy
Sprengstoff *m -(e)s, -e* materiał wybuchowy
Spreu *f -* plewy *pl*
spricht → **sprechen**
Sprichwort *n -(e)s, ...wörter* przysłowie *n*
Springbrunnen *m -s, -* fontanna *f*, wodotrysk *m*
springen˚ *vi s, h* **1.** skakać; **zur Seite ~** odskoczyć na bok **2.** (*bersten*) pękać
Springer *m -s, -* skoczek *m*
Sprit *m -(e)s* **1.** spirytus *m* **2.** *ugs.* benzyna *f*
Spritze *f -, -n* *med.* strzykawka *f*; (*Injektion*) zastrzyk *m*
spritzen **I.** *vt* **1.** o|pryskać; **die Blumen ~** podlewać kwiaty; **gespritzter Wein** wino z wodą sodową **2.** wstrzykiwać **II.** *vi* bryzgać; tryskać
Spritzer *m -s, -* kilka kropli (płynu); odrobina *f*
spritzig *adj* **1.** błyskotliwy **2.** musujący **3.** żrywny
spröde *adj* **1.** kruchy, łamliwy (*np.* szkło) **2.** (*rau*) szorstki, spierzchnięty **3.** (*verschlossen*) nieprzystępny
Spross *m -es, -e* **1.** pęd *m* **2.** (*Nachkomme*) potomek *m*
Sprosse *f -, -n* szczebel *m*
Sprössling *m -s, -e* potomek *m*, latorośl *f*
Sprotte *f -, -n* szprotka *f*
Spruch *m -(e)s, Sprüche* aforyzm *m*, sentencja *f*
spruchreif *adj* aktualny
Sprudel *m -s, -* **1.** źródło *n* **2.** napój gazowany
sprudeln *vi s* **1.** tryskać **2.** musować (szampan)
sprühen **I.** *vi* **1.** tryskać **2.** **es sprüht** mży **II.** *vt* pryskać, rozpylać (perfumy)
Sprühregen *m -s* mżawka *f*
Sprung *m -(e)s, Sprünge* **1.** skok *m*; *ugs.* **auf einen ~ vorbeikommen** wpaść na chwilę **2.** (*Riss*) rysa *f*, szczelina *f*
Sprungbrett *n -(e)s, -er* *sport.* trampolina *f*; odskocznia *f*

Sprungfeder *f* -, -n sprężyna *f*
sprunghaft *adj* **1.** nagły, gwałtowny (**eine Entwicklung** rozwój) **2.** niestały, niezrównoważony, bezładny
Sprungschanze *f* -, -n skocznia *f*
Sprungseil *n* -(e)s, -e skakanka *f*
Sprungturm *m* -(e)s, ...türme wieża *f* (do skoków)
Spucke *f* - *ugs.* ślina *f*
spucken *vt, vi ugs.* wy|pluć
spuken *vi*: **es spukt** straszy
Spule *f* -, -n szpulka *f*; *techn.* cewka *f*
Spüle *f* -, -n zlewozmywak *n*
spulen *vt* nawijać, przewijać
spülen *vt* prze|płukać, wypłukać; **das Geschirr ~** zmy(wa)ć naczynia
Spülmaschine *f* -, -n zmywarka *f*
Spülmittel *n* -s, - płyn do zmywania
Spülung *f* -, -en **1.** płukanie *n* (*o. med.*) **2.** spłuczka *f*
Spulwurm *m* -(e)s, ...würmer *med.* glista ludzka
Spur *f* -, -en **1.** ślad *m*; koleina *f*; trop *m*; **auf der ~** na tropie; **keine ~!** ani trochę! **2.** pas jezdni
spürbar *adj* wyczuwalny
spüren *vt* odczu(wa)ć, wyczu(wa)ć
Spurenelement *n* -(e)s, -e pierwiastek śladowy
spurlos *adv* bez śladu
Spurrillen *pl* koleiny *pl* (w asfalcie)
Spurt *m* -(e)s, -s finisz *m*
spurten *vi* s finiszować
sputen, sich *vr reg.* śpieszyć się
Staat *m* -(e)s, -en **1.** państwo *n* **2.** stan *m* (*w USA*)
staatenlos *adj* bezpaństwowy
staatlich *adj* państwowy
Staatsakt *m* -(e)s, -e uroczystość państwowa, uroczysta akademia
Staatsangehörige(r) *f, m* -n, -n obywatel *m*, obywatelka *f* (państwa)
Staatsangehörigkeit *f* -, -en obywatelstwo *n*
Staatsanwalt *m* -(e)s, ...anwälte prokurator *m*
Staatsbeamte(r) *f, m* -n, -n urzędnik państwowy
Staatsbesuch *m* -(e)s, -e wizyta państwowa
Staatsbürger *m* -s, - obywatel *m* (państwa)
staatsfeindlich *adj* antypaństwowy

Staatshaushalt *m* -(e)s, -e budżet państwa
Staatsmann *m* -(e)s, ...männer mąż stanu
Staatsoberhaupt *n* -(e)s, ...häupter głowa państwa
Staatssekretär *m* -s, -e sekretarz stanu
Staatsstreich *m* -(e)s, -e zamach stanu
Stab *m* -(e)s, **Stäbe 1.** drążek *m*, pręt *m*; (*Stock*) kij *m*; (*Eisenstange*) sztaba *f*; *sport.* tyczka *f* **2.** *mil., figur.* sztab *m*
Stäbchen *n* -s, - pałeczka *f*
Stabhochsprung *m* -(e)s, ...sprünge *sport.* skok o tyczce
stabil *adj* stabilny
stabilisieren *vt* stabilizować (**sich** się)
stach → **stechen**
Stachel *m* -s, -n kolec *m*; (*Dorn*) cierń *m*; (*eines Insekts*) żądło *n*
Stachelbeere *f* -, -n agrest *m*
Stacheldraht *m* -(e)s, ...drähte drut kolczasty
stachelig *adj* kolczasty
Stadion *n* -s, ...ien stadion *m*
Stadium *n* -s, ...ien stadium *n*, faza *f*
Stadt *f* -, **Städte** miasto *n*
Stadtbewohner *m* -s, - mieszkaniec miasta
Stadtbezirk *m* -(e)s, -e dzielnica miasta
Städtchen *n* -s, - miasteczko *n*
Städtepartnerschaft *f* - partnerstwo miast
Stadtführung *f* -, -en oprowadzanie <wycieczka> po mieście
städtisch *adj* miejski
Stadtmauer *f* -, -n mury miejskie
Stadtmitte *f* -, -n centrum *n* (*miasta*), śródmieście *n*
Stadtplan *m* -(e)s, ...pläne plan miasta
Stadtrand *m* -(e)s, ...ränder peryferie *pl*
Stadtrat *m* -(e)s, ...räte **1.** rada miejska **2.** (*Person*) radny miejski
Stadtrundfahrt *f* -, -en wycieczka autokarowa po mieście
Stadtteil *m* -(e)s, -e, **Stadtviertel** *n* -s, - dzielnica *f* (miasta)
Staffel *f* -, -n **1.** *sport.* sztafeta *f* **2.** *flug.* eskadra *f*
Staffelei *f* -, -en sztalugi *f pl*
Staffellauf *m* -(e)s, ...läufe bieg sztafetowy
Stagnation *f* -, -en stagnacja *f*
stagnieren *vi* być w stanie stagnacji
stahl → **stehlen**
Stahl *m* -(e)s, **Stähle** *o.* -e stal *f*
stak → **stecken**
Stall *m* -(e)s, **Ställe** stajnia *f*; (*Kuhstall*)

obora *f*; (*Schweinestall*) chlew *n*; (*Hühnerstall*) kurnik *m*
Stamm *m* -(e)s, Stämme 1. pień *m* 2. (*Volksstamm*) ród *m*
stammeln *vt*, *vi* bełkotać
stammen *vi s* pochodzić (**von j-m** od kogoś; **aus Polen** z Polski)
Stammgast *m* -(e)s, ...gäste stały gość, bywalec *n*
Stammtisch *m* -(e)s, -e stolik stałej klienteli
stampfen *vi* tupać; ubijać
stand → **stehen**
Stand *m* -(e)s, Stände 1. stan *m*; *figur.* **ich bin nicht im ~e** nie jestem w stanie, nie mogę 2. (*Lage*) położenie *n*, sytuacja *f* 3. *handl.* stoisko *n*; stragan *m*
standardisieren *vt* standaryzować
Standbild *n* -(e)s, -er posąg *m*, statua *f*
Ständer *m* -s, - stojak *m*; (*Kleiderständer*) wieszak stojący
Standesamt *n* -(e)s, ...ämter urząd stanu cywilnego
standesamtlich *adj*: **~ heiraten** zawierać ślub cywilny
standesgemäß *adj* stosowny (do zajmowanego stanowiska)
standfest *adj* stabilny; wytrzymały
standhaft *adj* (*fest*) stały, niewzruszony; (*beharrlich*) wytrwały
standhalten* *vi* wytrzym(yw)ać (**dem Ansturm** napór); nie ustępować
ständig *adj* 1. stały (*np.* mieszkanie) 2. ustawiczny, ciągły
Standlicht *n* -(e)s, -er *mot.* światła postojowe
Standort *m* -(e)s, -e 1. miejsce *n*, pozycja *f* 2. (*eines Unternehmens*) siedziba *f*
Standpunkt *m* -(e)s, -e stanowisko *n*, punkt widzenia; **den richtigen ~ nehmen** zająć właściwe stanowisko
Standspur *f* -, -en pobocze *n*
Stange *f* -, -n 1. tyczka *f*, drąg *m*; (*einer Fahne*) drzewce *n* 2. **eine ~ Zigaretten** karton papierosów
Stängel *m* -s, - łodyga *f*
stank → **stinken**
Stapel *m* -s, - stos *m* (równy)
Stapellauf *m* -(e)s *naut.* wodowanie *n*
stapeln I. *vt* układać w stos II. *vr* **sich ~** piętrzyć się
stapfen *vi s* brnąć (**durch den Schnee** w śniegu)

Star[1] *m* -(e)s, -e *zool.* szpak *n*
Star[2] *m* -(e)s *med.* jaskra *f*, zaćma *f*
Star[3] *m* -s, -s gwiazda *f* (filmu, piosenki, sportu)
starb → **sterben**
stark *adj* 1. silny, mocny; *figur.* **~e Nerven haben** mieć mocne nerwy 2. (*dick*) gruby, tęgi
Stärke *f* -, -n 1. *sing* siła *f*, moc *f*; **an ~ zunehmen** wzmóc się 2. (*Umfang*, *Größe*) grubość *f* 3. (*Wäschestärke*) krochmal *m*
stärken *vt* 1. wzmacniać, pokrzepi(a)ć 2. (*steifen*) na|krochmalić
Starkstrom *m* -(e)s prąd o wysokim napięciu
Stärkung *f* -, -en 1. wzmocnienie *n* (organizmu); umocnienie *n* 2. (*Essen*) posiłek *m* (po wysiłku)
starr *adj* nieruchomy; (*steif*) sztywny; odrętwiały; (*unnachgiebig*) nieustępliwy
starren *vi* wpatrywać się, wlepiać wzrok (**auf j-n**, **etw** w kogoś, coś)
starrsinnig *adj* uparty
Start *m* -(e)s, -s start *m*; **beim ~** w czasie startu
Startbahn *f* -, -en *flug.* pas startowy
startbereit *adj* gotowy do startu
Startblock *m* -(e)s, ...blöcke *sport.* blok startowy
starten I. *vi s* wy|startować II. *vt* rozpoczynać (**eine Aktion** akcję)
Startschuss *m* -es, ...schüsse strzał startowy; *figur.* **den ~ für etw geben** dać sygnał do rozpoczęcia czegoś
Station *f* -, -en 1. stacja *f*; przystanek *m* 2. (*Abteilung*) oddział *m* (szpitalny)
stationär *adj* stacjonarny
Stationsarzt *m* -es, ...ärzte ordynator *m*
Statist *m* -en, -en statysta *m*
Statistik *f* -, -en statystyka *f*
Stativ *n* -s, -e statyw *m*
statt *praep mit G* zamiast
Stätte *f* -, -n miejsce *n*
stattfinden* *vi* odbywać się
stattlich *adj* okazały; znaczny, duży
Statue *f* -, -n posąg *m*, statua *f*
Stau *m* -(e)s, -e zator *m*; korek *m* (uliczny)
Staub *m* -(e)s, -e pył *m*, kurz *m*
staubig *adj* zakurzony
Staublappen *m* -s, - szmatka do kurzu
Staubsauger *m* -s, - odkurzacz *m*
Staubzucker *m* -s cukier puder *m*

Staudamm *m* -(e)s, ...dämme zapora wodna
Staude *f* -, -n *bot.* bylina *f*
stauen, sich *vr* z|gromadzić się, s|tłoczyć się; (*von Wasser*) s|piętrzyć się
staunen *vi* dziwić się czemuś, zdumiewać się (**über etw** czymś)
Stauung *f* -, -en spiętrzenie *n*; (*Verkehrsstauung*) zator *m*
stechen* I. *vt* ukłuć, użądlić, ukąsić II. *vi* u|kłuć (się) (**in den Finger** w palec); **die Sonne sticht** słońce pali <przypieka>
Steckdose *f* -, -n kontakt *m*, gniazdko *n* (wtyczkowe)
stecken I. *vt* wtykać, wkładać (**die Hand in die Tasche** rękę do kieszeni); nasadzać (**an etw** na coś); przypinać do czegoś; **in Brand ~** podpalać II. *vi** tkwić; ugrzęznąć (gdzieś); **wo steckt er denn?** gdzież on jest?; **~ bleiben** utknąć
Steckenpferd *n* -(e)s, -e *figur.* konik *m*, hobby *n*
Stecker *m* -s, - *el.* wtyczka *f*
Stecknadel *f* -, -n szpilka *f*
Steg *m* -(e)s, -e mostek *m*, kładka *f*
stehen* *vi h*, *reg. s* 1. stać; **die Tür steht offen** drzwi są otwarte; **hier steht geschrieben** tu napisano; **mit j-m gut ~ być** z kimś w dobrych stosunkach; **außer Frage ~** nie ulegać wątpliwości; **in Verbindung ~** być w kontakcie 2. (*passen*) być do twarzy (**j-m** ko-muś); **~ bleiben** zatrzym(yw)ać się, stawać; **die Uhr ist ~ geblieben** zegar(ek) stanął; **~ lassen** pozostawiać, nie tykać
Stehlampe *f* -, -n lampa stojąca
stehlen* I. *vt* u|kraść II. *vr sich ~** wymknąć się (**aus dem Hause** z domu)
Stehplatz *m* -es, ...plätze miejsce stojące
steif *adj* sztywny (*a. figur.*); (*vor Kälte*) zdrętwiały; **~ werden** ze|-sztywnieć
steigen* *vi s* wznosić się, iść w górę, wzbi(ja)ć się; (*höher werden*) podnosić się; **auf einen Berg ~** wspinać się na górę; **aus dem Bett ~** wstawać z łóżka; **aus dem Auto ~** wysiadać z samochodu; **ins Auto ~** wsiadać do samochodu; **zu Kopf ~** uderzać do głowy; **vom Pferde ~** zsiadać z konia
steigern *vt* 1. podwyższać, zwiększać (**die Geschwindigkeit** prędkość) 2. *gram.* stopniować
Steigung *f* -, -en wzniesienie *n*
steil *adj* 1. stromy, spadzisty 2. *ugs.* super

Stein *m* -(e)s, -e 1. kamień *m* (*a. szlachetny*) 2. (*einer Frucht*) pestka *f*
Steinbock *m* -(e)s, ...böcke 1. *zool.* koziorożec 2. *astr.* Koziorożec
Steinbruch *m* -(e)s, ...brüche kamieniołom
steinern *adj* kamienny
Steingut *n* -(e)s fajans
steinig *adj* kamienisty; *figur.* wyboisty
Steinkohle *f* -, -n węgiel kamienny
Steinobst *n* -(e)s owoce pestkowe
Steinpilz *m* -es, -e borowik
Steißbein *n* -(e)s, -e *anat.* kość ogonowa
Steißlage *f* -, -n *med.* ułożenie miednicowe
Stelle *f* -, -n 1. miejsce *n*; **an Ort und ~** na miejscu; **auf der ~** natychmiast; **an ~ von einer Sache** zamiast czegoś; **an deiner ~** na twoim miejscu 2. (*Posten*) posada *f* 3. (*Amt*) urząd *m*
stellen I. *vt* stawiać; **an j-n eine Frage ~** zada(wa)ć komuś pytanie; **die Uhr ~** nastawi(a)ć zegar(ek); **auf die Probe ~** podda(wa)ć próbie; **in Frage ~** za|kwestionować; **in Rechnung ~** zaliczać; **zur Schau ~** wystawi(a)ć na pokaz II. *vr* **sich ~** (*sich melden*) stawić się, zgłosić się; *figur.* udawać (**dumm** głupiego)
Stellenangebot *n* -(e)s, -e oferta pracy
stellenweise *adv* miejscami, tu i ówdzie
Stellung *f* -, -en 1. pozycja *f*; (*Lage*) położenie *n*; (*Haltung*) postawa *f*; *figur.* ranga *f*, status *m*; **zu einer Sache ~ nehmen** ustosunkować się do czegoś 2. (*Anstellung*) posada *f* (**als Lehrer** nauczyciela)
Stellungnahme *f* -, -n zajęcie stanowiska, ustosunkowanie się *n* (**zu einer Sache** do czegoś)
Stellvertreter *m* -s, - zastępca *m*
Stelze *f* -, -n szczudło *n*
stemmen, sich *vr* opierać się (**gegen etw** o coś); *figur.* sprzeciwiać się czemuś
Stempel *m* -s, - pieczątka *f*, stempel *m*; (*geprägtes Zeichen*) cecha probiercza
stempeln *vt* o|stemplować
stenografieren, stenographieren *vt*, *vi* stenografować
Stenotypistin *f* -, -nen stenotypistka *f*
Steppdecke *f* -, -n kołdra *f*
Steppe *f* -, -n step *m*
sterben* *vi s* umierać (**an Krebs** na raka)
Sterbeurkunde ['ʃtɛrbəʊ:rkundə] *f* -, -n akt zgonu
sterblich *adj* śmiertelny

stereo *adj* stereofoniczny
Stereoanlage *f* -, -n aparatura stereofoniczna
stereophon, stereofon *adj* stereofoniczny
stereotyp *adj* stereotypowy
steril *adj* **1.** sterylny (*a. figur.*) **2.** *biol.*, *med.* bezpłodny
sterilisieren *vt* sterylizować
Stern *m* -(e)s, -e gwiazda *f* (*a. figur.*)
Sternbild *n* -(e)s, -er konstelacja *f*
Sternkunde *f* - astronomia *f*
Sternschuppe *f* -, -n meteor *m*
Sternwarte *f* -, -n obserwatorium astronomiczne
stetig *adj* ustawiczny, ciągły
stets *adv* stale, zawsze
Steuer[1] *f* -, -n podatek *m*
Steuer[2] *n* -s, - ster *m*; kierownica *f*; **am ~ sitzen** siedzieć za kierownicą
Steuerbord *n* -(e)s prawa burta
Steuererklärung *f* -, -en oświadczenie <zeznanie> podatkowe
steuerfrei *adj* nieopodatkowany
Steuerknüppel *m* -s, - drążek sterowniczy
Steuermann *m* -(e)s, ...leute sternik *m*
steuern I. *vt* sterować (**etw** czymś); prowadzić (**das Auto** samochód) **II.** *vi s* zmierzać
steuerpflichtig *adj* opodatkowany
Steuerrad *n* -(e)s, ...räder ster *m*; *mot.* kierownica *f*
Steuerung *f* -, -en urządzenie sterownicze; *mot.* kierowanie *n*, prowadzenie *n*
Steuerzahler *m* -s, - podatnik *m*
Stewardess ['stjuːə(r)dɛs] *f* -, -en stewardesa *f*
Stich *m* -(e)s, -e **1.** ukłucie *n*; (*eines Insekts*) ukąszenie *n* **2.** (*beim Nähen*) ścieg *m* **3.** rycina *f* **4. j-n im ~ lassen** zostawi(a)ć kogoś na lodzie
stichhaltig *adj* uzasadniony, przekonujący
Stichprobe *f* -, -n badanie wyrywkowe, próbka losowa
sticht → **stechen**
Stichwort *n* -(e)s, ...wörter hasło *n* (słownikowe)
Stichwunde *f* -, -n rana kłuta
sticken *vt* wy|haftować, wyszy(wa)ć
Stickerei *f* -, -en haft *m*
stickig *adj* duszny (pomieszczenie); duszący (powietrze)
Stickoxid *n* -(e)s tlenek azotu
Stickstoff *m* -(e)s azot *n*
Stiefbruder *m* -s, ...brüder przyrodni brat
Stiefel *m* -s, - but z cholewką
Stiefmutter *f* -, ...mütter macocha *f*
Stiefmütterchen *n* -s, - *bot.* bratek *m*
Stiefschwester *f* -, -n przyrodnia siostra
Stiefsohn *m* -(e)s, ...söhne pasierb *m*
Stieftochter *f* -, ...töchter pasierbica *f*
Stiefvater *m* -s, ...väter ojczym *m*
stieg → **steigen**
Stieglitz *m* -es, -e *orn.* szczygieł *m*
stiehlt → **stehlen**
Stiel *m* -(e)s, -e uchwyt *m*, rączka *f*, trzonek *m*; (*Pflanzenstiel*) łodyga *f*; (*eines Apfels*) ogonek *m*
Stier *m* -(e)s, -e **1.** byk *m* **2.** *astr.* Byk *m*
stieß → **stoßen**
Stift *m* -(e)s, -e **1.** sztyft *m*, trzpień *m* **2.** (*Schreibstift*) pisak *m*
stiften *vt* **1.** zakładać; u|fundować **2.** *ugs.* **j-m etw ~** stawiać coś komuś **3.** siać (**Verwirrung** zamieszanie); **Brand ~** wzniecać pożar
Stiftung *f* -, -en fundacja *f*; datek *m*
Stil *m* -(e)s, -e **1.** styl *m* **2.** *sing* (*Verhaltensweise*) sposób bycia
still *adj* **1.** cichy; (*schweigend*) milczący; **~ werden** ucichnąć; **im Stillen** po cichu, po kryjomu; nieruchomy; **halte ~!** nie ruszaj się! **2.** spokojny; **~es Wetter** bezwietrzna pogoda
Stille *f* - cisza *f*, spokój *m*; **in aller ~** w całkowitym spokoju
stillen *vt* karmić piersią (*a. vi*); **den Durst ~** u|gasić pragnienie; **den Hunger ~** zaspokajać głód; **den Schmerz ~** uśmierzać ból; **Blut ~** za|tamować krew
stillhalten[*] *vi* nie ruszać się
stilllegen *vt* unieruchomić, zatrzym(yw)ać
Stillschweigen *n* -s milczenie *n*
Stillstand *m* -(e)s bezruch *m*
stillstehen[*] *vi* nie poruszać się, nie funkcjonować; być unieruchomionym
Stimme *f* -, -n głos *m* (*a. w wyborach*)
stimmen I. *vt* **1.** na|stroić (**das Klavier** pianino) **2.** wprowadzić w jakiś nastrój; **j-n traurig ~** zasmucić kogoś **II.** *vi* **1.** głosować (**für etw** za czymś; **gegen etw** przeciwko czemuś) **2.** zgadzać się; (**das**) **stimmt!** zgadza się!; **da stimmt etwas nicht** tu jest coś nie w porządku **3.** być w jakimś nastroju; **gut <schlecht> gestimmt sein** być w dobrym <złym> nastroju
Stimmenthaltung *f* - wstrzymanie się od głosowania

Stimmrecht *n* -(e)s, -e prawo do głosowania
Stimmung *f* -, -en nastrój *m*; **(in) guter ~ sein** być w dobrym nastroju
stimmungsvoll *adj* nastrojowy
stinken° *vi* śmierdzieć, cuchnąć (**nach einer Sache** czymś)
Stipendium *n* -s, ...ien stypendium *n*
stirbt → **sterben**
Stirn *f* -, -en czoło *n*
stöbern *vi* szperać (**in einer Sache** w czymś)
Stock¹ *m* -(e)s, **Stöcke** kij *n*, laska *f*; **sich auf den ~ stützen** podeprzeć się laską; **am ~ gehen** chodzić o lasce
Stock² *m* -(e)s, **Stöcke** piętro *n*; **ich wohne im dritten ~ links** mieszkam na trzecim piętrze na lewo
stocken *vi* zatrzym(yw)ać się, ustawać
stockfinster *adj pot.* zupełnie ciemno
Stockung *f* -, -en zatrzymanie *n*, zastój *m*; (*im Verkehr*) zator *m*
Stockwerk *n* -(e)s, -e piętro *n*
Stoff *m* -(e)s, -e 1. materiał *m* (**für ein <zu einem> Kleid** na sukienkę) 2. *chem.* substancja *f* 3. temat *m*, materiał *m* (**zum Erzählen** do opowiadania)
Stoffwechsel *m* -s, - przemiana materii
stöhnen *vi* stękać, jęczeć
Stollen *m* -s, - sztolnia *f*, chodnik *m*
stolpern *vi s* potykać się (**über etw** o coś)
stolz *adj* dumny (**auf j-n, etw** z kogoś, czegoś)
Stolz *m* -es duma *f*; (*Hochmut*) pycha *f*
stoppen I. *vt* zatrzymać; mierzyć czas **II.** *vi* zatrzym(yw)ać się
Stopplicht *n* -(e)s, -er *mot.* światła stop
Stoppschild *n* -(e)s, -er znak stop
Stoppuhr *f* -, en stoper *m*
Stöpsel *m* -s, - zatyczka *f*; *el.* wtyczka *f*
Storch *m* -(e)s, **Störche** bocian *m*
stören *vt* 1. przeszkadzać (**j-n bei einer Sache** komuś w czymś); **störe ich?** nie przeszkadzam? 2. *rad.* zakłócać
Störung *f* -, -en przeszkoda *f*; *rad.* zakłócenie *n*; (*Unterbrechung*) przerwanie *n*
Stoß *m* -es, **Stöße** pchnięcie *n*; uderzenie *n*, kopniak *m*; (*im Fußball*) rzut *m*
Stoßdämpfer *m* -s, - *mot.* amortyzator
stoßen° **I.** *vt ugs.* po|trącać (**mit der Hand** ręką); uderzać; (*schieben*) popychać; *sport.* podrzucać (*ciężary*); **von sich ~** odpychać od siebie; **zu Boden ~** przewracać **II.** *vi* 1. (*rütteln*) podrzucać, trząść 2. *s* natknąć się (**auf j-n** na kogoś); uderzyć (**gegen etw** o coś); **vom Ufer ~** odbić od brzegu; **zu j-m ~** przyłączyć się do kogoś
Stoßstange *f* -, -n *mot.* zderzak *m*
stottern I. *vi* jąkać się **II.** *vt* wyjąkać (**ein Wort** słowo)
strafbar *adj* karalny
Strafe *f* -, -n kara *f* (**für die Dummheit** za głupotę); (*Geldstrafe*) mandat *m*, grzywna *f*; **bei ~ verboten** zakazany pod karą
strafen *vt* u|karać (**für etw** za coś)
straff *adj* napięty, jędrny
Strafgericht *n* -(e)s, -e sąd karny
straflos *adj* bezkarny
Strafporto *n* -s, -s *o.* ...**ti** dopłata *f*
Strafraum *m* -(e)s, ...**räume** *sport.* pole karne
Strafrecht *n* -(e)s prawo karne
Strafstoß *m* -es, -e *sport.* rzut karny
Straftat *f* -, -en przestępstwo *n*
Straftäter *m* -s, - przestępca *m*
Strafvollzug *m* -(e)s, ...**vollzüge** wykonanie kary
Strafzettel *m* -s, - mandat *m*
Strahl *m* -(e)s, -en promień *m*; (*Wasserstrahl*) strumień *m*
strahlen *vi* świecić, promieniować; *figur.* promienieć (radością)
Strähne *f* -, -n kosmyk *m*; (*Garn*) pasmo *n*
stramm *adj* krzepki; (*straff*) wyprężony
Strand *m* -(e)s, -e *o.* **Strände** brzeg *m*, wybrzeże *n*; plaża *f*
stranden *vi s* osiąść na mieliźnie; *figur.* spełznąć na niczym
Strandkorb *m* (c)o, ...**körbo** kosz plażowy
Strapaze *f* -, -n trud *m*
strapazieren *vt* niszczyć, zużywać, zdzierać (*np.* buty)
strapaziös *adj* męczący
Straße *f* -, -n 1. droga *f*; (*in der Stadt*) ulica *f*; **über die ~ gehen** przechodzić przez ulicę 2. (*Meerenge*) cieśnina *f*
Straßenarbeiten *pl* roboty drogowe
Straßenbahn *f* -, -en tramwaj *m*; **mit der ~ fahren** jechać tramwajem
Straßenecke *f* -, -n róg ulicy; **an der ~** na rogu ulicy
Straßenkreuzung *f* -, -en skrzyżowanie *f*
Straßennetz *n* -es sieć dróg
Straßenrand *m* -(e)s, ...**ränder** pobocze *n*, skraj drogi

Straßenschild *n* -(e)s, -er tabliczka z nazwą ulicy
Straßensperre *f* -, -n zamknięcie ulicy
Straßenverkehr *m* -s ruch drogowy
Straßenverkehrsordnung *f* -, -en kodeks drogowy
sträuben, sich *vr* opierać się (**gegen etw** czemuś)
Strauch *m* -(e)s, **Sträucher** krzak *n*, krzew *m*
Strauß[1] *m* -es, **Sträuße** bukiet *m*; **ein ~ Rosen** bukiet róż
Strauß[2] *m* -es, -e *zool.* struś *m*
streben *vi* dążyć do czegoś, starać się (**nach einer Sache** o coś)
Streber *m* -s, - karierowicz *m*
strebsam *adj* gorliwy
Strecke *f* -, -n **1.** odcinek *m* (drogi) **2.** (*Bahnlinie*) szlak *m*, trasa *f*, linia kolejowa
strecken I. *vt* wyciągać (**die Arme in die Höhe** ramiona w górę); **zu Boden ~** powalić na ziemię **II.** *vr* **sich ~** przeciągać się
Streich *m* -(e)s, -e *figur.* figiel *m*, kawał; **einen ~ spielen** spłatać figla
Streicheleinheiten *pl scherz.* porcja pieszczot <czułości>
streicheln *vt* po|głaskać, po|gładzić (**mit der Hand** ręką)
streichen[*] **I.** *vt* **1.** po|smarować **2.** po|malować; **frisch gestrichen** świeżo malowane **3.** (*ausstreichen*) wykreślać **4.** gładzić (**über den Kopf** po głowie) **II.** *vi s* włóczyć się, kręcić się (**um etw** wokół czegoś)
Streichholz *n* -es, ...hölzer zapałka *f*
Streichholzschachtel *f* -, -n pudełko zapałek
Streichorchester *n* -s, - orkiestra smyczkowa
Streife *f* -, -n patrol *m*
streifen I. *vt* musnąć; (*erwähnen*) napomykać; **die Ärmel in die Höhe ~** zakas(yw)ać rękawy **II.** *vi s* (*herumstreifen*) krążyć, włóczyć się
Streifen *m* -s, - pas *m*, pasmo *n*; (*Tuchstreifen*) pasek *m*, prążek *m*; (*Papierstreifen*) skrawek *m*; (*Film*) film *m*, taśma *f*
Streifenwagen *m* -s, - radiowóz, wóz patrolowy
Streik *m* -(e)s, -e strajk *m*; **in den ~ treten** rozpoczynać strajk *m*
streiken *vi* strajkować

Streit *m* -(e)s, -e spór *m*, kłótnia *f*; (*Kampf*) walka *f*; **einen ~ beginnen** wszcząć kłótnię
streiten[*] **I.** *vi* kłócić się, spierać się (**über etw** o coś); (*kämpfen*) walczyć **II.** *vr* **sich ~** kłócić się (**mit j-m** z kimś)
Streitkräfte *pl* siły zbrojne
streitsüchtig *adj* kłótliwy
streng *adj* **1.** srogi; (*hart*) ostry, surowy; **~ verboten** surowo wzbronione **2.** (*genau*) dokładny, ścisły; **~ genommen** ściśle biorąc
strengstens *adv* jak najściślej <najdokładniej>
Stress *m* -es, -e stres *m*; **unter ~ stehen** być w stresie
stressen *vt* stresować
stressfrei *adj* bezstresowy
stressig *adj* stresujący
Streuselkuchen *m* -s, - placek z kruszonką (*kulin*)
streuen *vt* sypać, rozrzucać
strich → **streichen**
Strich *m* -(e)s, -e kreska *m*, linia *f*, **gegen den ~** pod włos
Strichkode *m* -s, -s kod kreskowy
Strichpunkt *m* -(e)s, -e średnik *m*
Strick *m* -(e)s, -e postronek *m*, powróz *m*, sznur *m*; *ugs.* nicpoń *m*
stricken *vt, vi* robić na drutach
Strickjacke *f* -, -n sweter *m* (rozpinany)
Stricknadel *f* -, -n drut *m* (*do robót dzianych*)
Strickwaren *pl* wyroby dziane
strikt *adj* ścisły, dokładny
stritt → **streiten**
strittig *adj* sporny
Stroh *n* -(e)s słoma *f*
Strohhalm *m* -(e)s, -e słomka *f* (do picia)
Strohhut *m* -(e)s, ...hüte słomkowy kapelusz
Strohwitwe *f* -, -n *ugs.* słomiana wdowa
Strolch *m* -(e)s, -e włóczęga *m*
Strom *m* -(e)s, **Ströme 1.** rzeka *f*; strumień *m*; **gegen den ~** <**mit dem ~**> **schwimmen** płynąć pod prąd <z prądem>; **es regnet in Strömen** leje jak z cebra **2.** (*Elektrizität*) prąd *m*; **der elektrische ~** prąd elektryczny
stromab(wärts) *adv* z prądem (rzeki)
stromauf(wärts) *adv* w górę rzeki, pod prąd
strömen *vi s* płynąć; lać się; **~der Regen** ulewa
Stromlinie *f* -, -n linia opływowa

stromlinienförmig adj o kształtach opływowych
Stromstärke f - natężenie prądu
Strömung f -, -en prąd m (wody); figur. kierunek m
Strophe f -, -n zwrotka f
Strudel m -s, - 1. wir m 2. kulin. strudel m
Struktur f -, -en struktura f
Strumpf m -(e)s, **Strümpfe** pończocha f
Strumpfhose f -, -n rajstopy pl
struppig adj najeżony; (ungepflegt) rozczochrany; kudłaty
Stube f -, -n pokoik m
Stück n -(e)s, -e 1. sztuka f; (Teil) część f, kawał(ek) m; **ein ~ Brot** kawałek chleba; **in ~e gehen** rozbić się; **aus freien ~en** dobrowolnie 2. teatr. sztuka f; mus. utwór m
Stückgut n -(e)s, ...güter drobnica
stückweise adv na sztuki; kawałkami
Student m -en, -en student m (**der Mathematik** matematyki)
Studentenheim n -(e)s, -e dom akademicki; ugs. akademik m
Studentin f -, -nen studentka f
Studie f -, -n studium n; (Entwurf) szkic m
Studienreise f -, -n podróż w celach naukowych
studieren vt, vi studiować (**an der Universität** na uniwersytecie)
Studium n -s, ...ien studium n, nauka f; studia n
Stufe f -, -n 1. stopień m, szczebel m 2. poziom m; **auf gleicher ~ stehen** być na tym samym poziomie
Stuhl m -(e)s, **Stühle** krzesło n
Stuhlgang m -(e)s, ...gänge stolec m
stumm adj niemy, milczący
Stummel m -s, - szczątek m; (Zigarettenstummel) niedopałek m
stumpf adj tępy; **~er Winkel** kąt rozwarty; **~ machen** stępi(a)ć
stumpfsinnig adj apatyczny; jednostajny
Stunde f -, -n 1. godzina f; **in einer ~** za godzinę; **zu jeder ~** o każdej porze 2. (Unterrichtsstunde) lekcja f
stunden vt odraczać
Stundengeschwindigkeit f -, -en prędkość na godzinę
Stundenkilometer pl kilometry na godzinę
stundenlang adv (całymi) godzinami
Stundenplan m -(e)s, ...pläne plan lekcji <zajęć>
stündlich adv co godzina

Stupsnase f -, -n zadarty nos
stur adj uparty
Sturm m -(e)s, **Stürme** 1. wichura f; (Seesturm) sztorm m 2. (Angriff) szturm m; sport. atak m
stürmen I. vi 1. dąć (o wietrze) 2. pędzić, wpaść (**ins Zimmer** do pokoju) **II.** vt szturmować
Stürmer m -s, - sport. napastnik m
Sturmflut f -, -en gwałtowny przypływ
stürmisch adj burzliwy (o pogodzie); (ungestüm) gwałtowny
Sturz m -es, **Stürze** upadek m
stürzen I. vt wywracać; **nicht ~!** nie przewracać (do góry nogami)!; **ins Wasser ~** wrzucać do wody **II.** vi s upadać, spadać; wpadać (**ins Zimmer** do pokoju) **III.** vr **sich ~** rzucać się (**auf j-n** na kogoś); figur. **sich ins Unglück ~** wpędzić się w nieszczęście
Sturzhelm m -(e)s, -e kask m
Stute f -, -n klacz f, kobyła f
Stütze f -, -n podpora f
stutzen vt przycinać; **j-m die Haare ~** podciąć komuś włosy
stützen I. vt podpierać **II.** vr **sich ~** opierać się (**auf etw** na czymś)
stutzig adj zaskoczony, zdziwiony; **~ machen** zaskakiwać, zadziwi(a)ć
Stützpunkt m -(e)s, -e punkt oparcia, baza f
Styropor [ʃtyro'poːɐ̯] n -s styropian m
subjektiv adj subiektywny
Suche f - poszukiwanie n (**nach einer Sache** czegoś)
suchen vt, vi szukać, poszukiwać (**etw, nach einer Sache** czegoś)
Sucher m -s, - fot. celownik m, wizjer m
Suchlauf m -(e)s, ...läufe inform. wyszukiwanie n
Sucht f -, **Süchte** o. -en 1. mania f, pasja f; **~ nach Geld** żądza pieniędzy 2. uzależnienie n
süchtig adj uzależniony, nałogowy
Süchtige m, f -n, -n nałogowiec m
Süden m -s południe n; **im ~ von Europa** na południu Europy
Südfrüchte pl owoce południowe
südlich adj południowy; **~ von ...** na południe od ...
südöstlich adj południowowschodni
Südpol m -s biegun południowy
südwärts adv na południe, w kierunku południowym
südwestlich adj południowozachodni
süffig adj wyborny (o winie)

Sühne *f* -, **-n** pokuta *f*; (*Genugtuung*) zadośćuczynienie *n*
Sülze *f* -, **-n** galareta z mięsa
Summe *f* -, **-n** suma *f*, kwota *f*
summen I. *vt* nucić **II.** *vi* brzęczeć
Sumpf *m* -(e)s, **Sümpfe** bagno *n*
Sumpffieber *n* -s malaria *f*
sumpfig *adj* bagnisty
Sünde *f* -, **-n** grzech *n*; **eine ~ begehen** zgrzeszyć
Sündenbock *m* -(e)s, ...böcke *figur.* kozioł ofiarny
Sünder *m* -s, - grzesznik *m*
sündigen *vi* z|grzeszyć (**gegen etw** przeciwko czemuś)
Super, Superbenzin *n* -s benzyna wysokooktanowa
Supermarkt *m* -(e)s, ...märkte supermarket *m*
Suppe *f* -, **-n** zupa *f*
Suppengrün *n* -s włoszczyzna *f*
Suppenlöffel *m* -s, - łyżka wazowa
Suppenteller *m* -s, - głęboki talerz
Surfbrett *n* -(e)s, **-er** deska surfingowa
surfen ['zø:rfən] *vi h, s* surfować
Surfer *m* -s, - **1.** osoba uprawiająca surfing <windsurfing> **2.** internauta *m*

Surfing *n* -s surfing *m*
surren *vi* brzęczeć
süß *adj* słodki
süßen *vt* o|słodzić
Süßigkeiten *pl* słodycze *pl*
Süßspeise *f* -, **-n** deser *m*
Süßstoff *m* -(e)s, **-e** słodzik *m*
Süßwaren *pl* słodycze *pl*
Süßwasser *n* -s, - wody słodkie
Sweatshirt ['svɛtʃœ:(r)t] *n* -s, -s bluza *f* (trykotowa)
Symbiose [zym'bjo:zə] *f* - *biol.* symbioza *f*
Symbol [zym'bo:l] *n* -s, **-e** symbol *m*
Sympathie [zympa'ti:] *f* -, **-n** sympatia *f*
Symphonie *f* → **Sinfonie**
Symptom [zymp'to:m] *n* -s, **-e** objaw *n*
synchron [zyn'kro:n] *adj* synchroniczny
synchronisieren [zynkroni'zi:rən] *vt* z|synchronizować
Syntax ['zyntaks] *f* -, **-en** *gram.* składnia *f*
synthetisch [zyn'te:tɪ] *adj* syntetyczny
Syphilis ['zy:filɪs] *f* - syfilis *m*, kiła *f*
System [zys'te:m] *n* -s, **-e** system *m*
systematisch [zyste'ma:tɪʃ] *adj* systematyczny
Szene *f* -, **-n** scena *f* (*a. teatr., film.*)

T

Tabak *m* -s tytoń *m*
Tabelle *f* -, -n tabela *f* (*o. sport.*)
Tablett *n* -(e)s, -s *o.* -e taca *f*
Tablette *f* -, -n tabletka *f*
tabu *adj*: **~ sein** być tematem tabu <zakazanym>
Tachometer *m, n* -s, -, *ugs.* **Tacho** *m* -s, -s tachometr *m*, prędkościomierz *m*
Tadel *m* -s, - nagana *f*; krytyka *f*
tadellos *adj* nienaganny
tadeln *vt* z|ganić, skarcić
Tafel *f* -, -n **1.** tablica *f* **2.** (*Platte*) tafla *f*; płyta *f* **3.** (*Tabelle*) tabela *f*
Tafelwasser *n* -s, …wässer woda mineralna
Tafelwein *m* -(e)s, -e wino stołowe
Tag *m* -(e)s, -e dzień *m*; (*24 Stunden*) doba; **guten ~!** dzień dobry!; **den ganzen ~ (lang)** przez cały dzień; **jeden ~, alle ~e** codziennie; **den ~ vorher** poprzedniego dnia; **eines ~es** pewnego dnia; **bei ~e** za dnia; **in ein paar ~en** za kilka dni
Tagebuch *n* -(e)s, …bücher pamiętnik *m*, dziennik *m*
Tagegeld *n* -(e)s, -er dieta *f* (*wynagrodzenie*)
tagelang *adv* całymi dniami
tagen *vi* (*beraten*) obradować
Tagesanbruch *m* -(e)s, …anbrüche świt *m*
Tagescreme ['tɑːgəskreːm] *f* -, -s krem na dzień
Tagesgericht *n* -(e)s, -e danie dnia (*w restauracji*)
Tageskarte *f* -, -n **1.** karta dań (*w restauracji*) **2.** (*Fahrkarte*) bilet jednodniowy
Tageslicht *n* -(e)s światło dzienne
Tagesordnung *f* -, -en porządek obrad, porządek dzienny
Tageszeit *f* -, -en pora dnia; **zu jeder ~** o każdej porze dnia
Tageszeitung *f* -, -en gazeta *f*, dziennik *m*
täglich I. *adj* dzienny **II.** *adv* dziennie; **zweimal ~** dwa razy dziennie
tagtäglich *adj* codzienny
Tagung *f* -, -en konferencja *f*; posiedzenie *n*; zebranie *n*; obrady *pl*
Taille ['taljə] *f* -, -n talia *f*, pas *m*
Takt *m* -(e)s, -e **1.** *sing* takt *m*, rytm *m*; *figur.* **den ~ angeben** grać pierwsze skrzypce, mieć decydujący głos **2.** *mus.* takt *m* **3.** *sing* takt *m*; **~ haben** być taktownym
Taktik *f* -, -en taktyka *f*
taktlos *adj* nietaktowny
taktvoll *adj* taktowny
Tal *n* -(e)s, Täler dolina *f*
Talent *n* -(e)s, -e talent *m*
talentiert *adj* utalentowany
Talg *m* -(e)s łój *m*
Talsperre *f* -, -n zapora wodna
Tampon *m* -s, -s tampon *m*
Tandem *n* -s, -s tandem *m*
Tank *m* -s, -s zbiornik *m*, bak *m*
tanken *vi, vt* za|tankować
Tanker *m* -s, - tankowiec *m*
Tanksäule *f* -, -n dystrybutor *n* (paliwa)
Tankstelle *f* -, -n stacja benzynowa
Tankwart *m* -(e)s, -e pracownik stacji benzynowej
Tanne *f* -, -n jodła *f*
Tannenbaum *m* -(e)s, …bäume **1.** jodła *f* **2.** (*Weihnachtsbaum*) *ugs.* choinka *f*
Tante *f* -, -n ciotka *f*
Tanz *m* -es, Tänze **1.** taniec *m* **2.** *sing* tańce *pl*, zabawa *f*
tanzen *vt, vi* za|tańczyć; **gehen wir ~?** zatańczymy?
Tänzer *m* -s, - tancerz *m*
Tanzlokal *n* -s, -e lokal z dansingiem
Tapete *f* -, -n tapeta *f*
tapezieren *vt* wy|tapetować
tapfer *adj* dzielny
tappen *vi s* chodzić po omacku
Tarif *m* -s, -e taryfa *f*
tariflich *adj* taryfowy
tarnen *vt* za|maskować; *figur.* zatajać, ukrywać
Tasche *f* -, -n **1.** kieszeń *f* **2.** (*Handtasche*) torba, torebka *f*; (*Aktentasche*) teczka *f*
Taschenbuch *n* -(e)s, …bücher wydanie kieszonkowe (*książki*)
Taschendieb *m* -(e)s, -e złodziej kieszonkowy
Taschengeld *n* -(e)s, -er kieszonkowe *n*
Taschenlampe *f* -, -n latarka *f*
Taschenmesser *n* -s, - scyzoryk *m*
Taschenrechner *m* -s, - kalkulator *m*
Taschentuch *n* -(e)s, …tücher chustka <chusteczka> do nosa
Tasse *f* -, -n filiżanka *f*

Tastatur *f* -, -en klawiatura *f*
Taste *f* -, -n klawisz *m*
tasten *vi* szukać po omacku (**nach einer Sache** czegoś)
Tastentelefon *n* -s, -e telefon klawiszowy
tat → **tun**
Tat *f* -, -en czyn *m*, uczynek *m*; **in der ~** rzeczywiście
Täter *m* -s, - sprawca *m*
tätig *adj* czynny, aktywny
Tätigkeit *f* -, -en działalność *f*; zajęcie *n*
tatkräftig *adj* energiczny
tätowieren *vt* wy|tatuować
Tatsache *f* -, -n fakt *m*; **zur ~ werden** stać się faktem
tatsächlich *adj* faktyczny, rzeczywisty
Tatze *f* -, -n łapa *f* (zw. niedźwiedzia)
Tau[1] *m* -(e)s rosa *f*
Tau[2] *n* -(e)s, -e lina *f*; **am ~ klettern** wspinać się na linie
taub[*] *adj* głuchy; pusty (*o orzechu*)
Taube *f* -, -n gołąb *m*
taubstumm *adj* głuchoniemy
tauchen I. *vt* zanurzać **II.** *vi* *h*, *s* nurkować (**nach einer Sache** po coś)
Taucher *m* -s, - nurek *m*
Tauchsieder *m* -s, - grzałka *f* (*elektryczna*)
tauen *vi*: **es taut** taje, jest odwilż
Taufbecken *n* -s, - chrzcielnica *f*
Taufe *f* -, -n **1.** *sing rel.* chrzest *m*; **ein Kind über die ~ halten** <**aus der ~ heben**> trzymać dziecko do chrztu **2.** chrzest *m* (statku)
taufen *vt* o|chrzcić
Taufname *m* -ns, -n imię chrzestne
taugen *vi* nada(wa)ć się; **er taugt nichts** nicpoń z niego
Taugenichts *m* -(es), -e nicpoń *n*, urwis *m*
tauglich *adj* zdatny (**zu einer Sache** do czegoś)
Taumel *m* -s odurzenie *n*, upojenie *n*; zawrót głowy
taumeln *vi* *s* zataczać się
Tausch *m* -(e)s wymiana *f*, zamiana *f*; **im ~ gegen ...** w zamian za ...
tauschen I. *vt* wymieni(a)ć, zamieni(a)ć (**etw gegen etw** coś na coś) **II.** *vi* zamieni(a)ć się (**mit j-m** z kimś)
täuschen I. *vt*, *vi* zwodzić; zawodzić; (*betrügen*) oszuk(iw)ać **II.** *vr* **sich ~** po|mylić się (**in j-m** co do kogoś)
tausend *num* tysiąc
Tausend[1] *f* -, -en (liczba) tysiąc *m*

Tausend[2] *n* -s, -e tysiąc *m*; **drei von ~** trzy promile
tausendfach *adj* tysiąckrotny
Tausendfüßer, Tausendfüßler *m* -s, - *zool.* stonoga
tausendste *num* tysięczny
Tauwetter *n* -s, - odwilż *f*
Taxe *f* -, -n **1.** taksa *f* **2.** (*Taxi*) taksówka *f*
Taxi *n* -s, -s taksówka *f*
Taxifahrer *m* -s, - taksówkarz *m*
Taxistand *m* -(e)s, ...stände postój taksówek
Team [ti:m] *n* -s, -s zespół *m*, team *m*
Technik *f* - technika *f*
Techniker *m* -s, - technik *m*
technisch *adj* techniczny; **~e Hochschule** politechnika
Technologie *f* -, -n technologia *f*
Teddybär *m* -en, -en miś *m*
Tee *m* -s herbata *f*; napar *n*
Teegebäck *n* -(e)s herbatniki *mpl*
Teekanne *f* -, -n dzbanek do herbaty
Teelöffel *m* -s, - łyżeczka (do herbaty)
Teenager ['ti:neɪdʒɐ] *m* -s, - nastolatek *m*
Teer *m* -(e)s smoła *f*
Teich *m* -(e)s, -e staw *m*
Teig *m* -(e)s, -e ciasto *n* (surowe)
Teigwaren *pl* makarony *mpl*
Teil *m* -(e)s, -e **1.** *m* część *f* (całości); **zum ~** częściowo **2.** *m*, *n* (*Anteil*) udział *m* **3.** *n* część (samodzielna) *f*
teilbar *adj* podzielny
teilen *vt* po|dzielić (się) (**etw mit j-m** czymś z kimś)
teilhaben[*] *vi* mieć udział (**an einer Sache** w czymś)
Teilhaber *m* -s, - *handl.* wspólnik *m*
Teilnahme *f* -, -n **1.** udział *m* (**an einer Sache** w czymś) **2.** współczucie *n* (**für j-n** dla kogoś)
teilnahmslos *adj* obojętny, apatyczny
teilnehmen[*] *vi* uczestniczyć (**an einer Sache** w czymś)
Teilnehmer *m* -s, - uczestnik *m*
teils *adv* częściowo
Teilung *f* -, -en podział *m*
teilweise *adv* częściowo
Teilzahlung *f* -, -en rata *f*; **auf ~ kaufen** kupować na raty
Teint [tɛ:] *m* -s, -s cera *f*
Telefon *n* -s, -e telefon *m*
Telefonbuch *n* -(e)s, ...bücher książka telefoniczna

telefonieren *vi* za|telefonować (**mit j-m** do kogoś)
telefonisch *adj* telefoniczny
Telefonkarte *f* -, -**n** karta telefoniczna
Telefonnummer *f* -, -**n** numer telefonu
Telefonzelle *f* -, -**n** kabina telefoniczna
telegrafieren *vt* za|telegrafować
telegrafisch *adj* telegraficzny
Telegramm *n* -**s**, -**e** telegram *m*
Teleobjektiv *n* -**s**, -**e** teleobiektyw *m*
Teleskop *n* -**s**, -**e** teleskop *m*
Teller *m* -**s**, - talerz *m*
Tempel *m* -**s**, - świątynia *f*
Temperament *n* -(**e**)**s**, -**e 1.** temperament *m* **2.** *sing* (*Schwung*) werwa *f*
Temperatur *f* -, -**en** temperatura *f*
Tempo *n* -**s 1.** *pl* -**s** tempo *n*, prędkość *f*; ~, ~! tempo, tempo! **2.** *pl* ...**pi** *mus.* tempo *n*
Tendenz *f* -, -**en** tendencja *f*
tendenziös *adj* tendencyjny
Tennis *n* - tenis *m*; ~ **spielen** grać w tenisa
Tennisplatz *m* -**es**, ...**plätze** kort *m* (tenisowy)
Tennisschläger *m* -**s**, - rakieta *f* (tenisowa)
Tennisspieler *m* -**s**, - tenisista *m*
Tenor *m* -**s**, **Tenöre** tenor *m*
Teppich *m* -**s**, -**e** dywan *n*
Teppichboden *m* -**s**, ...**böden** wykładzina *f* (podłogowa)
Termin *m* -**s**, -**e** termin *m*; **einen ~ festsetzen** wyznaczyć termin
Terrain [tɛ'rɛ̃:] *n* -**s**, -**s** teren *m*
Terrasse *f* -, -**n** taras *m*
Territorium *n* -**s**, ...**ien** terytorium *n*
Terror *m* -**s** terror *m*
terrorisieren *vt* terroryzować
Test *m* -(**e**)**s**, -**s** *o.* -**e** test *m*, próba *f*, eksperyment *m*
Testament *n* -(**e**)**s**, -**e** testament *m*
testen *vt* testować
teuer *adj* drogi; **wie ~ ist das?** ile to kosztuje?
Teufel *m* -**s**, - diabeł *m*; *ugs.* **zum ~!** do diabła!
teuflisch *adj* diabelski
Text *m* -(**e**)**s**, -**e** tekst *m* (*o.* piosenki); libretto *n*
Textilindustrie *f* -, -**n** przemysł włókienniczy
Theater *n* -**s**, - teatr *n*
Theaterstück *n* -(**e**)**s**, -**e** sztuka *f*

Theke *f* -, -**n** bar *m*, lada *f*, bufet *n*
Thema *n* -**s**, ...**men** *o.* -**ta** temat *m*
Theologie *f* - teologia *f*
theoretisch *adj* teoretyczny
Theorie *f* -, -**n** teoria *f*
Therapeut *m* -**en**, -**en** terapeuta *m*
Therapie *f* -, -**n** terapia *f*
Thermalquelle *f* -, -**n** gorące źródło
Thermometer *n* -**s**, - termometr *m*
Thermosflasche *f* -, -**n** termos *m*
These *f* -, -**n** teza *f*; **eine ~ aufstellen** postawić tezę
Thron *m* -(**e**)**s**, -**e** tron *m*
Thronfolger *m* -**s**, - następca tronu
Thunfisch *m* -(**e**)**s**, -**e** tuńczyk *m*
tief *adj* głęboki; ~ **in die Nacht hinein** do późna w nocy
Tief *n* -**s**, -**s** *meteor.* niż *n*
Tiefe *f* -, -**n 1.** głębokość *f* **2.** głębia *f*
Tiefebene *f* -, -**n** nizina *f*
Tiefenschärfe *f* - *fot.* głębia ostrości (*obiektywu*)
Tiefgarage *f* -, -**n** garaż podziemny
tiefgekühlt *adj* mrożony; ~**es Obst** owoce mrożone, mrożonka owocowa
Tiefkühlfach *n* -(**e**)**s**, ...**fächer** zamrażalnik *m*
Tiefkühlkost *f* - mrożonki *pl*
Tiefkühltruhe *f* -, -**n** zamrażarka *f*
Tiefland *n* -(**e**)**s**, ...**länder** *o.* -**e** *geogr.* depresja *f*
Tiefpunkt *m* -(**e**)**s**, -**e** *figur.* dołek *m* (psychiczny)
Tier *n* -(**e**)**s**, -**e** zwierzę *n*
Tierarzt *m* -**es**, ...**ärzte** weterynarz *m*
Tiergarten *m* -**s**, ...**gärten** ogród zoologiczny
Tierkreiszeichen *n* -**s**, - znak zodiaku
Tierschutz *m* -**es** opieka nad zwierzętami
Tiger *m* -**s**, - tygrys *m*
tilgen *vt geho.* umarzać; **die Spuren seiner Tat ~** zacierać ślady swojego czynu
Tinte *f* -, -**n** atrament *m*
tippen I. *vi* **1.** lekko dotykać (**an etw** czegoś) **2.** grać w totka **II.** *vt*, *ugs. a. vi* pisać na maszynie
Tisch *m* -(**e**)**s**, -**e 1.** stół *m*; *figur.* **am runden ~ verhandeln** obradować przy okrągłym stole **2.** *bez rodzajnika* posiłek *m*; **bei ~ sein** <**sitzen**> jeść posiłek; **nach ~** po jedzeniu; **bitte, zu ~!** proszę do stołu!
Tischdecke *f* -, -**n** serweta *f*, obrus ozdobny

Tischlampe f -, -n lampa na stół
Tischler m -s, - stolarz m
Tischtennis n - tenis stołowy, ping-pong m
Tischtuch n -(e)s, ...tücher obrus m
Titel m -s, - tytuł m
Titelseite f -, -n strona tytułowa
Toast [tiːst] m -(e)s, -e o. -s 1. toast m 2. (*Brotschnitte*) tost m, grzanka f
toasten ['tiːstən] vt przypiekać
toben vi szaleć
Tochter f -, **Töchter** córka f
Tod m -(e)s śmierć, zgon n
todernst adj ugs. śmiertelnie poważny
Todesanzeige f -, -n zawiadomienie o śmierci, nekrolog m
Todesopfer pl ofiary pl (*w ludziach*)
Todfeind m -(e)s, -e śmiertelny wróg
tödlich adj śmiertelny
todmüde adj wykończony
Todsünde f -, -n rel. grzech śmiertelny
Toilette [toa'letə] f -, -n ubikacja f, toaleta f; **auf die** <**in die, zur**> ~ **gehen** pójść do ubikacji
Toilettenpapier [toa'letənpapiːər] n -s, -e papier toaletowy
tolerant adj tolerancyjny
toll adj niesamowity; szalony
Tollwut f - wścieklizna f
tolpatschig adj niezdarny
Tölpel m -s, - gamoń m
Tomate f -, -n pomidor m
Tomatenmark n -(e)s przecier m <koncentrat> pomidorowy
Tomatensuppe f -, -n zupa pomidorowa
Tomographie, Tomografie f -, -n tomografia f
Ton¹ m -(e)s, **Töne** 1. dźwięk m 2. *sing* ton m 3. (*Betonung*) akcent m 4. (*Farbton*) odcień m
Ton² m -(e)s (*Erdart*) glina f
tonangebend adj nadający ton
Tonband n -(e)s, ...bänder taśma magnetofonowa
Tonbandgerät n -(e)s, -e magnetofon m
tönen I. vi rozbrzmiewać, dźwięczeć II. vt tonować (odcienie); farbować (włosy)
Tonleiter f -, -n mus. skala f, gama f
Tonne f -, -n 1. beczka f; pojemnik na śmieci 2. (*Gewicht*) tona f
Topf m -(e)s, **Töpfe** 1. garnek m 2. (*Blumentopf*) doniczka f
Topfblume f -, -n kwiat doniczkowy (kwitnący)
Töpferwaren pl wyroby garncarskie

topfit adj ugs. w znakomitej formie
Topfpflanze f -, -n roślina doniczkowa
Tor¹ n -(e)s, -e 1. brama m, wrota pl 2. sport. bramka f; **ein ~ schießen** strzelić bramkę
Tor² m -en, -en geho. głupiec m
Torheit f -, -en 1. sing głupota f 2. głupstwo n
töricht adj niemądry; bezsensowny
torkeln vi h, s ugs. zataczać się
Torte f -, -n tort m
Torwart m -s, -e sport. bramkarz m
tot adj 1. martwy; umarły, zmarły 2. bezużyteczny; **ein ~es Gleis** ślepy tor
total I. adj totalny II. adv ugs. kompletnie
töten vt zabi(ja)ć
Totengräber m -s, - grabarz m
Totenkopf m -(e)s, ...köpfe trupia czaszka
totlachen vi ugs. konać ze śmiechu
Toto n, m -s, -s totalizator m
totschlagen* vt zabi(ja)ć
totschweigen* vt przemilczać
toupieren vt tapirować
Tour [tuːr] f -, -en 1. (*Ausflug*) wycieczka f; (*Reise*) podróż f (**durch Europa** po Europie) 2. trasa f 3. pl techn. obroty pl
Tourismus [tu'rɪsmus] m - turystyka f
Tourist [tu'rɪst] m -en, -en turysta m
Touristenklasse f -, -n klasa turystyczna
Touristik [tu'rɪstɪk] f - turystyka f
touristisch adj turystyczny
toxisch adj med. toksyczny
Trab m -(e)s kłus m
Trabant m -en, -en satelita m
Tracht f -, -en strój m (ludowy)
trachten vi zabiegać o coś, dążyć (**nach einer Sache** do czegoś)
Tradition f -, -en tradycja f
traditionell adj tradycyjny
traf → **treffen**
Tragbahre f -, -n nosze pl
tragbar adj przenośny; figur. znośny
träge adj leniwy, gnuśny; (*langsam*) powolny; (*schläfrig*) ospały
tragen* I. vt 1. nieść 2. ponosić; **die Kosten ~** ponosić koszty 3. nosić, chodzić w czymś; **das Haar kurz ~** nosić krótko ostrzyżone włosy 4. nosić (**bei sich** przy sobie) II. vi 1. owocować 2. nieść, mieć zasięg III. vr **sich ~** nosić się
Träger m -s, - 1. tragarz m, (*Gepäckträger*) bagażowy m 2. techn. dźwigar m 3. (*am Kleid*) ramiączko n; (*Band*) szelki fpl

Tragetasche *f* -, -n reklamówka *f*; torba z rączką
tragisch *adj* tragiczny
Tragödie [traˈɡøːdjə] *f* -, -n tragedia *f*
Tragweite *f* -, -n zasięg *m*
Trainer [ˈtrɛːnər(ɪn)] *m* -s, - trener *m*
trainieren *vt, vi* trenować, ćwiczyć
Training *n* -s, -s trening *m*
Trainigsanzug *m* -(e)s, ...anzüge dres *m*
Traktor *m* -s, -en traktor *m*, ciągnik *n*
trampeln *vi* tupać
trampen *vi s* podróżować autostopem
Trampolin *n* trampolina *f*
Träne *f* -, -n łza *f*
tränen *vi* łzawić
Tränengas *n* -es, -e gaz łzawiący
trank → **trinken**
tränken *vt* 1. na|poić 2. (*imprägnieren*) nasycać (**mit einer Sache** czymś)
Transfer *m* -s, -s transfer *m*
Transformator *m* -s, -en transformator *m*
Transfusion *f* -, -en transfuzja *f*
Transistor *m* -s, -en tranzystor *m*
Transit *m* -s, -e tranzyt *m*
transparent *adj* przezroczysty
Transport *m* -(e)s, -e transport *m*
transportieren *vt* transportować
Transportmittel *n* -s, - środek transportu
Trapez *n* -es, -e trapez *n*
Trasse *f* -, -n trasa *f*
trat → **treten**
Trauben *pl* winogrona *pl*
trauen I. *vi* za|ufać, dowierzać (**j-m** komuś) II. *vt* da(wa)ć ślub; **sich ~ lassen** brać ślub III. *vr* **sich** ~ odważyć się (**etw zu tun** coś zrobić)
Trauer *f* - żałoba *f* (**um j-n** z powodu kogoś)
Trauerfeier *f* -, -n uroczystość żałobna
trauern *vi* opłakiwać (**um j-n** kogoś); smucić się (**über etw** z powodu czegoś)
Trauerspiel *n* -(e)s, -e *teatr.* tragedia *f*
Traum *m* -(e)s, Träume 1. sen *m* 2. (*Wunsch*) marzenie *n*
Trauma *n* -s, ...men *o.* -ta *med.* uraz *n*
Traumberuf *m* -(e)s, -e wymarzony zawód
träumen *vt, vi* 1. śnić (**von j-m, einer Sache** o kimś, czymś) 2. bujać w obłokach 3. marzyć (**von einer Sache** o czymś)
träumerisch *adj* marzycielski
traumhaft *adj figur.* bajeczny
traurig *adj* smutny
Traurigkeit *f* - smutek *m*

Trauring *m* -(e)s, -e obrączka ślubna
Trauschein *m* -(e)s, -e akt ślubu
Trauung *f* -, -en ślub *m*
Trauzeuge *m* -n, -n świadek na ślubie
Treff *n* -s, -s *kart.* trefl *m*
treffen I. *vi* trafi(a)ć II. *vt* 1. (*begegnen*) spot(y)kać (**j-n zufällig** kogoś przypadkowo) 2. trafi(a)ć (**in etw** w coś) 3. utrafić 4. dotknąć, urazić 5. *w połączeniach*: **eine Auswahl** ~ dokonać wyboru; **Maßnahmen** ~ poczynić kroki; **eine Vereinbarung** ~ zawrzeć porozumienie III. *vr* **sich** ~ spotykać się (**mit j-m** z kimś); **das trifft sich gut** dobrze się składa
Treffen *n* -s, - spotkanie *n*
treffend *adj* trafny
Treffer *m* -s, - 1. celny strzał *m* 2. (*Los*) wygrana *f*
Treffpunkt *m* -(e)s, -e miejsce spotkania
treiben I. *vt* 1. (*jagen*) pędzić, gnać; (*hinaustreiben*) wypędzać 2. popędzać (**zu einer Sache** do czegoś) 3. *techn.* napędzać, poruszać; **~de Kraft** siła napędowa 4. *ugs.* zajmować się czymś; **Sport** ~ uprawiać sport; *ugs.* **was treibt er?** co on porabia? II. *vi s* (*auf dem Wasser*) unosić się, dryfować
Treibgas *n* -es, -e gaz napędowy
Treibhaus *n* -es, ...häuser cieplarnia *f*
Treibhauseffekt *m* -(e)s efekt cieplarniany
Treibriemen *m* -s, - pas(ek) napędowy
Treibstoff *m* -(e)s, -e paliwo *n*
Trend *m* -s, -s trend *m*, tendencja *f*
trennbar *adj* rozdzielny
trennen I. *vt* rozdzielać, oddzielać (**von einer Sache** od czegoś); (*auftrennen*) rozpru(wa)ć II. *vr* **sich** ~ rozsta(wa)ć się
Trennung *f* -, -en rozdzielenie *n*, rozłąka *f*; (*Abschied*) rozstanie się
Treppe *f* -, -n schody *pl*
Treppenhaus *n* -es, ...häuser klatka schodowa
Tresor *m* -s, -e sejf *m*
Tretboot *n* -(e)s, -e rower wodny
treten I. *vt* 1. kopnąć 2. nacisnąć (**auf etw** coś) II. *vi* 1. *s* stąpać; **ins Zimmer** ~ wejść do pokoju; **zur Seite** ~ odstępować na bok; **auf der Stelle** ~ dreptać w miejscu; **bitte ~ Sie näher!** proszę bliżej! 2. *s* wdepnąć (**in etw** w coś) 3. rozpoczynać; **an etw** ~ przystępować do czegoś; **mit j-m in Verbindung** ~ nawiązać z kimś kontakt
treu *adj* wierny
Treue *f* - wierność *f*; lojalność *f*

Treuhänder *m* -s, - powiernik *m*
Tribüne *f* -, -n trybuna *f*
Trichter *m* -s, - lejek *m*
Trick *m* -s, -s 1. (*Kunstgriff*) sztuczka *f*, trik *m* 2. wybieg *m*, podstęp *m*
Trickfilm *m* -(e)s, -e film animowany
trieb → **treiben**
Trieb *m* -(e)s, -e 1. instynkt *m*, popęd *m* (seksualny) 2. (*von Pflanzen*) pęd *m*
Triebwerk *n* -(e)s, -e *mot.* zespół napędowy
triefen *vi* 1. ociekać (**vor Schweiß** potem) 2. *s* wyciekać (**aus, von einer Sache** z czegoś)
trifft → **treffen**
triftig *adj* ważki, uzasadniony; (*zwingend*) przekonywający
Trikot[1] [trɪˈkoː] *m* -s, -s (*Gewebe*) trykot *m*
Trikot[2] [trɪˈkoː] *n* -s, -s koszulka trykotowa; *sport.* **das gelbe ~** żółta koszulka
Trimm-dich-Pfad *m* -(e)s, -e ścieżka zdrowia
trinkbar *adj* pitny
trinken[*] *vt*, *vi* wy|pić; *ugs.* **einen ~** golnąć sobie jednego
Trinker *m* -s, - pijak *m*
Trinkgeld *n* -(e)s, -er napiwek *m*; **kein ~ annehmen** nie brać napiwków
Trinkhalle *f* -, -n pijalnia *f* (wód)
Trinkhalm *m* -(e)s, -e słomka do picia
Trinkspruch *m* -(e)s, ...sprüche toast *m*
Trinkwasser *n* -s woda pitna; **kein ~!** woda niezdatna do picia!
Trio *n* -s, -s trio *n*
trippeln *vi s* po|dreptać
tritt → **treten**
Tritt *m* -(e)s, -e 1. krok *m* 2. *sing* chód *m* 3. (*Fußtritt*) kopniak *m*
Trittbrett *n* -(e)s, -er stopień (pojazdu)
Triumph *m* -(e)s, -e triumf *m*
triumphieren *vi* triumfować
trivial *adj* trywialny
trocken *adj* 1. suchy 2. (*herb*) wytrawny 3. (*unfreundlich*) oschły
Trockenhaube *f* -, -n suszarka do włosów (*u fryzjera*)
Trockenheit *f* - susza *f*
trockenlegen *vt* 1. osuszać 2. przewijać (**ein Kind** dziecko)
Trockenmilch *f* - mleko w proszku
trocknen I. *vt* o|suszyć II. *vi s* wy|schnąć, wysychać
Trockner *m* -s, - suszarka *f*

Trödelmarkt *m* -(e)s, ...märkte targ ze starzyzną
trog → **trügen**
Trog *m* -(e)s, **Tröge 1.** koryto *n* **2.** *geol.* niecka *f*
Trommel *f* -, -n bęben *m*
trommeln *vi* bębnić
Trommler *m* -s, - dobosz *m*
Trompete *f* -, -n trąb(k)a *f*
Trompeter *m* -s, - trębacz *m*
Tropen *pl* kraje tropikalne, tropiki *pl*
Tropf *m* -(e)s, -e *med.* kroplówka *f*
tröpfeln *vi* 1. kapać 2. *s*: **es tröpfelt** kropi
tropfen *vi* 1. kapać, ściekać 2. *s*: **es tropft** kropi
Tropfen *m* -s, - 1. kropla *f* 2. *pl* krople *pl* (lecznicze)
tropfenweise *adv* po kropli
Trophäe *f* -, -n trofeum *n*
tropisch *adj* tropikalny
Trost *m* -(e)s pociecha *f*; *iron.* **das ist ein schwacher ~** to słaba pociecha
trösten *vt* pocieszać (**sich** się)
tröstlich *adj* pocieszający
trostlos *adj* rozpaczliwy, niepocieszony
Trostpreis *m* -es, -e nagroda pocieszenia
Trottel *m* -s, - *ugs.* dureń *m*, idiota *m*
trotz *praep mit G, D* mimo (czegoś)
Trotz *m* -es przekora *f*; **etw aus ~ tun** robić coś z przekory; **zum ~** na przekór
trotzdem I. *adv* mimo to, jednak II. *kj* chociaż
trotzen *vi* 1. robić na przekór 2. stawi(a)ć czoło (**j-m** komuś)
trotzig *adj* przekorny; uparty
trübe *adj* 1. mętny; matowy (*o szkle*) 2. przytłumiony 3. (*wolkig*) pochmurny 4. (*bedrückt*) posępny, ponury
Trubel *m* -s ruch *m*, zgiełk *m*
trüben *vt* za|mącić
Trübsinn *m* -(e)s przygnębienie *n*, melancholia *f*
trug → **tragen**
trügen[*] *vt*, *vi* mylić, łudzić
trügerisch *adj* złudny, zwodniczy; (*verräterisch*) zdradliwy
Truhe *f* -, -n kufer *m*
Trümmer *pl* gruzy, ruiny *pl* (*a. figur.*); szczątki *pl*
Trumpf *m* -(e)s, **Trümpfe** atut *m* (*a. figur.*)
Trunk *m* -(e)s *geho.* trunek *m*
trunken *adj geho.* 1. upojony (**von Wein** winem) 2. oszołomiony

Trunkenheit *f* - nietrzeźwość *f*
Trunksucht *f* - alkoholizm *m*, pijaństwo *n*
trunksüchtig *adj* uzależniony od alkoholu
Trupp *m* -s, -s oddział *m* (*o. mil.*), grupa *f*
Truppe *f* -, -n **1.** oddział *m*; **die ~n** wojsko **2.** *teatr.* trupa *f*
Truthahn *m* -(e)s, ...hähne indyk *m*
Tscheche *m* -n, -n Czech *m*
tschechisch *adj* czeski
tschüs, tschüss *int ugs.* cześć! (*na pożegnanie*)
T-Shirt ['tiːʃɜːt] *n* -s, -s T-shirt *n*, koszulka *f*
Tube *f* -, -n tubka *f*
Tuberkulose *f* -, -n *med.* gruźlica *f*
Tuch *n* -(e)s **1.** *pl* **Tücher** płachta *f*, chusta, *f* (*Kopftuch*) chustka *f* **2.** *pl* **-e** *włók.* sukno *n*
tüchtig *adj* solidny
tückisch *adj* złośliwy; podstępny
Tugend *f* -, -en cnota *f*
Tulpe *f* -, -n *bot.* tulipan *n*
Tumor *m* -s, -en *med.* guz *m*, tumor *m*
Tümpel *m* -s, - bajorko *n*, kałuża *f*
tun* **I.** *vt* z|robić; u|czynić; **sein Möglichstes ~** robić wszystko, co tylko możliwe; **j-m Unrecht ~** s|krzywdzić kogoś; **er tut mir Leid** żal mi go **II.** *vi* **so ~, als ob ...** tak postępować, jak gdyby ...; **tu nur nicht so!** nie udawaj!
tunesisch *adj* tunezyjski
Tunke *f* -, -n sos *m*
Tunnel *m* -s, -(s) tunel *m*

Tüpfelchen *n* -s, - punkcik *m*, kropeczka *f*
Tupfen *m* -s, - groszek *m*, kropka *f*
Tür *f* -, -en drzwi *pl*
Turbine *f* -, -n *techn.* turbina *f*
turbulent *adj figur.* burzliwy, gwałtowny
Türgriff *m* -(e)s, -e klamka <uchwyt> u drzwi
Türke *m* -n, -n Turek *m*
türkis *adj* turkusowy
Türkis *m* -es, -e turkus *m*
türkisch *adj* turecki
Türklinke *f* -, -n klamka *f*
Turm *m* -(e)s, **Türme** wieża *f*
turnen *vi* gimnastykować się
Turnen *n* -s gimnastyka *f*
Turner *m* -s, - gimnastyk *m*
Turnhalle *f* -, -n sala gimnastyczna
Turnier *n* -s, -e turniej *m*
Turnschuhe *pl* obuwie sportowe
Türschwelle *f* -, -n próg *m* (drzwi)
Tusche *f* -, -n tusz *m*
tuscheln *vi, vt* szeptać
Tüte *f* -, -n **1.** torebka *f* (papierowa, plastykowa) **2.** rożek *m* (do lodów)
Typ [tyːp] *m* -s, -en **1.** typ *m* (*np.* samochodu) **2.** (*o człowieku*) typ *m*
typisch ['tyːpɪʃ] *adj* typowy (**für etw** dla czegoś)
Typus *m* -, **Typen** → **Typ 2.**
tyrannisieren [tyrani'ziːrən] *vt* tyranizować

U

U-Bahn *f* -, **-en** metro *n*
übel *adj* zły, niedobry; **mir ist ~ niedobrze mi**, mdli mnie; **j-m etw ~ nehmen** mieć komuś coś za złe
Übel *n* **-s 1.** zło *n* **2.** (*Krankheit*) dolegliwość *f*
Übelkeit *f* -, **-en** mdłości *pl*
übellaunig *adj* w złym humorze <nastroju>
Übeltäter *m* **-s,** - złoczyńca *m*
üben *vt, vi* ćwiczyć; *sport.* trenować
über I. *praep* **1.** *mit D* (*wo?*) ponad, powyżej; **~ dem Meeresspiegel** nad poziomem morza; **~ dem Durchschnitt** ponad przeciętną **2.** *mit D* (*jenseits*) po drugiej stronie, za; **Mann ~ Bord** człowiek za burtą **3.** *mit A* (*wohin?*) ponad; (*hinüber*) na drugą stronę; przez; **~ Leipzig** przez Lipsk **4.** *mit A* (*zeitlich*) w czasie; **~ Monate** miesiącami; **heute ~ acht Tage** od dziś za tydzień **II.** *adv* **1.** (*mehr als*) ponad; **~ zehn Mark** ponad dziesięć marek; **Kinder ~ vierzehn Jahre** dzieci powyżej czternastu lat; **~ alles** ponad wszystko **2.** (*hindurch*) **den ganzen Tag ~** przez cały dzień **3. ~ und ~** zupełnie, od góry do dołu
überall *adv* wszędzie; **von ~** ze-wsząd
Überangebot *n* **-(e)s, -e** *handl.* nadpodaż *f*
überanstrengen I. *vt* forsować, przeciążać się (pracą) **II.** *vr* **sich ~** przemęczać się
überarbeiten I. *vt* przerabiać (tekst) **II.** *vr* **sich ~** przepracow(yw)ać się
überaus *adv* bardzo, nad wyraz, ze wszech miar
überbelichten *vt fot.* prześwietlać
überbevölkert *adj* przeludniony
überbieten* *vt* prześcigać; pobić (**einen Rekord** rekord)
Überbleibsel *n* **-s,** - *ugs.* pozostałość *f*, resztka *f*
Überblick *m* **-(e)s, -e** widok *m* (*na całości*); (*Übersicht*) przegląd *m* (**über etw** czegoś)
überbringen* *vt* przynosić, doręczać, odda(wa)ć
überdauern *vt* przetrwać
Überdosis *f* -, **...dosen** *med.* przedawkowanie *n*
überdrüssig *adj* zniechęcony (**eines Dinges** do czegoś)
übereilt *adj* zbyt pospieszny, nieprzemyślany, pochopny
übereinander *adv* jeden nad <na> drugim
übereinkommen* *vi s* dochodzić do porozumienia
Übereinkommen *n* **-s,** - umowa *f*, porozumienie *n*
übereinstimmen *vi* zgadzać się (*o. o liczbach*)
überempfindlich *adj* przeczulony; *med.* nadwrażliwy (**gegen etw** na coś)
überfahren* *vt* przejechać (**j-n, etw** kogoś, coś)
Überfahrt *f* -, **-en** przejazd *m*, przeprawa *f*
Überfall *m* **-(e)s, ...fälle** napad (rabunkowy) *m*, najazd *m*
überfallen* *vt* napaść (**j-n** na kogoś)
überfliegen* *vt* przelecieć (nad czymś)
Überfluss *m* **-es** obfitość *f*, nadmiar *m* (**an einer Sache** czegoś)
überflüssig *adj* zbyteczny
überfluten *vt* zal(ew)ać (teren)
überfordern *vt* żądać za wiele
überführen *vt* przeprowadzać, przewozić
Überführung *f* -, **-en 1.** przetransportowanie *n* **2.** wiadukt *m*, przejazd *m*
überfüllt *adj* przepełniony
Übergabe *f* -, **-n 1.** oddanie *n*, przekazanie *n* (czegoś) **2.** *mil.* poddanie się *n*
Übergang *m* **-(e)s, ...gänge** przejście *n* (*a. figur.*); przejazd *m*
Übergangslösung *f* -, **-en** rozwiązanie tymczasowe
übergeben* **I.** *vt* odda(wa)ć, przekaz(yw)ać **II.** *vr* **sich ~** z|wymiotować
übergehen* *vi s* przechodzić (**zum Thema** do tematu)
übergehen* *vt* pomijać
Übergepäck *n* **-(e)s** nadbagaż *m*
Übergewicht *n* **-(e)s** nadwaga *f*; *figur.* przewaga *f* (**über j-n** nad kimś)
übergreifen *vi* rozprzestrzeniać się (**auf etw** na coś)
Übergriff *m* **-(e)s, -e** ingerencja *f*
Übergröße *f* -, **-n** bardzo duży rozmiar
überhaupt *adv* w ogóle; **~ nicht** wcale
überheblich *adj* zarozumiały; arogancki
überhöht *adj* wygórowany
überholen I. *vt, vi* wyprzedzać **II.** *vt* dokonywać przeglądu (pojazdu)
Überholmanöver *n* **-s,** - manewr wyprzedzania

überholt *adj* przestarzały
Überholung *f* -, -en *mot.* przegląd techniczny
Überholverbot *n* -(e)s, -e zakaz wyprzedzania (pojazdów)
überhören *vt* niedosłyszeć
überladen* *vt* przeciążyć
Überladung *f* -, -en przeciążenie *n*
überlassen* *vt* odstępować, powierzać
überlasten *vt* przeciążać; przeładować (pojazd)
überlaufen¹ *vi s* **1.** przel(ew)ać się **2.** przechodzić (**zu j-m** na czyjąś stronę, do kogoś)
Überläufer *m* -s, - dezerter *m*
überleben *vt*, *vi* przeżyć
Überlebende *m*, *f* -n, -n osoba ocalała
Überlebenstraining [y:bər'le:bənstreinɪŋ] *n* -s, -s survival *m*
überlegen¹ *vt* zastanawiać się (**etw** nad czymś), rozważać coś
überlegen² *adj* przewyższający (**j-m** kogoś), lepszy od kogoś; **an Kraft** ~ silniejszy
Überlegenheit *f* - wyższość *f*, przewaga *f*
Überlegung *f* -, -en **1.** zastanawianie się *n* **2.** *pl* rozważania *npl*
überlisten *vt* przechytrzyć
überm *ugs.* = **über dem**
Übermacht *f* - przewaga *f*
Übermaß *n* -es nadmiar *m*
übermäßig *adj* nadmierny
Übermensch *m* -en, -en nadczłowiek *m*
übermitteln *vt* przekaz(yw)ać, przes(y)łać
übermorgen *adv* pojutrze
Übermüdung *f* - przemęczenie *n*
übermütig *adj* swawolny, niesforny
übernachten *vi* prze|nocować
Übernachtung *f* -, -en nocleg *m*
übernehmen* **I.** *vt* przejmować, obejmować; **eine Verpflichtung** ~ wziąć na siebie zobowiązanie **II.** *vr* **sich** ~ przeciążyć się
Überproduktion *f* - nadprodukcja *f*
überprüfen *vt* sprawdzać, przetestować
Überprüfung *f* -, -en sprawdzenie *n*
überqueren *vt*: **die Straße** ~ przechodzić przez ulicę
überragen *vt* przewyższać (*a. figur.*)
überraschen *vt* zaskakiwać, sprawi(a)ć niespodziankę
Überraschung *f* -, -en **1.** niespodzianka *f* **2.** *sing* zaskoczenie *n*
überreden *vt* namawiać (**zu einer Sache** do czegoś)

überreichen *vt* wręczać
überreif *adj* przejrzały
Überrest *m* -(e)s, -e pozostałość *f*
überrumpeln *vt* napadać znienacka, zaskakiwać
übers *ugs.* = **über das**; ~ **Wetter reden** rozmawiać o pogodzie
Überschallgeschwindigkeit *f* - prędkość ponaddźwiękowa
überschätzen *vt* przeceniać (**j-n** kogoś)
Überschlag *m* -(e)s, …**schläge** *sport.* przewrót *m*
überschreiten* *vt* przekraczać (granicę); naruszać (prawo)
Überschrift *f* -, -en tytuł *m*, napis *m*
überschüssig *adj* nadmierny
überschwänglich *adj* entuzjastyczny, wylewny
Überschwemmung *f* -, -en powódź *f*
Übersee *f*: **in** ~ za oceanem; **nach** ~ za oceanem
übersehen* *vt* **1.** obejmować wzrokiem **2.** (*nicht sehen*) przeoczyć
übersenden* *vt* przes(y)łać
übersetzen **I.** *vi s* przeprawiać się **II.** *vt* przeprawi(a)ć (na drugą stronę)
übersetzen *vi*, *vt* prze|tłumaczyć (**aus dem Deutschen ins Polnische** z niemieckiego na polski)
Übersetzer *m* -s, - tłumacz *m*
Übersetzung *f* -, -en przekład *m*, tłumaczenie *f*
Übersicht *f* -, -en przegląd *m*
übersichtlich *adj* przejrzysty
übersiedeln *vi s* przeprowadzać się
Übersiedlung *f* -, -en przeprowadzka *f*
überspringen* *vt* przeskakiwać
überstehen* *vt* przetrwać
übersteigen* *vt* przechodzić (przez coś); *figur.* przekraczać
überstimmen *vt* przegłosować
Überstunde *f* -, -n godzina nadliczbowa
übertönen *vt* zagłuszać
übertragbar *adj* przenośny; *med.* zakaźny
übertragen* **I.** *vt* **1.** przenosić chorobę **2.** powierzać (**j-m etw** komuś coś) **3.** *rad.* transmitować **4.** przekładać, tłumaczyć **II.** *vr* **sich** ~ przenosić się (*o chorobie*)
Übertragung *f* -, -en **1.** *rad.*, *tv* transmisja *f* **2.** przeniesienie *n* **3.** (*einer Aufgabe*) powierzenie *n* **4.** (*Übersetzung*) przekład *m*
übertreffen* *vt* przewyższać (**j-n an einer Sache** kogoś pod względem czegoś)

übertreiben* *vt figur.* przesadzać
Übertreibung *f* - przesada *f*
übertreten* *vi s* przechodzić (**zu j-m** na czyjąś stronę)
übertreten* *vt* przekraczać; (*nicht einhalten*) naruszać
Übertretung *f* -, -en wykroczenie *n*
übertrieben *adj* przesadny
Übertritt *m* -(e)s, -e przejście *n* (**zu einer anderen Gruppe** do innej grupy)
übertrumpfen *vt* przebi(ja)ć atutem; *figur.* prześcigać (*kogoś*)
Übervölkerung *f* - przeludnienie *n*
überwachen *vt* dopilnować, kontrolować
überwältigen *vt* pokon(yw)ać, przemóc
überwältigend *adj* obezwładniający
überweisen* *vt* przekaz(yw)ać
Überweisung *f* -, -en przelew *m*, przekaz *m* (pieniężny)
überwiegend *adj* przeważający
überwinden* *vt* przezwyciężać (**sich** się)
überwintern *vi* prze|zimować
überzeugen *vt* przekon(yw)ać (**sich** się) (**von einer Sache** o czymś)
Überzeugung *f* -, -en przekonanie *n*, przeświadczenie *n*
überzuckern *vt* przesłodzić
Überzug *m* -(e)s, ...züge powłoka *f*; pokrowiec *m*; pokrycie *n*
üblich *adj* zwykły; **das ist so ~** taki jest zwyczaj
U-Boot *n* -(e)s, -e łódź podwodna
übrig *adj* pozostały; **alle ~en** wszyscy inni; **~ bleiben** pozosta-(wa)ć; **~ lassen** pozostawi(a)ć
übrigens *adv* zresztą
Übung *f* -, -en **1.** ćwiczenie *n* **2.** *sing* wprawa *f* (**in einer Sache** w czymś)
Ufer *n* -s, - brzeg *m*; wybrzeże *n*
Ufo *n* -(s), -s UFO *n*
Uhr *f* -, -en **1.** zegar *m*, zegarek *m* **2.** godzina *f*; **wie viel ~ ist es?** która (jest) godzina? **zwei ~ fünfzehn** druga piętnaście
Uhrband *n* -(e)s, ...bänder pasek do zegarka, bransoletka do zegarka
Uhrmacher *m* -s, - zegarmistrz *m*
Uhrzeit *f* - czas *m*
Uhu *m* -s, -s puchacz *m*
Ukrainer *m* -s, - Ukrainiec *m*
ukrainisch *adj* ukraiński
ulkig *adj* zabawny, pocieszny
Ulme *f* -, -n wiąz *m*
Ultrakurzwelle *f* -, -n *rad.* fale ultrakrótkie

Ultraschalltherapie *f* -, -n *med.* terapia ultradźwiękami
um I. *praep mit A* **1.** do(o)koła (**den Tisch** stołu); wokół (**ihn** niego); **um die Ecke** za rogiem **2.** (*wegen*) o; **schade um das Geld** szkoda pieniędzy; **um etw streiten** kłócić się o coś; **um die Wette** na wyścigi **3.** (*für*) za; **Zahn um Zahn** ząb za ząb; **um jeden Preis** za wszelką cenę **4.** (*pünktlich*) o; **um zwei** (**Uhr**) o drugiej (godzinie) **5.** (*ungefähr*) koło (**Ostern** Wielkanocy) **6.** (*vergleichend*) o; **um zwei Jahre älter** o dwa lata starszy **7. um ... willen** ze względu na ...; **um meinetwillen** dla mnie, ze względu na mnie; **um Gottes willen!** na miłość boską! **II.** *kj* **um zu** *mit inf* aby, żeby; **sie kam, um mir zu helfen** przyszła, żeby mi pomóc **III.** *adv ugs.* **um sein** mijać, kończyć się
umarbeiten *vt* przerabiać
umarmen *vt* obejmować, u|ściskać
Umarmung *f* -, -en objęcia *pl*, uścisk *m*
Umbau *m* -(e)s, -e *o.* -ten przebudowa *f*
umbauen *vt* przebudow(yw)ać
umbilden *vt* przekształcać
umbringen* *vt* zabi(ja)ć
umdrehen I. *vt* odwracać (**auf die andere Seite** na drugą stronę) **II.** *vr* **sich ~** odwracać się
Umdrehung *f* -, -en obrót *m*
umfahren* *vt* najechać (na coś)
umfahren* *vt* ominąć, objechać (przeszkodę)
umfallen* *vi s* przewracać się; *figur.* zmieni(a)ć front
Umfang *m* -(e)s **1.** obwód *m* **2.** zakres *m*, rozmiar *m*
umfangreich *adj* obszerny
umfassen *vt* obejmować; (*enthalten*) zawierać, obejmować
Umfeld *n* -(e)s, -er otoczenie *n*
Umfrage *f* -, -n ankieta *f*
umfunktionieren *vt* przekształcać
Umgang *m* -(e)s obcowanie *n*, współżycie *n*
umgänglich *adj* towarzyski
Umgangsformen *pl* formy towarzyskie
Umgangssprache *f* - język potoczny
umgeben* *vt* otaczać
Umgebung *f* -, -en otoczenie *n*; (*Gegend*) okolica *f*
umgehen* *vi s* obchodzić się (**mit einer Sache** z czymś); **Gerüchte gehen um** krążą pogłoski; **mit j-m ~** przestawać z kimś
umgehen* *vt* obchodzić, omijać

umgehend *adv* natychmiast
Umgehungsstraße *f* -, -n obwodnica *f*
umgekehrt *adj* odwrotny
umgestalten *vt* przekształcać
umgucken, sich *vr ugs.* rozglądać się
umher *adv* dookoła, wokoło
umherblicken *vi* rozglądać się
umhergehen* *vi s* chodzić tu i tam, wałęsać się
umkehren I. *vt* odwracać II. *vi s* zawracać
umkippen I. *vi s* przewrócić się II. *vt* wywracać (do góry dnem)
umklammern *vt* obejmować, ściskać
umkleiden, sich *vr* przeb(ie)rać się
Umkleideraum *m* -(e)s, ...räume garderoba *f*; przebieralnia *f*
umkommen* *vi s* z|ginąć
Umkreis *m*: **im ~ von zwei Kilometern** w promieniu dwóch kilometrów
umladen* *vt* przeładow(yw)ać
Umlauf *m* -(e)s *ast.*, *anat.*, *fin.* obieg *m*
Umlaufbahn *f* -, -en orbita *f*
Umlaut *m* -(e)s, -e *gram.* 1. *sing* przegłos *m* 2. umlaut *m* (samogłoska ä, ö, ü)
umleiten *vt* skierować inną drogą
Umleitung *f* -, -en objazd *m*
umliegend *adj* okoliczny
umpacken *vt* przepakow(yw)ać
Umrahmung *f* -, -en obramowanie *n*
umrechnen *vt* przeliczać
Umrechnung *f* - przeliczenie *n*
Umrechnungskurs *m* -es, -e kurs (przeliczeniowy)
umringen *vt* otaczać
Umriss *m* -es, -e szkic *m*, zarys *m*
umrühren *vt*, *vi* prze|mieszać, zamieszać
Umsatz *m* -es, **Umsätze** *handl.* obrót *m*
Umsatzsteuer *f* -, -n podatek obrotowy
umschalten *vt* przełączać (**auf etw** na coś)
Umschalter *m* -s, - przełącznik *m*
umschauen, sich *vr* rozglądać się; oglądać się (**nach j-m** za kimś)
Umschlag *m* -(e)s, **Umschläge** 1. (*eines Buches*) okładka *f* 2. (*eines Briefes*) koperta *f* 3. *med.* okład *m*, kompres *m* 4. mankiet *m* 5. (*Wechsel*) zmiana *f*, zwrot *m*
umschlingen* *vt* obejmować (**j-n, etw** kogoś, coś)
umschreiben* *vt* przepis(yw)ać
umschreiben* *vt* opis(yw)ać
Umschulung *f* - przekwalifikowanie *n* (się)
umschütten *vt* przesyp(yw)ać; (*von Flüssigkeiten*) przel(ew)ać

Umschweife *pl*: **ohne ~** bez ceregieli
Umschwung *m* -(e)s, **Umschwünge** gwałtowna zmiana
umsehen*, sich *vr* rozglądać się (**nach einer Sache** za czymś); oglądać się (**nach j-m** za kimś)
umseitig *adj* drugostronny
Umsicht *f* - rozwaga *f*
umsiedeln I. *vt* przesiedlać II. *vi* przesiedlać się
umso: **~ mehr** tym bardziej; **je schneller, ~ besser** im szybciej, tym lepiej
umsonst *adv* 1. za darmo 2. (*vergebens*) daremnie
Umstand *m* -(e)s, **Umstände** okoliczność *f*; warunki; **unter Umständen** ewentualnie; **unter keinen Umständen** w żadnym razie <wypadku>; **ohne Umstände** bez ceregieli; **in anderen Umständen** w ciąży
umständlich *adj* drobiazgowy; kłopotliwy
umsteigen* *vi s* przesiadać się (w pociągu); **wo muss ich ~?** gdzie muszę się przesiąść?
umstellen I. *vt* przestawi(a)ć (**auf etw** na coś) II. *vr* **sich ~** przestawi(a)ć się
Umstellung *f* -, -en przestawienie się *n*
umstoßen* *vt* przewracać, wywracać
umstritten *adj* sporny
Umsturz *m* -es, ...stürze przewrót *m*, pucz *m*
umstürzen I. *vt* obalać, wywracać II. *vi s* wywracać się, runąć
Umtausch *m* -(e)s wymiana *f*
umtauschen *vt* wymieni(a)ć (**etw gegen etw** coś na coś)
Umtriebe *pl figur.* machinacje *pl*
Umwälzung *f* -, -en przewrót *m*; socjalne ~en przemiany społeczne
umwechseln *vt* wymieni(a)ć, zmieni(a)ć
Umweg *m* -(e)s, -e objazd *m*, droga okrężna; **einen ~ machen** nadkładać drogi
Umwelt *f* - otoczenie *n*, środowisko *n*
umweltfreundlich *adj* przyjazny dla środowiska, proekologiczny
Umweltpolitik *f* - ekopolityka *f*
umweltschädlich *adj* zagrażający środowisku
Umweltschutz *m* -es ochrona środowiska
Umweltverschmutzung *f* - zanieczyszczenie środowiska
umwerfen* *vt* 1. przewracać 2. narzucać (**sich** *D* **etw** coś na siebie)
umziehen* I. *vi s* przeprowadzać się II. *vr* **sich ~** przeb(ie)rać się

Umzug *m* -(e)s, **Umzüge 1.** przeprowadzka *f* **2.** *(Festzug)* pochód *m*
unabhängig *adj* niezależny (**von j-m, einer Sache** od kogoś, czegoś)
Unabhängigkeit *f* - niezawisłość *f*, niepodległość *f*
unablässig *adj* nieustanny, ustawiczny
unabsehbar *adj* nie do przewidzenia
unabsichtlich *adj* niezamierzony
unabwendbar *adj* ugs. nieunikniony (**ein Schicksal** los)
unachtsam *adj* nieuważny
unähnlich *adj* niepodobny
unangebracht *adj* nieodpowiedni
unangemeldet *adj* niezapowiedziany
unangenehm *adj* niemiły, nieprzyjemny
Unannehmlichkeit *f* -, -en nieprzyjemność *f*, przykrość *f*
unansehnlich *adj* niepokaźny
unanständig *adj* nieprzyzwoity
unappetitlich *adj* nieapetyczny
unartig *adj* niegrzeczny
unauffällig *adj* subtelny
unaufhörlich *adj* nieustanny
unaufmerksam *adj* **1.** nieuważny (słuchacz) **2.** nieuprzejmy (gospodarz)
Unaufmerksamkeit *f* -, -en nieuwaga *f*
unausführbar *adj* niewykonalny
unausstehlich *adj* nieznośny
unbarmherzig *adj* niemiłosierny
unbeachtet *adj* niezauważony
unbedeutend *adj* nieznaczny
unbedingt I. *adj* bezgraniczny **II.** *adv* koniecznie
unbefahrbar *adj* nie nadający się do ruchu kołowego
unbefangen *adj* **1.** nieuprzedzony, bezstronny **2.** nieskrępowany
unbefriedigend *adj* niezadowalający
unbefristet *adj* bezterminowy
unbefugt *adj* nieuprawniony, niepowołany
unbegabt *adj* niezdolny
unbegreiflich *adj* niepojęty, niezrozumiały
unbegrenzt *adj* nieograniczony
unbegründet *adj* nieuzasadniony
Unbehagen *n* -s niemiłe uczucie
unbeherrscht *adj* nieopanowany
unbeholfen *adj* niezgrabny, niezdarny
unbekannt *adj* nieznany (**ein Künstler** artysta); nieznajomy
unbekümmert *adj* beztroski
unbeliebt *adj* nielubiany, niepopularny
unbemannt *adj* bezzałogowy (lot w kosmos)

unbemerkbar *adj* niedostrzegalny
unbemerkt *adj* nie zauważony
unbequem *adj* niewygodny
unberechenbar *adj* nieobliczalny
unberechtigt *adj* nieuzasadniony
unbeschränkt *adj* nieograniczony
unbeschreiblich *adj* nie dający się opisać
unbesonnen *adj* nierozważny
unbesorgt *adj* beztroski; **seien Sie ~!** niech pan będzie spokojny!
unbeständig *adj* niestały
unbestimmt *adj* nieokreślony; *(ungenau)* niewyraźny, niepewny
unbestritten *adj* niepodważalny
unbewacht *adj* niestrzeżony
unbeweglich *adj* nieruchomy
unbewohnt *adj* nie zamieszkany; pusty, bezludny
unbewusst *adj* nieświadomy
unbrauchbar *adj* nieużyteczny, bezużyteczny, **~ machen** z|psuć
und *kj* i, a; **~ so weiter** i tak dalej; **~ ob!** jeszcze jak!
Undank *m* -(e)s niewdzięczność *f*
undankbar *adj* niewdzięczny
undemokratisch *adj* niedemokratyczny
undeutlich *adj* niewyraźny
undicht *adj* nieszczelny (**ein Ventil** wentyl)
undurchdringlich *adj* nieprzeniknony
unecht *adj* sztuczny
unehelich *adj* nieślubny
uneigennützig *adj* bezinteresowny (pomoc)
uneingeschränkt *adj* nieograniczony (pełnomocnictwo)
unempfindlich *adj* niewrażliwy, nieczuły (**gegen etw** na coś)
unendlich *adj* nieskończony
unentbehrlich *adj* niezbędny, nieodzowny
unentgeltlich *adj* bezpłatny
unentschieden *adj* nierozstrzygnięty; *sport.* remisowy
Unentschieden *n* -s, - remis *m*
unentschlossen *adj* niezdecydowany
unentwickelt *adj fot.* nie wywołany
unerbittlich *adj* nieubłagany
unerfahren *adj* niedoświadczony (**in einer Sache** w czymś)
unerfreulich *adj* niewesoły
unerheblich *adj* nieznaczny
unerhört *adj* niesłychany
unerkannt *adj* nie zidentyfikowany
unerklärlich *adj* niezbadany

unerlässlich *adj* niezbędny
unerlaubt *adj* niedozwolony
unermesslich *adj* niezmierzony, ogromny
unermüdlich *adj* niestrudzony
unerreichbar *adj* nieosiągalny
unersättlich *adj* nienasycony
unerschöpflich *adj* niewyczerpany, nieprzebrany
unerschrocken *adj* nieustraszony
unerschütterlich *adj* niewzruszony, niezłomny
unerschwinglich *adj* niedostępny (**für j-n** dla kogoś)
unersetzlich *adj* niezastąpiony
unerträglich *adj* nieznośny
unerwartet *adj* niespodziewany, nieoczekiwany
unerwünscht *adj* niepożądany
unfähig *adj* **1.** niezdolny (**zu einer Sache, Beruf** do czegoś) **2.** nieprzydatny (współpracownik)
unfair ['unfɛːr] *adj* nie fair, nieuczciwy (*o. sport.*)
Unfall *m* **-(e)s, Unfälle** (nieszczęśliwy) wypadek *m*
Unfallstation *f* **-, -en** punkt pierwszej pomocy
Unfallverhütung *f* **-** zapobieganie *n* (nieszczęśliwym) wypadkom
Unfallversicherung *f* **-, -en** ubezpieczenie od (nieszczęśliwych) wypadków
Unfallwagen *m* **-s, -** karetka pogotowia
unfehlbar *adj* nieomylny
unfrankiert *adj* nie opłacony (**ein Brief** list)
unfreundlich *adj* **1.** nieuprzejmy (**zu j-m** wobec kogoś) **2.** nieprzyjemny
Unfug *m* **-(e)s** wybryk *m*
Ungar *m* **-n, -n** Węgier *m*
ungarisch *adj* węgierski
ungeachtet *praep mit G* mimo
ungeahnt *adj* nieprzewidziany
ungebräuchlich *adj* nie <rzadko> stosowany
ungebraucht *adj* nie używany, nowy
ungedeckt *adj* bez pokrycia (czek)
Ungeduld *f* **-** niecierpliwość *f*; **mit ~ z** niecierpliwością
ungeduldig *adj* niecierpliwy
ungeeignet *adj* nie nadający się, nieodpowiedni (**für etw, zu einer Sache** do czegoś)
ungefähr *adv* około
ungefährlich *adj* bezpieczny

ungeheizt *adj* nie ogrzewany
ungeheuer *adj* ogromny; niesamowity
Ungeheuer *n* **-s, -** potwór *m*
ungehörig *adj* niestosowny
ungehorsam *adj* nieposłuszny
Ungehorsam *m* **-s** nieposłuszeństwo *n*
ungelegen *adj* niedogodny; **zu ~er Zeit** nie w porę
ungelernt *adj*: **ein ~er Arbeiter** robotnik niewykwalifikowany
ungelogen *adv* bez przesady
ungemein I. *adj* niesamowity (**Freude** radość) **II.** *adv* niezwykle, nadzwyczaj
ungemütlich *adj* nieprzytulny
ungenannt *adj* anonimowy
ungeniert ['unʒeniːrt] **I.** *adj* nieskrępowany **II.** *adv* bez żenady <skrępowania>
ungenießbar *adj* niejadalny
ungenügend *adj* niedostateczny (*a. schul.*)
ungerade *adj* nieparzysty; **eine ~ Zahl** liczba nieparzysta
ungerecht *adj* niesprawiedliwy
ungerechtfertigt *adj* nieusprawiedliwiony, nieuzasadniony
Ungerechtigkeit *f* **-** niesprawiedliwość *f*
ungern *adv* niechętnie
ungeschickt *adj* niezręczny, niezdarny
ungeschult *adj* nie wyszkolony (personel)
ungesetzlich *adj* bezprawny, nielegalny
ungestört *adj* niezakłócony
ungestraft *adj* niekarany
ungesund *adj* niezdrowy
ungetrübt *adj* niezmącony; niezakłócony
ungewiss *adj* niepewny; (*zweifelhaft*) wątpliwy
ungewöhnlich *adj* niezwykły, osobliwy; nadzwyczajny
Ungeziefer *n* **-s** robactwo *n*
ungezogen *adj* niegrzeczny
ungezwungen *adj* naturalny, swobodny
ungläubig *adj ugs.* niedowierzający
unglaublich *adj* niewiarygodny, nieprawdopodobny; **das ist ja ~!** nie do wiary!
unglaubwürdig *adj* niewiarygodny
ungleichmäßig *adj* nierównomierny
Unglück *n* **-(e)s, -e 1.** nieszczęście *n* **2.** nieszczęśliwy wypadek
unglücklich *adj* nieszczęśliwy
unglücklicherweise *adv* na nieszczęście, niestety
ungültig *adj* nieważny (bilet)
ungünstig *adj* niekorzystny (**für j-n, etw** dla kogoś, czegoś)

unhaltbar *adj* 1. nie do wytrzymania 2. nie do utrzymania (teza)
Unheil *n* -(e)s *geho.* nieszczęście *n*
unheilbar *adj* nieuleczalny
unheimlich *adj* niesamowity
unhöflich *adj* nieuprzejmy
uni *adj* w jednym kolorze
Uni *f* -, -s *ugs.* uniwerek *m*
Uniform *f* -, -en mundur *m*; uniform *m*
uniformiert *adj* umundurowany
uninteressant *adj* nieinteresujący
Union *f* -, -en unia *f*, związek *m*
universal, universell *adj* uniwersalny
Universität *f* -, -en uniwersytet *m*
Universum *n* -s wszechświat *m*
Unkenntnis *f* - nieznajomość *f*, ignorancja *f* (**über etw** w jakiejś dziedzinie)
Unkosten *pl* koszty *mpl*, wydatki *mpl*
Unkraut *n* -(e)s chwasty *mpl*
unkritisch *adj* bezkrytyczny
unlängst *adv* niedawno
unleserlich *adj* nieczytelny
unliebsam *adj* niemiły
unlösbar *adj* nie do rozwiązania
Unlust *f* - niechęć *f*
Unmenge *f* -, -n ogromna ilość, mnóstwo (**von einer Sache** cze-goś)
Unmensch *m* -en, -en okrutny człowiek *m*
unmenschlich *adj* nieludzki
unmerklich *adj* nieznaczny
unmissverständlich *adj* jasny, wyraźny
unmittelbar *adj* bezpośredni
unmodern *adj* niemodny; **eine ~e Wohnung** nienowoczesne mieszkanie
unmöglich *adj* niemożliwy; *figur.* **sich <j-n> ~ machen** skompromitować się <kogoś>
unmündig *adj* małoletni
unnötig, unnütz *adj* niepotrzebny
unordentlich *adj* nieporządny
Unordnung *f* - nieporządek *m*; **in ~** w nieładzie
unparteiisch *adj* bezstronny, obiektywny
unpässlich *adj* niezdrów
unpersönlich *adj* oficjalny
unpünktlich *adj* niepunktualny
unrasiert *adj* nie ogolony
Unrat *m* -(e)s *geho.* śmieci *mpl*
unrecht *adj* błędny, niewłaściwy; **zu ~er Zeit kommen** przyjść nie w porę
Unrecht *n* -(e)s niesprawiedliwość *f*, krzywda *f*; **zu ~** niesłusznie

unrechtmäßig *adj* niezgodny z prawem
unregelmäßig *adj* nieregularny
unreif *adj* niedojrzały
unrichtig *adj* mylny, błędny
Unruhe *f* -, -n 1. *sing* niepokój *m* 2.*pl* rozruchy *mpl*
unruhig *adj* niespokojny
uns *pron pers D, A* → **wir**
unschädlich *adj* nieszkodliwy; **j-n ~ machen** unieszkodliwi(a)ć kogoś
unscharf *adj* 1. nieostry 2. (*ungenau*) nieprecyzyjny
unschätzbar *adj* nieoceniony
unscheinbar *adj* niepozorny
unschlüssig *adj* niezdecydowany
unschön *adj* nieładny; niewłaściwy
Unschuld *f* - niewinność *f*
unschuldig *adj* niewinny
unselbstständig, unselbständig *adj* niesamodzielny
unser, unsere, unser, *pl* **unsere** *pron poss* nasz, nasza, nasze, *pl* nasi, nasze; **das ist ~** to nasze
unser(er)seits *adv* z naszej strony
unsicher *adj* niepewny; (*zweifelhaft*) wątpliwy
unsichtbar *adj* niewidoczny, niewidzialny
Unsinn *m* -(e)s nonsens *m*; bzdury *fpl*
unsinnig *adj* niedorzeczny
Unsitte *f* -, -n zły obyczaj
unsrige *pron poss* nasz
unsterblich *adj* nieśmiertelny
unsympathisch ['unzympa:tɪʃ] *adj* niesympatyczny
untauglich *adj* niezdatny
unteilbar *adj* niepodzielny
unten *adv* na dole; **nach ~** na dół, w dół; **von ~** z dołu; **weiter ~** poniżej
unter I. *praep mit D, A* 1. *mit D* (*wo?*) pod; **~ dem Stuhl** pod krzesłem; **~ der Bedingung** pod warunkiem; **~ dem Vorbehalt** z zastrzeżeniem 2. *mit A* (*wohin?*) pod; **sich ~ die Dusche stellen** wejść pod prysznic 3. *mit D* (*weniger als*) poniżej; **~ dem Preis** poniżej ceny 4. (*zwischen*) wśród; **~ anderen <anderem>** między innymi; **~ vier Augen** w cztery oczy II. *adv* (*weniger als*) mniej niż; **Kinder ~ zehn Jahren** dzieci poniżej dziesiątego roku życia, **~ Null** poniżej zera
unter- *adj* dolny, niższy
Unterarm *m* -(e)s, -e przedramię *n*
unterbleiben *vi s* nie dochodzić do skutku (rezerwacja)

Unterboden *m* -s, ...**böden** *mot.* podwozie *n*
unterbrechen* *vt* przer(y)wać
Unterbrechung *f* -, -**en** przerwa *f*
unterbreiten *vt* przedkładać (propozycję)
unterbringen* *vt* umieszczać, u|lokować
unterdessen *adv* tymczasem
Unterdruck *m* -**(e)s** podciśnienie *n*
unterdrücken *vt* uciskać; s|tłumić (**den Aufstand** powstanie)
untereinander *adv* między sobą
Unterernährung *f* - niedożywienie *n*
Unterführung *f* -, -**en** tunel *m*; przejście podziemne
Untergang *m* -**(e)s**, ...**gänge 1.** upadek *m*; zagłada *f* **2.** zachód *m* (**der Sonne** słońca)
untergeben *adj* podwładny
untergehen* *vi s* **1.** (*versinken*) za|tonąć **2.** ginąć **3.** *astr.*zachodzić
untergeordnet *adj* **1.** podporządkowany (**j-m** komuś) **2.** podrzędny
Untergeschoss *n* -**es**, -**e** suterena *f*
Untergewicht *n* -**(e)s** niedowaga *f*
Untergrund *m* -**(e)s**, ...**gründe** podłoże *n*; tło *n*; podziemie *n* (*polit.*)
Untergrundbahn *f* -, -**en** metro *n*
unterhalb *praep mit G* poniżej, pod
Unterhalt *m* -**(e)s** utrzymanie *n* (**einer Familie** rodziny)
unterhalten* **I.** *vt* **1.** utrzymywać, żywić **2.** (*belustigen*) bawić **II.** *vr* **sich** ~ bawić się; **sich mit j-m über etw** ~ rozmawiać z kimś o czymś
unterhaltend *adj* rozrywkowy
Unterhaltskosten *pl* koszty utrzymania
Unterhaltung *f* -, -**en 1.** (*Gespräch*) rozmowa *f* **2.** *sing* (*Belustigung*) zabawa *f*, rozrywka *f* **3.** *sing* (*das Instandhalten*) utrzymanie (w jakimś stanie)
Unterhaltungsmusik *f* - muzyka rozrywkowa
unterhandeln *vi* prowadzić rokowania (**mit j-m über etw** z kimś na jakiś temat)
Unterhemd *n* -**(e)s**, -**en** podkoszulek *m*
Unterhose *f* -, -**n** kalesony *pl*; spodenki *pl*
unterirdisch *adj* podziemny
Unterkiefer *m* -**s**, - dolna szczęka
unterkommen* *vi s* zakwaterować się (w hotelu)
Unterkunft *f* -, **Unterkünfte** kwatera *f* (na krótko)
Unterlage *f* -, -**n 1.** podkład *m*, podkładka *f* **2.** *pl* dokumenty *mpl*; dowody na piśmie

unterlassen* *vt* zaniechać (*czegoś*)
unterlegen *adj* nie dorównujący (**j-m** komuś); pokonany
Unterleib *m* -**(e)s**, -**er** podbrzusze *n*
unterliegen* *vi s* ulegać (**j-m** komuś)
Unterlippe *f* -, -**n** dolna warga
Untermieter *m* -**s**, - sublokator *m*
unternehmen* *vt* przedsiębrać
Unternehmen *n* -**s**, - **1.** przedsięwzięcie *n* **2.** przedsiębiorstwo *n*
Unternehmer *m* -**s**, - przedsiębiorca *m*
unternehmungslustig *adj* przedsiębiorczy
Unteroffizier *m* -**s**, -**e** podoficer *m*
unterordnen *vt* podporządkow(yw)ać
Unterredung *f* -, -**en** formalna rozmowa
Unterricht *m* -**(e)s** nauka *n*, lekcje *fpl*; ~ **in Chemie erteilen** udzielać lekcji chemii
unterrichten *vt* **1.** uczyć, nauczać; wykładać **2.** po|informować (**j-n über etw** kogoś o czymś)
Unterrock *m* -**(e)s**, ...**röcke** halka *f*
untersagen *vt* zakaz(yw)ać (**j-m etw** komuś czegoś)
unterschätzen *vt* nie doceni(a)ć (*czegoś*)
unterscheiden* **I.** *vt* rozróżni(a)ć, odróżni(a)ć **II.** *vr* **sich** ~ różnić się
Unterschenkel *m* -**s**, - goleń *m*
Unterschied *m* -**(e)s**, -**e** różnica *f*
unterschiedlich *adj* różny
Unterschlupf *m* -**(e)s**, -**e** kryjówka *f*, schronienie *n*
unterschreiben* *vt* podpis(yw)ać
Unterschrift *f* -, -**en** podpis *m*
Unterseeboot *n* -**(e)s**, -**e** łódź podwodna
Untersetzer *m* -**s**, - podstawka *f*
unterstehen* **I.** *vi* podlegać (**j m** komuś) **II.** *vr* **sich** ~ ośmielać się, ważyć się
unterstellen I. *vt* odstawiać (na przechowanie) **II.** *vr* **sich** ~ s|chować się (**unter ein Dach** pod dachem)
unterstreichen* *vt* podkreślać (*a. figur.*)
unterstützen *vt* (*helfen*) wspierać, wspomagać, subwencjonować
Unterstützung *f* -, -**en** poparcie *n*; (*Hilfe*) pomoc *f*; (*Geld*) zapomoga *f*, zasiłek *m*
untersuchen *vt* z|badać, przebadać (*o. med.*); przeprowadzać śledztwo
Untersuchung *f* -, -**en** badanie *n*; analiza *f*; śledztwo *n*
Untertasse *f* -, -**n** spodek *m*
Unterteil *n*, *m* -**(e)s**, -**e** dolna część
Unterwäsche *f* - bielizna *f* (osobista)
unterwegs *adv* po drodze, w drodze

unterweisen *vt* pouczać (**j-n in einer Sache** kogoś o czymś), poinstruować
unterwerfen *vt* podbi(ja)ć, ujarzmi(a)ć
unterzeichnen *vt* podpis(yw)ać
untrennbar *adj* nierozdzielny
untreu *adj* niewierny
untröstlich *adj* niepocieszony
untrüglich *adj* niezawodny
untypisch ['untyːpɪʃ] *adj* nietypowy
unüberlegt I. *adj* nierozważny II. *adv* pochopnie
unumgänglich *adj* nieodzowny, niezbędny
ununterbrochen *adj* nieprzerwany
unveränderlich *adj* niezmienny
unverantwortlich *adj* nieodpowiedzialny
unverbesserlich *adj* niepoprawny
unverbindlich *adj* niezobowiązujący
unverbleit *adj* bezołowiowy
unverblümt *adj* bez ogródek
unverdaulich *adj* niestrawny
unverdient *adj* niezasłużony
unverfroren *adj* bezczelny
unvergessen *adj* niezapomniany
unvergesslich *adj* niezapomniany
unvergleichlich *adj* nieporównywalny
unverheiratet *adj* nieżonaty (**Mann** mężczyzna); niezamężna (**Frau** kobieta)
unverhofft *adj* niespodziany
unverkennbar *adj* niezaprzeczalny
unvermeidlich *adj* nieuniknony (**ein Fehler** błąd); nieuchronny (**ein Unglück** nieszczęście)
unvermutet *adj* niespodzi(ew)any, nieoczekiwany
unvernünftig *adj* nierozsądny
unverschämt *adj* bezczelny, bezwstydny
unversehens *adv* znienacka, nagle
unversehrt *adj* nie uszkodzony
unverständlich *adj* niezrozumiały
Unverständnis *n* -es brak zrozumienia
unverträglich *adj* **1.** (*unverdaulich*) niestrawny **2.** (*streitsüchtig*) niezgodny
unverzüglich *adv* bezzwłocznie
unvollkommen *adj* niedoskonały
unvollständig *adj* niepełny, niekompletny
unvorhergesehen *adj* nieprzewidziany
unvorsichtig *adj* nieostrożny
unvorteilhaft *adj* niekorzystny
Unwahrheit *f* - nieprawda *f*
unwahrscheinlich *adj* nieprawdopodobny
unweit *praep mit G* niedaleko; **~ des Flusses** nieopodal rzeki

unwesentlich *adj* nieistotny, bez znaczenia
Unwetter *n* -s, - zawierucha *f*
unwiderlegbar *adj* niezaprzeczalny, niezbity, nieodparty
unwiderruflich *adj* nieodwołalny
unwillig *adj* zniecierpliwiony
unwillkürlich I. *adj* mimowolny II. *adv* mimo woli
unwirklich *adj* nierealny
unwirksam *adj* nieskuteczny
unwirtschaftlich *adj* nieekonomiczny
Unwissenheit *f* - niewiedza *f*
unwissentlich *adj* niechcący
unwohl *adj* niedysponowany; **mir ist ~** czuję się niedobrze
Unwohlsein *n* -s niedyspozycja *f*
unzählig *adj* niezliczony
unzertrennlich *adj* nierozłączny
unzufrieden *adj* niezadowolony (**mit j-m** z kogoś)
unzugänglich *adj* niedostępny
unzulässig *adj* niedopuszczalny
unzusammenhängend *adj* bezładny
unzuverlässig *adj* niepewny
üppig *adj* bujny (kształty); obfity (jedzenie)
uralt *adj* prastary
Uraufführung *f* -, -en premiera *f*
Ureinwohner *m* -s, - tubylec *m*
Urenkel *m* -s, - prawnuk *m*
Urenkelin *f* -, -nen prawnuczka *f*
Urgroßeltern *pl* pradziadkowie *mpl*
Urheber *m* -s, - **1.** **der ~** sprawca *m* **2.** (*Verfasser*) autor *m*, twórca *m*
Urin *m* -s mocz *n*
Urkunde *f* -, -n dokument *n*, akt *m*
Urlaub *m* -(e)s, -e urlop *m*; **ich bin im <in> ~** jestem na urlopie
Urlauber *m* -s, - urlopowicz *m*
Urne *f* -, -n urna *f*
Ursache *f* -, -n przyczyna *f*
Ursprung *m* -(e)s, **Ursprünge** początek *m*, źródło *n*
ursprünglich *adj* początkowy
Urteil *n* -s, -e **1.** *juris.* wyrok *m* **2.** zdanie *n* (**über etw** o czymś)
urteilen *vi* osądzać (**über j-n, etw** kogoś, coś); oceniać (**nach einer Sache** według czegoś)
Urwahl *f* -, -en *polit.* prawybory *mpl*
Urwald *m* -(e)s, ...**wälder** puszcza *f*
Utensilien [utɛnˈziːljən] *pl* przybory *pl*
utopisch *adj* utopijny

V

vage *adj* niejasny, niewyraźny (przypuszczenie)
Valentinstag *m* -(e)s, -e walentynki *pl*
Valuta *f* -, ...ten waluta *f*
Vanille [va'nɪljə] *f* - wanilia *f*
Vase *f* -, -n wazon *m*
Vaseline *f* - wazelina *f*
Vater *m* -s, **Väter** ojciec *m*; **leiblicher ~** rodzony ojciec; **Heiliger ~** Ojciec Święty
Vaterland *n* -(e)s, ...länder ojczyzna *f*
väterlich *adj* ojcowski; **von ~er Seite** ze strony ojca
Vati *m* -s, -s *ugs.* tatuś *m*
Vegetarier *m* -s, - wegetarianin *m*
vegetarisch *adj* jarski, wegetariański
Veilchen *n* -s, - fiołek *m*
Veloursleder *n* -s zamsz *m*
Vene *f* -, -n żyła *f*
Ventil *n* -s, -e wentyl *m*, zawór *m*
Ventilator *m* -s, -en wentylator *m*
verabreden I. *vt* uzgadniać (**etw mit j-m** coś z kimś) **II.** *vr* **sich ~** umawiać się (**mit j-m** z kimś)
Verabredung *f* -, -en umówienie się *n*, umowa *f*; spotkanie *n*
verabreichen *vt* poda(wa)ć, da(wa)ć (*np.* lek)
verabscheuen *vt* czuć wstręt <odrazę> (**j-n** do kogoś); brzydzić się (**etw** czymś)
verabschieden, sich *vr* po|żegnać się (**von j-m** z kimś)
verachten *vt* pogardzać, gardzić (**j-n** kimś, **etw** czymś)
verächtlich *adj* pogardliwy; **~e Blicke** pogardliwe spojrzenia
Verachtung *f* - pogarda *f*
verallgemeinern *vt* uogólniać
veraltet *adj* przestarzały
Veranda *f* -, ...den weranda *f*
veränderlich *adj* zmienny
verändern *vt* (*umgestalten*) zmieni(a)ć (**sich**)
Veränderung *f* -, -en zmiana *f*, odmiana *f*
Veranlagung *f* -, -en (*Befähigung*) uzdolnienie *n*; (*Neigung*) skłonność *f*
veranlassen *vt* 1. s|powodować; **das Nötige ~** zarządzić co trzeba 2. skłaniać (**j-n zu einer Sache** kogoś do czegoś)
Veranlassung *f* -, -en powód *m*; polecenie *n*, zarządzenie *n*

veranschaulichen *vt* zobrazować, z|ilustrować, unaoczniać
veranstalten *vt* urządzać (*np.* koncert)
Veranstaltung *f* -, -en impreza *f*; **kulturelle ~en** imprezy kulturalne
verantwortlich *adj* odpowiedzialny (**für etw** za coś)
Verantwortung *f* -, -en odpowiedzialność *f*
verarbeiten *vt* przetwarzać, przerabiać; **die ~de Industrie** przemysł przetwórczy
verärgern *vt* rozgniewać, zdenerwować
verarzten *vt* opatrzyć, udzielić pomocy lekarskiej
veräußern *vt* sprzed(aw)ać
Verb *n* -s, -en czasownik *m*
Verband *m* -(e)s, **Verbände** związek *m*, zrzeszenie *n*; *mil.* formacja *f*; *med.* opatrunek *m*
Verband(s)kasten *m* -s, ...kästen apteczka pierwszej pomocy
Verband(s)mull *m* -(e)s gaza opatrunkowa
Verband(s)zeug *n* -(e)s materiał opatrunkowy
verbergen* *vt* (*verstecken*) ukry(wa)ć; chować; (*verheimlichen*) zatajać (**seinen Kummer** swoje troski)
verbessern *vt* ulepszać; poprawi(a)ć; **einen Rekord ~** poprawić rekord; korygować (**einen Fehler** błąd)
Verbesserung *f* -, -en ulepszenie *n*, udoskonalenie *n*; poprawa *f*
verbeugen, sich *vr* skłonić się (**vor j-m** przed kimś)
verbiegen* *vt* wyginać, skrzywi(a)ć
verbieten* *vt* zakaz(yw)ać, zabraniać; **Zutritt verboten!** wstęp wzbroniony!
verbinden* *vt* 1. po|łączyć, po|wiązać; *tel.* **falsch verbunden** pomyłka 2. *med.* opatrywać (ranę) 3. **j-m verbunden sein** być zobowiązanym komuś
verbindlich *adj* obowiązujący, wiążący; (*höflich*) uprzejmy
Verbindung *f* -, -en 1. łączenie *n*, łączenie się *n*, powiązanie *n*; **eine direkte ~** bezpośrednie połączenie; **eine telefonische ~** połączenie telefoniczne 2. łączność *f*, kontakt *m*; **in ständiger ~ mit j-m stehen** być z kimś w stałym kontakcie 3. *chem.* związek *m*
Verbindungsstelle *f* -, -n styk *m*, spojenie *n*

verbissen *adj* zawzięty, zaciekły
verbitten* *vt* wypraszać (**sich etw** sobie coś)
verblassen *vi s* blaknąć, płowieć (*o kolorze*); *figur.* blednąć
verbleiben* *vi s* po|zostawać
verblüffen *vt* zadziwi(a)ć, zaskoczyć; wprawić w osłupienie
verborgen → **verbergen**; *adj* ukryty, skryty, utajony
verbot → **verbieten**
Verbot *n* **-(e)s, -e** zakaz *m*; **ein ~ erlassen** wydać zakaz
verboten → **verbieten**; *adj* zakazany, wzbroniony; zabroniony; **Rauchen ~!** palenie wzbronione!
Verbotszeichen *n* **-s, -** *mot.* znak zakazu
Verbrauch *m* **-(e)s** zużycie *n*; spożycie *n*; konsumpcja *f*
verbrauchen *vt* zuży(wa)ć; spożywać, pochłaniać
Verbraucher *m* **-s, -** użytkownik *m*, konsument *m*
Verbrechen *n* **-s, -** zbrodnia *f*, przestępstwo *n*
Verbrecher *m* **-s, -** zbrodniarz *m*, przestępca *m*
verbrecherisch *adj* zbrodniczy, przestępczy
verbreiten **I.** *vt* szerzyć, rozpowszechni(a)ć **II.** *vr* **sich ~** szerzyć się, rozchodzić się
verbrennen* **I.** *vt* **1.** spalać; palić; **Müll ~** spalić śmiecie **2.** przypalać (**Speisen** potrawy) **II.** *vi s* palić się, płonąć **III.** *vr* **sich ~** poparzyć się (**an einer Sache** czymś)
Verbrennung *f* **-, -en** spalanie *n*; *med.* oparzenie *n*
Verbrennungsmotor *m* **-s, -en** silnik spalinowy
verbringen* *vt* spędzić (**die Zeit** czas)
verbrühen, sich *vr* sparzyć się
Verbündete(r) *f, m* **-n, -n** sprzymierzeniec *m*, sojusznik *m*, sojuszniczka *m*
Verdacht *m* **-(e)s, -e** *o.* **Verdächte** podejrzenie *n*; **im ~ stehen** być podejrzanym
verdächtig *adj* podejrzany (**des Mordes** o morderstwo)
Verdächtige(r) *f, m* **-n, -n** podejrzany *m*, podejrzana *f*
verdächtigen *vt* podejrzewać
verdammen *vt* potępi(a)ć; *figur.* skazywać
verdammt *adj ugs.* cholerny; **es war ~ kalt** było cholernie zimno

verdanken *vt* zawdzięczać (**j-m etw** komuś coś)
verdarb → **verderben**
verdauen *vt* s|trawić; *figur.* przetrawić
Verdauung *f* **-** trawienie *n*; **an schlechter ~ leiden** mieć kło-poty z trawieniem
Verdauungsapparat *m* **-(e)s, -e** *anat.* system trawienny
Verdauungsstörungen *pl* zaburzenia trawienia
Verdeck *n* **-(e)s, -e** *naut.* górny pokład; buda *f*, dach *m* (pojazdu)
verdecken *vt* zakry(wa)ć, zasłaniać
verderben* **I.** *vi s* ze|psuć się **II.** *vt* po|psuć; **j-m die gute Laune ~** zepsuć komuś humor; **es mit j-m ~** narazić się
verderblich *adj* **1.** zgubny **2. leicht ~** szybko psujący się
verdienen *vt* **1.** zasługiwać (na coś) **2.** zarabiać; **wenig ~** mało zarabiać
Verdienst[1] *m* **-(e)s, -e** zarobek *m*; wynagrodzenie *n*
Verdienst[2] *n* **-(e)s, -e** zasługa *f*
verdient → **verdienen**; *adj* zasłużony
verdirbt → **verderben**
verdoppeln *vt* podwajać
verdorben → **verderben**; *adj* zepsuty; **~es Fleisch** popsute mięso
verdrängen *vt* wypierać, spychać; *figur.* tłumić
verdrehen *vt* **1.** wykręcać; **j-m den Arm ~** wykręcić komuś rękę **2.** *figur.* (*entstellen*) przekręcać
verdrießen* *vt* gniewać, irytować, złościć
verdross → **verdrießen**
Verdruss *m* **-es, -e** niezadowolenie *n*, zły humor
verduften *vi s ugs.* zwiać; **verdufte!** zjeżdżaj!
verdunkeln *vt* zaciemni(a)ć (pomieszczenie); zasłonić, zakryć
verdunsten *vi s* wyparować
verdursten *vi s* z|ginąć z pragnienia
veredeln *vt* uszlachetniać
verehren *vt* czcić, szanować
Verehrer *m* **-s, -** wielbiciel *m*
verehrt → **verehren**; *adj* czcigodny, szanowny; **Sehr ~er Herr!** Szanowny Panie!
Verehrung *f* **-** cześć *f*, uwielbienie *n*
Vereidigung *f* **-, -en** zaprzysiężenie *n*
Verein *m* **-(e)s, -e** związek *m*, stowarzyszenie *n*; **einem ~ beitreten** wstąpić do związku; **lustiger ~** wesoła kompania

vereinbar *adj* dający się pogodzić (**mit einer Sache** z czymś)
vereinbaren *vt* uzgadniać (**etw mit j-m** coś z kimś)
Vereinbarung *f* -, -en układ *m*, umowa *f*
vereinen *vt* łączyć, jednoczyć; **ein vereintes Europa** zjednoczona Europa
vereinfachen *vt* upraszczać
vereinigen I. *vt* po|łączyć, z|jednoczyć, zrzeszać **II.** *vr* **sich ~** po|łączyć się, zrzeszyć się
Vereinigung *f* -, -en zrzeszenie *n*
vereinzelt *adj* odosobniony, sporadyczny
vereist *adj* oblodzony
vereiteln *vt* udaremni(a)ć
vereitert *adj* zropiały
verfahren* **I.** *vi* s postępować, obchodzić się; **rücksichtslos ~** postępować bezwzględnie **II.** *vr* **sich ~** zmylić drogę; **ich habe mich ~** źle pojechałem (*niewłaściwą drogą*)
Verfahren *n* -s, - **1.** *juris.* postępowanie *n*; **ein gerichtliches ~** postępowanie sądowe **2.** procedura *f*, metoda *f*
Verfall *m* -(e)s upadek *m*, chylenie się ku upadkowi
verfallen* *vi s* **1.** upadać; podupadać, tracić zdrowie **2.** (*von Gebäuden*) rozpadać się **3.** popadać (**einem Laster** w nałóg)
verfänglich *adj* podstępny (*np.* pytanie)
verfassen *vt* z|redagować, na|pisać
Verfasser *m* -s, - autor *m*
Verfassung *f* -, -en **1.** (*Grundgesetz*) konstytucja *f* **2.** *sing* stan *m*, kondycja *f*, forma *f*
Verfassungsgericht *n* -(e)s Trybunał Konstytucyjny
verfassungswidrig *adj* niezgodny z konstytucją
verfaulen *vi s* z|gnić
verfehlen *vt* chybi(a)ć (**das Ziel** celu); roz|mijać się (**j-n** z kimś); **den Weg ~** zabłądzić
verfilmen *vt* sfilmować, zekranizować
ein Ziel ~ zmierzać do celu
verflossen *adj* ubiegły, zeszły
verfluchen *vt* przekląć (**j-n** kogoś); przeklinać (**etw** coś); **verflucht (noch mal)!** do diabła!
verfolgen *vt* **1.** ścigać (przestępcę); (*bedrängen*) prześladować **2.** śledzić (*np.* wydarzenia); **ein Ziel ~** zmierzać do celu
Verfolger *m* -s, - prześladowca *m*
Verfolgung *f* -, -en pościg *m*; **die ~ aufnehmen** podjąć pościg
verfrüht *adj* przedwczesny
verfügbar *adj* będący do dyspozycji

verfügen I. *vt* zarządzać, nakaz(yw)ać **II.** *vi* rozporządzać, za|dysponować (**über etw** czymś)
Verfügung *f* -, -en **1.** zarządzenie *n*, rozkaz *m* **2.** *sing* dysponowanie *n*; **ich stehe Ihnen zur ~** jestem do pana dyspozycji
verführen *vt* **1.** (*verlocken*) namawiać, nakłaniać, kusić **2.** uwodzić
verführerisch *adj* ponętny, uwodzicielski
vergammeln *vi s ugs.* popsuć się, spleśnieć
Vergangenheit *f* - przeszłość *f*; *gram.* czas przeszły
Vergaser *m* -s, - *mot.* gaźnik *m*
vergaß → **vergessen**
vergeben* *vt* **1.** (*verzeihen*) przebaczać (**j-m** komuś) **2.** roz|da(wa)ć (**Stipendien** stypendia)
vergeblich *adj* daremny, bezskuteczny
vergehen* *vi s* przechodzić, prze|mijać; **die Tage ~** dni mijają
Vergehen *n* -s, - przewinienie *n*, wykroczenie *n*, występek *m*
vergelten* *vt* odpłacać; **Gleiches mit Gleichem ~** odpłacać tym samym
Vergeltung *f* - odwet *m*, rewanż *m*
vergessen* *vt* zapominać (**etw** o czymś); **ich habe deine Adresse vergessen** zapomniałem twojego adresu
Vergessenheit *f* - zapomnienie *n*
vergesslich *adj* łatwo zapominający
vergeuden *vt* roz|trwonić, marnować
vergewissern, sich *vr* upewni(a)ć się (**eines Dinges** o czymś, co do czegoś)
vergießen* *vt* rozl(ew)ać; wylewać (łzy); przelewać (krew)
vergiften *vt* (*giftig machen*) zatruć; zatruć się; (*töten*) otruć
Vergiftung *f* -, -en zatrucie *n*; otrucie *n*
vergilben *vi s* pożółknąć, zżółknąć
Vergissmeinnicht *n* -(e)s, -(e) *bot.* niezapominajka *f*
vergisst → **vergessen**
Vergleich *m* -(e)s, -e **1.** porównanie *n*; **im ~ zu j-m** w porównaniu z kimś **2.** *juris.* (*Vertrag*) ugoda *f*
vergleichbar *adj* porównywalny
vergleichen* *vt* porówn(yw)ać (**mit einer Sache** z czymś); **Preise ~** porównywać ceny; **einen Streit ~** załagodzić spór
Vergnügen *n* -s, - **1.** *sing* przyjemność *f*; **mit wem habe ich das ~?** z kim mam przyjemność? **2.** (*Spaß*) rozrywka *f*, zabawa *f*; **viel ~!** wesołej zabawy!

vergnügen, sich *vr* bawić się, zabawiać się
vergnügt *adj* wesoły, pogodny
Vergnügungslokal *n* -s, -e lokal rozrywkowy
vergoldet *adj* pozłacany
vergraben* *vt* zakop(yw)ać
vergriffen *adj* wyczerpany (*o nakładzie książki*); wykupiony (*o towarze*)
vergrößern I. *vt* powiększać **II.** *vr sich ~* zwiększać się
Vergrößerung *f* -, -en powiększenie *n*, zwiększenie *n*
Vergrößerungsglas *n* -es, ...gläser szkło powiększające, lupa *f*
vergöttern *vt* ubóstwiać
vergreifen*, **sich** *vr* **1.** (*danebengreifen*) pomylić się, popełnić błąd **2.** (*sich etw aneignen*) przywłaszczyć sobie coś **3.** (*tätlich werden*) **sich an j-m ~** dopuścić się rękoczynów, uderzyć (kogoś)
Vergünstigung *f* -, -en przywilej *m*, ulga *f*
Vergütung *f* -, -en zapłata *f*; (*Entschädigung*) odszkodowanie *n*
verhaften *vt* za|aresztować
Verhaftung *f* -, -en aresztowanie *n*
verhageln *vi s* zniszczyć, wybić (*o gradzie*)
Verhalten *n* -s zachowanie się *n*, postawa *f*
verhalten*, **sich** *vr* zachow(yw)ać się; **die Sache verhält sich so** rzecz tak się przedstawia
Verhältnis *n* -ses, -se **1.** stosunek *m*, proporcja *f*; **im ~ zu ...** w stosunku do ... **2.** (*persönliche Beziehung*) stosunek **3.** (*Liebesverhältnis*) romans *m*, przygoda miłosna **4.** *pl* (*Umstände*) warunki *mpl*, okoliczności *fpl*
verhältnismäßig *adv* stosunkowo, względnie, proporcjonalnie
verhandeln *vi* rokować, pertraktować (**mit j-m über etw** z kimś o coś)
Verhandlung *f* -, -en **1.** *pl* rokowania *pl*, pertraktacje *pl* **2.** (*Gerichtssitzung*) rozprawa sądowa
verhängnisvoll *adj* fatalny; zgubny
verhasst *adj* znienawidzony
verheeren *vt s*|pustoszyć
verheimlichen *vt* zatajać, skrywać
verheiratet *adj* (*Mann*) żonaty; (*Frau*) zamężna, mężatka
verheißungsvoll *adj* obiecujący
verhelfen* *vi* dopomagać (**j-m zu einer Sache** komuś w czymś)
verhetzen *vt* podburzać, podżegać

verhexen *vt* zaczarować
verhindern *vt* przeszkodzić, uniemożliwić; zapobiec (**etw** czemuś)
verhöhnen *vt* wyszydzać
Verhör *n* -(e)s, -e przesłuchanie *n*
verhören I. *vt* przesłuch(iw)ać (*np.* świadka) **II.** *vr sich ~* przesłyszeć się
verhüllen *vt* zasłaniać, przesłaniać; *figur.* **eine verhüllte Drohung** ukryta groźba
verhungern *vi s* z|ginąć <umrzeć> z głodu
verhüten *vt* zapobiegać (czemuś); **ein Unglück ~** zapobiec nieszczęściu
Verhütungsmittel *n* -s *med.* środek antykoncepcyjny
verirren, sich *vr* zabłąkać się
verjagen *vt* przepędzać (*np.* ptaki)
verjähren *vi s* ulec przedawnieniu
verjubeln *vt ugs.* przepuścić, przepuścić
verkappt *adj* zamaskowany, zawoalowany
verkatert *adj ugs.* skacowany
Verkauf *m* -(e)s, **Verkäufe** sprzedaż *f*; **zum ~** na sprzedaż
verkaufen *vt* sprzeda(wa)ć; **etw unter seinem Wert ~** sprzedać coś poniżej wartości
Verkäufer *m* -s, - sprzedawca *m*
Verkäuferin *f* -, -nen ekspedientka *f*, sprzedawczyni *f*
Verkehr *m* -s **1.** ruch *m*, komunikacja *f*; **2.** (*Umgang*) obcowanie *n*, stosunki *mpl*; **den ~ mit j-m abbrechen** zerwać z kimś stosunki **3.** (*Geschlechtsverkehr*) stosunek *m*; **vorehelicher ~** stosunki przedmałżeńskie
verkehren *vi* **1.** kursować (*o środkach lokomocji*) **2.** bywać; **mit j-m ~** utrzymywać stosunki z kimś
Verkehrsampel *f* -, -n światło sygnalizacyjne
Verkehrsflugzeug *n* -(e)s, -e samolot komunikacyjny
Verkehrsmeldung *f* -, -en (radiowy) komunikat o sytuacji na drogach
Verkehrsmittel *n* -s, - środek lokomocji
Verkehrsordnung *f* - przepisy ruchu drogowego, regulamin ruchu
Verkehrspolizei *f* - policja drogowa
Verkehrsstau *m* -s, -s *ugs.* korek *m*
Verkehrsunfall *m* -(e)s, ...unfälle wypadek drogowy
Verkehrswesen *n* -s komunikacja *f*
Verkehrszeichen *n* -s, - znak drogowy
verkehrt *adj* **1.** odwrócony, odwrotny **2.** (*falsch*) zły; niewłaściwy

verklagen *vt* zaskarżyć
verkleiden *vt* przeb(ie)rać (**als** za kogoś)
verkleinern *vt* zmniejszać (**sich** się)
verknallen, sich *vr ugs.* zakochać się
verknüpfen *vt* z|wiązać; połączyć (**mit einer Sache** z czymś)
verkommen*[1] *vi s* marnieć, podupadać; stawać się; niszczeć
verkommen[2] *adj* podupadły
verkorken *vt* zakorkować
verkörpern *vt* uosabiać, personifikować
Verkörperung *f* -, -en uosobienie *n*, wcielenie *n*
verkriechen*, **sich** *vr* schować się, zaszyć się, ukrywać się
verkürzen *vt* skracać; **verkürzte Arbeitszeit** skrócony czas pracy
verladen* *vt* załadow(yw)ać (towa-ry)
Verlag *m* -(e)s, -e wydawnictwo *n*
verlangen *vt* za|żądać, wymagać (czegoś)
Verlangen *n* -s, - pragnienie *n*, życzenie *n*, pożądanie *n*
verlängern *vt* przedłużać; **den Pass ~ lassen** przedłużyć paszport
Verlängerung *f* -, -en przedłużenie *n*
Verlängerungsschnur *f* -, ...schnüre *el.* przedłużacz *m*
verlangsamen *vt* zwolnić (tempo)
Verlass *m*: **auf j-n ist (kein) ~** na kimś (nie) można polegać
verlassen* I. *vt* opuszczać; zostawić II. *vr* **sich ~** polegać (**auf j-n** na kimś), zda(wa)ć się (na kogoś)
verlässlich *adj* pewny, godny zaufania
Verlauf *m* -(e)s, **Verläufe** przebieg *m*; **nach ~ von ...** po upływie ...
verlaufen* I. *vi s* 1. (*ablaufen*) upływać, mijać, przebiegać 2. (*in eine Richtung führen*) przechodzić, przebiegać, prowadzić II. *vr* **sich ~** zabłądzić
verlaust *adj* zawszony
verlauten *vi s*: **es verlautet, dass ...** mówi się, że ...
verlegen[1] *vt* 1. zarzucać, zapodzi(ew)ać (*np. klucz*) 2. (*verschieben*) przesunąć, przełożyć 3. przenosić (**in eine andere Stadt** do innego miasta) 4. (*versperren*) zagradzać, blokować; **den Weg ~** zagradzać drogę 5. (*veröffentlichen*) wyda(wa)ć, publikować
verlegen[2] *adj* zakłopotany; **~ werden** zmieszać się
Verlegenheit *f* -, -en 1. kłopot *m* 2. *sing* zakłopotanie *n*, zmieszanie *n*

Verleger *m* -s, - wydawca *m*
Verleih *m* -(e)s, -e wypożyczalnia *f*
verleihen* *vt* 1. wy|pożyczać (*np. samochody*) 2. (*überreichen*) nada(wa)ć (*np. odznaczenie*)
verleiten *vt* namawiać (**zu einer Sache** do czegoś)
verlernen *vt* zapomnieć (coś); s|tracić wprawę (w czymś)
verletzen I. *vt* z|ranić, s|kaleczyć; naruszać (**Vorschriften** przepisy); *figur.* ranić, obrażać II. *vr* **sich ~** zranić się, skaleczyć się
Verletzte(r) *f, m* -n, -n ranny *m*, ranna *f*
Verletzung *f* -, -en skaleczenie *n*, rana *f*; (*einer Vorschrift*) naruszenie *n*; *figur.* zranienie *n*
verleugnen *vt* wypierać się, wyprzeć się (**j-n** kogoś, **etw** czegoś); zaprzeczać (**etw** czemuś)
verleumden *vt* oczerni(a)ć, obmawiać, szkalować
verlieben, sich *vr* zakochać się (**in j-n** w kimś)
Verliebte(r) *f, m* -n, -n zakochany *m*, zakochana *f*
verlieren* *vi, vt* 1. zgubić; stracić; **seine Stellung ~** utracić stanowisko; **die Geduld ~** stracić cierpliwość 2. **an Wert ~** tracić na wartości; **an Gewicht ~** tracić na wadze 3. (*besiegt werden*) przegrać (*np. wojnę*); **eine Wette ~** przegrać zakład
verloben, sich *vr* zaręczyć się
Verlobte(r) *f, m* -n, -n narzeczony *m*, narzeczona *f*
Verlobung *f* -, -en zaręczyny *n*
verlocken *vt* nęcić
verlogen *adj* zakłamany; kłamliwy
Verlogenheit *f* -, -en zakłamanie *n*
verlor → **verlieren**
verloren *adj* 1. stracony, utracony 2. zgubiony; **~ gehen** zginąć, zgubić się
verlosen *vt* rozlosować
Verlust *m* -(e)s, -e strata *f*, utrata *f*; (*im Spiel*) przegrana *f*
vermachen *vt* zapisać w testamencie; *figur.* podarować
Vermächtnis *n* -ses, -se zapis *m*, testament *m*
vermählen, sich *vr* poślubić (**mit j-m** kogoś)
vermehren I. *vt* mnożyć, pomnażać, powiększać II. *vr* **sich ~** 1. mnożyć się, wzrastać 2. rozmnażać się

Vermehrung *f* -, **-en** rozmnażanie (się) *n*, pomnażanie *n*
vermeiden* *vt* unikać (**etw** czegoś)
vermeintlich *adj* rzekomy
Vermerk *m* **-(e)s, -e** zapisek urzędowy
vermieten *vt* wynajmować; **j-m <an j-n> etw ~** wynająć coś komuś; **Zimmer zu ~** pokój do wynajęcia
Vermieter *m* **-s, -** wynajmujący *m*
vermindern I. *vt* zmniejszać **II.** *vr* **sich ~** zmniejszać się
vermischen *vt* z|mieszać, wymieszać (**etw mit einer Sache** coś z czymś)
vermissen *vt* odczuwać brak <nieobecność> (**j-n** kogoś, **etw** czegoś); zauważyć brak czegoś
Vermisste(r) *f*, *m* **-n, -n** zaginiony *m*, zaginiona *f*
vermitteln I. *vt* pośredniczyć (w czymś); **j-m etw ~** wystarać się komuś o coś; **j-m Arbeit ~** pomóc komuś w znalezieniu pracy **II.** *vi* pośredniczyć (**in einer Sache** w czymś), interweniować
Vermittler *m* **-s, -** pośrednik *m*
Vermittlung *f* -, **-en 1.** pośrednictwo *n* **2.** centrala telefoniczna
vermögen* *vt* **1.** móc, umieć, potrafić (*mit Infinitiv mit* **zu**) **2.** (*erreichen*) osiągnąć, zdziałać
Vermögen *n* **-s, -** majątek *m*; **sein ganzes ~ verlieren** stracić cały majątek
vermögend *adj* majętny
vermuten *vt* domyślać się (czegoś), przypuszczać
vermutlich *adv* przypuszczalnie
Vermutung *f* -, **-en** domysł *m*, przypuszczenie *n*
vernachlässigen *vt* zaniedb(yw)ać; **die Schule ~** zaniedbywać naukę (szkolną)
vernageln *vt* zabić gwoździami
vernarben *vi s* zabliźnić się (*o ranie*)
vernehmen* *vt* **1.** u|słyszeć (**Hilferufe** wołania o pomoc) **2.** (*erfahren*) dowiedzieć się (o czymś) **3.** (*verhören*) przesłuch(iw)ać
verneigen, sich *vr* ukłonić się, skłonić się (**vor j-m** komuś)
verneinen *vt* przeczyć, zaprzeczać (**etw** czemuś)
Verneinung *f* -, **-en** zaprzeczenie *n*
vernichten *vt* z|niszczyć
Vernunft *f* - rozsądek *m*, rozum *m*
vernünftig *adj* rozsądny, rozumny; **sei doch ~!** bądź rozsądny!

verödet *adj* opustoszały
veröffentlichen *vt* o|publikować, wydać drukiem; ogłaszać
Veröffentlichung *f* -, **-en** opublikowanie *n*, podanie do wiadomości; publikacja *f*, wydawnictwo *n*
verordnen *vt* *med.* przepis(yw)ać, zalecać; zarządzać
Verordnung *f* -, **-en** *med.* zalecenie *n*; zarządzenie *n*, rozporządzenie *n*
verpachten *vt* wydzierżawi(a)ć
verpacken *vt* za|pakować
Verpackung *f* -, **-en 1.** *sing* pakowanie *n* **2.** opakowanie *n*
verpassen *vt* **1.** spóźnić się, nie zdążyć; **den Zug ~** spóźnić się na pociąg **2.** przegapić, nie wykorzystać
verpesten *vt* zatruwać, zanieczyszczać; **die Luft ~** zanieczyszczać powietrze
verpflanzen *vt* przesadzić (*np.* krzew); *med.* przeszczepić
Verpflegung *f* - zaopatrzenie *n* (w żywność); (*Ernährung*) wyżywienie *n*, jedzenie *n*
verpflichten I. *vt* **1.** zobowiąz(yw)ać (**j-n zu einer Sache** kogoś do czegoś) **2.** angażować; **j-n als Trainer ~** zaangażować kogoś jako trenera **II.** *vr* **sich ~ 1.** zobowiązać się **2.** zaangażować się, zatrudnić się
Verpflichtung *f* -, **-en** zobowiązanie *n*, obowiązek *m*
verpfuschen *vt* s|partaczyć (pracę)
verplappern, sich *vr* wygadać się, wypaplać
Verputz *m* **-es** tynk *m*
Verrat *m* **-(e)s** zdrada *f*
verraten* *vt* zdradzać (tajemnicę); **j-n ~** zdradzić kogoś, sprzeniewierzyć się komuś
Verräter *m* **-s, -** zdrajca *m*
verräterisch *adj* zdradziecki
verrechnen I. *vt* rozliczać **II.** *vr* **sich ~ 1.** (*falsch rechnen*) pomylić się w liczeniu **2.** (*sich täuschen*) przeliczyć się
Verrechnung *f* -, **-en** zarachowanie *n*, rozliczenie *n*
verregnet *adj* zamoknięty
verreisen *vi s* wyjeżdżać (w podróż)
verrenken *vt* zwichnąć; **sich den Arm ~** zwichnąć sobie ramię
Verrenkung *f* -, **-en** zwichnięcie *n*
verrichten *vt* wykon(yw)ać (swój obowiązek); załatwi(a)ć
verriegeln *vt* zaryglować (drzwi)
verringern *vt* zmniejszać (prędkość)

verrohen *vi s* stać się brutalnym, zdziczeć
verrosten *vi s* za|rdzewieć
verrückt *adj* zwariowany; **~ werden** zwariować
Verrückte(r) *f, m* **-n, -n** szaleniec *m*, wariat *m*, wariatka *f*
Verrücktheit *f* **-, -en 1.** *sing* szaleństwo *n*, obłęd *m* **2.** wariactwo *n*, bzik *m*
verrußt *adj* zanieczyszczony sadzą
Vers [fers] *m* **-es, -e 1.** wiersz *m*, wers *m* **2.** strofa *f*
versagen I. *vt* odmawiać **II.** *vi* (*an etw scheitern*) zawodzić; (*aufhören zu funktionieren*) odmawiać posłuszeństwa (*np.* hamulce)
versalzen I. *vt* przesolić; **sie hat die Kartoffeln ~** przesoliła kartofle **II.** *vi s* (**versalzt**) ulegać zasoleniu
versammeln I. *vt* z|gromadzić, zbierać **II.** *vr* **sich ~** zebrać się, zgromadzić się
Versammlung *f* **-, -en** zebranie *n*, zgromadzenie *n*
Versand *m* **-(e)s 1.** wysyłka *f* **2.** spedycja *f* (*dział*)
versaufen* *vt ugs.* przepić (**sein Geld** pieniądze)
versäumen *vt* opuszczać (**den Unterricht** lekcje); przegapić, przepuścić (**eine Gelegenheit** okazję); **den Zug ~** spóźnić się na pociąg
verschaffen *vt* wy|starać się (o coś), załatwić; zapewnić (**sich etw** sobie coś)
verschärfen *vt* zaostrzyć (**sich** się)
verschenken *vt* rozdawać
verscheuchen *vt* przepędzić, przepłoszyć; *figur.* odpędzić
verschicken *vt* wys(y)łać, rozsyłać
verschieben* **I.** *vt* **1.** przesuwać (*np.* meble) **2.** (*zeitlich*) przesuwać, przekładać; **bis auf...** odraczać (aż) do... **II.** *vr* **sich ~** przesuwać się
verschieden *adj* **1.** (*unterschiedlich*) różny; odmienny **2.** (*mehrere, manche*) różny, rozmaity; **es gibt ~e Gründe für...** są różne przyczyny...
verschiedenartig *adj* różnorodny
Verschiedenheit *f* **-, -en** różnorodność *f*
verschimmeln *vi s* za|pleśnieć
verschlafen[1]* *vi, vt* zaspać; przespać
verschlafen[2] *adj* zaspany
Verschlag *m* **-(e)s, Verschläge** przepierzenie *n*
verschlechtern I. *vt* pogarszać **II.** *vr* **sich ~** pogarszać się (*np.* zdrowie)
Verschlechterung *f* **-, -en** pogorszenie *n*

verschleißen *vi, vt* zużywać (się), niszczyć (się)
verschleppen *vt* **1.** deportować, wywozić **2.** (*verzögern*) przewlekać, przeciągać
Verschleppung *f* **-, -en** deportacja *f*
verschließen* *vt* **1.** (*abschließen*) zamykać; **das Haus ~** zamknąć dom **2.** (*wegschließen*) zamknąć, schować
verschlimmern, sich *vr* pogarszać się
verschlingen* *vt* pożerać, pożreć; pochłaniać (**das Buch** książkę)
verschlossen → **verschließen**; *adj figur.* zamknięty, skryty
verschlucken I. *vt* połykać (**eine Tablette** tabletkę) **II.** *vr* **sich ~** zakrztusić się
Verschluss *m* **-es, Verschlüsse** zamek *m*; zapięcie *n*; zamknięcie *n*; **unter ~** pod kluczem
verschmelzen *vt* **1.** stapiać **2.** (*vereinigen*) połączyć
verschmutzen *vt* zanieczyszczać
verschnaufen *vi* odsapnąć, odetchnąć
verschneit *adj* zaśnieżony
verschnupft *adj* zakatarzony
verschollen *adj* zaginiony
verschonen *vt* oszczędzić
verschönern *vt* upiększać
verschreiben* *vt*: **ein Medikament ~** zapis(yw)ać lekarstwo
verschreibungspflichtig *adj* tylko na receptę
verschrotten *vt* złomować
verschüchtert *adj* onieśmielony, zastraszony
verschulden I. *vt* zawinić, spowodować (**einen Unfall** wypadek) **II.** *vr* **sich ~** zadłużyć się
verschütten *vt* rozsyp(yw)ać; (*vergießen*) rozl(ew)ać (*np.* mleko); zasyp(yw)ać (**einen Graben** rów)
verschweigen* *vt* zatajać (**j-m etw** coś przed kimś); przemilczeć
verschwenden *vt* trwonić, marnować
Verschwendung *f* **-, -en** marnotrawstwo *n*, rozrzutność *f*
verschwiegen → **verschweigen**; *adj* dyskretny
verschwinden* *vi s* znikać, ginąć; **mein Geld war verschwunden** zginęły mi pieniądze; *ugs.* **verschwinde!** zjeżdżaj!
Verschwörung *f* **-, -en** spisek *m*
versehen* *vt* zaopatrywać (**mit einer Sache** w coś)

Versehen n -s, - przeoczenie n, pomyłka f; **aus ~** przez pomyłkę
versehentlich adv omyłkowo
versenden° vt rozsyłać; wys(y)łać
versenken I. vt zatapiać (**ein Schiff** okręt) **II.** vr **sich ~** pogrążać się, zatopić się
versetzen I. vt **1.** przenosić; przsadzać (**Pflanzen** rośliny) **2.** przenosić służbowo; promować (**Schüler** uczniów) **3. j-m einen Schlag ~** uderzyć kogoś **II.** vr **sich ~** wejść, wczuć się
versichern vt **1.** zapewni(a)ć (**j-m** kogoś) **2.** ubezpieczać (**gegen etw** od czegoś)
Versicherung f -, -en **1.** zapewnienie n **2.** ubezpieczenie n (**gegen etw** od czegoś); towarzystwo ubezpieczeniowe
Versicherungsbeitrag m -(e)s, ...beiträge składka ubezpieczeniowa
Versicherungsgesellschaft f -, -en zakład ubezpieczeń, towarzystwo ubezpieczeniowe
versiegeln vt za|pieczętować, opieczętować
versinken° vi s za|tonąć (**im Meer** w morzu); pogrążać się (**in einer Sache** w czymś)
versöhnen, sich vr po|godzić się (**mit j-m** z kimś), pojednać się
versorgen vt **1.** zaopatrywać (**mit einer Sache** w coś), dostarczać **2.** zajmować się, opiekować się (**j-n** kimś)
Versorgung f - zaopatrywanie n, zaopatrzenie n
verspäten, sich vr spóźni(a)ć się
Verspätung f -, -en opóźnienie n, spóźnienie n
versperren vt zagradzać, tarasować (np. wjazd)
verspielen vt, vi (verlieren) przegr(yw)ać
verspotten vt wyśmi(ew)ać (**j-n** kogoś, **etw** coś); drwić (z kogoś, czegoś)
versprechen° **I.** vt obiec(yw)ać; zapowiadać **II.** vr **sich ~** przejęzyczyć się
Versprechen n -s, - obietnica f; **ein ~ erfüllen** spełnić obietnicę
verspüren vt odczu(wa)ć
verstaatlichen vt upaństwowić
Verstand m -(e)s rozum m; (Vernunft) rozsądek m; **wenig ~ haben** mieć mało rozumu; **bei ~** przy zdrowych zmysłach; **mit ~ ze zrozumieniem**
verständig adj rozsądny, rozumny
verständigen I. vt zawiadamiać **II.** vr **sich ~ 1.** porozumie(wa)ć się (**auf Englisch** po angielsku) **2.** dojść do porozumienia, porozumieć się (**mit j-m über etw** z kimś w jakiejś sprawie)
Verständigung f - **1.** powiadomienie n, zawiadomienie n **2.** porozumienie (się) n
verständlich adj zrozumiały; **sich ~ ausdrücken** wyrażać się zrozumiale
Verständnis n -ses, -se zrozumienie n (**für etw** dla czegoś)
verständnisvoll adj wyrozumiały, rozumiejący
verstärken vt wzmacniać; spotęgować, zwiększyć
Verstärker m -s, - techn. wzmacniacz m
verstauchen vt zwichnąć (**sich etw** sobie coś)
Versteck n -(e)s, -e kryjówka f
verstecken I. vt s|chować, s|kryć (**vor j-m** przed kimś); **das Geld ~** schować pieniądze **II.** vr **sich ~** s|chować się, s|kryć się
Verstecken n -s zabawa w chowanego
verstehen° **I.** vt **1.** z|rozumieć; pojąć; **kein Wort ~** nie rozumieć ani słowa; **verstanden?** zrozumiano? **2.** (können) umieć, potrafić; **sein Handwerk ~** znać się na swoim fachu **II.** vr **sich ~ 1.** znać się (**auf etw** na czymś) **2.** rozumieć się (**mit j-m** z kimś)
versteigern vt sprzeda(wa)ć na licytacji
Versteigerung f -, -en licytacja f
verstellbar adj ruchomy, przestawialny
verstellen I. vt **1.** przestawić, inaczej ustawić **2.** zastawiać; tarasować; **den Weg ~** zatarasować drogę **II.** vr **sich ~** udawać, maskować się
verstimmen vt **1.** rozstroić (**ein Instrument** instrument) **2.** rozdrażnić, wprawić w zły humor; **über etw verstimmt sein** być w złym humorze z jakiegoś powodu
verstohlen adj ukradkowy
verstopfen vt zat(y)kać (**eine Öffnung** otwór)
Verstopfung f -, -en **1.** zatkanie n **2.** med. obstrukcja f, zaparcie n
Verstorbene(r) f, m -n, -n zmarły m, zmarła f
verstoßen° **I.** vi wykraczać (**gegen etw** przeciw czemuś), naruszać (coś) **II.** vt odrzucić (**ein Kind** dziecko), wyrzec się
verstreichen° **I.** vt rozsmarować, rozprowadzić (**die Farbe** farbę) **II.** vi s mijać, upływać
verstümmeln vt okaleczać; figur. zniekształcać

verstummen *vi s* oniemieć; *figur.* zamilknąć

Versuch *m* -(e)s, -e próba *f*; (*Experiment*) doświadczenie *n*

versuchen *vt* **1.** próbować **2.** próbować, s|kosztować; **versuch mal den Wein!** spróbuj tego wina **3.** *geho.* (*verführen*) wodzić na pokuszenie

Versuchung *f* -, -en pokusa *f*

vertagen *vt* odraczać (konferencję)

vertauschen *vt* zamieni(a)ć, wziąć omyłkowo

verteidigen *vt* o|bronić; *sport.* **seinen Titel ~** bronić tytułu

Verteidiger *m* -s, - obrońca *m* (*o. juris., sport.*)

Verteidigung *f* -, -en obrona *f*; *sport.* **in der ~ spielen** grać na obronie

Verteidigungsminister *m* -s, - minister obrony

verteilen *vt* rozda(wa)ć (**an j-n** komuś); rozkładać, rozdzielać

Verteilung *f* -, -en rozdawanie *n*, podział *m*; dystrybucja *f*

vertiefen I. *vt* pogłębiać **II.** *vr* **sich ~ 1.** (*stärker werden*) pogłębiać się **2.** zagłębiać się, pogrążać się (**ins Gespräch** w rozmowie)

vertikal *adj* pionowy, prostopadły

vertilgen *vt* wy|tępić, z|niszczyć (**Ungeziefer** robactwo)

Vertrag *m* -(e)s, **Verträge** układ *m*, umowa *f*; **einen ~ schließen** zawrzeć układ

vertragen* **I.** *vt* znosić; tolerować **II.** *vr sich* **~** żyć w zgodzie; zgadzać się (**mit j-m** z kimś)

vertraglich *adj* zgodny z umową, umowny

verträglich *adj* **1.** dobrze przyswajalny **2.** zgodny (**ein Mensch** człowiek)

vertrauen *vi* za|ufać, dowierzać (**j-m** komuś)

Vertrauen *n* -s zaufanie *n* (**zu j-m** do kogoś)

vertraulich *adj* poufny

vertraut *adj* **1.** zaufany, bliski (przyjaciel) **2.** znany, bliski; **die ~e Umgebung** znajome otocze-nie **3.** obeznany (**mit einer Sache** z czymś)

vertreiben* *vt* **1.** wypędzać; rozpędzać, przepędzać **2.** (*im Großen verkaufen*) prowadzić sprzedaż, handlować (hurtowo) **3. sich die Zeit mit einer Sache ~** spędzać czas na czymś

vertreten* *vt* zastępować (**j-n** kogoś); reprezentować (**j-s Interessen** czyjeś interesy)

Vertreter *m* -s, - **1.** zastępca *m* **2.** przedstawiciel *m*, reprezentant *m* **3.** (*Handelsvertreter*) przedstawiciel handlowy

Vertretung *f* -, -en **1.** zastępstwo *n* **2.** przedstawicielstwo *n*

Vertrieb *m* -(e)s, -e sprzedaż *f*, handel *m* (hurtowy); dystrybucja *f*

Vertriebene(r) *f*, *m* -n, -n wygnaniec *m*, wygnanka *f*, wypędzony *m*, wypędzona *f*

vertrocknen *vi s* uschnąć, wyschnąć

verüben *vt* popełni(a)ć (*np.* przestępstwo)

verunglücken *vi s* ulec (nieszczęśliwemu) wypadkowi; **tödlich ~** zginąć w wypadku

Verunglückte(r) *f*, *m* -n, -n ofiara wypadku

verunreinigen *vt* za|brudzić; zanieczyszczać

verunsichern *vt* zaniepokoić

verunstalten *vt* oszpecić, szpecić

veruntreuen *vt* sprzeniewierzać, z|defraudować

verursachen *vt* s|powodować

verurteilen *vt* skaz(yw)ać (**j-n zu einer Haftstrafe** kogoś na karę więzienia); (*verdammen*) potępi(a)ć

Verurteilung *f* -, -en skazanie *n*, osądzenie *n*; potępienie *n*

vervielfachen *vt* zwielokrotnić, powiększyć, pomnożyć

vervielfältigen *vt* powielać, kopiować

vervollkommnen *vt* udoskonalać, doskonalić, wydoskonalić

vervollständigen *vt* uzupełni(a)ć (*np.* zbiór)

vorwaokolt *adj fot.* poruszony

verwahrlosen *vi s* **1.** ulec zaniedbaniu **2.** (*herunterkommen*) stoczyć się

verwaist *adj* osierocony

verwalten *vt* zarządzać, administrować (czymś)

Verwalter *m* -s, - zarządca *m*, administrator *m*

Verwaltung *f* -, -en administracja *f*, zarządzanie *n*

verwandeln *vt* **1.** (*völlig verändern*) zmienić, odmienić **2.** przemieni(a)ć (**in etw** w coś)

verwandt *adj* spokrewniony, krewny; **mit j-m nahe ~ sein** być z kimś blisko spokrewnionym

Verwandte(r) *f*, *m* -n, -n krewny *m*, krewna *f*

Verwandtschaft *f* -, **-en** pokrewieństwo *n*; krewni *mpl*
verwarnen *vt* upomnieć, udzielić upomnienia
Verwarnung *f* -, **-en** upomnienie *n*; **j-m eine ~ erteilen** udzielić komuś upomnienia
verwechseln *vt* zamieni(a)ć, pomylić (**j-n mit j-m** kogoś z kimś)
verwegen *adj* śmiały, zuchwały
verwehen *vt* zawiać, zasyp(yw)ać
verweigern *vt* odmawiać (**j-m etw** komuś czegoś)
verweint *adj* zapłakany
Verweis *m* **-es**, **-e 1.** nagana *f* **2.** (*Hinweis*) odsyłacz *m*
verwelken *vi s* z|więdnąć
verwenden* *vt* uży(wa)ć (**zu einer Sache** do czegoś)
Verwendung *f* -, **-en** użycie *n*; **~ finden** mieć zastosowanie
verwerten *vt* z|użytkować, wykorzystać
verwickeln I. *vt* za|plątać, poplątać **II.** *vr* **sich ~** poplątać się, zaplątać się
verwildern *vi s* zdziczeć (*np.* rośliny)
verwirklichen *vt* urzeczywistni(a)ć, z|realizować
verwirren *vt* **1.** po|plątać; z|wichrzyć (**Haare** włosy) **2.** zbić z tropu, zmieszać (**j-n** kogoś)
verwischen *vt* **1.** zamaz(yw)ać **2.** (*beseitigen*) zacierać; **alle Spuren ~** zatrzeć wszystkie ślady
verwitwet *adj* owdowiały
verwöhnen *vt* rozpieszczać; spełniać każde życzenie
verwöhnt *adj* rozpieszczony; wybredny
verworren *adj* zawiły, zagmatwany
verwunden *vt* ranić; **j-n schwer ~** ciężko kogoś ranić
verwundern *vt* zadziwi(a)ć
verwüsten *vt* s|pustoszyć
verzaubern *vt* zaczarować; oczarować
verzehren *vt* **1.** spoż(yw)ać, z|jeść **2.** zniszczyć, *figur.* s|trawić
Verzeichnis *n* **-ses**, **-se** spis *m*, wykaz *n*
verzeihen* *vt* przebaczać, wybaczać; **~ Sie bitte!** przepraszam!
Verzeihung *f* - przebaczenie *n*, wybaczenie *n*; **~!** przepraszam!
Verzicht *m* **-(e)s**, **-e** zrzeczenie się *n* (**auf etw** czegoś); rezygnacja *f*
verzichten *vi* zrzekać się (**auf etw** czegoś); z|rezygnować (z czegoś)

verzieh → **verzeihen**
verziehen* **I.** *vt* wykrzywi(a)ć (*np.* twarz) **II.** *vi s* przeprowadzać się (*używane tylko w perfekcie*); **er ist nach Hamburg verzogen** przeprowadził się do Hamburga **III.** *vr* **sich ~ 1.** paczyć się (ramy okienne) **2.** rozchodzić się (*o burzy, mgle*)
Verzierung *f* -, **-en** ozdoba *f*
verzinsen *vt* oprocentować
Verzinsung *f* -, **-en** oprocentowanie *n*
verzögern *vt* opóźni(a)ć, odwlekać
verzollen *vt* o|clić; **haben Sie etwas zu ~?** czy ma pan(i) coś do oclenia?
Verzug *m* **-(e)s** zwłoka *f*, opóźnienie *n*; **ohne ~** bez zwłoki
verzweifeln *vi h, s* **1.** rozpaczać **2.** z|wątpić (**an einer Sache** w coś)
verzweifelt *adj* (*aussichtslos*) beznadziejny, rozpaczliwy
Verzweiflung *f* -, **-en** zwątpienie *n*; rozpacz *f*; **in ~ geraten** wpaść w rozpacz
Vetter *m* **-s**, **-n** kuzyn *m*
Viadukt *m* **-(e)s**, **-e** wiadukt *m*
Video *n* **-s**, **-s** *ugs.* wideo *n*
Videoaufzeichnung *f* -, **-en** nagranie wideo
Videoband *n* **-(e)s**, **...bänder** taśma wideo
Videoclip *m* **-s**, **-s** wideoklip *m*
Videokamera *f* -, **-s** kamera wideo
Videokassette *f* -, **-n** wideokaseta *f*
Videorekorder *m* **-s**, **-** magnetowid *m*
Videothek *f* -, **-en 1.** wideoteka *f* **2.** wypożyczalnia kaset wideo
Videotext *m* **-(e)s**, **-e** teletekst *m*, telegazeta *f*
Vieh *n* **-(e)s** bydło *pl*; **~ züchten** hodować bydło
Viehzucht *f* - hodowla bydła
viel I. *adj* dużo, wiele; **~e Leute** wiele ludzi; **wie ~e?** ilu?; **so ~e** tylu; **mit ~er Mühe** z wielkim trudem; **die ~en Sorgen** liczne troski; **~en Dank!** bardzo dziękuję!; **~ Vergnügen!** dobrej zabawy! **II.** *adv* **1.** (*immer wieder*) dużo, często; **~ verreisen** dużo podróżować **2.** dużo, bardzo; **so ~** tyle; **wie ~ ile?**; **zu ~** za wiele, za dużo
vielerlei *adj* wieloraki
vielfach *adj* wielokrotny; (*häufig*) częsty
vielfältig *adj* różnorodny
vielleicht *adv* może; **~ kommst du heute Abend?** może przyjdziesz dziś wieczorem?
vielmehr *adv* raczej, właściwie
vielseitig *adj* wielostronny

vier *num* cztery; **halb ~** wpół do czwartej; *ugs.* **auf allen ~en** na czworakach
Viereck *n* -(e)s, -e czworobok *m*
viereckig *adj* czworokątny
vierfach *adj* czworaki, poczwórny
vierhändig *adj mus.* na cztery ręce; **~ spielen** grać na cztery ręce
vierhundert *num* czterysta
viermal *adv* cztery razy
vierspurig *adj* czteropasmowy
viert: zu ~ w czwórkę
Viertaktmotor *m* -s, -en silnik czterosuwowy
vierte *num* czwarty
Viertel *n* -s, - **1.** jedna czwarta; ćwierć *f*; **ein ~ Wein** ćwierć litra wina **2.** kwadrans *m*; **es ist ein ~ nach drei** jest kwadrans po trzeciej; **ein ~ vor vier** za kwadrans czwarta **3.** (*Mond*) kwadra *f* **4.** (*Stadtteil*) dzielnica *f* (*miasta*)
Viertelfinale *n* -s, - *o.* -s *sport.* ćwierćfinał *m*
Vierteljahr *n* -(e)s, -e kwartał *m*
Viertelliter *m*, *n* -s, - ćwierć litra
Viertelstunde *f* -, -n kwadrans *m*
viertens *adv* po czwarte
viertürig *adj* czterodrzwiowy; **ein ~es Auto** czterodrzwiowy samochód
vierzehn *num* czternaście; **in ~ Tagen** za dwa tygodnie
vierzehnte *num* czternasty
vierzigste *num* czterdziesty
vierzig *num* czterdzieści
Villa *f* -, **Villen** willa *f*
violett *adj* fioletowy
Violine *f* -, -n skrzypce *n*
Viper *f* -, -n żmija *f*
virtuell *adj* wirtualny
Virus *n*, *m* -, **Viren** wirus *m*
Visitenkarte *f* -, -n wizytówka *f*
Visum *n* -s, **Visen** *o.* **Visa** wiza *f*
Vitrine *f* -, -n gablotka *f*
Vizepräsident ['fiːtsəprɛzɪdɛnt] *m* -en, -en wiceprezydent *m*, wiceprezes *m*
Vogel *m* -s, **Vögel** ptak *m*; *ugs.* **einen ~ haben** mieć fioła
Vogelbeerbaum *m* -(e)s, …bäume jarzębina *f* (*drzewo*)
Vogelscheuche *f* -, -n strach na wróble
Vokabel *f* -, -n słówko *n*; **~n lernen** uczyć się słówek
Vokal *m* -s, -e samogłoska *f*
Volk *n* -(e)s, **Völker** **1.** (*Nation*) naród *m* **2.** *sing* (*Volksmasse*) lud **3.** *sing ugs.* (*Menschen*, *Menge*) ludzie *pl*, tłum *m*
Völkerkunde *f* - etnografia *f*
Völkerrecht *n* -(e)s prawo międzynarodowe
Volksabstimmung *f* -, -en referendum *n*
Volkskunst *f* - sztuka ludowa
Volkstracht *f* -, -en strój ludowy
volkstümlich *adj* **1.** ludowy, rodzimy; **ein ~er Brauch** zwyczaj ludowy **2.** (*beliebt*) popularny
Volkswirtschaft *f* - gospodarka narodowa
Volkszählung *f* -, -en spis ludności
voll *adj* pełny, pełen; (*ganz*) cały, całkowity; **~e drei Stunden** bite trzy godziny; **~ gestopft** zatłoczony, przepełniony; **~ machen** napełniać; **~ tanken** zatankować do pełna
vollbringen* *vt* dokon(yw)ać (czegoś)
vollenden *vt* do|kończyć
vollendet *adj* skończony; (*vortrefflich*) doskonały; mistrzowski; **~e Tatsachen** fakty dokonane
vollends *adv* zupełnie, całkiem
Volleyball ['vɔlibɔːl] *m* -(e)s siatkówka *f*
völlig *adj* zupełny, całkowity
volljährig *adj* pełnoletni; **~ werden** stać się pełnoletnim
vollkommen *adj* skończony, doskonały; (*ganz*) zupełny, całkowity; **ein ~er Sieg** całkowite zwycięstwo
Vollkornbrot *n* -(e)s, -e chleb pełnoziarnisty
Vollmacht *f* -, -en pełnomocnictwo *n*, upoważnienie *n*
Vollmond *m* (c)э pełnia *f* (Księżyca) *f*
Vollpension *f* - mieszkanie <zakwaterowanie> z pełnym utrzymaniem
vollständig *adj* kompletny; zupełny, całkowity
vollstrecken *vt* wykon(yw)ać (**ein Urteil** wyrok); *sport.* **einen Strafstoß ~** wykonać rzut karny
Vollversammlung *f* -, -en zebranie <zgromadzenie> plenarne
vollwertig *adj* pełnowartościowy
vollzählig *adj* kompletny; **wir sind schon ~** jesteśmy już w komplecie
vollziehen* **I.** *vt* wykon(yw)ać (rozkaz); dokon(yw)ać, przeprowadzać **II.** *vr* **sich ~** dokon(yw)ać się, zachodzić
Volontär *m* -s, -e wolontariusz *m*
vom = **von dem**; **~ Lande sein** pochodzić

ze wsi; **müde ~ Laufen** zmęczony bieganiem
von *praep mit D* **1.** (*von wo?*) od, z (czegoś); **~ hier** stąd; **~ außen** z zewnątrz; **~ links** z lewej strony; **~ weitem** z daleka; **~ Frankfurt** z Frankfurtu **2.** (*von wann?*) od (czegoś); **~ Zeit zu Zeit** od czasu do czasu; **~ vornherein** od początku; **~ nun an** odtąd; **~ klein auf** od dzieciństwa **3.** (*von wem?*) od, przez (kogoś); **~ mir** ode mnie; **~ mir aus** jeśli o mnie chodzi **4.** (*über*) o (czymś, kimś); **ich spreche ~ ihm** mówię o nim **5.** (*wessen?*) **ein Buch ~ mir** moja książka; **die Umgebung ~ Berlin** okolice Berlina **6.** (*Eigenschaft*) **eine Frage ~ Wichtigkeit** doniosły problem; **ein Kind ~ fünf Jahren** pięcioletnie dziecko; **~ Rechts wegen** prawnie
vor *praep* **1.** *mit D, A* (*örtlich*) przed (czymś); **~ dem Haus** przed domem; **~ etw ~ das Haus fahren** zajechać przed dom **2.** *mit D* (*zeitlich*) przed (czymś); **~ über hundert Jahren** przed ponad stu laty; **zehn Minuten ~ zwei** za dziesięć (minut) druga **3.** *mit D* (*wegen*) **~ Freude** z radości **4.** (*in festen Verbindungen*) **sich ~ j-m fürchten** bać się kogoś; **j-n ~ etw warnen** ostrzegać kogoś przed czymś
Vorabend *m* -s, -e przeddzień *m*, wigilia *f*
Vorahnung *f* -, -en przeczucie *n* (czegoś złego)
voran *adv* **1.** (*vorwärts*) naprzód **2.** (*vorn*) na czele
Voranschlag *m* -(e)s, ...schläge preliminarz *m*, kosztorys *m*
Vorarbeiter *m* -s, - brygadzista *m*
voraus *adv* na przodzie, przodem; **im Voraus bezahlen** zapłacić z góry
Voraussage *f* -, -n przepowiednia *f*; prognoza *f*
voraussehen *vt* przewidzieć
voraussetzen *vt* zakładać; **vorausgesetzt, dass ...** pod warunkiem, że ...
Voraussetzung *f* -, -en warunek *m*; założenie *n*
voraussichtlich *adj* przypuszczalny
Vorauszahlung *f* -, -en przedpłata *f*
Vorbedacht *m*: **mit ~** rozmyślnie; **ohne ~** bez namysłu
Vorbehalt *m* -(e)s, -e zastrzeżenie *n*
vorbehalten* *vt* zastrzec; **sich etw ~** zastrzec sobie coś; **alle Rechte ~** wszystkie prawa zastrzeżone

vorbei *adv*: **es ist sechs Uhr ~** minęła szósta; **~ ist ~** co było, minęło
vorbeibenehmen*, **sich** *vr* zachować się niewłaściwie <nietaktownie>
vorbeifahren* *vi s* przejeżdżać (**an einer Sache** koło czegoś)
vorbeigehen* *vi s* **1.** przechodzić; **an j-m ~** przejść obok kogoś **2.** *ugs.* wpaść gdzieś na chwilę **3.** (*zeitlich*) prze|mijać; **der Winter ging schnell vorbei** zima szybko minęła
vorbeikommen* *vi s* **1.** przechodzić (**an j-m obok kogoś**, **an einer Sache** obok czegoś); mijać (kogoś, coś) **2.** *ugs.* wstąpić, wpaść (**bei j-m** do kogoś)
vorbeiziehen* *vi s* przechodzić (**an einer Sache** obok czegoś), przemaszerować, defilować
vorbelastet *adj* obciążony (*np.* dziedzicznie)
vorbereiten *vt* przygoto(wy)wać; **sich auf etw ~** przygotowywać się do czegoś
Vorbereitung *f* -, -en przygotowanie *n*; **~en für eine Reise treffen** przygoto(wy)wać się do podróży
vorbestraft *adj* uprzednio karany
vorbeugen *vi* **1.** skłonić, pochylić (głowę); **sich ~** schylić się **2.** zapobiegać (**einer Sache** czemuś)
Vorbild *n* -(e)s, -er wzór *m*; przykład *m*; **sich j-n zum ~ nehmen** brać z kogoś wzór
Vorbote *m* -n, -n zwiastun *m*
vorder- *adj* przedni; **die ~en Reihen** pierwsze rzędy
Vordergrund *m* -(e)s pierwszy plan
Vorderrad *n* -(e)s, ...räder przednie koło
Vorderradantrieb *m* -s przedni napęd
Vorderseite *f* -, -n przednia strona
Vordersitz *m* -es, -e przednie siedzenie (w samochodzie)
Vorderteil *m, n* -(e)s, -e przód *m*, przednia część
vordrängen, sich *vr* przepychać się do przodu
vordringen* *vi s* przedzierać się, docierać
vordringlich *adj* bardzo pilny, niecierpiący zwłoki
Vordruck *m* -(e)s, -e blankiet *m*, formularz *m*
vorehelich *adj* przedmałżeński
voreilig *adj* zbyt prędki, przedwczesny
vorerst *adv* (*zunächst*) najpierw; na razie
Vorfahr *m* -en, -en przodek *m*
vorfahren* *vi s* podjechać; zajechać; podjechać do przodu

Vorfahrt f -, **Vorfahrtsrecht** n -(e)s pierwszeństwo przejazdu; **(die) Vorfahrt haben** mieć pierwszeństwo
Vorfall m -(e)s, **Vorfälle** zajście n; zdarzenie n
vorfinden° vt znajdować, zastać
vorfristig adj przedterminowy
Vorfrühling m -s, -e przedwiośnie n
vorführen vt **1.** przyprowadzić, doprowadzić **2.** (zeigen) pokaz(yw)ać, za|prezentować
Vorführung f -, -en pokaz m; przedstawienie n, prezentacja f
Vorgang m -(e)s, **Vorgänge** (Vorfall) zdarzenie n; (Ablauf) proces m; **geschichtliche Vorgänge** procesy historyczne
Vorgänger m -s, - poprzednik m
vorgeben° vt (zum Vorwand geben) utrzymywać, podawać jako powód
Vorgebirge n -s, - przedgórze n
vorgefertigt adj prefabrykowany
Vorgefühl n -s, -e przeczucie n
vorgehen° vi s **1.** iść naprzód; **j-n ~ lassen** puścić kogoś przodem; **die Uhr geht vor** zegar(ek) się spieszy **2.** (verfahren) postępować; **gegen j-n ~** występować przeciwko komuś **3.** (geschehen) dziać się; **was geht da vor?** co tu się dzieje?
Vorgeschichte f - prehistoria f
Vorgeschmack m -(e)s przedsmak m
vorgesehen adj przewidywany, planowany
Vorgesetzte(r) f, m -n, -n przełożony m, przełożona f, zwierzchnik m
vorgestern adv przedwczoraj
vorhaben° vt zamierzać; planować; **was hast du jetzt vor?** co teraz zamierzasz?
Vorhaben n -s, - zamiar m, plan m
Vorhalle f -, -n przedsionek m, westybul m
Vorhaltungen pl zarzuty mpl, wymówki fpl; **j-m ~ machen** robić komuś wymówki
Vorhand f - sport. forhend m
vorhanden adj: **~ sein** istnieć, być (do dyspozycji)
Vorhang m -(e)s, **Vorhänge** zasłona f; firanka f; teatr. kurtyna f; **der ~ hebt sich** kurtyna podnosi się
Vorhängeschloss n -es, ...schlösser kłódka f
vorher adv przedtem
vorherig adj poprzedni
vorherrschen vi przeważać; dominować
Vorhersage f -, -n przepowiednia f; prognoza f, zapowiedź f

vorhersagen vt przepowiadać; zapowiadać; **das Wetter ~** zapowiadać pogodę
vorhersehen vt przewidzieć
vorhin adv niedawno, przed chwilą
vorig adj poprzedni; zeszły, ubiegły; **~en Jahres** zeszłego roku
Vorjahr n -(e)s zeszły rok, rok poprzedni
Vorkehrungen pl: **~ treffen** przedsiębrać środki
vorkommen° vi s **1.** (sich ereignen) zdarzać się; przytrafić się **2.** (sich finden) występować, znajdować się **3.** (erscheinen) wyda(wa)ć się; **das kommt mir verdächtig vor** to wydaje mi się podejrzane
Vorladung f -, -en wezwanie n, pozew m
vorlassen° vt puszczać do przodu, przepuszczać
Vorläufer m -s, - prekursor m
vorläufig adj tymczasowy, prowizoryczny
vorlaut adj wścibski, przemądrzały (o dziecku)
vorlegen vt **1.** (zur Ansicht hinlegen) przedkładać, pokaz(yw)ać **2.** podawać; nakładać na talerz (potrawy) **3.** zakładać; podkładać; **ein Schloss ~** założyć zamek
Vorleger m -s, - dywanik m (przed łóżko)
vorlesen° vt czytać na głos (**j-m** komuś)
Vorlesung f -, -en odczyt m, prelekcja f, wykład m
vorletzt- adj przedostatni; **im ~en Monat** dwa miesiące temu
vorlieb: mit einer Sache ~ nehmen zadowolić się czymś
Vorliebe f -, -n zamiłowanie n (**für etw** do czegoś)
vorliegen° vi **1.** (vorgelegt sein) znajdować się, być (w czyichś rękach, w urzędzie) **2.** impers istnieć, być; **es liegt nichts gegen ihn vor** nie ma żadnych zastrzeżeń wobec niego
vorliegend adj niniejszy, dany
vorm = **vor dem**
vormachen vt **1.** pokazać komuś, jak się coś robi **2.** (vortäuschen) mamić, łudzić, wmawiać
vormalig adj dawny, były
vormals adv dawniej
vormerken vt za|notować; zapisać (np. termin)
Vormittag m -s, -e przedpołudnie n; **am ~** przed południem
vormittags adv przed południem
Vormund m -(e)s, -e o. **Vormünder** opiekun prawny

vorn *adv* z przodu, na przodzie; **etw von ~ betrachten** oglądać coś z przodu <od frontu>; *figur.* **von ~** od początku, od nowa
Vorname *m* **-ns, -n** imię *n*
vorne → **vorn**
vornehm *adj* wytworny, elegancki; dystyngowany; (*edel*) szlachetny
vornehmen* *vt* **1.** (*beabsichtigen, etw zu tun*) **sich etw ~** zamierzać, postanowić (coś zrobić) **2.** (*durchführen*) dokon(yw)ać; **Änderungen ~** dokonać zmian
vornherein *adv*: **von ~** z góry, od razu
vornüber *adv* głowa naprzód
Vorort *m* **-(e)s, -e** przedmieście *n*
Vorort(s)verkehr *m* **-s** komunikacja podmiejska
Vorort(s)zug *m* **-(e)s, …züge** pociąg podmiejski
Vorposten *m* **-s, -** posterunek *m*, placówka *f*
Vorrang *m* **-(e)s** pierwszeństwo *n*; priorytet *m*; **j-m den ~ geben** dać komuś pierwszeństwo
Vorrangstraße *f* **-, -n** *austr.* droga z prawem pierwszeństwa
Vorrat *m* **-(e)s, Vorräte** zapas *m* (**an einer Sache** czegoś); **Vorräte anlegen** gromadzić zapasy
Vorratsraum *m* **-(e)s, …räume** spiżarnia *f*
Vorraum *m* **-(e)s, Vorräume** przedpokój *m*
Vorrecht *n* **-(e)s, -e** prerogatywa *f*, przywilej *m*
Vorrichtung *f* **-, -en** urządzenie *n*, przyrząd *m*
vorrücken I. *vi s* **1.** posuwać się naprzód **2.** mijać, upływać (*o czasie*) **II.** *vt* przesuwać do przodu (*np.* szafę)
vors = **vor das**
vorsagen *vt* podpowiadać
Vorsatz *m* **-es, Vorsätze 1.** postanowienie *n*, zamiar *m*; **einen ~ fassen** powziąć zamiar **2.** *druk.* wyklejka
vorsätzlich *adj* umyślny, rozmyślny; z premedytacją
Vorschein *m*: **zum ~ bringen** ujawnić, pokazać
Vorschlag *m* **-(e)s, Vorschläge** propozycja *f*
vorschlagen* *vt* za|proponować; **j-n als Kandidaten ~** zaproponować kogoś jako kandydata
vorschreiben* *vt* nakaz(yw)ać, rozkazywać; zalecać, zaordynować

Vorschrift *f* **-, -en** przepis *m*; zarządzenie *n*
vorschriftsmäßig *adj* przepisowy
Vorschuss *m* **-es, Vorschüsse** zaliczka *f* (pensji, wynagrodzenia)
vorsehen* **I.** *vi* wystawać (spod czegoś) **II.** *vt* przewidywać; planować **III.** *vr* **sich ~** mieć się na baczności; wystrzegać się (**vor einer Sache** czegoś)
Vorsehung *f* **-** opatrzność *f*
Vorsicht *f* **-** ostrożność *f*; **~!** uwaga *f* (ostrożnie)!; **~, bissiger Hund!** uwaga, zły pies!
vorsichtig *adj* ostrożny
vorsichtshalber *adv* dla ostrożności
Vorsitz *m* **-es, -e** przewodniczenie *n*, prowadzenie zebrania
Vorsitzende(r) *f, m* **-n, -n** przewodniczący *m*, przewodnicząca *f*; prezes; **der ~ des Aufsichtsrates** przewodniczący rady nadzorczej
Vorsorge *f* **-** przezorność *f*, zapobiegliwość *f*
Vorspeise *f* **-, -n** przekąska *f*
Vorspiel *n* **-(e)s, -e** *mus.* przygrywka *f*; *teatr.* prolog *m*
vorspringen* *vi s* **1.** wyskakiwać **2.** (*herausragen*) wystawać, sterczeć
Vorsprung *m* **-(e)s, Vorsprünge 1.** występ *m* (*np.* skały) **2.** przewaga *f*; *sport.* wyprzedzenie *n*; **einen ~ von 100 Metern haben** wyprzedzać (kogoś) o 100 metrów
Vorstadt *f* **-, Vorstädte** przedmieście *n*
Vorstand *m* **-(e)s, Vorstände 1.** zarząd *m* **2.** członek zarządu
Vorstandsmitglied *n* **-(e)s, -er** *zob.* **Vorstand 2.**
Vorsteher *m* **-s, -** przełożony *m*, zwierzchnik *m*
vorstellen *vt* **1.** posuwać, przesuwać do przodu; **die Uhr ~** posunąć wskazówki zegara **2.** (*bekannt machen*) przedstawi(a)ć; **darf ich Ihnen Frau … ~?** pozwoli pan(i), że przestawię panią…? **3. sich ~** przedstawi(a)ć się (komuś) **4.** *teatr.* grać **5. sich ~** wyobrażać sobie; **was stellst du dir eigentlich vor?** co ty sobie właściwie wyobrażasz?
Vorstellung *f* **-, -en 1.** przedstawienie *n*; spektakl *m*; seans *m*; **eine ~ besuchen** iść na przedstawienie **2.** wyobrażenie *n*; wyobraźnia *f*, fantazja *f*
Vorstellungsvermögen *n* **-s** wyobraźnia *f*, fantazja *f*
Vorteil *m* **-(e)s, -e 1.** korzyść *f*; pożytek *m* **2.** (*Vorzug*) zaleta *f*

vorteilhaft *adj* korzystny
Vortrag *m* -(e)s, ...träge **1.** wykład *m*, referat *m*; odczyt *m*; **einen ~ halten** mieć wykład, wygłosić referat **2.** (*Darbietung*) wykonanie *n*, gra *f*, recytacja *f*, występ *m*
vortragen* *vt* **1.** przedstawić, z|referować **2.** wykonać (*np.* pieśń); za|deklamować (**ein Gedicht** wiersz); **eine Bitte ~** przedłożyć prośbę
vortrefflich *adj* wyborny, znakomity
vortreten* *vi s* występować z szeregu
Vortritt *m* -(e)s pierwszeństwo *n*; **j-m den ~ lassen** dać komuś pierwszeństwo
vorüber *adv*: **die Zeit ist ~** czas minął
vorübergehen* *vi s* **1.** przechodzić (**an j-m** obok kogoś) **2.** mijać, upływać
vorübergehend *adj* przejściowy, chwilowy
Vorurteil *n* -s, -e przesąd *m*; uprzedzenie *n* (**gegen j-n** do kogoś); **~e hegen** żywić uprzedzenia
Vorverkauf *m* -(e)s przedsprzedaż *f* (biletów)
Vorwahl *f* -, -en **1.** wybory wstępne **2.** *tel.* numer kierunkowy
Vorwahlnummer, Vorwählnummer *f* -, -n *tel.* numer kierunkowy
Vorwand *m* -(e)s, ...wände pozór *m*, pretekst *m*
vorwärts *adv* naprzód; **~ kommen** posuwać się naprzód
Vorwärtsgang *m* -(e)s, ...gänge *mot.* bieg do jazdy w przód

vorweisen* *vt* **1.** okaz(yw)ać (*np.* paszport) **2.** wykazywać (*np.* znajomość czegoś)
vorwerfen* *vt* zarzucać (**j-m etw** komuś coś)
vorwiegend *adv* przeważnie, głównie
vorwitzig *adj* przemądrzały (*o dziecku*)
Vorwort *n* -(e)s, -e przedmowa *f*
Vorwurf *m* -(e)s, ...würfe zarzut *m* (**wegen eines Dinges** z powodu czegoś); **die Vorwürfe zurückweisen** odeprzeć zarzuty
Vorzeichen *n* -s, - **1.** znak *m*, omen *m* **2.** *mot.* znak *m*
vorzeigen *vt* (p)okaz(yw)ać, przedkładać
vorzeitig *adj* przedterminowy, przedwczesny
vorzeitlich *adj* prehistoryczny
vorziehen* *vt* **1.** zasunąć (*np.* firanki) **2.** *ugs.* (*hervorziehen*) wyciągnąć **3.** woleć, przedkładać
Vorzimmer *n* -s, - **1.** (*Büroraum*) sekretariat *m* **2.** *austr.* (*Diele*) przedpokój *m*
Vorzug *m* -(e)s, ...züge **1.** *sing* pierwszeństwo *n*; **j-m den ~ geben** dać komuś pierwszeństwo **2.** (*gute Eigenschaft*) zaleta *f*
vorzüglich *adj* wyborny, znakomity
vulgär *adj* wulgarny
Vulkan *m* -s, -e wulkan *m*; **erloschener ~** wygasły wulkan
Vulkanausbruch *m* -(e)s, ...ausbrüche wybuch wulkanu
vulkanisieren *vt* wulkanizować

W

Waage *f* -, -n 1. waga *f*; **etw auf die ~ legen** położyć coś na wadze 2. *astr.* Waga *f*
waagerecht, waagrecht *adj* poziomy
wach *adj* 1. rozbudzony; **~ sein** <bleiben> nie spać, czuwać; **~ werden** obudzić się 2. (*lebhaft*) rześki, żwawy, żywy
Wache *f* -, -n 1. służba wartownicza; warta *f*; wartownicy *mpl* 2. (*Wachlokal*) posterunek *m*
wachen *vi* 1. nie spać 2. czuwać (**über j-n** nad kimś)
Wachmann *m* -(e)s, ...**männer** *o.* ...**leute** strażnik *m*; wartownik *m*
Wachs [vaks] *n* -es, -e wosk *m*
wachsam *adj* czujny
Wachsamkeit *f* - czujność *f*
wachsen* *vi s* rosnąć; (*sich ausbreiten*) rozrastać się
Wachstube *f* -, -n wartownia *f*
Wachstuch *n* -(e)s, ...**tücher** cerata *f*
Wachstum *n* -s rośnięcie *n*, wzrost *m*; rozwój *m*
Wachtel *f* -, -n przepiórka *f*
Wächter *m* -s, - strażnik *m*
wackelig *adj* 1. chwiejny, chybotliwy (krzesło); ruszający się (ząb) 2. *ugs.* słaby, niepewny
wackeln *vi* 1. chwiać się; chybotać się 2. *s ugs.* iść chwiejnym krokiem
Wade *f* -, -n łydka *f*
Waffe *f* -, -n broń *f*, oręż *m*; **konventionelle ~n** broń konwencjonalna
Waffel *f* -, -n wafel *m*, andrut *m*
Waffenschein *m* -(e)s, -e pozwolenie na broń
Waffenstillstand *m* -(e)s zawieszenie broni, rozejm *m*
wagen *vt* ryzykować; ośmielać się; odważyć się
Wagen *m* -s, - 1. wóz *m*; powóz *m*; *astr.* **der Große ~** Wielki Wóz 2. (*Waggon*) wagon *m* 3. (*Auto*) samochód *m*; **ein gebrauchter ~** używany samochód
Wagenheber *m* -s, - lewar *m*, podnośnik samochodowy
Waggon, Waggon [va'gõ] *m* -s, -s wagon *m*
waghalsig *adj* śmiały
Wagnis *n* -ses, -se ryzyko *n*; ryzykowny czyn

Wahl *f* -, -en 1. wybór *m*; **vor der ~ stehen** stać przed wyborem 2. *polit.* wybory *pl*; **freie ~en** wolne wybory
wahlberechtigt *adj* uprawniony do głosowania
wählen *vt* 1. wyb(ie)rać (*o.* numer telefoniczny) 2. głosować, wybierać
Wähler *m* -s, - wyborca *m*
Wahlergebnis *n* -ses, -se wynik wyborów
wählerisch *adj* wybredny
Wahlkampf *m* -(e)s walka wyborcza
Wahlkreis *m* -es, -e okręg wyborczy
Wahlrecht *n* -(e)s prawo wyborcze
Wahlspruch *m* -(e)s, ...**sprüche** hasło, dewiza
Wahlversammlung *f* -, -en zgromadzenie przedwyborcze
Wahnsinn *m* -(e)s obłęd *m*, obłąkanie *n*; *ugs.* szaleństwo *n*
wahnsinnig *adj* obłąkany; *ugs.* szalony
wahnwitzig *adj* szalony
wahr *adj* prawdziwy; **das ist ~** to prawda; **nicht ~?** nieprawdaż?
wahren *vt* 1. zachowywać, strzec; **den Schein ~** zachow(yw)ać pozory 2. (*verteidigen*) bronić (*np.* swoich praw)
während I. *praep mit G* w czasie, podczas czegoś; **~ der Vorstellung** w czasie przedstawienia **II.** *kj* podczas gdy
währenddem, währenddessen *adv* tymczasem
wahrhaftig I. *adj* prawdziwy **II.** *adv* faktycznie, rzeczywiście
Wahrheit *f* - prawdziwość *f*; prawda *f*; **j-m die ~ sagen** powiedzieć komuś prawdę
wahrnehmen* *vt* 1. (*mit den Sinnen erfassen*) zauważać, spostrzegać; wyczu(wa)ć; usłyszeć 2. (*nutzen*) wykorzystać (*np.* możliwość)
wahrsagen *vt, vi* przepowiadać; wróżyć (**aus den Karten** z kart)
wahrscheinlich I. *adj* prawdopodobny, przypuszczalny **II.** *adv* prawdopodobnie
Wahrscheinlichkeit *f* - prawdopodobieństwo *m*
Währung *f* -, -en waluta *f*; **eine stabile ~** stabilna waluta
Währungsunion *f* -, -en unia walutowa
Wahrzeichen *n* -s, - godło *n*, symbol *m*
Waise *f* -, -n sierota *f*

Wal *m* -(e)s, -e wieloryb *m*
Wald *m* -(e)s, **Wälder** las *m*
waldig *adj* lesisty
Waldhorn *n* -(e)s, ...**hörner** *mus.* waltornia *f*
Waldlichtung *f* -, -en polana leśna
Waldrand *m* -(e)s, ...**ränder** skraj lasu
Waldsterben *n* -s umieranie lasu
Waldweg *m* -(e)s, -e droga leśna
Walfang *m* -(e)s wielorybnictwo *n*
Walfisch *m* -(e)s, -e → **Wal**
Wall *m* -(e)s, **Wälle** wał *m*; **einen ~ aufschütten** usypać wał
Wallfahrt *f* -, -en pielgrzymka *f*
Walnuss *f* -, ...**nüsse** orzech włoski (*a. drzewo*)
walten *vi* rządzić, panować (**über etw** nad czymś)
Walze *f* -, -n **1.** *geom.* walec *m* **2.** wał *m* (*np.* drogowy)
walzen *vt* **1.** walcować **2.** wałować (**eine Straße** drogę)
wälzen I. *vt* toczyć (kamień) **II.** *vr* **sich ~** tarzać się, przewracać się
Walzer *m* -s, - walc *m*; **Wiener ~** walc wiedeński
Wälzer *m* -s, - *ugs.* tomisko *n*
Walzwerk *n* -(e)s, -e walcownia *f*
wand → **winden**
Wand *f* -, **Wände** ściana *f*; **die Wände tapezieren** tapetować ściany
wandeln I. *vt* zmieni(a)ć, odmieni(a)ć; **sich ~** zmienić się **II.** *vi* s przechadzać się
Wanderer *m* -s, - wędrowiec *m*
Wanderkarte *f* -, -n mapa turystyczna
wandern *vi* s wędrować
Wanderpreis *m* -es, -e nagroda przechodnia
Wanderung *f* -, -en wędrówka *f*
Wandkalender *m* -s, - kalendarz ścienny
Wandkarte *f* -, -n mapa ścienna
Wandlung *f* -, -en zmiana *f*, przemiana *f*
Wandschrank *m* -(e)s, ...**schränke** szafa ścienna <wbudowana>
wandte → **wenden**
Wanduhr *f* -, -en zegar ścienny
Wange *f* -, -n policzek *m*
wankelmütig *adj* chwiejny, niezdecydowany, zmienny
wanken *vi* **1.** chwiać się; **unter der Last ~** zachwiać się pod ciężarem **2.** *s* iść chwiejnym krokiem **3.** *figur.* chwiać się; wahać się
wann *adv* kiedy; **~ kommst du?** kiedy przyjdziesz?; **seit ~ bist du hier?** od kiedy tu jesteś?
Wanne *f* -, -n wanna *f*
Wanze *f* -, -n **1.** *zool.* pluskwa *f* **2.** *ugs.* urządzenie podsłuchowe
Wappen *n* -s, - herb *m*
war → **sein**
warb → **werben**
Ware *f* -, -n towar *m*; **eine ~ anbieten** oferować towar
Warenangebot *n* -(e)s oferta *f*, podaż *f* (towarów)
Warenausgabe *f* - wydawanie towaru, ekspedycja *f*
Warenhaus *n* -es, ...**häuser** dom towarowy
Warenkunde *f* - towaroznawstwo *n*
Warenzeichen *n* -s, - znak towarowy
warf → **werfen**
warm *adj* ciepły; **sich ~ anziehen** ubrać się ciepło; *figur.* ciepły, serdeczny
Wärme *f* - ciepło *n*; (*a. figur.*) serdeczność *f*
wärmen I. *vt* za|grzać, ogrz(ew)ać **II.** *vi* grzać; **der Ofen wärmt gut** piec dobrze grzeje
Wärmflasche *f* -, -n termofor *m*
warmherzig *adj* serdeczny, ciepły
Warnblinkanlage *f* -, -n *mot.* światła awaryjne
Warndreieck *n* -(e)s, -e *mot.* trójkąt ostrzegawczy
warnen *vt* przestrzegać, ostrzegać (**vor j-m ~** przed kimś)
Warnleuchte *f* -, -n światło ostrzegawcze
Warnschild *n* -(e)s, -er *mot.* znak ostrzegawczy
Warnsignal *n* -s, -e sygnał ostrzegawczy
Warnung *f* -, -en ostrzeżenie *n*
Warnzeichen *n* -s, - znak ostrzegawczy
Warteliste *f* -, -n lista oczekujących
warten I. *vi* czekać (**auf j-n** na kogoś); **~ Sie bitte einen Augenblick!** proszę chwilkę poczekać!; **j-n ~ lassen** kazać komuś czekać **II.** *vt tech.* dokonywać przeglądu; **den Wagen ~ lassen** oddać samochód do przeglądu
Wärter *m* -s, - dozorca *m*; strażnik *m*
Wartesaal *m* -(e)s, ...**säle** poczekalnia *f* (kolejowa)
Wartezimmer *n* -s, - poczekalnia *f* (*np.* u lekarza)
Wartung *f* -, -en obsługa techniczna, przegląd *m*, konserwacja *f*

warum *adv* dlaczego; **~ bist du nicht gekommen?** dlaczego nie przyszedłeś?
Warze *f* -, **-n** brodawka *f*
was *pron* **1.** co; **~ ist das?** co to jest?; **~ ist hier los?** co tu się dzieje?; **~ für ein?** co za?, jaki?; **~ kostet es?** ile to kosztuje? **2.** *ugs.* coś; **taugt das ~?** czy to się do czegoś nadaje?
Waschanlage *f* -, **-n** automatyczna myjnia samochodowa
waschbar *adj* dający się prać <myć>
Waschbecken *n* -s, - umywalka *f*
Wäsche *f* -, **-n 1.** bielizna *f* (osobista, pościelowa); **die ~ wechseln** zmienić bieliznę **2.** (*Waschen*) pranie *n*; **kleine ~** przepierka *f* **3.** mycie *n*; mycie się *n*
waschecht *adj* **1.** trwały (*o kolorze*) **2.** *ugs.* prawdziwy, autentyczny
Wäscheklammer *f* -, **-n** klamerka do bielizny
waschen* *vt* **1.** u|myć; zmyć; **die Haare ~** umyć włosy; **Geschirr ~** zmywać naczynia **2.** prać, wyprać
Wäscheschleuder *f* -, **-n** wirówka do bielizny
Wäscheschrank *m* -(e)s, ...**schränke** bieliźniarka *f*
Wäschetrockner *m* -s, - suszarka do bielizny
Waschküche *f* -, **-n** pralnia *f* (*pomieszczenie*)
Waschlappen *m* -s, - myjka *f*
Waschmaschine *f* -, **-n** pralka *f*
Waschmittel *n* -s, - środek piorący
Waschpulver *n* -s, - proszek do prania
Waschschüssel *f* -, **-n** miednica *f*
Waschstraße *f* -, **-n** myjnia samochodowa (automatyczna)
Waschzeug *n* -(e)s przybory do mycia
Wasser *n* -s woda; **fließendes ~** woda bieżąca; **ein stehendes ~** woda stojąca
wasserabweisend *adj* hydrofobowy
Wasserball *m* -(e)s piłka wodna, waterpolo *n*
wasserdicht *adj* nieprzemakalny (**ein Mantel** płaszcz); wodoszczelny (**die Uhr** zegarek)
Wasserfall *m* -(e)s, ...**fälle** wodospad *m*
Wasserfarbe *f* -, **-n** akwarela *f* (*farba*)
Wasserflugzeug *n* -(e)s, -e wodnosamolot *m*, wodnopłat *m*
Wasserhahn *m* -(e)s, ...**hähne** kran *m*, kurek *m* (wodociągowy)

wässerig *adj* → **wässrig**
Wasserjungfer *f* -, **-n** *zool.* ważka *f*
Wasserkessel *m* -s, - czajnik *m*
Wasserleitung *f* -, **-en** wodociąg *m*
Wassermann *m* - *astr.* Wodnik *m*
Wassersport *m* -(e)s sport wodny
Wasserstoff *m* -(e)s *chem.* wodór *m*
Wasserstrahl *m* -(e)s, **-en** strumień wody
Wasserstraße *f* -, **-n** droga wodna
Wasserversorgung *f* - zaopatrzenie w wodę
Wasserwerk *n* -(e)s, -e wodociągi miejskie
Wasserzeichen *n* -s, - znak wodny
wässrig *adj* wodnisty; **~e Kartoffeln** wodniste ziemniaki
waten *vi s* brodzić; **durch den Fluss ~** brodzić w rzece
Watte *f* - wata *f*; **mit ~ füttern** wy|watować
weben* *vt* (*o.* **webte, gewebt**) u|tkać; **Leinen ~** tkać len
Weberei *f* -, **-en 1.** *sing* tkactwo *n* **2.** (*Fabrik*) tkalnia *f*
Webstuhl *m* -(e)s, ...**stühle** krosno *n*
Wechsel *m* -s, - **1.** zmiana *f*; **ein grundsätzlicher ~** zasadnicza zmiana **2.** weksel *m*
Wechselgeld *n* -(e)s **1.** reszta *f* **2.** (*Kleingeld*) drobne *pl*
Wechseljahre *pl* klimakterium *n*
Wechselkurs *m* -es, -e kurs dewizowy
wechseln *vt* **1.** zmieni(a)ć (**die Wohnung** mieszkanie) **2.** wymieni(a)ć (**Blicke** spojrzenia) **3.** rozmieniać (**Geld** pieniądze); wymieniać (**Mark gegen Euro** marki na euro)
wechselseitig *adj* obopólny, wzajemny
Wechselstrom *m* -(e)s, ...**ströme** prąd zmienny
Wechselstube *f* -, **-n** kantor wymiany
wecken *vt* z|budzić, obudzić; *figur.* **j-s Interesse ~** wzbudzić czyjeś zainteresowanie
Wecker *m* -s, - budzik *m*
wedeln *vi*: **mit dem Schwanz ~** merdać ogonem
weder *kj*: **~ ... noch ...** ani ..., ani ...; **für etw ~ Zeit noch Lust haben** nie mieć na coś ani czasu, ani ochoty
weg *adv*: **er ist ~** nie ma go, poszedł; **ist der Zug schon ~?** czy pociąg już odszedł?; **ich muss schon ~** muszę już iść; **weit ~ von hier** daleko stąd
Weg *m* -(e)s, -e **1.** droga; ścieżka; **nach dem ~ fragen** pytać o drogę **2.** *figur.* **j-m im ~e stehen** stać komuś na przeszkodzie, zawadzać komuś

wegbringen *vt* **1.** zab(ie)rać, wynosić; (*mit Wagen*) wywozić **2.** (*beseitigen*) usuwać; wywabi(a)ć (**Flecken** plamy)
wegen *praep mit G* z powodu czegoś, ze względu na coś; **von Amts ~** z urzędu; **von Rechts ~** prawnie
wegfahren* *vi s* odjeżdżać
wegfallen* *vi s* odpadać, wypadać; nie odbywać się
wegfliegen* *vi s* odlatywać
weggehen* *vi s* **1.** odchodzić, iść **2.** (*sich entfernen lassen*) zejść, schodzić (*np.* farba)
wegjagen *vt* odpędzać, przepędzić
wegkommen* *vi s* **1.** wydostać się, wyjść **2.** zginąć, zniknąć; **hier kommt nichts weg** tu nic nie ginie
weglassen* *vt* **1.** pozwolić odejść, puścić **2.** opuszczać, pomijać
weglaufen* *vi s* uciekać; **von zu Hause ~** uciec z domu
weglegen *vt* odkładać (na bok)
wegnehmen* *vt* zab(ie)rać, odbierać; **den Teller vom Tisch ~** zabrać talerz ze stołu
wegräumen *vt* uprzątnąć, usunąć
wegschaffen *vt* uprzątać, usuwać; (*wegtragen*) wynosić; (*mit Wagen*) wywozić
wegschicken *vt* wys(y)łać, odsyłać
wegschmeißen* *vt ugs.* wyrzucić
wegstellen *vt* odstawi(a)ć (*np.* garnek)
wegtreten* *vi s* odchodzić, odstępować (na bok); *mil.* **weg(ge)treten!** rozejść się!
Wegüberführung *f -, -en* wiadukt *m*; przejazd <przejście> górą
Wegweiser *m -s, -* drogowskaz *m*
wegwerfen* *vt* wyrzucać
Wegwerfflasche *f -, -n* butelka jednokrotnego użytku <jednorazowa>
wegziehen* **I.** *vt* odciągnąć, odsunąć **II.** *vi s* wyprowadzić się
weh *adj* **1.** *ugs.* bolący **2.** bolesny, przykry
wehen *vi* **1.** wiać **2.** powiewać
wehmütig *adj* smutny, rzewny
Wehr[1] *f -* obrona *f*; **sich zur ~ setzen** bronić się
Wehr[2] *n -(e)s, -e* tama *f*, jaz *m*
Wehrdienst *m -(e)s* służba wojskowa
wehrdiensttauglich *adj* zdolny do służby wojskowej
Wehrdienstverweigerer *m -s, -* odmawiający służby wojskowej
wehren, sich *vr* bronić się (**gegen etw** przed czymś); **sich seiner Haut ~** bronić własnej skóry
wehrlos *adj* bezbronny
Wehrpass *m -es, ...pässe* książeczka wojskowa
Wehrpflicht *f -* obowiązek służby wojskowej
wehtun* *vi* boleć; **der Kopf tut mir weh** boli mnie głowa
Weib *n -(e)s, -er* kobieta *f*; *pog.* baba *f*
Weibchen *n -s, -* (*von Tieren*) samica *f*, samiczka *f*
weiblich *adj* żeński, kobiecy
weich *adj* **1.** miękki; **ein ~es Ei** jajko na miękko **2.** *figur.* miękki, łagodny; **ein ~es Herz** miękkie serce
Weiche *f -, -n* zwrotnica *f*
weichen[1] **I.** *vi s* moczyć się, mięknąć **II.** *vt* moczyć, namoczyć (bieliznę)
weichen*[2] *vi s* **1.** ustępować; schodzić z drogi (**vor j-m** przed kimś) **2.** ustępować, ulegać (**einer Sache** czemuś) **3.** ustępować, zanikać
Weichling *m -s, -e pog.* mięczak *m*
Weichsel *f -, -n* wiśnia *f*
Weichtiere *pl zool.* mięczaki *pl*
Weide[1] *f -, -n* pastwisko *n*
Weide[2] *f -, -n bot.* wierzba *f*
weiden **I.** *vt* paść; **Kühe ~** paść krowy **II.** *vi* paść się
Weidmann *m -(e)s, ...männer* myśliwy *m*
weigern, sich *vr* wzbraniać się, nie chcieć
Weigerung *f -, -en* odmowa *f*
weihen *vt* **1.** po|święcić, konsekrować **2.** wyświęcić (**zum Priester** na kapłana) **3.** (*widmen*) poświęcać, dedykować
Weihnachten *n -, -* Boże Narodzenie *n*; **Frohe <Fröhliche> ~!** Wesołych Świąt (Bożego Narodzenia)
Weihnachtsabend *m -s, -e* Wigilia *f* (Bożego Narodzenia)
Weihnachtsbaum *m -(e)s, ...bäume* choinka *f*
Weihnachtsgeld *n -(e)s* trzynastka *f* (*dodatkowe wynagrodzenie wypłacane pod koniec roku*)
Weihnachtsgeschenk *n -(e)s, -e* prezent gwiazdkowy
Weihnachtslied *n -(e)s, -er* kolęda *f*
Weihnachtsmann *m -(e)s, ...männer* święty Mikołaj *m*
weil *kj* gdyż, ponieważ
Weile *f -* chwila *f*
weilen *vi* przebywać; **auf dem Lande ~** przebywać na wsi

Weiler *m* **-s, -** wioska *f*, przysiółek *m*
Wein *m* **-(e)s, -e 1.** *sing bot.* winorośl *f, ugs.* wino *n*; **~ anbauen** uprawiać winorośl **2.** (*Trauben*) winogrona *pl* **3.** wino *n*; **weißer** <**roter**> **~** białe <czerwone> wino
Weinberg *m* **-(e)s, -e** winnica *f*
Weinbrand *m* **-(e)s, ...brände** winiak *m*
weinen *vi* płakać; opłakiwać (**um j-n** kogoś)
weinerlich *adj* płaczliwy
Weinernte *f* - winobranie *n*
Weinglas *n* **-es, ...gläser** kieliszek do wina
Weinhandlung *f* **-, -en** sklep z winami
Weinkarte *f* **-, -n** karta win
Weinkeller *m* **-s, -** winiarnia *f*
Weinrebe *f* **-, -n** winorośl *f*
weinrot *adj* bordo, koloru wina
Weintraube *f* **-, -n** winogrono *n*
weise *adj* mądry; **~ Ratschläge** mądre rady
Weise *f* **-, -n 1.** sposób *m*; **auf diese ~** tym sposobem **2.** (*Melodie*) melodia *f*
weisen[*] **I.** *vt* wskazywać, pokazywać (kierunek) **II.** *vi* wskaz(yw)ać (**auf etw** na coś)
Weisheit *f* **-, -en 1.** *sing* mądrość *f*, wiedza *f* **2.** *pl* mądrości *pl*, rzeczy mądre
Weisheitszahn *m* **-(e)s, ...zähne** ząb mądrości
weiß[1] *adj* biały; **~e Haare** siwe włosy; **~e Blutkörperchen** białe krwinki
weiß[2] **→ wissen**
weissagen *vt* przepowiadać, prorokować
Weißbrot *n* **-(e)s** chleb pszenny
weißhaarig *adj* siwowłosy
Weißkohl *m* **-(e)s, Weißkraut** *n* **-(e)s** kapusta *f*
Weißwein *m* **-(e)s, -e** białe wino
Weisung *f* **-, -en 1.** zalecenie *n*, instrukcja *f* **2.** nakaz *m*, polecenie *n*
weit *adj* **1.** daleki, oddalony; **sie wohnt nicht ~ von uns** ona mieszka niedaleko nas; **wie ~ ist es nach Wien?** jak daleko do Wiednia? **2.** (*breit*) szeroki, rozległy; **die ~e Welt** szeroki świat; **~ und breit** wszędzie; **~ verbreitet** szeroko rozpowszechniony **3.** obszerny; szeroki; **ein ~er Rock** szeroka spódnica
Weite *f* **-, -n** szerokość *f*; przestronność *f*; *sport.* odległość *f*
weiter → **weit I.** *adj* dalszy, szerszy; **~ machen** poszerzać; **bis auf ~es** na razie; **ohne ~es** wprost, bez ogródek **II.** *adv* dalej, nadal; **~ bestehen** trwać nadal; **und so ~** i tak dalej; **~ oben** (po)wyżej; **~ unten** (po)niżej
weiterfahren[*] *vi s* po|jechać dalej
Weiterfahrt *f* - kontynuowanie jazdy
weiterfliegen[*] *vi s* po|lecieć dalej; kontynuować lot
weitergehen[*] *vi s* iść dalej; mieć ciąg dalszy; **wie geht es weiter?** i co dalej?
weiterhin *adv* nadal, dalej
weiterkommen[*] *vi s* posuwać się, iść do przodu
weiterleiten *vt* s|kierować dalej (*np.* zapytanie)
weitgehend *adj* daleko sięgający <idący>, znaczny
weither *adv* z daleka
weithin *adv* daleko; w dużym stopniu
weitläufig *adj* **1.** obszerny, szeroki **2.** dokładny, szczegółowy
weitschweifig *adj* rozwlekły
Weitsicht *f* - *figur.* zdolność przewidywania, dalekowzroczność *f*
weitsichtig *adj* **1.** dalekowzroczny, przewidujący **2.** *med.* dalekowzroczny
Weitsichtigkeit *f* - *med.* dalekowzroczność *f*
Weitsprung *m* **-(e)s** *sport.* skok w dal
weittragend *adj figur.* doniosły
Weitwinkelobjektiv *n* **-s, -e** *fot.* obiektyw szerokokątny
Weizen *m* **-s** pszenica *f*
Weizenmehl *n* **-(e)s** mąka pszenna
welcher, welche, welches, *pl* **welche** *pron* **1.** który, która, które, *pl* którzy, które; jaki, jaka, jakie, *pl* jacy, jakie; **derjenige ~** ten, który, ten, co; **von ihnen?** który z nich?; **~ auch immer** którykolwiek, jakikolwiek **2.** *ugs.* (*einiges*) kilka, nieco; **Hast du Geld? Ich habe welches.** Masz pieniądze? Mam trochę. **3. welch ein** jaki, co za ...; **welch ein Unglück!** co za nieszczęście!
welk *adj* zwiędły; **~es Laub** zwiędłe liście
welken *vi s* więdnąć
Welle *f* **-, -n 1.** fala *f* (*o. phys.*) **2.** *techn.* wał *m*
Wellenbrecher *m* **-s, -** falochron *m*
Wellenlänge *f* **-, -n** długość fali
Wellenreiten *n* **-s** *sport.* surfing *m*
Welpe *m* **-n, -n** szczenię *n*
Wels *m* **-es, -e** sum *m*
Welt *f* **-** świat; **um nichts in der ~** za nic w świecie
Weltall *n* **-s** wszechświat *m*

Weltanschauung *f* -, **-en** światopogląd *m*
Weltausstellung *f* -, **-en** wystawa światowa
weltbekannt *adj* znany w całym świecie
weltberühmt *adj* światowej sławy
Weltkrieg *m* -(e)s, -e wojna światowa
weltlich *adj* ziemski; doczesny; (*nicht geistlich*) świecki
Weltmacht *f* -, ...**mächte** mocarstwo *n*
Weltmeister *m* -s, - mistrz świata
Weltmeisterschaft *f* -, **-en** mistrzostwo świata
Weltraum *m* -(e)s przestrzeń kosmiczna
Weltraumflug *m* -(e)s, ...**flüge** podróż kosmiczna
Weltraumforschung *f* - badania kosmiczne
Weltraumschiff *n* -(e)s, -e statek kosmiczny
Weltreise *f* -, **-n** podróż dookoła świata
Weltrekord *m* -(e)s, -e rekord światowy <świata>
Weltruf *m*: **von** ~ światowej sławy
Weltteil *m* -(e)s, -e część świata
weltweit *adj* o zasięgu światowym
wem *pron* → **wer**; **bei ~?** u kogo?; **von ~?** od kogo?; **zu ~?** do kogo?; **mit ~?** z kim?
wen *pron* → **wer**; **über ~ sprecht ihr?** o kim mówicie?; **für ~?** dla kogo?
Wende *f* -, **-n 1.** przełom *m*, zasadnicza zmiana **2.** zwrot *m*
Wendekreis *m* -es, -e *geogr*. zwrotnik *m*
Wendeltreppe *f* -, **-n** schody kręcone
wenden* **I.** *vt* obracać **II.** *vr* **sich** ~ obracać się; odwracać się (**von j-m** od kogoś); zwracać się (**an j-n** do kogoś)
Wendepunkt *m* -(e)s, -e punkt zwrotny
Wendung *f* -, **-en 1.** obrót *m*, zwrot *m*; **eine ~ nach rechts** zwrot na prawo **2.** (*Veränderung*) zmiana *f*
wenig *num, adv* mało, niewiele, kilka; **~ essen** jeść mało; **ein ~** trochę; **so ~ als möglich** jak najmniej; **nur ~e Schritte** tylko kilka kroków; **~er** mniej; **mehr oder ~er** mniej więcej; **zu ~** za mało
weniger *kj mat*. minus, odjąć
wenigstens *adv* przynajmniej, co najmniej; chociaż
wenn *kj* **1.** jeżeli, jeśli, gdyby; **~ du willst** jeżeli chcesz; **selbst ~ ich wüsste, ...** nawet gdybym wiedział, ...; **auch chociaż 2.** (*wann*) gdy, skoro
wer *pron* kto; **~ auch immer** ktokolwiek

Werbeagentur *f* -, **-en** agencja reklamowa
werben* **I.** *vi* **1.** reklamować (**für etw** coś) **2.** zabiegać (**um j-n** o kogoś) **II.** *vt* werbować, pozyskać (nowych klientów)
Werbespot ['vɛrbəspɔt] *m* -s, -s spot reklamowy
Werbung *f* -, **-en 1.** *sing* reklama *f*; dział reklamy <promocji> **2.** werbunek *m*; pozyskiwanie *n*
werden* *s* **I.** *vi* sta(wa)ć się, zostać; **gesund ~** wyzdrowieć; **was wird daraus?** co z tego wyniknie?; **mir wird schlecht** robi mi się słabo; **es wird Nacht** noc zapada **II.** *vaux* **ich werde loben** będę chwalił, pochwalę; **gelobt ~** być chwalonym
werfen* **I.** *vt* rzucać; odrzucać; **über der Haufen ~** przewracać, obalać **II.** *vr* **sich ~** rzucać się (**auf etw** na coś)
Werft *f* -, **-en** stocznia *f*
Werg *n* -(e)s pakuły *pl*
Werk *n* -(e)s, -e **1.** *sing* praca *f*; działalność *f* **2.** (*Tat*) czyn *m* **3.** (*Geschaffenes*) dzieło *n*; utwór *m* **4.** *techn*. mechanizm *n* **5.** (*Anlage*) fabryka *f*, zakład *m*
Werkstatt *f* -, ...**stätten** warsztat *m*
Werktag *m* -(e)s, -e dzień powszedni, dzień roboczy
Werkzeug *n* -(e)s, -e narzędzie *n*
Wermut *m* -(e)s, -s **1.** *bot*. piołun *m* **2.** wermut *m*
wert *adj* **1.** wart; (*würdig*) godny (**j-s** kogoś; **eines Dinges** czegoś) **2.** **etw ~ sein** być coś wartym, mieć wartość (materialną); **das ist nicht der Mühe ~** na to szkoda wysiłku; **das ist nicht der Rede ~** nie warto o tym mówić **3.** (*lieb*) drogi; (*geschätzt*) szanowny
Wert *m* -(e)s, -e **1.** (*Preis*) cena, wartość rynkowa **2.** (*Wichtigkeit*) wartość; **das ist ohne jeden ~** to nie ma żadnej wartości **3.** *phys., mat*. wartość, wynik
werten *vt* oceniać; **etw kritisch ~** oceniać coś krytycznie
Wertgegenstand *m* -(e)s, ...**stände** przedmiot wartościowe
wertlos *adj* bezwartościowy
Wertpapier *n* -s, -e papier wartościowy
Wertsachen *pl* przedmioty wartościowe
Wertschätzung *f* - poważanie, szacunek
Wertsendung *f* -, **-en** przesyłka wartościowa
wertvoll *adj* wartościowy; **ein ~es Kunstwerk** wartościowe dzieło sztuki; **~e Sammlungen** cenne zbiory

Wertzeichen *n* **-s, -** znaczek *m* (pocztowy)
Wesen *n* **-s, - 1.** *sing* (*das Wesentliche*) istota *f*, sedno *n* **2.** (*Art, Charakter*) charakter *m*, usposobienie *n* **3.** (*Geschöpf*) stworzenie *n*; **armes ~** biedactwo
wesentlich *adj* istotny, zasadniczy; **ein ~er Unterschied** zasadnicza różnica
weshalb *adv* dlaczego
Wespe *f* **-, -n** osa *f*
wessen *pron* czyj, czego; → **wer**
Wessi *m* **-s, -s** *ugs.* Niemiec z dawnych landów zachodnich
West *m* **-(e)s** *naut.* zachód *m*; wiatr zachodni
westdeutsch *adj* zachodnioniemiecki
Weste *f* **-, -n** kamizelka *f*; sweterek *m* (zapinany)
Westen *m* **-s 1.** *geogr.* zachód *m*; **im ~ Polens** na zachodzie Polski **2.** zachód, Zachód (Europa Zachodnia i USA)
westlich *adj* zachodni; **~ von ...** na zachód od ...
Westmächte *pl* mocarstwa zachodnie
westwärts *adv* na zachód
Wettbewerb *m* **-(e)s, -e 1.** konkurs *m* **2.** *sing* współzawodnictwo *n*, konkurencja *f*
Wette *f* **-, -n** zakład *m*; **was gilt die ~?** o ile się zakładamy?; **um die ~ essen** jeść na wyścigi
wetteifern *vi* współzawodniczyć
wetten *vi* **1.** zakładać się (**mit j-m um etw** z kimś o coś) **2.** stawiać (**100 Euro** sto euro)
Wetter *n* **-s, - 1.** *sing* pogoda *f*; **schlechtes ~** niepogoda **2.** burza *f*, nawałnica *f*
Wetterbericht *m* **-(e)s, -e** komunikat o stanie pogody
Wetterkarte *f* **-, -n** mapa pogody
Wetterleuchten *n* **-s** błyskanie się na horyzoncie
Wettermantel *m* **-s, ...mäntel** płaszcz nieprzemakalny
Wetterumschlag *m* **-(e)s** nagła zmiana <załamanie się> pogody
Wettervorhersage *f* **-, -n** prognoza pogody
Wetterwarte *f* **-, -n** stacja meteorologiczna
Wettkampf *m* **-(e)s, ...kämpfe** zawody *pl*, mecz *m*
Wettlauf *m* **-(e)s, ...läufe** *sport.* bieg *m*, wyścig *m*; *figur.* **der ~ mit der Zeit** wyścig z czasem
Wettrennen *n* **-s** wyścigi *pl* (konne, samochodowe)
Wettrüsten *n* **-s** wyścig zbrojeń

Wettschwimmen *n* **-s** zawody pływackie
wetzen *vt* na|ostrzyć (nóż)
Wetzstein *m* **-(e)s, -e** osełka *f*
wich → **weichen**
wichtig *adj* ważny; **eine ~e Mitteilung** ważna informacja
Wichtigkeit *f* **-** doniosłość *f*, waga *f*, znaczenie *n*
Wichtigtuer *m* **-s, -** *ugs.* ważniak *m*
Widder *m* **-s, - 1.** *zool.* baran *m* **2.** *astr.* Baran *m*
wider *praep mit A* przeciw, wbrew (czemuś); **~ Erwarten** wbrew oczekiwaniom
widerfahren˚ *vi s* wydarzyć się, przytrafić się (**j-m** komuś)
Widerhall *m* **-(e)s, -e** odgłos *m*, echo *n*
widerlegen *vt* zbi(ja)ć (coś), zaprzeczać (czemuś); odpierać; **j-s Einwände ~** odeprzeć czyjeś zarzuty
widerlich *adj* odrażający, obrzydliwy; **ein ~er Typ** odrażający facet
widerrechtlich *adj* bezprawny
Widerruf *m* **-(e)s, -e** odwołanie *n* (wypowiedzi); **bis auf ~** aż do odwołania
widerrufen˚ *vt* odwoł(yw)ać (*np.* zeznania)
Widersacher *m* **-s, -** przeciwnik *m*, antagonista *m*
widersetzen, sich *vr* sprzeciwi(a)ć się, opierać się (**j-m** komuś, **einer Sache** czemuś)
widersinnig *adj* niedorzeczny, absurdalny
widerspenstig *adj* uparty, krnąbrny, niesforny
widerspiegeln *vt* odzwierciedlać
widersprechen˚ *vi* **1.** za|przeczyć (**j-m** komuś); sprzeciwić się **2.** pozostawać w sprzeczności
Widerspruch *m* **-(e)s, ...sprüche 1.** sprzeczność *f*, niezgodność *f* **2.** (*Widerrede*) sprzeciw (**gegen etw** przeciwko czemuś)
Widerstand *m* **-(e)s, ...stände 1.** opór *m*; **passiver ~** bierny opór **2.** *sing* ruch oporu
Widerstandsbewegung *f* **-, -en** ruch oporu
widerstandsfähig *adj* odporny, wytrzymały
widerstehen˚ *vi* opierać się, nie ulegać
widerstrebend *adv* z niechęcią, z oporem
Widerstreit *m* **-(e)s, -e** konflikt *m*; sprzeczność *f*
widerwärtig *adj* wstrętny; obrzydliwy
Widerwille *m* **-ns, Widerwillen** *m* **-s** niechęć *f*, odraza *f* (**gegen etw** do czegoś)

widerwillig *adj* niechętnie; ze wstrętem
widmen I. *vt* za|dedykować; poświęcać **II.** *vr* **sich ~** poświęcać się; **sich der Kunst ~** poświęcić się sztuce
Widmung *f* -, -en dedykacja *f*
wie I. *adv* jak; **~ hast du das gemacht?** jak to zrobiłeś?; **~ alt ist er?** ile on ma lat?; **~ (bitte)?** co pan powiedział?, słucham?; **~ viel** ile **II.** *kj* jak; **weiß ~ Schnee** biały jak śnieg; **~ wenn** jak gdyby
wieder *adv* znowu, z powrotem; **etw nie ~ tun** nie uczynić czegoś nigdy więcej; **hin und ~** nie-kiedy; **~ erkennen** poznać (**an einer Sache** po czymś); **~ finden** odnajdywać; **~ gutmachen** naprawić, wynagrodzić (*szkody*); **~ sehen** zobaczyć ponownie
Wiederaufbau *m* -(e)s odbudowa *f*
wiederbekommen* *vt* odzysk(iw)ać, otrzym(yw)ać z powrotem
wiedergeben* *vt* **1.** odda(wa)ć **2.** (*nachbilden*) odtwarzać
Wiedergutmachung *f* -, -en wynagrodzenie *n* (szkody), odszkodowanie *n*
wiederholen *vt* powtarzać; **eine Frage ~** powtórzyć pytanie
Wiederholung *f* -, -en powtórka *f*, powtarzanie *n*
Wiederhören *n*: **(auf) ~ !** do usłyszenia!
wiederkommen* *vi s* przyjść ponownie, powrócić; powtarzać się
Wiederschauen *n*: *reg.* **(auf) ~ !** do widzenia!
Wiedersehen *n* -s ponowne spotkanie (się); **(auf) ~ !** do widze-nia!
wiederum *adv* znowu, na nowo
Wiedervereinigung *f* - (ponowne) zjednoczenie
Wiege *f* -, -n kołyska *f*, kolebka *f*, *figur.* **die ~ der Menschheit** kolebka ludzkości
wiegen*¹ **I.** *vt* z|ważyć; **ein Paket ~** zważyć paczkę **II.** *vi* ważyć; **wie viel wiegst du?** ile ważysz?
wiegen² *vt* kołysać; **das Baby in den Armen ~** kołysać niemowlę w ramionach
wiehern *vi* rżeć; *ugs.* ryczeć ze śmiechu
Wiener¹ *m* -s, - wiedeńczyk *m*
Wiener² *adj* wiedeński; **~ Würstchen** parówki
Wiener³ *f* -, - parówka *f*
wies → **weisen**
Wiese *f* -, -n łąka *f*; **eine ~ mähen** kosić łąkę; **auf der grünen ~** poza miastem
Wiesel *n* -s, - *zool.* łasica

wieso *adv* dlaczego, czemu, z jakiego powodu
wievielt- *adj* który (z rzędu)?; **den Wievielten haben wir heute?**, **der Wievielte ist heute?** którego dziś mamy?
wieweit *adv* jak dalece, w jakiej mierze
wild *adj* **1.** dziki; **~e Tiere** dzikie zwierzęta; **~er Wein** dzikie wino **2.** (*zornig*) rozwścieczony, wściekły **3.** *ugs.* **ganz ~ auf etw sein** być napalonym na coś
Wild *n* -(e)s **1.** zwierzyna łowna **2.** dziczyzna *f*
Wilde(r) *f, m,* -**n,** -n dzikus *m* dzikuska *f*
Wildente *f* -, -n dzika kaczka
Wilderer *m* -s, - kłusownik *m*
wildern *vi, vt* kłusować
Wildleder *n* -s zamsz *m*
Wildnis *f* -, -se pustkowie *n*
Wildschwein *n* -(e)s, -e dzik *m*
Wildwestfilm *m* -(e)s, -e western *m*
will → **wollen**
Wille *m* -ns wola *f*; **aus freiem ~n** dobrowolnie; **beim besten ~n** mimo najlepszych chęci; **wider ~n** mimo woli, nieumyślnie
willen *praep* mit *G*: **um des lieben Friedens ~** dla świętego spokoju; **um Gottes ~!** na miłość boską!
willig *adj* chętny
willkommen *adj*: **(herzlich) ~!** (serdecznie) witam(y)!; **~ sein** być mile widzianym; **j-n ~ heißen** powitać kogoś
willkürlich *adj* **1.** samowolny; **~e Änderungen** samowolne zmiany <przeróbki> **2.** (*nach Belieben*) dowolny
wimmeln *vi* roić się
wimmern *vi* kwilić, jęczeć
Wimpel *m* -s, - proporczyk *m*
Wimper *f* -, -n rzęsa *f*
Wimperntusche *f* -, -n tusz do rzęs
Wind *m* -(e)s, -e wiatr *m*; **der ~ weht** wiatr wieje
Windbeutel *m* -s, - *kulin.* ptyś *m*
Winde *f* -, -n *techn.* podnośnik *m*
Windel *f* -, -n pieluszka *f*, pielucha *f*
winden* **I.** *vt* wić (wianki); owijać (**um etw** dookoła czegoś) **II.** *vr* **sich ~** wić się, skręcać się
Windhose *f* -, -n trąba powietrzna
Windhund *m* -(e)s, -e chart *m*
windig *adj* wietrzny; **ein ~er Tag** wietrzny dzień
Windjacke *f* -, -n wiatrówka *f* (*bluza*)
Windmühle *f* -, -n wiatrak *m*

Windpocken *pl med.* ospa wietrzna
Windschutzscheibe *f* -, -n *mot.* przednia szyba
Windstärke *f* - siła wiatru
Windstille *f* - bezwietrzna pogoda; *naut.* flauta *f*
Windstoß *m* -es, ...stöße poryw wiatru
Windsurfing ['vɪntsœrfɪŋ] *n* -s surfing *m*
Wink *m* -(e)s, -e znak *m*, skinienie *n*; (*Hinweis*) wskazówka *f*
Winkel *m* -s, - kąt *m* (*a. mat.*); **ein spitzer** ~ kąt ostry; zakątek *m*
Winkelmesser *m* -s, - kątomierz *m*
winken *vi* kiwać (**mit der Hand** ręką); dawać znak (ruchem ręki)
winseln *vi* za|skowyczeć
Winter ['vɪntər] *m* -s, - zima *f*; **ein strenger** ~ surowa zima
Wintermantel *m* -s, ...mäntel palto *n*, płaszcz zimowy
Winterolympiade ['vɪntərolym'pjɑːdə] *f* -, -n olimpiada zimowa
Winterreifen *m* -s, - opona zimowa
Wintersaat *f* -, -en ozimina *f*
Wintersport *m* -(e)s sport zimowy
Winzer *m* -s, - **1.** hodowca winorośli **2.** winiarz *m*
winzig *adj* malutki
Wipfel *m* -s, - wierzchołek drzewa
wir *pron pers* my
Wirbel *m* -s, - **1.** wir *m*; wirowanie *n* **2.** *anat.* kręg **3.** *figur.* zamęt *m*, zamieszanie *n*
Wirbelsäule *f* -, -n kręgosłup *m*
Wirbeltier *n* -(e)s, -e *zool.* kręgowiec *m*
Wirbelwind *m* -(e)s, -e wichura *f*
wirbt → **werben**
wird → **werden**
wirft → **werfen**
wirken I. *vi* **1.** (*tätig sein*) pracować **2.** po|-działać; po|skutkować; **auf j-n** ~ oddział(y-w)ać na kogoś **3.** robić <wywoływać> wrażenie **II.** *vt* **1.** (*machen*) z|robić, z|działać; **Wunder** ~ dokaz(yw)ać cudów **2.** (*weben*) dziać, tkać
wirklich *adj* rzeczywisty, prawdziwy
Wirklichkeit *f* -, -en rzeczywistość *f*
wirksam *adj* skuteczny; **ein ~er Schutz** skuteczna ochrona
Wirksamkeit *f* - skuteczność *f*
Wirkung *f* -, -en skutek *m*; działanie *n*; **mit ~ vom ...** z ważnością od ...
wirkungslos *adj* nieskuteczny, bezskuteczny

wirkungsvoll *adj* skuteczny, efektywny; efektowny
Wirkwaren *pl* dzianina *f*
wirr *adj* **1.** chaotyczny **2.** bezładny; rozczochrany (**Haare** włosy)
Wirren *pl* zamieszki *pl*, niepokój *m*
Wirrwarr *m* -s zamęt *m*, bałagan *m*
Wirsing *m* -s włoska kapusta
Wirt *m* -(e)s, -e **1.** (*Gastwirt*) właściciel gospody, restauracji **2.** gospodarz *m* (*właściciel domu*)
Wirtin *f* -, -nen gospodyni *f*
Wirtschaft *f* -, -en **1.** gospodarka *f*; **die ~ eines Landes** gospodarka kraju **2.** (*Wirtshaus*) gospoda *f* **3.** gospodarstwo *n*
wirtschaften *vi* gospodarować
wirtschaftlich *adj* gospodarczy, ekonomiczny; gospodarny
Wirtschaftsaufschwung *m* -(e)s rozwój gospodarki
Wirtschaftsberater *m* -s, - doradca ekonomiczny
Wirtschaftslage *f* - sytuacja gospodarcza <ekonomiczna>
Wirtschaftspolitik *f* - polityka gospodarcza <ekonomiczna>
Wirtshaus *n* -es, ...häuser gospoda *f*
wischen *vt* wycierać; ścierać, zetrzeć
Wischer *m* -s, - wycieraczka samochodowa
Wisent *m* -s, -e *zool.* żubr *m*
wispern *vi* szeptać
wissen* *vt* **1.** wiedzieć; **Bescheid** ~ wiedzieć, orientować się; (**sich**) **keinen Rat** ~ być bezradnym; **j-n** ~ **lassen** da(wa)ć znać ko-muś; **das weiß ich nicht mehr** tego już nie pamiętam **2.** (*können*) umieć; **sich nicht zu helfen** ~ nie umieć sobie poradzić
Wissen *n* -s wiedza *f*; **mit meinem** ~ z moją wiedzą; **meines ~s** o ile mi wiadomo
Wissenschaft *f* -, -en wiedza *f*, nauka *f*; **exakte ~en** nauki ścisłe; **Akademie der ~en** Akademia Nauk
Wissenschaftler *m* -s, - uczony *m*, naukowiec *m*
wissenschaftlich *adj* naukowy; **ein ~er Beirat** komitet naukowy
wittern *vi, vt* z|węszyć, z|wietrzyć; *figur.* zwąchać
Witterung *f* -, -en pogoda *f*, aura *f*
Witterungsumschlag *m* -(e)s zmiana pogody
Witterungsverhältnisse *pl* warunki atmosferyczne, pogoda *f*

Witwe *f* -, -n wdowa; **~ werden** owdowieć *f*
Witwer *m* -s, - wdowiec *m*
Witz *m* -es, -e dowcip *m*, kawał *m*
Witzbold *m* -(e)s, -e dowcipniś *m*, żartowniś *m*
witzig *adj* dowcipny; *ugs.* dziwny
wo *adv* gdzie; **wo wohnt sie?** gdzie ona mieszka?; **von wo?** skąd?
woanders *adv* gdzie indziej
woandershin *adv* gdzie indziej (*kierunek*)
wob → **weben**
wobei *adv* przy czym
Woche *f* -, -n tydzień *m*; **nächste ~** na przyszły tydzień; **vorige** <**in der vorigen**> **~** w ubiegłym tygodniu
Wochenbett *n* -(e)s połóg *m*
Wochenende *n* -s, -n weekend *m*
Wochenendhaus *n* -es, ...häuser domek weekendowy
Wochenschau *f* -, -en kronika filmowa
Wochentag *m* -(e)s, -e dzień powszedni
wochentags *adv* w dni powszednie
wöchentlich *adv* tygodniowo
Wochenzeitung *f* -, -en tygodnik *m*
wodurch *adv* przez co, czym
wofür *adv* za co, na co; **~ interessierst du dich?** czym się interesujesz?
wog → **wägen, wiegen**
Woge *f* -, -n (wysoka) fala *f*
wogegen *adv* przeciw czemu, (w zamian) za co
woher *adv* skąd, z czego; **~ kommst du?** skąd pochodzisz <jesteś>?
wohin *adv* dokąd; **~ gehst du?** dokąd idziesz?
wohl I. *adv* **1.** zdrów; zdrowo, dobrze; **mir ist nicht ~** niedobrze mi; **~ bekomm's!** smacznego!; **leb(e) ~ !** bądź zdrów! **2.** (*gut*) dobrze; **~ bekannt** (dobrze) znany; **~ tun** dobrze czynić (**j-m** komuś) **II.** *part* (*vermutlich*) zapewne, chyba; **was werden wir ~ sehen?** co też zobaczymy? **das kann man ~ sagen** tak jest!
Wohl *n* -(e)s dobro *n*; **auf Ihr ~ !, zum ~ !** na zdrowie!
Wohlbefinden *n* -s zdrowie *n*; dobre samopoczucie
wohlbehalten *adj* zdrów; cały; w dobrym stanie
Wohlergehen *n* -s powodzenie *n*, pomyślność *f*
Wohlgefallen *n* -s upodobanie *n* (**an einer Sache** w czymś)

wohlhabend *adj* zamożny
wohlschmeckend *adj* smaczny
Wohlstand *m* -(e)s dobrobyt *m*; **im ~ leben** żyć w dobrobycie
Wohltat *f* -, -en dobrodziejstwo *n*
Wohltätigkeit *f* - dobroczynność *f*
wohltuend *adj* przynoszący ulgę
wohlverdient *adj* zasłużony
wohlwollend *adj* życzliwy
wohnen *vi* mieszkać; **auf dem Lande ~** mieszkać na wsi
Wohngeld *n* -(e)s dodatek mieszkaniowy
wohnhaft *adj* zamieszkały
Wohnhaus *n* -es, ...häuser dom mieszkalny
Wohnort *m* -(e)s, -e miejsce zamieszkania
Wohnsiedlung *f* -, -en osiedle mieszkaniowe
Wohnsitz *m* -es miejsce zamieszkania, siedziba
Wohnung *f* -, -en mieszkanie *n*
Wohnungsbaugenossenschaft *f* -, -en spółdzielnia mieszkaniowa
Wohnviertel *n* -s, - dzielnica mieszkaniowa
Wohnwagen *m* -s, - wóz mieszkalny, przyczepa mieszkalna
Wohnzimmer *n* -s, - pokój dzienny
Woiwodschaft *f* -, -en województwo *n*
wölben, sich *vr* uwypuklać się; tworzyć łuk
Wölbung *f* - wypukłość *f*; (*Gewölbe*) sklepienie *n*
Wolf *m* -(e)s, **Wölfe 1.** wilk *m*; **ein Rudel Wölfe** wataha wilków **2.** *ugs.* maszynka do mięsa
Wolke *f* -, -n chmura *f*, obłok *m*; **~n ziehen auf** chmury nadciągają
Wolkenbruch *m* -(e)s, ...brüche oberwanie chmury
Wolkenkratzer *m* -s, - drapacz chmur
wolkenlos *adj* bezchmurny
wolkig *adj* zachmurzony, pochmurny
Wolldecke *f* -, -n koc wełniany
Wolle *f* - wełna; **reine ~** czysta wełna; **ein Mantel aus ~** wełniany płaszcz
wollen^1 *adj* wełniany
wollen^{*2} *vt, vi* **1.** chcieć; życzyć sobie; **ich will nur dein Bestes** chcę tylko twojego dobra **2.** (*mit Infinitiv*) chcieć, zamierzać; **~ Sie Platz nehmen!** zechce pan(i) usiąść!; **wir ~ sehen** zobaczymy
womit *adv* czym, z czym; **~ schreibst du?** czym piszesz?
womöglich *adv* jeśli możliwe, może

wonach adv: ~ **fragt er?** o co on pyta?; ~ **riecht es hier?** czym tu pachnie?
Wonne f -, -n rozkosz f, przyjemność f
woran adv: ~ **denkst du?** o czym myślisz?
worauf adv: ~ **wartet sie?** na co ona czeka?
woraus adv z czego
worin adv w czym, gdzie; ~ **liegt der Unterschied?** na czym polega różnica?
Wort n -(e)s 1. pl -e słowo n; **das gedruckte** ~ słowo drukowane; **mit einem ~(e)** jednym słowem 2. pl **Wörter** słowo n, wyraz m, słówko n
Wörterbuch n -(e)s, ...bücher słownik m
wortkarg adj małomówny; lakoniczny
Wortlaut m -(e)s (dosłowne) brzmienie, tekst m
wörtlich adj dosłowny
wortlos adj milczący, bez słów
Wortschatz m -es słownictwo n
Wortspiel n -(e)s, -e gra słów
Wortwechsel m -s, - sprzeczka f, spór m
worüber adv: o czym?; ~ **wunderst du dich?** co cię tak dziwi?
worum adv o co; **ich möchte wissen,** ~ **es hier geht** chciałbym wiedzieć, o co tu chodzi
worunter adv pod czym, między czym
wovon adv o czym, od czego; ~ **redet ihr?** o czym mówicie?
wovor adv przed czym; ~ **fürchtest du dich?** czego się boisz?
wozu adv po co, na co; ~ **braucht er so viel Geld?** po co mu tyle pieniędzy?
wrang → **wringen**
wringen vt wyżymać (**die Wäsche** bieliznę)
wuchs → **wachsen**
Wuchs m -es 1. rośnięcie n, wzrastanie n 2. wzrost m; postawa n
Wucht f - siła f, impet m; **mit voller** ~ z całej siły
wühlen vi, vt ryć, grzebać; szperać
wund adj zraniony, poraniony, ranny; (schmerzhaft) obolały
Wunde f -, -n rana f; **eine offene** ~ otwarta rana
Wunder n -s, - cud m; ~ **tun** czynić cuda; **kein** ~, **dass ...** nic dziwnego, że ...
wunderbar adj cudowny; wspaniały, przepiękny
wunderlich adj dziwaczny, dziwny
wundern I. vt dziwić **II.** vr **sich** ~ dziwić się (**über etw** czemuś)

wunderschön adj cudny, przepiękny
wundervoll adj cudowny; wspaniały
Wunsch m -(e)s, **Wünsche** 1. życzenie n; **einen** ~ **äußern** wyrazić życzenie 2. pl życzenia; **herzliche Wünsche** serdeczne życzenia
wünschen vt życzyć (**sich etw** sobie czegoś); **was** ~ **Sie?** czego pan(i) sobie życzy?; **die gewünschte Nummer** żądany numer
wurde → **werden**
Würde f -, -n 1. sing godność f **es ist unter meiner** ~ to jest poniżej mojej godności 2. godność f, tytuł m
würdig adj 1. dostojny 2. godny, godzien (**eines Dinges** czegoś)
würdigen vt doceniać; uznawać za słuszne; **j-n keines Blickes** ~ nie raczyć spojrzeć na kogoś
Wurf m -(e)s, **Würfe** 1. rzut m (oszczepem) 2. zool. miot m
Würfel m -s, - 1. mat. sześcian m 2. kość f, kostka f (do gry); ~ **spielen** grać w kości
Würfelzucker m -s cukier w kostkach
würgen I. vt dusić **II.** vi 1. dławić się (**an einer Sache** czymś) 2. wymiotować
Wurm m -(e)s, **Würmer** robak m
wurmig adj robaczywy
Wurst f -, **Würste** kiełbasa f; **geräucherte** ~ wędzona kiełbasa; **eine Scheibe** ~ plasterek kiełbasy; ugs. **das ist mir** ~ to jest mi obojętne
Würstchen n -s, - kiełbaska f
Würze f -, -n przyprawa f
Wurzel f -, -n 1. korzeń m 2. mat. pierwiastek m
würzen vt przyprawi(a)ć (np. sos)
würzig adj aromatyczny
wusch → **waschen**
wusste → **wissen**
wüst adj 1. (öde) opustoszały, bezludny; pustynny 2. (wirr) bezładny 3. (ausschweifend) rozwiązły, wyuzdany
Wüste f -, -n pustynia f; **eine** ~ **bewässern** nawadniać pustynię
Wut f - złość f, wściekłość f; ugs. **eine** ~ **auf j-n bekommen** wściec się na kogoś
Wutanfall m -(e)s, ...anfälle napad złości <wściekłości>
wüten vi szaleć; wściekać się
wütend adj wściekły (**auf** <**über**> **j-n** na kogoś)

X

X-Beine pl ugs. nogi w iks
x-beliebig adj dowolny, jakiś
xerographieren vt kserować
Xerokopie f -, -n kserokopia f

x-fach adv wielokrotny
x-mal adv wielokrotnie, iks razy
Xylophon [ksylo'fo:n]n -s, -e mus. ksylofon m

Y

Yacht f → **Jacht**
Yankee ['jɛŋki] m -s, -s jankes m
Yard n -s, -s jard m

Yoga m, n -(s) joga f
Yoghurt m, n → **Joghurt**
Yucca ['juka] f -, -s bot. juka f

Z

Zacke f -, -n, **Zacken** m -s, - (Spitze) ostry koniec; ząb m (np. widelca)
zaghaft adj nieśmiały; bojaźliwy
zäh, zähe adj 1. łykowaty, twardy (Fleisch mięso) 2. gęsty, lepki 3. figur. uporczywy, wytrwały
Zahl f -, -en 1. liczba f; **gerade <ungerade> ~en** liczby parzyste <nieparzyste> 2. (Ziffer) cyfra f 3. sing (Menge) ilość f
zahlbar adj płatny; **~ binnen 14 Tagen** płatny w ciągu czternastu dni
zahlen vt, vi za|płacić (**für etw** za coś); **was habe ich zu ~?** ile się należy?; **~ , bitte!** (chcę) płacić!, proszę o rachunek!
zählen I. vt po|liczyć, obliczać; **er zählt 20 Jahre** ma dwadzieścia lat; **zu einer Sache ~** zaliczać do czegoś **II.** vi liczyć; **das zählt nicht** to się nie liczy; **auf j-n ~** liczyć na kogoś
Zahlenlotto n -s, -s gra liczbowa
Zähler m -s, - 1. licznik m (a. mat.); **den ~ ablesen** odczytać stan licznika 2. rachmistrz m
zahllos adj niezliczony
zahlreich adj liczny
Zahlung f -, -en płacenie n, płatność f; opłata f; **gegen ~ von drei Euro** za opłatą trzech euro
Zahlungsbedingungen pl warunki płatności
zahlungsfähig adj wypłacalny
Zahlungsmittel n -s, - środek płatniczy
zahlungsunfähig adj niewypłacalny

Zahlwort n -(e)s, ...wörter liczebnik m
zahm adj oswojony; ugs. (fügsam) potulny, łagodny
zähmen vt oswajać; figur. poskramiać, opanować
Zahn m -(e)s, **Zähne** ząb m; **künstliche <falsche> Zähne** sztuczne zęby; **sich die Zähne putzen** myć <czyścić> zęby
Zahnarzt m -es, ...ärzte dentysta m
Zahnärztin f -, -nen dentystka f
Zahnbürste f -, -n szczoteczka do zębów
Zahnersatz m -es sztuczny ząb, proteza zębowa
Zahnfleisch n -(e)s dziąsło n
zahnlos adj bezzębny
Zahnpasta, Zahnpaste f -, ...pasten pasta do zębów
Zahnradbahn f -, -en kolejka zębata (górska)
Zahnschmelz m -es szkliwo n (nazębne)
Zahnschmerz m -es, -en ból zęba <zębów>
Zahnstocher m -s, - wykałaczka f
Zahnweh n -(e)s ból zęba <zębów>
Zahnwurzel f -, -n korzeń zęba
Zander m -s, - sandacz m
Zange f -, -n obcęgi pl; kleszcze pl; **kleine ~** obcążki pl
Zank m -(e)s kłótnia f, sprzeczka f
zanken vi, **sich ~** vr kłócić się (**mit j-m** z kimś)
Zäpfchen n -s, - czopek m
zapfen vt toczyć, lać, nalewać (**Bier** piwo);

Benzin ~ nalać benzyny, zatankować benzynę
Zapfen *m* -s, - czop *m*; sopel *m* (*lodu*); *bot.* szyszka *f*
Zapfenstreich *m* -(e)s, -e capstrzyk *m*
Zapfsäule *f* -, -n dystrybutor (paliwa)
Zapfstelle *f* -, -n stacja benzynowa
zappeln *vi* wiercić się, kręcić się; trzepotać się (*ryba*)
zappen [zɛpn] *vi* zmieniać kanały telewizyjne
zart *adj* delikatny; wrażliwy, subtelny; (*schwach*) wątły
zärtlich *adj* tkliwy, czuły; **~e Worte** czułe słowa
Zauber *m* -s czary *pl*; (*Reiz*) czar *m*; urok *m*
Zauberer *m* -s, - czarodziej *m*, czarnoksiężnik *m*; magik *m*, sztukmistrz *m*
zauberhaft *adj* cudny, uroczy, zachwycający, czarowny
Zauberkünstler *m* -s, - iluzjonista *m*, magik *m*
zaubern *vi*, *vt* czarować, uprawiać czary; wyczarować
zaudern *vi* wahać się; **mit einer Sache ~** zwlekać z czymś; **ohne zu ~** bez wahania
Zaum *m* -(e)s, **Zäume** uzda *f*; *figur.* **sich im ~ halten** panować nad sobą
Zaun *m* -(e)s, **Zäune** płot *m*, parkan *m*
Zebra *n* -s, -s *zool.* zebra
Zebrastreifen *m* -s, - pasy *mpl* (*na jezdni*), *ugs.* zebra *f*
Zeche *f* -, -n **1.** rachunek *m* (*w restauracji*) **2.** (*Bergwerk*) kopalnia *f*
zechen *vi scherz.* ucztować, balować
Zecke *f* -, -n *zool.* kleszcz *m*
Zehe *f* -, -n **1.** *o.* **Zeh** *m* -s, -en palec *m* (*u nogi*); **sich auf die ~n stellen** stanąć na palcach **2.** ząbek czosnku
zehn *num* dziesięć; **halb ~** wpół do dziesiątej
Zehn *f* -, -en dziesiątka *f*
Zehner *m* -s, - dziesiątka *f* (*banknot, moneta*), dziesięć (złotych, groszy)
zehnfach *adj* dziesięciokrotny
zehnjährig *adj* dziesięcioletni
Zehnkampf *m* -(e)s *sport.* dziesięciobój *m*
zehnmal *adv* dziesięć razy
zehntausend *num* dziesięć tysięcy
zehnte *num* dziesiąty
Zehntel *n* -s, - dziesiąta część
Zeichen *n* -s, - **1.** znak *m*; symbol *m*; sygnał *m*; **das ~ zum Angriff** sygnał do ataku; **zum ~** na znak **2.** oznaka *f*; symptom *m*; **die ~ einer Krankheit** symptomy choroby **3.** **die ~ des Tierkreises** znaki zodiaku
Zeichenblock *m* -s, -s blok rysunkowy, szkicownik *m*
Zeichensprache *f* - język migowy
Zeichentrickfilm *m* -(e)s, -e film rysunkowy
zeichnen *vt* **1.** na|rysować, na|kreślić; **mit Kohle ~** rysować węglem **2.** (*unterschreiben*) podpis(yw)ać **3.** znaczyć, znakować (**Wäsche** bieliznę; **Bäume** drzewa)
Zeichner *m* -s, - rysownik *m*; **technischer ~** kreślarz
Zeichnung *f* -, -en rysunek *m*
Zeigefinger *m* -s, - palec wskazujący
zeigen *vt*, *vi* pokaz(yw)ać; wskazywać; (*merken lassen*) okaz(yw)ać; **Verständnis für etw ~** okazać zrozumienie dla czegoś
Zeiger *m* -s, - wskazówka *f* (zegarka)
Zeile *f* -, -n wiersz (*linijka*) *m*
zeit *praep mit G:* **~ meines Lebens** do końca (mojego) życia
Zeit *f* -, -en czas *m*; pora *f*; **mit der ~** z czasem; *f* **um diese ~** w tym czasie, o tej porze; **von ~ zu ~** od czasu do czasu; **vor kurzer ~** niedawno; **vor langer ~** dawno; **zu gleicher ~** równocześnie; **zur rechten ~** w porę; **keine ~ haben** nie mieć czasu; **eine ~ lang** przez pewien czas
Zeitabschnitt *m* -(e)s, -e okres *m*
Zeitalter *n* -s, - wiek *m*, epoka *f*
Zeitangabe *f* -, -n data *f*, podawanie czasu
Zeitansage *f* -, -n *rad.* sygnał czasu; (*telefonisch*) zegarynka *f*
zeitgemäß *adj* na czasie, aktualny
Zeitgeschichte *f* - historia współczesna
zeitig *adj* wczesny; **~ zu Bett gehen** iść wcześnie spać
Zeitkarte *f* -, -n bilet okresowy
zeitlos *adj* ponadczasowy
Zeitlupe *f* - *film.* zwolnione tempo
Zeitmangel *m* -s brak czasu; **aus ~** z braku czasu
Zeitpunkt *m* -(e)s, -e chwila *f*, moment *m*
Zeitraffer *m* -s *film.* przyspieszone tempo
zeitraubend *adj* czasochłonny
Zeitrechnung *f*: **unserer ~** naszej ery
Zeitschrift *f* -, -en czasopismo *n*
Zeitspanne *f* - okres *m*
Zeitung *f* -, -en gazeta *f*, dziennik *m*
Zeitungsbericht *m* -(e)s, -e sprawozdanie prasowe

Zeitungskiosk *m* -(e)s, -e kiosk z gazetami
Zeitverlust *m* -(e)s strata czasu
Zeitvertreib *m* -(e)s, -e spędzanie czasu, rozrywka
zeitweilig *adj* chwilowy, tymczasowy; przejściowy
zeitweise *adv* przejściowo, dorywczo
Zeitwort *n* -(e)s, ...wörter czasownik *m*
Zeitzeichen *n* -s, - *rad.* sygnał czasu
Zelle *f* -, -n **1.** cela *f* **2.** (*Telefonzelle*) budka *f*, kabina telefoniczna **3.** *anat.* komórka
Zellstoff *m* -(e)s celuloza *f*; lignina *f*
Zellteilung *f* -, -en podział komórki
zellular, zellulär *adj biol.* komórkowy
Zelt *n* -(e)s, -e namiot *m*
zelten *vi* obozować, nocować w namiocie
Zeltplatz *m* -es, ...plätze pole namiotowe
Zement *m* -(e)s cement *m*
Zensur *f* -, -en **1.** stopień *m*, ocena *f* **2.** *sing* cenzura *f*
Zentimeter *m, n* -s, - centymetr *m*
Zentner *m* -s, - cetnar *m* (50 kg, *austr.*, *schweiz.* 100 kg)
zentral *adj* centralny, środkowy; **~ gelegen** centralnie położony
Zentrale *f* -, -n centrala *f*
Zentralheizung *f* -, centralne ogrzewanie
Zentralstelle *f* -, -n centrala *f*, ośrodek *m*
Zentrum *n* -s, ...ren centrum *n*, (o)środek *m*; **~ der Stadt** śródmieście
zerbeißen* *vt* rozgryzać (**Bonbons** cukierki)
zerbrechen* **I.** *vt* (*zerschlagen*) s|tłuc; *figur.* **sich den Kopf ~** łamać sobie głowę **II.** *vi s* rozbi(ja)ć się, stłuc się
zerbrechlich *adj* łatwo się tłukący; kruchy, delikatny
zerbröckeln *vi, vt* kruszyć się, po|kruszyć
zerdrücken *vt* **1.** rozgniatać; z|miażdżyć **2.** *ugs.* z|miąć (**das Kleid** sukienkę)
Zeremonie *f* -, -n ceremonia *f*
zerfahren *adj* wyboisty, wyjeżdżony
Zerfall *m* -(e)s rozpad *m*; upadek *m*, rozkład *m*
zerfallen* *vi s* rozpadać się; upadać
zerfetzen *vt* podrzeć, porwać, poszarpać
zerfleischen *vt* rozszarpać, rozerwać zębami (*np.* zdobycz)
zerfließen* *vi s* rozpływać się, roztapiać się
zergehen* *vi* rozpuszczać się, roztapiać się
zerkleinern *vt* rozdrabniać; po|rąbać (**Holz** drzewo)

Zerkleinerung *f* - rozdrobnienie *n*
zerknirscht *adj* skruszony, pełen skruchy
zerknittern *vt* z|miąć, zgnieść (*np.* ubranie)
zerkratzen *vt* zadrapać; rozdrap(yw)ać; **den Lack ~** zadrapać lakier
zerlassen* *vt kulin.* rozpuścić, roztopić
zerlegen *vt* rozkładać, rozbierać (na części); podzielić, pokrajać (*np.* pieczeń)
zerlumpt *adj* obszarpany; obdarty
zermalmen *vt* z|miażdżyć
zerplatzen *vi s* pękać; *figur.* **vor Wut ~** pękać z wściekłości
zerquetschen *vt* rozgniatać
zerreiben* *vt* rozcierać, rozetrzeć
zerreißen* **I.** *vt* rozdzierać rozedrzeć; podrzeć, rozszarp(yw)ać **II.** *vi s* rozerwać się, rozedrzeć się
zerren *vt* ciągnąć (siłą); szarpać, targać; *figur.* **an den Nerven ~** szarpać nerwy
zerrinnen* *vi s* rozpływać się; *figur.* rozwiewać się
zerrissen → **zerreißen**; *adj figur.* rozdarty
zerrütten *vt* z|rujnować; podkop(yw)ać (**Gesundheit** zdrowie)
zerschellen *vi s* rozbić się, roztrzaskać się
zerschlagen[*1] *vt* rozbi(ja)ć, zbić, potłuc (*np.* szyby)
zerschlagen[2] *adj figur.* rozbity, wykończony
zerschmettern *vt* z|druzgotać
zerschneiden* *vt* rozcinać, rozkrajać, rozkroić
zersetzen I. *vt* rozkładać, poddawać rozkładowi **II.** *vr* **sich ~** rozkładać się, ulegać rozkładowi
zersplittern I. *vi s* rozlecieć się <rozbić się> na drobne kawałki **II.** *vt* roztrzaskać, rozłup(yw)ać
zerspringen* *vi s* pękać (*o szkle*)
zerstäuben *vt* rozpylić
Zerstäuber *m* -s, - rozpylacz *m*
zerstören *vt* z|burzyć (**ein Gebäude** budynek); z|niszczyć; *figur.* zniweczyć; zrujnować
Zerstörer *m* -s, - niszczyciel *m* (*okręt*)
Zerstörung *f* -, -en zniszczenie, zburzenie; zrujnowanie
zerstreuen I. *vt* **1.** rozsyp(yw)ać, rozrzucać **2.** rozpraszać (*np.* demonstrantów) **3.** (*unterhalten*) zabawi(a)ć **II.** *vr* **sich ~ 1.** rozpraszać się **2.** (*sich unterhalten*) rozerwać się
zerstreut *adj* roztargniony
Zerstreuung *f* -, -en **1.** rozproszenie *f*

2. *sing* roztargnienie *n* **3.** (*Unterhaltung*) rozrywka *f*
zerstückeln *vt* pokroić <porąbać> na kawałki
zerteilen *vt* podzielić na części <kawałki>
Zertifikat *n* -(e)s, -e świadectwo *n*, certyfikat *m*
zertrampeln *vt* podeptać, stratować
zertreten˚ *vt* rozdept(yw)ać
zertrümmern *vt* rozbić, rozwalić
Zerwürfnis *n* -ses, -se niesnaski *fpl*
zerzaust *adj* rozczochrany
Zettel *m* -s, - kartka *f*; kawałek papieru
Zeug *n* -(e)s rzeczy *pl*; graty *pl*; manatki *pl*; **dummes ~ reden** mówić bzdury
Zeuge *m* -n, -n świadek *m*; **~n vernehmen** przesłuchać świadków
zeugen¹ *vi* świadczyć (**für j-n** za kimś; **gegen j-n** przeciw komuś); **von einer Sache ~** świadczyć o czymś
zeugen² *vt* spłodzić
Zeugnis *n* -ses, -se świadectwo *n*; opinia *f*; **ein tierärztliches ~** świadectwo weterynaryjne; **j-m ein ~ ausstellen** wystawić komuś opinię
Zickzack *m* -(e)s, -e zygzak *m*; **im ~ laufen** biec zygzakami
Ziege *f* -, -n koza *f*
Ziegel *m* -s, - cegła *f*; (*Dachziegel*) dachówka *f*; **~ brennen** wypalać cegły
ziegelrot *adj* ceglasty
Ziegelstein *m* -(e)s, -e cegła *f*
Ziegenbock *m* -(e)s, ...böcke kozioł *m*
Ziegenpeter *m* -s, - *ugs. med.* świnka *f*
ziehen˚ **I.** *vt* **1.** ciągnąć; pociągnąć; wyciągnąć; **einen Zahn ~** usunąć <wyrwać> ząb; **den Korken aus der Flasche ~** wyciągnąć korek z butelki; **das Boot ans Land ~** wyciągnąć łódź na brzeg; **j-n auf die Seite ~** odciągnąć kogoś na bok **2.** hodować; **Blumen ~** hodować kwiaty **3. aus dem Verkehr ~** wycofać z obiegu; **in Betracht ~** uwzględni(a)ć; **in Erwägung ~** rozważać; **in die Länge ~** przeciągać; **in Zweifel ~** poda(wa)ć w wątpliwość; **zur Verantwortung ~** pociągać do odpowiedzialności **II.** *vr sich ~* ciągnąć się; przeciągać się **III.** *vi* **1.** ciągnąć (**an einer Leine** za linę) **2.** naciągać (*o herbacie*) **3.** ciągnąć, wiać; **es zieht hier** tu ciągnie **4.** *s* ciągnąć, posuwać się; przenieść się; **aufs Land ~** przenosić się na wieś; **lass ihn ~!** zostaw go, niech idzie!
Ziehung *f* -, -en ciągnienie (loterii)

Ziel *n* -(e)s, -e **1.** cel; **ans ~ kommen** dotrzeć do celu; **die politischen ~e** cele polityczne **2.** *sport.* meta *f* **3.** *sport.*, *mil.* cel; **~ bewegliche ~e** ruchome cele
Zielbahnhof *m* -(e)s, ...bahnhöfe stacja docelowa
zielbewusst *adj* świadomy celu
zielen *vi* wy|celować, wy|mierzyć; **nach j-m ~** celować do kogoś; *figur.* zmierzać do czegoś
Ziellinie *f* -, -n linia mety
ziellos *adj* bezcelowy, bez celu
Zielscheibe *f* -, -n tarcza strzelnicza
Zielvorrichtung *f* -, -en *mil.* urządzenie celownicze
ziemen *vi*: **es ziemt dir nicht ...** nie wypada ci ...
ziemlich I. *adj* spory, pokaźny **II.** *adv* **1.** dosyć; **es kamen ~ viele Leute** przyszło dość dużo ludzi **2.** prawie; **so ~** mniej więcej
Zierde *f* -, -n ozdoba *f*
zieren I. *vt* ozdabiać, zdobić **II.** *vr* **sich ~** certować się, krygować się
zierlich *adj* delikatny; drobny; pełen wdzięku, zgrabny
Zierpflanze *f* -, -n roślina ozdobna
Ziffer *f* -, -n cyfra *f*; **arabische <römische> ~n** cyfry arabskie <rzymskie>
Zifferblatt *n* -(e)s, ...blätter tarcza zegara <zegarka>
Zigarette *f* -, -n papieros *m*; **eine Schachtel ~n** paczka papierosów; **~n rauchen** palić papierosy
Zigarettenkippe *f* -, -n niedopałek *m*
Zigarre *f* -, -n cygaro *n*
Zigeuner *m* -s, - Cygan *m*
Zimmer *n* -s, - pokój *m*; **~ zu vermieten** pokój <pokoje> do wynajęcia
Zimmermädchen *n* -s, - pokojówka *f* (*w hotelu u.ä.*)
Zimmermann *m* -(e)s, ...leute cieśla *m*
Zimmerpflanze *f* -, -n roślina pokojowa
Zimmerschlüssel *m* -s, - klucz od pokoju
Zimmervermittlung *f* -, -en biuro kwater prywatnych
Zimt *m* -(e)s, -e cynamon *m*; *figur.* głupoty *pl*, bzdury *pl*
zimtfarben *adj* cynamonowy, w kolorze cynamonu
Zink *n* -(e)s cynk *m*
Zinkblech *n* -(e)s blacha cynkowa
Zinke *f* -, -n kolec *m* ząb widelca <grzebienia, grabi>

zinken *adj* cynkowy
Zinn *n* -(e)s cyna *f*
zinnoberrot *adj* cynobrowy
Zinnsoldat *m* -en, -en ołowiany żołnierzyk
Zins *m* -es, -e czynsz *m*
Zinsen *pl* odsetki *pl*
Zinsfuß *m* -es, ...füße stopa procentowa
Zipfel *m* -s, - róg *m*, rożek *m*; (spiczasty) koniec
Zirbe, Zirbel *f* -, -n *bot.* limba *f*
Zirbeldrüse *f* -, -n *anat.* szyszynka *f*
zirka *adv* około
Zirkel *m* -s, - **1.** cyrkiel *m* **2.** (*Kreis*) koło *n* **3.** *figur.* (*Personenzirkel*) kółko *n*, grono *n*
Zirkus *m* -, -se cyrk *m*; *figur.* **mach nicht so einen ~!** nie rób scen!
zischeln *vi* szeptać, poszeptywać
zischen *vi* syczeć; syknąć
zitieren *vt* **1.** za|cytować, przytaczać **2.** wezwać (**j-n zu sich ~** kogoś do siebie)
Zitrone *f* -, -n cytryna *f*
zitronengelb *adj* cytrynowy
Zitronensaft *m* -(e)s sok cytrynowy
Zitronensäure *f* - kwas cytrynowy
Zitrusfrucht *f* -, ...früchte owoc cytrusowy
zittern *vi* **1.** drżeć, dygotać (**vor Kälte** z zimna) **2.** trząść się ze strachu, bać się
zivil *adj* cywilny; *figur.* (*mäßig*) godziwy
Zivilcourage [tsi'vi:lkura:ʒə] *f* - odwaga cywilna
Zivildienst *m* -(e)s zastępcza służba wojskowa
Zivilisation *f* -, -en cywilizacja *f*
Zivilisationskrankheiten *pl* choroby cywilizacyjne
Zivilist *m* -en, -en cywil *m*
zog → **ziehen**
zögern *vi* wahać się, zwlekać (**mit einer Sache** z czymś); **ohne zu ~** nie zwlekając
Zögling *m* -s, -e wychowanek *m* (internatu)
Zoll[1] *m* -(e)s, - cal *m*
Zoll[2] *m* -(e)s, **Zölle** cło *n*; **~ erheben** pobierać cło
Zollabfertigung *f* -, -en odprawa celna
Zollamt *n* -(e)s, ...ämter urząd celny
Zollbeamte *m* -n, -n urzędnik celny, celnik *m*
Zollbehörde *f* -, -n władze celne
Zollerklärung *f* -, -en deklaracja celna
zollfrei *adj* wolny od cła
Zollfreigebiet *n* -(e)s, -e strefa bezcłowa
Zollgrenze *f* -, -n granica celna
Zollkontrolle *f* -, -n kontrola celna
zollpflichtig *adj* podlegający ocleniu
Zolltarif *m* -s, -e taryfa celna
Zollunion *f* -, -en unia celna
Zone *f* -, -n strefa *f*; **die neutrale ~** strefa neutralna
Zoo [tso:] *m* -s, -s, **Zoologischer Garten** ogród zoologiczny; **in den Zoo gehen** iść do zoo
Zoologie [tsoolo'gi:] *f* - zoologia *f*
Zopf *m* -(e)s, **Zöpfe** warkocz *m*; **einen ~ flechten** pleść warkocz
Zorn *m* -(e)s gniew *m*, złość *f*; **in ~ geraten** rozgniewać się
Zornausbruch *m* -(e)s, ...ausbrüche wybuch <napad> złości
zu **I.** *praep mit D* **1.** (*wo?*) w (czymś), na (czymś), przy (czymś), u (czegoś); **zu Hause** w domu; **zu meiner Linken** na lewo ode mnie **2.** (*wohin?*) do (czegoś), na (coś), ku (czemuś); **zu mir** do mnie; **zum Bahnhof** na dworzec; **zu Ende gehen** kończyć się; **zum Fenster hinaus** przez okno **3.** (*wann?*) **zu Mittag** w południe; **zu Beginn** na początku **4.** (*Zweck*) dla (czegoś), do (czegoś), na (coś); **zu diesem Zweck** do tego celu; **zum Frühstück** na śniadanie **5.** (*Umstand*) **zum Glück** na szczęście; **zum Teil** w części; **zu diesem Preis** za tę cenę; **zu Fuß** piechotą; **zu Ehren des Gastes** na cześć gościa; **Gasthaus „Zum Löwen"** gospoda „Pod Lwem" **6.** (*bei Zahlenangaben*) **zwei zu vier** dwa do czterech; **das Stück zu zwei Euro** po dwa euro sztuka; **zu zweit** we dwóch **II.** *kj* **1.** do (czegoś), aby; **das ist zu verkaufen** to jest na sprzedaż; **es ist zu erwarten** należy oczekiwać **2.** (*beim Infinitiv*) **ich erlaube ihm zu lesen** pozwalam mu czytać; **ich habe viel zu tun** mam dużo roboty; **versprich mich zu verständigen** obiecaj, że mnie zawiadomisz; **ohne zu warten** nie czekając, bez czekania **III.** *adv* **1.** zbyt, za; **zu sehr** za bardzo **2.** (*verschlossen*) zamknięty; **Tür zu!** zamykać drzwi!
zuallererst *adv* najpierw
zuallerletzt *adv* na samym końcu
Zubehör *n* -(e)s, -e wyposażenie *n*; dodatki *npl*, przybory *pl*; *techn.* osprzęt *m*
zubereiten *vt* przygotow(yw)ać, przyrządzać (**Speisen** potrawy)
Zubettgehen *n* -s pójście spać, udanie się na spoczynek

zubilligen *vt* przyznać, uznać (**j-m etw** komuś coś)
zubinden˚ *vt* zawiąz(yw)ać (sznurowadła)
zubringen˚ *vt* spędzić; **die Zeit mit einer Sache** ~ spędzać czas na czymś
Zubringer *m* -s, - **1.** (*Bus*) autobus dowożący (*np.* na lotnisko) **2.** (*Straße*) droga dojazdowa
Zucchini [tsu'ki:ni] *f* -, - cukinia *f*
Zucht *f* -, -en **1.** hodowanie *n*, hodowla *f* **2.** rygor *m*, dyscyplina *f*
züchten *vt* wy|hodować; (*np.* pszczoły)
Züchter *m* -s, - hodowca *m*
Zuchthaus *n* -es, ...häuser (ciężkie) więzienie
Zuchtperle *f* -, -n perła hodowlana
zucken *vi* drgnąć, poruszyć się; **mit den Achseln** ~ wzruszać ramionami
Zucker *m* -s cukier *m*
Zuckerbäcker *m* -s, - cukiernik *m*
Zuckerdose *f* -, -n cukiernica *f*
Zuckerguss *m* -es lukier *m*
zuckerkrank *adj* chory na cukrzycę
Zuckerkrankheit *f* - cukrzyca *f*
Zuckerl *n* -s, -(n) *austr.* cukierek *m*
Zuckerrohr *n* -(e)s trzcina cukrowa
Zuckerrübe *f* -, -n burak cukrowy
zudecken *vt* przykry(wa)ć, nakrywać
zudem *adv* ponadto
zudrehen *vt* zakręcać; **den Wasserhahn** ~ zakręcić kran
zudringlich *adj* natarczywy
zudrücken *vt* przymknąć, zamknąć; *figur.* **ein Auge** ~ przymknąć (na coś) oko
zueinander *adv*: ~ **passen** pasować do siebie; ~ **stehen** trzymać ze sobą
zuerkennen˚ *vt* przyzna(wa)ć (**j-m etw** komuś coś)
zuerst *adv* najpierw
Zufahrtsstraße *f* -, -n droga dojazdowa
Zufall *m* -(e)s, **Zufälle** przypadek *m*, traf *m*; **durch** ~ przypadkowo
zufallen˚ *vi s* przypadać (**j-m** ko-muś)
zufällig *adj* przypadkowy
Zuflucht *f* -, -en schronienie *n*; **(seine)** ~ **nehmen zu einer Sache** uciekać się do czegoś, szukać ucieczki w ...
Zufluchtsort *m* -(e)s, -e miejsce schronienia, azyl
Zufluss *m* -es, -e dopływ *m* (*o. geogr.*)
zufolge *praep mit G, D* według, stosownie (do czegoś); **dem Befehl** ~ , ~ **des Befehls** według rozkazu, zgodnie z rozkazem

zufrieden *adj* zadowolony (**mit einer Sache** z czegoś); ~ **stellen** zadawalać
Zufriedenheit *f* - zadowolenie; **mit tiefer** ~ z głębokim zadowoleniem
zufrieren˚ *vi s* zamarzać
Zufuhr *f* -, -en dowóz *m*; dostarczenie *n*, zaopatrzenie *n*
zuführen *vt* doprowadzić; dostarczyć, zasilić
Zug *m* -(e)s, **Züge 1.** pociąg *m*; **der** ~ **setzt sich in Bewegung** pociąg rusza; **der** ~ **läuft ein** pociąg wjeżdża; **j-n zum** ~ **bringen** odprowadzić kogoś do pociągu **2.** pochód *m*; marsz *m*; procesja *f*; orszak *m*; kolumna *f* **3. ein** ~ **der Kraniche** klucz żurawi **4.** (*Brettspiele*) ruch *m*, posunięcie *n*; **am** ~**e sein** mieć ruch **5.** (*Schluck*) łyk *m*; **einen** ~ **aus der Flasche tun** pociągnąć z butelki **6.** (*Luftzug*) przeciąg *m*, przewiew *m* **7.** (*Gesichtszug*) rys (*twarzy*); **regelmäßige Züge** regularne rysy **8.** (*Wesenszug*) rys *m*, cecha *f* **9.** (*Schriftzug*) pociągnięcie *n*; **in großen Zügen** w ogólnych zarysach **10.** *mil.* pluton *m*
Zugabe *f* -, -n **1.** dodatek *m*, naddatek *m* **2.** bis *m*
Zugang *m* -(e)s, **Zugänge** dostęp *m*; wejście *f*; ~ **verboten!** wejście <wstęp> wzbroniony!
zugänglich *adj* dostępny
Zugbegleiter *m* -s, - członek personelu pociągu
zugeben˚ *vt* **1.** doda(wa)ć, dołączyć **2.** (*zugestehen*) przyzna(wa)ć (się)
zugegen *adj*: ~ **sein** być obecnym
zugehen˚ *vi s* **1.** podchodzić, zbliżać się (**auf j-n** do kogoś) **2.** (*geschehen*) dziać się; **es geht hier lustig zu** tu jest wesoło **3.** *ugs.* (*sich schließen*) zamykać się
Zugehörigkeit *f* - przynależność *f* (**zu einer Sache** do czegoś)
Zügel *m* -s, - lejce *pl*, cugle *pl*
zügeln *vt* okiełznać; powściągnąć, pohamować (*np.* wściekłość)
Zugeständnis *n* -ses, -se ustępstwo *n*
zugestehen˚ *vt* przyznać (**j-m etw** komuś coś)
zugetan *adj* oddany, życzliwy (**j-m** komuś)
Zugführer *m* -s, - kierownik pociągu
zugießen˚ *vt* dolewać, dolać
zugleich *adv* równocześnie
Zugluft *f* - przeciąg *m*
Zugpersonal *n* -s obsługa pociągu

zugreifen* vi brać, chwytać (okazję, proponowane rzeczy); **bitte greifen Sie zu!** proszę się poczęstować!
zugrunde, zu Grunde *adv*: **~ gehen** z|ginąć, upadać, rozpadać się; **~ richten** z|niszczyć, zrujnować
Zugtier *n* -(e)s, -e zwierzę pociągowe
zugucken *vi ugs*. przyglądać się
zugunsten, zu Gunsten *praep mit G, D* na (czyjąś) korzyść
Zugverbindung *f* -, -en połączenie kolejowe
Zugvogel *m* -s, ...vögel ptak wędrowny
Zuhälter *m* -s, - sutener *m*
Zuhause *n* -s dom *m*, mieszkanie, własny kąt, ognisko domowe
zuhören *vi* przysłuch(iw)ać się; **hör mal zu, ...** posłuchaj ...
Zuhörer *m* -s, - słuchacz *m*
Zuhörerschaft *f* - audytorium *n*, słuchacze *mpl*
zujubeln *vi* wiwatować (**j-m** na czyjąś cześć)
zukleben *vt* zalepi(a)ć, zaklejać (*np*. kopertę)
zuknöpfen *vt* zapinać (**die Bluse** bluzkę)
zukommen* *vi s* **1.** zbliżać się, przychodzić, podchodzić (**auf j-n** do kogoś) **2. j-m etw ~ lassen** a) przes(y)łać komuś coś b) dawać <podawać> komuś coś; **j-m ~** przypadać w udziale komuś
Zukunft *f* - przyszłość *f*
zukünftig *adj* przyszły
zulächeln *vi* uśmiechać się (**j-m** do kogoś)
Zulage *f* -, -n dodatek *m*
zulänglich *adj* wystarczający, dostateczny
zulassen* *vt* **1.** tolerować, dopuścić **2.** dopuszczać (**zu einer Sache** do czegoś); **für Jugendliche nicht zugelassen** niedozwolony dla młodzieży **3.** zezwalać (na coś)
zulässig *adj* dopuszczalny; dozwolony; **die ~e Höchstgeschwindigkeit** dopuszczalna prędkość maksymalna
Zulassung *f* -, -en **1.** dopuszczenie *n* (*np*. do studiów) **2.** *mot*. dowód rejestracyjny pojazdu
Zuleitung *f* -, -en **1.** doprowadzenie *n*, dopływ *m* **2.** przewód *m*
zuletzt *adv* **1.** w końcu, na końcu; **er kam ~** przyszedł ostatni **2.** *ugs*. ostatnio, ostatnim razem
zuliebe *preap mit D*: **tue es mir ~** zrób to dla mnie

zum = **zu dem**; **~ Beispiel** na przykład; **~ Mindesten** przynajmniej; **~ ersten Mal** po raz pierwszy
zumachen *vt ugs*. zamykać (**den Koffer** walizkę); zaklejać (**einen Brief** list)
zumal I. *adv* zwłaszcza **II.** *kj* szczególnie, że; ponieważ
zumindest *adv* przynajmniej
zumute *adv*: **mir ist seltsam ~** dziwnie się czuję
zumuten *vt* spodziewać się (**j-m etw** czegoś po kimś); (*verlangen*) wymagać, żądać (od kogoś)
zunächst *adv* najpierw, na początku; na razie, naprzód
zunähen *vt* zaszy(wa)ć, zszywać
Zunahme *f* -, -n przyrost *m*; **~ des Gewichts** przyrost wagi
Zuname *m* -ns, -n nazwisko *n*
zünden *vt* zapalać
Zünder *m* -s, - *mil*. zapalnik *m*
Zündholz *n* -es, ...hölzer zapałka *f*
Zündkerze *f* -, -n świeca zapłonowa
Zündschloss *n* -es, ...schlösser włącznik zapłonu, *ugs*. stacyjka *f*
Zündschlüssel *m* -s, - kluczyk zapłonowy
Zündung *f* -, -en *mot*. zapłon *m*
Zündverteiler *m* -s, - rozdzielacz zapłonu
zunehmen* *vi* **1.** przyb(ie)rać; wzmagać się **2.** (*dicker werden*) tyć
Zuneigung *f* -, -en sympatia *f* (**zu j-m** do kogoś)
Zunft *f* -, **Zünfte** cech *m*
Zunge *f* -, -n **1.** język *m*; **sich die ~ verbrennen** poparzyć sobie język **2.** *kulin*. ozór *m* **3.** język buta
zunichte *adv*: **~ machen** z|niweczyć
zuoberst *adv* na (samym) wierzchu, na samej górze
zupacken *vi* **1.** (*zugreifen*) chwycić, złapać **2.** zabrać się energicznie do pracy
zupfen *vi*, *vt* **1.** skubać; wyskubać **2.** (*an etw ziehen*) po|ciągnąć (za coś)
Zupfinstrument *n* -(e)s, -e instrument szarpany
zur = **zu der**; **zur rechten Zeit** w porę
zurechnungsfähig *adj* poczytalny
Zurechnungsfähigkeit *f* - poczytalność *f*
zurechtfinden*, **sich** *vr* z|orientować się, wyzna(wa)ć się (**in einer Sache** w czymś)
zurechtkommen* *vi* **1.** radzić sobie (**mit einer Sache, j-m** z czymś, kimś) **2.** przyjść w porę <na czas>

zurechtmachen I. *vt* przygoto(wy)wać; słać (**das Bett** łóżko); u|porządkować (**Haare** włosy) **II.** *vr* **sich ~** doprowadzić się do porządku; umalować się i uczesać
zurechtweisen˚ *vt* upominać (kogoś)
zureden *vi* namawiać, perswadować (**j-m** komuś)
zurichten *vt* **1.** przyrządzać (**Speisen** potrawy) **2.** (*verletzen*) zranić, pobić, poturbować, **j-n übel ~** zbić
zurück *adv* **1.** z powrotem; **~!** wróć!; **hin und ~** tam i z powrotem **2.** wstecz, w tył; **ich kann nicht ~** nie mogę się cofnąć
zurückbekommen˚ *vt* dostać <otrzymać> z powrotem
zurückbleiben˚ *vi s* **1.** zostać, pozostać (gdzieś) **2.** pozost(aw)ać w tyle (**hinter j-m** za kimś); **meine Uhr bleibt zurück** mój zegar(ek) spóźnia się **3.** nie rozwijać się prawidłowo; **wirtschaftlich zurückgeblieben** gospodarczo zacofany
zurückblicken *vi* obejrzeć się; *figur.* spoglądać w tył
zurückbringen˚ *vt* **1.** (*zurücktragen*) odnosić, odwozić **2.** (*zurückführen*) odprowadzać
zurückerstatten *vt* zwracać (*np.* koszty podróży)
zurückfahren˚ *vi s* **1.** po|wracać, jechać z powrotem **2.** (*vor Schreck*) wzdrygnąć się, cofnąć się gwałtownie
zurückfliegen˚ **I.** *vi s* lecieć (z powrotem), wracać (samolotem) **II.** *vt* transportować drogą lotniczą (z powrotem)
zurückfordern *vt* żądać zwrotu
zurückführen *vi, vt* **1.** odprowadzać (z powrotem); prowadzić (do punktu wyjścia) **2. auf etw ~** tłumaczyć czymś
zurückgeben˚ *vt* odda(wa)ć, zwracać; **Geld ~** oddać pieniądze
zurückgehen˚ *vi s* **1.** wracać **2.** cofać się; spadać; zmniejszać się
zurückgezogen → **zurückziehen**; *adj* z dala od świata, samotny
zurückhalten **I.** *vi, vt* **1.** zatrzymywać, powstrzymywać; *figur.* pohamować, powstrzymać **2.** nie wyjawiać, nie okazywać (**mit seiner Enttäuschung** rozczarowania) **II.** *vr* **sich ~** *figur.* trzymać się z dala <na uboczu>
zurückhaltend *adj* powściągliwy; chłodny
Zurückhaltung *f* **-** powściągliwość *f*, dystans *m*

zurückkehren *vi s* po|wracać, powrócić (**von einer Reise** z podróży)
zurückkommen˚ *vi s* **1.** wrócić (**aus dem Urlaub** z urlopu) **2.** wracać, powracać (*np.* do tematu)
zurücklassen˚ *vt* po|zostawiać
zurücklegen *vt* **1.** kłaść z powrotem <na miejsce>; odkładać (na bok) **2.** przejechać, przejść (**eine Wegstrecke** odcinek drogi)
zurücklehnen, sich *vr* odchylić się, przechylić się (do tyłu)
zurücknehmen˚ *vt* **1.** odbierać, przyjmować (z powrotem) **2.** (*widerrufen*) odwoł(yw)ać (*np.* obietnicę)
zurückschicken *vt* odsyłać
zurückstellen *vt* **1.** odstawi(a)ć (na swoje miejsce) **2.** cofać (**die Uhr** zegarek)
zurücktreten˚ *vi s* **1.** odstępować, odsuwać się; cofać się; **vom Amt ~** ustępować z urzędu **2.** odstąpić (**von einem Kauf** od kupna)
zurückweisen˚ *vt* odrzucać (*np.* zażalenie); **j-n ~** odprawi(a)ć kogoś
zurückwerfen˚ *vt* **1.** odrzucać; **den Ball ~** odrzucić piłkę **2.** odbijać (*np.* promienie, fale)
zurückzahlen *vt* spłacać, zwrócić (długi)
zurückziehen˚ **I.** *vt* **1.** po|ciągnąć w tył, cofać **2.** odwołać, wycofać (kandydaturę) **II.** *vr* **sich ~** wycof(yw)ać się (z towarzystwa); cofać się; usuwać się
zurzeit *adv* obecnie, chwilowo
Zusage *f* **-, -n** obietnica *f*; (*Zustimmung*) zgoda *f*
zusagen *vi, vt* obiecać, przyrzekać; **j-m Hilfe ~** obiecać komuś pomoc
zusammen *adv* razem; wspólnie; **den ganzen Tag ~ verbringen** spędzić razem cały dzień
Zusammenarbeit *f* **-** współpraca *f*; **wirtschaftliche ~** współpraca gospodarcza
zusammenarbeiten *vi* współpracować, pracować razem
zusammenbinden˚ *vt* związ(yw)ać
zusammenbrechen˚ *vi s* (*einstürzen*) załamać się, zawalić się, rozpaść się; załamać się nerwowo; upaść
Zusammenbruch *m* **-(e)s, ...brüche** (*Zusammenbrechen*) upadek *m*, załamanie się *n* (*a.* nerwowe)
zusammenfallen˚ *vi s* **1.** (*einstürzen*) rozlecieć się, rozpaść się, zawalić się **2.** (*zu gleicher Zeit geschehen*) zbiegać się (*o datach, terminach*)

zusammenfassen *vt* **1.** zbierać, skupiać **2.** (*in Worten*) streszczać, reasumować
zusammenführen *vt* łączyć (**getrennte Familien** rozdzielone rodziny)
zusammengehören *vi* należeć do siebie, tworzyć całość
zusammenhalten* *vi*, *vt* trzymać się, nie rozpadać się
Zusammenhang *m* -(e)s, ...hänge związek *m*; **im** <**in**> ~ **stehen** mieć związek, wiązać się; **in ~ bringen mit einer Sache** łączyć z czymś
zusammenhängen* *vi* wiązać się (z czymś)
zusammenknüllen *vt* zmiąć (chusteczkę)
zusammenkommen* *vi s* **1.** (*sich versammeln*) zbierać się **2.** spot(y)kać się (**mit j-m** z kimś); **wir kommen selten zusammen** rzadko się spotykamy
Zusammenkunft *f* -, ...künfte zebranie *n*, zjazd *m*; spotkanie *n*
zusammenlaufen* *vi s* **1.** (*herbeiströmen*) zbiegać <zbiec> się **2.** zlewać się, łączyć się (*o rzekach u.ä.*)
Zusammenleben *n* -s wspólne życie; współżycie *n*
zusammenlegen *vt* **1.** składać, złożyć (**die Wäsche** bieliznę) **2.** złożyć się (**für ein Geschenk** na prezent)
zusammenpacken *vt* s|pakować (razem)
zusammenprallen *vi s* zderzyć się
zusammenrechnen *vt* zliczać (razem), dodać
zusammenreißen*, **sich** *vr ugs.* wziąć się w garść, zebrać się
zusammenrollen *vt* zwijać, zwinąć
zusammenrufen* *vt* zwoł(yw)ać (parlament)
Zusammenschluss *m* -es, ...schlüsse zjednoczenie *n*, połączenie *n*
zusammenschreiben* *vt* pisać łącznie
zusammenschrumpfen *vi s* s|kurczyć się
zusammensetzen I. *vt* (*zusammenfügen*) składać, zestawi(a)ć **II.** *vr sich ~* składać się (**aus drei Teilen** z trzech części)
Zusammensetzung *f* -, -en złożenie *n*; skład *m* (*a. chem.*)
zusammenstellen *vt* **1.** zestawi(a)ć; **Tische ~** zestawić stoły **2.** ułożyć (program)
Zusammenstellung *f* -, -en zestawienie *n*, spis *m*
Zusammenstoß *m* -es, ...stöße zderzenie *n*, kolizja *f*; *figur.* starcie *n*, sprzeczka *f*
zusammenstoßen* *vi s* zderzyć się

zusammenstürzen *vi s* za|walić się, runąć
zusammentreffen* *vi s* spot(y)kać się (**mit j-m** z kimś)
zusammenzählen *vt* zliczyć, podliczyć, dodawać
zusammenziehen* **I.** *vt* zacisnąć, zaciągnąć (**eine Schlinge** pętlę) **II.** *vr sich ~* kurczyć się; ściągać się
Zusatz *m* -es, **Zusätze** dodatek *m*
zusätzlich *adj* dodatkowy; **~e Kosten** dodatkowe koszty
Zuschauer *m* -s, - widz *m*
Zuschauerraum *m* -(e)s, ...räume widownia *f*
zuschicken *vt* pos(y)łać, przes(y)łać
Zuschlag *m* -(e)s, **Zuschläge 1.** dopłata *f*, dodatek *m* **2.** *ebw.* dopłata *f* (*dodatkowy bilet np. w pociągu IC*)
zuschlagfrei *adj* bez dopłaty
Zuschlagkarte *f* -, -n → **Zuschlag 2.**
zuschlagpflichtig *adj* podlegający dodatkowej opłacie
zuschließen* *vt* zamykać (na klucz)
zuschneiden* *vt* przykrawać; przycinać; skroić
zuschreiben* *vt* przypis(yw)ać (**j-m etw** komuś coś)
Zuschrift *f* -, -en pismo *n*, list *m* (*np. w odpowiedzi na ogłoszenie*)
Zuschuss *m* -es, **Zuschüsse** dopłata *f*, subwencja *f*, dotacja *f*
zusehen* *vi* przypatrywać się; przyglądać się
zusehends *adv* widocznie, w widoczny sposób
Zusicherung *f* -, -en obietnica *f* (oficjalna)
zuspielen *vt* **1.** *sport.* podawać piłkę **2.** *ugs.* podrzucić, przekazać (**Informationen** informacje)
zuspitzen *vt* zaostrzać (się)
zusprechen* *vt* **1.** dodawać (**j-m Mut** komuś odwagi) **2.** (*zuerkennen*) przyzna(wa)ć; przypisywać
Zustand *m* -(e)s, **Zustände** stan *m*; **der ~ des Patienten** stan pacjenta; *ugs.* **Zustände bekommen** <**kriegen**> wściec się, dostać szału
zustande, zu Stande *adv*: **etw ~ bringen** dokonać czegoś; doprowadzić do czegoś; **~ kommen** dochodzić do skutku
zuständig *adj* kompetentny
Zuständigkeit *f* -, -en kompetencja *f*, zakres kompetencji

zustehen* *vi* przysługiwać
zusteigen* *vi s ebw.*: **ist noch jemand zugestiegen?** czy ktoś jeszcze wsiadł? (*pytanie konduktora*)
zustellen *vt* 1. zastawić (*np.* wejście) 2. doręczać, dostarczać
Zustellgebühr *f* -, -en opłata za doręczenie
Zustellung *f* -, -en doręczenie *n*
zustimmen *vi* zgadzać się (**j-m** z kimś); akceptować (**einer Sache** coś)
Zustimmung *f* -, -en zgoda *f*, potwierdzenie *n*, pozwolenie *n*
zustopfen *vi* zatykać; **sich die Ohren ~** zatkać sobie uszy
zustoßen* *vi s* przytrafi(a)ć się, przydarzyć się (**j-m** komu)
zutage, zu Tage *adv*: *figur.* **~ treten** <**kommen**> wyjść na jaw <na światło dzienne>
Zutat *f* -, -en dodatek *m*; *kulin. pl* składniki *mpl*, dodatki *mpl*
zuteil *adv*: **~ werden** przypadaćw udziale
zuteilen *vt* przydzielać (**Arbeit** pracę); wydzielać; racjonować
Zuteilung *f* -, -en przydział *m*
zutragen*, **sich** *vr* wydarzać się, stać się
zutreffend *adj* trafny
Zutritt *m* -(e)s wstęp *m*, dostęp *m*; **kein ~!** wstęp wzbroniony!
zuunterst *adv* na samym spodzie
zuverlässig *adj* godny zaufania, pewny; wiarygodny
Zuversicht *f* - ufność *f*, wiara *f*, przekonanie *n*
zuvor *adv* przedtem, wprzód
zuvorkommen* *vi s* ubiegać, uprzedzić (**j-m** kogoś)
zuvorkommend *adj* uprzejmy
Zuwachs *m* -es przyrost *m*; *ugs.* **auf ~ kaufen** kupić na wyrost
zuweilen *adv* niekiedy
zuweisen* *vt* przydzielać (**j-m etw** komuś coś)
Zuweisung *f* -, -en przydział *m*, skierowanie *n*
zuwenden* (**sich**) *vt* 1. odwracać się; zwracać się; **j-m den Rücken ~** odwracać się do kogoś plecami (na wyrost) 2. (*sich beschäftigen*) zająć się czymś; poświęcić się czemuś
zuwider *adv*: **das ist mir ~** czuję wstręt do tego
zuwiderhandeln *vi* działać wbrew czemuś; przekroczyć, naruszyć (coś)

zuziehen* *vt* 1. zaciągać (**den Vorhang** zasłonę) 2. zawezwać (**einen Sachverständigen** rzeczoznawcę) 3. **sich eine Krankheit ~** nabawić się choroby
zwang → **zwingen**
Zwang *m* -(e)s, **Zwänge** przymus *m*; presja *f*
zwanglos *adj* nieprzymuszony, swobodny
Zwangsarbeit *f* - praca przymusowa; ciężkie roboty (*kara pozbawienia wolności*)
Zwangsjacke *f* -, -en kaftan bezpieczeństwa
Zwangslage *f* -, -n sytuacja przymusowa
zwangsläufig *adj* nieuchronny
zwangsweise *adv* przymusowo
zwanzig *num* dwadzieścia
zwanzigste *num* dwudziesty
zwar *adv* wprawdzie; **und ~** a mianowicie, a to; **und ~ nur** i tylko
Zweck *m* -(e)s, -e 1. cel *m*; **zu diesem ~** w tym celu; **zu welchem ~ ?** w jakim celu?, po co? 2. sens; **es hat wenig ~**, **dorthin zu gehen** nie ma sensu iść tam
Zwecke *f* -, -n 1. ćwiek *m* 2. pinezka *f*
zwecklos *adj* bezcelowy
zweckmäßig *adj* 1. celowy, sensowny 2. odpowiedni
zwecks *praep mit G* w celu, dla (czegoś)
zwei *num* dwa; **~ Männer** dwaj mężczyźni, **halb ~** (w)pół do drugiej
Zwei *f* -, -en dwójka *f*
Zweibettzimmer *n* -s, - pokój dwuosobowy
zweideutig *adj* dwuznaczny
zweierlei *adj* dwojaki; różny
zweifach *adj* podwójny
Zweifel *m* -s, - wątpliwość *f*; **~ hegen** żywić wątpliwości
zweifelhaft *adj* wątpliwy
zweifellos *adj* niewątpliwie
zweifeln *vi* wątpić (**an einer Sache** o czymś, w coś)
Zweig *m* -(e)s, -e 1. gałąź *f*; **ein ~ der Familie** gałąź rodziny 2. dział *m*, gałąź *f* (**der Technik** techniki)
Zweigstelle *f* -, -n filia *f*, oddział *m*
zweihundert *num* dwieście
Zweikampf *m* -(e)s, ...**kämpfe** pojedynek *m*
zweimal *adv* dwa razy, dwukrotnie
zweimotorig *adj* dwusilnikowy
Zweirad *n* -(e)s, ...**räder** pojazd dwukołowy

Zweireiher *m* -s, - marynarka dwurzędowa
zweireihig *adv* dwurzędowy
zweischneidig *adj* obosieczny
zweiseitig *adj* dwustronny
zweispaltig *adj* dwuszpaltowy
zweisprachig *adj* dwujęzyczny
zweispurig *adj* **1.** dwupasmowy (*o drodze*) **2.** dwuśladowy (*o pojazdach*)
zweistöckig *adj* dwupiętrowy
zweit *adv*: **zu ~** we dwóch, we dwie, we dwoje
zweitausend *num* dwa tysiące
zweite *num* drugi; **~r Klasse fahren** jechać drugą klasą; **der Zweite von rechts** drugi z prawej
zweiteilig *adj* dwuczęściowy
zweitens *adv* po drugie
Zweite(r)-Klasse-Wagen *m* -s, - wagon drugiej klasy
zweitrangig *adj* drugoplanowy, drugorzędny
Zwerchfell *n* -(e)s, -e *anat.* przepona *f*
Zwerg *m* -(e)s, -e **1.** (*Gnom*) krasnal *m* **2.** karzeł *m*
Zwetsche, Zwetschge *f* -, -n śliwka węgierka (*drzewo i owoc*)
zwicken *vt* szczypać
Zwieback *m* -(e)s, -e *o.* **...bäcke** suchar(ek) *m*
Zwiebel *f* -, -n cebula *f*; cebulka *f*
Zwielicht *n* -(e)s półmrok *m*
Zwiespalt *m* -(e)s, -e *o.* **...spälte 1.** (wewnętrzne) rozdwojenie *n*; rozterka *f* **2.** niezgoda *f*
Zwietracht *f* - niezgoda *f*; **~ stiften** siać niezgodę

Zwilch *m* -(e)s, **Zwillich** *m* -s drelich *m*
Zwilling *m* -s, -e **1.** bliźniak *m* **2. Zwillinge** *pl astr.* Bliźnięta *pl*
zwingen* *vt* zmuszać (**zu einer Sache** do czegoś); **ich bin gezwungen** jestem zmuszony
Zwirn *m* -(e)s nici *fpl*
zwischen *praep* **1.** *mit D* (*wo?*) między, pomiędzy, wśród **2.** *mit D* (*wann?*) między; **~ 9 und 10 Uhr bin ich zu erreichen** między dziewiątą a dziesiątą można mnie zastać **3.** *mit A* (*wohin?*) między; **~ zwei Bäume** między dwa drzewa **4.** *mit D* **~ ihm und seinem Bruder herrscht Feindschaft** między nim a jego bratem panuje wrogość
Zwischendeck *n* -(e)s, -s międzypokład *m*
Zwischenfall *m* -(e)s, **...fälle** incydent *m*, zajście *n*
Zwischengeschoss *n* -es, -e półpiętro *n*
Zwischenlandung *f* -, -en międzylądowanie *n*
Zwischenraum *m* -(e)s, **...räume** odstęp *m*, przerwa *f*
Zwischenzeit *f*: **in der ~** w tym czasie, tymczasem
zwitschern *vi*, *vt* świergotać, ćwierkać
Zwist *m* -(e)s, -e zatarg *m*, spór *m*
zwo *num pot.* → **zwei**
zwölf *num* dwanaście; **es ist ~ (Uhr)** jest dwunasta
Zwölffingerdarm *m* -(e)s, **...därme** dwunastnica *f*
zwölfte *num* dwunasty; **am ~n März** dwunastego marca
Zylinder [tsy'lındər] *m* -s, - cylinder *m*
Zypresse [tsy'prɛsə] *f* -, -n cyprys *m*

Verzeichnis der unregelmäßigen Verben
Spis czasowników nieregularnych

Infinitiv	*Präsens*	*Präteritum*	*Partizip II*
Bezokolicznik	*3. osoba lp*	*1. i 3. osoba lp*	*Imiesłów bierny*
backen	bäckt, backt	backte, buk	gebacken
befehlen	befiehlt	befahl	befohlen
beginnen	beginnt	begann	begonnen
beißen	beißt	biss	gebissen
bersten	birst	barst	geborsten
besitzen	besitzt	besaß	besessen
betrügen	betrügt	betrog	betrogen
bewegen	bewegt	bewog	bewogen
biegen	biegt	bog	gebogen
bieten	bietet	bot	geboten
binden	bindet	band	gebunden
bitten	bittet	bat	gebeten
blasen	bläst	blies	geblasen
bleiben	bleibt	blieb	geblieben
braten	brät	briet	gebraten
brechen	bricht	brach	gebrochen
brennen	brennt	brannte	gebrannt
bringen	bringt	brachte	gebracht
denken	denkt	dachte	gedacht
dreschen	drischt	drosch	gedroschen
dringen	dringt	drang	gedrungen
dürfen	darf	durfte	gedurft
empfangen	empfängt	empfing	empfangen
empfehlen	empfiehlt	empfahl	empfohlen
empfinden	empfindet	empfand	empfunden
erlöschen	erlischt	erlosch	erloschen
erschrecken	erschrickt	erschrak	erschrocken
essen	isst	aß	gegessen
fahren	fährt	fuhr	gefahren
fallen	fällt	fiel	gefallen
fangen	fängt	fing	gefangen
fechten	ficht	focht	gefochten
finden	findet	fand	gefunden
flechten	flicht	flocht	geflochten
fliegen	fliegt	flog	geflogen
fliehen	flieht	floh	geflohen
fließen	fließt	floss	geflossen
fressen	frisst	fraß	gefressen
frieren	friert	fror	gefroren
gären	gärt	gor, gärte	gegoren, gegärt

Unregelmäßige Verben

gebären	gebiert	gebar	geboren
geben	gibt	gab	gegeben
gedeihen	gedeiht	gedieh	gediehen
gehen	geht	ging	gegangen
gelingen	es gelingt	es gelang	gelungen
gelten	gilt	galt	gegolten
genesen	genest	genas	genesen
genießen	genießt	genoss	genossen
geschehen	es geschieht	es geschah	geschehen
gewinnen	gewinnt	gewann	gewonnen
gießen	gießt	goss	gegossen
gleichen	gleicht	glich	geglichen
gleiten	gleitet	glitt	geglitten
glimmen	glimmt	glomm, glimmte	geglommen, geglimmt
graben	gräbt	grub	gegraben
greifen	greift	griff	gegriffen
haben	hat	hatte	gehabt
halten	hält	hielt	gehalten
hängen	hängt	hing	gehangen
hauen	haut	hieb, haute	gehauen
heben	hebt	hob	gehoben
heißen	heißt	hieß	geheißen
helfen	hilft	half	geholfen
kennen	kennt	kannte	gekannt
klingen	klingt	klang	geklungen
kneifen	kneift	kniff	gekniffen
kommen	kommt	kam	gekommen
können	kann	konnte	gekonnt
kriechen	kriecht	kroch	gekrochen
laden	lädt	lud	geladen
lassen	lässt	ließ	gelassen
laufen	läuft	lief	gelaufen
leiden	leidet	litt	gelitten
leihen	leiht	lieh	geliehen
lesen	liest	las	gelesen
liegen	liegt	lag	gelegen
lügen	lügt	log	gelogen
mahlen	mahlt	mahlte	gemahlen
meiden	meidet	mied	gemieden
melken	melkt	melkte, molk	gemolken, gemelkt
messen	misst	maß	gemessen
misslingen	es misslingt	es misslang	misslungen
mögen	mag	mochte	gemocht
müssen	muss	musste	gemusst
nehmen	nimmt	nahm	genommen
nennen	nennt	nannte	genannt
pfeifen	pfeift	pfiff	gepfiffen
preisen	preist	pries	gepriesen
raten	rät	riet	geraten
reiben	reibt	rieb	gerieben
reißen	reißt	riss	gerissen

Unregelmäßige Verben

reiten	reitet	ritt	geritten
rennen	rennt	rannte	gerannt
riechen	riecht	roch	gerochen
ringen	ringt	rang	gerungen
rinnen	rinnt	rann	geronnen
rufen	ruft	rief	gerufen
salzen	salzt	salzte	gesalzt, gesalzen
saufen	säuft	soff	gesoffen
saugen	saugt	sog, saugte	gesogen, gesaugt
schaffen	schafft	schuf	geschaffen
schallen	schallt	schallte, scholl	geschallt
scheiden	scheidet	schied	geschieden
scheinen	scheint	schien	geschienen
scheißen	scheißt	schiss	geschissen
schelten	schilt	schalt	gescholten
scheren	schert	schor	geschoren
schieben	schiebt	schob	geschoben
schießen	schießt	schoss	geschossen
schinden	schindet	schindete, schund	geschunden
schlafen	schläft	schlief	geschlafen
schlagen	schlägt	schlug	geschlagen
schleichen	schleicht	schlich	geschlichen
schleifen	schleift	schliff	geschliffen
schließen	schließt	schloss	geschlossen
schlingen	schlingt	schlang	geschlungen
schmeißen	schmeißt	schmiss	geschmissen
schmelzen	schmilzt	schmolz	geschmolzen
schneiden	schneidet	schnitt	geschnitten
schreiben	schreibt	schrieb	geschrieben
schreien	schreit	schrie	geschrien
schreiten	schreitet	schritt	geschritten
schweigen	schweigt	schwieg	geschwiegen
schwellen	schwillt	schwoll	geschwollen
schwimmen	schwimmt	schwamm	geschwommen
schwinden	schwindet	schwand	geschwunden
schwingen	schwingt	schwang	geschwungen
schwören	schwört	schwor	geschworen
sehen	sieht	sah	gesehen
sein	ist	war	gewesen
senden	sendet	sandte, sendete	gesandt, gesendet
sieden	siedet	sott, siedete	gesotten, gesiedet
singen	singt	sang	gesungen
sinken	sinkt	sank	gesunken
sinnen	sinnt	sann	gesonnen
sitzen	sitzt	saß	gesessen
sollen	soll	sollte	gesollt
spalten	spaltet	spaltete	gespalten, gespaltet
speien	speit	spie	gespien

Unregelmäßige Verben

spinnen	spinnt	spann	gesponnen
sprechen	spricht	sprach	gesprochen
springen	springt	sprang	gesprungen
stechen	sticht	stach	gestochen
stecken	steckt	stak, steckte	gesteckt
stehen	steht	stand	gestanden
stehlen	stiehlt	stahl	gestohlen
steigen	steigt	stieg	gestiegen
sterben	stirbt	starb	gestorben
stinken	stinkt	stank	gestunken
stoßen	stößt	stieß	gestoßen
streichen	streicht	strich	gestrichen
streiten	streitet	stritt	gestritten
tragen	trägt	trug	getragen
treffen	trifft	traf	getroffen
treiben	treibt	trieb	getrieben
treten	tritt	trat	getreten
trinken	trinkt	trank	getrunken
trügen	trügt	trog	getrogen
tun	tut	tat	getan
verderben	verdirbt	verdarb	verdorben
verdrießen	verdrießt	verdross	verdrossen
vergessen	vergisst	vergaß	vergessen
verlieren	verliert	verlor	verloren
verzeihen	verzeiht	verzieh	verziehen
wachsen	wächst	wuchs	gewachsen
wägen	wägt	wog	gewogen
waschen	wäscht	wusch	gewaschen
weben	webt	webte, wob	gewebt, gewoben
weichen	weicht	wich	gewichen
weisen	weist	wies	gewiesen
wenden	wendet	wandte, wendete	gewandt, gewendet
werben	wirbt	warb	geworben
werden	wird	wurde	geworden
werfen	wirft	warf	geworfen
wiegen	wiegt	wog	gewogen
winden	windet	wand	gewunden
wissen	weiß	wusste	gewußt
wollen	will	wollte	gewollt
wringen	wringt	wrang	gewrungen
ziehen	zieht	zog	gezogen
zwingen	zwingt	zwang	gezwungen

Geographische Namen
Nazwy geograficzne

Adriatyk *m* Adria *f*
Afganistan *m* Afghanistan *n*
Afryka *f* Afrika *n*
Alaska *f* Alaska *n*
Albania *f* Albanien *n*
Algieria *f* Algerien *n*
Alpy *pl* Alpen *pl*
Alzacja *f* Elsass *n*
Amazonka *f* Amazonas *m*
Ameryka *f* Amerika *f*
Ameryka Łacińska Lateinamerika *n*
Ameryka Południowa Südamerika *n*
Ameryka Północna Nordamerika *n*
Amsterdam *m* Amsterdam *n*
Andora *f* Andorra *n*
Andy *pl* Anden *pl*
Anglia *f* England *n*
Angola *f* Angola *n*
Ankara *f* Ankara *n*
Antarktyda *f* Antarktis *f*
Antyle *pl* Antillen *pl*
Apeniny *pl* Apennin *m*, Apenninen *pl*
Arabia Saudyjska Saudi-Arabien *n*
Ardeny *pl* Ardennen *pl*
Argentyna *f* Argentinien *n*
Arktyka *f* Arktis *f*
Armenia *f* Armenien *n*
Ateny *pl* Athen *n*
Atlantyk *m* Atlantik *m*
Australia *f* Australien *n*
Austria *f* Österreich *n*
Azerbejdżan *m* Aserbaidschan *n*
Azja *f* Asien *n*
Badenia *f* Baden *n*
Bagdad *m* Bagdad *n*
Bahamy *pl* Bahamas *pl*
Balaton *m* Plattensee, Balaton *m*
Bałkany *pl* Balkan *m*
Bałtyk *m* Ostsee *f*
Bangladesz *m* Bangladesch *n*
Bawaria *f* Bayern *n*
Bazylea *f* Basel *n*
Belgia *f* Belgien *n*
Berlin *m* Berlin *n*
Berno *n* Bern *n*
Białoruś *f* Weißrussland *n*
Bliski Wschód der Nahe Osten, Nahost *m*
Boliwia *f* Bolivien *n*
Bośnia *f* Bosnien *n*
Brandenburgia *f* Brandenburg *n*
Bratysława *f* Bratislava *n*
Bruksela *f* Brüssel *n*
Budapeszt *m* Budapest *n*
Bukareszt *m* Bukarest *n*
Bułgaria *f* Bulgarien *n*
Chile *n* Chile *n*
Chiny *pl* China *n*
Chorwacja *f* Kroatien *n*
Cypr *m* Zypern *n*
Czarnogóra *f* Montenegro *n*
Czechy *pl* Tschechien *n*; (*kraina*) Böhmen *n*
Częstochowa *f* Tschenstochau *n*
Daleki Wschód der Ferne Osten
Damaszek *m* Damaskus *n*
Dania *f* Dänemark *n*
Dolna Saksonia Niedersachsen *n*
Dolny Śląsk Niederschlesien *n*
Drezno *n* Dresden *n*
Dublin *m* Dublin *n*
Dunaj *m* Donau *f*
Dżakarta *f* Jakarta *n*
Egipt *m* Ägypten *n*
Ekwador *m* Ecuador, Ekuador *n*
Elstera *f* Elster *f*
Estonia *f* Estland *n*
Etiopia *f* Äthiopien *n*
Europa *f* Europa *n*
Filipiny *pl* Philippinen *pl*
Finlandia *f* Finnland *n*
Francja *f* Frankreich *n*
Frankfurt nad Menem Frankfurt (*n*) am Main
Frankonia *f* Franken *n*
Gdańsk *m* Danzig *n*
Genewa *f* Genf *n*
Ghana *f* Ghana *n*
Górny Śląsk Oberschlesien *n*
Grecja *f* Griechenland *n*
Grenlandia *f* Grönland *n*
Gruzja *f* Georgien *n*
Gwatemala *f* Guatemala *n*
Gwinea *f* Guinea *n*
Hamburg *m* Hamburg *n*
Hanoi *n* Hanoi *n*
Hanower *m* Hannover *n*
Hawana *f* Havanna *n*

Geographische Namen

Helsinki *pl* Helsinki *n*
Hercegowina *f* Herzegowina *f*
Hesja *f* Hessen *n*
Himalaje *pl* Himalaja *m*
Hiszpania *f* Spanien *n*
Holandia *f* Holland *n*
Honduras *m* Honduras *n*
Indie *pl* Indien *n*
Indonezja *f* Indonesien *n*
Irak *m* Irak *m*
Iran *m* Iran *m*
Irlandia *f* Irland *n*
Irlandia Północna Nordirland *n*
Islandia *f* Island *n*
Izrael *m* Israel *n*
Japonia *f* Japan *n*
Jawa *f* Java *n*
Jemen *m* Jemen *m*
Jerozolima *f* Jerusalem *n*
Jezioro Bodeńskie Bodensee *m*
Jordania *f* Jordanien *n*
Jugosławia *f* Jugoslawien *n*
Kair *m* Kairo *n*
Kambodża *f* Kambodscha *n*
Kamerun *m* Kamerun *n*
Kanada *f* Kanada *n*
Karkonosze *pl* Riesengebirge *n*
Karyntia *f* Kärnten *n*
Kaukaz *m* Kaukasus *m*
Kazachstan *m* Kasachstan *n*
Kenia *f* Kenia *n*
Kijów *m* Kiev *n*
Kilonia *f* Kiel *n*
Kirgistan *m* Kirgisistan, Kirgistan, Kirgisien *n*
Kolonia *f* Köln *n*
Kolumbia *f* Kolumbien *n*
Kopenhaga *f* Kopenhagen *n*
Korea *f* Korea *n*
Korea Południowa Südkorea *n*
Korea Północna Nordkorea *n*
Kostaryka *f* Costa Rica
Kraków *m* Krakau *n*
Kuba *f* Kuba *n*
Kuwejt *m* Kuwait *n*
Laos *m* Laos *n*
Liban *m* Libanon *m*, *n*
Libia *f* Libyen *n*
Liechtenstein *m* Liechtenstein *n*
Lipsk *m* Leipzig *n*
Litwa *f* Litauen *n*
Lizbona *f* Lissabon *n*
Londyn *m* London *n*
Lotaryngia *f* Lothringen *n*
Lozanna *f* Lausanne *n*
Lubeka *f* Lübeck *n*
Lublana *f* Ljubljana *n*
Luksemburg *m* Luxemburg *n*
Łaba *f* Elbe *f*
Łotwa *f* Lettland *n*
Macedonia *f* Mazedonien *n*
Madryt *m* Madrid *n*
Malezja *f* Malaysia *n*
Malta *f* Malta *n*
Małopolska *f* Kleinpolen *n*
Maroko *n* Marokko *n*
Mazowsze *n* Masowien *n*
Mauretania *f* Mauretanien *n*
Mazury *pl* Masuren *n*
Mediolan *m* Mailand *n*
Meklemburgia *f* Mecklenburg *n*
Meksyk *m* Mexiko *n*
Mianmar *m* Myanmar *n*
Mińsk *m* Minsk *n*
Missisipi *f* Mississippi *m* (*rzeka*)
Miśnia *f* Meißen *n*
Moguncja *f* Mainz *n*
Mołdawia, Mołdowa *f* Moldau, Moldawien *n*
Monachium *n* München *n*
Monako *n* Monaco, Monako *n*
Mongolia *f* Mongolei *f*
Morawy *pl* Mähren *n*
Morze Adriatyckie das Adriatische Meer
Morze Arktyczne Nordpolarmeer *n*
Morze Bałtyckie Ostsee *f*
Morze Czarne das Schwarze Meer
Morze Kaspijskie das Kaspische Meer, Kaspisee *m*
Morze Północne Nordsee *f*
Morze Śródziemne Mittelmeer *n*, das Mittelländische Meer
Moskwa *f* Moskau *n*
Mozambik *m* Mosambik *n*
Nadrenia *f* Rheinland *n*
Neapol *m* Neapel *n*
Nepal *m* Nepal *n*
Niderlandy *pl* Niederlande *pl*
Niemcy *pl* Deutschland *n*
Niger *m* Niger *n*, *m*; (*rzeka*) Niger *m*
Nigeria *f* Nigeria *n*
Nil *m* Nil *m*
Norwegia *f* Norwegen *n*
Norymberga *f* Nürnberg *n*
Nowa Zelandia Neuseeland *n*
Nowy Jork New York *n*

Ocean Atlantycki der Atlantische Ozean
Ocean Indyjski der Indische Ozean, Indik *m*
Odra *f* Oder *f*
Oslo *n* Oslo *n*
Pacyfik *m* Pazifik *m*
Pakistan *m* Pakistan *n*
Palestyna *f* Palästina *n*
Panama *f* Panama *n*
Paragwaj *m* Paraguay *n*
Paryż *m* Paris *n*
Pekin *m* Peking *n*
Peru *n* Peru *n*
Pireneje *pl* Pyrenäen *pl*
Poczdam *m* Potsdam *n*
Pojezierze Mazurskie Masurische Seenplatte
Polska *f* Polen *n*
Pomorze *n* Pommern *n*
Portugalia *f* Portugal *n*
Poznań *m* Posen *n*
Półwysep Iberyjski die Iberische Halbinsel
Praga *f* Prag *n*
Puerto Rico *n* Puerto Rico *n*
Ratyzbona *f* Regensburg *n*
Rejkiawik *m* Reykjavík *n*
Ren *m* Rhein *m*
Republika Czeska Tschechische Republik
Republika Południowej Afryki Republik Südafrika
Rio de Janeiro *n* Rio de Janeiro *n*
Rosja *f* Russland *n*
Rudawy *pl* Erzgebirge *n*
Rumunia *f* Rumänien *n*
Ryga *f* Riga *n*
Rzym *m* Rom *n*
Saksonia *f* Sachsen *n*
Sarajewo *n* Sarajevo *n*
Sekwana *f* Seine *f*
Senegal *m* Senegal *m, n*
Serbia *f* Serbien *n*
Seul *m* Seoul *n*
Skandynawia *f* Skandinavien *n*
Słowacja *f* Slowakei *f*
Słowenia *f* Slowenien *n*
Sofia *f* Sofia *n*
Somalia *f* Somalia *n*
Sri Lanka *f* Sri Lanka *n*
Stany Zjednoczone (Ameryki) die Vereinigten Staaten (von Amerika)
Sudan *m* Sudan *m, n*
Sudety *pl* Sudeten *pl*
Syberia *f* Sibirien *n*
Syria *f* Syrien *n*
Szczecin *m* Stettin *n*
Szkocja *f* Schottland *n*
Szlezwik-Holsztyn *m* Schleswig-Holstein *n*
Sztokholm *m* Stockholm *n*
Szwabia *f* Schwaben *n*
Szwajcaria *f* Schweiz *f*
Szwecja *f* Schweden *n*
Śląsk *m* Schlesien *n*
Tadżykistan *m* Tadschikistan *n*
Tajlandia *f* Thailand *n*
Tamiza *f* Themse *f*
Tanzania *f* Tansania *n*
Tatry *pl* Tatra *f*
Tokio *n* Tokio *n*
Tunezja *f* Tunesien *n*
Turcja *f* Türkei *f*
Turyngia *f* Thüringen *n*
Tybet *m* Tibet *n*
Uganda *f* Uganda *n*
Ukraina *f* Ukraine *f*
Ural *m* Ural *m*
Urugwaj *m* Uruguay *n*
Uzbekistan *m* Usbekistan *n*
Uznam *m* Usedom *n*
Warszawa *f* Warschau *n*
Warta *f* Warthe *f*
Waszyngton *m* Washington *n*
Watykan *m* Vatikanstadt *f*
Wenecja *f* Venedig *n*
Wenezuela *f* Venezuela *n*
Westfalia *f* Westfalen *n*
Wezera *f* Weser *f*
Węgry *pl* Ungarn *n*
Wiedeń *m* Wien *n*
Wielka Brytania Großbritannien *n*
Wielkopolska *f* Großpolen *n*
Wietnam *m* Vietnam *n*
Wirtembergia *f* Württemberg *n*
Wisła *f* Weichsel *f*
Włochy *pl* Italien *n*
Wołga *f* Wolga *f*
Wrocław *m* Breslau *n*
Wyspy Kanaryjskie Kanarische Inseln
Zagłębie Ruhry Ruhrgebiet *n*
Zagłębie Saary Saarland *n*
Zagrzeb *m* Zagreb *n*
Zimbabwe *n* Simbabwe *n*
Zjednoczone Emiraty Arabskie Vereinigte Arabische Emirate
Zjednoczone Królestwo Wielkiej Brytanii i Irlandii Północnej Vereinigtes Königreich Großbritannien und Nordirland
Zurych *m* Zürich *n*

Geographische Namen
Nazwy geograficzne

Adria *f* Adriatyk *m*; **das Adriatische Meer** Morze Adriatyckie
Afghanistan *n* Afganistan *m*
Afrika *n* Afryka *f*
Ägypten *n* Egipt *m*
Alaska *n* Alaska *f*
Albanien *n* Albania *f*
Algerien *n* Algieria *f*
Alpen *pl* Alpy *pl*
Amazonas *m* Amazonka *f*
Amerika *n* Ameryka *f*
Amsterdam *n* Amsterdam *m*
Anden *pl* Andy *pl*
Andorra *n* Andora *f*
Angola *n* Angola *f*
Ankara *n* Ankara *f*
Antarktis *f* Antarktyda *f*
Antillen *pl* Antyle *pl*
Argentinien *n* Argentyna *f*
Arktis *f* Arktyka *f*
Ärmelkanal *m* La Manche *ndm*
Armenien *n* Armenia *f*
Aserbaidschan *n* Azerbejdżan *m*
Asien *n* Azja *f*
Athen *n* Ateny *pl*
Äthiopien *n* Etiopia *f*
Atlantik *m* Atlantyk *m*; **der Atlantische Ozean** Ocean Atlantycki
Australien *n* Australia *f*
Baden *n* Badenia *f*
Baden-Württemberg *n* Badenia-Wirtembergia *f*
Bagdad *n* Bagdad *m*
Bahamas *pl* Bahamy *pl*
Balaton *m* Balaton *m*
Balkan *m* Bałkany *pl*; Półwysep Bałkański
Bangladesch *n* Bangladesz *m*
Basel *n* Bazylea *f*
Bayern *n* Bawaria *f*
Belgien *n* Belgia *f*
Belgrad *n* Belgrad *m*
Berlin *n* Berlin *m*
Bermudas, Bermudainseln *pl* Bermudy *pl*
Bern *n* Berno *n*
Bodensee *m* Jezioro Bodeńskie
Böhmen *n* Czechy *pl* (*kraina*)
Bolivien *n* Boliwia *f*
Bosnien *n* Bośnia *f*

Brandenburg *n* Brandenburgia *f*
Brasilien *n* Brazylia *f*
Bratislava *n* Bratysława *f*
Breslau *n* Wrocław *m*
Brüssel *n* Bruksela *f*
Budapest *n* Budapeszt *m*
Buenos Aires *n* Buenos Aires *n*
Bukarest *n* Bukareszt *m*
Bulgarien *n* Bułgaria *f*
Chile *n* Chile *n*
China *n* Chiny *pl*
Costa Rica *n* Kostaryka *f*
Cottbus *n* Chociebuż *m*
Damaskus *n* Damaszek *m*
Dänemark *n* Dania *f*
Danzig *n* Gdańsk *m*
Den Haag *n* Haga *f*
Deutschland *n* Niemcy *pl*
Donau *f* Dunaj *m*
Dresden *n* Drezno *n*
Ecuador, Ekuador *n* Ekwador *m*
Elbe *f* Łaba *f*
Elsass *n* Alzacja *f*
England *n* Anglia *f*
Erzgebirge *n* Rudawy *pl*, Góry Kruszcowe
Estland *n* Estonia *f*
Europa *n* Europa *f*
Ferne Osten, der Daleki Wschód
Finnland *n* Finlandia *f*
Franken *n* Frankonia *f*
Frankfurt am Main Frankfurt nad Menem
Frankreich *n* Francja *f*
Genf *n* Genewa *f*
Georgien *n* Gruzja *f*
Ghana *n* Ghana *f*
Griechenland *n* Grecja *f*
Grönland *n* Grenlandia *f*
Großbritannien *n* Wielka Brytania
Guatemala *n* Gwatemala *f*
Guinea *n* Gwinea *f*
Haiti *n* Haiti *n*
Hamburg *n* Hamburg *m*
Hannover *n* Hanower *m*
Havanna *n* Hawana *f*
Helsinki *n* Helsinki *pl*
Herzegowina *f* Hercegowina *f*
Hessen *n* Hesja *f*
Himalaja *m* Himalaje *pl*

Holland *n* Holandia *f*
Honduras *n* Honduras *m*
Iberische Halbinsel, die Półwysep Iberyjski
Indien *n* Indie *pl*
Indonesien *n* Indonezja *f*
Irak *m* Irak *m*
Iran *m* Iran *m*
Irland *n* Irlandia *f*
Island *n* Islandia *f*
Israel *n* Izrael *m*
Italien *n* Włochy *pl*
Jakarta *n* Dżakarta *f*
Japan *n* Japonia *f*
Jemen *m* Jemen *m*
Jerusalem *n* Jerozolima *f*
Jordanien *n* Jordania *f*
Jugoslawien *n* Jugosławia *f*
Kairo *n* Kair *m*
Kambodscha *n* Kambodża *f*
Kamerun *n* Kamerun *m*
Kanada *n* Kanada *f*
Kanarische Inseln Wyspy Kanaryjskie
Kärnten *n* Karyntia *f*
Kasachstan *n* Kazachstan *m*
Kaspische Meer, das, Kaspisee *m* Morze Kaspijskie
Kaukasus *m* Kaukaz *m*
Kenia *n* Kenia *f*
Kiel *n* Kilonia *f*
Kiew *n* Kijów *m*
Kirgisistan, Kirgistan, Kirgisien *n* Kirgistan *m*
Köln *n* Kolonia *f*
Kolumbien *n* Kolumbia *f*
Kopenhagen *n* Kopenhaga *f*
Korea *n* Korea *f*
Krakau *n* Kraków *m*
Kroatien *n* Chorwacja *f*
Kuba *n* Kuba *f*
Kuwait *n* Kuwejt *m*
Laos *n* Laos *m*
Lateinamerika *n* Ameryka Łacińska
Lausanne *n* Lozanna *f*
Leipzig *n* Lipsk *m*
Lettland *n* Łotwa *f*
Libanon *m, n* Liban *m*
Libyen *n* Libia *f*
Liechtenstein *n* Liechtenstein *m*
Lissabon *n* Lizbona *f*
Litauen *n* Litwa *f*
Ljubljana *n* Lublana *f*
London *n* Londyn *m*

Lothringen *n* Lotaryngia *f*
Lübeck *n* Lubeka *f*
Luxemburg *n* Luksemburg *m*
Luzern *n* Lucerna *f*
Madrid *n* Madryt *m*
Magdeburg *n* Magdeburg *m*
Mähren *n* Morawy *pl*
Mailand *n* Mediolan *m*
Main *m* Men *m*
Mainz *n* Moguncja *f*
Malaysia *n* Malezja *f*
Marokko *n* Maroko *n*
Masuren *n* Mazury *pl*
Mauretanien *n* Mauretania *f*
Mazedonien *n* Macedonia *f*
Mecklenburg *n* Meklemburgia *f*
Mexiko *n* Meksyk *m*
Minsk *n* Mińsk *m*
Mississippi *m* (*rzeka*) Missisipi *f*
Mittelmeer *n*, Morze Śródziemne
Moldau, Moldawien *n* Mołdawia, Mołdowa *f*
Monaco, Monako *n* Monako *n*
Mongolei *f* Mongolia *f*
Montenegro *n* Czarnogóra *f*
Mosambik *n* Mozambik *m*
Moskau *n* Moskwa *f*
München *n* Monachium *n*
Nahost *m*, **der Nahe Osten** Bliski Wschód
Namibia *n* Namibia *f*
Neapel *n* Neapol *m*
Neiße *f* Nysa *f*
Nepal *n* Nepal *m*
Neuseeland *n* Nowa Zelandia
New York *n* Nowy Jork
Nicaragua *n* Nikaragua *f*
Niederlande *pl* Niderlandy *pl*
Niedersachsen *n* Dolna Saksonia
Niederschlesien *n* Dolny Śląsk
Niger *n*, *m* Niger *m*
Nigeria *n* Nigeria *f*
Nil *m* Nil *m*
Nordamerika *n* Ameryka Północna
Nordirland *n* Irlandia Północna
Nordkorea *n* Korea Północna
Nordsee *f* Morze Północne
Norwegen *n* Norwegia *f*
Nürnberg *n* Norymberga *f*
Oberschlesien *n* Górny Śląsk
Oder *f* Odra *f*
Oslo *n* Oslo *n*
Österreich *n* Austria *f*
Ostsee *f* Morze Bałtyckie, Bałtyk *m*

Geographische Namen

Pakistan *n* Pakistan *m*
Palästina *n* Palestyna *f*
Panama *n* Panama *f*
Panamakanal *m* Kanał Panamski
Paraguay *n* Paragwaj *m*
Paris *n* Paryż *m*
Pazifische Ozean, der, Pazifik *m* Ocean Spokojny, Pacyfik *m*
Peking *n* Pekin *m*
Peru *n* Peru *n*
Philippinen *pl* Filipiny *pl*
Polen *n* Polska *f*
Pommern *n* Pomorze *n*
Portugal *n* Portugalia *f*
Posen *n* Poznań *m*
Potsdam *n* Poczdam *m*
Prag *n* Praga *f*
Puerto Rico *n* Puerto Rico *n*
Pyrenäen *pl* Pireneje *pl*
Republik Südafrika Republika Południowej Afryki
Reykjavík *n* Rejkiawik, Reykjavik *m*
Rhein *m* Ren *m*
Rheinland *n* Nadrenia *f*
Riesengebirge *n* Karkonosze *pl*
Riga *n* Ryga *f*
Rio de Janeiro *n* Rio de Janeiro *n*
Rom *n* Rzym *m*
Rostock *n* Rostock *m*
Ruhrgebiet *n* Zagłębie Ruhry
Rumänien *n* Rumunia *f*
Russland *n* Rosja *f*
Saarland *n* Zagłębie Saary
Sachsen *n* Saksonia *f*
Salzburg *n* Salzburg *m*
Sarajevo *n* Sarajewo *n*
Saudi-Arabien *n* Arabia Saudyjska
Schlesien *n* Śląsk *m*
Schleswig-Holstein *n* Szlezwik Holsztyn *m*
Schottland *n* Szkocja *f*
Schwaben *n* Szwabia *f*
Schwarze Meer, das Morze Czarne
Schwarzwald *m* Czarny Las
Schweden *n* Szwecja *f*
Schweiz *f* Szwajcaria *f*
Seine *f* Sekwana *f*
Senegal *m*, *n* Senegal *m*
Seoul *n* Seul *m*
Serbien *n* Serbia *f*
Simbabwe *n* Zimbabwe *n*
Singapur *n* Singapur *m*
Skandinavien *n* Skandynawia *f*
Slowakei *f* Słowacja *f*
Slowenien *n* Słowenia *f*
Sofia *n* Sofia *f*
Somalia *n* Somalia *f*
Spanien *n* Hiszpania *f*
Sri Lanka *n* Sri Lanka *f*
Stettin *n* Szczecin *m*
Stille Ozean, der Ocean Spokojny
Stockholm *n* Sztokholm *m*
Südafrika *n* Republika Południowej Afryki
Südamerika *n* Ameryka Południowa
Sudan *m*, *n* Sudan *m*
Sudeten *pl* Sudety *pl*
Südkorea *n* Korea Południowa
Syrien *n* Syria *f*
Tansania *n* Tanzania *f*
Teheran *n* Teheran *m*
Thailand *n* Tajlandia *f*
Themse *f* Tamiza *f*
Thüringen *n* Turyngia *f*
Tibet *n* Tybet *m*
Tokio *n* Tokio *n*
Tschechische Republik, Tschechien *n* Republika Czeska, Czechy *pl*
Tunesien *n* Tunezja *f*
Türkei *f* Turcja *f*
Uganda *n* Uganda *f*
Ukraine *f* Ukraina *f*
Ungarn *n* Węgry *pl*
Ural *m* Ural *m*
Uruguay *n* Urugwaj *m*
Usbekistan *n* Uzbekistan *m*
Usedom *n* Uznam *m*
Vatikanstadt *f* Watykan *m*
Venedig *n* Wenecja *f*
Venezuela *n* Wenezuela *f*
Vereinigte Arabische Emirate Zjednoczone Emiraty Arabskie
Vereinigten Staaten (von Amerika), die Stany Zjednoczone (Ameryki)
Vereinigtes Königreich Großbritannien und Nordirland Zjednoczone Królestwo Wielkiej Brytanii i Irlandii Północnej
Vietnam *n* Wietnam *m*
Warschau *n* Warszawa *f*
Washington *n* Waszyngton *m*
Weißrussland *n* Białoruś *f*
Weser *f* Wezera *f*
Westfalen *n* Westfalia *f*
Wien *n* Wiedeń *m*
Württemberg *n* Wirtembergia *f*
Zagreb *n* Zagrzeb *m*
Zürich *n* Zurych *m*
Zypern *n* Cypr *m*

Die gebräuchlichsten polnischen Abkürzungen
Najczęściej używane skróty polskie

a.	= **albo** oder
adr.	= **adres** Adresse, Anschrift
al.	= **aleja** Allee
AM	= **Akademia Medyczna** Medizinische Akademie
BBN	= **Biuro Bezpieczeństwa Narodowego** Nationales Sicherheitsamt
bdb., bdb, bd., bd	= **bardzo dobry, bardzo dobrze** sehr gut
bież.	= **bieżący, na bieżąco** laufend
BP	= **Bank Polski** Polnische Bank
b.z.	= **bez zmian** *med.* ohne Befund
c., ca	= **(circa) około** zirka, ungefähr
CD	= **1. (corps diplomatique) korpus dyplomatyczny** das diplomatische Korps **2. (compact disc) płyta kompaktowa, CD** CD(-Platte)
cdn., c.d.n.	= **ciąg dalszy nastąpi** Fortsetzung folgt
chrz.	= **chrześcijański** christlich
cm	= **centymetr** Zentimeter
cz.	= **1. część** Teil **2. czyli** das ist
db., db	= **dobry, dobrze** gut
dcn., d.c.n.	= **dalszy ciąg nastąpi** Fortsetzung folgt
dł.	= **długość** Länge
dł. geogr.	= **długość geograficzna** geographische Länge
dn.	= **dnia** am, den, *np.* **dn. 7 maja** am <den> 7. Mai
dot.	= **dotyczy** betrifft
dr	= **doktor** Doktor
dr med.	= **doktor medycyny** Doktor der Medizin
ds.	= **do spraw ...** für ...
dw.	= **dworzec** Bahnhof
egz.	= **egzemplarz** Exemplar
ew.	= **ewentualnie** eventuell
fot.	= **fotografia** Fotografie
g	= **gram** Gramm
g.	→ **godz.**
gł.	= **główny** Haupt-
godz.	= **godzina** Uhr; Stunde
GPW	= **Giełda Papierów Wartościowych** Wertpapierbörse
ha	= **hektar** Hektar
hist.	= **1. historia** Geschichte **2. historyczny** historisch, geschichtlich
i in.	= **i inni** und andere
inż.	= **inżynier** Ingenieur
IQ	= **(intelligence quotient) iloraz inteligencji** Intelligenzquotient
itd.	= **i tak dalej** und so weiter, und so fort
itp.	= **i tym podobne** und Ähnliche(s)
jedn.	= **jednostka** Einheit

jn.	=	**jak niżej** wie unten
jw.	=	**jak wyżej** wie oben
k.	=	**koło** (*w pobliżu*) bei
kat.	=	**katolicki** katholisch
k.c., kc	=	**kodeks cywilny** Bürgerliches Gesetzbuch
kg	=	**kilogram** Kilogramm
kl.	=	**klasa** Klasse
km	=	**kilometr** Kilometer
KM	=	**koń mechaniczny** Pferdestärke
kol.	=	**1. kolega** Kollege **2. koleżanka** Kollegin
kw.	=	**kwadratowy** quadratisch
l	=	**litr** Liter
lek.	=	**lekarz** Arzt
l.mn., lm, lm.	=	**liczba mnoga** Plural
LO	=	**Liceum Ogólnokształcące** Allgemeinbildende Oberschule
lp, l.p.	=	**liczba porządkowa** laufende Nummer
l.poj., lp, lp.	=	**liczba pojedyncza** Singular
m	=	**metr** Meter
M	=	**metro** Untergrundbahn
m.	=	**1. mieszkańcy** Einwohner **2. miasto** Stadt **3. mieszkanie** Wohnung **4. miesiąc** Monat
mca, m-ca	=	**miesiąca** des Monats
MFW	=	**Międzynarodowy Fundusz Walutowy** Internationaler Währungsfonds
min.	=	**minuta** Minute
Min.	=	**ministerstwo** Ministerium
m.in.	=	**między innymi** unter anderen <anderem>
mm	=	**milimetr** Millimeter
m.st.	=	**miasto stołeczne** Hauptstadt
MTS	=	**Międzynarodowy Trybunał Sprawiedliwości** Internationaler Gerichtshof
nad.	=	**nadawca** Absender
NATO	=	**(North Atlantic Treaty Organization) Organizacja Paktu Północnego Atlantyku** Nordatlantikpakt, Atlantikpakt
NBP	=	**Narodowy Bank Polski** Polnische Nationalbank
NIP	=	**Numer Identyfikacji Podatkowej** Steuernummer
nm.	=	**niemiecki** deutsch
np.	=	**na przykład** zum Beispiel
nr	=	**numer** Nummer
NRD	=	**Niemiecka Republika Domokratyczna** *hist.* Deutsche Demokratische Republik
NSA	=	**Naczelny Sąd Administracyjny** Oberster Verwaltungsgerichtshof
NZ	=	**Narody Zjednoczone** Vereinte Nationen
o	=	**odjazd** Abfahrt
ob.	=	**1. obywatel** Bürger **2. obywatelka** Bürgerin
OC	=	**odpowiedzialność cywilna** (*ubezpieczenie*) Zivile Haftpflicht, Kraftfahrzeug-Haftpflichtversicherung
oddz.	=	**oddział** Abteilung
OK	=	**(okay) wszystko w porządku, dobrze, zgoda** okay
ok.	=	**około** gegen; ungefähr
ONZ	=	**Organizacja Narodów Zjednoczonych** Organisation der Vereinten Nationen
os.	=	**osoba** Person
p	=	**przyjazd** Ankunft

p.	=	**1. piętro** Stockwerk **2. patrz!** sieh(e)! **3. porównaj!** vergleich(e)!
p., P.	=	**1. pan** Herr **2. pani** Frau **3. panna** Fräulein
PAI	=	**Polska Agencja Informacyjna** Polnische Nachrichtenagentur
PAP	=	**Polska Agencja Prasowa** Polnische Presseagentur
PC	=	**(personal computer) komputer osobisty** Personalcomputer
pd.	→	**płd.**
PESEL	=	**(Powszechny Elektroniczny System Ewidencji Ludności) personalny numer ewidencyjny** Personen-Kennzeichen
PIN	=	**(personal indentification number) osobisty numer identyfikacyjny** persönliche Geheimnummer, PIN
PKB	=	**Produkt Krajowy Brutto** Bruttoinlandsprodukt
PKN	=	**1. Produkt Krajowy Netto** Nettoinlandsprodukt **2. Polski Koncern Naftowy** Polnischer Erdölkonzern
PKO	=	**Powszechna Kasa Oszczędności** Allgemeine Sparkasse
PKP	=	**Polskie Koleje Państwowe** Polnische Staatsbahnen
pkt	=	**punkt** Punkt
pl.	=	**plac** Platz
PLN	=	**waluta polska – złoty** polnische Währung Zloty
płd.	=	**1. południe** Süd(en) **2. południowy** südlich
płn., pn.	=	**1. północ** Nord(en) **2. północny** nördlich
p.niż.	=	**patrz niżej!** sieh(e) weiter unten!
p.o.	=	**pełniący obowiązki** in Vertretung
por.	=	**1. porównaj!** vergleich(e)! **2. porucznik** Oberleutnant
pos.	=	**poseł** Abgeordnete
pp.	=	**1. panowie** Herren **2. panie** Damen **3. państwo** Herrschaften
PR	=	**Polskie Radio** Polnischer Rundfunk
prez.	=	**1. prezydent** Präsident **2. prezes** Vorsitzender
prof.	=	**profesor** Professor
przew.	=	**przewodniczący** Vorsitzender
PS	=	**postscriptum** Nachschrift, Postskript
pt.	=	**pod tytułem** unter <mit> dem Titel
p-ta	=	**poczta** Post
p.w., p.wyż.	=	**patrz wyżej!** sieh(e) weiter oben!
PZPR	=	**Polska Zjednoczona Partia Robotnicza** *hist.* Polnische Vereinigte Arbeiterpartei
r.	=	**rok** Jahr
RE	=	**Rada Europy** Europarat
red.	=	**1. redakcja** Redaktion **2. redaktor** Redakteur
reż.	=	**reżyser** Regisseur
RFN	=	**Republika Federalna Niemiec** Bundesrepublik Deutschland
RP	=	**Rzeczpospolita Polska** Republik Polen
rys.	=	**rysunek** Zeichnung
rzym.-kat.	=	**rzymskokatolicki** römisch-katholisch
s.	=	**strona, stronica** Seite
SA, S.A.	=	**Spółka Akcyjna** Aktiengesellschaft
SdRP	=	**Socjaldemokracja Rzeczypospolitej Polskiej** Sozialdemokratie der Republik Polen
sek.	=	**sekunda** Sekunde
skr.	=	**skrót** Abkürzung
SLD	=	**Sojusz Lewicy Demokratycznej** Bündnis der Demokratischen Linken
SMS	=	**(Short Message System) krótka wiadomość tekstowa** SMS(-Nachricht)
sp. z o. o.	=	**spółka z ograniczoną odpowiedzialnością** Gesellschaft mit be-

	schränkter Haftung
st.	= **1. starszy** (*przy nazwiskach*) der Ältere **2. stacja** Bahnhof
stol.	= **stolica** Hauptstadt
str.	→ **s.**
szt.	= **sztuka** Stück
św.	= **święty** Sankt (*przy miejscowościach*); heilig
t	= **tona** Tonne
t.	= **tom** Band
tab.	= **tabela** Tabelle
tel., telef.	= **telefon** Telefon
tj.	= **to jest** das ist
TVP	= **Telewizja Polska** Polnisches Fernsehen
tzn.	= **to znaczy** das heißt
tzw.	= **tak zwany** so genannt
UC	= **Urząd Celny** Zollamt
ucz.	= **1. uczeń** Schüler **2. uczennica** Schülerin
UE	= **Unia Europejska** Europäische Union
ul.	= **ulica** Straße
ur.	= **urodzony** geboren
URM	= **Urząd Rady Ministrów** Amt des Ministerrates
USA	= **(United States of America) Stany Zjednoczone Ameryki** die Vereinigten Staaten von Amerika
v.	= **(vide!) zobacz!** sieh(e)!
VAT	= **(value added tax) podatek od wartości dodanej** Mehrwertsteuer
VIP	= **(very important person) bardzo ważna osoba** wichtige Persönlichkeit
w.	= **wiek** Jahrhundert
WE	= **Wspólnota Europejska** *hist.* Europäische Gemeinschaft
wewn.	= **wewnętrzny** inner-, Innen-
wg	= **według** laut
WIG	= **Warszawski Indeks Giełdowy** Kursindex an der Wertpapierbörse in Warschau
w m.	= **w miejscu** hier; im Hause
WNP	= **Wspólnota Niepodległych Państw** Gemeinschaft Unabhängiger Staaten
woj., wojew.	→ **wojewódzki** Woiwodschaft
WOP	= **Wojska Ochrony Pogranicza** Grenzschutz
WP	= **Wojsko Polskie** Polnische Armee
w r.	= **w roku** im Jahre
wsch.	= **1. wschód** Ost(en) **2. wschodni** östlich
ww.	= **wyżej wymieniony** obengenannt; der Obige
W-wa, Wwa	= **Warszawa** Warschau
www	= **(World Wide Web) międzynarodowa sieć internetowa** WWW
wzgl.	= **względnie** beziehungsweise
zach.	= **1. zachód** West(en) **2. zachodni** westlich
zam.	= **zamieszkały** wohnhaft, ansässig
z-ca, zca	= **zastępca** Vertreter
ZChN	= **Zjednoczenie Chrześcijańsko-Narodowe** Christlich-Nationale Vereinigung
zewn.	= **zewnętrzny** äußerlich, äußer-
zł	= **złoty** Zloty
zob.	= **zobacz!** sieh(e)!
ZSRR	= **Związek Socjalistycznych Republik Radzieckich** *hist.* Union der Sozialistischen Sowjetrepubliken

Die gebräuchlichsten deutschen Abkürzungen
Najczęściej używane skróty niemieckie

AA	=	**1. Auswärtiges Amt** (*w RFN*) Ministerstwo Spraw Zagranicznych **2. Anonyme Alkoholiker** Anonimowi Alkoholicy
Abb.	=	**Abbildung** ilustracja, rycina
Abg.	=	**Abgeordnete** poseł, posłanka
Abk.	=	**Abkürzung** skrót
Abs.	=	**1. Absatz** ustęp, akapit **2. Absender** nadawca
Abt.	=	**Abteilung** dział, oddział
a. D.	=	**außer Dienst** emerytowany
Adr.	=	**Adresse** adres
AG	=	**1. Aktiengesellschaft** Spółka Akcyjna **2. Amtsgericht** sąd rejonowy
AGB	=	**Arbeitsgesetzbuch** kodeks pracy
allg.	=	**allgemein** ogólny
Anh.	=	**Anhang** dodatek; suplement
Anm.	=	**Anmerkung** uwaga, przypis
Art.	=	**Artikel** artykuł, rozdział
Aufl.	=	**Auflage** nakład, wydanie
Bd.	=	**Band** tom
Bem.	=	**Bemerkung** uwaga
bes.	=	**besonders** szczególnie, zwłaszcza
betr.	=	**1. betreffend** dotyczący; odnośny; dany **2. betreffs** odnośnie do
Bf., Bhf.	=	**Bahnhof** dworzec, stacja
BGB	=	**Bürgerliches Gesetzbuch** kodeks cywilny
BLZ	=	**Bankleitzahl** numer rozliczeniowy oddziału banku, numer kodu bankowego
BRD	=	**Bundesrepublik Deutschland** Republika Federalna Niemiec
b. w.	=	**bitte wenden** proszę odwrócić
bzw.	=	**beziehungsweise** względnie, albo
ca.	=	**cirka, zirka** około
CD	=	**1. (corps diplomatique) das diplomatische Korps** korpus dyplomatyczny **2. (compact disc) CD(-Platte)** płyta kompaktowa, CD
CDU	=	**Christlich-Demokratische Union** Unia Chrześcijańsko-Demokratyczna
Co, Co.	=	**Compagnie, Kompanie** spółka
CSU	=	**Christlich-Soziale Union** Unia Chrześcijańsko-Społeczna
DB	=	**Deutsche Bahn** Kolej Niemiecka
DDR	=	**Deutsche Demokratische Republik** *hist.* Niemiecka Republika Demokratyczna
dgl.	=	**dergleichen** tym podobne
d. i.	=	**das ist** to jest
DIN	=	**Deutsche Industrie-Norm** Niemiecka Norma Przemysłowa
Dipl.	=	**Diplom-** dyplomowany
DP	=	**Deutsche Post** Poczta Niemiecka
dpa	=	**Deutsche Presse-Agentur** Niemiecka Agencja Prasowa
Dr.	=	**Doktor** doktor

o. Ä.	= **oder Ähnliche(s)** lub temu podobne
o. B.	= **ohne Befund** *med.* bez zmian
OB	= **Oberbürgermeister** nadburmistrz
OEZ	= **osteuropäische Zeit** czas wschodnioeuropejski
o. g.	= **oben genannt** wyżej wymieniony
o. J.	= **ohne Jahr** bez roku (wydania)
o. O.	= **ohne Ort** bez miejsca (wydania)
PC	= **Personalcomputer** komputer osobisty, pecet
PDS	= **Partei des Demokratischen Sozialismus** Partia Demokratycznego Socjalizmu
Pkw, PKW	= **Personenkraftwagen** samochód osobowy
PLZ	= **Postleitzahl** numer kodu pocztowego
Prof.	= **Professor** profesor
PS	= 1. **Pferdestärke** koń mechaniczny 2. **Postskript** postscriptum
RK	= **Rotes Kreuz** Czerwony Krzyż
röm.-kath.	= **römisch-katholisch** rzymskokatolicki
SED	= **Sozialistische Einheitspartei Deutschlands** *hist.* Niemiecka Socjalistyczna Partia Jedności
sfr, sFr.	= **Schweizer Franken** frank szwajcarski
s. o.	= **sieh(e) oben!** patrz <zobacz> powyżej!
sog.	= **so genannt** tak zwany
SPD	= **Sozialdemokratische Partei Deutschlands** Socjaldemokratyczna Partia Niemiec
s. S.	= **sieh(e) Seite ...** zobacz stronę ...
St.	= 1. **Stück** sztuka 2. **Sankt** święty; Sankt (*przy nazwach miejscowości*)
Std., Stde.	= **Stunde** godzina
Str.	= **Straße** ulica
StVO	= **Straßenverkehrsordnung** kodeks drogowy
s. u.	= **sieh(e) unten!** patrz <zobacz> poniżej!
SV	= 1. **Sozialversicherung** ubezpieczenie społeczne 2. **Sportverein** klub <związek> sportowy
TU	= **technische Universität** uniwersytet techniczny
TÜV	= **Technischer Überwachungs-Verein** Nadzór Techniczny Pojazdów Samochodowych
u. a.	= 1. **und and(e)re(s)** i inne 2. **unter and(e)ren, unter and(e)rem** między innymi
u. Ä.	= **und Ähnliche(s)** i tym podobne
UdSSR	= **Union der Sozialistischen Sowjetrepubliken** *hist.* Związek Socjalistycznych Republik Radzieckich
usf., usw.	= **und so fort, und so weiter** i tak dalej
u. U.	= **unter Umständen** ewentualnie
u. v. a.	= **und viele(s) andere** i wiele innych
v. a.	= **vor allem** przede wszystkim
v. Chr.	= **vor Christus, vor Christo** przed narodzeniem Chrystusa
vgl.	= **vergleich(e)!** porównaj!
VHS	= **Volkshochschule** ośrodek oświaty pozaszkolnej
VN	= **Vereinte Nationen** Narody Zjednoczone
Vors.	= **Vorsitzender** przewodniczący; prezes
WEZ	= **westeuropäische Zeit** czas zachodnioeuropejski
w. o.	= **wie oben** jak wyżej
z. B.	= **zum Beispiel** na przykład
z. H.	= **zu Händen** do rąk, na ręce
z. T.	= **zum Teil** częściowo

Abkürzungen

ebd.	=	**ebenda** tamże
EDV	=	**elektronische Datenverarbeitung** elektroniczne przetwarzanie danych
EG	=	**Europäische Gemeinschaft** *hist.* Wspólnota Europejska
ehem.	=	**ehemalig** były
EU	=	**Europäische Union** Unia Europejska
ev.	=	**evangelisch** ewangelicki
evtl.	=	**eventuell** ewentualnie
Fa.	=	**Firma** firma
FDP	=	**Freie Demokratische Partei** Wolna Partia Demokratyczna
ff.	=	**(und) folgende (Seiten)** (i) następne (strony)
FH	=	**Fachhochschule** wyższa szkoła zawodowa
geb.	=	**geboren** urodzony, urodzona
gegr.	=	**gegründet** założony
Ges.	=	**Gesellschaft** spółka
gez.	=	**gezeichnet** podpisano
GG	=	**Grundgesetz** ustawa zasadnicza
GmbH	=	**Gesellschaft mit beschränkter Haftung** spółka z ograniczoną odpowiedzialnością
GUS	=	**Gemeinschaft Unabhängiger Staaten** Wspólnota Niepodległych Państw
Hbf.	=	**Hauptbahnhof** dworzec główny
hg.	=	**herausgegeben** wydany
hl.	=	**heilig** święty
Hr.	=	**Herr** pan
Hrsg.	=	**Herausgeber** wydawca
i. Allg.	=	**im Allgemeinen** ogólnie
IC	=	**Intercity(zug)** (pociąg) InterCity
IG	=	**Industriegewerkschaft** związek zawodowy (*w zakładach przemysłowych*)
Ing.	=	**Ingenieur** inżynier
Inh.	=	**Inhaber** właściciel
i. R.	=	**im Ruhestand** w stanie spoczynku, emerytowany
IWF	=	**Internationaler Währungsfonds** Międzynarodowy Fundusz Walutowy
Jb.	=	**Jahrbuch** rocznik (*księga*)
Jg.	=	**Jahrgang** rocznik
Jh.	=	**Jahrhundert** wiek; stulecie
jr., jun.	=	**junior** junior, młodszy
Kap.	=	**Kapitel** rozdział (książki)
kath.	=	**katholisch** katolicki
Kfz	=	**Kraftfahrzeug** pojazd mechaniczny
Kto.	=	**Konto** konto
KZ	=	**Konzentrationslager** obóz koncentracyjny
lfd.	=	**laufend** bieżący
lfd. Nr.	=	**laufende Nummer** numer bieżący
Lkw, LKW	=	**Lastkraftwagen** samochód ciężarowy
lt.	=	**laut** według
MEZ	=	**mitteleuropäische Zeit** czas środkowoeuropejski
MwSt.	=	**Mehrwertsteuer** podatek od wartości dodanej, VAT
n. Ch.	=	**nach Christus, nach Christo** po narodzeniu Chrystusa
Nr.	=	**Nummer** numer
N. T.	=	**Neues Testament** Nowy Testament
n. V.	=	**nach Verlängerung** *sport.* po dogrywce
o.	=	**oder** albo